Helmut Krug · Gemüseproduktion

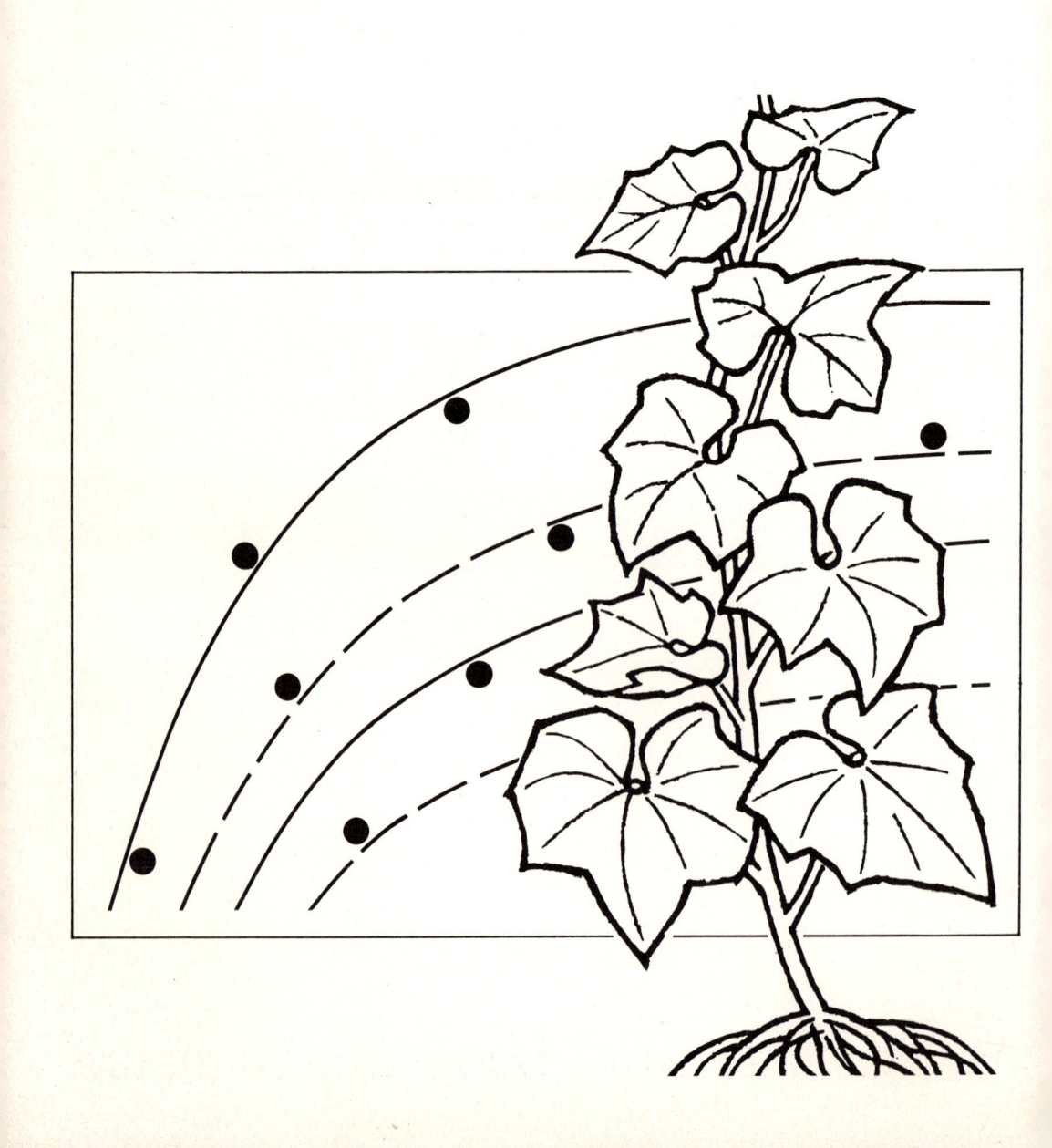

Gemüseproduktion

Ein Lehr- und Nachschlagewerk
für Studium und Praxis

Helmut Krug

Unter Mitarbeit von Erich Fölster, Hannover · Hans-Peter Liebig, Hannover · Hans-Christoph Scharpf, Hannover · Harmen Storck, Hannover · Jürgen Wehrmann, Hannover · Jürgen Weichmann, Freising · Heinz-Joachim Wiebe, Hannover · Christian von Zabeltitz, Hannover

1986 · Mit 240 Abbildungen und 112 Tabellen

Verlag Paul Parey · Berlin und Hamburg

Herausgeber

Professor Dr. Helmut Krug, Universität Hannover, Institut für Gemüsebau, Herrenhäuser Str. 2, 3000 Hannover 21

Mitarbeiter

Dr. Erich Fölster, Universität Hannover, Institut für Gemüsebau, Herrenhäuser Str. 2, 3000 Hannover 21

Dr. Hans-Peter Liebig, Universität Hannover, Institut für Gemüsebau, Herrenhäuser Str. 2, 3000 Hannover 21

PD Dr. Hans-Christoph Scharpf, Lehr- und Versuchsanstalt für Gartenbau, Harenberger Landstr. 130, 3000 Hannover 91

Professor Dr. Harmen Storck, Universität Hannover, Institut für Gartenbauökonomie, Herrenhäuser Str. 2, 3000 Hannover 21

Professor Dr. Jürgen Wehrmann, Universität Hannover, Institut für Pflanzenernährung, Herrenhäuser Str. 2, 3000 Hannover 21

Dr. habil. Jürgen Weichmann, Techn. Universität München, Lehrstuhl für Gemüsebau, 8050 Freising

Professor Dr. Heinz-Joachim Wiebe, Universität Hannover, Institut für Gemüsebau, Herrenhäuser Str. 2, 3000 Hannover 21

Professor Dr.-Ing. Christian v. Zabeltitz, Universität Hannover, Institut für Technik in Gartenbau und Landwirtschaft, Herrenhäuser Str. 2, 3000 Hannover 21

CIP-Kurztitelaufnahme der Deutschen Bibliothek
Krug, Helmut:
Gemüseproduktion : e. Lehr- u. Nachschlagewerk für Studium u. Praxis / Helmut Krug. Unter Mitarb. von Erich Fölster ... – Berlin ; Hamburg : Parey. 1986. – ISBN 3-489-54222-3

Einband: Christian Honig BDG/BDB, D-5450 Neuwied 1

© 1986 Verlag Paul Parey, Berlin und Hamburg
Anschriften: Lindenstr. 44–47, D-1000 Berlin 61; Spitalerstraße 12, D-2000 Hamburg 1

ISBN 3-489-54222-3 · Printed in Germany

Das Werk ist urheberrechtlich geschützt. Die dadurch begründeten Rechte, insbesondere die der Übersetzung, des Nachdrucks, des Vortrages, der Entnahme von Abbildungen, der Funksendung, der Mikroverfilmung oder der Vervielfältigung auf anderen Wegen und der Speicherung in Datenverarbeitungsanlagen, bleiben, auch bei nur auszugsweiser Verwertung, vorbehalten. Eine Vervielfältigung dieses Werkes oder von Teilen dieses Werkes ist auch im Einzelfall nur in den Grenzen der gesetzlichen Bestimmungen des Urheberrechtsgesetzes der Bundesrepublik Deutschland vom 9. September 1965 in der Fassung vom 24. Juni 1985 zulässig. Sie ist grundsätzlich vergütungspflichtig. Zuwiderhandlungen unterliegen den Strafbestimmungen des Urheberrechtsgesetzes.

Gesetzt aus der Borgis Times Roman
(Lichtsatzsystem Linotron 202)
Satz und Druck: Saladruck Steinkopf & Sohn, D-1000 Berlin 36
Lithographie: Excelsior-Cliché Erich Paul Söhne, D-1000 Berlin 61
Bindung: Lüderitz & Bauer Buchgewerbe, D-1000 Berlin 61

Vorwort

Die erste Auflage des langjährigen Standardwerkes des deutschen Gemüsebaues, das »Handbuch des gesamten Gemüsebaues« von J. BECKER-DILLINGEN, ist im Jahre 1924, die letzte Auflage im Jahre 1956 erschienen. Einige Kapitel dieses Buches sind heute noch von Interesse, wesentliche Teile jedoch durch die rasante Entwicklung nach dem Zweiten Weltkrieg überholt.

In Fachkreisen wurde diskutiert, ob angesichts der Ausweitung des Stoffgebietes, des schnellen Entwicklungsfortschrittes und des begrenzten Abnehmerkreises im deutschen Sprachraum ein Lehrbuch die geeignete Form der Wissensvermittlung sei. Ich wurde jedoch immer wieder von Interessenten aller Ebenen nach einem geeigneten, umfassenden Lehrbuch gefragt und habe den Mangel selbst empfunden. So habe ich dem Vorschlag des Verlages Paul Parey, ein Nachfolgewerk für den »Becker-Dillingen« zu schreiben, gern zugestimmt.

Dieses Buch wendet sich an alle, die im Gemüsebau tätig sind und ihr Wissen ergänzen oder Daten nachschlagen möchten: an den Praktiker, den Berater, den in der Verwaltung Tätigen, an Auszubildende und Fortgeschrittene in der Praxis sowie an Schulen, an Studenten der Fachhochschulen und der Universitäten und an die Lehrkräfte.

Die Autoren haben das Ziel verfolgt, den Gemüsebau und seine Grundlagen nach dem neuesten Kenntnisstand möglichst umfassend, aber doch in gestraffter Form, darzustellen. Die Grunddaten wurden deshalb weitgehend in Tabellen, Graphiken oder Funktionen zusammengefaßt und im Text besonderer Wert auf die Darstellung der Zusammenhänge gelegt. Damit soll dieses Buch sowohl als Arbeitshilfe dienen als auch einen tieferen Einblick in das Stoffgebiet ermöglichen. Auf die Darstellung allgemeiner Grundlagen im Bereich der Botanik, der Bodenkunde u. a. Disziplinen wurde weitgehend verzichtet. Auch Gebiete, die sich aus dem Pflanzenbau zu eigenständigen Disziplinen entwickelt haben, wurden nur kurz dargestellt und auf weiterführende Literatur verwiesen. Die Autoren sind sich bewußt, daß bei der Breite des Gebietes und dem begrenzten Umfang des Buches trotz größten Bemühens Wünsche offenbleiben und nehmen Anregungen jeder Art gerne entgegen.

Mein herzlicher Dank gilt allen, die an der Erarbeitung dieses Buches mitgewirkt haben, den Koautoren und auch den Mitarbeitern. Insbesondere danke ich Frau Hildegard Cornelius für die Anfertigung der Bilder und Graphiken, Frau Katharina Wolper für die Handzeichnungen, Frau Ursula Gorsler für die sorgfältigen Korrekturen und Frau Helga Hoppe für die Schreibarbeiten.

Mein Dank gilt auch dem Verlag Paul Parey für die Anregung, dieses Buch zu schreiben, für die gute Zusammenarbeit und die hervorragende Ausstattung. Es ist unser gemeinsamer Wunsch, daß dieses Buch dem Gemüsebau und allen im und für den Gemüsebau Tätigen von Nutzen sein möge.

Hannover, im Sommer 1986 HELMUT KRUG

Inhalt

1	Die Gemüseproduktion · HELMUT KRUG	11
2	Ökologische, technische und ökonomische Vorraussetzungen	15

2.1	Ökologische Voraussetzungen HELMUT KRUG	15	2.2.1.1	Schlepper	34
2.1.1	Klima	16	2.2.1.2	Maschinen und Geräte	38
2.1.1.1	Strahlung	16	2.2.2	Pflanzenproduktion in Gewächshäusern	41
2.1.1.2	Temperatur	20	2.2.2.1	Kriterien für Bau und Planung	41
2.1.1.3	Wasser	22	2.2.2.2	Anforderungen und Bauweisen	42
2.1.1.4	Luft	25	2.2.2.3	Heizung	44
	(1) Luftfeuchte	25			
	(2) CO_2-Konzentration	26	2.3	Ökonomische Voraussetzungen HARMEN STORCK	46
	(3) Luftverunreinigungen	27	2.3.1	Der Betrieb	46
	(4) Wind	29	2.3.1.1	Betriebsstrukturen und Betriebsentwicklung	46
2.1.2	Boden	31	2.3.1.2	Die Standorte des Gemüsebaues	51
2.1.2.1	Freilandboden	31	2.3.1.3	Produktionsfaktoren	52
2.1.2.2	Gewächshausboden	32		(1) Eigenschaften der Produktionsfaktoren	52
2.1.2.3	Relief	32		(2) Die Potentialfaktoren	53
2.1.3	Produktivität des Standortes und Standortmodelle	33	2.3.2	Der Markt	63
2.2	Technische Voraussetzungen CHRISTIAN VON ZABELTITZ	34	2.3.2.1	Der Absatzmarkt	64
2.2.1	Pflanzenproduktion im Freiland	34	2.3.2.2	Marketing	66

3	Die Pflanze					69
3.1	Samen, Saat und Pflanzgut HELMUT KRUG	69	3.2.2	Keim- und Auflaufgeschwindigkeit	76
3.1.1	Entwicklung der Samen	69	3.3	Wachstum HELMUT KRUG	79
3.1.2	Lagerfähigkeit	70			
3.1.3	Saatgutwert	72	3.3.1	Sproßwachstum	79
3.1.3.1	Biologische Grundlagen	72	3.3.2	Wurzelwachstum	81
3.1.3.2	Prüfung des Saatgutwertes	74	3.3.3	Wirkung der Wachstumsfaktoren und Wachstumsmodelle	82
3.1.4	Pflanzgut	75	3.3.4	Bestandeswirkungen	89
			3.3.5	Qualität und ernährungsphysiologischer Wert JÜRGEN WEICHMANN	92
3.2.	Keimung und Auflaufen HELMUT KRUG	75			
3.2.1	Saatgutstimulation	75	3.3.5.1	Der Qualitätsbegriff	92

3.3.5.2	Der Marktwert	92	3.3.5.4	Der Gebrauchswert	96
3.3.5.3	Der ernährungsphysiologische Wert	93			

4 Kulturtechnik und Kulturführung ... 99

4.1	**Bodenvorbereitung** HELMUT KRUG	100	4.4.1	Terminplanung	137
			4.4.2	Saattechnik	138
4.1.1	Bodenbearbeitung und Mulchen	100	4.4.3	Jungpflanzenanzucht und Pflanzung	141
4.1.1.1	Grundbodenbearbeitung	101			
4.1.1.2	Saat- bzw. Pflanzbettbearbeitung	102			
4.1.1.3	Pflegende Bodenbearbeitung	103	**4.5**	**Bewässerung** HELMUT KRUG	144
4.1.1.4	Mulchen	104			
4.1.2	Synthetische Bodenverbesserungsmittel	104	4.5.1	Ökologische Grundlagen	144
			4.5.2	Steuerung des Bewässerungseinsatzes	145
4.1.3	Kultursubstrate und Hydrokultur	105	4.5.3	Bewässerungsverfahren	147
4.1.3.1	Humussubstrate	106			
4.1.3.2	Strohsubstrat	108	**4.6**	**Frostschutz** HELMUT KRUG	151
4.1.3.3	Mineralische Substrate	109			
4.1.3.4	Synthetische Substrate	109			
4.1.3.5	Hydrokulturverfahren	109	**4.7**	**Folien und Vliese** HELMUT KRUG	152
4.2	**Ernährung und Düngung** HANS-CHRISTOPH SCHARPF · JÜRGEN WEHRMANN · HANS-PETER LIEBIG	111	**4.8**	**Bodenheizung** HELMUT KRUG	157
4.2.1	Ziele der Düngung	111			
4.2.2	Faktoren der Nährstoffversorgung (Verfügbarkeit)	112	**4.9**	**Wachstumsregulatoren** HELMUT KRUG	161
4.2.3	Methoden der Düngerbedarfsermittlung	114			
4.2.3.1	Düngungsversuche	115	**4.10**	**Unkrautbekämpfung** HELMUT KRUG	162
4.2.3.2	Kalkulationsverfahren	116			
4.2.3.3	Bodenuntersuchung	118			
4.2.3.4	Pflanzenanalyse und Beurteilung von Schadsymptomen	118	**4.11**	**Vorbeugender Pflanzenschutz** HELMUT KRUG	165
4.2.3.5	Bewertung der Methoden zur Ermittlung des Düngerbedarfs	120	**4.12**	**Ernteverfahren** CHRISTIAN VON ZABELTITZ · HEINZ-JOACHIM WIEBE	167
4.2.4	Düngerbedarf und Düngung	121			
4.2.4.1	Stickstoff	121			
4.2.4.2	Phosphat, Kalium und Magnesium	126	**4.13**	**Aufbereitung** ERICH FÖLSTER	169
4.2.4.3	Calcium	128			
4.2.4.4	Spurenelemente	129	**4.14**	**Frischhaltung, Lagerung und Transport** JÜRGEN WEICHMANN	173
4.2.4.5	Kalk	129			
4.2.5	Organische Düngung	131			
4.2.6	Düngung in Gewächshäusern	132			
4.2.6.1	Kultur in Böden	133			
4.2.6.2	Erdelose Kulturverfahren	134	**4.15**	**Klimaführung im Gewächshaus** HELMUT KRUG	180
4.3	**Sortenangebot und Sortenwahl** HELMUT KRUG	136	4.15.1	Temperatur	180
			4.15.2	Luftfeuchte	182
4.4	**Pflanzenanzucht** HELMUT KRUG	137	4.15.3	CO_2-Konzentration	183
			4.15.4	Kunstlicht	188

5	**Fruchtfolge** · HELMUT KRUG			191
6	**Produktionsplanung und -führung** · HARMEN STORCK			195
6.1	Rahmenbedingungen und Definitionen	195	6.2.2 Planung von Produktionsverfahren	196
			6.2.3 Kulturführung	200
6.2	Planung und Steuerung von Produktionsverfahren	196	6.3 **Planung von Produktionsprogrammen**	202
6.2.1	Allgemeines	196		

7	**Die Gemüsepflanzen und ihre Kultur**				207
7.1	**Chenopodiaceae (Gänsefußgewächse)** HELMUT KRUG	208	7.4.6	L. var. *hortorum*) Pastinake (*Pastinaca sativa* L.)	268 269
7.1.1	Spinat (*Spinacia oleracea* L.)	208	7.5	**Brassicaceae (Cruciferae – Kreuzblütler)** HEINZ-JOACHIM WIEBE	270
7.1.2	Rote Rübe (*Beta vulgaris* L. var. *conditiva*)	214	7.5.1	Kohl (*Brassica oleracea* L.)	271
7.1.3	Mangold (*Beta vulgaris* L. var. *vulgaris* u. var. *flavescens*)	218	7.5.1.1	Kopfkohl (*Brassica oleracea* L. convar. *capitata* var. *capitata*)	272
7.2	**Polygonaceae (Knöterichgewächse)** HELMUT KRUG	220	7.5.1.2	Kohlrabi (*Brassica oleracea* convar. *acephala* var. *gongylodes* L.)	280
7.2.1	Rhabarber (*Rheum rhaponticum*, auch *Rheum rhabarbarum* L.)	220	7.5.1.3	Blumenkohl (*Brassica oleracea* conv. *botrytis* var. *botrytis*)	283
7.3	**Fabaceae (Papilionaceae – Schmetterlingsblütler)** HELMUT KRUG	225	7.5.1.4	Brokkoli (*Brassica oleracea* convar. *botrytis* var. *italica*)	290
7.3.1	Erbse (*Pisum sativum* L.)	225	7.5.1.5	Rosenkohl (*Brassica oleracea* L. convar. *oleracea* var. *gemmifera* DC.)	291
7.3.2	Dicke Bohne (*Vicia faba* L.)	237	7.5.1.6	Grünkohl (*Brassica oleracea* L. conv. *acephala* [DC.] Alef. var. *sabellica* L.)	294
7.3.3	Gartenbohne (*Phaseolus vulgaris* L.)	240	7.5.2	Chinakohl (*Brassica pekinensis* [Lour.] Rupr.)	296
7.3.3.1	Anbau der Buschbohne	243	7.5.3	Kohlrübe (Steckrübe, Wrucke – *Brassica napus* L. var. *napobrassica* [L.] Rehb.)	299
7.3.3.2	Anbau der Stangenbohne	247			
7.4	**Apiaceae (*Umbelliferae* – Doldengewächse)** HELMUT KRUG	248	7.5.4	Speiserübe (Mairüben, Herbstrüben, Teltower Rübchen, Weiße Rübe, Wasserrübe, Stielmus, Rübstiel, Namenia – *Brassica rapa* L. var. *rapa*)	300
7.4.1	Möhre (*Daucus carota* L. ssp. *sativus* [Hoffm.])	249	7.5.5	Rettich und Radies (*Raphanus sativus* L.)	301
7.4.2	Sellerie (*Apium graveolens* L.)	256			
7.4.2.1	Knollensellerie	258	7.5.5.1	Rettich (*Raphanus sativus* L. var. *niger* Mill.)	302
7.4.2.2	Bleichsellerie	261	7.5.5.2	Radies (*Raphanus sativus* L. var. *sativus*)	305
7.4.2.3	Schnittsellerie	262			
7.4.3	Petersilie (*Petroselinum crispum* Mill.)	262	7.5.6	Meerrettich (*Armoracia rusticana* Ph. Gaertn. B. Mey. et Scherb.)	308
7.4.3.1	Blattpetersilie	264	7.5.7	Gartenkresse (*Lepidium sativum* L.)	310
7.4.3.2	Wurzelpetersilie	265			
7.4.4	Gemüsefenchel (Zwiebel-, Knollenfenchel, *Foeniculum vulgare* var. *azoricum* Mill.)	265	7.5.8	Brunnenkresse (*Nasturtium officinale* R. Br.)	310
7.4.5	Gartendill (*Anethum graveolens*				

7.6	**Cucurbitacea (Kürbisgewächse)**		7.9.5	Schwarzwurzel (*Scorzonera hispanica* L.) 387
	HANS-PETER LIEBIG 311			
7.6.1	Gurke (*Cucumis sativus* L.) 312			
7.6.2	Melone 327		**7.10**	***Liliaceae* (Liliengewächse)**
7.6.2.1	Zuckermelone (*Cucumis melo* L.) 327			HELMUT KRUG 390
7.6.2.2	Wassermelone *(Citrullus lanatus* var. *caffer)* 330		7.10.1	Speisezwiebel *(Allium cepa* L. var. *cepa)* 391
7.6.3	Kürbis (*Cucurbita*-Arten) 330		7.10.2	Porree *(Allium ampeloprasum* L. var. *porrum)* 399
7.7	***Valerianaceae* (Baldriangewächse)**		7.10.3	Schnittlauch (*Allium schoenoprasum* L.) 406
	ERICH FÖLSTER 333		7.10.4	Andere *Allium*-Arten 412
7.7.1	Feldsalat (*Valerianella locusta* L.) 334		7.10.4.1	Schalotte *(Allium cepa* L. var. *aggregatum)* 412
7.8	***Solanaceae* (Nachtschattengewächse)**		7.10.4.2	Winterzwiebel *(Allium fistulosum* L.) 412
	ERICH FÖLSTER 338		7.10.4.3	Luft- und Bulbenzwiebel *(Allium cepa* L. var. *proliferum)* 413
7.8.1	Tomate *(Lycopersicon lycopersicum)* 339		7.10.4.4	Knoblauch (*Allium sativum* L.) .. 413
7.8.2	Paprika (*Capsicum annuum* L.) .. 354		7.10.5	Spargel (*Asparagus officinalis* L.) 414
7.8.3	Eierfrucht *(Solanum melongena* L.) 361		7.10.5.1	Bleichspargel 418
			7.10.5.2	Grünspargel 421
7.9	***Asteraceae* (*Compositae* – Korbblütler)**		**7.11**	***Poaceae* (*Gramineae* = Echte Gräser)**
	ERICH FÖLSTER 365			HELMUT KRUG 422
7.9.1	Gartensalat (*Lactuca sativa* L.) . 365		7.11.1	Süßmais (Zuckermais, Gemüsemais, *Zea mays* L. conv. *saccharata)* 422
7.9.2	Endivie (*Cichorium endivia* L.) .. 375			
7.9.3	Chicoree (*Cichorium intybus* L. var. *foliosum* Hegi) 379			
7.9.4	Radicchio und Fleischkraut *(Cichorium intybus* L. var. *foliosum)* 386		**7.12**	**Gemüsekeimlinge** HELMUT KRUG 425

8 Anhang 427

8.1	Systematik und Nomenklatur ... 427		8.4	Umrechnungsfaktoren für Nährstoffe 431
8.2	Abkürzungen 430			
8.3	Maßeinheiten 430		8.5	Häufig verwendete Literatur 432
			8.6	Sachverzeichnis 432

1 Die Gemüseproduktion

HELMUT KRUG

Die Produktion von Pflanzen vollzieht sich in einem sehr komplizierten und komplexen System (Abb. 1). Die Grundlagen und Voraussetzungen geben die ökologischen, technischen und ökonomischen Faktoren, die, gelenkt durch die Kulturverfahren (Kulturtechnik und Kultursteuerung), auf die Einzelpflanzen in dem jeweiligen Pflanzenbestand einwirken. Die Reaktionsmuster der Pflanzen werden durch die Züchtung und die Herkunft (Vorgeschichte) der Pflanzen bzw. Samen geprägt, ihr Gesundheitszustand u. a. durch phytomedizinische Maßnahmen gesteuert. Das Produkt ist der Ertrag, der nach Menge, Qualität und Termin gewertet wird.

Werden auch ökonomische Faktoren, wie z. B. Energieaufwand oder Arbeitskräfte, in das System einbezogen, ergeben sich aus den Kulturverfahren die Produktionsverfahren. Diese müssen so aufeinander abgestimmt werden, daß bei Erhaltung oder Verbesserung des Ökosystems, unter Berücksichtigung der jeweiligen oder erwarteten Rahmenbedingungen sowie der Interessen des Betriebsleiters und seiner Mitarbeiter, Produktionsprogramme entstehen, die einen Betriebsgewinn erwarten lassen, der die Rentabilität des Betriebes langfristig sichert (Näheres s. Kap. 6).

Der **Pflanzenbau** ist im Zuge der Spezialisierung in die Sparten Landwirtschaftlicher Pflanzenbau (mit weiteren Unterteilungen), Gemüsebau, Zierpflanzenbau, Obstbau und Baumschule gegliedert worden. Grund der Aufteilung ist die Überschaubarkeit. Kriterien der Gliederung sind die Objekte (z. B. Gemüse, Zierpflanzen, Obst)

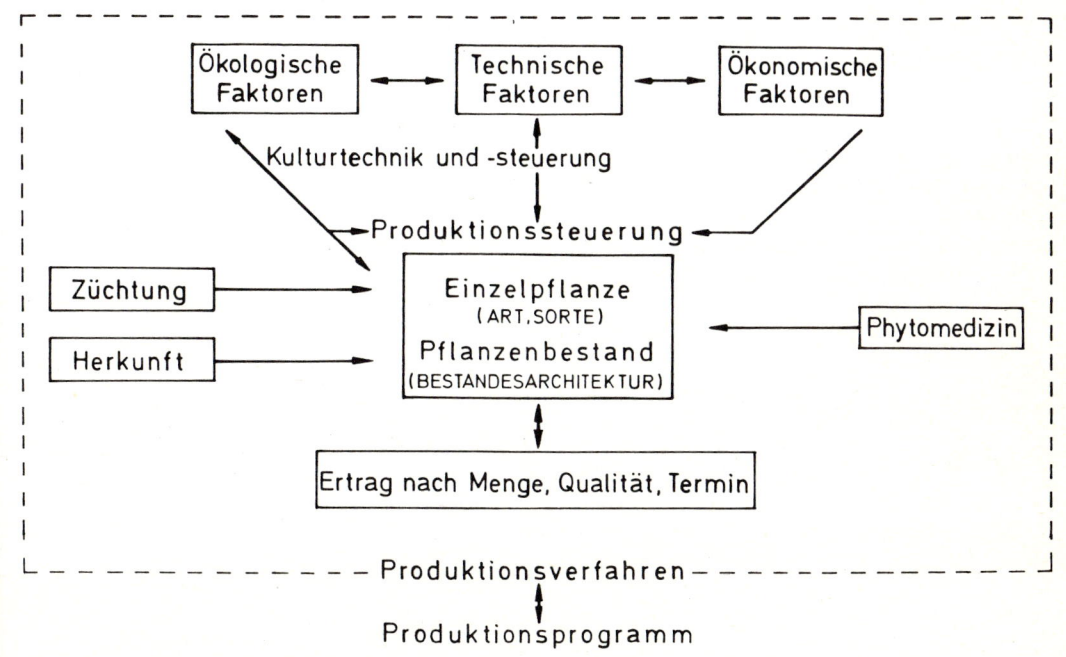

Abb. 1-1: Strukturdiagramm der Pflanzenproduktion

mit unterschiedlichen Eigenschaften im Wachstum, in der Nutzung und damit auch in den Kulturverfahren.

Gemüse sind krautartige Pflanzen, deren Teile (Blätter, Knospen, Stengel, Wurzeln, Knollen, Zwiebeln, Blüten, Früchte, Samen) im rohen, frisch zubereiteten oder konservierten Zustande der menschlichen Ernährung dienen. Diese Definition beschreibt wesentliche Merkmale, erhebt jedoch keinen Anspruch auf Allgemeingültigkeit. So werden Gemüse auch von Gehölzpflanzen, wie z. B. der Kohlpalme *(Euterpe oleracea)*, geerntet, und die Kartoffel wird in einigen Ländern zu den Gemüsearten, in anderen Ländern mit großflächigem Anbau zu den landwirtschaftlichen Kulturen gezählt. Auch die Erdbeere wird z. T. dem Gemüse, z. T. dem Obstbau zugeordnet.

Die Zahl der als Gemüse genutzten Arten ist außerordentlich groß. TERRA (1966) nennt über 1000, darunter 351 häufig kultivierte Gemüsearten. In 'Knott's Handbook for Vegetable Growers' (LORENZ u. MAYNARD 1980) sind für die USA ca. 100 Gemüsearten aufgeführt. In Mitteleuropa ist die Zahl der kultivierten Gemüsearten wesentlich geringer. BECKER-DILLINGEN beschreibt ca. 50 Gemüsearten (außer Heil- und Gewürzpflanzen sowie Pilzen). In der Bundesrepublik Deutschland besitzen ca. 20 Gemüsearten wirtschaftliche Bedeutung.

Eine Gliederung der Gemüsepflanzen kann nach verschiedenen Gesichtspunkten erfolgen. Für eine Beschreibung der Arten und ihrer Kultur ist eine Einordnung nach ihrer biologischen Verwandtschaft am zweckmäßigsten. Hierfür bietet z. Z. das natürliche System von LINNÉ mit einer Einteilung in Arten, Gattungen, Familien und höhere Gruppen die besten Voraussetzungen und ist in einer dem heutigen Stand der Kenntnisse angepaßten Fassung der Beschreibung der Kulturen zugrunde gelegt worden.

In der gemüsebaulichen Praxis und im Handel wird häufig eine Einteilung nach den genutzten Organen bevorzugt: Blattgemüse, Wurzelgemüse, Zwiebelgemüse und Fruchtgemüse. Häufig werden als besondere Gruppen die Hülsenfrüchte, die Kohlgemüse und die gemüsebaulichen Dauerkulturen herausgestellt.

Verschiedentlich erfolgt eine Klassifizierung in Fein- und Grobgemüse. Diese Einteilung beruht auf der subjektiven Einordnung in die besonders wohlschmeckenden und wertvollen Feingemüse und die in Massen produzierten und damit billigeren, meist besser lagerfähigen Grobgemüse. Zum Grobgemüse gehören später Kopfkohl, später Kohlrabi, späte Möhren, Sellerie, Rote Rü-

ben. Frühe Sorten einiger Arten sowie alle im geschützten Anbau kultivierten Gemüse werden den Feingemüsen zugerechnet.

Im Hinblick auf die weitere Verwendung wird zwischen Frisch- und Industriegemüse unterschieden. Frischgemüse wird in möglichst frischem Zustand, aber auch nach Lagerung vermarktet. Industriegemüse liefert die Rohware für Naß- und Gefrierkonserven, Trockengemüse oder biologisch umgewandelte Rohkonserven, wie z. B. Sauerkraut.

Aus der Sicht der Produktionsbedingungen kann eine Gruppierung nach den Ansprüchen an dominierende Wachstumsfaktoren, wie z. B. in »kälteverträgliche« und »wärmebedürftige« Arten (z. B. Gurken, Tomaten, Paprika, Bohnen), oder nach der Kulturdauer sinnvoll sein.

In den Kulturverfahren steht der geschützte Gemüsebau in Gewächshäusern in enger Verbindung zum Zierpflanzenbau, der Freilandgemüsebau zur Landwirtschaft. Vom Zierpflanzenbau hebt sich der Gemüsebau durch die stärkere Abhängigkeit von der Wachstumsleistung und in den Begrenzungen durch die Rückstandsproblematik ab. Von der Landwirtschaft unterscheidet sich der Gemüsebau darin, daß die Mehrzahl der Gemüsearten nicht, wie die meisten landwirtschaftlichen Kulturen, im ausgereiften Zustande als Dauerorgane mit Abschlußgeweben, sondern im vollen Wachstum, d. h. bei voller Stoffwechselaktivität und ohne wirksame Abschlußgewebe geerntet werden und damit einem schnellen Qualitätsverlust unterliegen.

Dies hat zur Folge, daß die meisten Gemüseprodukte nur mit hohem Aufwand und nur für eine begrenzte Zeit gelagert werden können. Für eine kontinuierliche Marktversorgung müssen Gemüsepflanzen deshalb auf kleineren Flächen mit vielen, über eine möglichst große Zeitspanne verteilten, zur rechten Zeit erntefähigen Sätzen kultiviert werden. Ein besonderes Charakteristikum der Gemüseproduktion ist deshalb die **Terminkultur.** Dieses gilt im Hinblick auf die Kontinuität von Ernte und Verarbeitung auch für die großflächig für die industrielle Verarbeitung produzierten Gemüsearten, wie Erbsen, Grüne Bohnen, Dicke Bohnen oder Spinat. Es gilt in geringerem Maße für Pflanzen mit laufender Beerntung (z. B. Tomaten, Gurken) und für besser lagerfähige Arten, wie späten Kopfkohl und späte Möhren.

Der Zwang zur termingerechten Kultursteuerung mit einer Ausdehnung der Produktion in klimatisch ungünstige Jahreszeiten hat die Fertigkeiten der Gemüseproduzenten zur Beeinflussung der Wachstumsbedingungen hoch entwikkelt. Diese reichen von der Wahl günstiger Produktionsgebiete, günstiger Lagen (Stadtklima, Exposition und Neigung des Geländes, Windschutzpflanzung, geeignete Böden), bis zur Produktion in Frühbeeten, unter Folie oder in teil- bis vollklimatisierten Gewächshäusern mit Luft- und Bodenheizung, Einsatz von Kunstlicht, CO_2-Begasung, Bewässerung, Düngung und Kultur auf künstlichen Substraten oder in Hydrokultur. Diese Fertigkeiten erlauben es, auch solche Arten zu kultivieren, die anderen Klimaten angepaßt sind (z. B. Gewächshausgurke, Melone oder Eierfrucht), die besondere Aufwendungen erfordern oder besondere Anforderungen an die Produktionstechnik stellen (z. B. Spargel).

Der Gemüsebau verfügt somit über eine ausgesprochen breite Palette der Produktionsmethoden. Sie reicht von der großflächigen Produktion mit landwirtschaftlichen Maschinen und Geräten und hochintensiven Nutzung der Arbeitskapazität bis zur intensiven Nutzung kleiner Freilandflächen mit stärker vom Gartenbau geprägten Produktionsmethoden bis zur weitgehend steuerbaren Produktion in Kulturräumen. Entsprechend wird der Gemüsebau nach den Produktionsmethoden in den **Feldgemüsebau**, den **intensiven Freilandgemüsebau** und den **geschützten Gemüsebau** (früher Unterglas-Gemüsebau) gegliedert.

Eine besondere Form des geschützten Gemüsebaues ist die **Treiberei**. In früherer Zeit wurde unter Treiben die Kultur von Pflanzen unter günstigen, meist wärmeren Wachstumsbedingungen verstanden (Treibhäuser). Der Begriff »Treiben« sollte jedoch der Wachstumsförderung solcher Pflanzen vorbehalten bleiben, die aus einer für das Wachstum günstigeren Jahreszeit über einen Vorrat an Reservestoffen verfügen. Dies sind meist Pflanzen mit Speicherorganen (z. B. Chicoree, Wurzelpetersilie, Rhabarber, Speisezwiebel), aber auch Pflanzen mit verdickten Stengeln oder Wurzeln (Schnittlauch, Blattpetersilie). Bei einigen Arten kann die Brechung einer Ruheperiode eine Voraussetzung für das termingerechte Treiben sein. Zum »Treiben« ist auch die Produktion von Gemüsekeimlingen zu rechnen (s. Kap. 7.12).

Der **Wert des Gemüses** als Nahrungspflanze liegt in der Bereitstellung lebensnotwendiger, gesundheitsfördernder und appetitanregender Stoffe, im Wohlgeschmack, in der Frische und ganz allgemein in der Bereicherung der Kost. Der Gehalt an den energiereichen Fetten, Eiweißen und Kohlenhydraten ist bei den meisten Gemüsearten gering und deckt unter europäischen Ernährungsbedingungen nur einen geringen Teil des menschlichen Bedarfs. In Ländern mit reichlicher Nahrungsmittelversorgung wird gerade dieser geringe Gehalt verwertbarer Energie (ca. 84 J pro 100 g Frischgewicht) in Verbindung mit dem hohen Gehalt an unverdaulichen, aber die Verdauung fördernden Rohfasern hoch geschätzt. In Ländern oder Zeiten mit unzureichender Nahrungsmittelversorgung können jedoch Gemüsearten, insbesondere solche mit hohen Flächenträgern (Kopfkohl, Chinakohl, Kohlrübe, Möhren, Pastinaken), wesentlich zur Deckung des Grundbedarfs beitragen.

Der Verzehr von Gemüse ist in den einzelnen Ländern sehr unterschiedlich. Die von der FAO zusammengestellten Daten sind infolge unterschiedlicher Erhebungsmethoden und Zuordnungen (z. B. Kartoffel) unsicher. Sie geben jedoch einen Einblick in den Gemüsekonsum von geographischen Regionen und Ländern (Tab. 1-1). Der Gemüseverzehr ist besonders hoch in einigen west- und südeuropäischen Ländern, wie Portugal, Italien und Frankreich. Er ist sehr niedrig in einigen nordeuropäischen Ländern, wie Island und Skandinavien, aber auch in afrikani-

Tab. 1–1: Gemüseverzehr in verschiedenen Ländern — Nettokonsum in g/Tag

Portugal	515	(1)	DDR	199	(1)
Italien	407	(2)	Australien	184	(1)
Frankreich	277	(2)	Großbritannien	182	(2)
Jugoslawien	361	(1)	BR Deutschland	193	(2)
Israel	317	(1)	Dänemark	135	(2)
USA	310	(1)	Schweden	114	(1)
Belgien/Lux.	274	(1)	Kongo	82	(1)
Neuseeland	247	(1)	Finnland	46	(1)
Niederlande	215	(2)	Nigerien	38	(1)
Irland	223	(2)	Island	27	(1)

Quelle: Prod. Yearbook 1969 (1) bzw. Eurostat — Versorgungsbilanzen 1976–78 (2)

schen Ländern. Bei den letzteren ist die Gültigkeit der Werte u. a. wegen der starken Eigenversorgung anzuzweifeln.

In der Bundesrepublik Deutschland ist der Gemüseverzehr in den letzten Jahren deutlich gestiegen und wies in den 70er Jahren mit einem Nettokonsum von 193 g pro Kopf und Tag oder ca. 70 kg pro Kopf und Jahr einen im internationalen Vergleich mittleren Wert auf. Die Zunahme ist vor allem auf einen verstärkten Konsum an Feingemüse zurückzuführen. An unserem Gemüseverbrauch sind Konservengemüse mit ca. 20 % beteiligt (USA ca. 50 %).

2 Ökologische, technische und ökonomische Voraussetzungen

2.1	Ökologische Voraussetzungen		2.2.1.1	Schlepper 34
	HELMUT KRUG 15		2.2.1.2	Maschinen und Geräte 38
2.1.1	Klima 16		2.2.2	Pflanzenproduktion in Gewächs-
2.1.1.1	Strahlung 16			häusern 41
2.1.1.2	Temperatur 20		2.2.2.1	Kriterien für Bau und Planung 41
2.1.1.3	Wasser 22		2.2.2.2	Anforderungen und Bauweisen ... 42
2.1.1.4	Luft 25		2.2.2.3	Heizung 44
	(1) Luftfeuchte 25			
	(2) CO_2-Konzentration 26		2.3	Ökonomische Voraussetzungen
	(3) Luftverunreinigungen 27			HARMEN STORCK 46
	(4) Wind 29		2.3.1	Der Betrieb 46
2.1.2	Boden 31		2.3.1.1	Betriebsstrukturen und Betriebs-
2.1.2.1	Freilandboden 31			entwicklung 46
2.1.2.2	Gewächshausboden 32		2.3.1.2	Die Standorte des Gemüsebaues ... 51
2.1.2.3	Relief 32		2.3.1.3	Produktionsfaktoren 52
2.1.3	Produktivität des Standortes und			(1) Eigenschaften der Produktions-
	Standortmodelle 33			faktoren 52
				(2) Die Potentialfaktoren 53
2.2	Technische Voraussetzungen		2.3.2	Der Markt 63
	CHRISTIAN VON ZABELTITZ 34		2.3.2.1	Der Absatzmarkt 64
2.2.1	Pflanzenproduktion im Freiland ... 34		2.3.2.2	Marketing 66

2.1 Ökologische Voraussetzungen

Die ökologischen Voraussetzungen der Pflanzenproduktion ergeben sich aus dem Zusammenwirken der Faktoren des Klimas, des Bodens und des Bios (belebte Welt) zum Standort als Träger der Wachstumsfaktoren und Wuchsplatz der Pflanzen (Abb. 2.1-1). Es kann zweckmäßig sein, auch die Faktoren des Reliefs (Neigung und Exposition des Geländes) als Standortfaktoren gesondert zu berücksichtigen.

Der Mensch greift durch standortbeeinflussende Maßnahmen und Kulturmaßnahmen in das mehr oder weniger stabile Gleichgewicht des »natürlichen« Standortes ein und ist bemüht, die Standortbedingungen zugunsten der Kulturpflanze, der Kulturtechnik und des Produktionsaufwandes zu beeinflussen. Auch der Kulturpflanzenbestand wirkt seinerseits auf die Kulturtechnik und den Standort zurück. Da der Mensch dieses System in seiner Gesamtheit noch nicht vollständig zu überblicken, geschweige denn zu steuern vermag und das Zusammenwirken einiger Wachstumsfaktoren nur in ersten Ansätzen (s. Kap. 2.1.3) quantifiziert werden kann, muß sich die Behandlung der ökologischen Grundlagen zunächst auf die Betrachtung einzelner Standortfaktoren konzentrieren.

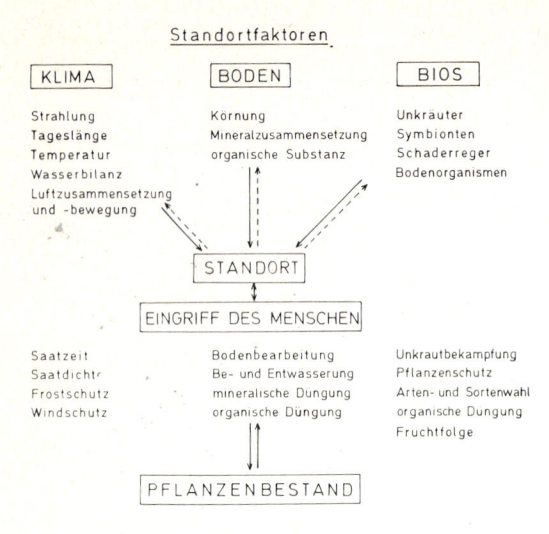

Abb. 2.1-1: Strukturdiagramm des Zusammenwirkens von Ökosystem und Pflanzenbau (Beispiele)

2.1.1 Klima
2.1.1.1 Strahlung

Die Globalstrahlung, die sowohl das direkte Sonnenlicht als auch das diffuse Himmelslicht einschließt, erstreckt sich über einen Wellenlängenbereich von ca. 300–2500 nm. Im Bereich von 380–780 nm wird die Strahlung vom Menschen als Licht wahrgenommen. Der für die Pflanze wichtigste Bereich von 400–720 nm wird als »photosynthetisch aktive Strahlung« bezeichnet (PAR = photosynthetic active radiation) und umfaßt ca. 50 % der Globalstrahlung. Sie liefert die Energie für die Photosynthese, steuert die Wuchsform und häufig auch die Entwicklung.

Ein guter Strahlungsgenuß ist eine entscheidende Voraussetzung für hohe Wachstumsleistungen und die Bestrahlungsstärke somit ein wichtiger Standortfaktor. In ost-westlicher Richtung, längs der Breitengrade, werden die Strahlungsbedingungen, abgesehen von der Jahreszeit, nur durch die Bewölkungsverhältnisse beeinflußt. Begünstigt sind hier im europäischen Raum vorwiegend bewölkungsarme Standorte in der Nähe der Küsten (z. B. Südengland, Kanalinseln). In nord-südlicher Richtung hingegen weisen die Standorte recht unterschiedliche Strahlungsbedingungen auf (Abb. 2.1-2).

Die Jahresamplitude wird mit höherer Breite drastisch verstärkt und erreicht im Sommer in Mittel- und Nordeuropa eine tägliche Bestrahlung von 5000–6000 Wh/m² d. Diese führt infolge der Verteilung über eine längere Lichtperiode bei sonst günstigen Wachstumsbedingungen zu annähernd gleichen oder sogar höheren Wachstumsraten, als sie in südlicheren Breiten erreicht werden.

Die Monatsmittel der Tagesmaxima der Bestrahlungsstärke liegen in Norddeutschland im Juni um 540 W/m² (ca. 54 klx), die absoluten Maxima bei 1000 W/m² (ca. 100 klx). Da die Lichtsättigung der Photosynthese der Pflanzen bei recht hohen Werten liegt (C_3-Pflanzen Einzelblätter 100–300 W/m², Bestände 350–800 W/m²), dürfte unter sonst günstigen Wachstumsbedingungen ein Strahlungsüberschuß bei Beständen nur für kurze Perioden, nur unter besonderen Kulturbedingungen (nach dem Pflanzen, Stecklingsanzucht u. a.) und im Norden seltener als im Süden auftreten. Hohe Bestrahlungsstärke führt auch zu härteren Blättern, zu höheren Konzentrationen geschmacksbildender Inhaltsstoffe und kann zu einer Transpirationsüberbelastung sowie einer Minderung des Wachstums führen. Die Gefahr irreversibler Strahlungsschäden ist jedoch bei angepaßten Pflanzen im mitteleuropäischen Klimaraum gering.

In Gewächshäusern wird die Bestrahlungsstärke durch die Hüllfläche und Konstruktionsteile um 30 – 50 % reduziert. Hier sollte bei Gemüsepflanzen nur dann schattiert werden, wenn es zur Vermeidung zu hoher Temperatur, von Wasserstreß, in Übergangsphasen zur Anpassung der Pflanzen oder zur Produktion besonders zarter Gewebe erforderlich ist.

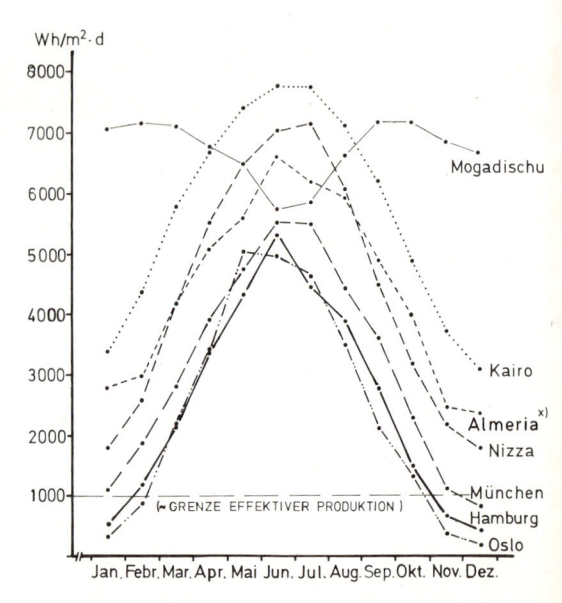

Abb. 2.1-2: Normalwerte mittlerer täglicher Summen der Globalstrahlung verschiedener Standorte im Jahresverlauf (ˣ) nur 1982/83 und 1983/84)

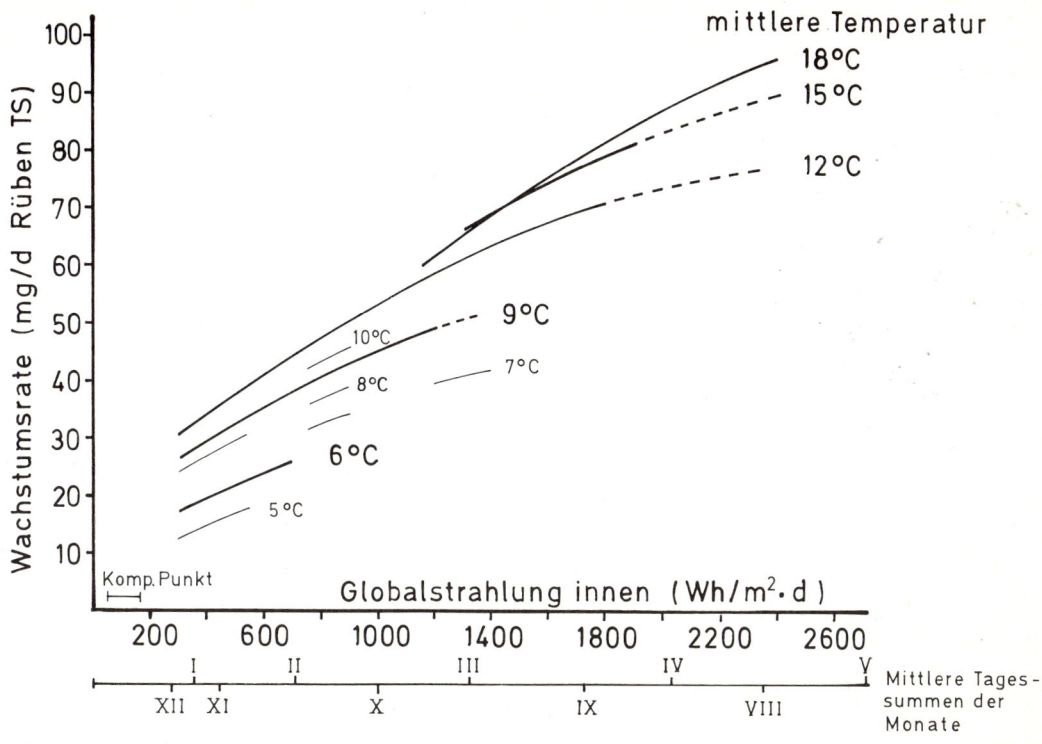

Abb. 2.1-3: Wachstumsraten von Rettichrüben in Abhängigkeit von der Globalstrahlung und Temperatur (KRUG und LIEBIG 1984)

In den Wintermonaten nimmt die Strahlung mit höherer Breite drastisch ab, bis hin zur »ewigen Nacht« im Polargebiet (Abb. 2.1-2). Da die Produktion in den höheren Breiten in den kalten Monaten in Gewächshäuser verlegt werden muß, wird der Strahlungsgenuß der Pflanzen nochmals auf 70 – 50 % der Freilandwerte reduziert. Damit beträgt der Strahlungsgenuß der in Gewächshäusern kultivierten Pflanzen in Norddeutschland im dunkelsten Monat Dezember nur 5 % des Strahlungsgenusses der Juniwerte im Freiland und nur ca. 24 % des Strahlungsgenusses der zur gleichen Zeit in Südfrankreich (Nizza) in Gewächshäusern oder 14 % der in Nizza im Freiland kultivierten Pflanzen.

Im Bereich geringer Bestrahlung sinkt die Stoffproduktion annähernd linear mit der Bestrahlung ab (Abb. 2.1-3). In Näherung kann bei einer Abnahme der Bestrahlung um 1 % mit einer Abnahme der Wachstumsrate von 1 % gerechnet werden (bei hoher Bestrahlungsstärke und geringer Blattfläche, wie z. B. bei jungen Pflanzen, sinkt die Wachstumsrate geringer). Beim Erreichen des Kompensationspunktes der Photosynthese (Einzelblätter 3–10 W/m², Bestände 14 – 30 W/m² Tageslicht, als Tagessumme im Mittel 100 Wh/m² d) kommt das Wachstum zum Erliegen. Wird für ein hinreichendes Wachstum eine Bestrahlung von 500 Wh/m² d als untere Grenze angesetzt, so ist im norddeutschen Klimaraum, auch unter sonst günstigen Bedingungen, von Anfang Dezember bis Mitte Januar keine nennenswerte primäre Stoffproduktion zu erwarten. Wird die Periode »effektiver Primärproduktion« durch 1000 Wh/m² d abgegrenzt, so scheiden in Norddeutschland die Monate November bis Januar aus. In München ist diese Spanne bereits kürzer als in Hamburg. In südlichen Breiten wird diese Grenze auch im Winter nicht erreicht. Diese Zusammenhänge zeigen die überragende Bedeutung der Nutzung der Strahlung und Strahlungsdurchlässigkeit der Gewächshäuser (Transmission der Hüllfläche, Aufstellungsrichtung und Konstruktion), insbesondere in den höheren Breiten. Über eine Verbesserung der Klimabedingungen durch eine Zusatzbestrahlung wird in Kapitel 4.15.4 berichtet.

Neben der Minderung der Wachstumsrate führt eine geringe Bestrahlung zur Ausbildung dünner Blätter und langer Stengel mit dünnen Zellwänden und lockeren Zellschichten, also insgesamt zarten, aber instabilen Geweben. Diese Reaktion kann bei einigen Arten eine gewünschte Qualitätseigenschaft sein (Kopfsalat, Bleichsellerie, Rhabarber) und wird z. T. künstlich durch Verdunkelung hervorgerufen. Bei den meisten Arten führt Strahlungsmangel jedoch zu einer Qualitätsminderung, u. a. durch Vergeilung und betontes Blattwachstum auf Kosten der Ertragsorgane; durch eine Verformung der Ertragsorgane (z. B. Flaschenhälse bei Kohlrabi, hochovale Knollen bei Radies); es werden in Verbindung mit der Konkurrenz des Blatt- und Triebwachstums weniger Blüten angesetzt oder vorhandene Blüten abgestoßen (Tomaten); bei Radies kann die Knollenbildung unterbleiben, und die Resistenz gegen Krankheiten ist vermindert.

Eine Gruppierung der Gemüsearten nach ihren Strahlungsansprüchen ist problematisch, doch reagieren einige Arten, wie z. B. Tomate oder Blumenkohl, auf Strahlungsmangel besonders deutlich. Auch innerhalb der Arten sind die Sorten unterschiedlich für den Winteranbau geeignet. Die Ursachen können in der Fähigkeit zur Nutzung geringer Bestrahlungsstärken durch die Photosynthese (Kompensationspunkt, Atmungsintensität, Blattausbildung, insbesondere spezifische Blattfläche (Blattfläche : Blattgewicht), Bestandesarchitektur), aber auch auf Unterschiede in entwicklungsphysiologischen Reaktionen (Photoperiodismus, Vernalisation) begründet

Tab. 2.1–1: Temperaturansprüche, Frost- und Vernalisationsempfindlichkeit sowie photoperiodische Reaktion von Gemüsearten

	Frost-[1] empfindlichkeit	Vernali-[2] sationsempfindlichkeit	Photo-[3] periodische Reaktion
1. Heiß (Wachstumsbereich 18–35 °C, Optimalbereich 21–29 °C)			
Okra *(Hibiscus diversifolius)*			
Roselle *(Hibiscus sabdariffa)*			
Wassermelone *(Citrullus vulgaris)*	+		K
Melone *(Cucumis melo)*	+		
Spanischer Pfeffer *(Capsicum*-Arten)	+		
Süßkartoffel *(Ipomea batatas)*	+		N
	+		
	+		K
2. Warm ((10), 12–35 °C, Opt. 20–25 °C)			
Gurke *(Cucumis sativus)*	+		(K)
Eierfrucht *(Solanum melongena)*	+	(!)	N
Paprika *(Capsicum annuum)*	+	(!)	N
Kürbis *(Cucurbita*-Arten)	+		N
Neuseeländer Spinat *(Tetragonia tetragonioides)*			
Mais *(Zea mays)*	+		(K)
Tomate *(Lycopersicon lycopersicum)*	+	!	N
Phaseolusbohne *(Phaseolus vulgaris)*	+		(K), N
Portulak *(Portulaca oleracea* ssp. *sativa)*			N
3. Kühl–Heiß (7–30 °C, Opt. um 20 °C)			
Colocasia *(Colocasia esculenta)*			
Artischocke *(Cynara scolymus)*			
Speisezwiebel und Schalotte *(Allium cepa)*	–	+	L
Porree *(Allium ampeloprasum* var. *porrum)*	–	+	L
Knoblauch *(Allium sativum)*	–	!	
Chicoree *(Cichorium intybus* var. *foliosum)*	–	+	L
Chinesischer Kohl *(Brassica chinensis)*			
Schwarzwurzel *(Scorzonera hispanica)*	–	+	L
Schnittlauch *(Allium schoenoprasum)*	–		K

Tab. 2.1–1: (Fortsetzung)

	Frost-[1] empfind- lichkeit	Vernali-[2] sations- empfind- lichkeit	Photo-[3] perio- dische Reaktion
4. Kühl–Warm (7–25 °C, Opt. um 18 °C)			
Erbse *(Pisum sativum)*	–	(!)	L, N
Dicke Bohne *(Vicia faba)*	–		L
Blumenkohl *(Brassica oleracea* convar. *botrytis* var. *botrytis)*	–	!	N
Brokkoli *(Brassica oleracea* convar. *botrytis* var. *italica)*	–	!	
Kopfkohl *(Brassica oleracea* convar. *capitata* var. *capitata)*	–	+	N
Kohlrabi *(Brassica oleracea* convar. *acephala* var. *gongylodes)*	–	+	N
Grünkohl *(Brassica oleracea* convar. *acephala* var. *sabellica)*	–	+	
Rosenkohl *(Brassica oleracea* convar. *oleracea* var. *gemmifera)*	–	+	
Speiserübe *(Brassica rapa* var. *rapa)*	–	+	L
Kohlrübe *(Brassica napus* var. *napobrassica)*	–	+	
Chinakohl *(Brassica pekinensis)*	–	+	L
Petersilie *(Petroselinum crispum)*	–	+	
Fenchel *(Foeniculum vulgare)*	(+)	+	(L), N
Dill *(Anethum graveolens)*			L
Radies *(Raphanus sativus* var. *sativus)*	(+)	(+)	(L)
Rettich *(Raphanus sativus* var. *niger)*	(+)	+	L
Rote Rübe *(Beta vulgaris* var. *conditiva)*	(–)	+	L
Mangold *(Beta vulgaris* var. *vulgaris)*	(–)	+	L
Spinat *(Spinacia oleracea)*	–	+	L
Kopfsalat *(Lactuca sativa* var. *capitata)*	(+)		L
Endivie *(Cichorium endivia)*	–		L
Möhre *(Daucus carota)*	–	+	(L)
Sellerie *(Apium graveolens)*	(+)	+	
Pastinake *(Pastinaca sativa)*	–	+	
Kartoffel *(Solanum tuberosum)*	+	–	K
Feldsalat *(Valerianella locusta)*	–	+	L
Rhabarber *(Rheum rhaponticum)*		+	N
Spargel *(Asparagus officinalis)*	(+)	–	N
Meerrettich *(Armoracia rusticana)*	–	+	
Gartenkresse *(Lepidium sativum)*	(+)		

[1] Empfindlich gegen schwache Fröste: +, rel. unempfindlich: –
[2] Vernalisationsempfindlich: +, Vernalisation bzw. rel. niedrige Temperatur ist Voraussetzung für die gemüsebauliche Ertragsbildung oder fördert diese: !
[3] K = Kurztag-, L = Langtag-, N = tagneutrale Pflanze, ( ) = schwache Reaktion bzw. unterschiedliche Sortenreaktion

sein. In strahlungsarmen Zeiten gewinnt damit die Wahl angepaßter Sorten besondere Bedeutung.

Die **Tageslänge** (Photoperiode) der Standorte ist astronomisch bedingt und, abgesehen von Bewölkungseinflüssen, klimaunabhängig. Die astronomische Tageslänge beginnt bei Sonnenaufgang und endet bei Sonnenuntergang. Da photoperiodische Reaktionen schon von schwachen Beleuchtungsstärken ausgelöst werden (50 – 100 lx),

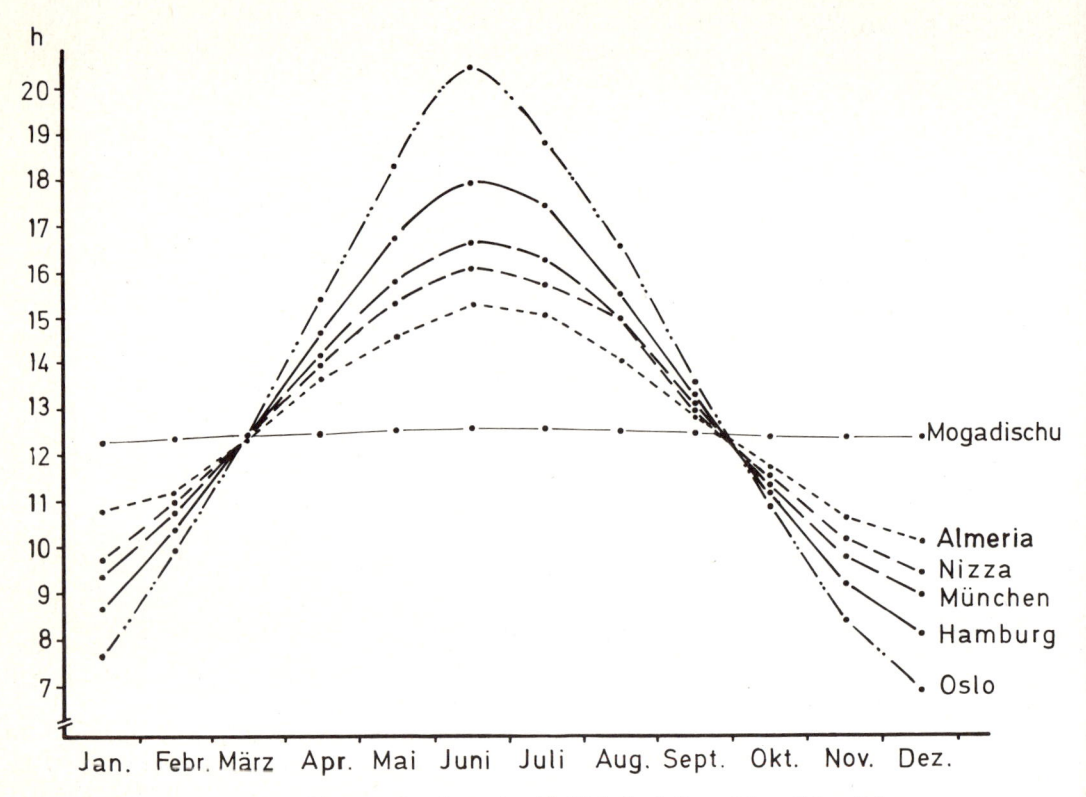

Abb. 2.1-4: Tageslängen verschiedener Standorte einschließlich der halben »bürgerlichen Dämmerung«

ist etwa die halbe Dauer der »bürgerlichen Dämmerung« (Sonnenstand ca. 6° unter dem Horizont) in die photoperiodisch wirksame Tageslänge einzubeziehen.

Standorte hoher geographischer Breite weisen eine stärkere Jahresamplitude auf als solche niedriger Breiten (Abb. 2.1-4). Die Reaktionen der Arten sind in Tabelle 2.1-2 aufgeführt und werden bei den jeweiligen Kulturen beschrieben.

Literatur

KUBIN, ST. (1985): Definition: Bewertung und Messung der photosynthetisch aktiven Strahlung. Gartenbauwissenschaft **50**, 120-128.

2.1.1.2 Temperatur

Die Temperaturbedingungen der Standorte bestimmen die Dauer der Vegetationsperiode, in der die Pflanzen zu wachsen vermögen, und innerhalb der Vegetationsperiode die Wachstumsleistung. Darüber hinaus kann die Temperatur Entwicklungsprozesse und damit auch die Ertragsbildung steuern.

Die **Grenzwerte,** wie auch die Optimalbereiche der Temperatur, sind von einer Vielzahl von Faktoren abhängig (Pflanzenart, Sorte, physiologisches Alter, Aktivitätszustand, Anpassung, Dauer der Einwirkung, Intensität anderer Wachstumsfaktoren u. a.) und somit nicht allgemeingültig zu definieren. Richtwerte sind für die untere Lebensgrenze für wärmeanspruchsvolle Arten 1–5 °C, für weniger wärmeanspruchsvolle, aber frostempfindliche Arten 0 bis -3 °C (s. Tab. 2.1-1); kühleren Klimaten angepaßte Arten können Fröste mit Temperaturen unter -10 °C überleben. Aber auch Temperaturen über dieser unteren Lebensgrenze können die Pflanzen schädigen: bei wärmebedürftigen Arten durch »Erkältungen«, die sich in mehr oder weniger lang anhaltenden Wachstumsstockungen auswirken, oder durch das Absterben einzelner Organe. Besonders gefährdet sind die Vegetationskegel junger Pflanzen, deren Absterben die weitere Blattbildung verhindert (z. B. Blindheit bei Blumenkohl oder Kohlrabi). Schäden können auch durch eine unerwünschte Vernalisation mit nachfolgendem Schossen entstehen.

Tab. 2.1–2: Mittlere Daten der frostfreien Periode einiger deutscher Standorte

	Mittlerer erster und letzter Frosttag	Dauer der frostfreien Periode (Tage)
Hamburg	06.11.–05.04.	214
Hannover	28.10.–19.04.	191
Köln	04.11.–28.03.	230
Ludwigshafen	04.11.–02.04.	215
Stuttgart	01.11.–03.04.	211
München	23.10.–17.04.	188

Quelle: Klimakunde des Deutschen Reiches 2 (1939)

Die Gefahr von Frost- und Kälteschäden wächst, wie in Abbildung 2.1-5 verdeutlicht, von Süd nach Nord, aber, bedingt durch die zunehmende Kontinentalität, auch von West nach Ost. Diese Gradienten können durch regionale Einflüsse, wie z. B. die Höhenlage, die Lage im Windschatten von Höhenzügen, die Nähe von Meeren, Seen, Flüssen oder Mooren sowie durch die Exposition und Neigung des Geländes variiert werden. Generell sinkt mit zunehmender Westlage (siehe Abb. 2.1-5, Gradient Warschau – Brest), aber auch mit der Küstennähe, das Risiko bei der Freilandüberwinterung von Herbstpflanzungen (Kohlgewächse, Möhren, Zwiebeln) oder erntereifer bzw. nahezu erntereifer Bestände (Kopfkohl, Blumenkohl, Möhren) und das Kulturrisiko ausdauernder Arten, wie z. B. Artischocken.

Die obere Temperaturgrenze liegt bei längerer Einwirkung um 40–45 °C, bei einigen Arten, wie z. B. Sukkulenten, bei noch höheren Werten (50–60 °C). Auch Hitze kann bereits unter dem Grenzwert für das Überleben der Pflanze Schäden auslösen, wie z. B. das Absterben von Blüten oder jungen Früchten (Tomaten), das vorzeitige Schossen (Blumenkohl, Radies, Kopf- und Feldsalat, Spinat), Qualitätsminderungen (Pelzigkeit, Verholzen) und eine geringere Wachstumsleistung. Hitzeperioden, die zu einem Absterben angepaßter Pflanzen führen, sind in West- und Mitteleuropa, soweit sie nicht mit einer Dürre einhergehen, nicht häufig. Die Gefahr von Hitzeschäden wächst mit abnehmender geographischer Breite und mit zunehmender Kontinentalität.

Für die **Dauer der Vegetationsperiode** werden für die Tagesmitteltemperatur Grenzwerte von 5 °C für kälteverträgliche Arten und 10 °C für wärmebedürftige Arten angenommen. Bei Arten mit geringen Temperaturansprüchen, aber Nachtfrostempfindlichkeit (z. B. Kartoffel), sollte zusätzlich die Nachtfrostgefahr berücksichtigt werden (Tab. 2.1-2). Mit südlicherer Lage beginnt die Vegetationsperiode früher und endet später, d. h., die potentielle Vegetationsdauer wird länger. Sie beträgt für die 5°-Grenze in Oslo 183, in Hamburg 223, in München 214 (kontinentalere Lage), in Nizza 365 Tage. Die Vegetationsperiode verkürzt sich in Mitteleuropa auch mit zunehmender Kontinentalität von West nach Ost. Sie dauert in Brest 365, in Warschau ca. 210 Tage. Für die wärmebedürftigen Arten mit einer

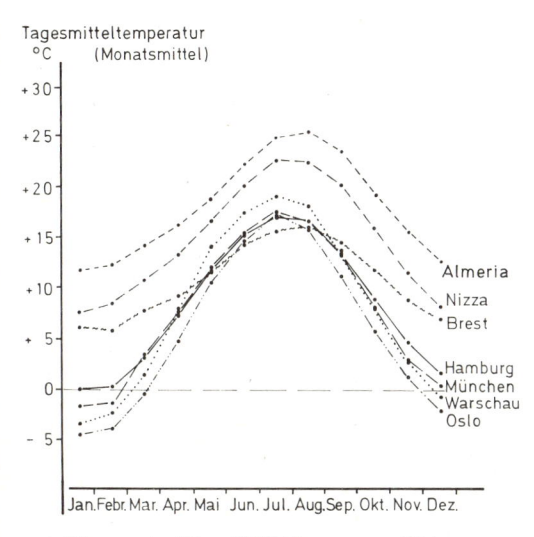

Lufttemperatur °C	JANUAR		JULI	
Standort	mittlere Max/Min	absolute Max/Min	mittlere Max/Min	absolute Max/Min
Almeria	15/ 8	19/ 4	29/21	35/17
Nizza	13/ 4	21/-2	27/19	34/13
Brest	9/ 4	16/-14	21/13	33/ 7
Hamburg	2/-2	13/-18	21/13	33/ 6
München	1/-5	13/-26	22/12	33/ 4
Warschau	-1/-5	10/-30	24/13	35/ 7
Oslo	-1/-7	12/-30	23/13	33/ 6

Abb. 2.1-5: Jahresverlauf der monatlichen Tagesmitteltemperatur verschiedener Standorte sowie Temperaturmaxima und -minima im Januar und Juli

Grenztemperatur von 10 °C lauten die entsprechenden Werte: Oslo 4–5, Hamburg 5, München 5, Nizza 8, Warschau 4–5 und Brest 6–7 Monate.

Die längere Vegetationsperiode ermöglicht eine frühere Ernte mit vielfach günstigeren Preisen, im Herbst eine spätere Ernte und damit eine längere Marktbelieferung mit wiederum Preisvorteilen und/oder einer kürzeren Lagerzeit. Sie bedeutet für Arten mit langer Wachstumsperiode eine längere Kulturdauer mit höheren Erträgen oder ermöglicht den Anbau einer größeren Zahl kurzlebiger Arten in einem Jahr.

Auch die **Ansprüche der Arten** während der Vegetationsperiode variieren ihrer stammesgeschichtlichen Anpassung entsprechend beträchtlich. Sie sind, wie die Grenzwerte, sehr komplexer Natur, darüber hinaus von dem Produktionsziel abhängig und nur in stark vereinfachter Form durch wenige Zahlen zu charakterisieren. Die in Tabelle 2.1-1 vorgenommene Gruppierung kann deshalb nur einen groben Überblick geben und ist stets unter dieser besonderen Problematik zu sehen. Die Temperaturbereiche sind in einen Wachstums- und einen Optimalbereich unterteilt. Der Wachstumsbereich umfaßt die Temperaturen, die zumindest befriedigende, der Optimalbereich solche, die höchste Wachstumsleistungen ermöglichen.

Arten der Gruppe 1 stellen hohe Temperaturansprüche und eignen sich nur für den Anbau in sehr warmen Klimagebieten bzw. in Gewächshäusern. Die Temperaturansprüche der Arten der Gruppe 2 sind etwas geringer und erlauben – mit Ausnahmen – die Kultur in der warmen Jahreszeit Mitteleuropas. Die in Gruppe 3 aufgeführten Arten sind sehr temperaturtolerant und können in weiten Temperaturbereichen kultiviert werden. Die Arten der Gruppe 4 vermögen auch noch unter kühlen Wachstumsbedingungen hohe Leistungen zu erbringen. Sie besitzen die größte geographische Verbreitung und werden in den Höhenlagen der Tropen, in den kühlen Jahreszeiten der Subtropen und im Sommerhalbjahr des gemäßigten Klimas, vielfach bis hin zur Polarzone, angebaut.

Zusammenfassend ist festzustellen, daß die temperaturbedingten Standortvoraussetzungen in Mitteleuropa für den Gemüseanbau von Ost nach West günstiger werden. Das maritim geprägte Klima Westeuropas bedingt eine längere Vegetationsperiode; der allmähliche Übergang zum Frühjahr läßt mehr Zeit für die Bestellung, der längere Herbst mehr Zeit für die Ernte; extreme Klimabedingungen sind seltener. Arten, die leichte Fröste vertragen, können deshalb als junge Pflanzen, andere erntereif oder nahezu erntereif überwintert werden. Die gemäßigte Temperatur in Verbindung mit einer ausgeglichenen Wasserversorgung und hohen Luftfeuchte begünstigt die Bildung einer großen Biomasse und damit höhere Erträge.

Einige Arten, wie z. B. die Speisezwiebel, sind aufgrund ihrer Herkunft, andere aufgrund ihrer kurzen Kulturdauer, dem kontinentalen Klima recht gut angepaßt. Für wärmebedürftige Arten, wie Tomaten und Gurken, aber auch für viele Samenträger, bieten die warmen Sommer, und für die letzteren die trockenen Spätsommer, gute Wachstums- und Reifebedingungen.

Für Gewächshauskulturen bedeutet ein maritimes Klima Einsparungen bei der Auslegung der Heizung und der Lüftungsklappen, geringere Anforderungen an die Belastbarkeit der Konstruktion durch Schnee und geringere Heizkosten.

Die Produktion in den **niederen Breiten** bietet seitens der Temperatur und Strahlung verschiedene Vorteile: eine lange Vegetationsperiode bis hin zum ungeschützten, ganzjährigen Anbau mit auch im Winter günstigen Strahlungsbedingungen. Darüber hinaus sind die Produktionskosten meist geringer, da in billigeren Gewächshäusern oder ganz ohne Folien- bzw. Glasschutz kultiviert werden kann.

Aber auch in diesen Gebieten sind dem Anbau von Gemüse Grenzen gesetzt. Es entstehen vielfach hohe Kosten durch die Bewässerung, oder die Verfügbarkeit von Wasser behindert eine Ausweitung der Produktion. Kosten entstehen durch die meist unverzichtbaren, intensiven Pflanzenschutzmaßnahmen, die auch eine erhöhte Rückstandsgefahr zur Folge haben. Diese Gebiete leiden vielfach unter starken Winden, Hitzeperioden oder Trockenzeiten. Die potentiellen Erntespannen sind bei hohen Temperaturen meist kürzer (Erbsen, Blumenkohl) und die Qualitäten der Produkte geringer. Auch die Erträge dieser Gebiete liegen bei vielen Arten infolge der schnelleren Entwicklung bei nicht in gleicher Weise gesteigertem Wachstum niedriger als in Mitteleuropa.

Literatur

PRECHT, H., CHRISTOPHERSEN, J., HENSEL, H. und LARCHER, W. (1973): Temperature and life. Berlin, Heidelberg, New York: Springer.

2.1.1.3 Wasser

Die Wasserversorgung der Pflanzen wird vielfach nach den Niederschlägen beurteilt. Die Nieder-

Ökologische Voraussetzungen

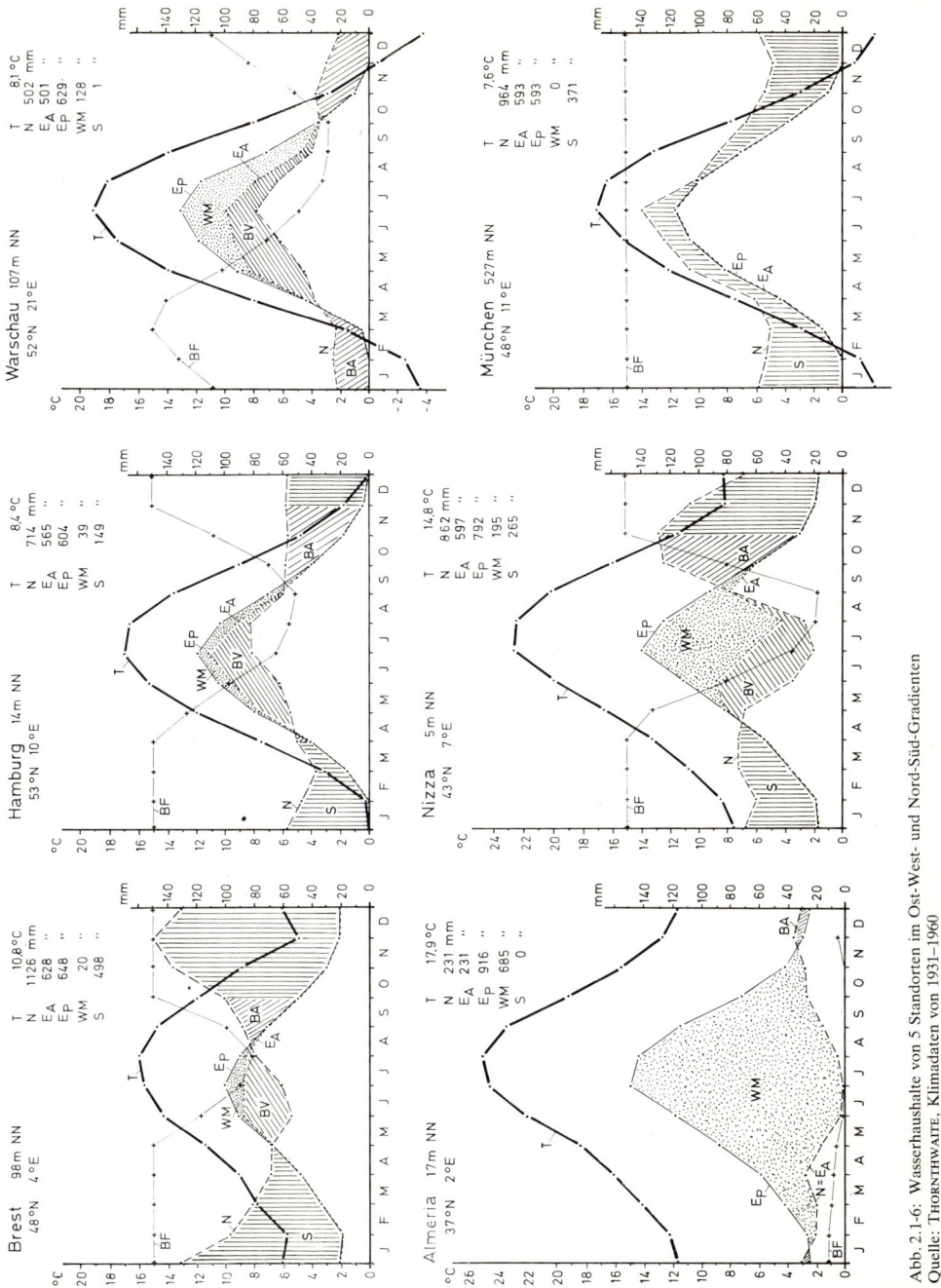

Abb. 2.1-6: Wasserhaushalte von 5 Standorten im Ost-West- und Nord-Süd-Gradienten
Quelle: THORNTHWAITE, Klimadaten von 1931–1960
T = Temperatur °C, N = Niederschlag, mm, E_A = Aktuelle Evapotranspiration, mm, E_P = Potentielle Evapotranspiration, mm, BF = Bodenfeuchte in mm bei 150 mm nutzbarer Wasserkapazität, S = Sickerwassermenge nach Auffüllung des Bodens auf Feldkapazität, mm ($N-E_A$), BV = Bodenfeuchteverzehr, mm ($N-E_A$), BA = Bodenfeuchteauffüllung, mm ($N-E_A$), WM = Wassermangel, mm (E_P-E_A), Summe der negativen Klimatischen Wasserbilanz
Die Werte wurden freundlicherweise von Herrn Prof. VAN EIMERN errechnet

schläge allein sind jedoch für eine Beurteilung des Wasserhaushaltes eines Standortes kein ausreichendes Kriterium, da auch die Wasserabgabe des Bodens (Evaporation) und der Pflanze (Transpiration), zusammen als Evapotranspiration bezeichnet, sowie die Speicherfähigkeit des Bodens berücksichtigt werden müssen. Den Jahresverlauf der Temperatur, der Niederschläge, der potentiellen und aktuellen Evapotranspiration und die daraus resultierenden Wassergehalte eines leichten Bodens (150 mm nutzbare Wasserkapazität) gibt Abbildung 2.1-6 für 6 Standorte wieder.

In Hamburg, als Beispiel für den überwiegend humiden norddeutschen Raum, fallen im Jahr etwa 714 mm (l/m^2) Niederschlag (N), der die potentielle Evapotranspiration (E_P) von 604 mm in der Jahressumme um 110 mm übersteigt. In den Monaten Dezember bis April kann ein leichter Boden bei der geringen Evapotranspiration die fallenden Niederschlagsmengen nicht speichern, es kommt zu Sickerverlusten (senkrecht schraffierte Fläche) und entsprechender Nährstoffauswaschung. Von Mai bis September jedoch steigt bei den höheren Temperaturen die Evapotranspiration bis zu ca. 120 mm pro Monat oder 4 mm pro Tag an und übertrifft die Niederschlagssumme. Damit wird die Evapotranspiration eingeschränkt (E_P–E_A, punktierte Fläche) und der Wassergehalt des Bodens nimmt ab (Bodenfeuchteverzehr). Im September sinkt der Wasservorrat bis auf 60 mm Wasser, d. h. ca. 40 % der nutzbaren Wasserkapazität. Auch dieses Wasser steht den Pflanzen nur im durchwurzelten Raum und dem aus tieferen Bodenschichten nachgelieferten Vorrat zur Verfügung. Im Oktober und November wird der Wassergehalt des Bodens wieder auf Feldkapazität aufgefüllt. Auf einem schwereren als dem hier zugrundegelegten Boden, der eine größere nutzbare Wasserkapazität besitzt (Lößboden bis 1 m Tiefe 170 bis 220 mm), sind die Sickerverluste geringer, und das Angebot in den ariden Sommermonaten ist größer.

Da diese Werte langjährige Monatssummen repräsentieren, werden Schwankungen zwischen den Jahren und innerhalb der Monate nicht erfaßt. Die Darstellung gibt somit ein zu günstiges Bild, und auch in Gebieten ohne langjährig ausgewiesene Trockenzeiten sollte nicht auf eine Bewässerungsanlage verzichtet werden. Es fehlen auch andere für die Pflanzenkultur bedeutsame Kriterien des Wasserhaushaltes, wie die Niederschlagshäufigkeit, die bedingt, welche Menge des Niederschlagswassers den Boden erreicht und in welchen Zeiten die Pflanzen benetzt und damit erhöht infektionsgefährdet sind. Desgleichen bleibt die Niederschlagsdichte (mm/h), die die Abflußverluste, die Erosion und mechanische Schäden an den Pflanzen mitbestimmt, unberücksichtigt. Die Darstellungen geben trotz dieser Einschränkungen wertvolle Informationen über die Zeiten und das Ausmaß von Trockenperioden und Sickerverlusten und ermöglichen damit einen guten Vergleich der Standorte verschiedener Produktionsgebiete.

Im extrem maritimen Brest (Nordwest-Frankreich) treten infolge hoher Winterniederschläge trotz relativ hoher Temperaturen von Oktober bis Mai mit 498 mm etwa dreimal so hohe Sickerverluste auf wie in Hamburg. Ab Mai kommt es aber infolge geringer Niederschläge auch in diesem maritimen Gebiet zu Trockenbedingungen und einem Bodenfeuchteverzehr, der jedoch in der Jahressumme nur 50 % der Hamburger Werte erreicht. Von September bis Oktober wird die Bodenfeuchte wieder aufgefüllt.

Im kontinentalen Klima Warschaus treten bei den insgesamt, und besonders im Winter, geringen Niederschlägen keine Sickerverluste auf. Zur Feldbestellung im April herrschen bereits Trockenbedingungen vor, die besonders von Mai bis Juli stark an der Bodenfeuchte zehren. Der Wassermangel ist insgesamt über dreimal so groß wie in Hamburg. Ab Oktober-November überwiegt auch in diesem Gebiet der Niederschlag die Evapotranspiration, und das Bodenwasser wird wieder angereichert.

In München als Repräsentant des süddeutschen Raumes überwiegt der Niederschlag im ganzen Jahr die Evapotranspiration. Es treten im langjährigen Mittel keine Trockenzeiten auf, und die Sickerwasserverluste sind zweieinhalbmal so hoch wie in Hamburg.

In Nizza (Südfrankreich) herrscht ein sommertrockenes, winterfeuchtes mediterranes Klima. Auch hier geht von November bis April ein hoher Anteil der Niederschläge als Sickerwasser verloren. Ab Mai kommt es dann zu einer etwa fünfmal so starken Trockenheit wie in Hamburg, bis der Boden im September und Oktober wieder aufgefüllt wird.

In Almeria (Südspanien) herrscht, mit Ausnahme einer kurzen Winterperiode, im ganzen Jahr Wassermangel. In diesem Klima gedeihen Pflanzen, von wenigen Ausnahmen abgesehen, nur in Zonen mit hohem Grundwasserstand, wie z. B. in der Nähe von Flüssen oder mit Bewässerung.

Der **Wasserbedarf der Gemüsearten** ist von einer Vielzahl von Faktoren abhängig, unter anderem dem Wasserhaushalt des Standortes, der artspezifischen Anpassung an die Standortbedingungen, der Wachstumsleistung und der Kulturdauer. In grober Näherung werden für die Bildung von 1 kg Trockensubstanz (ca. 10 – 13 kg Frischsubstanz) 200 – 900, im Mittel 500 l Wasser benötigt. Bei einer Trockensubstanzproduktion von 1,0 kg/m^2 ergibt dies in Hamburg von April bis Oktober ein Defizit von 143 mm, von dem ein Teil aus der Winterfeuchte gedeckt wird. Nach HENKEL (1978) ist im Gemüsebau in Mitteldeutschland in Normaljahren mit einer Bewässerungsmenge von 120 mm, in Trockenjahren bis 220 mm zu rechnen.

Gemüsearten mit hohem Wasserbedarf sind: mittelspäter und später Kopfkohl, Sellerie, Blumenkohl, Chinakohl, Rhabarber und Porree. Als relativ trockenresistent gelten Melone, Paprika, Eierfrucht, Kürbisarten, Speisezwiebel, Erbse und Buschbohne.

Ein zu hohes Wasserangebot führt neben Auswaschungsverlusten zu Bodenverdichtungen mit erschwerten Auflaufbedingungen. Wasserüberschuß kann infolge Luftmangels (Sauerstoffmangel, CO_2-Anreicherung) zu Auflaufstörungen und Wachstumsdepressionen führen. Es unterbleibt die Ausbildung transpirationshemmender Abschlußgewebe (Feuchtekonstitution), so daß diese Pflanzen durch folgenden Wassermangel besonders gefährdet sind. Es werden infolge hoher Wachstumsraten weiche, lockere Gewebe mit geringer Lagerfähigkeit ausgebildet. Feuchteliebende Schaderreger, besonders Pilze, werden gefördert und ihre Bekämpfung durch das Abwaschen der Pflanzenschutzmittel erschwert.

Trockenzeiten mindern das Pflanzen-, insbesondere das Blattwachstum. Gemäßigter Wassermangel während der Jugendentwicklung verzögert zwar das Wachstum, kann aber sowohl in folgenden Trockenzeiten als auch unter nachfolgenden Feuchtebedingungen wachstumsfördernd wirken. Wassermangel vermag bei einigen Pflanzen auch die Entwicklung zu beeinflussen. Bei der Speisezwiebel z. B. wird der Eintritt in die Ruheperiode beschleunigt. Damit werden die Ausreife, die Qualität und die Lagerfähigkeit begünstigt. Schnittlauch hingegen reagiert mit einem verzögerten Eintritt in die Ruheperiode. Bei Fruchtgemüse, wie der Tomate, kann eine leichte Trockenperiode den Blütenansatz und den Ertrag fördern. Bei Blumenkohl führt Trockenheit zu einer vorzeitigen Differenzierung der Kopfanlage (Vorblüher) und damit zu Ertragsausfällen. Trockenheit kann Qualitätsmängel verursachen, wie Pelzigkeit oder Verholzen, und fördert trockenliebende Schaderreger, wie Blattläuse.

Perioden mit besonderer Empfindlichkeit gegen Wassermangel sind bei allen Gemüsearten die Keimung und bei Pflanzgemüse die Anwachsperiode; bei einigen fruchtbildenden Gemüsen, wie Erbsen und Buschbohnen, die Zeit der Blüte und des Fruchtansatzes, bei Kartoffeln die Knollenansatzperiode und bei allen Arten die Zeiten starken Massenzuwachses.

Besonders ungünstig ist ein starker Wechsel im Wasserangebot. Wassermangel schädigt besonders Feuchtbedingungen angepaßte Pflanzen mit schwach ausgebildetem Verdunstungsschutz und flacher Wurzelausbildung. Wechselnder Turgor führt zum Platzen von Knollen, Rüben und Früchten.

Literatur
KRAMER, P. J. (1983): Water relations of plants. New York, London: Academic Press.

2.1.1.4 Luft

Die »natürliche« Luft enthält ca. 78 Vol.-% Stickstoff, 21 Vol.-% Sauerstoff, 1 Vol.-% Wasserdampf, 0,03 Vol.-% (340 ppm) Kohlendioxyd, geringere Mengen an Edelgasen und andere Gase, wie Methan, Stickoxyde, Kohlenmonoxyd, Ammoniak oder Ozon. Darüber hinaus enthält die Luft feinste flüssige oder feste Bestandteile, wie z. B. Staub.

Der Luftstickstoff hat für den Pflanzenbau nur über die Bindung durch Leguminosen oder N-bindende Mikroorganismen Bedeutung. Sauerstoff ist für die Pflanzenatmung in der freien Atmosphäre im Überschuß vorhanden. Die normale Sauerstoffkonzentration fördert die Lichtatmung und hemmt damit die Stoffproduktion, ist aber unter den derzeitigen Kulturbedingungen nicht als kritischer Wachstumsfaktor zu betrachten.

2.1.1.4(1) Luftfeuchte

Die Luftfeuchte beeinflußt das Pflanzenwachstum über die Verdunstungskraft der Atmosphäre und damit die Transpirationsintensität. Ein Maß für die Verdunstungskraft ist das Sättigungsdefizit der Luft, das als Druck oder als Gewichtsdifferenz zwischen potentieller und aktueller Wasserdampfmasse pro m^3 Luft gemessen wird. Die relative Luftfeuchte (aktueller in Prozent zum bei der jeweiligen Temperatur potentiellen Wasserdampfgehalt) ist ein Maß für den Sättigungsgrad und die Gefahr der Taubildung, aber kein geeignetes Kriterium der Transpirationsbeanspruchung.

Bei hoher Luftfeuchte und damit geringer Transpiration und hohem Wasserpotential, entfalten die Pflanzen die höchste Wachstumsleistung, solange der Transpirationsstrom für den Transport essentieller Nähr- (z. B. Calcium) und Wirkstoffe (z. B. Cytokinin) ausreicht. Es bilden sich jedoch lockere Gewebe mit geringem Verdunstungsschutz (Feuchtekonstitution) und unter Umständen geringerem Gehalt an Geschmacksstoffen. Durch ein Verkleben der Pollen kann bei Tomaten die Befruchtung gefährdet sein. Weiterhin werden das Wachstum und die Aggressivität einiger Schaderreger, besonders von Pilzen, gefördert, insbesondere wenn es bei sinkender Temperatur zur Taubildung kommt. Eine sehr hohe Luftfeuchte ist deshalb zu meiden.

In trockener Luft wachsen »härtere« Pflanzen mit dickeren, kleineren und besser vor Wasserverlusten geschützten Blättern, aber geringerer Wachstumsleistung. Starke Wachstumshemmungen durch Trockenluft sind zu erwarten, wenn die Wasserabgabe durch die Transpiration die Wasseraufnahme oder das Wasserleitungsvermögen der Pflanzen (z. B. *Beta*-Rüben, Gurken) übersteigt und das Wasserpotential der Gewebe sinkt. Die Folge sind ein Schließen der Spaltöffnungen mit einer gehemmten Photosynthese und infolge eines geringeren Druckpotentials ein schwächeres Zell- und Gewebewachstum, unter Umständen ein Welken oder Vertrocknen von Pflanzenteilen oder ganzen Pflanzen. Eine niedrige Luftfeuchte wirkt somit besonders wachstumshemmend, wenn der Wassernachschub bei geringem Wasserangebot oder erschwerter Wasseraufnahme (niedrige Bodentemperatur, hohe Salzkonzentration) gehemmt ist.

Besonders drastisch wirkt trockene Luft bei Blättern, die unter Feuchtbedingungen gewachsen sind oder aufgrund ihrer genetischen Struktur nur geringen Transpirationsschutz ausgebildet haben. So kommt es in Gewächshäusern, wenn nach einer Periode trüben Wetters bei starker Strahlung gelüftet werden muß und die Luftfeuchte drastisch sinkt, bei Stangenbohnen und Gurken zur Welke und einem Vertrocknen der Blätter oder Triebspitzen (Brandkoppen). Auch wenn die Wasseraufnahme durch kulturtechnische Eingriffe (Anwachsperiode, Stecklingsbewurzelung, Veredelung) gehemmt ist, sollte trockene Luft gemieden werden.

Im Freiland sind folglich die Standorte mit überwiegend hoher Luftfeuchte in der Nähe von Meeren, Seen oder Flüssen für die Mehrzahl der Gemüsearten günstig zu beurteilen. Ausnahmen sind besonders pilzgefährdete Kulturen, wie z. B. Tomaten und Mutterpflanzen, deren Samen unter Trockenbedingungen besser ausreifen.

2.1.1.4(2) CO_2-Konzentration

Ca. 94 % der Pflanzen-Trockensubstanz besteht aus Kohlenstoff (C ca. 40 %), Wasserstoff und Sauerstoff. Der Kohlenstoff wird in Form von Kohlendioxyd (CO_2) der Atmosphäre entnommen und über die Photosynthese gebunden. Nur ein geringer Teil stammt aus der Bodenlösung. Die CO_2-Konzentration der Atmosphäre war im Verlauf der Erdgeschichte für das Pflanzenwachstum bedeutsamen Schwankungen unterworfen. Die Konzentration stieg mit der Industrialisierung und verstärkten Verbrennung fossiler Kohlenstoffvorräte von ca. 285 ppm in der Mitte des 19. Jh. auf ca. 320 ppm in der Mitte des 20. Jh. an und schwankt heute in Großstädten um 340 ppm.

Der Bedarf eines voll ausgebildeten Pflanzenbestandes entspricht unter günstigen Wachstumsbedingungen dem CO_2-Gehalt einer Luftsäule von ca. 60 m Höhe. Im Freiland, und mit Einschränkung auch im Gewächshaus, erfolgt ein Konzentrationsausgleich durch Turbulenz, Diffusion und durch den Beitrag der Bodenatmung (humose Böden ca. 15 %). Es können jedoch zwischen Tag und Nacht und auch zwischen dem Bestandesinneren und der freien Atmosphäre erhebliche Gradienten der CO_2-Konzentration auftreten. In voll entwickelten Beständen kann die CO_2-Konzentration bei starker Strahlung auf Werte unter 250 ppm, in dicht geschlossenen Kulturräumen bis dicht über den CO_2-Kompensationspunkt (C-Pflanzen 30–70 ppm an Einzelblättern, in Beständen vermutlich um 150 ppm) absinken.

Die Photosynthese steigt in Abhängigkeit von den Licht- und Temperaturbedingungen, dem Wasserpotential der Pflanzen und der Luftbewegung bis ca. 300 ppm annähernd linear mit der CO_2-Konzentration an. Bis zur Konzentration von 1000 bis über 3000 ppm erfolgt ein weiterer, aber zunehmend geringerer Anstieg. Bei hohen CO_2-Konzentrationen können auch Schäden auftreten (s. Abb. 4.15-2).

Dementsprechend kann die CO_2-Konzentration auch im Freiland ein die Wuchsleistung der Pflanzen begrenzender Faktor sein. Die CO_2-Versorgung wird verbessert durch eine Luftbewegung zur Förderung des Gasaustausches mit den höheren Schichten der Atmosphäre und zur verstärkten CO_2-Aufnahme der Blätter (Verringerung der laminaren Grenzschicht), durch eine den Gasaustausch begünstigende Bestandesarchitektur, durch organische Düngung und alle Maßnahmen, die die Aktivität des Bodens und damit seine CO_2-Produktion fördern. Die praxisrelevanten Möglichkeiten einer Anhebung der CO_2-Konzentration im Freiland sind jedoch sehr begrenzt. Sehr hohe CO_2-Konzentrationen treten im Freiland nur nach starker organischer Düngung und Bedeckung mit ungelochter Folie, d. h. nur in Ausnahmefällen auf. Ausführlicher wird über CO_2-Wirkungen und die Möglichkeiten einer CO_2-Anreicherung in Gewächshäusern im Kapitel 4.15.3 berichtet.

2.1.1.4(3) Luftverunreinigungen

Die übrigen Bestandteile der Luft haben in der geringen »normalen« Konzentration keine schädigenden Wirkungen auf die Pflanzen. Treten diese Stoffe als Folge von Naturereignissen, wie z. B. Vulkanausbrüchen oder durch Eingriffe des Menschen, in deutlich höherer Konzentration auf als in der »natürlichen« Luft, so spricht man von Luftverunreinigungen. Werden diese am Ort des Austritts gemessen, werden sie Emissionen, am Ort der Wirkung Immissionen genannt. Diese Stoffe wirken über die Luft, sie können aber auch, wie z. B. Schwermetalle, aus dem Boden aufgenommen werden.

Die Gefahr von Luftverunreinigungen besteht besonders in der Nähe von Industrieanlagen, Kraftwerken, Siedlungen, Müllverbrennungsanlagen und stark befahrenen Verkehrswegen (Abb. 2.1-7). Sie ist auch von der Wetterlage (Niederschläge, Windrichtung) abhängig. In Entfernungen über 3 km vom Emittenten und über 50 m von Verkehrswegen nimmt das Schadrisiko deutlich ab. In einigen gefährdeten Gebieten kann der Grad der Luftverunreinigung sogenannten Immissionskatastern entnommen werden.

Staubförmige Stoffe, wie z. B. Zementstaub, Ruß oder Flugasche, trüben die Atmosphäre und lagern sich auf den Pflanzen ab. Sie führen so zu Lichtverlusten, verkrusten die Spaltöffnungen und hemmen damit Photosynthese, Transpiration und Wachstum. Durch die Alkalität dieser Stoffe können auch Gewebeteile absterben; es kommt jedoch in der Regel nicht zum Tod der gesamten Pflanze. Besonders lästig sind feste Immissionen durch die Verschmutzung der Gewächshäuser.

Schadgase entstehen bei der Verbrenung von Kohle und Öl (Schwefeldioxyd), in Kokereien (Schwefelwasserstoff), Emaillierwerken (Chlorwasserstoff), Glas- und Fliesenfabriken, Ziegeleien oder Metallhütten (Fluorwasserstoff). Weitere Schadgase sind Ozon und Ammoniak. In der Tabelle 2.1-3 sind vorgeschlagene maximale Immissions-Werte wichtiger Schadstoffe für Pflanzen unterschiedlicher Empfindlichkeit und für verschiedene Einwirkungsdauer aufgeführt, in der rechten Spalte gesetzlich verankerte Grenzwerte zum Schutz der menschlichen Gesundheit. Die meisten Schadgase schädigen auch weniger empfindliche Pflanzen deutlich unter den die menschliche Gesundheit gefährdenden Konzentrationen. Überregionale Bedeutung haben vor allem Schwefeldioxyd, Stickoxyde, Kohlenmonoxyd, Fluorwasserstoff und Chlorwasserstoff.

Die Schadgase können zu schwerwiegenden Stoffwechselstörungen und morphologischen Veränderungen führen. Äußere Merkmale sind Chlorosen, Blattnekrosen und Wuchsdeformationen. Es können aber auch latente Schäden auftreten, die zu einem verminderten Wachstum, zu Qualitätseinbußen (geringerer Vitamingehalt) oder zur verminderten Resistenz gegen biotische und abiotische Einflüsse führen.

Die Arten und Sorten sind gegenüber den Schadgasen unterschiedlich empfindlich. In der Regel sind Pflanzen mit starkem Gaswechsel und damit stärkerer Aufnahme der Schadgase besonders gefährdet. Die Empfindlichkeit ändert sich im Verlaufe der Entwicklung, ältere Pflanzen sollen empfindlicher sein als jüngere. Bei einigen Arten wurden besonders empfindliche Phasen, bei der Bohne z. B. die Zeit der Blüte, festgestellt. Die Wirkung der Schadstoffe ist neben der Konzentration insbesondere von der Dauer ihrer Einwirkung abhängig. Mit längerer Einwirkungsdauer nimmt die Schädigung zu, jedoch schädigen hohe Konzentrationen für eine kurze Einwirkungsdauer stärker als niedrige Konzentrationen für eine längere Einwirkungszeit. Darüber hinaus

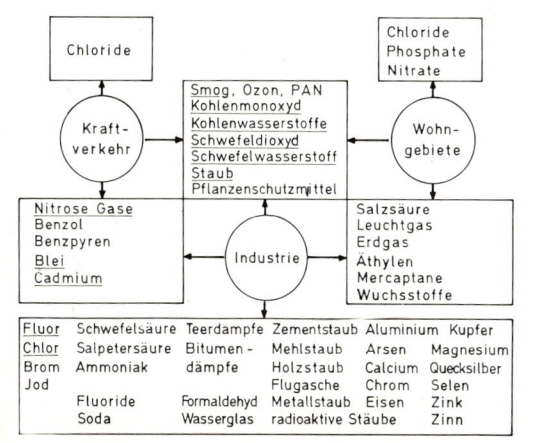

Abb. 2.1-7: Emittenten und ihre Emissionen
Die wichtigsten Schadstoffe sind unterstrichen
(KLOKE 1983)

Tab. 2.1–3: Maximale Immissionswerte

		Richtlinien zum Schutz der Vegetation[1]			Grenzwerte zum Schutz der menschlichen Gesundheit[2]	
	Empfindlichkeit der Pfl.	Mittelwerte (mg/m³)			Mittelwert	
		24 h	Monat	Vegetationsperiode	0,5 h	Jahr
Ammoniak		1[3]		0,5[3]		mg/m³
Chlorwasserstoff	mittel	1,20	0,15		0,20	0,10 mg/m³ Cl
	sehr	0,80	0,10			
Fluorwasserstoff	weniger	0,004	0,002	0,0014	3,0	1,0 µg/m³ F[4]
	mittel	0,003	0,0008	0,0005		
	sehr	0,002	0,0004	0,0003		
Kohlenmonoxyd		10[3]	10[3]			
Ozon		0,05[3]		0,05[3]		
Schwefeldioxyd	weniger	0,60[6]	0,12		0,40	0,14 mg/m³
	mittel	0,40	0,08			
	sehr	0,25	0,05			
Stickstoffdioxyd	mittel	6,00[5]	0,35		0,30	0,08 mg/m³
Stickstoffmonoxyd		0,5[3]				
Schwebstaub		0,2[3]	0,1[3]		0,30	0,15 mg/m³

[1] VDI-Richtlinien (Entwurf), VDI-Handbuch Reinhaltung der Luft 1978 — [2] Technische Anleitung zur Reinhaltung der Luft 1983 — [3] *VDI Kommission »Reinhaltung der Luft«, nach Umwelt (1974). H. 6, 23–35* — [4] Zum Schutz vor erheblichen Nachteilen und Belästigungen — [5] Mittelwert über 30 Minuten — [6] 97,5 Perzentil für 30' Einzelwert

können sich die Wirkungen verschiedener Schadgase gegenseitig verstärken oder abschwächen.

Grenzwerte für die pflanzenschädlichen Gase können aufgrund dieser komplexen Zusammenhänge nur grob umrissen werden. THOMAS (1951) hat folgende Werte ermittelt: Äthylen 0,05 ppm, Schwefeldioxyd und Ozon 0,2 ppm, Formaldehyd 0,7 ppm, Ammoniak 10 ppm, Stickstoffdioxyd 20 ppm, Kohlenmonoxyd 500 ppm. Nach KLOKE (1983) sind nach 30minütiger Einwirkungsdauer bei sehr empfindlichen Pflanzen oberhalb folgender Konzentrationen Schäden zu erwarten: Schwefeldioxyd 220 µg SO_2/m³, Fluorwasserstoff 1 µg F/m³, Chlorwasserstoff 400 µg HCl/m³, Stickstoffdioxyd 750 µg NO_2/m³.

Die optische Diagnose von Immissionsschäden ist unsicher. Zwar wurden verschiedentlich spezifische Schadsymptome ermittelt (s. LORENZ und MAYNARD 1980), für einen eindeutigen Nachweis sollten diese jedoch durch chemische Analysen gestützt werden. In besonders gefährdeten Gebieten können Pflanzen der Wildflora oder auch speziell angebaute Pflanzen mit ausgeprägter oder geringer Empfindlichkeit als Bioindikatoren dem Nachweis von Schadstoffen dienen.

Im Boden können die Schadgase Schwefeldioxyd und Chlorwasserstoff den pH-Wert senken und eine stärkere Kalkung erfordern. Ansonsten sind keine nennenswerten Einflüsse von Schadgasen auf den Boden oder den Genuß- bzw. Gesundheitswert der Pflanzen nachgewiesen worden.

Schwermetalle können von der Industrie und Anlagen, die mit fossilen Brennstoffen heizen, sowie durch Abgase von Kraftfahrzeugen emittiert werden. Die Schwermetallimmissionen werden von den Pflanzen überwiegend aus dem Boden, jedoch auch über die Blätter aufgenommen. Es sind teils lebensnotwendige Spurenelemente (z. B. Eisen, Mangan, Molybdän, Kupfer), teils Ballast- oder Schadstoffe. Alle Schwermetalle können bei einer Überdosierung das Wachstum und damit die Erträge nach Menge und Qualität mindern und stellen für den Konsumenten ein gesundheitliches Risiko dar. Orientierungsdaten für häufig und in kontaminierten Böden gefundene Werte sowie tolerierbare Gehalte gibt KLOKE 1983.

Einer Reduzierung von Immissionsschäden durch pflanzenbauliche Maßnahmen sind enge Grenzen gezogen. Zu nennen sind die Anlage von Schutzpflanzungen gegen Staubverwehungen, die Auswahl toleranter Arten und Sorten, die Wahl standortgerechter Kulturen, geeignete Kulturverfahren und besonders sorgfältige Pflanzenschutzmaßnahmen. Bei Schwermetallen kann durch eine Regulierung des pH-Wertes die Aufnahme aus dem Boden vermindert werden. Darüber hinaus läßt sich die in den Pflanzenorganen unterschiedliche Anreicherung nutzen. Cadmium wird z. B. bevorzugt in Blättern, Stengeln und vielfach auch in Früchten, weniger in Knollen und Rüben eingelagert (KLOKE 1983).

Radioaktive Spaltprodukte* entstehen bei der Kernspaltung in der Natur, in nuklearen Anlagen und bei Explosionen von Atombomben. Es handelt sich um Mischungen von radioaktiven Elementen mit Massenzahlen zwischen ca. 80 und 154. Strahlenbiologisch wichtige Spaltprodukte sind: Caesium -137 (30 Jahre, β u. γ), -134 (2 J., β u. γ); Strontium -90 (28 J., β), -89 (51 Tage, β); Jod -131 (8 T., β u. γ); Rutenium -106 (1 J., β u. γ), -103 (40 T., β u. γ). Die Halbwertzeiten und Strahlenarten sind in den Klammern angegeben. Gemessen wird die γ-Strahlung.

Die natürliche Strahlenbelastung, die unabhängig von nuklearen Anlagen auftritt, beträgt in der Bundesrepublik Deutschland ca. 150 bis 200 mrem/Jahr. Die zusätzliche Ganzkörperbestrahlung darf nach unseren gesetzlichen Bestimmungen höchstens 30 (EG 150) mrem/Jahr betragen. Bei Kernspaltungsbomben oder Störfallsituationen in Kernkraftwerken mit Emissionen in die Atmosphäre können erhebliche Mengen radioaktiver Spaltprodukte freigesetzt, mit Luftströmungen über weite Strecken transportiert und auf oberirdische Pflanzenteile sowie Boden- und Wasseroberflächen abgelagert werden. Gefährdet ist besonders Blattgemüse, das in größeren Mengen verzehrt wird. Bei Kräutern ist schon wegen der kleinen Verzehrmenge die Gefahr für den Menschen gering.

Von der Bodenoberfläche können die Spaltprodukte durch Niederschläge oder die Bearbeitung in größere Tiefen verlagert werden. Unterirdisch wachsende Pflanzenteile, wie Knollen, Rüben oder auch Spargel, sind jedoch insgesamt weniger gefährdet. Verstärkte Aktivität kann nach Einwaschung radioaktiver Schwebstoffe durch starke Regenfälle auftreten. Gewächshäuser und ungelochte Folien bieten hier einen relativen Schutz. Für die Bewässerung sollte kein kontaminiertes Regen- oder Zisternenwasser verwendet werden.

Kontaminierte Pflanzenteile dürfen als Frischware nicht vermarktet werden, wenn die Radioaktivität Grenzwerte überschreitet (der 1986 in der Bundesrepublik Deutschland für Spinat und Salat festgesetzte Grenzwert für Jod -131 beträgt 250, der für Caesium 100 Bq/kg; der EG-Wert für Caesium -137 u. -134 600 Bq/kg). Die Kontamination durch Spaltprodukte mit kurzer Halbwertzeit kann ggf. durch eine spätere Ernte, auch durch gründliches Abwaschen, u. U. durch Beregnung im Felde gemindert werden. Auch durch Lagerung bzw. Konservierung sinkt die Radioaktivität. Abwaschen und Verdünnung durch Wachstum senkt auch die Radioaktivität langlebiger Elemente.

Im Boden werden die radioaktiven Spaltprodukte adsorbiert und bleiben somit weitgehend im Wurzelbereich der Pflanzen. Die Aufnahme durch die Bestände ist von der Boden- und der Pflanzenart, aber auch vom Element abhängig. Da kurzlebige, radioaktive Elemente auch im Boden schnell zerfallen, können kontaminierte, unverkäufliche Kulturen eingearbeitet werden. Durch langlebige Spaltprodukte kontaminierte, unverkäufliche Kulturen sind in ausgewiesene Deponien abzufahren.

Bei Verdacht auf erhöhte Radioaktivität sollte diese durch Messung mit »Oberflächenkontaminationsmeßgeräten« (Großflächenzähler) überprüft werden. Bei erhöhten Meßwerten ist eine Identifizierung der Spaltprodukte und ihr Anteil durch »Ge-Li-Detektorsystem« in Instituten oder spezialisierten Meßstationen zu empfehlen.

2.1.1.4(4) Wind

Mäßige Luftbewegungen fördern durch eine Hemmung des Längen- und eine Begünstigung des Dickenwachstums die mechanische Festigkeit von Trieben. Sie fördern das Pflanzenwachstum durch eine bessere Durchmischung der Atmosphäre und damit einer ausgeglicheneren Kohlendioxydkonzentration und Temperatur. Sie fördern die Kohlendioxyddiffusion in die Blätter durch eine Verringerung der laminaren Grenzschicht, kühlen die Blätter, erhöhen die Transpiration, damit die Aufnahme einiger Nährstoffe und führen zu einem schnelleren Abtrocknen feuchter Bestände oder Böden. Diese Vorteile werden in Gewächshäusern durch den Einsatz von Ventilatoren genutzt.

---

* Herrn Prof. Dr. W. KÜHN, Niedersächsisches Institut für Radioökologie, Hannover, danke ich für seine wertvollen Informationen.

Bei starken Luftbewegungen, etwa über 5 km/h, überwiegen die negativen Wirkungen: das Abknicken oder Abdrehen von Blättern (z. B. Gurke, Bohne), Trieben oder ganzen Pflanzen, das Austrocknen von Pflanzenbestand und Boden durch starke Evapotranspiration, durch Verwehungen auf schwachbewachsenen Sand- oder Moorböden, die nicht nur zu einem Abtrag und damit einer Verflachung der Ackerkrume, sondern im Falle von Sandböden durch die Sandstrahlwirkung auch zu mechanischen Schäden an den Pflanzen führen.

Auch Kulturmaßnahmen werden behindert: Agrarchemikalien werden während des Ausbringens abgedriftet und können Nachbarbestände gefährden. Folien zur Förderung des Pflanzenwuchses werden zerrissen oder beschädigen durch heftiges Schlagen die Bestände. Bei Gewächshäusern vergrößert Wind den Energieverlust und führt zu höheren Heizkosten. Stärkere Winde können aber durch die Behinderung der Ausbreitung einiger Schaderreger (Fliegen, Schmetterlinge) auch positive Wirkungen ausüben.

In windgefährdeten Lagen, besonders in Küstennähe, aber auch in Wüstengebieten, können Windschutzmaßnahmen für die Erhaltung der Bodenfruchtbarkeit, den Schutz der Pflanzen und zur Sicherung der Ertragsleistung erforderlich werden. Es bieten sich an:

▷ Ausdauernde Windschutzpflanzungen mit Baumreihen oder Hecken quer zur Hauptwindrichtung. Diese Pflanzungen sollen nicht zu dicht sein (50%ige Bremswirkung), so daß sie den Wind in erster Linie bremsen und nicht übersprungen werden oder zur Wirbelbildung führen. Die Bremswirkung kann auf der Leeseite mit dem 30fachen der Höhe veranschlagt werden. Diese Pflanzungen sind so zu legen, daß sie die Bearbeitung möglichst nicht behindern und nicht zur Verunkrautung der Ackerfläche führen.

▷ Einjährige Windschutzpflanzungen von Winterweizen, Hafer, Senf, Sonnenblumen, Mais o. a. Arten, werden auf der Ackerfläche in Streifen in 10 – 15 m Abstand gesät. Vorteilhaft sind Arten, die frühzeitig Schutz bieten und vor der Hauptfrucht geerntet werden, so daß diese Streifen als Erntewege zur Verfügung stehen.

▷ Windschutzzäune aus Holz, Matten, Plastikstreifen oder Pflanzenteilen sind in der Anschaffung teurer, aber auf kleineren Flächen vorteilhaft einzusetzen.

▷ In England ist auf Moorböden eine Strohpflanzung üblich. Bei diesem Verfahren wird Getreidestroh maschinell senkrecht in den Boden »gepflanzt«, wo es zuerst einen guten Windschutz bietet, später verrottet und als Mulch dient.

▷ In einigen nordwesteuropäischen Ländern ist eine Bodenerosion bei spätdeckenden Möhrenkulturen durch eine Winterroggen-Zwischenkultur verhindert worden. Der Acker wird im Spätsommer saatfertig gemacht und Ende September bis Mitte Oktober breitwürfig mit 80 – 100 kg/ha Winterroggen besät, gedüngt und anschließend geeggt. Im Frühjahr wird der Roggenbestand 14 Tage vor der Einsaat mit einem Totalherbizid abgetötet und die Möhrensaat mit einer Spezialdrillmaschine zwischen die abgetöteten Roggenpflanzen gesät.

Als windempfindliche Gemüsearten gelten nach BIELKA (1969): Buschbohne, Gurke, Kürbis, Chinakohl, Spargel. Weniger windempfindlich seien die Kohlarten, Speiserübe, Mangold, Möhre, Pastinake, Porree, Dicke Bohne, Rettich, Rote Rübe, Rhabarber, Petersilie und Zwiebel.

Literatur

DÄSSLER, H.-G. (1976): Einfluß von Luftverunreinigungen auf die Vegetation. Jena: VEB-Gustav Fischer.

DIEHL, J. F. (1986): Informationen über die Radioaktivität in Lebensmitteln. Industrielle Obst- und Gemüseverwertung, **71**, 203–206.

HOYNINGEN-HUENE, J. V. (1979): Weiterentwicklung der agrarmeteorologischen Verfahren zur Steuerung der Feldberegnung. Kali-Briefe 14, 639-652.

KELLNER, K.-H. (1978): Belastung der Luft durch Verunreinigungen. In: BUCHWALD und ENGELHARDT (Hrsg.), Handbuch für Planung, Gestaltung und Schutz der Umwelt **2**. München, Bern, Wien: BLV.

LORENZ, O. A. und MAYNARD, D. N. (1980): Knott's Handbook for Vegetable Growers, 2. Aufl. New York, Chichester, Brislane, Toronto: A. Wiley-Interscience Publications, John Wiley & Sons.

ORMROD, D. P. (1978): Pollution in Horticulture. Amsterdam, Oxford, New York: Elsevier Scientific Publ. Company.

PENTREATH, R. J. (1980): Nuclear power, man and the environment. The Whykeham Science Series. London: Taylor and Francis.

SCHEFFER, F. und SCHACHTSCHABEL, P. (1976): Lehrbuch der Bodenkunde, 9. Aufl. Stuttgart: Ferdinand Enke.

2.1.2 Boden

Der Boden ist der Wohnplatz und Träger der Pflanzen. Seine Eignung für Pflanzenkulturen kann an seinen physikalischen und chemischen Eigenschaften, wie Korngrößenverteilung, Bodenstruktur, Humusgehalt, Sorptions-, Speicher- und Pufferungsvermögen, sowie seinem Reaktionszustand (pH-Wert) gemessen werden. Diese Größen bedingen den Wasser-, Luft-, Wärme- und Nährstoffhaushalt, die Bearbeitbarkeit und die Stabilität, insbesondere die Verschlämmfestigkeit der Böden. Der Mensch kann den Boden mit tragbarem Aufwand nachhaltig beeinflussen und seinen Zwecken nutzbar machen. Es werden deshalb nahezu alle Böden pflanzenbaulich und auch gemüsebaulich genutzt. Die Böden unterscheiden sich jedoch in den für gute Wachstumsbedingungen notwendigen Aufwendungen, in ihrer Eignung für bestimmte Kulturarten und Produktionsverfahren sowie im Ertragsrisiko.

2.1.2.1 Freilandboden

In der landwirtschaftlichen und gärtnerischen Praxis werden die Böden vielfach nach ihrer Bearbeitbarkeit in leichte, mittelschwere und schwere Böden eingeteilt.

Leichte Böden, wie Sande und lehmige Sande, besitzen ein geringes Wasserspeicherungs-, Sorptions- und Pufferungsvermögen und sind erosionsgefährdet. Sie trocknen im Frühjahr schnell ab, erwärmen sich rasch, erlauben somit eine frühzeitige Bearbeitung, begünstigen das anfängliche Wachstum und eine frühe Ernte. Sie eignen sich somit besonders für frühe Kulturen.

Leichte Böden sind jedoch empfindlich gegen hohe Düngergaben, gegen Düngungsfehler und neigen zu Spurennährstoffmangel. Die Gefahr der Auswaschung von Nährstoffen ist größer, und in Trockenzeiten sind die Pflanzen in stärkerem Maße auf eine Zusatzberegnung angewiesen als auf schweren Böden. Die Gemüseproduktion auf diesen Böden erfordert somit eine stärkere Kontrolle der Wachstumsbedingungen und erhöhte Aufwendungen für die Wasser- und Nährstoffversorgung.

Da leichte Böden gut siebfähig sind, Bodenreste von den Pflanzen leicht abgewaschen werden können und die Bearbeitung einen geringeren Energieaufwand erfordert, sind sie auch für den Anbau anspruchsloser Wurzelfrüchte und von Spargel zu bevorzugen.

Die negativen Eigenschaften leichter Böden werden durch einen höheren Anteil sorptionsstarker Komponenten, wie Schluff- bzw. Tonfraktionen oder Humus, abgeschwächt. Lehmige Sande bis sandige Lehme besitzen deshalb, besonders bei guter Humusversorgung, die besten Voraussetzungen für den Intensivgemüsebau im Freiland.

Die Vorteile **schwerer Böden** kommen in Trockenzeiten und bei hohem Nährstoff- und Wasserbedarf der Kulturen zum Tragen. Das Speicherungsvermögen für pflanzenverfügbares Bodenwasser (0 – 100 cm Tiefe) von Schluffböden (Schwarzerden und Löß-Parabraunerden) ist nach SCHEFFER und SCHACHTSCHABEL (1976) mit 170 – 220 mm (l/m^2) zwei- bis dreimal größer als das von Sandböden (50 – 120 mm). Die hohe Wasserhaltekraft geht aber auf Kosten der Durchlüftung. Der Anteil der Bodenluft am Gesamtvolumen bei Feldkapazität, die Luftkapazität, beträgt bei Lehm- und Schluffböden 10 – 25 % im Vergleich zu 30 – 40 % bei Sandböden. Bei einer Luftkapazität unter 10 % ist mit Wachstumsstörungen zu rechnen. Schwere Böden sind ebenfalls für den intensiven Freilandgemüsebau geeignet, sofern ihre Struktur durch eine gute Humusversorgung und eine schonende Bodenbearbeitung gesichert wird. Dies gilt vor allem, wenn ihre Dränung durch einen durchlässigen Unterboden verbessert wird.

Je größer und flächenextensiver der Anbau, um so mehr gewinnt das Wasser- und Nährstoffspeicherungs- sowie das Pufferungsvermögen schwerer Böden an Bedeutung. Für den großflächigen Feldgemüsebau sind deshalb mit Ausnahme der Wurzelfrüchte mittelschwere Böden, besonders Lößböden oder auch Lehme anderer Herkunft, zu bevorzugen. Sie besitzen das höchste Ertragspotential bei geringstem Produktionsaufwand und ein geringeres Ertragsrisiko. Dies gilt besonders für Pflanzen, die – wie Blumenkohl – empfindlich auf Wachstumsstörungen reagieren.

Bei hohem Schluff- und/oder Tonanteil wächst die Gefahr des Verdichtens und Verschlämmens. Hohe Niederschläge und Strukturschäden führen dann durch Luftmangel und großen mechanischen Bodenwiderstand zu Auflauf- und Wachstumsstörungen. Auf diesen Böden unterliegen Saaten einem erhöhten Auflaufrisiko, sie sollten deshalb vorrangig mit Pflanzgemüse bestellt werden.

Zu den schweren Böden gehören auch die in der Nähe von Küsten oder Flüssen verbreiteten feuchten und kalten Marschböden. Mit einigen Gemüsearten, insbesondere solchen, die auf eine reichliche Wasser- und Nährstoffversorgung angewiesen sind, wie Spätkohl, Sellerie, Gurken oder auch Porree, können auf Marschböden hohe Erträge erzielt werden. Sie sind weniger für den Frühgemüsebau geeignet. Die gemüsebauliche Nutzung ist hier meist historisch oder durch die Marktnähe bedingt. Tonböden sind wegen ihrer schlechten Durchlüftung und des hohen Bearbeitungsaufwandes im Gemüsebau zu meiden.

Der **Humusgehalt** der deutschen ackerbaulich genutzten Mineralböden schwankt zwischen 1,5 und 4 %, in Gartenböden können Werte bis zu 10 % erreicht werden. Ein hoher Humusgehalt fördert die Strukturstabilität sowie das Speicherungs- und Puffervermögen der Mineralböden und wirkt ertragssteigernd. Ob keimende Samen bei längerem Liegen in Böden mit sehr hoher biologischer Aktivität geschädigt werden, bedarf der Klärung.

Anmoorige Böden mit einem Humusgehalt von 15–30 % sind für viele Gemüsearten ausgezeichnete Standorte, sofern keine frühen Ernten oder Überwinterung gefordert werden und keine Verunkrautungsgefahr besteht.

Niedermoorböden mit über 30 % Humusanteil sind bei günstigem Grundwasserstand (0,60 – 1,00 m) und guter Phosphorversorgung ebenfalls gute Standorte für alle Arten, die einen alkalischen Boden tolerieren. Dies gilt insbesondere für Arten mit starkem Massenwuchs, wie Rhabarber, Sellerie, Kohl und Buschbohnen. Bei Trockenheit werden Niedermoorböden leicht puffig (schwer benetzbar) und leiden unter Verwehungen. Sie sind unkrautwüchsig, zumal Herbizide infolge der hohen Sorptionskraft weniger wirksam sind, und eignen sich damit weniger für die Direktsaat von Feinsämereien. Als kalte Böden sind sie für den Frühgemüsebau und die Überwinterung von Pflanzen ungeeignet. Hochmoorböden sind bestenfalls nach Sandbeifüllungen für Gemüsekulturen zu empfehlen.

Da die Mehrzahl der Gemüsearten den Wasser- und Nährstoffvorrat des Bodens bis mindestens 60 cm, Kohlarten bis mindestens 100 cm, auszuschöpfen vermögen, sind **tiefgründige Böden** ertragreicher und ertragssicherer. Ein guter Unterboden mit günstigen Wachstumsbedingungen für die Wurzeln ist um so vorteilhafter, je flacher und sorptionsärmer die Krume ist.

Darüber hinaus ist der **Grundwasserstand** ein wichtiges Kriterium für die Standorteignung. Er kann besonders in warmen, niederschlagsarmen Gebieten und bei leichten Böden große Bedeutung für die Wasserversorgung der Kulturen erlangen. Günstige Grundwasserstände sind auf lehmigem Sand ca. 1,0 m, auf Lehm ca. 1,5 m, auf tonigem Lehm ca. 2,5 m.

2.1.2.2 Gewächshausboden

Für Gewächshauskulturen sind leichtere Böden zu bevorzugen, da ihre negativen Eigenschaften auf kleinen Flächen durch eine intensive organische und mineralische Düngung sowie durch Bewässerung ausgeglichen werden können. Bei ihrem stabilen Gefüge und ihrer guten Durchlässigkeit vertragen sie eine hohe Bewässerungsdichte und gewährleisten eine gute Durchlüftung sowie ggf. eine intensive chemische Entseuchung. Darüber hinaus erleichtern leichte Böden das Auswaschen der sich unter den ariden Gewächshausbedingungen anreichernden Ballastsalze.

Für besonders anspruchsvolle Kulturen, wie z. B. Gurken, fordern GEISSLER und GROSSKOPF (1973) in der Krume ein Porenvolumen von 70–80 Vol.-%, eine Wasserkapazität von 40–45 Vol.-% und eine Luftkapazität von 30–35 Vol.-%. Schwere Böden sollten in Gewächshäusern durch tiefe Bodenbearbeitung, intensive organische Düngung, Dränage, unter Umständen ein Übersanden und eine geringe mechanische Belastung locker gehalten werden. Die Durchlässigkeit des Untergrundes hat in Gewächshäusern besondere Bedeutung.

2.1.2.3 Relief

Das Relief vermag die Klimabedingungen und die Eigenschaften der Böden in starkem Maße zu verändern. Für den Frühgemüsebau, die Kultur wärmebedürftiger Arten und Gewächshauskulturen sind infolge der größeren Bestrahlungsstärke sowie der schnelleren und stärkeren Erwärmung die Süd- und Süd-Westlagen zu bevorzugen, sofern die Wasserversorgung sichergestellt werden kann. Hitze- und trockenempfindliche Arten finden hingegen häufig auf Nordlagen bessere Standortvoraussetzungen. Ostlagen sind stärker kalten Ostwinden ausgesetzt und besonders frostgefährdet.

Für Böden in Hanglagen besteht bei stärkeren Regenfällen durch Abfluß eine erhöhte Gefahr der Nährstoffauswaschung und der Bodenerosion, die nicht nur den Mutterboden abtragen, sondern auch Saaten und junge Pflanzen in die Täler verschlämmen kann. Besonders nachteilig wirken sich diese Eigenschaften bei kurzlebigen Kulturen mit häufiger Bodenbearbeitung und bei spät oder unvollkommen schließenden Beständen aus. Böden in Hanglagen sind durch wiederholte Erosion meist flachgründiger und weniger fruchtbar als die ebenen Flächen.

Literatur

BOGUSLAWSKI, E. VON (1981): Ackerbau. Frankfurt/M.: DLG-Verlag.
HARTGE, K. H. (1978): Einführung in die Bodenphysik. Stuttgart: Ferdinand Enke.
SCHEFFER, F. und SCHACHTSCHABEL, P. (1976): Lehrbuch der Bodenkunde, 9. Aufl. Stuttgart: Ferdinand Enke.

2.1.3 Produktivität des Standortes und Standortmodelle

Bei der Beurteilung der einzelnen Standortfaktoren ist stets zu beachten, daß sich die Eigenschaften eines Standortes aus dem Zusammenwirken aller Komponenten ergeben (s. Abb. 2.1-1) und daß die Eignung an den Ansprüchen der Pflanzen und an den Produktionszielen zu messen ist. Leichte Böden bieten in einem maritimen, regenreichen Klima bessere Standortvoraussetzungen als in einem trockenen, kontinentalen Klima. Desgleichen werden leichte Böden durch einen günstigen Grundwasserstand aufgewertet. Schwere Böden bieten in Regionen mit geringen oder stark wechselnden Niederschlägen Vorteile. Früh- und Überwinterungsgemüse profitieren stärker von den Eigenschaften leichter Böden als Sommergemüse, zumal sie noch die Winterfeuchte nutzen können. Gemüse mit Massenwuchs oder auch gegen Wachstumsstörungen empfindliche Arten gedeihen besser und sicherer auf schwereren Böden. Desgleichen ist die Eignung für die notwendigen Bestellungs-, Pflege- und Erntemaßnahmen zu berücksichtigen. Auch Überlegungen phytosanitärer Natur, wie z. B. der Befallsdruck durch Schaderreger, sind in die Beurteilung der Standortvoraussetzungen einzubeziehen.

Die Technik und die Kulturmaßnahmen bieten heute vielfache Möglichkeiten, in die Standortbedingungen einzugreifen und Standortfaktoren im Sinne der jeweiligen Kultur zu verbessern oder durch künstliche Einrichtungen, wie Gewächshäuser oder Kultursubstrate, zu ersetzen. Diese Eingriffe erfordern jedoch gute Fachkenntnisse, der technische und finanzielle Aufwand steigt, und bei weitgehenden Eingriffen kann auch das Kulturrisiko zunehmen. Die Gunst eines Standortes hat deshalb auch im modernen Anbau mit seinen vielfältigen technischen und agrochemischen Möglichkeiten, in den Naturhaushalt einzugreifen, durchaus ihre Bedeutung erhalten.

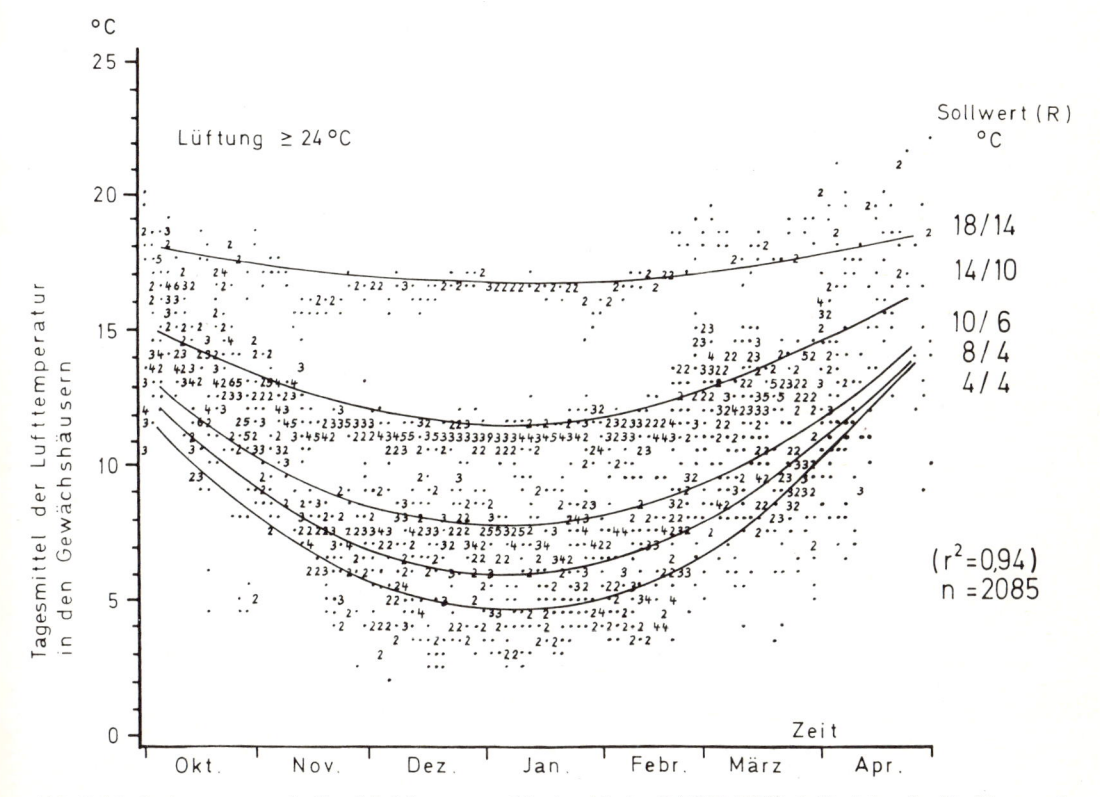

Abb. 2.1-8: Lufttemperatur in Gewächshäusern von Oktober bis April (1975–1978) als Funktion der Strahlung und Temperatur im Freiland und der Sollwerte der Heizung (KRUG und LIEBIG 1979a)

Das Zusammenwirken der Wachstumsfaktoren zum Standort kann bislang nur in Form vereinfachender Modelle und nur für Teilbereiche dieses Wirkungskomplexes beschrieben werden. Ein statistisches Modell (multiple Regressionsanalyse) für die Lufttemperatur in Gewächshäusern als Funktion der Sollwerte der Heizung (Luft) sowie der Strahlung und der Lufttemperatur außerhalb des Gewächshauses ist in Abbildung 2.1-8 dargestellt.

Eine detailliertere Schätzung des Gewächshausklimas unter Berücksichtigung der Gewächshauskonstruktion und des Sollwertes der Lüftung ermöglichen physikalisch begründete Standortmodelle (BOT 1983, VON ELSNER 1985).

Literatur

BOT, G. P. A. (1983): Greenhouse climate: from physical processes to a dynamic model. Diss. Wageningen. Proefschrift Landbouwhogeschool te Wageningen.

ELSNER, B. VON (1985): Modelle zur Simulation des Gewächshausklimas. Hannover: Jahresbericht Sonderforschungsbereich 110, Universität Hannover.

2.2 Technische Voraussetzungen

CHRISTIAN VON ZABELTITZ

2.2.1 Pflanzenproduktion im Freiland

Zu den technischen Ausrüstungen für Betriebe mit Freilandproduktion gehören:
▷ Schlepper und Transportfahrzeuge
▷ Maschinen und Geräte für die Feldbewirtschaftung
▷ Betriebsgebäude und Lager (diese werden hier nicht behandelt, Lager s. Kap. 4.14).

2.2.1.1 Schlepper

Die Zahl, Größe und Ausstattung von Schleppern für die Betriebe richtet sich nach Produktionszweig, Betriebsgröße, Betriebsstruktur, Standortverhältnissen, Verkehrsverhältnissen und Transportentfernungen. Es lassen sich Kriterien für die betriebsspezifische Auswahl von Schleppern angeben, die vom Betriebsinhaber beachtet werden sollten:
▷ Bauart und Größenklasse
▷ Motor, Getriebe, Fahrwerk und Bereifung
▷ Hydraulische Ausrüstung

▷ Geräteanbau
▷ Fahrerstand.

Die technischen Merkmale der Schlepper müssen den unterschiedlichen Ansprüchen der Betriebe angepaßt werden. Neben Technik und Ausstattung des Schleppers in Abhängigkeit von den betriebsspezifischen Anforderungen ist für die Auswahl ein zuverlässiger und schlagkräftiger Reparatur-, Wartungs- und Ersatzteildienst ausschlaggebend.

Die Bauarten von Schleppern kann man in Radschlepper und Kettenschlepper unterteilen, wobei letztere für den Gemüsebau nicht in Frage kommen. Bei den Radschleppern sind folgende Unterscheidungen vorzunehmen (Abb. 2.2-1):

Standardschlepper: Schon bei den unteren Leistungsklassen wird heute wahlweise Allradantrieb angeboten. Als Arbeitsmaschine ist der Standardschlepper für den Geräteanbau hinten mit dem Dreipunktkraftheber, Zugmaul, Zapfwellenanschlüssen und Ölzapfstellen auszurüsten. Er hat Anschlüsse für den Frontlader. Wahlweise sind in größeren Leistungsklassen Frontkraftheber und Frontzapfwelle zu erhalten. Bei kleineren Größenklassen ist ein Mähwerk zwischen den Achsen anbaubar. Beim Standard-

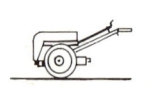

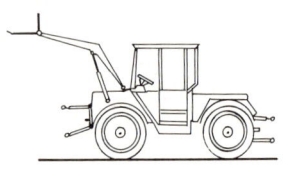

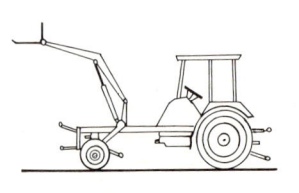

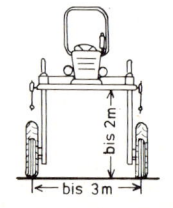

Abb. 2.2-1: Bauarten von Schleppern

schlepper ergeben sich Anbauräume hinten und vorn sowie in begrenztem Maße zwischen den Achsen. Zusätzlich ist der Frontlader als Ladegerät verfügbar. In der Leistungsklasse über 100 kW haben Schlepper durchweg Allradantrieb und häufig gleich große Räder hinten und vorn. Die Anbau- und Anhängegeräte am Schlepper sollten in gutem Sichtfeld des Schlepperfahrers liegen. Für Reihenkulturen im Gemüsebau wird eine möglichst hohe Bodenfreiheit gefordert. Bodenfreiheit und gutes Sichtfeld sind bei Standardschleppern oft nicht in gewünschtem Maße vorhanden.

System- oder Mehrzweckschlepper: Systemschlepper oder Mittelsitz- bzw. Frontsitzschlepper haben zusätzlich zu den vorderen und hinteren Anbauräumen und dem Frontlader eine Ladefläche hinter der Fahrerkabine für den Transport von Lasten, den Aufbau von Düngerbehältern und Tanks für Spritzbrühe oder für Wasser zum Gemüsewaschen bei Einsatz von Erntewagen. Nach vorn, und ohne Last auch nach hinten, hat man gute Sichtverhältnisse. Durch andere Gewichtsverteilung sind Vorder- und Hinterräder nahezu gleichmäßig belastet, was positiven Einfluß auf die Zugkraft hat. Gute Zugkrafteigenschaften ergeben sich auch durch Allradantrieb und gleich große Räder. In der Landwirtschaft werden wieder größere Maschinen, wie Feldhäcksler und Mähdrescher, als Anbaumaschinen am Schlepper entwickelt. Aus Gewichtsgründen werden sie hinten angebaut. Dafür haben Systemschlepper und manche Standardschlepper die Möglichkeit der Fahrtrichtungsumkehr. Auch im Gemüsebau bieten sich Möglichkeiten, Erntemaschineneinheiten am Schlepper anzubauen. Gegenüber Selbstfahrern können bei relativ geringen Einsatzzeiten erhebliche Kosten gespart werden.

Als weitere Merkmale für Systemschlepper werden Bodenfreiheit, höhere Fahrgeschwindigkeiten und höherer Fahrkomfort angegeben. Die Entwicklung bei Standardschleppern zeigt aber, daß diese mit besonderen Ausrüstungen auch viele der Merkmale der Systemschlepper erhalten und damit als Mehrzweckschlepper die Aufgaben und Vorteile der Systemschlepper übernehmen. Damit werden die Grenzen zwischen Standardschleppern als Mehrzweckschlepper mit besonderen Ausrüstungen und Systemschleppern fließend.

Geräteträger: Motor, Getriebe und Fahrerstand befinden sich in Kompaktbauweise hinten über der Triebachse. Dadurch ergeben sich Anbauräume mit guten Sichtverhältnissen vorn, hinten und zwischen den Achsen. Eine Ladepritsche für Lastentransport und Frontlader ist wahlweise aufbaubar. Durch die Kombination von Geräten in den verschiedenen Anbauräumen hintereinander ist die Zusammenfassung mehrerer Arbeitsgänge möglich. Für Gemüsebaubetriebe bietet der Geräteträger vielfältige Anwendungsmöglichkeiten.

Sonderbauarten: Zu den Sonderbauarten gehören Einspur- und Einachsschlepper, Kompakt- oder Schmalspurschlepper, Stelzen- oder Hochschlepper für hohe Reihenkulturen, sowie Breitspurschlepper.

Einachsschlepper haben Anbauraum hinten unter dem Holm und werden zur Bodenbearbeitung und Bodenpflege sowie mit angebautem Anhänger für kleinere Transportarbeiten im Betrieb eingesetzt. Als Sonderausführung von Einachsschleppern gilt die triebradlose Fräse.

Kompaktschlepper werden für die Bearbeitung von Reihenkulturen sowie in Betrieben mit Pflanzenproduktion in Gewächshäusern benötigt. Bei Verwendung im Gewächshaus und im Freiland, d. h. bei häufigem Durchfahren von Eingangstüren, ist besonders darauf zu achten, daß diese hoch genug für den am Kompaktschlepper angebauten, gesetzlich vorgeschriebenen Umsturzbügel sind. Immer wieder werden in Gartenbaubetrieben Umsturzbügel unzulässigerweise abgebaut, damit der Schlepper in das Gewächshaus fahren kann.

Für die Auswahl der Schlepperbauart ist die betriebliche Situation, und davon abhängig auch die jährliche Einsatzzeit, maßgebend. Mit sinkender Einsatzzeit steigen die Kosten pro Schlepperstunde. Deshalb hat nicht allein der Anschaffungspreis, sondern die Vielseitigkeit der Einsatzmöglichkeiten Einfluß auf die Wirtschaftlichkeit. Es müssen Mehrkosten für Sonderbauarten und Sonderausrüstungen gegen sinkende Kosten pro Schlepperstunde bei steigender Einsatzzeit abgewogen werden.

Gleiches gilt für die Schleppergröße oder Leistungsklasse. Außerdem sollte man beim Schlepperkauf auch daran denken, daß im Laufe der Lebenszeit des Schleppers durch Maschinenentwicklung und steigende Wünsche an erhöhte Flächenleistung die Ansprüche an die Leistungsfähigkeit des Schleppers steigen. Die mittlere Schlepperleistung in der Bundesrepublik betrug im Jahre 1972 37 kW und erhöhte sich bis 1981 auf 48 kW. Die Aufteilung der derzeitigen Schleppertypen in Leistungsklassen ist in Tabelle 2.2-1 zusammengestellt. Die angegebenen Leistungsgewichte beziehen sich auf das Leergewicht. Das zulässige Gesamtgewicht liegt etwa bei dem 1,4- bis 1,7-fachen des Leergewichtes.

Tab. 2.2–1: Leistungsklassen bei Schleppern*

Klasse	Motorleistung (kW)	Zylinder	Leistungsgewicht[x] (kg/kW) ohne Allradantrieb	mit Allradantrieb	Allradantrieb
Standard-, System- und Mehrzweckschlepper, Geräteträger					
I	< 30	2–3	70		tw.w
II	30– 45	3	60–75	75–85	w
III	45– 75	4	55–65	65–84	w
IV	75–100	6		65–70	w
V	>100	6		55–65	ja
Kompakt- und Schmalspurschlepper					
	bis 12	1–2			–
	12– 30	2–3			w
	30– 50	3–4			w; ja

tw.w = teilweise wählbar, w = wählbar, x) = bezogen auf Leergewicht
* Nach: SÖHNE 1983

Die Systemschlepper (Mittelsitz- und Frontsitzschlepper) gibt es im Leistungsbereich von 48 bis 110 kW, Geräteträger im Leistungsbereich von 26 bis 51 kW.

Der Schlepperpreis hängt in stärkerem Maße vom Gewicht als von der Leistung ab. Deshalb ist eine etwas höhere Leistung relativ preiswert und man sollte einen Schlepper mit höherer Leistung und geringerem Gewicht anschaffen. Werden hohe Zugkräfte gefordert, können Zusatzgewichte angebaut werden. Es ist ratsam, nicht Schlepper mit hohem Leergewicht, sondern Schlepper mit hohem zulässigem Gesamtgewicht, ausgerüstet mit Reifen höherer Tragkraft, zu kaufen.

Jeder Schlepper hat eine bestimmte Anzahl an Vorwärts- und Rückwärtsgängen, die in richtiger Abstufung zueinander stehen müssen. Zapfwellenangetriebene Geräte verlangen die Einhaltung der Zapfwellennormdrehzahl von 540 oder 1000 Umdrehungen pro Minute. Wird also Zapfwellenleistung abgenommen, so steht theoretisch in jedem Gang nur eine Fahrgeschwindigkeit zur Verfügung. 60 bis 70 % aller Schlepperarbeiten liegen im Geschwindigkeitsbereich zwischen 3 und 14 km/h. Deshalb muß in diesem Bereich eine enge Getriebeabstufung mit einer größeren Zahl von Gängen vorhanden sein. Man muß aber nicht nur die Zahl der Gänge, sondern besonders die Geschwindigkeitsbereiche beachten. Als Beispiel für ein gut abgestuftes Normalgetriebe wird von BILLER (1982) angegeben:
▷ ein Gang bis 1,5 km/h, ein weiterer bis 2 km/h
▷ 4 Gänge von 3 bis 8 km/h
▷ 4 Gänge über 8 km/h.

Weiterhin ist zu beachten, ob man zusätzliche spezielle Schnellgänge für Transportarbeiten sowie Kriechgänge im Bereich 0,1 bis 2 km/h benötigt. Für den Gemüsebau wird ein Schlepper beispielsweise für Pflanzarbeiten immer eine Kriechganggruppe haben müssen. Für Frontladerarbeiten ist ein Wendegetriebe empfehlenswert, mit dem durch einen Hebel Vorwärts- und Rückwärtsfahrt in einem Gang geschaltet wird.

Die Zapfwelle wird heute häufig mit lastschaltbarem Antrieb und eigener Kupplung geliefert. Als Motorzapfwelle läuft sie unabhängig vom Getriebe. Empfehlenswert sind umschaltbare Zapfwellen für 2 Normdrehzahlen von 540 und 1000 U/min. Die Zapfwelle sollte ihre Normdrehzahl bei 80 bis 90 % der Motordrehzahl erreichen. Wird eine Frontzapfwelle benötigt, ist deren Lage zu beachten, da der Anschluß bisher nicht einheitlich vorn am Schlepper ausgeführt wird. Fronthydraulik und Frontzapfwelle sind Sonderausrüstungen mit erheblichem Aufpreis und sollten nur bei wirklicher Auslastung gewählt werden.

Die Bereifung hat wesentlichen Einfluß auf die Zugkraft des Schleppers. Soll die Zugkraft durch Zusatzlasten erhöht werden, müssen die Reifen genügend Tragfähigkeit haben. Es ist zu überlegen, ob Diagonal- oder Radialreifen (Gürtelreifen) beschafft werden. Gürtelreifen übertragen bei gleichem Schlupf höhere Zugkräfte. Dies gilt aber nur für trockene und normalfeuchte Böden. Bei sehr feuchten und schmierigen Böden ist die Selbstreinigung geringer und der Zugkraftvorteil geht verloren.

Zusammenfassend lassen sich in Anlehnung an BERTRAM (1982) folgende Auswahlkriterien für Schlepper nennen:
▷ Preis: welche Ausstattung und Zusatzausrüstungen sind im Preis enthalten? Wichtig sind vergleichbare Angebote.
▷ Reparatur-, Wartungs- und Ersatzteildienst: Schnelligkeit bei der Ersatzteilbeschaffung.
▷ Bauart, Leistungsklasse, Leistungsgewicht: Unterschied zwischen Leergewicht und zulässigem Gesamtgewicht für die Anbringung von Zusatzgewichten bei hoher Zugkraft.
▷ Bodenfreiheit.
▷ Allradantrieb und dessen Mehrkosten.
▷ Bereifung: Diagonal- oder Gürtelreifen, Tragfähigkeit.
▷ Abmessungen am Schlepper. Spurweiten und Spurweitenverstellung, Höhe mit Kabine bzw. vorgeschriebenem Überrollbügel für das Befahren von Gewächshäusern.
▷ Motor: Hubraum, Drehmomentverlauf, Drehmomentanstieg. Brennstoffverbrauch in verschiedenen Lastbereichen.
▷ Getriebe: Abstufung der Geschwindigkeiten im Hauptarbeitsbereich. Zusatzausrüstung mit Kriech- und Schnellgangstufen.
▷ Hydraulik: Ausreichende Hubkraft und Ölmenge. Kraftheberregelung, Ölzapfstellen.
▷ Zapfwelle: Erforderliche Drehzahl. Umschaltmöglichkeit für zwei Drehzahlen 540 und 1000 U/min, Frontzapfwelle erforderlich?
▷ Geräteanbau: Schnellkupplungseinrichtung, Zugmaul verstellbar. Frontanbau notwendig?
▷ Verdeck oder klimatisierte Kabine: Guter Sitz, Anordnung von Bedienelementen.
▷ Wartungsfreundlichkeit: Zugänglichkeit von Ölmeßstab, Einfüllstutzen und Schmierstellen sowie Luft- und Ölfilter, Inhalt Kraftstoffbehälter 2,3 bis 2,5 l pro kW.
Der Schlepperbesatz in den Gemüsebaubetrieben ist relativ hoch. Für den Betriebsinhaber ist in den meisten Fällen die Schlagkraft ausschlaggebend für die Zahl der erforderlichen Schlepper (GÖTTEL 1983). Häufig wird eher für spezielle Einsatzzwecke ein Schlepper mehr angeschafft, als einen Universalschlepper umzurüsten auf andere Reifen, Spurbreiten und Geräteanbau. Die schnelle Einsetzbarkeit von Schleppern mit Geräteanbau ist vorrangig vor der Frage der Wirtschaftlichkeit eines einzelnen Schleppers.
Aus der Datensammlung für die Betriebsplanung im Intensivgemüsebau (FÖLSTER 1982) sowie einer Umfrage in einigen Gemüsebaubetrieben (GÖTTEL 1983) ergibt sich für den Schlepperbesatz in Gemüsebaubetrieben etwa folgendes Bild:

a) Vorwiegend Gewächshausfläche bis 5000 m²
1 Standardschlepper Klasse I (30 kW)
b) Vorwiegend Gewächshausfläche über 5000 m²
1 bis 2 Standardschlepper Klasse I (30 kW)
c) Gemischtbetriebe bis 6000 m² Gewächshausfläche und bis 5 ha Freiland
1 Standardschlepper Klasse I
1 Geräteträger
1 Standard- oder Systemschlepper Klasse III (45–75 kW)
d) Gemischtbetriebe 6000 m² Gewächshäuser und 10 ha Freiland
1 Standardschlepper Klasse I (30 kW)
1 Geräteträger
1 Standardschlepper Klasse II (30–45 kW)
1 Standard- oder Systemschlepper Klasse III (45–75 kW)
e) Freilandbetriebe 3 bis 5 ha
1 Standardschlepper Klasse I
1 Standardschlepper Klasse II
1 Geräteträger oder
1 Standardschlepper bzw. Systemschlepper Klasse III
1 Geräteträger
f) Freilandbetriebe um 10 ha
Je 1 Standardschlepper der Klassen I und II
1 Standard- oder Systemschlepper Klasse III
1 Geräteträger
g) Freilandbetriebe 20–35 ha
3 Standardschlepper Klasse II und 3 Standardschlepper Klasse III oder
2 bis 3 Standardschlepper Klasse II
1 bis 2 Geräteträger
1 bis 2 Standard- oder Systemschlepper Klasse III
h) Großbetriebe 30 ha Freiland und 10000 m² Gewächshäuser
1 bis 2 Standardschlepper Klasse I
3 Standardschlepper Klasse II
3 Standardschlepper Klasse III
1 Systemschlepper Klasse II

Literatur

BERTRAM, H. H. (1982): Vergleichen Sie beim Schlepperkauf nicht nur die Preise. In: »Schlepperkauf« top agrar extra.

BILLER, R. H. und NEUNABER, M. (1982): Viele Gänge machen noch kein gutes Getriebe. In: Schlepperkauf top agrar extra.

FÖLSTER, E., SIEGMUND, I., SPINGER, M. (1982): Datensammlung für die Betriebsplanung im Intensivgemüsebau. Hannover: Arbeitskreis Betriebswirtschaft im Gartenbau e. V..

GÖTTEL, W. (1983): Kriterien für die betriebsgerechte Auswahl von Schleppern für Gartenbaubetriebe. Hannover: Diplomarbeit. Institut für Technik in

Gartenbau und Landwirtschaft der Universität Hannover. Unveröffentlicht.

SÖHNE, W. (1983): Ackerschlepper 1982. Automobiltechnische Zeitschrift **1**, 3-12.

2.2.1.2 Maschinen und Geräte

Bei der Auswahl von Maschinen und Geräten für die Feldbewirtschaftung dürfen die Einzelmaschinen, z. B. für die Bodenbearbeitung oder Bestellung, nicht für sich allein betrachtet werden. Es muß vielmehr ganz besonderer Wert darauf gelegt werden, möglichst alle Maschinen in eine verfahrenstechnische Kette der Feldproduktion so einzuordnen, daß eine kostengünstige Produktion und eine verlust- und beschädigungsarme Ernte ermöglicht wird. Beim heutigen Stand der Erntetechnik hängt bei vielen Gemüsearten die Qualität und Menge der geernteten Früchte nicht nur von Entwicklungsstand der Erntemaschine, sondern neben der Sortenwahl auch von den vorhergehenden Feldarbeitsgängen und damit von den eingesetzten Maschinen ab. Zu der Maschinenkette für die Feldbewirtschaftung gehören:

▷ Grundbodenbearbeitung durch Pflug oder Fräse,
▷ Saat- bzw. Pflanzbettbereitung mit Gerätekombinationen, beispielsweise aus Grubber, Starr- oder Wälzeggen,
▷ Saat bzw. Pflanzung mit Sämaschinen, Einzelkornsägeräten und Pflanzmaschinen,
▷ Pflanzenpflege und Pflanzenschutz,
▷ Beregnung,
▷ Ernte,
▷ Aufbereitung durch Reinigen, Sortieren, Verpacken,
▷ Transport und Lagerung.

Jede Maschinenart für die aufgeführten Arbeitsgänge muß als Glied der verfahrenstechnischen Gesamtmaschinenkette nach bestimmten Kriterien und Einflußfaktoren ausgewählt werden. Abbildung 2.2-2 zeigt das Zusammenwirken der Faktoren. Ausgehend von den erforderlichen Arbeitsfunktionen werden die technischen Parameter unter Berücksichtigung der biotechnischen Eigenschaften von Pflanzen und Ertragsorganen festgelegt. Daraus ergeben sich die Kosten und die Auswahl der Maschine. Wesentlichen Einfluß auf Arbeitsfunktion, technische Parameter und Kosten haben auf der einen Seite die Verfahrenstechnik, wie beispielsweise Anbauverfahren und Erntetechniken, auf der anderen Seite die betriebswirtschaftlichen Einflüsse.

Ein erheblicher prozentualer Anteil der gesamten Feldarbeit entfällt auf die **Bodenbearbeitung** (s. auch Kap. 4.1.1). Man unterscheidet:

▷ Grundbodenbearbeitung,
▷ Saatbeet- bzw. Pflanzbettbereitung.

Die Bodenbearbeitungswerkzeuge haben die Aufgabe, den Boden bei unterschiedlichen Boden-, Klima- und Anbauverhältnissen zu lockern, krümeln, mischen, wenden, einzuebnen, zu ver-

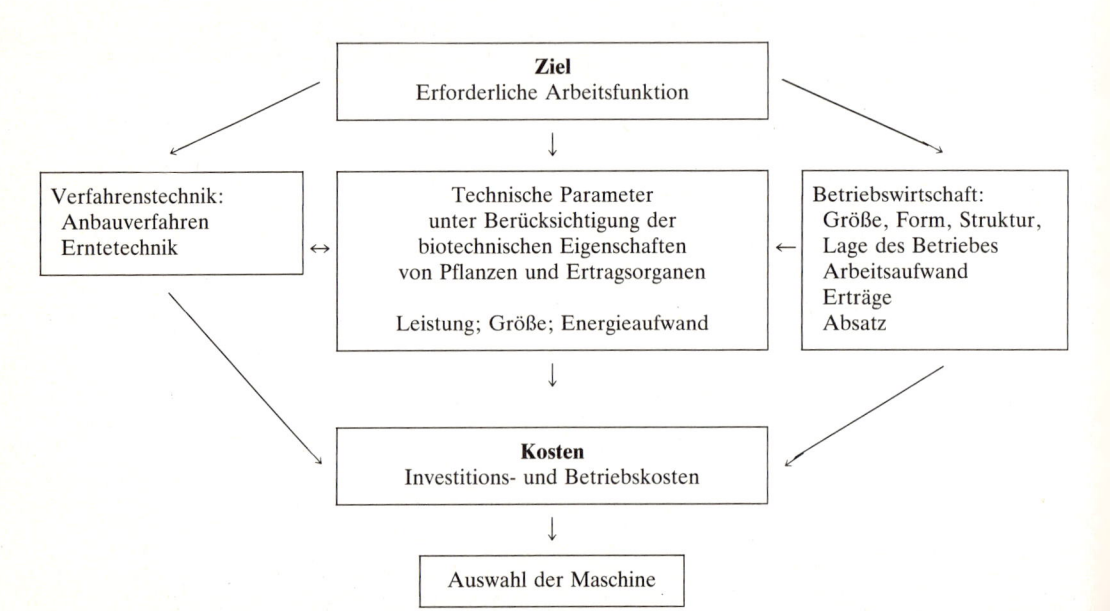

Abb. 2.2-2: Kriterien und Einflußfaktoren bei der Maschinenauswahl

dichten, organische Stoffe und Mineraldünger einzuarbeiten und Unkraut mechanisch zu bekämpfen. Für diese Aufgaben müssen unterschiedliche Werkzeuge, Maschinen und Maschinenkombinationen zur Verfügung stehen.

Bei der Bodenbearbeitung stellt sich zusätzlich die Forderung nach:

▷ möglichst geringer Belastung des Bodens durch Bodendruck und Schlupf,
▷ möglichst hoher Flächenleistung.

Die Flächenleistung läßt sich steigern durch Erhöhung von Arbeitsbreite oder Fahrgeschwindigkeit. Beides erfordert höhere Zugleistung. Diese ist abhängig von Motorleistung, Gewicht und Bereifung. Die Zapfwellenleistung ist im wesentlichen nur von der Motorleistung abhängig. Da eine Erhöhung der Zugleistung die Bodenbelastung erhöht, ist es wünschenswert, eine möglichst hohe Leistung von der Zapfwelle auf das Gerät zu übertragen, d. h. zapfwellengetriebene Geräte einzusetzen, die die gewünschte Wirkung der Bodenbearbeitung erzielen. Auch sollten soweit wie möglich Gerätekombinationen verwendet werden.

Für die verschiedenen Aufgaben der Bodenbearbeitung gibt es Maschinengruppen für gezogene und zapfwellengetriebene Maschinen.

Gezogene Bodenbearbeitungsmaschinen sind Pflüge, Grubber, Zinken- und Wälzeggen, Packer und Walzen, Gerätekombinationen für Saatbeet-, Pflanzbettbereitung. Zapfwellengetriebene Geräte sind Fräsen, Rotor-, Rüttel-, Kreiseleggen, Spatenmaschinen.

Da die Bodenbearbeitung relativ hohe Schlepperleistungen erfordert, muß für die richtige Anpassung von Schlepper und Gerät die erforderliche Leistung für den Antrieb der Geräte bekannt sein. Außerdem werden Daten über optimale Arbeitsgeschwindigkeiten und Flächenleistungen benötigt. In Tabelle 2.2-2 werden technische Daten für verschiedene Bodenbearbeitungsgeräte wiedergegeben.

Die Auswahl von **Pflanzmaschinen** und **Einzelkornsägeräten** sollte unter Berücksichtigung folgender Kriterien und Anforderungen vorgenommen werden (s. auch Kap. 4.4):

Pflanzmaschinen (nach LABOWSKY 1978):

▷ Eignung zur Pflanzung von Erdtöpfen verschiedener Größe,

Tab. 2.2–2: Technische Daten für Bodenbearbeitungsgeräte*

Gerät	Arbeitstiefe (cm)	Schnittbreite Strichabstand (cm)	Optimale Fahrgeschwindigkeit (km/h)	erforderliche Schlepperleistung	Flächenleistung (ha/mh)
				(kW/Schar)	
Scharpflug	25–40	30–40	5–7	15–22	0,5
Schälpflug	10–25	25–30	6–8	6–12	0,6
Tieflockerer	65–95	60–90	3–4	30–60	0,2–0,3
				(kW/m)	
Spatenpflug	40	30	2–4	30	0,3
Pfluggrubber	20–30	30–35	8–10	25–30	0,5
Feingrubber	10–15	10	10–12	15	0,9–1
Fräse	15–25	–	6–8	25–30	0,5–0,7
Zinkenegge	5–8	5–8	8–10	5	1
Zapfwellenegge	10–20	–	7–9	12–18	0,5
Kombinationen				(kW/m)	(ha/h)
Feingrubber — Packer — Wälzegge	–	3	6–8	22–25	1,2–1,7
Schälgrubber — Krümler	–	3	7–10	22–28	1,4–2,0
Feingrubber — Wälzegge	–	2	7–9	15–19	0,9–1,2

* Nach: AID 1981

▷ Möglichkeit zur Pflanzung verschiedener Kulturen; Einstellmöglichkeit für unterschiedliche Reihenabstände, Pflanzabstände, Pflanzen- und Ballengröße,
▷ Einsatz bei ungünstigen Bodenverhältnissen mit ausreichender Pflanzqualität,
▷ einheitliche und exakte Tiefenführung,
▷ anpaßbare Druckrollen,
▷ günstiger Arbeitsplatz für eine möglichst ermüdungsfreie Haltung der Pflanzpersonen,
▷ ausreichende Vorratsplattform zur Mitnahme von genügend Pflanzenmaterial,
▷ hohe Arbeitsleistung.

Die Fahrgeschwindigkeit von Pflanzmaschinen liegt im Bereich von 0,3 bis 0,8 km/h.

Einzelkornsägeräte (nach KTBL 1978):
▷ wegabhängiger Zentralantrieb (Bodenantrieb oder Wegzapfwelle). Antrieb der Einzelsägeräte besser mit Kettenantrieb,
▷ lange Füllstrecke im Saatgutbehälter,
▷ exakter Abstreifer am Ende der Füllstrecke,
▷ einfache Entleerung,
▷ funktionssichere und leicht auswechselbare Vereinzelungselemente (Zellenrad, Lochband, Löffelrad, Saugluftscheibe),
▷ exakte Tiefenführung und Tiefeneinstellung,
▷ Druckrolle vor Zustreicher,
▷ geringe Fallhöhe des Saatgutes bis in den Boden,
▷ exakter Auswerfer.

Die Fahrgeschwindigkeit für Einzelkornsägeräte beträgt bis 7 km/h.

Über die technischen Voraussetzungen für die Ernte wird in Kapitel Ernteverfahren (4.12) berichtet.

Transportarbeiten fallen im Gemüsebau vor allem bei der Ernte und Vermarktung an. Ein großer Anteil des Ernteaufwandes sind Transportarbeiten. Die Zahl der zu transportierenden Einheiten (Kisten und Paletten) und die Transportgewichte sind erheblich. Nach LABOWSKY (1983) sind beispielsweise bei der Blumenkohlernte (300 dt/ha) 5000 Kisten bzw. 125 Paletten pro ha zu transportieren mit einem Gewicht von ca. 300 kg pro Palette.

Der Transport unterteilt sich in
▷ Feldtransport von Leergut und Erntegut mit Auf- und Abladen,
▷ Straßentransport.

Transportfahrzeuge sind Erntemaschinen, Erntewagen, Anhänger und Lastwagen. Nach ISENSEE (1983) bieten sich Ansatzpunkte für die Verringerung von Transportarbeiten bei
▷ Fahrgeschwindigkeit,
▷ Nutzmasse,
▷ schnellerem Be- und Entladevorgang,
▷ reduziertem Transportvolumen.

Das Transportvolumen ist durch Verpackung, Palettengröße und das Produkt gegeben. Die Be- und Entladung hängt von der Fahrzeugbauart ab. Bei Anhängern und Erntewagen kann man unterscheiden (VIEHWEG 1983):
▷ Plattformwagen mit einer oder zwei Achsen, mit Ein- oder Mehrseitenkipper für Schüttgut und eventuell mit hydraulischer Ladebordwand,
▷ Tieflader mit oder ohne hydraulische Absenkung.

Einachsanhänger, zu denen auch Anhänger mit zwei Achsen gehören, deren Achsen weniger als 1 m voneinander entfernt sind, können leichter rangiert werden. Die Deichselstützlast muß mindestens 3 % und darf maximal 20 % der zulässigen Gesamtmasse betragen. Es muß geprüft werden, ob die zulässige Stützlast der Schlepperanhängung ausreicht. Die Ladehöhe bei Transportfahrzeugen sollte möglichst gering und die Ladeplattform für den Palettentransport ausreichend dimensioniert sein.

Die erforderliche Fahrgeschwindigkeit im Straßentransport richtet sich nach den Entfernungen. Zu beachten ist, daß Anhänger für Fahrgeschwindigkeiten über 25 km/h Vorschriften hinsichtlich der Bremsausrüstung unterliegen, die kostenaufwendig sind. Dies gilt auch, wenn der Schlepper für höhere Fahrgeschwindigkeiten zugelassen ist. Für höhere Fahrgeschwindigkeit ist eine genaue Abstimmung von Schlepperbauart, Schlepperleistung und Anhänger erforderlich. Um eine zulässige höhere Fahrgeschwindigkeit voll ausschöpfen zu können, ist eine nicht unwesentlich höhere Motorleistung erforderlich. Folgende Anhaltswerte für die auf das Gewicht von Schlepper und Transportfahrzeug bezogene Leistung sind für verschiedene zulässige Fahrgeschwindigkeiten anzunehmen:

Fahrgeschwindigkeit	Leistung
25 km/h	2,5 kW/t
32 km/h	3,5 kW/t
40 km/h	5,0 kW/t

Für die Auswahl von Transportfahrzeugen ist auch folgendes wichtig: die durchschnittliche Geschwindigkeit ist immer kleiner als die zulässige Geschwindigkeit. Eine Erhöhung der Nutzmasse wirkt sich dagegen proportional auf die Transportleistung aus.

Literatur

DOHNE, E., ESTLER, M., VOGT, C. (1983): Technik der Bodenbearbeitung und Getreidebestellung. Bonn:

Auswertungs- und Informationsdienst für Ernährung, Landwirtschaft und Forsten (AID) e. V., Heft 26.

HEGE, H. und KROMER, K.-H. (1978): Einzelkornsägeräte für Gemüse, Bauarten und Typentabelle. Darmstadt: KTBL Arbeitsblatt Gartenbau Nr. 0617, Kuratorium für Technik und Bauwesen in der Landwirtschaft.

ISENSEE, E. (1983): Leistungsfähige Transporttechnik. Agrartechnik International **12**, 6-7.

LABOWSKY, H. J. (1978): Moderne Pflanztechniken im Gemüsebau. Landtechnik **10**, 446–449.

LABOWSKY, H. J. (1983): Lade- und Transportarbeiten im Gemüsebau. Landtechnik **9**, 382–384.

VIEHWEG, F. J. (1983): Transport im Gemüsebau. Bonn: Landwirtschaftliche Versuchsberichte.Landwirtschaftskammer Rheinland.

ZABELTITZ, CHR. VON (1975): Die Vollerntetechnik im Gemüsebau und ihre Anforderungen an Anbau und Pflanze. In: Vollerntetechnik bei Gemüse. Frankfurt: Arbeiten der Deutschen Landwirtschafts-Gesellschaft, Band 148, DLG-Verlag.

2.2.2 Pflanzenproduktion in Gewächshäusern
2.2.2.1 Kriterien für Bau und Planung

Für die Pflanzenproduktion in Gewächshäusern müssen die Wachstumsfaktoren Strahlung, Temperatur, Feuchte und die Komponenten der Luft möglichst günstig und so zur Verfügung gestellt werden, daß ein minimaler Aufwand für Investition, Unterhaltung, Bewirtschaftung und Heizung entsteht. Bei der Planung von Gewächshausanlagen muß die Auswahl aus den sich bietenden Möglichkeiten vor allem unter Berücksichtigung der verschiedenen Gesichtspunkte aus Pflanzenbau, Technik und Ökonomie erfolgen. Die technische Planung von Gewächshausanlagen erstreckt sich hauptsächlich auf die vier Hauptbereiche Standort, Konstruktion, Inneneinrichtung und Auswahl der Lieferfirma (VON ZABELTITZ 1978).

Zu den Standortfaktoren gehören die Betriebslage selbst sowie die Aufstellung der Gewächshäuser in dem Betrieb. Für die Lage des Betriebs, soweit es sich um eine Betriebsneuplanung handelt und der Standort wählbar ist, sind eine Reihe von Kriterien zu beachten, die in Abbildung 2.2-3 aufgeführt sind.

Gesetzliche Bestimmungen sind vor allem für den Bau der Gewächshäuser und für die Errichtung von Schornsteinen maßgebend. Diese gesetzlichen Bestimmungen sind in den Bundesländern unterschiedlich. Wichtig für den Bauherrn sind vor allem die Gewächshaushöhe, die für die Baugenehmigung maßgebend ist, und der notwendige Mindestgrenzabstand.

Die Gewächshaushöhe, bis zu der keine Baugenehmigung erforderlich ist, liegt je nach Bundesland zwischen 2 und 4 m Firsthöhe. Der Grenzabstand beträgt in den meisten Fällen 3 m. Auf Antrag sind Ausnahmen zulässig. Die erforderliche Schornsteinhöhe richtet sich nach den Vorschriften für den Immissionsschutz und wird nach der Technischen Anleitung zur Reinhaltung der Luft berechnet. Diese Verordnung gilt für genehmigungspflichtige Anlagen mit einer installierten Kesselleistung ab 930 kW (800 000 kcal/h). Diese Anlagen, und damit auch der Schornstein, müssen vom TÜV abgenommen werden.

Die Klimaverhältnisse, vor allem der jährliche Verlauf der Globalstrahlung, der Temperatur und der Windgeschwindigkeit, haben wesentlichen Einfluß auf den Energieverbrauch. Gewächshäuser sollten nicht beschattet werden, aber möglichst windgeschützt liegen, da der Energieverbrauch beim Heizen mit der Windgeschwindigkeit stark zunimmt. Das Baugelände sollte möglichst eben sein, wobei geringe Neigungen bis etwa 1° nicht nachteilig sind, da Gewächshäuser zur besseren Wasserabführung mit geringer Neigung in Längsrichtung gebaut werden sollten. In Hanglagen verteuert sich der Gewächshausbau nicht unerheblich.

Die Bodenverhältnisse sind hinsichtlich der Stabilität des Baugrunds und der Eignung für Beetkulturen zu beurteilen. Die Stabilität des Baugrunds ist für die Ausführung und Größe des Fundaments maßgebend. Der Grundwasserstand, die Eignung des Bodens und dessen Wasserhaushalt sind im Hinblick auf eine Eigenwas-

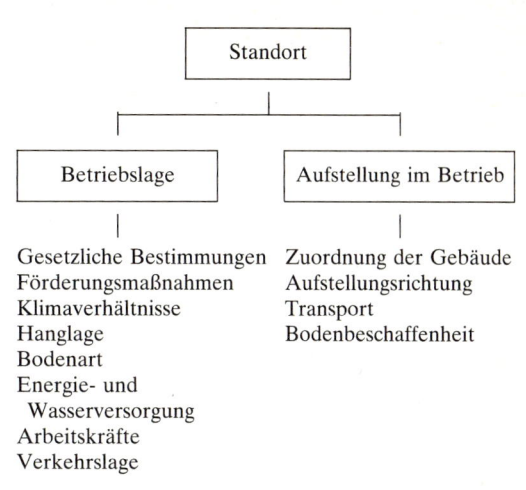

	Standort	
Betriebslage		Aufstellung im Betrieb
Gesetzliche Bestimmungen		Zuordnung der Gebäude
Förderungsmaßnahmen		Aufstellungsrichtung
Klimaverhältnisse		Transport
Hanglage		Bodenbeschaffenheit
Bodenart		
Energie- und Wasserversorgung		
Arbeitskräfte		
Verkehrslage		

Abb. 2.2-3: Kriterien für die Standortwahl von Gewächshäusern

serversorgung zu beachten. Der Wasserverbrauch für die Pflanzenproduktion ist mit etwa 1 bis 1,5 m³ Wasser je m² Gewächshausgrundfläche und Jahr anzusetzen.

Für die Lage und den Aufstellungsort der einzelnen Gewächshäuser im Betrieb ist der Zuschnitt des Betriebsgrundstücks maßgebend. Die Lage der Gewächshäuser sollte möglichst zentral im Betrieb sein, wobei eventuelle Erweiterungsbauten einzuplanen sind. Im Endausbau sollte die Heizungsanlage zentral im Gewächshauskomplex liegen. Bei Ost-West-Aufstellung gelangt im Winter mehr Strahlung in das Gewächshaus als bei der Nord-Süd-Aufstellung.

Besonderer Wert ist auf günstige Transportmöglichkeiten durch entsprechende Wegeführung in den Gewächshäusern sowie von den Produktionsstätten zu den Betriebsgebäuden zu legen. Verbinder müssen eine ausreichende Breite und Höhe haben, so daß sie zum Be- und Entladen mit entsprechenden Fahrzeugen befahrbar sind.

Die Auswahl der Gewächshauskonstruktion erfolgt nach der Bauweise und Bauausführung (Abb. 2.2-4). Die Bauweise legt vor allem den Typ, die Nennbreite, die Stehwand und das Dach sowie die ein- und mehrschiffige Anordnung fest.

Ob ein- oder mehrschiffig gebaut wird, ist von den Kulturen und auch von den Platzverhältnissen im Betrieb abhängig. Einschiffige Bauweise läßt vor allem im Winter mehr Licht in das Gewächshaus. Eine mehrschiffige Bauweise hat durch das geringere Verhältnis von Hüllfläche zu Grundfläche einen geringeren Energieverbrauch als eine einschiffige Bauweise gleicher Grundfläche. Die Strahlungsdurchlässigkeit von mehrschiffigen Gewächshäusern ist jedoch geringer. Durch die Bauausführung werden konstruktive Einzelheiten des Bautyps bestimmt. Die gesamte Bauausführung sollte auf den Wärmeverlust überprüft werden, wobei Undichtigkeiten und Wärmebrücken an der Gewächshauskonstruktion eine wesentliche Rolle spielen.

Während Konstruktion und Bauart universell für mehrere Kulturen geplant werden können, richtet sich die Inneneinrichtung weitgehend nach den anzubauenden Kulturen (Abb. 2.2-5). Die Einteilung der Gewächshäuser in Weg-, Beet- und Tischflächen kann nur in Verbindung mit der Planung des innerbetrieblichen Transports erfolgen.

Die Festlegung und Berechnung der Heizungssysteme muß unter Berücksichtigung von Kulturansprüchen und Energieeinsparung erfolgen. Allein durch die Wahl des Heizungssystems läßt sich eine bemerkenswerte Wärmeeinsparung erreichen. Wenn die Kulturen es erlauben, sollten Heizungssysteme installiert werden, bei denen der Energieverbrauch bei gleicher Temperaturdifferenz geringer ist.

Für alle Systeme der Klimatisierung einschließlich der Lüftung muß überlegt werden, wie weit die Funktionen durch Regeleinrichtungen automatisiert werden sollen. Hierbei gewinnt der Einsatz von Mikrocomputern immer mehr an Bedeutung.

Inneneinrichtung

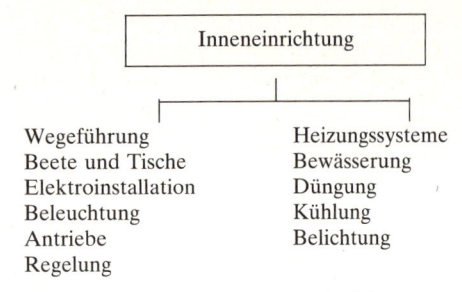

Wegeführung — Heizungssysteme
Beete und Tische — Bewässerung
Elektroinstallation — Düngung
Beleuchtung — Kühlung
Antriebe — Belichtung
Regelung

Abb. 2.2-5: Kriterien für die Inneneinrichtung

Konstruktion und Bauart

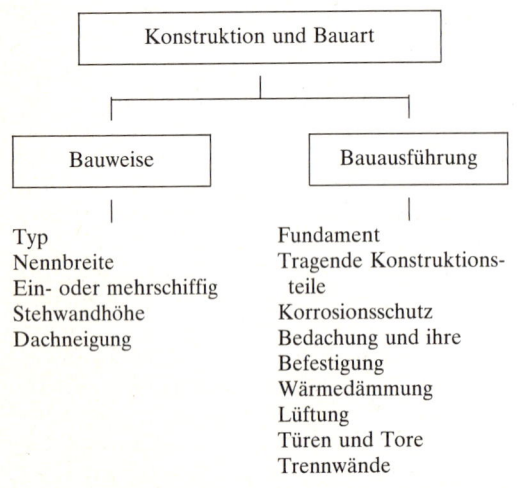

Bauweise
- Typ
- Nennbreite
- Ein- oder mehrschiffig
- Stehwandhöhe
- Dachneigung

Bauausführung
- Fundament
- Tragende Konstruktionsteile
- Korrosionsschutz
- Bedachung und ihre Befestigung
- Wärmedämmung
- Lüftung
- Türen und Tore
- Trennwände

Abb. 2.2-4: Auswahlkriterien für Gewächshauskonstruktionen

2.2.2.2 Anforderungen und Bauweisen

In vielen Fällen werden Gewächshäuser aus Kostengründen im Winter stillgelegt. Damit müssen die Investitionskosten in einer verkürzten Produktionszeit erwirtschaftet werden. Für die Kulturzeit und Betriebsführung wird unterschieden zwischen:

▷ einem ganzjährigen Anbau im Gewächshaus,
▷ einer Teilzeitnutzung mit kurzfristiger Stillegung und gleichzeitiger Möglichkeit des ganzjährigen Anbaus.

Eine Untersuchung über die Grenzen der Investitionen bei Gewächshäusern für den Gemüsebau von BAHNMÜLLER (1982) hat folgendes ergeben:

▷ Bei verschiedenen beheizten Kulturen können die jährlichen Kosten für Gewächshäuser entweder nur mit billigen Glasgewächshäusern, beheizt mit direktbefeuerten Lufterhitzern, oder mit beheizten Foliengewächshäusern gedeckt werden.
▷ Bei ungeheizten Kulturen können die jährlichen Kosten nur mit Foliengewächshäusern gedeckt werden.

Bei den im Gemüsebau zu erzielenden Preisen ist nicht viel Spielraum für den Gewächshausbau gegeben. An Gewächshäuser, speziell für den Gemüsebau, sind (nach VON ZABELTITZ und WEIMANN 1983) folgende allgemeine Anforderungen zu stellen:

▷ geringe Erstellungs- und Unterhaltungskosten,
▷ minimaler Energieverbrauch bei Tag und Nacht,
▷ maximaler Strahlungseinfall am Tag,
▷ gute Lüftbarkeit,
▷ geringer Arbeitsaufwand am und im Gewächshaus,
▷ Möglichkeit der Stillegung im Winter im Hinblick auf Schneelast und Heizung,
▷ Beständigkeit gegen Witterungseinflüsse, wie vor allem Strahlung, Sturm, Hagel und Schnee.

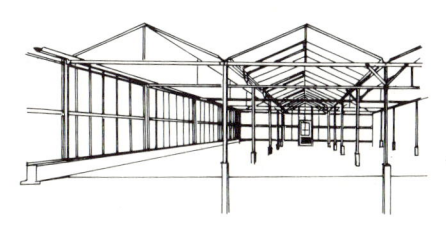

Die Bauweise von Gewächshäusern läßt sich in folgende Klassen gliedern (Abb. 2.2-6):

1. Großraumbauweise (Normbauweise) mit dem Rastermaß e = 3,065 m als Binderabstand und verschiedenen Nennbreiten b von 6, 9, 12 und 15 m. Die Lüftungen an First und Stehwand sind durchgehend über die Dachlänge.
2. Leichtbauweise mit 3,20 m Nennbreite, bei der durch Unterzüge die lichte Breite auf 6,4 bzw. 9,6 m vergrößert werden kann,
3. Foliengewächshäuser, die bei stabiler Ausführung die Möglichkeit zum Umrüsten auf Kunststoffplatten als Bedachung bieten (Abb. 2.2-7).

Um den Anforderungen für eine ganzjährige Produktion zu genügen, muß eine solide, normgerechte Konstruktion mit einer Bedachung aus möglichst hoch lichtdurchlässigem Material und einer dicht schließenden Lüftung vorhanden sein. Zusätzlich ist ein entsprechendes Heizungssystem erforderlich. Die technischen Anforderungen für den ganzjährigen Gemüsebau in Gewächshäusern unterscheiden sich kaum von den bisherigen Methoden. Sie sind vor allem darauf auszurichten, den Energieverbrauch zu minimieren. Entscheidend sind nach wie vor die hohen Investitionskosten. Gewächshäuser, die auch für eine Teilzeitproduktion eingesetzt werden sollen, erlauben nur geringe Investitionen, verlangen eine stillegbare Konstruktion und stillegbare Heizungssysteme.

Foliengewächshäuser könnten auch in den Klimazonen Mitteleuropas wieder mehr zur Anwendung kommen, wenn unter Berücksichtigung bestehender Nachteile bestimmte Anforderungen erfüllt würden. Die Abbildung 2.2-7 zeigt übliche Foliengewächshauskonstruktionen (VON ZABELTITZ 1981):

In der Abbildung 2.2-7 ist oben eine Rundbogenkonstruktion dargestellt, die einen einfachen konstruktiven Aufbau sowie ein günstiges Oberflächen/Grundflächenverhältnis aufweist. Nachteilig sind die schrägen Stehwände, die eine Bearbeitung mit Maschinen erschweren. Es ist nur eine einschiffige Bauweise möglich, die relativ schlecht lüftbar ist. Bedingt durch die Bogenform hat man im Firstraum einen breiteren Bereich mit einer nahezu horizontalen Fläche. Bei Trop-

Großraumbauweise

Leichtbauweise mit 3,20 m Spannweite

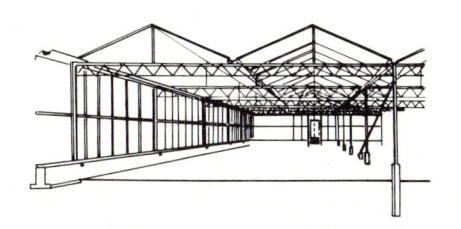

Erweiterung der Spannweite durch Unterzug

Abb. 2.2-6: Bauweise von Gewächshäusern

a)

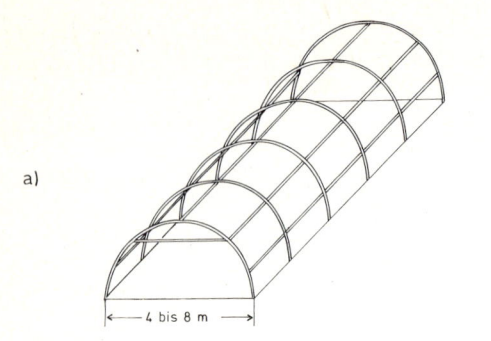

Rundbogenfoliengewächshaus

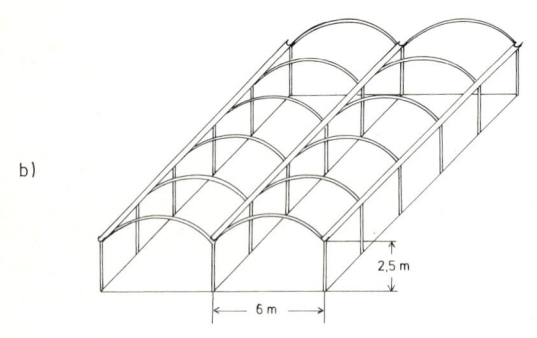

b)

⟵ 6 m ⟶   2,5 m

Rundbogenfoliengewächshaus mit gerader Stehwand

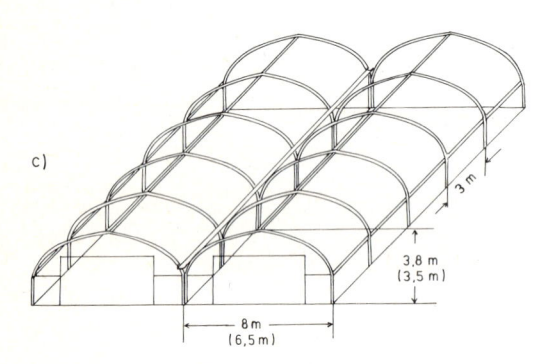

c)

⟵ 8 m ⟶   3,8 m
  (6,5 m)   (3,5 m)   3 m

Spitzbogenfoliengewächshaus

Abb. 2.2-7: Bauweise von Foliengewächshäusern

fenkondensation bildet sich hier eine breitere Zone mit Tropfenfall.

Abbildung 2.2-7 zeigt in der Mitte eine Rundbogenkonstruktion mit gerader Stehwand, die eine mehrschiffige Bauweise und eine Bearbeitung mit Maschinen bis an die Stehwand ermöglicht. An den Steh- und Giebelwänden sind Lüftungen anzubringen. Nachteilig ist auch hier im Firstbereich eine breitere Zone mit geringem Dachneigungswinkel und dadurch bedingtem Tropfenfall.

In Abbildung 2.2-7 ist unten eine Spitzbogenkonstruktion mit gerader Stehwand für ein- und mehrschiffige Bauweise wiedergegeben. Beim Spitzbogen hat man einen größeren Dachneigungswinkel zum First. Damit wird die Neigung zum Tropfenfall an der Folie verringert, und es besteht die Möglichkeit, eine Firstlüftung anzubringen. Eine Bearbeitung bis an die Stehwand ist möglich. Die Bauweise bedingt einen etwas höheren konstruktiven Aufwand, bietet aber von den dargestellten Formen die meisten Vorteile.

Unter Berücksichtigung noch bestehender Nachteile sollten an Foliengewächshäuser folgende Anforderungen gestellt werden:

1. geringe Erstellungs- und Unterhaltskosten, u. a. durch Entwicklung und Einsatz von Montagehilfen,
2. leichter Folienwechsel mit geringem Arbeitsaufwand,
3. Vermeidung von Folienzerstörung an der Konstruktion durch Flattern im Wind und Berührung mit erhitzten Konstruktionsteilen,
4. Möglichkeit zur alternativen Eindeckung mit Folie oder Kunststoffplatten,
5. gute Lüftbarkeit,
6. längerfristige Haltbarkeit der Folien,
7. erhöhte Lichtdurchlässigkeit der Folien, so daß beispielsweise eine energiesparende Doppelfolie vergleichbar wird mit Einfacheindeckung aus Glas oder Folie,
8. Vermeidung des Abtropfens von Kondenswasser durch entsprechende Dachform und Folienbehandlung,
9. Möglichkeit zur Stillegung im Winter durch Abnehmen oder Zusammenraffen der Folie,
10. hohe Stehwände und möglichst wenig Binderstiele im Innenraum für eine leichte, maschinelle Bearbeitbarkeit des Bodens bis dicht an die Stehwände,
11. leicht stillegbare Heizungssysteme.

Schlüsselt man nach dem Anforderungskatalog die Eigenschaften von Folien auf, so sollten Folien als Gewächshausbedachung eine hohe Durchlässigkeit für Globalstrahlung, aber eine geringe Durchlässigkeit für langwellige IR-Strahlung über 3000 nm haben und eine hohe Beständigkeit dieser Strahlungseigenschaften sowie eine hohe mechanische Festigkeit gegen Sturm und Hagel besitzen. Das Problem der Wasserkondensation in Form von Mikrotropfen muß dahingehend gelöst werden, daß Kondenswasser als Wasserfilm abläuft und nicht abtropft. Die Folien müssen in ausreichender Breite zu annehmbaren Preisen herstellbar sein.

Für die Folienbefestigung gibt es verschiedene Ausführungen von Klemmschienen (VON ZABEL-TITZ 1981). Bei der Auswahl dieser Schienen ist

darauf zu achten, daß die Folie nicht an zu wenig abgerundeten Kanten abreißt und daß die Befestigungen sich nicht durch Windsogkräfte lösen. Um den Zeitaufwand gering zu halten, sollten geeignete Montagehilfen zur Verfügung stehen. Die Folien müssen nicht nur befestigt, sondern auch gespannt werden, damit sie nicht im Wind flattern. Spannmöglichkeiten für Folien sind:
▷ mechanische Spannvorrichtungen,
▷ elastische Stäbe,
▷ Doppelfolie mit Luft aufgeblasen.

Foliengewächshäuser mit Doppelfolie, bei denen der Zwischenraum zwischen den Folien mit Luft aufgeblasen wird, sind stabil gegen Windeinfluß, solange der erforderliche Druck aufrechterhalten bleibt und die Folie in der Klemmschiene gehalten wird.

2.2.2.3 Heizung

Heizungssysteme in Gewächshäusern für den Gemüsebau sollten im Winter leicht stillzulegen und so ausgelegt sein, daß die Wärme möglichst unten im Pflanzenbestand zugeführt wird. Die Stillegung von Heizungsanlagen in Gewächshäusern ist ein besonderes Problem (TANTAU, LUER 1982). Rohrheizungen sind wenig geeignet. Lufterhitzer mit Luftverteilung über Folienschläuche im Pflanzenbestand (Abb. 2.2-8) können relativ gut stillgelegt werden, da die wasserführenden Rohrleitungen nur kurz sind und bei abgeschaltetem Ventilator der Lufterhitzer ohne zu großen Energieverlust mit durchlaufendem Wasser frostfrei gehalten werden kann. Eine weitere Möglichkeit bieten direkt befeuerte Lufterhitzer im Gewächshaus (Abb. 2.2-8). Hier stellt die Stillegung kein großes Problem dar. Es müssen aber die Vorschriften für Emissionen beachtet werden. Bei Gasbrennern (Erdgas oder Propan) besteht die Möglichkeit der gleichzeitigen CO_2-Anreicherung (s. Kap. 4.15.3).

Beim Einsatz von speziellen gasbefeuerten Geräten für die CO_2-Anreicherung der Raumluft in Gewächshäusern müssen die entsprechenden Vorschriften und Richtlinien eingehalten werden. Es kommt häufiger vor, daß diese Geräte als einzige Heizquelle verwendet werden. Es bestehen aber DIN-Vorschriften und Installationsrichtlinien, nach denen die maximale CO_2-Konzentration auf 5 000 ppm begrenzt werden muß. Dadurch reicht die Heizenergie dieser Geräte allein nicht für die Beheizung der Gewächshäuser aus (DIN 4793, 1984 und DVGW Arbeitsblatt G 633, 1982).

Literatur

BAHNMÜLLER, H. (1982): Neubau von Gewächshäusern. Gemüse **11**, 370–372.
Deutscher Normenausschuß (1984): DIN 4793 – Gas-

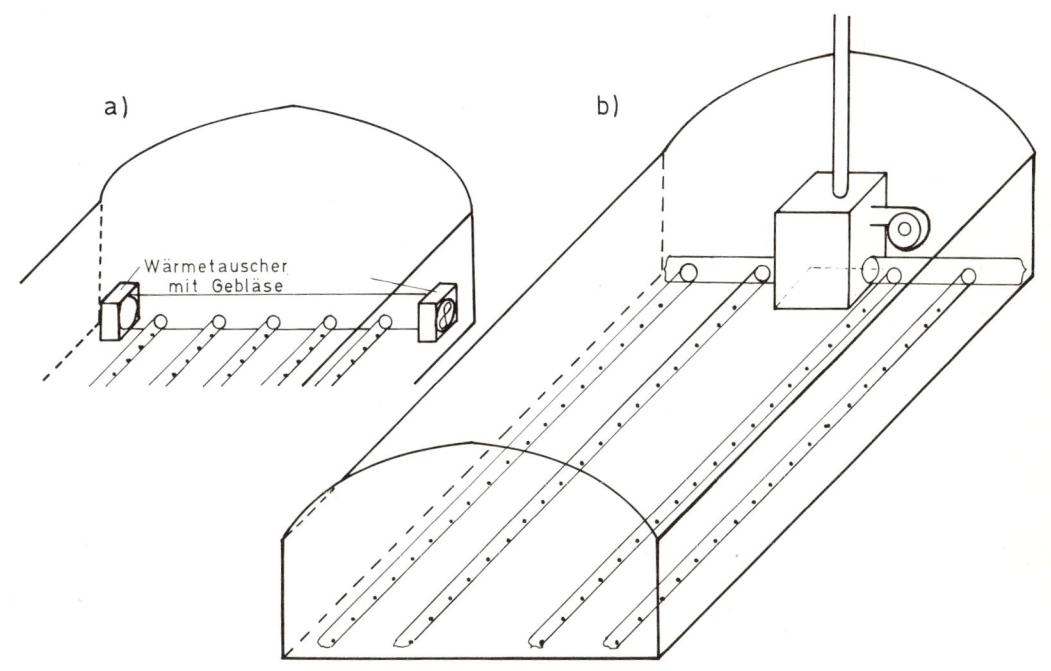

Abb. 2.2-8: Luftverteilung über Folienschlauch mit **a)** Wärmetauscher, **b)** Feuerlufterhitzer

befeuerte Geräte für die CO$_2$-Anreicherung der Raumluft in Gewächshäusern. Berlin: Beuth-Verlag.

DVGW (1982): Arbeitsblatt G 633 – Anlagen zur CO$_2$-Anreicherung in Gewächshäusern – Grundlagen, Installation und Betrieb. Technische Regelung. Eschborn: Deutsche Vereinigung des Gas- und Wasserfaches e. V.

Tantau, H.-J. und Luer, E. (1982): Stillegung von Gewächshäusern in Zeiten mit hohem Energiebedarf. Hannover: Gartenbautechnische Informationen, Institut für Technik in Gartenbau und Landwirtschaft der Universität Hannover, Heft 13. Braunschweig: Taspo.

Zabeltitz, Chr. von (1978): Gewächshäuser – Planung und Bau. Handbuch des Erwerbsgärtners. Stuttgart: Ulmer.

Zabeltitz, Chr. von (1978): Kriterien für die technische Planung von Gewächshäusern. Gartenbautechnische Information I, Deutscher Gartenbau 32, Heft 1, Beilage.

Zabeltitz, Chr. von (1981): Foliengewächshäuser für den Gartenbau. Gartenbautechnische Informationen. Beilage in Deutscher Gartenbau 35, Teil I Gewächshauskonstruktionen, Heft 28. Teil II Folien, Heft 36.

Zabeltitz, Chr. von und Weimann, G. (1983): Überlegungen zu modernen Gewächshauskonstruktionen. Gemüse **6**, 228–231.

2.3 Ökonomische Voraussetzungen

Harmen Storck

2.3.1 Der Betrieb

Gemüsebau als wirtschaftliche Tätigkeit dient einzelwirtschaftlichen Zielen und gesamtwirtschaftlichen Aufgaben. Aus einzelwirtschaftlicher Sicht steht das ökonomische Ziel im Vordergrund, ausreichende Einkommen für die im Betrieb tätigen Arbeitskräfte und eine angemessene Verzinsung für das eingesetzte Kapital zu erzielen. Man hat jedoch in den letzten Jahren erkannt, daß die Zielsetzungen von Unternehmern und Mitarbeitern nicht auf Gewinn und Einkommen beschränkt sind. Vielmehr sind daneben offenbar nicht-finanzielle und private Ziele von Bedeutung, wie Arbeitsbelastung, soziale Kontakte, Entfaltungsmöglichkeiten, Selbständigkeit u. a. (Hinken 1974).

Gesamtwirtschaftlich gesehen ist die wichtigste Aufgabe des Erwerbsgemüsebaues die Versorgung der Bevölkerung mit qualitativ hochwertigen und preiswerten Nahrungsmitteln. Wachsende Beachtung erfuhren daneben die Bereitstellung von Arbeitsplätzen, sparsamer Einsatz knapper Rohstoffe und Energie sowie die Nebenwirkungen der Produktion auf die Umwelt. Ökonomische Analysen haben bisher in der Regel ihr Augenmerk auf die finanziellen Zielgrößen und die Marktleistungen des Gemüsebaues konzentriert; künftig wird man den oben erwähnten zusätzlichen Zielgrößen mehr Aufmerksamkeit schenken müssen, um erfolgreich zu wirtschaften.

2.3.1.1 Betriebsstrukturen und Betriebsentwicklung

Erwerbsanbau von Gemüse fand 1981 in ca. 26 000 Einheiten statt, deren Gemüsefläche ca. 43 200 ha betrug, davon ca. 1 100 ha unter Glas. An der Gemüseerzeugung sind Betriebseinheiten unterschiedlicher Struktur beteiligt (Tab. 2.3-1). Knapp die Hälfte der Freiland-Gemüsefläche ist in landwirtschaftlichen Betrieben zumeist in die ackerbauliche Fruchtfolge integriert. Dort überwiegt der Anbau von stark mechanisierten Gemüsearten für die Verarbeitungsindustrie. Betriebe mit 20 ha LF (landwirtschaftlich genutzte Fläche) und mehr stellen zwar nur 30 % dieser Betriebe, verfügen aber über 80 % der Gemüsefläche und sind somit für den Feldanbau von Gemüse im landwirtschaftlichen Betrieb ausschlaggebend.

Als Gartenbaubetriebe werden hier Betriebseinheiten bezeichnet, deren Einnahmen überwiegend aus gartenbaulichen Leistungen stammen. Nach sozialökonomischen Merkmalen unterscheidet man zwischen Haupt- und Nebenerwerbsbetrieben. Nebenerwerbsbetriebe* spielen im Gemüsebau zwar der Zahl nach eine gewisse Rolle, ihre Produktion ist aber auf bestimmte Arten, wie z. B. Spargel, konzentriert und nimmt nur einen geringen Anteil der Gemüsefläche ein. Haupterwerbs-Gartenbaubetriebe (Betriebe mit mindestens einer Vollbeschäftigten-Einheit) stellen knapp die Hälfte aller Betriebe mit Erwerbsanbau von Gemüse und bewirtschaften nur wenig mehr als die Hälfte der Freiland-Gemüsefläche,

---

* Allgemein versteht man unter Nebenerwerbsbetrieben Betriebe, deren Bewirtschafter weniger als die Hälfte ihres Einkommens aus dem Betrieb erzielen. Hier sind sie definiert als Betriebe mit weniger als einer Vollbeschäftigten-Einheit (VBE), wobei die Arbeitskräfte des Betriebes wie folgt in VBE umgerechnet werden: mehr als 200 Arbeitstage im Jahr: 1 VBE; 100 bis unter 200 Arbeitstage: 0,7 VBE; 50 bis unter 100 Arbeitstage: 0,3 VBE; unter 50 Arbeitstage im Jahr: 0,1 VBE.

Tab. 2.3–1: Strukturen des Erwerbsanbaues von Gemüse

| | Anzahl | | Fläche | | | |
| | | | Freiland | | unter Glas | |
	(1000)	%	(1000 ha)	%	(ha)	%
Gartenbau-Haupterwerbsbetriebe	12,9	49	22,4	52	1024	94
darunter: Gemüsebaubetriebe	5,5	21	17,4	40	620	57
Gartenbau-Nebenerwerbsbetriebe	4,4	17	1,6	4	45	4
Landwirtschaftliche Betriebe (mit Gemüsebau)	9,2	35	19,3	45	21	2
Betriebe insgesamt	26,6	100	43,2	100	1089	100

aber fast die gesamte Gemüsefläche unter Glas. Die Mehrzahl dieser Betriebe ist allerdings nicht im Schwerpunkt auf den Gemüsebau ausgerichtet, so daß lediglich 5 500 »zünftige« Gemüsebaubetriebe (in der Statistik als Gartenbaubetriebe der Sparte Gemüsebau bezeichnet) gezählt werden, deren Einnahmen überwiegend aus Gemüseerzeugung stammen. Auf diesen Kernbereich des gärtnerischen Gemüsebaues entfallen aber immerhin 40 % der Freilandfläche und 56 % der Unterglasfläche für Gemüse.

Ein wichtiges Kennzeichen der Betriebsstruktur ist die Größe der Betriebe. Tabelle 2.3-2 enthält dazu einige Informationen für die Gartenbaubetriebe der Sparte Gemüsebau. Deutlich wird die ausgesprochen kleinbetriebliche Struktur des gärtnerischen Gemüsebaues. Nur etwa 1 000 Betriebe bewirtschaften 5 ha GG (Grundfläche der Gartengewächse) und mehr; auf sie entfallen allerdings etwa 60 % der Freiland-Gemüsefläche. Nach wie vor ist die Größenklasse 2 bis 5 ha GG am häufigsten; sie ist auch an der bewirtschafteten Fläche stark beteiligt. Aber auch kleinere Betriebe unter 2 ha GG wirtschaften offenbar noch immer als Haupterwerbsbetriebe. Etwa 20 % dieser Betriebe hat 2 000 m² Glasfläche oder mehr zur Verfügung und damit die Möglichkeit zur intensiven Flächennutzung; bei etwa 33 % überwiegt der Direktabsatz mit hohen Preisen und starker Betonung der Absatzaktivitäten. Viele von ihnen sind für eine erfolgreiche Bewirtschaftung dennoch zu klein.

Eine Gliederung der Betriebsgrößen nach Arbeitskräften läßt auf die überragende Bedeutung des Familienbetriebes im Gemüsebau schließen. Bei den Betrieben mit 1 bis unter 2 VBE (Vollbeschäftigten-Einheit) handelt es sich in der Regel um reine Familienbetriebe, die meist nur von Aushilfskräften unterstützt werden. Auch in der Größenklasse mit 2 bis unter 5 VBE entfällt auf Familienarbeitskräfte der größte Teil der Arbeitsleistung. Mehr als 5 VBE sind nur in 460 Betrieben tätig, mehr als 10 sogar nur in knapp 100 Betrieben, die allerdings durchschnittlich 18,5 ha Gemüsefläche im Freiland und 5 100 m² Glasfläche bewirtschaften.

Die Glasfläche ist als Maßstab für die Größe von Gemüsebaubetrieben weniger geeignet, da spezialisierte Unterglasbetriebe im Gegensatz zu den Niederlanden eine Ausnahme darstellen. Fast 66 % aller Haupterwerbs-Gemüsebaubetriebe haben Glasflächen zur Verfügung, meist allerdings nur kleine Flächen, die hauptsächlich der Pflanzenanzucht dienen. Glasflächen von 5 000 m² und mehr sind auf etwa 250 Betriebe beschränkt, von denen mehr als die Hälfte daneben 5 ha GG im Freiland und mehr bewirtschaften.

Die bestehenden Betriebsstrukturen sind das Ergebnis von Entscheidungen der beteiligten Unternehmer zur organisatorischen Gestaltung und Entwicklung ihrer Betriebe. Dabei werden die Entscheidungsträger einerseits von ihren Ziel- und Wertvorstellungen geleitet, andererseits sind sie gezwungen, sich den sich wandelnden Rahmenbedingungen anzupassen. Der Betrieb läßt sich also als offenes System kennzeichnen, das mit seinem Umsystem im ständigen Austausch steht und um ein homöostatisches Gleichgewicht

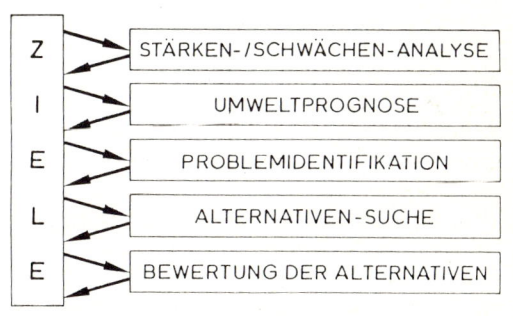

ZIELE →
- STÄRKEN-/SCHWÄCHEN-ANALYSE
- UMWELTPROGNOSE
- PROBLEMIDENTIFIKATION
- ALTERNATIVEN-SUCHE
- BEWERTUNG DER ALTERNATIVEN

Abb. 2.3-1: Phasen der Planung

Tab. 2.3–2: Betriebsgrößen von Gartenbaubetrieben der Sparte Gemüsebau

Grundfläche der Gartengewächse (ha)	Anzahl	%	Gemüsebaufläche Freiland ha	%	unter Glas ha	%
unter 0,5	3421		760		43,4	
0,5– unter 1	1225	24	698	4	72,2	13
1 – unter 2	1376	27	1673	10	155,5	27
2 – unter 5	1590	31	4528	26	194,2	34
5 – unter 10	629	12	3971	23	83,2	14
gleich, über 10	350	7	6536	38	72,3	13
insgesamt gleich, über 0,5	5170	100	17 409	100	577,5	100
Vollbeschäftigten-Einheit (VBE)						
unter 1	3056		1247		26	
1– unter 2	1524	28	1884	11	65	17
2– unter 5	3552	64	9389	56	416	67
5– unter 10	363	7	3195	19	89	14
gleich, über 10	96	2	1779	11	49	8
insgesamt gleich, über 1	5535	100	16 962	100	620	100

Glasfläche (m^2)			Glasfläche ha	%		
unter 500	1346	34	27,7	4		
500 – unter 1000	711	18	50,0	7		
1000 – unter 2000	841	21	117,9	18		

Glasfläche (m^2)	Anzahl		Glasfläche ha	%		
2000 – unter 5000	806	20	238,8	37		
gleich, über 5000	247	6	211,5	32		
insgesamt	3951	100	645,9			

mit diesem bemüht ist, um sein »Überleben« unter veränderten Umweltbedingungen zu gewährleisten. Betriebsentwicklung ist ein vielschichtiger Planungs- und Entscheidungsprozeß, in welchem Informationen über die betriebliche Situation (Stärken-/Schwächenanalyse), die erwarteten Entwicklungen im Umfeld (Risiken-/Chancenanalyse) und die denkbaren Handlungsalternativen im Hinblick auf sich konkretisierende Zielvorstellungen gewonnen und verarbeitet werden. Abbildung 2.3-1 veranschaulicht die Phasen dieses Prozesses, die nach empirischen Untersuchungen allerdings nicht chronologisch nacheinander ablaufen (BERNDT 1984). Ein wichtiges Merkmal der Betriebsentwicklungsplanung stellen unvollkommene Informationen dar. Sie sind der Grund dafür, daß die Entscheidungen nur in Teilbereichen mit Hilfe quantitativer Entscheidungsmodelle getroffen werden können.

Der Gemüsebau im landwirtschaftlichen Betrieb hat eine lange Tradition. Ab den späten 50er Jahren erhielt er jedoch durch die einsetzen-

Ökonomische Voraussetzungen

de Vollmechanisierung der Ernte ein neues Gesicht; er wurde zudem durch den Trend zum Verbrauch verarbeiteten Gemüses begünstigt (BUSCH 1963). Mechanisierung und Verarbeitung erfaßten nach und nach bestimmte Gemüsearten, die damit aus den Fruchtfolgen im Gemüsebaubetrieb herausgelöst oder darin zumindest stark zurückgedrängt wurden. Neben Erbsen und Bohnen waren zunehmend auch Spinat, Möhren, Rosenkohl, Sellerie u. a. von dieser Entwicklung betroffen. Einschneidekohl und Einlegegurken sind seit langem wichtige Kulturen meist kleinerer landwirtschaftlicher Betriebe. Dort hat die fortschreitende Erntemechanisierung vor allem zur Vergrößerung der Flächen einzelner Betriebe geführt. Seit Mitte der 60er Jahre war der Feldanbau vieler Arten, besonders von Erbsen und Bohnen, infolge der schwachen Wettbewerbsstellung der heimischen Verarbeitungsindustrie stark rückläufig; gleichzeitig konzentrierte sich der Anbau auf weniger und größere Betriebe. So hat sich die Zahl der landwirtschaftlichen Betriebe mit Gemüsebau zwischen 1972 und 1981 halbiert, ihre Gemüsefläche sank um 30 % (Abb. 2.3-2).

Die **Veränderung der Betriebsgrößen** muß im Zusammenhang mit der sozialökonomischen Klassifizierung der Betriebe gesehen werden. Für Haupterwerbsbetriebe ergibt sich eine bestimmte Mindestbetriebsgröße, die gewährleisten muß, daß

▷ 1. das Einkommenspotential für die Bewirtschafter ausreicht und

▷ 2. Kostendegressionen durch höhere Kapazitätsauslastung und stärkere Mechanisierung wahrgenommen oder zumindest kompensiert werden können (STORCK 1977, BAHNMÜLLER/ SCHÜRMER 1975).

In wachsenden Volkswirtschaften mit steigendem Realeinkommen und mechanisch-technischem Fortschritt sind die Betriebe gezwungen, entweder die Einkommenskapazität zu erhöhen, also zu wachsen, oder außerbetriebliche Erwerbstätigkeit aufzunehmen und damit den Betrieb zum Nebenerwerb »abzustocken«.

Eine Erhöhung der Einkommenskapazität ist in der Regel mit einer Erhöhung der Produktionskapazitäten, vor allem der Flächen, verbunden (quantitatives Wachstum). Abbildung 2.3-3 zeigt diese Entwicklung in den 70er Jahren. Auffällig ist einerseits die wachsende Bedeutung von Gemüsebetrieben mit 10 ha GG und mehr; dabei handelt es sich um Betriebe, deren Unternehmer die Chancen der zunehmenden Mechanisierung zur Erhöhung der Arbeitsproduktivität nutzen. Demgegenüber sind die Betriebsgrößenveränderungen im Bereich der kleinflächigen Betriebe weniger ausgeprägt, als man erwarten sollte. Die Zahl der Betriebe bis zu 5 ha GG hat in den 70er Jahren um etwa 30 % abgenommen. Offenbar hat nur ein kleiner Teil der vorhandenen Betrie-

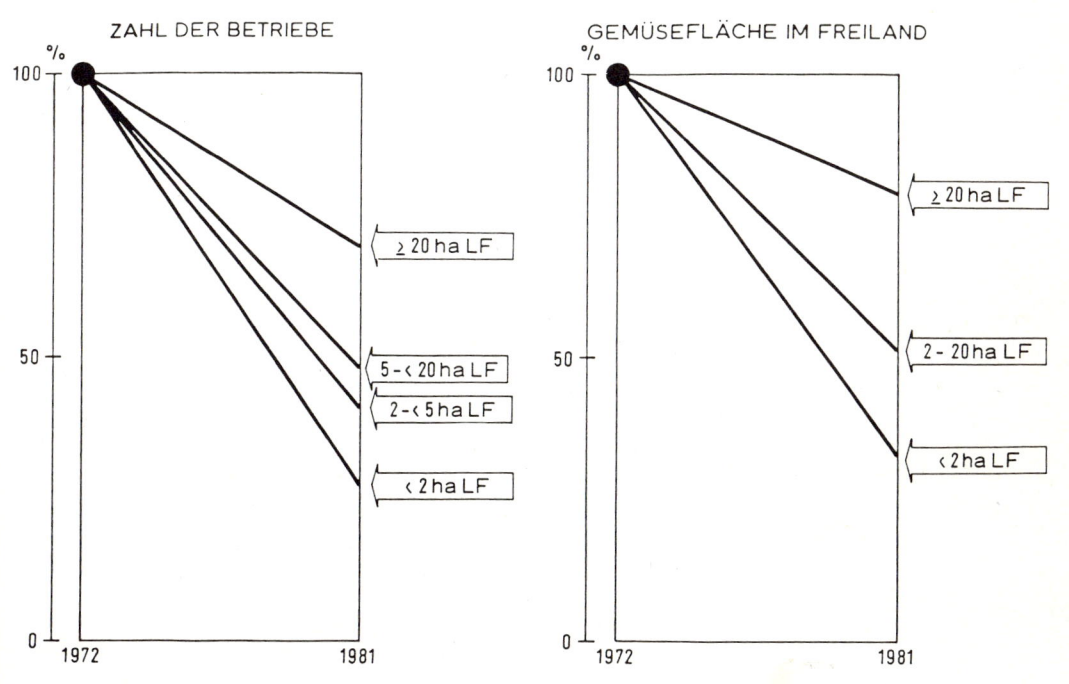

Abb. 2.3-2: Veränderung der Größen landwirtschaftlicher Betriebe mit Gemüsebau. (1972 = 100). Quelle: Gartenbauerhebungen

be die Möglichkeiten wahrgenommen, sich über eine Flächenvergrößerung anzupassen. Mangelhafte Flächenverfügbarkeit, besonders in traditionellen stadtnahen Anbaugebieten, aber auch unzureichende Anpassungsbereitschaft der Unternehmer (ELERS 1982) mögen dazu beigetragen haben. Man wird davon ausgehen müssen, daß sich auch künftig die Zahl der Haupterwerbs-Gemüsebaubetriebe weiter vermindert, entweder durch Betriebsaufgabe oder durch Abstockung zum Nebenerwerb, manchmal auch durch Wechsel der Sparte.

Unter den Rahmenbedingungen der 60er Jahre haben Gemüsebaubetriebe ihre Einkommenskapazität auch ohne Flächenerweiterung durch **Aufstockung der Glasflächen** erhöhen können. Gleichzeitig konnte damit auch die Angebotssaison erweitert, der zunehmenden Nachfrage nach Feingemüse Rechnung getragen und eine bessere Auslastung des verfügbaren Arbeitspotentials im Winter erreicht werden. Die starke Steigerung der Energiepreise in den 70er Jahren hat den Einsatz von Gewächshäusern für den Gemüsebau allerdings erheblich erschwert. Bestehende Gewächshäuser werden zwar weiterhin genutzt, aber extensiver, indem niedrigere Temperaturen gefahren werden und die Nutzung in den kalten Wintermonaten eingeschränkt wird. Neue Gewächshäuser dürften künftig wenig zur Erhöhung der Einkommenskapazitäten beitragen. Solange die Investitionskosten nicht wesentlich gesenkt werden können, wird sich der geschützte Anbau hauptsächlich auf den Einsatz von Flachfolien, Folientunneln und gelegentlich auch Folienhäusern beschränken.

Schließlich ist auf die Möglichkeiten eines **qualitativen Wachstums** (RÜTTEN 1973) hinzuweisen, das ohne oder mit geringer Aufstockung der Erzeugungskapazitäten erfolgt und hauptsächlich auf intensiverer Nutzung vorhandener Kapazitäten und Aufnahme flächenunabhängiger Leistungsbereiche, wie Absatz-, Handels- und Dienstleistungsaktivitäten, beruht. Der Gemüsebaubetrieb kann z.B. Zierpflanzenkulturen aufnehmen. Der Unterglasanbau von Gemüse hat in den 60er Jahren häufig Schnittblumenkulturen weichen müssen; heute werden vermehrt Topfpflanzenkulturen in die Kulturfolge aufgenommen. Daraus mag sich der große und offenbar wachsende Anteil der Mehrspartenbetriebe mit Gemüseanbau erklären. Handels- und Dienstleistungsfunktionen lassen sich mit Gemüseerzeugung seltener verbinden als mit Zierpflanzenproduktion. Immerhin hat der Direktabsatz für viele kleinflächige Gemüsebetriebe einige Bedeutung und ihnen einen Ausweg geboten, ohne größere Investitionen die erforderliche Einkommenskapazität zu schaffen.

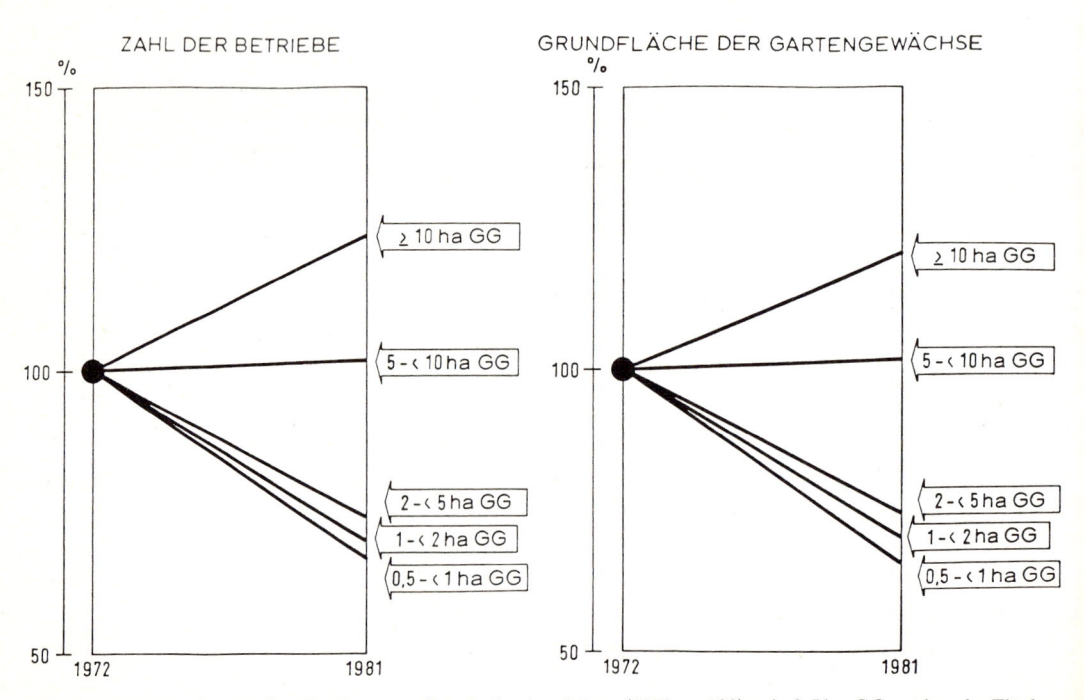

Abb. 2.3-3: Veränderung der Größen von Gemüsebaubetrieben (1972 = 100) mit 0,5 ha GG und mehr Fläche. Quelle: Gartenbauerhebungen

2.3.1.2. Die Standorte des Gemüsebaues

Unter den Faktoren, die auf Standorte des Gemüsebaues einwirken, sind am stärksten wirksam:
▷ 1. die ökologischen Verhältnisse;
▷ 2. die Marktentfernung;
▷ 3. der Grad der Agglomeration (Anhäufung).
(Näheres s. STORCK 1974).

Die **ökologischen Standortbedingungen** werden durch die Bodenfruchtbarkeit und das Klima geprägt (s. Kap. 2.1). Unter ökonomischen Gesichtspunkten ist die schon von BRINCKMANN (1922) herausgestellte Gesetzmäßigkeit wichtig, daß sich die »Bodenproduktion« an dem Mehrertrag orientiert, den die Verdrängung eines Betriebszweiges vom besten Standort mit sich bringt. Da unter den Bedingungen der gemäßigten Breiten die Gunst der natürlichen Standorte wenig kulturspezifisch ist und allgemein für viele Betriebszweige in ähnlichem Maße gilt, konkurrieren diese um die günstigsten Standortbedingungen. Nicht die im absoluten Nettoertrag überlegenen Betriebszweige werden sich dort behaupten, sondern diejenigen, die mit dem höchsten Ertragsabfall auf Verdrängung reagieren. Es gilt also das Prinzip der **relativen** Vorteilhaftigkeit. Dieses Prinzip wird allerdings modifiziert durch spezifische Ansprüche bestimmter Kulturen, wie etwa von Blattgemüse an schwerere Böden, von Wurzel- und Frühgemüse an leichtere Böden. Im Extremfall, wie beim Spargel, sind derart spezifische Ansprüche an die Bodenverhältnisse gegeben, daß die **absolute** Vorteilhaftigkeit hier durchschlägt. Immerhin hilft das Prinzip der relativen Vorteilhaftigkeit zu erklären, warum der Gemüsebau in den Lößlandschaften des Niederrheins oder der Hildesheimer Börde wenig zum Zuge kommt. Dort sind die alternativen landwirtschaftlichen Kulturen so zahlreich und günstig, daß der Gemüsebau nur in Erwägung gezogen wird, wenn er für die Fruchtfolge wichtige Vorteile bringt. Dabei spielen die durch die Marktordnungen der EG gestützten, sicheren Preise für landwirtschaftliche Feldfrüchte vermutlich eine Rolle.

Die **Marktentfernung** beeinflußt einerseits die Transportkosten, andererseits nehmen mit der Marktnähe die Handlungsmöglichkeiten der Erzeuger bei der Gestaltung ihres Absatzes zu. Wer am städtischen Großmarkt selbst vermarktet, hat nicht geringere Absatzkosten, erzielt aber höhere Preise und hat mehr Möglichkeiten, seine Leistungen den Wünschen der Abnehmer anzupassen und sie damit an sich zu binden, als ein marktferner Erzeuger, der über privaten oder genossenschaftlichen Handel absetzt. Die Transportkosten haben heute eine geringere Bedeutung als früher und spielen nur bei Massengemüse und großen Entfernungen eine wesentliche Rolle. So wird der Vorteil der natürlichen Bedingungen Dithmarschens für den Kohlanbau durch höhere Transportkosten ab einer Entfernung von ca. 300 bis 400 km aufgehoben; die Wettbewerbskraft von Gemüse aus dem Mittelmeerraum wird durch die gegenüber dem geschützten Anbau in den Niederlanden höheren Transportkosten erheblich geschmälert (Tab. 2.3-3).

Gemüsebaubetriebe haben sich früher wegen geringerer Transportkosten und direktem Zugang zu den Märkten vielfach in unmittelbarer Nähe der größeren Städte entwickelt. Dabei handelt es sich oft um kleinflächige, intensiv wirtschaftende Betriebe, die sich heute einer verschärften Konkurrenz marktferner Standorte ausgesetzt sehen. Häufig sind diese Betriebe bereits dem Wachstum der Städte gewichen, andere haben erhebliche Anpassungsprobleme (ELERS 1982). Gleichzeitig haben sich aber auch gerade in Stadtnähe häufig leistungsfähige Gemüsebaubetriebe entwickelt, die sich auf den Großmärkten mit Erfolg gegenüber dem Handel behaupten.

Der **Grad der Agglomeration** in bestimmten Anbaugebieten ist ein weiteres wichtiges Merkmal der Standortorientierung des Gemüsebaues. Konzentrierte Anbaugebiete, wie der »südholländische Glasdistrikt« oder der Anbau um Almeria in Südspanien, genießen wichtige Vorteile, die in der Literatur als Zentrumseffekte (SANGERS 1969) oder als Agglomerationsvorteile bezeichnet werden. Dazu gehören Verbilligung der Produktionsmittel, spezielle Service-Unternehmen, Unterstützung durch gezielte Versuchs- und Beratungstätigkeit, leistungsfähige Absatzorganisationen u. a. (Näheres STORCK 1974).

Tab. 2.3–3: Transportkosten von Tomaten (LKW-Transport, 17–22 t, Preisstand Frühjahr 1983, DM/dt)

Bestimmungsort	Herkunftsort		
	Amsterdam NL	Almeria E	Craioua BG
Köln	6,—	31,50	26,50
München	11,—	32,—	21,—

Quelle: Ermittlungen bei Speditionsfirmen durch JAHN (1983, schriftl. Mitt.)

Agglomerationsvorteile schlagen in marktfernen Gebieten stärker durch als in Marktnähe; in Marktferne hat der Erzeuger weniger Alternativen in der Gestaltung von Erzeugung und Absatz; er ist auf entsprechende Einrichtungen angewiesen. Damit hängt es wohl zusammen, daß der Grad der Agglomeration in der Bundesrepublik geringer ist als in den bedeutenden Exportregionen. Aber auch hier ist der Gemüsebau durch geschlossene Anbaugebiete von der Reichenau über Kitzingen und die Vorderpfalz bis zum Niederrhein, Papenburg und Dithmarschen gekennzeichnet. Abgesehen vom geringeren Produktionsvolumen dieser Gebiete, sind sie auch durch eine größere Heterogenität in Betriebs- und Absatzstruktur und durch eine geringere Nutzung der Agglomerationsvorteile gekennzeichnet.

Geschlossene Anbaugebiete mit rationeller Produktion und leistungsfähigem Gemeinschaftsabsatz haben im Zuge der Entwicklung zu konzentrierten Absatzsystemen (FACKLER 1969) erheblich an Vorteil gewonnen. Dennoch ist es ein typisches Merkmal des Gemüsebaues in der Bundesrepublik, daß neben derartigen Anbaugebieten mit Einrichtungen des Gemeinschaftsabsatzes auch leistungsfähige Betriebe in Streulage mit kurzen Absatzwegen erfolgreich wirtschaften (BUSCH o. J.). In letzter Zeit scheint der Betrieb in Streulage eher wieder im Aufwind zu sein, da kurze Absatzwege und Kontakte zum Erzeuger im Präferenzsystem der Verbraucher an Bedeutung gewonnen haben. Das gilt nicht ausschließlich, aber im besonderen Maße für den »alternativen« Anbau.

Man hat versucht, Standortentscheidungen von Erzeugern durch mathematische Optimierungsmodelle zu unterstützen. Für den Gemüsebaubetrieb sind jedoch einfache Entscheidungshilfen in Form von Checklisten vorzuziehen, da das Problem der Standortwahl ein typisches Beispiel für ein schlecht strukturiertes Problem ist, das eine Quantifizierung aller relevanten Aspekte nicht zuläßt. So spielt etwa die Wohnlage des Betriebes für einen Familienbetrieb eine nicht zu unterschätzende Rolle. Häufiger als die Auswahl eines Standortes ist zudem die Frage zu beantworten, wie ein vorhandener Betrieb oder eine Fläche gemüsebaulich genutzt werden soll. Es handelt sich dann um Entscheidungen zur Betriebsentwicklung mit weitreichenden Folgen, wie sie unter 2.3.1 dargestellt wurden.

2.3.1.3 Produktionsfaktoren

In der Gemüseerzeugung werden, wie bei jeder Leistungserstellung, Produktionsfaktoren (Input) in Leistungen (Output) transformiert. Die Ergiebigkeit des Einsatzes von Produktionsfaktoren im Transformationsprozeß wird als Produktivität bezeichnet und mit dem Ausdruck Output:Input gemessen.

2.3.1.3(1) Eigenschaften der Produktionsfaktoren

Als Produktionsfaktoren bezeichnet man alle für die Leistungserstellung verwendeten Güter, Dienste und Rechte, unabhängig davon, ob sie kontrollierbar und ob sie frei disponierbar sind oder nicht (Abb. 2.3-4). Nichtkontrollierbarer Input spielt in der Pflanzenproduktion eine wesentliche Rolle; insbesondere Einstrahlung, Temperatur und Niederschläge können entweder das Pflanzenwachstum oder den erforderlichen Umfang an kontrollierbarem Input, wie Wasser und Energie, wesentlich beeinflussen.

Der Einsatz kontrollierbarer Produktionsfaktoren ist mit Kosten verbunden; die wirtschaftliche Betrachtung konzentriert sich deshalb in der Regel auf diese Faktoren. Nach ihren Eigenschaften werden Potential(Bestands)faktoren und Verbrauchsfaktoren unterschieden. Potentialfaktoren stehen für mehrere Produktionsverfahren und/oder -perioden zur Verfügung; es handelt sich dabei um dauerhafte Betriebsmittel, die, wie Gebäude und Maschinen, einem Verschleiß unterliegen oder begrenzt nutzbar sind, wie Boden bei ordnungsgemäßer Bewirtschaf-

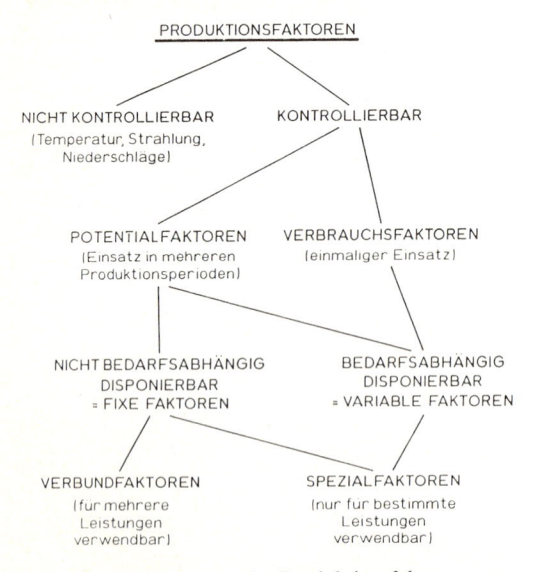

Abb. 2.3-4: Gliederung der Produktionsfaktoren

Ökonomische Voraussetzungen

	SPEZIALKOSTEN	VERBUNDKOSTEN
VARIABLE KOSTEN	BEDARFSABHÄNGIG DISPONIERBARE POTENTIALFAKTOREN (z.B. kurzfristige Pachtflächen, Saison-Arbeitskräfte) VERBRAUCHSFAKTOREN (z.B. Material, Energie)	FÜR VERSCHIEDENE LEISTUNGEN GEMEINSAM EINGESETZTE VERBRAUCHSFAKTOREN (z.B. Treibstoff für Marktfahrten)
FIXE KOSTEN	NICHT BEDARFSABHÄNGIG DISPONIERBARE SPEZIALFAKTOREN (z.B. Erntemaschinen, Aufbereitungsmaschinen)	NICHT BEDARFSABHÄNGIG DISPONIERBARE VERBUNDFAKTOREN (z.B. Boden, feste Arbeitskräfte, Schlepper)

Abb. 2.3-5: Gliederung der Kosten

tung, sowie um Arbeitskräfte. Meist sind Potentialfaktoren nicht bedarfsabhängig disponierbar und stellen dann fixe Produktionsfaktoren dar, die von ihrem Einsatz unabhängig fixe Kosten verursachen (Abb. 2.3-5). Ausnahmen bilden kurzfristige Pachtflächen und Aushilfskräfte.

Verbrauchsfaktoren sind demgegenüber grundsätzlich bedarfsabhängig disponierbar und damit variabel; sie verursachen von ihrem Einsatzniveau abhängige variable Kosten. Ihr Kennzeichen ist, daß sie im Zuge eines Transformationsprozesses verbraucht werden; sie werden entweder Leistungsbestandteil, wie Jungpflanzen, Verpackungsmaterial, oder unterliegen einer Umwandlung, wie Heizenergie.

Fixe Faktoren können entweder für mehrere Leistungen verwendbar sein und eingesetzt werden, wie Gewächshäuser, Traktoren u. a., oder es handelt sich um Spezialmaschinen oder -einrichtungen für nur eine Leistung. Wie die variablen Faktoren stellen letztere Spezialfaktoren dar. Verbundfaktoren verursachen demgegenüber Verbundkosten, deren Zurechnung zu einzelnen Leistungen Schwierigkeiten bereitet.

2.3.1.3(2) Die Potentialfaktoren

□ **Dauerhafte Betriebsmittel**
Dauerhafte Betriebsmittel stellen die Ausstattung des Gemüsebaubetriebes mit Boden, Gebäuden, Gewächshäusern sowie Maschinen und Geräten dar; daneben spielen Dauerkulturen, vor allem Spargel und Rharbarber, in einigen Betrieben eine Rolle. Über den Umfang der Ausstattung von Gemüsebaubetrieben mit dauerhaften Betriebsmitteln gibt Tabelle 2.3-4 Auskunft.

Bilanzwerte (Buchwerte) sind in ihrer Höhe vom Anschaffungszeitpunkt, den Bewertungsvorschriften und der Abschreibungsmethode abhängig. Demgegenüber sind die Neuwerte für Modellbetriebe für einen bestimmten Bestand an Anlagen und das Preisniveau eines Zeitpunktes kalkuliert.

Boden ist das am meisten ins Auge fallende und gewöhnlich auch das wichtigste Betriebsmittel des Gemüsebaubetriebes. Neben Kulturflächen müssen auch Wege und Hofflächen in mit der Intensität zunehmendem Umfang verfügbar sein. Meist verfügen die Betriebe nicht nur über gemüsebaulich genutzte Flächen, sondern sie nutzen einen Teil der Flächen für landwirtschaftliche Kulturen, um Fruchtfolgeschäden zu vermeiden. Nach der Gartenbauerhebung 1981/82 überwiegen Gemüseflächen im Wechsel mit landwirtschaftlichen Kulturen in Haupterwerbs-Gemüsebaubetrieben bei weitem. Auch Pachtland spielt im Gemüsebau eine erhebliche Rolle, sowohl wegen des notwendigen Fruchtwechsels als auch als ein Mittel zur Vergrößerung des Betriebes ohne Kapitalinvestition.

Der Verkehrswert des Bodens ist von dem regionalen und lokalen Preisniveau abhängig. Dieses bestimmt sich nicht allein aus den Ertragsmöglichkeiten landwirtschaftlicher oder gartenbaulicher Nutzung, sondern wird auch durch die Sicherheit der Anlage, außerlandwirtschaftliche Nutzungsmöglichkeiten und erwartete Preisveränderungen beeinflußt. Die Bilanzwerte spiegeln

Tab. 2.3–4: Wert dauerhafter Betriebsmittel in Gemüsebaubetrieben

| | Bilanzwerte[1] | | | | Neuwerte[2] | | | | | |
| | Freiland- Gemüsebaubetriebe | | Unterglas- Gemüsebaubetriebe | | Freiland-Gemüsebaubetriebe | | | | Unterglas- Gemüsebaubetriebe | |
					klein		groß			
Landw. gen. Fläche (ha)	7,7		2,0		.		.		.	
Pachtfläche	4,5		1,0		–		–		–	
Grundfl. d. Gartengewächse (ha)	5,1		1,8		3,0		10,0		1,3	
Glasfläche (m²)	500		5000		300		600		6000	
Arbeitskräfte (AK)	3,22		2,57		3,0[3]		3,0[3]		2,0[3]	
	1000 DM	%	1000 DM	%	1000 DM	%	1000 DM	%	1000 DM	%
Boden	168,4	59	90,6	43	210,0	44	630,0	60	120,0	10
Gebäude u. baul. Anl.	35,5	13	32,8	16	41,5	9	64,0	6	36,0	3
Gewächshäuser und Heizanlagen	23,4	8	55,7	27	35,0	7	50,0	5	780,0	74
Masch. u. Geräte	57,4	20	29,9	14	192,6	40	311,7	30	119,1	11
Dauerkulturen	0,3	0	–	–	–	–	–	–	–	–
dauerh. Betriebsmittel insges.	285,0	100	209,0	100	479,1	100	1055,7	100	1055,1	100
desgl. je ha GG	55,9		116,1		159,7		105,6		811,6	

[1] Agrarbericht 1983; [2] Modellbetriebe, Arbeitskreis Betriebswirtschaft im Gartenbau (1982); [3] ohne Saison-AK

die Verkehrswerte nur unvollkommen wider, da sie früher nach steuerlichen Erwägungen festgelegt werden konnten. Die betriebswirtschaftliche Bewertung erfolgt deshalb häufig mit Pauschalbeträgen, die sich an den Ertragswert oder den Pachtpreis des Bodens anlehnen. In Tabelle 2.3-4 wurde die Betriebsfläche pauschal mit 6,— DM/m² bewertet.

Die Kosten der Bodennutzung setzen sich aus Zinskosten, Steuern und Abgaben zusammen. Häufig werden die Zinskosten des Eigenlandes vom Pachtpreis vergleichbarer Flächen abgeleitet, um die schwierige Bodenbewertung zu umgehen. Da er nicht dem Verschleiß unterliegt, verursacht der Boden keine Abschreibungskosten.

Bodenkosten fallen unabhängig davon an, ob und wie der Boden genutzt wird, sind also Fixkosten. Da der Boden für verschiedene Leistungen mit zeitlich unterschiedlichen Flächenansprüchen einsetzbar ist, treten seine Kosten als Verbundkosten mehrerer Leistungen auf. Eine Ausnahme bildet die kurzfristige Pacht für nur eine Kultur, etwa als Folgekultur von Frühkartoffeln oder Wintergerste. Hier verursacht der Boden fixe Spezialkosten.

Die Produktivität der Bodennutzung kann sowohl durch die Auswahl der Kulturen und Kulturfolgen als auch durch die spezielle Intensität des Faktoreinsatzes für eine Kultur beeinflußt werden. Eine hohe Flächenproduktivität ist für kleinflächige Betriebe eine wichtige Voraussetzung für einen guten Betriebserfolg. Generell kann im Gemüsebau mit sehr unterschiedlicher Flächenproduktivität erfolgreich gewirtschaftet werden.

Wirtschaftsgebäude benötigt der Gemüsebau als Arbeits- und Packraum zur Aufbereitung des Erntegutes, zur Unterbringung von Maschinen, Geräten und Fahrzeugen sowie als Lagerräume für Produktionsmittel und Erzeugnisse. Hinzu kommen meist bauliche Anlagen, befestigte Wege und Einfriedungen. Der Umfang der erforderlichen Gebäude hängt von betriebsindividuellen Verhältnissen ab. Tabelle 2.3-5 gibt den Gebäudebestand in Modellbetrieben und die daraus resultierenden Anschaffungswerte und Jahreskosten an. Lagerräume für ihre Erzeugnisse besitzen nach der Gartenbauerhebung ca. 36 % aller Haupterwerbsbetriebe; in größeren Betrieben ist der Anteil deutlich höher. Frischluftlager stellen

Tab. 2.3–5: Gebäudebestand in Modellbetrieben, Anschaffungswerte und Jahreskosten

Betriebstyp	Freilandbetrieb klein			Freilandbetrieb groß			Unterglasbetrieb		
Grundfl. der Gartengewächse (ha)	3,0			10,0			1,3		
Gebäudefläche (m²)	300			600			6000		
	Größe m²	Neuwert DM	Jahreskosten DM	Größe m²	Neuwert DM	Jahreskosten DM	Größe m²	Neuwert DM	Jahreskosten DM
Arbeits- u. Aufbereitungsräume	30	5000	480	50	7000	672	60	12 000	1152
Geräte- u. Masch.-Raum	80	9000	864	150	15 000	1440	120	18 000	1728
Garagen	60	12 000	1152	100	20 000	1920	–	–	–
Lagerraum, Dünge- u. Pflanzenschutzmittel	25	3500	336	30	4000	384	30	6000	576
Kühlraum	30	12 000	1152	50	18 000	1728	–	–	–

Quelle: Arbeitskreis Betriebswirtschaft im Gartenbau e. V. (1982)

den größten Anteil (64 %) betriebseigener Lagerkapazitäten. Kühllager haben zu 36 % kontrollierte Atmosphäre.

Die Anschaffungswerte hängen vom Umfang und der Bauweise der Gebäude ab. Die Bauweise ist einerseits durch die Ansprüche an die Gebäudefunktionen vorgegeben, andererseits wird sie durch die Neigung vieler Betriebsleiter beeinflußt, eine schwere Bauart einer leichteren vorzuziehen. Insgesamt stellen die Wirtschaftsgebäude einen relativ geringen Anteil des Anlagevermögens, der sich mit der Betriebsgröße zudem stark verringert (Tab. 2.3-4).

Die Jahreskosten für Wirtschaftsgebäude sind im Rahmen der Gesamtkosten von untergeordneter Bedeutung. Sie setzen sich zusammen aus Kapitalkosten für Abschreibungen und Zinskosten, Unterhaltungskosten, Versicherung und Steuern sowie Betriebskosten.

Nur bei den Betriebskosten für Heizung, Kühlung und Reinigung der Gebäude handelt es sich um variable, von der Nutzung abhängige Kosten. Im übrigen fallen für Gebäude Fixkosten an. Da Gebäude meist für die Erstellung mehrerer Leistungen benötigt werden, handelt es sich um Verbundfaktoren, die Verbundkosten verursachen.

Eine produktive Gebäudenutzung setzt deren zweckmäßige Gestaltung und Zuordnung zueinander voraus. Da im Gemüsebaubetrieb große Mengen an Erntegut anfallen und aufbereitet werden müssen, ist dem Transportfluß der Ware besondere Aufmerksamkeit zu schenken.

Gewächshäuser und Heizanlagen unterscheiden sich von den Wirtschaftsgebäuden dadurch, daß sie unmittelbar der Produktion dienen, ihnen also neben Ausgaben- auch Einnahmensströme direkt zugeordnet werden können. Die in den Niederlanden übliche Spezialisierung von Gemüsebaubetrieben auf den Unterglasanbau stellt in der Bundesrepublik eine Ausnahme dar; in der Regel werden Freilandanbau und Anbau unter Glas miteinander kombiniert. Die Gewächshäuser haben dann – abgesehen von der Jungpflanzenanzucht – die Funktionen, die Angebotssaison zu verlängern, die Auslastung der ständigen Arbeitskräfte über einen längeren Zeitraum zu gewährleisten, die Erträge zu steigern und das Kulturrisiko zu mindern. Diesem Zweck dient auch der in den 70er Jahren stark ausgeweitete Einsatz von Flachfolien, der von fast 40 % der Haupterwerbs-Gemüsebaubetriebe mit durchschnittlich 0,8 ha praktiziert wird (Gartenbauerhebung 1981/82).

Anschaffungspreise und Jahreskosten von Gewächshäusern hängen von der Bauweise, der Größe und Form der Gewächshausfläche sowie von der Ausstattung ab (Abb. 2.3-6). Wie bei den Wirtschaftsgebäuden fallen die Kapital- und Unterhaltskosten unabhängig von der Nutzung als fixe Verbundkosten an. Die Betriebskosten für die Gewächshausheizung sind dagegen variabel. Für die Kalkulation der Heizkosten wurde von VICKERMANN (1974) ein Modell entwickelt, das den Heizenergiebedarf in Abhängigkeit von den Witterungsbedingungen abzuschätzen er-

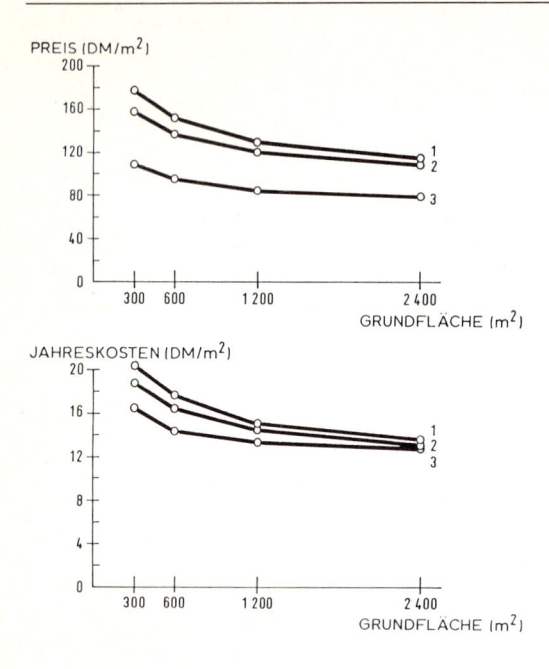

Abb. 2.3-6: Preise und Kosten von Gewächshäusern* in Abhängigkeit von Bauweise und Größe
1 Ortsfeste Fundamente, Glasdeckung, leichte Bauart, 6 m-Typ; **2** Punktfundamente, Glasdeckung, leichte Bauart, 6 m-Typ; **3** Punktfundamente, Foliendeckung, stabile Ausführung, 5 m-Typ
* einschl. Heizrohren, Heizungsregelung und Düsenbewässerung. Quelle: KTBL-Taschenbuch Gartenbau

laubt. Empirische Untersuchungen zeigen jedoch, daß besonders im Bereich niedriger Soll-Temperaturen der Schätzfehler relativ groß ist. Neue Vorschläge zu Kalkulationsmodellen, u. a. von BOESE (1981), DAMRATH (1980) und TANTAU (1983) erlauben zwar, Standortunterschiede differenzierter zu berücksichtigen, brachten hinsichtlich der Schätzgenauigkeit jedoch noch keine entscheidenden Verbesserungen.

Die Produktivität der Gewächshausnutzung steht in engem Zusammenhang mit den Kulturerfolgen und Anbauterminen einerseits und der speziellen Intensität andererseits, die vorzugsweise durch den Heizenergieeinsatz bestimmt wird. Der Unterglasgemüsebau wurde im Zuge steigender Energiepreise gezwungen, auf Kulturfolgen mit geringen Wärmeansprüchen auszuweichen und die Solltemperaturen zu senken. Infolgedessen kommen heute für den Gemüsebau in der Regel nur mehr leichte Bauarten mit geringer Kostenbelastung je Flächeneinheit in Frage. Die Kosten der Wärmedämmung müssen sich ebenfalls in engen Grenzen halten.

Trotz dieser Entwicklung besteht nach wie vor ein Zusammenhang zwischen Flächenproduktivität im Gewächshaus und Betriebserfolg. 1981 erzielten die Unterglasgemüsebaubetriebe des erfolgreichsten Drittels einen bereinigten Betriebsertrag von DM 3,35/Em²* und ein Betriebseinkommen von 1,50 DM/Em²; im am wenigsten erfolgreichen Drittel lagen die Bruttoproduktivität um fast 40 % und die Nettoproduktivität sogar um 65 % niedriger (Arbeitskreis Betriebswirtschaft im Gartenbau e. V. 1983).

Maschinen und Geräte dienen vorwiegend der Arbeitserledigung und somit der rationellen Gestaltung von Arbeitsverfahren. Daneben spielen auch Einrichtungen zur Beregnung eine Rolle, die in etwa 66 % der Haupterwerbs-Gemüsebaubetriebe zur Verfügung stehen und ca. 55 % der Gemüsebaufläche dieser Betriebe zu bewässern erlauben (Gartenbauerhebung 1981/82). Der Besatz an Maschinen und Geräten hängt stark von dem Flächenumfang der Gemüsebaubetriebe ab. Modellrechnungen ergeben die Werte laut Tab. 2.3-6.

Größere Betriebe haben insbesondere leistungsfähigere Schlepper sowie Ernte- und Aufbereitungsmaschinen. Die Belastung je Flächeneinheit nimmt mit der Betriebsgröße deutlich ab, d. h. größere Betriebe sind mit geringeren Investitionen und jährlichen Fixkosten je Flächeneinheit belastet, obgleich sie über einen leistungsfähigeren Maschinenbesatz verfügen.

Der Einsatz von Maschinen und Geräten verursacht fixe und variable Kosten. Stets unabhängig vom Einsatz der Maschinen sind Zinskosten. Abschreibungen fallen dagegen als leistungsabhängige, variable Kosten an, wenn der jährliche Einsatz einen bestimmten Umfang, die Abschreibungsschwelle, überschreitet. Bei geringem Einsatz unterhalb der Abschreibungsschwelle ist die Abschreibung zeitabhängig und damit unabhängig vom Einsatz, da die Nutzungsdauer wegen Veraltung und zeitabhängigem Verschleiß auf einen bestimmten Zeitraum begrenzt ist. Dagegen wird die Nutzungsdauer bei stärkerem Einsatz oberhalb der Abschreibungsschwelle durch den

---

* Einheitsquadratmeter (Em²): Maß für die durchschnittlichen Relationen der Netto-Leistungen von gärtnerischen Flächenarten und -nutzungen ohne Berücksichtigung natürlicher und wirtschaftlicher Standortunterschiede. Gemüsebaulich genutzte Freilandflächen werden mit dem Faktor 1, Gemüseflächen unter heizbarem Glas mit dem Faktor 9 und unter nicht heizbarem Glas mit dem Faktor 7 gewogen. Die Summe der Einheitsquadratmeter eines Betriebes ist ein gängiges Kriterium für die Betriebsgröße.

Tab. 2.3–6: Maschinen und Geräte im Gemüsebaubetrieb — Modellbeispiele — (Preisstand 1982)

	\multicolumn{4}{c}{Freilandbetrieb}				
	\multicolumn{4}{c}{klein}	\multicolumn{4}{c}{groß}				

	Freilandbetrieb							
	klein				groß			
Grundfl. d. Gartengewächse (ha)	3,0				10,0			
Glasfläche (m²)	300				600			
	Anschaffungswert		Jahreskosten		Anschaffungswert		Jahreskosten	
	je Betr.	je haGG	je Betr.	je haGG	je Betr.	je haGG	je Betr.	je haGG
Schlepper u. Geräteträger	68 300	22 800	8154	2718	124 000	12 400	14 804	1480
Masch. f. Bodenbearbeitg. u. Kulturarbeiten	66 800	22 300	9131	3044	70 000	7000	9408	940
Masch. f. Ernte u. Aufbereitg.	18 100	6000	1608	536	46 200	4620	4535	454
Beregnungsanlagen	25 700	8600	2056	685	53 500	5400	4280	428
Sonstige	29 200	9700	6846	2282	37 100	3700	7834	783
Summe	208 100	69 400	27 792	9284	330 900	33 110	40 491	4094

Quelle: Arbeitskreis Betriebswirtschaft im Gartenbau e. V. (1982)

einsatzabhängigen Verschleiß begrenzt. Unterhaltungskosten, Reparaturen und Wartung, sind überwiegend einsatzabhängig und damit variabel.

Die Fixkosten des Maschineneinsatzes führen zur Degression der Stückkosten mit steigendem Einsatz. Maschinen mit hohen Fixkosten werden daher erst vorteilhaft, wenn sie auf größeren Flächen eingesetzt werden. Als Beispiel sei die Möhrenernte angeführt (Abb. 2.3-7). Auf kleinen Flächen ist die Handernte vorteilhaft; bei größeren Flächen wird zunächst die Teilmechanisierung mit Siebkettenroder und anschließend die Vollmechanisierung mit Bunkersammelroder kostengünstiger. Bei großem Abstand der Kosten ist der Anbau auf kleinen Flächen unwirtschaftlich, soweit nicht wegen der Qualitätsunterschiede oder kürzerer Absatzwege höhere Preise erzielt werden. Die Folge ist, daß größere landwirtschaftliche Betriebe den Anbau übernehmen.

Entscheidungen über die Ausstattung des Betriebes mit dauerhaften Produktionsmitteln werden im Rahmen von Planungen der Betriebsentwicklung getroffen (vgl. Kap. 2.3.1.1). Sie stellen andererseits Investitionsentscheidungen dar, deren Vorteilhaftigkeit jeweils zu prüfen ist. Ausgehend von den von einer Investition ausgelösten Zahlungsströmen wird mit verschiedenen Methoden kalkuliert, ob sie einen positiven Beitrag zu den Zielgrößen des Betriebes liefern. Dabei sind folgende Fälle zu unterscheiden:

1. Entscheidungen über die Vorteilhaftigkeit ei-

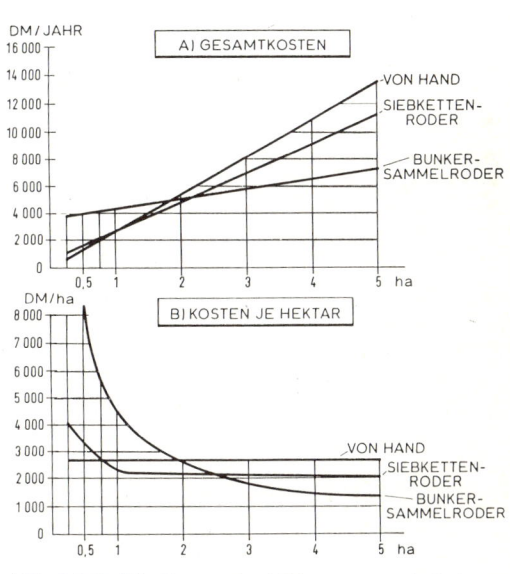

Abb. 2.3-7: Die Kosten der Möhrenernte mit drei verschiedenen Ernteverfahren

Tab. 2.3–7: Der Arbeitskräftebesatz je Flächeneinheit in Gemüsebaubetrieben

Gemüsebaubetriebe mit	Freilandfläche (ha GG/AK)	Glasfläche (m^2/AK)	Em^2 je AK
indirektem Absatz[1]			
Freilandbetriebe	1,56	500	21 200
Unterglasbetriebe	0,45	1900	22 100
direktem Absatz	0,73	900	16 300
1 bis unter 2 ha GG[2]	0,57	530	10 500
2 bis unter 3 ha GG	1,54	450	19 500
3 bis unter 5 ha GG	1,20	430	15 900
5 bis unter 10 ha GG	1,64	350	19 600
10 ha GG und mehr	2,79	320	30 800

[1] Arbeitskreis (1983), [2] Gartenbauerhebung 1981/82

ner zusätzlichen Anlage zur Erweiterung oder Rationalisierung;
2. Entscheidungen über den Ersatzzeitpunkt einer vorhandenen Anlage;
3. Auswahl zwischen verschiedenen Anlagenalternativen, die dem gleichen Zweck dienen und sich somit ausschließen;
4. Entscheidungen über die Rangfolge von Investitionsvorhaben mit verschiedenen Zwecken.

Einzelheiten s. BAHNMÜLLER, SCHÜRMER (1978), STORCK (1977) und STORCK (1983).

Für das Investitionsverhalten von Gemüsebaubetrieben spielen neben Wirtschaftlichkeitsgesichtspunkten vor allem die Verfügbarkeit von eigenen finanziellen Mitteln und die Einstellung zur Aufnahme von Fremdkapital eine Rolle (HINKEN 1978).

☐ **Arbeitskräfte**
Arbeitskräfte stellen von den Kosten her gesehen den wichtigsten Produktionsfaktor im Gemüsebaubetrieb dar. In Freilandgemüsebaubetrieben entfallen zwischen 35 % und 60 % der Aufwendungen auf Lohnaufwand einschließlich Lohnansatz für nicht bezahlte Familienarbeitskräfte, in Unterglasgemüsebaubetrieben immerhin noch zwischen 30 % und 45 % (ARBEITSKREIS 1983).

Zur Arbeitsintensität enthält Tabelle 2.3-7 einige Angaben. Sie ist von der Betriebsgröße und der Absatzform abhängig. Deutlich wird die geringere Arbeitsintensität in den großflächigeren, stark mechanisierten Betrieben mit 10 ha GG und mehr. Der Arbeitszeitbedarf der einzelnen Gemüsekulturen ist sehr unterschiedlich und hängt von den jeweiligen Kultur- und Arbeitsverfahren ab. Normdatenkataloge erlauben es, den Bedarf jeweils verfahrensspezifisch zu kalkulieren (KTBL 1981). Tabelle 2.3-8 gibt einige Beispiele. Daraus ist die überwiegende Bedeutung der Ernte und Aufbereitungsarbeiten ersichtlich, soweit diese nicht mechanisiert erfolgen. Im übrigen sind Jungpflanzenanzucht und Pflanzung sowie in einzelnen Fällen Arbeiten an der Pflanze wichtige Arbeitsarten.

Die Arbeitswirtschaft von Gemüsebaubetrieben ist durch große saisonale Schwankungen des Arbeitsbedarfes gekennzeichnet. Im Freilandanbau sind Arbeitsspitzen vor allem im Sommer (Juli bis Anfang August) zu verzeichnen, wenn Erntearbeiten und Pflanzarbeiten für Folgekulturen zusammenfallen. Je nach Kulturfolgen können auch im Frühsommer oder im Herbst Arbeitsspitzen auftreten. Zur Bewältigung des saisonal ungleich verteilten Arbeitsbedarfes können folgende Maßnahmen beitragen:

1. Einsatz von Saison- und Aushilfskräften. Diese spielen im Gemüsebaubetrieb eine erhebliche und mit der Betriebsgröße steigende Rolle. Nach der Gartenbauerhebung 1981/82 werden in Betrieben mit 10 ha und mehr GG fast 40 % der Vollbeschäftigten durch Saisonkräfte gestellt, in Betrieben mit 2 bis unter 5 ha GG ca. 23 %.
2. Flexible Arbeitszeit der ständigen Arbeitskräfte. Insbesondere die Familienarbeitskräfte nehmen während der Arbeitsspitzen lange Arbeitszeiten von bis zu 60 bis 80 Stunden je Woche in Kauf. In dieser Flexibilität liegt ein wichtiger Vorteil von Familienbetrieben.
3. Ausfüllen der Arbeitstäler durch arbeitsintensive Kulturen und Vermarktungsarbeiten. Dazu eignen sich z. B. Schnittlauchtreiberei, Bündeln von Petersilie, Anfertigung von Suppengemüsebunden und Kressetreiberei. Die geringe Renta-

Ökonomische Voraussetzungen

Tab. 2.3–8: Zusammensetzung des Arbeitszeitbedarfes ausgewählter Produktionsverfahren

	Unterglaskulturen				Freilandkulturen			
	Tomaten	Gurken	Salat	Radies	Blumenkohl[1]	Sellerie[2]	Porree	Bundmöhren
	AKh/ha %	AKh/ha %	AKh/ha %	AKh/ha %	AKh/ha %	AKh/ha %	AKh/ha %	AKh/ha %
Aussaat, Jungpflanzenanzucht, Auspflanzen	59 12	26 5	57 40	10 4	84 22	110 51	244 31	9 4
Arbeiten an der Pfl. (Aufbinden, Schneiden, u.a.)	133 27	132 26	– –	– –	– –	– –	– –	– –
Arbeiten für die Pfl. (Düngen, Hacken, Beregnen, Pfl.-schutz, u.a.)	27 5	27 5	7 5	2 1	35 9	50 23	29 4	32 14
Ernte u. Aufbereitung	258 52	316 62	78 55	222 95	260 69	55 26	510 65	195 83
Abräumen	18 4	7 1	– –	– –	– –	– –	– –	– –
Summe	495 100	508 100	142 100	234 100	379 100	215 100	783 100	236 100

[1] Teilmechanisierte Ernte, [2] Ernte mit Vollernter, Putzen mit Putzmaschine
Quelle: ROTHENBURGER (1983): Dort werden auch die Produktions- und Arbeitsverfahren näher beschrieben.

bilität der Winternutzung von Gewächshäusern hat den saisonalen Arbeitsausgleich in den letzten Jahren erschwert.

Die Produktivität des Arbeitseinsatzes ist für das Betriebsergebnis von Gemüsebaubetrieben von ausschlaggebender Bedeutung. Das wird durch Abb. 2.3-8 veranschaulicht. Der Gewinn je Familienarbeitskraft steigt offenbar fast linear mit der Brutto-Arbeitsproduktivität. Dabei ist in den Unterglasbetrieben wegen des höheren Einsatzes an Betriebsmitteln und Verbrauchsfaktoren, besonders an Heizenergie, eine höhere Arbeitsproduktivität erforderlich als im Freilandbetrieb.

Wichtigste Möglichkeiten der Einflußnahme auf die Arbeitsproduktivität sind einerseits Maßnahmen der Arbeitsrationalisierung, andererseits eine leistungsfördernde Menschenführung. Arbeitsrationalisierung kann erfolgen durch

▷ Gestaltung der Arbeitsverfahren unter Auswahl geeigneter Betriebsmittel (z. B. Handaussaat/maschinelle Aussaat mit einer bestimmten Sämaschine). Verfahrensänderungen setzen also Investitionen in Arbeitshilfsmittel voraus. Häufig hat die Wahl der Arbeitshilfsmittel nicht allein Einfluß auf den Arbeitsbedarf, sondern auch auf die Arbeitsschwere und die Qualität der Leistung. Bei mechanischer Radiesernte muß z. B. ohne Kraut verkauft werden.

▷ Gestaltung der Arbeitsmethode, d. h. der Art und Weise der Ausführung der Arbeit durch den Menschen (z. B. einhändiges oder zweihändiges Pflücken). Durch die Entwicklung und Wahl geeigneter Arbeitsmethoden lassen sich ohne Investitionen und ohne stärkere Belastung der Arbeitskräfte erhebliche Einsparungen erzielen.

▷ Gestaltung der Arbeitsorganisation, d. h. der zeitlichen und räumlichen Abfolge der für die Erledigung einer Arbeitsaufgabe erforderlichen

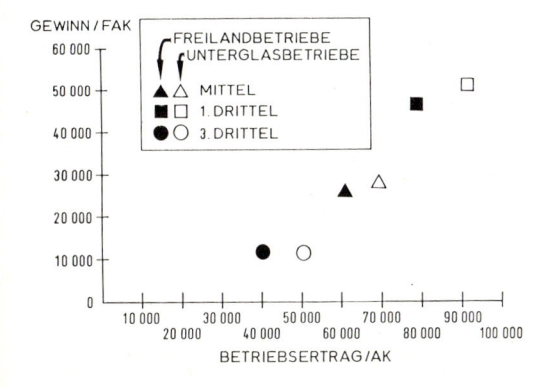

Abb. 2.3-8: Arbeitsproduktivität und Betriebsergebnis in Gemüsebaubetrieben mit indirektem Absatz. Quelle: Arbeitskreis, 1983

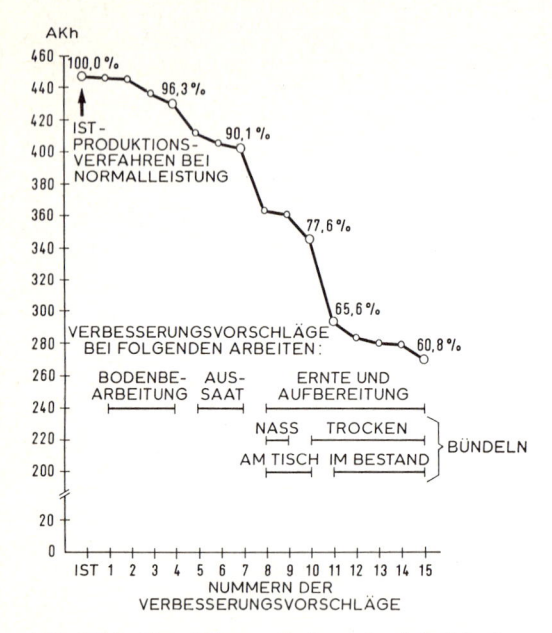

Abb. 2.3-9: Vorschläge zur Senkung des Arbeitsbedarfes von Radies (Beispiel). Quelle: STOFFERT & ROHLFING, 1982

Teilarbeiten. Ernte, Sortierung und Verpackung können z. B. in einem Arbeitsgang erfolgen oder die Sortierung erfolgt anschließend im Arbeitsraum. Einmalernte oder selektive Ernten können zur Wahl stehen u. a.

Für eine Senkung des Arbeitsbedarfes bieten die vielfältigen Möglichkeiten einer Arbeitsrationalisierung zahlreiche Ansatzpunkte. Als Beispiel möge Abbildung 2.3-9 dienen, in der dargestellt wird, wie der Arbeitsbedarf der Radieskultur um 40 % gesenkt werden kann, indem verschiedene Veränderungen der Arbeitsverfahren, -methoden und -organisationen bei den erfolgreichen Arbeitsgängen vorgenommen werden. Näheres zur Arbeitsgestaltung s. STOCKEY (1979), STOFFERT, ROHLFING (1982) und ROTHENBURGER (1983).

Einen weiteren wichtigen Ansatzpunkt zur Erhöhung der Arbeitsproduktivität stellt die Einflußnahme auf den Leistungsgrad der Arbeitspersonen dar. Dieser wird von den Fähigkeiten der Arbeitsperson, auf die bei der Auswahl von Mitarbeitern geachtet werden sollte, seiner jeweiligen Disposition und seiner Leistungsbereitschaft beeinflußt. Zur Beeinflussung der Leistungsbereitschaft von Mitarbeitern spielen finanzielle Anreize zwar nach wie vor eine erhebliche Rolle; durch Leistungslohn kann die Leistung für bestimmte Arbeiten stark erhöht werden. Andererseits kommen mit zunehmendem Wohlstand nicht-finanzielle Anreize der Bedürfnisstruktur der Arbeitskräfte entgegen. Es wäre sicher zu einseitig, wollte man die Zielsetzung von Arbeitnehmern im Betrieb allein auf das Geldverdienen reduzieren; vielmehr spielen Zufriedenheit und Identifikation mit der Arbeit, soziale Kontakte, Anerkennung, Einsatz und Entwicklung der eigenen Fähigkeiten und Übernahme von Verantwortung eine nicht zu unterschätzende Rolle. Das gilt für Fach- und Dauerkräfte besonders, sollte aber auch bei Saisonkräften nicht außer acht gelassen werden. Gute Menschenführung versucht, diese Gesichtspunkte zu berücksichtigen, z. B. indem in der Arbeitsgestaltung auf die Interessen der Arbeitnehmer Rücksicht genommen oder Verantwortung delegiert wird (Näheres s. STORCK 1983 b).

☐ **Verbrauchsfaktoren**

Am Betriebsaufwand des Gemüsebaubetriebes sind Verbrauchsfaktoren mit ca. 25 bis 34 % beteiligt; in Unterglasbetrieben liegt der Anteil wegen des Heizenergieeinsatzes höher als in Freilandbetrieben (Tab. 2.3-9). Wichtige Verbrauchsfaktoren sind Saatgut und Jungpflanzen, die zunehmend von Spezialbetrieben beschafft werden, sowie Düngemittel und Verpackungsmaterial. Strom, Wasser und auch Pflanzenschutzmittel sind demgegenüber von den Kosten her gesehen weniger bedeutend. Überwiegend handelt es sich um variable Spezialfaktoren; einige Verbrauchsfaktoren sind aber auch variable Verbundfaktoren, wie z. B. die Treib- und Schmierstoffe für den Fuhrpark, deren Kosten allerdings untergeordnete Bedeutung haben. Unter den sonstigen Spezialaufwendungen in Tabelle 2.3-9 werden neben Verpackungsmaterial auch zahlreiche Materialien zusammengefaßt, wie Stäbe und Bindfäden, Kulturgefäße, Flachfolie u. a.

Erwartungsgemäß bestehen zwischen den Kulturen und Kulturverfahren große Unterschiede im Bedarf an Verbrauchsfaktoren. Tabelle 2.3-10 gibt dafür einige Beispiele.

Im Hinblick auf einen produktiven Einsatz der Verbrauchsfaktoren ist eine Unterscheidung nach den Gesichtspunkten laut Tab. 2.3-11 nützlich.

Der Einsatz direkt für das Erzeugnis (Spalte 1) betrifft einerseits Bestandteile der Pflanze oder des Verkaufsproduktes, wie z. B. Jungpflanzen, Töpfe, Verpackungsmaterial; andererseits handelt es sich um Wachstumsfaktoren, die der Pflanze zugeführt werden, wie Dünge- und Pflanzenbehandlungsmittel, Wasser u. a. Demgegenüber wird Heizmaterial im Heizaggregat in Heizwärme umgewandelt, Zusatzbeleuchtung erfolgt mit Strom über Lampen; hier ist also zwischen

Ökonomische Voraussetzungen

Tab. 2.3–9: Spezialaufwand in Gemüsebaubetrieben

	Freiland-Gemüsebaubetriebe		Unterglas-	
	DM/ha GG	%	DM/m² GF	%
Freilandfläche (ha GG)	5,02		1,26	
Unterglasfläche (m²)	500		5000	
darunter heizbar (m²)	400		3200	
direkt und indirekt absetzende Betriebe				
Saat- und Pflanzgut	1965	24	2,63	32
Düngemittel	1821	22	0,97	12
Pflanzenschutzmittel	577	7	0,42	5
Heizmaterial	1436	17	2,39	29
Strom	169	2	0,38	5
Wasser	119	1	0,16	2
Sonstiges	2213	27	1,32	16
Spezialaufwand insg.	8300	100	8,27	100
desgl. in % des Betriebsaufwandes	.	28	.	34
Treib- und Schmierstoffe	689	.	0,44	.
desgl. in % des Betriebsaufwandes	.	2	.	2

Quelle: Agrarbericht 1984

Tab. 2.3–10: Der Einsatz von Verbrauchsfaktoren in ausgewählten Kulturverfahren mit eigener Jungpflanzenanzucht

Art Anbauzeitraum Temperaturführung Heiztemperaturen °C	Gurken Apr 2–Sep 3 16/12–10/12		Unterglaskulturen				Freilandkulturen							
			Radies Mrz 2–Apr 1 8/6		Kopfsalat Sep 4–Dez 1 3/3		Blumenkohl Apr 4–Jul 2		Kopfsalat Mai 1–Jul 3		Sellerie Mai 4–Sep 4		Bundmöhren Mrz 3–Jul 2	
	DM/1000 m²	%	DM/1000 m²	%	DM/1000 m²	%	DM/ha	%	DM/ha	%	DM/ha	%	DM/ha	%
Heizmaterial[1]	2416	53	2962	83	275	14	590	7	–	–	1310	17	–	–
Saatgut	480	11	200	5	250	13	720	9	2400	35	120	2	1680	30
Düngemittel, Substrat	250	6	40	1	280	14	2050	26	2240	33	2000	25	730	13
Wasser	300	7	50	1	200	10	300	4	100	2	300	4	200	4
Pflanzenschutzmittel	264	6	22	1	58	3	580	7	300	4	1110	14	410	7
Verpackungsmaterial	541	12	200	6	708	36	3500	44	1370	20	2670	34	2500	44
Sonst. Spezialkosten	280	6	77	2	202	10	230	3	410	6	350	4	150	3
Summe Spezialkosten	4531	100	3551	100	1973	100	7970	100	6820	100	7860	100	5670	100

[1] einschl. Jungpflanzenanzucht
Quelle: Arbeitskreis Betriebswirtschaft e. V. (1982)

Tab. 2.3–11: Der Einsatz von Verbrauchsfaktoren

Faktoren sind	Einsatz erfolgt	
	1. Direkt für das Erzeugnis	2. Indirekt an für die Erzeugung verwendeten Aggregaten
1. Limitational	1.1	2.1
2. Substitutiv	1.2	2.2

dem Einsatz und dem Erzeugungsprozeß ein Aggregat mit seinen technischen Eigenschaften zwischengeschaltet (Spalte 2).

Als limitational bezeichnet man diejenigen Faktoren, die je Erzeugniseinheit in einem konstanten Umfang benötigt werden. Der Fall 1.1 in Tabelle 2.3-11 ist gegeben, wenn der direkte Einsatz von Verbrauchsfaktoren der Erzeugungsmenge proportional ist. Das ist etwa bei Saatgut, Jungpflanzen, Töpfen, Substrat für Jung- und Fertigpflanzen u. a. der Fall. Die Beziehung zwischen der Erzeugnismenge und dem Faktoreinsatz folgt dem in Abbildung 2.3-10 unter A) dargestellten Verlauf. Sobald die übrigen Faktoren nicht ausreichend vorhanden sind, führt ein vermehrter Einsatz eines limitationalen Faktors nicht mehr zu Ertragserhöhung. Der Fall 2.1 (Tab. 2.3-11) ist gegeben, wenn die für die Erzeugung benötigten Leistungen eines Aggregates eine bestimmte Einsatzmenge eines Verbrauchsfaktors voraussetzen, wie z. B. beim Strombedarf der Zusatzbeleuchtung. Abhängig vom Lampentyp liefert jede kWh eine bestimmte Lichtmenge; zwischen Leistungsabgabe des Aggregates und dem Faktoreinsatz bestehen proportionale Beziehungen.

Der Fall 1.2 (Tab. 2.3-11) beschreibt den direkten Faktoreinsatz unter der Voraussetzung, daß der betreffende Faktor durch einen anderen ersetzt werden kann. Daraus folgt, daß der Umfang des Faktoreinsatzes jeweils wählbar ist. Für Düngemittel trifft z. B. zu, daß das Einsatzniveau bei Konstanz der übrigen Faktoren veränderbar ist, Boden also durch erhöhte Düngegaben substituiert werden kann. Dabei läßt sich die Beziehung zwischen Erzeugnismenge und Düngemitteleinsatz mit dem Gesetz vom abnehmenden Ertragszuwachs beschreiben. Der Ertragszuwachs y je zusätzlicher Faktoreinsatz x_1 folgt einer nichtlinearen degressiven Funktion, die MITSCHERLICH in folgender Form dargestellt hat:

$$\frac{\Delta y}{\Delta x_1} = C (A-x)$$

Dabei stellt A den mittels Faktor x erzielbaren Höchstertrag dar; C wird von MITSCHERLICH als »Wirkungsfaktor« der Wachstumsfaktoren bezeichnet. Der Grenzertrag sinkt danach mit Annäherung an den Höchstertrag. In diesem Fall ist das optimale Einsatzniveau des Faktors x_1 – das Ziel der Gewinnmaximierung vorausgesetzt – von der Relation zwischen Produktpreis (P_y) und Faktorpreis (P_{x_1}) abhängig; zwischen biologischem und ökonomischem Optimum ergeben sich Differenzen. Eine Steigerung des Ertrages y ist nur so lange wirtschaftlich, wie die Kosten der letzten zusätzlichen Faktoreinheit gerade noch durch den Zusatzerlös abgedeckt werden:

$$\frac{dY \cdot P_y}{dx} = P_{x_1}$$

in Worten:
Grenzerlös = Grenzkosten (= Faktorpreis).

Sinkende Produktpreise und steigende Faktorpreise führen also zu einer Senkung des Faktoreinsatzes, seiner »speziellen Intensität«, und umgekehrt (Abb. 2.3-10 unter B).

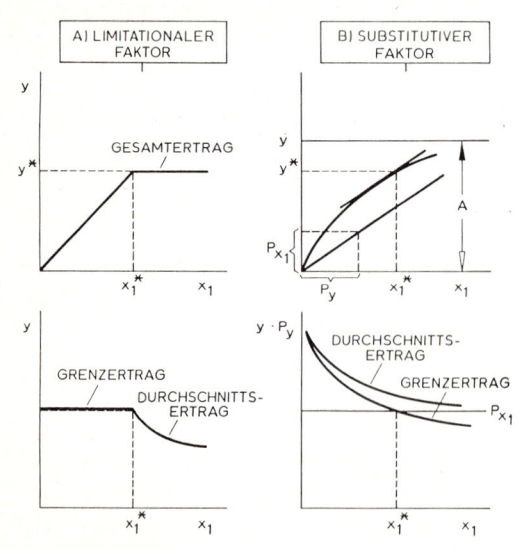

Abb. 2.3-10: Optimale spezielle Intensität limitationaler und substitutiver Verbrauchsfaktoren. x_1^* = optimales Einsatzniveau

Die Bestimmung der optimalen Kombination von Verbrauchsfaktoren setzt Kenntnisse über die Substitutionsbeziehungen voraus. Diese können linear sein, wenn es sich um Faktoren mit gleichen oder ähnlichen Inhaltsstoffen handelt, wenn etwa Tontöpfe durch Plastiktöpfe ersetzt werden. Dann ist der preisgünstigere Faktor vorzuziehen. Nicht-lineare Substitutionsbeziehungen sind zwischen Faktoren zu erwarten, die das Wachstum in unterschiedlicher Weise beeinflussen, also z. B. zwischen Temperatur und Nährstoffen. Dann gilt: Je weiter der eine Wachstumsfaktor durch einen anderen ersetzt werden soll, um so höher ist die je Einheit des ersetzten Faktors benötigte Menge des ersetzenden Faktors (= Grenzrate der Substitution). Die Minimalkostenkombination ist dann vom Preisverhältnis der Faktoren ($Px_2 : Px_1$) abhängig. Je teurer ein Faktor, um so weiter wird er durch andere ersetzt. Wiederum gilt das Grenzwertprinzip:

$$-\frac{d_{x_2}}{d_{x_1}} = \frac{P_{x_2}}{P_{x_1}}$$

in Worten:
Grenzrate der Faktorsubstitution = umgekehrte Relation der Faktorpreise.

Einzelheiten s. STEINHAUSER, LANGBEHN, PETERS (1982), BRANDES, WOERMANN (1969).

Der Fall 2.2 in Tab. 2.3-12 gewinnt Bedeutung, wenn Aggregate oder Bestandsfaktoren eingesetzt werden, deren Wirkungsgrad variiert, so daß eine Einheit Leistungsabgabe unterschiedliche Einsatzmengen an Verbrauchsfaktoren erfordert. Der Wirkungsgrad von Heizanlagen schwankt z. B. mit der Auslastung, Fahrzeuge verbrauchen je nach Geschwindigkeit unterschiedliche Treibstoffmengen je km u. a. Wenn die Bestimmung des optimalen Einsatzniveaus von Verbrauchsfaktoren diese Bedingungen berücksichtigen soll, müssen Faktor-Verbrauchs-Funktionen aufgrund technischer Substitutionsmöglichkeiten von Potential- und Verbrauchsfaktoren ermittelt werden. Meist geht man jedoch in Kalkulationen für den praktischen Betrieb von Proportionalität zwischen Faktoreinsatz und Leistungsabgabe der Aggregate aus; z. B. wird vom Wärmebedarf im Gewächshaus unmittelbar auf den erforderlichen Heizmitteleinsatz geschlossen (Näheres zu dieser Problematik s. z. B. BUSSE, V. COLBE, LASSMANN 1975, S. 114 ff).

Literatur

BAHNMÜLLER, H. und SCHÜRMER, E. (1978): Wirtschaftlichkeitsrechnung und Betriebsplanung im Gartenbau. Handbuch des Erwerbsgärtners **13**. Stuttgart: Eugen Ulmer.

BUSCH, W., HÖRMANN, D. M. und STORCK, H. (1974): Standortorientierung des Gartenbaus. Forschungsberichte zur Ökonomie des Gartenbaues Nr. 20, 53–184. Hannover und Weihenstephan.

BUSCH, W. (1980): Die Standorte des Gemüsebaues in Westeuropa. Forschungsberichte zur Ökonomie im Gartenbau Nr. 34. Hannover und Weihenstephan.

FÖLSTER, E., SIEGMUND, I. und SPINGER, M. (1983): Datensammlung für die Betriebsplanung im Intensivgemüsebau. 4. Aufl. Hannover: Arbeitskreis Betriebswirtschaft im Gartenbau e. V.

Kuratorium für Technik und Bauwesen in der Landwirtschaft e. V. (KTBL), Darmstadt (Hrsg.) (1981): KTBL-Taschenbuch Gartenbau. Münster-Hiltrup: Landwirtschaftsverlag.

STOFFERT, G. und ROHLFING, H. R. (1982): Die betriebsspezifische Berechnung von Produktionsverfahren im Gemüsebau. Dargestellt an der Erzeugung von Radies im Gewächshaus. Forschungsberichte zur Ökonomie im Gartenbau Nr. 42. Hannover und Weihenstephan.

STORCK, H. (1977): Investitionsentscheidungen im Gartenbau. Betriebs- und Marktwirtschaft im Gartenbau, Heft 4. Berlin, Hamburg: Paul Parey.

STORCK, H. (Hrsg.) (1983): Taschenbuch des Gartenbaues, 2. Aufl., 361-370. Insb. v. ALVENSLEBEN (S. 20–127), ROTHENBURGER (S. 382–444) und STORCK (S. 333–370). Stuttgart: Eugen Ulmer.

VICKERMANN, E. (1974): Kalkulation der Heizkosten im Gartenbaubetrieb. Betriebs- und Marktwirtschaft im Gartenbau, Heft 1. Berlin, Hamburg: Paul Parey.

2.3.2   Der Markt

Der Gemüsebaubetrieb ist über die Beschaffungs- und Absatzmärkte in die gesamtwirtschaftlichen Rahmenbedingungen eingebunden. Er bezieht Produktionsfaktoren am **Beschaffungsmarkt** und hat dafür entsprechende Zahlungen zu leisten. Beschaffungsentscheidungen beinhalten die Auswahl geeigneter Faktoren und günstiger Bezugsquellen. Dazu sind Beschaffungsmarkterkundung und -marketing notwendig. Insbesondere die frühe Übernahme von Neuerungen macht intensive Marktinformationen erforderlich (KUPSCHUS 1985). Vielfach erleichtern die Absatzbemühungen der Lieferanten das Beschaffungsmarketing. Hier wird auf den Beschaffungsmarkt nicht detailliert eingegangen.

Der Gemüsebaubetrieb erzeugt auf der anderen Seite Leistungen für den **Absatzmarkt** und erzielt dafür Einnahmen. Sein Erfolg ist deshalb in großem Maße nicht allein von einer effizienten und kostengünstigen Leistungserstellung, sondern von den

▷ Bedingungen des Absatzmarktes und
▷ von seinen Marketingaktivitäten

abhängig.

2.3.2.1 Der Absatzmarkt

Die Bedingungen des Absatzmarktes werden geprägt durch
▷ 1. die Nachfrage,
▷ 2. das Angebot,
▷ 3. die Absatzwege und Marktkanäle,
▷ 4. die Marktinformationen,
▷ 5. marktpolitische Eingriffe.

Die **Nachfrage** nach Gemüse ist abhängig von:
1. der Bevölkerung, die bis Mitte der 70er Jahre in der Bundesrepublik noch anstieg, inzwischen um 60 Mio stagniert und künftig zunächst leicht und später stärker rückläufig sein dürfte;
2. den Erzeugnispreisen, die sich bei Frischgemüse etwa im gleichen Maße wie die Lebenshaltungskosten verändert haben, real also konstant geblieben sind, während die Preise von Gemüsekonserven real langfristig gesunken sind;
3. den Verbrauchereinkommen, die in den Nachkriegsjahrzehnten zunächst stark, später mit abnehmenden Zuwachsraten angestiegen sind und auch künftig nurmehr langsam steigen werden;
4. den Verbraucherpräferenzen, die mit steigendem Wohlstand einen immer größeren Einfluß auf die Verbrauchsstruktur gewinnen. Gesundheitswert und Energie-(Kalorien-)armut haben sich auf die Verbraucherpräferenzen positiv ausgewirkt, Bedenken gegen Rückstände u. a. dagegen negativ. Verbraucherpräferenzen lassen sich durch Marketingmaßnahmen der Anbieter in gewissen Grenzen beeinflussen (s. Kap. 2.3.2.2).

Als Folge der Wirkung der genannten Faktoren hat sich der Gemüseverzehr von ca. 45 kg Anfang der 50er Jahre auf ca. 76 kg Anfang der 70er Jahre erhöht. Seither ist der Gesamtverzehr nur noch wenig gestiegen. Nachfrageänderungen betreffen in starkem Maße auch das Sortiment. Verarbeitetes Gemüse hat gegenüber Frischgemüse wesentlich an Bedeutung gewonnen, ein Trend, der sich in letzter Zeit jedoch abgeschwächt hat. Feingemüsearten drängten Grobgemüse im Verzehr zurück; neuere Arten, wie Brokkoli, Chinakohl, Fenchel u. a., erfreuen sich der besonderen Gunst des Verbrauchers. Schließlich ist die Nachfrage außerhalb der Saison stärker gestiegen als während der Hauptsaison und hat die Importe aus südlichen Standorten begünstigt.

Das **Angebot** von Gemüse ist abhängig von
1. den Produktpreiserwartungen der Erzeuger, die in der Regel auf höhere Preiserwartungen mit steigendem Angebot reagieren. Fehlprognosen künftiger Preise aufgrund der in der Vergangenheit erzielten Preise können zu zyklischen Angebotsreaktionen mit einem Wechsel zwischen Jahren mit großer und Jahren mit geringer Angebotsmenge führen;
2. den Faktorpreiserwartungen der Erzeuger, die in der Regel auf höhere Faktorpreise mit einer Einschränkung von deren Einsatz reagieren. Dadurch wird das Angebot von Produkten betroffen, bei denen hohe Kostenanteile auf den verteuerten Faktor entfallen. Die Verteuerung der Heizenergie hat z. B. das Angebot der meisten Unterglasgemüsearten verspätet;
3. dem Stand der Produktionstechnik. Durch bessere Produktionstechnik können Faktorpreissteigerungen und Produktpreisänderungen kompensiert werden. Wenn die Erzeugung einer Gemüseart von technischen Fortschritten besonders begünstigt wird, führt das zu einer Ausdehnung und Preissenkung. Als Beispiel seien die vollmechanisiert geernteten Konservengemüse genannt, deren Ausdehnung allerdings im Ausland erfolgte;
4. der Betriebsstruktur. Kleinbetriebe reagieren z. B. auf Änderungen der Faktor- und Produktpreise in der Regel langsamer als Großbetriebe mit mehr Handlungsalternativen;
5. den Zielsetzungen und Verhaltensweisen der Unternehmer. Traditionelle Einstellungen bremsen Angebotsveränderungen, dynamische Einstellungen und ökonomische Zielsetzungen begünstigen sie. Vielfach werden Neuerungen deshalb von Außenseitern eher aufgegriffen als von Betriebsleitern in Anbaugebieten mit alter Tradition;
6. der Witterung, die große jährliche Angebotsschwankungen und saisonale Verschiebungen bewirkt, auch wenn der Anbau konstant bleibt.

Das Marktangebot von Gemüse stammt zu einem großen Teil aus Importen. Der Selbstversorgungsgrad lag Anfang der 80er Jahre bei ca. 33 %. Die ausländische Konkurrenz hat Vorteile in den natürlichen Bedingungen, in den Faktorpreisen und in der Produktions- und Absatzeffizienz. Die natürlichen Bedingungen sind vor allem für den Mittelmeerraum ein Wettbewerbsvorteil. Dort werden auch niedrigere Löhne gezahlt, während die Niederlande vor allem durch niedrigere Energiepreise und höhere Effizienz im Zusammenhang mit Agglomerationsvorteilen begünstigt sind.

Die **Absatz- und Marktwege** von Gemüse sind vielfältig (s. Abb. 2.3-11). Wesentliche Merkmale des Vermarktungssystems sind hohe und steigende Unternehmenskonzentration auf der Einzelhandelsstufe, verbunden mit weitgehender In-

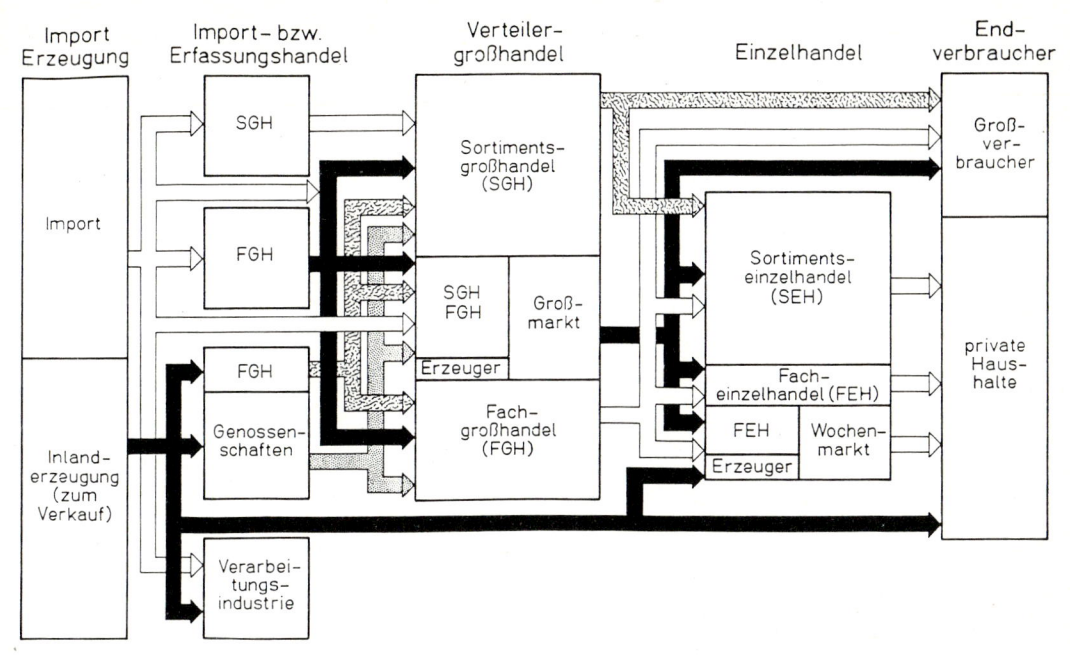

Abb. 2.3-11: Absatz- und Marktwege von Gemüse

tegration von Großhandels- und Einzelhandelsstufe. Diese Entwicklung hat zu veränderten Ansprüchen des Handels an das Angebot geführt. Weniger Käufer verlangen immer größere Partien. Daraus ergibt sich die Notwendigkeit, auch das Angebot stärker zusammenzufassen, was eine Zusammenlegung von Absatzgenossenschaften notwendig macht und zu einer Schrumpfung der Zahl der privaten Großhändler führt.

Allerdings spielt für die marktnahen Gemüseerzeuger der dezentrale Absatz nach wie vor eine wichtige Rolle (s. Kap. 2.3.1.2). Immerhin setzten ca. 25 % der Haupterwerbsgemüsebaubetriebe und 23 % der landwirtschaftlichen Betriebe ihr Gemüse direkt an den Verbraucher ab, und zwar meist auf Wochenmärkten, im Straßenhandel oder ab Hof. Auch die Selbstvermarkter auf den Großmärkten, die ca. 13 % der Haupterwerbsgemüsebaubetriebe stellen, bedienen vorwiegend dezentrale Marktkanäle. Das gilt auch für einen Teil der Betriebe, die überwiegend den Groß- und Einzelhandel beliefern, während der Absatz über Genossenschaften vorzugsweise auf den integrierten Sortimentshandel zielt (Tab. 2.3-12).

Marktinformationen über Preise und Angebotsmengen haben im Marktgeschehen von verderblichen Erzeugnissen die wichtige Funktion,

Tab. 2.3–12: Die Absatzwege der Gemüseerzeuger

überwiegend[1] Absatz an	landwirtschaftliche Betriebe mit Feldgemüsebau		Haupterwerbs- Gemüsebaubetriebe	
	Anzahl Betriebe	%	Anzahl Betriebe	%
direkt an den Verbraucher	2091	23	1412	25
indirekt an Handel und Verarbeiter	7130	77	4271	75
darunter: Großmarkt				
(Selbstmarkter)	.	.	723	13
privater Handel	2327	25	1104	20
Absatzgenossenschaften	2396	26	2277	41
Verarbeitungsindustrie	2436	26	.	.

[1] zu 50 % und mehr
Quelle: Gartenbauerhebung 1981/82

die Markttransparenz zu erhöhen. Dadurch soll die Rationalität der Entscheidungen von Anbietern und Nachfragern erhöht werden. Auf den Gemüsemärkten findet die Preisbildung überwiegend offen statt (Großmärkte, Versteigerungen). Auf den Versteigerungen werden auch die Angebotsmengen erfaßt. Die Zentrale Markt- und Preisberichterstattungsstelle (ZMP) übernimmt die Sammlung, Bearbeitung und Verbreitung diese Informationen (Näheres s. ZVG 1985).

Marktpolitische Eingriffe in den Gemüsemarkt unterliegen dem EG-Recht. Neben obligatorischen Handelsklassen und dem Verkaufsverbot für nicht diesen Klassen entsprechende Ware dienen Zölle und ein Referenzpreissystem dem Schutz der Erzeuger vor Drittlandimporten und der Aufrechterhaltung der Gemeinschaftspräferenz. Interventionen am Binnenmarkt sollen die Erzeuger vor Preiszusammenbrüchen als Folge von Angebotsschwemmen schützen. Auf den Versteigerungen werden auch die Angebotsmengen erfaßt (Näheres s. von ALVENSLEBEN 1983, GOEMANN 1983, HÖRMANN 1978). Wegen vermehrter Interventionstätigkeit wird die Gemüsemarktpolitik der EG zunehmend kritisiert (DIW 1985).

2.3.2.2 Marketing

Der Gemüsebaubetrieb muß sich auf die oben dargestellten Gegebenheiten am Absatzmarkt einstellen und um die potentiellen Nachfrager bemühen. Damit wird nicht allein die Funktion des Absatzes angesprochen, die der Erzeugerfunktion nachgelagert ist und die Aufgabe beinhaltet, die erstellten Leistungen am Markt bestmöglichst zu verwerten. Vielmehr ist mit der Einführung des Begriffes Marketing eine erweiterte Sichtweise dieses Aufgabenfeldes verbunden. Marketing stellt seinem Anspruch nach eine unternehmenspolitische Konzeption dar, nach der die Ausrichtung der Unternehmensentscheidungen prinzipiell an den Bedürfnissen der Verbraucher zu erfolgen hat. Damit wird Marketing-Orientierung zu einem übergeordneten Prinzip der Unternehmensführung, das alle Funktionen beeinflußt. In den Entscheidungen über das Produktionsprogramm, die Produktionsverfahren, die Liefersaison etc. spiegelt sich demnach das Bemühen, den Bedürfnissen der Verbraucher nachzukommen; es geht nicht etwa nur darum – wie Marketing oft verengt verstanden wird –, dem Verbraucher die Leistungen des Unternehmers »schmackhaft« zu machen, sie »an den Mann« zu bringen.

Marketing beinhaltet einerseits ein reaktives Element der Anpassung an Marktgegebenheiten, andererseits aber auch, und vielfach sogar vorrangig, marktgestaltende Bemühungen. Beide Aspekte haben je nach Marktform unterschiedliche Bedeutung. Im Gemüsebau konkurrieren viele kleine Anbieter mit weitgehend homogenen Leistungen bei relativ großer Markttransparenz. Unter diesen Bedingungen ist dem Aspekt der Anpassung an Marktgegebenheiten eine größere Bedeutung beizumessen, die Möglichkeiten aktiver Marktgestaltung sind dagegen begrenzt. Man versucht, den Spielraum dafür durch Gemeinschaftsmarketing, etwa der CMA, zu vergrößern.

Die Marketing-Maßnahmen für den Absatzmarkt lassen sich gliedern in
▷ Produktpolitik,
▷ Preispolitik,
▷ Distributionspolitik und
▷ Kommunikationspolitik.

Die **Produktpolitik** trifft Entscheidungen zur Qualität und Menge, Verpackung und Aufbereitung und zum Sortiment der angebotenen Leistungen sowie zu deren Angebotssaison. Für die Stellung des Gemüsebaubetriebes am Markt spielen die angebotenen Qualitäten eine hervorragende Rolle; dabei gilt es für den marktnahen Erzeuger, vor allem seinen Voteil in der Frische zur Geltung zu bringen. Das angebotene Sortiment kann durch Breite und Vielgestaltigkeit Kunden anziehen, aber auch durch spezielle Neuheiten. Allerdings sind die Möglichkeiten zur Einführung neuer Produkte im Gemüsebau begrenzter als etwa im Zierpflanzenbau oder in der industriellen Konsumgüterfertigung. Eine wichtige Rolle spielt auch die kontinuierliche Lieferung über eine möglichst lange Saison. Schließlich kann auch die Angebotsmenge für potente Kunden die Attraktivität des Erzeugers erhöhen. Zukäufe können zu einer Erweiterung des Sortimentes und der Liefersaison beitragen; letzterem dient auch die Lagerung.

Die Möglichkeiten einer aktiven **Preispolitik** sind für den Gemüsebaubetrieb eng begrenzt, und zwar um so stärker, je weiter entfernt vom Verbraucher er in der Handelskette absetzt. Der Betrieb mit Direktabsatz hat noch einen gewissen Spielraum für eine von der Konkurrenz abgesetzte Preisgestaltung; am Großmarkt kann ein Anbieter seinen Absatz bei großer Ernte u.U. durch Preisnachlässe erhöhen. Beim Verkauf über die Versteigerungsuhr bildet sich der Preis demgegenüber nach der jeweiligen Angebots- und Nachfragesituation, ohne daß darauf von seiten der Anbieter direkt Einfluß genommen werden könnte.

Unter **Distributionspolitik** ist die Wahl der Absatzwege und -methoden zu verstehen, die unterschiedliche Möglichkeiten eröffnen, den Bedürfnissen des Verbrauchers nachzukommen. Im Direktabsatz stellt sich ein unmittelbarer Kontakt zum Verbraucher her, der es erlaubt, die Kundenwünsche direkt aufzunehmen und zu berücksichtigen. Beim Absatz über den Handel wird die Zufriedenheit der Verbraucher auch wesentlich durch die Leistungen des Handels bestimmt, auf die der Erzeuger meist keinen Einfluß hat. Deshalb bemühen sich Erzeuger in Marktnähe um verbrauchernahe Absatzwege, z. B. indem sie den Einzelhandel über den Großmarkt oder direkt beliefern.

Die **Kommunikationspolitik** dient dazu, den Verbraucher auf das betriebliche Angebot aufmerksam zu machen und Präferenzen dafür zu schaffen und zu festigen. Im einzelnen rechnen dazu Werbung, Verkaufsförderung und Öffentlichkeitsarbeit. **Werbung** umfaßt alle Produktinformationen, die den Kunden zum Kauf veranlassen sollen. Ihre beiden Stoßrichtungen sind Information und Motivation. Information schließt Aufklärung über die Art, die Eigenschaften und die Verwendungszwecke ein. Motivation will darüber hinaus Präferenzen für das Angebot schaffen und stärken. Das geschieht etwa durch Betonung von Zusatznutzen in Form von Prestigegewinn durch Verwendung spezieller Gemüsearten oder spezielle Gerichte für Kenner. Werbung wird durch die Einführung bestimmter Hersteller- oder Handelsmarken mit garantierten Eigenschaften erleichtert. Für Gemüse sind nur wenige Marken verbreitet (z. B. 1 x 1, Bestseller), da vor allem eine Frische-Garantie schwer zu geben ist. Werbung durch den einzelnen Anbieter ist für Gemüse nur begrenzt möglich; eine weit größere Rolle spielt die Gemeinschaftswerbung der CMA.

Die **Verkaufsförderung** soll den Absatz am Verkaufsplatz mit Maßnahmen unterstützen, die über die klassische Werbung hinausgehen. Dazu gehören einerseits Bemühungen, ein Produkt im Einzelhandel günstig zu plazieren. Zielgruppe ist hier der Einzelhandel. Er muß z. B. überzeugt werden, eine neue Gemüseart in sein Sortiment aufzunehmen und es an günstiger Stelle anzubieten. Andere Maßnahmen sollen den Verbraucher zu vermehrtem Kauf bewegen, wie Verpackung, Beschilderung, Kostproben, Rezeptvorschläge u. a. Verkaufsförderung hat gegenüber der klassischen Werbung an Bedeutung gewonnen, vor allem, da Impulskäufe bei Obst und Gemüse gegenüber geplanten Einkäufen zugenommen haben.

Öffentlichkeitsarbeit soll zu einem guten Meinungsklima gegenüber einer Firma oder einer Branche beitragen. Sie bedient sich nicht-produktbezogener Werbemaßnahmen, wie Aufklärung über die Produktionsweisen im Gemüsebau, der Einrichtung von Tagen der Offenen Tür, Kursen für Kleingärtner u. a.

Die Entscheidungen zu Einzelmaßnahmen des Marketing dürfen nicht isoliert gesehen werden, sondern sind aufeinander abzustimmen, um ihre Wirksamkeit zu erhöhen. Abgestimmte, zielgerichtete Marketingaktivitäten unter Nutzung aller Bereiche werden als **Marketing Mix** bezeichnet.

Literatur

Auswertungs- und Informationsdienst für Ernährung, Landwirtschaft und Forsten (AID) e. V. (Hrsg.) (1982): Der Markt für Obst und Gemüse. Heft 106. Bonn.

GOEMANN, D. (1983): EG-Marktordnungen. AID-Informationen, Arbeitsunterlagen für Berufsbildung und Beratung. Bonn: Auswertungs- und Informationsdienst für Ernährung, Landwirtschaft und Forsten (AID) e. V.

STORCK, H. (Hrsg.) (1983): Taschenbuch des Gartenbaues, 2. Aufl., 361-370. Insb. v. ALVENSLEBEN (S. 20-127), ROTHENBURGER (S. 382-444) und STORCK (S. 333-370). Stuttgart: Eugen Ulmer.

3 Die Pflanze

3.1	**Samen, Saat- und Pflanzgut**		**3.3**	**Wachstum**
	HELMUT KRUG	69		HELMUT KRUG 79
3.1.1	Entwicklung der Samen	69	3.3.1	Sproßwachstum 79
3.1.2	Lagerfähigkeit	70	3.3.2	Wurzelwachstum 81
3.1.3	Saatgutwert	72	3.3.3	Wirkung der Wachstumsfaktoren und Wachstumsmodelle 82
3.1.3.1	Biologische Grundlagen	72		
3.1.3.2	Prüfung des Saatgutwertes	74	3.3.4	Bestandeswirkungen 89
3.1.4	Pflanzgut	75	3.3.5	Qualität und ernährungsphysiologischer Wert
				JÜRGEN WEICHMANN 92
3.2.	**Keimung und Auflaufen**		3.3.5.1	Der Qualitätsbegriff 92
	HELMUT KRUG	75	3.3.5.2	Der Marktwert 92
3.2.1	Saatgutstimulation	75	3.3.5.3	Der ernährungsphysiologische Wert 93
3.2.2	Keim- und Auflaufgeschwindigkeit	76	3.3.5.4	Der Gebrauchswert 96

3.1 Samen, Saat- und Pflanzgut

3.1.1 Entwicklung der Samen

Das Wachstum der Samen auf der Mutterpflanze ist durch eine Zunahme des Trockengewichtes und, infolge der Abnahme des Wassergehaltes, durch ein zunächst ansteigendes und dann wieder abnehmendes Frischgewicht gekennzeichnet (Abb. 3.1-1). Mit dem maximalen Trockengewicht ist die Substanzeinlagerung beendet und die »morphologische Reife« erreicht. Die Keimfähigkeit beginnt bei vielen Arten bereits einige Tage nach der Befruchtung. Die Zahl keimfähiger Samen einer Samenpartie steigt jedoch bis zur morphologischen Reife an und kann danach, bis zur Todreife, wieder sinken.

Das Erreichen der morphologischen Reife ist nicht gleichbedeutend mit Keimbereitschaft. Zum Überleben ungünstiger Umweltbedingungen haben Pflanzenarten, wie Sellerie, Porree, Kopfsalat, Paprika oder Kohlarten, die Fähigkeit entwickelt, ihre Samen oder einen Teil ihrer Samen in eine Keimruhe zu versetzen. Diese Eigenschaft ist bei einigen Kulturpflanzen, z. B. zur Verhinderung des Auswuchses bei Getreide, erwünscht, bei anderen – und dazu zählen die Gemüsearten – jedoch lästig und durch die Züchtung abgeschwächt oder ausgemerzt worden.

Eine Keimruhe kann auch nach dem Erreichen der Keimbereitschaft zur morphologischen Reife durch ungünstige Umwelteinflüsse erneut induziert werden. Sie wird im Gegensatz zur primären Keimruhe zur morphologischen Reife als sekundäre Keimruhe bezeichnet. Die Keimruhe induzierende Umweltfaktoren sind u. a. Sauerstoffmangel, z. B. bei hohem Wasserangebot, oder hohe Temperatur. So kann die Keimung bei Kopfsalat oder Sellerie in Hitzeperioden ausbleiben, oder die Samen keimen folgernd und bilden lückige Bestände mit unterschiedlich großen Pflanzen.

Die Keimruhe der Samen schwindet im Verlauf der Lagerung und kann durch mechanische

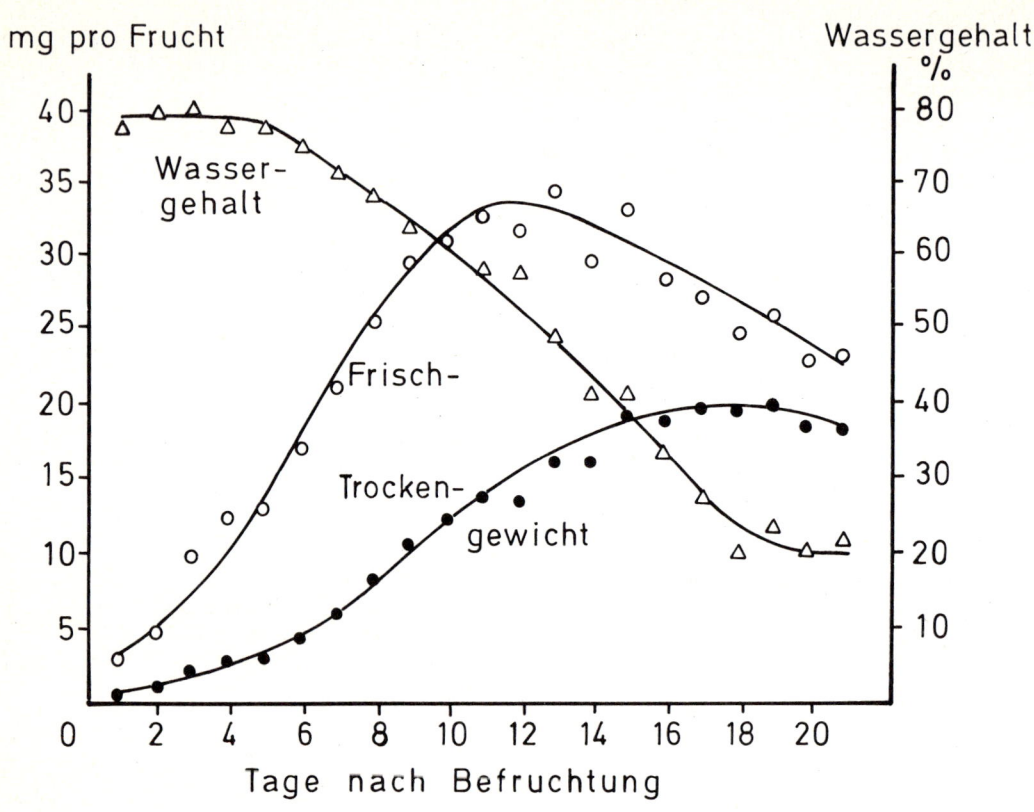

Abb. 3.1-1: Verlauf von Frischgewicht, Wassergehalt und Trockengewicht von Haferfrüchten (Werte nach BOOTH 1929)

Einwirkungen (Brechen harter Samenschalen, Wundschnitte), im gequollenen Zustand auch durch Einwirkung niedriger Temperatur (Vorkühlung bei 5–10 °C für ca. 1 Woche oder Stratifikation, Wechseltemperatur), durch Lichteinwirkung oder durch Chemikalien (Kaliumnitrat, Gibbereline oder Äthylen) aufgehoben werden (s. Tab. 3.1-1, Spalte Keimruhe).

3.1.2 Lagerfähigkeit

Die größte Triebkraft und Keimfähigkeit besitzt Saatgut, sofern keine Keimruhe vorliegt, zur morphologischen Reife. Mit zunehmendem Altern sinkt die Vitalität. Ein erstes Kennzeichen der Alterung von Samen ist eine Abnahme der Triebkraft. Es folgen eine verlängerte Keimdauer und schließlich eine Abnahme der Keimfähigkeit. Die Dauer geringer Abnahme der Keimfähigkeit wird als Lagerfähigkeit bezeichnet. Sie währt in Abhängigkeit von der Pflanzenart und den Lagerbedingungen einige Wochen bis zu mehreren, in Sonderfällen bis zu 200 Jahren.

Die erste Voraussetzung für eine langfristige Aufbewahrung ist ein gut ausgereiftes, gesundes Saatgut mit einer hohen Keimfähigkeit. Die mittlere Lagerfähigkeit guten Gemüsesaatgutes in klimatisierten Räumen oder Behältern ist in der Tabelle 3.1-1 aufgeführt. Sie ist relativ kurz bei der Schwarzwurzel, der Pastinake und bei Schnittlauch. Besonders lange lagerfähig ist Saatgut der *Cucurbitaceae*. Bei zu langer Lagerdauer und unter ungünstigen Lagerbedingungen ist mit einer stärkeren Abnahme der Keimfähigkeit, einem verstärkten Auftreten von Mißbildungen und einer größeren Anfälligkeit gegenüber Schaderregern zu rechnen. Dies gilt besonders für ungünstige Keimbedingungen.

Die wichtigste Voraussetzung für die Erhaltung der Vitalität des Saatgutes ist ein geringer Wassergehalt der Samen. Da das Wasser im Samen in einem ständigen Austausch mit dem Wasserdampfgehalt der Luft steht, sollte stets trockenes Saatgut bei niedriger Luftfeuchte gelagert werden. Darüber hinaus verlängert niedrige Temperatur durch eine Reduzierung der chemisch-physiologischen Reaktionen die Lagerfähigkeit.

Zur Wirkung dieser beiden Umweltfaktoren auf die Lagerfähigkeit von Saatgut hat HARRINGTON Faustregeln aufgestellt:

Wassergehalt: Im Bereich von 5–14 % Wassergehalt der Samen reduziert ein Anstieg des Wassergehaltes der Samen um 1 % die Lebensdauer auf die Hälfte.

Eine zu starke Trocknung der Samen birgt auch Gefahren. Bei einem Wassergehalt unter 5 % kann die Autoxidation von Lipiden die Alterung beschleunigen, und bei Leguminosen führt eine zu starke Entquellung bei Wiederbefeuchtung durch unterschiedliche Quellgeschwindigkeiten der Gewebe häufig zu Spannungen, Brüchen und Rissen.

Bei einem Wassergehalt über 12 % wird das Saatgut anfällig gegen Pilze, über 18–20 % besteht zusätzlich die Gefahr der Selbsterhitzung durch eine verstärkte Atmung. Für eine längere Lagerung sollten deshalb Feinsämereien auf 5–6 %, ölhaltige Samen und Leguminosen auf ca. 9 % Wassergehalt getrocknet und bei einer Luftfeuchte von 10–40 % gelagert werden.

Die Bestimmung des Wassergehaltes erfolgt in Trockenschränken bei 130 °C für 80 Minuten oder bei 105 °C bis zur Gewichtskonstanz. Größere Samen werden vorher geschrotet. Einer trockenen Lagerung dienen wasserdampfdichte Behälter mit Trockenmitteln (z. B. Silikagel) oder Keimschutzpackungen.

Temperatur: Im Bereich von 0–50 °C reduziert ein Anstieg der Temperatur um 5 °C die Lebensdauer der Samen auf die Hälfte.

Eine niedrige Temperatur, z. B. in Kühlschränken, kann somit wesentlich zur Erhaltung der Vitalität beitragen, wenn eine Wiederbefeuchtung vermieden wird. Samen mit geringem Wassergehalt können auch bei Temperaturen unter 0 °C, z. B. in Tiefkühltruhen bis unter –20 °C, gelagert werden.

Die Faustregeln von HARRINGTON gelten unabhängig voneinander. Das bedeutet, daß eine Saatgutpartie bei 12 % Wassergehalt und 5 °C dieselbe Abnahme der Keimfähigkeit aufweist wie bei 9 % Wassergehalt und 20 °C. Oder: eine Saatgutpartie, deren Keimfähigkeit bei einem Sa-

Tab. 3.1–1: Gemüsesaatgut — Eigenschaften und Anforderungen

Art	TKM (g)	Lagerfähigkeit (Jahre)	Keimprüfung[1] Medium[2]	Temp.[3] °C	Licht[4]	Auszählungen[5] Erst-	End-	Keimruhe[6]	Mindestkeimfähigkeit %[7]
Dicke Bohne	850–2300	3–4	BP; S	20	–	4	14	L; V	80
Dill	1,3–1,5	2–3	BP; TP	10–30		7	21	L; V	
Eierfrucht	3,6–4,4	4–5	TP	20–30	L	7	14		
Endivie	1,3	4–5	TP; TS	20	L	6	14	K	65
Erbse	100–360	3–5	S; BP	20		5	9	L	80
Feldsalat	0,8–2,3	3–4	BP	20		7	28	V; Prüfung bei 10 oder 15 °C	65
Gartenbohne, Busch-	175–350								75
Gartenbohne, Stangen-	500–600								75
Gartenkresse	2,0–4,0	3–4	TP; BP	20–30		4	10	L; Vorkühl. bei 15 °C	
Gemüsefenchel	5–6	2–3							
Gurke	20–29	4–8	BP; TP; S	20–30		4	8	L	80
Kohl, Blumen-	2,7–7,5	4–5	TP; BP	15–25		3	10	L; V; K	70
Kohl, Brokkoli	2,0–4,0	4–5	TP; BP	15–25		3	7	L	
Kohl, China-	2,5–3,5		TP; BP	15–25		3	7	L	
Kohl, Grün-	2,2–3,0	4–5	TP; BP	15–25		3	10	L; V; K	75
Kohlrabi	2,8–3,7	4–5	TP; BP	15–25		3	10	L; V; K	75
Kohl, Rosen-	2,9–3,9	4–5	TP; BP	15–25		3	10	L; V; K	75
Kohl, Rot-, Weiß-, Wirsing-	2,8–3,7	4–5	TP; BP	15–25		3	10	L; V; K	75
Kohlrübe	2,3–3,5	3–5	TP; BP	15–25		3	14	L	
Kopfsalat	0,7–1,4	3–4	TP; BP	20	L	–	17	L; V; Vt	75
Kürbis	450–500	5–8	BP; S	20–30		4	8	L	
Mais	130–280		BP; S	20–30; 25		4	7		
Mangold	13–17	4	BP; TP; S	20		4	14	1–2 Std. vorwaschen in fließendem Wasser (25 °C) u. trocknen bei höchst. 25 °C; vorkühl. bei 15 °C	

Tab. 3.1–1: Gemüsesaatgut — Eigenschaften und Anforderungen (Fortsetzung)

Art	TKM (g)	Lagerfähigkeit (Jahre)	Keimprüfung[1] Medium[2]	Temp.[3] °C	Licht[4]	Auszählungen[5] Erst-	End-	Keimruhe[6]	Mindestkeimfähigkeit %[7]
Meerrettich	6,5–14	4–5	TP; BP; S	20–30		4	6	V	70
Melone	24–34	5–8	BP; S	20–30		4	8	L; niedrige Temp.	70
Möhre (abgerieben)	0,7–1,5	3–4	TP; BP	20–30		7	14	L	65
Paprika, Gemüse	6,0–7,3	3–4	TP; BP	20–30		6	14	Li; K	65
Pastinake	2,5–5	1–(2)	BP; TP; S	20–30		6	28	L	
Petersilie	1,2–2,4	2–3	BP; TP; S	20–30		10	28	L	65
Porree	2,2–3,7	2–4	BP; TP	15–20		6	14	V	65
Radies, Rettich	,7–10	4–5	TP; BP; S	20–30		4	6	V	70
Rhabarber	9,0–14	3							
Rote Rübe	12–20	4–6	BP; TP; S	20		4	14	1–2 Std. vorwaschen i. fließendem Wasser (25 °C) und trocknen b. höchstens 25 °C; vorkühlen bei 15 °C	70
Schnittlauch	1–2,5	1–2	BP; TP	15–20		6	14	V	
Schwarzwurzel	11–14	1	BP; S	20–30		4	8	V	70
Sellerie	0,25–0,5	3–6	TP	15–25	L	10	21	V; K	
Spargel	20–40	3–7	TP; BP; S	20–30		10	28	Angabe d. frischen ungekeimten Samen	
Speiserübe	1,8–2,0								
Spinat rds.	8,0–10	3–5	BP	15; 10		7	21	V; niedrige Feuchtigkeit	75
sps.	9,0–14								
Tomate	2,3–3,0	4–6	BP; TP	20–30		5	14	L; K	75
Zwiebel, Speise-	3,0–4,0	2–3	BP; TP	20; 15		6	12		70
Zwiebel, Winterhecken-	2,1–2,4	3–4	BP	20; 15		6	12		

[1] Vereinfacht nach »Internationale Vorschriften für die Prüfung von Saatgut« 1976
[2] TP = auf Papier; BP = zwischen Papier; S = in Sand; TS = auf Sand
[3] max. Temp.; bei Wechseltemperaturen 8 h höhere; 16 h niedrige Temperaturen
[4] L = Licht erforderlich
[5] Erst- und Endauszählung ohne Kältebehandlung (Keimschnelligkeit/Keimfähigkeit)
[6] Bei Keimruhe: L = Licht; V = Vorkühlung (bis 7 Tage 5–10 °C); K = 0,2%ige KNO-Lösung; Vt = Vortrocknung
[7] Gesetz über den Verkehr mit Saatgut (1975)

menwassergehalt von 13 % und einer Temperatur von 25 °C in 8 Wochen auf 50 % sinkt, hätte bei einem Wassergehalt von 9 % und einer Temperatur von 15 °C einen annähernd gleichen Verlust der Keimfähigkeit nach 10 Jahren erreicht (Wassergehalt: 13–9 % = 4 % oder Faktor 2^4; Temperatur: 25–15 °C = 10 °C oder Faktor 2^2; 2^4 x 2^2 = 64; 8 Wochen x 64 = 512 Wochen oder ca. 10 Jahre).

3.1.3 Saatgutwert
3.1.3.1 Biologische Grundlagen

Der Wert des Saatgutes wird durch das Erbgut (genetischer Saatgutwert) und durch Umwelteinflüsse während der Entwicklung der Samen auf der Mutterpflanze und nach der Ernte (somatischer Saatgutwert) geprägt.

Den **genetischen Saatgutwert** bestimmen die Sorte und die Intensität der Erhaltungszüchtung. Nach dem Saatgut-Verkehrs-Gesetz von 1975 darf Saat- und Pflanzgut nur dann vertrieben werden, wenn es als Basissaatgut oder als zertifiziertes Saatgut anerkannt ist. Basissaatgut stammt aus einer hohen Vermehrungsstufe der Erhaltungszüchtung und bietet die beste Gewähr für die Echtheit und Leistungsfähigkeit der Sorte. Zertifiziertes Saatgut ist unmittelbar aus Basissaatgut gewachsen und anerkannt. Im Gemüsebau ist auch Standardsaatgut zugelassen und stellt den bei weitem größten Anteil des gehandelten Gemüsesaatgutes. Standardsaatgut stammt von Gemüsesorten, die in der Sortenliste oder in dem Sortenverzeichnis eingetragen oder in dem gemeinsamen Sortenkatalog der Gemüsearten aufgenommen sind und die festgesetzten

Anforderungen an die Beschaffenheit erfüllen (Mindestreinheit, Höchstanteil an Körnern anderer Pflanzenarten, Mindestkeimfähigkeit (s. Tab. 3.1-1) und keinen stärkeren Besatz mit lebenden Milben, lebenden Samenkäfern (Hülsenfrüchte) oder Mikroorganismen aufweisen.

Die Prüfung der Echtheit von Arten und z. T. auch Sorten ist nach dem von BROUWER und STÄHLIN (1955) erarbeiteten Schlüssel bereits an den Samen möglich. Die Sortenechtheit kann jedoch meist erst an jungen Pflanzen oder an ausgewachsenen Beständen beurteilt werden.

Der **somatische Saatgutwert** wird durch eine Vielzahl von Umwelteinflüssen geprägt. Hierzu gehören die Klimabedingungen einschließlich der Wasserversorgung während des Wachstums auf der Mutterpflanze, die Ernährung der Mutterpflanze, die Position des Samens an der Mutterpflanze und seine Reife, aber auch Umwelteinflüsse während der Ernte, der Lagerung oder der Aufbereitung der Samen.

Diese Einflüsse können sich in der Keimbereitschaft (Keimruhe), der Temperaturreaktion oder in der Vitalität der Keimlinge äußern. Saatgut von Pflanzen, die unter relativ trockenen Bedingungen an gut und harmonisch ernährten Mutterpflanzen gewachsen sind und das eine hohe Tausendkornmasse (TKM) sowie einen hohen Rohrzucker- und Eiweißgehalt besitzt, hat sich in Versuchen als besonders leistungsfähig erwiesen. Bei Pflanzen, deren Embryonen bereits blüteninduzierende Kältereize aufnehmen (z. B. *Beta*-Arten, Wintergetreide), ist auch eine Teilvernalisation auf der Mutterpflanze möglich.

Der Wert einer Saatgutpartie kann durch **technische Maßnahmen** verbessert werden. Hier ist in erster Linie eine Auslese auf große Körner zu nennen. Samen mit sortentypisch hoher Tausendkornmasse haben in der Regel ein größeres Nährgewebe, keimen schneller und zu einem höheren Prozentsatz. Sie haben damit einen besseren Start, eine kürzere Kulturdauer und bringen höhere Erträge. Dieser Vorteil kommt besonders unter ungünstigen Wachstumsbedingungen und bei Pflanzen mit kurzer Kulturdauer zur Auswirkung und sollte bei Saaten von Radies, Rettich oder Feldsalat während der lichtschwachen Monate in Gewächshäusern genutzt werden. Die kleinen Samen sind für Saaten während der günstigeren Jahreszeit zu verwenden.

Durch Absieben können auch die Form und Größe einer Saatgutpartie vereinheitlicht werden **(Kalibrierung)**, eine Forderung, die für die mechanische Einzelkornablage zu erfüllen ist. Für die Kalibrierung werden die kleinen Körner mit Schlitzlochsieben (Sortierung nach dem kleinsten

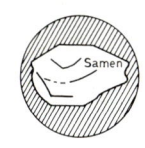

Abb. 3.1-2: Schematische Darstellung der Saatgutformen Pillensalat, Minipille, Inkrusaat (Saat und Erntetechnik 1985)

Korndurchmesser), die großen Körner mittels Rundlochsieben (Sortierung nach dem größten Korndurchmesser) abgesiebt.

Eine noch weitergehende Vereinheitlichung von Größe und Form wird durch die **Pillierung** erreicht (Abb. 3.1-2). Bei der Pillierung werden die Samen in Dragiertrommeln unter wiederholter Sprühbefeuchtung mit einer Hüllmasse umgeben, die Pillen auf einheitliche Größe abgesiebt und getrocknet. Bei Freilandpillen besteht die Hüllmasse überwiegend aus organischen Materialien mit guten Quelleigenschaften, wie z. B. Torf. Bei Erdtopfpillen werden als Hüllmasse überwiegend anorganische Materialien verwendet, die mit der Quellung der Samen platzen und damit das Risiko des Sauerstoffmangels bei reichlicher Bewässerung mindern. Zwischen Samen und Hüllmasse wird meist ein Fungizid eingebettet; bei Bedarf können auch Insektizide und Spurennährstoffe beigemischt werden.

Der Vorteil der Pille liegt in erster Linie in der besseren Eignung für die Einzelkornablage. Auch die Zugabe von Pflanzenschutzmitteln und Spurennährstoffen kann als Vorteil gewertet werden. Nachteile sind der weit höhere Preis, die größere Masse, eine größere Empfindlichkeit gegen fehlerhafte Bodenvorbereitung und ungünstige Tiefenlage sowie Witterungseinflüsse wie Trockenheit oder Nässe. Es können auch Vitalitätsverluste durch die Rücktrocknung oder eine Lagerung bei relativ hohem Wassergehalt und hoher Temperatur auftreten. Pilliertes Saatgut sollte deshalb stets kühl gelagert werden. Die Kaliber und TKM von Freiland- und Erdtopfpillen einer deutschen Firma gibt Tabelle 3.1-2 wieder.

Bei ovalen Samen wird bei einem Verzicht auf die Kugelform Hüllmasse eingespart (Abb. 3.1-2). Solche Minipillen sind billiger und werden dort bevorzugt, wo auch bei ovaler Form eine gute Ablagegenauigkeit erreicht wird. Bei inkrustiertem Saatgut wird ganz auf die Ausformung verzichtet und das Saatgut nur mit relativ abriebfesten Pflanzenschutzmitteln belegt.

Feinsämereien, wie z. B. Sellerie, werden zur besseren Verteilung auch als **Granulate** angebo-

Tab. 3.1–2: Kaliber und TKM von Freiland- und Erdtopfpillen einer deutschen Saatgutfirma*

Arten	Freilandpillen Kaliber (mm)	TKM (g)	Erdtopfpillen Kaliber (mm)	TKM (g)
Chicoree	2,50–3,50	10–14	–	–
Eierfrucht	3,50–4,75	20–23	–	–
	5,00–6,00	25–30		
Eissalat	2,50–3,50	10–12	3,00–3,50	30–35
Endivie	2,50–3,50	10–12	3,00–3,50	30–35
Fenchel	3,50–5,00	25–30	–	–
Gurke	5,00–7,00	16–20	–	–
Kohlarten	2,50–3,50	13–15	3,00–3,50	25–30
	3,25–4,00	15–20		
Kohlrabi	2,50–3,50	13–15	3,00–3,50	25–30
	3,25–4,00	15–20		
Kopfsalat	2,50–3,50	10–12	3,00–3,50	30–35
Melone	6,00–7,00	16–20	–	–
Möhre	2,50–3,50	10–12	–	–
Mohn	1,75–2,50	5–6	–	–
Paprika	3,50–4,75	20–23	–	–
	5,00–6,00	25–30		
Pastinake	3,50–5,00	35–40	–	–
Petersilie	2,50–3,50	10–12	3,00–3,50	30–35
Porree	2,50–3,50	12–15	3,00–3,50	25–30
Radies	3,25–4,00	16–20	–	–
Rettich	3,25–4,00	16–20	–	–
Sellerie	1,75–2,50	5–7	1,75–2,50	10–12
Spargel	3,50–4,75	40–45	–	–
Tomate	3,50–4,75	20–23	3,50–4,50	40–50
			4,00–5,00	60–70
Zwiebel	2,50–3,50	12–15	–	–

* Nach: SCHMIDT 1981

ten. In ein Trägersubstrat werden Saatgut, Nährstoffe und Pflanzenschutzmittel eingemischt und die Masse zu Preßlingen verformt. Die Zahl der Samen wird pro Gewichtseinheit angegeben. Granulate können mit normalen Sämaschinen abgelegt werden.

3.1.3.2 Prüfung des Saatgutwertes

Erste Hinweise auf den Wert des Saatgutes geben die TKM, der Geruch und die Farbe der Saatgutpartie. Weitere Aufschlüsse liefert die Keimprüfung. Eine Keimprüfung wird in Saatschalen oder anderen Gefäßen mit Kulturerde oder Sand, bei Feinsämereien auf Filter- oder Fließpapier, durchgeführt. Wichtig ist die Dosierung der Wassergabe. Günstige Werte liegen für Erde und Sand bei 60 % der maximalen Wasserkapazität. Papier sollte nicht so feucht sein, daß sich beim Pressen ein Wasserfilm um den Finger bildet. Für die Prüfung kleinerer Partien hat sich die Keimglocke von EIFRIG bewährt (Abb. 3.1-3).

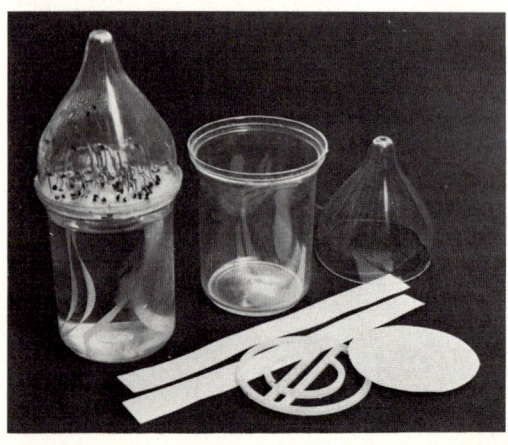

Abb. 3.1-3: Keimglocken nach EIFRIG

Die international empfohlenen Keimtemperatur- und Lichtbedingungen, die Methoden zur Brechung einer Keimruhe und die Dauer bis zu den Auszählungen sind in Tabelle 3.1-1 aufgenommen. Mit der Erstauszählung wird die **Keimschnelligkeit** bestimmt. Sie ist ein empfindlicheres Kriterium für die Vitalität der Samen als die in der Zweitauszählung bestimmte **Keimfähigkeit**. Als nicht gekeimt werden auch Keimlinge ohne Keimblätter, Keimlinge mit starken Verletzungen oder fehlender Primärwurzel (Ausnahme Erbsen und Bohnen) sowie verkrüppelte und faule Keimlinge gewertet.

Die Keimprüfungen geben nur Aufschluß über die Keimfähigkeit unter günstigen Bedingungen. Der Feldaufgang liegt meist bei niedrigeren Werten. Ein schärferer Keimtest auf die Vitalität und den Gesundheitszustand ist die **Triebkraftprüfung,** bei der die Samen eine 3–4 cm hohe Schicht Ziegelgrus (Korngröße 2–3 mm) durchwachsen müssen oder – besonders bei wärmebedürftigen Arten – ein Keimtest bei Anfangstemperaturen von 10–12 °C.

3.1.4 Pflanzgut

Vegetative Vermehrungsorgane werden als Pflanzgut bezeichnet. Beispiele sind die Steckzwiebel und die Kartoffelknolle. Pflanzgut besitzt einen höheren Wassergehalt und ist weniger wirksam gegen Wasserverluste geschützt als Saatgut. Es atmet intensiver und sollte deshalb nicht zu trocken, jedoch kühl gelagert werden. Auch unter günstigen Lagerbedingungen ist die Haltbarkeit begrenzt. Wegen der stärkeren Aktivität unterliegt Pflanzgut einer schnelleren physiologischen Alterung, die das Wachstum nach dem Auspflanzen negativ beeinflussen kann.

Zum Pflanzgut im weiteren Sinn sind auch die durch Teilung gewonnenen Rhizomstücke von Rhabarber und Spargel sowie bewurzelungsfähige Triebe (Stecklinge) zu zählen. Rhizomteile werden in der Regel unmittelbar nach der Teilung bzw. nach dem Schnitt ausgepflanzt. Eine vegetative Vermehrung über die Gewebekultur ist im Gemüsebau zur Zeit bei Spargel und bei Artischocken von Interesse.

Literatur

ANONYM (1975): Gesetz über den Verkehr mit Saatgut (Saatgut-Verkehrs-Gesetz). Hannover: Alfred Strothe.
BROWER, W. und STÄHLIN, A. (1975): Handbuch der Samenkunde. Frankfurt/M.: DLG-Verlag.
HEINISCH, O. (1963): Landwirtschaftliches Saatgut. Halle: VEB Deutscher Landwirtschaftsverlag.
Internationale Vereinigung für Saatgutprüfung (1976): Seed Science Technology **4**, 357-409 und 411-550.
KOZLOWSKI, T. T. (1972): Seed Biology **8**. New York, London: Academic Press.
RUGE, U. (1966): Gärtnerische Samenkunde. Berlin, Hamburg: Paul Parey.

3.2 Keimung und Auflaufen

HELMUT KRUG

3.2.1 Saatgutstimulation

Die alte gärtnerische Methode des **Vorquellens** von Saatgut in Wasser führt zu einer Keimstimulation und zu einer deutlichen Auflaufbeschleunigung. Bei längerer Tauchdauer (über 8 Stunden) besteht die Gefahr einer Schädigung durch Sauerstoffmangel. Die Partien werden deshalb in Beuteln wiederholt für einige Stunden in Wasser getaucht, größere Partien mit Wasser (70–90 % des Samengewichtes) überbraust, gut gemischt und mit einer Folie oder feuchten Säcken abgedeckt. Das Saatgut wird ausgesät, wenn die Samenschale platzt oder kurz bevor die Keimwurzel austritt.

Neuerdings wird empfohlen, das Saatgut ein bis mehrere Tage bei Raumtemperatur in belüftetem Wasser vorzuquellen, 1–2 Wochen bei 1 °C zu lagern, danach bei Raumtemperatur anzukeimen und auszusäen.

Das Vorquellen bewirkt, besonders bei schwer quellenden Samen, wie Zwiebeln, Sellerie, Porree oder Pastinake und Möhren, in den Wintermonaten in Gewächshäusern auch bei Spinat, einen deutlichen Entwicklungsvorsprung. Bei dem letztgenannten Verfahren soll auch der Feldaufgang erhöht werden. Ein vorübergehendes Austrocknen vorgequollenen Saatgutes nach der Saat wird bis zum Austritt der Keimwurzel gut vertragen. Danach reagieren besonders große, vorgequollene Samen (Erbsen, Bohnen) empfindlich auf Trockenperioden.

Ein zyklisches Quellen auf 70 % des Samengewichtes und anschließendes Trocknen von Saatgut soll nach russischen Untersuchungen neben der Keimstimulation zu einer »Härtung« mit besserem Feldaufgang und größerer Trockenresistenz führen.

HEYDECKER entwickelte das als »priming« bezeichnete Vorquellen von Saatgut in belüfteten Lösungen hohen osmotischen Potentials, in denen die Samen langsamer und damit besser kontrollierbar quellen und zu wachsen beginnen. Als geeignet erwiesen sich Salzlösungen (z. B. KNO$_3$, K$_2$HPO$_4$, K$_3$PO$_4$) und besonders Lösungen mit Polyäthylenglykol (PEG, Carbowachs 6000) mit jeweils –0,75 bis –1,5 MPa (–7,5 bis –15 bar). Die Behandlungen währen 3–20 Tage, bis die Embryonen ca. 90 % der Samenlänge erreicht haben, maximal bis kurz vor dem Austritt der Keimwurzel. Nach der Behandlung werden die Samen gewaschen und getrocknet. Sie können mit normalen Sägeräten ausgebracht werden. Nach PEG-Behandlung ist das Saatgut ohne Verlust des Behandlungseffektes lagerfähig.

Da die Wirkungen der Vorbehandlung neben einer Enzymaktivierung insbesondere auf dem Embryowachstum beruhen, sind für das Embryowachstum günstige Temperaturen einzuhalten und stärkere Wirkungen nur bei Samen mit kleinen Embryonen (*Apiaceae* wie Möhre, Sellerie, Petersilie; *Liliaceae* wie Spargel, Zwiebel, Porree; *Solanaceae* wie Tomate, Paprika) zu erwarten. Bei Saaten im Frühjahr wird der Entwicklungsvorsprung durch das Hineinwachsen in günstigere Bedingungen reduziert, es bleibt jedoch ein gleichmäßigerer und höherer Feldaufgang. Nach KRETSCHMER (1982) läßt sich die Saatgutstimulation in einer osmotischen Lösung bei Kopfsalat mit einer Hellrot-Lichtbehandlung verbinden und damit das Keimergebnis unter hoher Temperatur verbessern.

Eine noch weitergehende Saatgutbehandlung ermöglicht das **Flüssigdrillen**. Das Saatgut wird in einem belüfteten Trägergel oder durch zyklisches Quellen und Trocknen stimuliert, bis die Keimwurzeln 1–2 mm, maximal 5 mm aus dem Samen ausgetreten sind. Nichtgekeimte Samen können nach der Sinkgeschwindigkeit ausgeschieden werden. Diese Gelsuspension kann bei Temperaturen um 0° C kurzfristig gelagert oder auch sofort mit Spezialmaschinen ausgesät werden. SALTER berichtet von einem beschleunigten, gleichmäßigeren Auflaufen, einem höheren Feldaufgang und deutlichen Ertragssteigerungen. Für eine Empfehlung liegen in Deutschland noch keine ausreichenden Erfahrungen vor.

Literatur

HEYDECKER, W., HIGGINS, J. und GULLIVER, R. L. (1973): Accelerated germination by osmotic seed treatment. Nature **246** (5427), 42-44.

SALTER, P. J. (1978): Techniques and prospects for "fluid drilling" of vegetable crops. Acta Horticulturae **72**, 101-107.

WIEBE, H.-J. und TIESSEN, H. (1979): Effects of different seed treatments on embryo growth and emergence of carrot seeds. Gartenbauwissenschaft **44**, 280-284.

3.2.2 Keim- und Auflaufgeschwindigkeit

Bei Keimfähigkeit und Keimbereitschaft wird die Keimgeschwindigkeit der Samen neben der genotypischen Veranlagung vorrangig durch die Umweltfaktoren Wasser, Sauerstoff und Temperatur bestimmt. In warmen, trockenen Gebieten dominiert der Wasserfaktor, bei hohen Niederschlägen mit Bodenverdichtungen die Sauerstoffkonzentration, in gemäßigtem Klima häufig die Temperatur.

Die Quellung der Samen vieler Gemüsearten erfolgt bereits bei einer sehr niedrigen Bodenfeuchte mit einer Wasserspannung um oder dicht über dem »permanenten Welkepunkt« (–1,5 MPa, ≙ –15 bar, ≙ pF 4,2), aber langsam und ungleichmäßig. Die Keimung beginnt bei einem Samenwassergehalt von, je nach Art, 26–60 %. Für einen schnellen und hohen Feldaufgang und da die obere Bodenschicht leicht austrocknet, sollten die Samen jedoch in einen feuchteren Boden gesät werden. Der optimale Bodenwassergehalt liegt bei einer Wasserspannung von -100 bis -400 hPa (mbar, pF 2.0–2,6), auf leichten Böden im oberen, auf schwereren Böden im unteren Bereich dieser Spanne. Bei zu hoher Bodenfeuchte besteht die Gefahr einer Keimhemmung und Fäulnis der Samen durch Sauerstoffmangel. Dieser Gefahr ist durch eine lockere Bedeckungsschicht vorzubeugen. Bei trockenem Boden sollte hingegen die Quellung durch einen engen Kontakt der Samen mit den Bodenteilchen (Andrücken) verbessert werden.

Die Pflanzenarten reagieren unterschiedlich auf die Bodenfeuchte im Keimbett. Besonders empfindlich auf trockene Böden reagieren Möhren, Sellerie, Zwiebeln, Kopfsalat und Rote Rüben. Recht unempfindlich sind die Kohlarten, Radies und Speiserübe.

Kardinalwerte für die Temperaturreaktion während der Auflaufphase sind in Tabelle 3.2-1 aufgeführt. Die untere Temperaturgrenze, bei der Samen gerade noch keimen, wird als Temperaturminimum bezeichnet. Das theoretische Temperaturminimum (T_{min} aus der Funktion) liegt über dem physiologischen Temperaturminimum, gibt aber einen Näherungswert. Es liegt bei kälteverträglichen Arten zwischen O und 5 °C, bei wärmebedürftigen Arten zwischen 8 und 12 °C. Das physiologische Temperaturmaximum ist zwischen 25 und 40 °C anzusetzen. Der Temperaturbereich für eine in der Praxis akzeptable Keimfähigkeit ist deutlich enger (Spalte Praxis). Er liegt für kälteverträgliche Arten zwischen 5–13 °C und 22–25 °C, für wärmebedürftige Arten zwischen 13–19° C und bei 25 °C.

Tab. 3.2–1: Parameter der Temperaturreaktion (°C) von Gemüsearten während der Auflaufphase[1]

Art	Minimum (°C) theoretisch[2]	Minimum (°C) Praxis[3]	Maximum (°C) Praxis[3]	Maximum (°C) physiologisch	Temperatursumme (S) (°C × d)
Chicoree	5,3	13	25		85
Eierfrucht	12,1	17	25		93
Endivie	2,2	9	25		93
Erbse	3,2	9	25		86
Feldsalat	0,0	5	25	33	161
Gartenbohne	7,7	17	25	35	130
Gurken Freiland	12,1	19	25	35	108
Gurken Gewächshaus	12,7		(30)	38	69
Kohl, Blumen-	1,3				112
Kohl, Grün-	1,2				103
Kohl, Rosen-	1,1				108
Kohl, Rot-	1,3	5	25		104
Kohl, Weiß-	1,0				106
Kohlrabi	3,5	9	25	38	92
Kopfsalat	3,5	9	25	30	71
Kresse	1,0	9	25		64
Mais	(8–10 °C)[4]			35	
Melone	12,2	17	25		108
Möhre	1,3	9	25	35	170
Paprika	10,9	19	25	35	182
Petersilie	0,0	13			268
Porree	0,0	7	25	25	222
Portulak	11	15	25		48
Puffbohne	0,4	5	22		148
Radies	1,9	5	25	35	71
Rettich	0,5	5	(25)	35	94
Rote Rübe	2,1	5	25		119
Schwarzwurzel	2,0	5	17		90
Sellerie	4,6	19	22	30	237
Spargel				37	
Speiserübe	1,4			40	97
Spinat	0,1	5	22	30	111
Tomate	8,7	13	25		88
Zwiebel	1,4	13	25	40	219

[1] Werte nach HARRINGTON (1962), BIERHUIZEN & WAGENVOORT (1974–1977), KRUG u. a. (1984)
[2] Theoretisches Temperaturminimum (T_{min}) nach BIERHUIZEN & WAGENVOORT (1974)
[3] In der Praxis vertretbare Grenzwerte (WAGENVOORT & BIERHUIZEN 1977, 1981); in Klammern eigene Ergänzung
[4] Physiologisches Minimum

Die Auflaufdauer in Abhängigkeit von der Temperatur läßt sich nach FEDDES (1971) in einem begrenzten Temperaturbereich (Linearität für 1/t = f (T)) nach folgender Funktion berechnen:

$$t = \frac{S}{\overline{T} - T_{min}}$$

(t = Zeit in Tagen, S = Temperatursumme (°C-Tage, s. Tab. 3.2-1), $\overline{T}$ = durchschnittliche Temperatur des Samens, T_{min} = theoretisches Temperaturminimum).

Beispiele: Keimdauer von Radies (S = 71, T_{min} = 1,9) bei 12 °C und 5 °C: $t_{(12 °C)}$ = 71 : (12–1,9) = 7 Tage. $t_{(5 °C)}$ = 71 : (5–1,9) = 23 Tage.

Die Keimdauer wichtiger Gemüsearten als Funktion der Temperatur ist in Abbildung 3.2-1 dargestellt. Es wird deutlich, daß ein Temperaturanstieg im Bereich relativ niedriger Temperatur das Auflaufen stark, im Bereich höherer

Temperatur nur noch gering beschleunigt. Temperaturen über dem Optimum verlängern die Auflaufdauer. Die Ermittlung wirtschaftlich günstiger Keimtemperaturen wird in Kapitel 3.3.3 behandelt.

Diese in Laborversuchen gewonnenen Daten sind Richtwerte für die Ausbildung normaler Sämlinge. Unter Praxisbedingungen wird die Auflaufdauer in Abhängigkeit von der Saattiefe, der Bodenfeuchte, der Sorte, dem Saatgutwert u.

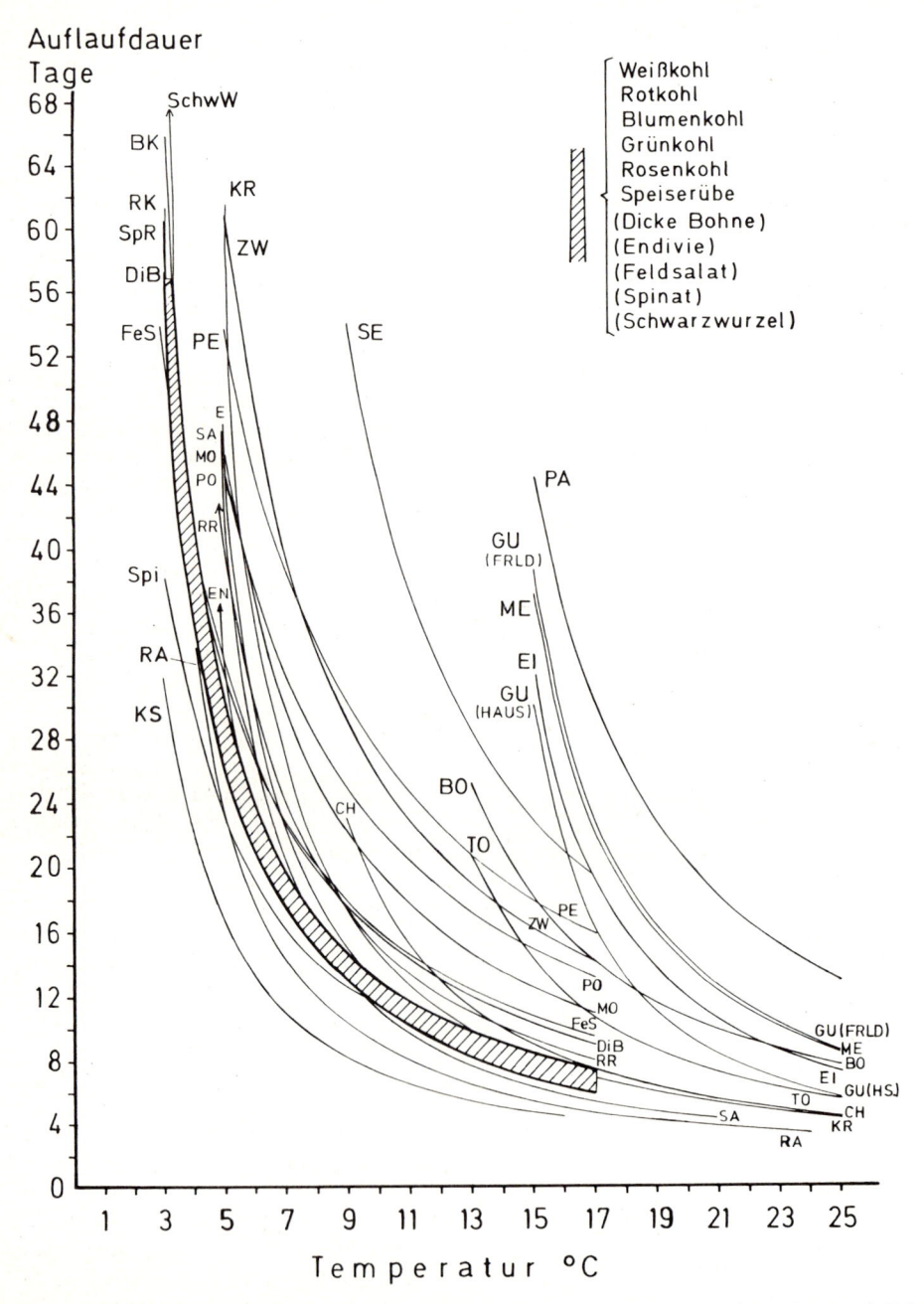

Abb. 3.2-1: Auflaufdauer von Gemüsearten als Funktion der Temperatur des Samens (berechnet nach Tab. 3.2-1)
BK = Blumenkohl, BO = Bohne, CH = Chicoree, DiB = Dicke Bohne, E = Erbse, EI = Eierfrucht, EN = Endivie, FeS = Feldsalat, GU = Gurke, KR = Kohlrabi, KS = Kresse, ME = Melone, PE = Petersilie, MO = Möhre, PA = Paprika, PO = Porree, RA = Radies, RK = Rotkohl, RR = Rote Rübe, SA = Gartensalat, SchwW = Schwarzwurzel, SE = Sellerie, Spi = Spinat, SpR = Speiserübe, TO = Tomate, ZW = Zwiebel

a. Faktoren variieren. Im Tag-Nacht-Rhythmus wechselnde Temperatur hat bei guter Wasserversorgung gleiche Wirkungen wie die entsprechende 24-Stunden-Mitteltemperatur, sofern keine restliche Keimruhe vorliegt oder Tagestemperaturen herrschen, die eine sekundäre Keimruhe induzieren, die durch niedrige Nachttemperatur kompensiert werden muß (s. Tab. 3.1-1).

Bei Bohnen, Erbsen und Rosenkohl wurden besonders umweltempfindliche Phasen während der Keimung festgestellt. Bei Radies hingegen hatte die Temperatur während der gesamten Keimphase die gleiche Wirkung. Die Sortenunterschiede in der Temperaturreaktion sind nach bisherigen Ermittlungen meist gering.

Literatur

BIERHUIZEN, J. F. und WAGENVOORT, W. A. (1974): Some aspects of seed germination in vegetables. I. The determination and application of heat sums and minimum temperature for germination. Sci. Hortic. **2**, 213-219.

KRUG, H., LEDERLE, E. und LIEBIG, H.-P. (1985): Modelle zur kultur- und kostengünstigen Temperaturführung während der Auflaufphase. Gartenbauwissenschaft **50**, 54-59.

LEDERLE, E., KRUG, H., LIEBIG, H.P. und WEBER, W. E. (1984): Funktionen zur Quantifizierung der temperaturabhängigen Auflaufdauer am Beispiel von Feldsalat (*Valerianella locusta* L.). Gartenbauwissenschaft **49**, 262-266.

WAGENVOORT, W. A. und BIERHUIZEN, J. F. (1977): Some aspects of seed germination in vegetables. II. The effect of temperature fluctuation, depth of sowing, seed size and cultivar, on heat sum and minimum temperature for germination. Sci. Hortic. **6**, 259-270.

3.3   Wachstum

HELMUT KRUG

3.3.1   Sproßwachstum

Für das primäre Wachstum muß die Pflanze mit Hilfe der Photosynthese Energie und CO_2 binden. Die wichtigsten Assimilationsorgane sind die Blätter. Die Wachstumsgeschwindigkeit oder Absolute Wachstumsrate (AWR) läßt sich damit vereinfacht über die Faktoren Blattfläche (BF) und deren mittlere photosynthetische Nettoleistung (NAR) beschreiben:

$$\text{AWR} = \frac{dM}{dt} = \text{BF} \times \text{NAR}$$

(M = Pflanzenmasse, t = Zeit)

Die **Blattwachstumsrate** resultiert aus der vorhandenen Biomasse und ihrer Assimilatproduktion, dem Anteil der Assimilate, der für das Blattwachstum verwendet wird (Blattmassenverhältnis: $\text{BMV} = \frac{\text{BM}}{\text{M}}$, BM = Blattmasse) und der photosynthetisch wirksamen Blattfläche, die aus der Blattmasse gebildet wird (Spezifische Blattfläche: $\text{SBF} = \frac{\text{BF}}{\text{BM}}$).

Das Produkt aus dem Blattmassenverhältnis und der Spezifischen Blattfläche gibt das Verhältnis der Blattfläche zur Pflanzenmasse und wird Blattflächenverhältnis (BFV) genannt.

Bei jungen Pflanzen, die keine Speicherorgane, wie Früchte, Knollen, Zwiebeln oder Rüben, ausbilden, sind das Blattmassenverhältnis und die Spezifische Blattfläche relativ konstant. Damit nimmt die Blattfläche – da die neugebildeten Blätter wieder zusätzliche Assimilate produzieren, die zum weiteren Blattwachstum beitragen – exponentiell zu (Abb. 3.3-1). Mit der Ausbildung von Speicherorganen entstehen um die Assimilate konkurrierende Sinks (Attraktionszentren) und das Blattmassenverhältnis sinkt. Durch den hohen Anteil älterer, dickerer Blätter sinkt auch die Spezifische Blattfläche und damit die Zuwachsrate der Blätter. Die Blattwachstumskurve erhält somit einen s-förmigen Verlauf.

Dieser Prozeß ist nicht nur art- und sorten-, sondern auch umweltabhängig und damit steuerbar. Neben der Strahlung übt die Temperatur einen starken Einfluß aus. Wie Abbildung 3.3-1 am Beispiel von Kohlrabi erkennen läßt, senkt hohe Temperatur das Blattmassenverhältnis, erhöht jedoch die Spezifische Blattfläche. Damit weisen Pflanzen unter hoher Temperatur zunächst ein gleiches, zeitweise sogar größeres Blattflächenverhältnis auf als unter niedriger Temperatur, und in Verbindung mit einer etwas größeren Nettoassimilationsrate wachsen die Blätter zunächst schneller. Mit dem verstärkten Knollenwachstum, damit abnehmendem Blattflächenverhältnis und gleichzeitig sinkender Nettoassimilationsrate (Blattalterung, Sinkwirkung) fällt dann die Blattwachstumsrate deutlich hinter die unter niedriger Temperatur zurück, und zur Ernte sind warm kultivierte Kohlrabipflanzen blattärmer als kühl kultivierte.

Die Förderung des Blattwachstums durch hohe Temperatur, gleiches gilt für hohe Feuchte oder hohe Mineraldüngergaben, findet ihre Grenzen in der Widerstandsfähigkeit der Gewebe gegen Schaderreger und einen Wechsel in ungünstige Klimabedingungen, wie sie bei einem Witterungswechsel, insbesondere nach dem Aus-

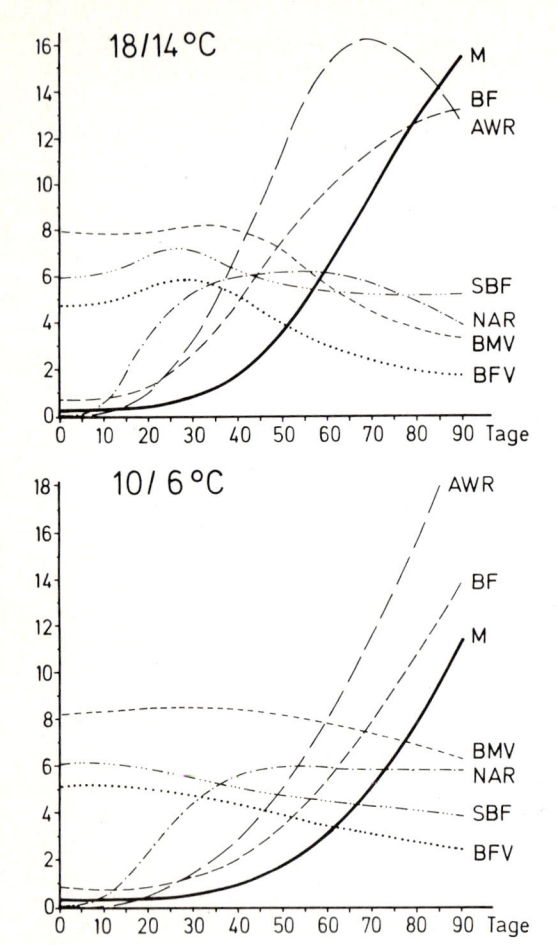

Abb. 3.3-1: Verlauf einiger Wachstumsparameter von Kohlrabipflanzen bei 2 Heiztemperaturen im Frühjahr 1980 (M = Sproßmasse)
BF = Blattfläche, AWR = Absolute Wachstumsrate, SBF = Spezifische Blattfläche, BMV = Blattmassenverhältnis, NAR = Nettoassimilationsrate, BFV = Blattflächenverhältnis

diese Periode durch die zunehmend günstigeren Wachstumsbedingungen verlängert. Die Abnahme der Nettoassimilationsrate ist eine Folge zunehmender Selbstbeschattung, zunehmender Blattalterung und ggf. abnehmender Sinkkapazität.

Die Nettoassimilationsrate ist im besonderen Maße von der Bestrahlung abhängig. Die Temperaturabhängigkeit ist im Bereich niedriger Bestrahlungsstärken im Vergleich zu der des Blattwachstums gering. Die Temperaturführung in Gewächshäusern sollte deshalb in der kalten Jahreszeit bei jungen Pflanzen vorrangig auf das Blattwachstum ausgerichtet werden, das ein eindeutig höheres Temperaturoptimum besitzt als die Photosynthese (Näheres s. Kap. 4.1.5.1).

Die zügige Ableitung der Assimilate aus den Chloroplasten ist bei jungen Pflanzen unter günstigen Wachstumsbedingungen durch Blatt-, Stengel- und Wurzelwachstum gewährleistet. Verringert sich oder stoppt das Wachstum dieser Organe, müssen die Assimilate zur Aufrechterhaltung einer hohen Nettoassimilationsrate von anderen Sinks, wie Früchten, Knollen und anderen Speicherorganen, aufgenommen werden. Für langlebige Pflanzen ist somit die Fähigkeit zur Ausbildung von Speicherorganen eine wesentliche Voraussetzung für die Nutzung der photosynthetischen Leistungsfähigkeit der Blätter.

Das Produkt aus Blattfläche und Nettoassimilationsrate ergibt die Absolute Wachstumsrate, deren Integration die als **Wachstumskurve** bezeichnete Zunahme der Pflanzenmasse (M in Abb. 3.3-1). Als Folge des Verlaufs von Blattfläche und Nettoassimilationsrate zeigt auch die Wachstumskurve junger Pflanzen einen exponentiellen Verlauf, der sich durch Exponentialfunktionen beschreiben läßt:

$$\ln M = a + bt \quad \text{oder} \quad M = e^a \cdot e^{bt}$$

(M = Pflanzenmasse, t = Zeit, b = Relative Wachstumsrate (RWR), a bzw. e^a = Startgröße $\ln M_{(t_0)}$ bzw. $M_{(t_0)}$.)

Wachstumskurven ausgewachsener Pflanzen verlaufen s-förmig. Besonders stark ist die s-Form ausgeprägt, wenn das Blattwachstum frühzeitig durch konkurrierende Sinks von Speicherorganen gehemmt oder die Entwicklung und damit die Reife durch induktive, z. B. photoperiodische Bedingungen oder hohe Temperatur beschleunigt werden. Solche Pflanzen bleiben klein und bringen frühe, aber infolge der geringen Blattfläche und der kürzeren Assimilationsperiode niedrige Erträge.

pflanzen auftreten können. Blattwachstum ist auch nur sinnvoll bis die für die Strahlungsabsorption notwendige Blattfläche ausgebildet ist (Näheres s. Kap. 3.3.4). Danach sollten neue Blätter – sofern die Blätter nicht als Ertrag genutzt werden – nur zum Ersatz physiologisch gealterter Blätter gebildet werden.

Die **Nettoassimilationsrate** (NAR) zeigt im Verlauf des Wachstums ebenfalls einen zunächst ansteigenden, dann einen mehr oder weniger schnell fallenden Verlauf (Abb. 3.3-1). Der Anstieg ist eine Folge der zunehmenden Leistungsfähigkeit junger Blätter und währt, besonders im Herbst unter ungünstiger werdenden Klimabedingungen, nur kurze Zeit. Im Frühjahr wird

Für hohe Ertragsleistungen muß erst eine gute Blattfläche ausgebildet und bei Pflanzen mit langdauernder Ausbildung von Speicherorganen (z. B. folgernder Fruchtansatz bei Tomaten, Sellerieknollen) durch eine standortgerechte Sortenwahl und Kulturführung (Temperatur, Schnitt u. a.) eine ausgewogene Sinkkapazität zwischen Speicherorganen und Blättern sichergestellt werden. Wachstumskurven solcher Arten zeigen einen langgestreckten s-förmigen Verlauf.

Für die Beschreibung s-förmiger Wachstumskurven eignet sich u. a. die erweiterte Feldmann-Funktion:

$$M = a + \frac{A}{1 + e^{k + b \times (Int)}}$$

(M = Pflanzenmasse, a = Anfangsmasse $M_{(t_0)}$, A = maximale Wachstumsmasse, t = Zeit, k und b sind Anpassungsparameter).

Literatur
EVANS, G. C. (1972): The quantitative analysis of plant growth. Studies in Ecology, vol. 1. Oxford, London, Edinburgh, Melbourne: Blackwell.
HUNT, R. (1978): Plant growth analysis. Studies in Biology, no. 96. London: Edward Arnold.

3.3.2 Wurzelwachstum

Zur Sicherung der Wasserversorgung eilt das Wurzelwachstum bei der Keimung und bei jungen Sämlingen dem Sproßwachstum voraus. Nach dem Auflaufen sind deshalb am Sproß zunächst nur geringe Wachstumsfortschritte zu beobachten. Im Verlauf der Entwicklung stellen sich alters-, art- und standortspezifische Sproß:Wurzel-Verhältnisse ein. Das Wurzelwachstum wird vor allem mit Blühbeginn verringert und bei Pflanzen, die mit der Samenreife absterben, mit der Samenausbildung eingestellt. Bei Pflanzen mit fortlaufendem Sproß- und Fruchtwachstum, wie z. B. der Gurke, sterben mit der Fruchtausbildung ebenfalls Wurzeln ab. In dieser Phase sind die Pflanzen, besonders in Hydrokultur, gegen Wachstumsstörungen außerordentlich empfindlich. Nach der Fruchternte und erneutem Sproßwachstum werden wieder neue Wurzeln gebildet.

Quantitative Angaben über Sproß:Wurzel-Verhältnisse liegen nur wenige vor. Bei jungen Pflanzen kann nach RUGE (1966) mit einem Anteil der Wurzeln an der Biomasse von 30 bis 50 %, bei älteren Pflanzen von 5–15 % gerechnet werden. Wichtiger als die Wurzelmasse ist die Wurzeloberfläche, die nach GEISSLER (1980) 100- bis 800mal so groß ist wie die Sproßoberfläche.

Insbesondere die unverkorkte Wurzeloberfläche mit einem Anteil von 1–10 % an der Gesamtoberfläche der Wurzeln und die Zahl der wachsenden Wurzelspitzen, die ständig neue Bodenzonen erschließen, bestimmen die Durchwurzelungsintensität sowie das Wasser- und Nährstoffaneignungsvermögen der Pflanze.

Wie das Sproßwachstum ist auch das Wurzelwachstum von den Umweltbedingungen abhängig. Generell wird unter für die gesamte Pflanze günstigen Wachstumsbedingungen auch das Wurzelwachstum am stärksten gefördert, d. h. von hoher Strahlung, günstiger Temperatur sowie guter Wasser- und Nährstoffversorgung. Die Wurzel reagiert jedoch auf die Wachstumsfaktoren nicht immer in gleicher Stärke wie der Sproß, so daß sich die Sproß: Wurzel-Verhältnisse ändern. Unter schwacher Strahlung wird das Wurzelwachstum stärker reduziert als das Sproßwachstum. Niedrige Bodentemperatur hemmt bei jungen, wärmebedürftigen Arten das Wurzelwachstum während der Anfangsentwicklung stärker als das Sproßwachstum. Trockener oder nährstoffarmer Boden dagegen hemmt das Wurzelwachstum schwächer als das Sproßwachstum. Diese Reaktionen führen stets zu einem physiologisch sinnvollen Ausgleich: auf Umweltbedingungen, die die Leistungen der Wurzeln hemmen, reagiert die Pflanze mit einer relativen Förderung des Wurzelwachstums; auf Umweltbedingungen, die die Leistungen des Sprosses hemmen, mit einem verringerten Wurzelwachstum zugunsten des Sprosses.

In gleicher Weise reagieren die Pflanzen auf mechanische Eingriffe in das Sproß: Wurzel-Verhältnis, wie bei Wurzelbeschädigungen im Zuge der Bodenbearbeitung, beim Verpflanzen oder einem Wurzel- bzw. Blattschnitt. Stets wird das reduzierte Organ auf Kosten des ungeschädigten gefördert, bis das physiologische Gleichgewicht wieder hergestellt ist. Für die Pflanze als Ganzes bedeutet der Eingriff jedoch eine Hemmung.

Höchste Wachstumsleistungen werden nur dann erzielt, wenn auch die Wachstumsbedingungen im Wurzelraum günstig gestaltet und die Wurzeln nicht beschädigt werden. Hierzu gehören neben einer guten Versorgung mit Wasser und Nährstoffen eine günstige Bodentemperatur, die nicht nur die Wurzelmasse, sondern durch die Bildung reich verzweigter, und damit insgesamt feiner Wurzeln mit einer großen Oberfläche die Leistungsfähigkeit der Wurzeln fördert.

Ein reichliches Wasserangebot begünstigt das Wurzelwachstum, solange die Sauerstoffversorgung gesichert ist und keine zu hohen Konzentrationen von CO_2 und anderen Schadstoffen auftreten. Sauerstoffkonzentrationen unter 10 % hemmen nach GEISLER (1980) das Wurzelwachstum; Konzentrationen unter 2 % können irreversible Schäden verursachen. Auf unzureichende Belüftung reagieren die Pflanzen mit einem flachen Wurzelwachstum (z. B. Moorböden) und der Ausbildung eines Aerenchyms (Durchlüftungsgewebes). Leistungsfähige Aerenchyme entwickeln Sumpfpflanzen, wie Reis. CO_2 kann bei empfindlichen Arten schon bei Konzentrationen unter 1 % im Boden zu Wachstumshemmungen führen. Bei Wasserkulturen sollten 5 mg/l Sauerstoff nicht unterschritten werden.

Von der Forderung, für das Wurzelwachstum günstige Voraussetzungen zu schaffen, sollte abgewichen werden, wenn es gilt, die Pflanzen an nachfolgende ungünstige Wachstumsbedingungen anzupassen oder Schäden durch unabwendbare mechanische Eingriffe, wie z. B. ein Verpflanzen, zu mindern. So sind Jungpflanzen, die relativ trocken (geringes Sproß: Wurzel-Verhältnis) und unter hoher Strahlung angezogen worden sind, vor zu hoher Transpirationsbelastung nach dem Auspflanzen besser geschützt als feucht angezogene. Frühzeitig beregnete oder durch feuchte Witterung »verwöhnte« Kulturen (Feuchtkonstitution) werden durch nachfolgende Trockenheit stärker geschädigt als Pflanzen mit Trockenkonstitution. Der früher bei Porreejungpflanzen übliche Blattschnitt wirkt nur dann fördernd, wenn die Pflanzen mit voller Blattfläche nicht ausreichend mit Wasser versorgt werden, und ein Wurzelschnitt ist nur zu empfehlen, wenn diese an den Spitzen eingetrocknet sind oder ein ordnungsgemäßes Einlegen beim Pflanzen nicht möglich ist. Das Pikieren hemmt infolge des unvermeidlichen Verlustes an Wurzeln und Kontaktfläche das Wachstum der Sämlinge. Diese Verzögerung kann jedoch durch verstärkte Bildung basaler Faserwurzeln, die das Anwachsen nach dem Auspflanzen fördern, überkompensiert werden.

Bei Freilandkulturen bestimmt die Durchwurzelungstiefe die für die Wasser- und Nährstoffaufnahme verfügbare Bodenschicht. Die Durchwurzelungstiefe schwankt nach Pflanzenart, Bodenstruktur, Bodenfeuchte und Durchlüftung des Bodens. Die Hauptwurzelmasse ist meist bis zu einer Tiefe von 0,30 m zu finden. Bis zu 0,60–1,00 m vermögen die Pflanzen den Bodenvorrat an Wasser mit Stickstoff weitgehend auszuschöpfen (s. auch Tab. 4.2-15). Einzelne Wurzeln können in Tiefen bis über 2 m eindringen und zur Wasser- und Nährstoffversorgung beitragen. Nach LORENZ und MAYNARD (1980, verändert) gelten als

▷ Tiefwurzler (über 1,20 m): Spargel, Pastinake, Kürbis, Tomate, Wassermelone, Artischocke;
▷ Flachwurzler (bis 0,60 m): Sellerie, Mais, Endivie, Porree, Kopfsalat, Zwiebel, Petersilie, Kartoffel, Radies, Spinat.
▷ Einer mittleren Gruppe sind zuzuordnen: Kohlarten, Gartenbohne, Möhre, Gurke, Eierfrucht, Melone, Erbse, Paprika, Speiserübe, Kohlrübe.

Literatur

BROUWER, R. (1967): Beziehungen zwischen Sproß- und Wurzelwachstum. Angew. Bot. **41,** 244-254.
COOPER, A. J. (1973): Root temperature and plant growth. Research Review No. 4. East Malling, Maidstone, Kent: Commonwealth Bureau of Horticulture and Plantation Crops.
GEISLER, G. (1980): Pflanzenbau. Berlin, Hamburg: Paul Parey.
LORENZ, O. A. und MAYNARD, D. N. (1980): Knott's Handbook for Vegetable Growers. 2nd Edit. New York, Chichester, Brisbane, Toronto: John Wiley & Sons.
RUGE, U. (1966): Angewandte Pflanzenphysiologie. Stuttgart: Eugen Ulmer.

3.3.3 Wirkung der Wachstumsfaktoren und Wachstumsmodelle

Das Wachstum ist von der Intensität und dem Zusammenwirken aller Wachstumsfaktoren abhängig (s. Abb. 2.1-1). Die wichtigsten Wachstumsfaktoren sind neben der Gruppe der Mineralstoffe die Strahlung, die Temperatur, das Wasser, das Kohlendioxyd (CO_2) und der Sauerstoff. Erst die Kenntnis und insbesondere die Quantifizierung der Wirkungen und Wechselwirkungen dieser Faktoren erleichtern bzw. ermöglichen einen Kulturen, den Rahmenbedingungen und dem Produktionsziel gemäße Kulturplanung und Kulturführung.

Eine Quantifizierung ist relativ einfach, wenn nur ein Wachstumsfaktor variiert, die anderen aber konstant oder im Optimalbereich gehalten werden und die mittlere Wirkung über einen längeren Zeitabschnitt ermittelt wird. Eine solche Situation liegt vor, wenn während der Auflaufphase unter sonst günstigen Keimbedingungen nur die Temperatur variiert. Für diesen Fall kann die Auflaufdauer für beliebige Heiztemperaturen und Jahreszeiten mit Hilfe eines Standortmodelles (s. Kap. 2.1.3), das die Bodentemperatur als Funktion der Jahreszeit und der Heiztemperatur beschreibt, und der Gleichung für die Temperaturabhängigkeit des Auflaufens (Kap. 3.2.2) geschätzt werden.

Jahreszeit, dem Sollwert der Heizung, für eine Saat in den gewachsenen Boden (B) und in Gefäße (G) dargestellt. Die Auflaufdauer nimmt erwartungsgemäß mit einer niedrigeren Heiztemperatur zu, besonders in der kalten Jahreszeit. Die Aussaat in Gefäße, die die Lufttemperatur annehmen, führt in der kalten Jahreszeit bei hoher Heiztemperatur zu einem etwas früheren, bei niedriger Heiztemperatur infolge des wärmeren Bodens (s. Abb. 4.8-2) zu einem deutlich späteren Auflaufen.

Die Berechnung der Auflaufdauer erlaubt mit Hilfe eines Energiebedarfsmodells die Schätzung der benötigten Heizmaterialmengen (Abb. 3.3-2b). Der Heizenergiebedarf steigt bei dieser kälteverträglichen Art mit höherer Heiztemperatur. Bei Gefäßaussaat wird entsprechend der Auflaufdauer bei niedriger Heiztemperatur mehr, bei hoher Heiztemperatur weniger Energie benötigt als bei der Bodenaussaat.

Die wärmebedürftige Gurke reagiert bei Gefäßaussaat auf eine höhere Heiztemperatur ebenfalls mit einer deutlichen Verkürzung der Auflaufdauer (Abb. 3.3-3). Die Auflaufgeschwindigkeit wird jedoch durch eine hohe Heiztemperatur so stark beschleunigt, daß der Heizenergiebedarf in der kalten Jahreszeit trotz des höheren Tagesverbrauches mit höherer Heiztemperatur abnimmt. Bei einem Aufgang Anfang November und Anfang Mai ist der Heizenergiebedarf bei allen Sollwerten annähernd gleich. In der wärmeren Jahreszeit steigt der Heizenergiebedarf auch bei der Gurke mit höherer Heiztemperatur.

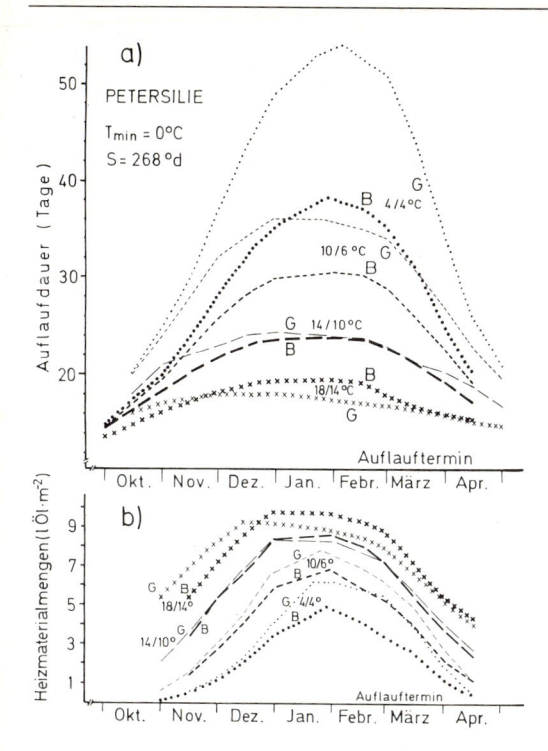

Abb. 3.3-2: Dauer der Auflaufphase (a) und Energiebedarf (b) von Petersilie bei Grundbeet- (B) und Gefäßaussaat (G) in Abhängigkeit von der Jahreszeit und der Heiztemperatur (Luft). (Normalwerte der Strahlung und Temperatur in Hannover, KRUG u. a. 1985)

Als Beispiel ist in Abbildung 3.3-2a die Auflaufdauer von Petersilie in Abhängigkeit von der

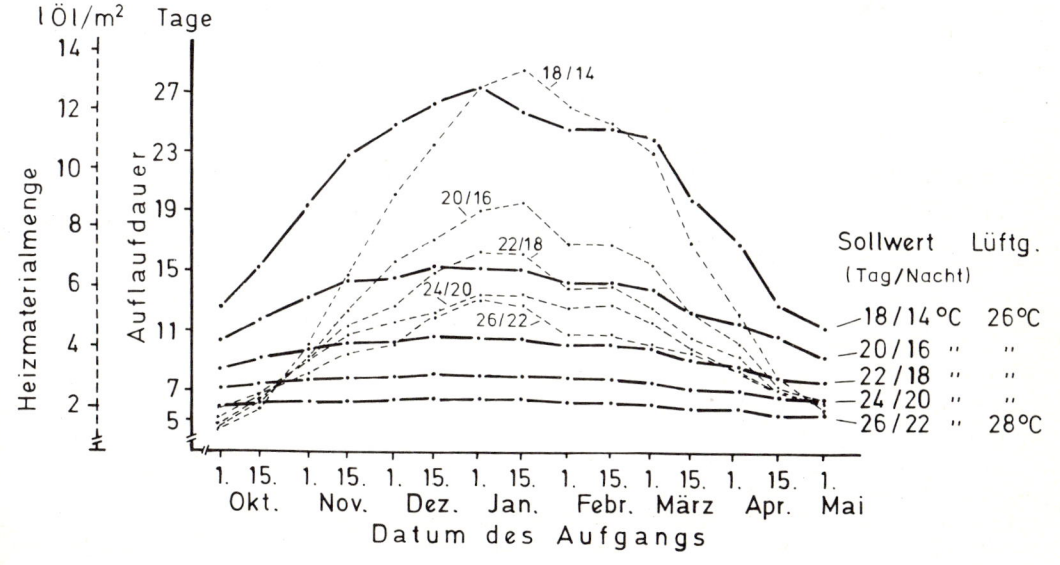

Abb. 3.3-3: Dauer der Auflaufphase von Gurken bei Gefäßaussaat und Energiebedarf in Abhängigkeit von der Jahreszeit und der Heiztemperatur (Luft). (Normalwerte der Strahlung und Temperatur in Hannover, KRUG u. a. 1985)

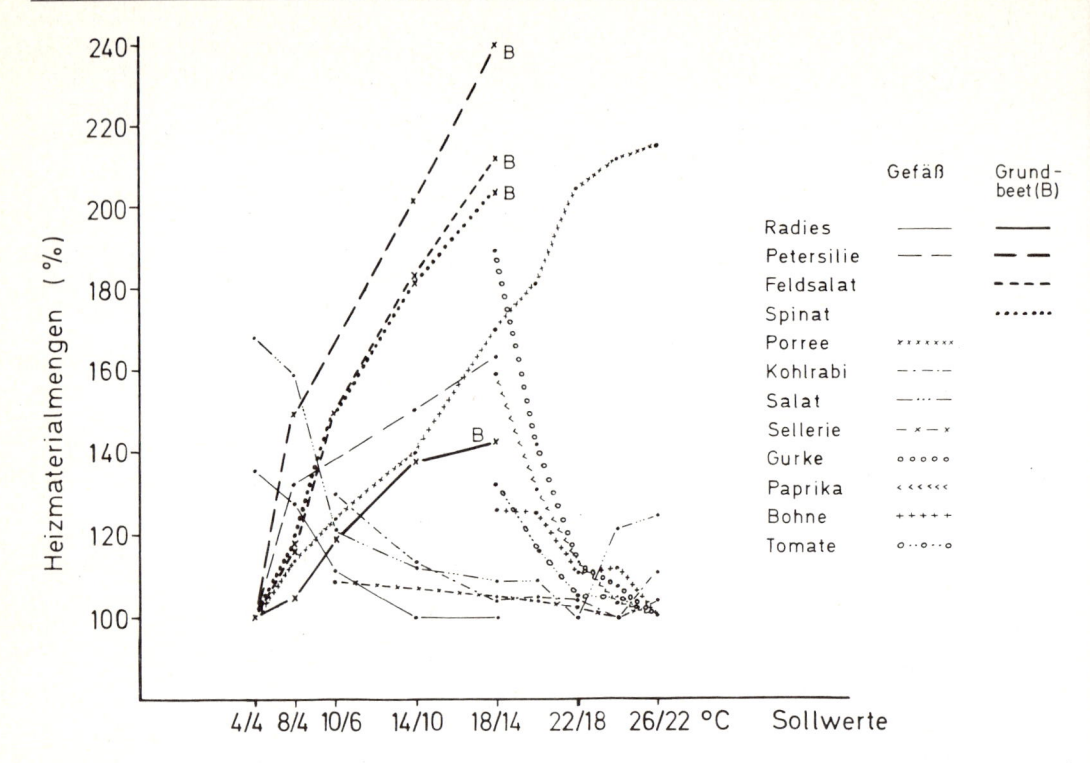

Abb. 3.3-4: Relativer Heizmaterialbedarf während der Auflaufphase verschiedener Gemüsearten (Aufgang: 15. 1.) in Abhängigkeit von der Heiztemperatur (Luft) (Normalwerte der Strahlung und Temperatur in Hannover, KRUG u. a. 1985)

Die für die Auflaufphase anderer Gemüsearten benötigte relative Heizenergiemenge ist für die kälteste Jahreszeit (Aufgang 15. Januar) in Abbildung 3.3-4 dargestellt. Die kälteverträglichen Arten mit sehr niedrigem Temperaturminimum (T_{min} in Tab. 3.2-1) reagieren entsprechend der Petersilie, die wärmebedürftigen Arten mit hohem Temperaturminimum bei Gefäßaussaat entsprechend der Gurke. Bei Kopfsalat, Kohlrabi und Sellerie ist der Heizenergiebedarf in einem weiten Bereich von der Heiztemperatur unabhängig. Bei Radies wechselt die Rangordnung des Heizenergiebedarfes, wenn nicht in den Boden, sondern in Gefäße gesät wird. Bei Aussaat in den Boden steigt der Heizenergiebedarf, bei Aussaat in Gefäßen fällt er mit höherer Heiztemperatur. In den wärmeren Jahreszeiten werden niedrigere Heiztemperaturen zunehmend günstiger (Näheres s. KRUG u. a. 1985).

Die mit Hilfe der Modelle errechneten Parameter für die Auflaufdauer und den Heizenergiebedarf sind wichtige Entscheidungshilfen für die Temperaturführung. Sinken Auflaufdauer und Heizenergiebedarf mit höherer Heiztemperatur, so wird der obere Grenzwert durch die Anforderungen an die Wuchsform und die Widerstandsfähigkeit der Pflanzen gesetzt. Wenn sich mit hoher Heiztemperatur die Auflaufdauer verkürzt, der Heizenergiebedarf aber steigt, kann die wirtschaftlich optimale Heiztemperatur nur im Rahmen eines ganzjährigen Kulturprogrammes bestimmt werden. Wird dem geringeren Energiebedarf Vorrang eingeräumt, sollten die jeweiligen Temperaturminima der Arten bzw. Sorten (Tab. 3.2-1) nicht unterschritten werden. In dem untersten Temperaturbereich ist jedoch mit einer geringeren Keimfähigkeit, einer größeren Streuung der Auflaufgeschwindigkeit, d. h. mit heterogenen Beständen zu rechnen, und das phytosanitäre Risiko steigt. Die aufgrund dieser Faktoren, der Auflaufdauer und des Heizenergiebedarfs empfohlenen Heiztemperaturen für die Auflaufphase sind in Tabelle 3.3-1 aufgeführt.

Nach dem Auflaufen ist die Wirkung eines Wachstumsfaktors nur dann durch einfache Funktionen zu beschreiben, wenn dieser eindeutig dominiert, d. h. wenn der betreffende Wachstumsfaktor in Grenzbereiche, insbesondere in den Minimumbereich, gerät, die anderen aber günstig stehen. Dies gilt auch, wenn ein Faktor, wie z. B. die Tageslänge oder vernalisierende

Tab. 3.3–1: Empfohlene Heiztemperaturen für die Auflaufphase

Gemüseart	Okt.	Auflauf im Monat Nov.		Dez.		Jan.	Feb.		März		April	
		1.	2.	1.	2.		1.	2.	1.	2.	1.	2.
Gefäßaussaat												
Gurke	(20/16)		26/22	26/22		26/22	26/22		26/22		26/22	18/14
Paprika	(20/16)	20/16	26/22	26/22		26/22	26/22		26/22		26/22	18/14
Bohne	16/12	16/12	26/22	26/22		26/22	26/22		26/22	22/18	16/12	
Tomate	16/12	16/12	24/20	24/20		24/20	24/20		24/20	22/18	16/12	
Sellerie	16/12		16/12	16/12	24/20	24/20	20/16		20/16	16/12	16/12	
Kohlrabi	(12/ 8)	(12/ 8)		(12/ 8)	24/20	24/20	20/16		20/16	10/ 6	10/ 6	
Kopfsalat	(12/ 8)	(12/ 8)		(12/ 8)		22/18	22/18	14/10	14/10	10/ 6	10/ 6	
Radies	(8/ 4)		(8/ 4)	10/ 6		14/10	10/ 6		(8/ 4)		8/ 4	
Porree	(10/ 6)	10/ 6		14/10		14/10	14/10		(14/10)		(10/ 6)	
Petersilie	(10/ 6)	10/ 6		14/10		14/10	14/10		(14/10)		(10/ 6)	
Grundbeetaussaat												
Radies	(8/ 4)	8/ 4		8/ 4		8/ 4	8/ 4		8/ 4		8/ 4	
Feldsalat	(8/ 4)	8/ 4		14/10		14/10	14/10		8/ 4		(8/ 4)	
Spinat	4/ 4	4/ 4		8/ 4		8/ 4	4/ 4		4/ 4		4/ 4	
Petersilie	(8/ 4)	8/ 4		14/10		14/10	14/10		8/ 4		(8/ 4)	

Kriterien: Niedrigste Heizmaterialmenge bzw. (in Klammern) physiologisch begründete Grenzwerte (aus KRUG et al. 1985)

Temperatur, die Entwicklung und damit die Wachstumsvorgänge beherrscht.

Unter diesen Voraussetzungen kann die Wirkung der Intensität eines Wachstumsfaktors (x) auf die als Ertrag gewertete Wachstumsleistung (M als gesamte Pflanzenmasse oder als Ertrag genutzte Teile der Pflanze) mit Hilfe des Mitscherlich-Modells (Wirkungsgesetz der Wachstumsfaktoren, MITSCHERLICH 1909-1916) beschrieben werden:

$$M = A \cdot (1-10^{-cx})$$

Wenn der Wachstumsfaktor (x) in bestimmter Intensität (b) bereits vorhanden ist (z. B. Nährstoffgehalt des Bodens) oder noch nicht wirksam wird (z. B. Nährstoffestlegung, Bestrahlungsstärke unterhalb des Kompensationspunktes), gilt:

$$M = A \cdot [1-10^{-C(x \pm b)}]$$

(M = Ertrag, A = Höchstertrag, c = Wirkungsfaktor für den jeweiligen Wachstumsfaktor, x = Intensität des Wachstumsfaktors, b = Intensität des vorhandenen oder festgelegten oder noch nicht zur Stoffproduktion führenden Wachstumsfaktors).

Dieses Modell gilt, mit den genannten Einschränkungen, nur bis zum Beginn des Schädigungsbereiches.

Das **Ertragsmodell von Mitscherlich** hat zu wesentlichen Erkenntnissen geführt, die MITSCHERLICH folgendermaßen zusammenfaßt: »Der Ertragszuwachs ist abhängig von einem jeden Wachstumsfaktor mit einer ihm eigenen Intensität, und zwar ist er proportional zu dem am Höchstertrag fehlenden Ertrag«. Dies bedeutet, daß ein gleicher Aufwand, wie zum Beispiel die Steigerung eines Nährstoffes oder die Erhöhung der Strahlung, um so weniger ertragsfördernd wirkt, je mehr sich der Ertrag dem theoretisch erreichbaren Höchstertrag nähert. Mit dieser Quantifizierung ist auch die Grundlage für die Berechnung der Wirtschaftlichkeit einer Steigerung der Intensität des jeweiligen Wachstumsfaktors gelegt (s. Kap. 2.3.1.3).

Bei einer gleichzeitigen Steigerung mehrerer Wachstumsfaktoren ergeben sich unterschiedlich stark ausgeprägte s-förmige Ertragskurven, die, wie auch Schädigungsbereiche, mit Hilfe des flexibleren, von VON BOGUSLAWSKI und SCHNEIDER (nach VON BOGUSLAWSKI 1981) entwickelten Ertragsmodells beschrieben werden können.

Die Wirkung mehrerer klimatischer Wachstumsfaktoren auf die durchschnittliche Wachstumsrate (DWR) der Gemüsepflanzen vom Aufgang bis zur Erntereife, d. h. über einen längeren Zeitabschnitt (**Planungsmodell**), haben KRUG und LIEBIG (1979 a, b) mit Hilfe der Multiplen Regressionsanalyse berechnet:

$$DWR = a + b_1 Ti + b_2 Si + b_3 Ti^2 + b_4 Si^2 + b_5 Ti Si$$

(Ti = Temperatur im Gewächshaus in °C, Si = Bestrahlung im Gewächshaus in Wh/m² · d, Näheres s. KRUG und LIEBIG 1979a).

Als Beispiel ist in Abb. 2.1-3 die Wirkung von Strahlung und Temperatur auf das Rübenwachstum von Rettich dargestellt.

Sättigungsreaktionen werden besser mit Hilfe einer multiplikativen Funktion beschrieben (LIEBIG u. a. unveröff.):

$$DWR = A \cdot [1-e^{-b_1 \cdot (T_i-T_{min})}] \cdot [1-e^{-b_2 \cdot (S_i-S_{min})}] \cdot [1-e^{-b_3 \cdot (C_i-C_{min})}]$$

(A = Höchstertrag, T_i = Temperatur im Gewächshaus in °C, S_i = Bestrahlung im Gewächshaus in $Wh/m^2 \cdot d$, C_i = CO_2-Konzentration im Gewächshaus in ppm, T_{min}, S_{min}, C_{min} sind die entsprechenden Kompensationspunkte oder T_i, S_i bzw. C_i für DWR = 0).

Ein Beispiel für das Zusammenwirken der Strahlung, der Temperatur und der CO_2-Konzentration auf das Wachstum von Kopfsalat gibt Abbildung 4.15-1. Anstelle der Durchschnittlichen Wachstumsrate kann auch die Relative Wachstumsrate berechnet werden. Die multiplikative Funktion gestattet es, für die Kompensationspunkte experimentell ermittelte Werte vorzugeben und die Wirkungsfläche damit zu stabilisieren. Sie erlaubt damit – solange kein Schädigungsbereich vorliegt – Extremwerte im Minimum- wie im Maximumbereich einzubeziehen und eignet sich somit auch für die Simulation von Wachstumsleistungen für kurze Zeitabschnitte.

Aus der Durchschnittlichen Wachstumsrate und der Masse zur Erntereife wird die Kulturdauer bestimmt:

$$t = \frac{M_E}{DWR}$$

(t = Kulturdauer, M_E = Masse zur Erntereife, DWR = Durchschnittliche Wachstumsrate).

Abbildung 3.3-5 gibt ein Beispiel für die Kulturdauer von Rettich in Abhängigkeit vom Auflauf- bzw. Erntetermin und der Heiztemperatur. Rettichpflanzen, die am 1.12. auflaufen, erreichen die Erntegröße (ca. 4 cm Rübendurchmesser) bei Sollwerten von

14/10 °C am 7.3. nach 97 Tagen
 2/2 °C am 3.4. nach 124 Tagen.

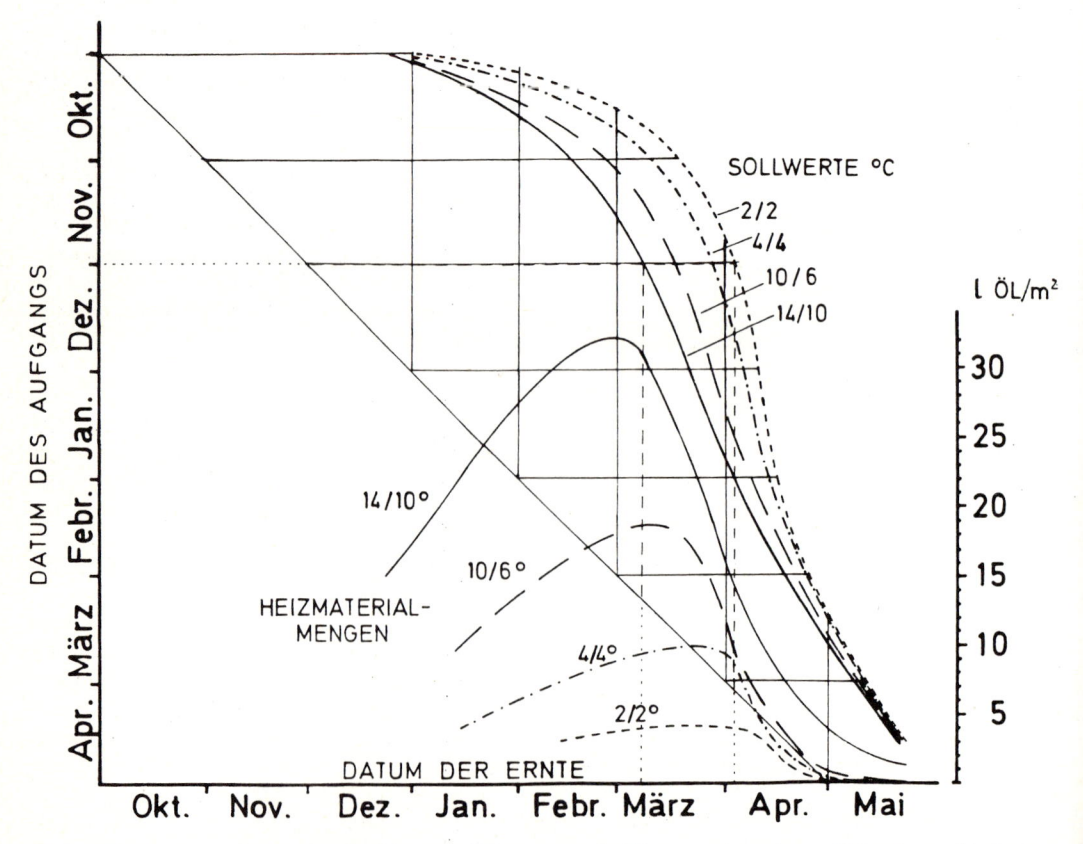

Abb. 3.3-5: Für Normalwerte der Strahlung und Temperatur in Hannover berechnete Kulturdauer (Aufgang – 3,13 g TS) von Rettich 'Rex' in Abhängigkeit von der Heiztemperatur und dem Auflauf- bzw. Erntetermin sowie die entsprechenden Heizmaterialmengen (aufgetragen über den Erntetermin, KRUG und LIEBIG 1984)

Diese Darstellung erlaubt auch bei vorgegebenem Erntetermin die Bestimmung des jeweiligen Auflauftermines. Für eine Ernte am 3.4. müßten die Pflanzen auflaufen bei einem Sollwert von

14/10 °C am 31. 1. vor 62 Tagen
2/2 °C am 1.12. vor 124 Tagen.

Bei einem Vergleich dieser Werte wird deutlich, daß die Anhebung der Heiztemperatur bei einem Bezug auf den Auflauftermin 1.12. die Kulturdauer um 27 Tage verkürzt, bei einem Bezug auf den Erntetermin 3.4. dagegen um 62 Tage.

Die Ursache ist das Zusammenwirken des Klimarhythmus – der vor der Wintersonnenwende fallenden, danach steigenden Strahlung und Temperatur – mit der Wachstumsbeschleunigung durch den Wachstumsfaktor, hier der Temperatur. Die Steigerung eines Wachstumsfaktors hat immer dann eine stärkere Wirkung, wenn sich die Kulturperiode durch die Wachstumsbeschleunigung in eine günstigere, vor allem strahlungsreichere Jahreszeit verschiebt. Dies ist bei einer Herbstkultur der Fall, wenn das Wachstum bei gleichem Auflauftermin beschleunigt und die Erntegröße früher, in einer noch strahlungsgünstigeren Zeit, erreicht wird. Im Frühjahr wirkt der Wachstumsfaktor hingegen stärker, wenn bei gleichem Erntetermin bei einer Wachstumsbeschleunigung das Auflaufen später erfolgen kann und die z. B. günstigere Temperatur zu einer besseren Nutzung der Strahlungsenergie führt.

Analog wird die Wirkung eines Wachstumsfaktors abgeschwächt, wenn die Kulturperiode in eine ungünstigere Jahreszeit verschoben wird, wie z. B. bei gleichen Erneteterminen im Herbst oder gleichen Auflaufterminen im Frühjahr (Näheres s. KRUG und LIEBIG 1984 a). Dieses Zusammenwirken von Klimarhythmus und Intensität gesteuerter Wachstumsfaktoren ist auch die Ursache für die schwierige Staffelung der Auflauftermine für eine kontinuierliche Ernte.

Mit Hilfe der Schätzwerte für die Kulturdauer kann der Heizenergiebedarf berechnet werden (Abb. 3.3-5). Für die Phase Aufgang bis Erntereife ist der Energiebedarf von Rettich und anderen kälteverträglichen Arten bei der niedrigsten geprüften Heiztemperatur (2/2 °C) am geringsten. Die untere Grenztemperatur wird hier durch die Anforderungen an die Kulturdauer, die Qualität einschließlich Schoßverhalten und an das phytosanitäre Risiko gesetzt. Bei Ernten im Frühjahr verringern sich jedoch die Differenzen im Energiebedarf für verschiedene Heiztemperaturen, da eine höhere Temperatur einen späteren Auflauftermin erlaubt und zu einer besseren Nutzung der Strahlung führt. Hier kann eine physiologisch günstigere Temperatur und kürzere Kulturdauer mit einem relativ geringen zusätzlichen Heizenergieaufwand erkauft werden. Die mit Hilfe der Modelle geschätzten Werte für Kulturdauer und Heizenergiebedarf sind darüber hinaus wichtige Daten für die Planung von Produktionsverfahren und Produktionsprogrammen (s. Kap. 6).

Für die Produktionssteuerung (**Steuerungsmodell**) sind die Reaktionen der Pflanzen in kürzeren Zeitabschnitten zu ermitteln. Dabei ist folgendes zu berücksichtigen:

1. Die Reaktionen der Pflanzen ändern sich im Verlaufe des Wachstums
a) infolge der zunehmenden Biomasse. Diesem Faktor kann durch die Relative Wachstumsrate (RWR), d. h. durch den Bezug der Absoluten Wachstumsrate auf die vorhandene Masse, Rechnung getragen werden:

$$\text{RWR} = \frac{dM}{dt} \cdot \frac{1}{M}$$

b) infolge der sich im Verlaufe der Entwicklung ändernden Differenzierungsprozesse (z. B. Blatt-, Blütenentwicklung u. a.). Dieser Vorgang wird durch die Einteilung in physiologisch oder auch formal begründete Wachstumsphasen berücksichtigt.

2. Durch die kürzeren Phasen treten bei den Wachstumsfaktoren größere Extremwerte auf als bei der Mittelbildung über längere Zeitabschnitte, für die in der Regel keine experimentell ermittelten Daten vorliegen.

Die klimaabhängigen Wachstumsleistungen über kürzere Zeitabschnitte werden vorerst mit den gleichen Ansätzen berechnet wie bei dem Planungsmodell.

Die Simulation des Wachstumsverlaufs zum Zwecke der Kultursteuerung erfolgt nach der Gleichung:

$$\ln M_t = \ln M_{t-1} + \text{RWR}$$

(M_t = Biomasse zur Zeit t, RWR = Relative Wachstumsrate).

Ein Beispiel für das über die Relative Wachstumsrate simulierte Wachstum von Radiesknollen in Abhängigkeit von der Strahlung und der Temperatur gibt Abbildung 3.3-6 wieder.

Diese Wachstumsmodelle sind erste Ansätze, die der Komplettierung und Präzisierung bedürfen. Darüber hinaus sind zur Korrektur von Fehlschätzungen Rückkopplungen einzubauen. Die Modelle erlauben jedoch schon jetzt einen besseren Einblick in das Zusammenwirken der Wachs-

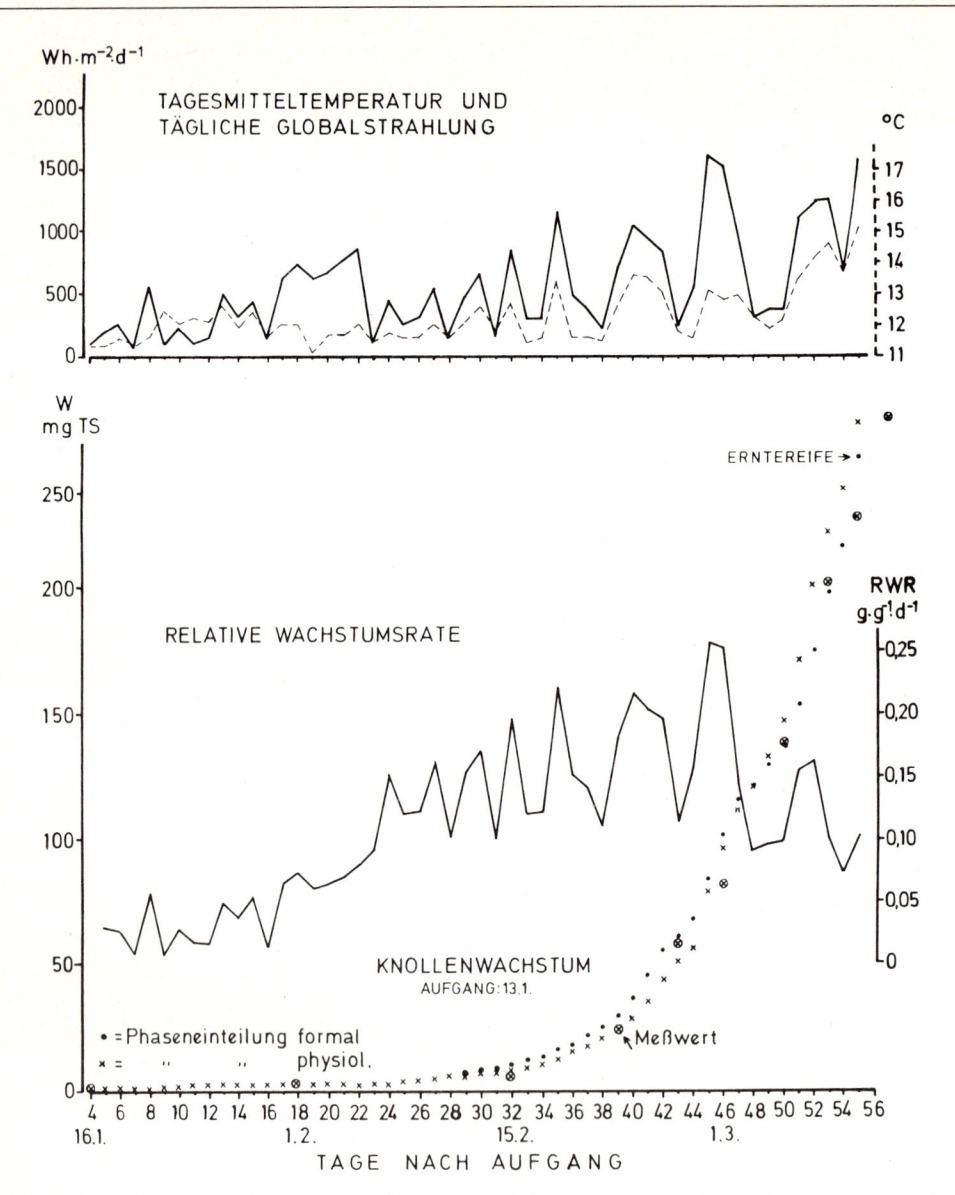

Abb. 3.3-6: Simulation des Wachstums von Radiesknollen über die temperatur-, bestrahlungs- und entwicklungsabhängige Relative Wachstumsrate (BAZLEN 1985)

tumsfaktoren und die Nutzung dieser Kenntnisse für die Planung und Steuerung der Produktion (Näheres s. KRUG u. LIEBIG 1984b).

In der Natur ist die Wirkung der Wachstumsfaktoren komplizierter, als sie in diesen vereinfachenden Modellen dargestellt wird. Die Globalstrahlung wirkt als Wärme und im Bereich von 400 bis 750 nm als Energielieferant für die Photosynthese (photosynthetisch aktive Strahlung, PAR). Die Strahlung wirkt jedoch nicht, wie im Modell angenommen, mit konstanter Bestrahlungsstärke, sondern zeigt einen typischen tages- und jahresperiodischen Verlauf und unterliegt witterungsbedingten Schwankungen. Die meisten Arten vermögen strahlungsschwache Perioden bis zu mehreren Tagen Dauer recht gut auszupuffern. Darüber hinaus wirkt die Tageslänge als photoperiodischer Reiz.

Die Temperatur beeinflußt die Pflanzen über den Luft- und den Wurzelraum, über kurz-, mittel- und langfristige Schwingungen, wie z. B. Regelschwingungen, Witterungsfluktuationen oder die Jahresamplitude mit verschiedenen Tagesamplituden und über entwicklungsphysiologische

Reize. Über die Wirkung und Nachwirkung der Temperaturschwingungen ist mit Ausnahme der Tag-Nachtamplitude noch wenig bekannt. Einige Pflanzen, wie z. B. die Gurke und Radies, zeigen in bestimmten Grenzen keine spezifische Reaktion auf die Tag-Nachtamplitude. Hier kann die Temperaturdifferenz für die Heizungsregelung am Energieverbrauch orientiert werden. Andere Pflanzenarten, wie Kopfsalat, wachsen schneller, wenn es am Tage deutlich wärmer ist als in der Nacht. Warme Nächte in Verbindung mit kälteren Tagen führen bei Salat zu Vergilbungen und Wachstumsdepressionen.

Bei vielen Arten sinken die Temperaturansprüche im Verlaufe ihres Wachstums, u. a. als Folge der abnehmenden Bedeutung des Blattwachstums, aber auch infolge spezieller Differenzierungsvorgänge, wie z. B. der Blütenanlage oder -ausbildung mit besonderen Temperaturansprüchen. Die Temperatur- und allgemein die Umweltreaktion sollte deshalb für physiologisch und auch kulturtechnisch begründete Phasen, wie Pikieren, Topfen, Stutzen, Stauchen, Schnitt u. a., gesondert berücksichtigt werden. Wichtige Wachstumszustände, die eine Abgrenzung von Wachstumsphasen mit mehr oder weniger gleichen Umweltreaktionen ermöglichen, sind:

▷ Saat, Aufgang, Beginn der generativen Phase und ggf. weitere Untergliederungen der generativen Phase;
▷ Beginn der Ausbildung von Speicherorganen, wie Knollen, Zwiebeln, Rüben;
▷ die Wendepunkte der Wachstumskurven der gesamten Pflanze und einzelner Organe;
▷ Zeitpunkte kulturtechnischer Eingriffe und Ernte.

Über Wirkungen der Wachstumsfaktoren Wasser und CO_2-Konzentration wird in den Kapiteln 4.5 und 4.15.3 berichtet.

Literatur

BAZLEN, Eugenia (1985): Modelluntersuchungen zur Ermittlung altersabhängiger Klimareaktionen als Basis für die Simulation des Wachstums am Beispiel Radies *(Raphanus sativus* var. *sativus)*. Dissertation Fachbereich Gartenbau der Universität Hannover.
VON BOGUSLAWSKI, E. (1981): Ackerbau. Frankfurt/M.: DLG-Verlag.
KRUG, H. und LIEBIG, H.-P. (1979): Analyse, Kontrolle und Programmierung der Pflanzenproduktion in Gewächshäusern mit Hilfe beschreibender Modelle. I. Das Produktionsmodell. Gartenbauwissenschaft **44**, 145-154.
KRUG, H. und LIEBIG, H.-P. (1979): Analyse, Kontrolle und Programmierung der Pflanzenproduktion in Gewächshäusern mit Hilfe beschreibender Modelle. II. Produktion von Radies *(Raphanus sativus* var. *sativus)*. Gartenbauwissenschaft **44**, 202-213.
KRUG, H. und LIEBIG, H.-P. (1984): Analyse, Kontrolle und Programmierung der Pflanzenproduktion in Gewächshäusern mit Hilfe beschreibender Modelle.III. Produktion von Rettich *(Raphanus sativus* L. var. *niger)*. Gartenbauwissenschaft **49**, 7-18.
KRUG, H. und LIEBIG, H.-P. (1984): Pflanzenbauforschung mit Hilfe biomathematischer Modelle. HANNOVER-UNI – Zeitschrift der Universität Hannover, **2**, 15-23.
KRUG, H., LEDERLE, Eugenia, LIEBIG, H.-P. (1985): Modelle zur kultur- und kostengünstigen Temperaturführung während der Auflaufphase. Gartenbauwissenschaft, **50**, 54-59.
LIEBIG, H.-P. (unveröffentl.) Analyse, Kontrolle und Programmierung der Pflanzenproduktion in Gewächshäusern mit Hilfe beschreibender Modelle. IV. Produktion von Gurken. Gartenbauwissenschaft.

3.3.4 Bestandeswirkungen

Die Wachstumsvorgänge der Pflanzen und ihre Reaktionen auf die Standortfaktoren werden auch durch die Architektur des jeweiligen Bestandes beeinflußt. Wirksame Bestandesfaktoren sind u. a. das Bestandesklima und der Wettbewerb zwischen den Pflanzen um die Wachstumsfaktoren Wasser, Nährstoffe und insbesondere das Licht. Verschiedentlich sind auch Einflüsse durch aktive Stoffausscheidungen der Pflanzen (Allelopathie), durch passives Freiwerden organischer Substanzen oder durch Wirkungen der Mikroflora nachgewiesen worden. Kriterien der Bestandeswirkungen sind die Höhe, der zeitliche Anfall und die Qualität der Erträge, die Auswirkungen auf kulturtechnische Maßnahmen und das Risiko eines Befalles mit Schaderregern.

Die Wachstumsleistung eines Pflanzenbestandes wird als Bestandeswachstumsrate (BWR) bezeichnet:

$$BWR = \frac{dM}{dt} \cdot \frac{1}{BoF}$$

(M = Pflanzenmasse, t = Zeit, BoF = Bodenfläche).

Die Bestandeswachstumsrate läßt sich zerlegen in die Wachstumskomponenten Nettoassimilationsrate (NAR) und Blattflächenindex (BFI, s. Kap. 3.3.1):

$$BWR = \left(\frac{dM}{dt} \cdot \frac{1}{BF} \right) \cdot \frac{BF}{BoF} = NAR \cdot BFI$$

(BF = Blattfläche, NAR = Nettoassimilationsrate, BFI = Blattflächenindex).

Hohe Bestandeswachstumsraten resultieren somit aus einer hohen photosynthetischen Leistung der Blattflächeneinheit (NAR) und einem hohen Blattflächenindex.

Hohe **Nettoassimilationsraten** ergeben sich außer den in Kapitel 3.3.1 beschriebenen Faktoren bei einer weitgehenden Absorption der Strahlung, die sich aber nicht auf die Bestandesoberfläche beschränken (Lichtsättigung der oberen Blätter), sondern über alle Blattschichten verteilen sollte, so daß auch die unteren Blätter zu assimilieren vermögen. Bei hoher Bestrahlungsstärke und hohem Blattflächenindex wird eine relativ gleichmäßige Strahlenverteilung im Bestand erreicht, wenn die oberen Blätter spitzwinklig, die untersten dagegen rechtwinklig zur Sproßachse stehen. Sie wird weiterhin gefördert durch einen lockeren Sproßaufbau und die Ausbildung kleiner Blätter. Bei geringer Bestrahlungsstärke und niedrigem Blattflächenindex ist für eine gute Strahlenabsorption eine horizontale Blattstellung günstiger.

Ein großer **Blattflächenindex** kann durch die Förderung des Blattwachstums der Einzelpflanzen (s. Kap. 3.3.1), aber auch durch eine hohe Bestandesdichte erreicht werden. Der Flächenertrag steigt – solange die Pflanzen nicht in einen gegenseitigen Wettbewerb treten – mit der Bestandesdichte linear an (Abb. 3.3-7 Bereich a).

Durch ein günstiges Bestandesklima und eine wachstumsfördernde Bodenbeschattung kann es auch zu einem überproportionalen Anstieg des Flächenertrages kommen (Kurve b). Mit höherer Bestandesdichte und dem Beginn des Wettbewerbs, besonders durch gegenseitige Beschattung, nimmt die Zunahme des Flächenertrages ab, bis dieser mit dem Erreichen eines art- und umweltabhängigen Blattflächenindexes einen konstanten Wert annimmt (Kurve c) oder wieder abfällt (Kurve d). Im letzteren Falle entsteht eine optimale Bestandesdichte sowie ein optimaler Blattflächenindex, und der Kompensationsbereich, in dem sich die fördernden und hemmenden Faktoren die Waage halten, ist eingeengt.

Beziehungen des Typs c gelten, wenn die Blätter und Stengel den Flächenertrag liefern. Hiermit besteht, soweit nicht Qualitätsanforderungen oder das Schaderregerrisiko Grenzen setzen, ein recht weiter Spielraum für die Bestandesdichte. Beziehungen des Typs d gelten für Arten, deren Speicherorgane als Ertrag genutzt werden und deren Ausbildung durch konkurrierendes Blattwachstum beeinträchtigt wird (Rote Rübe, Kopfkohl, Kohlrabi, Süßmais). Hier ist der Spielraum für günstige Bestandesdichten geringer.

Blattflächenindizes voll entwickelter Blätter verschiedener Kulturpflanzen sind in Tab. 3.3-2 aufgeführt. Da die erreichbaren Blattflächenindi-

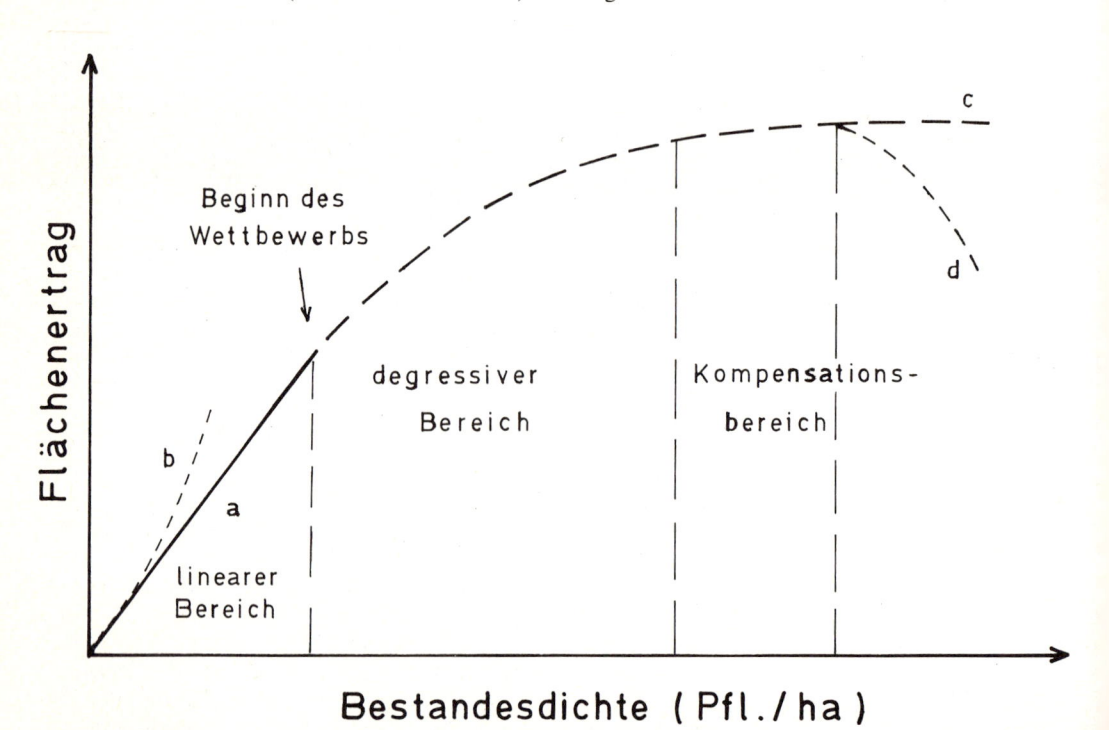

Abb. 3.3-7: Wirkung der Bestandesdichte auf den Flächenertrag (schematisch)

Tab. 3.3–2: Blattflächenindizes für hohe Flächenerträge (n. versch. Autoren)

Getreide, Mais	8–9
Beta-Arten	6–9
Kartoffeln	4–6
Weißkohl	5
Buschbohnen	5
Radies	4–5
Speisezwiebeln	4–5
Grünkohl	4
Gewächshausgurken	3

zes neben der Bestandesarchitektur im besonderen Maße von der Strahlung abhängig sind, kann es sich bei diesen Angaben nur um Richtwerte handeln. Darüber hinaus können diese Werte bei sehr dichter Saat in einer Phase besonders intensiven Wettbewerbs um das Licht kurzfristig überschritten werden, ein Effekt, der für einen hohen Blattertrag genutzt werden kann. Langfristig bildet sich ein den ökologischen Bedingungen angepaßter, von der Bestandesdichte unabhängiger Blattflächenindex aus. Die Bestandesdichte beeinflußt somit in erster Linie den Zeitpunkt, an dem ein hoher Blattflächenindex erreicht wird, und die Ertragsleistung besonders bei Beständen mit kurzer Kulturdauer.

Die Bestandesdichte wirkt nicht nur auf den erreichbaren **Flächenertrag,** sondern auch auf den **Verlauf der Bestandeswachstumsrate** und damit den Bereich praktikabler Erntetermine. Arten, deren entfaltete Blätter und Stengel als Ertrag genutzt werden (Spinat, Grünkohl, Mangold), können bei Dichtsaat früher geerntet werden. Das Erntegut besteht hier aus einer großen Zahl kleiner Blätter. Desgleichen ist bei Arten, bei denen für eine einmalige Ernte ein konzentrierter Fruchtansatz und eine gleichmäßige Erntereife gefordert wird (Erbsen, Buschbohnen, Einlegegurken), eine dichtere Saat zu bevorzugen. Für mehrmalige Ernten sind dagegen geringere Bestandesdichten, die den Einzelpflanzen eine bessere Entfaltung ermöglichen, günstiger. Die besonderen Zusammenhänge bei Rosenkohl werden in Kap. 7.5.1.5 beschrieben. Bei Arten, die nur ein Speicherorgan ausbilden (Rote Rübe, Kohlrabi, Radies), wird dessen Wachstum in dichten Beständen verzögert und die Ertragsorgane bleiben kleiner, es wird aber eine höhere Stückzahl geerntet. Bei diesen Arten ist Sorten-, Standort- und vor allem eine den gewünschten Fruchtgrößen angepaßte Bestandesdichte anzustreben.

Die ökonomisch günstigen Bestandesdichten liegen aus den in Kap. 2.3.1.3 erläuterten Gründen unter den ökologisch optimalen Bestandesdichten.

Qualitätsbeeinflussungen durch hohe Bestandesdichten ergeben sich in Form der Größe des Ertragsorganes, eines zarteren und damit auch besonders welkeanfälligen Gewebes, in Formveränderungen wie längeren, dünneren Schäften bei Porree bzw. Blattstielen bei Sellerie; Zwiebeln neigen in sehr dichten Beständen zu hochrunden Bulben.

Die Wachstumsleistung eines Bestandes wird auch von der Standraumform, der Standraumverteilung und der Wuchskraft der Einzelpflanzen beeinflußt. Aus ökologischer Sicht ist diejenige **Standraumform** am günstigsten, bei welcher der Wettbewerb zwischen den Pflanzen möglichst spät einsetzt. Dies ist der Fall bei gleichen Abständen zwischen den Nachbarpflanzen, also bei quadratischem Standraum oder bei Pflanzung im Verband (Abb. 3.3-8a u. b). Von einer quadratischen Standraumform sollte deshalb nur dann abgewichen werden, wenn es der Maschineneinsatz erfordert. Aus den gleichen Gründen wirken auch eine möglichst einheitliche **Standraumverteilung,** d. h. eine Gleichstandsaat durch präzise Einzelkornablage oder eine gute Kornverteilung bei Breitsaat, sowie eine **gleiche Wuchskraft** der Einzelpflanzen ertragsfördernd.

Bei **Mischkulturen** kommen zu den beschriebenen Bestandesfaktoren noch Unterschiede im Wuchsmuster, in den Ansprüchen bzw. Toleranzen der Arten an die Umweltfaktoren und in der Wettbewerbskraft. Man spricht hier im Gegensatz zu dem intraspezifischen Wettbewerb bei Reinkulturen von einem interspezifischen Wettbewerb. Als unterschiedliche Wachstumsmuster sind in diesem Zusammenhang zu nennen: Tief- oder Flachwurzler, niedrig oder hoch wachsende Pflanzen, Pflanzen mit Stützfunktion oder Stützbedarf, unterschiedliche Wachstumsgeschwindigkeiten bzw. Wachstumsdauer. Unterschiedliche Ansprüche können u. a. bestehen im Hinblick auf die Strahlung oder die Wasser- oder Nährstoffversorgung. Diese unterschiedlichen Eigenschaften führen zur Nutzung sogenannter Nischen und damit gegebenenfalls zu einer besseren Ausnutzung der Wachstumsfaktoren. Auch direkte (allelopathische) oder indirekte Förderungen, wie z. B. durch die N-Bindung der Knöllchenbakterien und phytosanitäre Erwägungen, können eine Rolle spielen. Im allgemeinen wird jedoch bei intensiver Bewirtschaftung die Flächenleistung durch Mischkultur nicht oder nur gering erhöht, so daß im Erwerbsanbau zugun-

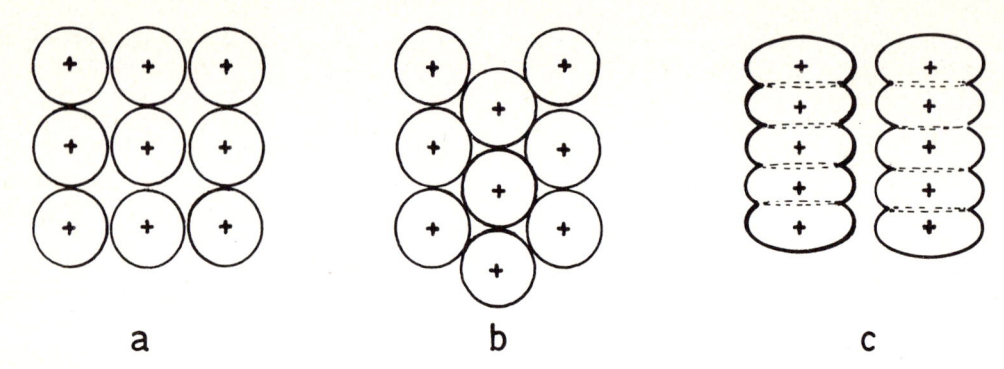

Abb. 3.3-8: Entfaltungsraum der Pflanzen bei quadratischer (a) und rechteckiger (c) Standraumform sowie bei Verbandpflanzung (b)

sten der Rationalisierung der Produktionsverfahren der Reinkultur der Vorzug gegeben wird.

Größere Bedeutung besitzen Unterpflanzungen, wie z. B. Kohlrabi oder Zwiebeln unter Gewächshausgurken, Zwischenpflanzungen bei großen Reihenabständen, wie beim Anbau von Kopfsalat, Spinat oder Radies zwischen Freilandgurken, zeitlich verschobene Zwischensaaten bei Rettich und Radies oder Markiersaaten. In diesem Falle handelt es sich jedoch nicht um Mischkulturen im engeren Sinne.

Literatur

BLEASDALE, J. K. A. (1973): Plant physiology in relation to horticulture. London and Basingstoke: The Macmillan Press.
BAEUMER, K. (1964): Konkurrenz in Pflanzenbeständen als Problem der Pflanzenbauforschung. Forschung und Beratung R. B. **10**, 99-123.
DONALD, C. M. (1963): Competition among crop and pasture plants. Advances in Agronomy **15**, 1-118.
FRAPPEL, P. D. (1979): Competition in vegetable crop community. J. Austral. Inst. Agric. Sci. 211-217.
WILHELM, E. und KRUG, H. (1974): Zur Problematik der Standraumbemessung im Gemüsebau – eine Übersicht. Gartenbauwissenschaft **39**, 313-327.

3.3.5 Qualität und ernährungsphysiologischer Wert

JÜRGEN WEICHMANN

3.3.5.1 Der Qualitätsbegriff

Unter »Qualität von Gemüse« kann sehr Verschiedenartiges verstanden werden, je nachdem, ob man diese vom Standpunkt des Erzeugers, des Handels oder des Verbrauchers betrachtet. Für den Erzeuger sind neben der Ertragsleistung Fragen der Einheitlichkeit in Form, Farbe und Größe wichtige Gesichtspunkte. Der Handel ist an guter Haltbarkeit, der Farbe, Turgeszenz und Textur, also der Frische, sowie an einheitlicher Sortierung interessiert. Der Endverbraucher will sich gesund ernähren, wünscht also besonders gute ernährungsphysiologische Qualität, während die Verarbeitungsindustrie Fragen der Konservierungseignung besondere Beachtung schenkt. Der Gesetzgeber schließlich sieht in »Qualität« das Beachten der Normen.

Aufgrund dieser Vielschichtigkeit des Qualitätsbegriffes wurde schon öfters versucht, eine Klassifizierung der Qualität zu erstellen. Die meisten dieser Schemata beruhen auf der Einteilung von SCHUPHAN, welche bereits 1948 in ihren Grundzügen geschaffen war:
▷ Der **Marktwert** oder die äußere Beschaffenheit der Gemüse ist insbesondere in den Normen der Europäischen Gemeinschaft oder in Industrienormen definiert.
▷ Der **ernährungsphysiologische Wert** von Gemüse umfasst den Nährwert, die Bekömmlichkeit und den Gesundheitswert.
▷ Der **Gebrauchswert** von Gemüse beschreibt die Eignung für bestimmte Verwendungszwecke.

Neben diesen drei klassischen Beurteilungskriterien nennt SCHWERDTFEGER noch den **imaginären Wert**. Dieser soll nichtmeßbare Eigenschaften erfassen.

3.3.5.2 Der Marktwert

Insbesondere grenzüberschreitender Handel mit Gemüse kann nur dann reibungslos vonstatten gehen, wenn die Ware für Käufer und Verkäufer eindeutig gekennzeichnet werden kann. Zu diesem Zweck hat man Normen geschaffen. Seit 1968 gelten innerhalb der Europäischen Wirtschaftsgemeinschaft die EG-Qualitätsnormen, welche für zahlreiche Gemüsearten obligatorisch anzuwenden sind. Die deutschen »Handelsklassen« sind der EG-Norm angepasst. Daneben bestehen für verschiedene Arten besondere »Industrienormen«. Von der Wirtschaftskommission der Vereinten Nationen für Europa wurden darüber hinaus »Europäische Normen« festgelegt. Da diese UN-Normen jedoch nicht verbindlich sind, werden im folgenden nur die EG-Normen berücksichtigt (s. auch Kap. 4.13).

Jede Gemüseart hat innerhalb der EG-Normen bestimmte Mindesteigenschaften zu erfüllen, welche jeweils definiert sind. Die Erzeugnisse müssen ganz sein. Dies bedeutet, daß Teilstücke einer Ware von der Vermarktung ausgeschlossen sind. Gemüse darf nicht beschädigt sein; es dürfen keine Teile fehlen, wie dies bei mechanischer Ernte oder Bearbeitung bzw. durch Fraß tierischer Schädlinge geschehen kann. Ausnahmen werden in den jeweiligen Verordnungen beschrieben (Stand 1983): Bleichsellerie darf oben abgeschnitten sein; bei Blumenkohl bezieht sich diese Forderung nur auf die Blume, nicht auf die Blätter; bei Lagerkohl sind Putzstellen an den Außenblätter zulässig usw.

Das Gemüse muß gesund und von frischem Aussehen sein. Dadurch wird von Pflanzenkrankheiten oder Schädlingen befallene Ware vom Handel ausgeschlossen. Als nicht gesund wird auch Gemüse mit physiologischen Schäden (z. B. Kälteschäden) angesehen. Außerdem gehören dazu unvernarbte Risse, Hagelschäden oder z. B. Flecken. Die Forderung nach frischem Aussehen schützt den Verbraucher vor dem Verkauf von welkem und damit meist ernährungsphysiologisch weniger wertvollem Gemüse. Ein Wässern von Gemüse zum Verbessern der Turgeszenz ist unzulässig.

Gemüse muß sauber sowie frei von fremdem Geruch und Geschmack sein. Sichtbare Unsauberkeiten, wie anhaftende Erde oder Schmutz, aber auch Rückstände von Dünge- oder Pflanzenbehandlungsmitteln, sind untersagt. Der Begriff »sauber« bezieht sich auch auf Beimengen von Fremdstoffen, wie Steine in Wurzelgemüse oder lose Blätter in Fruchtgemüse. Die Gefahr, daß Gemüse Fremdgeruch oder -geschmack annimmt, besteht z. B. bei schlechten Transport- oder Lagereinrichtungen oder bei ungeeigneten Ernte- und Verpackungsgefäßen. Ware mit Fremdgeruch und/oder Fremdgeschmack darf nicht in den Handel gebracht werden. Fremdgeschmack kann auch durch gemeinsame Lagerung verschiedener Arten erzeugt werden: Äthylen, das z. B. von reifen Tomatenfrüchten abgegeben wird, kann in Möhren die Bildung eines Bitterstoffes hervorrufen.

Die Forderung nach »frei von anormaler Feuchtigkeit« bezieht sich auf tropfnasses Gemüse, wie es bei Ernte im Regen vorkommen kann. Eine Kondenswasserbildung nach dem Auslagern wird als normal angesehen.

Gemüse muß ausreichend entwickelt und erntereif sein. Diese Forderung ist besonders wichtig. Es soll damit sichergestellt werden, daß zum Zeitpunkt der Abgabe an den Verbraucher die Ware alle inneren und äußeren Qualitätsmerkmale der betreffenden Sorte besitzt. Dauer des Transportweges, Art des Transportes und auch der vorgesehene Verwendungszweck bestimmen den richtigen Reifegrad bei der Ernte, die sogenannte »Versandreife«. Da Gemüse ausreichend entwickelt sein muß, wird vorzeitiges Ernten »unterentwickelter« Pflanzen ausgeschlossen. Weitere Mindestanforderungen sind u. a. »kurz und glatt geschnitten« oder »nicht gefroren«. Diesbezüglich geltende Bestimmungen sind den entsprechenden Verordnungen zu entnehmen.

3.3.5.3 Der ernährungsphysiologische Wert

Der Verbraucher erwartet, daß Gemüse wohlschmeckend, bekömmlich und gesund ist. In früheren Zeiten wurden viele Gemüsearten wegen ihrer gesundheitlichen Wirkung, nicht wegen ihres Nährwertes verzehrt. Gemüse ist ein ganz wesentlicher Bestandteil der Ernährung, denn es deckt zu etwa 1/3 den Bedarf der Bevölkerung an Vitamin C, etwa in gleicher Menge an Carotin, ungefähr zu 1/4 an Ballaststoffen sowie in nennenswerten Mengen an Mineralstoffen. Aber auch aus verschiedenen anderen Gründen besitzt Gemüse einen hohen ernährungsphysiologischen Wert.

☐ **Nährwert**
Veränderte Lebens- und Arbeitsbedingungen haben dazu geführt, daß etwa 60 % der Bevölkerung an Übergewicht leiden. Die häufigste Ursache hierfür ist eine zu hohe Energieaufnahme. Der Energiegehalt von Gemüse ist in der Regel niedrig. Er setzt sich vorwiegend aus Kohlenhydraten und Eiweiß, mit einem geringen Anteil auch aus Fett zusammen (Tab. 3.3-3).

☐ **Vitamine**
Carotin als Vorstufe des Vitamin A kommt in nahezu allen Gemüsearten vor, besonders aber in Möhren. In wesentlichen Mengen wird Carotin

Tab. 3.3–3: Energiegehalt verschiedener Gemüsearten pro 100 g eßbarer Menge

Bereich (kJ)	Gemüsearten (steigende Reihe)
40– 75	Gurke, Kopfsalat, Chicoree, Chinakohl, Radies, Endivie, Rhabarber, Rettich, Feldsalat, Champignon
76–100	Tomate, Blumenkohl, Zucchini, Paprika, Kürbis, Aubergine, Spargel, Weißkohl, Spinat, Grünkohl, Kohlrabi
101–150	Rotkohl, Wirsing, Brokkoli, Fenchel, Bohne, Möhre, Rote Rübe, Sellerie, Blattpetersilie, Zwiebel, Porree
151–200	Rosenkohl, Schwarzwurzel, Schnittlauch
201–250	Erbse
über 250	Zuckermais

aber auch in grünen Blattgemüsearten (Spinat, Mangold, Grünkohl, Brokkoli, Endivie, Petersilie, Feldsalat, Kresse) sowie in rotem Paprika gefunden. Geringere Gehalte finden sich in grünen Bohnen, Erbsen, Kopfsalat, Rosenkohl und Tomaten. Da von diesen Arten aber beträchtliche Mengen verzehrt werden, tragen sie ebenfalls zur Vitamin-A-Versorgung bei (Tab. 3.3-4).

Tab. 3.3–4: Carotinreiche Gemüse (mg/100 g eßbarer Anteil)

Gemüseart	mg/100 g
Möhre	7,5
Blattpetersilie	5,5
Spinat	4,2
Grünkohl	4,1
Feldsalat	3,7
Paprika	3,0
Kürbis	2,5
Brokkoli	1,5
Chicoree	1,5
Endivie	1,4
Kopfsalat	0,8
Tomate	0,6
Rosenkohl	0,4
Bohne, grün	0,3
Erbse	0,3

Auch zur Deckung des Vitamin-C-Bedarfs leistet Gemüse einen wesentlichen Beitrag. Besonders Vitamin-C-reiche Gemüse sind Blattpetersilie, Paprika, Grünkohl, Meerrettich und Schnittlauch. Vitamine der B-Gruppe, aber auch die Vitamine E und K, sind in Gemüse in nennenswerten Mengen enthalten.

☐ **Mineralstoffe**

In unserer Nahrung läßt insbesondere die Zufuhr an Calcium und Eisen zu wünschen übrig. Gemüse ist reich an Mineralstoffen. In den verschiedenen Arten sind jedoch unterschiedliche Mengen enthalten, weshalb man Gemüse abwechslungsreich verwenden sollte.

Besonders viel Natrium enthalten Spinat, Radies, Knollensellerie, Rote Rübe, Möhre und Bleichsellerie mit Werten zwischen 50 und 140 mg pro 100 g eßbarer Menge. Kalium dagegen findet man in größerer Menge in Blumenkohl, Rosenkohl, Endivie, Champignon, Spinat, Meerrettich und Petersilie. Reich an Magnesium ist besonders die Blattpetersilie, aber auch in Meerrettich, Erbse und Bohne sind nennenswerte Mengen enthalten. Calcium- und eisenreiche Gemüsearten sind in Tabelle 3.3-5 aufgeführt.

Tab. 3.3–5: Calcium- und Eisengehalt verschiedener Gemüsearten (mg/100 g eßbarer Anteil; fallende Reihe)

Ca mg/100 g	Gemüseart
über 300	Blattpetersilie
199–100	Schnittlauch, Meerrettich, Grünkohl, Brokkoli
99–50	Spinat, Wirsing, Porree, Rotkohl, Bleichsellerie, Knollensellerie, Kohlrabi
49–25	Möhre, Endivie, Radies, Weißkohl, Rosenkohl, Zwiebel, Bohne, Rote Rübe

Fe mg/100 g	Gemüseart
15–10	Schnittlauch, Dicke Bohne
9,9–5	Blattpetersilie, Spinat
4,9–2,5	Endivie, Fenchel
2,4–0,9	Meerrettich, Erbse, Radies, Schwarzwurzel, Feldsalat, Knoblauch, Brokkoli, Porree, Champignon, Kresse, Grünkohl, Grünspargel, Blumenkohl, Rosenkohl, Kopfsalat, Wirsing, Gurke

☐ **Ballaststoffe**
Der unverdauliche Bestandteil von Gemüse wird Ballaststoff genannt. Da die Ernährung der Bevölkerung immer ärmer an Ballaststoffen wird, wäre eine größere Zufuhr aus pflanzlichen Nahrungsmitteln, also auch aus Gemüse, sinnvoll. Ballaststoffe sollen eine Reihe von z.T. schwerwiegenden Darmerkrankungen verhüten helfen; sie fördern die Darmtätigkeit und den Stoffwechsel. Wegen der unterschiedlichsten Analysenmethoden, die zur Bestimmung der Ballaststoffe eingesetzt werden, sind Angaben verschiedener Autoren oft nur schwer zu vergleichen. Besonders hohe Ballaststoffanteile sollen Blattpetersilie, Meerrettich, Erbse, Kohlarten, Zuckermais, Porree und Rote Rübe aufweisen.

☐ **Geruchs- und Geschmacksstoffe**
Geruch und Geschmack von Gemüse werden durch verschiedene Substanzen bewirkt, vor allem durch Kohlenhydrate (besonders Mono- und Disaccharide), Proteine (besonders die freien Aminosäuren), Fette (Triglyceride) sowie durch flüchtige Substanzen. Obwohl man vor allem bei den flüchtigen Substanzen eine große Anzahl der Verbindungen identifiziert hat, ist von vielen die Zusammensetzung noch unbekannt. In einigen Gemüsen wird der typische Geschmack oder Geruch durch eine Substanz oder eine Substanzgruppe hervorgerufen, wie z. B. durch Nona-2,6-dienal in Gurken oder durch Sulfide in Zwiebeln oder in Meerrettich. In Sellerie sind es zwei Stoffgruppen, welche den Geschmack besonders prägen, Phthalide und Monoterpene. Bei Tomaten konnte man zwischenzeitlich etwa 125 verschiedene Substanzen identifizieren, welche vermutlich Geschmack und Geruch bestimmen.

Verschiedentlich tritt Fremdgeschmack oder Fremdgeruch in Gemüse auf. Nur wenige Ursachen hiervon sind untersucht. Bitterkeit in Möhren kann durch Äthylen induziert werden, das bei der Isocumarinbildung als Katalysator wirkt. Bitterer Geschmack in Meerrettich kann gelegentlich auftreten. Es wird vermutet, daß Substanzen des Senföles die Ursache sind. Unvollständiger Abbau von Glucosinolaten kann zu bitterem Geschmack führen, z. B. schmeckt Sinigrin bitter.

☐ **Unerwünschte natürliche Inhaltsstoffe**
In zahlreichen Fällen sind Bitterstoffe in Gemüse unerwünscht. Proteaseinhibitoren und Hämagglutinine werden vor allem in Leguminosen gebildet. Diese toxischen Proteine werden durch Hitzeeinwirkung beim Garen zerstört oder inaktiviert. Solanin findet man in grünen Tomaten, weshalb diese nicht roh verzehrt werden sollten. Durch Kochen mit angesäuertem Wasser wird Solanin weitgehend neutralisiert.

Goitrogene beeinflussen den Jod-Stoffwechsel des Menschen. Sie werden vor allem in Pflanzen der *Brassica*-Familie gefunden. Wegen der ausreichenden Jodzufuhr in unserer Nahrung stellen sie jedoch kein Problem mehr dar. Einen hohen Oxalsäuregehalt haben Spinat, Sellerie, Sauerampferblätter, Rhabarber und Rote Rüben. Durch Blanchieren werden die Gehalte um etwa 50 % vermindert.

Besondere Aufmerksamkeit wird neuerdings dem Nitratgehalt geschenkt. Hohe Nitratgehalte in Gemüse sind unerwünscht, da sie in die Stoffwechselkette Nitrat – Nitrit – Nitrosamine eingehen könnten. In Diätnahrung ist der Nitratgehalt in der Bundesrepublik Deutschland auf 250 mg NO_3 je kg Frischmasse begrenzt. Grenzwerte für den Normalverkauf werden z. Zt. diskutiert.

Viel Nitrat wird vor allem von Blattgemüse, wie Kopfsalat, Spinat, Feldsalat, Endivie, Stielmangold und Chinakohl, in der lichtarmen Jahreszeit gespeichert. Wurzelgemüse, wie Sellerie, Möhre, Rote Bete, Rettich etc., enthalten im allgemeinen mittlere Nitratgehalte, während in allen Fruchtgemüsearten stets niedrige Werte gefunden werden. Allerdings werden zum Teil ganz erhebliche Spannweiten ermittelt, welche zeigen, daß der Nitratgehalt in Gemüse von zahlreichen Faktoren abhängig ist (Tab. 3.3-6).

Zumindest bei einigen Arten bestehen genetisch bedingte Unterschiede in der Nitratspeicherfähigkeit, und die Züchtung ist bemüht, nitratarme Sorten zu schaffen. Nachhaltigen Einfluß auf den Nitratgehalt üben pflanzenbauliche Maßnahmen, wie Düngung und Anbauverfahren, aus. Je höher das Stickstoffangebot ist,

Tab. 3.3–6: Nitratgehalt einiger Gemüsearten

	Gemüseart	mg NO_3/kg F. M.
Fruchtgemüse	Bohne	80– 800
	Erbse	10– 120
	Gurke	20– 300
	Tomate	10– 100
Wurzelgemüse	Möhre	30– 800
	Rettich (Freil.)	260–1200
	Rote Rübe	150–5690
Blattgemüse	Chinakohl	400–2400
	Kopfsalat	380–3520
	Spinat	345–3890

gleich ob aus organischer oder mineralischer Düngung, um so höher steigt auch der Nitratgehalt des Gemüses. Deshalb sollte man die Nitraternährung kontrollieren und gegebenenfalls vermindern. Günstig ist, die Ernte zu verzögern und nicht in lichtarmer Zeit zu ernten. Größere Standweiten geben den Pflanzen mehr Licht, dadurch wird der Nitratgehalt verringert. Da Nitrat wesentlich stärker in Stengeln und Blattstielen gespeichert wird als in der Blattspreite, kann sein Anteil auch durch die Erntemethode beeinflußt werden.

3.3.5.4 Der Gebrauchswert

Die Qualität kann auch nach der Eignung einer Art, Sorte oder Sortierung für einen bestimmten Verwendungszweck bewertet werden. An Frischmarktgemüse werden teils andere Anforderungen gestellt als an Industriegemüse. Man nennt diese Beurteilungskriterien den »Gebrauchswert«. Er kann von Sorte, Anbau- und Ernteverfahren, von Erntetermin und Reifezustand, von der Aufbereitung u. a. abhängen.

☐ **Frischmarktgemüse**
Anforderungen an Gemüse für den Frischmarkt sind insbesondere eine hohe ernährungsphysiologische Qualität und eine exakte Sortierung nach der Norm. Gute Transporteignung und Haltbarkeit werden gefordert. Vermehrt wird auf eine entsprechende Form geachtet, um weniger Totvolumen bei Verpackung und Transport zu haben. Tomatensorten mit verzögertem Reifeverhalten eignen sich besondes für lange Transportwege. Genetisch bedingter hoher Zuckergehalt, verbunden mit langsamer Umwandlung des Zuckers in Stärke, gab neuen Zuckermaissorten eine besondere Eignung für die Frischmarktversorgung.

☐ **Konservierungseignung**
Allgemeine Forderungen an Gemüse zur Konservierung sind:

▷ möglichst geringer Putz- und Schälabfall
▷ glatte Oberfläche, um Verschmutzungen gering zu halten
▷ gute Farbstabilität
▷ Einheitlichkeit in Reife und Sortierung.

Daneben werden von den einzelnen Gemüsearten je nach Konservierungsmethode unterschiedliche zusätzliche Eigenschaften gefordert. Einige Beispiele sind:

Gemüse für Sauerkonserven:
▷ Kopfkohl: viel Vitamin C, hoher Zuckergehalt, hohes spezifisches Gewicht der Kohlköpfe (dichte Blattlagen), kurzer, gerader Strunk, ausgewogener Senfölgehalt
▷ Einlegegurken: gutes Verhältnis Durchmesser zu Länge, keine Hohlraumbildung, gute Textur
▷ Schälgurken: kleiner Kernhausanteil
▷ Rote Rüben: niedriger Glutamingehalt, gleichmäßige Ausfärbung
▷ Sellerie: keine Neigung zum Schwarzkochen.

Gemüse für Naßkonserven:
▷ Spinat: späte Blühneigung, niedriger Nitratgehalt, gute gleichmäßige Farbe
▷ Tomate: hoher Trockensubstanzgehalt, hoher Lycopingehalt
▷ Möhre: gleichmäßige orangerote Ausfärbung
▷ Erbse: günstige Textur (Erntezeitpunkt), lange Erntemöglichkeit.

Gemüse für Trockenkonserven:
▷ Allgemein: hoher Trockensubstanzgehalt, gute Ausbeute, kurze Rehydrierungszeit, gute Farbstabilität, gute Geschmacksstabilität
▷ Porree: hoher Weißanteil am Schaft, geringe Neigung zu Verbräunung.

Gemüse für Tiefgefrierkonserven:
▷ Spinat und Erbse: gute Farbstabilität, dunkelgrüne Farbe
▷ Rosenkohl: keine Neigung zu Bitterkeit.

☐ **Lager- und Transporteignung**
Gemüse für Lagerung und/oder Transporte über weite Entfernungen muß eine gute Lagereignung aufweisen. Dies sind im allgemeinen Sorten, die große Mengen an Reservesubstanzen speichern und eine niedrige Stoffwechselaktivität besitzen. Hinzu kommen weitere Eigenschaften, wie niedriger Transpirationskoeffizient, gute mechanische Stabilität, kleine Oberfläche im Verhältnis zum Volumen und eine geringe Anfälligkeit gegenüber Mikroorganismen. Bei Tomaten ist es gelungen, Linien zu finden, welche kein Äthylen synthetisieren. Dadurch gelangen diese Früchte erst dann von der Grün- zur Genußreife, wenn sie mit Äthylen begast werden. Kreuzungen mit herkömmlichen Sorten ergeben Zwischentypen mit stark verzögerter Reife und damit guter Eignung für Langstreckentransporte. Auch bei Früchten ist eine entsprechende Stabilität des Gewebes eine zusätzliche Forderung.

Für gute Lager- und Transporteignung ist eine passende Wahl von Sorte und Anbauverfahren Voraussetzung, um die notwendige Qualität zu erhalten.

☐ **Gemüse als Rohstoffbasis**
Gemüse dient in steigendem Maße als Rohstoff für andere Produkte. Hier ist in erster Linie an das Gewinnen verschiedener spezifischer Inhaltsstoffe gedacht. So wird z.B. aus Möhren Carotin gewonnen, das als Provitamin A zur Herstellung pharmazeutischer oder kosmetischer Artikel verwendet wird. Aus verschiedenen Arten werden ätherische Öle bzw. Senföle extrahiert oder destilliert, die sowohl in der pharmazeutischen als auch in der Gewürzindustrie benötigt werden.

Für alle diese und weitere Zwecke werden besondere Qualitäten benötigt, insbesondere ein hoher Inhaltsstoff- oder Wirkstoffgehalt.

Literatur

FRITZ, D., et al. (1983): Nitrat in Gemüse und Grundwasser. Bonn: Universitätsdruckerei.

SCHUPHAN, W. (1961): Zur Qualität der Nahrungspflanzen. München, Bonn, Wien: BLV-Verlagsgesellschaft.

Verband der Landwirtschaftskammern e. V. Bonn: Qualitätsnormen und Handelsklassen für Gartenbauerzeugnisse und Kartoffeln. Lose-Blatt-Sammlung. Salzgitter-Lebenstedt: E. Appelhans.

WHITE, R. L. und SELVEY, N. (1974): Nutritional qualities of fresh fruit and vegetables. Mount Kisco: Futura.

4 Kulturtechnik und Kulturführung

4.1	**Bodenvorbereitung**	
	HELMUT KRUG	100
4.1.1	Bodenbearbeitung und Mulchen	100
4.1.1.1	Grundbodenbearbeitung	101
4.1.1.2	Saat- bzw. Pflanzbettbearbeitung	102
4.1.1.3	Pflegende Bodenbearbeitung	103
4.1.1.4	Mulchen	104
4.1.2	Synthetische Bodenverbesserungsmittel	104
4.1.3	Kultursubstrate und Hydrokultur	105
4.1.3.1	Humussubstrate	106
4.1.3.2	Strohsubstrat	108
4.1.3.3	Mineralische Substrate	109
4.1.3.4	Synthetische Substrate	109
4.1.3.5	Hydrokulturverfahren	109
4.2	**Ernährung und Düngung**	
	HANS-CHRISTOPH SCHARPF · JÜRGEN WEHRMANN · HANS-PETER LIEBIG	111
4.2.1	Ziele der Düngung	111
4.2.2	Faktoren der Nährstoffversorgung (Verfügbarkeit)	112
4.2.3	Methoden der Düngerbedarfsermittlung	114
4.2.3.1	Düngungsversuche	115
4.2.3.2	Kalkulationsverfahren	116
4.2.3.3	Bodenuntersuchung	118
4.2.3.4	Pflanzenanalyse und Beurteilung von Schadsymptomen	118
4.2.3.5	Bewertung der Methoden zur Ermittlung des Düngerbedarfs	120
4.2.4	Düngerbedarf und Düngung	121
4.2.4.1	Stickstoff	121
4.2.4.2	Phosphat, Kalium und Magnesium	126
4.2.4.3	Calcium	128
4.2.4.4	Spurenelemente	129
4.2.4.5	Kalk	129
4.2.5	Organische Düngung	131
4.2.6	Düngung in Gewächshäusern	132
4.2.6.1	Kultur in Böden	133
4.2.6.2	Erdelose Kulturverfahren	134
4.3	**Sortenangebot und Sortenwahl**	
	HELMUT KRUG	136
4.4	**Pflanzenanzucht**	
	HELMUT KRUG	137
4.4.1	Terminplanung	137
4.4.2	Saattechnik	138
4.4.3	Jungpflanzenanzucht und Pflanzung	141
4.5	**Bewässerung**	
	HELMUT KRUG	144
4.5.1	Ökologische Grundlagen	144
4.5.2	Steuerung des Bewässerungseinsatzes	145
4.5.3	Bewässerungsverfahren	147
4.6	**Frostschutz**	
	HELMUT KRUG	151
4.7	**Folien und Vliese**	
	HELMUT KRUG	152
4.8	**Bodenheizung**	
	HELMUT KRUG	157
4.9	**Wachstumsregulatoren**	
	HELMUT KRUG	161
4.10	**Unkrautbekämpfung**	
	HELMUT KRUG	162
4.11	**Vorbeugender Pflanzenschutz**	
	HELMUT KRUG	165
4.12	**Ernteverfahren**	
	CHRISTIAN VON ZABELTITZ · HEINZ-JOACHIM WIEBE	167
4.13	**Aufbereitung**	
	ERICH FÖLSTER	169

4.14	Frischhaltung, Lagerung und Transport
	Jürgen Weichmann 173
4.15	Klimaführung im Gewächshaus
	Helmut Krug 180

4.15.1	Temperatur 180
4.15.2	Luftfeuchte 182
4.15.3	CO_2-Konzentration 183
4.15.4	Kunstlicht 188

4.1 Bodenvorbereitung

Helmut Krug

4.1.1 Bodenbearbeitung und Mulchen

Die Ackerfläche ist durch die immer wiederkehrende Zerstörung der Pflanzendecke, durch den Entzug von Biomasse, den Reifendruck des Bewirtschaftungsverkehrs und übertriebene Lockerung starken Belastungen ausgesetzt. Diese führen zu einer Minderung der Bodenfruchtbarkeit, insbesondere zur Zerstörung der Aggregatstruktur und damit zu Bodenverdichtungen und Erosionen. Es ist die primäre Aufgabe der Bodenbearbeitung, den negativen Auswirkungen der Pflanzenproduktion entgegenzuwirken, vor allem, den Boden immer wieder in dem notwendigen Ausmaß zu lockern, um die Durchwurzelung zu fördern und eine gute Durchlüftung zu gewährleisten. Darüber hinaus dient die Bodenbearbeitung dem Einmischen von Ernterückständen, von organischen und mineralischen Düngemitteln, der Bekämpfung von Unkräutern und Schaderregern sowie der Bereitung eines geeigneten Saat- oder Pflanzbettes. An die Saatbeetbereitung werden mit der Entwicklung von Präzisionssämaschinen für die Einzelkornsaat sowie von Erntemaschinen mit großen Arbeitsbreiten in neuerer Zeit erhöhte Anforderungen gestellt.

Alle Bodenbearbeitungsmaßnahmen sind, von Sandböden abgesehen, an einen Bodenfeuchtebereich gebunden. Sie führen auf zu feuchten Böden zu Verdichtungen (Verschmieren), auf zu trockenen Böden infolge der starken Kohäsionskräfte zwischen den Bodenteilen zur Klumpenbildung und zu einem erhöhten Energieaufwand. Der günstige Feuchtebereich sinkt von 20 bis 70 % Wasserkapazität bei leichten Böden auf 40 bis 50 % Wasserkapazität bei Tonböden und wird somit bei höherem Ton- und Schluffanteil immer enger (Minutenböden). Ein zu trockener Boden sollte deshalb vor der Bearbeitung ausreichend bewässert werden.

Das Ausmaß der erforderlichen Lockerung ist von der Bodenart, dem Klima, den Bewirtschaftungsmaßnahmen und der jeweiligen Kultur abhängig. Mit der Lockerung steigt die Wasserka-pazität des Bodens sowie seine Durchlüftung. Es sinkt der Widerstand gegen das Eindringen der Pflanzenwurzeln. Eine Überlockerung zerstört jedoch die natürliche Krümelstruktur, beschleunigt den Humusabbau, erhöht die Empfindlichkeit gegenüber Tropfenschlag bei natürlichen Niederschlägen ebenso wie bei Bewässerung und fördert so die Neigung zum Verdichten. Sie mindert in Trockenzeiten die Wasserverfügbarkeit, stört die Wasserführung und gefährdet damit die Wasserversorgung der Pflanzen. Dies gilt besonders für die Keimphase. Auf Feldern ohne zusätzliche Bewässerung kann somit eine Überlockerung zu Auflaufstörungen und Ertragsminderungen führen. Mit ausreichender Bewässerung, wie sie bei intensiver gartenbaulicher Freilandbewirtschaftung und in Gewächshäusern gewährleistet ist, und bei einer Stabilisierung des Bodens durch organische Düngung erhöht ein lockerer Boden die Ertragsleistung und Ertragssicherheit. Richtwerte für einen günstigen Lockerungsgrad von Freilandböden und Gurkenerde gibt Tabelle 4.1-1. Für weniger anspruchsvolle Gewächshauskulturen dürften Werte zwischen denen für die Gurkenerde und die Freilandkulturen anzustreben sein.

Desgleichen ist die mechanische Zerkleinerung der Bodenaggregate durch die Bearbeitung zu begrenzen. Hier gilt Entsprechendes wie für

Tab. 4.1–1: Günstige Werte für Porenvolumen (PV), Luftkapazität (LK bei 100 hPa [mbar]) und Trockenraummasse (TRM)

Freiland (n. Czeratzki 1972)

Bodenart	PV (Vol. %)	LK (Vol. %)	TRM (g/cm^3)
Sand	40	15	1,60
Lehm	45	10	1,45
Ton	47	12	1,20

Gewächshausboden für die Gurkenkultur (n. Geissler 1976)

bis 30 cm Tiefe	80–90	30–40	< 0,5
30–50 cm Tiefe	60–70	20–25	< 1,0

die Lockerung: Der Boden sollte nicht feiner aufbereitet werden, als es die Saat bzw. Pflanzung und ein guter Bodenschluß erfordern. Jede weitergehende Zerkleinerung mindert die »natürliche« Stabilität der Böden und kostet Energie.

4.1.1.1 Grundbodenbearbeitung

Von der klassischen Ackerbaulehre wird für Freilandböden des gemäßigten Klimas ein jährliches Wenden, Mischen und Lockern bis zu einer Tiefe von 30 cm gefordert. Eine von Jahr zu Jahr wechselnde Tiefe mindert die Gefahr der Sohlenbildung. Bei dichten Unterbodenzonen ist in mehrjährigen Abständen eine Lockerung bis zu 0,60 m, in besonderen Fällen bis zu 1 m zu empfehlen. Hierzu werden Unterbodenlockerer mit starren, besser mit vibrierenden Bodenmeißeln oder Tiefspatenfräsen eingesetzt. Der Meißelabstand sollte der Arbeitstiefe entsprechen.

Das Standardgerät für die Grundbodenbearbeitung ist der **Scharpflug,** der als Dreh- und als Beetpflug angeboten wird. Drehpflüge sind teurer und schwerer, aber wegen des Pflügens in beiden Fahrtrichtungen für die Bearbeitung kleinerer Flächen besser geeignet. Darüber hinaus hinterlassen sie ein ebenes Feld. Durch die Wahl und Einstellung der Pflugschare und des Pflugkörpers sowie durch die Fahrgeschwindigkeit lassen sich unterschiedliche Effekte hinsichtlich des Gefüges und der Oberfläche der Ackerkrume erzielen. Das Pflügen muß somit auf den Boden, das Klima, die Jahreszeit, die Forderungen der Bestellung und auf die Kultur abgestimmt werden. Auch Vorwerkzeuge, wie Vorschäler, Dungeinleger oder Messersech können wesentlich zur Verbesserung der Pflugarbeit beitragen.

Die Pflugfurche wird, besonders auf schweren Böden, bevorzugt im Herbst gezogen. Sehr schwere Böden trocknen allerdings im Frühjahr nach einer Herbstfurche später ab. Der Boden bleibt grobschollig in rauher Furche liegen. Er setzt sich im Winter ab und wird erst im Frühjahr erneut bearbeitet. Zum Verdichten und Verschlämmen neigende Böden sollten erst in den Spätwintermonaten oder im zeitigen Frühjahr gepflügt werden.

Wird bald nach dem Pflügen gesät, ist durch schnelles Fahren mit schmaler Furche und somit stärkerer Schüttung eine festere Ackerkrume aufzuwerfen. Gegebenenfalls wird der Boden zusätzlich durch einen Unterkrumenpacker, der sich durch eine große Tiefenwirkung auszeichnet, oder durch Wälzeggen mit nur flacher, aber auf leichten Böden meist ausreichender verdichtender Wirkung oder durch die Kombination beider

Abb. 4.1-1: Spatenmaschine

Geräte verdichtet. Im Frühjahr und Sommer gepflügte Äcker müssen stets saat- oder pflanzfertig bearbeitet werden, da die Klumpen nach dem Austrocknen hart werden.

Im Gartenbau wird auf kleinen Flächen und in Gewächshäusern bevorzugt die **Spatenmaschine** eingesetzt (Abb.4.1-1). Die zapfwellengetriebenen Spatenblätter simulieren das Graben und erlauben ein Lockern und Wenden bis zu 50 cm, mit besonderen Maschinen bis zu 100 cm Tiefe. Die Krümelwirkung ist gering, die Hohlräume bleiben aber länger erhalten als bei Pflug- oder Fräsenbearbeitung, der Boden setzt sich langsamer ab und Bodenverdichtungen werden, da die Räder des Schleppers nicht in der Furche laufen, vermieden. Es bleibt auch keine Restfurche, wodurch sich das besonders im Gewächshaus lästige Glattziehen erübrigt.

Grubber erlauben eine grobe Bodenlockerung bis zu 30 cm Tiefe, haben aber nur einen geringen Mischeffekt und eignen sich nicht zur Vernichtung der Unkräuter. Schwergrubber können den Pflug ersetzen, besonders wenn die Krume durch Erntemaßnahmen hinreichend locker und durchmischt ist und lediglich eine gleichmäßigere Tiefenlockerung angestrebt wird. Leichtgrubber werden vorwiegend im Frühjahr zur Nachbearbeitung der Herbstfurche eingesetzt. Ein Vorteil der Grubber besteht in ihrer hohen Flächenleistung.

Fräsen arbeiten mit rotierenden Haken, Winkel- oder Zinkenmessern. Sie lockern, krümeln und mischen den Boden bis zu Tiefen von 25 cm sehr intensiv und gleichmäßig. Die Intensität dieser Arbeitsvorgänge kann durch Drehzahl und Bissengröße der Werkzeuge variiert werden. Damit bieten sich für Fräsen im Gartenbau vielfältige Einsatzmöglichkeiten. Sie dienen zum Einarbeiten von Ernterückständen einschließlich des Strohs, von Düngemitteln und zur Folgebearbeitung nach der Pflugfurche, wenn ein besonders feinkrümeliges, lockeres Pflanzbett gewünscht wird oder nach fehlerhafter Bodenbearbeitung größere Bodenaggregate zu zerkleinern sind. Zur Saatbettvorbereitung sind Fräsen wegen der starken Lockerung nur mit Folgegeräten zur erneuten Verdichtung oder für die flache Streifenbearbeitung geeignet. Bei geringer Arbeitstiefe werden sie vielfach zur Unkrautbekämpfung und oberflächlichen Bodenlockerung eingesetzt. Im Gartenbau gehören Fräsen somit zur unentbehrlichen Grundausstattung.

Nachteile der Fräsarbeit sind:
▷ Sie beschleunigen infolge der intensiven Durchlüftung den Humusabbau,
▷ bei hoher Drehzahl und häufigem Einsatz wird das natürliche Gefüge zerschlagen,
▷ bei schluffreichen Böden wird die Neigung zum Verschlämmen gefördert,
▷ Wurzelunkräuter können zerschnitten und damit vermehrt werden.

Fräsen sollten deshalb nur auf strukturstabilen Böden, bei ausreichender organischer Düngung, mit nicht zu hoher Drehzahl und nicht häufiger als erforderlich eingesetzt werden. Sie sind eine sinnvolle Ergänzung des Scharfpfluges, sollten ihn aber nicht ersetzen, vor allem nicht bei einer tiefen Bodenbearbeitung im Herbst.

In jüngster Zeit wird vielfach gewarnt, daß durch den Einsatz der klassischen Bearbeitungsverfahren der Naturhaushalt mehr als notwendig gestört und nicht nur der Boden degradiert, sondern auch ein unnötiger Energieaufwand betrieben würde. Der Pflug solle durch den Schwergrubber oder andere spezielle Geräte ersetzt werden, die nur lockern und eine Humusanreicherung in und auf der obersten Bodenschicht erlauben. Insgesamt sei die Bodenbearbeitung auf das unbedingt Notwendige einzuschränken. Die Eignung dieser Verfahren ist stets von den Böden und den Bewirtschaftungsmaßnahmen abhängig und sollte vor einer Übernahme unter den gegebenen Standortbedingungen sorgfältig und langfristig geprüft werden.

4.1.1.2 Saat- bzw. Pflanzbettbearbeitung

Die Saat- und Pflanzbettbearbeitung hat eine gut strukturierte, homogene, aber festere untere Bodenschicht mit guter kapillarer Wasserführung für die Quellung der Samen zu schaffen. Darüber ist eine feinkrümelige, lockere, gut durchlüftete Bodenschicht anzustreben, die dem Pflanzenwachstum nur geringen Widerstand entgegensetzt und als Evaporationsschutz den Wasserverlust des Bodens mindert. Die Tiefe der lockeren

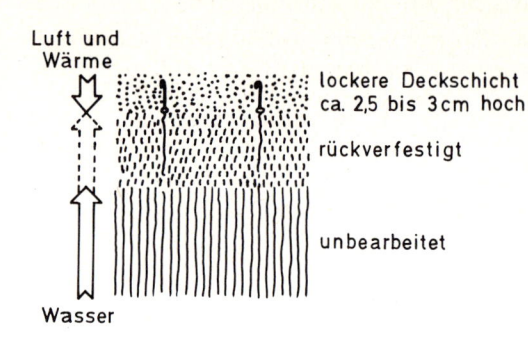

Abb. 4.1-2: Idealzustand eines Saatbettes nach der Bodenbearbeitung und nach der Aussaat (DLG-Merkblatt 121, 1975)

Schicht sollte der Saattiefe entsprechen (Abb. 4.1-2). Pflanzbetten sind bis zur Pflanztiefe zu krümeln und zu lockern.

Eine grobe Bodenvorbereitung, wie sie häufig im Frühjahr nach der Herbstfurche erforderlich wird, kann mit Feingrubber (Abb. 4.1-4, vorn), Ackeregge, Löffelegge oder Fräse erfolgen. Eine intensivere, flache Bearbeitung erlauben die zapfwellengetriebenen Eggen, wie Rüttelegge, Kreiselegge und Taumelegge (Abb. 4.1-3 links). Auch die Wirkung dieser Geräte ist stark von der Werkzeug- und Fahrgeschwindigkeit abhängig. Soll der Boden gleichzeitig etwas verdichtet und

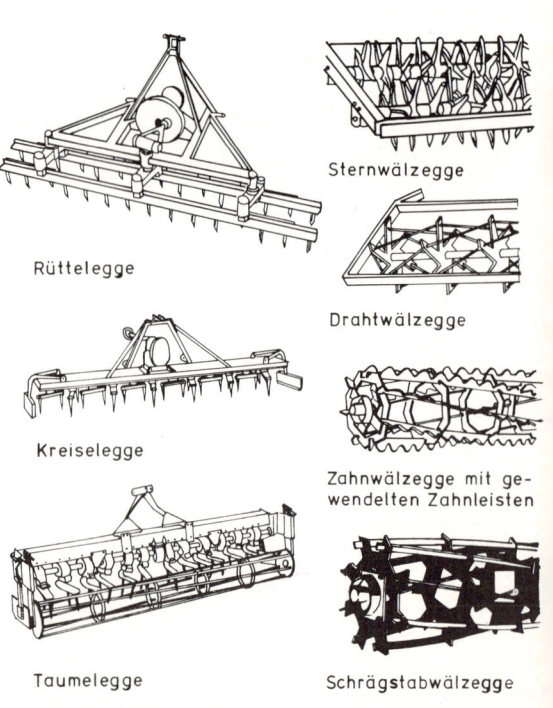

Abb. 4.1-3: Eggen für die Bodenbearbeitung (AID-Heft 419, 1977)

damit saatfertig gemacht werden, empfiehlt es sich, Wälzeggen (Abb. 4.1-3 rechts), die in den verschiedensten Ausführungen und mit verschiedenen Wirkungen auf den Boden angeboten werden, nachlaufen zu lassen. Auch Wälzeggen verlangen eine hohe Arbeitsgeschwindigkeit (über 8 km/h).

Die althergebrachten Zinkeneggen werden gelegentlich zum Anreißen des Bodens im Frühjahr zum beschleunigten Abtrocknen, zum Offenhalten des Bodens bei gleichzeitiger Vernichtung keimender Unkräuter oder junger Unkrautsämlinge, zum Einmischen von Düngemitteln und Zustreichen der Saatreihen eingesetzt. Besonders vielseitig sind Netzeggen (Striegel) verwendbar. Da das Eggen durch das Sortieren der größeren Aggregate in die obere und der kleineren Aggregate in die untere Bodenschicht entmischt und zu Verdichtungen führen kann (Toteggen), sind Eggen nicht zu häufig einzusetzen.

Für die tiefere (ca. 15 cm), aber grobkrümeligere Bearbeitung von Pflanzbetten eignen sich besonders Fräsen oder, nach der Pflugfurche, zapfwellengetriebene Eggen.

Zur Schonung der Bodenstruktur und des Wasserhaushaltes, zur Einsparung von Arbeit und Energie sowie zur Erhöhung der Schlagkraft bemüht man sich, die Zahl der Bearbeitungsgänge zu reduzieren, bis hin zu einem einmaligen Einsatz einer Gerätekombination. Für schwere Böden eignet sich z. B. eine Zweierkombination von Löffelegge und Draht- oder Schrägstabwälzegge, für leichte Böden eine Kombination von Ackeregge und Zahnwälzegge. Eine Dreifach-Kombination ist Feingrubber, Krumenpacker und Wälzegge (Abb. 4.1-4). Noch umfassendere Gerätekombinationen sind für die Minimal-Bestelltechnik entwickelt worden, bei der Pflügen, Düngen, Saatbettvorbereitung, Saat und Eineggen in einem Arbeitsgang erledigt werden. Im Gemüsebau ist dieses Verfahren nur für die Saat der Gründüngung zu empfehlen.

In **Gewächshäusern** sind dem Einsatz großer Geräte aus räumlichen Gründen Grenzen gesetzt. Schlepper sollten für diesen Zweck niedrig gebaut sein, kleine Wendekreise und geringe sowie feingestufte Geschwindigkeitsbereiche besitzen. Für die Grundbodenbearbeitung werden Spatenmaschinen bevorzugt. Sonst wird der Gärtner in Gewächshäusern öfter zur Fräse greifen müssen, da negative Wirkungen durch erhöhte organische Düngung und Bewässerung kompensiert werden können.

4.1.1.3 Pflegende Bodenbearbeitung

Die Aufgabe der pflegenden Bodenbearbeitung ist es, nach der Saat oder Pflanzung eine günstige Bodenstruktur zu erhalten. Hierzu gehören das Brechen von Krusten und das Lockern der Bodenoberfläche. Es gilt der Grundsatz, stets flach zu bearbeiten, um die Wurzeln der Kulturpflanzen zu schonen und den Boden nicht zu verdichten.

Vor dem Auflaufen der Saat können leichte Krusten durch ein Lockern mit Netzeggen, festere Krusten durch Stachelwalzen gebrochen werden. Zur Unkrautbekämpfung vor (Blindegge) oder nach dem Auflaufen bzw. nach dem Anwachsen ausgesetzter Jungpflanzen eignen sich Netzeggen. In größeren Beständen in Reihensaat ist nur noch das Hacken möglich.

Für das Hacken werden Ziehhacken, bei größeren Reihenabständen mit Winkelmessern, bei kleineren mit Gänsefußmessern, eingesetzt. Junge Bestände werden durch Hohlschutzscheiben vor einem Verschütten oder dem Abreißen durch großflächige Krusten geschützt. Rollhacken krümeln schwere Böden besser, brechen jedoch kei-

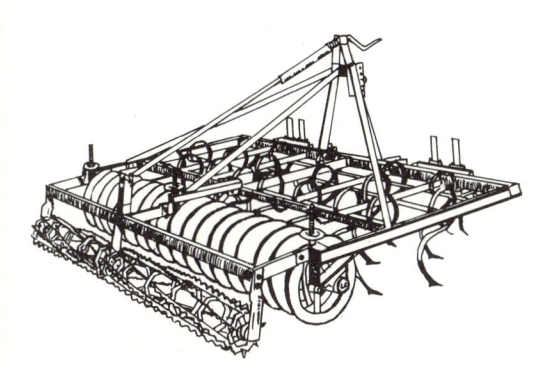

Abb. 4.1-4: Kombination aus Feingrubber, Krumenpacker und Zahnwälzegge (aus Merkblatt der DLG 170, 1980)

Abb. 4.1-5: Handgeräte zur Bodenpflege (v.l.: Handkultivatoren, Stiegerhacke, Stiegerhacke mit auswechselbarem Blatt, Blatthacken)

ne starken Krusten und sind nicht bei einem Besatz mit hohen Unkräutern geeignet. Eine sehr gute Schneid- und Krümelwirkung erzielen Hacken mit vibrierenden Winkelmessern. Hackfräsen mit langsam rotierenden Messern und geringem Tiefgang lockern sehr intensiv, haben aber bei häufigem Einsatz eine aggregatzerstörende und damit die Krustenbildung fördernde Wirkung. Einen Überblick über Handgeräte zur Bodenpflege gibt Abbildung 4.1-5.

Das Aufziehen von Dämmen (Häufeln) dient ebenfalls der Bodenlockerung und Unkrautbekämpfung. Es erlaubt, in großen Beständen die Unkräuter auch in den Reihen durch Verschütten abzutöten und wirkt besonders intensiv bei wiederholter Anwendung. Gehäufelt wird auch zur Erhöhung der Standfestigkeit (z. B. Buschbohnen), zur Verhinderung des Ergrünens oder zum Bleichen von Pflanzenteilen (Kartoffeln, Porree) oder zur Erleichterung der maschinellen Ernte (z. B. Kartoffeln).

Für alle Bodenbearbeitungsmaßnahmen gelten die Grundsätze, nie stärker zu lockern und zu zerkleinern, als es für günstige Standortbedingungen und die Kulturmaßnahmen notwendig ist, desgleichen den Acker nicht häufiger als erforderlich zu befahren und soweit wie möglich Gerätekombinationen einzusetzen.

4.1.1.4 Mulchen

Eine ideale Bodenpflege ermöglicht das Mulchen, die flache Einarbeitung oder Bedeckung der Bodenoberfläche mit abgestorbenen Pflanzenteilen, mit Spezialpapieren oder mit Folie. Mulchen schützt den Boden vor mechanischen Einwirkungen, wie Tropfenschlag oder Erosion, vor starken Temperaturschwankungen oder starker Strahlenbelastung. Es mindert in der Regel die Verdunstung des Bodenwassers, besonders an der Bodenoberfläche, begünstigt damit die Bodenlebewesen und die Gare bis in die obersten Bodenschichten. Besondere Vorteile bringt das Mulchen auf leichten oder sehr schweren Böden in ariden Gebieten. Im Frühjahr kann eine Mulchdecke die Erwärmung und damit das Pflanzenwachstum verzögern.

In landwirtschaftlichen Fruchtfolgen bietet ausgestreutes oder flach eingearbeitetes, gehäckseltes Stroh eine gute Mulchdecke. Bei baldiger Bestellung sollte jedoch das weite C:N-Verhältnis des Strohs (80-100 : 1) durch eine Stickstoff-Düngung von ca. 1 kg N pro dt Stroh eingeengt werden, um eine Stickstoffestlegung zu vermeiden. Im Gemüsebau können auch Pflanzenrückstände, wie Bohnen- oder Erbsenkraut, als Mulchmaterialien dienen. Sie behindern jedoch die weitere Bearbeitung. Die Vorteile des Mulchens werden besonders auf kleinen, intensiv genutzten Freilandflächen mit langlebigen Kulturen und in Gewächshäusern genutzt.

Folienmulch wird in der Bundesrepublik als Streifenfolie zur Freiland-Gurkenkultur (s. Kap. 7.6.1) und in Gewächshäusern eingesetzt. Gesät oder gepflanzt wird von Hand in eingestanzte Löcher. Für den Maisanbau sind Maschinen entwickelt worden, die das Auslegen der Streifenfolie und die Saat in einem Arbeitsgang erledigen. Schwarze Folien werden wegen der Unterdrückung des Unkrautes bevorzugt. Transparente Folien führen zu einer stärkeren Erwärmung des Bodens, das Unkraut muß jedoch vor der Auflage mit Herbiziden bekämpft werden. Da die spätere Beseitigung der Folien einen hohen Arbeitsaufwand erfordert, werden Folien angeboten, die unter Lichteinwirkung zerfallen. Dieser arbeitswirtschaftliche Vorteil muß durch einen höheren Preis der Folie bezahlt werden. In den ariden Gebieten hat das Mulchen mit Folien eine große Verbreitung gefunden, um den Wasserverlust durch Verdunstung zu reduzieren.

4.1.2 Synthetische Bodenverbesserungsmittel

Unter dieser Bezeichnung wird eine Gruppe von Stoffen zusammengefaßt, deren Einsatz das Wachstum der Pflanzen nicht direkt, wie z. B. Düngemittel, sondern indirekt sichern oder fördern soll. Meistens dienen diese Mittel der Verbesserung oder Stabilisierung der physikalischen Bodeneigenschaften. Für eine Stabilisierung der Bodenoberfläche gegen Regenschlag oder Vergießen können Bitumenemulsionen oder Linearpolymere (z. B. Agrofix) eingesetzt werden. Linearpolymere werden in wäßriger Lösung unmittelbar nach der Saat oder in einem zweiten Arbeitsgang auf die gesamte Bodenoberfläche oder als Band über die Saatreihen gespritzt. Damit das Mittel zur vollen Wirkung kommt, sollte der Boden feinkrümelig sowie mäßig feucht sein und nach der Spritzung schnell abtrocknen, so daß die Bodenteilchen miteinander vernetzt werden. Agrofix ist pflanzenverträglich und kann zusammen mit Düngemitteln gespritzt werden.

Für eine nachhaltige und in tiefere Schichten wirkende Verbesserung des Bodens werden von der Industrie Schaumstoffe angeboten (s. Tab. 4.1-2). Offenzellige Schaumstoffe, wie die Harnstoff-Formaldehydharz-Schäume (z. B. Hygromull), erhöhen das Wasserhaltevermögen und können somit besonders zur Verbesserung leichter Böden, aber auch zur Aufwertung von Substraten eingesetzt werden. Sie sind bei geringem biologischen und chemischen Abbau bis zu 3 Jahre wirksam. Als Aufwandmengen werden im Freiland 20 l/m², zur Aufbesserung von Substraten 20 – 35 Vol.-% empfohlen.

Geschlossenzellige Schaumstoffe, wie z. B. Styromull, dienen der Lockerung und Verbesserung der Drainfähigkeit dichter Böden. Die Wirkungsdauer wird mit 10 Jahren veranschlagt.

Ein Gemisch aus 70 % Hygromull und 30 % Styromull dient der Verbesserung der Luft- und Wasserführung schwerer Böden. Die empfohlenen Aufwandmengen entsprechen annähernd denen des Hygromulls. Einer breiten Anwendung dieser und anderer Bodenverbesserungsmittel stehen z. Z. die Kosten entgegen.

4.1.3 Kultursubstrate und Hydrokultur

Kultursubstrate werden eingesetzt, um Pflanzen in Gefäßen mit kleinem Wurzelraum zu kultivieren, um verseuchte Böden zu ersetzen und die Steuerung der Wachstumsbedingungen zu verbessern bzw. zu erleichtern. An diese Substrate sind, da die Pflanzen aus kosten- und arbeitswirtschaftlichen Gründen nur über kleine Volumina verfügen können, folgende besonders hohe Anforderungen zu stellen:
▷ hohe Strukturstabilität
▷ hohe Wasser- und ausreichende Luftkapazität
▷ ein hohes Sorptions- und Pufferungsvermögen
▷ ein günstiger pH-Wert.

Weiterhin sollten Kultursubstrate standardisiert, gut durchmischt, frei von Unkrautsamen, Schaderregern und Schadstoffen, sowie preiswert und leicht einzusetzen sein. Als Ausgangsmaterialien dienen organische Substanzen, wie Torf oder Stroh, mineralische Substanzen, wie Sand oder Ton, und synthetische Substrate, wie Steinwolle und Schaumstoffe, oder Mischungen aus diesen Substanzen.

Über den **Wasser-** und **Lufthaushalt** der Kultursubstrate geben ihre Wasserspannungskurven Aufschluß (Abb. 4.1-6, HARTGE 1978). Wird das gesamte Volumen einer Probe gleich 100 gesetzt, so gibt der Wassergehalt bei der Spannung 0 (volle Wassersättigung) den Anteil des Porenvolumens, die Differenz zu 100 den Anteil der Festsubstanz. Die Wasserkapazität gärtnerischer Substrate liegt meistens bei sehr geringen Wasserspannungen, in der Regel zwischen 10 und 15 hPa (mbar). Wasser unter geringerer Spannung versickert, Wasser höherer Spannung ist bis ca. 15 000 hPa pflanzenverfügbar. In diesem Bereich

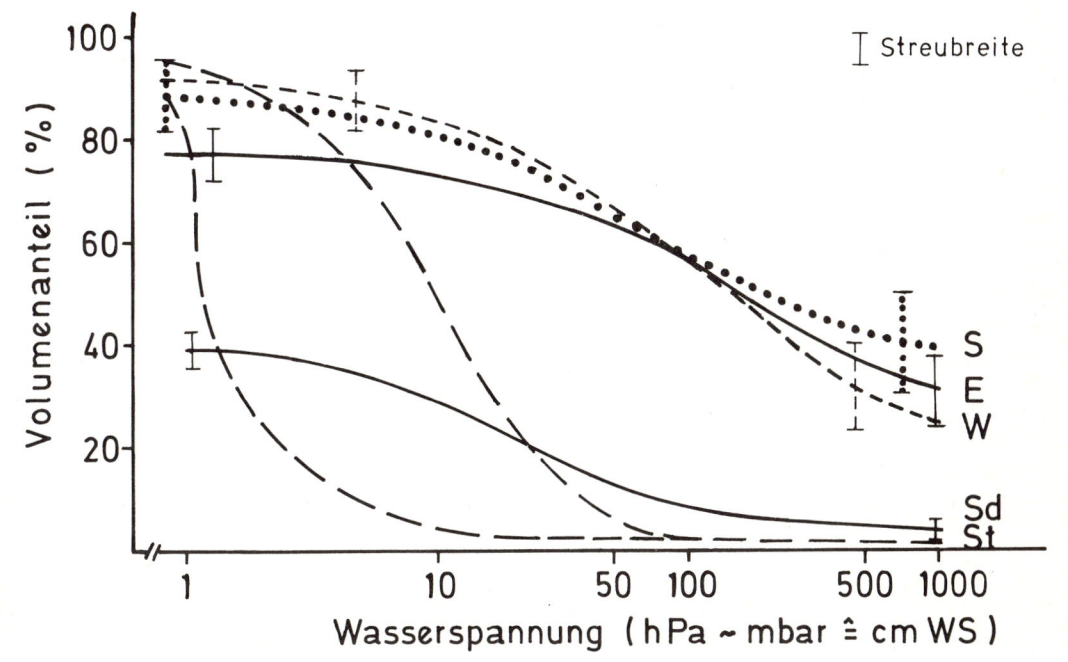

Abb. 4.1-6: Wasserspannungskurven einiger Kultursubstrate
S = Schwarztorf, W = Weißtorf, E = Einheitserde, Sd = Sand, St = Steinwolle – 2 Proben, nach HARTGE, unveröffentl.

muß die Pflanze für die Wasseraufnahme mit höherer Wasserspannung mehr Energie aufwenden.

Besonders günstig sind Substrate mit einem geringen Anteil an Festsubstanz, einer Luftkapazität (luftgefülltes Porenvolumen bei Wasserkapazität, entsprechend Grobporen-Volumen) von 15 – 20 %, einer dementsprechenden Wasserkapazität von 75 – 80 % und einem hohen Anteil gebundenen Wassers bis 50 hPa. Auch der Wasseranteil bis 100 hPa ist noch relativ leicht verfügbar. Diesen Forderungen kommt die Steinwolle mit einer Festsubstanz von 4 %, einem Porenvolumen von 96 % und einem hohen Anteil des bis 50 hPa gebundenen Wassers sehr nahe. Ihre Eigenschaften könnten jedoch durch eine höhere Wasserkapazität verbessert werden.

Das **Sorptions-** und **Pufferungsvermögen** wird in starkem Maße von der Kationen-Austausch-Kapazität (KAK) bestimmt (Tab. 4.1-2). Substrate mit hoher KAK können mehr Nährstoffe speichern, somit stärker aufgedüngt werden und puffern Kopfdüngergaben oder durch hartes Gießwasser zugefügte Mineralstoffe besser aus. Die Aufdüngung sollte sich nach dem Verwendungszweck richten. Für Saaten und Jungpflanzen werden Nährstoffgehalte von 0,2 g/l N, 0,35 g/l P_2O_5 und 0,30 g/l K_2O, für größere Pflanzen die doppelten Nährstoffmengen empfohlen. Die Magnesiumversorgung kann durch magnesiumhaltige Kalke gesichert werden. Einigen Substraten werden Spurennährstoffe beigemischt. Insbesondere bei Cruciferen mindert eine Zugabe von Natriummolybdad (2 g/m³) das Risiko eines Molybdänmangels. Der pH-Wert ist durch Kalkgaben einzustellen (Abb. 4.1-7). Der Kalkbedarf sowie die Nährstoffversorgung bei Substrat- und Hydrokultur werden in Kapitel 4.2, die Nährstoffversorgung insbesondere in Kapitel 4.2.5.2 behandelt.

Die gestellten Forderungen werden von den auf dem Markt angebotenen Kultursubstraten nur teilweise erfüllt (Tab. 4.1-3).

4.1.3.1 Humussubstrate

Weißtorf ist sehr strukturstabil und liefert somit kaum CO_2. Er besitzt ein hohes Porenvolumen, eine gute Luft- und hohe Wasserkapazität, stellt das Wasser jedoch nicht so leicht zur Verfügung

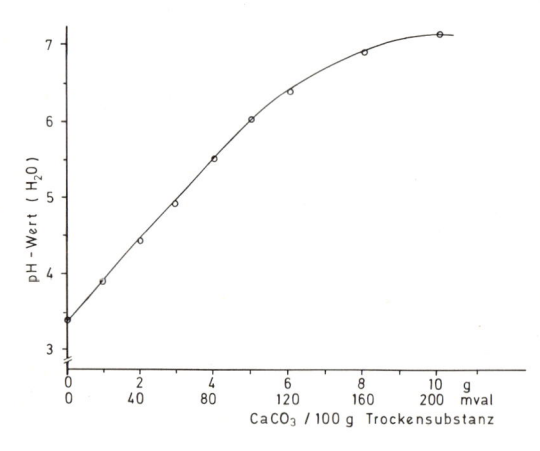

Abb. 4.1-7: Einfluß der Kalkgabe auf den pH-Wert von Weißtorf (nach RATHSACK und JUNGK 1964)

Tab. 4.1–2: Eigenschaften von Kultursubstraten und Böden[1]

	Vol.-gewicht (g/l, trocken)	Porenvol. (%)	Wasserkap. (Vol. %)	Luftkap. (Vol. %)	KAK[2] (mval/l)
Weißtorf	50– 100	90–95	60–70	20–30	80–180
Schwarztorf	120– 200	80–90	60	20	300–500
Potgrond	600				
Einheitserde	500– 600	80	40	40	
Rindenkompost	300– 400	80–90	40–45	40–50	
Blähton (2–4 mm)	510	81	22	59	
Steinwollpl. 5 cm		97	82	15	
10 cm		97	38	59	
granuliert		93	68	25	
Hygromull	20– 30	> 95	67	30	
Styromull	20– 30	> 95	3	95	
Sand	1700	36	19	17	10– 40
Humoser Mutterboden	1300–1500	40–50	40	22	40–200

[1] Nach: PENNINGSFELD 1981, GÜNTHER 1981, SCHARPF 1981, SCHWEMMER et al. 1978
[2] Kationen-Austausch-Kapazität

Tab. 4.1–3: Standardisierte Kultursubstrate für den Gemüsebau (Auswahl)

	Grundstoffe	Kalk	Mineraldüngung (mg/l)			Bemerkungen
			N	P_2O_5	K_2O	
Torfkultursubstrat						
TKS I	100 Vol. % Weißtorf	3 kg kohlensaurer Kalk (5 % Mg-Gehalt) pH (CaCl$_2$) 5–6	140 in ca. 1,5 kg/m³ Volldünger + 2 g/m³ Na-Molybdat + 15 g/m³ Eisenchelat	120	220	zur Aussaat u. zum Pikieren
TKS II	100 Vol. % Weißtorf	3 kg kohlensaurer Kalk (5 % Mg-Gehalt)	in ca. 3 kg/m³ Volldünger 430 + Spurennährstoffe wie TKS I	240	530	zum Topfen u. für Ertragskulturen
Potgrond	60–70 Vol. % Schwarztorf 30–40 Vol. % Weißtorf	7 kg Dolomitkalk pH 5,5–6,0	1,2 (Winter) 1,7 (Sommer) kg/m³ PG mix[1]			für Erdtöpfe u. Ertragskulturen
Einheitserde n. FRUHSTORFER	40–70 l/m³ Sand		160–227	190–270	220–312	
Typ O	20–40 Vol. % Ton + 60–80 Vol. % Weißtorf (u. U. bis 50 % Schwarztorf)	pH 5,5–6,0; auch ungekalkt	–	–	–	zum eigenen Aufdüngen
Typ P	20–40 Vol. % Ton + 60–80 Vol. % Weißtorf (u. U. bis 50 % Schwarztorf)	pH 5,5–6,0	200	250	300	zur Aussaat u. zum **P**ikieren
Typ T	20–40 Vol. % Ton + 60–80 Vol. % Weißtorf (u. U. bis 50 % Schwarztorf)	pH 5,5–6,0	400	500	600	zum **T**opfen u. für Ertragskulturen

[1] 14 % N, 16 % P_2O_5, 18 % K_2O + Spurennährstoffe

wie Steinwolle (Abb. 4.1-6). Nach dem Austrocknen ist Weißtorf schwer zu benetzen. Er besitzt eine gute KAK, ist aber in rohem Zustand sehr nährstoffarm und sauer. Da Torf kein Aluminium enthält, können die Pflanzen bei niedrigeren pH-Werten kultiviert werden als auf Mineralböden, die Silikate enthalten. Zur Einstellung des pH-Wertes ist Weißtorf aufzukalken (Abb. 4.1-7) und mit Nährstoffen, einschließlich einiger Spurennährstoffe, zu versorgen. Im rohen Zustand kann Weißtorf lose oder in Ballen bezogen werden. Als fertiges Handelsprodukt wird Torfkultursubstrat als nährstoffarmes (TKS I) und als nährstoffreiches Substrat (TKS II) angeboten (Tab. 4.1-2).

Schwarztorf ist stärker zersetzt als Weißtorf und damit nicht so strukturstabil. Er besitzt ein höheres Volumengewicht, ein geringeres Porenvolumen, eine geringere Luft- und Wasserkapazität und eine geringere Menge leicht verfügbaren Wassers. Seine KAK ist dagegen sehr hoch. Gute Schwarztorfherkünfte können als reines Kultursubstrat verwendet oder durch Zusatzstoffe, wie Blähton, aufgebessert werden. Als eine Mischung von Schwarztorf, Weißtorf, Sand, ggf. Schlick und Nährstoffen ist Potgrond als Kultursubstrat und besonders für die Herstellung von Preßtöpfen geeignet (Tab. 4.1-2).

Einheitserde ist eine Mischung aus Weißtorf mit Aggregaten von Untergrundton. Sie besitzt eine stabile Struktur, infolge sehr grober Poren eine sehr hohe Luftkapazität und eine entsprechend geringere Wasserkapazität. Sie ist somit sehr vergießfest. Der Anteil leicht verfügbaren Wassers ist geringer als bei den Torfsubstraten. Einheitserde kann ungedüngt (Typ 0), mit schwacher (Typ P) und stärkerer Aufdüngung (Typ T) bezogen werden (Tab. 4.1-2). Zur Anzucht von Kohlarten und Sellerie wird eine zusätzliche Aufkalkung empfohlen. Einheitserde sollte relativ trocken verarbeitet und nach der Saat bzw. Pflanzung reichlich bewässert werden.

Rindensubstrate werden aus Abfällen der Holz- und Papierindustrie hergestellt und mit Zuschlagstoffen (Weißtorf, Schwarztorf, Hygromull) aufgebessert. Die physikalischen Eigenschaften ähneln denen von Einheitserde. Frische Rindensubstrate müssen wegen eines hohen Gehaltes phytotoxischer Verbindungen und wegen ihrer starken biologischen Aktivität bis zu mehreren Monaten fermentiert (kompostiert) werden. Der Kalium-Gehalt ist meist hoch. Hohe Mangan-Gehalte (bis 400 mg/l) können die Pflanzen schädigen und Eisen festlegen. Solche Partien sind höher aufzukalken und zusätzlich mit Eisenchelat (5 – 10 g/m^3 Fe) zu düngen.

Einsatz der Humussubstrate
Humussubstrate werden in Gefäße mit schwacher Pressung eingefüllt, für Ertragskulturen auf Folien in Dämmen aufgeschüttet oder in loser Schüttung als flache Beete (ca. 10 cm) für Pflanzungen oder Saaten hergerichtet. Gut transportabel sind Substrate in Kultursäcken (meist 50 l), die über Tropfbewässerung befeuchtet und gegen stauende Nässe seitwärts geschlitzt sind. Für große Pflanzen, wie z.B. Gurken, sind mindestens 10, besser 14 l pro Pflanze anzusetzen. Je präziser die Steuerung der Bewässerung und Nährstoffversorgung, um so geringer ist die erforderliche Substratmenge.

4.1.3.2 Strohsubstrat
Ballen von Weizen-, aber auch Gerstenstroh, eignen sich für die Kultur großer Pflanzen, wie Gurken, Tomaten oder Paprika. Auf Strohschüttungen können auch Kurzkulturen, wie Kopfsalat und Kohlrabi, gepflanzt werden. Stroh hat eine hohe Luft- und eine befriedigende Wasserkapazität. Der Gehalt an P und K ist relativ hoch, der N-Gehalt dagegen sehr gering. Nach Durchfeuchtung mit N-Zugabe wird Stroh schnell zersetzt, dabei entstehen Wärme und CO_2. Bei Strohkulturen kann deshalb auf eine Bodenheizung und CO_2-Anreicherung verzichtet werden.

Es werden zwei Verfahren empfohlen:
1. Die Pressballen werden zu ⅓ bis ½ in die Erde eingesenkt, pro dt trockenen Strohs (1,4 m^3) mehrere Tage mit 80 – 100 l Wasser durchfeuchtet und folgende Mineraldünger eingespült: 550 g N, 100 g P_2O_5, 100 g K_2O, 50 g MgO.

Durch die Tätigkeit der Mikroorganismen steigt die Temperatur der Ballen auf 60 °C an. Wenn sich das Substrat nach ca. 10 Tagen auf 30 °C abgekühlt hat, kann gepflanzt werden. Die Oberfläche der Strohballen muß mit einem Torf- oder Erdsubstrat abgedeckt werden. Da die Pflanzenwurzeln in den Boden des Gewächshauses eindringen, steht ein großer Wurzelraum zur Verfügung, der einer langen Kulturdauer förderlich ist. Es besteht jedoch kein Schutz vor Infektionen über den Boden.

2. Die Strohballen werden in einer flachen Mulde auf einer Folie ausgelegt und zur Lockerung in der Längsrichtung auf das 1½fache auseinandergezogen (Abb. 4.1-8). Sie werden durchdringend gewässert und dabei pro m^2 30 g N als Kalkammonsalpeter eingespült. Die Ballen erwärmen sich infolge der besseren Durchlüftung nicht so stark und können bereits nach einigen Tagen bepflanzt werden. Auch bei diesem Verfahren ist ein Abdecken mit Torf- oder Erdsubstrat notwendig. Ab der 3. Woche nach dem Pflanzen muß mit N, ab 4. bis 6. Woche mit K laufend nachgedüngt werden.

Abb. 4.1-8: Strohballenkultur

Vorteile dieses Verfahrens sind der Schutz vor Infektionen über den Boden und die kürzere Vorbereitungszeit. Ein Nachteil ist bei langer Kulturdauer der geringere Wurzelraum mit dem geringeren Speicherungsvermögen für Wasser und Nährstoffe.

4.1.3.3 Mineralische Substrate

Mineralische Substrate, wie Sand, Blähton, Ziegelsplitt u. a., sind außerordentlich strukturstabil, besitzen eine sehr hohe Luftkapazität, aber nur eine geringe Wasserkapazität und ein geringes Nährstoffbindungs- und Pufferungsvermögen (Abb. 4.1-6, Tab. 4.1-2). Reine mineralische Substrate sind deshalb nur bei einer wohldosierten Wasser- und Nährstoffzufuhr zu empfehlen und nähern sich damit in ihren Eigenschaften den Hydrokulturverfahren. Als Zuschlagstoffe werden sie zur Vergrößerung des Porenvolumens beigemischt (z. B. 50 % Schwarztorf plus 50 % Blähton. Der technische Einsatz gleicht dem der Humussubstrate.

4.1.3.4 Synthetische Substrate

Steinwolle: Steinwollfäden werden aus einer geschmolzenen Gesteinsmischung gespritzt und granuliert (2 bis 5 mm) oder zu Blöcken bzw. Platten gepreßt. Durch eine spezielle Behandlung muß die Wasseraufnahme verbessert werden. Die angebotenen Steinwollsubstrate besitzen ein sehr hohes Porenvolumen und eine hohe Luftkapazität (Tab. 4.1-2). In niedrigen Platten und auch in granulierter Form ist die Wasserkapazität recht hoch, sinkt aber mit zunehmender Höhe der Platte. Platten über 5 cm Höhe bringen somit nur unwesentliche Vorteile.

Steinwolle enthält keine pflanzenverfügbaren Nährstoffe und ist chemisch inaktiv (inert), besitzt also kein Nährstoffspeicherungs- oder Pufferungsvermögen. Die Pflanzen sind deshalb mit Nährlösungen zu wässern. Das Verfahren erlaubt damit eine gute Steuerung der Wasser- und Nährstoffversorgung, birgt aber auch ein großes Risiko bei Kulturfehlern. Der pH-Wert liegt bei aufbereiteten Steinwollerzeugnissen um 7. Das Substrat ist bei Erstanwendung praktisch steril und kann, ggf. nach Sterilisation, mehrfach wiederverwendet werden.

Steinwollsubstrat wird in verschiedener Form angeboten: Preßtöpfe unterschiedlicher Größe (2,5 x 2,6 x 4 cm bis 20 x 20 x 15 cm), auch zu Multiblöcken oder als Paletten auf Folien geklebt, auch mit schwarzer Folie ummantelt; Platten in Größen von 30–60 x 90 cm mit 5–10 cm Höhe; granulierte Steinwolle in wasserannehmender (grün) oder wasserabweisender (blau) Form. Erstere kann als Kultursubstrat oder als Zuschlag zur Strukturverbesserung eingesetzt werden.

Die Preßtöpfe werden zur Aussaat, zur Stecklingsvermehrung und auch zur weiteren Kultur von Jungpflanzen verwendet. Für ein gutes Eindringen der Wurzeln müssen die Fasern senkrecht verlaufen. Saaten sollten zum besseren Eindringen der Keimwurzeln und zum Abstreifen der Samenschale mit Sand, Perlit o. a. Materialien bedeckt werden. Eine Folienabdeckung sorgt für eine gleichmäßigere Feuchte.

Platten werden auf Folien in Einzel- oder Doppelreihen in Längsrichtung aneinandergelegt (Abb. 4.1-9). Sie können eben liegen, so daß überschüssige Nährlösung abfließt (a). Durch Schräglage (c) oder seitliche Erhöhung der Folie (Mulde oder Latten) kann ein Sumpf den Vorrat an Wasser und Nährstoffen vergrößern. Vielfach werden die Platten in Folien eingeschlagen (b). In der kalten Jahreszeit kann auch eine Erwärmung der Steinwollplatten durch untergelegte PE-Heizrohre wachstumsfördernd wirken.

Nach dem Auslegen sind die Platten mit ca. 8 l pro m^2 und cm Schichthöhe (5 cm Platte 40 l/m^2) Nährlösung zu wässern. Die Jungpflanzen werden mit den Töpfen (Steinwoll- oder Erdpreßtöpfe, Plastiktöpfe müssen am Boden große Löcher aufweisen), auf die Matten gestellt und zunächst über die Töpfe mit Nährlösung versorgt. Später kann, um den Wurzelhals trocken zu halten, über die Platten bewässert werden. Für die Nährlösung werden die in Kapitel 4.2.5.2 aufgeführten Konzentrationen empfohlen. Die Steinwollplatten können nach Desinfektion mehrmals wiederverwendet werden.

Schaumstoffe

Schaumstoffe werden aus verschiedenen Materialien angeboten. Bei offenen Poren besitzen sie ähnliche Eigenschaften wie die Steinwolle. Die Kulturerfahrung mit diesen Substraten ist z. Z. noch unzureichend.

4.1.3.5 Hydrokulturverfahren

Bei den Hydrokulturverfahren wird auf ein Substrat verzichtet und in einer Nährlösung kultiviert. Damit fehlt jegliche speichernde oder puffernde Wirkung des Substrates, und die Nährstoff-, aber auch die Sauerstoffversorgung der Wurzel und der pH-Wert müssen besonders sorgfältig kontrolliert werden. Da hier auch die Stützfunktion des Bodens entfällt, sind die Pflanzen an der Basis zu befestigen.

Von den verschiedenen Hydrokulturverfahren (Tankkultur, Anstauverfahren, Rinnenkultur,

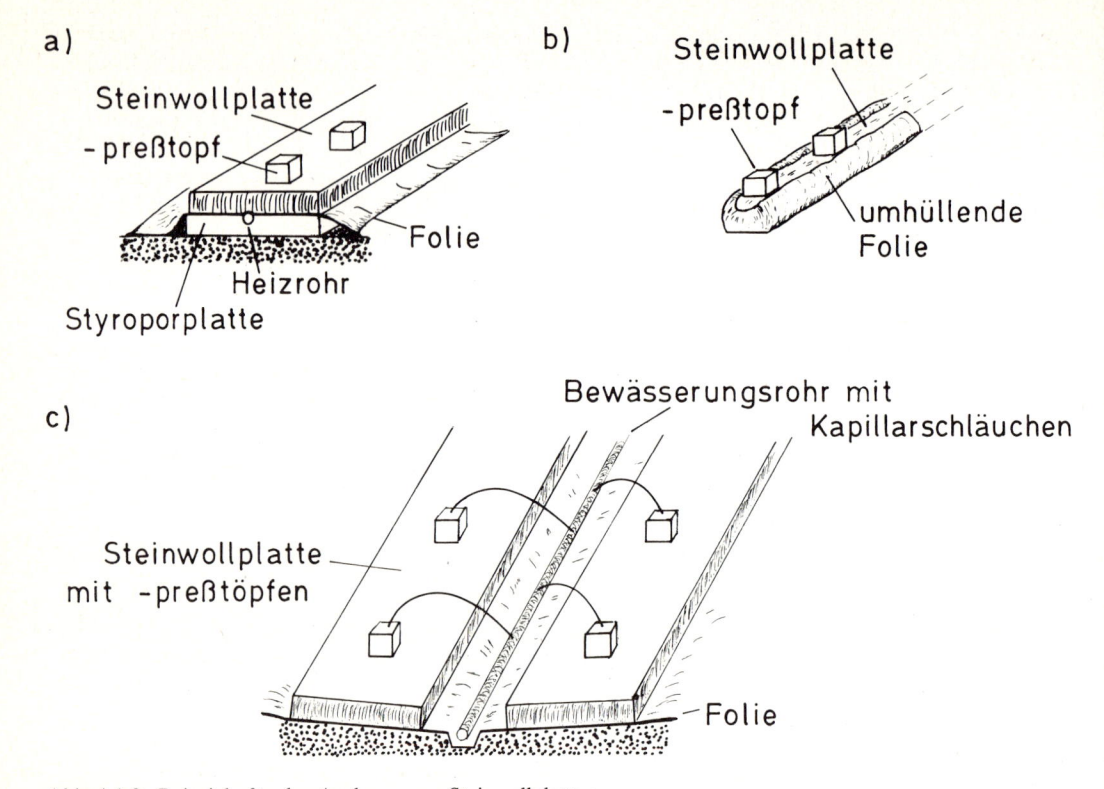

Abb. 4.1-9: Beispiele für das Auslegen von Steinwollplatten
a) 30 cm breite Platte auf Folie mit isolierender Styroporunterlage und Heizrohr, die Folie kann zur Bildung eines Nährlösungssumpfes seitwärts erhöht werden; b) Schmale Platte in Folie gehüllt; c) Zwei 30 cm-Platten auf Folie in Schräglage zur Bildung eines Nährlösungssumpfes zwischen den Platten mit Anlage für Tropfbewässerung

Sprühverfahren) hat im westeuropäischen Gemüsebau nur noch die Nährlösungs-Film-Kultur Bedeutung. Bei diesem Verfahren zirkuliert eine Nährlösung aus einem eingesenkten Tank durch mit den Pflanzen besetzte Rinnen und in den Tank zurück (Abb. 4.1-10). Die Ergänzung der Nährstoffe und des Wassers kann voll automatisiert werden, die Wasserzufuhr über einen Niveauregler, die Nährstoffzufuhr über Magnetventile aus zwei Behältern mit Stammlösungen. Die Trennung der Stammlösungen in 2 Behälter verhindert das Ausfällen der Calciumionen mit Phosphat- und Sulfationen. Die Zugabe wird über einen Leitfähigkeits- bzw. pH-Fühler gesteuert. In der kalten Jahreszeit kann die Nährlösung beheizt werden.

Als Kulturgefäße dienen feste Polyäthylenrinnen von 25–30 cm Breite oder – auf gut geglätte-

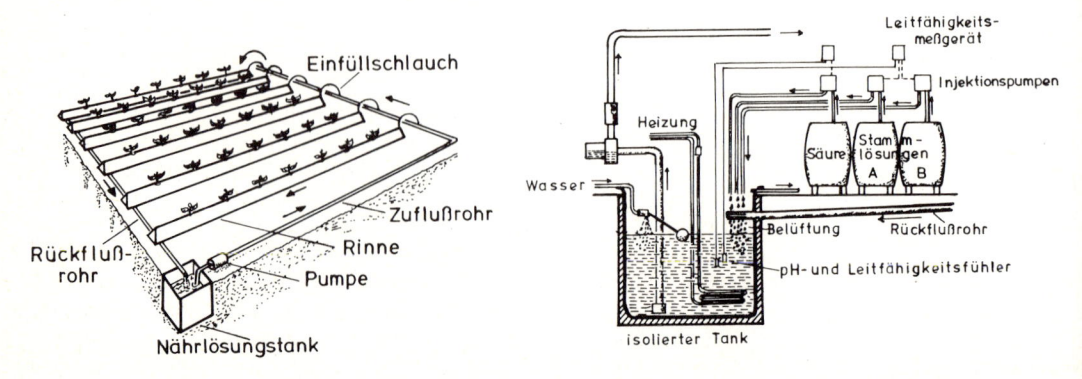

Abb. 4.1-10: Einrichtungen für die Nährlösungsfilmkultur (nach WINSER, HURD und PRICE 1979)

tem Untergrund – einfache Rinnen aus PE-Folien. Bei über 20 m Rinnenlänge besteht die Gefahr, daß die Nährlösung an Sauerstoff verarmt (unter 5 mg/l). Das Gefälle sollte etwa 1,3 %, die Nährlösungsfilmhöhe unter 1 cm und die Durchflußmenge mindestens 2 l/min betragen. Um Algenbildung zu verhindern, ist die Nährlösung über den Rinnen lichtdicht abzudecken. Verschiedentlich werden 10 x 10 x 10 cm Steinwollblöcke oder schmale Steinwollmatten in die Rinnen gelegt und erst darauf die Anzuchttöpfe gestellt. Es handelt sich hier um eine Kombination des Steinwollkultur- und Nährlösungs-Film-Verfahrens.

Für die Nährlösungen gibt es kein universelles Rezept, da die Nährstoffe und das Wasser je nach Pflanzenart und den Wachstumsbedingungen nicht nur in unterschiedlichen Mengen, sondern auch in unterschiedlichen Verhältnissen aufgenommen werden. Darüber hinaus ist der Calciumgehalt des Gießwassers zu berücksichtigen. Orientierungshilfen geben die Tabellen 4.2-32 u. 33. Die Leitfähigkeit wird auf 2,5–3,0 mS/cm eingestellt, im Sommer etwas niedriger, im Winter etwas höher. Geringe Konzentrationsabweichungen haben keine negativen Folgen, da durch die Zirkulation ständig neue Ionen an die Wurzeln herangeführt werden. Die empfohlenen höheren Konzentrationen dienen als Nährstoffspeicher. Dennoch sollte die Nährlösung überwacht und alle zwei Wochen die Konzentration der Spurennährstoffe überprüft werden. Der pH-Wert ist auf 5,5–6,5 einzustellen. Bei zu hohen Werten wird die Nährlösung mit verdünnter Salpeter- und/oder Phosphorsäure angesäuert, bei zu niedrigen pH-Werten durch Zugabe von Natronlauge oder Caliumnitrat angehoben (s. Kap. 4.2.5.2).

Vorteile der Nährlösungs-Film-Kultur sind:
▷ geringe Nährlösungsmengen, die sich durch die Zirkulation gut kontrollieren lassen,
▷ gute Sauerstoffversorgung durch den dünnen Nährlösungsfilm, es können billige Rinnen eingesetzt werden, das System ist leicht zu desinfizieren.

Nachteile sind:
▷ Anschaffungskosten für das Kontrollsystem,
▷ Aufwand für den Aufbau,
▷ hohes Risiko bei Kulturfehlern durch menschliches oder technisches Versagen.

Wegen des hohen Aufwandes für die Beschaffung und Installation ist die Nährlösungs-Film-Technik nur für Langzeitkulturen oder die gemeinsame Nutzung für Groß- und Kleinkulturen interessant. Problematisch ist, besonders bei der Gurkenkultur, das Absterben von Seitenwurzeln mit dem Beginn der Fruchtausbildung. Bei allen Produktionsverfahren mit einseitiger oder eingeschränkter Mikroflora, in denen wirksame Antagonisten zu Schaderregern fehlen, sind der Hygiene und vorbeugenden wie auch kurativen Pflanzenschutzmaßnahmen besondere Beachtung zu schenken.

Literatur

HARTGE, K. H. (1978): Einführung in die Bodenphysik. Stuttgart: Ferdinand Enke.
JANSEN/BACHTHALER/FOELSTER/SCHARPF (1984): Gärtnerischer Pflanzenbau. Stuttgart: Eugen Ulmer.
PENNINGSFELD, F. (1981): Erden und Substrate im gärtnerischen Pflanzenbau. Bonn: Auswertungs- und Informationsdienst für Ernährung, Landwirtschaft und Forsten (AID). H. 85.
VOGEL, G. (1981): Gemüseproduktion unter Glas und Plasten. Berlin: VEB Deutscher Landwirtschaftsverlag.
WINSOR, G. W., HURD, R. G., PRICE, D. (1979): Nutrient film technique. Growers Bulletin No. 5. Littlehampton: Glasshouse Crops Research Institute.

4.2 Ernährung und Düngung

HANS-CHRISTOPH SCHARPF ·
JÜRGEN WEHRMANN ·
HANS-PETER LIEBIG

4.2.1 Ziele der Düngung

Das Ziel von Düngungsmaßnahmen ist die bedarfsgerechte Versorgung der Pflanzen mit den Hauptnährelementen Stickstoff (N), Phosphor (P), Kalium (K), Calcium (Ca), Magnesium (Mg) und Schwefel (S) sowie den Spurenelementen Eisen (Fe), Mangan (Mn), Zink (Zn), Kupfer (Cu), Molybdän (Mo) und Bor (B)[1]. Angestrebt werden neben hohen Erträgen gesunde Pflanzen und marktgerechte Qualitäten sowie die Schonung der Umwelt.

Zwischen der Ernährung der Pflanzen und dem **Ertrag** besteht im allgemeinen eine Beziehung, deren Verlauf einer Optimumfunktion entspricht, wie dies in Abbildung 4.2-1 am Beispiel der Stickstoffversorgung von Weißkohl gezeigt wird. Nährstoffmangel führt ebenso wie Nährstoffüberschuß zu Mindererträgen. Bei der Bestimmung der optimalen Düngung wird häufig zwischen der für den Höchstertrag und der für

---
[1] Umrechnungsfaktoren siehe Anhang

das ökonomische Ertragsoptimum erforderlichen Düngermenge unterschieden. Die letzte ist niedriger, da die Kosten der Düngung berücksichtigt werden müssen. Im Gegensatz zu landwirtschaftlichen Kulturen liegen im Gemüsebau beide Optima meist eng beieinander, da die Düngemittelkosten im Vergleich zu den Erlösen gering sind.

Auch die **Qualitätsmerkmale** der Gemüsepflanzen (Kap. 3.3.5) lassen sich wie der Ertrag durch die Ernährung beeinflussen. Dabei werden, wie in Abbildung 4.2-2 schematisch bei Spinat dargestellt, die Optima der jeweils interessierenden Eigenschaften nicht immer bei derjenigen Nährstoffversorgung erreicht, die zum Höchstertrag führt. Dies gilt prinzipiell auch für die Haltbarkeit im Lager sowie die Anfälligkeit für Krankheiten und Schädlinge.

Eine **Belastung der Umwelt** durch Düngungsmaßnahmen ist nach heutigen Erkenntnissen in erster Linie durch Auswaschung von Nitrat aus Böden ins Grund- und Trinkwasser zu befürchten. Die Gefahr einer Nitratauswaschung ist im Gemüsebau verhältnismäßig groß (s. Kap. 4.2.4.1). Gründe hierfür sind die hohe Düngungsintensität sowie die große Menge stickstoffreicher Ernterückstände. Daher enthalten die Böden zum Ende der Vegetationsperiode in der Regel viel Nitratstickstoff, der über Winter ausgewaschen werden kann, wofür Tab. 4.2-1 Beispiele zeigt.

Tab. 4.2–1: Abnahme der Nitratmengen von Dezember bis März durch Auswaschung (kg NO_3-N/ha) in einigen gartenbaulich genutzten Böden (lehmiger Sand, Hannover) 0–90 cm

Pflanzenart 1982	Dez. 1982 kg N/ha	März 1983 kg N/ha	Abnahme kg N/ha
Möhren	139	31	108
Möhren	91	24	67
Rote Bete	161	31	130
Lupine-Porree	197	73	124
Sellerie	191	113	78

Neben der direkten Versorgung der Pflanzen mit Nährstoffen soll durch die Düngung die Produktivität (**Bodenfruchtbarkeit**) der Böden langfristig erhalten oder noch verbessert werden. Produktive Böden zeichnen sich u. a. aus durch
▷ hohe Speicherfähigkeit für Wasser bei optimaler Durchlüftung und günstiger Struktur,
▷ hohe Speicherfähigkeit für Nährstoffe bei rascher Transformation und Anlieferung der Nährstoffe an die Wurzel,
▷ hohe biologische Aktivität bei gleichzeitig geringem Besatz an Schaderregern.

Regelmäßige organische Düngung und Kalkung dienen neben der gezielten Mineraldüngung und einer sachgerechten Bodenbearbeitung der Produktivität der Böden.

4.2.2 Faktoren der Nährstoffversorgung (Verfügbarkeit)

Bei der Kultur in Böden wird ein mehr oder weniger großer Anteil der Nährstoffe durch Aufnahme aus den Vorräten des Bodens und nur der fehlende Anteil durch Düngung gedeckt. Für die sachgerechte Dosierung der Düngung ist es folglich notwendig, die verfügbare Nährstoffmenge des Bodens möglichst genau zu ermitteln.

Verfügbar für die Pflanzen ist streng genommen nur die Nährstoffmenge des Bodens, die mit der Wurzel in Kontakt kommt und von dieser aufgenommen werden kann. Diese Menge hängt einerseits von den Eigenschaften des Bodens (Vorrat ≙ Kapazität und Mobilität ≙ Intensität der Nährstoffe) und andererseits von den Pflanzeneigenschaften (Größe und Leistung des Wurzelsystems) ab.

Im Boden werden folgende Bindungsformen der Nährstoffe unterschieden:

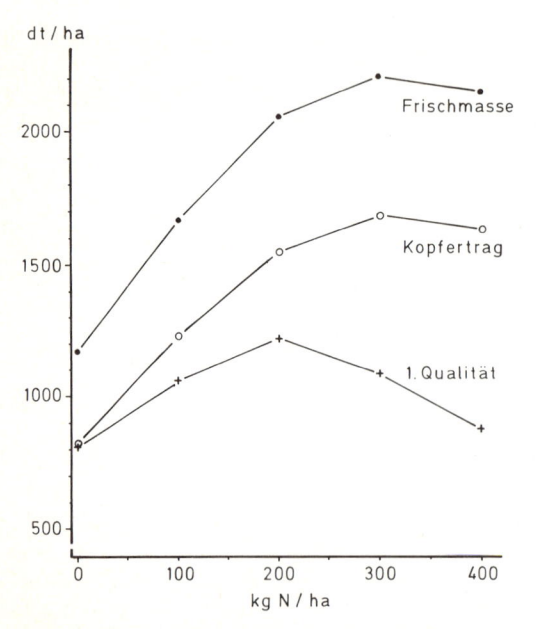

Abb. 4.2-1: Einfluß des N-Angebotes (N_{min}-Vorrat des Bodens und N-Düngung) auf den Ertrag von Weißkohl (BÖHMER 1980)

Ernährung und Düngung

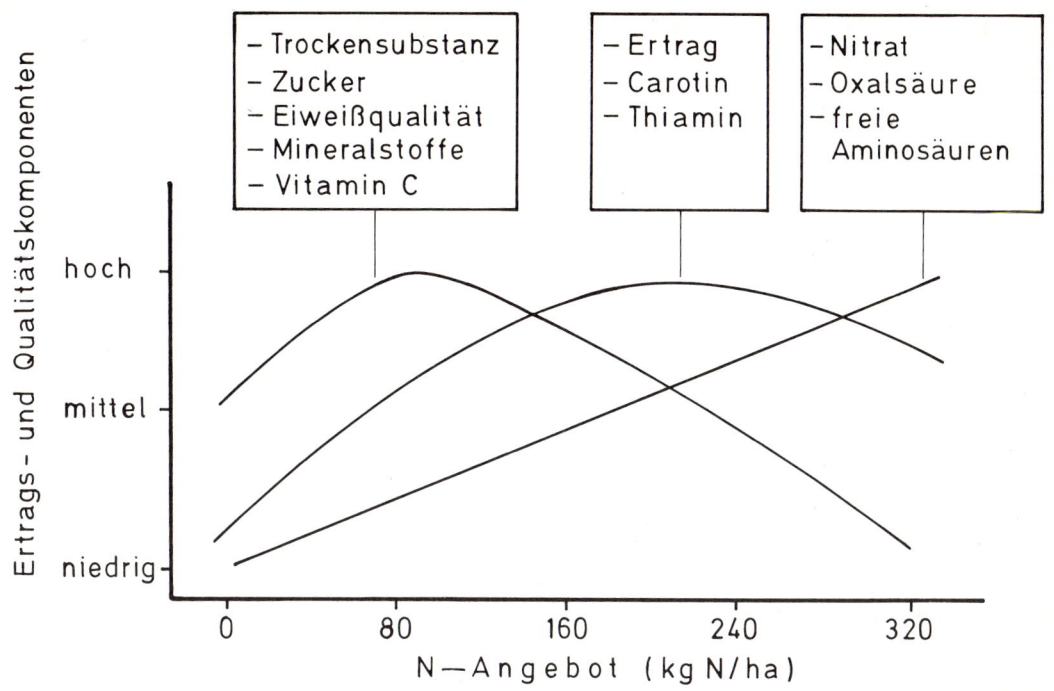

```
┌─────────────────┐    ┌──────────┐    ┌──────────────┐
│ – Trockensubstanz│    │ – Ertrag │    │ – Nitrat     │
│ – Zucker        │    │ – Carotin│    │ – Oxalsäure  │
│ – Eiweißqualität│    │ – Thiamin│    │ – freie      │
│ – Mineralstoffe │    │          │    │   Aminosäuren│
│ – Vitamin C     │    │          │    │              │
└─────────────────┘    └──────────┘    └──────────────┘
```

Abb. 4.2-2: Ertrag und Qualitätsmerkmale (Gehalte) in Abhängigkeit von der N-Versorgung bei Spinat (schematisch)

▷ gelöst im Bodenwasser (Maß für Intensität)
▷ labil, d. h. austauschbar oder in leicht mineralisierbarer organischer Substanz (Maß für Kapazität)
▷ stabil, d. h. im Gitter der Silikate oder in schwer zersetzbarer organischer Substanz gebunden.

Zur Ernährung der Pflanzen tragen überwiegend die beiden ersten Fraktionen bei. Dabei macht der gelöste Anteil, wie aus Tabelle 4.2-2 ersichtlich, bei N, P und K in der Regel nur so wenig aus, daß er nicht zur vollen Versorgung der Pflanzen ausreicht und deshalb aus der labilen Fraktion oder durch Düngung ergänzt werden muß.

Die erheblichen Unterschiede der in der Bodenlösung enthaltenen Nährstoffmengen sind unter anderem dadurch begründet, daß Phosphor schwerlösliche Verbindungen bildet und stark sorbiert wird, Kalium an spezifischen Stellen des Bodens relativ fest gebunden wird, während Nitrat ausschließlich in der Bodenlösung enthalten ist.

Im Zusammenhang mit der unterschiedlichen Bindungsform der Nährstoffe stehen die Mechanismen des Antransportes zur Wurzel. Hierbei unterscheidet man:
▷ Massenfluß = Transport mit der Bodenlösung über größere Entfernungen aufgrund des Transpirationsstromes.
▷ Diffusion = Eigenbewegung der Ionen über kurze Entfernungen aufgrund des Konzentrationsgefälles in der Nähe der Wurzeln.

Durch einen Vergleich der Gehalte der einzelnen Nährelemente in der Bodenlösung mit dem Nährelementbedarf eines Pflanzenbestandes läßt sich unter Berücksichtigung des Wasserverbrauchs errechnen, daß z. B. bei Calcium durch den Massenfluß etwa das Zehnfache des Bedarfs an die Wurzel transportiert wird. Calcium reichert sich folglich in Wurzelnähe an. Ähnliches gilt für Magnesium. Im Gegensatz dazu liefert der Massenfluß nicht genug Kalium und Phosphat an die Wurzel. Bei diesen Elementen trägt die Diffusion wesentlich zum Antransport bei.

Das für die Diffusion von Nährstoffen zur Wurzel notwendige Konzentrationsgefälle entsteht bei der Aufnahme von Nährstoffen durch die Wurzeln. Es läßt sich wie in Abbildung 4.2-3 in für die einzelnen Nährelemente charakteristischen Verarmungsprofilen darstellen.

Diese Verarmungszonen reichen bei P und K nur wenige mm, so daß zwischen einzelnen Wurzeln Boden liegt, der nicht zur Nährstoffversorgung beiträgt. In diesen Fällen nutzt die Pflanze, wie aus Tabelle 4.2-3 hervorgeht, nur einen Teil

Tab. 4.2–2: Größenordnung der in unterschiedlichen Bindungsformen in Lößlehm enthaltenen Nährelementmengen und des Nährstoffbedarfs eines Blumenkohlbestandes (0–30 cm Bodentiefe, kg/ha)

Nähr-element	in der Bodenlösung enthalten	labil gebunden	stabil gebunden	Bedarf eines Blumenkohlbestandes
N	100	500	10 000	250
P	1	1 000	1 500	50
K	10	1 000	100 000	350
Ca	100	10 000	10 000	60

Tab. 4.2–3: Ausnutzung des Krumenvolumens und der Düngung bei P, K und N durch Getreide

Nährstoff	Ausnutzung des Krumenvolumens durch die Wurzel (%)		Düngerausnutzung (%)	
P „löslich"	20	(10–40)	10	(5–20)
K „austauschbar"	30	(15–90)	20	(10–40)
N (Nitrat)	100		90	(70–98)

des Bodens, der als Rhizoboden bezeichnet wird. Im Gegensatz dazu trägt bei NO$_3$ das ganze Bodenvolumen zur Versorgung der Pflanze bei, weil es sich durch eine hohe Beweglichkeit im Boden auszeichnet.

Bei schwer beweglichen Nährstoffen hängt die Versorgung der Pflanzen im wesentlichen vom Aneignungsvermögen der Wurzeln ab. Dieses wird sowohl durch das Wurzelsystem (Wurzeldichte und Durchwurzelungstiefe) als auch die Aktivität der Einzelwurzeln (Nährstoffaufnahmerate) bestimmt. Durch die Aufnahme von Nährstoffen aus der Bodenlösung, die Aktivität der Wurzeln und die Tätigkeit der Mikroorganismen kommt es zu einer Nährstoffnachlieferung aus der labilen, teilweise auch aus der stabilen Fraktion. Diese Aktivierung der Nachlieferung stellt die Versorgung der Pflanzen auch mit den Nährstoffen sicher, die, wie z. B. P und K, in der Bodenlösung in geringen Konzentrationen enthalten sind. Zwischen den Pflanzenarten — teilweise sogar Sorten — bestehen große Unterschiede im Aneignungsvermögen für Nährstoffe, was ebenso wie die Mykorrhiza auf nährstoffarmen Standorten Bedeutung hat. Die vielfältigen Einflüsse von Boden- und Pflanzeneigenschaften machen die Schwierigkeiten verständlich, die sich bei der Ermittlung des Düngerbedarfs durch Bodenanalysen ergeben.

4.2.3 Methoden der Düngerbedarfsermittlung

Zur Ermittlung des Düngerbedarfs oder zur Klärung von Ernährungsstörungen stehen folgende Methoden zur Verfügung:
▷ Düngungsversuche
▷ Kalkulationsverfahren auf der Basis von Pflanzen-, Boden-, Witterungs- und Bewirtschaftungsdaten
▷ Bodenuntersuchungen
▷ Pflanzenanalysen einschließlich der Beurteilung von Schadsymptomen.

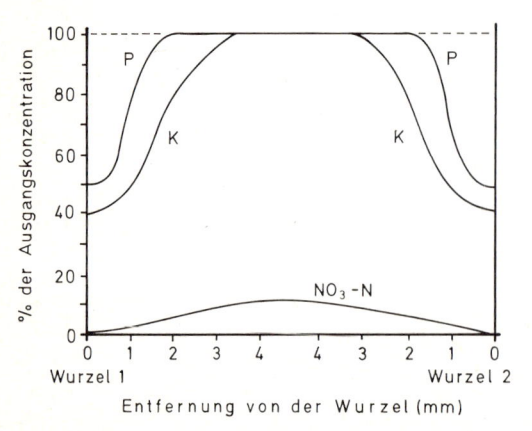

Abb. 4.2-3: N-, P- und K-Verarmungsprofile des Bodens in der Nähe der Pflanzenwurzel (JUNGK)

Tab. 4.2–4: Grundlagen zur Berechnung des Nährstoffbedarfs verschiedener Gemüsearten

Art	Marktertrag [dt/ha]		Nährstoffbedarf in kg je dt Marktertrag			
	Durchschnitt	Gültigkeitsbereich für die Berechnung	N	P_2O_5	K_2O	MgO
Blumenkohl	350	200– 400	0,75	0,30	1,00	0,10
Buschbohne	140	120– 140	0,75	0,25	0,70	0,17
Chicoree	150	100– 300	0,70	0,35	1,20	0,12
Chinakohl	400	300– 500	0,40	0,25	0,60	0,10
Endivien	400	300– 600	0,30	0,10	0,55	0,05
Erbse	100	100– 140	1,20	0,50	1,20	0,20
Feldsalat	100	80– 120	0,50	0,30	0,75	0,22
Grünkohl	300	150– 350	0,50	0,20	0,50	0,08
Gurke	300	200– 500	0,20	0,13	0,30	0,07
Kohlrabi	200	150– 300	0,50	0,30	0,80	0,15
Kohlrübe	400	300– 600	0,40	0,18	0,60	0,07
Kürbis	800	600–1000	0,10	0,11	0,20	0,05
Mangold	350	300– 400	0,25	0,13	0,25	0,13
Meerrettich	160	80– 250	0,45	0,23	1,02	0,07
Möhre Frischware	350	200– 800				
Möhre Industrie	600	400–1000	0,35	0,16	0,60	0,10
Petersilie	200	150– 250	0,40	0,20	0,50	0,08
Porree	350	200– 600	0,33	0,18	0,55	0,08
Puffbohne	125	120– 130	1,30	0,47	1,00	0,20
Radies	150	100– 300	0,50	0,25	0,50	0,15
Rettich	200	100– 250	0,55	0,28	0,60	0,12
Rhabarber	700	300– 800	0,30	0,20	0,62	0,10
Rosenkohl	100	50– 200	2,00	1,00	3,00	0,25
Rote Rübe	400	300– 600	0,35	0,15	0,55	0,10
Rotkohl	400	250– 500	0,58	0,17	0,70	0,10
Salat	300	200– 450	0,22	0,10	0,48	0,04
Schwarzwurzel	200	150– 250	0,55	0,22	0,75	0,08
Sellerie	300	150– 550	0,60	0,25	1,00	0,12
Spargel	50	20– 100	2,75	0,90	2,50	0,30
Spinat	200	100– 300	0,45	0,20	0,55	0,13
Stangenbohnen	180	120– 300	0,90	0,21	0,70	0,20
Tomaten	400	300– 800	0,28	0,08	0,40	0,05
Weißkohl	500	300– 700	0,35	0,15	0,50	0,07
Wirsing	400	300– 700	0,60	0,20	0,80	0,08
Zwiebeln	300	250– 500	0,28	0,15	0,40	0,08

Rechenbeispiel Blumenkohl: Marktertrag 300 dt/ha, Nährstoffbedarf pro ha: 225 kg N, 90 kg P_2O_5, 300 kg K_2O, 30 kg MgO

4.2.3.1 Düngungsversuche

Düngungsversuche sind unabdingbare Voraussetzung für die Datengewinnung und Eichung aller übrigen Methoden der Düngerbedarfsermittlung. Sie liefern die genauesten Informationen über den Düngerbedarf. Ihre Ergebnisse gelten jedoch streng genommen nur für den Einzelfall, d. h. die jeweilige Versuchspflanze, den Standort und das Versuchsjahr. Außerdem sind sie aufwendig und ihre Ergebnisse liegen meist erst zum Ende der Kulturperiode, also für eine Düngung der entsprechenden Kultur zu spät vor. Als alleinige Informationsquelle für die Dosierung der Düngung in der Praxis sind daher Düngungsversuche ungeeignet.

Hingegen kann eine Testdüngung, z. B. eine Blattdüngung auf einer Teilfläche, zur Klärung der Ursachen von Ernährungsstörungen beitragen. Eine auf Testflächen variierte Düngung er-

Tab. 4.2–5: Größenordnung des Bedarfs der Pflanzen an Spurenelementen

	Bedarf in g/dt Pflanzenmasse (frisch)
Eisen	2,00
Mangan	1,00
Zink	0,50
Bor	0,50
Kupfer	0,10
Molybdän	0,02

möglicht Beobachtungen, die zur genaueren Dosierung der Düngung genutzt werden können. Besonders sinnvoll ist die Anlage von »Düngefenstern«, d. h. die Reduzierung der Düngung auf einer kleinen Teilfläche. Auf ihr kann eine Verknappung des Nährstoffangebots frühzeitig erkannt werden.

4.2.3.2 Kalkulationsverfahren

Diese Verfahren bauen auf dem in Düngungsversuchen oder in Erhebungen ermittelten Nährstoffbedarf der Pflanzen und dem Nährstoffentzug auf. Unter dem **Nährstoffbedarf** der Pflanzen wird die Menge der einzelnen Nährstoffe verstanden, die ein unter Berücksichtigung des Produktionszieles optimal ernährter Bestand im Verlauf der Vegetationsperiode aufnimmt. Der Nährstoffbedarf setzt sich also aus der Nährstoffmenge im Marktertrag und in den Ernterückständen zusammen.

Die Größenordnung des Bedarfs an Stickstoff, Phosphat, Kalium und Magnesium enthält Tabelle 4.2-4. Die Nährelemente P, K und Mg sind hierin als Oxyde angegeben, um die Umrechnung in Düngereinheiten zu erleichtern. Der durchschnittliche Bedarf an Spurenelementen kann der Tabelle 4.2-5 entnommen werden.

Im Gegensatz zum Nährstoffbedarf bezeichnet der **Nährstoffentzug** nur die mit dem Erntegut vom Feld abgefahrene Nährstoffmenge. Analysiert man die Markterträge einer größeren Anzahl von Gemüsekulturen, so erhält man den in Tab. 4.2-6 genannten durchschnittlichen Entzug. Der Nährstoffentzug im Marktertrag errechnet sich aus:

Nährstoffbedarf des Gesamtbestandes minus Nährstoffmenge in den Ernterückständen.

Die Größenordnung der in den einzelnen Komponenten enthaltenen Nährstoffmengen gibt Tabelle 4.2-7 am Beispiel eines Blumenkohlbestandes an.

Je nach Pflanzenart und Ernteverfahren können, wie in Tabelle 4.2-8 dargestellt, sehr unterschiedliche Anteile des Nährstoffbedarfs mit dem Erntegut entzogen, d. h. vom Feld entfernt werden. Sowohl der Nährstoffbedarf als auch der Nährstoffentzug sind wichtige Größen für die Ermittlung des Düngerbedarfs. Die Ausrichtung der Düngung allein am Nährstoffbedarf des erwarteten Ertrags ist nur dann sachgerecht, wenn vom Substrat keine Nährstoffe geliefert werden, was z. B. bei erdelosen Kulturverfahren in Steinwolle, Torf, Kunststoffen oder Nährlösung der Fall ist.

Bei der Kultur in Böden führen Düngergaben in Höhe des erwarteten Nährstoffbedarfs langfristig meist zu einer überhöhten Versorgung, da außerdem Nährstoffe des Bodens zur Ernährung beitragen. Da der Nährstoffentzug bei den meisten Kulturen (s. Tab. 4.2-8) unter dem Nährstoffbedarf liegt, wäre bei diesem Vorgehen eine unnötige Nährstoffanreicherung die Folge. Sie wird vermieden, wenn sich die Düngung am Nährstoffentzug orientiert. Hierbei erreicht man auf speicherfähigen Böden und bei den wenig

Tab. 4.2–6: Durchschnittlicher Nährstoffentzug mit dem Marktertrag im Freilandgemüsebau (aus ALT und LADEBUSCH 1984 und eigenen Untersuchungen)

	N	P_2O_5	K_2O	MgO
kg/100 dt	35	10	45	3

Tab. 4.2–7: Nährstoffmengen in der gesamten Pflanzenmasse (Bedarf), im Marktertrag (Entzug) und in den Ernterückständen eines Blumenkohlbestandes

		Gesamtertrag (Bedarf)	Marktertrag (Entzug)	Ernterückstände
Frischmasse dt/ha		900	500	400
N	kg/ha	260	130	130
P_2O_5	kg/ha	90	50	40
K_2O	kg/ha	360	200	160
MgO	kg/ha	20	10	10

oder nicht auswaschungsgefährdeten Nährelementen P und K langfristig eine weitgehend ausgeglichene Nährstoffbilanz.

Für eine optimale Ernährung einzelner Kulturen durch gezielte Düngung reichen jedoch Angaben über den Nährstoffbedarf und Nährstoffentzug meist nicht aus. Dies gilt ganz besonders für die Stickstoffdüngung. Eine genauere Kalkulation des N-Düngerbedarfs setzt zusätzlich Informationen über Eigenschaften der Böden (Nährstoffgehalt, Wasserspeicherfähigkeit, Durchwurzelbarkeit), den Witterungsverlauf (Niederschläge, Temperatur) und die Bewirtschaftungsmaßnahmen (Düngung der Vorkultur, Ernterückstände, organische Düngung) voraus.

Düngergaben unterhalb des Bedarfs sind angezeigt bei:
▷ hohen Nährstoffgehalten des Bodens,
▷ hoher Speicherfähigkeit für Wasser (geringe Auswaschungsverluste),
▷ tiefgründiger Durchwurzelung (Nutzung des Unterbodens),
▷ geringen Winterniederschlägen (verminderte Auswaschung),
▷ hohen Temperaturen (erhöhte Mineralisierung),
▷ schwachzehrender Vorkultur (hoher Nährstoffrest),
▷ nährstoffreichen Ernterückständen und organischer Düngung (hohe Nährstoffnachlieferung).

Eine Erhöhung der Düngergaben über den Nährstoffbedarf der Kultur hinaus kann erforderlich sein bei:
▷ extrem niedrigen Nährstoffgehalten des Bodens,
▷ geringer Speicherfähigkeit für Wasser (Gefahr von Auswaschungsverlusten),
▷ Kulturen, die bis zum Zeitpunkt der Ernte ein hohes Nährstoffangebot benötigen und deshalb einen erheblichen Anteil an Nährstoffen ungenutzt im Boden zurücklassen,
▷ Kulturen auf Stroh (erhöhte N-Immobilisierung).

Diese Kalkulationshilfen zielen letzten Endes alle darauf ab, das Nährstoffangebot des Bodens und den Ausnutzungsgrad der zugeführten Dünger genauer zu erfassen. Dabei sind auf den einzelnen Standorten besonders große Unterschiede am ehesten bei den Nährstoffgehalten der Böden (Kap. 4.2.3.3) sowie bei den Nährstoffmengen in den Ernterückständen zu erwarten.

Die aus den Ernterückständen stammenden Nährstoffe hängen in erster Linie von der Menge der Ernterückstände ab (Tab. 4.2-9). Diese unterliegen von Kultur zu Kultur und je nach Ernteverfahren sehr großen Schwankungen. Eine hinreichend genaue Schätzung der in den Ernterückständen enthaltenen Nährstoffmengen ist möglich, indem die auf dem Feld verbleibende Rückstandsmasse mit den in Tabelle 4.2-6 aufgeführ-

Tab. 4.2–9: Einstufung von Gemüsearten nach der Menge der Ernterückstände (dt/ha)

niedrig	mittel	hoch
10–50	100–250	300–600
Porree	Erbsen	Rosenkohl
Kopfsalat	Buschbohnen	Blumenkohl
Kohlrabi	Sellerie	Spätkohl
Spinat	Frühkohl	
Rettich, Radies	Rote Rübe	
Feldsalat	Einlegegurken	
Grünkohl bei Maschinenernte	Möhren	

Tab. 4.2–8: Anteil des Nährstoffentzuges am Nährstoffbedarf bei verschiedenen Gemüsearten

80–100 %	50–60 %	0–40 %
Kopfsalat, guter Bestand	Blumenkohl — Aufbereitung auf dem Feld	Erbsen
Radies	Weißkohl	Einlegegurken
Kohlrabi, Porree	Sellerie	Buschbohnen
Blumenkohl — Aufbereitung auf dem Hof	Möhren	Rosenkohl, Handernte
Gewächshauskulturen mit Entfernung der Ernterückstände	Kopfsalat, schlechter Bestand	Ernteverzicht bei vermindertem Absatz oder Qualitätsmängeln
Spinat, tiefer Schnitt	Spinat, hoher Schnitt	
Grünkohl, Maschinenernte	Grünkohl, Handernte	

Tab. 4.2–10: Kenndaten der Nährstoffversorgung des Bodens

Gehaltsklasse		Versorgungsbereich	empfohlene Düngung
A	niedrig	starker Mangel	stark erhöhte Düngung
B	mittel	schwacher Mangel	erhöhte Düngung
C	hoch	optimale Versorgung	Erhaltungsdüngung (meist Entzug)
D	sehr hoch	Luxusversorgung	verringerte Düngung
E	extrem hoch	Überschuß	keine Düngung

ten durchschnittlichen Nährstoffgehalten (kg/100 dt Frischmasse) multipliziert wird. Die Schwankungsbreite reicht bei Stickstoff von ca. 10 kg N/ha bei vollständig abgeerntetem Kopfsalat bis nahezu 200 kg N/ha bei einem starkwüchsigen Rosenkohlbestand.

Trotz Berücksichtigung vieler Einflußgrößen bei der Kalkulation des Düngerbedarfs sind die Ergebnisse meist mit erheblichen Unsicherheiten behaftet, so daß Düngungsfehler nicht auszuschließen sind. Es ist daher anzustreben, über die Kalkulation hinaus Meßverfahren, wie Boden- und Pflanzenanalyse, einzusetzen, die die Sicherheit erhöhen.

4.2.3.3 Bodenuntersuchung

Das Ziel der Bodenuntersuchung besteht darin, die Nährstoffmenge festzustellen, die für die Pflanze verfügbar ist oder den Düngerbedarf anzeigt. Um diesem Ziel nahezukommen, trachtet man danach, den sofort verfügbaren, d. h. gelösten, und den nachlieferbaren, d. h. labil gebundenen Anteil der Nährstoffe im Boden zu ermitteln. Dies geschieht in der Regel durch Extraktion der Nährstoffe mit Wasser, verdünnten Salzlösungen, schwachen Säuren oder Komplexbildnern. Gelegentlich werden auch Ionenaustauscher oder die Elektro-Ultrafiltration benutzt und die Pufferung des Bodens berücksichtigt.

Die gemessenen Werte ordnet man meist in die in Tabelle 4.2-10 aufgeführten Versorgungsbereiche ein. Entsprechend dem Versorgungsbereich wird empfohlen, die Düngung gegenüber dem Entzug zu erhöhen oder abzusenken. Im Gemüsebau werden häufig nur die Bereiche niedrig, mittel und hoch versorgt benutzt.

Mit Ausnahme der Untersuchung auf Nitrat ist die Aussagefähigkeit der Bodenanalyse nur begrenzt, da bei der Nutzung der Bodennährstoffe das Aneignungsvermögen der Pflanzen eine große Rolle spielt (s. Kap. 4.2.2). Die hierbei bedeutungsvollen Pflanzeneigenschaften läßt die Bodenuntersuchung i. a. außer Betracht. Dazu kommt, daß die meisten Pflanzen Nährstoffe auch aus dem Unterboden aufnehmen, der nur bei der N_{min}-Methode (s. Kap. 4.2.4.1) untersucht wird. Neben der Ermittlung des Düngerbedarfs gibt die Bodenuntersuchung auch Hinweise über pH-Wert (Kap. 4.2.4.5), Gesamtsalz- (Kap. 4.2.6.1) und Humusgehalt der Böden (Kap. 4.2.5).

4.2.3.4 Pflanzenanalyse und Beurteilung von Schadsymptomen

Zwischen dem Nährstoffgehalt in der Pflanze und dem Ertrag besteht in der Regel ein Zusammenhang, der in Abbildung 4.2-4 dargestellt ist.

Hinsichtlich der Ernährung der Pflanze können die Versorgungsbereiche Mangel, Optimum und Toxizität unterschieden werden. Die Grenzen zwischen diesen Bereichen werden durch den Ertragsgrenzwert sowie den Toxizitätsgrenzwert gebildet. Der Mangelbereich kann durch den Symptomgrenzwert in akuten und latenten Mangel aufgeteilt werden.

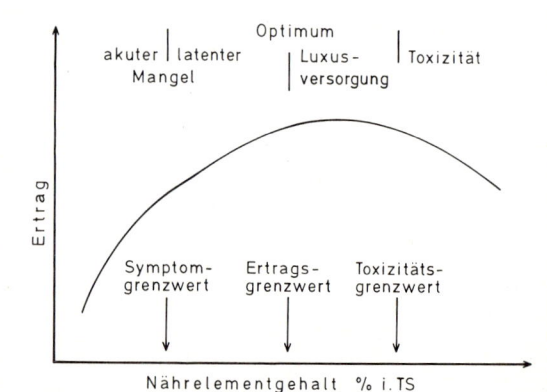

Abb. 4.2-4: Beziehung zwischen dem Nährelementgehalt in der Pflanze und dem Ertrag (nach FINCK 1979)

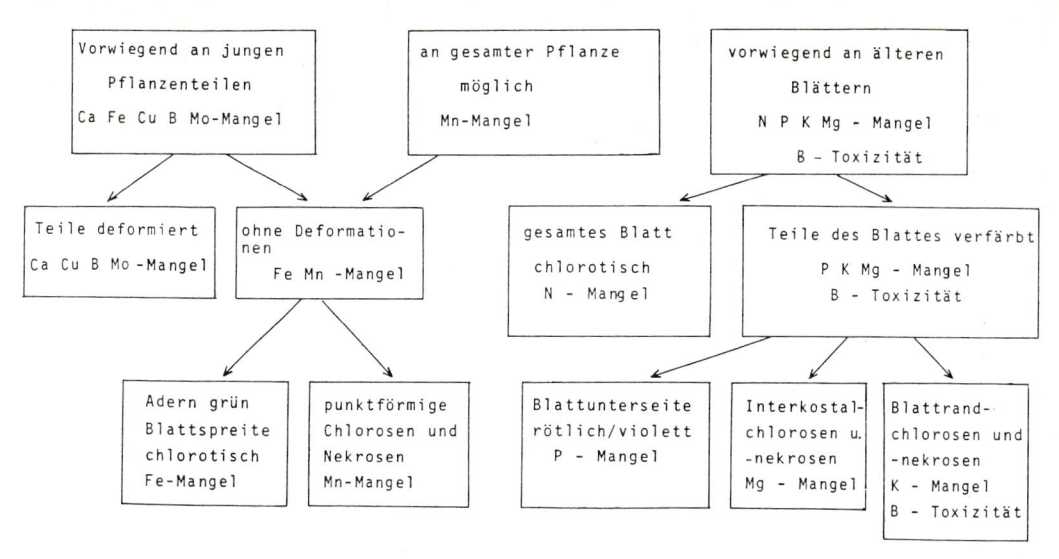

```
┌─────────────────────────┐      ┌─────────────────────┐      ┌─────────────────────────┐
│ Vorwiegend an jungen    │      │ an gesamter Pflanze │      │ vorwiegend an älteren   │
│   Pflanzenteilen        │      │     möglich         │      │      Blättern           │
│ Ca Fe Cu B Mo-Mangel    │      │    Mn-Mangel        │      │ N P K Mg - Mangel       │
│                         │      │                     │      │    B - Toxizität        │
└─────────────────────────┘      └─────────────────────┘      └─────────────────────────┘
```

Abb. 4.2-5: Diagnoseschlüssel zur Zuordnung von Mangel- und Toxizitätssymptomen zu einzelnen Nährelementen

Mit einiger Erfahrung läßt sich die Ursache eines akuten Mangels in vielen Fällen auch ohne die chemische Pflanzenanalyse anhand der Ausprägung von Symptomen eindeutig feststellen. Hilfreich ist hierbei ein systematisches Vorgehen, wie es in Abbildung 4.2-5 vorgeschlagen wird.

Bei der Diagnose stellt man jeweils Alternativfragen, z.B. nach dem betroffenen Pflanzenteil, der Blattpartie oder Deformation. Die Benutzung farbiger Abbildungen der Schadsymptome (z. B. BERGMANN 1983) erleichtert die Diagnose. Häufig kann die Ursache von Ernährungsstörungen nur durch eine Testblattdüngung oder aber mit der chemischen Pflanzenanalyse eindeutig festgestellt werden.

Im Idealfall liegen zur Interpretation der Ergebnisse der Pflanzenanalyse bei sämtlichen Nährelementen Grenzwerte für Mangel, den Optimalbereich und Toxizität vor, wie am Beispiel von Gurken in Tabelle 4.2-11 aufgeführt. Für viele Gemüsearten stehen jedoch derartig ausführliche Angaben noch nicht zur Verfügung. Häufig ist nur der Optimalbereich der Nährelemente bekannt. Entsprechende Daten sind Tabelle 4.2-12 zu entnehmen.

Bei der Pflanzenanalyse ist zu beachten, daß nur bestimmte Pflanzenteile und diese nur zu festgelegten Zeitpunkten untersucht werden dürfen. Die einzelnen Pflanzenteile unterscheiden sich nämlich in ihrem Nährstoffgehalt, der sich

Tab. 4.2–11: Grenzwerte der Nährelementgehalte für den Mangel-, Optimal- und Toxizitätsbereich von Gurkenblättern (5./6. Blatt ab Sproßspitze)

		Mangel	Optimalbereich	Toxizität
N		< 2,6	3,0– 5,0	> 6,0
P		< 0,25	0,3– 0,6	> 1,0
K	in % der	< 2,0	2,5– 5,5	> 7,0
Ca	Trockensubstanz	< 1,0	5,0– 9,0	–
Mg		< 0,3	0,5– 1,0	> 1,0
Fe		< 65	150 –250	–
Mn	in mg/kg	< 25	60 –150	> 500
Zn	Trockensubstanz	< 25	35 – 80	> 300
B		< 25	40 – 80	> 100
Cu		< 2	7 – 15	> 20
Mo		< 0,3	1,0– 2,0	–

Tab. 4.2–12: Nährelementgehalte in Gemüsepflanzen bei bedarfsgerechter Ernährung (n. BERGMANN 1983)

Art	Entnahmeort u. -zeitpunkt	% in d. Trockensubstanz					mg/kg Trockensubstanz				
		N	P	K	Ca	Mg	B	Mo	Cu	Mn	Zn
Blumenkohl (Brassica oleracea botrytis)	mittl. Blätter zum Zeitpunkt der Blumenbildung	3,00–4,50	0,40–0,70	3,00–4,20	1,00–1,50	0,25–0,50	30–80	0,50–1,00	5–12	30–150	30–70
Kopfkohl (Brassica oleracea capitata)	voll entw. Blätter z. Zeitpkt. der Kopfbildung	3,70–4,50	0,30–0,50	3,00–4,00	1,50–2,00	0,25–0,50	25–80	0,40–0,70	5–12	30–150	20–60
Rosenkohl (Brassica oleracea gemmifera)	gerade voll entw. Blätter z. Beginn der Rosenbildung	2,20–4,20	0,25–0,50	2,40–3,40	0,40–2,00	0,25–0,50	30–80	0,40–0,70	5–12	40–150	20–60
Gurke (Cucumis sativus)	voll entw. Blätter und Früchte	2,80–5,00 / 2,40–4,00	0,30–0,60 / 0,50–0,90	2,50–5,40 / 4,00–7,00	5,00–9,00 / 0,70–1,10	0,50–1,00 / 0,30–0,60	40–80 / 25–40	0,80–2,00 / 0,50–1,00	7–15 / 6–15	60–200 / 30–50	35–80 / 30–80
Kohlrabi (Brassica oleracea gongylodes)	gerade voll entw. Blätter vor der Ernte	4,00–5,00	0,30–0,60	3,00–4,00	1,00–3,00	0,25–0,50	30–80	0,40–0,70	5–12	50–150	20–60
Kopfsalat (Lactuca sativa capitata)	mittl. voll entw. Blätter zur Kopfbildung	4,00–5,50	0,45–0,70	4,20–6,00	1,20–2,10	0,35–0,60	25–60	0,20–1,00	7–15	30–150	30–80
Meerrettich (Amoracia rusticana)	gerade ausgereifte Blätter zur Wachstumsmitte	2,00–3,00	0,20–0,35	2,40–3,80	2,00–3,00	0,25–0,50	40–60	0,30–1,00	8–12	60–150	35–70
Möhre (Daucus carota sativa)	gesamte oberirdische Pflanze zur Wachstumsmitte	2,00–3,00	0,30–0,50	2,70–4,00	1,20–2,00	0,40–0,80	30–80	0,50–1,50	7–15	50–150	30–80
Paprika (Capsicum annuum)	gerade voll entw. Blätter zur Wachstumsmitte	3,00–4,50	0,30–0,60	4,00–5,40	0,40–1,00	0,30–0,80	40–80	0,20–0,60	8–15	30–150	20–60
Rote Rübe (Beta vulgaris conditiva)	mittl. gerade voll entw. Blätter	3,50–5,00	0,25–0,50	2,80–5,00	1,50–2,50	0,30–0,80	35–80	0,20–1,00	7–15	50–150	20–60
Sellerie (Apium graveolens)	mittl. voll entw. Blätter zur Wachstumsmitte	2,80–4,00	0,30–0,50	3,50–4,00	0,40–1,50	0,20–0,80	30–80	0,50–1,50	6–12	40–150	30–70
Spargel (Asparagus officinalis)	ausgewachsene Blattwedel bei 45–90 cm Wuchshöhe	2,40–3,80	0,30–0,50	1,50–2,40	0,40–0,80	0,15–0,30	40–100	0,15–0,50	6–12	25–150	20–60
Spinat (Spinacia oleracea)	gerade voll entw. Blätter	3,80–5,00	0,40–0,60	3,50–5,30	0,60–1,20	0,35–0,80	30–80	0,30–1,00	7–15	40–150	20–70
Tomate (Lycopersicon lycopersicum)	obere voll entw. Blätter zum ersten Fruchtansatz	4,00–5,50	0,40–0,65	3,00–6,00	3,00–4,00	0,35–0,80	30–80	0,30–1,00	6–12	40–150	30–80
Wassermelone (Citrullus vulgaris)	junge voll entw. Blätter zur Wachstumsmitte	2,00–3,00	0,20–0,45	2,50–3,50	1,50–3,50	0,40–0,80	30–80	0,20–1,00	5–10	30–150	20–70
Zwiebel (Allium cepa)	Blätter zur Vegetationsmitte	2,00–3,00	0,25–0,40	2,50–3,00	0,60–1,50	0,25–0,50	30–50	0,15–0,30	7–15	40–100	20–70

zudem im Laufe der Entwicklung verändern kann.

4.2.3.5 Bewertung der Methoden zur Ermittlung des Düngerbedarfs

Die dargestellten Methoden zur Erfassung des Düngerbedarfs unterscheiden sich, wie in Tabelle 4.2-13 aufgeführt, hinsichtlich der erfaßten Größen, des Anwendungstermins und der hauptsächlichen Anwendungsgebiete. Höchste Sicherheit ist nur erreichbar, wenn verschiedene Methoden miteinander kombiniert werden.

Eine Ausrichtung der Düngung allein am **Gesamtnährstoffbedarf** muß bei Kulturen in Böden besonders ungünstig bewertet werden, da sie zu unnötig hohen Düngergaben mit langfristig negativen Folgen führt.

Die Düngung nach **Entzugstabellen,** ggf. in Verbindung mit von der Bodenanalyse abhängigen Multiplikationsfaktoren, hat bei P, K und Mg den Vorteil, daß Mangel und Überdüngung vermieden werden und die Versorgung der Gemüsebestände langfristig im Optimalbereich liegt.

Kalkulationsverfahren bedeuten insbesondere bei der Stickstoffdüngung eine wesentliche Verbesserung gegenüber der alleinigen Orientierung an Bedarfs- oder Entzugstabellen. Im Einzelfall wird eine ausreichende Genauigkeit allerdings nicht erreicht.

Die **Boden-** bzw. **Substratanalyse** liefert dort eine genaue Information über den Düngerbedarf, wo nur die von den Pflanzen aufnehmbaren Nährstoff-Fraktionen bestimmt werden. Bei erdelosen Kulturverfahren ist dies für fast alle Nährstoffe der Fall. In Böden wird nur mit dem Nitratstickstoff (N_{min}-Analyse) eine vollständig

Tab. 4.2–13: Bewertung verschiedener Methoden zur Ermittlung des Düngerbedarfs

	Nährstoff-bedarfstabelle a)	Entzugstabelle b)	Kalkulation c)	Bodenanalyse d)	Pflanzenanalyse e)
erfaßte Größen	Nährstoff-menge im gesamten Aufwuchs	Nährstoff-menge im Marktertrag	Faktoren des Nährstoffangebotes des Bodens	Versorgungs-klassen bzw. verfügbare Nährstoffe	Nährstoffgehalte in best. Pflanzenteilen
Anwendungs-termin	vor Kulturbeginn	vor Kulturbeginn	vor und während der Kultur	vor und während der Kultur	während der Kultur
hauptsächliche Anwendungs-bereiche	erdelose Kulturverfahren	P, K, Mg in Verbindung mit Bodenanalyse	N	N P, K, Mg in Verbindung m. Entzugstabelle	Diagnose von Ernährungsstörungen
Vorteile	Kalkulations-hilfe bei erdelosen Kulturverfahren	langfristige Erhaltung des Nährstoffvorrates des Bodens	höhere Sicherheit als a) u. b), geringere Kosten als d) und e)	höhere Sicherheit als a), b), c), insbes. bei N	sichere Aussage über momentanen Ernährungszustand der Pflanze
Nachteile	Überdüngungsgefahr bei Kultur im Boden	im Einzelfall ungenau	Unsicherheit der Schätzverfahren	bei P, K, Mg Unsicherheit über verfügbare Mengen	später Einsatzzeitpunkt, keine Erfassung d. Nährstoffvorräte des Bodens

aufnehmbare Nährstofform erfaßt. Daher ist die Aussagefähigkeit der Bodenanalyse bei P, K und Mg stark eingeschränkt.

Der größte Nachteil der **Pflanzenanalyse** besteht darin, daß sie erst verhältnismäßig spät, d. h. zur Kopfdüngung eingesetzt werden kann. Ihre Bedeutung hat sie bei der Ermittlung von Ernährungsstörungen. Vorteilhaft wirkt sich aus, daß durch die Pflanzenanalyse im Gegensatz zur Bodenanalyse auch das Aneignungsvermögen der Wurzeln für Nährstoffe mit erfaßt wird.

behandelt. Die Ausführungen beschränken sich auf die schon behandelten Nährstoffe, die in Nord- und Mitteleuropa in der Regel gedüngt werden müssen. So wird u. a. auf eine Behandlung der Elemente Schwefel, Chlorid und Natrium verzichtet. Darüber hinaus werden die einzelnen Dünger und die Kriterien für ihre Auswahl nach Löslichkeit, Nebenbestandteilen, Nebenwirkungen und Kosten sowie der Ausbringungszeitpunkt und die Ausbringungstechnik nur am Rande erwähnt.

4.2.4 Düngerbedarf und Düngung

Die einzelnen Nährstoffe unterscheiden sich in ihrer Bindungsform und Dynamik im Boden, den Auswirkungen auf Ertrag, Qualität und Umwelt sowie hinsichtlich der Notwendigkeit einer genauen Dosierung. Aus diesen Gründen werden in den folgenden Abschnitten einzelne Nährstoffe oder Nährstoffgruppen bzw. Dünger getrennt

4.2.4.1 Stickstoff

Bei der Ernährung der Pflanzen mit Stickstoff ist aus ökonomischen und ökologischen Gründen eine besonders hohe Genauigkeit anzustreben. In diesem Zusammenhang sei auf gesundheitliche Bedenken verwiesen, die sich aus dem Nitratgehalt im Gemüse und Trinkwasser ergeben.

Tab. 4.2–14: Komponenten der Stickstoffversorgung von Kulturpflanzen

Stickstoffbedarf der Pflanzen		
Stickstoffangebot des Bodens		
N_{min}-Vorrat zu Beginn der Kultur	Nachlieferung während der Kultur	Stickstoffdüngung
messen	schätzen/ messen	dosieren

Pflanzen decken, wie aus Tabelle 4.2-14 hervorgeht, ihren Stickstoffbedarf aus dem Stickstoffangebot des Bodens und der Stickstoffdüngung. Der verfügbare Stickstoffanteil des Bodens kann sehr großen Schwankungen unterliegen (30 – 600 kg N/ha). Eine gezielte Düngung setzt daher voraus, daß das Stickstoffangebot des Bodens möglichst genau bekannt ist.

Es hat sich als sinnvoll erwiesen, das Stickstoffangebot des Bodens in zwei Komponenten aufzuteilen:
1. die zu Kulturbeginn in der von den Wurzeln genutzten Bodenschicht schon verfügbare Menge an Nitrat und Ammonium. Diese Fraktion wird als N_{min}-Vorrat (N_{min} = mineralischer Stickstoff) bezeichnet. Der N_{min}-Vorrat wird mit der N_{min}-Methode erfaßt;
2. die während der Kulturzeit aus der Zersetzung organischer Substanz nachgelieferte N-Menge. Eine Vorhersage dieser Menge kann bisher nur durch Schätzung erfolgen.

Da der **N_{min}-Vorrat des Bodens** von den Pflanzen wie Düngerstickstoff genutzt wird, muß er voll angerechnet und durch die Düngung auf einen Sollwert ergänzt werden. Die Düngung ist also wie folgt zu berechnen:

Düngung = Sollwert − N_{min}-Vorrat

Im Gegensatz zu den übrigen Nährstoffen, bei denen nur die Krume erfaßt wird, ist bei der Messung des Mineralstickstoffs die gesamte von den Wurzeln der angebauten Kultur genutzte Bodenschicht zu untersuchen. Die Kenndaten der N_{min}-Methode für verschiedene Gemüsearten sind in Tabelle 4.2-15 erfaßt.

Die aufgeführten Sollwerte sind in mehrjährigen Versuchen mit hohem Ertragsniveau ermittelt worden. Bei deutlich verändertem Ertragsniveau oder anderen Produktionszielen sind Ab- oder Zuschläge sinnvoll.

Extreme Niederschläge im Verlauf der Kultur können zu Stickstoffverlusten führen, die nachträglich ersetzt werden müssen. Das Ausmaß solcher Verluste in Lößböden kann in Abhängigkeit von der Höhe der Niederschläge sowie dem ursprünglichen N_{min}-Gehalt des Bodens entsprechend Tabelle 4.2-16 abgeschätzt werden. Auf Böden mit geringerer Speicherfähigkeit für Wasser treten bei gleicher Niederschlagshöhe größere Nitratverluste ein.

Die N_{min}-Methode kann näherungsweise auch für die in Tabelle 4.2-15 nicht enthaltenen Kulturen benutzt werden, weil bei den bisher untersuchten Arten die vom Pflanzenbestand benötig-

Tab. 4.2–15: Kenndaten der N_{min}-Methode bei Gemüse

	N_{min}-Sollwert (N_{min}-Gehalt des Bodens + N-Düngung) kg/ha	genutzte Bodenschicht cm		N_{min}-Sollwert (N_{min}-Gehalt des Bodens + N-Düngung) kg/ha	genutzte Bodenschicht cm
Weißkohl, Herbst	350	0–90	Kopfsalat	100	0–30
Weißkohl früh	200	0–60	Eissalat/ Kopfsalat	120	0–30
Blumenkohl	300	0–60 (90)	Spinat (Frühjahr)	250	0–60
Brokoli	300	0–60	Spinat (Herbst)	200	0–60
Rosenkohl	350	0–90			
Sellerie	200	0–60	Erbsen	60	0–30
Porree	200	0–60	Zwiebeln	120	0–60
Buschbohnen	140	0–60	Spargel	100	0–90

Tab. 4.2–16: Auswaschung bzw. Verlagerung von Nitrat in Abhängigkeit von Bodenart und Niederschlag

a. Verluste an Mineralstickstoff aus dem Unterboden in Abhängigkeit von Niederschlag und Nitratgehalt bei Lößlehm

N_{min}-Gehalt in Schicht 60–90 cm kg/ha NO_3-N	Niederschläge auf wassergesättigten Lößböden		
	60 mm	90 mm	120 mm
20	–	7	17
40	7	17	38
60	16	34	63
80	38	65	102

b. Eine Nitratverlagerung um 30 cm erfordert:

bei Lößböden	(33 % FK[1])	100 mm Niederschlag
bei lehmigen Sanden	(20 % FK[1])	60 mm Niederschlag
bei Sandböden	(10 % FK[1])	30 mm Niederschlag

oder 60 mm Niederschlag transportieren NO_3-N:

in Lößböden	um 20 cm nach unten
in lehmigen Sanden	um 30 cm nach unten
in Sandböden	um 60 cm nach unten

[1] FK = Feldkapazität

te N-Menge (N-Bedarf) häufig dem Sollwert entspricht. In diesen Fällen kann der Düngerbedarf wie folgt geschätzt werden:

Düngung = Stickstoffbedarf – N_{min}-Vorrat

Liegen keine N_{min}-Analysen vor, ist der N_{min}-Gehalt des Bodens wenigstens näherungsweise zu schätzen, ggf. mit Hilfe von Rechenmodellen.

Geringe N_{min}-Vorräte sind insbesondere beim Zusammentreffen der folgenden Bedingungen zu erwarten:
▷ geringe Wasserspeicherfähigkeit des Bodens (Sand)
▷ geringe Durchwurzelungstiefe
▷ hohe Niederschläge im Winterhalbjahr
▷ geringe Reststickstoffmengen aus der Vorkultur
▷ geringe Mengen an Ernterückständen.

Mit hohen N_{min}-Vorräten ist zu rechnen bei:
▷ Böden mit hoher Wasserspeicherfähigkeit
▷ tiefer Durchwurzelbarkeit und Durchwurzelung der Böden
▷ geringen Niederschlägen im Winterhalbjahr
▷ hohen Reststickstoffmengen aus der Vorkultur
▷ hohen Mengen an Ernterückständen oder organischer Düngung.

Unter den genannten Bedingungen für hohe N_{min}-Vorräte ist den Ernterückständen eine besondere Bedeutung zuzumessen, da diese in der Regel leicht zersetzbar sind und auch über Winter zu einer starken Erhöhung des N_{min}-Vorrates führen. Dies geht aus Abbildung 4.2-6 hervor, in der die Anhäufung von Mineralstickstoff über Winter nach Einarbeitung unterschiedlich großer Mengen an Ernterückständen von Weißkohl dargestellt ist. Es wird deutlich, daß von September bis März mehr als 50 % des in den Ernterückständen enthaltenen Stickstoffs mineralisiert worden sind. Daß die Menge der Ernterückstände hierbei eine entscheidende Rolle spielt, geht auch aus Erhebungsuntersuchungen in Praxisbetrieben (Tab. 4.2-17) hervor.

Hohe N_{min}-Vorräte werden außer durch Mineralisierung organischer Stickstoffverbindungen der Ernterückstände auch durch Mineralstickstoff verursacht, der von der Vorkultur nicht verbraucht und daher im Boden verblieben ist (Reststickstoff). Bei Kulturen, deren Erntetermin nicht in die Hauptwachstumsphase fällt, sind bei bedarfsgerechter Düngung zum Erntetermin nur geringe N_{min}-Reste im Boden. Kulturen, die in der Zeit der höchsten täglichen N-Aufnahme geerntet werden (z. B. Spinat, Blumenkohl, Porree), erfordern dagegen auch zum Erntetermin

Tab. 4.2–17: Zusammenhang zwischen Menge der Ernterückstände der Vorkultur und der Veränderung des N_{min}-Gehaltes über Winter [kg N/ha] (Erhebungsuntersuchung LK Rheinland)

Menge der Ernterückstände	hoch	niedrig
Kulturarten	Kopfkohl, Blumenkohl, Porree, Rosenkohl, Sellerie	Spinat, Kopfsalat, Petersilie, Radies, Rettich, Feldsalat
kleinster Wert	+ 64	– 26
größter Wert	+ 263	+ 99
Mittelwert	+ 134	+ 31
Variationskoeffizient	53	139

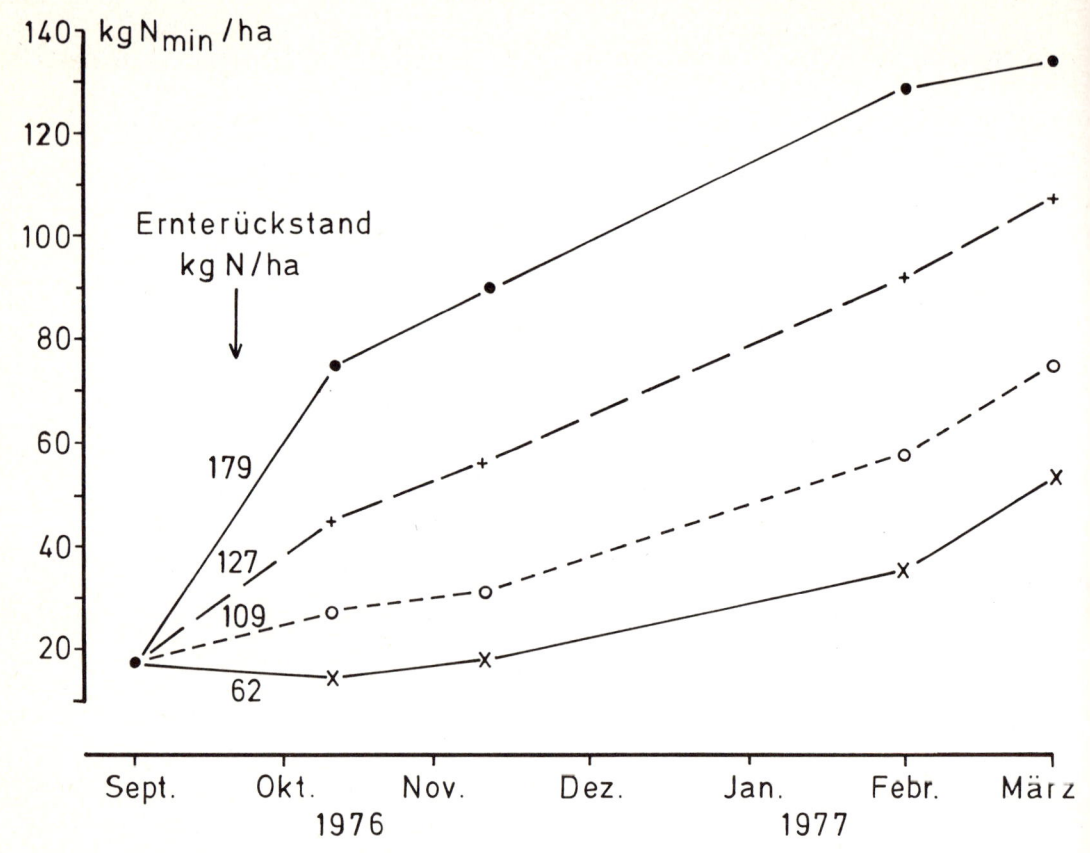

Abb. 4.2-6: Veränderung der N_{min}-Menge im Boden von September bis März bei unterschiedlichen N-Mengen in den Ernterückständen von Weißkohl (nach BÖHMER 1980)

noch einen hohen N_{min}-Gehalt im Boden. So findet man nach der Ernte von Frühjahrsspinat auch bei Düngung nach der N_{min}-Methode in der Bodenschicht 0 – 60 cm häufig noch mehr als 100 kg Nitrat-N/ha.

Die in Tabelle 4.2-14 aufgeführte zweite Komponente des N-Angebotes des Bodens, die **Nachlieferung von Stickstoff** während der Kultur, muß bei der Düngung ebenfalls berücksichtigt werden. Mit einer geringen Nachlieferung ist zu rechnen, wenn nur wenig Ernterückstände vorhanden waren oder die Einarbeitung dieser Masse bzw. der organischen Düngung so früh vorgenommen wurde, daß bereits der größte Teil des Stickstoffs bis Kulturbeginn mineralisiert worden ist.

Eine überdurchschnittlich hohe N-Nachlieferung ist zu erwarten, wenn stickstoffreiche organische Masse erst kurz vor Kulturbeginn in den Boden eingebracht wird. Dies trifft im Sommer regelmäßig für die zweite bzw. dritte Kultur zu, kommt aber auch im Frühjahr vor, wenn die Einarbeitung von Ernterückständen bzw. der Gründüngung vom Herbst auf das Frühjahr verlegt wurde.

Die Nachlieferung im üblichen Umfang ist bei der Ermittlung der N_{min}-Sollwerte in Düngungsversuchen eingeflossen und daher bereits berücksichtigt. In Fällen, in denen eine extrem hohe Nachlieferung erwartet werden muß (z. B. unterlassene Ernte der Vorkultur), ist eine Reduzierung der N-Düngung angezeigt.

Neben einem hohen Ertrag ist bei der Stickstoffdüngung ein möglichst geringer Nitratgehalt im Gemüse sowie eine niedrige Nitratauswaschung aus dem Boden anzustreben. Der **Nitratgehalt im Gemüse** hängt in erheblichem Umfang auch von der Stickstoffernährung der Pflanzen und damit der Düngung ab.

Die folgenden Düngungsmaßnahmen sind geeignet, den Nitratgehalt niedrig zu halten:
▷ gezielte Reduzierung des Stickstoffangebotes auf das für den Höchstertrag notwendige Maß, also Vermeidung übermäßiger Düngung.
▷ Reduzierung der N-Düngung auf ein hinsichtlich des Ertrages suboptimales Niveau. Die Aus-

Tab. 4.2-18: Gezielte N- und Cl-Düngung zur Verminderung des Nitratgehaltes von Spinat und Kopfsalat

Kultur	Boden-schicht cm	N_{min}-Gehalt des Bodens + N-Düngung (kg/ha) Berücksichtigung von Chlorid		Cl-Gehalt des Bodens + Cl-Düngung (kg/ha)	Cl-Düngung ohne Cl-Bodenanalyse (kg/ha)
		ohne	mit		
Frühjahrsspinat	0–60	250	200	350	150[1]
Herbstspinat	0–60	200	150	350	150[2]
Kopfsalat	0–30	120	90	150	50[1]

[1] keine Kalidüngung im Herbst. [2] nur wenn keine Kalidüngung zur Vorfrucht

wirkungen solcher Maßnahmen auf den Ertrag und den Nitratgehalt können am Beispiel von Spinat aus Abbildung 4.2-7 entnommen werden. Gilt als Produktionsziel auch die Begrenzung des Nitratgehaltes, so kann es notwendig sein, den zum Höchstertrag erforderlichen N_{min}-Sollwert von 250 kg N/ha (vgl. auch Tab. 4.2-15) auf ein niedrigeres Niveau zurückzunehmen, d. h. die Düngung zu verringern. Dabei kommt es aber zwangsläufig zu Mindererträgen.

▷ Umstellung von Nitrat- auf Ammoniumernährung, z. B. durch Verwendung von Nitrifikationshemmern in Böden oder durch Wechsel der N-Form von NO_3^- zu NH_4^+ in Nährlösungskulturen. Hierbei muß allerdings die unterschiedliche Verträglichkeit einzelner Kulturen für NH_4^+-Ernährung beachtet werden. So reagiert z. B. Spinat auf Ammoniumernährung mit erheblichen Mindererträgen.

▷ teilweiser Ersatz von Nitrat durch Chlorid. Hierbei wird ein Teil der Funktionen des Nitrats (z. B. Erhaltung des osmotischen Potentials in den Zellen) durch Chlorid ersetzt. Die Anwendung in der Praxis kann Tabelle 4.2-18 entnommen werden.

▷ Die Chloridempfindlichkeit einzelner Kulturen spielt in diesem Zusammenhang eine geringere Rolle, da Pflanzenarten mit einem naturgemäß hohen Nitratgehalt in der Regel wenig chloridempfindlich sind.

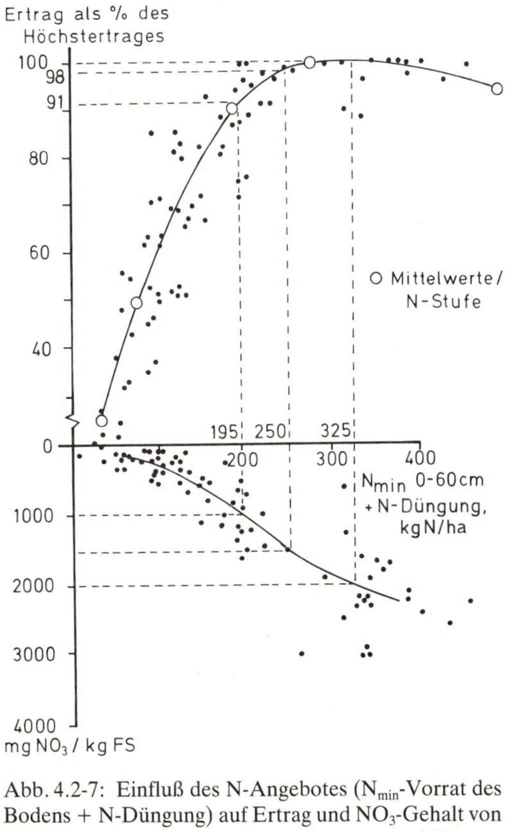

Die **Auswaschung von Nitrat** aus dem Wurzelraum muß niedrig gehalten werden, weil sonst in Trinkwassereinzugsgebieten die vom Gesetzgeber geforderten Grenzwerte (50 mg NO_3/l Trinkwasser) nicht einzuhalten sind. Um dies zu erreichen, ist darauf hinzuwirken, daß zu Beginn von Auswaschungsperioden, d. h. insbesondere im Herbst und Winter kein oder nur wenig Nitrat im Boden enthalten ist. Hierfür sind folgende Maßnahmen geeignet:

▷ N-Düngung sachgerecht dosieren, insbesondere übermäßige Düngergaben vermeiden, Nitrat im Gießwasser berücksichtigen
▷ hohe Düngergaben teilen
▷ organische Düngung nicht im Herbst ausbringen
▷ Mineralisierung von Ernterückständen im Herbst verzögern (Einarbeitung erst im Winter)

Abb. 4.2-7: Einfluß des N-Angebotes (N_{min}-Vorrat des Bodens + N-Düngung) auf Ertrag und NO_3-Gehalt von Frühjahrsspinat (PIETERS, BOON, SLANGEN und TITULAER 1984)

▷ Kulturen mit hohem N_{min}-Rest nicht im Spätsommer anbauen
▷ im Herbst tiefwurzelnde und starkzehrende Pflanzenarten einschließlich Zwischenfrüchte kultivieren (Nitrataufnahme auch aus dem Unterboden).

Zusätzliche Wirkungen können erreicht werden durch:

▷ Verwendung von Nitrifikationshemmern
▷ suboptimale N-Düngung
▷ Immobilisierung von Mineralstickstoff, z. B. durch Strohdüngung.

Bei Gemüsekulturen führt bereits ein geringer Mangel an Stickstoff zu empfindlichen Mindererträgen. Hingegen ist eine Überversorgung am Bestand kaum zu erkennen. Sie wirkt sich außerdem ökonomisch weit weniger negativ aus als in der Landwirtschaft (Lagergetreide, geringe Zuckergehalte), was die Neigung zu Sicherheitszuschlägen vergrößert. Solche Sicherheitszuschläge werden mehr und mehr überflüssig, wenn in der Praxis die in den letzten Jahren entwickelten Methoden zur genaueren Dosierung der N-Düngung Anwendung finden.

Da bei der N_{min}-Methode der Aufwand für den Transport feldfeuchter Bodenproben in gekühltem Zustand zu den Untersuchungsanstalten im Gemüsebau besonders hoch ist, sind dezentral einsetzbare Feldmethoden (z. B. mit Merckoquant-Nitratteststäbchen) entwickelt worden.

4.2.4.2 Phosphat, Kalium und Magnesium

Die Anforderung, an die Genauigkeit bei der Dosierung der Phosphat-, Kalium- und Magnesiumdüngung ist geringer als bei Stickstoff, da
▷ eine unterlassene Düngung wegen der Nährstoffpufferung der Böden im Vergleich zu Stickstoff nur zu geringen Ertragseinbußen führt,
▷ eine unnötig hohe Düngung im allgemeinen keine Schäden an Pflanze und Umwelt bewirkt.

Dies gilt besonders für sorptionsstarke Böden und ist in Abbildung 4.2-8 schematisch dargestellt.

Gemüsebaulich genutzte Böden enthalten, wie aus Abbildung 4.2-9 zu ersehen ist, häufig viel Phosphat, Kalium und Magnesium. Dies ist eine Folge überhöhter Düngergaben, bei denen größere Nährstoffmengen zugeführt, als vom Feld abgefahren und ausgewaschen wurden (Tab. 4.2-19). Als Ursache für die auffällig hohen Phosphatgehalte kommt vor allem die langjährige Anwendung von Mehrnährstoffdüngern (z. B. $N : P_2O_5 : K_2O = 12 : 12 : 17$) mit einem zu hohen Phosphatanteil in Betracht, wobei die Düngermenge nicht am Phosphat-, sondern am Stickstoffbedarf ausgerichtet wurde.

Eine hohe Genauigkeit bei der Düngung mit P, K und Mg läßt sich nach dem heutigen Wissensstand allein auf der Basis der Bodenuntersuchung nicht erreichen. Diese Unsicherheit hängt

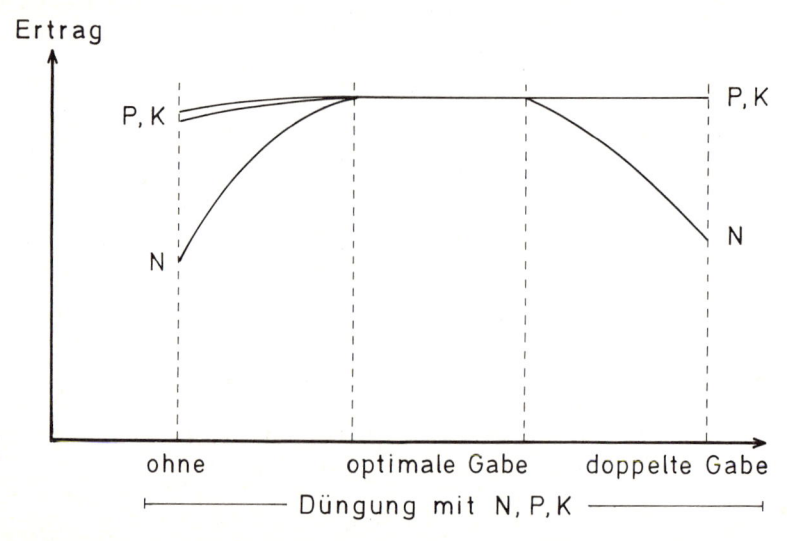

Abb. 4.2-8: Einfluß der Düngung mit N, P oder K auf den Ertrag bei sorptionsstarken, gut versorgten Kulturböden (schematisch, bei einjährigen Versuchen)

zusammen mit der im Vergleich zum Nitratstickstoff geringen Mobilität und der großen Bedeutung der Leistung des Wurzelsystems, die in Kap. 4.2.2 beschrieben sind. Es überrascht daher nicht, daß in zahlreichen Versuchen keine Beziehung zwischen dem mit den üblichen Analysenmethoden ermittelten Nährstoffgehalt des Bodens und der Düngerwirkung besteht.

Im allgemeinen ergeben sich aber unabhängig vom K-Gehalt des Bodens Mehrerträge durch K-Düngung, die wegen der niedrigen Kosten der Düngung auch wirtschaftlich sind. Überdurchschnittliche Mehrerträge wären nur bei extrem niedrigen K-Gehalten zu erwarten, wie sie nach den Ergebnissen der Abbildung 4.2-9 in gemüsebaulich genutzten Böden kaum vorkommen.

Unter den Gemüsearten zeichnen sich Spinat und Sellerie durch eine besonders positive Reaktion auf die Kaliumdüngung aus. Derartige Beobachtungen wurden auch in Versuchen mit Phosphat gemacht, wobei hier am stärksten Spinat, Kopfsalat, Buschbohnen, Möhren, Zwiebeln und Porree auf die Düngung ansprechen.

Bei der Düngung mit diesen Nährstoffen gelten demnach folgende Prinzipien:

▷ Eine Düngung ist in einem weiten Bereich der Nährstoffgehalte des Bodens notwendig.
▷ In der Regel kann die Düngung für eine ganze Kulturfolge berechnet werden. Es empfiehlt sich, die vorgesehene Düngung schwerpunktmäßig vor dem Anbau besonders stark reagierender Kulturen zu verabreichen.
▷ Eine starke Verarmung der Böden muß verhindert werden.
▷ Eine Anreicherung der Böden mit Kalium und Phosphat über die Gehaltsklasse C (hoch) hinaus ist nicht notwendig.
▷ Bei Phosphat kann zur Erhaltung einer möglichst hohen Verfügbarkeit eine »placierte« Düngung (Streifendüngung) angezeigt sein.

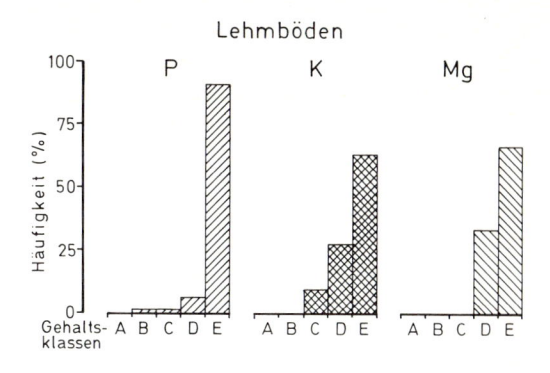

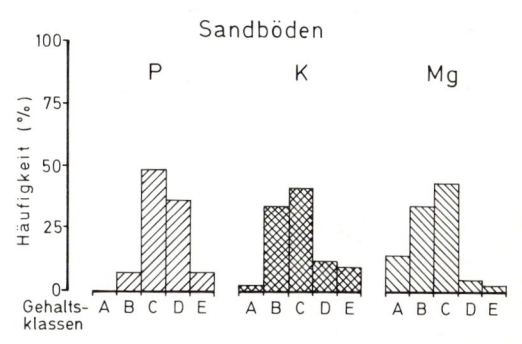

Abb. 4.2-9: Häufigkeitsverteilungen von P-, K- und Mg-Gehaltsklassen sandiger und lehmiger Böden

Berücksichtigt man diese Prinzipien, so ist die Düngergabe zweckmäßigerweise an der mit dem Erntegut entzogenen Nährstoffmenge zu orientieren und entsprechend den Bodenuntersuchungsbefunden zu korrigieren. Häufig werden dabei die in Tabelle 4.2-20 genannten Korrekturfaktoren angewandt. Die Düngung berechnet sich dann nach der Gleichung:

Düngung = Entzug · Korrekturfaktor

Bei einem niedrigen Gehalt wird empfohlen, die Düngung gegenüber dem Entzug deutlich zu erhöhen (Faktor 2), bei sehr hohem Gehalt hingegen zu vermindern (Faktor 0,5). Ob die Düngung bei extrem hohen Gehalten unterlassen werden sollte, kann aus Versuchsergebnissen nicht eindeutig abgeleitet werden. Die in Tab. 4.2-20 genannten Zahlen sowie die angewandten Extraktionsmethoden unterscheiden sich regional zum Teil beträchtlich. Im Gemüsebau kann man sich bei der Anpassung der Düngung an den Nährstoffgehalt des Bodens auf drei Bereiche beschränken (Tab. 4.2-21). Hierbei entsprechen die angegebenen Düngermengen in der Gehaltsklasse 20–30 mg/100 g Boden den durchschnittlichen Entzügen vieler Gemüsearten bei hohem Ertragsniveau.

Tab. 4.2–19: P- und K-Düngung in Gemüsebaubetrieben im Vergleich zu der mit dem Marktertrag entzogenen Nährstoffmenge (Erhebungsuntersuchung)

	Düngung, kg/ha			mit dem Marktertrag entzogen[1]
	kleinste	größte	⌀	
P_2O_5	25	360	139	40–50
K_2O	102	730	351	200

[1] nach Alt u. Ladebusch 1984

Tab. 4.2–20: Gehaltsklassen und Korrekturfaktoren für die Düngung mit P, K und Mg

Bodenarten[1]	Phosphor (P_2O_5)	Kali (K_2O)				Magnesium (Mg)[1]			Faktor für Düngung nach Entzug
	alle Bodenarten	S	lS	sL,uL	L,tL,T	S,lS	sL,uL,L	tL,T	
Gehaltsklassen	mg in 100 g Boden								
A niedrig	bis 10	bis 5	bis 7	bis 8	bis 10	bis 2	bis 3	bis 4	2
B mittel	11–20	6–10	8–14	9–16	11–20	3	4	5– 6	1,5
C hoch	21–30	11–15	15–21	17–24	21–30	4–5	5– 7	7–10	1
D sehr hoch	31–40	16–20	22–28	25–32	31–40	6–8	8–11	11–15	0,5
E extrem hoch	ab 41	ab 21	ab 29	ab 33	ab 41	ab 9	ab 12	ab 16	0

[1] Umrechnungsfaktor Mg → MgO = 1,66

Tab. 4.2–21: Gehaltsklassen, Korrekturfaktoren und der durchschnittliche Düngung bei P, K und Mg für Gemüse

Gehaltsklassen	Kalium (K_2O)			Phosphor (P_2O_5)			Magnesium (MgO)		
	mg/100 g Boden	Korrekturfaktor[1]	durchschn. Düngung[2] kg/ha	mg/100 g Boden	Korrekturfaktor[1]	durchschn. Düngung[2] kg/ha	mg/100 g Boden	Korrekturfaktor[1]	durchschn. Düngung[2] kg/ha
niedrig	<20	1	200	<20	2	100	<5	1	15
hoch	20–30	1	200	20–30	1	50	5–10	1	15
extrem hoch	>30	0,6	120	>30	0,6	30	>10	0,6	10

[1] Korrekturfaktor für die Düngung nach Entzug
[2] Durchschnitt zahlreicher Gemüsearten aus langjährigen Versuchen

4.2.4.3 Calcium

Eine ausreichende Versorgung des Bodens mit dem Nährelement Calcium ist bei Gemüsekulturen im allgemeinen gewährleistet. Ca-Mangelsymptome bzw. **Ernährungsstörungen** wie Blütenendfäule bei Tomaten, Fruchtfäulen bei Gurken und Paprika, Randen bei Salat sowie Innenblattnekrosen bei Kopfkohl und Chinakohl treten jedoch auch dann auf, wenn durch Kalkung ausreichende Mengen an Calcium in der Bodenlösung vorhanden sind. Die Ursache dieser Ernährungsstörungen ist eine ungenügende Aufnahme oder Verteilung von Ca in der Pflanze. Der Mangel tritt nur in Organen auf, die wenig transpirieren. Calcium wird nämlich nahezu ausschließlich im Xylem, also mit dem Transpirationsstrom, transportiert. Eine Umverteilung in der Pflanze im Phloem findet nicht statt.

Ca-Mangelerscheinungen werden verstärkt beobachtet, wenn Züchtung und Produktionsverfahren auf höchste Wachstumsraten ausgerichtet sind. Dem Auftreten von Ca-Mangel kann demnach entgegengewirkt werden durch:
▷ wiederholte Spritzungen mit Calcium-Lösungen, insbesondere auf die gefährdeten Organe.
▷ Unterlassung von Maßnahmen, die zu besonders schnellem Wachstum führen (z. B. überhöhte Stickstoffdüngung).
▷ Vermeidung übermäßiger K-Düngung, die durch Ionenkonkurrenz die Aufnahme von Calcium behindern kann.
▷ Verstärkung des Transports von Ca im Xylem zu den wenig transpirierenden Organen durch

Erhöhung der Luftfeuchte in der Nacht (Erhöhung des Wurzeldrucks) und Förderung der Transpiration am Tag.

4.2.4.4 Spurenelemente

Spurenelemente werden, wie in Tabelle 4.2-5 und 4.2-12 aufgeführt, nur in sehr geringen Mengen benötigt. Trotzdem ist die Versorgung nicht immer ausreichend, was zu Ertragseinbußen und gelegentlich zur Ausprägung von Mangelsymptomen führen kann. Die Gemüsearten unterscheiden sich in ihrer Anfälligkeit für Spurenelementmangel. Besonders stark reagieren:
▷ Sellerie, Rote Rübe und Kohlarten auf Bormangel,
▷ Blumenkohl auf Molybdänmangel.

Derartigen Mangelerscheinungen wird durch Gieß- oder Spritzbehandlungen im Jungpflanzenstadium vorgebeugt.

Unter ungünstigen Bedingungen, z. B. bei extrem hohen pH-Werten, können auch andere Spurenelemente wie Fe, Mn, Cu und Zn unzureichend verfügbar sein. Zu Toxizitätssymptomen durch Überschuß kommt es besonders rasch bei Bor, z. B. als Folge hoher Gehalte im Gießwasser bzw. in Düngemitteln. Aber auch bei Mangan wird der Optimalbereich gelegentlich überschritten. So treten z. B. nach einer Bodendämpfung insbesondere bei Kopfsalat häufig Manganschäden auf.

Zur Vermeidung oder Behebung von Störungen bei der Versorgung mit Spurenelementen sind die nachfolgend aufgeführten Maßnahmen geeignet:

Bor
Mangel — Düngung mit 1–2 kg B/ha
Spritzung mit 0,2 g B/l
Überschuß — Verringerung der Borzufuhr durch Verwendung von Düngemitteln und Gießwasser mit geringem Borgehalt, Auswaschung von Bor aus Substrat oder Boden

Molybdän
Mangel — Düngung mit 1–2 kg Mo/ha, vorbeugend in Anzuchtsubstraten mit 3–5 g Mo/m³
Spritzung mit 0,1 g Mo/l
zu niedrige pH-Werte anheben

Eisen
Mangel — Düngung mit Eisenchelaten
Spritzung mit 0,01 g Fe/l
zu hohe pH-Werte absenken

Mangan
Mangel — Düngung mit 10–15 kg Mn/ha
Spritzung mit 0,5–1 g Mn/l
zu hohe pH-Werte, insbesondere auf Sandböden, absenken
Überschuß — zu niedrige pH-Werte anheben
Eisendüngung zur Verminderung der Manganaufnahme

Kupfer
Mangel — Düngung mit 5–10 kg Cu/ha
Spritzung mit 0,5–1 g Cu/l

Zink
Mangel — Düngung mit 10–20 kg Zn/ha
Spritzung mit 0,2–0,5 g Zn/l.

Bei der Blattdüngung (Spritzung) sind etwa 600 l Lösung pro ha angebracht.

Der überwiegende Teil der Böden bedarf keiner regelmäßigen Spurenelementdüngung. Dies liegt an den hohen Vorräten, dem geringen Entzug, der Zufuhr durch organische und mineralische Düngung sowie durch Immissionen.

Hinweise für einen Düngerbedarf liefert neben dem Auftreten von Mangelsymptomen (s. Abb.

Tab. 4.2–22: Ausreichende Spurenelementgehalte in Böden (mg/kg)[1]

Element	Bodenart	Freiland	Gewächshaus
Bor	sandige Böden	0,8	1,0
	lehmige und tonige Böden	1,0	1,2
	lehmige und tonige Böden pH 7,0	1,2	1,4
Kupfer	sandige Böden 0– 4 % Humus	4,0	–
	8–15 % Humus	6,0	–
	lehmige und tonige Böden 0– 4 % Humus	5,0	–
	8–15 % Humus	7,0	–
Mangan	pH 6,0	2,0	3,0
	pH 6,5	4,0	5,0
Molybdän	sandige Böden	0,2	0,3
	lehmige und tonige Böden	0,4	0,5

[1] Extraktion: VDLUFA-Methoden

4.2-5) die Pflanzen- und die Bodenanalyse. Als Anhaltswerte für eine ausreichende Spurenelementversorgung sind in Tabelle 4.2-22 Grenzwerte aufgeführt.

Die Gesamtaufnahme und der Entzug an Spurenelementen mit dem Erntegut, die bei den Hauptnährelementen wichtige Größen zur Ermittlung des Düngerbedarfs sind, erweisen sich bei Spurenelementen als ungeeignet, weil die Mengen extrem klein sind und das Transformationsvermögen im Boden teilweise nur gering ist.

Im Gegensatz zur Kultur in Böden muß bei der Nährlösungskultur die von der Pflanze aufgenommene Menge bei der Herstellung der Nährlösung genau berücksichtigt werden (s. Kap. 4.2.5.2).

4.2.4.5 Kalk

Zum Ausgleich von Ca-Verlusten durch Auswaschung und von Ca-Entzug mit den Ernten sowie zur Neutralisation von Säuren ist im humiden Klima eine regelmäßige Kalkung des Bodens erforderlich. Die Kalkung dient, wie aus Tabelle 4.2-23 hervorgeht, vorrangig der Regulierung des pH-Wertes zur Erhaltung der Verfügbarkeit von Nährstoffen sowie der Stabilisierung des Gefüges. Um die genannten Störungen zu vermeiden, werden in Abhängigkeit vom Ton- und Humusgehalt der Böden die in Tabelle 4.2-24 aufgeführten pH-Werte als optimal angesehen. Dabei geben in schweren Böden physikalische Faktoren den Ausschlag, während in leichten Böden die Nährstoffverfügbarkeit den Vorrang hat (Abb. 4.2-10).

Der Kalkbedarf eines Feldes hängt neben der Bodenart vom ermittelten und angestrebten pH-Wert ab. Er wird im allgemeinen bestimmt, indem die potentielle Acidität (pH-Bestimmung in Ca-Acetatlösung) sowie die aktuelle Acidität (pH-Bestimmung in $CaCl_2$-Lösung) gemessen werden. Der Zusammenhang zwischen diesen Meßgrößen, dem pH-Ziel und der erforderlichen Menge an CaO/ha ist Tabelle 4.2-25 zu entnehmen. Da in dieser Tabelle eine Krumentiefe von 20 cm zugrunde gelegt ist, müssen für die Kalkung mächtigerer Krumen entsprechende Zuschläge gemacht werden.

Tab. 4.2–24: Anzustrebende pH-Werte verschiedener Böden

Tongehalt des mineralischen Bodenteils	Humusgehalt		
	unter 4 %	4–8 %	8–15 %
Sand unter 5 % Ton	5,5 / 5,3–5,7	5,5	5,0
lehmiger Sand 5–10 % Ton	6,0 / 5,8–6,2	5,5	5,0
sandiger Lehm 10–15 % Ton schluffarm	6,5 / 6,3–6,7	6,0	5,5
sandiger Lehm über 15 % Ton schluffreich	über 7,0	6,5	6,0
toniger Lehm Ton	über 7,0	7,0	6,0

Tab. 4.2–23: Folgen extremer pH-Werte für die Ernährung der Pflanzen (nach FINCK 1979)

	pH-Wert zu niedrig	pH-Wert zu hoch
Mangel	Ca, Mg, K, Mo	Fe, Mn, Zn, Cu
Toxizität	Al, Fe, Mn	–
Sonstiges	geringe Durchlüftung schwache Durchwurzelung	NH_3-Schaden

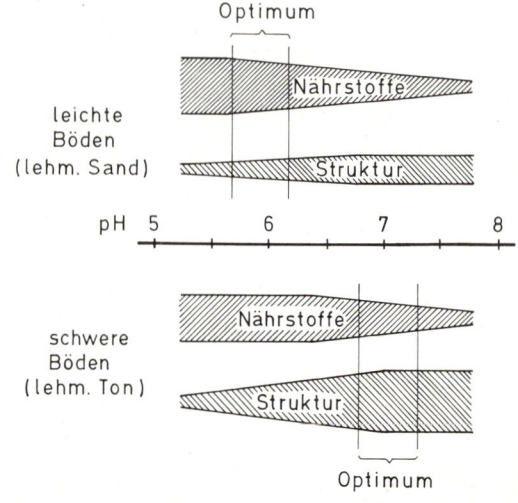

Abb. 4.2-10: pH-Optimum von Ackerböden als Ergebnis optimaler Kombination chemischer und physikalischer Faktoren (FINCK)

Tab. 4.2–25: Kalkbedarf (dt CaO/ha) in Abhängigkeit von potentieller Acidität, pH-Wert des Bodens und angestrebtem pH-Wert (nach FINCK 1979)

potent. Acidität (Acetat pH)	pH-Ziel = 7	Kalkung mit dt/ha CaO bei																			
		pH-Ziel = 6,5					pH-Ziel = 6,0					pH-Ziel = 5,5					pH-Ziel = 5,0				
		pH des Bodens[1]					pH des Bodens[1]					pH des Bodens[1]					pH des Bodens[1]				
		6,2	6,0	5,7–5,5	5,4–5,0	<5,0	5,7	5,5	5,3	4,9–4,6	<4,6	5,2	5,0	4,6	4,4	<4,1	4,7	4,5	4,2–4,1	3,7–3,5	<3,5
6,9	6	2	4	4	4	5	1	2	2	3	4	1	2	2	3	3	1	1	2	2	3
6,8	12	5	6	8	9	9	3	4	5	7	8	2	3	5	5	6	2	2	4	5	6
6,7	17	6	9	11	12	13	4	6	7	10	11	3	4	6	7	9	2	3	5	7	8
6,6	23	9	12	15	17	18	5	8	9	13	14	4	6	9	10	12	3	5	7	9	11
6,5	29	11	15	19	21	23	7	10	12	16	18	5	7	11	12	15	4	6	9	12	14
6,4	36	14	18	23	26	28	8	12	15	20	23	6	9	14	15	18	5	7	11	15	17
6,3	45	17	23	29	32	35	10	15	19	25	28	8	11	17	19	23	6	9	13	19	21
6,2	55	21	28	35	40	43	13	18	22	31	35	9	14	21	23	28	7	11	16	23	26
6,1	70	26	35	45	51	55	16	23	29	40	44	12	18	26	30	35	9	14	21	29	33
6,0	90	34	45	58	65	70	21	30	37	51	57	15	23	34	38	45	12	18	27	37	43
5,9	120	45	60	77	87	94	27	39	49	67	74	20	30	44	50	59	15	24	35	49	56
5,8	190	71	95	122	137	149	44	63	78	107	120	32	48	71	81	95	25	38	57	78	90

[1] = aktuelle Acidität.

Die Kalkversorgung der Böden und damit der pH-Wert werden auch durch Nebenbestandteile anderer Düngemittel, wie z. B. Kalkstickstoff und Thomasphosphat, beeinflußt. Außerdem muß der Kalkgehalt des Gießwassers berücksichtigt werden. Darüber hinaus läßt sich der pH-Wert durch die Wahl des Stickstoffdüngers verändern. Ammoniumdüngung führt zu einem pH-Abfall, Nitratdüngung zu einem Anstieg.

4.2.5 Organische Düngung

Durch die organische Düngung werden dem Boden lösliche und mineralisierbare Nährstoffe zugeführt. Außerdem gehen von ihr vielfältige Wirkungen auf physikalische, chemische und biologische Eigenschaften der Böden aus. Die Pflanzen können zudem durch Aufnahme geringer Mengen organischer Verbindungen in ihrem Wachstum beeinflußt werden. Einflüsse organischer Düngung auf die Ernährung der Pflanzen sind:
▷ Verbesserung physikalischer Bodeneigenschaften (Wasser-, Luft- und Wärmehaushalt, Durchwurzelbarkeit, Strukturstabilität)
▷ Beeinflussung chemischer Bodeneigenschaften (Mineralisierung, Immobilisierung, Verwitterung, Komplexbildung, Ionenaustausch, pH-Wert und Redoxpotential)
▷ Einwirkung auf Bodenorganismen (Nährstoffmobilisierung und -immobilisierung, Porenbildung und Lebendverbauung, Reduzierung von Schaderregern)
▷ Angebot organischer Verbindungen an Pflanzen (Hemmstoffe, Wuchsstoffe, resistenzbeeinflussende Stoffe).

Zur Erhaltung der Bodenproduktivität muß auf eine ausreichende Zufuhr von organischer Substanz Wert gelegt werden. Als Orientierungsgröße für den Bedarf wird häufig die im Jahresdurchschnitt zersetzte Menge an organischer Substanz genannt. In intensiv genutzten Gemüseböden, die sich durch gute Durchlüftung, hohe Bodentemperaturen und optimale Durchfeuchtung auszeichnen, werden in Mitteleuropa ca. 40 dt/ha organischer Trockenmasse pro Jahr zersetzt.

Will man den Humusgehalt auf einem hohen Niveau halten, so müssen dem Boden regelmäßig organische Stoffe zugeführt werden. Einen wesentlichen Teil liefern bereits die Ernterückstände (Tab. 4.2-26).

Zusätzlich zu den Ernterückständen bieten sich Stallmist, Gülle, Stroh, Komposte, Torf und Gründüngungspflanzen an. Bezogen auf die Frischmasse rechnet man mit folgenden Gehalten (%) an organischer Substanz:

Stallmist	20
Gülle, Huhn	10–15
Gülle, Schwein, Rind	5
Stroh	80
Komposte	15–40
Gründüngungspflanzen und Ernterückstände	10

Stallmist wird in der Regel alle 2 – 3 Jahre in Mengen von 200 – 400 dt/ha ausgebracht. In 100 dt sind durchschnittlich enthalten (in kg):

N	P_2O_5	K_2O	CaO	MgO
50	20	65	60	15

Im Vergleich zu mineralischen Stickstoffdüngern liegt die N-Wirkung von Stallmist im Jahr der Ausbringung nur bei ca. 40 %. Die übrigen Nährstoffe sind etwa wie Mineraldünger nutzbar. Wegen der Gefahr des erhöhten Befalls mit Gemüsefliegen sollen Möhren und Zwiebeln nicht unmittelbar nach einer Stallmistdüngung angebaut werden.

Bei der **Gülle**verwendung ist die hohe N-Wirkung zu berücksichtigen, da der Stickstoff überwiegend in mineralischer Form vorliegt. Pro m^3 Gülle ist mit folgenden Gesamt-N-Mengen (in kg) zu rechnen:

Rind: 4, Schwein: 6, Huhn: 10.

Stroh enthält wenig Stickstoff (0,5 % N in TS). Wegen des weiten C/N-Verhältnisses führt eine Strohdüngung im allgemeinen zur vorübergehenden Festlegung (Immobilisierung) von Mineralstickstoff.

Neben betriebseigenen **Komposten** stehen dem Gemüsebau auch Komposte aus Siedlungsabfällen und Baumrinde zur Verfügung. Rinde sollte nur nach Kompostierung unter Zusatz von Stickstoff verwendet werden, andernfalls ist, wie bei der Strohdüngung, mit N-Immobilisierung zu rechnen. Müllkomposte dürfen nur unter Beachtung der vorgeschriebenen Grenzwerte für Schwermetalle und andere Schadstoffe eingesetzt werden. Die Ausbringung von Klärschlamm ist aus hygienischen und toxikologischen Gründen auf Gemüseflächen untersagt.

Steht **Torf** zu günstigen Bedingungen zur Verfügung, so sind zum Ausgleich der Humusbilanz alle 5 Jahre ca. 500 Ballen (130 dt) pro ha auszubringen.

Gründüngung kann hinsichtlich der Humus- und Nährstoffwirkung ähnlich wie Ernterückstände bewertet werden. Beim Herbstanbau erhält sie eine zusätzliche Bedeutung durch die Aufnahme von Nitrat aus dem Boden und die damit verbundene Verminderung von Auswaschungsverlusten. Hierfür ist allerdings der Anbau von Leguminosen nicht geeignet.

Die Zahl der für einen Gründüngungsanbau geeigneten Arten ist im Gemüsebau gegenüber der Landwirtschaft erheblich eingeschränkt, da Kreuzblütler für den Anbau von Kohlarten ein erhebliches Risiko (Kohlhernie) bedeuten. Darüber hinaus engt die ausgedehnte Kulturzeit (meist zwei Kulturen im Jahr) die Auswahl ein. Für einen späten Saattermin sind fast nur *Gramineen* geeignet, wobei der Winterroggen die größte Bedeutung hat. Bei früherem Anbau kommen Kleearten, Lupine, Wicke, Welsches Weidelgras, Phazelia, Sonnenblume u. a. in Frage.

Tab. 4.2–26: Durchschnittliche Mengen an Ernterückständen verschiedener Pflanzenarten

Art	Trockensubstanz (TS) der Ernterückstände in dt/ha
Blumenkohl	25
Frühkohl	15
Kopfsalat	10
Endivien	5
Porree	16
Frühmöhren	13
Sellerie	20
Tomaten	10
Phazelia	33
Leguminosengemenge	44
Lihoraps	60
Getreide (+ Stroh)	60
Zuckerrüben (+ Blatt)	40
Kartoffeln (+ Kraut)	20

4.2.6 Düngung in Gewächshäusern

Der Unterglasanbau zeichnet sich gegenüber der Freilandproduktion in erster Linie durch ein stärkeres Pflanzenwachstum infolge verbesserter Klimabedingungen aus. Die Frischmassenproduktion typischer Kulturfolgen, wie Radies-Gurke-Kopfsalat oder Kohlrabi-Tomate-Kopfsalat, liegt bei 3000–4000 dt/ha gegenüber 1000–1300 dt/ha im Freiland. Demnach ist auch der Nährstoffbedarf höher. Er kann für die genannten Kulturfolgen bis zu 800 kg N, 250 kg P_2O_5 und 1400 kg K_2O/ha ansteigen. Da im Gewächshaus die Ernterückstände in der Regel entfernt werden, liegt der Nährstoffentzug nahezu in dieser Größenordnung. Gleichzeitig ist der Wasserbedarf erhöht.

Ernährung und Düngung

Er beträgt im Gewächshaus 800 – 1000 mm pro Jahr. Dieses Wasser fällt nicht als natürlicher Niederschlag, sondern muß durch Bewässerung zugeführt werden und weist je nach Herkunft unterschiedliche Salzgehalte, darunter auch Nährstoffe, auf (s. Tab. 4.2-33).

4.2.6.1 Kultur in Böden

Neben der gesteigerten Stoffproduktion der Pflanze ist u. a. durch die schnelle Mineralisierung der organischen Substanzen der Nährstoffumsatz im Boden erhöht und die Nährstoffanlieferung beschleunigt. Ein hoher Anteil des N und K liegt in wasserlöslicher Form vor und die Festlegung von Nährstoffen tritt im Vergleich zu Freilandböden in ihrer Bedeutung zurück.

Eine zusätzliche Förderung der Verfügbarkeit von Nährstoffen tritt nach Bodendämpfung auf, wobei durch Abtöten der nitrifizierenden Bakterien kurzzeitig erhebliche NH_4-Mengen angehäuft werden und durch Reduktion leicht verfügbares Mangan entsteht. Hierdurch ist Kopfsalat besonders gefährdet.

Zur Ermittlung einer bedarfsgerechten Nährstoffversorgung ist im Unterglasanbau grundsätzlich vom Bedarf der Pflanzen auszugehen, der ertragsabhängig ermittelt werden muß (Tab. 4.2-27).

Darüber hinaus ist die Substratanalyse ein wichtiges Steuerungsinstrument. Neben der zu Kulturbeginn durchzuführenden Substratanalyse sind bei langlebigen Kulturen, wie Gurken und Tomaten, wiederholte Kontrollen in 4- bis 6wöchigem Abstand erforderlich, damit Abweichungen vom Optimalbereich frühzeitig erkannt und durch entsprechende Düngung behoben werden können. Die in Tabelle 4.2-28 aufgeführten Gehaltszahlen haben sich als günstig bzw. schädlich erwiesen.

Zusätzlich zum Nährstoffgehalt ist unter den semiariden Klimabedingungen des Gewächshauses die Bestimmung des Salzgehaltes des Bodens notwendig. Den Optimalbereich und die Schädigungsgrenze für Salzgehalte im Bodensättigungsextrakt enthält Tabelle 4.2-29.

Da bei der Bodenuntersuchung die Salzgehalte in der Regel in g/l Boden angegeben werden, ist in Tabelle 4.2-30 die Umrechnung von mS/cm in g/l für zwei Bodenarten vorgenommen.

Mit der Zunahme des Humusgehaltes um 5 % nimmt die Salzverträglichkeit um 1,75 mS/cm zu. Werden die angegebenen Optimalwerte überschritten, so ist die Düngung zu verringern bzw. auf ballastarme Nährstoffformen umzustellen.

Tab. 4.2–27: Marktertrag und mittlere Nährstoffaufnahme der wichtigsten Gemüsearten beim Anbau im Gewächshaus in g/m^2

Gemüseart	Marktertrag (kg/m^2)	N	K	P	Ca	Mg
Gewächshausgurke	35,0	48	76	13	38	7
	27,5	39	62	10	32	5,5
	20,0	30	49	7,5	26	4
Tomate	15,0	49	81	6	55	7
	10,0	32	52	4	38	5
	8,0	26	41	3,5	32	4,5
Paprika	5,5	22	26	3	13	2,5
Blumenkohl	3,5	20	29	3	13	1,5
Kohlrabi	4,5	13	15	2	9	1
Rettich	4,0	9	12	1,3	5	0,7
Radies	1,5	5	6	1	3	0,5
Salat	3,0	7	10	1	2	0,7
Petersilie	1,5	8	14	1	3	0,6
Porree	5,0	20	30	8	15	5
Stangenbohnen	5,0	5	15	7	10	5

Tab. 4.2–28: Optimalbereich und Schädigungsgrenze für Nährstoffe im Substrat, mg/l

	anzustrebender Gehalt	Schädigungsgrenze
N	80–150	> 400
P_2O_5	150–200	–
K_2O	300–500	>1000
MgO	80–120	–

Tab. 4.2–29: Optimalbereich und Schädigungsgrenze für die Leitfähigkeit (Salzgehalt) im Bodensättigungsextrakt (in mS/cm bei 25 °C)

Gemüseart	Optimalbereich	Schädigungsgrenze
Jungpflanzen	< 3,0	> 6,0
Kopfsalat, Radies, Rettich	3,3– 6,6	> 6,6
Buschbohne, Gurke, Tomate	6,6– 9,3	> 9,3
Kohlrabi, Blumenkohl, Endivie, Sellerie	9,3–13,3	>13,3

Tab. 4.2–30: Zusammenhang zwischen Leitfähigkeit des Bodensättigungsextraktes und Salzgehalt des Bodens

Leitfähigkeit des Bodensättigungsextraktes (mS/cm)	Salzgehalt in g/l Boden (Volumengewicht 1,0)	
	humoser Lehm	humoser Sand
2	1	0,5
6	3	1
10	5	1,5
14	7	2

Die Auswaschung der Gewächshausböden ist nur als Notbehelf anzusehen.

Die bedarfsgerechte Düngung im Unterglasanbau erfordert insbesondere bei N und K eine Aufteilung in kleinere Einzelgaben. Die Hauptkulturen sind während des Sommerhalbjahres zumindest wöchentlich zu düngen. Am günstigsten ist eine kontinuierliche Zufuhr von Nährlösung (Bewässerungsdüngung). Bei den Kurzkulturen kann die P- und Mg-Düngung in einer gemeinsamen Gabe vor der Pflanzung verabreicht werden. N und K sind in der Regel in 2 Gaben aufzuteilen.

4.2.6.2 Erdelose Kulturverfahren

Der Anbau von Gemüse in erdelosen Kulturverfahren hat in den vergangenen Jahren im Unterglasanbau Europas zugenommen. Kennzeichnend für die erdelose Kultur ist im allgemeinen eine drastische Reduzierung des Wurzelraumes (Substratvolumen/m²) und damit der Wasser- und Nährstoffspeicherung, wofür Tab. 4.2-31 Beispiele liefert. Eine kontinuierliche Nährstoffzufuhr ist daher bei erdelosen Kulturverfahren unumgänglich.

Die in Tabelle 4.2-32 enthaltene optimale Zusammensetzung der Nährlösung hat sich bei vielen erdelosen Kulturverfahren und Gemüsearten bewährt. Die großen Abstände zwischen dem Optimum und den angegebenen Minima und Maxima lassen erkennen, daß bei der Zusammensetzung der Nährlösung ein gewisser Spielraum besteht. Trotzdem ist es empfehlenswert, die im Gießwasser enthaltenen Nährstoffe zu berücksichtigen. Eine Nährlösung gilt als optimal, wenn es im Verlauf der Kulturzeit zu keiner Konzentrationsänderung in der Substratlösung bzw. der zurückfließenden Nährlösung kommt. Um dies zu erreichen, müssen Wasser- und Nährstoffaufnahme einander entsprechen, d. h. relativ gesehen gleich groß sein.

Die Nährstoffkontrolle erfolgt im Betrieb in der Regel nur durch die Bestimmung des **Gesamtsalzgehaltes** der Nährlösung mit Hilfe der Leitfähigkeitsmessung. Je nach Salztoleranz der Kultur (Einordnung s. Tab. 4.2-29) sollte diese zwischen 2 und 3 mS/cm liegen. Im Zweifelsfall ist die quantitative Analyse der einzelnen Nährstoffe angezeigt.

Auch der **pH-Wert** bedarf der Überwachung. Er sollte 5,5 – 6,5 betragen. Eine Anhebung des pH-Wertes geschieht im allgemeinen durch Zugabe von Calciumnitrat, eine Absenkung durch Salpeter- bzw. Phosphorsäure oder auch eine Erhöhung des Ammonium-Anteils. Die hierbei verabreichten Nährstoffmengen sind zu berücksichtigen. Dies gilt ebenfalls für die im Wasser enthaltenen Nährstoffe.

Bei der erdelosen Kultur spielt die **Wasserqualität** eine besondere Rolle. Wegen der Gefahr

Tab. 4.2–31: Berechnung der in verschiedenen Substraten gespeicherten N-Menge sowie deren Anteil an einem Gesamtbedarf in Höhe von 60 g N/m² (nach SONNEFELD 1981)

	Gewächshausboden	Torfsäcke	Steinwollmatten	Nährfilmkultur
Substratvolumen in l/m²	500	25	14	–
% Wasservolumen	30	50	70	–
Wassermenge in l/m²	150	12	10	4
N-Konzentration in mg/l Wasser	238	252	126	175
N-Menge in g/m²	35,7	3,0	1,3	0,7
N-Menge in % eines Bedarfs in Höhe von 60 g/m²	64	5	2	1

Tab. 4.2–32: Nährlösungskonzentration für erdelose Kulturen im Gemüsebau

Nähr-element		Minimum	Optimum	Maximum
N	mg/l	50	180	300
P	mg/l	20	40	200
K	mg/l	50	300	600
Ca	mg/l	125	200	400
Mg	mg/l	25	50	150
Fe	µg/l	150	3000	6000
Mn	µg/l	250	1000	5000
Zn	µg/l	50	100	5000
B	µg/l	100	300	2000
Cu	µg/l	10	100	1000
Mo	µg/l	10	50	100

von Salzschäden dürfen die in Tabelle 4.2-33 aufgeführten Grenzwerte nicht wesentlich überschritten werden. Hinsichtlich der Nährstoffgehalte im Gießwasser gelten die in Tabelle 4.2-32 genannten Richtwerte.

Tab. 4.2–33: Richtlinien zur Bewertung von Gießwasser für Unterglaskulturen

		Salzverträglichkeit der Pflanzen (s. Tab. 4.2–29)			
		sehr niedrig	niedrig	mittel	hoch
Gesamtsalz	mg/l	250	500	750	1000
Chlorid	mg Cl$^-$/l	50	100	200	300
Natrium	mg Na$^+$/l	50	100	150	150
Sulfat	mg SO$_4^=$/l	100	200	250	300
Gesamt-Härte	°dH	6	12	20	30
(Erdalkaliionen)	mol/m^3	1,07	2,15	3,58	5,37
Carbonat-Härte	°dH	4	8	15	25
(Säurekapazität)	mol/m^3	1,43	2,86	5,37	8,95
Eisen	mg Fe/l		1		
Bor	mg B/l		0,5		

Literatur

ALT, D. und LADEBUSCH, H. (1984): Langjährige Feldversuche zur P-, K- und Mg-Düngung von Gemüsekulturen. Gartenbauwissenschaft **49**, 270-279.

BARBER, S. A. (1984): Soil Nutrient Bioavailability. New York: John Wiley & Sons.

BERGMANN, W. (1983): Ernährungsstörungen bei Kulturpflanzen. Stuttgart: Gustav Fischer.

BÖHMER, M. (1980): Der Mineralstickstoffgehalt von Böden mit Feldgemüsebau und seine Bedeutung für die Stickstoffernährung der Pflanze. Diss. Hannover.

FINCK, A. (1979): Dünger und Düngung. Weinheim, New York: Verlag Chemie.

GEISSLER, TH. und GEYER, B. (1976): Die Mineraldüngung in der industriemäßigen Gemüseproduktion. Erfurt: iga-Ratgeber.

JUNGK, A. (1984): Phosphatdynamik in der Rhizosphäre und Phosphat-Verfügbarkeit für Pflanzen. Bodenkultur **35**.

MENGEL, K. und KIRKBY, E. A. (1982): Principles of Plant Nutrition. Bern: International Potash Institute.

PIETERS, J. H. VAN DE, BOON, J., SLANGEN, J. H. G., und TITULAER, H. H. H. (1984): Adviezen voor de Stikstofbemesting van groenten gewassen in de volle grond, ter voorkoming van te hoge nitratgehalten. Bedrijfsont wikkeling **15**, 245–247.

Ruhr-Stickstoff AG (1978): Faustzahlen für Landwirtschaft und Gartenbau. Münster-Hiltrup: Landwirtschaftsverlag.

SCHEFFER, F. und SCHACHTSCHABEL, P. (1982): Lehrbuch der Bodenkunde. Stuttgart: Ferdinand Enke.

TINKER, P. B. und LÄUCHLI, A. (1984): Advances in Plant Nutrition. New York: Praeger.

SCHARPF, H. C. und WEHRMANN, J. (1975): Die Bedeutung des Mineralstickstoffvorrates des Bodens zu Vegetationsbeginn für die Bemessung der N-Düngung zu Winterweizen. Landw. Forschung 32/I So.-Heft XXX.

SONNENVELD, C. (1981): Items for Application of Macro-Elements in Soilless Cultures. Acta Horticulturae **126**, 187–195

WEHRMANN, J. und SCHARPF, H.-C. (1979): Der Mineralstickstoffgehalt des Bodens als Maßstab für den Stickstoffdünger (N_{min}-Methode). Plant and Soil **52**, 109-126.

WEHRMANN, J. und SCHARPF, H. C. (1982): Sachgerechte Stickstoffdüngung. Bonn: Auswertungs- und Informationsdienst für Ernährung, Landwirtschaft und Forsten e. V. (AID), H. 17.

WEHRMANN, J. und SCHARPF, H. C. (1984): Wege zur Lösung des Stickstoffproblems in Landwirtschaft und Gartenbau – 10 Jahre Forschungsschwerpunkte des Instituts für Pflanzenernährung. Hannover: Hannover Uni, Zeitschrift der Universität, H. 2.

4.3 Sortenangebot und Sortenwahl

HELMUT KRUG

Der Begriff **Sorte** (Kulturvarietät), international cultivar (cv.) genannt, bezeichnet einen Bestand kultivierter Pflanzen, die sich durch irgendwelche Merkmale deutlich auszeichnen und bei Fortpflanzung ihre sortentypischen Merkmale beibehalten. Die Benennung und das Angebot von Sorten unterlag bis zum Jahre 1934 keinerlei Einschränkungen und führte zu einem unübersehbaren Angebot mit zum Teil gleichen, aber unterschiedlich benannten Sorten. Um die Auswahl geeigneter Sorten zu erleichtern, werden in Deutschland seit 1920 Sortenprüfungen durchgeführt. Mit der »Verordnung über Saatgut« im Jahre 1934 und der »Grundregel für die Zulassung von Neuzüchtungen« im Jahre 1935 wurde die Basis für eine Sortenbereinigung und offizielle Sortenzulassung gelegt.

In der Bundesrepublik Deutschland wird heute — nach Abstimmung mit den EWG-Richtlinien — die **Zulassung von Sorten** und der **Verkehr mit Saatgut** durch das »Gesetz über den Verkehr mit Saatgut« (Saatgutverkehrsgesetz) geregelt. Das Saatgutverkehrsgesetz dient dem Schutz des Saatgutverbrauchers. Es schreibt vor, daß Gemüsesaatgut nur dann vertrieben werden darf, wenn
a) die betreffende Sorte in der Sortenliste des Bundessortenamtes eingetragen oder aufgrund der Eintragung in die Sortenliste eines anderen EG-Mitgliedstaates in dem Gemeinsamen Sortenkatalog der EWG aufgenommen und vom Bundessortenamt bekannt gemacht worden ist und
b) das Saatgut als Basis- oder zertifiziertes Saatgut anerkannt oder als Standardsaatgut kontrolliert worden ist (s. Kap. 3.1.3).

Voraussetzung für die Eintragung einer Sorte in die Sortenliste ist, daß sie sich in den Prüfungen des Bundessortenamtes als unterscheidbar, hinreichend homogen sowie beständig erwiesen hat und mit einer eintragungsfähigen Bezeichnung versehen ist. Ein »landeskultureller Wert«, d. h. eine deutliche Verbesserung gegenüber anderen Sorten in wenigstens einer Eigenschaft, wird für Gemüsesaatgut nicht mehr gefordert. Die Bewertung der Sorten wird hierdurch erschwert. Bei einigen alten Sorten sind durch Selektion Provenienzen (Herkünfte) mit unterschiedlichen Leistungen oder Eigenschaften entstanden, die oft durch eine zusätzliche Bezeichnung gekennzeichnet werden.

Um dem Züchter einen Anreiz für die Schaffung neuer leistungsfähiger Sorten zu geben, kann das Bundessortenamt für eine neue Sorte ein **Sortenschutzrecht** erteilen. Dieses ist einem Patent in der gewerblichen Wirtschaft ähnlich. Grundlage ist das Sortenschutzgesetz. Es sichert dem Züchter oder Entdecker einer Sorte das alleinige Recht, Saatgut der geschützten Sorte zum gewerbsmäßigen Vertrieb zu erzeugen oder gewerbsmäßig zu vertreiben. Der Sortenschutz währt in der Regel 20 Jahre. Nicht oder nicht mehr geschützte Sorten können als »freie« Sorten auch von anderen Züchtern vermehrt und vertrieben werden.

Nach dem Saatgutverkehrsgesetz hat das Bundessortenamt zur Orientierung der Verbraucher **»Beschreibende Sortenlisten«** herauszugeben. Die Beschreibung umfaßt wesentliche Merkmale und Eigenschaften sowie die Eignung der Sorten für bestimmte Boden- und Klimaverhältnisse oder Verwendungszwecke. Sie basiert auf regional gestreuten Sortenversuchen unter Leitung des Bundessortenamtes. In der Sortenliste von 1985 sind 553 Gemüsesorten eingetragen, darunter allein 215 Sorten von Hülsenfrüchten. Der gemeinsame Sortenkatalog der Europäischen Gemeinschaft weist über 6000 Gemüsesorten aus.

Zur Gewinnung ergänzender Informationen legen die Landwirtschaftskammern oder die verantwortlichen Ministerien regional orientierte Vergleichsversuche an, deren Ergebnisse in den Jahresberichten oder in besonderen Heften veröffentlicht werden. Zur besseren Vergleichbarkeit wurden unter Federführung des Bundessortenamtes Standardsorten ausgewählt, die in allen Sortenversuchen vertreten sein sollten.

Eigenschaften von Sorten lassen sich auch aus dem Züchtungsverfahren ableiten. Bei Arten mit geringer wirtschaftlicher Bedeutung werden noch »Landsorten« angebaut. Dies sind Formengemische mit meist guter Anpassungsfähigkeit und damit großer Ertragssicherheit. »Zuchtsorten« sind durch Auslese-, Kombinations-, Hybrid- oder durch Mutationszüchtung gewonnen worden.

Von der Auslese- bis zur Hybridzüchtung wird die genetische Vielfalt und damit die Anpassungsfähigkeit und Ertragssicherheit zugunsten eines hohen Leistungspotentials eingeengt. Am deutlichsten wird dies bei den »echten Hybriden«, den F_1-Nachkommenschaften zweier Inzuchtlinien. Die »echten Hybriden« zeichnen sich durch besondere Homogenität und ein gutes

Wachstumspotential aus. Für den Anbau unter kontrollierten Wachstumsbedingungen in Gewächshäusern sind sie deshalb hervorragend geeignet. Unter den Klimaschwankungen im Freiland kann die geringere Anpassungsfähigkeit zu einem größeren Ertragsrisiko führen. Hybriden sind deshalb nicht bei allen Gemüsearten grundsätzlich zu bevorzugen. Eine breitere genetische Basis liegt bei den »sonstigen Hybriden« (Sortenhybriden, F_2-Hybriden, Hybriden durch Kreuzung von mehr als zwei Inzuchtlinien, Doppelhybriden, Topcrosshybriden oder zusammengesetzte Sorten) vor. Bei diesen Hybriden ist das Ertragsrisiko geringer; es werden aber nicht bei allen Arten die Ertragserwartungen erfüllt.

Hybridsaatgut, insbesondere Saat der »echten Hybriden«, ist infolge der aufwendigen Verfahren zu seiner Erzeugung deutlich teurer als Saatgut konventioneller Sorten. Da von Hybriden erzeugtes Saatgut spaltet, kann es nicht im Betrieb vermehrt, sondern muß stets neu beschafft werden.

Hybriden sind in der beschreibenden Sortenliste mit einem ›H‹ gekennzeichnet. In dem gemeinsamen Sortenkatalog der EG von 1985 weisen folgende Arten einen hohen Anteil Hybridsorten (alle Typen) auf: Rosenkohl (81 %), Einlegegurken (78 %), Salat- und Schälgurken (75 %), Weißkohl (56 %), Tomaten (52 %), Wirsingkohl (43 %), Rotkohl (40 %), Möhren (37 %), Spinat (34 %), Zwiebeln (33 %), Grünkohl (24 %), Kohlrabi (19 %), Rettich (10 %). Diese Zahlen geben jedoch keinen Aufschluß über die Bedeutung dieser Sorten im Anbau.

Durch Mutationszüchtungen ist es gelungen, tetraploide Sorten (Pflanzen mit vierfachem Chromosomensatz) mit größeren Organen zu züchten. Diese Sorten spielen bislang noch keine nennenswerte Rolle.

Bei der Auswahl von Sorten sind besonders folgende Kriterien zu beachten: Ertragsleistung nach Frühzeitigkeit, Ertragshöhe und Ertragssicherheit; innere und äußere Qualität unter Berücksichtigung der Marktforderungen und Konsumentenwünsche; Widerstandsfähigkeit bis Resistenz gegen belebte und unbelebte Faktoren; Anbaueignung für die Saat bzw. Pflanzung, Pflege, Ernte — besonders mechanisierte Ernte — und Aufbereitung; Eignung für den Transport und die Lagerfähigkeit; Eigenschaften für die Verarbeitung; für den geschützten Anbau insbesondere gute Wachstumsleistungen bei geringen Ansprüchen an Temperatur und Strahlung.

Literatur

Anonym (1975): Gesetz über den Verkehr mit Saatgut. Hannover: Alfred Strothe.

Bundessortenamt (Hrsg.) (1982): Das Bundssortenamt — Aufgaben, Organisationen, Einrichtungen. Hannover.

Bundessortenamt (Hrsg.): Beschreibende Sortenliste — Schriftenreihe. Hannover: Alfred Strothe.

4.4 Pflanzenanzucht

Helmut Krug

4.4.1 Terminplanung

Die Zeitspanne für Saaten wird im Freiland u. a. durch die Bodenfeuchte und die Bodentemperatur begrenzt. Der Boden sollte stets soweit abgetrocknet sein, daß die mit der Saat verbundenen Bearbeitungsgänge keine Strukturschäden verursachen und das Saatgut nicht »eingeschmiert« wird. Auch ein zu trockener Boden erschwert eine saubere Saat und führt zu ungleichmäßigem Aufgang.

Die Bodentemperatur sollte für einen zügigen und sicheren Aufgang bei kälteverträglichen Arten über 5 °C, bei kälteempfindlichen Arten über 10 – 12 °C liegen. Bei Arten, deren Saatgut ein längeres Liegen im bereits gequollenen Zustand verträgt (*Allium*-Arten, Möhren), kann auch bei niedrigeren Bodentemperaturen gesät werden. Bei der Wahl des Saattermins sind auch die Nachtfrostgefahr und die Gefahr der Schoßauslösung durch eine Vernalisation sowie photoperiodische Reaktionen zu berücksichtigen.

Für eine kontinuierliche Anlieferung von Produkten, die in einem oder in wenigen Erntegängen pro Kultur gewonnen werden, ist eine sorgfältige Staffelung der Saattermine erforderlich. Dies gilt insbesondere, wenn die potentielle Erntedauer der Kultur kurz ist und die täglichen Erntemengen festgelegt sind. Bei der Planung der Staffelung der Saat- bzw. Pflanztermine kann man sich folgender Hilfen bedienen:

a) Planung nach empirisch ermittelten, mittleren Terminen (s. Hartmann u. Frenz 1972). Solche Daten gelten jedoch nur für den durchschnittlichen Witterungsverlauf der Jahre und nur für die jeweiligen Standortbedingungen.

b) Eine bessere Übertragbarkeit solcher Termine auf andere Witterungsverläufe und Standorte ermöglicht die Berechnung der Beziehungen zwischen dem Wachstum und den Witterungsbedingungen (s. Kap. 3.3.3). Im Spätsommer bis

Herbst, mit dem Hineinwachsen in immer ungünstigere Witterungsbedingungen, müssen die Saattermine für gleiche Ernteabstände zunehmend enger gestaffelt werden. Im Winter werden die Abstände wegen des geringen Wachstumsfortschrittes weiter, um sich im Frühjahr erneut den Abständen zwischen den Ernteterminen anzunähern.

c) Die Saat- bzw. Pflanztermine können auch anhand des beobachteten Wachstumsfortschrittes der zuvor gesäten Kultur gestaffelt werden, z. B. nach dem Austritt der Keimwurzel oder dem Auflaufen. Der notwendige Wachstumsfortschritt für die gewünschte Staffelung der Ernte wird entweder empirisch bestimmt oder mit Hilfe der Temperatursummen errechnet (Summe der Tagesmitteltemperaturen, die im einfachsten Falle aus den Mitteln von Tagesmaximum und Tagesminimum bestimmt werden).

Bei der Temperatursummenrechnung wird von der Temperatursumme zwischen den Ernteterminen ausgegangen und ein unterer Grenzwert für das Wachstum abgezogen (bei Erbsen z. B. 4 °C). Diese »effektive Temperatursumme« muß im Frühjahr verstreichen, bis der nächste Satz gesät wird. Beispiel: Erbsenernte im Juli, Temperaturmaximum 22 °C, Temperaturminimum 14 °C, Tagestemperatursumme = (22 + 14) : 2 = 18 °C, effektive Tagestemperatursumme = 18 − 4 = 14 °C. Für einen Ernteabstand von 1 Tag beträgt die Saatzeitdifferenz im April bei einer Tagestemperatursumme von 8 °C, das ist eine effektive Temperatursumme von 8 − 4 = 4 °C, dann 14 : 4 = 3,5 Tage.

Bei der Staffelung der Saattermine ist es zweckmäßig, nur für die ersten Termine eine sehr frühe Sorte, für die folgenden Sätze jedoch spätere Sorten zu wählen, um im Falle von Störungen durch den Einsatz schnellwüchsiger Sorten die Lücke zu schließen. Für die Erzeugung gleicher Erntemengen pro Satz ist die vom Saattermin abhängige Ertragsleistung einzukalkulieren. Sehr frühe und vor allem späte Sätze bringen häufig geringere Erträge, so daß große Flächen einzuplanen sind.

Die Steuerung des Erntetermins durch die Saatzeit ist zu ergänzen durch die Wahl von Sorten unterschiedlicher Wachstumsgeschwindigkeit, durch produktionstechnische Maßnahmen, wie Bestandesdichte, Düngung, Bewässerung, u. a. Bei weiträumiger Streuung der Produktionsflächen, wie sie häufig beim Anbau für die Verwertungsindustrie vorliegt, ergeben sich weitere Möglichkeiten durch die Standortwahl hinsichtlich Bodenart, Höhenlage (über 100 m Höhe sinkt die Temperatur um ca. 0,6 °C), Neigung des Geländes oder Exposition des Geländes nach den Himmelsrichtungen. Auf weitere Möglichkeiten der Kultursteuerung durch kulturtechnische Maßnahmen im Gewächshaus wird im Kapitel 4.15 eingegangen.

4.4.2 Saattechnik

Die **Standraumbemessung** orientiert sich an den im Kapitel »Bestandeswirkungen« beschriebenen Zusammenhängen und den technischen Erfordernissen. Letztere sind in erster Linie durch die Spurbreiten der Maschinen und Geräte, insbesondere der Schlepper und Erntemaschinen, gegeben. Für die Reihenabstände ist es zweckmäßig, Teilgrößen der Spurbreiten zu wählen (Tab. 4.4-1).

Tab. 4.4–1: Reihenabstände bei verschiedenen Schlepperspurweiten (cm)

Schlepperspurweite	Reihenabstände						
125	62,5	42	31	25	21	18	16	13
136	68	45	34	27	23	19	17	14
150	75	50	38	30	25	21	19	15

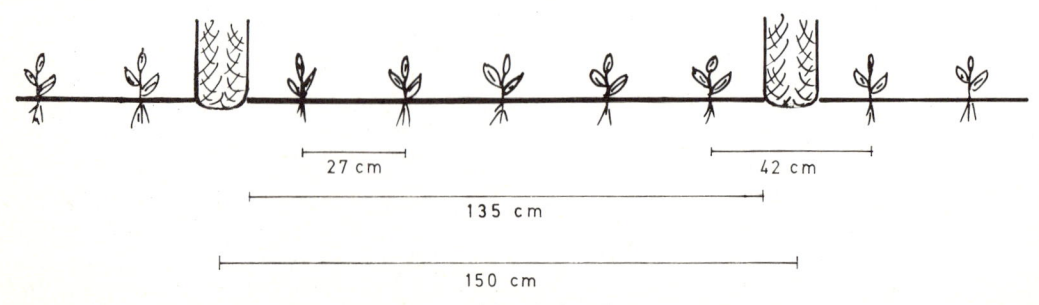

Abb. 4.4-1: Beispiel für die Reihenentfernungen bei Beetkultur

Für Kulturen mit engen Reihenabständen werden durch eine Beetkultur, bei der Reihen für die Fahrspur ausgelassen und nur diese Spuren befahren werden, die Beete geschont, der Schlupf verringert und die Zugkraft verstärkt (Abb. 4.4-1). Für den Einsatz von Erntewagen, Beregnungsmaschinen oder Spritzgeräten sind Fahrgassen oder breitere Beete mit breiteren Fahrspuren einzuplanen.

Die auszubringende **Saatmenge** errechnet sich nach der Formel:

$$\text{Saatmenge (kg/ha)} = \frac{\text{Pflanzen/m}^2 \cdot \text{TKM (g)}}{\text{Feldaufgang (\%)}}$$

Beispiel für die Saatmenge bei Erbsen:

$$\frac{80 \text{ St/m}^2 \cdot 250 \text{ g}}{90 \%} = 222 \text{ kg/ha}$$

Bei unsicherem Feldaufgang sollte dichter gesät und ggf. ausgedünnt werden. Die Saatdichte kann an großen Sämaschinen eingestellt werden. Zur Kontrolle oder bei Maschinen ohne vorgegebene Einstellung wird »abgedreht«, d. h., an der aufgebockten Maschine wird der Sävorgang durch gleichmäßiges Drehen des Antriebsrades und Auffangen der ausgebrachten Saat in Behältern simuliert. Bei Sämaschinen mit Radantrieb können jedoch auch nach korrektem »Abdrehen« auf dem Felde durch den Schlupf des Antriebsrades abweichende Saatmengen fallen.

Die Saatmenge kann auch über den Kornabstand dosiert bzw. über einen gewünschten oder durch die Sämaschine vorgegebenen Kornabstand berechnet werden:

$$\text{Kornabstand (cm)} = \frac{\text{Fläche (cm}^2)}{\text{Reihenabstand (cm)} \cdot \text{Kornzahl (St/m}^2)}$$

$$\text{Saatmenge (kg/ha)} = \frac{\text{TKM (g)} \cdot 100}{\text{Reihenabstand (cm)} \cdot \text{Kornabstand (cm)}}$$

Beispiele für Erbsen mit einer Bestandesdichte von 80 Pfl/m², einem Reihenabstand von 17 cm und einer TKM von 250 g:

$$\text{Kornabstand} = \frac{10\,000 \text{ cm}^2}{17 \text{ cm} \cdot 80} = 7,4 \text{ cm}$$

$$\text{Saatmenge} = \frac{250 \text{ g} \cdot 100}{17 \text{ cm} \cdot 7,4 \text{ cm}} = 199 \text{ kg/ha}$$

Die im Vergleich zum obigen Beispiel geringere Saatmenge ergibt sich aus der Vernachlässigung des Feldaufganges.

Für die **Saattiefe** gilt die Grundregel, die Samen flach, aber so tief einzusäen, daß ein Anschluß an die feuchte Bodenschicht und damit die Quellung gewährleistet sind (s. Kap. 4.1.1).

Dementsprechend ist auf einem feuchten Boden flacher, auf einem relativ trockenen Boden tiefer zu säen. Bei flacher Saat sinkt das Risiko des Sauerstoffmangels, der Schädigung durch Bodenpilze und einer Schwächung bzw. Erschöpfung bei dem Durchbrechen der Bodenoberfläche. Es steigt das Risiko des Austrocknens, und es besteht die Gefahr, daß die Keimwurzeln mangels Gegendruck nicht in den Boden eindringen (z. B. bei Preßtöpfen) und daß die Samenschalen nicht abgestreift werden. Eine etwas tiefere Saat ist zu empfehlen bei leichten Böden, großkörnigen und robusten Samen (besonders solchen mit hypogäischer Keimung (hier bleiben die Keimblätter im Boden und müssen nicht durch den Boden nach oben gepreßt werden), bei einer Vorauflaufbehandlung mit Herbiziden und bei Gefahr von Vogelfraß. Mittlere Saattiefen sind für feinkörnige Samen 1 – 3 cm, für grobkörnige 2 – 5 cm.

Vor der Saat wird das Saatgut, soweit dies nicht vor der Lieferung geschehen ist, in der Regel gebeizt. Im Gemüsebau dominiert die Trockenbeize.

Für das Ausbringen der Samen sind verschiedene **Saatverfahren** entwickelt worden:

Die **Breitsaat** ist das älteste Verfahren. Das Saatgut wird von Hand, mit der Tüte oder mit Sähilfen, auf großen Flächen mittels Sämaschine ohne Särohre, bei grobkörnigen Samen auch mit Schleuderstreuern breitwürfig verteilt. Schwierigkeiten bereiten die gleichmäßige Verteilung, das Einarbeiten in eine günstige Tiefenlage im Boden und die Unkrautbekämpfung. Der Saatgutbedarf ist wegen des geringeren Feldaufganges um 20 - 30 % höher anzusetzen als bei Reihensaat.

Breitsaat wird im Gemüsebau nur zur Jungpflanzenanzucht auf unkrautfreien Saatbeeten oder für Dichtsaaten auf sehr feuchtem Boden, wie z. B. bei sehr frühen Saaten von Spinat oder Möhren, angewandt. In Breitsaat können auch Samen robuster Gründüngungspflanzen, ggf. zusammen mit dem beigemischten Mineraldünger, ausgebracht werden. Die Samen werden auf kleinen Flächen flach mit einem Substrat überschichtet, auf größeren Flächen mit Harke oder Egge, ggf. mit einer flach arbeitenden Fräse, eingearbeitet. Falls auf trockenem Boden ein Andrücken erforderlich ist, sind auf großen Flächen Rauhwalzen einzusetzen.

Die **Reihensaat** erlaubt durch den Einsatz von Klutenräumern, Drillscharen, ggf. Druckrollen und Zustreichern, eine sauberere Ablage und relativ einheitliche Tiefenlage der Samen, darüber hinaus eine Bodenlockerung und Unkraut-

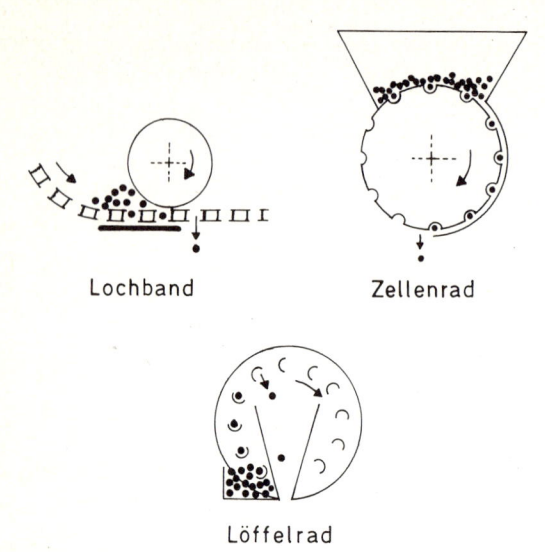

Abb. 4.4-2: Mechanische Einzelkornsägeräte (Prinzipskizzen, aus LECKER 1983)

bekämpfung zwischen den Reihen — und bei hinreichendem Reihenabstand oder Beetkultur — ein beschädigungsarmes Durchfahren der Bestände. Nach der Kornablage wird bei der Reihensaat zwischen Drillsaat und Gleichstandsaat unterschieden.

Bei **Drillsaat** fallen die Körner in ungleichmäßigen Abständen, was besonders bei geringen Saatstärken zu ungleichen Pflanzenabständen führt. Das Einmischen toter Samen oder gleichgroßer Materialien mit vergleichbarer spezifischer Masse sind Behelfslösungen.

Eine besondere Form der Drillsaat ist die **Bandsaat**. Hier werden die Samen mit verbreiterten Drillscharen (3–5 cm) in einem Band abgelegt. Zur besseren Verteilung kann in das Fallrohr eine Prallfläche eingebaut werden. Einen ähnlichen Effekt bringen 2 dicht nebeneinander gezogene Drillreihen. Vorteile der Bandsaat sind bei kleinen Pflanzen, wie z.B. Möhren, eine günstigere Standraumverteilung, bei Bandspritzung ein geringer Herbizidaufwand und eine erleichterte Ernte.

Die **Gleichstandsaat** mit Einzelkornablage führt auch in den Reihen zu gleichmäßigeren Pflanzenabständen. Bei Saatgut mit hoher Triebkraft, guter Kalibrierung oder Pillierung und exakt arbeitenden Sämaschinen sowie guten Bodenvoraussetzungen kann auf Endabstand abgelegt und auf ein Vereinzeln verzichtet werden. Sind die Voraussetzungen weniger günstig oder soll das Risiko gemindert werden, wird auf halben Endabstand abgelegt. Überzählige Pflanzen sind hier nach dem Aufgang durch Verhacken zu entfernen.

Lochband-, Löffelrad-, Zellenrad- (Abb. 4.4.-2) und besonders pneumatische Sämaschinen eignen sich für die Gleichstandsaat mit Einzelkornablage. Maschinen mit Zentralantrieb und eine gleichmäßige, für das Gerät günstige Fahrgeschwindigkeit fördern die Präzision der Ablage. Das für die Einzelkornablage erforderliche hochwertige, kalibrierte oder pillierte Saatgut ist teurer als Normalsaatgut; es werden jedoch auch geringere Saatgutmengen benötigt und bei geringerem Aufwand höhere Erträge mit besserer Qualität erzielt.

Für besonders hochwertige Kulturen auf kleinen Flächen sind **Samenbänder** erhältlich. Hier werden die Samen in gleichen Abständen zwischen zwei Spezialpapiere oder Kunstoffbänder geheftet und zu Rollen aufgewickelt. Eine Spezialsämaschine legt das Samenband in eine Furche, drückt es an und streicht die Furche zu. Für das Auflaufen ist eine gute Bodenfeuchte oder ein gründliches Bewässern erforderlich.

Eine Gleichstandsaat mit Ablage jeweils mehrerer Samen ist die **Dibbel-** oder **Horstsaat.** Hierbei wird das Fallrohr normaler Drillmaschinen nur in einstellbaren Abständen freigegeben. Vorteile sind die stärkere, vereinte Kraft der Keimlinge beim Durchbrechen verkrusteter Böden und ein leichteres Hacken in den Reihen. Nachteile sind die ungleichmäßigere Standraumverteilung und damit – bei günstigen Auflaufbedingungen – Ertragsminderungen. Gedibbelt wurden früher besonders Buschbohnensaaten. Heute wird dieses Saatverfahren nur unter ungünstigen Auflaufbedingungen oder beim Folienmulch empfohlen.

Seit 1980 werden auch in Deutschland Sämaschinen angeboten, die mit der Aussaat von Gurken oder Mais eine Streifenfolge zur Beschleunigung des Aufgangs und zum Schutz der jungen Pflanzen ablegen (s. Kap. 4.7).

Spezielle Sämaschinen sind für die **Saat vorgekeimten Saatgutes** entwickelt worden. In Nordamerika hat das Plug-Mix-Verfahren Eingang in die Praxis gefunden, besonders für die Saat von Tomaten, Paprika, Gurken und Melonen. Das Saatgut wird vorgequollen, anschließend in eine »Füllmasse« von Torf, Perlite, Kalk und Nährsalzen oder in ein leichtes, humusreiches Erdsubstrat mit einem Antiverkrustungsmittel gemischt, in Säcken gelagert und unmittelbar nach Austritt der Keimwurzeln maschinell in Rillen oder kleinen Haufen abgelegt. Die Samen dürfen nicht austrocknen. Vorteile sind ein schnellerer sowie höherer Feldaufgang und infolge der hohen Absorptionskraft des Substrates eine geringere Empfindlichkeit der Pflanzen gegen Herbizide.

Bei dem in England entwickelten »**Flüssigdrillen**« wird das Saatgut bis zu einer optimalen Keimwurzellänge (2 mm und länger) vorgekeimt. Nichtkeimende Samen werden aussortiert. Die vorgekeimten Partien können in belüfteten Lösungen kalt gelagert werden. Zur Aussaat werden die gekeimten Samen in einem Trägergel mit Spezialmaschinen in eine Saatfurche ausgebracht und zugestrichen oder auch in Töpfe ausgelegt. Auch hier muß ein Austrocknen der gekeimten Samen vermieden werden. Vor einer abschließenden Beurteilung dieses Verfahrens sind weitere Erfahrungen zu sammeln.

4.4.3 Jungpflanzenanzucht und Pflanzung

Die Vorkultur von Jungpflanzen erfordert einen größeren Arbeits- und Sachaufwand als die Aussaat am endgültigen Standort. Sie ist zu empfehlen, wenn auf den kleineren Flächen günstigere Wachstumsbedingungen geboten werden, wie z. B. günstigere Temperaturen in Gewächshäusern oder Frühbeeten, Strahlungs- und Windschutz, eine bessere Wasserversorgung, bessere Pflanzenhygiene oder ein sorgfältigerer Pflanzenschutz. Als positive Wirkungen sind zu nennen: höhere Auflaufquoten, geringere Probleme mit der Unkrautbekämpfung, es entfällt das Vereinzeln, gleichmäßigere Bestände mit hohem Anteil guter Qualitäten, frühere Ernten, sicherere Terminierung, geringeres Kulturrisiko und eine kürzere Flächennutzungsdauer. Die Jungpflanzenanzucht lohnt deshalb besonders in Intensivbetrieben, bei Frühkulturen, bei langsam wachsenden Kulturen in kurzen Vegetationsperioden, bei wärmebedürftigen oder vernalisationsempfindlichen Arten, bei strukturlabilen Böden und bei auflaufempfindlichen Arten.

Je nach Gemüseart, Jahreszeit und betrieblichen Voraussetzungen werden verschiedene Anzuchtverfahren praktiziert:

1. Aussaat in Schalen → Pikieren → Topfen
2. Aussaat in Schalen → Topfen
3. Aussaat in Töpfe
4. Aussaat in Anzuchtbeete.

Von Punkt 1 bis 4 sinkt der Arbeitsaufwand, und bis zu Punkt 3 steigt der Flächenanspruch.

Zur **Aussaat** können beliebige Schalen verwendet werden, wenn sie den hygienischen und arbeitswirtschaftlichen Anforderungen genügen. DIN-Maße sind 60 x 40 cm und die entsprechenden Halbmaße (30 x 40, 30 x 20, 20 x 15 cm mit Höhen von 5 bzw. 8 cm). Die Substrate (s. Kap. 4.1.3) sollten nur einen geringen Salzgehalt aufweisen (nicht über 3 mS/cm). Die Samen werden nach dem Beizen auf das nur leicht verfestigte Saatbeet in Breitsaat ausgestreut. Die Saatstärke liegt je nach Art (TKM) und Standdauer (mit oder ohne Pikieren) zwischen 2 und 12 (Schnittlauch bis 20) g/m². Nach dem Andrücken und Angießen wird eine ca. 5 mm starke Deckschicht desselben Substrates mit der Hand oder mit einem grobmaschigen Sieb aufgestreut und die Schale angegossen.

Sähilfen bieten einfache Geräte, wie z. B. ein Vibrator. Eine Gleichstandsaat wird durch Verwendung von Saatplatten oder Saugplatten erleichtert. Saatplatten entsprechen den Samenbändern. Sie werden in die Schalen ausgelegt, überbraust, dünn bedeckt und leicht angedrückt. Das Papier löst sich im feuchten Medium rückstandsfrei auf, so daß die Keimung nicht beeinträchtigt wird. Saugplatten in Größe der Saatschalen werden durch Unterdruck mit dem Saatgut belegt, auf die Saatschale gedrückt und legen bei einem Druckausgleich das Saatgut ab. Bei Gleichstandsaat kann auf ein Pikieren verzichtet werden.

Als **Pikieren** wird das Verpflanzen der jungen Sämlinge bezeichnet. Das Substrat sollte auch für diese Phase nur einen geringen Salzgehalt aufweisen. Vorteile sind:
▷ durch das Kappen der Hauptwurzel eine bessere Ausbildung des Wurzelballens, die den Pflanzschock bei dem späteren Aussetzen mindert
▷ die Zumessung günstiger und gleicher Standräume
▷ die Möglichkeit der Selektion gesunder, kräftiger Pflanzen gleicher Größe, die zu gleichmäßigeren Beständen führt
▷ eine Flächenersparnis.

Der Pikierschock und die Wachstumsverzögerung sind um so geringer, je jünger die Pflanzen pikiert werden. Ein günstiger Zeitpunkt ist die Ausbildung einer stecknadelkopfgroßen Endknospe. Die Arbeitsleistung kann bei größeren Sämlingen höher sein. Hohe Arbeitsleistungen mit grober Ausführung sind um so eher tragbar, je günstiger die folgenden Wachstumsbedingungen.

Die Standweiten in den Schalen liegen je nach Pflanzenart bei 3 x 3 cm (1111 St/m²), 4 x 4 cm (625 St/m²), 5 x 5 cm (ca. 400 St/m²). Sollen die Pflanzen ohne nochmaliges Topfen ausgepflanzt werden, sind größere Standweiten (bis zu 10 x 10 cm) erforderlich. Auch nach dem Pikieren wird das Anwachsen durch eine höhere Temperatur, eine hohe Luftfeuchte, eine gute Wasserversorgung und geringe Transpirationsbelastung gefördert. Da bei der Selektion ein Teil der Sämlinge verworfen wird, ist bei der Berechnung der Saatmenge ein Zuschlag von 20–50 % einzukalkulieren.

Getopft werden die Pflanzen, ehe sie sich gegenseitig hochtreiben. Aus arbeitswirtschaftlichen Gründen wird heute meist auf das Pikieren verzichtet und gleich aus dem Saatbeet in die Töpfe pikiert. Hierfür werden im Gemüsebau Preßtöpfe aus Standardsubstraten (z. B. Potgrond, Humosoil) bevorzugt. Es können aber auch betriebseigene Erden eingesetzt werden. Preßtöpfe werden mit Topfpressen in Abmessungen von 3 x 3 cm bis 10 x 10 cm mit eingestanzten Löchern zur Saatgutablage hergestellt. Für die Jungpflanzen der kleineren Gemüsearten reichen Preßtöpfe von 3 x 3 bis 5 x 5 cm aus. Für Jungpflanzen von Gurken, Tomaten und Paprika werden Preßtöpfe von 7 x 7 bis 10 x 10 cm verwendet.

Einen geringeren Arbeitsaufwand erfordert die maschinelle Ablage einzelner oder mehrerer (z. B. Porree, Schnittlauch) Samen direkt in die Preßtöpfe durch ein mit der Topfpresse kombiniertes, mechanisch oder pneumatisch arbeitendes Sägerät. Moderne Topfpressen haben mit Leistungen bis über 40 000 Töpfe (4 x 4 cm) pro Stunde und hoher Belegungsrate der Jungpflanzenproduktion eine neue Dimension eröffnet. Da keine Selektion der Sämlinge erfolgt und leere Töpfe die Pflanzenzahl und die Flächennutzung mindern, sind ein Saatgut mit höchster Keimfähigkeit und günstige Keimbedingungen Voraussetzungen für den Erfolg. Direkt besäte Preßtöpfe werden in der Regel nicht mit Substraten abgedeckt. Ein Verdunstungsschutz durch transparente Folien, wie auch ein Schutz gegen zu hohe Temperatur durch Styroporplatten, können den Aufgang fördern.

Seit einigen Jahren werden Kleintöpfe mit Volumina bis herab zu 9 cm^3 angeboten. In der Bundesrepublik Deutschland sind dies Cultoplant-Töpfe ($\varnothing$ = 2 cm, h = 3–13 cm, Vol. = 9–41 cm^3). In eine zylindrische Hülle aus Spezialpapier wird für nachfolgende Kulturen in Erden ein Substrat auf Torfbasis, für nachfolgende Kulturen auf Steinwolle oder in Nährlösung Steinwolle leicht gepreßt eingefüllt. Die Töpfe stehen zu 257 bzw. 266 Stück in unten offenen bzw. geschlossenen Tragplatten (spezielle Multitopfplatten, bei offenen Tragplatten in Feldern mit kommunizierendem Wasserausgleich und Überlauf). Als Düngung hat sich eine tägliche Nährlösungsgabe mit 1 g/l (150 mg/l N und 220 mg/l K$_2$O), ab 3. Laubblatt 1,5 g/l Flory 9 bewährt.

In den Niederlanden wird der »Super Seedling« ($\varnothing$ = 1,8 cm, h = 4 cm, Vol. = 10 cm^3) mit verdichtetem Substrat in 240 Töpfen pro Traplatte angeboten. Andere entsprechende Töpfe, aber mit lose eingefülltem Substrat, sind die »Speedlings« aus Dänemark und die »Speedies« aus Italien. Eine konische Topfform besitzen die »Zapfencontainer« aus Norwegen und die »Quickies« aus Deutschland. In Keilform werden die »Modules« in Großbritannien hergestellt.

Vorteile der Kleintöpfe sind ein geringerer Bedarf an Substrat, an Anzucht- und Transportfläche, folglich ein geringerer Preis und unter Umständen eine bessere Eignung für die automatisierte und mechanisierte Anzucht und Pflanzung. Als Nachteile sind die infolge des kleineren Volumens geringere Speicherkapazität für Wasser und Nährstoffe zu nennen, die diese Pflanzen in stärkerem Maße von einer gut geregelten Wasser- und Nährstoffzufuhr abhängig macht. Dies gilt auch für die erste Zeit nach dem Auspflanzen. Bei dichtem Stand in den Tragplatten sind auch der Jungpflanzengröße enge Grenzen gesetzt. Die Kleintöpfe haben somit gute Chancen, »gezogene« Jungpflanzen und m. E. auch die Direktsaat zu ersetzen bzw. zu ergänzen. Die größeren Preßtöpfe dürften für Gewächshauskulturen und frühe Sätze ihre Bedeutung behalten.

Für Aussaaten in Frühbeete und in **Anzuchtbeete** im Freiland ist ein humusreicher oder mit Torf aufgebesserter, unkrautfreier Boden zu bevorzugen. Statt Breitsaat wird häufig mit kleinen Sämaschinen (z. B. Semdner, Pillenzwerg) in Reihen ausgesät. Da meist größere Flächen billig zur Verfügung stehen und vielfach direkt aus dem Saatbeet an den endgültigen Standort gepflanzt wird, sind geringere Saatstärken und Gleichstandsaat zu empfehlen.

Auch auf Anzuchtbeeten fördern ein Schattieren und eine hohe Luftfeuchte das Auflaufen. Die Verzweigung der Wurzeln kann durch Unterschneiden der Sämlinge im Pikierstadium stimuliert werden. Zum Aufnehmen der fertigen Jungpflanzen werden das Substrat gelockert und die Pflanzen mit möglichst vielen Wurzeln herausgehoben, um das Anwachsen dieser »gezogenen« Pflanzen zu beschleunigen. Anwachsrisiko und Pflanzschock sind dennoch größer als bei getopften Jungpflanzen.

Fertige **Jungpflanzen** sollten den Topf gut durchwurzelt haben, mit gesundem Sproß und gesunden Wurzeln kräftig und gedrungen und für die Pflanzung ins Freiland abgehärtet sein. Größere Jungpflanzen (Kopfsalat 2–6 g, Kohlrabi 5–8 g, Blumenkohl frühe Sorten bis 5 g, späte Sorten auch größer, Tomaten und Gurken ca. 30 g) haben, wenn sie keine Wachstumsstockungen erleiden, einen Wachstumsvorsprung, der besonders bei Gewächshauskulturen die Kulturdauer verkürzt und die Heizmaterialkosten mindert. Große Jungpflanzen müssen jedoch auch in größeren Töpfen angezogen werden. Je ungünstiger die Wachstumsbedingungen nach dem Auspflanzen, um so größer der Pflanzschock und um so geringer die optimale Jungpflanzengröße.

Durch **Abhärten** sollen die Pflanzen an den Pflanzschock und die härteren Wachstumsbedingungen im Freiland angepaßt werden. Hierzu gehören die Anpassung an niedrigere Temperaturen, eine stärkere Verdunstungsbeanspruchung und die UV-Strahlung. Abgehärtet wird durch ein langsames Absenken der Temperatur bis an die Freilandwerte und ein verstärktes Lüften. Die wirksamste Abhärtung erlauben Frühbeete durch verstärktes Lüften und das Abnehmen der Fenster. Das Abhärten wird durch Trockenbedingungen und eine gute, aber nicht zu reichliche Nährstoffversorgung unterstützt. Bei vernalisationsempfindlichen Arten wird nur durch Trockenheit gehärtet. Die Dauer des Abhärtens kann, je nach dem erforderlichen Ausmaß und der Pflanzenart, zwischen einigen Tagen und mehreren Wochen liegen. Ob UV-durchlässige Hüllflächen Vorteile bringen, ist nicht erwiesen.

Vor dem Auspflanzen sind die Jungpflanzen reichlich zu wässern. Eine Startdüngung mit einer 2–3‰ Nährlösung (ca. 4 l/m^2) mit einem leicht löslichen Stickstoff- (z. B. Kalksalpeter) oder Volldünger fördert das Anwachsen. Die Pflanzen sollten nach der Düngung mit reinem Wasser nachgegossen werden und dürfen nicht mehr austrocknen (Salzkonzentrationsschäden!). Auch die Behandlung mit Pflanzenschutzmitteln durch Gießen oder Tauchen ist vor dem Pflanzen rentabler als auf dem Felde. Das gelegentlich praktizierte Einkürzen der Blätter bringt nur dann Vorteile, wenn damit der Pflanzschock wesentlich reduziert und das Vertrocknen der ausgesetzten Pflanzen verhindert wird. Unter normalen Kulturbedingungen ist die Verringerung der assimilatorisch wirksamen Fläche eine Fehlmaßnahme. Auch die Wurzeln sollten nur beschnitten werden, wenn es ein ordnungsgemäßes Einpflanzen erfordert.

Wird das Auspflanzen verzögert, ist durch eine niedrige Temperatur, geringe Wassergaben und mäßige N-Versorgung das Wachstum zu bremsen, ein Verhärten oder Überständigwerden der Pflanzen jedoch unter allen Umständen zu vermeiden. Gegebenenfalls können Jungpflanzen in Kühlräumen bei 1°C und Schwachlicht (100 lux) einige Wochen gelagert werden.

Der Bezug von Jungpflanzen aus spezialisierten **Jungpflanzenbetrieben** entlastet den Betrieb hinsichtlich der Organisation, der Arbeit und der Gewächshausfläche. Die gelieferten Pflanzen weisen in der Regel eine gute Qualität auf, sind einheitlich und relativ preiswert. Auch die Sortenfrage, die Hygiene und die Liefertermine bereiten keine besonderen Probleme. Nachteilig kann sich die Lieferung relativ kleiner, nicht abgehärteter Jungpflanzen auswirken.

Die Pflanzung

Die aufgenommenen Jungpflanzen sollen so bald wie möglich gepflanzt werden. Dies gilt besonders für Jungpflanzen ohne Topfballen. In der Wartezeit halten Schattieren und Überbrausen die Jungpflanzen frisch.

Auch bei der Pflanzung bieten – soweit es die technischen Voraussetzungen zulassen – gleiche Abstände zwischen den Nachbarpflanzen die besten Voraussetzungen für hohe und qualitativ gute Erträge. Die Pflanzung wird auf kleinen Flächen von Hand mit Hilfe von Pflanzholz, Pflanzspaten, Pflanzhacke oder Pflanzlochstanze vorgenommen. Auf großen Flächen werden Pflanzmaschinen eingesetzt. Es stehen universell einsetzbare Maschinen zur Verfügung, mit denen sowohl »gezogene« als auch getopfte Jungpflanzen hinter einem Rillenschar abgelegt und mit Druckrädern und Zustreichern befestigt werden. Höhere Pflanzleistungen mit Preßtöpfen ermöglichen Geräte mit Bandmagazin und automatischer Topfablage. In Gewächshäusern unter günstigeren Boden- und Anwuchsbedingungen werden die einfacheren Nockengeräte (Walzen mit Nockenringen) mit Handablage und nachlaufenden Druckwalzen bevorzugt.

Arten mit Rosettenwuchs, wie Kopfsalat, werden flach, Arten mit längerer Sproßachse und Neigung zur Adventivwurzelbildung, wie Kohlarten oder Tomaten, tiefer gepflanzt. Das Anwachsen wird, sofern der Boden nicht zu feucht bzw. kein Niederschlag zu erwarten ist, durch eine Beregnung von ca. 10 mm gefördert.

Literatur

GRAY, D. (1981): Fluid drilling of vegetable seeds. Hort. Rev. (USA) **3**, 1–27.

HARTMANN, H. D. und FRENZ, F. W. (1972): Terminkultur bei wichtigen Gemüsearten. Bonn-Bad Godesberg: Fachgruppe Gemüsebau im Bundesausschuß Obst und Gemüse.

Krug, H. und Liebig, H.-P. (1979): Analyse, Kontrolle und Programmierung der Pflanzenproduktion in Gewächshäusern mit Hilfe beschreibender Modelle. I. Das Produktionsmodell. Gartenbauwissenschaft **44**, 145–154.

Lecker, F. (1983): Jungpflanzenanzucht. Darmstadt: Kuratorium für Technik und Bauwesen in der Landwirtschaft e. V., Arbeitsblatt Nr. 0637.

Wiebe, H.-J. (1981): Zur Problematik der Terminkultur im Gemüsebau. Industrielle Obst- und Gemüseverwertung **58**, 617–622.

4.5 Bewässerung

Helmut Krug

4.5.1 Ökologische Grundlagen

Hohe Wachstumsleistungen können Pflanzen nur in einem physiologisch günstigen Wasserzustand erbringen. Ein Maß des Wasserzustandes ist das Wasserpotential (ψ = psi). Es wird in Druckeinheiten gemessen (hPa = mbar ≈ cm WS oder pF als Logarithmus dieser Werte) und trägt ein negatives Vorzeichen. Das höchste Wasserpotential hat den Wert 0, d. h. das Wasser ist frei verfügbar, es ist keine Kraft notwendig, um Wasser zu entziehen.

Das jeweilige Wasserpotential der Pflanze ergibt sich aus dem Druckfeld zwischen Boden und Atmosphäre und den Eigenschaften der Pflanze selbst (Abb. 4.5-1). Im Boden wird das Wasser bei Feldkapazität mit einem Druck von z. B. 160 hPa (pF 2,2) festgehalten. Durch den Entzug durch die Pflanzen und den unmittelbaren Entzug durch die Atmosphäre (Evaporation) sinkt das Wasserpotential des Bodens. Unter -500 hPa (pF über 2,7) wird die Wasseraufnahme der Pflanzen merklich erschwert. Unter -15 000 hPa im Boden können die meisten Pflanzen kein Wasser mehr aufnehmen (permanenter Welkepunkt).

Um dem Boden Wasser zu entziehen, muß in den Pflanzen ein geringeres Wasserpotential (ein größerer Unterdruck) herrschen. Es sinkt von der Wurzel bis zu den Blättern und beträgt hier bei nichtwelkenden Pflanzen -2000 bis -15 000 hPa, bei welkenden Pflanzen bis -30 000 hPa. Ein noch geringeres Wasserpotential herrscht in der Atmosphäre (je nach Temperatur und Luftfeuchte bis -2 Mill. hPa). Gegen einen übermäßigen Wasserentzug schützt sich die Pflanze durch Abschlußgewebe und den Schluß der Spaltöffnungen. Infolge des je nach Witterung und besonders zwischen Tag und Nacht schwankenden Wasserpotentials der Atmosphäre und der damit verbundenen Transpirationsbeanspruchung schwankt auch das Wasserpotential der Pflanzen, selbst bei stets reichlicher Wasserversorgung, d. h. auch bei einer Kultur in Nährlösungen.

Ein hohes Wasserpotential der Pflanze ist eine Voraussetzung für geöffnete Spaltöffnungen und damit für eine effektive Photosynthese sowie einen ausreichenden Nährstofftransport durch die Transpiration. Durch den starken Druck auf die Zellwände fördert es darüber hinaus das Wachstum der Gewebe, vor allem der Blätter.

Ein stets sehr hohes Wasserpotential hat für die Pflanze auch nachteilige Wirkungen: es wachsen lange, weiche Triebe mit großen und zarten Blättern ohne wirksame Schutzvorrichtungen gegen Wasserentzug. Solche Pflanzen können in Gewächshäusern, wenn nach einer trüben Witterungsperiode bei starker Strahlung gelüftet werden muß und die Transpirationsbelastung ansteigt, oder nach der Ernte, schnell welken. Die Gewebe weich kultivierter Pflanzen sind anfälliger gegen Pilze und Bakterien; die Blüte kann verzögert werden, und der Geschmack ist häufig weniger kräftig ausgeprägt.

Bei der Pflanzenkultur sollte deshalb nicht immer das höchste Wasserpotential mit der höchsten Wachstumsleistung angestrebt werden. Je

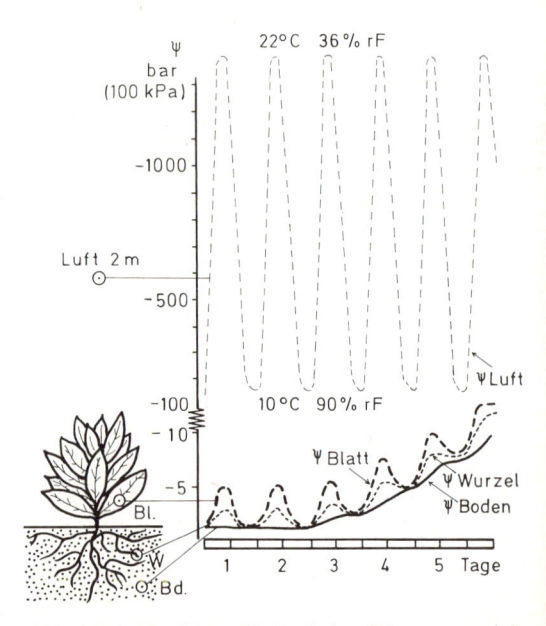

Abb. 4.5-1: Täglicher Verlauf der Wasserpotentiale von Boden, Pflanze und Atmosphäre bei konstanten Klimabedingungen (schematisch, aus Hartge und Wiebe 1977)

nach der Gefährdung durch Mikroorganismen, den Geschmacksanforderungen und vor allem den zu erwartenden zukünftigen Streßbelastungen sollten durch ein geringeres oder wechselndes Wasserangebot oder durch eine höhere Salzkonzentration in der Nährlösung etwas härtere Pflanzen kultiviert werden. Dies gilt insbesondere für die Jungpflanzenanzucht.

4.5.2 Steuerung des Bewässerungseinsatzes

Für die Beurteilung des Wasserzustandes der Pflanzen sind verschiedene Meßverfahren und Kriterien entwickelt worden. Die Messung ihres **Wasserpotentials** mit Hilfe der Psychrometerkammer oder der Scholanderbombe hat den Vorzug, daß alle am Wasserzustand der Pflanze beteiligten Größen, wie die Durchwurzelungstiefe und -intensität, die Verfügbarkeit des Wassers im durchwurzelten Bodenraum und des Grundwassers, aber auch die Transpirationsbeanspruchung der Pflanze und ihre Schutzreaktionen, berücksichtigt werden. Ein Nachteil dieses Verfahrens ist, daß das Wasserpotential der Pflanzen auch von ihrer Wassertransportkapazität bestimmt wird. Diese kann bei einigen Arten (z. B. Gurken, *Beta*-Rüben) die Wasserzufuhr so stark begrenzen, daß die Blätter bei hoher Transpirationsbeanspruchung sogar in Wasserkultur welken.

Das Wasserpotential der Pflanze ist deshalb nur während der Nachtstunden und in Perioden geringer Transpirationsbelastung eine geeignete Meßgröße für die Steuerung des Wasserangebotes im Boden. Es ist aber ein besonders gutes Kriterium für die Steuerung von Sprühanlagen zur Transpirationshemmung. Da jedoch die kontinuierliche Messung des Wasserpotentials der Pflanzen technisch noch nicht befriedigend gelöst ist, muß die Praxis auf die Messung anderer Kriterien zurückgreifen.

Die »**klimatische Wasserbilanz**«, das ist die Differenz Niederschlag einschließlich Bewässerung minus Verdunstung, bilanziert die Zufuhr und den Verbrauch. Die Zufuhr wird mit Hilfe von Regen- oder Durchflußmessern, der Verbrauch mit Hilfe klimatischer Formeln oder von Verdunstungsmessern bestimmt und kann für das Freiland von Klimastationen erfragt werden. Wird der nutzbare Wasservorrat des Bodens zu Beginn einer Kultur gemessen, so wird mit Hilfe der »klimatischen Wasserbilanz« der Verlauf des Wasservorrates im Boden und damit der Zeitpunkt für den Bewässerungseinsatz geschätzt (s. auch Kap. 2.1.1.3). Dieses Verfahren eignet sich für großflächige Bewässerungsprojekte im Freiland und für die regionale Beratung.

In Gewächshäusern weicht die Verdunstungsbeanspruchung von der im Freiland ab und kann auch von Haus zu Haus erheblich variieren. Sie muß deshalb in den Häusern über die Verdunstung freier Wasserflächen (Volmatic-Verdunstungsmesser), mit Hilfe von Keramikkörpern (Czeratzki-Scheibe) gemessen oder über Klimawerte berechnet werden. Da die Wasserabgabe von Pflanzenbeständen auch von deren Größe und der Fähigkeit abhängt, sich gegen Wasserverluste zu schützen, sind Korrekturfaktoren zu berücksichtigen.

Technisch einfacher sind **Strahlungsmessungen.** Da im Mittel 70 % der Strahlungsenergie für die Verdunstung verbraucht werden, steht auch die Strahlung in Beziehung zum Wasserverbrauch. Damit kann die Bewässerung mit Hilfe von Solarintegratoren dosiert werden. In Versuchen sind für voll entwickelte Bestände Richtwerte von 0,5–1,1 mm (l/m^2) pro kWh/m^2 (Strahlung außerhalb des Gewächshauses) erarbeitet worden. Für junge, niedrige Bestände ist dieser Wert proportional zur Blattfläche oder Bestandeshöhe zu verringern (s. HESSE 1985), beim Einsatz der Heizung in Abhängigkeit von der Heizintensität um 0,3–1,2 mm zu erhöhen (VAN DER BOSCH 1983).

Beispiele:
▷ Strahlung außerhalb des Gewächshauses im Monat Juni 5 kWh/m$^2 \cdot$ d, Wasserabgabe: 0,7 mm/kWh, das sind pro Tag 3,5 mm im Gewächshaus,
▷ Strahlung im Dezember 0,4 kWh/m$^2 \cdot$ d, das sind ohne Heizung pro Tag 0,28 mm oder im Monat Dezember 9 mm.

Für geringe Substratmengen pro Pflanze oder Substrate mit geringer Wasserkapazität ist die Bewässerung nach der Strahlung zu ungenau. In diesen Fällen sollte ein Überschuß einkalkuliert und einer Vernässung durch Überläufe entgegengewirkt werden.

Ein Kriterium des **Wasserangebotes im Boden** ist dessen Wassergehalt oder **Feuchtezustand.** Die subjektive Beurteilung des Feuchtezustandes kann durch die Fingerprobe oder eine für die jeweilige Bodenart geeichte Schätztabelle (HELLINGS 1969), die die Farbe, die Bindigkeit und besondere Merkmale berücksichtigt, gestützt werden.

Zuverlässiger ist die **Wägung** der im Boden enthaltenen Wassermasse. Hierzu wird eine Bodenprobe gewogen, getrocknet und abermals gewogen. Zum Trocknen wird der Boden im Trockenschrank oder Backofen bis zur Gewichtskon-

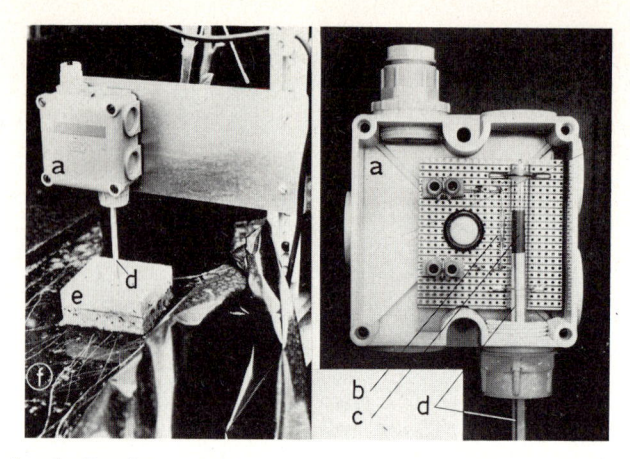

Abb. 4.5-2: Niveauschalter (n. Rose)
a) Kabelabzweigdose (re. geöffnet); b) Reedkontakt; c) Magnet; d) Schwimmerstab (Strohhalm); e) Styroporschwimmer; f) Anstaurinne

stanz (ca. 24 h) auf 105 °C erhitzt, unter Infrarotlampen auf Gewichtskonstanz getrocknet oder das Wasser durch mehrmaliges Übergießen und Abbrennen von Brennspiritus ausgetrieben. Die Wassermenge (W) einer 10 cm tiefen Bodenschicht errechnet sich nach der Gleichung:

$$W \text{ (mm)} = W_g \text{ (Gew.-\%)} \cdot d_b \text{ (g/cm}^3\text{)}$$

W_g = Wassergehalt in Gewichts-%, d_b = Dichte des trockenen Bodens, mittlere Werte von Mineralböden 1,2–1,5, im Mittel 1,3 g/cm³.
Beispiel: Frischgewicht der Probe: 120 g, Trockengewicht: 90 g, Wassergehalt = 25 Gew.-%, W = 25 x 1,3 = 32,5 mm (l/m²) in der 10 cm tiefen Bodenschicht.

In humusreichen Böden muß die Dichte des trockenen Bodens bestimmt werden.

Ein einfaches Verfahren für die Steuerung der Bewässerung in Gefäßen und Kultursäcken in Gewächshäusern ist die Wägung einiger Gefäße auf Plattenwaagen im Bestand. Das Gewicht der jeweiligen Pflanze wird durch Festbinden an einer Stange ausgeschaltet, so daß die Gewichtsdifferenz die verbrauchte Wassermenge angibt. Ein Kontakt am Waagebalken ermöglicht die automatische Steuerung der Wasserzufuhr.

Die größte Sicherheit bieten **Niveauregler** in Form von Elektrokontakten oder Schwimmern. Bei Kulturen auf Steinwolle regeln sie die Bewässerung nach dem Stand der Nährlösung in einem Versorgungsgefäß, das über einen Docht mit den Matten in Verbindung steht. Bei Kulturen, die in Gefäßen oder Rinnen stehen, wird das Niveau der Nährlösung unmittelbar in der Rinne geregelt (Abb. 4.5-2).

Ein gutes Maß für den Wassergehalt des Bodens ist die Energie, mit der das Wasser im Boden gebunden wird, das **Bodenwasserpotential** (s. Kap. 4.1.3). Es wird mit Tensiometern gemessen. Dies sind im Handel erhältliche, im Bau und Einsatz einfache Geräte, die sich auch für die Steuerung von Bewässerungsanlagen eignen. Für diesen Zweck werden Tensioschalter mit einem oder auch mehreren Sollwerten (z. B. 60, 90, 120 hPa) angeboten, die die Bewässerung über ein oder mehrere Magnetventile einschalten (Abb. 4.5-3). Wichtig ist, daß ein guter Kontakt zwischen Boden und Keramikkörper hergestellt und nicht durch Erschütterungen gestört wird. In grob strukturierten Substraten ist ein ausreichender Kontakt vielfach nur durch das Einbetten des Keramikkörpers in einen feineren Boden, wie z. B. Löß, zu erreichen.

Abb. 4.5-3: Tensioschalter

Das Bodenwasser sollte im Hauptwurzelbereich gemessen werden. Dies sind, je nach Pflanzenart, 10–40 cm Tiefe. Bei hohen Feuchtewerten sind als Meßorte die feuchtesten Stellen zu bevorzugen, um Auswaschungen und Luftmangel zu vermeiden. Bei geringerer Wasserversorgung sind die trockeneren Stellen als Meßorte zu wählen.

Das Wasserpotential des Bodens zum Einschalten der Bewässerung, aber auch die Höhe und Häufigkeit der Gaben sind am Boden (Substrat), an den Klimabedingungen und an der Pflanze zu orientieren. Eine zu häufige und reichliche Bewässerung führt bei instabilen Substraten zu Strukturschäden, wie z. B. einem Verschlämmen; sie kühlt Boden und Pflanze und erhöht damit bei vernalisationsempfindlichen Pflanzen das Schoßrisiko; die Pflanzen verweichlichen und leiden um so stärker unter nachfolgender Trockenheit; die Infektionsgefahr durch Pilze wächst; es erhöht sich das Risiko des Sauerstoffmangels im Wurzelbereich, und die Wasserkosten steigen. Ein Überschreiten der Feldkapazität durch Bewässerung oder durch nachfolgende Niederschläge führt darüber hinaus zu Sickerverlusten und Nährstoffauswaschung. Die Feldkapazität des jeweiligen Bodens sollte deshalb auf keinen Fall überschritten werden. Sie liegt, je nach Bodenart und Lagerungsdichte, zwischen -60 und -320, im Mittel bei -160 hPa. Bei schweren Böden kann es schon im Bereich der Feldkapazität zu einem luftgefüllten Porenvolumen unter 5 % und damit im Wurzelbereich zu Sauerstoffmangel kommen.

Die Bewässerung sollte deshalb bei speicherungsfähigen Böden nicht zu häufig und im Freiland erst bei einem Wasserpotential deutlich unter der Feldkapazität eingesetzt werden. Richtwerte sind 120 bis 400 hPa, im Gewächshaus mit kontrollierter Klimaführung und strukturstabilen Substraten 40 bis 100 hPa.

Unter sehr hoher Transpirationsbelastung führt ein wiederholtes leichtes Besprühen der Bestände (0,5 bis 1,0 mm/h) durch Kühlung und Transpirationssenkung zu deutlichen Ertragssteigerungen. Dies gilt besonders für Pflanzen, deren Wasseraufnahme durch Kulturmaßnahmen, wie Verpflanzen oder Stecklingsschnitt, gestört ist. In der kühlen, feuchten Jahreszeit dagegen sollte die Bewässerung, besonders bei fäulnisgefährdeten Kulturen, wie Kopfsalat oder Spinat, in möglichst großen Abständen erfolgen.

Die jeweilige Bewässerungsmenge kann bei Gefäßkulturen an der Gewichtszunahme, wegen der geringen Wasserbeweglichkeit im Boden aber nur in sehr feuchten Substraten über das Wasserpotential gemessen und über dieses gesteuert werden. Diese Werte müssen an Erfahrungswerten orientiert oder bestimmt werden.

Für die zusätzliche Bewässerung im ganzen Jahr ist im deutschen Klimaraum im Freiland mit einer Wassermenge bis zu 300 mm auf leichten Böden und bis zu 150 mm auf schweren Böden, in Gewächshäusern mit Werten von 800 bis zu 1500 mm zu rechnen.

4.5.3 Bewässerungsverfahren

Es sind zahlreiche Bewässerungsverfahren entwickelt worden, die, je nach den ökologischen Voraussetzungen, den Pflanzenarten, den Produktionsmethoden, dem technischen Entwicklungsstand und der Wasserverfügbarkeit, Vorzüge und Nachteile aufweisen. In ariden Gebieten mit ausreichender Wasserverfügbarkeit wird auf geeignetem Gelände heute noch die Furchenbewässerung bevorzugt. Sie ist technisch einfach und billig realisierbar, führt aber zu großen Wasserverlusten. In Deutschland wird sie gelegentlich bei Spargelkulturen eingesetzt. In Mitteleuropa dominiert die Bewässerung mittels Regner bzw. Düsen. In neuester Zeit kommt die Tropfbewässerung verstärkt zum Einsatz.

Vorteile der Beregnung sind: große Wurfweite, schneller Flächenwechsel, relativ gleichmäßige Befeuchtung der Felder, relativ gute Dosierbarkeit und geringe Bindung an die Geländeform. Nachteile sind: hohe Verdunstungsverluste, besonders an trockenen Tagen, Windempfindlichkeit und bei unzureichender Bodenbedeckung Schädigung der Bodenstruktur.

Vorteile der Tropfbewässerung sind: gute Dosierbarkeit, geringe Verdunstungsverluste, trockene Bestände, Schonung der Bodenstruktur und Unempfindlichkeit gegen Wind. Nachteile sind: enge Rohrabstände und der damit verbundene hohe Arbeits- und Materialaufwand, punktförmige Wasserzufuhr, die einen Einsatz für Saaten und Neupflanzungen mit geringer Durchwurzelung des Bodens ausschließt, und Verstopfungsgefahr.

☐ Beregnung

Im Freiland werden bevorzugt Drehstrahl(Kreis-)regner mit oder ohne Sektorenschaltung verwendet. Schwenkregner sind wegen der rechteckigen Beregnungsfläche für die Bewässerung kleiner Parzellen zu bevorzugen.

Die Wahl der **Düsen** richtet sich nach der Bodenart, der Entwicklung des Pflanzenbestandes und den technischen Gegebenheiten. Große Düsenweiten führen zu einer höheren Bereg-

Tab. 4.5–1: Leistungsdaten eines Drehstrahlregners[1]

Düsenweite mm	Betriebsdruck am Regner 100 kPa (≈ bar)	Wasserverbrauch m³/h	Wurfweite m	Regnerabstand bei Aufstellung im		Beregnungsdichte bei Aufstellung im	
				Rechteckverband m	Dreieckverband m	Rechteckverband mm/h	Dreieckverband mm/h
4	3,0	1,0	15,3	18 × 18	18 × 24	3,15	2,36
	4,0	1,2	16,4	18 × 18	18 × 24	3,67	2,75
	5,0	1,3	16,8	18 × 24	24 × 24	3,05	2,29
5	3,0	1,6	16,0	18 × 18	18 × 24	5,04	3,77
	4,0	1,9	17,3	18 × 24	24 × 24	4,35	3,26
	5,0	2,1	17,9	18 × 24	24 × 24	4,86	3,64
6	3,0	2,4	17,6	18 × 24	24 × 24	5,50	4,12
	4,0	2,7	18,1	18 × 24	24 × 24	6,35	4,76
	5,0	3,0	19,0	24 × 24	24 × 30	5,31	4,25
7	3,0	3,2	19,4	24 × 24	24 × 30	5,58	4,48
	4,0	3,7	20,6	24 × 24	30 × 30	6,48	4,14
	5,0	4,2	21,3	24 × 30	30 × 30	5,78	4,63

[1] Quelle: PERROT, H.: Handbuch der Beregnungstechnik. 2. Auflage (1966)

nungsdichte, damit zu einer höheren Flächenleistung und zu einer größeren Wurfweite (Tab. 4.5-1). Hohe Beregnungsdichten sollten jedoch nur bei bodendeckenden Beständen und strukturstabilen Böden zugelassen werden. Grenzwerte sind für Löß- und Lehmböden 10 mm/h, für sandige Lehme 12 mm/h, für lehmige Sande 15 mm/h und für Sandböden 20 mm/h. Mit der Düsenweite und dem Betriebsdruck steigt auch die Wurfweite und damit der maximale Regnerabstand. Mit größerem Regnerabstand wächst jedoch, besonders bei Windeinfluß, die Gefahr einer ungleichen Beregnungsdichte.

Die Zuleitungen werden auf bewässerungsintensiven Flächen ortsfest im Boden verlegt, aus Kostengründen häufiger beweglich gehalten. Nach der Wasserzuleitung wird zwischen der Rohrberegnung, der Rohr-Schlauchberegnung und der Schlauch-Schlauchberegnung unterschieden.

Regnerrohre werden aus Bandstahl, Aluminium oder PE gefertigt. Sie sind bei Nennweiten zwischen 50 und 89 (108) mm 6 m lang und werden durch Schnellkupplungen verbunden. Die Regner werden bei dem **Rohrverfahren** direkt auf die Rohre aufgekuppelt und nach der Regengabe mit den Rohren zum erneuten Einsatz auf den nächsten Streifen umgesetzt (Abb. 4.5-4).

Bei der **Rohr-Schlauchberegnung** werden die Regner, die hier auf Stativen stehen, mittels nylonarmierter PVC-Weichschläuche (19–25,4 mm)

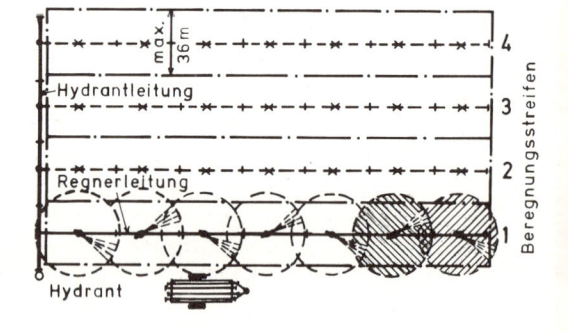

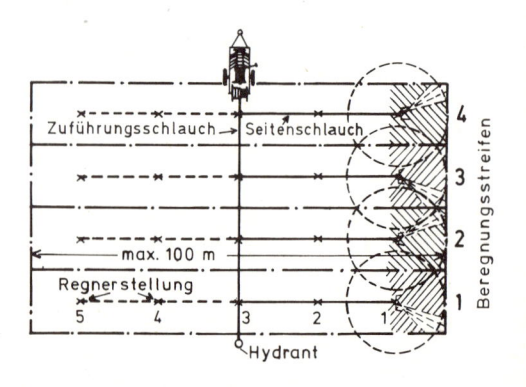

Abb. 4.5-4: Regnereinsatz im Rohrverfahren und Schlauchverfahren (aus HERRMANN 1976)

an eine Hauptleitung aus Regnerrohren gekoppelt. Hier beschränkt sich das Umstellen bis zu 5 Durchgängen auf die Regner. Vorteile sind der geringe Investitions- und Transportaufwand.

Bei der **Schlauch-Schlauchberegnung** besteht die Hauptleitung aus einem Gewebeschlauch (Nw 70–75 mm), der von einem Wagen ab- oder aufgetrommelt wird und somit Transport und Montage erleichtert (Abb. 4.5-4).

Die maximale Stranglänge beträgt, je nach lichter Weite der Zuleitung, 300 (l.W. 50 mm) bis 400 m (l.W. 89 mm) mit – je nach Rohrabstand – 16 bis 20 bzw. 11 bis 17 Regnern.

Nach der **Beregnungsdichte** wird zwischen Schwachregnern (bis 7 mm/h), Mittelstarkregnern (bis 17 mm/h) und Starkregnern (über 17 mm/h) unterschieden. Schwach- und Mittelstarkregner werden meist in Reihen oder Verbänden (Rechtecks- oder Dreiecksverband) eingesetzt (s. Tab. 4.5-1). Die geringere Beregnungsdichte von Schwachregnern (Düsenweite 3–7 mm) schont den Boden, erlaubt den Betrieb in den meist windschwächeren Nachtstunden mit geringerer Verdunstungsbeanspruchung und damit auch eine Frostschutzberegnung.

Eine mittelstarke Beregnung mit Düsen von 8 bis 10 mm bringt durch die höhere Beregnungsdichte eine höhere Flächenleistung, sollte jedoch wegen des stärkeren Verschlämmens nur in geschlossenen Beständen eingesetzt werden. Starkregner sind im Gemüsebau nur für dichte Bestände auf strukturstabilen Böden geeignet. Die Beregnungsintensität ist auch mit zunehmender Hangneigung zu reduzieren.

Seit Anfang der 70er Jahre kommen verstärkt **Beregnungsmaschinen** zum Einsatz. Diese arbeiten als Selbstfahrer oder mit Regnereinzug (Abb. 4.5-5). Der Antrieb erfolgt in beiden Fällen durch einen Wasserpumpenmotor.

Selbstfahrende Beregnungsmaschinen ziehen sich an Drahtseilen durch den Bestand. Sie tragen eine Schlauchtrommel und einen leistungsstarken Regner (Mittelstark- oder Starkregner). Mit Auslegern können auch mehrere leistungsschwächere Regner montiert werden. In Kulturen mit engen Reihenabständen sind Fahrgassen notwendig. Mit einem Durchgang können bis zu 5 ha beregnet werden. Um Strukturschäden zu mindern und ein Steckenbleiben auszuschließen, sind Sektorenregner so einzustellen, daß die Fahrgasse vor dem Regner trocken bleibt.

Bei Beregnungsmaschinen mit Regnereinzug wird die Maschine am Feldrand aufgestellt, der Regner auf dem Schlitten mit einem Traktor durch den Bestand gezogen und dabei der Zuleitungsschlauch abgetrommelt. Die Beregnungsmaschine zieht dann den Regnerschlitten wieder ein. Die Beregnungsbreite beträgt bis zu 48 m, die maximale Schlaglänge 350 m. Bei einer Einzugsgeschwindigkeit von 30 m/h ist ein 11stündiger bedienungsfreier Betrieb möglich. Da die Bodenbelastung bei Regnereinzug geringer ist, kann rundum beregnet und damit die Beregnungsdichte gesenkt werden.

Vorteile der Beregnungsmaschinen sind die große Beweglichkeit, eine gleichmäßigere Wasserverteilung und der geringere Arbeitsaufwand. Nachteilig sind die hohen Investitionskosten, die Bindung an größere Feldlängen und die hohe Beregnungsdichte. Ihr Einsatz im Gemüsebau ist, sofern nicht schwächere Regner auf Auslegern montiert werden, auf Kulturen mit voller Bodenbedeckung begrenzt. Für eine Frostschutzberegnung sind Beregnungsmaschinen ungeeignet.

Die **Höhe** der Regengaben richtet sich nach dem Bewässerungsziel sowie dem Wassergehalt und dem Wasserspeichervermögen des Bodens. Für eine Befeuchtung der oberen Bodenschicht zum Zwecke einer flachen Bearbeitung oder vor einer Herbizidanwendung genügen ca. 5 mm, für die Befeuchtung vor der Saat oder die Beregnung nach dem Pflanzen Gaben bis zu 15 mm; geschlossene Bestände erhalten 20 bis 25 mm, bei hoher Wasserspeicherfähigkeit des Bodens bis zu 30 mm Regen.

In **Gewächshäusern** mit Gemüseanbau dominiert die Bewässerung mit Düsenrohren. Für hohe Pflanzenbestände kommt in zunehmendem Maße die Tropfbewässerung zum Einsatz. Die Sandbett- und Mattenbewässerung spielen nur bei Topfkulturen, wie z. B. der Jungpflanzenanzucht, eine Rolle. Gießwagen bewirken eine sehr gleichmäßige Wasserverteilung, sind jedoch wegen der hohen Kosten im Gemüsebau selten anzutreffen.

Düsenrohre werden mit Sprühpralldüsen als Kreisdüsen oder als Sektorendüsen (meist 180°) ausgerüstet. Beispiele für die Anordnung gibt Abbildung 4.5-6.

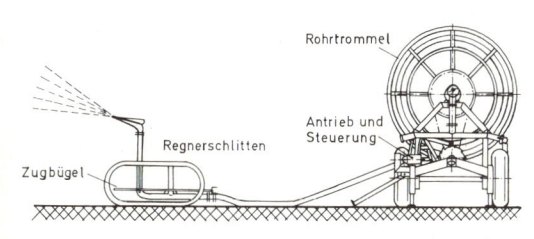

Abb. 4.5-5: Beregnungsmaschine mit Regnereinzug (aus HERRMANN 1976)

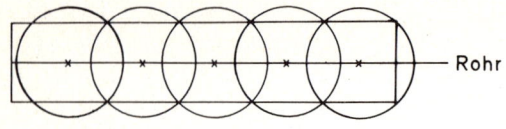

Düsenrohr mit Kreisdüsen

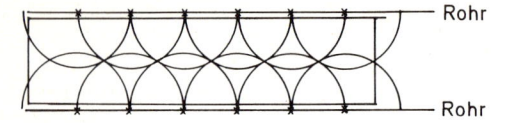

Düsenrohre mit Halbkreisdüsen, beiderseits des Beetes

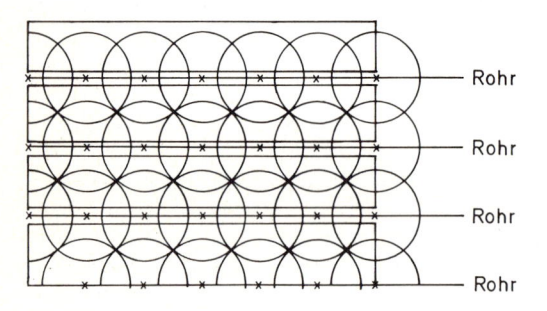

Flächenberegnung mit Düsenrohren

Abb. 4.5-6: Beispiele für die Anordnung von Sprühdüsen in Gewächshäusern (AID-Heft 370, 1974)

Nach der Wasserabgabe werden unterschieden:
▷ Sprühnebeldüsen   unter 100 l/h
▷ Schwachsprühdüsen   100 – 300 l/h
▷ Mittelstarksprühdüsen   300 – 500 l/h
▷ Starksprühdüsen   über 500 l/h

Eine enge Anordnung der Düsen (ca. 0,5 m auf dem Rohr, 1–1,5 m zwischen den Rohren) bringt eine gleichmäßigere Regendichte. Der maximale Abstand sollte das Zweifache des 75%-Wertes der Sprühweite nicht überschreiten. Die Rohre werden aus verzinktem Stahl, Aluminium oder Kunststoff hergestellt. PVC-hart hat sich besser bewährt als PE-hart. Kunststoffrohre sind billiger, werden jedoch bei hohen Temperaturen weich, hängen bei unzulänglicher Unterstützung durch und führen dann zu ungleichmäßiger Regendichte. Die Rohrdurchmesser sind auf die Stranglängen abzustimmen. Richtwerte sind 25 mm Durchmesser bis 20 m und 32 mm bis 40 m Länge. Die Düsen sitzen meist in der Unterseite der Rohre. Ein Auslaufventil am Rohrende kann das Nachtropfen verhindern.

Düsenrohre werden mindestens 0,5 m über dem Bestand, bei hohen Kulturen auch unter der Blattzone verlegt. Bei der Unterblattbewässerung bleibt der Bestand weitgehend trocken und die Luftfeuchte niedriger. Ein Sprühen zur Kühlung und Transpirationsentlastung der Blätter ist bei diesem Einsatz nicht möglich.

☐ **Tropfbewässerung**
Für die Tropfbewässerung sind verschiedene Systeme entwickelt worden. Allen gemeinsam ist ein weitlumiger Zentralschlauch mit hohen Austrittswiderständen in Form von Kapillaren. Diese reduzieren den Druck an der Austrittsöffnung bis nahe 0 und erlauben somit die Abgabe geringer Wassermengen. Der daraus resultierende geringe Druckverlust ermöglicht gleiche Wassergaben über große Schlauchlängen. Um die Verstopfungsgefahr zu mindern und den Druck zu regulieren, sind ein Zentralfilter, ein Druckreduzierventil und ein Manometer zu empfehlen.

Bei Tropfbewässerung bildet sich im Boden eine birnenförmige Feuchtezone. Durch die weitgehend trockene Bodenoberfläche wird die Keimung von Unkräutern erschwert, die Luftfeuchte gesenkt und infolge der geringeren Evaporation Energie gespart.

Zur Bewässerung von Kulturen mit großen Reihenabständen eignet sich besonders der Kapillarschlauch (System Gilead, z. B. Aquadrop oder Aquadrip), bei dem die Kapillaren spiralförmig in den Rohrmantel eingearbeitet sind. Damit wird der Schlauch trommelbar und kann leicht verlegt oder aufgenommen werden. Die Rohre werden bis zu 200 m Länge und mit Lochabständen zwischen 0,30 und 3,00 m angeboten. Die Wassermenge je Tropfstelle kann über den Druck zwischen 0,6 und 9,6 l/h reguliert werden. Der Leitungsabstand sollte bei Flächenbewässerung in Gewächshäusern, je nach Kultur und Bodenart, zwischen 0,6 und 1,2 m, im Durchschnitt 1 m betragen.

Zur Bewässerung von Töpfen sind Systeme mit freien Kapillarschläuchen, die in die Töpfe gesteckt werden, besser geeignet. Bewährt haben sich u. a. der Volmatic-Tröpfchenschlauch, die Agrotechnik-Tropfbewässerung und das Düsenverteiler-Stäfa-Pflanztropfsystem. Zum besseren Feuchteausgleich werden Tropfsysteme auch zur Bewässerung von Matten- oder Sandschichten eingesetzt, die die Töpfe über den Kapillaraufstieg mit Wasser versorgen.

Durch Salzablagerungen können die dünnen Kapillarschläuche verstopfen und zu Wassermangel führen. Eine Kontrolle der Funktionsfähigkeit ist deshalb immer dann notwendig, wenn die Pflanzen auf die Bewässerung über einzelne Kapillaren angewiesen sind. Während der Kultur können Salzkrusten durch verdünnte Salpetersäure gelöst werden. Pro 1 l 52%iger Salpetersäure werden 2500 l Wasser für Steinwollkulturen, 1000 l Wasser für Kulturen auf humusreichen Substraten empfohlen. Nach den Kulturen sind die Kapillarschläuche mittels Druckluft oder Durchspülung zu reinigen.

Literatur

ALTENEDER, K. (1980): Beregnung. AID-Heft Nr. 28. Bonn: AID Land- und Hauswirtschaftlicher Auswertungs- und Informationsdienst.

FRENZ, F.-W. et al. (1979): Bewässerung im Gartenbau. KTBL-Schrift 239. Münster-Hiltrup: Landwirtschaftsverlag.

HARTGE, K. H. und WIEBE, H.-J. (1977): Der Wasserzustand von Pflanze und Boden, sein Einfluß auf die Ertragsbildung und seine Bestimmung. Gartenbauwissenschaft **42**, 71–76.

HERMANN, E. W. (1976): Beregnung. Warum? Wann? Womit? Arbeiten der DLG Band 151. Frankfurt/M.: DLG-Verlag.

HESSE, N. (1985): Wasserbedarf von Tomaten unter Glas. Gemüse **21**, 233–234.

WINKELS, H. (1979): Moderne Bewässerungsverfahren im Gartenbau unter Glas. AID-Heft Nr. 370. Bonn: AID Land- und Hauswirtschaftlicher Auswertungs- und Informationsdienst.

4.6 Frostschutz

HELMUT KRUG

In deutschen Anbaugebieten ist vom Oktober bis zum 20. Mai mit Frösten zu rechnen (s. Tab. 2.1-2). Durch die Wahl geeigneter Standorte, wie die Nähe von Seen oder Flüssen und das Meiden von Frostlöchern oder nasser Moore, kann das Frostrisiko gemindert werden. Gegen Früh- und Winterfröste hilft die Bedeckung mit Erde (z. B. Anhäufeln) oder mit anderen Materialien. Durch den Einsatz dickerer Vliese kann auch bei größeren Beständen die Gefahr von Frostschäden gemindert werden.

Besondere Bedeutung hat der Schutz junger Bestände gegen Spätfröste im Frühjahr erlangt. Von den verschiedenen Verfahren zum kurzfristigen Frostschutz, wie der Ventilation zur Durchmischung der Luftschichten, der Lufttrübung durch Rauch (Verbrennen nassen Holzes) oder Nebel, der Geländeheizung mit Öfen oder der Beregnung, ist im Gemüsebau nur letzteres zu empfehlen.

Die Schutzwirkung einer Beregnung beruht auf der Wärmeabgabe des Wassers beim Gefrieren (335 J/g). Auch die Eigenwärme des Wassers und die Wärmeabgabe des Bodens leisten einen geringeren Beitrag. Die Pflanzen werden beim Beregnen von einem Eispanzer umgeben, der die Temperatur nicht unter –0,5 bis maximal –1,0 °C absinken läßt und somit ein Unterschreiten des Gefrierpunktes der Pflanzengewebe (–0,5 bis –2,5, im Mittel –2,0 °C) verhindert. Bei kontinuierlicher, gleichmäßiger Benetzung aller Pflanzenteile würde eine Beregnungsdichte von 2,5 mm/h Fröste bis –10 °C abhalten. Bei niedriger Temperatur, höheren Windgeschwindigkeiten, niedriger relativer Luftfeuchte und ungleichmäßiger Benetzung erhöht sich die notwendige Beregnungsdichte. Da mit Kreisregnern auch mit kleinen Düsen und geringer Tropfengröße weder eine laufende Benetzung noch eine gleichmäßige Beregnungsdichte zu erzielen sind, muß in der Praxis mit höheren Beregnungsdichten gearbeitet werden. HORVATH (1964) empfiehlt die in Tabelle 4.6 vermerkten Beregnungsdichten. Ein sicherer Frostschutz wird in der Praxis nur bis –6 °C erreicht.

Diese Beregnungsdichten sollten zur Schonung der Bodenstruktur, zur Minderung eventueller Auswaschungsverluste und zur Senkung der Wasserkosten nicht wesentlich überschritten werden. Eine Bedeckung der Bestände mit Flachfolien oder – noch wirksamer – mit Vliesen erhöht die Sicherheit und erlaubt auch eine Unterbrechung der Beregnung.

Mit der Beregnung wird kurz vor dem Unterschreiten von 0 °C begonnen. Da das Eis beim Schmelzen der Umgebung die gleiche Wärme entzieht, die es beim Erstarren abgibt, muß bis zum völligen Abtauen der Pflanzen beregnet werden. Bei Pflanzen, die gegen niedrige Temperaturen sehr empfindlich sind, bietet auch eine Frostschutzberegnung keine Garantie gegen Kälteschäden. Nachteile sind mögliche Schäden durch das Abbrechen der eisbelasteten Blätter oder Triebe.

Tab. 4.6–1: Notwendige Beregnungsdichte zur Vermeidung von Frostschäden bei einer Windgeschwindigkeit von 0,5 m/s*

Lufttemperatur bis (°C)	Beregnungsdichte mm/h
– 4,5	1,5
– 6,0	3,0
– 7,5	4,5
–10,0	6,0

* Nach: HORVATH 1964

Ein Schutz bis ca. −3 °C kann auch durch eine Vorwegberegnung erreicht werden. Die Befeuchtung erhöht die Wärmespeicherung und Wärmeleitfähigkeit des Bodens, so daß in Frostnächten eine größere Wärmemenge zur Verfügung steht. Die Vorwegberegnung muß jedoch ca. 2 Tage vor der Frostnacht erfolgen, damit die Strahlungswärme des Tages genutzt werden kann und die Pflanzen bis zur Frostnacht abgetrocknet sind (Verdunstungskälte). Ein Vorteil dieses Verfahrens ist die Möglichkeit, durch das Umsetzen der Regner größere Flächen zu schützen. Nachteilig sind die Unsicherheiten der Prognose und die geringere Schutzwirkung.

Sind Pflanzen – ohne Frostschutzberegnung – gefroren, können Frostschäden unter bestimmten Voraussetzungen durch Maßnahmen, die die Erwärmung verzögern, damit das Tauen verlangsamen und die Transpirationsbelastung senken, gemindert oder vermieden werden. Solche Maßnahmen sind ein Bedecken (keine transparenten Materialien) oder Besprühen, in Gewächshäusern ein frühzeitiges Lüften. Auch an dem folgenden Tag begünstigt ein kühles und feuchtes Klima die Regeneration.

Literatur

BIELKA, R. und GEISLER, Th. (1976): Freilandgemüseproduktion. Berlin: VEB Deutscher Landwirtschafts-Verlag.

HORVATH, L. (1964): Frostschutz im Obst- und Gartenbau. Dt. Agrartechnik **14**, 545-546.

4.7 Folien und Vliese

HELMUT KRUG

Die Entwicklung preisgünstiger, transparenter Folien hat im Gemüsebau das Niederglas (Frühbeete, Wanderkästen) weitgehend verdrängt und zu einer Intensivierung der Produktion geführt, die der Einführung von Gewächshäusern kaum nachsteht. Der Einsatz von Folien im Gartenbau nahm um 1960 in Japan seinen Ausgang, verbreitete sich über Kalifornien nach Europa und hat heute nahezu das gesamte gemäßigte und subtropische Klima erfaßt. Die für 1983 ermittelte Anbaufläche unter Niedrigtunneln und Flachfolien beläuft sich weltweit auf 133 000 bzw. 15 000 ha (aus SEITZ 1985). In der Bundesrepublik Deutschland wurden im Jahre 1983 ca. 2500 ha Frühgemüse und ca. 1000 ha Frühkartoffeln mit Folie oder Vlies bedeckt. Der Schwerpunkt des Einsatzes liegt in den klimatisch günstigeren Gebieten, wie in der Vorderpfalz, im Raum Nürnberg, in geringerem Umfang in Nordrhein-Westfalen und in Nord-Baden.

Materialien

Die Eigenschaften der zur Zeit wichtigsten Folien und Vliese sind in der Tabelle 4.7-1 aufgeführt.

PE-Folien werden für den Gartenbau in Breiten bis zu 14 m, in Längen bis zu 650, als Mulchfolie bis zu 1000 m und in Stärken von 20–100 μm hergestellt. Folien über 100 μm sind für den hier geschilderten Einsatz unzweckmäßig und zu teuer. PE-Folien lassen sich schweißen, mit Haftklebern verbinden und einfärben. Sie sind korrosionsfest, weitgehend wasserdampfdicht und preiswert. PE-Folien sind leicht brennbar, es entstehen Wasserdampf, Kohlendioxyd, u. U. Kohlenmonoxyd und niedermolekulare PE-Ketten. Eine Beseitigung durch Verbrennung ist jedoch gesetzlich verboten. Seitens der Industrie wird eine Wiederverarbeitung (recycling) zu eingefärbten PE-Produkten gefördert.

PE-Baufolien sind billig, aber wenig belastbar. Im Freiland sollten PE-Gartenfolien verwendet werden. Transparente, nicht UV-stabilisierte Folien werden unter Lichteinfluß spröde, zerbröckeln und sind nur etwa 1 Jahr haltbar. Bei einer ausschließlichen Verwendung im Frühjahr können sie auch 2 und mehr Jahre eingesetzt werden, wenn sie zwischenzeitlich im Dunkeln lagern. Unter wiederverwendeter Folie bilden sich keine Kondenswassertropfen. Hierdurch wird ihre Lichtdurchlässigkeit verstärkt und bei geringer Verschmutzung die Wuchsleistung der Pflanzen verbessert. Das Risiko des Zerreißens ist bei älteren Folien größer. Ein Nachteil der PE-Folien ist ihre hohe Durchlässigkeit für die langwellige Wärmerückstrahlung von Boden und Pflanze (Maximum 8–10 μm), die zu einer stärkeren nächtlichen Abkühlung führt als unter Glas oder PVC-Folien.

PE-Folien mit einem Zusatz, der die Oberflächenspannung vermindert und damit das Kondenswasser als dünnen Film ablaufen läßt, werden als **Antitaufolie** bezeichnet (Tab. 4.7-1). Sie werden wegen der guten Durchsichtigkeit im Spargelanbau eingesetzt. Auch bei anderen Gemüsearten bringt Antitaufolie bessere Wachstumsleistungen; ihrem Einsatz steht jedoch der höhere Preis entgegen.

Eine weitere Sonderform der PE-Folie ist die **Schlitzfolie.** Es handelt sich hier um 50 μm dicke Folien, in die mit Spezialmaschinen der Beklei-

Tab. 4.7–1: Folien und Vliese für Freilandkulturen

Material	Breite (m)	Länge (m)	Dicke (μm)	Gewicht (g/m^2)	Farbe[1]	Verwendung[2]	Strahlendurchlässigkeit (μm)[3] 0,38–0,76	5–14
Glas			3800		T		89–92	0
PE-Folie	2–6	100	50	46	T	T	92–93 (80)[4]	72
(Polyäthylen)	6–12	100–1400	50	46	T	F		
Antitaufolie (PE)	1,5	1000	35	32	T	M		64
Mulchfolie (PE)	0,75	500	50	46	S	M[5]	–	–
Mulchfolie (PE)	1	500/1000	40	36	S	M[6]		
Mulchfolie (PE)	1,5/1,8	100	80	73	S	M		
Mulchfolie (PE)	1,8	100	160	147	S	M		
PVC-Folie (Polyvinylchlorid)	3,0		100	120	T		87–91	30
Agro-Vlies (95 % Polypropylen + 5 % Polyamid)	6–12,7	100	–	15	T	F		
Agryl P 17 (Polypropylen)	4/6/10,5	250		17	T	F	ca. 75	

[1] T = transparent; S = schwarz; [2] T = Tunnelfolie; F = Flachfolie; M = Mulchfolie; [3] nach MEYER 1981; [4] im beschlagenen Zustand; [5] für Erdbeeren; [6] für Gurken.

dungsindustrie 30 000 Schlitze pro m^2 geschnitten werden. Durch die Schlitzung schließt die Folie bei lockerer Verlegung zunächst recht dicht. Mit dem Wachstum der Pflanzen und größerer Seitenspannung öffnen sich die Schlitze und erlauben eine bessere CO$_2$-Versorgung sowie einen Temperaturausgleich. Unter Schlitzfolien wurden bessere Wachstumsleistungen erzielt als unter gelochten PE-Folien. Nachteilig sind die auf 3 m begrenzte Breite, Beschädigungen an den Pflanzen durch Schläge der scharfen Kanten der Schlitze und der höhere Preis. Ihr Einsatz beschränkt sich auf Hausgärten.

Günstigere Eigenschaften als die PE-Folien weisen die **EVA-Folien** auf. Diese sind zerreißfester und bieten einen besseren Schutz gegen die nächtliche Ausstrahlung. Die Nachttemperaturen sind somit unter EVA-Folien höher und die Wachstumsleistungen besser als unter PE-Folien. Infolge des höheren Preises haben sie sich in der Bundesrepublik nicht durchgesetzt.

PVC-Folien werden als Walzfolien nur bis zu einer Breite von maximal 3 Metern hergestellt (Tab. 4.7-1). Breitere Bahnen müssen geklebt oder geschweißt werden. Der hohe Anteil des Weichmachers begrenzt die Dicken auf minimal 100 μm. Dementsprechend sind PVC-Folien teurer. Da auch PVC-Folien hergestellt werden, deren Weichmacher Gase abgeben, die schon bei sehr geringer Konzentration starke Pflanzenschäden hervorrufen, dürfen nur Gartenbaufolien verwendet werden.

PVC-Folien verschmutzen infolge ihrer elektrostatischen Aufladung schneller als PE-Folien, sind jedoch UV-stabiler und 3–4 Jahre haltbar. Sie verbrennen langsam, mit gelber, rußender Flamme und entwickeln das farblose, stechend riechende und giftige Chlorwasserstoffgas. Außer einer Brennprobe lassen sie sich von den PE-Folien durch ihr höheres spezifisches Gewicht (PE = 0,92, PVC = 1,20–1,35) unterscheiden – PVC-Folien sinken im Wasser unter, PE-Folien schwimmen.

Ein wesentlicher Vorteil der PVC-Folien ist ihre geringere Durchlässigkeit für die langwellige Wärmestrahlung, die zu höheren nächtlichen Temperaturen und einem besseren Frostschutz führt. Unter PVC-Folien werden deshalb, wie bei den EVA-Folien, höhere Erträge erzielt. Sie haben sich in Japan durchgesetzt, konnten sich jedoch in Deutschland wegen der geringeren Breiten und vor allem wegen der höheren Preise nicht behaupten.

Vliese sind leichte Fasergewebe mit geringerer Lichtdurchlässigkeit, stärkerem Luftaustausch und geringerem Erwärmungseffekt (Tab. 4.7-1). Sie können wegen dieser Eigenschaften länger, auch bis kurz vor der Ernte auf den Kulturen verbleiben und den anfänglichen Wachstumsrückstand ausgleichen. Sie sind weniger windempfindlich, verursachen damit weniger Schlagschäden und sind für druck- und schlagempfindliche Kulturen, wie z. B. Kopfsalat, geeignet. Bei Niederschlag oder Beregnung weisen sie eine gute Wasserverteilung auf. Somit können auch gelöste Düngemittel über die Vliese verregnet werden. Das an den Fasern gefrierende Wasser bildet im Gegensatz zur gelochten Folie einen geschlossenen Eispanzer, der die Kulturen besser vor Spätfrösten schützt. Vliese sind teurer als PE-Folien, und nur stärkere Vliese können bei vorsichtiger Handhabung wiederverwendet werden.

☐ **Einsatzverfahren**
Folien werden eingesetzt als Niedrigtunnel mit Tragelementen und Höhen bis 1 m (Hochtunnel s. Kap. 2.2.2), als Flachfolien, die ohne Tragelemente dem Boden oder den Pflanzen aufliegen oder als Streifenfolie mit anfänglicher Funktion als Flach- und späterer Funktion als Mulchfolie. Vliese werden nur flach aufgelegt.

Niedrigtunnel überdecken eine oder mehrere Spurbreiten. Nach den Tragelementen werden verschiedene Typen unterschieden:

Bei dem **Firsttunnel** (Pfälzer Tunnel) wird die Folie über einen First aus Spanndrähten oder Dachlatten gezogen, die auf Pflöcken im Abstand von 2,5–3 m befestigt werden. Es können auch Regenrohre als First dienen und später für die Beregnung eingesetzt werden. Bei einer Beetbreite von 3 m werden 3,6–4 m breite Folien an den Seiten eingepflügt.

Bei dem **Bügeltunnel** wird die Folie von 4–5 m langen, 10–12 mm starken Eisenstäben im Abstand von 2–2,5 m (Knoblauchländersystem) oder ca. 4 m langen, 6 mm starken Stahlstäben im Abstand von 2–3 m (Pfälzersystem) getragen. Die 3 m breiten Beete werden mit 3,6–4 m breiten Folien überspannt, die an den Seiten eingepflügt oder durch erdegefüllte Düngersäcke festgelegt werden.

Das Einpflügen bzw. Festlegen kann bei dem **Doppelbügel-** (z. B. Festam) oder **Schnurbügelsystem** entfallen. Bei dem Doppelbügelsystem wird die Folie bei 1,5–2 m breiten Beeten über Stahlbügel (3,25 m lang, 6 mm stark) gespannt und durch einen jeweils zweiten Bügel, der unmittelbar neben den ersten gesteckt wird, straffgezogen. Die Folie sollte zumindest an der Luvseite etwas überstehen, damit sich bei Niederschlägen Wassersäcke bilden, die die Folie am Boden festlegen. Die Seiten der Folien können auch eingegraben oder auf andere Weise fixiert werden. Zwischen den Doppelstäben läßt sich die Folie hochziehen. Damit wird das Beet für Kulturarbeiten geöffnet oder gänzlich abgedeckt.

Im Schnurbügelsystem werden die oberen Stahlbügel durch elastische, diagonal verspannte Schnüre ersetzt.

Eine Sonderform des Niedrigtunnels ist der **Traglufttunnel.** Hier werden die Folien ringsum eingepflügt und die Tragelemente durch einen mittels Gebläse erzeugten Überdruck (ca. 6 hPa) ersetzt. Vorteile sind die Einsparung der Tragelemente und der geringe Arbeitsaufwand. Nachteilig sind der notwendige Stromanschluß und das Risiko eines CO_2-Mangels, da durch den dichten Abschluß und den Überdruck eine CO_2-Zufuhr über Außenluft und Bodenatmung ausgeschlossen wird. Eine schwache CO_2-Versorgung ist lediglich durch einen geringen Luftwechsel über einen kleinen Auslaß am Giebel gegenüber dem Gebläse möglich. Auch die Temperaturspitzen können bei Traglufttunneln zu Pflanzenschäden führen.

An den Giebelenden werden Folien der Niedrigtunnel bei Beeten bis ca. 2 m Breite durch Raffen und Festbinden an Pflöcken, bei größerer Beetbreite durch Einpflügen bzw. Eingraben befestigt. Für Niedrigtunnel sind Folienstärken von mindestens 50, besser 100 µm zu verwenden. Schmale Niedrigtunnel können auch maschinell verlegt werden.

Flachfolien und Vliese
Flachfolien und auch Vliese werden in Breiten bis zu 14 m über Boden und Pflanzen ausgelegt (Tab. 4.7-1). Breite Folien sparen Fläche für das seitliche Befestigen und bis ca. 8 m Breite auch Verlegungsarbeit, sind aber windempfindlicher. Bis zu 5 (6,5) m Breite können Flachfolien auch maschinell ausgebracht werden. In der Praxis werden Folienbreiten von 10–12 m und das Handverlegen bevorzugt. Folien über 10 m Breite sind wegen der größeren Dicke (80 µm) teurer, liegen aber fester, sind haltbarer und können häufiger wiederverwendet werden.

Bei der Handverlegung werden die Rollen von 2 Personen über die Beete getragen, 2 Personen ziehen die Bahnen auseinander, 2 weitere Personen heften die ausgebreitete Folie mit Erde fest. Schwere Folienrollen müssen mit Hilfe einer Schlepperhydraulik über die Beete gefahren werden. Anschließend werden die Folienränder eingepflügt. Wichtig ist die richtige Spannung. Zu fest verlegte Folien drücken stärker auf die Pflanzen, zu locker gelegte bieten dem Wind größere Angriffsflächen und führen zu Schlagschäden. Windtage sollten beim Verlegen vermieden werden.

Die Pflanzen der äußeren Reihen sind durch den Foliendruck häufig verformt und unverkäuflich. Ein kleiner, mit dem Pflug aufgeworfener Damm entlastet diese Pflanzen und erhöht den Ertrag. Eine noch weitergehende Entlastung gewähren die Saat bzw. Pflanzung in Häufelfurchen, die mit Flachfolien überspannt werden. Dies Verfahren nutzt die Klimavorteile von Minitunneln und erlaubt nach Abnahme der Folie durch das Glattziehen des Bodens eine gute Unkrautbekämpfung. Im Frühjahr ist die Furchenkultur auf schweren, nassen und damit kalten Böden nicht zu empfehlen.

Flachfolien werden von Hand oder mittels zapfwellengetriebener Aufwickelgeräte aufgenommen. Das Wickelgerät steht entweder am Feldrand und zieht die Folie über die Kultur oder es überfährt die Folienkultur beim Aufnehmen. Bei letzterem Verfahren bleibt die Folie sauberer und die Kultur wird geschont.

Der Einsatz von Vliesen unterscheidet sich von dem der Folien nur geringfügig. Wegen der geringeren Windempfindlichkeit genügt ein schwächeres Heften. Die Aufnahme muß aber, wenn eine erneute Verwendung vorgesehen ist, vorsichtiger erfolgen.

Noch frühere Ernten werden durch doppelte Bedeckung, mit Vlies und darüber mit gelochter Flachfolie, angestrebt. Die Folie wird mit wärmerem Wetter abgenommen, das Vlies u. U. erst zur Ernte. Ob die weitere Verfrühung den höheren Aufwand rechtfertigt, ist von Fall zu Fall zu prüfen.

Streifenfolie wird in einem Arbeitsgang mit dem Säen und Pflanzen maschinell abgelegt. Es werden meist ca. 20 cm breite, 20 μm dicke PE-Folien verwendet. Die Pflanzen wachsen durch bei der Saat eingestanzte Löcher. Damit wird die Streifenfolie zur Mulchfolie. Da die Entfernung der Folie nach der Ernte erheblichen Aufwand erfordert, hat die Industrie eine Folie entwickelt, die unter Lichteinfluß spröde wird, zerfällt und eingearbeitet werden kann. Störend wirken die im Boden dem Licht entzogenen, unzersetzten Reste (Näheres s. SEITZ 1985).

☐ **Klima**
Der Lichtgenuß der Pflanzen ist unter Folien um ca. 10–20 %, unter Vliesen etwas stärker gemindert. Die positive Wirkung der Abdeckung beruht auf dem Gewächshauseffekt. Dies ist in erster Linie die stärkere Erwärmung des eingeschlossenen Raumes durch eine Schwächung des Austausches der durch die Strahlenabsorption von Boden und Pflanze erwärmten Luft. In zweiter Linie wirkt die Verminderung der Wärmerückstrahlung bei Folien mit geringer Transmission im langwelligen Bereich (3–50, Maximum bei 10 μm, s. Tab. 4.7-1).

Ein völliger Abschluß von der Außenluft bringt die stärkste Erwärmung, kann aber an strahlungsreichen Tagen zu Temperaturen über 40 °C führen, die allerdings infolge der hohen Luftfeuchte und der meist kurzen Einwirkungsdauer vertragen werden. Die Luftfeuchte kommt unter Folie nachts nahe an den Sättigungspunkt und bleibt auch am Tage stets höher als im Freiland. Folienbedeckung schont damit den Wasserhaushalt, führt jedoch zu weicheren Pflanzen.

Die Hemmung des Luftaustausches hat bei großen Pflanzen auch CO_2-Mangel zur Folge, da die Versorgung durch die Bodenatmung, selbst nach organischer Düngung, nicht ausreicht. Ungelochte Folie muß deshalb spätestens 10–14 Tage nach dem Aufgang bzw. der Pflanzung abgenommen werden. Für eine bessere CO_2-Versorgung, zum Temperaturausgleich und für eine bessere Windfestigkeit (Druckausgleich) wird die Folie gelocht. Bei Niedrigtunneln mit größerer Oberfläche genügen 50–100 Löcher pro m². Dies sind bei 10 mm Lochdurchmesser 0,8 bzw. 1,6 % der Folienfläche. Vorteilhaft ist eine bandförmige Anordnung der Löcher an den Tunnelflanken. Flachfolien sollten stärker gelocht werden. In den kühlen Klimaten haben sich 200–400 Löcher pro m² (ca. 3–6 %), in den wärmeren Gebieten Deutschlands 400–750 (1000) Löcher pro m² (ca. 6–12 [16] %) bewährt. Eine stärkere Lochung verzögert das Anfangswachstum, mindert jedoch das Kulturrisiko, führt zu besseren Qualitäten und erlaubt ein längeres Belassen der Folie, so daß der Rückstand gemindert oder ausgeglichen werden kann.

Unter gelochter Folie ist an trüben Tagen mit einem Ansteigen der mittleren 24-Stunden-Temperatur um 2–3 °C, an hellen Tagen von 5–7 °C zu rechnen. Da die Nachttemperatur der Außentemperatur nahekommt, ist der Anstieg am Tage entsprechend stärker. Der Boden wird im Mittel um 2–6 °C erwärmt. Dieser Temperaturanstieg fördert nicht nur das Wachstum, sondern mindert auch die Schoßgefahr bei vernalisationsempfindlichen Arten. Ein Lüften ist nur bei Niedrigtunneln mit ungelochter Folie erforderlich.

Gelochte Folien sind mit dem Beginn wärmerer Witterung, spätestens 2–3 Wochen vor der Ernte, abzunehmen, um die Pflanzen gegen die stärkere Transpirationsbelastung in der freien Luft abzuhärten. Am günstigsten sind hierfür trübe Tage oder die Abendstunden. Andernfalls ist in Intervallen zu beregnen. Für einen allmählicheren Übergang kann Folie, die nicht wieder verwendet wird, einige Tage vor der Abnahme geschlitzt werden. Pflanzen, die bis zur Ernte unter Folie bleiben, sind in Folienbeuteln frischzuhalten. Das Klima unter Vliesen ist dem unter stark gelochten Folien vergleichbar.

□ **Kulturtechnik**

In Mittel- und Nordeuropa dienen Folien vorrangig dem Schutz früher Kulturen der kälteverträglichen Arten und erlauben eine bis zu mehreren Wochen frühere Saat bzw. Pflanzung. In den Subtropen werden bevorzugt wärmebedürftige Arten, wie Tomaten und Gurken, während der Wintermonate durch Folienbedeckung geschützt.

Für die Wasserversorgung der Pflanzen unter Folie reicht in kühlen Klimaten auf guten Böden die Winterfeuchte in der Regel aus. In wärmeren Gebieten und in trockenen Jahren muß bewässert werden. Bei Niedrigtunneln wird die Folie für die Beregnung seitwärts heruntergezogen. Um den Arbeitsaufwand zu mindern, können auch Düsenrohre oder eine Tropfbewässerung unter der Folie installiert werden. Ein Tropfrohr reicht bei Pflanzgemüse nach dem Einwurzeln für ca. 1,5 m Beetbreite. Bei Saat in trockene Böden ist die Wasserversorgung bei Tropfbewässerung zu ungleich. Bei Flachfolie und insbesondere bei Vliesen wird über die Folienabdeckung beregnet.

Zur Bekämpfung der Unkräuter sind Vorauflaufherbizide einzusetzen. Wegen der höheren Temperatur und des eingeschränkten Gasaustausches mit der freien Atmosphäre sind jedoch niedrigere Konzentrationen als im Freiland anzuwenden. Ein stärkerer Krankheitsbefall unter Folie ist bislang nicht beobachtet worden. Bekämpfungsmaßnahmen sollten sich auf vorbeugende Maßnahmen konzentrieren. Wichtige weitere Vorteile der Folien- bzw. Vliesbedeckung sind der Schutz gegen Wildverbiß, insbesondere gegen Vögel und Kaninchen.

□ **Wachstumsbeeinflussung und Einsatz**

Die höhere Luft- und Bodentemperatur unter Folienbedeckung führt unter der strahlungsreichen, aber kühlen Frühjahrswitterung zu einer deutlichen Beschleunigung der Keimung und des folgenden Wachstums. In Deutschland kann unter Niedrigtunneln bei Sägemüse mit einer Ernteverfrühung von 2–4, bei Pflanzgemüse von 2–3, unter Flachfolien von 1–2 Wochen gerechnet werden. Im Herbst ist die Wachstumsbeschleunigung infolge der geringeren Strahlung und der noch relativ hohen Lufttemperatur geringer. Auch sind wegen des geringen Frostschutzes einer Verschiebung der Ernte in die Wintermonate hinein Grenzen gesetzt.

Den höheren Kosten des Folieneinsatzes stehen höhere Erlöse, ein geringeres Kulturrisiko, eine Abflachung der Arbeitsspitzen und eine breitere Streuung des Marktangebotes gegenüber. Um diese Vorteile zu nutzen, sollten die ersten Sätze in Niedrigtunneln, die späteren unter Flachfolie (in der Bundesrepublik Deutschland ca. 90 %) bzw. unter Vliesen kultiviert werden und die gesamte mit Folie bedeckte Fläche ca. 50 % der Frühgemüsefläche nicht überschreiten.

□ **Mulchfolie**

Bei dem Mulchen wird ausschließlich der Boden bedeckt. Früher wurden hierzu organische Materialien, wie Stallmist oder Pflanzenteile, verwendet. Heute werden 30–50 μm dicke, bei mehrjährigen Kulturen auch stärkere PE-Folien bevorzugt. Ziele sind eine stärkere Erwärmung des Bodens, eine Minderung der Wasserverdunstung, eine Ausschaltung der Unkräuter, die Förderung und Erhaltung einer guten Bodenstruktur und des Bodenlebens, eine Einsparung von Bearbeitungsgängen und eine Schonung der Pflanzenwurzeln.

Am stärksten erwärmt sich der Boden unter transparenter Folie. Diese sollte jedoch wegen des Unkrautwuchses nur in Verbindung mit Herbiziden verwendet werden. Um das Risiko und die Kosten einer Herbizidbehandlung zu sparen, werden schwarze oder auch graue Mulchfolien bevorzugt. Für das Auslegen und die Saat unter Mulchfolien stehen Maschinen zur Verfügung. Einen hohen Arbeitsaufwand erfordern das Aufnehmen und Trennen der Folie vom Pflanzenmaterial nach der Ernte.

Zur Arbeitserleichterung hat die Industrie farbige Mulchfolien entwickelt, die vom Licht zersetzt und auf dem Feld belassen werden. Da sich die Teile im Boden nicht zersetzen, bleiben Folienreste bis zu mehreren Jahren erhalten. In der Bundesrepublik Deutschland werden Mulchfolien bevorzugt zu Freilandgurken, aber auch in Gewächshäusern eingesetzt. Der Pflanzenbau der südlichen Breiten nutzt die Vorteile des Mulchens in weit stärkerem Umfange. Weiße Mulchfolien oder Styromull dienen bei Gewächshauskulturen zusätzlich einer stärkeren Lichtreflexion.

Literatur

EGGERS, H. (1975): Untersuchungen zum Klima unter verschiedenen Folienabdeckungen. Diss. Universität Hannover

SEITZ, P. (1985): Folien und Vliese für den Gartenbau. Stuttgart: Eugen Ulmer.

4.8 Bodenheizung

HELMUT KRUG

☐ **Ökologische Grundlagen**

Das Pflanzenwachstum wird nicht nur durch die Lufttemperatur, sondern auch durch die Temperatur im Wurzelraum beeinflußt. Eine niedrige Wurzelraumtemperatur hemmt die Wasseraufnahme, senkt damit das Wasserpotential der Pflanzen und kann zu einem Schließen der Stomata mit verringerter Transpiration und Photosynthese führen. Eine weitere Folge ist ein reduziertes Streckungswachstum. Pflanzen mit niedriger Wurzeltemperatur sind somit kürzer, haben kleinere, dunkelgrüne Blätter und relativ dicke, wenig verzweigte Wurzeln mit geringem Wurzelhaarbesatz. Da niedrige Wurzeltemperatur ähnlich wirkt wie Wassermangel, wird ein kalter Boden als »physiologisch trocken« bezeichnet.

Die verminderte Atmung und Wasseraufnahme bei niedriger Wurzeltemperatur beeinflußt auch die Nährstoffaufnahme und damit die Mineralstoffzusammensetzung der Pflanzenorgane. Typische Zeichen niedriger Wurzeltemperatur sind durch Anthocyananreicherung violett gefärbte Blätter infolge P-Mangels. Auch die Stickstoffaufnahme wird durch niedrige Wurzeltemperaturen gehemmt.

Infolge der Wirkung über den Wasserhaushalt vermögen die Pflanzen auf niedrige Bodentemperaturen schnell zu reagieren, und die Auswirkung ist in starkem Maße von der Verdunstungsbeanspruchung abhängig. Besonders ungünstig sind niedrige Bodentemperaturen deshalb in Verbindung mit kurzfristig hoher Strahlungsbelastung, trockener Luft und starker Luftbewegung. Ein langfristig hohes Strahlungsniveau mindert dagegen die Empfindlichkeit gegen niedrige Bodentemperatur.

Zu hohe Bodentemperatur, die vor allem in den niederen Breiten gefürchtet wird, kann, wie z. B. bei Kopfsalat oder Sellerie, während der Keimphase eine sekundäre Keimruhe induzieren. Nach dem Auflaufen wird bei länger anhaltender hoher Wurzeltemperatur durch die Ausbildung wasserundurchlässiger Gewebe in den Wurzeln ebenfalls die Wasseraufnahme gehemmt. Darüber hinaus kann eine unterschiedliche Nährstoffaufnahme zu Ernährungsstörungen führen.

Wenig bekannt ist über die Wirkung der Wurzeltemperatur auf die Synthese und den Transport von Phytohormonen, auf die Enzymaktivität und die Permeabilität des Cytoplasmas oder der Membranen.

Am stärksten reagieren junge, schnell wachsende oder an den Wurzeln beschädigte Pflanzen. Deshalb sollten die Pflanzen besonders nach kulturtechnischen Eingriffen, wie Pikieren, Pflanzen, Veredeln oder auch bei der Stecklingsvermehrung, stets mit einem »warmen Fuß« und in »gespannter« Luft gehalten werden.

Kardinalwerte für die Reaktion der Arten auf die Wurzelraumtemperatur sind in Tabelle 4.8-1 aufgeführt. Das Alter der Pflanzen, die Umweltbedingungen und der Grad der Anpassung sind bei diesen Werten durch die angegebene Spanne berücksichtigt. Die Minima liegen bei den wärmebedürftigen Arten in dem Bereich von 10–17 °C, bei den kälteverträglichen Arten bei 2–5 °C. Die Optima sind unter günstigen Wachstumsbedingungen im Bereich von 20–25 °C, die Maxima bei 35–40 °C anzusetzen.

Die Monatsmittel der Bodentemperaturen im Freiland sind in Abbildung 4.8-1 wiedergegeben. Die Temperaturen in der Hauptwurzelzone (bis 30 cm) weichen nicht wesentlich von der Lufttemperatur ab. In der kältesten Jahreszeit liegt die Bodentemperatur bis 1 °C über der Lufttemperatur. Im Frühjahr erwärmt sich der Boden annähernd gleich schnell, die oberste Bodenschicht sogar etwas schneller als die Luft. Im Hochsommer wird besonders die obere Bodenschicht bis zu 2 °C stärker erwärmt. Im Herbst kühlen sich die tieferen Bodenschichten langsamer ab als die Luft. Eine Periode im Verhältnis zur Luft besonders niedriger Bodentemperaturen ist nicht erkennbar. Die stärkere Erhitzung der obersten Bodenschichten kann im Hochsommer bei wär-

Tab. 4.8-1: Kardinalwerte der Reaktion von Gemüsearten auf die Bodentemperatur*

Art	Minimum (°C)	Ökologisches Optimum (°C)
Gewächshausgurke	12–17	18-**25**-30
Paprika	12–17	15-**25**-28
Tomate	10–12	14-**25**-30
Phaseolusbohne	10–12	**25**
Porree	2– 5	**25**
Kohlrabi	2– 5	10–25
Möhren, Erbsen, Spinat	2– 5	20
Rettich	2– 5	8–20
Kopfsalat	2– 5	5–16
Radies	2– 5	6–15

* Quelle: Literaturangaben und eigene Werte

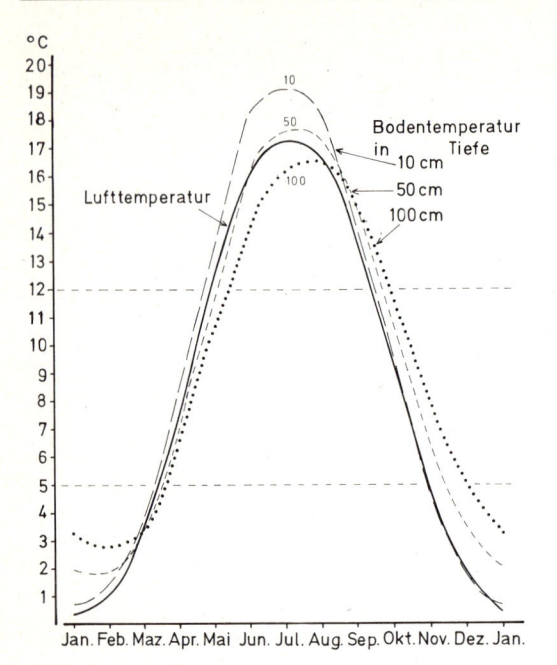

Abb. 4.8-1: Mittlere Boden- und Lufttemperaturen im Freiland auf schluffig-lehmigem Sand über Grobsand (Braunschweig, 1953–1978, Dt. Meteorol. Jb.)

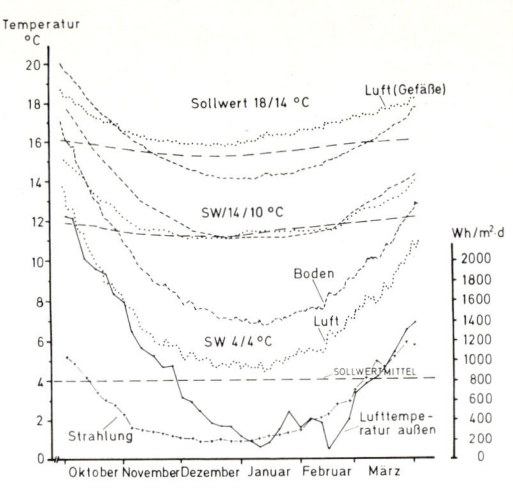

Abb. 4.8-2: Luft- und Bodentemperatur (30 cm Höhe und 1 cm Tiefe) sowie Globalstrahlung im Gewächshaus in Abhängigkeit vom Sollwert der Heizung und der Jahreszeit

meempfindlichen Arten, wie Kopfsalat oder Spinat, zu Auflaufstörungen führen.

In Gewächshäusern (Doppelschiffe in einem Venloblock) wurde ein vom Freiland abweichendes Verhältnis zwischen Luft- und Bodentemperatur gemessen (Abbildung 4.8-2). Im Winterhalbjahr war der Boden in 1 cm Tiefe bei niedriger Heiztemperatur (4 °C) ca. 2 °C wärmer als die Luft. Bei einer Tag-/Nacht-Heiztemperatur von 14/10 °C glichen sich die Meßwerte in der kältesten Jahreszeit. Im Frühjahr und besonders im Herbst war der Boden etwas wärmer. Bei einem Sollwert von 18/14 °C wurde die Luft stärker aufgeheizt als der Boden. Der Boden war, abgesehen von der Periode langsamer Abkühlung im Oktober, bis 2 °C kühler als die Luft. Ein ungünstiges Verhältnis zwischen Luft- und Bodentemperatur ist somit in Gewächshäusern in der kalten Jahreszeit bei hoher Heiztemperatur zu erwarten.

□ **Technik der Bodenheizung**
Der Wurzelraum kann über eine Rohr-Heizung mittels Warmwasser, über ein Rohrsystem, wie es zum Dämpfen eingesetzt wird, mittels Wasserdampf oder mittels elektrischer Heizdrähte erwärmt werden. Nährlösungen werden über Wärmetauscher oder Heizschlangen temperiert.

Die Warmwasser-Rohr-Heizung in einem getrennten Kreislauf mit einem Betriebsdruck bis 200 kPa (2 bar) ist im Gemüsebau das gebräuchlichste Verfahren. Von dem Rohrmaterial werden gefordert: gute Korrosionsfestigkeit und Haltbarkeit, gute Wärmeabgabe (Wärmeleitfähigkeit), hohe Wärmebeständigkeit, Biegsamkeit und einfache Verarbeitung, geringer Reibungswiderstand für das durchströmende Wasser und ein günstiger Preis. Eisenrohre, wie z. B. alte Heizungsrohre, haben eine gute Wärmeleitfähigkeit (λ = 58 W/m) und sind wärmebeständig, aber nicht korrosionsfest und aufwendig in der Verlegung. Weich-PE-Rohre (λ = 0,35 W/m) und PVC-Rohre (λ = 0,17 W/m) sind wegen der geringen Wärmeleitfähigkeit ungeeignet. Zu empfehlen sind Hart-PE-Rohre mit einer hinreichenden Wärmeleitfähigkeit (λ = 0,45 W/m) mit einer Nennweite von mindestens 20 mm. Ihre Biegsamkeit kann durch Erwärmen verbessert werden. Die Wärmebeständigkeit ist druck- und zeitabhängig. Werte von 40–50 °C sollten langfristig nicht überschritten werden. Bei einer Bodendämpfung mit Temperaturen über 70 °C müssen diese Rohre entfernt oder mittels durchfließenden kalten Wassers entlastet werden.

Das Auslegen der Rohre ist auf die Anforderungen an das Temperaturprofil, die Bodenbearbeitung und die Kultur abzustimmen. Das Temperaturprofil ergibt sich u. a. aus der Verlegungstiefe und aus dem seitlichen Rohrabstand. In der Abbildung 4.8-3 sind die Isothermen für eine Verlegungstiefe von 40 cm und seitliche Rohrab-

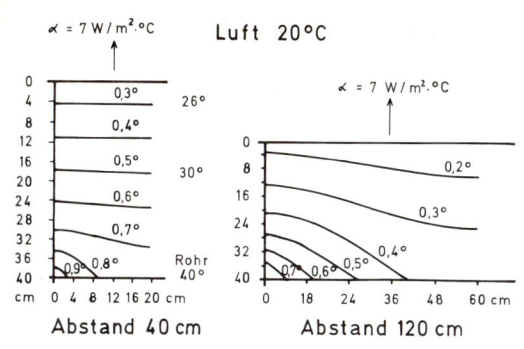

Abb. 4.8-3: Profile der Bodentemperatur bei unterschiedlichem Abstand der Heizrohre (HEIJNA 1974)

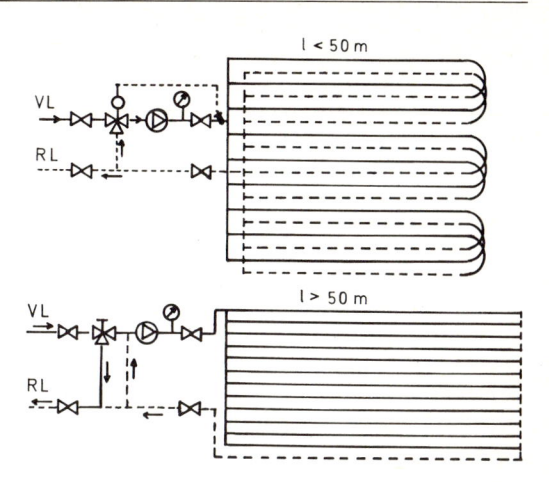

Abb. 4.8-4: Verlegung von Bodenheizungen (nach v. ZABELTITZ 1978)

stände von 40 bzw. 120 cm eingezeichnet. Die Luft hat eine Temperatur von 20 °C, das Rohr eine Temperatur von 40 °C. Die Zahlen an den Isothermen geben die relative Temperaturdifferenz von der Luft zum Rohr wieder. Beispiel für die Berechnung der Bodentemperatur: die Bodentemperatur in ca. 4 cm Tiefe beträgt

20 °C + 0,3 x (40 °C − 20 °C) = 26 °C
Luft-   Rohr- Luft-   Bodentemperatur

Aus dem Verlauf der Isothermen wird deutlich, daß sich im Boden ein annähernd linearer Gradient zwischen Luft- und Rohrtemperatur ausbildet. Die obere Bodenschicht wird folglich um so wärmer, je flacher die Rohre liegen. Eine flache Verlegung führt aber zu einer ungünstigeren horizontalen Temperaturverteilung, und zwar um so mehr, je größer die Rohrabstände sind.

Die Abstände zwischen den Rohren haben sich auch am Wärmebedarf zu orientieren. Nach KLÄRING et al. (1984) ist für die Anhebung der Bodentemperatur um 1 °C ein Energieeinsatz von 4 W/m² erforderlich. Danach liegt der Wärmebedarf je nach Jahreszeit (Boden- und Lufttemperatur, Strahlung) und erstrebter Temperaturanhebung zwischen 15 und 50 (70) W/m². Aus dem Wärmebedarf und der Wärmeabgabe der Rohre (17–20 W/m) errechnet sich die notwendige Rohrlänge pro m² Fläche. Beispiel:

Wärmebedarf = 30 W/m²,
Wärmeabgabe pro m Rohr = 20 W;
notwendige Rohrlänge: 30 W/m² : 20 W/m = 1,5 m.

Daraus errechnet sich der Rohrabstand zu 1 m² : 1,5 m = 0,67 m.

In der Praxis haben sich Verlegungstiefen von 30–50 cm und Rohrabstände von 60 – 80 cm bewährt. Die Länge der Rohre sollte so begrenzt sein, daß die Temperaturdifferenz zwischen Vor- und Rücklauf 5 °C nicht überschreitet.

Verlegungspläne sind in Abbildung 4.8-4 dargestellt. Für Längen unter 50 m ist eine Anordnung in Schleifen zu empfehlen. Diese sind für einen besseren Temperaturausgleich so anzuschließen, daß jeweils ein Vorlauf neben einem Rücklauf liegt. Dazu muß die nächste Schleife in die entgegengesetzte Richtung zur vorhergehenden gebogen werden. Bei Längen über 50 m empfehlen sich gerade Stränge, die aus einem gemeinsamen Vorlauf gespeist werden und in einen gemeinsamen Rücklauf münden. Das Verlegen der Rohre läßt sich durch den Einsatz von Kabelfräsen rationalisieren.

Die Wurzelraumtemperatur kann durch eine Regelung der Vorlauftemperatur auf feste Sollwerte gesteuert werden. Bei diesem Verfahren wird die Bodentemperatur auf ein höheres Niveau gehoben, der jahrestypische Verlauf (s. Abb. 4.8-2) bleibt jedoch erhalten, sofern die Sollwerte nicht entsprechend verändert werden. Die Regelung der Bodentemperatur auf konstante Werte oder zur Verhinderung des Unterschreitens unterer Grenzwerte erfordert einen höheren technischen Aufwand.

Eine Heizung des Bodens mit Wasserdampf (max 110 °C, ca. 0,3 MPa ~ 3 bar) soll nach Untersuchungen von BÖHME u. SCHMIDT (1982) kostengünstiger sein, hat sich jedoch in der Praxis nicht durchgesetzt. Auf kleineren Flächen, wie auf Gewächshaustischen oder in Frühbeeten, ist die Erwärmung des Bodens mit elektrischer Energie das einfachste Verfahren. Hierzu werden Heizkabel (220 Volt) oder Heizmatten (Maschendrahtnetz) eingesetzt. Heizmatten führen zu einer gleichmäßigeren Temperaturverteilung und verringern die Gefahr lokaler Austrocknung, erfordern aber einen Transformator (auf 24 bzw.

42 Volt). Pro 1 °C Temperaturerhöhung werden ca. 10 W/m² installierter Leistung empfohlen.

◻ **Einsatz der Bodenheizung**

Eine Bodenheizung bedeutet nicht nur einen Eingriff in den Wärme-, sondern auch in den Wasserhaushalt des Bodens. Die Energiezufuhr erhöht die Verdunstung und erfordert eine häufigere Bewässerung. Insbesondere die rohrnahe Zone kann austrocknen und damit die gute Wärmeleitfähigkeit verlieren. Deshalb sollte die Bodenfeuchte in den tieferen Bodenschichten mittels Bohrstock überprüft werden. Bei Bedarf ist zu wässern.

Auch mit der Intensität anderer Wachstumsfaktoren steht die Wirkung einer Bodenerwärmung in einem engen Zusammenhang. Sie wirkt stets um so stärker, je günstiger die Konstellation der übrigen Wachstumsfaktoren ist, je mehr die Bodentemperatur als Minimumfaktor das Wachstum begrenzt und um so wärmeanspruchsvoller die Pflanzenart ist. Desgleichen liegen die physiologischen Optima der Bodentemperatur um so höher, je günstiger der Restumweltkomplex ist. Die in der Tabelle 4.8-1 wiedergegebenen Optima, die meist unter günstigen Strahlungs- und Temperaturbedingungen erarbeitet worden sind, gelten deshalb nicht für die Wintermonate. In der ungünstigeren Jahreszeit kann nur eine geringere Wachstumssteigerung erzielt werden. Auch die Minima können nur als grobe Orientierungswerte dienen, da die Wirkung von Streßbedingungen von zahlreichen Faktoren, wie der Dauer der Einwirkung, dem Alter der Pflanzen, ihrer Abhärtung und wiederum von der Intensität der übrigen Wachstumsfaktoren abhängt.

Solange keine umfassenden Kenntnisse zur Förderung des Wachstums in verschiedenen Jahreszeiten und zur Wirtschaftlichkeit des Einsatzes einer Bodenheizung vorliegen, muß auf Erfahrungswerte zurückgegriffen werden. In Gewächshäusern sind mit der Bodenheizung während der kalten Jahreszeit gute Erfolge bei der Beschleunigung des Auflaufens zu erzielen. Dies gilt besonders in Verbindung mit einer Folienbedeckung zur Minderung der Wärmeverluste und der Verdunstung. Ob sich gleiche Effekte mit einer Vegetationsheizung unter Folie erzielen lassen, bleibt zu prüfen. Auch nach dem Pflanzen kann eine Bodenheizung das Anwachsen deutlich fördern und Ausfälle verhindern. Nach dem Einwachsen ist die Wirkung einer Bodenerwärmung, besonders bei niedrigen Heiztemperaturen, geringer, es sei denn, daß bei wärmebedürftigen Arten das Unterschreiten der kritischen Temperaturgrenze verhindert wird. Stärkere Wirkungen sind wiederum bei einer Kultur auf »kalten« Substraten, wie Steinwolle oder in Nährlösungen, zu erwarten.

Ein »Ersatz« der Luftwärme durch die billigere Erwärmung des Wurzelraumes ist nur bedingt möglich, da dem Faktor Bodentemperatur nur eine geringe Wirkungsbreite verbleibt, wenn die Lufttemperatur das Wachstum begrenzt. Hier sind nur dann stärkere Wirkungen zu erzielen, wenn die Lufttemperatur nicht direkt auf den Sproß, sondern vorwiegend indirekt über den Boden gewirkt hat. Die Erwärmung der Luft durch eine Bodenheizung beschränkt sich ohne Folienbedeckung auf wenige cm über der Bodenoberfläche und fällt kaum ins Gewicht.

Im Freiland werden in den Frühjahrsmonaten gute Resultate mit dem Einsatz einer Bodenheizung in folienbedeckten Kulturen erzielt. Auch ohne Folienbedeckung sind überwiegend frühere und höhere Erträge zu erwarten, insbesondere bei den wärmebedürftigen Gurken.

Im Falle einer Nutzung von Abwärme sind nicht nur die Anforderungen der Kulturen im Frühjahr, sondern auch die Verträglichkeit hoher Bodentemperatur im Sommer, die Auswirkungen auf den Wasserhaushalt, den Humusabbau, die Mineralisation sowie die Wirkungen in den Wintermonaten in die Überlegungen einzubeziehen. Über den Einsatz der Bodenheizung in der kalten Jahreszeit liegen infolge der höheren Wachstumsaktivität und des Fehlens einer schützenden Schneedecke keine guten Erfahrungen vor (REINKEN 1981).

Literatur

Autorenkollektiv (1979): Planung, Aufbau und Betrieb von Bodenheizanlagen in Gewächshäusern. Erfurt: Internat. Gartenbauausstellung der DDR und Kammer der Technik, Fachverband Land-, Forst- und Nahrungsmitteltechnik. COOPER, A. J. (1973): Root temperature and plant growth. Research Review No. 4, 1–72. Maidstone, Kent: Commonwealth Bureau of Horticulture and Plantation Crops.

CORNILLON, P. (1980): Etude bibliographique incidence de la témperature des racines sur la croissance et le devéloppement des plantes. Ann. agron. **31**, 63-84.

THIEL, F. (1983): Einfluß der Bodentemperatur auf das Wachstum von Salatgurken (*Cucumis sativus* L.) bei unterschiedlichen Lufttemperatur- und Strahlungsbedingungen. Hannover: Fachbereich Gartenbau der Universität Hannover. Dissertation.

TÖDT, H. J. (1968): Die Bodenheizung. (Unveröffentlicht). Hannover: Institut für Technik in Gartenbau und Landwirtschaft der Universität Hannover.

VOGEL, G. (1981): Gemüseproduktion unter Glas und Plasten. Berlin: VEB Deutscher Landwirtschaftsverlag.

WENDT, TH. (1980): Bodentemperatur für Gemüsekulturen. Gemüse **16**, 326-328.

4.9 Wachstumsregulatoren

HELMUT KRUG

Die Entwicklungs- und damit auch die Wachstumsprozesse der Pflanzen werden von pflanzeneigenen Phytohormonen gesteuert. Vergleichbare Wirkungen lassen sich auch durch synthetisch-organische Verbindungen erzeugen. Beide Gruppen zusammen werden als Wachstumsregulatoren oder Wachstumsregler bezeichnet.

Beispiele für die Steuerung von Entwicklungs- und Wachstumsprozessen im Gemüsebau sind:

▷ **Keimung:** Brechung der Keimruhe, Erweiterung des Temperaturbereichs, Ersatz des Lichtbedürfnisses, beschleunigte und gleichmäßigere Keimung durch Gibberelline, Cytokinine und andere Wachstumsregulatoren. Anwendungen ergeben sich bei der Keimprüfung und bei der Saat hitzeempfindlicher Arten, wie Kopfsalat oder Bleichsellerie, in warmen Klimaten.

▷ **Aktivität von Knospen:** Brechung der Knospenruhe von z. B. Kartoffeln durch Rindite (7 Vol.-Teile Äthylenchlorhydrin, 3 Teile Äthylendichlorid, 1 Teil Tetrachlorkohlenstoff) oder Gibberelline. Diese Wachstumsregulatoren werden bei der Sortenprüfung, bei der Virustestung und in Ländern, in denen unmittelbar nach der Ernte erneut gepflanzt wird, zur Austriebsförderung eingesetzt. Wachstumsregulatoren erlauben es auch, das Austreiben von Knospen zu hemmen. Zu diesem Zwecke werden in einigen Ländern in großem Umfang Speisezwiebeln oder Kartoffeln vor der Abreife mit Maleinsäurehydrazit gespritzt.

▷ Die **Bewurzelung von Stecklingen** kann durch Auxine (β-Indolylbuttersäure, β-Indolylessigsäure, α-Naphthylessigsäure) gefördert werden.

▷ Das **vegetative Wachstum,** insbesondere das Längenwachstum, wird bei vielen Arten durch Gibberellin verstärkt. Für den Gemüsebau ergeben sich bislang keine nennenswerten praktischen Anwendungsmöglichkeiten. Eine Wachstumshemmung (Stauchen) erlauben Chlorcholinchloride (Chlormequat, z. B. Cycocel) bei Tomaten, Gurken u. a. Durch Stauchen kann das Wachstum bei verzögertem Pflanztermin gebremst und der Pflanzschock verringert werden.

▷ Eine **Stimulation der Blütenbildung** ist durch einen »Ersatz« bzw. eine Ergänzung von Umweltreizen (Kälte, Tageslänge) durch Gibberelline, aber auch bei nicht induktionsabhängigen Arten durch Chlorcholinchlorid (Chlormequat, z. B. Cycocel) bei Tomaten oder Gurken oder durch Chlorflurenol (Curbiset bei Gurken) zu erreichen.

▷ **Geschlechtsausprägung der Blüten:** Chlorcholinchlorid und Chlorflurenol fördern bei Gurken die weibliche Tendenz. Eine Verwendung bei der Produktion ist durch die Züchtung früh- und reichblühender weiblicher Sorten überholt worden. Gibberelline und Silbernitrat fördern die männliche Tendenz. Letztere werden bei der Züchtung genetisch weiblicher Gurkensorten eingesetzt.

▷ Der **Fruchtansatz** wird durch Auxine, Gibberelline und Chlorflurenol bei z. B. Tomaten, Gurken, Paprika, aber auch Bohnen und Erbsen, gefördert. Bei Tomaten wurden bei lichtarmen Winterkulturen oder im Freiland bei niedriger Temperatur gute Erfolge mit 4-CPA (4-Chlorphenoxyessigsäure) erzielt. Dies Verfahren hat in den USA und in Israel Eingang in die Praxis gefunden. Die Anwendung ist jedoch wegen häufig mißgestalteter Früchte und verminderter Lagerfähigkeit rückläufig. Chlorflurenol führt bei Gurken zu stärkerem Fruchtansatz und zur Parthenokarpie. Es kann bei der Einmalernte von Einlegegurken die Erträge steigern.

▷ Die **Fruchtreife** wird bei z. B. Tomaten und Gurken von Äthylen (Ethaphon) beschleunigt und damit der Ertrag gemindert. Bei der Einmalernte kann die Behandlung durch die Reifekonzentration auch ertragssteigernd wirken.

▷ Die **Alterung** (Seneszenz) von Pflanzen kann durch Einwirkung von Cytokinin, bei einigen Arten auch von Gibberellin verzögert werden. Die Hoffnung, damit die Lagerhaltung zu verlängern, hat sich in der Praxis nicht erfüllt.

Trotz dieser zahlreichen Eingriffsmöglichkeiten werden Wachstumsregulatoren in der gemüsebaulichen Praxis selten eingesetzt. Gründe sind: die Unsicherheiten im Behandlungserfolg, da die Wirkungen sowohl von den Umweltbedingungen als auch von dem Entwicklungs- und Ernährungszustand der Pflanzen abhängen und vielfach eine starke Arten- und Sortenspezifität vorliegt; ein Teil des erstrebten Effektes ist bereits durch züchterische Erfolge realisiert worden; vor allem aber stehen toxykologische Bedenken einem Einsatz entgegen.

Aus dem letztgenannten Grunde unterliegen Wachstumsregulatoren gleichen Prüf- und Zulassungsverfahren wie Pflanzenschutzmittel und Herbizide. Die zugelassenen Mittel und Hinweise zur Anwendung werden in dem jährlich erscheinenden Pflanzenschutzmittelverzeichnis der Biologischen Bundesanstalt für Land- und Forstwirtschaft bekanntgegeben. Im Verzeichnis für 1985 ist für Gemüsearten lediglich ein Chlorflurenol-Ester (Curbiset für Gurken) aufgeführt.

Literatur

BANGERTH, F. (1980): Anwendungsmöglichkeiten von Phytohormonen und Wachstumsregulatoren in der Pflanzenproduktion. Arbeiten der Schriftenreihe der Universität Hohenheim. Reihe Pflanzenproduktion, H. 105. Stuttgart: Eugen Ulmer.

JANSEN/BACHTHALER/FÖLSTER/SCHARPF (1984): Gärtnerischer Pflanzenbau. Stuttgart: Eugen Ulmer.

WAGENBRETH, D. und AUTORENKOLLEKTIV (1981): Wirkungen und Einsatzmöglichkeiten von Wachstumsregulatoren in der Pflanzenproduktion. I. Wirkstoffe. Fortschrittsberichte für die Landwirtschaft und Nahrungsgüterwirtschaft **19** (5). II. Anwendungsgebiete. Fortschrittsberichte für die Landwirtschaft und Nahrungsgüterwirtschaft **19** (6). Berlin: Akademie der Landwirtschaftswissenschaften der DDR.

4.10 Unkrautbekämpfung

HELMUT KRUG

Unkräuter sind Pflanzen, die in unerwünschter Weise auf dem Kulturland wachsen und dort mehr Schaden als Nutzen verursachen (RADEMACHER 1952). Schadwirkungen sind die Konkurrenz um Licht, CO_2, Wasser und Nährstoffe, die Eigenschaft, als Zwischenwirt für die Erhaltung und Vermehrung von Schaderregern zu dienen, Qualitätsminderungen durch Verunreinigungen oder Standortkonkurrenz und die Steigerung der Produktionskosten durch Bekämpfungsmaßnahmen, durch die Erschwerung der Pflege, Ernte und Aufbereitung oder den Zwang zu weniger wirtschaftlichen Fruchtfolgen. Die positiven Wirkungen, wie die Steigerung der Bodenfruchtbarkeit durch Beschattung, Humusbildung, Belebung der Bodenfauna und -flora oder Minderung von Erosionsschäden, sind geringer zu bewerten, lassen sich jedoch gelegentlich, wie z. B. zur Begrünung oder zum Mulchen, nutzen. Hierbei besteht allerdings die Gefahr der Anreicherung von Vermehrungsorganen.

Im Gemüsebau sind die Unkrautarten am stärksten verbreitet, die sich den meist kurzlebigen Kulturen am besten anpassen. Dies sind schnellwachsende Arten, die während des ganzen Jahres zu wachsen oder zumindest zu leben vermögen, wie Gemeines Kreuzkraut, Vogelmiere, Hirtentäschelkraut, Efeublättriger Ehrenpreis, Einjähriges Rispengras oder Rote Taubnessel. Ihre Bekämpfung ist besonders in der kalten, feuchten Jahreszeit schwierig. Andere Arten, wie die Kleine Brennessel, haben ebenfalls geringe Temperaturansprüche, werden aber von Frösten abgetötet. Wieder andere Unkräuter, wie Franzosenkraut und Weißer Gänsefuß, fordern höhere Temperaturen und wachsen nur in der wärmeren Jahreszeit. Die langlebigen und besonders die perennierenden Unkräuter haben in gutgeführten Gemüsebaubetrieben, mit Ausnahme von Dauerkulturen, eine geringere Bedeutung.

Die Unkräuter können nur dann wirkungsvoll und kostengünstig bekämpft werden, wenn die Quellen der Verunkrautung und die Lebensweise der Unkräuter bekannt sind. Die Masse der Unkräuter wächst aus Samen, die in ungeheurer Zahl (bis zu 1 000 000 pro Pflanze) produziert und durch Wind, Wasser, Tiere, aber auch durch produktionstechnische Maßnahmen, wie organische Düngung oder Saat, verbreitet werden. Da viele Samen bis zu mehreren Jahrzehnten lebensfähig bleiben, haben sich im Acker bis zu mehreren hunderttausend Samen pro m^2 Bodenfläche angereichert. Sie können durch Bekämpfungsmaßnahmen wirkungsvoll reduziert werden, lassen sich aber, da sie sich z. T. in Keimruhe befinden und immer wieder neue Samen zugeführt werden, nicht völlig ausrotten.

Einer Verunkrautung sollte in erster Linie durch die Einschränkung der Samenverbreitung entgegengewirkt werden. Hierzu gehören ein Verzicht auf organische Düngemittel mit lebensfähigen Samen, die Verwendung gut gereinigten Saatgutes, die Verminderung der Bildung und Ausbreitung von Unkrautsamen durch die Fruchtfolge und die Wahl von Kulturen, die das Unkraut unterdrücken (z. B. Spätkartoffel, Dicke Bohne, Rhabarber) oder deren Entwicklungsrhythmus sich typische Gemüseunkräuter nicht anzupassen vermögen (z. B. Wintergetreide).

Weitere Maßnahmen zielen darauf ab, die im Boden bereits vorhandenen Unkrautsamen zu vernichten. Diesem Zweck dienen alle Mittel, die die Fruchtbarkeit des Bodens und damit die Tätigkeit der Mikroorganismen fördern, die lebende Samen angreifen. Eine besonders wirksame Maßnahme ist eine wiederholte flache Bodenbearbeitung, die günstige Keimungsbedingungen schafft, so daß die aktivierten Samen durch nachfolgende Arbeitsgänge oder Herbizide vernichtet werden können. Ein ähnlicher Effekt wird durch einen größeren Zeitabstand zwischen Grundbodenbearbeitung und Saat erzielt.

Unkrauthemmend wirken auch alle Maßnahmen, die die Wuchskraft der meist konkurrenzschwächeren Kulturpflanzen fördern, wie eine sorgfältige Bodenbearbeitung und -pflege, eine standortgerechte Arten- und Sortenwahl, eine gute Wasser- und Nährstoffversorgung und das Auspflanzen anstelle der Direktsaat.

Trotz aller vorbeugenden Maßnahmen bleibt in der Regel eine Vernichtung der auflaufenden oder der bereits aufgelaufenen Unkräuter erforderlich. **Mechanische Maßnahmen** sind das Striegeln, Eggen, Hacken oder Häufeln, also Maßnahmen, die gleichzeitig der Bodenpflege dienen. Striegel und Egge können bei einigen Kulturen als sogenannte »Blindegge« bereits einige Tage nach der Saat und vor dem Auflaufen gegen schnellkeimende Unkräuter eingesetzt werden. Ein zweiter Eggenstrich kann nach dem Aufgang folgen, wenn die Kulturpflanzen nicht mehr zu »brüchig« sind. In hohen Beständen ist die Hacke zu bevorzugen. Das Häufeln ist ein besonders wirksames Verfahren, das auch die Unkräuter in den Reihen vernichtet.

Schwierigkeiten bereitet die Bekämpfung von Unkräutern, die sich auch vegetativ vermehren oder aus vegetativen Organen nachwachsen. Flachwurzelnde Unkräuter mit unterirdischen Sproßausläufern, wie die Quecke, können durch wiederholte flache Bearbeitung geschwächt oder vernichtet werden. Hierzu sind keine schneidenden Geräte einzusetzen, da auch Ausläuferstücke austreiben. Geeignet sind Grubber mit anschließendem Abeggen und Abfahren der Unkräuter. Tiefwurzelnde Unkräuter mit Wurzelausläufern, wie Ackerkratzdistel, Ackergänsedistel oder Ackerschachtelhalm, die Bodentiefen bis unter 1 m erreichen und aus den tieferen Wurzelteilen immer wieder austreiben, sind auch durch wiederholte Bearbeitung nur schwer zu vernichten.

Eine wirksame Unkrautbekämpfung erlauben **Mineraldünger mit herbizider Wirkung** wie Kalkstickstoff (Calciumzyanamid). Kalkstickstoff tötet in der Zyanamidphase neben vielen mikrobiellen Schaderregern auch keimende Unkrautsamen und verätzt, besonders in Pulverform, zweikeimblättrige Pflanzen, die nicht über eine besondere Schutzschicht verfügen.

Zur Unkrautbekämpfung wird Kalkstickstoff 2–3 Wochen vor der Saat bzw. Pflanzung in Gaben von 300 (gepulvert) bis 450 (gekörnt) kg/ha ausgebracht. Arten mit unempfindlichen Blättern (einkeimblättrige Arten, Kohlgewächse, Erbsen) können 2–3 Wochen nach der Pflanzung eine Kopfdüngung mit Perlkalkstickstoff erhalten. Höhere Gaben werden vertragen, sind aber zur Unkrautbekämpfung nicht erforderlich. Auch verträgliche Kulturen reagieren, wie bei Herbiziden, stets mit kleinen Wachstumsstockungen. Sehr nachteilig wirken sich Kalkstickstoffgaben direkt zur Pflanzung aus. Kalkstickstoff sollte stets auf trockene Pflanzen und feuchten Boden gestreut werden. Ein Einarbeiten ist für die herbizide Wirkung nicht notwendig. Der Abbau der Zyanamidphase wird durch hohe Temperatur und gute Bodenfeuchte verkürzt. Trockenheit und niedrige Temperatur erfordern somit bei der Ausbringung vor der Saat oder Pflanzung längere Wartezeiten.

Herbizide können vor der Saat, nach der Saat oder nach dem Aufgang der Pflanzen ausgebracht werden.

Vorsaatbehandlung: Vor der Saat werden Totalherbizide eingesetzt, wenn der Boden für die Bodenbearbeitung zu feucht ist oder die Gefahr besteht, daß die Unkräuter wieder anwachsen. Die Flächen können kurz nach der Behandlung bestellt werden.

Vorauflaufbehandlung: Vorauflaufmittel werden unmittelbar oder einige Tage nach der Saat ausgebracht. Der Boden sollte für eine gleichmäßige Verteilung des Wirkstoffs feinkrümelig sein. Die Saat wird zur räumlichen Trennung von der flachen Wirkungszone des Mittels etwas tiefer gedrillt und wegen der längeren Auflaufdauer sorgfältig gebeizt. Der Boden muß feucht sein, damit der Wirkstoff eindringen kann, ehe das Wasser verdunstet. Abendliche Spritzungen sind deshalb wirkungsvoller. U. U. ist vor der Spritzung zu beregnen. Starke Niederschläge und eine Bewässerung nach dem Spritzen können den Wirkstoff in die Keimzone der Kulturpflanzen einwaschen und zu Auflaufstörungen oder Totalausfällen führen. Aufgelaufene Unkrautpflanzen werden in der Regel nicht abgetötet. Die Behandlung wirkt, je nach Mittel und Standortbedingungen, 1–5 Wochen.

Nachauflaufbehandlung: Dieses Verfahren erfordert Herbizide mit selektiver Wirkung. Da die Reaktion der Kulturpflanzen von der vorausgegangenen und herrschenden Witterung, aber auch von dem Entwicklungszustand der Pflanzen abhängt, birgt eine Nachauflaufbehandlung ein größeres Risiko. Der Vorauflaufbehandlung wird deshalb – außer in Trockengebieten – der Vorzug

Tab. 4.10–1: Wirkungsspektren einiger Herbizide (gekürzt nach Pflanzenschutzamt der LWK Weser-Ems, Oldenburg 1978/79)

Unkräuter[1]	Afalon	Aresin	Aresin Combi	Aretit fl. u. a.	Atrazin 50	Betanal	Diuron	Dosanex	Elancolan	Gesaprim 50	Kerb 50 W	Lasso, Lasso 10 G	Legurame fl.	Pyramin	Ramrod	Semeron 25	Sencor	Tenoran	Tribunil	Venzar
Brennessel, Kl.	xx	xx	xx	xx	xx	x	xx	xx	xx	xx				xx	xx	xx	xx	xx	xx	xx
Ehrenpreis	xx		xx	xx	xx	xx	x	xx		xx	xx	xx	xx	xx	xx		xx	xx	x	
Erdrauch		xx	xx	xx	x	x		x	xx			x					xx		xx	xx
Franzosenkraut	xx	xx	xx	xx	xx	xx	xx		xx		xx			xx	xx	xx	xx	xx	x	xx
Gänsedistel	xx	xx	xx		x	x	x		x	x				x		x				x
Hellerkraut		xx	xx	xx	xx	xx	xx	xx		xx			x			x			x	xx
Hohlzahn	x		xx	xx	x	xx	xx	xx		x	x	x	x	x	xx	x	xx			
Kamille	x				xx			xx		x	xx	xx	xx	x		xx	xx			
Klettenlabkrt.			xx				x	xx		x	x	x								
Knöterich	x	x			xx	x	x	xx	xx	xx			xx		x		xx		x	
Kornblume			xx	xx				xx		xx				x	x		xx			
Kreuzkraut	xx	x		x	xx	xx	xx	x				xx								
Melde	xx	xx	xx	xx	xx	xx	xx		xx	xx				xx						xx
Nachtschatten, Schw.		xx	xx			xx	xx	x	xx		x									
Spörgel	xx	xx	xx	xx	xx	xx	xx		xx						xx	xx	xx	xx		
Taubnessel, Rote		xx	xx	xx	xx	xx	xx	x		xx		xx		xx	xx	xx	xx			x
Vogelmiere	xx	xx	xx	xx	xx	xx	xx	xx	xx	xx	xx	xx	xx	xx	xx	xx	xx	xx	xx	xx

Wirkung:
xx gut; x nicht immer ausreichend; unzureichend; [1] Der besseren Übersicht wegen nur die wichtigsten Unkrautarten.

gegeben. Nachauflaufherbizide sollten aus Verträglichkeitsgründen mit reichlich Wasser (nicht unter 500 l/ha) ausgebracht werden. Eine Nachauflaufbehandlung kann auch einer Vorauflaufbehandlung folgen.

Allgemeine Richtlinien für den Einsatz: In der Bundesrepublik Deutschland für den Handel zugelassene Herbizide sind in dem jährlich erscheinenden Pflanzenschutzmittel-Verzeichnis der Biologischen Bundesanstalt aufgeführt und kommentiert. Die Angaben beziehen sich auf die Giftabteilung, die Aufwandmengen und -zeiten, die Kulturarten, in denen die Mittel eingesetzt werden können und auf die Wartezeiten. In einigen Fällen sind auch die bekämpfbaren Unkräuter vermerkt.

Bei der Anwendung ist zu beachten:
▷ Da die Herbizide nicht alle Unkräuter vernichten, sondern selektiv wirken, sind die Mittel zu wechseln, um einer Anreicherung resistenter Unkrautarten vorzubeugen. Das Wirkungsspektrum einiger Herbizide gibt die Tabelle 4.10-1 wieder.
▷ Bei einigen Kulturarten (Buschbohne, Kopf- und Feldsalat) wurde eine spezifische Sortenempfindlichkeit beobachtet. Beim Anbau neuer Sorten sind deshalb Probespritzungen zu empfehlen.
▷ Die Dosierung muß der Sorptionskraft des Bodens angepaßt werden:
Humusgehalt unter 1 % stets hohes Risiko
1–1,5 % untere empfohlene Dosierung wählen
über 2 % obere empfohlene Dosierung wählen
über 3 % Wirkungsabfall.

Auf Moorböden führt ein Herbizideinsatz wegen des hohen Humusgehaltes vielfach nicht zum Erfolg. Entsprechend muß auf leichten, sorptionsschwachen Böden eine geringere, auf schweren Böden eine stärkere Dosierung gewählt werden.
▷ Witterung: Da viele Herbizide über die Dampfphase wirken, sollten die Temperaturen nicht unter 8 °C und nicht über 25 °C liegen. Nicht

vor oder nach starken Niederschlägen spritzen – Einwaschung. Nicht bei starkem Wind behandeln – Abtrift auf Nachbarkulturen.
▷ Spritzgeräte, insbesondere Düsenausstoß und Flächenverteilung prüfen.
▷ Spritzung: Auf gleichmäßige Flächenbelegung achten. Überschneidungen, die besonders an Vorgewenden auftreten, können zu Schäden oder gar zu Ausfällen führen. Nicht getroffene Streifen verunkrauten. Bandspritzung spart Kosten.
▷ Die Bodenbearbeitung sollte in den ersten Wochen nach dem Herbizideinsatz unterbleiben. Gut durchlüftete Böden sind nur dann zu bearbeiten, wenn dies zur Bekämpfung der Unkräuter notwendig wird. Bei dichten, schlecht durchlüfteten Böden können Hackgänge zur Bodenpflege notwendig werden.

Nachwirkungen auf Folgefrüchte sind bei kurzer Wachstumsdauer der behandelten Kultur, wie z. B. Spinat mit Venzarbehandlung, oder nach einem vorzeitigen Umbruch möglich. Im Zweifelsfall ist ein Kressetest durchzuführen (s. Kap. 4.11).

grundsätzlich die gleichen Mittel eingesetzt wie im Freiland. Infolge der höheren Temperatur verdampfen die Mittel schneller und reichern sich bei dem geringen Luftaustausch stärker an. Es sind deshalb geringere Konzentrationen zu wählen, besonders bei Mitteln mit hohem Dampfdruck. Sofern keine Erfahrung vorliegt, schützen Probespritzungen vor größeren Schäden.

Da die Wirkung der Herbizide für den Einzelfall nicht garantiert werden kann und einige Unkräuter, wie das Gemeine Kreuzkraut, resistent sind, sollten stets alle Möglichkeiten, die Unkräuter im Rahmen der allgemeinen produktionstechnischen Maßnahmen zu bekämpfen, ausgeschöpft und die Herbizidbehandlung nur als zusätzliche Maßnahme verstanden werden.

Das **Abflammen** der Bodenoberfläche unmittelbar vor der Saat, kurz vor dem Auflaufen der Kultur oder – beim Mais – auch nach dem Auflaufen, hat in Deutschland keine große Verbreitung gefunden. Dieses Verfahren kann für den »alternativ« wirtschaftenden Betrieb von Interesse sein.

Literatur
Biologische Bundesanstalt für Land- und Forstwirtschaft Braunschweig: Pflanzenschutzmittelverzeichnis (erscheint jährlich). Braunschweig: ACO-Druck.
KOCH, W. (1970): Ackerunkräuter. Berlin: Akademie-Verlag.
WEHSARG, O. (1954): Unkrautbekämpfung. Stuttgart: Eugen Ulmer.

4.11 Vorbeugender Pflanzenschutz

HELMUT KRUG

Im Sinne eines integrierten Pflanzenschutzes und der Umweltentlastung sollten stets Maßnahmen im Vordergrund stehen, die die Kulturen in Form der Hygiene von vornherein von Schaderregern freihalten, die Abwehrkraft der Pflanzen durch günstige Wachstumsbedingungen stärken und, soweit möglich, gleichzeitig die Aggressivität der Schaderreger schwächen. Erst wenn diese Maßnahmen nicht zum Ziel führen, sind beim Erreichen definierter Schadschwellen therapeutische Maßnahmen zu ergreifen.

Schaderreger können bereits über das Saatgut eingeschleppt werden. Dies gilt für Viren (Salatmosaik, Bohnenmosaik), Bakterien (Adernschwärze – *Xanthomonas campestris*) und auch Pilze (Umfallkrankheit – *Phoma lingam*, Kohlschwärze – *Alternaria species*, Blattfleckenkrankheit – *Septoria apiicola*) im oder am Saatgut. Zur Vorbeugung bzw. Bekämpfung sollte das Saatgut mit den zugelassenen Saatgutbehandlungsmitteln gebeizt, ggf. einer Wärmebehandlung unterzogen werden. In der Regel wird es direkt behandelt. Die Mittel können auch im Vorauflauf- oder Nachauflaufverfahren gegossen bzw. gespritzt werden. Maximal 2 Anwendungen (Vor- und Nachauflaufbehandlung) sind zulässig. Ein sicherer Erfolg ist bei den meisten Schaderregern jedoch nicht zu erzielen.

Die Gefahr des Einschleppens von Schaderregern besteht auch bei dem Bezug von Erden bzw. Substraten, von Jungpflanzen oder beim Ausbringen organischer Düngemittel. Schaderreger können durch Gefäße oder Kisten, durch Maschinen und Geräte und durch Personen verbreitet werden. Zu den Vorbeugungsmaßnahmen gehören u.a. die Säuberung und Desinfektion von Töpfen und Kisten, die Verwendung von Kunststoff- statt Holzkisten, die Entseuchung der Böden und Substrate, der Gewächshäuser, der Geräte und Maschinen und der Einsatz von Desinfektionsmatten vor den Zugängen.

Weitere Maßnahmen zur Gesunderhaltung der Bestände sind die Wahl resistenter oder zumindest toleranter Arten und Sorten, die Veredlung auf resistente Unterlagen (Gurke, Tomate), der Flächenwechsel bei der Jungpflanzenanzucht, die Anzucht mit Topfballen, das Aufstellen der Töpfe auf sauberen Folien, die Kultur zu Zeiten geringen Befallsdrucks, der Aufbau lockerer, gut durchlüfteter Bestände, das Bedecken der Kultu-

Abb. 4.11-1: Kressetest für verschiedene Bodentiefen

ren mit Folien oder Vliesen, die Bekämpfung von Unkräutern, die Schaderregern als Zwischenwirte dienen, die Beachtung der im Kapitel »Fruchtfolge« dargelegten Gesichtspunkte und die Beseitigung bzw. schnelle Zersetzung infizierter Pflanzenrückstände auf dem Feld.

Für die **chemische Bodenentseuchung** stehen im Gemüsebau zur Zeit (1985) die Wirkstoffe Dazomet (Basamid Granulat), Dichlorpropen (DCP 5O, Shell DD, Shell DD-Super, Telone) und Dichlorpropen + Methylisothiocyanat (Di-Trapex) zur Verfügung. All diese Mittel besitzen nur ein begrenztes Wirkungsspektrum. Sie wirken gegen bestimmte Nematodenarten, Basamid und Di-Trapex auch gegen Bodenpilze und Unkrautsamen. Die Wirkung reicht bis in Tiefen von 20 cm und wird durch Temperaturen von 10–18 °C und ein Abdecken mit Folien verstärkt. Nach der vorgeschriebenen Einwirkungszeit wird der Boden, je nach Temperatur, 2–6 Wochen gelüftet und mit Hilfe des Kressetestes die Wiederverwendbarkeit geprüft (Abb. 4.11-1).

Beim Kressetest werden Proben eines behandelten und eines unbehandelten Bodens in Gläser (z. B. Weckgläser) gefüllt, feuchte, mit Kressesamen behaftete Wattebausche in den Luftraum der Gefäße gehängt, die Gläser fest verschlossen und bei Zimmertemperatur aufgestellt. Nach 2 bis 3 Tagen gibt die Keimung der Samen Aufschluß über die Wiederverwendbarkeit des entseuchten Bodens. Sind noch pflanzenschädliche Rückstände im Boden, so beschleunigt ein Lockern das Verdampfen der Schadstoffe.

Der sicherste Erfolg wird mit dem **Dämpfen** erzielt. Bei diesem Verfahren wird möglichst tief gelockerter, trockener Boden mittels Heißdampf für 30 Minuten auf 70 °C erhitzt. Für die Inaktivierung einiger Viren und Pilze muß eine Temperatur von 90 °C erreicht werden. Nach dem Abkühlen ist gedämpfter Boden kurzfristig wiederverwendbar. Zu beachten sind eine vorübergehende stärkere Freisetzung von Stickstoff und die Bildung wasserlöslichen Mangans, das besonders bei Kopfsalat zu Schäden führen kann. Gefahren können auch durch die schnelle Wiederbesiedlung des weitgehend sterilen Substrates durch Pilze entstehen.

Die Dämpfung unter hitzebeständiger Spezialfolie ist arbeitswirtschaftlicher als andere Verfahren (Behälterdämpfung, Dämpfrohre, Dämpfpflug, Dämpfegge), hat aber einen geringeren Wirkungsgrad. Dieser kann durch einen Unterdruck im Boden, der über eingegrabene perforierte Polypropylenrohre (LW 50 mm, Abstand 1,5–3 m) erzeugt wird, wesentlich erhöht werden (RUNIA 1983). Die Kosten einer Dämpfung liegen deutlich über denen einer chemischen Bodenentseuchung.

Da sich trotz guter Hygiene Infektionen nicht immer vermeiden lassen, sollte auch die **Abwehrkraft der Pflanzen** gestärkt werden. Hier gilt der Grundsatz, daß in der Regel wüchsige, kräftige Pflanzen weniger anfällig sind als genetisch oder durch ungünstige Wachstumsbedingungen geschwächte. Alle Maßnahmen, die die Fruchtbarkeit des Bodens und sein antiphytopathogenes Potential fördern, wie – mit Einschränkungen – organische Düngung (organische Düngung kann auch Schaderreger verbreiten oder z. B. Fliegen anlocken), zeitgerechte und sorgfältige Bodenbearbeitung, mäßige Stickstoff- und betonte Kaliumdüngung und gute, aber nicht zu hohe Versorgung mit allen essentiellen Nährstoffen, zeitgerechte, gut dosierte Bewässerung u. a. m., tragen zur Gesunderhaltung der Kulturpflanzen bei.

Hierzu gehört auch die Wahl den Ansprüchen der jeweiligen Arten entsprechender Standorte bzw. die Wahl den Standorten und Kulturzeiten angepaßter Arten und Sorten; desgleichen eine Drainage zur Verhinderung von Staunässe, eine gute Bodenlockerung sowie die Eindämmung der Vermehrung von Schaderregern durch pH-Verschiebungen und Teildesinfektion (z. B. Kalkstickstoff-Einsatz bei der Kohlhernie – *Plasmodiophora brassicae*), eine günstige Saattiefe, eine gute, beschädigungsarme Pflege (Eingangspforten) u. a. m.

In Gewächshäusern kommt der Klimaführung eine besondere Bedeutung zu. Einige Schaderreger, besonders Pilze, wie Grauschimmel (*Botrytis cinerea*), Samtfleckenkrankheit (*Cladosporium fulvum*), Krautfäule (*Phytophthora infestans*), Falscher Mehltau (*Bremia lactucae*), Brennflecken (*Polytotrichum lagenarium*), Gurkenmehltau (*Erysiphe cichoracearum*) werden durch hohe Luftfeuchte begünstigt.

Andere Schaderreger vermögen nur über Wassertropfen in die Gewebe einzudringen (Falscher Mehltau – *Peronospora* oder *Bremia*). Es gilt deshalb, Tropfenbildung an den Pflanzen zu vermeiden. Entsprechende Maßnahmen sind: Unterblattbewässerung, Tropfbewässerung, Bewässerung in den Vormittagsstunden und an sonnigen Tagen zum Abtrocknen vor den Nachtstunden, Lüftung und ggf. technische Entfeuchtung, Vermeidung von Tropfenfall und Kondensation an den Pflanzen in Verbindung mit niedrigen Nachttemperaturen, hinreichend lockere, gut durchlüftete Bestände, Luftbewegung durch Ventilatoren sowie Schnittmaßnahmen zum Entfernen aller geschwächten, infektionsgefährdeten Pflanzenteile, bis hin zum Entblättern der unteren Bestandeszone.

Eine zu trockene Luft und welke Pflanzen begünstigen einige tierische Schaderreger, wie Blattläuse oder Rote Spinne *(Tetranychus urticae)*. Die Kunst der Kultur besteht somit in der Erziehung eines kräftigen, gesunden Bestandes und einer Dosierung der Wachstumsfaktoren, insbesondere einer Klimaführung, die die Pflanzen begünstigt und die Schaderreger schwächt.

Literatur

Biologische Bundesanstalt für Land- und Forstwirtschaft Braunschweig (1983 u. spätere Folgen): Pflanzenschutzmittel-Verzeichnis. Braunschweig: ACO-Druck.

CRÜGER, G. (1983): Pflanzenschutz im Gemüsebau. Stuttgart: Eugen Ulmer.

HEDDERGOTT, H. (1981 und spätere Folgen): Taschenbuch des Pflanzenarztes. Münster-Hiltrup: Landwirtschaftsverlag.

4.12 Ernteverfahren

CHRISTIAN VON ZABELTITZ ·
HEINZ-JOACHIM WIEBE

Die Mechanisierung der Ernte ist im Gemüsebau – mit wenigen Ausnahmen – im Vergleich zur Landwirtschaft noch nicht weit fortgeschritten. Viele Gemüsearten werden immer noch von Hand geerntet, obwohl auf die Ernte weit mehr als 50 – 80 % des Arbeitszeitbedarfs entfallen (Tab. 2.3-8). Die Gründe sind:
▷ Die Entwicklungskosten für die Spezialmaschinen sind relativ hoch und müssen auf kleine Stückzahlen umgelegt werden.
▷ In der Regel sind die einzelnen Kulturflächen sehr klein.
▷ Die Anforderungen an die beschädigungsfreie Qualität für den Frischmarkt oder für die Lagerung sind hoch.
▷ Die biotechnischen Eigenschaften, wie geringe Druckbelastbarkeit der zu erntenden Pflanzenorgane, erschweren die Entwicklung von Maschinen für eine verlustarme Ernte.
▷ Die ungleiche Entwicklung der Ernteorgane in einem Bestand erfordert bei vielen Kulturen eine selektiv mehrmalige Ernte, deren Mechanisierung konstruktiv sehr aufwendig ist.

Die Mechanisierung der Ernte kann einzelne oder alle Arbeitsfunktionen umfassen, wie
▷ das Trennen der Ernteorgane vom Boden oder von der Pflanze
▷ das Fördern
▷ das Aussortieren nach physikalischen Merkmalen
▷ das Säubern, Reinigen, Putzen
▷ Transport, Lagerung und Verpackung.

Bei der Vielzahl von Gemüsearten und den unterschiedlichen Betriebsformen findet man im Gemüsebau sowohl die Ernte von Hand bis zu unterschiedlich starker Teilmechanisierung als auch vollmechanische Verfahren (Tab. 4.12-1). Sofern Besonderheiten in der Mechanisierung der Ernte bei einzelnen Arten verbreitet sind, sind diese bei der Beschreibung der Kulturen zu finden. Es gibt Gemüsearten, bei denen alle Mechanisierungsstufen der Ernte bei weltweiter Betrachtung verbreitet sind (Einlegegurken, Tomaten u. a.).

□ **Ernte von Hand**
Besonders im Anbau unter Glas und bei selektiver Ernte in kleinen Betrieben werden für Erntearbeiten kaum technische Hilfsmittel eingesetzt. So werden z. B. Kopfsalat oder Kohlrabi im Gewächshaus von Hand geschnitten, gesäubert oder geputzt und direkt nach Größen sortiert in Kisten verpackt. Ähnlich erfolgt heute noch überwiegend die Eissalaternte auf großen Flächen in Kalifornien. Keine wesentlichen Teilmechanisierungen sind bisher für die Ernte von Bleichspargel oder das Bündeln von Radies und Schnittlauch bekannt.

□ **Erntehilfen und teilmechanisierte Verfahren**
Erntehilfen übernehmen im wesentlichen einen Teil der Transportarbeiten bei mehrmaliger Ernte im Bestand. Transport und Aufladen der vollen Kisten stellen hohe Anforderungen an die physische Leistungsfähigkeit der Arbeitskräfte.

Tab. 4.12–1: Ernteverfahren im Freilandgemüsebau

Gemüseart	Erntehäufigkeit		Mechanisierungsstufe			
	selektiv	einmal	von Hand	Erntehilfe	Teilmechanisierung	Vollernte
Spinat		x	.			x
Rote Rübe		x			.	x
Erbse		x				x
Buschbohne		x	.			x
Möhre		x	.			x
Sellerie		x	.		x	
Kopfkohl früh	x			x	I	
Kopfkohl spät	x			x	I	
Kohlrabi	x	.		x		
Blumenkohl	x			x	I	
Rosenkohl	.	x	.		x	
Grünkohl	.	x	.		x	x
Chinakohl	.	x		x		
Rettich	.	x	.	x		
Radies	.	x	x			I
Einlegegurke	x	.		x		I
Tomate	x		x			
Buschtomate (Ausland)		x	.			x
Kopfsalat	x	.		x	I	
Zwiebel	.	x	.			x
Porree		x	.		x	
Spargel	x		x			

x = Überwiegendes Verfahren in der Bundesrepublik Deutschland
· = Verfahren selten in der Bundesrepublik Deutschland
I = Maschinen vorhanden, jedoch selten im Einsatz

Je nach Gemüseart sind pro ha bis zu 5000 Kisten mit einem Gesamtgewicht von bis zu 500 dt vom Feld zu transportieren. Erntehilfen werden für Frühkohl, Blumenkohl, Kopfsalat eingesetzt; sie sind deshalb vorwiegend in intensiven Gemüsebaubetrieben zu finden.

Als erste Stufe der Mechanisierung sind in kleinen Betrieben mit wenig Arbeitskräften spezielle Tieflader oder Erntewagen mit absenkbaren Ladeflächen oder Plattformen für den Längstransport des auf dem Feld bereits verpackten Erntegutes geeignet. Bei einer höheren Zahl von Arbeitskräften werden zum Quertransport aus den Reihen zur Fahrspur an den Anhänger montierte Ausleger-Förderbänder verwendet (Abb. 4.12-1), die je nach Betriebsgröße verschieden lang sein können. Die von Hand geerntete Ware wird auf das Ernteband abgelegt und auf den Anhänger transportiert. Wird das Gemüse vor der Verpackung gewaschen (Porree), maschinell kalibriert (Einlegegurken) oder gebündelt (Brokkoli), so folgt der Transport zu einer stationären Aufbereitungseinrichtung. Bei einigen Arten, wie Kopfsalat, Kohlrabi, Blumenkohl u. a., kann dagegen das Erntegut fertig geputzt auf das Ernteband gelegt werden, auf der Ladefläche erfolgt dann die Sortierung und Verpackung. Bei den Erntewagen können die Erntepersonen hinter oder vor dem Band hergehen oder auch sitzend (z. B. Grünspargel) oder liegend (z. B. Einlegegurken) mitfahren.

In Gewächshäusern gibt es ebenfalls verschiedenartige Transportmöglichkeiten bis zur zentralen Aufbereitung. Neben dem Transport können weitere Arbeiten maschinell durchgeführt werden, wie das Einkürzen der Blätter bei Blumenkohl oder Entblättern, Schneiden der Strünke und Pflücken der Rosen bei Rosenkohl. Für die selektive Ernte von Salat, Blumenkohl und Einlegegurken sind verschiedene Maschinentypen entwickelt, jedoch bisher nur selten eingesetzt worden.

Abb. 4.12-1: Ernteband

☐ **Vollmechanisierte Verfahren**
Voraussetzung für die erfolgreiche Einführung maschineller Vollernteverfahren war bisher immer die Einmalernte. Bei vielen Kulturen ist es durch Züchtung geeigneter Sorten, veränderte Anbauverfahren oder den Einsatz von Wachstumsregulatoren gelungen, von der Mehrfach- zur Einmalernte zu kommen. Die Sorten müssen sehr homogen sein, damit ein hoher Anteil der Ernteorgane im Bestand gleichzeitig die Marktqualität erreicht bzw. einen sehr konzentrierten Fruchtansatz hat. Eine gleichmäßige Fruchtentwicklung wird durch höhere Bestandesdichten unterstützt, da im engen Bestand die Verzweigung der Pflanzen reduziert und damit der Zeitraum für den Fruchtansatz verkürzt wird (Beispiel: Erbsen, Bohnen, Einlegegurken). Beim Rosenkohl wird im engen Bestand als Folge der verstärkten Blattalterung das Wachstum der unteren Rosen vermindert und somit die Größe der Ernteorgane einheitlicher.

Beeinflußt wird die Ertragshöhe besonders bei einmaliger Ernte auch durch die Standraumform. Am höchsten sind die Erträge in Folge höherer Homogenität der Ernteorgane bei quadratischer Anordnung der Pflanzen. Voraussetzung hierfür sind eine präzise Aussaattechnik und die Entwicklung von Erntemaschinen, für die ein bestimmter Reihenabstand nicht mehr notwendig ist, wie dies in den letzten Jahren für die Ernte von Buschbohnen und Möhren gelang. Der Einsatz von Wachstumsregulatoren für einen konzentrierten Fruchtansatz oder die Reife von Früchten wird bisher nur im Ausland bei großflächigem Feldanbau von Gurken, Tomaten oder Paprika praktiziert.

Mit Vollerntemaschinen geerntet werden heute besonders Gemüsearten, die für die Verarbeitungsindustrie angebaut werden, wie Erbsen, Bohnen, Spinat, Möhren, Rote Rüben und Zwiebeln. Für andere Kulturen sind Maschinen entwickelt, die jedoch noch nicht eingesetzt werden, da die Kosten zu hoch sind, die Erntequalität nicht befriedigt (Kopfkohl) oder der Verbraucher eine bestimmte Marktaufbereitung, wie z. B. Radies mit Laub gebündelt, bevorzugt.

Literatur

Moser, E. (1984): Verfahrenstechnik Intensivkulturen. Pareys Studientexte **40**. Berlin und Hamburg: Paul Parey.

Kleisinger, S. (1984): Erntehilfen bei Frischmarktgemüse. Sonderheft Gemüse: Ernte, Transport und Aufbereitung von Gemüse, 24-26. München: BLV-Verlagsgesellschaft.

Zabeltitz, Chr. v. (1975): Die Vollerntetechnik im Gemüsebau und ihre Anforderungen an Anbau und Pflanze. Arbeiten der DLG **148**. Frankfurt: DLG-Verlag.

4.13 Aufbereitung

Erich Fölster

Bevor das geerntete Gemüse abgesetzt wird, muß es den Anforderungen des Marktes entsprechend aufbereitet werden. Unter Marktaufbereitung von Gemüse sind alle Maßnahmen zu verstehen, die nach der Ernte vorgenommen werden, um das Ernteprodukt in handelsüblicher Form anzubieten: Säuberung, Sortierung nach Güte und Größe sowie die Verpackung. Gemüse, das nach einer gesetzlichen Handelsklasse zum Verkauf vorrätig gehalten, angeboten, feilgehalten, geliefert, verkauft oder sonst in den Verkehr gebracht wird, muß die für die jeweilige Handelsklasse vorgesehenen Güteeigenschaften aufweisen.

Die rechtlichen Grundlagen hierfür sind in den Verordnungen über die Qualitätsnormen und die gesetzlichen Handelsklassen für Obst und Gemüse verankert, in denen die Mindestanforderungen für Aufbereitung und In-den-Verkehr-bringen des Gemüses festgelegt sind. Im wesentlichen betreffen diese Bestimmungen

▷ die **Güteeigenschaften** mit den Mindestanforderungen in allen Güteklassen (ohne Anrechnung von Toleranzen) für alle Vermarktungsstufen bis zur Abgabe an den Verbraucher. Im einzelnen lauten die Güteeigenschaften: ganz, gesund, sauber (gewaschen oder geputzt), frei von fremdem Geruch (Packmittel) und Geschmack, frei von anomaler äußerer Feuchtigkeit, ausreichend entwickelt, reif und frisch, kurz und glatt geschnitten (z. B. Kohl- und Blattgemüse), nicht geschoßt, nicht gefroren, frei von Frostschäden, ausreichend trocken (z. B. Zwiebel, Knoblauch), nicht holzig oder welk.

Bei den meisten Gemüsearten wird unterteilt in die Klassen:

»Extra« – höchstmögliche Qualität, frei von jeglichen Fehlern, sortentypisch in Form, Größe und Färbung.

»I« – gute Qualität, bei der jedoch je nach Art leichte Form-, Farb-, Entwicklungsfehler oder geringfügige Beschädigungen toleriert werden.

»II« – marktfähige Qualität, die noch die Mindestanforderungen der EG-Norm erfüllt.

»III« – Ware, die in Qualität und Größe nicht mehr der Klasse II entspricht oder die Toleranzen überschreitet.

Abgesehen von Fällen geringfügiger Qualitätsminderung nach dem Versand (Frischeverlust usw.) fließen hier auch die Regelungen der Neukennzeichnung der Ware mit ein, wenn sie nicht mehr den Mindestanforderungen der gekennzeichneten, jedoch einer anderen Klasse entspricht.

▷ die **Größensortierung** nach Durchmesser oder Gewicht, die für die Klassen »Extra«, »I« und »II« obligatorisch ist. Die Grenzwerte sind individuell für die einzelnen Gemüsearten festgelegt.

▷ die **Toleranzen,** die pro Packstück als Abweichungen in der Qualität, der Größensortierung und anderen Merkmalen geduldet werden. Je nach Klasse und Gemüseart liegt die Gesamttoleranz eines Packstückes zwischen 5–15 %.

▷ die **Verpackung** soll gewährleisten, daß das Produkt ohne Schaden im Packstück den Weg vom Erzeuger bis zum Verbraucher in der beim Versand deklarierten Klasse übersteht. Dabei soll das Packmaterial für den Transport sowie für die Kleinverpackung ungebraucht sein und keine gesundheitsschädigenden Substanzen auf die Ware übertragen. Farb- und Schriftdrucke dürfen daher nicht auf der mit der Ware in Berührung kommenden Seite des Wickel-, Schutz- oder Abdeckpapieres angebracht sein. Ferner wird vom Inhalt eines jeden Packstückes Gleichmäßigkeit und Einheitlichkeit verlangt. Der Reifezustand der Ware soll den Anforderungen des Marktes am Bestimmungsort entsprechen, daher sind hier Länge und Dauer des Transportweges, Art des Transportmittels (LKW, Normal- oder Kühlwaggon), Einflüsse der jeweiligen Wetterlage und vorgesehene Verwendungsart (sofortiger Konsum oder Lagerung) zu berücksichtigen.

▷ die **Kennzeichnung** macht auf jedem Packstück die Menge und Art des Erzeugnisses, den Ursprung und die Handelsmerkmale kenntlich. Des weiteren soll sie die Identifizierung des Packers und/oder des Absenders ermöglichen.

Ausgenommen von diesen Bestimmungen sind:
▷ Lieferungen ab Hof an den Verbraucher
▷ Lieferungen an die Be- und Verarbeitungsindustrie
▷ Lieferungen vom Erzeuger an Sortier-, Verpackungs- und Lagerungsstellen
▷ Lieferungen des Erzeugers an Absatzgenossenschaften.

Die **Säuberung** des geernteten Gemüses von Erdresten und sonstigen Verunreinigungen erfolgt in den meisten Fällen bereits während der Ernte oder im unmittelbaren Anschluß daran. Je nach Gemüseart, Produkt und Verwendung werden hierfür verschiedene Verfahren angewandt. Bei der Marktaufbereitung von Blattgemüse erfolgt das Säubern vorwiegend durch Wegschneiden bzw. Einkürzen der verschmutzten, meist äußeren Blätter oder durch Abspritzen mit Wasser. Fruchtgemüse wird entsprechend den spezifischen Eigenschaften der aufzubereitenden Früchte entweder trocken, oft noch von Hand mit Lappen oder maschinell mit Bürsten, oder naß durch Tauchbäder von anhaftendem Schmutz befreit.

Wurzelgemüse mit meist starker Verschmutzung wird überwiegend maschinell gewaschen, mit hohem Druck abgespritzt oder mit Bürsten naß gereinigt. Eine hierfür häufig eingesetzte Trommelwaschmaschine ist besonders für das Säubern von Wurzelgemüse ohne Laub geeignet. Hier wird das Gemüse in einer rotierenden und durchlöcherten Trommel entweder durch ein Wasserbad bewegt oder durch Wasserdüsen abgespritzt und gesäubert. Für Gemüse mit Laub werden häufig Waschmaschinen verwendet, bei denen das Gemüse auf einem Drahtgeflecht als Band oder Teller durch einen Tunnel geführt wird, in dem Düsen von mehreren Seiten Wasser mit hohem Druck auf das Gemüse spritzen und es auf diese Weise reinigen.

Wesentlich bei allen Reinigungs- und Waschprozessen ist, daß die Produkte möglichst wenig beschädigt bzw. verletzt werden, um die Haltbarkeit zu gewährleisten. So kann ein Waschen mit geringem Wasserverbrauch bei Wurzelgemüse, das auf Sandboden kultiviert wurde, leicht zu einer Beschädigung der Epidermiszellen durch die Sandkörner und damit zu einer Qualitätsminderung führen.

Das **Sortieren** des Gemüses nach Größe und Qualität ist zur Zeit sehr arbeitsaufwendig, da viele Gemüsearten noch von Hand sortiert werden. Dies liegt daran, daß zum einen für den Frischmarkt oft nur relativ kleine Partien gebraucht werden, die einen Maschineneinsatz nicht lohnen, zum anderen, daß nahezu jede Gemüseart eine besondere Behandlung verlangt. Hinzu kommt, daß meist nur die Größensortierung auf mechanischem Wege gelöst ist, dagegen selten die gleichzeitige Qualitätssortierung. Viele Gemüsearten – besonders Blattgemüse – werden daher direkt bei der Ernte von Hand sortiert und nach Qualität eingestuft.

Eine maschinelle Sortierung kommt primär für Frucht- und Wurzelgemüsearten in Frage, da diese vielfach robuster in der Handhabung sind. Daneben gibt es »Sortierhilfen«, die ein Einstufen in die jeweiligen Größenklassen (meist Länge oder Dicke) erleichtern, wie z. B. beim Rhabarber, Spargel oder Porree.

Eine Größensortierung bei Tomaten oder Paprika erfolgt – ähnlich wie beim Kernobst – überwiegend nach dem Prinzip der weichenden Bänder oder nach dem Lochsystem, neuerdings auch nach Gewicht. Sofern die Früchte rollen, erfolgt die Sortierung bei den weichenden Bändern nach dem kleinsten, beim Lochsystem dagegen nach dem größten Durchmesser. Bei der Sortierung nach Gewicht wird jede Frucht einzeln auf einen Wägeteller gelegt und entsprechend ihrem Gewicht in die jeweilige Sortierungsabteilung abgekippt. Dieses Prinzip findet besonders bei den sperrigen Salatgurken Anwendung. Bei weniger empfindlichen Arten, wie Zwiebeln und Rote Rüben, erfolgt die Sortierung z. T. auch noch auf Schüttelsieben.

Kapazität und Sortiervermögen hängen vorrangig von der Größe der Sortieranlagen ab. In kleineren Betrieben sind meist nur einfache Sortiermaschinen zu finden, während die leistungsstarken in den zentralen Vermarktungseinrichtungen oder in den Großbetrieben stehen. Bei diesen ist häufig zusätzlich eine Sortierung nach

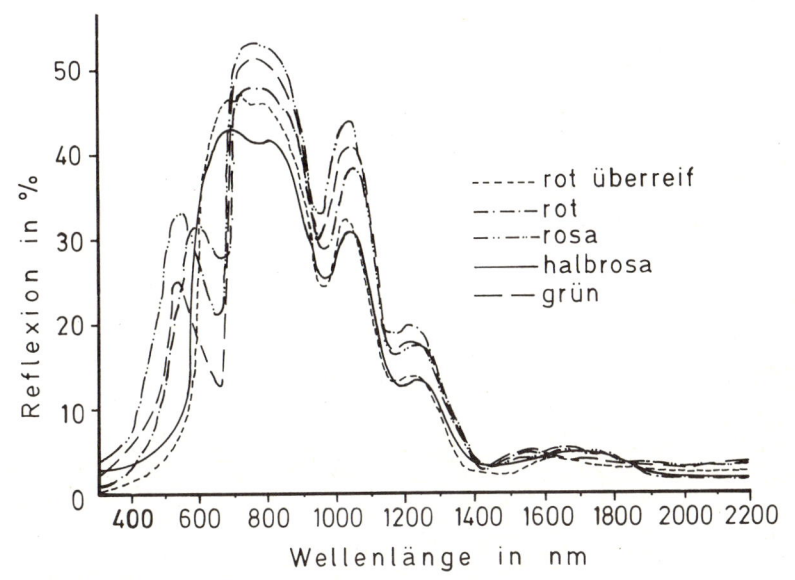

Abb. 4.13-1: Reflexionseigenschaften von Tomaten verschiedener Färbung (MOIMI, S., O'BRIEN, M., ASEA 24)

Tab. 4.13–1: Gebräuchliche Verpackungsgefäße im Gemüsebau

Bezeichnung	Abmessungen L × B × H (cm)	Material	Leergewicht ca. in kg	Nettoinhalt ca. kg, Bund (Bd) oder Stück (Stck.)
Gemüsekiste	60 × 40 × 33	Holz Kunststoff Vollpappe Wellpappe	4,5 2 1,7 1,2	20–25 kg Kopfkohl, Rote Rüben, Zwiebeln, Möhren, Knollensellerie, Einlegegurken 12–15 kg Wirsing 8–12 Stck. Eissalat
Gemüsesteige	60 × 40 × 22	Holz Kunststoff Vollpappe Wellpappe	3–4 1,8 1,2 1	10–15 kg Rote Rüben 10 kg Wirsing, Kopfkohl 10 kg oder 10 Bd. Porree 25–30 Doppelbd. Radies 6–12 Stck. Blumenkohl 6–8 Stck. Eis-, Endiviensalat
Mittelsteige	60 × 40 × 17	Holz	3–4	8–10 kg feinere Wurzelgemüse, Feingemüse 10–15 Stck. Rettich 6–12 Stck. Blumenkohl
Salatsteige	60 × 40 × 18	Holz	1–2	24 oder 30 Stck. Kopfsalat 6–12 Stck. Blumenkohl
Flachsteige (DIN 100 99)	60 × 40 × 13	Holz Kunststoff Vollpappe Wellpappe	1 0,8 0,7 0,5	10 kg Tomaten 6–8 kg Wirsing 5 kg Spinat 6–12 Stck. Blumenkohl 6–8 Stck. Eis-, Endiviensalat
Flachsteige	60 × 40 × 10	Holz	2,5–3,5	bis 10 kg Tomaten, Spargel, Feingemüse 8–10 Stck. Rettich
Steige (DIN 100 99)	40 × 30 × 15	Holz Kunststoff Vollpappe Wellpappe	1 1 0,8 0,6	1 kg Feldsalat 6 kg Tomaten 4 kg Bohnen, Spargel 4 kg Champignon 2–5 kg Paprika, Auberginen 12–16 Stck. Salatgurken 30 Bd. Radies
Jutesäcke	versch. Größen	Jute	–	5–10 kg Zwiebeln, Rosenkohl, Wurzelgemüse, Kopfkohl
Kunststoffsäcke	versch. Größen	Kunststoff	–	
Spankorb (DIN 100 33)	52 × 23 × 17	Holz	0,7	10 kg Spargel, Tomaten 8 kg Einlegegurken
Karton	40 × 30 × 13	Pappe	0,5	6 kg Tomaten 3 kg Champignon 12–15 Stck. Salatgurken

Farbe möglich. Dabei wird die Lichtreflexion der unterschiedlich ausgefärbten Waren als Entscheidungskriterium verwandt. In Abbildung 4.13-1 sind als Beispiel die Reflexionseigenschaften von grünen bis überreif roten Tomaten dargestellt. Die Reflexionsunterschiede sind bei einzelnen Wellenlängen hinreichend deutlich, um eine Trennung nach der Farbe zu ermöglichen.

Aufgabe der **Verpackung** ist es, handelsfähige Einheiten zu schaffen, die Ware transportfähig zu machen und die Produkte auf dem Weg vom Erzeuger zum Verbraucher vor äußeren Einflüssen zu schützen. Darüber hinaus sollte die Verpackung möglichst werbewirksam, zumindest jedoch ansprechend sein.

Damit der Einsatz von Stapelpaletten möglich ist und die Ladefläche der Transportfahrzeuge optimal ausgenutzt wird, werden bei der Verpackung genormte Grundmaße angestrebt (Tab. 4.13-1). Diese wurden vom »Deutschen Institut für Normung e. V.« zusammen mit den Organisationen der Märkte, des Handels und der Erzeuger erarbeitet. Sie sind derzeit noch nicht verbindlich, finden jedoch verbreitet Anwendung.

Verpackungen werden überwiegend aus Holz, Kunststoff oder Pappe hergestellt. Entscheidend für den Einsatz der verschiedenen Verpackungen sind neben der Form und Größe des Produktes die Nutzung sowie der Preis. Wird die Verpackung mehrfach genutzt, spricht man von Dauer- bzw. Leihverpackung. Sie ist in der Regel stabiler und damit in der Anschaffung teurer. Zudem erfordert sie Lagerhaltung, Leergutrücktransport und evtl. Erhebung von Pfand- bzw. Leihgebühren. Rückgabeverpackung wird primär im regionalen Handel eingesetzt, da sie hier durch die kurzen Wege und die Mehrfachnutzung billiger wird. Demgegenüber steht die Verlustverpackung, die bei dem einmaligen Gebrauch weniger stabil sein kann. Sie ist somit in der Anschaffung billig, durch die Einwegnutzung jedoch auf die Produktmenge bezogen teurer. Vorteile der verlorenen Verpackung sind die geringe Lagerhaltung, die Sauberkeit, die besseren Möglichkeiten von werbewirksamen Beschriftungen sowie der entfallende Leertransport. Sie dominiert folglich im überregionalen Handel.

Neben der Verpackung in größeren Einheiten gewinnt durch die fortschreitende Selbstbedienung das Vorverpacken in haushaltsgerechte Kleinverpackungen (je nach Art 0,1–1 kg) immer mehr an Bedeutung. Diese Art der Verpackung wird derzeit noch überwiegend vom Handel, zum Teil aber auch von den Absatzgenossenschaften durchgeführt. Kleinverpackungen gewährleisten Hygiene beim Verkauf und verlängern durch den Transpirationsschutz die Haltbarkeit des Gemüses. Als Verpackungsmaterial dienen vorwiegend Papier- oder Plastikschalen sowie durchsichtige Materialien wie Folienbeutel, Netzbeutel, Zellglas oder Schrumpffolien. Um bei den Folien Wasserkondensation in der Verpackung zu vermeiden und den Gasaustausch (z. B. CO_2, Äthylen) zu erleichtern, sind diese perforiert, entweder eng mit kleinen (über 1 mm $\varnothing$) oder weit mit großen Löchern (ca. 5 mm $\varnothing$).

Literatur

Verband der Landwirtschaftskammern e. V. Bonn: Qualitätsnormen und Handelsklassen für Gartenbauerzeugnisse und Kartoffeln. Lose-Blatt-Sammlung. Salzgitter-Lebenstedt: E. Appelhans.

4.14 Frischhaltung, Lagerung und Transport

Jürgen Weichmann

☐ **Gemüse nach der Ernte**

Der Verbraucher wünscht frisches Gemüse. Dies bedeutet, daß sich innerhalb der Verteilerkette sowohl Erzeuger als auch Vermarkter bemühen müssen, die Frische des Gemüses zu erhalten. Da frisches Gemüse ein lebendes Produkt ist, unterliegt es allen physiologischen und pathologischen Vorgängen, welche mit dem Leben in Verbindung stehen. Nach der Ernte wird die lebensnotwendige Energie aus Reservesubstanzen gewonnen, welche während des Wachstums gespeichert wurden, und es werden ständig Stoffe abgebaut. Damit beginnt der Vorgang des Verderbs.

☐ **Ursachen des Verderbs**

Verderb kann verschiedene Ursachen haben. Nach Abbau der gespeicherten Reservestoffe entsteht für die Pflanze eine Mangelsituation. Der physiologische Zusammenbruch ist somit eine Folge der natürlichen Alterung, er kann allerdings auch eine Folge falscher Lagerbedingungen sein.

Viel Verderb entsteht durch mechanische Beschädigungen des pflanzlichen Gewebes. Verletzungen erhöhen Stoffwechsel, Wasserverlust und Befall mit Mikroorganismen. Mikroorganismen befallen aber nicht nur beschädigtes Gewebe, sondern auch gealterte oder sogar gesunde Gewebeverbände. Alle genannten Ursachen des

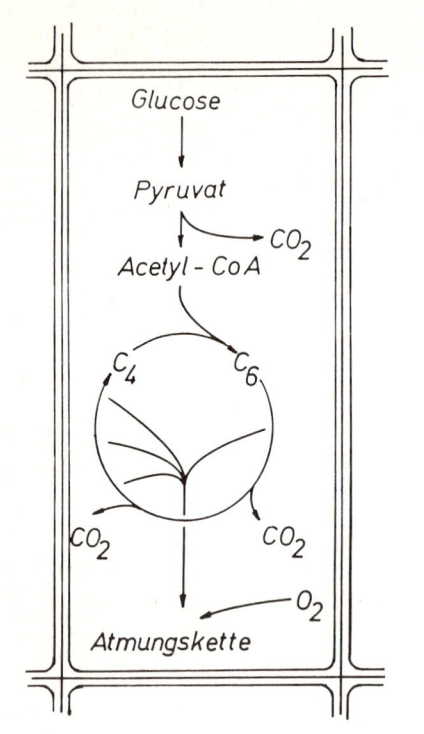

Abb. 4.14-1: Der Vorgang der Atmung in der Pflanzenzelle (stark vereinfacht)

Verderbs werden vor allem durch die Temperatur beeinflußt.

Wirkung der Temperatur

Die Lebensvorgänge äußern sich in Atmung, d. h. Sauerstoffaufnahme und CO_2-Abgabe, sowie in Wasser- und Wärmeabgabe. Die Atmung stellt einen komplexen Vorgang dar, bei welchem (stark vereinfacht) gespeicherte Reservestoffe (Kohlenhydrate wie Stärke und Zucker) im Gewebe zu CO_2, Wasser und Wärme abgebaut werden (Abb. 4.14-1).

Diese Vorgänge werden über Enzyme reguliert, welche temperatursensitiv sind. Das heißt, die Atmungsintensität bzw. der Abbau der Reservestoffe und daraus resultierend die mögliche Vermarktungsdauer werden wesentlich von der Temperatur beeinflußt (Tab. 4.14-1).

Die niedrigste Atmungsintensität wird bei Temperaturen nahe dem Gefrierpunkt des Zellsaftes erreicht. Für die meisten Gemüsearten ist diese Temperatur auch die optimale Lagertemperatur, bei welcher eine maximale Frischhaltung erreicht wird. Eine Ausnahme sind die kälteempfindlichen Arten. Zwar wird auch bei diesen Arten die Atmungsintensität mit niedriger Temperatur geringer, ab einem bestimmten Temperaturbereich, welcher deutlich über 0 °C liegt, entstehen jedoch die sogenannten Kälteschäden. Gemeinsames Merkmal dieser Kälteschäden ist, daß sie während einer Lagerung bei zu tiefer Temperatur induziert, aber meist erst bei höherer Temperatur sichtbar werden. Die Empfindlichkeit einer Gemüseart gegenüber Kälteschäden wird von Sorte, Reifestadium und Kulturmaßnahmen beeinflußt.

Typische Symptome von Kälteschäden sind:
▷ Tomate, grünreif: Glasiges Aussehen; keine typische Rotfärbung, sondern Weichwerden bereits im Rosastadium; beschleunigtes Weichwerden; beschleunigter Befall mit Mikroorganismen
▷ Salatgurke: Wässrigwerden der obersten Zellschichten; rasches Weichwerden und Vergilben; beschleunigter Befall mit Mikroorganismen
▷ Einlegegurke: Rasches Vergilben; Weichwerden und Schmierigwerden vor allem der äußeren Zellschichten; beschleunigter Befall mit Mikroorganismen
▷ Paprika: Eingesunkene, verbräunte Zonen auf der Fruchtschale, welche schnell von Mikroorganismen besiedelt werden; Verbräunen der Samenanlagen; rascher Verderb
▷ Grüne Bohne: Braune, streifige Verfärbungen auf der Hülse; stark eintrocknende Enden der Hülsen
▷ Eierfrucht: Eingesunkene, klar abgegrenzte Stellen auf der Fruchtschale; Gewebe darunter schwammig bis aufgelöst; rascher Befall mit Mikroorganismen auf diesen Zonen

Tab. 4.14–1: Atmungsintensität einiger Gemüsearten bei verschiedenen Temperaturen (J/t × d)

Gemüseart	Temperatur (°C)			
	0	5	10	20
Speisezwiebel	1340	1760	2450	4500
Möhre	1630	2890	3250	9740
Kopfsalat	3040	3980	7430	25 540
Spinat	6180	14 130	22 500	65 950
Zuckermais	9450	19 990	28 700	73 800

Tab. 4.14–2: Optimale Lagerbedingungen für Gemüsearten (in Klammern mögliche CA-Bedingung: % CO_2 / % O_2)

Temperatur (°C)	Rel. Luftfeuchte (%)	Gemüsearten
−2 bis −1	92–95	Meerrettich
−1 bis 0	92–95	Schnittpetersilie (10/11)
0 bis 1	65–70	Speisezwiebel
0 bis 1	92–95	Brokkoli (bis 10/2), Champignon, Chicoree, Chinakohl (2/2), Eierfrucht (bis 10/2), Einlegegurke*, Endivie, Erbse mit Hülse, Feldsalat, Fenchel, Grünkohl, Kohlrabi mit Laub (4/2,5), Kopfsalat (2/2), Radies mit Laub, Rettich mit Laub, Rhabarber, Rosenkohl (bis 10/2), Rote Rübe, Rotkohl (4/3), Spinat, Weißkohl (5/2,5), Wirsing (5/2,5), Süßmais
0 bis 1	98	Bleichsellerie, Blumenkohl (4/3), Knollensellerie, Möhre, Porree (6/2), Rettich ohne Laub, Schnittlauch, Schwarzwurzel, Spargel, Wurzelpetersilie
5 bis 7	92–95	Bohne, grün
7 bis 10	92–95	Eierfrucht, Honigmelone, Paprika, Tomate rot
10 bis 13	92–95	Einlegegurke, Salatgurke, Tomate orange
13 bis 15	92–95	Tomate grün

* Sofortiges Verarbeiten ohne Erwärmen notwendig, um Kälteschaden zu vermeiden

▷ Zucchini: Weichwerden der Fruchtoberfläche mit raschem Mikroorganismenbefall und Verderb
▷ Kürbis: Keine sichtbaren Symptome außer sehr raschem Befall mit Mikroorganismen und Verderb
▷ Melone: Mangelnde Ausreife; rötliche Verfärbungen; eingesunkene Stellen auf der Schale, später wäßrig; rascher Befall mit Mikroorganismen auf diesen Zonen
▷ Spargel: Textur wird gummiartig.

Kälteempfindliche Gemüsearten müssen bei wesentlich höheren Temperaturen als 0°C gelagert oder transportiert werden (Tabelle 4.14-2). Eine Ausnahme bilden Einlegegurken, welche bei Temperaturen bis nahe 0°C transportiert oder gelagert werden können, wenn sie unmittelbar nach Entnahme verarbeitet werden, ohne sich wesentlich zu erwärmen.

Kälteempfindlichkeit ist nicht zu verwechseln mit Frostempfindlichkeit. Der Gefrierpunkt des Zellsaftes von Gemüse liegt unter 0°C, bei den einzelnen Arten unterschiedlich zwischen −0,4°C (Gurken) und −2,7°C (Speisezwiebeln). Mit ganz wenigen Ausnahmen soll Gemüse nicht bei Temperaturen unter 0°C gelagert werden, da sonst Frostschäden entstehen.

Weit verbreitet herrscht die Ansicht, es sei günstig, Gemüse langsam auf die Optimaltemperatur abzukühlen. Gerade das Gegenteil ist richtig: Je schneller Gemüse auf den Optimalwert abgekühlt und je stabiler die Temperatur bei Lagerung und Transport gehalten wird, um so besser ist die Haltbarkeit und Erhaltung der Frische.

Wirkung der Luftfeuchte

Mit der Ernte wird Gemüse von jeglicher Wasserzufuhr getrennt. Im Inneren des Zellverbandes befindet sich eine wasserdampfgesättigte Atmosphäre. Die umgebende Luft ist jedoch meist nicht wasserdampfgesättigt. Dies führt zu Wasserabgabe über Stomata, Lentizellen (sofern vorhanden), über Stiel oder Strunk, über Verletzungen und Beschädigungen der Kutikula oder direkt durch die Kutikula. Die Intensität der Wasserabgabe einer Gemüseart ist abhängig von der Morphologie der Pflanze (insbesondere vom Verhältnis der Oberfläche zum Volumen), von der Morphologie der Kutikula (z. B. hemmen Verkorkungen oder Wachsauflagerungen die Wasserdampfabgabe), vom Beschädigungsgrad, vor allem aber vom Wasserdampfdruckdefizit der umgebenden Luft und von der Geschwindigkeit der Luftbewegung.

Gemüse welkt bereits bei wenigen Prozent Wasserverlust. Dies führt zu schlechter äußerer Qualität und Verlust der Frische, zu ökonomisch bedeutsamen Gewichtsverlusten und zu einer stärkeren Anfälligkeit gegenüber Mikroorganismen. Für die meisten Gemüsearten ist bei optimaler Lagertemperatur eine wasserdampfgesättigte Luft (100 % relative Feuchte) am günstigsten. Je wärmer allerdings die Lager- oder Transportbedingung ist, um so niedriger sollte die Feuchte sein, da hohe Temperatur in Verbindung mit hoher Feuchte das Wachstum von Mikroorganismen und damit die Verderbgeschwindigkeit fördert. Bei optimaler Lagertemperatur tritt dagegen bei einer Luftfeuchte nahe der Sättigungsfeuchte kein verstärkter Befall auf!

In den meisten Kühlräumen der Praxis stellt sich bei niedriger Temperatur eine Luftfeuchte von 85 bis 95 % ein. Bei solcher Luftfeuchtebedingung wird die Wasserabgabe wesentlich größer; damit geht die Frische rascher verloren als bei Bedingungen nahe der Sättigungsfeuchte (Tab. 4.14-3).

Wirkung der Atmosphäre
Eine »normale« Atmosphäre setzt sich aus ca. 79 % Stickstoff und ca. 21 % Sauerstoff zusammen. Durch den Stoffwechsel der eingelagerten Gemüse kann diese Atmosphäre verändert werden. Verschiedene Gemüsearten reagieren auf diese Veränderungen sehr positiv: Erhöhte CO_2-Gehalte und erniedrigte Sauerstoffgehalte in der Lageratmosphäre verlangsamen den Stoffabbau. Diesen Effekt nützt man bei der sogenannten »CA-Lagerung«. In gasdicht gebauten Lagerräumen wird meist nur durch die Atmung der eingelagerten Gemüse, manchmal mit zusätzlichen Hilfsmitteln, die Lageratmosphäre verändert. Dadurch wird der Stoffwechsel bei geeigneten Arten (vor allem Kohlarten) vermindert und der Chlorophyllabbau verzögert. So kann die Lagerdauer verlängert oder die Qualität bei der Auslagerung verbessert werden. Bei Wurzelgemüse ist das Verfahren der CA-Lagerung umstritten, vielfach werden bei diesen Arten nachteilige Ergebnisse berichtet.

Vor allem zu niedrige Sauerstoffgehalte führen im Stoffwechsel der Pflanze zu einem gestörten Ablauf: Statt normaler Atmung erfolgt Gärung, in den Pflanzenzellen entstehen als Stoffwechselprodukte Zellgifte. Die direkte Folge ist erhöhter Verderb. Ähnlich negative Effekte werden auch durch zu hohe CO_2-Gehalte erzielt (Abb. 4.14-2).

Eine negative Beeinflussung im Lager kann aber auch durch andere Stoffwechselausscheidungen hervorgerufen werden. Besonders ist hier Äthylen zu nennen, ein farbloses und geruchloses Gas, welches von allen Pflanzen abgegeben werden kann. Größere Äthylenmengen werden vor allem von reifen Früchten erzeugt, z. B. von

Tab. 4.14–3: Relativer Schwund von Gemüsearten bei einer durchschnittlichen Luftfeuchte von 93 % im Vergleich zu 97 % unter sonst gleichen Bedingungen

Gemüseart	Relativer Schwund
Wurzelpetersilie	121
Schwarzwurzel	148
Radies mit Laub	149
Kohlrabi	156
Sellerie	166
Kopfsalat	193
Möhre	193
Meerrettich	228
Radies ohne Laub	252
Porree	262
Blumenkohl	269

Tomaten, Paprika, Melonen. Äthylen hat die Eigenschaft, daß es den Stoffwechsel von Pflanzen stark erhöht, d. h. die Alterung und den Stoffabbau beschleunigt. Dies äußert sich besonders typisch durch Chlorophyllabbau grüner Gemüse, durch Ablösen von Blättern vom Strunk bei Kohlarten, durch stark beschleunigte Reife bei Früchten. Sekundär wird Gemüse nach Äthy-

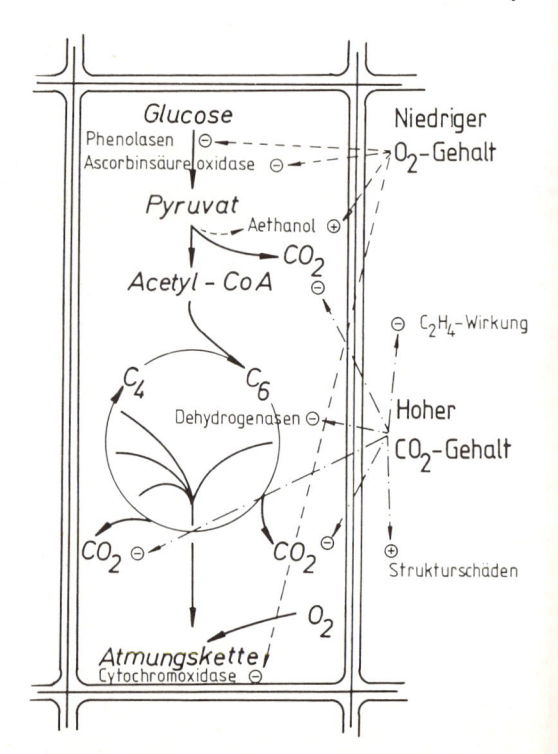

Abb. 4.14-2: Einfluß niedriger Sauerstoff- und hoher CO_2-Gehalte auf den Stoffwechsel (stark vereinfacht)

leneinwirkung rasch von Mikroorganismen befallen.

☐ Lagertechnologie
In der Praxis bestehen verschiedene Möglichkeiten, günstige Nacherntebedingungen zu schaffen, d. h. zu lagern.

Primitivlagerverfahren
Als Primitivlagerverfahren werden nach wie vor in zahlreichen Betrieben die Miete und das Frischluftlager eingesetzt. Beide Verfahren eignen sich nur für Lagerung in kühler Jahreszeit, d. h. vor allem für Winterlagerung von Wurzel- und Kohlgemüse, sowie das Frischluftlager zusätzlich für Speisezwiebeln.

Bei der Miete (Abb. 4.14-3) wird das Gemüse in Haufen unterschiedlicher Breite, Höhe und Länge aufgeschichtet. Ein Bodenkanal sorgt für Zufuhr kalter Frischluft, diese wird durch die Atmung des Gemüses erwärmt und muß oben über Öffnungen entweichen können. Bei natürlicher Konvektion darf die Miete nicht zu groß angelegt werden, in der Praxis werden Breiten von ca. 1,5 m und Höhen von ca. 1,2 m gewählt. Mieten mit Zwangsbelüftung können deutlich größere Ausmaße besitzen. Solche Großmieten haben Breiten bis etwa 6,5 m und Höhen bis etwa 3 m. Ein- und Auslagern erfolgt bei Großmieten meist mechanisiert. Die Mieten müssen mit isolierenden Materialien (Stroh, Laub o. ä.) abgedeckt werden, um das Lagergut vor Frost zu schützen. Wesentlich ist das Überwachen der Mietentemperatur mit Hilfe sog. Mietenthermometer (mechanisch oder elektrisch). Durch variierte Belüftungsdauer kann die Mietentemperatur in Grenzen reguliert werden, sofern die Witterung dies zuläßt. Die Luftfeuchte ist in der Miete nicht regulierbar, aber meist hoch. Nachteile der Mietenlagerung sind der alljährliche hohe Arbeitsaufwand bei der Anlage, die Abhängigkeit von der Außenwitterung und die Schwierigkeit der Warenkontrolle. Außerdem kann bei Frost keine Ware entnommen werden.

Wesentlich günstiger ist das **Frischluftlager** (Abb. 4.14-4a). Bei diesem Verfahren wird Gemüse in einem festen, isolierten Gebäude gelagert. Die eingelagerte Ware wird mit Gebläsen zwangsbelüftet, z. B. über Spaltenböden oder durch direkte Belüftung der Kisten über den Palettenzwischenboden. Frischluftlager sollten mit Mischluftkanälen ausgestattet sein, in welchen kalte Außenluft mit Lagerraumluft gemischt werden kann. Auf diese Weise wird ein Belüften auch bei Frostwetter ermöglicht. Die Temperatur in Frischluftlagerräumen kann – so-

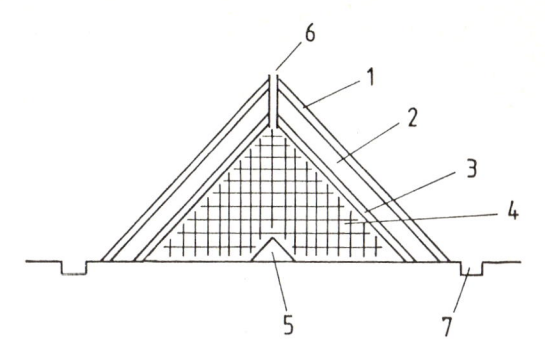

Abb. 4.14-3: Die Miete für die Lagerung von Gemüse (schematisch)
1 äußere Erdabdeckung, **2** Isolierung (Stroh), **3** innere Erdabdeckung, **4** Lagergut, **5** Zuluftkanal, **6** Abluftkanal, **7** Entwässerung (wenn nötig)

fern die Außentemperaturen dies zulassen – durch entsprechende Klappenstellung im Mischluftkanal sowie durch Steuerung des Ventilators erfolgen. Die beste Temperaturregelung wird derzeit mit elektronischen Differenzthermostaten erzielt. Die relative Luftfeuchte ist in den üblichen Frischluftlagerräumen nicht regelbar.

Kühllagerverfahren
Eine von der Außenwitterung unabhängige Regelung der Lagertemperatur ist nur mit Hilfe von Kühlanlagen möglich. Am meisten verbreitet ist die **Direktkühlung** (Abb. 4.14-4b). Hier wird die Lagerluft an im Lagerraum hängenden Verdampfern abgekühlt und frei in den Raum geblasen. Die kalte, zirkulierende Luft entzieht dem Gemüse die Wärme.

Bei ordnungsgemäßer Stapelung im Lagerraum ist es relativ leicht, die Temperatur zu steuern. Wesentlich schwieriger ist es, eine ausreichende Luftfeuchte zu erzielen. Hier ist bereits bei der Planung des kältetechnischen Teils eines Kühlraumes darauf zu achten, daß die Verdampferoberfläche ausreichend groß und der notwendigen Leistung angepaßt ist und die Verdampfungstemperatur möglichst gering von der Raumtemperatur abweicht. Zu klein gewählte Verdampfer müssen bei niedrigen Verdampfungstemperaturen betrieben werden, um eine entsprechende Leistung zu erbringen, insbesondere während der Füllung des Lagerraumes. Das Ergebnis ist ein starkes Kondensieren von Feuchte an der Verdampferoberfläche und ein Vereisen des Verdampfers. Die Luftfeuchte im Lager wird hierdurch gesenkt und das Produkt verliert Wasser. Außerdem wird durch das Vereisen des

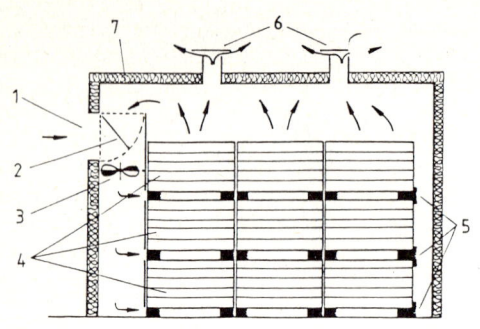

a) Frischluftlager: 1 = Frischluftzufuhr, 2 = Mischluftklappe, 3 = Ventilator, 4 = Lagergut (in Großkisten), 5 = Verschlußbretter, 6 = Abluftöffnungen, 7 = Isolierung

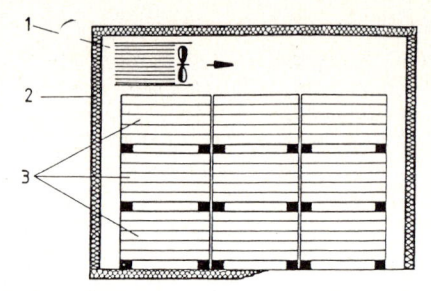

b) Kühllager (Direktkühlung): 1 = Verdampfer mit Ventilator, 2 = Isolierung, 3 = Lagergut (in Großkisten)

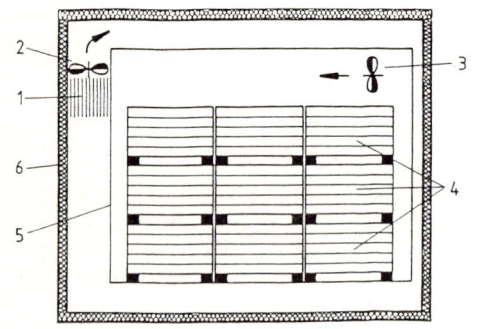

c) Kühllager (Mantelkühlung): 1 = Verdampfer mit Mantelraum, 2 = Ventilator für Luftumwälzung im Mantelraum, 3 = Ventilator für Luftumwälzung im Lagerraum, 4 = Lagergut, 5 = »Mantel«, 6 = Isolierung

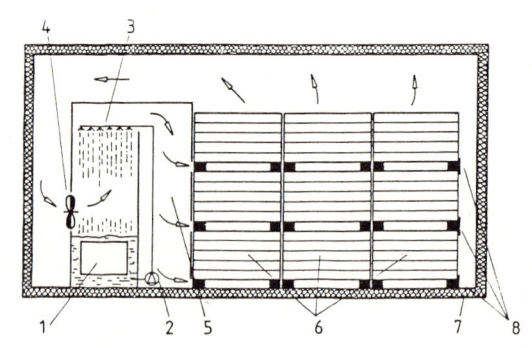

d) Kühllager (Eisbankkühlung): 1 = »Eisbank«, 2 = Eiswasserpumpe, 3 = Sprühdüsen, 4 = Ventilator für Umluft, 5 = Mischluftraum mit Luftaustritt, 6 = Lagergut (in Großkisten), 7 = Isolierung, 8 = Verschlußbretter

Abb. 4.14-4: Frischluftlager (a) und Kühllager (b–d) für die Lagerung von Gemüse (schematisch)

Verdampfers dessen Leistung gemindert, die notwendigen Abtauvorgänge unterbrechen den Kühlzyklus und verbrauchen viel Energie.

Möglichkeiten, im Kühllager hohe Luftfeuchten zu erzielen, sind durch verschiedene Sonderkonstruktionen gegeben, wie z.B. durch die Mantelkühlung, die Eisbankkühlung und andere Systeme. Eine große abkühlende Oberfläche erreicht man beim **Mantelkühlraum** (Abb. 4.14-4 c): Wände, Decken und Fußboden werden von außen gekühlt und entziehen so dem Lagerraum die Wärme. Wegen der großen Kühlfläche kann mit kleiner Temperaturdifferenz gearbeitet werden. Dies führt zu hoher relativer Luftfeuchte im Lagerraum. Durch geeignete Materialwahl für den »Mantel« können Temperaturschwankungen im Lagerraum vermindert werden, welche durch den zyklischen Betrieb der Kälteanlage im Mantelzwischenraum bestehen. Außerdem trägt zur Temperaturstabilität im Lagerraum bei, daß durch die Isolierung einfallende Wärme bereits im Mantelraum abgeführt wird und sich so nicht auf die Lagertemperatur auswirken kann. Je stabiler die Temperaturführung im Lagerraum ist, um so gleichmäßiger wird auch die Feuchte gehalten.

Bei der **Eisbankkühlung** (Abb. 4.14-4 d) wird die Lagerluft an Eiswasser abgekühlt. Die erwärmte Luft wird durch versprühtes Wasser geleitet, damit abgekühlt und mit Wasserdampf angereichert. Diese kalte Luft mit hoher Luftfeuchte wird durch das Lagergut gedrückt und kühlt die Ware. Der Eisspeicher wird in der Größe so ausgelegt, daß die Feldwärme des Produktes abgeführt werden kann. Mit Hilfe des Eisspeichers (der »Eisbank«) kann in kurzer Zeit eine große Wärmemenge abgeführt werden. Deshalb sind die Abkühlzeiten bei diesem Verfahren kürzer als bei herkömmlicher Direktkühlung.

Die **CA-Lagerung** wird für Gemüse nur in wenigen Fällen angewandt. Das System beruht auf der Veränderung der Atmosphäre in einem gasdichten Kühlraum durch die Atmung des eingelagerten Produktes. Mit Hilfe verschiedener technischer Maßnahmen (Scrubber zur CO_2-Entfernung; Sauerstoffverbrennungsanlagen; Meß- und Regeleinrichtungen) können unterschiedliche Gehalte an CO_2 und O_2 in der Lageratmosphäre eingestellt werden. Bei verschiedenen (nicht bei allen) Gemüsearten wird durch diese Kühllagerung in regulierter Luftzusammensetzung die Qualität besser erhalten.

Vorkühlung

Der größte Kältebedarf in einem Lager besteht, wenn dieses mit einem warmen Produkt gefüllt wird, welches schnell auf die gewünschte Lagertemperatur abgekühlt werden soll. Sobald die Feldwärme aus dem eingelagerten Gemüse entzogen ist, besteht ein meist um mehr als die Hälfte geringerer Kältebedarf. Um die Leistung der Kälteanlage von Kühlräumen nicht auf den Maximalbedarf während der Einlagerungsphase auslegen zu müssen, kann man Verfahren zur Vorkühlung einsetzen. Nach dem Entzug der Feldwärme aus dem Gemüse erfolgt die Lagerung in einem Kühlraum. Die verschiedenen Verfahren zur Vorkühlung werden entsprechend der Eignung der Gemüseart eingesetzt.

Die Methode der **verstärkten Belüftung** mit kalter Luft von hoher Geschwindigkeit wird bei zahlreichen Gemüsearten angewandt. Entweder werden hierfür besondere Abkühltunnel geschaffen oder man setzt zusätzliche Ventilatoren in den eigentlichen Kühlräumen selbst ein. In beiden Fällen muß das Gemüse so gestapelt sein, daß es intensiv von kalter Luft umspült werden kann.

Bei **Wasserkühlung** verwendet man kaltes Wasser, um dem Gemüse Wärme zu entziehen. Da Wasser ein besonders guter Wärmeleiter ist, ist diese Methode besonders leistungsfähig. Bereits beim Waschen des Gemüses mit Wasser von ca. 10 °C wird viel Wärme entzogen. In den Vorkühlanlagen wird Wasser mit etwa 0 °C eingesetzt. Nach dem Abkühlen muß das Gemüse allerdings möglichst schnell in einen Kühlraum gebracht werden, um ein Wiedererwärmen zu vermeiden. Bei nachfolgend hohen Temperaturen wird bei gewaschenem bzw. mit Wasserkühlung abgekühltem Gemüse der Befall mit Mikroorganismen gefördert.

Vakuumkühlung eignet sich für alle Gemüse mit großer Oberfläche im Verhältnis zum Volumen. Das Prinzip beruht auf der Tatsache, daß der Siedepunkt von Wasser bei geringem Luftdruck niedriger liegt. So siedet bzw. verdampft Wasser bei einem Druck von 653 Pa bereits bei 0 °C. Die zum Verdampfen notwendige Wärme entzieht das Wasser dann dem Lagergut, d. h. dieses wird so schnell abgekühlt, wie das Wasser verdampft. Salat ist das für diese Methode am besten geeignete Produkt, die Abkühlung dauert bei den bestehenden Anlagen etwa 20 Minuten. Dabei wird der Kopfsalat auch im Inneren abgekühlt, weil die Verdunstung durch Unterdruck überall, auch innerhalb von Verpackungsgefäßen, entsteht. Im Anschluß an die Abkühlung ist auch bei Vakuumkühlung ein Kühlraum für weiteres Aufbewahren notwendig, um ein Wiedererwärmen zu vermeiden.

☐ Transport von Gemüse

Für den Transport über weite Entfernungen werden gekühlte, über kurze Strecken dagegen belüftete Laderäume oder Container eingesetzt. Die meisten Kühlfahrzeuge sind in ihrer Leistung so ausgelegt, daß die Kälteanlage zwar eine bestimmte Transporttemperatur sicherstellen kann, aber keine großen Wärmemengen (wie z.B. die Feldwärme im Produkt bei warmer Witterung) abgeführt werden können. Deshalb ist es notwendig, das Gemüse vorgekühlt in Transporteinrichtungen zu laden.

Die Stapelung im Laderaum hat so zu erfolgen, daß eine ausreichende Luftzirkulation gewährleistet ist, gleichzeitig muß das Ladegut ausreichend gegen Verrutschen oder Kippen gesichert sein. Beim Stapeln sind die Luftaustritts- und Absaugöffnungen zu beachten. Auf jeden Fall muß so geladen werden, daß aus dem gesamten Stapel die entstehende Atmungswärme entfernt werden kann.

Je kürzer die Transport- und nachfolgende Vermarktungszeit ist, um so wärmer kann Gemüse transportiert werden. Anzustreben ist jedoch eine ununterbrochene Kühlkette vom Erzeuger zum Verbraucher.

Vor allem bei der Verteilung von Gemüse an den Letztvermarkter werden selten die Ladungen nur aus einer Gemüseart bestehen. Bei gemischten Ladungen ist besonders darauf zu achten, daß Äthylen produzierende Arten nicht gemeinsam mit äthylenempfindlichen transportiert werden. Zumindest muß eine ausreichende Frischluftzufuhr gewährleistet sein.

Literatur

Burton, W.G. (1982): Post-harvest physiology of food crops. London, New York: Longman.

Lieberman, M. (ed.) (1983): Post-harvest physiology and crop preservation. New York, London: Plenum Press.

Ryall, A. L. and Lipton, W. J. (1979): Handling, transportation and storage of fruits and vegetables. Vol. I. Vegetables and melones. Westport: AVI Publ.

Wills, R. H. H., Lee, T. H., Graham, D., McGlasson, W. B. and Hall, E. G. (1981): Post-Harvest. Kensington, New South Wales: University Press.

4.15 Klimaführung im Gewächshaus

Helmut Krug

4.15.1 Temperatur

In einem geschlossenen, unbeheizten Gewächshaus wird die Temperatur in erster Linie durch die Strahlungsbilanz und die Außentemperatur bestimmt. Die Globalstrahlung wird von der transparenten Hüllfläche (Blankglas bis ca. 2,8 μm) eingelassen, vom Pflanzenbestand bzw. Boden absorbiert und zum größten Teil in Wärme umgewandelt. Damit erwärmen sich die Pflanzen, der Boden und auch die Luft. Die erwärmte Luft kann aber nicht wie in der freien Atmosphäre ausgetauscht werden, und es kommt zu einer deutlich stärkeren Erwärmung (Gewächshauseffekt). Verstärkt wird dieser Vorgang durch die langwellige Abstrahlung von Boden bzw. Pflanze (um 10 μm), die die Hüllfläche (außer PE-Folie) nicht durchstrahlen kann und den Wärmehaushalt zusätzlich verbessert. Durch diesen Vorgang liegen die Temperaturen in Gewächshäusern, besonders am Tage, deutlich über denen im Freiland (s. Abb. 4.8-2).

Der Gärtner kann die Temperatur über die Regelung der Heizung und Lüftung, in geringerem Maße durch Schattieren und Befeuchten von Pflanze, Boden oder Luft steuern. Als Kriterium des Wärmezustandes der Pflanzen wird meist die Temperatur der Luft mit einem strahlungsgeschützten Fühler gemessen. Eine Belüftung des Fühlers mindert den Einfluß der Strahlung und ergibt am Tage niedrigere Temperaturwerte. Zur Zeit liegen keine Beweise vor, daß die Regelung nach der Blattemperatur (z. B. mit Infrarotthermometern) zu besseren Kulturergebnissen oder zu einer Einsparung an Energie führt.

Die engste Beziehung zur Wachstumsleistung ergibt die Temperaturmessung im Bestand. Da die Kulturen wechseln, unterschiedlich hoch sind und die Fühler in den Beständen leicht beschädigt werden, wird ein fester und zur Vergleichbarkeit einheitlicher Meßort empfohlen: an der Grenze des ersten Drittels der Hauslänge von Norden ca. 0,5 m neben der Mittellinie, bei niedrigen Beständen und Kulturen auf Tischen 0,3 m, in hohen Beständen 1,0 m hoch; Bodentemperatur – Meßtiefe 0,1 m; Strahlung – Höhe 2,0 m, stets über dem Bestand.

☐ Regelung der Heizung

Um die Erwärmung durch die natürliche Strahlung zu nutzen und Heizenergie zu sparen, ist es in Gewächshäusern nicht sinnvoll, durch geringe Differenzen zwischen den Sollwerten für Heizung und Lüftung (Kühllücke) auf einen engen Temperaturbereich zu regeln. Durch die Heizung sollte nur verhindert werden, daß die Temperatur einen eingestellten Wert (Sollwert) nicht unterschreitet. Der Istwert der Lufttemperatur liegt, sofern nicht ständig geheizt werden muß, mehr oder weniger dicht über dem Sollwert der Heizung (s. Abb. 4.8-2). Der Sollwert darf deshalb nicht den angestrebten Temperatur-Istwerten gleichgesetzt werden.

Die Temperaturansprüche der Arten sind in Kapitel 2.1.1.2 angesprochen und werden in Kapitel 7 ausführlicher behandelt. Bei der Temperaturführung sind neben der art- und sortenspezifischen Reaktion zu beachten: der Entwicklungszustand, die Bestandesdichte, das Produktionsziel (frühe oder hohe Erträge, schnellwachsende weichere oder langsam wachsende härtere Pflanzen), die Qualitätsanforderungen und die Konstellation der übrigen Wachstumsfaktoren, insbesondere der Strahlung und CO_2-Konzentration. Wenn die Kulturdauer oder Ertragshöhe unberücksichtigt bleiben, bestimmen die Erzeuger- und Faktorpreise, wie z. B. die Energiekosten, ob bzw. in welcher Jahreszeit eine Heizung rentabel ist. Die Größe des wirtschaftlich günstigsten Sollwertes wird von diesen Preisen, sofern sie konstant bleiben, nicht beeinflußt.

Für die Bestimmung wirtschaftlich günstiger Sollwerte gelten folgende Richtlinien:

1. Junge Pflanzen haben während der Keimung, während der Entwicklung der Blattfläche und der Wurzeln, also insbesondere nach dem Auflaufen und nach dem Pflanzen, höhere Temperaturansprüche als ältere.

2. Die ökologischen Temperaturoptima der Pflanzen liegen um so höher, je günstiger die Intensitäten der übrigen Wachstumsfaktoren sind. Sie sind somit bei starker Strahlung im Frühjahr und Sommer höher als im Winter und bei CO_2-Anreicherung höher als in einer normalen Atmosphäre. Eine Wachstumsförderung durch die Heizung ist jedoch bei den meisten Gemüsearten nach der Auflauf- bzw. Anwachsperiode nur im Bereich sehr niedriger Temperatur so stark, daß sie die Heizkosten rechtfertigt. Unter den derzeitigen Rahmenbedingungen gilt es deshalb, in erster Linie das Unterschreiten artspezifischer, u. U. sortenspezifischer kritischer Temperaturwerte zu verhindern.

Darüber hinaus ist zu beachten, daß ein Heizen das Wachstum im Frühjahr bei relativ niedriger Außentemperatur und bereits hoher Strahlungswerte stärker beschleunigt als in anderen

Jahreszeiten. Ein Heizen bringt insbesondere Vorteile, wenn durch die Wachstumsförderung die Kulturzeit in der kälteren, strahlungsärmeren Jahreszeit verkürzt und durch die bessere Ausnutzung der Strahlung in der günstigeren Jahreszeit ein zusätzlicher Effekt erzielt wird.

3. Eine niedrigere Nacht- und höhere Tagtemperatur (große Temperaturamplitude) wirken bei einigen Pflanzenarten, wie z. B. Kopfsalat, wachstumsfördernd. Andere Arten, wie z. B. junge Salatgurken und Radies, zeigen keine spezifische Reaktion, sondern reagieren auf die 24 h-Mitteltemperatur. Dennoch ist eine Tag-/Nachtamplitude zu empfehlen, wenn durch eine stärkere natürliche Erwärmung am Tage bei entsprechend niedrigen Sollwerten für die Nacht nicht oder nur eine kürzere Zeit geheizt werden muß. Bei ständigem Heizzustand, d. h. bei hohen Sollwerten und/oder niedriger Außentemperatur, bringt die Absenkung der Nachttemperatur bei Arten ohne spezifische Reaktion auf die Temperaturamplitude keine Energieersparnis.

Bei dem Einsatz von Wärmeschirmen erhebt sich die Frage, ob es günstiger ist, des nachts mit der besseren Wärmedämmung eine höhere Temperatur zu fahren als am Tage. Nach vorläufigen Ergebnissen reagiert Kopfsalat mit starken Wachstumsdepressionen und einem Vergilben der Blätter. Bei Salatgurken bilden sich kleinere Blätter, und die Ernte setzt etwas später ein. Vor endgültigen Empfehlungen sind weitere Untersuchungen notwendig.

Eine im Tagesverlauf strahlungsabhängige Temperaturregelung ist, zumindest bei jungen Pflanzen, überflüssig, da die Temperaturansprüche für das Blattwachstum über denen für die Photosynthese liegen und der tagesperiodische Temperaturverlauf für das Blattwachstum unbedeutend ist. Ob die tagesperiodisch strahlungsabhängige Temperaturregelung bei voll entwickelten Beständen wachstumsfördernd wirkt, konnte bislang nicht bewiesen werden.

4. Ob und in welchem Umfang die Sollwerteinstellung Temperatur- und Strahlungsschwankungen im Verlaufe mehrerer Tage berücksichtigen sollte, kann z. Z. nicht beantwortet werden. Nach vorläufigen Untersuchungen besitzen die Pflanzen ein recht gutes Pufferungsvermögen, das für die Einsparung von Heizkosten benutzt werden kann.

5. Die tolerierbare untere Temperaturgrenze ist von einer Vielzahl von Faktoren abhängig: den Ansprüchen der Arten und Sorten, dem vorangegangenen Kulturverlauf (Anpassung), dem Alter der Pflanzen, der Konstellation anderer Wachstumsfaktoren, wie z. B. der Strahlung, und insbesondere der Dauer der Einwirkung der niedrigen Temperatur. Bei kälteverträglichen, aber frostempfindlichen Arten, sollte ein Unterschreiten von 0 °C, bei wärmebedürftigen Arten von 10 °C vermieden werden. Ein kurzfristiges Unterschreiten von 10 °C wird auch von der letztgenannten Gruppe toleriert.

□ **Regelung der Lüftung**

Die höchste für ein Überleben zulässige Temperatur liegt bei den meisten Kulturpflanzen bei längerer Einwirkung um 40–45 °C. Die Sollwerte für die Lüftung sollten jedoch für ein gutes Wachstum, für gute Erntequalitäten und für die Ausbildung härterer, widerstandsfähiger Pflanzen bei deutlich niedrigeren Werten im Bereich von 12–30 °C liegen.

Auch dieser Sollwert ist keine konstante Größe, sondern den jeweiligen Kulturbedingungen anzupassen. Hinsichtlich der »Kühllücke« zur Heizung werden verschiedene Strategien verfolgt. In Holland wird eine »Kühllücke« von wenigen Grad C empfohlen, um »härtere« Pflanzen zu ziehen, die Luftfeuchte zu senken und Pilzbefall vorzubeugen. Dieses Vorgehen erfordert jedoch einen größeren Energieaufwand. Eine größere »Kühllücke« spart durch das stärkere Aufheizen am Tage und die damit ohne zusätzlichen Energieeinsatz höhere 24-h-Mitteltemperatur Heizkosten und ist um so eher zu vertreten, je niedriger das Temperaturniveau und je höher die Energiepreise sind.

Im Herbst sind bei noch relativ hohen Außentemperaturen, aber schon geringer Strahlung, für alle Pflanzen, die zum Vergeilen neigen, niedrigere Sollwerte für die Lüftung zu empfehlen als im Winter oder Frühjahr. Im Winter können hohe Sollwerte gesetzt werden, da ohnehin niedrige Temperaturen vorherrschen. Im Frühjahr, mit noch niedriger Außentemperatur und bereits höherer Strahlung, können sich die Gewächshäuser schon stark erwärmen. Wegen der kühlen Nächte und hohen Strahlung sind auch hier relativ hohe Sollwerte für die Lüftung günstig. Im Sommer und bei älteren Pflanzen sollten bei warmem Wetter wieder relativ niedrige Sollwerte eingestellt werden, da es gilt, die 24-h-Mitteltemperatur zu senken und härtere Pflanzen zu kultivieren.

Die Öffnungsgeschwindigkeit und die Öffnungsweite der Lüftung sind im Sommer größer zu halten als in der kühlen Jahreszeit, um die Lüftungskapazität voll zu nutzen. Im Winter sind die Öffnungsgeschwindigkeit und die Öffnungsweite zu reduzieren, um einen plötzlichen Einfall von Kaltluft und ein Auf- und Zuschwingen der Lüftungsklappen zu vermeiden.

Ein Schattieren zur Temperatursenkung bringt bei Gemüsepflanzen in Gewächshäusern mit guter Lüftungskapazität (ca. 50facher Luftwechsel) nur in Sonderfällen, wie nach der Saat oder Pflanzung und an besonders heißen Tagen, Vorteile. Eine Schattieranlage dürfte somit nicht wirtschaftlich sein. Gleiches gilt für das Ausbringen von Schattierfarbe.

Literatur

KRUG, H., FÖLSTER, E., LIEBIG, H.-P. (1980): Produktionstechnik und Anbauplanung in Gewächshäusern im Zeichen hoher Energiekosten – I. Kälteverträgliche Arten. Gemüse **16**, 74-80.

LIEBIG, H.-P., KRUG, H., FÖLSTER, E., LORENZ, H.-P. (1980): Produktionstechnik und Anbauplanung in Gewächshäusern im Zeichen hoher Energiekosten – II. Wärmebedürftige Arten. Gemüse **16**, 80-84.

4.15.2 Luftfeuchte

In Gewächshäusern ist die Evapotranspiration geringer, die Luftfeuchte infolge des eingeschränkten Gasaustausches mit der freien Atmosphäre jedoch meist deutlich höher als im Freiland. An trüben Tagen mit hoher Außenfeuchte und besonders nachts kann es in ungeheizten Gewächshäusern und auch bei niedriger Heiztemperatur zur Luftfeuchtesättigung und an den Pflanzen zur Wasserkondensation kommen. Besonders hoch ist die Luftfeuchte innerhalb geschlossener Bestände. Im Heizzustand mit kalten Hüllflächen (Kondensation) und auch an strahlungsreichen Tagen mit trockener Luft kann die Luftfeuchte in Gewächshäusern die Außenfeuchte auch unterschreiten und im Winter Werte unter 40 % erreichen.

Auf die Wachstumsleistung und die Wuchsform wirkt die Luftfeuchte vorrangig über das Wasserpotential der Pflanzen (s. Kap. 2.1.1.4 und 4.5.1). Ihr Einfluß steht somit in enger Beziehung zur Wasserversorgung und Transpiration der Pflanzen.

Bei unzureichender Wasseraufnahme, wie bei Stecklingen oder nach dem Verpflanzen, fördert eine hohe Luftfeuchte das Wachstum. Der Gärtner hält solche Pflanzen in »gespannter Luft«, u. U. zusätzlich unter Schattierung. Hohe Luftfeuchte wirkt auch bei intakten Pflanzen wachstumsfördernd, wenn die Transpiration bei hoher Strahlung und niedriger Luftfeuchte das Wasseraufnahme- oder -leitvermögen der Pflanzen überschreitet. Für Gewächshausgurken hat DREWS (1977) einen Schwellenwert für die Überbeanspruchung durch die Transpiration von 1 g Was-

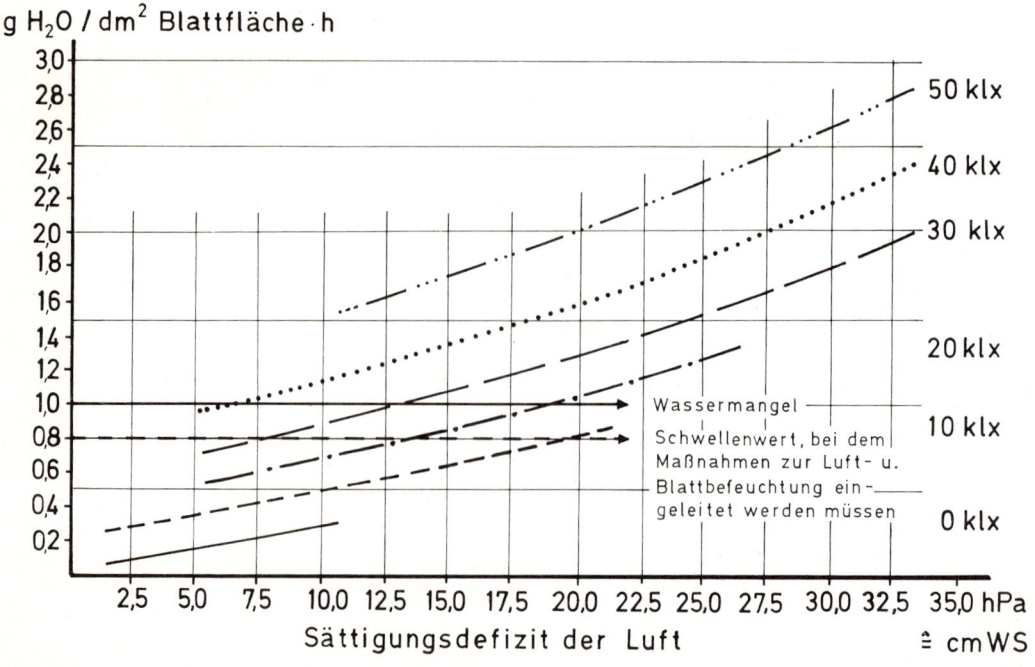

Abb. 4.15-1: Einfluß der Beleuchtungsstärke und des Sättigungsdefizits der Luft auf die Transpiration der Gewächshausgurke, Schwellenwert für Wassermangel und notwendige Maßnahmen (n. DREWS 1981)

ser pro dm² Blattfläche und Stunde ermittelt. Vorsorglich sollte die Luftfeuchte jedoch bereits erhöht werden, wenn die Transpiration 0,8 g/dm² · h Wasser überschreitet (Abb. 4.15-1). Diese Transpirationsintensität steht in Abhängigkeit von der Strahlung (hier Beleuchtungsstärke, 1 klx Tageslicht entspricht 10 W/m² Globalstrahlung) und dem Sättigungsdefizit der Luft. Bei einer Beleuchtungsstärke von 10 klx wird der Schwellenwert erst bei einem Sättigungsdefizit von 20 hPa, bei 30 klx schon bei 7,5 hPa erreicht. Als Richtwerte für die relative Luftfeuchte empfiehlt DREWS dementsprechend für Gewächshausgurken unter Winterbedingungen 60 %, unter Sommerbedingungen 70 %.

Eine hohe Luftfeuchte führt zur Ausbildung weicher, gegen hohe Transpirationsbelastung und gegen Pilzinfektionen anfälliger Gewebe. Besondere Gefahr besteht, wenn nach trüben Tagen bei strahlungsreichem Wetter gelüftet werden muß und Blattränder oder ganze Blätter welken und später vertrocknen. Besonders empfindlich sind Stangenbohnen und Gurken. Hohe Luftfeuchte kann durch die Hemmung des Transpirationsstromes auch zu Nährstoffmangel führen, insbesondere von Calcium. Für die Kultur sollte deshalb auch eine extrem hohe Luftfeuchte vermieden werden.

Zur Steuerung der Luftfeuchte bestehen verschiedene Möglichkeiten. Sie beginnen mit der Gewächshauskonstruktion. In modernen, gut abgedichteten Gewächshäusern mit doppelten Hüllflächen und unter Wärmeschirmen bilden sich infolge der wärmeren Innenflächen und geringeren Kondensation höhere Luftfeuchten aus als in den älteren Typen. Hohe Luftfeuchten entstehen auch, wenn feuchte Flächen (Bewässerungsmatten, Boden) beheizt werden.

Die Luftfeuchte wird gemindert durch Tropfbewässerung mit geringer feuchter Oberfläche und den Einsatz von Ventilatoren für eine verstärkte Luftzirkulation, die zu einer erhöhten Kondensation an den kalten Hüllflächen und besonders zu einer Senkung der Luftfeuchte im Bestand führt. Die relative Luftfeuchte sinkt auch mit dem Anheben der Heiztemperatur. In diesem Falle ist eine feuchteabhängige Heizungsregelung zu empfehlen. Besonders wirksam für das Bestandesklima ist eine Vegetationsheizung. Auch durch Lüften kann die Luftfeuchte gesenkt werden. Die stärkste Wirkung wird durch Lüften in Verbindung mit einem Gegenheizen erzielt. Das letztgenannte Verfahren erfordert jedoch einen hohen Energieaufwand und sollte als Notmaßnahme gelten. Über die Wirtschaftlichkeit einer Entfeuchtung mit maschinell gekühlten Kondensationsflächen liegen noch wenig Erfahrungen vor.

Die Befeuchtung durch die Benetzung von Pflanzen und Boden mit Düsenrohren oder mit Hilfe von Hochdrucksprühanlagen bereitet geringere Schwierigkeiten.

Literatur
DREWS, M. (1981): Wasserhaushalt und Beregnung bei der Gewächshausgurke. Gartenbau **28**, Beilage zu H. 5, III–V.

4.15.3 CO_2-Konzentration

□ **Ökologische Grundlagen**
In Gewächshäusern ist die CO_2-Konzentration infolge der Hemmung des Gasaustausches durch die Hüllflächen weit stärkeren Konzentrationsschwankungen unterworfen als im Freiland (s. Kap. 2.1.1.4). Nach ADAROS (1984) sind bei einem voll entwickelten Tomatenbestand und sättigender Bestrahlungsstärke für eine Photosynthese, die 95 % des Wertes mit Außenluft erreicht, bis über 300 m³ Luft pro m² Bestandesfläche und Stunde (Luftaustauschzahl) erforderlich. Dies entspricht bei einer mittleren Gewächshaushöhe von 3,85 m einer Luftwechselzahl von z = 80–100/h. Da bei einer guten Lüftung nach v. ZABELTITZ (1978) Luftwechselzahlen über 50, bei normaler Lüftung 40–50, bei schlechter Lüftung 20–40 erreicht werden, ist auch bei guter Lüftungskapazität mit einer Minderung der Wachstumsleistung durch CO_2-Mangel zu rechnen. In Gewächshäusern können dementsprechend bei vollen Pflanzenbeständen auch bei offenen Lüftungsklappen CO_2-Konzentrationen unter 200 ppm gemessen werden.

Bei geschlossener Lüftung erfolgt eine CO_2-Zufuhr aus der Atmosphäre nur über Undichtigkeiten der Gewächshäuser. Die Luftwechselzahl liegt hier zwischen 0,6 und 2, einem Wert, der auch bei geringer Bestrahlungsstärke und kleinen Beständen vielfach nicht ausreicht, das nach Abzug der Bodenatmung verbleibende CO_2-Defizit zu decken. In Gewächshäusern mit geschlossener Lüftung sind CO_2-Konzentrationen bis nahe an den CO_2-Kompensationspunkt ermittelt worden.

Die Abschirmung durch die Hüllflächen ermöglicht aber auch eine Anreicherung des CO_2 über die Außenkonzentration. Eine erhöhte CO_2-Konzentration fördert die Photosynthese, beeinflußt aber auch die Wuchsform der Pflanzen. Sie wirkt ähnlich wie hohe Bestrahlungsstärken und führt zu kürzeren Internodien, kleineren, aber dickeren Blättern, stärkerer Seitentriebbildung und/oder verstärktem Wachstum von Knollen, Rüben und Wurzeln. Sie verzögert die Alterung der Blätter und führt bei Gurken zu einem höheren Anteil weiblicher Blüten.

Die Wirkung der CO_2-Konzentration auf Pflanzen ist in Abbildung 4.15-2 schematisch dargestellt. Der CO_2-Kompensationspunkt liegt in Abhängigkeit von der Bestrahlungsstärke, dem Blattflächenindex u.a. Größen bei 30 bis 150 ppm. Höhere CO_2-Konzentrationen fördern das Wachstum in Form einer Sättigungskurve. Die Förderung ist um so stärker, je günstiger die übrigen Wachstumsfaktoren, insbesondere Strahlung und Temperatur gestellt sind. Das ökologische Optimum liegt bei Gemüsepflanzen in einem Konzentrationsbereich von 1000 bis 2000 ppm, bei einigen Arten (z. B. Spinat) bei noch höheren, bei Zierpflanzen auch bei noch niedrigeren Werten. Aber auch bei niedriger Bestrahlungsstärke, bis herab zu 3–9 W/m^2, ist durch die Hemmung der Lichtatmung und damit verbundener Senkung des Strahlungskompensationspunktes eine Wachstumsförderung durch eine CO_2-Anreicherung zu erzielen.

Pflanzen mit hohem Wasserpotential, die gut mit Wasser versorgt, nicht zu hohen Salzkonzentrationen und nicht zu hoher Transpirationsbelastung ausgesetzt sind, vertragen auch sehr hohe CO_2-Konzentrationen ohne nennenswerte Wachstumsdepressionen. Schäden sind bei Gemüsepflanzen je nach Art erst bei Konzentrationen über 5000 bis 20 000 ppm beobachtet worden (PFEUFER und KRUG 1984). Sehr hohe Konzentrationen stören jedoch die Stomatafunktion. Die Stomata öffnen sich, bleiben auch während der Nachtstunden offen, und die Transpiration steigt. Werden solche Pflanzen einer erhöhten Transpirationsbelastung ausgesetzt, wie sie beim Öffnen der Lüftungsklappen an sonnigen Tagen auftreten kann, so kommt es zur Welke, bis hin zu einem Vertrocknen der Blätter. Gleiche Effekte können bei einem Austrocknen des Substrates oder bei starker Düngung auftreten.

□ **CO_2-Quellen und Technik der Anreicherung**
CO_2 ist ein geruch- und farbloses Gas, das in normaler Atmosphäre mit einer Dichte von ca. 2 kg/m^3 (0 °C) etwa 1,5mal schwerer ist als die Luft. Dementsprechend liefert 1 kg CO_2 ca. 0,5 m^3 Gas. Unter 31 °C wird CO_2 unter hohem Druck flüssig, unter ca. –79 °C fest und als Trockeneis angeboten.

Die CO_2-Abgabe des **Gewächshausbodens** steht in enger Beziehung zu seinem Gehalt an organischer Substanz, deren Abbaugeschwindig-

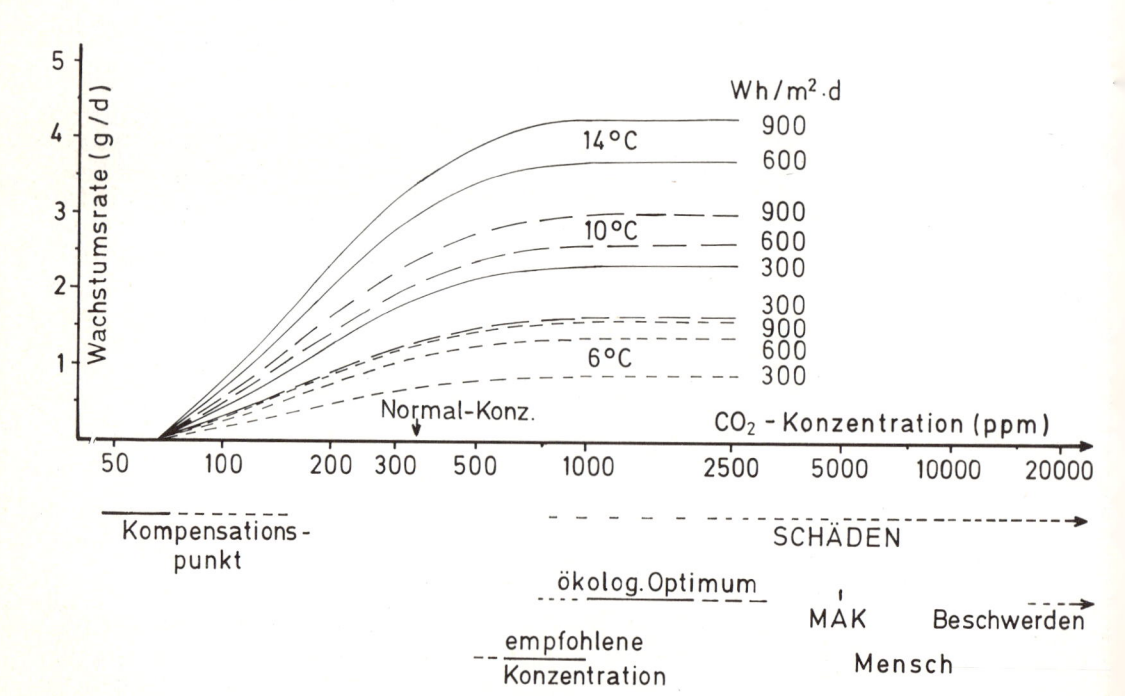

Abb. 4.15-2: Wirkung der CO_2-Konzentration auf das Wachstum (Wachstumsrate von Kopfsalat 0–100 g bei Oktoberpflanzung [n. MANN unveröff.]) und physiologische Parameter von Pflanzen sowie Auswirkungen auf den Menschen

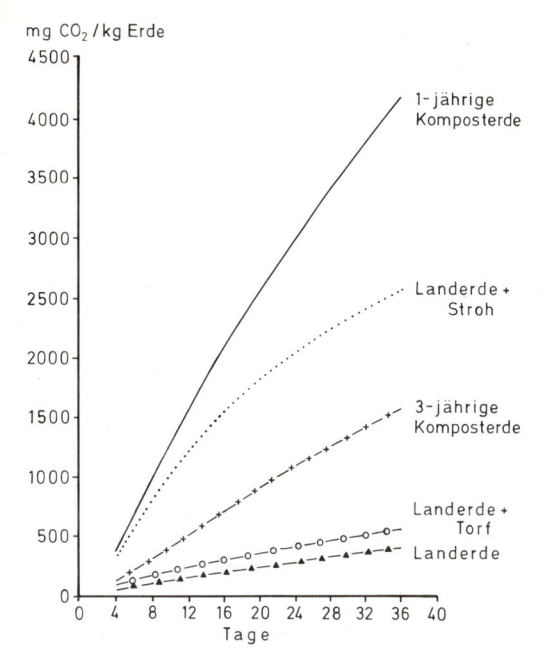

Abb. 4.15-3: Summenkurven der 4tägigen CO_2-Abgabe verschiedener Erden bei 21 °C (n. NICOLAISEN et al. 1959)

keit und damit auch zur organischen Düngung. Die viertägige CO_2-Produktion pro kg Erde in einem Laborversuch bei 21 °C gibt Abbildung 4.15-3 wieder. Es wird deutlich, daß der schwer zersetzbare Torf die CO_2-Produktion nicht wesentlich erhöht. Dreijährige Komposterde und eine Stroheinmischung erhöhen die CO_2-Abgabe beachtlich. Die nachhaltigste CO_2-Produktion erbrachte einjähriger Kompost.

Eine starke CO_2-Anreicherung ist besonders durch feuchte, mit Stickstoff aufgedüngte **Strohballen** zu erzielen (s. Kap. 4.1.3). Diese Umsetzungsvorgänge sind jedoch stark temperaturabhängig. Unter niedriger Temperatur verläuft die Umsetzung langsamer und die CO_2-Produktion ist geringer. Bei einem C-Gehalt von ca. 40 % können pro kg Stroh theoretisch bis zu 1,4 kg CO_2 gewonnen werden. In der Praxis dürfte sich dieser Wert halbieren. Nach Einsatz einiger Herbizide ist jedoch wegen flüchtiger Rückstände Vorsicht geboten.

»**Technisches**« CO_2 wird als Gas aus der Erde oder durch Verbrennung von Kohlenwasserstoffen der Formel CH_{2n+2} nach folgender Gleichung gewonnen:

$1 \, kg \, CH_{2n+2} + 3,6 \, kg \, O_2 \rightarrow 3 \, kg \, CO_2 + 1,6 \, kg \, HO + Energie$

Für die Verbrennung wird Sauerstoff benötigt. Als Verbrennungsprodukte entstehen aus 1 kg Kohlenwasserstoff außer 3 kg bzw. 1,5 m³ CO_2 Gas, 1,6 kg Wasser und Wärmeenergie (s. Tab. 4.15-1), die dem Wärmehaushalt des Gewächshauses zugute kommt.

Forderungen an die Ausgangsstoffe sind, daß sie keine Verunreinigungen enthalten sollen, die als Verbrennungsprodukte die Pflanzen schädigen, daß sie sich sauber und dosierbar verbrennen lassen und billig sind. Kritisch ist vor allem der Schwefelgehalt, der den Einsatz von Schweröl, Leichtöl, Normalpetroleum und Stadtgas ausschließt. Der Grenzwert für den Schwefelgehalt im Ausgangsstoff liegt, je nach Pflanzenart und Begasungsstärke, zwischen 0,02 und 0,06 Vol.%.

Für die Praxis interessante Ausgangsstoffe für die CO_2-Erzeugung sind in Tabelle 4.15-1 aufgeführt:

Tankgas wird in Hochdruckbehältern, die die Lieferfirmen bei einer Mindestabnahme kostenlos ausleihen, bereitgestellt und über Druckminderer (0,3 MPa, ca. 3 bar) und Durchflußmesser über Polyamidschläuche in die Gewächshäuser geleitet. Dort wird es über Kapillarschläuche (z.B. Aquadrip oder Aquadrop), die in ca. 10 m Abstand am Boden verlegt werden, in den Bestand geleitet. Tankgas ist nach der Reinigung im Herstellerwerk sauber und gut dosierbar. Es wird kein Wasserdampf zugeführt, es entstehen keine Schadgase, aber auch keine Wärmeenergie. Es

Tab. 4.15–1: Ausgangsstoffe für die CO_2-Anreicherung*

Stoff	Einheit	Richtpreise DM/Einh.	m³ CO_2/ Einheit	DM/ m³ CO_2	S-Gehalt	kg Wasser/ Einheit	Heizwert kWh/Einh.
Tankgas	kg	0,74	0,5	1,48	0,0	–	–
Erdgas L	m³	0,55	0,9	0,61	<0,01	1,4	8,82
Erdgas H	m³	0,60	1,07	0,56	<0,01	1,6	10,37
Propan	kg	1,45	1,5	0,97	<0,02	1,6	12,84
Petroleum	l		1,25		<0,06	1,0	9,26

* Ergänzt nach KTBL Nr. 0631-1982 u. HAND 1972/73

ist somit eine sichere, aber durch den höheren Preis relativ teure CO_2-Quelle.

Erdgas besteht zu 81 Vol.% aus Methan und enthält keine nennenswerten Mengen Schwefel. Es kann unmittelbar im Gewächshaus durch CO_2-Generatoren oder zu Heizzwecken eingesetzte Lufterhitzer verbrannt und zur CO_2- und Wärmeerzeugung, aber auch durch Einleitung der Abgase der Heizanlage genutzt werden. Abgase entweichen mit 150 bis 200 °C und enthalten bei Erdgas ca. 12 % CO_2. Durch Vermischung mit Luft werden die Temperatur auf 70 °C und die CO_2-Konzentration auf 2 bis 3 % gesenkt. Dieses Gasgemisch wird über großlumige Kunststoffschläuche in das Gewächshaus geblasen.

Propan wird in Hochdruckbehältern geliefert, ist schwefelarm und wird dort bevorzugt, wo kein Erdgas zur Verfügung steht. Sein Einsatz gleicht dem des Erdgases.

Petroleum ist nur von Interesse, wenn es bei geringem Schwefelgehalt (s. Tab. 4.15-1) billiger angeboten wird als andere Ausgangsstoffe.

Die Zahl der benötigten CO_2-Generatoren ergibt sich aus dem CO_2-Bedarf, geteilt durch die Brennerleistung. Ein Richtwert für den CO_2-Bedarf (600–800 ppm CO_2) liegt in modernen Gewächshäusern bei 1–2 l $CO_2/m^2 h$. Bei einem Bedarf von 1 $l/m^2 h$ kann ein Brenner mit einer Leistung von 1 m^3/h Erdgas L (0,9 m^3 CO_2) eine Gewächshausfläche bis zu 900 m^2 versorgen.

Bei unsachgemäß betriebenen Generatoren können sich auch bei schwefelfreien Ausgangsstoffen Gase bilden, die beim Überschreiten von Grenzkonzentrationen an den Pflanzen Schäden hervorrufen (Tab. 4.15-2). Bei unvollständiger Verbrennung durch zu geringe Luftzufuhr zum Brenner oder bei Sauerstoffmangel bei geschlossener Lüftung, besonders aber bei Start und Stop des Generators, entsteht Kohlenmonoxyd. Dieses Gas ist relativ leicht meßbar und kann als Kriterium für die Brennereinstellung dienen. Pflanzen sind gegen Kohlenmonoxyd weniger empfindlich, doch sollte der MAK-Wert von 30 ppm nicht überschritten werden.

Pflanzenschäden werden auch durch ungesättigte Kohlenwasserstoffe, wie Äthylen, Aldehyde, Ketone oder Ammoniak, hervorgerufen. Bei zu hoher Flammentemperatur bilden sich Stickoxyde (NO_x) oder Ozon, die beim Überschreiten kritischer Grenzwerte (Tab. 4.15-2) ebenfalls zu Pflanzenschäden führen. Besonders gefährlich sind Mischungen von Schwefeldioxyd und NO_x-Gasen.

Tab. 4.15–2: Verträglichkeitsgrenzen und Schadsymptome für Gase bei der CO_2-Erzeugung

Gas	Formel	Grenzwerte (ppm)	MAK[1] (ppm)	Schadsymptome
Kohlendioxid	CO_2	(800)–20 000[3]	5000	Blätter glasig, steif, brüchig, z. T. Vergilben-Verbräunen, Absterben
Kohlenmonoxid	CO	100[2]	30	Blätter rollen nach oben oder unten ein, Abwurf v. — bes. älteren — Blättern, Blüten od. Früchten, Adventivwurzelbildung
Stickstoffdioxid	NO_2	20[2]	5	Latente Wachstumshemmung, dunkelgrüne, deformierte Blätter, Blattnekrosen, Absterben ganzer Blätter
Ozon	O_3	0,2[2]		
Äthylen	C_2H_4	0,05[2]	–	Kurze Internodien, verdickte Stengel, Blätter rollen n. unten, vorzeitiger Blatt- u. Blütenabwurf
Aldehyde	R-CHO	0,7[2]		
Ammoniak	NH_3	10[2]	50	Chlorosen
Schwefeldioxid	SO_2	0,1	5	Blattnekrosen, Schwächung — Absterben der Pflanzen nicht systematisch

[1] MAK = **M**aximal zulässige **A**rbeitsplatz- **K**onzentration für langfristigen Aufenthalt
[2] nach KRETCHMAN, D. W., und HOWLETT, F. S. (1970)
[3] abhängig von Pflanzenart, -alter, Einwirkungsdauer, Kulturverfahren

Die in der Tabelle aufgeführten Grenzwerte sind grobe Orientierungshilfen, da die Reaktionen der Pflanzen je nach Pflanzenart, Konstitution und in Abhängigkeit von der Dauer der Exposition stark schwanken. Desgleichen sind die durch Gase verursachten Schadsymptome recht unspezifisch und können die Messung der jeweiligen Konzentrationen nicht ersetzen, wohl aber als Warnzeichen dienen. Zur Vermeidung von Schäden ist eine mindestens jährliche Wartung der Brenner dringend zu empfehlen.

☐ Einsatz

Bei dem Einsatz von CO_2 ist neben der physiologischen Wirkung die Rentabilität zu berücksichtigen. Solange keine umfassenden Berechnungen vorliegen, muß auf Erfahrungs- und Schätzwerte zurückgegriffen werden.

Für Gewächshäuser mit geschlossener Lüftung sind für die CO_2-Anreicherung, wenn diese als rentabel erachtet wird, Konzentrationen bis zu 600, in besonderen Fällen bis zu 1000 ppm zu empfehlen. Die höheren Werte gelten für günstigere Strahlungs- und Temperaturbedingungen und wertvollere Kulturen. Ältere, vollentwickelte Bestände nutzen einen größeren Anteil des zugeführten CO_2 als junge Bestände mit niedrigem Blattflächenindex. Bei sachgemäßem Einsatz sind, je nach Jahreszeit und Bezugspunkt (Saat oder Pflanzung bzw. Ernte) Kulturzeitverkürzungen bzw. Ertragssteigerungen in der Größenordnung von 10 bis 30 % zu erwarten.

Eine Anreicherung wirkt vormittags meist stärker als nachmittags. Da eine erhöhte CO_2-Konzentration durch die Hemmung der Lichtatmung auch bei niedriger Bestrahlungsstärke die Photosynthese deutlich steigert, kann mit der Anreicherung bereits bei einer Bestrahlungsstärke von 7–10 W/m^2 begonnen werden. Die Ausnutzung des CO_2 ist jedoch bei niedriger Bestrahlungsstärke gering. Abends wird die Begasung 1 bis 2 Stunden vor Tagesende eingestellt, bei der Nutzung von Verbrennungsgasen noch früher, um die Luftfeuchte vor der nächtlichen Temperaturabsenkung zu mindern und Taubildung zu vermeiden. Auch bei einem Öffnen der Lüftungsklappen oder bereits beim Erreichen eines oberen Temperaturgrenzwertes wird die Begasung abgeschaltet, um CO_2-Verluste zu vermeiden.

Die Steuerung der CO_2-Konzentration erfolgt im einfachsten Falle über Reduzierventil, Zeitschalter bzw. Strahlungsmeßgerät mit Magnetventil und Manometer. Die Durchflußmenge wird hier über den Strömungswiderstand und den Druck gesteuert. Die benötigte Menge kann anhand von Erfahrungswerten geschätzt werden.

Bei diesem Vorgehen sollte die Konzentration durch Stichprobenmessungen mit Hilfe von Rauchgasröhrchen überprüft werden.

Sicherer sind kontinuierliche Messungen mit den heute preiswert angebotenen Gasanalysatoren (z. B. Infrarot-Gasanalysatoren), die auch die Regelung der CO_2-Konzentration in einem oder mittels Umschaltgerät gleich in mehreren Gewächshäusern übernehmen. Mit adaptiven Regelprogrammen können mit diesem Verfahren recht konstante Konzentrationen gefahren werden. Ein Aussetzen der CO_2-Anreicherung bei erhöhter Windgeschwindigkeit (3–5 m/s) und/oder niedriger Bestrahlungsstärke (z. B. 30–50 W/m^2) spart Kosten. Ob eine Regelung nach dem Ausnutzungskoeffizienten oder nach der Wachstumsrate weitere Vorteile bringt, wird z. Z. geprüft.

Bei geöffneter Lüftung entweicht ein großer Anteil des zugeführten CO_2 in die Atmosphäre. Steht das Gas, wie z. B. Rauchgas, kostenlos zur Verfügung, besteht kein Grund, die CO_2-Zufuhr einzustellen. Entstehen durch die CO_2-Anreicherung Kosten, ist abzuwägen, ob die Anreicherung bis zu einer bestimmten Öffnungsweite der Lüftung, evtl. mit einem niedrigeren Sollwert, fortzusetzen ist. Bei weiter geöffneter Lüftung sollte nur im Falle einer Ausschöpfung des CO_2 im Gewächshaus auf die Außenkonzentration (330–350 ppm) aufgefüllt werden. Dieses Verfahren bedarf, wenn hohe Verluste vermieden werden sollen, genauer Meß- und Regelgeräte. In Versuchen wurden Ertragssteigerungen von 5–15 % erzielt.

Durch die Heizung in Gewächshäusern anfallendes CO_2 kann aus pflanzenphysiologischer Sicht bis zu Konzentrationen von 10 000 ppm toleriert werden, sofern keine Belastung des Wasserpotentials der Pflanzen zu erwarten ist (s. ökologische Grundlagen). Bei längerer Einwirkungsdauer kann es zu Schäden kommen (Näheres s. PFEUFER und KRUG 1984).

Nach dem KTBL sollte eine CO_2-Konzentration von 5000 ppm (MAK-Wert) nicht überschritten werden. Dies wird sichergestellt, wenn bei einer Luftwechselzahl $\geq 0{,}2$ die Wärmebelastung des CO_2-Generators 10 kW/1000 m^3 Gewächshausvolumen nicht überschreitet. Damit ist eine Temperaturdifferenz zur Außenluft von ca. 4 °C zu erreichen. Eine höhere Brennerleistung darf installiert werden, wenn die CO_2-Konzentration durch eine Regelung auf einen Wert von maximal 5000 ppm begrenzt oder durch Kontrollmessungen nachgewiesen wird, daß die CO_2-Konzentration aufgrund einer höheren Luftwechselzahl diesen Grenzwert nicht überschreitet.

Literatur

ENOCH, H. Z. (1984): Carbon dioxide uptake efficiency in relation to crop-intercepted solar radiation. Acta Hort. 162, 137-147.

HAND, D. W. (1972/73): Air pollution in glasshouses and the effects of aerial pollutants on crops. Sci. Hort. **24,** 142-152.

HAND, D. W. (1984): Crop responses to winter and summer CO_2-enrichment. Acta Hort. 162, 45-63.

KRETCHMAN, D. W. and HOWLETT, F. S. (1970): CO_2-enrichment for vegetable production. Amer. Soc. Agric. Eng. 13, 252-256.

LECKER, F. (1982): CO_2-Anwendung in Gewächshäusern. Kuratorium für Technik und Bauwesen in der Landwirtschaft, Darmstadt, Arbeitsblatt 0631. Braunschweig: B. Thalacker.

PFEUFER, B. und KRUG, H. (1984): Effects of high CO_2-concentrations on vegetables. Acta Hort. 162, 37-44.

ZABELTITZ, Chr. v. (1978): Handbuch des Erwerbsgärtners. Gewächshäuser, Planung und Bau. Stuttgart: Eugen Ulmer.

4.15.4 Kunstlicht

In den Wintermonaten ist bei Gewächshauskulturen die Strahlung vielfach der begrenzende Wachstumsfaktor (s. Kap. 2.1.1.1). Zur Wachstumsförderung sollten zunächst alle Möglichkeiten einer effektiven Nutzung des Tageslichtes ausgeschöpft werden. Dies sind u. a. die Verwendung von Gewächshäusern in Ost-West-Aufstellung mit hoher Lichttransmission, saubere Hüllflächen, wenig schattenwerfende Konstruktionsteile und Einrichtungen, weiße, gut reflektierende Wände und Kulturflächen und eine der Pflanzenart und den Umweltbedingungen angepaßte Bestandesarchitektur. Für eine darüber hinaus gehende Wachstumsförderung kann Kunstlicht eingesetzt werden.

□ **Auswahl der Lampen**

Bei der Auswahl der Lampen sind insbesondere zu beachten:
▷ die photosynthetische Wirksamkeit
▷ die Wirkung auf die Wuchsform der Pflanzen
▷ photoperiodische Effekte
▷ die Größe der zu belichtenden Fläche
▷ die mögliche Aufhängehöhe und
▷ die Kosten.

Die **Photosynthese** der Pflanzen steht in enger Beziehung zur Photonen-Bestrahlungsstärke (q/ m² · s, q = Quantenzahl), d. h. der Zahl der im sichtbaren Bereich pro Zeit- und Flächeneinheit absorbierten Strahlungsquanten. In Näherung gilt dies auch für die Bestrahlungsstärke (W/m²) im sichtbaren Bereich, der photosynthetisch aktiven Strahlung (PAR). Die Beleuchtungsstärke (lux) ist ein weniger geeignetes Maß für die photosynthetische Wirksamkeit der Strahlung. Die einfacher zu handhabenden Luxmeter können jedoch gut zur Abstufung der Bestrahlungsstärken und zur Messung der Ausleuchtung von Lichtfeldern eingesetzt werden.

Die höchste Effizienz besitzen Lampen mit der höchsten Photonen-, in Näherung auch Licht- oder Strahlungsausbeute. Solche Lampen sind die Natriumdampf-Niederdrucklampe, die Natriumdampf-Hochdrucklampe, die Halogenmetalldampf-Hochdrucklampe und m. E. die Leuchtstofflampe (Tab. 4.15-3). Leuchtstofflampen können wegen der niedrigen Lampentemperatur, der geringeren Leuchtdichte und Wärmestrahlung auch unmittelbar über oder in den

Tab. 4.15–3: Lampen für den Kunstlichteinsatz*

Lampenart	Anschluß-leistung[1] (W)	Lichtstrom (klm)	Strahlungs-leistung[2] (W)	Licht-ausbeute (lm/W)	Strahlungs-ausbeute[2,3] (%)	Lebensdauer (h)
Natriumdampf-niederdrucklampe	180/213	33	59	155	28	6000
Natriumdampf-hochdrucklampe	400/436 (450)	48	110	107–111	25	6000
Halogenmetall-hochdrucklampen	400/412	28–32,5	91	73–79	22	6000
Leuchtstofflampen	58/69	5,4		78		7500
	65/78	5,1		65		7500
Glühlampen	z. B. 100	1,4	6	14	6	1000

[1] ohne/mit Vorschaltgerät; [2] 400–700 nm; [3] incl. Vorschaltgerät, [2] u. [3] nach Angaben der Firma Philips 1982;
* Nach: KTBL-Schrift Nr. 0628, 1982 u. Firmenangaben

Pflanzenbestand gehängt werden, wodurch der Wirkungsgrad verbessert wird.

Je höher der Anteil des Kunstlichtes und je länger die Zusatzbelichtung einwirkt, desto stärker kommt der Einfluß der spektralen Energieverteilung der Lampen auf die **Wuchsform** der Pflanzen zum Tragen. Hier sind Lampen mit tageslichtähnlichen Spektren, d. h. mit einem relativ hohen Blauanteil, wie sie Halogenmetalldampf-Hochdrucklampen und Leuchtstofflampen aufweisen, zu bevorzugen (Abb. 4.15-4).

Für den Kunstlichteinsatz in Gewächshäusern als Ergänzung zum Tageslicht (Zusatzbelichtung) sind die Halogenmetalldampf-Hochdrucklampen und die Natriumdampf-Hochdrucklampen zu empfehlen. Die Natriumdampf-Niederdrucklampe hat mit einem rein gelben Spektrum (589 nm) bei geringem Tageslichtanteil einen ungünstigen Einfluß auf die Wuchsform. Nachteilig ist bei einem Einsatz in Gewächshäusern auch der starke Schattenwurf der großen Leuchten.

Glühlampen mit einem hohen Anteil roten Lichtes, aber einer sehr geringen Licht- bzw. PAR-Ausbeute, sollten in Gewächshäusern nur als photoperiodisch wirksames Reizlicht eingesetzt werden. In Kunstlichträumen verbessern zusätzlich zu Leuchtstofflampen installierte Glühlampen (bis 33 % der installierten Leistung) die Wachstumsleistung und die Wuchsform der Pflanzen.

Je größer die zu belichtende Fläche und die mögliche Aufhängehöhe, um so mehr sind punktförmige Lichtquellen mit hoher Leistungsaufnahme zu bevorzugen. Je kleiner oder schmaler die Fläche und je niedriger die Aufhängehöhe, desto mehr muß auf Lampen mit geringerer Leistungsaufnahme oder auf stabförmige Lichtquellen, wie z. B. Leuchtstofflampen, zurückgegriffen werden.

□ **Bestrahlungsstärke**

Die photosynthetische Leistung der Pflanzen wird u. a. von der Strahlungsmenge (Bestrahlungsstärke x Bestrahlungsdauer) bestimmt. CATHEY und CAMPBELL (1980) geben die in Tabelle 4.15-4 aufgeführten Richtwerte für den Einsatz von Kunstlicht unter Ausschluß des Tageslichtes.

Als Zusatz zum Tageslicht sind, je nach Jahreszeit, Pflanzenart, Bestandesarchitektur und Produktionsziel, Bestrahlungsstärken von 8–18 W/m^2 zu empfehlen. Das entspricht einer installierten Leistung von ca. 25–55 W_{el}/m^2. Höhere Bestrahlungsstärken sind im Gemüsebau unter den gegenwärtigen wirtschaftlichen Bedingungen nur in Ausnahmefällen zu rechtfertigen.

Eine Bestrahlungsdauer bis zu 12 Stunden ist

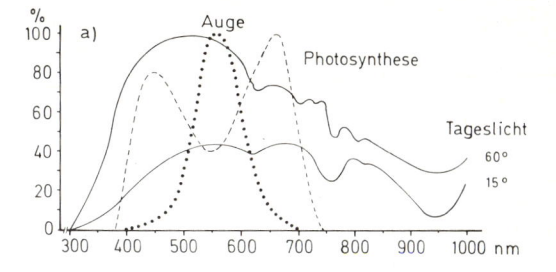

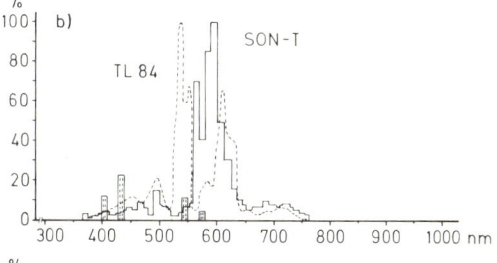

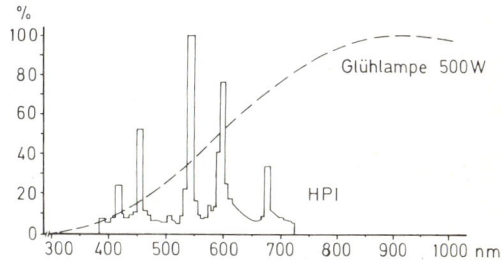

Abb. 4.15-4: a) Relative spektrale Energieverteilung von Tageslicht bei 60° und 15° Sonnenstand, rel. spektrale Wirkungsfunktion der Photosynthese (n. GEUTLER und KROCHMANN 1978), rel. spektrale Hellempfindlichkeit des menschlichen Auges
b) Relative spektrale Energieverteilung von Natriumdampfhochdruck- (SON-T), Leuchtstoff- (TL 84), Halogenmetallhochdruck- (HPJ) und Glühlampe (n. Firmenangaben)

zu wählen, wenn bei photoperiodisch empfindlichen Pflanzen Kurztagbedingungen einzuhalten sind oder die Lampen für zwei Flächen im Wech-

Tab. 4.15–4: Richtwerte für den Einsatz von Kunstlicht unter Ausschluß des Tageslichtes*

Einsatzziele	W/m^2 (400–850 nm)	klx	Dauer (h/d)
Photoperiodische Wirkung – Glühlampen	0,9	0,1	
Überleben	3	0,8	8
Erhaltung	9	2,5	12
Vermehrung	18	5	12
Produktion	24	7	8–16

* Nach: CATHEY und CAMPBELL 1980

sel eingesetzt werden. Andernfalls ist die Verteilung der gleichen Lichtmenge über eine längere Dauer günstiger. Dauerlicht wird von einigen Arten (z. B. Tomate, Paprika) bei konstanten Temperaturen nicht vertragen.

□ **Installation der Lampen**
Sofern die Lampen keine Innenreflektoren besitzen, sollten sie zur besseren Ausbeute und Verteilung des Lichts sowie zum Schutz gegen Bruch und Tropfenfall in geeigneten Reflektoren installiert werden. Bei Lampen mit Innenreflektoren genügen zum Schutz gegen Tropfenfall einfache Scheiben aus einem hitzebeständigen Material. Die Gasentladungslampen benötigen darüber hinaus zur Drosselung des Stromdurchflusses Vorschalt- und Zündgeräte (Starter). Ein Anschluß ohne Vorschaltgerät führt zur Zerstörung der Lampen und gefährdet das Personal. Desgleichen müssen die Vorschriften zur Kompensation des Blindstromes beachtet werden. Die Elektroarbeiten sind von Fachleuten nach den VDE-Vorschriften für feuchte und nasse Räume auszuführen (Näheres s. WIDDERICH 1982).

Die Lampen sind so anzuordnen, daß ein hoher Anteil des Lichtes auf den Pflanzenbestand fällt und diesen gleichmäßig beleuchtet. Dies erleichtern große Flächen in einer dem Quadrat angenäherten Form, Leuchten mit hoher Reflexion und guter Lichtverteilung (bei nicht zu schmalen Flächen Breitstrahler) und in festumbauten Räumen eine gute Reflexion der Wände.

Die für eine gewünschte Beleuchtungsstärke (entsprechendes gilt für die Bestrahlungsstärke) erforderliche Lichtleistung (Lumen = lm) errechnet sich nach der Gleichung:

$$\text{Lichtleistung} = \frac{\text{mittlere Beleuchtungsstärke} \cdot \text{Fläche}}{\text{Beleuchtungswirkungsgrad}}$$

Beispiel: Gewünschte Beleuchtungsstärke 2 klx, Fläche 120 m², Beleuchtungswirkungsgrad 0,5:

$$\text{Lichtleistung} = \frac{2 \text{ klx} \cdot 120 \text{ m}^2}{0,5} = 480 \text{ klm}$$

Aus der Lichtleistung ergibt sich durch Teilung mit dem Lichtstrom je Lampe die notwendige Lampenzahl. Beispiel: Halogenmetalldampf-Hochdrucklampen (400 W = 32,5 klm):

$$\frac{480 \text{ klm}}{32,5 \text{ klm}} = 15 \text{ Stück}$$

Die gleiche Funktion gestattet es, für eine bestimmte Installation die mittlere Beleuchtungsstärke zu berechnen. Beispiel:

$$\frac{480 \text{ klm} \cdot 0,5}{120 \text{ m}^2} = 2 \text{ klx}$$

Bei diesen Berechnungen ist zu beachten, daß der Lichtstrom der Lampen mit dem Alter abnimmt, bei Leuchtstofflampen bis zu 40 %.

Für die Kultur homogener Bestände ist sicherzustellen, daß das Lichtfeld gleichmäßig ausgeleuchtet ist. Die Ausleuchtung hängt von der Form des Reflektors, der Höhe der Lampen im Reflektor, dem seitlichen Abstand der Leuchten und der Aufhängehöhe ab. Je höher die Aufhängehöhe, um so ausgeglichener ist bei punktförmigen Lichtquellen die Ausleuchtung, aber auch um so größer der Lichtverlust. Als Faustzahl für die Aufhängehöhe ist der seitliche Lampenabstand mit dem Faktor 0,5 – 1,0 zu multiplizieren. Zur Sicherheit sollte die Lichtverteilung mit einem Luxmeter oder Strahlungsmeßgerät überprüft und die Aufhängehöhe entsprechend korrigiert werden. Höhen unter 80 cm gefährden bei punktförmigen Lampen die Pflanzen durch eine zu hohe Wärmebelastung.

□ **Einsatz**
Zusatzbelichtung wird in den lichtarmen Wintermonaten zusätzlich zum Tageslicht und auch im Anschluß an das Tageslicht während der Nachtstunden gegeben. In den lichtstärkeren Monaten können durch automatisches Ausschalten der Lampen während der helleren Tagesstunden mit Hilfe eines Dämmerungsschalters Kosten und Energie eingespart werden. Eine Belichtung während der Nachtstunden darf nur angewendet werden, wenn sie nicht zu unerwünschten photoperiodischen Effekten führt.

Auch mit Kunstlicht lassen sich nur dann gute Wirkungen erzielen, wenn das Wachstum nicht durch andere Faktoren, wie niedrige Temperatur, Trockenheit oder niedrige CO_2-Konzentration, begrenzt wird. Angesichts der hohen Kosten für die Bereitstellung und den Verbrauch der Energie ist Kunstlicht ein teurer Produktionsfaktor, der nur für gewinnbringende Kulturen bzw. Kulturmaßnahmen, wie z. B. die Jungpflanzenanzucht, wirtschaftlich eingesetzt werden kann.

Literatur

Arbeitsgemeinschaft für Elektrizitätsanwendung in der Landwirtschaft e. V. (1984): Pflanzenbeleuchtung. 4. Aufl., Münster-Hiltrup: Landwirtschafts-Verlag.
CATHEY, H. M. and CAMPBELL, L. E. (1980): Light and lightening systems for horticultural plants. Hortic. Rev. **2**, 491-537.
WIDDERICH, W. (1982): Pflanzenbelichtung. Kuratorium für Technik und Bauwesen in der Landwirtschaft e. V. Arbeitsblatt 0628. Braunschweig: B. Thalacker.

5 Fruchtfolge

HELMUT KRUG

Unter einer Fruchtfolge wird ein planvoller Wechsel der angebauten Kulturarten auf einer Fläche verstanden. Sie dient dem Ziel, die Bodenfruchtbarkeit zu erhalten, nach Möglichkeit sogar zu verbessern und durch die optimale Ausnutzung der ökologischen und technischen Produktionskapazitäten einen maximalen Deckungsbeitrag zu erwirtschaften.

Wichtige Komponenten der Fruchtfolge sind:
1. **Wasserhaushalt des Bodens:** Im gemäßigten Klima kann der Boden im Frühjahr nach Überwinterungskulturen trockener und damit früher bearbeitbar sein. Nach trockener Witterung ist hingegen nach dem Anbau wasserzehrender Kulturen Wassermangel zu befürchten. Der Wasserfaktor spielt bei der Fruchtfolgegestaltung in humiden Klimaten, besonders bei intensiver Flächennutzung mit Bewässerungsanlagen, eine untergeordnete Rolle. In ariden Klimaten gewinnt er an Gewicht und kann, besonders wenn keine ausreichenden Bewässerungsanlagen zur Verfügung stehen, bei der Wahl der Anbautermine und der Kulturen den Ausschlag geben.
2. **Nährstoffhaushalt:** Probleme des Nährstoffhaushaltes des Bodens standen bis zum Einsatz der Mineraldünger im 20. Jh., wie auch heute noch in Ländern mit unzureichender Mineraldüngerversorgung, im Vordergrund der Fruchtfolgeplanung. Sie gewinnen bei hochintensiver Düngung im Hinblick auf die Umweltgefährdung erneut an Bedeutung (Näheres s. Kap. 4.2).

Bei der organischen Düngung sind die Verträglichkeit (Anlocken von Schaderregern bei Zwiebelgewächsen oder Möhren, Beinigkeit bei Rübengewächsen, Festigkeit des Saatbettes bei Zwiebeln) und die Ausnutzung durch die Pflanzen zu beachten. REINHOLD unterscheidet in einer Dreitrachten-Folge zwischen Gemüsearten, die unmittelbar nach einer Stallmistgabe, d. h. in erster Tracht stehen sollten, solchen, die in die dritte Tracht gestellt werden, da sie nicht oder negativ auf eine Stallmistdüngung reagieren, und einer Zwischengruppe in zweiter Tracht. Gemüsearten, die in die erste Tracht gestellt werden, sind Blumenkohl, Kopfkohl, Rosenkohl, Sellerie, Porree, Gurke und Tomate. In die dritte Tracht werden Möhre, Petersilie und Zwiebel eingereiht. Auch die Kalkung ist im Rahmen einer Fruchtfolge stets zu kalkverträglichen Arten zu geben.
3. **Schaderreger:** Eine vorrangige Rolle spielt in der Fruchtfolgegestaltung aller Nutzungssysteme die Anreicherung von Organismen, die teils pathogener Natur sind und als Krankheiten oder Schädlinge wirken. Eine solche Anreicherung vollzieht sich bei einseitiger Fruchtfolge besonders in den ersten Jahren. Danach kann es zu einem neuen Gleichgewicht zwischen den Schaderregern und konkurrierenden Organismen des Bodens kommen, so daß sich die Fruchtfolgeschäden abschwächen. Dennoch sollte es ein wesentliches Ziel der Fruchtfolgegestaltung sein, durch den Wechsel der Arten eine ausgewogene Mikrolebewelt und damit ein hohes antiphytopathogenes Potential aufzubauen und zu erhalten.

Bei den angereicherten Schaderregern handelt es sich überwiegend um Pilze und Nematoden, aber auch um Bakterien und Insekten. Beispiele sind:
▷ Pilze: Kohlhernie *(Brassicaceae)*; Fuß- und Welkekrankheiten, wie *Fusarium, Phoma (Fabaceae,* Sellerie, Gurke); *Alternaria* (Möhre), Korkwurzelkrankheit (Tomate); *Sklerotinia*-Arten (Gurke, Tomate, Salat, Bohne).
▷ Nematoden: Rübennematode *(Beta*-Arten, wie Zuckerrübe, Rote Rübe, Mangold, Kohlarten, Rettich, Radies, Spinat, Raps, Senf), Kartoffelnematode (Kartoffel, Tomate), Wurzelmatode (viele Gemüsearten), Stengelnematode (Zwiebel, Erbse, Dicke Bohne, Kartoffel, Sellerie, Roggen, Hafer).
▷ Bakterien: bakterielle Blattfleckenkrankheit (Gurke).
▷ Insekten: kleine Kohlfliege (Kohlarten), Möhrenfliege (Möhre), Zwiebelfliege (Speisezwiebel, Porree, Schnittlauch).

Eine solche Anreicherung wird gemindert oder verhindert durch einen Wechsel der Arten, insbesondere die Einschaltung resistenter Arten, aber auch durch die Wahl resistenter Sorten. Die Dauer der Anbaupause richtet sich nach der potentiellen Überlebensdauer des Schaderregers. Sie beträgt bei Kohlhernie ca. 6, bei Nematoden 3–5 Jahre. Die Anbaupausen lassen sich bei einigen Schaderregern verkürzen oder umgehen durch den Anbau von Feindpflanzen (*Tagetes patula* gegen Wurzelnematoden) oder Fangpflanzen. Bei Fangpflanzen, wie z. B. Spinat, sterben die Larven der Rübennematoden infolge der kurzen Kulturdauer der Wirtspflanze vor der Zystenbildung ab.

Anbaupausen führen jedoch nur dann zum Ziel, wenn die Schaderreger nicht auf anfällige Unkräuter ausweichen oder durch Flug oder Verwehungen zuwandern können. Hochspezialisierte Schaderreger sind somit leichter zu bekämpfen als polyphage (Kohlhernie, Rübennematode). Bei der Fruchtfolgeplanung sind deshalb nicht nur zeitliche, sondern auch räumliche Aspekte und die Eigenschaften der Schaderreger selbst zu beachten.

4. **Unkräuter:** Unkräuter sind dem Entwicklungsrhythmus bestimmter Kulturarten angepaßt, so daß es bei einseitiger Fruchtfolge, aber auch bei Kulturen mit ähnlichen Konkurrenzeigenschaften, wie z. B. einer kurzen Kulturdauer, zur Anhäufung bestimmter Unkrautarten kommen kann. Ein Wechsel der Kulturarten ist somit auch ein wirksames Mittel der Unkrautbekämpfung (s. Kap. 4.10) und war vor dem Einsatz der Herbizide ein wichtiger Faktor der Fruchtfolgegestaltung. Für herbizidresistente Unkräuter, wie z. B. Kreuzkraut, gilt dies auch heute.

Mit dem intensiven Einsatz von Herbiziden hat diese Fruchtfolgewirkung an Bedeutung verloren. Dafür sind bei kurzlebigen Kulturen, nach Umbruch oder bei Verwendung persistenter Herbizide bzw. nach gehemmtem Herbizidabbau durch Trockenheit Nachwirkungen in Rechnung zu stellen (PESTEMER et al. 1980). Beispiele solcher Schadwirkungen sind nach TITZE (1977):

Pyramin	Buschbohne, Gurke, Blumenkohl, Spinat
Afalon	Buschbohne, Gurke, Rote Rübe, Spinat
Kerb	Buschbohne, Gurke, Rote Rübe, Mais, Möhre, Spinat
Legurame	Buschbohne, Gurke, Spinat
Ramrod	Möhre
Venzar	Getreide.

Zusammenfassend erwiesen sich Buschbohnen und Gurken als besonders empfindlich, während Sellerie und Porree als Pflanzgemüse keine deutlichen Reaktionen zeigten.

5. **Unverträglichkeit:** Im Pflanzenbau wird häufig zwischen »selbstverträglichen« und »selbstunverträglichen« Kulturarten unterschieden. Eine »Unverträglichkeit« kann verschiedene Ursachen haben. Häufig sind es pathogene Faktoren, verschiedentlich aber auch toxisch wirkende Stoffwechselprodukte in Form von Wurzelausscheidungen oder Rückständen der Vorkultur (Toxintheorie). Nachgewiesen wurden z. B. organische Säuren, Basen, Alkaloide, Glycoside, Saponine und Gerbstoffe. Nach Einarbeitung der Rückstände von *Brassicaceae* haben z. B. Senfölglucoside oder deren Abbauprodukte das Wachstum von Spinat, Kopfsalat und *Fabaceae* gehemmt (BECKMANN und NOFFKE 1978). Die Wirkung dieser Stoffe ist jedoch in der Regel auf eine kurze Zeitspanne begrenzt.

Als relativ »selbstverträglich« einschließlich der unter 3 und 4 aufgeführten Faktoren gelten Roggen, Mais, Dicke Bohne, Porree und Sellerie. Selbstverträglichkeit kann jedoch durch das verstärkte Auftreten eines Schaderregers gestört werden. Als besonders »selbstunverträglich« gelten *Chenopodiaceae*, *Cucurbitaceae*, *Brassicaceae*, Petersilie, Erbse und Möhre.

6. **Bodenfruchtbarkeit:** Zu den Fruchtfolgewirkungen gehören auch Faktoren, die die Bodenfruchtbarkeit beeinflussen, wie die Durchwurzelungstiefe und -intensität, Menge und Zusammensetzung der Pflanzenrückstände, Schattengare, Bodenbearbeitung, Düngung und Belastung des Bodens durch Pflege- sowie Erntemaßnahmen. Die Belastung der Böden kann besonders beim Einsatz schwerer Erntemaschinen oder bei mehrmaliger Pflücke auf nassen Böden zu nachhaltigen Strukturschäden führen und die positiven Fruchtfolgewirkungen von Kulturen, wie Erbsen oder Spinat, zunichte machen.

Eine eindeutige positive Beziehung wurde zwischen der Masse der Pflanzenrückstände und der Ertragsleistung der Folgefrucht festgestellt (FRÖHLICH 1959). Diese Wirkung dürfte vor allem auf die Anreicherung mit organischer Substanz, die damit verbundene Verbesserung der Bodenstruktur und die Förderung des Bodenlebens zurückzuführen sein. Diese Einflüsse der Pflanze einschließlich der jeweiligen Kulturmaßnahmen auf die Bodenfruchtbarkeit werden als **Vorfruchtwert** bezeichnet. Ein guter Vorfruchtwert für Gemüsepflanzen wird Kleegrasmischen, Luzerne, Porree und Sellerie zugeschrieben; ein schlechter Vorfruchtwert Petersilie, Rote Rübe,

Kopfkohl, Chinakohl, verschiedentlich auch Rosenkohl und Zwiebel.

Fruchtfolgewirkungen sind aufgrund der vielfältigen Faktoren schwer zu erfassen und noch schwerer zu quantifizieren. Während einige Gemüsearten, wie Blumenkohl, Erbse, Rote Rübe und Porree, an einem Standort über Jahre oder Jahrzehnte ohne sichtbare Fruchtfolgeschäden in Monokultur angebaut werden, treten an anderen Standorten starke Ertragseinbußen auf. Trotz dieser Unsicherheiten sollten folgende **Richtlinien** beachtet werden: Arten mit langer Kulturdauer sollten frühestens nach dem dritten Jahr, Möhren, Erbsen, Zwiebeln, Petersilie und besonders Spargel nach einer noch längeren Anbaupause auf sich selbst oder eine nahe verwandte Art folgen. Bei Arten mit kürzerer Kulturdauer sind kürzere Anbaupausen vertretbar. Auch diese sollten jedoch nicht unmittelbar aufeinander folgen. Eine Gründüngung ersetzt im Sinne der Fruchtfolge eine Gemüsekultur. Auf leichten und sorptionsschwachen Böden wirken sich Fruchtfolgeschäden stärker aus als auf sorptionsstarken Böden. Eine gute Kulturführung vermag Fruchtfolgeschäden abzuschwächen.

Literatur

DREIBRODT, L. (1980): Ein Beitrag zur Fruchtfolge in der Feldgemüseproduktion unter besonderer Beachtung der Vorfruchtwirkung landwirtschaftlicher Arten sowie von Selbstfolgen auf Lößböden. Arch. Gartenbau **28,** 167-178.

FRÖHLICH, H. (1957): Untersuchungen über Fragen der Fruchtfolge im Feldgemüsebau. Arch. Gartenbau **5,** 284-412.

FRÖHLICH, H. (1963): Ertragsbildung und Ackerrückstandsmenge einiger Gemüsearten. Arch. Gartenbau **11,** 125-133.

GÜNTHER, R. (1980): Der Einfluß des Anbaus in Monokultur auf quantitative und qualitative Merkmale bei neun Gemüsearten auf einem Lößstandort. Diss. Univers. Halle-Wittenberg.

HÖSSLIN, R. v., STEIB, T., MAPPES, F. (1964): Gemüsebau – Erzeugung und Absatz. München: Bayerischer Landwirtschaftsverlag.

REINHOLD, J. und ERNST, E. (1957): Betrachtung über die Begriffe der Fruchtfolge in Anwendung auf den Gemüsebau. Arch. Gartenbau **5,** 257-264.

6 Produktionsplanung und -führung

HARMEN STORCK

6.1	Rahmenbedingungen und Definitionen 195
6.2	Planung und Steuerung von Produktionsverfahren 196
6.2.1	Allgemeines 196
6.2.2	Planung von Produktionsverfahren 196
6.2.3	Kulturführung 200
6.3	Planung von Produktionsprogrammen 202

6.1 Rahmenbedingungen und Definitionen

Produktionsentscheidungen müssen von den ökologischen Voraussetzungen, den gegebenen betrieblichen Produktionskapazitäten (Potentialfaktoren) und den Absatzbedingungen ausgehen. Diese bilden – zumindest auf kurze Sicht – die Rahmenbedingungen, in die sich die Produktion einfügen muß. Im Prinzip stellt sich also die Aufgabe, unter den aus den pflanzenbaulichen Gesetzmäßigkeiten folgenden Handlungsmöglichkeiten diejenige auszuwählen, die unter den gegebenen Rahmenbedingungen die höchsten Zielbeiträge liefert. Dies impliziert eine zweckmäßige Nutzung der verfügbaren Kapazitäten. Langfristig können die Kapazitäten allerdings ebenfalls verändert werden; sie stellen dann Handlungsparameter der Betriebsgestaltung und -entwicklung dar, die in Kapitel 2.3 erläutert werden.

Die bei der Gestaltung der Produktion im Gemüsebau anfallenden Aufgaben zeigt Tabelle 6.1-1.

Unter **Kulturplanung** wird die gedankliche Vorwegnahme des Kulturverlaufes vor Beginn der Kultur verstanden. Meist geht die Planung von Erwartungswerten bezüglich der Parameter aus, die das Kulturergebnis beeinflussen; es werden normale oder durchschnittliche Witterungsverläufe, Markt- und Preisverhältnisse u. a. unterstellt.

Die **Kulturführung,** die Elemente von Steuerung und Regelung[1] enthält, stellt demgegenüber die Reaktion auf von den Plandaten abweichende Entwicklungen während des Kulturablaufes dar. Die Eingriffsmöglichkeiten des Kultivateurs werden aber mit Fortschreiten der Kultur mehr und mehr eingeschränkt (BÖGEMANN 1984, 1985). Die Kulturführung läßt also weniger Handlungsmöglichkeiten offen als die Kulturplanung.

Kulturplanung und -führung können sich auf die Verfahren beziehen, mit denen ein Produkt erzeugt wird – **Produktionsverfahren.** Da für den Gemüsebaubetrieb die verbundene Produktion mehrerer Arten und Sätze unter Nutzung der

Tab. 6.1–1: Aufgaben bei der Gestaltung der Produktion im Gemüsebau

Verwendungszweck	Reichweite	
	1. Produktionsverfahren	2. Produktionsprogramm
1. Kultur-, Produktionsplanung	1.1	2.1
2. Kulturführung, -steuerung	1.2	2.2

---

[1] Unter **Steuerung** wird ein Vorgang verstanden, bei dem eine oder mehrere Größen als Eingangsgrößen, andere Größen als Ausgangsgrößen aufgrund der dem System eigentümlichen Gesetzmäßigkeit beeinflussen. Die **Regelung** ist ein Vorgang, bei dem die zu regelnde Größe laufend erfaßt, mit einer anderen Größe, der Führungsgröße, verglichen und entsprechend der Differenz im Sinne einer Angleichung an die Führungsgröße beeinflußt wird (n. DIN 19226).

gleichen Potentialfaktoren typisch ist, sind neben Verfahrensentscheidungen auch Programmentscheidungen zu treffen; **Produktionsprogramme** betreffen die Palette der erzeugten Produkte und Anbautermine (Sätze).

6.2 Planung und Steuerung von Produktionsverfahren

6.2.1 Allgemeines

Allgemein versteht man unter Produktionsverfahren den für die Erzeugung eines nach Menge und Qualität definierten Endproduktes erforderlichen Einsatz an dauerhaften Betriebsmitteln (z. B. Gewächshausfläche, Maschinen), Arbeitskräften und Verbrauchsfaktoren (z. B. Erden, Düngemittel). In der pflanzenbaulichen Produktion spielen die zeitliche Struktur des Faktoreinsatzes und der Termin der Fertigstellung des Endproduktes (Ernte- oder Absatztermin) eine besondere Rolle. Es hat sich bewährt, zwischen Kultur- und Arbeitsverfahren zu unterscheiden (STOFFERT 1983, s. Abb. 6.2-1).

Kulturverfahren beschreiben
▷ den zeitlichen Ablauf der Kultur
▷ Art und Termine von Kulturmaßnahmen und den damit verbundenen Einsatz an Verbrauchsfaktoren
▷ Art, Umfang und Dauer der Inanspruchnahme von Potentialfaktoren
▷ die kontinuierliche Führung von Wachstumsfaktoren, insbesondere des Gewächshausklimas sowie der Wasser- und Nährstoffversorgung und den damit verbundenen Einsatz an Verbrauchsfaktoren
▷ Menge, Qualitäten und Erntetermine des Endproduktes.

Arbeitsverfahren geben an, mit welchen Hilfsmitteln und Arbeitsmethoden und in welcher Arbeitsorganisation die einzelnen Kulturmaßnahmen durchgeführt werden (vgl. Kap. 2.3.1.3.2).

Die Handlungsmöglichkeiten zur Erzeugung eines bestimmten Endproduktes sind im Gemüsebau außerordentlich groß; sowohl die Kulturverfahren lassen sich in weiten Grenzen variieren als auch die jeweiligen Arbeitsverfahren. Dem entspricht in der Praxis eine große Vielfalt von Verfahrensweisen (s. Kap. 7). Als Beispiele für die Variationsbreite zeigt Abbildung 6.2-2 Kulturverfahren von Radies, wie sie in Papenburger Gemüsebaubetrieben festgestellt wurden (RENZ 1984), sowie Abbildung 6.2-3 die Variationsmöglichkeiten der Arbeitsverfahren von Ernte und Aufbereitung von Radies.

6.2.2 Planung von Produktionsverfahren

Die Planung von Produktionsverfahren hat der

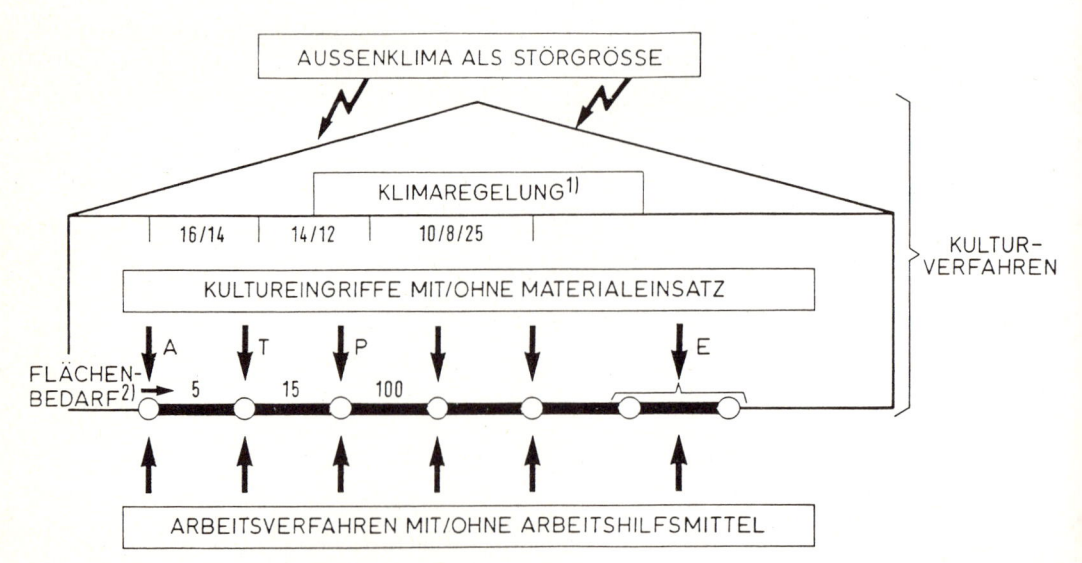

1) Tag-/Nacht-Soll-Temperatur/Lüftungstemperatur
2) in Prozent des Flächenbedarfes am Endstandort

Abb. 6.2-1: Produktionsverfahren im Unterglasanbau
Quelle: verändert nach STOFFERT

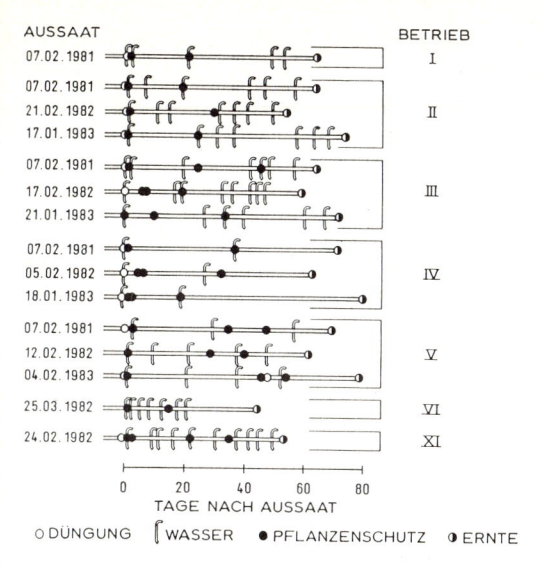

Abb. 6.2-2: Variationsbreite der Kulturverfahren von Radies
Quelle: Renz (1983)

Variationsbreite der Handlungsmöglichkeiten Rechnung zu tragen. Sie bezweckt, aus der Vielfalt der möglichen Verfahren diejenige Kombination von Kultur- und Arbeitsverfahren auszuwählen, die unter der gegebenen betrieblichen Situation die höchsten Zielbeiträge erwarten läßt. Planung erfolgt also situationsabhängig und zielgerichtet.

Als Zielgröße von Kultur- und Arbeitsverfahren spielt der **Gewinnbeitrag** eine wichtige, wenn auch keine ausschließliche Rolle. Trotzdem seien die Überlegungen zunächst auf das Gewinnziel beschränkt. Der Gewinnbeitrag eines Produktionsverfahrens wird durch seinen Deckungsbeitrag (Marktleistung minus variable Spezialkosten) und seine Ansprüche an die Potentialfaktoren beeinflußt. Die Marktleistung wiederum ist abhängig von der erzeugten Menge, den Qualitäten und den Terminen der Marktbelieferung. Zwischen diesen Teilzielen bestehen teilweise komplementäre, teilweise konkurrierende Beziehungen.

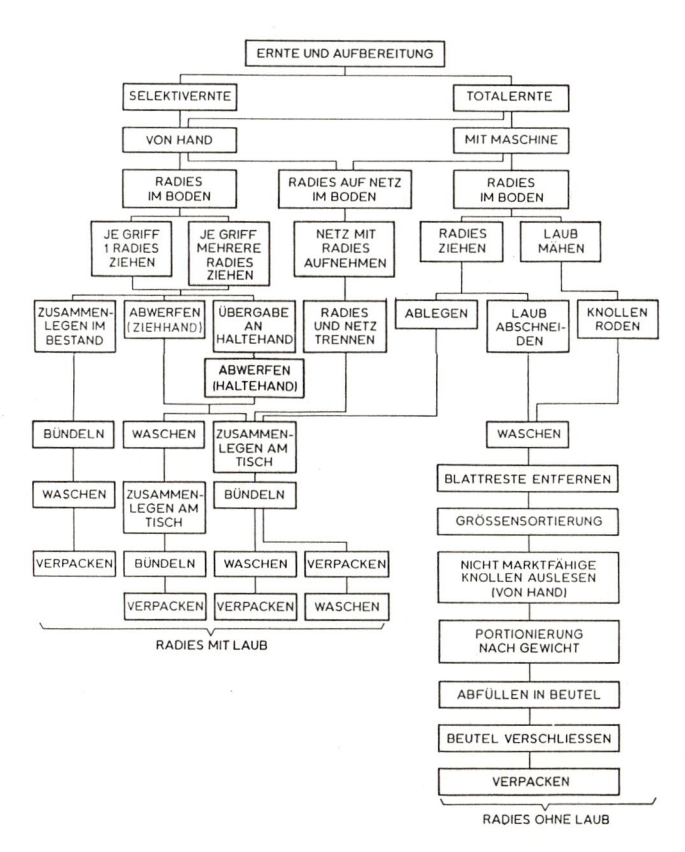

Abb. 6.2-3: Variationsbreite der Arbeitsverfahren bei Ernte und Marktaufbereitung von Radies
Quelle: Stoffert/Rohlfing, 1982

Der Ertrag kann durch starke Düngung auf Kosten der Qualität gesteigert werden; der Frühertrag von Gurken läßt sich auf Kosten der späteren Erträge erhöhen; kleinere Erntegrößen können zu einem höheren Gesamtertrag führen u. a.

Der obigen Definition entsprechend lassen sich die verfahrensbedingten Kosten in Kosten der Kultur- und der Arbeitsverfahren gliedern:

Kulturverfahren verursachen Kosten durch
▷ Einsatz von Verbrauchsfaktoren
▷ Inanspruchnahme von Potentialfaktoren, insbesondere von Produktionsfläche.

Arbeitsverfahren verursachen Kosten durch
▷ Einsatz menschlicher Arbeit
▷ Inanspruchnahme von Arbeitshilfsmitteln.

Soweit es sich um variable, bedarfsabhängig disponierbare Faktoren handelt, ergeben sich deren Kosten aus der Einsatzmenge mal Marktpreis. Das gilt für Verbrauchsfaktoren und für Saisonarbeitskräfte. Die Kosten der Inanspruchnahme von Potentialfaktoren werden häufig von der Einsatzzeit und deren anteiligen Kosten abgeleitet. Verfahrensvergleiche unterstellen dann einen bestimmten Betriebsdurchschnittslohn oder bestimmte Kosten je m² Gewächshausfläche; die Einsatzzeit für die Verfahren wird ermittelt, und die Kosten der Inanspruchnahme der Potentialfaktoren ergeben sich aus Einsatzzeit mal Kosten je Zeiteinheit.

Dieses Vorgehen wird der Knappheit der Potentialfaktoren im Betrieb allerdings nicht gerecht, da der Wert und damit die Kosten einer Arbeitsstunde oder einer Flächeneinheit vom Einsatztermin abhängig sind. In Arbeitsspitzen ist eine Arbeitsstunde besonders wertvoll, in arbeitsschwachen Perioden ist sie hingegen wenig wert. Diesen Verhältnissen kann man Rechnung tragen, indem die Kosten jeweils von dem entgangenen Nutzen bei bestmöglicher anderweitiger Verwendung abgeleitet werden. Die nach diesem Prinzip ermittelten Kosten des Einsatzes von Potentialfaktoren werden als **Nutzungskosten** bezeichnet. Manche Produktionsverfahren in den arbeitsärmeren Wintermonaten würden sich nicht „rechnen", wenn man sie mit den zeitlichen Flächen- und Arbeitskosten (Vollkosten) belasten würde; sie tragen trotzdem zum Gewinn des Betriebes bei. Ein Beispiel derartiger Vollkostenrechnungen bieten BAHNMÜLLER und SCHÜRMER (1978), die das in Tab. 6.2-1 gegebene Kalkulationsschema verwenden.

Neben dem Gewinnbeitrag eines Produktionsverfahrens sind für die Verfahrensplanung weitere Zielgrößen relevant. Wenn man zunächst vom Sicherheitsstreben absieht, dürften für die Auswahl von Arbeitsverfahren vor allem auch **Arbeitserleichterungen,** wie Entlastung von körperlich schwerer Arbeit, sowie Stimulierung der Arbeitsleistung durch Taktvorgabe oder durch Erhöhung der Arbeitsmotivation mit Hilfe von Gruppenarbeit, Abwechslung und anderen Maßnahmen von Bedeutung sein. Es ist offensichtlich, daß derartige Zielgrößen mit dem Gewinnziel konkurrieren und deshalb zu anderen Verfahrensentscheidungen führen können, als es gewinn- oder kostenorientierte Verfahrensvergleiche nahelegen würden. Die Verwendung von Erntehilfen kann z. B. vornehmlich der Arbeitserleichterung oder aber der Vorgabe einer Taktzeit dienen, ohne daß sie den normalen Arbeitsbedarf senkt.

Als Zielgrößen von Kulturverfahren können **persönliche Präferenzen** für bestimmte Verfahrensweisen, Entlastung des Betriebsleiters von Aufsichts- und Kontrollfunktionen, aber auch

Tab. 6.2-1: Schema der Teil- und Vollkosten-Kalkulation*

+ Erlös bzw. Umsatz des Produktionsverfahrens	
− Kosten für Saatgut − Kosten für Substrat − Kosten für Kulturgefäße − Kosten für Dünger, Wasser, Pflanzenschutz − Kosten für Bodenentseuchung − Kosten für Verpackungsmaterial − Kosten für Absatz (Absatzgebühren) − Kosten für Strom (Belichtung) − Kosten für Heizmaterial	Direktkosten / variable Spezialkosten / Einzelkosten / Gesamtkosten
= Direktkostenfreie Leistung	
− Saisonlöhne − variable Maschinenkosten − Pachten	
= Deckungsbeitrag	
− zurechenbare Lohnkosten der ständigen AK − zurechenbare feste Maschinenkosten − zurechenbare Gewächshauskosten − zurechenbare Kosten des Bodens	Fixkosten
= Einzelkostenfreie Leistung	
− anteilige Gemeinkosten	
= Reinertragsdifferenz	

* Aus: FÖLSTER et al. 1982

Reduzierung der Umweltbelastungen durch verminderten Einsatz an Dünge- und Pflanzenschutzmitteln eine Rolle spielen und zur Präferenz von Verfahren führen, die nach Gewinn- und Kostengesichtspunkten suboptimal sind.

Eine Planung von Produktionsverfahren schließt Voranschläge ein, die sich beziehen auf
▷ die zeitlichen Ansprüche an Freiland- und Glasflächen (Flächenvoranschlag);
▷ den Arbeitsbedarf in zeitlicher Abfolge (Arbeitsvoranschlag);
▷ die Einnahmen- und Ausgabenströme (Geldvoranschlag).

Als zeitliche Untergliederung wird meist die Woche oder der Viertelmonat gewählt, in bestimmten Fällen auch die Halbwoche (z. B. für Jungpflanzenbetriebe) oder der Halbmonat.

Methodisches Instrument zur Entscheidung über Produktionsverfahren ist der Verfahrensvergleich. Häufig wird dabei allein von der Zielgröße Gewinn ausgegangen. Verglichen werden dann die finanziellen Auswirkungen verschiedener Kultur- bzw. Arbeitsverfahren sowie deren Auswirkungen auf den Bedarf an Arbeit und dauerhaften Betriebsmitteln. Voraussetzung sind Kenntnisse über den Einfluß verschiedener Abfolgen von Kulturmaßnahmen und Steuerungsprogramme für die Wachstumsfaktoren, auf Ertrag und Faktorbedarf.

Traditionelle Kalkulationsmodelle gehen von Input:Output-Relationen von Kulturverfahren unter Nutzung der verfügbaren pauschalen Annahmen aus, unterstellen also feste Produktionskoeffizienten (Produktionskoeffizient ≙ Faktormenge je Einheit Endprodukt). In Datensammlungen werden Kalkulationen für Standardverfahren und Standardbedingungen zusammengestellt (FÖLSTER et al. 1982). In neueren Ansätzen bemüht man sich, demgegenüber Kenntnisse über die funktionalen Beziehungen zwischen der Steuerung von Wachstumsfaktoren und den Kulturmaßnahmen einerseits und Wachstum und Entwicklung andererseits zu beschreiben (s. Kap. 3.3.3). Ergebnis sind bio-ökonomische Produktionsmodelle, die das Wachstum und die daraus resultierenden ökonomischen Folgen in Abhängigkeit von den Außenbedingungen (Temperatur, Strahlung u. a.) abzubilden versuchen.

An einem Beispiel sei die Struktur derartiger Modelle erläutert (BÖGEMANN 1984). Das Strukturbild in Abbildung 6.2-4 unterscheidet zwischen formalem (Modell) und realem System (Planer). Im Modell werden die in der Realität stattfindenden Vorgänge nachvollzogen; die Ergebnisse werden dem Planer jeweils mitgeteilt.

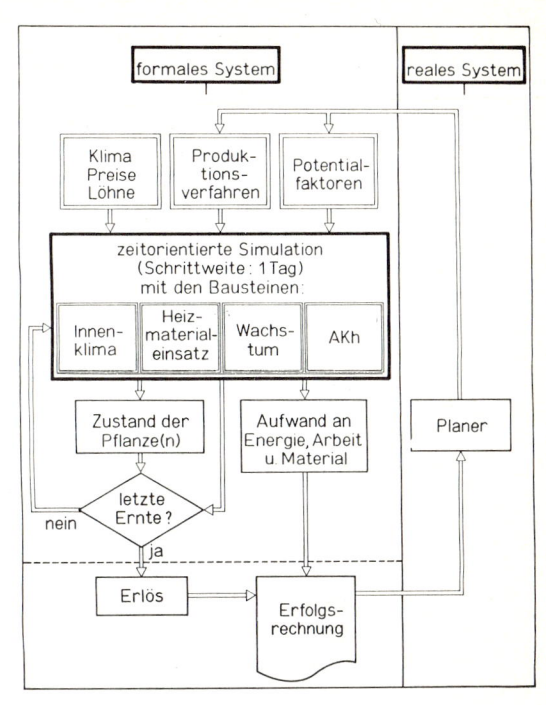

Abb. 6.2-4: Struktur eines bio-ökonomischen Simulationsmodells (BÖGEMANN 1984)

Der Modell-Input besteht aus drei Kategorien:
1. den **Umweltvariablen,** wie Klima, Produkt- und Faktorpreise, die sich dem Einfluß des Kultivateurs entziehen;
2. den Produktionsverfahren als **Steuervariablen.** Sie stellen als kontrollierbarer Input die Handlungsalternativen des Kultivateurs dar, wie Art und Termine der Kulturmaßnahmen, Arbeitsverfahren, Temperaturführung u. a. und
3. den **Potentialfaktoren,** wie insbesondere Art und technische Ausstattung der Gewächshäuser, die langfristig zwar zu den kontrollierbaren Steuervariablen rechnen, kurzfristig jedoch als nicht beeinflußte Umweltvariable aufzufassen sind.

Der Planer wählt nun bestimmte Handlungsalternativen (Produktionsverfahren) aus; daraus werden modellintern Innenklima, Heizmaterialbedarf, Wachstum und Arbeitszeitbedarf in Schritten von einem Tag errechnet. Die Simulation ist beendet, wenn die Ernte rechnerisch abgeschlossen ist. Aus Erlösen und Aufwand für Material und Arbeit wird eine Erfolgsrechnung erstellt, die dem Planer als Entscheidungshilfe dient. Dieser kann die Handlungsmöglichkeiten so lange variieren, bis das Ergebnis seinen Vorstellungen entspricht, und diese Planung dann realisieren.

Für den Vergleich von Arbeitsverfahren liegen methodische Vorschläge und umfangreiche Daten von STOFFERT (1983) vor. Sie erlauben, die betriebsindividuelle Situation bezüglich Ausstattung und Wegeführung zu berücksichtigen und heben nach dem REFA-Prinzip auf menschliche »Normalleistung« ab. Mittels Zeitformeln werden die unterschiedlichen Einflußgrößen und Abhängigkeiten des Arbeitsbedarfes erfaßt. Für die betriebliche Arbeitsplanung sind allerdings zusätzlich Kenntnisse über den erwarteten Leistungsgrad erforderlich, der um ± 30 % schwanken kann. Soweit dieser nicht oder nur aufgrund von Verfahrenswechsel veränderbar ist, spiegeln Verfahrensvergleiche mit Normalleistung deren Vorteilhaftigkeit im speziellen Fall deshalb nur begrenzt wider.

Bisher wurde in den Überlegungen zur Planung von Produktionsverfahren von sicheren Erwartungen ausgegangen, d. h. es wurde angenommen, alle für die Zielbeiträge maßgeblichen Parameter und funktionalen Input:Output-Beziehungen seien bekannt und sicher. In der Realität trifft das nicht zu. Unsicherheiten treten in zweierlei Hinsicht auf:

1. Die Wirkungsmechanismen von Kulturmaßnahmen und Steuerungsprogrammen der Wachstumsfaktoren auf Wachstum und Entwicklung der Kulturen sind nur unvollständig bekannt.
2. Bezüglich externer Parameter, wie Witterung und Marktpreise, ist von Schwankungen auszugehen, die sich auf Input und Output der Verfahren auswirken.

Die unvollständige Kenntnis der funktionalen Zusammenhänge zwischen Faktoreinsatz und Endprodukt ist dafür verantwortlich, daß eine Simulation von Produktionsverfahren erst am Anfang steht. Viele Wirkungszusammenhänge und Substitutionsbeziehungen lassen sich bisher noch nicht quantifizieren. Daraus folgt, daß Planung und Vergleich von Produktionsverfahren offene Entscheidungsprobleme darstellen (vgl. STORCK, in Vorb.). Zwar können quantitative Modelle die Lösung derartiger Probleme unterstützen, ein wichtiger Aspekt der Problemlösung bleibt jedoch die Sammlung von Erfahrungen und eine Integration der Erfahrungen und Kenntnisse im Kopf des Kultivateurs. Daraus wird verständlich, daß Entscheidungen zu Produktionsverfahren in der Praxis vielfach routinemäßig getroffen werden. Echte Entscheidungssituationen stellen offenbar eine Ausnahme dar und scheinen nur bei größeren Änderungen in den externen Bedingungen, z. B. der Energiepreise oder Löhne, oder in der betrieblichen Situation aufzutreten.

Andere Konsequenzen ergeben sich aus den unsicheren Erwartungen bezüglich externer Parameter. Grundsätzlich haben unsichere Erwartungen zur Folge, daß die Zielbeiträge von Handlungsalternativen nicht mit Sicherheit abzuschätzen sind. Sie sind vielmehr mehrwertig, d. h. abhängig von der jeweiligen Ausprägung der externen Parameter, wie Witterung, Marktsituationen oder Preise, kann eine Handlungsalternative unterschiedliche Zielbeiträge liefern.

Planungsmodelle können die Folgen unsicherer externer Daten in verschiedener Weise berücksichtigen (WERTHWEIN 1983):
1. Die Verwendung von Erwartungswerten wie Standarddaten. Man geht dann vom durchschnittlichen oder prognostizierten Niveau der externen Parameter aus. Z. B. werden Heizkosten aufgrund von langjährigen Klimamittelwerten kalkuliert.
2. Verwendung von Häufigkeitsverteilungen. Aus Vergangenheits-Zeitreihen werden Varianzmaße errechnet; einwertige Erwartungen für Plandaten werden durch stochastische Häufigkeitsverteilungen ersetzt.
3. Mit Hilfe von Simulationsmodellen werden die Kausalbeziehungen zwischen Plandaten und externen Parametern abgebildet und als Häufigkeitsverteilungen, auch Risikoprofile genannt, dargestellt.

Während traditionelle Kalkulationsmodelle von der Annahme unter 1. ausgehen, werden mit den unter 2. und 3. dargestellten Modellen zusätzliche Informationen verarbeitet, um das Risiko der geplanten Alternativen als Entscheidungsgrundlage einbeziehen zu können. Dabei wird davon ausgegangen, daß das Sicherheitsstreben eine Zielgröße darstellt, der die Entscheidungsträger je nach ihrer Einstellung zu Risiken (Risikoaversion, -neutralität, -freude) unterschiedliche Bedeutung beimessen.

6.2.3 Kulturführung

Die **Kulturführung** hat die Aufgabe, die Produktionsverfahren während des Kulturablaufes so zu steuern, daß Einflüssen von Umweltvariablen, die zu Abweichungen zwischen Plan und Ist führen, Rechnung getragen wird. Das kann geschehen, indem entweder

1. durch gegenüber dem Plan veränderte Kulturmaßnahmen (z. B. Klimaregelung) versucht wird, das Planziel trotz abweichender Umweltbedingungen zu erreichen oder
2. auch das Planziel verändert und ein unter den veränderten Umweltbedingungen realisierbares und günstiges Verfahren ausgewählt wird.

Der Handlungsspielraum für die Kulturführung ist von den Eingriffsmöglichkeiten in den Produktionsprozeß abhängig. Diese sind in der Unterglasproduktion durch Anpassung von Steuerungsprogrammen für Wachstumsfaktoren und Kulturmaßnahmen größer als im Freilandanbau.

In der Praxis wird meist nach empirischen Sollwerten gesteuert und nach Beobachtungen der Wachstumsbedingungen und des Bestandes, ggf. auch nach betrieblichen Erfordernissen (Arbeitskräfteeinsatz) oder nach veränderten Zielvorstellungen (Marktsituation) korrigiert. Die Erfahrungen des Kultivateurs, seine subjektive Einschätzung (Grüner Daumen), spielen bei diesem Vorgehen eine dominierende Rolle.

Eine objektive Basis bieten die in Planungsmodellen erarbeiteten Parameter, die es erlauben, die Sollwerte in Abhängigkeit von wesentlichen Zielkriterien (z. B. Kulturdauer, Qualität, Heizmaterialmenge) auszuwählen (s. Kap. 3.3.3).

In einer dritten, z. Z. noch in Entwicklung befindlichen Stufe kann sich der Kultivateur zur Kulturführung eines bio-ökonomischen Modells bedienen, dessen wichtigste Teilmodelle ein Standort-, ein Wachstums- und ein ökonomisches Modell sind (Abb. 6.2-5).

Wie im bio-ökonomischen Planungsmodell werden Innenklima, Arbeits- sowie Energieeinsatz und Wachstum als Funktion der jeweiligen Umwelt- und Handlungsvariablen geschätzt. Treten aufgrund der tatsächlichen Umweltvariablen Abweichungen vom Sollwert des Pflanzenwachstums auf, hat der Kultivateur die Möglichkeit, die Folgen der weiteren Kulturführung auf Wachstum und ökonomischen Erfolg mit Hilfe von Modellrechnungen abzuschätzen und als Entscheidungshilfe zu nutzen. Er steht also nach wie vor im Mittelpunkt der Produktion. Seine »Kunst« zu kultivieren soll durch das Modell nicht ersetzt, sondern auf eine breitere Entscheidungsgrundlage gestellt werden. Ziel der ökonomischen Modellbildung ist es darüber hinaus, die Auswahl einer günstigen (optimalen) Kulturführung zu erleichtern. Dazu sind Algorithmen oder heuristische (auf vorläufigen Annahmen beruhende) Suchverfahren zu entwickeln, die sich vermutlich auf Teilprozesse und Teilziele beschränken werden.

Solange das Pflanzenwachstum im Wachstumsmodell nicht vollständig abgebildet wird, kann der Wachstumsverlauf nicht exakt prognostiziert werden. Deshalb ist eine Rückkoppelung vorgesehen. Diese beruht zum einen auf Messun-

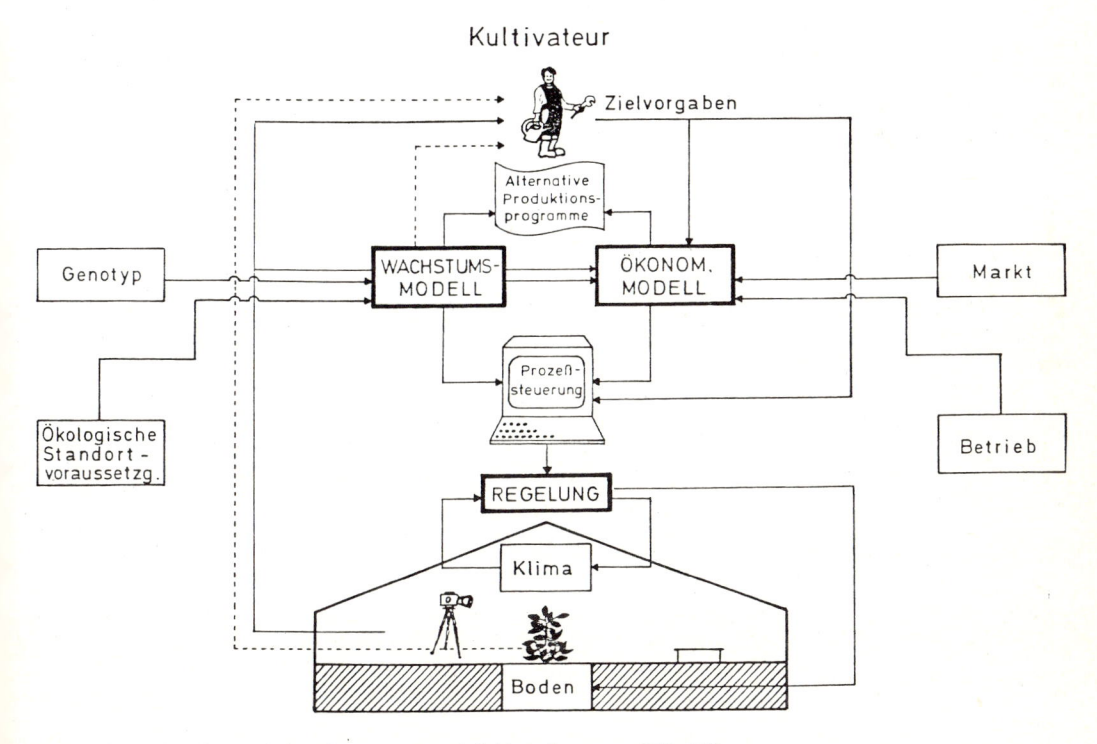

Abb. 6.2-5: Bio-ökonomisches Steuerungsmodell (Arbeitsgruppe SFB 110)

gen des Pflanzenwachstums (z. B. Computerbildanalyse), zum anderen auf den Beobachtungen des Kultivateurs. Je nach Art der Rückkopplungssignale kann entweder unmittelbar oder durch den Kultivateur ein Soll-Ist-Vergleich erfolgen, der dann als Grundlage für Entscheidungen zur weiteren Kulturführung dient.

6.3 Planung von Produktionsprogrammen

Gemüsebaubetriebe stellen in der Regel Verbundbetriebe dar, in denen Potentialfaktoren im Laufe einer Produktionsperiode zur Erstellung verschiedener Marktleistungen verwendet werden. Deshalb sind neben Entscheidungen über günstige Produktionsverfahren auch entscheidungen über die Zusammensetzung des Produktionsprogrammes zu treffen. Prinzipiell schließt die Planung des Produktionsprogrammes die Planung von Produktionsverfahren ein, denn jede Leistung im Leistungsprogramm eines Betriebes muß natürlich nach einem bestimmten Verfahren erstellt werden. Ein optimales Leistungsprogramm ist nicht unabhängig von den jeweiligen Verfahren und umgekehrt. Daraus folgt, daß eigentlich über Leistungsprogramm und Verfahren simultan zu entscheiden wäre. Dem steht jedoch die große Komplexität derartiger Modelle entgegen. Deshalb geht man bei der Planung des Leistungsprogrammes von vereinfachten Verfahrensmodellen aus – es werden Verfahren mit festen Produktionskoeffizienten zugrunde gelegt.

In der Praxis werden Produktionsprogramme allgemein nach wie vor mit Hilfe von **Handplanungsmethoden** geplant. Diese gehen meist vom Flächenanspruch aus und nehmen auf die Bedingungen des Absatzmarktes und Fruchtfolge Rücksicht. Die Vorteilhaftigkeit von Kulturen wird anhand ihres Umsatzes oder ihrer direktkostenfreien Leistung (Marktleistung minus Direktkosten) beurteilt. Auf Arbeits- und Geldvoranschläge wird meist verzichtet. Arbeitsspitzen werden durch lange Arbeitszeiten der ständigen Arbeitskräfte oder durch Aushilfskräfte bewältigt. Der Einsatz von Kleinrechnern mit gespeicherten Plandaten und dialogfähigen Programmen kann derartige Handplanungsverfahren wesentlich erleichtern und verbessern (LENTZ 1983).

Als Bausteine der Handplanung dienen in der Praxis bewährte **Kulturfolgen**. Arten mit langer Kulturdauer werden als Hauptfrüchte meist in der wachstumsgünstigeren Jahreszeit kultiviert.

Vor oder nach den Hauptfrüchten können Arten mit kurzer Kulturdauer als Vor- oder Nachfrüchte stehen, wie z. B. Radies, Rettich, Kopfsalat, Kohlrabi oder Spinat. Einige Betriebe verzichten völlig auf Hauptkulturen und bauen nur Kurzkulturen an, andere bevorzugen den Anbau einer einzigen Art als Monokultur in zahlreichen Sätzen. In West- und Nordeuropa steht in Gewächshäusern häufig nur eine Hauptkultur, wie Gurke, Tomate oder Paprika. Zwischen diesen Mustern gibt es alle Übergänge.

In der Bundesrepublik Deutschland umfaßt eine Kulturfolge im Freiland im Mittel 1,5–2, in Gewächshäusern bis zu 4 Kulturen. In landwirtschaftlichen Fruchtfolgen werden ein bis zwei Gemüsearten pro Jahr (z. B. Erbse, Spinat oder Spinat/Bohne) eingegliedert.

Eine leistungsfähige, aber noch wenig angewandte Methode zur Planung von Produktionsprogrammen stellt die **Lineare Optimierung** dar. Mit zunehmender Verfügbarkeit von Kleinrechnern dürfte sie sich auch in Beratung und Praxis durchsetzen. Es handelt sich um ein mathematisches Verfahren zur Ermittlung eines Extremwertes für eine lineare Funktion mit mehreren Variablen unter linearen Nebenbedingungen. In der Produktionsplanung stellen die Variablen die Handlungsmöglichkeiten dar, im wesentlichen also die Produktionsverfahren (vgl. 6.2), die in der gegebenen Situation für den Anbau in Frage kommen. Diese sind nach Abbildung 6.3-1 gekennzeichnet durch:
▷ die Marktleistungen (Erlöse) je Einheit,
▷ die Direktkosten je Einheit,
▷ die Direktkostenfreie Leistung (DKL) je Einheit, die sich aus Marktleistung abzüglich Direktkosten ergibt,
▷ ihre Ansprüche an die Faktorausstattung (Potentialfaktoren) des Betriebes, insbesondere an ihre Flächen- und Arbeitskapazitäten.

Die zu maximierende Zielfunktion ergibt sich aus dem Anbauumfang der Produktionsverfahren (x_j) und der je Einheit erzielten DKL (c_j). Es gilt also für Handlungsalternativen (Produktionsverfahren):

$$\sum_{j=1}^{n} c_j x_j \rightarrow \max!$$

Die linearen Nebenbedingungen des mathematischen Modells sind in der Produktionsplanung durch die Begrenzungen gegeben, denen die Handlungsmöglichkeiten unterworfen sind. Dabei handelt es sich um
▷ die gegebenen Kapazitäten an Potentialfakto-

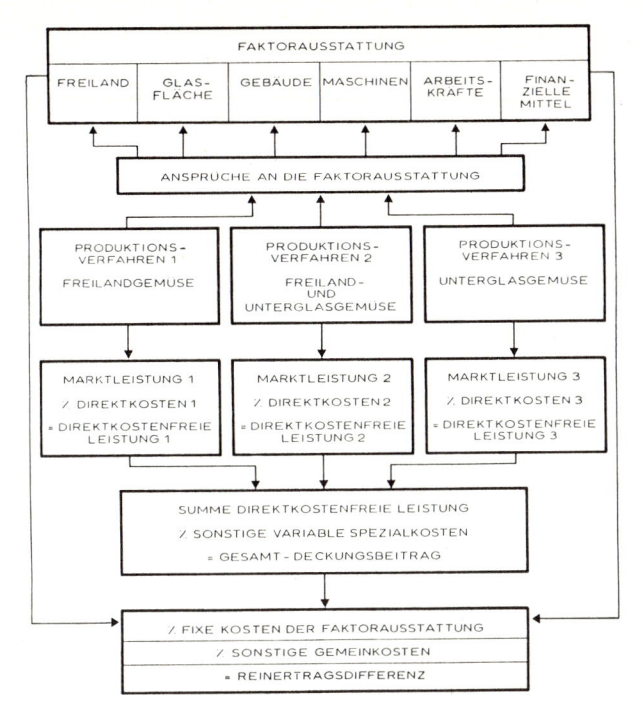

Abb. 6.3-1: Das Lineare Produktionsmodell

ren (Faktorausstattung), insbesondere Flächen und Arbeitskräfte, die von den Ansprüchen des Produktionsprogrammes nicht überschritten werden dürfen
▷ die gegebenen Absatzmöglichkeiten (Marktbegrenzungen), die die Ausdehnung einzelner Produktionsverfahren beschränken oder einen kontinuierlichen Anbau von Folgesätzen erforderlich machen können
▷ Fruchtfolgebedingungen, die eine Ausdehnung bestimmter Arten oder Gattungen auf einen bestimmten Flächenanteil beschränken (s. Kap. 5). In Abb. 6.3-1 sind nur die betrieblichen Kapazitäten (Potentialfaktoren) aufgeführt.

Die Nebenbedingungen des Types

$$\sum_{j=1}^{n} a_{i_j} x_j \leq b_i$$

besagen, daß die Ansprüche aller $j = 1...n$ Variablen keine der $i = 1...n$ Kapazitäten überschreiten dürfen. Dabei ergibt sich die Summe der Ansprüche aus der Ausdehnung der Variablen x_j mal deren Produktionskoeffizienten a_{ij}.

Häufig hat der Gemüsebaubetrieb zusätzliche Handlungsmöglichkeiten, um seine Kapazitäten kurzfristig zu erweitern. Er kann in Zeiten hoher Arbeitsbelastung Aushilfskräfte einstellen oder Flächen zupachten. Dadurch erweitert sich das Modell entsprechend. Die Zielfunktion enthält die dadurch verursachten variablen Kosten; die Nebenbedingungen werden durch Koeffizienten mit negativen Vorzeichen (= Lieferung von Arbeit bzw. Fläche) erweitert.

Es gilt nun, das Produktionsprogramm mit dem höchsten Zielfunktionswert zu ermitteln. Unterstellt man Gewinnmaximierung als Ziel, ist das Produktionsprogramm mit dem höchsten Deckungsbeitrag (Marktleistung minus variable Spezialkosten) optimal. Die Kosten der Potentialfaktoren fallen planungsunabhängig an, sie sind fixe Kosten. Deshalb werden bei maximalem Deckungsbeitrag auch das Einkommen und der Nettoerfolg maximiert (vgl. Abb. 6.3-1).

Zur Lösung des linearen Optimierungsproblems steht der Simplex-Algorithmus zur Verfügung. Das Ergebnis der Optimierung beinhaltet im wesentlichen folgende Angaben:

1. den Zielfunktionswert, also den maximal erzielbaren Deckungsbeitrag;
2. das Produktionsprogramm, also Art und Umfang der Produktionsverfahren, die für die optimale Lösung auszuwählen sind;
3. die Nutzung der verfügbaren Kapazitäten, die zur Erstellung eines Arbeits- und Flächenaufrisses verwendet werden können (vgl. Abb. 6.3-2);

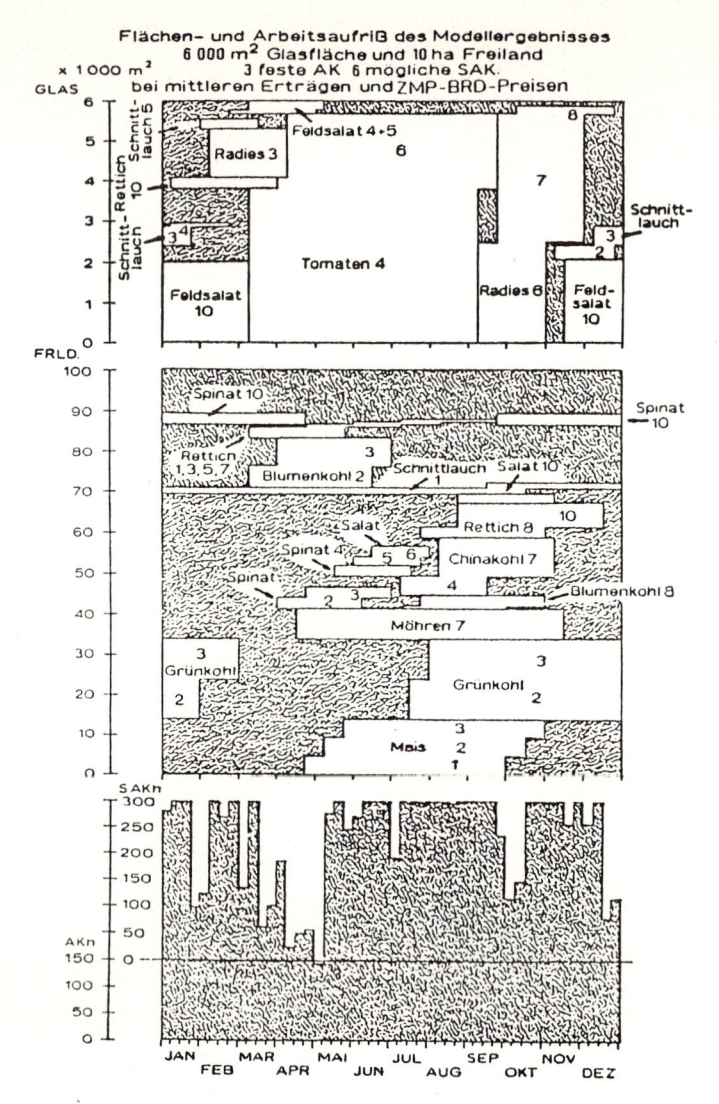

Abb. 6.3-2: Flächen- und Arbeitsaufriß als Ergebnis einer Linearen Optimierungsrechnung

4. Grenzwertverluste der nicht in das Optimalprogramm aufgenommenen Produktionsverfahren, die anzeigen, um wieviel der Deckungsbeitrag sinken würde, wenn eine Einheit dieser Verfahren angebaut würde; damit wird ein erster Eindruck der innerbetrieblichen Wettbewerbsfähigkeit der Produktionsverfahren vermittelt
5. Grenzbetriebswerte der voll ausgeschöpften Kapazitäten, die besagen, um wieviel der Deckungsbeitrag sinken würde, wenn eine Einheit dieser Begrenzung weniger verfügbar wäre; damit wird ein erster Hinweis auf die Knappheit der verfügbaren Kapazitäten gegeben.

Weitere Informationen über die Optimallösung, z. B. zu den einzelnen variablen Kostenarten (Heizenergie, Saisonlöhne u. a.) oder zu Umsätzen und direktkostenfreien Leistungen einzelner Kulturen, lassen sich dem Ergebnis bei entsprechender Problemformulierung zusätzlich entnehmen.

Grundvoraussetzung für die Anwendung des mathematischen Planungsverfahrens sind Linearität, beliebige Teilbarkeit und Unabhängigkeit. Sie begrenzen die Realitätsnähe des Modells:
▷ Linearität besagt, daß zwischen dem Variablenumfang und den Zielfunktions- und Produktionskoeffizienten lineare Beziehungen unterstellt werden. Mit Ausdehnung der Produktionsverfahren verminderter Arbeitsbedarf je Einheit, z. B. infolge von geringeren Anteilen an Wege-

und Rüstzeiten, oder mit dem Anbauumfang sinkende Preise können im Modell also nicht abgebildet werden.

▷ Beliebige Teilbarkeit besagt, daß die Variablen in jedem beliebigen Umfang realisiert werden können. Durch die Gewächshausgrößen und die Schlagaufteilung des Freilandes sind demgegenüber bestimmte Mindest- und Teilflächen meist vorgegeben. Deshalb ist eine Anpassung des rechnerischen Ergebnisses an die Realität notwendig.

▷ Unabhängigkeit besagt, daß die einzelnen Variablen unabhängig davon realisierbar sein müssen, ob andere realisiert werden. Das ist z. B. bei Fruchtfolgegliedern mit Vorfruchtwirkung nicht der Fall. Durch entsprechende Problemformulierung kann dieser Tatsache allerdings näherungsweise Rechnung getragen werden.

Insgesamt kann festgestellt werden, daß die genannten Grundannahmen die Anwendbarkeit der Linearen Optimierung für die Produktionsplanung nicht grundsätzlich in Frage stellen. Erfahrungen zeigen, daß sich die Realität eines Gemüsebaubetriebes recht gut wiedergeben läßt (vgl. z. B. FÖLSTER 1979).

Die praktische Anwendung des Verfahrens wird dadurch erschwert, daß die Methode umfangreiche und exakte Daten voraussetzt. Die mathematische Problemformulierung bringt eine gewisse Starrheit mit sich, die in der Praxis nicht in gleicher Weise gegeben ist. Punktuelle Arbeitsspitzen können in der Praxis z. B. durch Terminverschiebung bewältigt werden, im Modell dagegen verhindern sie u. U. die weitere Ausdehnung eines günstigen Produktionsverfahrens. Auch über die zu erwartenden Preise und Erträge herrscht erhebliche Unsicherheit; das Optimum gilt jedoch nur unter der Voraussetzung, daß die eingesetzten Preise und Erträge auch tatsächlich erzielt werden.

Man kann deshalb nicht davon ausgehen, daß sich ein einmal gefundenes Optimum ohne weiteres als Entscheidungsgrundlage für die Anbauplanung in der Praxis eignet. Vielmehr müssen verschiedene Variationen und Alternativlösungen zu Rate gezogen werden, um den genannten Datenengpässen und -unsicherheiten Rechnung zu tragen. Derartige als Sensitivitätsanalyse bezeichnete Zusatzkalkulationen sind auch geeignet, die Wirkungen von erwarteten Änderungen in den Rahmenbedingungen, wie Arbeitslöhnen oder Energiepreisen, frühzeitig zu erkennen.

Die lineare Optimierung ist als Planungsinstrument häufig angegriffen worden, da sie einseitig auf das Ziel der Gewinnmaximierung abstelle. Dem ist entgegenzuhalten, daß auch andere Zielgrößen als den Handlungsraum begrenzende Nebenbedingungen eingeführt werden können, so etwa eine geringe Arbeitsbelastung in bestimmten Zeiten (Urlaub), die Aufrechterhaltung kurzfristiger Liquidität, der Ausschluß bestimmter, vom Betriebsleiter nicht gewünschter Kulturen u. a. Je strenger die Nebenbedingungen formuliert sind, um so weiter tritt das Maximierungsziel in den Hintergrund.

Trotzdem darf nicht übersehen werden, daß etwa Zielkonkurrenz oder -komplementarität im Modell nicht oder nur näherungsweise abgebildet werden können. Das gilt insbesondere für Unwägbarkeiten. Wenn deterministische (festlegende) Daten durch stochastische (zufallsbedingte) ersetzt werden sollen, um das Risiko einer Handlungsalternative als Zielgröße in die Planungsüberlegungen einzubeziehen, müssen andere Modelle eingesetzt werden (z. B. Quadratische Programmierung, MOTAD-Modell, vgl. HAZELL 1971), deren praktischer Einsatz wegen ihrer schwierigen Handhabbarkeit eng begrenzt ist.

Literatur

BAHNMÜLLER, H. und SCHÜRMER, E. (1978): Wirtschaftlichkeitsberechnung und Betriebsplanung im Gartenbau. Handbuch des Erwerbsgärtners **13**. Stuttgart: Eugen Ulmer.

BÖGEMANN, B. (1984, 1985): Ein bio-ökonomisches Simulationsmodell zur Produktionsplanung und -steuerung im Unterglasanbau. I. Konzeption des Grundmodelles. Gartenbauwissenschaft **49**, 145-148. II. Das Modell RADSIM. Gartenbauwissenschaft **50**, 42-47.

FÖLSTER, E. (1979): Kulturen und Kulturfolgen für den Gemüsebau in Norddeutschland. Taspo-Magazin, 32-36.

FÖLSTER, E., SIEGMUND, I. und SPINGER, M. (1983): Datensammlung für die Betriebsplanung im Intensivgemüsebau. 4. Aufl. Hannover: Arbeitskreis Betriebswirtschaft im Gartenbau.

SCHÜRMER, E. (1979): Anbauplanung im Zierpflanzen- und Gemüsebau. Betriebs- und Marktwirtschaft im Gartenbau Nr. 6. Berlin, Hamburg: Paul Parey.

STORCK, H. (1983): Betriebsplanung. In: Storck, H. (Hrsg.), Taschenbuch des Gartenbaues. 2. Auflage, 352-360. Stuttgart: Eugen Ulmer.

7 Die Gemüsepflanzen und ihre Kultur

7.1	**Chenopodiaceae** *(Gänsefußgewächse)* HELMUT KRUG 208		7.5.1 7.5.1.1	Kohl *(Brassica oleracea* L.) . . . . 271 Kopfkohl *(Brassica oleracea* L. convar. *capitata* var. *capitata*) . . . 272
7.1.1	Spinat *(Spinacia oleracea* L.) . . . 208		7.5.1.2	Kohlrabi *(Brassica oleracea* convar. *acephala* var. *gongylodes* L.) . 280
7.1.2	Rote Rübe *(Beta vulgaris* L. var. *conditiva)* 214		7.5.1.3	Blumenkohl *(Brassica oleracea* conv. *botrytis* var. *botrytis*) 283
7.1.3	Mangold *(Beta vulgaris* L. var. *vulgaris* u. var. *flavescens*) 218		7.5.1.4	Brokkoli *(Brassica oleracea* convar. *botrytis* var. *italica*) 290
7.2	**Polygonaceae** *(Knöterichgewächse)* HELMUT KRUG 220		7.5.1.5	Rosenkohl *(Brassica oleracea* L. convar. *oleracea* var. *gemmifera* DC.) 291
7.2.1	Rhabarber *(Rheum rhaponticum,* auch *Rheum rhabarbarum* L.) . . . 220		7.5.1.6	Grünkohl *(Brassica oleracea* L. conv. *acephala* [DC.] Alef. var. *sabellica* L.) 294
7.3	**Fabaceae** *(Papilionaceae – Schmetterlingsblütler)* HELMUT KRUG 225		7.5.2	Chinakohl *(Brassica pekinensis* [Lour.] Rupr.) 296
7.3.1	Erbse *(Pisum sativum* L.) 225		7.5.3	Kohlrübe (Steckrübe, Wrucke – *Brassica napus* L. var. *napobrassica* [L.] Rehb.) 299
7.3.2	Dicke Bohne *(Vicia faba* L.) 237			
7.3.3	Gartenbohne *(Phaseolus vulgaris* L.) 240		7.5.4	Speiserübe (Mairüben, Herbstrüben, Teltower Rübchen, Weiße Rübe, Wasserrübe, Stielmus, Rübstiel, Namenia – *Brassica rapa* L. var. *rapa*) 300
7.3.3.1	Anbau der Buschbohne 243			
7.3.3.2	Anbau der Stangenbohne 247			
7.4	**Apiaceae** *(Umbelliferae – Doldengewächse)* HELMUT KRUG 248		7.5.5	Rettich und Radies *(Raphanus sativus* L.) 301
7.4.1	Möhre *(Daucus carota* L. ssp. *sativus* [Hoffm.]) 249		7.5.5.1	Rettich *(Raphanus sativus* L. var. *niger* Mill.) 302
7.4.2	Sellerie *(Apium graveolens* L.) . . 256		7.5.5.2	Radies *(Raphanus sativus* L. var. *sativus*) 305
7.4.2.1	Knollensellerie 258			
7.4.2.2	Bleichsellerie 261		7.5.6	Meerrettich *(Armoracia rusticana* Ph. Gaertn. B. Mey. et Scherb.) . 308
7.4.2.3	Schnittsellerie 262			
7.4.3	Petersilie *(Petroselinum crispum* Mill.) 262		7.5.7	Gartenkresse *(Lepidium sativum* L.) 310
7.4.3.1	Blattpetersilie 264		7.5.8	Brunnenkresse *(Nasturtium officinale* R. Br.) 310
7.4.3.2	Wurzelpetersilie 265			
7.4.4	Gemüsefenchel (Zwiebel-, Knollenfenchel, *Foeniculum vulgare* var. *azoricum* Mill.) 265		**7.6**	**Cucurbitacea (Kürbisgewächse)** HANS-PETER LIEBIG 311
7.4.5	Gartendill *(Anethum graveolens* L. var. *hortorum*) 268		7.6.1	Gurke *(Cucumis sativus* L.) 312
			7.6.2	Melone 327
7.4.6	Pastinake *(Pastinaca sativa* L.) . . 269		7.6.2.1	Zuckermelone *(Cucumis melo* L.) 327
7.5	**Brassicaceae** *(Cruciferae – Kreuzblütler)* HEINZ-JOACHIM WIEBE 270		7.6.2.2	Wassermelone *(Citrullus lanatus* var. *caffer*) 330
			7.6.3	Kürbis *(Cucurbita-*Arten) 330

7.7	*Valerianaceae* (Baldriangewächse)		7.10.1	Speisezwiebel (*Allium cepa* L. var. *cepa*)	391
	Erich Fölster ... 333		7.10.2	Porree (*Allium ampeloprasum* L. var. *porrum*)	399
7.7.1	Feldsalat (*Valerianella locusta* L.)	334	7.10.3	Schnittlauch (*Allium schoenoprasum* L.)	406
7.8	*Solanaceae* (Nachtschattengewächse)		7.10.4	Andere *Allium*-Arten	412
	Erich Fölster ... 338		7.10.4.1	Schalotte (*Allium cepa* L. var. *aggregatum*)	412
7.8.1	Tomate (*Lycopersicon lycopersicum*)	339	7.10.4.2	Winterzwiebel (*Allium fistulosum* L.)	412
7.8.2	Paprika (*Capsicum annuum* L.)	354	7.10.4.3	Luft- und Bulbenzwiebel (*Allium cepa* L. var. *proliferum*)	413
7.8.3	Eierfrucht (*Solanum melongena* L.)	361	7.10.4.4	Knoblauch (*Allium sativum* L.)	413
7.9	*Asteraceae* (*Compositae* – Korbblütler)		7.10.5	Spargel (*Asparagus officinalis* L.)	414
	Erich Fölster ... 365		7.10.5.1	Bleichspargel	418
7.9.1	Gartensalat (*Lactuca sativa* L.)	365	7.10.5.2	Grünspargel	421
7.9.2	Endivie (*Cichorium endivia* L.)	375	7.11	*Poaceae* (*Gramineae* = Echte Gräser)	
7.9.3	Chicoree (*Cichorium intybus* L. var. *foliosum* Hegi)	379		Helmut Krug ... 422	
7.9.4	Radicchio und Fleischkraut (*Cichorium intybus* L. var. *foliosum*)	386	7.11.1	Süßmais (Zuckermais, Gemüsemais, *Zea mays* L. conv. *saccharata*)	422
7.9.5	Schwarzwurzel (*Scorzonera hispanica* L.)	387			
7.10	*Liliaceae* (Liliengewächse) Helmut Krug ... 390		7.12	Gemüsekeimlinge Helmut Krug ... 425	

7.1 Chenopodiaceae (Gänsefußgewächse)

Gemüsepflanzen der *Chenopodiaceae* sind Rote Rübe, Mangold, Spinat und Gartenmelde. Die *Chenopodiaceae* bilden einfache, nebenblattlose, leicht sukkulente Blätter mit hohem Natrium-, Kalium- und – bei reichlicher N-Versorgung – hohem Nitratgehalt. Mit ihren tiefgehenden Pfahlwurzeln sind viele *Chenopodiaceae* salzreichen Standorten angepaßt. Ihre Entwicklung wird durch die Temperatur und die Tageslänge bestimmt. Bei den *Beta*-Arten dominiert die Temperaturwirkung in Form der Vernalisation, beim Spinat die photoperiodische Reaktion. Die *Chenopodiaceae* bilden in komplizierten Blütenständen unscheinbare, grüne Blüten mit einsamigen Früchten.

7.1.1   Spinat (*Spinacia oleracea* L.)

□ Geschichte und Bedeutung
Die Abstammung des Spinates ist nicht sicher bekannt. Eine nahe Verwandte (*Spinacia tetranda*) wächst in Mittelasien als Wildpflanze. Man nimmt an, daß Spinat spätestens im 7. Jh. aus diesem Raum nach Ostasien und in das Mittelmeergebiet kam und sich von dort über Spanien bis nach Mitteleuropa verbreitete. Hier wird er erstmals im 15. Jh. erwähnt und hat die Melde (*Atriplex hortensis* L.) als „Spinatpflanze" weitgehend verdrängt.

Heute werden 2 Varietäten angebaut:
▷ var. *oleracea,* der spitz- oder scharfsamige Spinat (Abb. 7.1-3, b 1), der die ältere Form repräsentieren dürfte und der Art möglicherweise den Namen gegeben hat (*spina* = Dorn).
▷ var. *inermis* (unbewaffnet), der rundsamige Spinat (Abb. 7.1-3, b 2), der erst im 16. Jh. erwähnt wird.

Die ernährungsphysiologische Bedeutung des Spinats liegt in seinem Gehalt an Vitamin C, Carotin, Vitamin B, Riboflavin, einem hochwertigen Eiweiß, Fett und Kohlenhydraten. An Mineralstoffen sind besonders Eisen, Kalium, aber auch Calcium, zu nennen. Der Gehalt an wertgebenden Inhaltsstoffen macht den Spinat zu einem bevorzugten Nahrungsmittel für Kleinkinder.

In neuerer Zeit wird den hohen Gehalten an Nitrat und Oxalsäure Beachtung geschenkt. Die Oxalsäure wird im Körper in das nahezu unlösliche Calciumoxalat überführt und verliert damit ihre physiologische Wirkung. Sie entzieht aber dem Körper Calcium.

Nitrat wird bevorzugt in den Leitbündeln und damit in den Stengeln und Blattstielen gespeichert. Nitrat selbst hat auf Mensch und Tier keine unmittelbar nachteilige Wirkung. Schädigungen können nach bakterieller Reduktion zu Nitrit während des Transportes oder der Aufbewahrung im frischen oder zubereitetem Zustand auftreten. Es besteht auch die Gefahr, daß durch Reaktion von Nitrit mit Aminen oder Amiden karzinogene Nitrosamine oder Nitrosamide entstehen (s. Kap. 3.3.5.3).

Spinat wird heute, mit Ausnahme der tropischen Gebiete, weltweit angebaut. Die Produktion in der EG liegt bei 20 000 ha mit den größten Flächen in Italien (7 500 ha) und Frankreich (5100 ha). In der Bundesrepublik Deutschland betrug die Anbaufläche 1983 ca. 3000 ha mit Schwerpunkten in den Gebieten mit intensiver Gemüseproduktion, wie den Ländern Rheinland-Pfalz, Nordrhein-Westfalen, Niedersachsen und Baden-Württemberg.

Im Vertragsanbau mit der Verarbeitungsindustrie wird Spinat zur Herstellung von Tiefkühl- und Trockenkost sowie von Naßkonserven produziert. Letztere werden insbesondere als Kindernahrung angeboten. Der Anbau für die Tiefkühlindustrie ist im Raum Hannover konzentriert. Nur ca. 15 % der Ernte werden auf dem Frischmarkt abgesetzt. Ein Vorzug dieser Gemüseart besteht im nahezu ganzjährigen Angebot als Frischware aus dem Freiland und aus Gewächshäusern.

Unter »Spinat« werden in den niederen Breiten auch Blätter anderer Pflanzenarten angeboten. Der Begriff bezieht sich hier auf die Nutzung der gekochten Blätter als Gemüse. Solche Arten sind u. a. die dem Spinat nahe verwandten *Amaranthus tricolor* und *A. hybridus* (Amarant), aber auch *Basella alba* (Malabarspinat, Indischer Spinat), *Ipomoea aquatica* (Wasserspinat) und *Tetragonia tetragonoides* (Neuseeländer Spinat).

☐ **Botanische Grundlagen**
Während der Keimung ist Spinat sowohl gegen hohe Temperatur als auch gegen Wasser- und Sauerstoffmangel sehr empfindlich. Die Reaktion auf Sauerstoffmangel bedingt die Empfindlichkeit gegen nasse oder verdichtete Böden (Testpflanze). Spinat zeigt somit ein besonders labiles Keimverhalten. Er ist niedriger Temperatur angepaßt und keimt bereits bei 0 °C. Über 15 °C sinkt die Keimfähigkeit deutlich ab, über 30 °C ist die Keimung meist völlig gehemmt. Ein gleichmäßiger Feldaufgang ist deshalb nur bei niedriger bis mittlerer Temperatur sowie günstiger Wasser- und Sauerstoffversorgung gewährleistet.

Im vegetativen Zustand bildet Spinat eine Rosette. Die wechselständigen Blätter sind bei den Sorten in Form, Farbe und Sukkulenz unter-

Abb. 7.1-1: Spinat, Rosetten bzw. Blätter rundblättriger (oben) und spitzblättriger Sorten (unten). Oben rechts: Blattspreite blasig gewellt

schiedlich ausgebildet (Abb. 7.1-1). Die Blattform variiert zwischen eiförmig, elliptisch und pfeil- bis spießförmig. Der Blattrand ist ganzrandig bis schrotsägeförmig. Die Spreiten sind glatt bis blasig gewellt. Blasige Blätter bedingen im Stapel eine bessere Durchlüftung und erleichtern das Einmischen von Eis, lassen sich aber schlechter säubern. Spinat bildet eine spindelige, bis 1,4 m tiefgehende Pfahlwurzel. Die Nährstoffe werden bei Frühjahrsspinat bis zu einer Tiefe von 60 cm genutzt (BÖHMER 1980).

Die generative Entwicklung wird beim Spinat durch die Tageslänge in Verbindung mit der

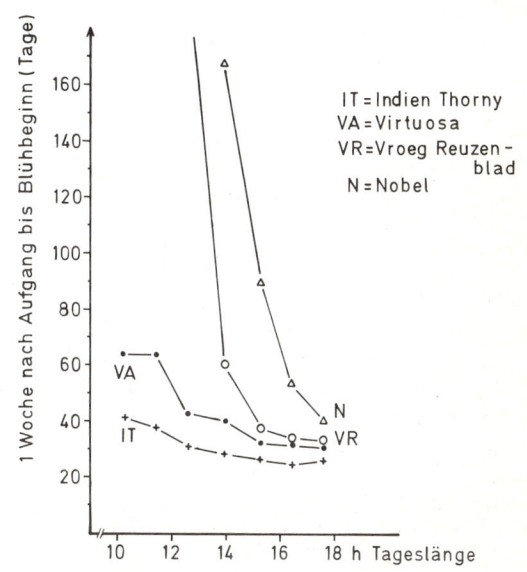

Abb. 7.1-2: Blühbeginn von Spinatsorten nach 25tägiger photoperiodischer Behandlung bei ca. 16 °C (Extrapolierte Werte nach PARLEVLIET 1967)

Temperatur eingeleitet, aber auch durch einen Kältereiz (Vernalisation) gefördert. Spinat ist eine Langtagpflanze mit starken Sortenunterschieden in der Ausprägung der photoperiodischen Reaktion (Abb. 7.1-2). Einige Sorten weisen nur eine geringe photoperiodische Empfindlichkeit auf ('Indian Thorny', 'Virtuosa'). Sie zeigen im Kurztag nur eine geringe Entwicklungsverzögerung und kommen auch in kurzen Tagen zur Blüte. Bei anderen Sorten hemmen kurze Tage die Entwicklung so stark, daß die Pflanzen vegetativ bleiben (z. B. 'Nobel'). Neben der photoperiodischen Empfindlichkeit unterscheiden sich die Sorten auch in der »kritischen Tageslänge« (10–13 Stunden). Diese Tageslängenreaktion wird durch die Temperatur und die Lichtmenge beeinflußt. Niedrige Temperatur und niedrige Lichtmenge schwächen die photoperiodische Reaktion, hohe Temperatur und hohe Lichtmenge verstärken sie.

Die photoperiodisch-thermische Reaktion bestimmt durch die Steuerung der generativen Entwicklung die Dauer des vegetativen Wachstums und damit die Ausbildung von Blättern und den Ertrag. Die Verwendung von Sorten mit starker photoperiodischer Hemmung (hohe kritische Tageslänge, starke photoperiodische Empfindlichkeit) führt jedoch nicht zu Höchsterträgen, da die Wachstumsrate (Zunahme an Blattmasse pro Zeiteinheit) auch von der Entwicklungsrate (Fortschritt der generativen Entwicklung pro Zeiteinheit) beeinflußt wird. Die höchste Wachstumsrate wird vielfach im Bereich der kritischen Tageslänge erreicht. Unter kurzen Tagen, also im Winter oder in den niederen Breiten, bringen deshalb Sorten mit niedrigerer kritischer Tageslänge und geringerer photoperiodischer Empfindlichkeit, das sind unter langen Tagen schoßempfindliche Sorten, größere Wachstumsleistungen und bei früher Ernte höhere Erträge. Damit ergibt sich ein enger Zusammenhang zwischen der photoperiodisch-thermischen Reaktion der Sorten und den geeigneten Anbaugebieten bzw. Anbauzeiten.

Neben der photoperiodisch-thermischen Reaktion wirkt die Temperatur auch unmittelbar. Hohe Temperatur beschleunigt die Wachstums- und Entwicklungsprozesse, aber die Entwicklungsrate stärker als die Wachstumsrate. Unter hoher Temperatur wachsen die Pflanzen somit schneller, kommen aber auch früher zum Schossen, und die Erträge sind geringer als unter niedriger Temperatur. Frühe Sorten reagieren diesbezüglich stärker als späte und sind auch aus diesem Grunde nicht für den Sommeranbau geeignet.

Diese Reaktionen können durch die Wirkung eines Kältereizes (Vernalisation) überlagert werden. Den Kältereiz vermögen schon gequollene Samen aufzunehmen. Stärker reagieren grüne Pflanzen. Der wirksame Temperaturbereich für die Blühinduktion liegt zwischen 2 und 8°C. Nach erfolgter Blühinduktion fördert höhere Temperatur das Schossen (PARLEVLIET 1967). Die notwendige Vernalisationsdauer beträgt bei 0–5°C 8–10 Tage (JUNGES 1956). Vernalisierte Pflanzen bringen bei ca. 7 Tagen früherer Blüte einen geringeren Blatt-, aber einen höheren Samenertrag. Eine Vernalisation verstärkt die blühfördernde Langtagwirkung (senkt die kritische Tageslänge) und vermindert die Kurztaghemmung. Im Vernalisationsverhalten zeigten alle geprüften Sorten die annähernd gleiche Reaktion (PARLEVLIET 1967). Für die Kulturplanung spielt die Vernalisationsreaktion keine besondere Rolle.

Die Ertragsbildung von Spinat ergibt sich somit aus dem Zusammenspiel einer Vielzahl von Prozessen, die jedoch – wie Korrelationsbrecher beweisen – heute noch unvollständig verstanden werden.

Nach der Induktion der generativen Entwicklung verlängert sich die Sproßachse, die Rosette löst sich auf, und es bildet sich ein verzweigter Blütenstand. In der Geschlechtsausprägung der Blüten sind 4 Typen zu unterscheiden (SNEEP 1962, Abb. 7.1-3a):
1. männliche Blüten mit meist vierzähliger Blütenhülle und 4 Staubblättern,
2. weibliche Blüten mit zwei- bis vierzähliger Blütenhülle, der Fruchtknoten mit einer Samenanlage trägt einen kurzen Griffel und 4–6, z. T. verzweigte Narben,
3. u. 4. werden zwittrige Blüten ausgebildet, die betont männlich oder betont weiblich sein können.

Hinsichtlich der Verteilung der Blüten auf die Pflanzen gibt es überwiegend zweihäusige (weibliche und männliche Blüten auf verschiedenen Pflanzen) und überwiegend einhäusige (weibliche und männliche Blüten auf einer Pflanze) Sorten. Bei den älteren Sorten waren die männlichen Pflanzen blattärmer und schoßten früher, mußten also früher geerntet werden und brachten geringere Erträge. Die Züchtung strebte deshalb einhäusige Sorten an. Inzwischen ist es gelungen, Blattausbildung und Schoßverhalten der männlichen Pflanzen den entsprechenden Eigenschaften weiblicher Pflanzen anzupassen, so daß zweihäusige Sorten annähernd gleiche Ertragsleistungen zu bringen vermögen wie einhäusige.

Es herrscht Windbestäubung vor. Nach der

Chenopodiaceae (Gänsefußgewächse)

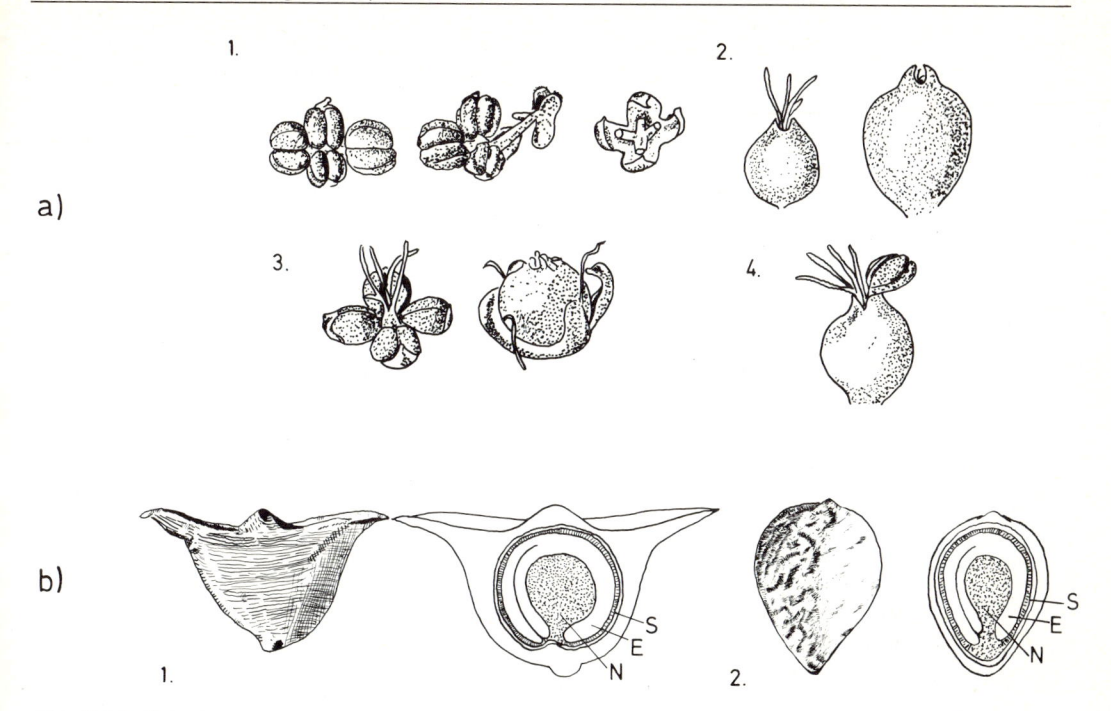

Abb. 7.1-3: Spinat
a) Blüten einer rundsamigen Sorte (n. SNEEP 1962) **1.** Männliche Blüte (v.l.: Staubbeutel unreif; 1 Filament gestreckt, Staubbeutel geplatzt; Staubbeutel aus der Blütenhülle entfernt)
2. Weibliche Blüte (ohne Blütenhülle) v.l.: mit Narben; reifende Scheinfrucht
3. Zwittrige, betont männliche Blüte (v.l.: unreif; reifende Scheinfrucht)
4. Zwittrige, betont weibliche Blüte
b) Scheinfrüchte
1. spitzsamige Sorte mit Samenschale (S), ringförmigem Embryo (E) und Nährgewebe (N) (n. WITTMACK 1922) und
2. rundsamige Sorte (n. HEINISCH 1963)

Befruchtung entwickelt sich der Fruchtknoten zu einer Scheinfrucht (Abb. 7.1-3b). Bei den spitzsamigen Sorten ist die Frucht mit der Blütenhülle verwachsen und bildet nach dem Verhärten meist zwei, aber auch drei oder vier Spitzen. Da spitzsamiges Saatgut beim Sävorgang schlechter gleitet als rundsamiges, ist diese Eigenschaft unerwünscht. Die zwei letzten in der beschreibenden Sortenliste aufgeführten spitzsamigen Sorten verdanken ihre Aufnahme guten Wachstumsleistungen unter Winterbedingungen.

Bei Märzaussaat blühen die Pflanzen ab der zweiten Maihälfte, die Samenernte beginnt Ende Juli.

☐ **Standortansprüche**
Höchste Wachstumsleistungen bringt Spinat bei hoher Strahlung, mittlerer Temperatur und hoher Luftfeuchtigkeit. Er verträgt leichte Fröste und kann überwintern. Starke Fröste führen bis zum Totalausfall. Mit diesen Ansprüchen ist Spinat eine Pflanze des maritimen Klimas. Er sollte jedoch vor starken, austrocknenden Winden geschützt werden.

Auf stauende Nässe, saure Bodenreaktion und Trockenheit reagiert Spinat empfindlich. Es sind deshalb tiefgründige, gut strukturierte, humose Böden mit hoher Wasser- und Pufferkapazität zu bevorzugen. Leichte Böden eignen sich nur für frühe Sätze oder bei ausreichender Zusatzberegnung und Düngung. Am günstigsten sind Löß-, Lehm- oder Mineralböden mit hohem Humusgehalt. Moorböden sind ebenfalls gute Standorte, mit Ausnahme für Winterspinat. Für die maschinelle Ernte sollten die Felder möglichst eben und steinfrei sein.

☐ **Anbauformen**
Die Produktion für den Vertragsanbau, das sind ca. 85 % der gesamten Spinatfläche, liegt in landwirtschaftlichen Betrieben. Spinat ist hier eine beliebte Vorkultur für z. B. Buschbohnen und

eine gute Nachkultur für Buschbohnen, Erbsen, Frühkartoffeln u. a. Bevorzugte Anbauzeiten sind der Spätsommer bis Herbst, gefolgt von Frühjahrsspinat. Den Frischmarkt beliefern gärtnerische Betriebe aus dem Freiland und in geringem Umfang auch aus Gewächshäusern.

☐ **Fruchtfolge**

Spinat kann wegen seiner kurzen Kulturdauer (35–80 Tage), seiner Anpassung an niedrige Temperatur und seiner Überwinterungsfähigkeit vielseitig in die Fruchtfolge eingegliedert werden. Auch hier gilt die Forderung nach Anbaupausen vor einem erneuten Anbau von Spinat oder anderen *Chenopodiaceae*, wie z. B. Zückerrüben (Rübennematode bzw. Rübenvergilbungsvirus). Auch mit Kartoffeln sollte er nicht zu eng gestellt werden (Nematoden). Ein zweimaliger Anbau auf der gleichen Fläche in einem Jahr ist weniger gefährlich, wenn Anbaupausen folgen.

Der Vorfruchtwert des Spinates ist gering, insbesondere, wenn eine maschinelle Ernte auf nassen Böden zu Strukturschäden führt. Da Spinat hohe Stickstoffgaben erhält, die bis zur Ernte nicht ausgeschöpft werden, hinterläßt er im Boden relativ hohe Stickstoffmengen.

☐ **Sortenwahl**

Bei der Sortenwahl stehen Eigenschaften wie Wachstumsgeschwindigkeit, Schoßneigung, Uniformität, geringe Neigung zur Vergilbung, geringer Nitratgehalt, Resistenz gegen Schaderreger und – bei Überwinterungsanbau – Winterfestigkeit im Vordergrund. Für den Gewächshausanbau im Winter sind schnellwachsende, geringer Bestrahlungsstärke und niedriger Temperatur angepaßte Sorten zu bevorzugen. Im Sommeranbau liefern nur spätschossende und langsamwachsende Sorten gute Erträge. Die für die Frühjahrs- und Herbstkulturen geeigneten Sorten nehmen in ihrem physiologischen Verhalten, mit allen Übergängen, eine Mittelstellung ein. Mehltauresistenz ist besonders für dichte Bestände und Gewächshauskulturen von Bedeutung.

Die Mehrzahl der zugelassenen Sorten ist vorwiegend zweihäusig mit männlichen Pflanzen, die wie die weiblichen gut beblättert sind und relativ spät schossen; ein geringer Teil ist einhäusig oder vorwiegend einhäusig. Einige Sorten sind Hybriden und damit sehr einheitlich und ertragsstark. Neuerdings werden auch Sorten angeboten, die bereits gegen alle 3 Pathogene des Mehltaus resistent sind. Durch die hohen Züchtungskosten verteuert sich das Hybridsaatgut jedoch.

Im Hinblick auf die Blattausbildung werden vom deutschen Markt rund- und glattblättrige sowie dunkelgrüne Sorten bevorzugt. Für die maschinelle Ernte sind langstielige, aufrechtstehende Blätter erwünscht. Auch im Gehalt an wertgebenden und unerwünschten Inhaltsstoffen bestehen beträchtliche Sortenunterschiede.

☐ **Bodenvorbereitung und Düngung**

Die Empfindlichkeit gegen Strukturschäden und deren Folgen fordert eine hinreichend tiefe Pflugfurche und eine sorgfältige Nachbearbeitung für die Bereitung eines gut abgesetzten (ggf. Unterkrumenpacker), feinkrümeligen Saatbettes. Für die maschinelle Ernte muß das Feld eben hergerichtet werden. In die Schälfurche gesäte Kulturen reagieren leicht mit Wachstumsstockungen und gelben Blattspitzen.

Spinat gilt als Frucht der 1. Tracht, verschiedentlich wird aber vor einer frischen Stallmistdüngung gewarnt. Er liebt einen neutralen bis schwach alkalischen Boden und verträgt bis 4 Wochen vor der Saat eine Kalkung. Die Kaliumdüngung sollte im Frühjahr in der Chloridform gegeben werden, da ein hohes Chloridangebot eine Reduzierung des N-Angebotes erlaubt und bei gleicher Ertragsleistung zu einem geringeren Nitratgehalt führt (HÄHNDEL u. WEHRMANN 1985)

Das Stickstoffangebot in 0–60 cm Tiefe ist an der geforderten Wachstumsleistung und dem zulässigen Nitratgehalt zu orientieren (s. Abb. 4.2-7). Höchste Wachstumsleistungen werden beim Spinat erst bei einem Angebot von mindestens 250 kg/ha N erzielt. Der Nitratgehalt kann bei einer so reichlichen Versorgung bis über 2000 ppm ansteigen. Soll der von der Deutschen Gesellschaft für Qualitätsforschung empfohlene Grenzwert von 300 ppm Nitrat nicht überschritten werden, sind nur bis zu 100 kg/ha N anzubieten. Damit wird jedoch der erreichbare Höchstertrag um ca. 40 % unterschritten. Zusätzlich besteht ein größeres Schoßrisiko. Je nach den Forderungen des Abnehmers und der Bezahlung des Produkts ergibt sich somit für das Stickstoffangebot ein Bereich von 100–250 kg/ha N.

Die Stickstoffdüngung wird auf sorptionskräftigen Böden bis eine Woche vor der Saat gestreut. Auf sorptionsschwächeren Böden werden vor der Saat nur ca. 100 kg/ha N, der Rest beim Erscheinen des dritten Laubblattes gedüngt. Eine geteilte Gabe erhöht allerdings den Nitratgehalt zur Ernte, insbesondere eine Gabe kurz vor der Ernte zur Erzeugung tiefgrüner Pflanzen. Winterspinat erhält 30 % der Stickstoffgabe im Herbst, den Rest im Frühjahr zum Austrieb.

Chenopodiaceae (Gänsefußgewächse)

Tab. 7.1–1: Kulturtermine für Spinat

Ernte	Saat	Sortengruppe	Bezeichnung
Freiland			
Apr.	Sep. 2 – Okt. 2	früh	Winterspinat
Apr. 3 – Mai	Feb. – Mä. 2	früh	Frühjahrsspinat
Mai – Jun.	Apr.	früh–mittel	Frühjahrsspinat
Jun. – Jul.	Apr. – Mai	mittel–spät	Sommerspinat
Aug.	Jun.	spät	Sommerspinat
Sep.	Jul.	spät–mittel	Herbstspinat
Okt.	Jul. – Aug. 2	spät–mittel	Herbstspinat
Okt. – Dez.	Aug. – Sep. 2	früh	Herbstspinat
Gewächshaus			
Nov.	ab Sep. 2	früh	
Dez. – Jan.	Okt.	früh	
Feb.	Nov.	früh	
Mä.	Dez. – Feb.	früh	
Apr.	Feb.	früh	

■ Freilandkultur
□ Pflanzenanzucht

Eine kontinuierliche Marktbelieferung kann bei Spinat nur mit einer Vielzahl von Sätzen (ca. 10) mit den jeweils geeigneten Sorten sichergestellt werden (Tab. 7.1-1). Für eine sehr frühe Ernte wird eine frühe, winterfeste Sorte bereits Ende September – Anfang Oktober gesät. Die beste Winterhärte besitzen junge Pflanzen mit 2–4 Laubblättern. In kalten Wintern, besonders bei häufigem Wechsel von Frost und Tauwetter, ist jedoch mit Schäden oder Totalausfall zu rechnen.

Im Frühjahr kann gesät werden, sobald der Boden hinreichend abgetrocknet ist. Frühe Sorten mit relativ hoher Saatstärke erlauben Ernten ab Mitte April. Ab April werden auch mittelfrühe und späte Sorten gesät, die schoßfester sind und bei längerer Kulturdauer höhere Erträge bringen. Für Ernten von Juli bis August eignen sich nur schoßfeste, späte Sorten. Für die Folgesätze können bei frühzeitiger Saat wiederum späte bis mittelfrühe, ab Mitte August wieder frühe Sorten gesät werden.

Die bessere Schoßfestigkeit und größere Mehltauresistenz der heutigen Sorten erlauben dichtere Saaten als sie früher üblich waren. Für eine maschinelle Ernte sind dichte Bestände mit aufrechtstehenden Blättern eine Voraussetzung. Im Feldgemüsebau werden Saatstärken von 40 kg/ha empfohlen, die unter ungünstigen Bedingungen, wie z. B. für Winterspinat oder bei zeitiger Frühjahrssaat, bis 10 kg/ha erhöht, unter günstigen Bedingungen bzw. bei starkwüchsigen Sorten bis 10 kg/ha erniedrigt werden. In Intensivbetrieben mit früherer Ernte für die Frischmarktbelieferung sind 60 kg/ha angemessen. Bei sehr früher Freilandernte wird noch dichter gesät. In den Niederlanden werden bei Wintersaaten im Freiland (Dez. 3 – Jan. 2) mit spitzsamigen Sorten Saatstärken bis 90 kg/ha ausgebracht, um bei sehr früher Ernte noch kleiner Pflanzen befriedigende Erträge zu erzielen. Bei längerem Stand sind dichte Kulturen jedoch sehr weich, damit mehltaugefährdet und nach dem Schnitt schnell verderblich.

Spinatsaatgut wird nach dem Beizen in Reihenabständen von 12,5 bis 20 cm gedrillt. Die Saattiefe beträgt in Abhängigkeit vom Feuchtezustand des Bodens 2–4 cm, bei Herbizideinsatz 4 cm. Druckrollen oder anschließendes Anwalzen fördern bei trockenem Boden den Feldaufgang.

□ Pflege

Zur Bodenlockerung und Unkrautbekämpfung kann das Feld nach dem Einwurzeln der Pflanzen gestriegelt und gehackt werden. Im Industrieanbau ist Herbizideinsatz mit Vorauflaufmitteln die Regel. Bei dem Präparat »Venzar« ist die lange Wirkungsdauer zu beachten, die bei dem Einsatz im Frühjahr oder Sommer zu Schäden an den Nachfrüchten führen kann.

In Trockenperioden kann die Ertragsleistung durch eine Zusatzbewässerung sehr gefördert werden. Dies gilt bereits für die Befeuchtung des Bodens vor der Saat und besonders für aufgelaufene, blattreiche Bestände. Darüber hinaus verzögert eine Bewässerung das Schossen.

Bei den Pflanzenschutzmaßnahmen ist bei feuchter Witterung einem Befall durch Falschen Mehltau *(Peronospora farinosa* f. sp. *spinaciae)* und Blattläusen Beachtung zu schenken.

☐ Ernte und Ertrag

Die Ernte kann beginnen, wenn der Bestand eine hinreichende Blattmasse gebildet hat. Für den Frischmarkt werden meist noch recht kleine Pflanzen geschnitten. Kurz vor dem Schossen und dem Sichtbarwerden der ersten Blütenknospen ist die Ernte zu beenden, da geschoßter Spinat bitter schmeckt. In der warmen Jahreszeit ist die potentielle Ernteperiode nur kurz. Für die Industrie wird meist erst kurz vor dem Schossen geerntet. Die Bestände dürfen keine gelben Blätter aufweisen und nicht verunkrautet sein. In den Morgenstunden taufrisch geerntete Ware bleibt länger haltbar.

Zur Ernte werden entweder die Blattstiele (Blattspinat) oder die Wurzelhälse dicht unter der Rosette (Wurzel- oder Stechspinat) geschnitten. Wurzelspinat läßt sich besser säubern, muß aber nachgeputzt werden und ist aus diesem Grunde weniger gefragt. Blattspinat kann vor allem beim Herbstanbau unter Kurztagbedingungen mehrmals geschnitten werden. In anderen Ländern werden auch große Blätter ausgepflückt.

Für die Frischmarktbelieferung wird Blattspinat mit der Spinatsense (Sense mit Fangkorb) oder mit dem Mähbalken geschnitten und von Hand aufgenommen. Wurzelspinat wird mit dem Messer geerntet oder mit Hackmaschinen unterfahren und ebenfalls von Hand in Kisten gefüllt. Für die Belieferung der Industrie ist die Ernte von Spinat mit Spinatvollerntemaschinen mit Überladeband und Ladewagen voll mechanisiert. Durch einen hohen Schnitt kann der Anteil der Blattstiele reduziert und damit der mittlere Nitratgehalt gesenkt werden. Durch lockeres Laden und schnellen Transport wird die Gefahr der Nitritbildung verringert.

Die Ertragsleistung hängt von der Jahreszeit, der Sorte und dem Erntezeitpunkt ab. Bei Zeitstufensaaten im Frühjahr steigen die Erträge bis zu Aussaaten Anfang April, um dann mit dem Hineinwachsen in längere, wärmere Tage wieder zu sinken. Unter den Kurztagbedingungen im Herbst können bei langer Kulturdauer höhere Erträge als im Frühjahr erzielt werden. Die mittleren Erträge liegen bei Frischmarktbelieferung und einmaligem Schnitt bei 200 bis 300, bei Industrieware bei 250 bis zu 300 dt/ha.

☐ Aufbereitung und Lagerung

Spinat für den Frischmarkt wird unmittelbar nach dem Schnitt in Kisten oder Folien verpackt, ggf. gewaschen oder zur Frischhaltung überbraust und nach den Qualitätsnormen der EG verlesen. Die Stiellänge sollte 10 cm nicht überschreiten. Ist eine Lagerung unumgänglich, wird die Ware trocken eingelagert und bei 0 °C sowie möglichst hoher Luftfeuchte gehalten.

■ Gewächshauskultur

Durch Gewächshauskulturen kann das Spinatangebot aus dem Freiland von November bis April ergänzt werden (Tab. 7.1-1). Die entsprechenden Saatzeiten liegen zwischen September und Februar. Die Sorten sollen für akzeptable Ertragsleistungen eine niedrige kritische Tageslänge besitzen und möglichst mehltauresistent sein.

Um die Blätter trocken zu halten, ist vor der Saat durchdringend zu wässern. Es werden 25–50 g/m^2 (250–500 kg/ha) Saatgut breitwürfig (z. T. mit nachfolgender Sandabdeckung) oder in engen Reihen ausgesät. In Holland wird auch durch Vorquellen stimuliertes Saatgut verwendet. Nach dem Aufgang liegt die optimale Temperatur unter Winterbedingungen bei 10 °C, aus Kostengründen werden die Gewächshäuser jedoch meist nur frostfrei gehalten. Gelüftet wird bei ca. 18 °C. Besonders junge Pflanzen ertragen leichte Fröste. Im Winter werden schon relativ kleine Pflanzen geerntet und Erträge von 1,3 bis 2,5 kg/m^2 (130–250 dt/ha) erzielt.

Literatur

HUYSKES, J. A. (1971): The importance of photoperiodic response for the breeding of glasshouse spinach. Mededeling 332. Wageningen: Instituut voor de Veredeling van Tuinbouwgewassen.

PARLEVLIET, J. E. (1967): The influence of external factors on the growth and development of spinach cultivars (*Spinacia oleracea* L.). Mededelingen Landbouwhogeschool Wageningen 67-2.

SNEEP, J. (1962): Spinat. In: Handbuch der Pflanzenzüchtung Bd. VI, 227-253. Berlin, Hamburg: Paul Parey.

7.1.2 Rote Rübe (*Beta vulgaris* L. var. *conditiva*)

☐ Geschichte und Bedeutung

Die Rote Rübe, auch Rote Bete oder Salatrübe genannt, wird, wie die anderen *Beta*-Arten, auf den einjährigen bis ausdauernden Seemangold (*Beta vulgaris* ssp. *maritima*) zurückgeführt. Dieser ist als Wildpflanze an der Mittelmeerküste, aber auch in Asien bis nach Westindien und an den europäischen Atlantik- sowie Nord- und Ostseeküsten zu finden. Bereits im Altertum wurden Blätter von *Beta*-Arten verzehrt. Von einer Rübe mit roten Blättern und dicken roten »Wurzeln« wird in Deutschland erstmals im 15. Jh. berichtet. Die heutigen Formen entstanden im 19. und 20. Jh.

Der ernährungsphysiologische Wert der Roten Rübe liegt in einem ausgewogenen Rohrzucker-Säureverhältnis, das ihr einen guten Geschmack verleiht. Die Rübe enthält reichlich Kalium, aber nur mittlere Mengen der Vitamine C und der B-Gruppe. Carotin ist nur in Spuren vorhanden. Der Nitratgehalt der Rübe ist relativ hoch. Die rote Farbe beruht auf der hohen Konzentration des Betainglykosides. Der gelegentlich kratzende Geschmack wird von einem Saponin hervorgerufen. Als Diätsaft wird der Roten Rübe eine gesundheitsfördernde Wirkung bei fiebrigen Erkrankungen und Schwächezuständen sowie eine antikarzinogene Wirkung zugesprochen.

In Nord- und Westeuropa zählt die Rote Rübe zu den weit verbreiteten Gemüsepflanzen. Die Anbaufläche in der EG liegt bei 9000 ha; 58 % dieser Fläche entfallen auf Großbritannien und Frankreich. In der Bundesrepublik Deutschland ist der Anbau mit 600 ha unbedeutend. Die Rote Rübe wird auf dem Frischmarkt angeboten und als Salat und Kochgemüse zubereitet oder zur Dekoration genutzt. Die Industrie stellt Naß- und Trockenkonserven sowie Tiefkühlprodukte, aber auch Säfte her. Besonderes Interesse finden kleine, ganze Rüben (3–4,5 cm Durchmesser), die sauer eingelegt als Minibeets auf den Markt kommen. Weiß- und gelbfleischige Rüben derselben Varietät mit gleichen Geschmackseigenschaften werden bevorzugt für die Zubereitung von Fischsalaten verwendet. Zur Farbstoffgewinnung wird das Betainglykosid extrahiert und anderen Nahrungsmitteln als Naturfarbstoff zugesetzt.

☐ Botanische Grundlagen

Das Saatgut der Roten Rübe besteht aus 1–5, meist 3, miteinander verwachsenen einsamigen Früchten (Kapseln), den sogenannten Knäueln (Abb. 7.1-4). Es keimt bei ausreichender Feuchte in einem weiten Temperaturbereich (5–28 °C). Im ersten Jahr bildet sich eine Rosette mit langgestielten, eiförmigen, am Stiel spitz zulaufenden Blattspreiten von grüner bis roter Farbe. Zwischen Blatt- und Rübenfarbe besteht keine enge Beziehung.

Die Pfahlwurzel und das Hypocotyl bilden durch zunächst primäres, dann sekundäres Dickenwachstum eine bis 600 g schwere Knollenrübe mit zweizeiliger Anordnung der Seitenwurzeln. Bei runden und plattrunden Sorten überwiegt der wurzellose Hypocotylanteil, bei Sorten mit langzylindrischen Rüben der Wurzelanteil (Abb. 7.1-4). Im Querschnitt der Knollenrübe fällt eine ringförmige, hellrote (bei älteren Sorten weiße) bis dunkelrote Zonierung auf. Diese beruht auf der Tätigkeit verschiedener Kambien, die jeweils nur eine zeitlich begrenzte Teilungsfähigkeit besitzen und von einem neuen Kambium in der äußeren Zone der sekundären Rinde abgelöst werden. Diese Kambien bilden nach innen Holz-, nach außen Bastparenchym. Da letzteres stärker gefärbt ist, wechseln schwach und stärker gefärbte Geweberinge miteinander ab. Die Wurzeln der Roten Rübe vermögen bis weit über 1 m in den Boden einzudringen.

Die generative Phase wird durch einen Kältereiz ausgelöst. Vernalisierend wirken Temperaturen von 1–10 °C, mit der stärksten Wirkung bei 6 °C. Die Vernalisationsempfindlichkeit beginnt in der Embryoanalphase. Keimende Samen, besonders ältere Pflanzen reagieren jedoch stärker. Ein Langtag wirkt zusätzlich schoß- und blühfördernd und erweitert den vernalisationswirksamen Temperaturbereich. Hohe Temperaturen vermögen den Kältereiz zu löschen (Devernalisation).

Mit dem Schossen löst sich die Rosette auf, es wächst ein bis 1,5 m hoher Blütenstand. In den Achseln der Deckblätter stehen 1–5, meist 3, am Grunde miteinander verwachsene Blüten mit je 5 Staubblättern und meist 3 kurzen Narben auf dem mit den 5 kelchartigen Blütenhüllblättern verwachsenen, oberständigen Fruchtknoten (P5 A5 G̲(2), Abb. 7.1-4). Die Blühperiode währt von Juni bis in den Herbst. Nach Wind- oder auch Insektenbestäubung bilden sich aus dem Fruchtknoten und den einschließenden, verhärteten Blütenhüllblättern Scheinfrüchte, die ab August reif werden.

Aus den Rübenknäueln wachsen meist 2–4 Pflanzen, die zur Produktion großer Rüben vereinzelt werden müssen. Zur Minderung des Arbeitsaufwandes können die Knäuel auseinandergebrochen und durch Sieben aufbereitet werden (technisch monogermes Saatgut). Eine Sorte wird mit genetisch monogermem Saatgut angeboten.

☐ Standortansprüche

Die Rote Rübe stellt keine besonderen Ansprüche an den Standort. Sie gedeiht am besten bei mittlerer Temperatur und relativ hoher Luftfeuchte. Das sind Bedingungen, wie sie im maritimen Klima vorherrschen. Sie bevorzugt mittle-

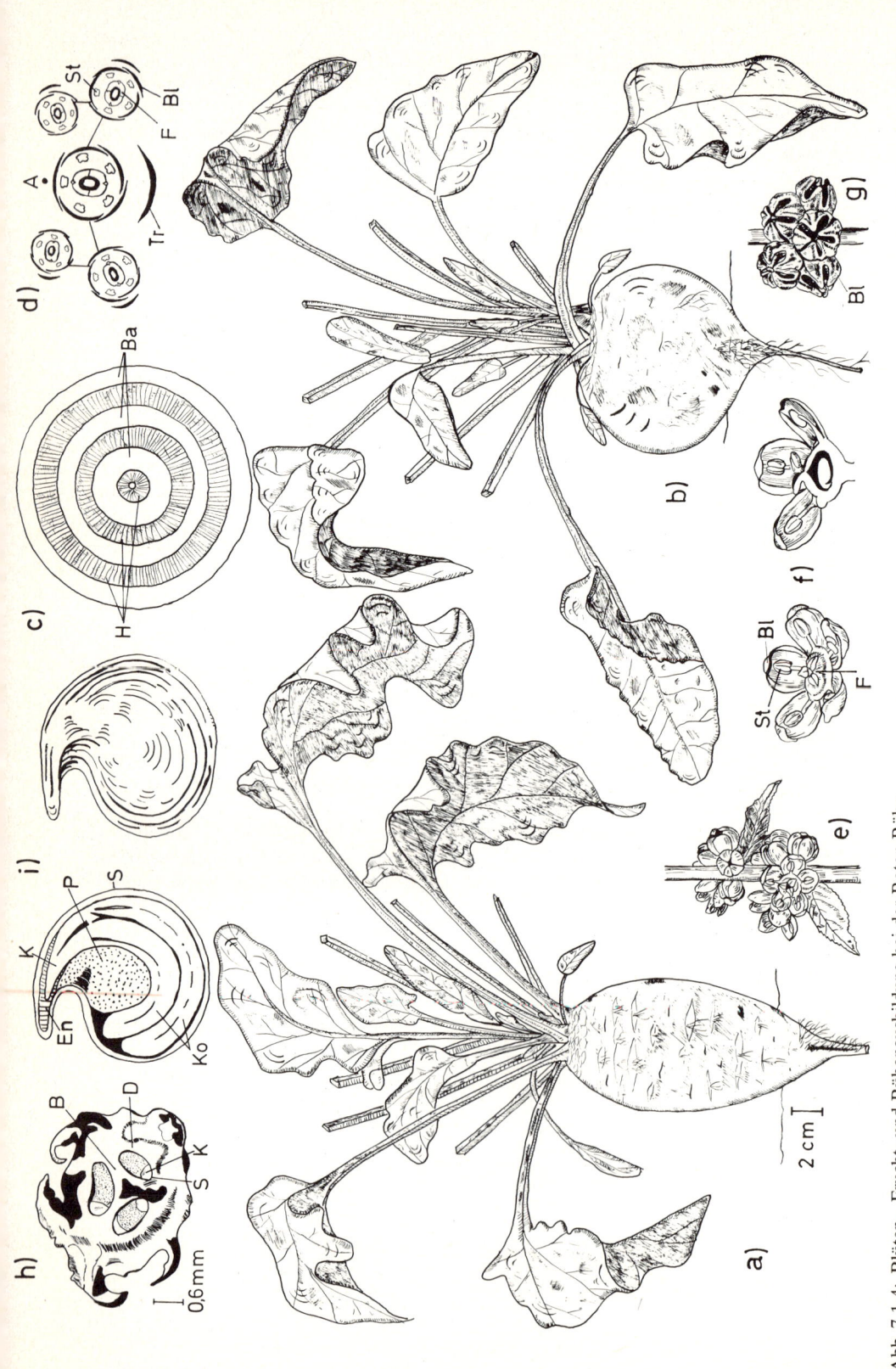

Abb. 7.1-4: Blüten-, Frucht- und Rübenausbildung bei der Roten Rübe
a) Pflanze mit hochrunder (Sorte 'Forono') und **b)** runder Rübe (Sorte 'Rote Kugel'), **c)** Rübe im Querschnitt mit Bast- (Ba) und Holzparenchym (H), Blüten- und Fruchtbildung bei Beta-Arten: **d)** Diagramm eines Blütenknäuels (in Anlehnung an KNAPP 1958), **e)** Blütenknäuel am Trieb, **f)** Einzelblüten in Aufsicht und Längsschnitt, **g)** Fruchtknäuel (nach GRAF), **h)** Einzelfrucht im Längsschnitt bzw. in Aufsicht (nach HEINISCH 1963)

re, humose, tiefgründige Böden mit guter Wasser- und Pufferkapazität.

□ **Anbauformen**
Den relativ geringen Bedarf des Frischmarktes decken gärtnerische Betriebe aus dem Freiland. In den Niederlanden werden Rote Rüben auch in Gewächshäusern kultiviert. In Schweden haben sich Betriebe auf ein kontinuierliches Angebot aus dem Freiland spezialisiert. Der Anbau für die Verarbeitungsindustrie liegt in landwirtschaftlichen Betrieben mit einem Schwerpunkt in Bayern und am Niederrhein.

□ **Fruchtfolge**
Obwohl Rote Rüben auch in Monokultur angebaut werden, sollte eine enge Stellung mit anderen *Chenopodiaceae* vermieden werden. Desgleichen sind weite räumliche Abstände zu anderen *Beta*-Arten anzuraten, um Infektionen mit dem Rübenvergilbungsvirus (Läuseübertragung) zu vermeiden. Bei der kurzen Kulturdauer von 12–18 Wochen sind vielfältige Kombinationen mit anderen kurzlebigen Kulturen möglich.

□ **Sortenwahl**
Für die Frischmarktbelieferung werden Sorten mit runden Rüben bevorzugt, die bei ihrem flachen Stand auch leichter zu roden sind. Für die industrielle Verarbeitung sind lang-zylindrische Sorten, die sich in eine Vielzahl gleicher Scheiben schneiden lassen, besser geeignet. Das Rübengewebe sollte einheitlich tiefrot gefärbt sein. Die Sorten unterscheiden sich auch in der Schoßfestigkeit. Selektionen der Sorte 'Ägyptische Plattrunde' werden als besonders schoßfest empfohlen.

□ **Bodenvorbereitung und Düngung**
Die Bodenvorbereitung sollte, wie bei der Zuckerrübenbestellung, tief, sorgfältig und unter Schonung des Wasserhaushaltes erfolgen. Organische Düngung ist nicht erforderlich. Bei pH-Werten unter 6,5 ist zu kalken. Kalium sollte vor der Saat und in der Chlorid-Form gegeben werden. Stickstoff wird in Mengen von 100 – 150 kg/ha in geteilten Gaben angeboten. Wie andere *Beta*-Arten, reagiert auch die Rote Rübe auf Bor-Mangel mit dem Absterben des Vegetationspunktes, der sogenannten Herz- und Trockenfäule. Besondere Gefahr besteht bei zu hohen pH-Werten. Zur Vorbeugung sind borhaltige Mineraldünger (Borax 20 kg/ha) zu empfehlen. Bei akutem Mangel wird mit einer 0,2%igen Boraxlösung (1000 l/ha) gespritzt.

□ **Pflanzenanzucht**
Für sehr frühe Ernten können schoßfeste Sorten bereits ab Ende Februar in Preßtöpfe gesät werden. Diese Pflanzen sind, um das Schoßrisiko zu mindern, warm anzuziehen (18 °C, nach Aufgang 12–15 °C). Folgesätze werden bei schoßfesten Sorten ab Anfang April, bei weniger schoßfesten ab Ende April im Feld ausgesät. Folienbedeckung sichert und beschleunigt das Wachstum und mindert das Schoßrisiko. Weitere Sätze folgen in Abständen von 2–3 Wochen bis Anfang, spätestens Mitte Juli. Für die Lagerung wird im Juni gesät, für die Industrie schwerpunktmäßig von Mai bis Anfang Juni, um im September zu ernten.

Die Bestandesdichte hat sich an der angestrebten Rübengröße zu orientieren (Tab. 7.1-2). Größere Abstände (ca. 40 Pfl./m^2) erlauben eine frühere Ernte, bei Herbstkultur eine spätere Saat und bringen bei langer Kulturdauer den höchsten Rübenertrag. Mit höheren Bestandesdichten steigt der Blattanteil und verlängert sich die Kulturdauer, besonders drastisch bei Bestandesdichten über 200 Pflanzen/m^2 (TYLER et al. 1982) und bei starklaubigen Sorten. Für Minibeets sind 160–200 Pflanzen/m^2 in Beetkultur mit 10 Reihen (Kornabstand 12,5 × 4 cm) zu empfehlen.

Der Feldaufgang schwankt in Abhängigkeit von den Auflaufbedingungen zwischen 50 und 80 %. Werden ein Feldaufgang von 60 %, eine

Tab. 7.1–2: Rübengröße und Bestandesdichten bei Roten Rüben (n. niederländ. Versuchen)

Bevorzugter Rübendurchmesser (cm)	Pflanzen pro m^2	Reihenabstand (cm)
über 8	30–40	25 × 13–10
6–8	40–50	25 × 10–8
5–7	50–60	25 × 8–7
4–7	über 60	25 × <7
unter 5	über 120	12,5 × <7

TKM von 15 g und das Belassen von einer Pflanze pro Knäuel zugrunde gelegt, so errechnen sich für 40, 50, 60 und 120 Pflanzen/m² Saatgutmengen von 10, 12, 15 und 30 kg/ha. Bei höherem Feldaufgang, niedrigerer TKM und besonders bei Monogermsaat ist die Saatstärke entsprechend zu verringern. Bei dichter Saat sind engere Reihenabstände und Gleichstandsaat besonders vorteilhaft. Die Saattiefe sollte 2–3 cm betragen. Ein guter Bodenschluß (Druckrollen) ist bei trockenem Boden eine Voraussetzung für einen guten Feldaufgang.

□ **Pflege**
Zur Produktion großer Rüben sind die Bestände aus Knäuelsaat nach Ausbildung von 2–3 Laubblättern zu vereinzeln. Zur Unkrautbekämpfung können Herbizide im Vorauflauf- und Nachauflaufverfahren eingesetzt werden. Die Rote Rübe ist mit ihrem starken Wurzelwerk relativ trockenresistent, dankt jedoch ein ausgeglichenes Wasserangebot durch Beregnung. Bei den Pflanzenschutzmaßnahmen ist der Blattlausbekämpfung zur Eindämmung des Rübenmosaikvirus besondere Beachtung zu schenken.

□ **Ernte, Ertrag und Aufbereitung**
Die deutschen Handelsklassen fordern eine Größensortierung von 4–8, 8–12 und über 12 cm Rübendurchmesser. Minibeets dürfen einen Rübendurchmesser von 4,5 cm nicht überschreiten. Kleinere Rüben sind qualitativ besser zu beurteilen und bringen meist höhere Preise.

Sehr früh gepflanzte Sätze können ab Anfang – Mitte Juni, Freilandsaaten ab Ende Juni – Anfang Juli geerntet werden. Die Bestände werden bis zu dreimal von Hand durchgeerntet, die Pflanzen zu 3–5 Stück gebündelt oder in Folien nach Gewicht verpackt. Bis zum Frosteintritt muß die Ernte beendet sein.

Für die maschinelle Einmalernte werden Unterschneidegeräte, Rüttel- und Siebketten- oder den Erfordernissen angepaßte, ursprünglich für die Möhrenernte entwickelte Raufroder verwendet. Raufroder ernten die Rüben mit Laub, die Blätter werden mit einem Köpfmechanismus der Erntemaschine abgeschnitten. Überladebänder transportieren die Rüben auf parallelfahrende Wagen. Für die industrielle Verarbeitung werden meist Siebkettenroder mit Überladebändern eingesetzt und die Blätter vor der Aufnahme abgeschlagen.

Bei der Aufbereitung werden die Blätter, sofern noch nicht geschehen, abgeschnitten oder abgedreht, die Rüben nach der Größe sortiert, verlesen, ggf. gebündelt und in Stiegen, Säcke oder Folienbeutel abgepackt. Die Erträge liegen zwischen 250 und 350 dt/ha. Bei frühen Sätzen sind bei langer Kulturdauer Erträge bis 700 dt/ha zu erzielen.

□ **Lagerung**
Die Lagerung bringt bei dem gut ausgebildeten Abschlußgewebe keine besonderen Probleme. Die Rüben können in Mieten, lose oder auch in Kisten in Scheunen oder Kühlräumen bei Temperaturen dicht über 0 °C und hoher Luftfeuchte bis zu 6 Monaten, d. h. unter günstigen Bedingungen bis in den Mai hinein, gelagert werden.

■ **Gewächshauskultur**
Zur Füllung der Angebotslücke von der Lagerung bis zur ersten Freilandernte werden schwachlaubige Sorten Anfang Februar in 20 cm Reihenabstand mit 1,2 bis 1,5 g Saatgut/m² gesät und auf 6 cm in der Reihe vereinzelt. Diese Saatstärke ergibt ca. 70 Pflanzen/m². Bei mäßigen Temperaturen kultiviert, können im Mai und Juni Rüben mit 4–6 cm Durchmesser geerntet und als Bundware verkauft werden.

Literatur

BANGA, O. (1962): Speiserübe. In: Handbuch der Pflanzenzüchtung Bd. VI, 79-103. Berlin, Hamburg: Paul Parey.

Consulentschap in algemene Dienst voor de Groenteteelt in de Vollegrond in Nederland te Alkmaar (1970): Teelt van Kroten. No. **12**.

TYLER, F. T., ADAS, L. and BENJAMIN, L. R. (1982): Spacing red beet for high returns. Grower **97**, 19-23.

7.1.3 Mangold (*Beta vulgaris* L. var. *vulgaris* und *flavescens*)

□ **Geschichte und Bedeutung**
Mangold ist wahrscheinlich die älteste Kulturform der Gattung *Beta*. Die botanischen Grundlagen und die Produktionstechniken entsprechen weitgehend denen der Roten Rübe, so daß sich diese Abhandlung auf die Besonderheiten beschränken kann.

Bei Mangold werden zwei Varietäten unterschieden (Abb.7.1-5):
▷ var. *vulgaris* – Schnittmangold, der wie Spinat geerntet und verwertet wird
▷ var. *flavescens* (gelbwerdend) – Stiel- und Rippenmangold mit dick und breit ausgebildeten Blattstielen und Blattrippen. Diese Varietät wird wie Spargel zubereitet oder mit den Blattspreiten wie Schnittmangold gekocht.

Mangoldblätter sind eiweißreich und haben einen beachtlichen Gehalt an Vitaminen und Mineralstoffen. Der Oxalsäuregehalt ist geringer als beim Spinat.

Mangold hat nur lokale Bedeutung, u. a. in Frankreich und in der Schweiz. In Deutschland wird er nur auf wenigen Märkten angeboten. Bei entsprechendem Absatz ist eine frühe Marktbelieferung mit Hilfe eines Folienschutzes interessant. In Hausgärten kann Mangold als zweijährige Pflanze im ersten Jahr und nach Überwinterung bis zum Schossen im Frühsommer des zweiten Jahres laufend beerntet werden. Er ist eine sehr robuste, ertragreiche und wohlschmeckende Gemüsepflanze, die eine größere Beachtung verdient.

☐ **Botanische Grundlagen und Standortansprüche**

Mangold wächst, wie die Rote Rübe, als zweijährige Pflanze mit Kältebedürfnis im ersten Jahr vegetativ, sofern nicht bei zu früher Saat bereits im 1. Jahr das Vernalisationsbedürfnis befriedigende Kälte eingewirkt hat. Die Rübe ist lang, nur schwach verdickt, außen meist weiß-gelblich, innen weißfleischig (Abb. 7.1-5). Es wird eine große Zahl grüner, langgestielter, großflächiger Blätter mit starken Blattstielen ausgebildet. Letztere und die Blattrippen schimmern bei einigen Sorten silbrig-weiß. Die Blattspreiten sind an den Rändern nach unten gebogen und stärker als bei anderen *Beta*-Arten gewellt. Die Rübe und die gestauchte Sproßachse sind recht frosthart und können im deutschen Klimaraum in geschützten Lagen überwintern. Nach schweren Kahlfrösten ist mit Ausfällen zu rechnen. Die Standortansprüche gleichen denen anderer *Beta*-Arten.

☐ **Kultur**

In der »Beschreibenden Sortenliste« ist Mangold nicht aufgeführt. U. a. werden angeboten als Schnittmangold 'Grüner Schnitt' mit relativ dünnen Blattstielen und feineren Blattrippen (Abb. 7.1-5c); 'Glatter Silber' oder 'Paros' als Stielmangold (Abb. 7.1-5a) und die zwischen beiden Varietäten stehende Sorte 'Lukullus' mit gelblich-grünen Blättern (Abb. 7.1-5 b).

Die Bodenvorbereitung entspricht der für Rote Rüben. An Stickstoff sollten eine Grundgabe von 100–120 kg/ha und 2–3 Kopfdüngungen à 40 kg/ha angeboten werden. Die Kopfdüngungen werden während der Ernteperiode, bei Ernte aller Blätter nach den Schnitten gegeben. Die Saat beginnt im April. Für die Herbsternte kann bis Mitte Juli gesät werden. Für Ernten von Schnittmangold im Frühjahr wird bereits im August – September gesät und überwintert.

Schnittmangold wird mit 25–30 cm Reihenabstand und 20–30 kg/ha gedrillt. Die chemische Unkrautbekämpfung gleicht der bei Spinat. Während trockener Perioden fördert eine Beregnung das Blattwachstum. Die Ernte beginnt 8–10 Wochen nach der Saat, nach Frühjahrsaussaat im Juni, wenn die Blätter etwas größer als Spinatblätter gewachsen sind. Zu große Blätter können bitter schmecken. Für eine wiederholte Handernte werden die älteren Blätter ausgebrochen, sonst, wie beim Spinat, alle Blätter geschnitten. Der Ertrag beläuft sich auf 300–400 dt/ha beim

Abb. 7.1-5: Stielmangold (a), Stiel-Schnittmangold (b) und Schnittmangold (c)

ersten Schnitt und je ca. 100 dt/ha bei den folgenden Erntegängen.

Stielmangold wird im Frühjahr auf 30–50 cm Reihenabstand mit 12–15 kg/ha Saatgut gedrillt und auf 20–30 cm vereinzelt. Er kann auch gepflanzt werden. Die Ernte beginnt nach ca. 12 Wochen durch laufendes Ausbrechen der älteren Blätter. Bei 3 bis 4 Ernten werden Erträge von 400–500 dt/ha erreicht. Wie Spinat ist auch Mangold nach dem Schnitt nur begrenzt haltbar.

7.2 Polygonaceae (Knöterichgewächse)

Helmut Krug

7.2.1 Rhabarber (*Rheum rhaponticum*, auch *Rheum rhabarbarum* L.)

☐ **Geschichte und Bedeutung**
Rhabarber stammt aus Ostasien, wo verschiedene Arten von Ostsibirien über China bis Burma als Wildpflanzen verbreitet sind. Schon im 3. Jahrtausend v. d. Z. wird Rhabarber in einem chinesischen Kräuterbuch erwähnt und dürfte vorwiegend medizinischen Zwecken gedient haben. Der Grieche Dioskorides erwähnt im 1. Jahrhundert n. d. Z. den von der Wolga (Rha) stammenden Fremdling (barbar), eine Bezeichnung, die dieser Pflanze den Namen gegeben hat. Um 600 n. d. Z. wird eine Rhabarberart in Spanien erwähnt. Im 16. Jh. kommt der Pontische Rhabarber *(Rheum rhaponticum)* nach Mitteleuropa. Im 18. Jh. wird der heutige Gemüserhabarber in Frankreich, später in Holland und Belgien, angebaut. Aus England kam der Rhabarber im 19. Jh. in die deutschen Küstenstädte, wo sich diese Kultur besonders im Raum Hamburg angesiedelt und von dort über ganz Deutschland verbreitet hat.

Der ursprüngliche Wert des Rhabarbers lag in der pharmazeutischen Wirkung der getrockneten Rhizome, die auch heute noch als Drogen gehandelt werden. Seine Bedeutung als Gemüsepflanze gewann Rhabarber durch den frühen und fortlaufenden Austrieb der Blätter, deren dickfleischige Stiele einen frischen Geschmack besitzen und durstlöschend wirken. Geschmacksbildend sind vor allem verschiedene Säuren, besonders Äpfelsäure und Oxalsäure in Verbindung mit Zucker. Der Oxalsäure wird eine blutreinigende Wirkung zugeschrieben. Der hohe Gehalt an Oxalsäure wirkt im menschlichen Körper kalkzehrend. Bei starkem Rhabarberverzehr sollte deshalb mit anderen Nahrungsmitteln ausreichend Calcium aufgenommen werden. Junge Blattstiele haben einen geringeren Oxalsäuregehalt als ältere. Der Gehalt der Blattstiele an Vitaminen und Mineralstoffen ist, mit Ausnahme des Kaliums, gering. Rhabarberblätter sind wegen des hohen Gehaltes an Anthrachinon und eines hohen Gehaltes an freier Oxalsäure giftig.

Der Anbau des Rhabarbers ist auf der nördlichen Erdkugel weit verbreitet und dehnt sich im Norden bis zum Polarkreis aus. Die Fläche im Erwerbsanbau ist jedoch gering. In der Bundesrepublik Deutschland wird Rhabarber gelegentlich in geheizten Räumen getrieben, häufiger im Freiland unter Folie verfrüht und auch ohne Folienschutz bis in den Juli hinein geerntet. Die Fläche für die Frischmarktversorgung liegt bei 300 ha (1978); eine größere Fläche wird für die industrielle Verarbeitung kultiviert.

Die Blattstiele des Rhabarbers werden gekocht als Kompott verzehrt, sie dienen als Kuchenbelag, als Zusatz zu Marmeladen und als Rohstoff für die Süßmostherstellung. Auch junge Blütentriebe sind als Gemüse verwendbar. Die Blätter sollten wegen ihres hohen Oxalsäuregehaltes nicht gegessen und nicht verfüttert werden.

☐ **Botanische Grundlagen**
Die als Gemüse genutzten Rhabarber gehören den Arten *Rheum rhabarbarum* (syn. *undulatum*) und *Rheum rhaponticum* an. Nach Buishand et al. (1971) besitzen diese Arten folgende Merkmale:
▷ *Rheum rhabarbarum* – Krauser Rhabarber: Blattrand leicht gekraust, Blattstiele oberseits flach, unterseits rund mit scharfen Kanten, Blumen gelbweiß;
▷ *Rheum rhaponticum* – Rhabarber oder Rhapontik: Blätter mit mehr oder weniger auf- und niedergebogenem Rand, Blattstiele oberseits flach, unterseits gefurcht, Blumen gelb oder gelbweiß.

Die pharmazeutisch genutzten Arten unterscheiden sich morphologisch durch:
▷ *Rheum emodi:* Blätter mit mehr oder weniger auf- und niedergebogenem Rand, Blattstiele oberseits hell, unterseits rund, Blüten weißlich;
▷ *Rheum officinale:* Blätter flach mit grob gezähntem Rand, hier und da tiefer eingeschnitten, Rispenzweige überhängend, Blüten weißlich;
▷ *Rheum palmatum* – Medizinalrhabarber: Blätter tief eingeschnitten mit spitzzipfeligem Rand, Blüten gelbweiß.

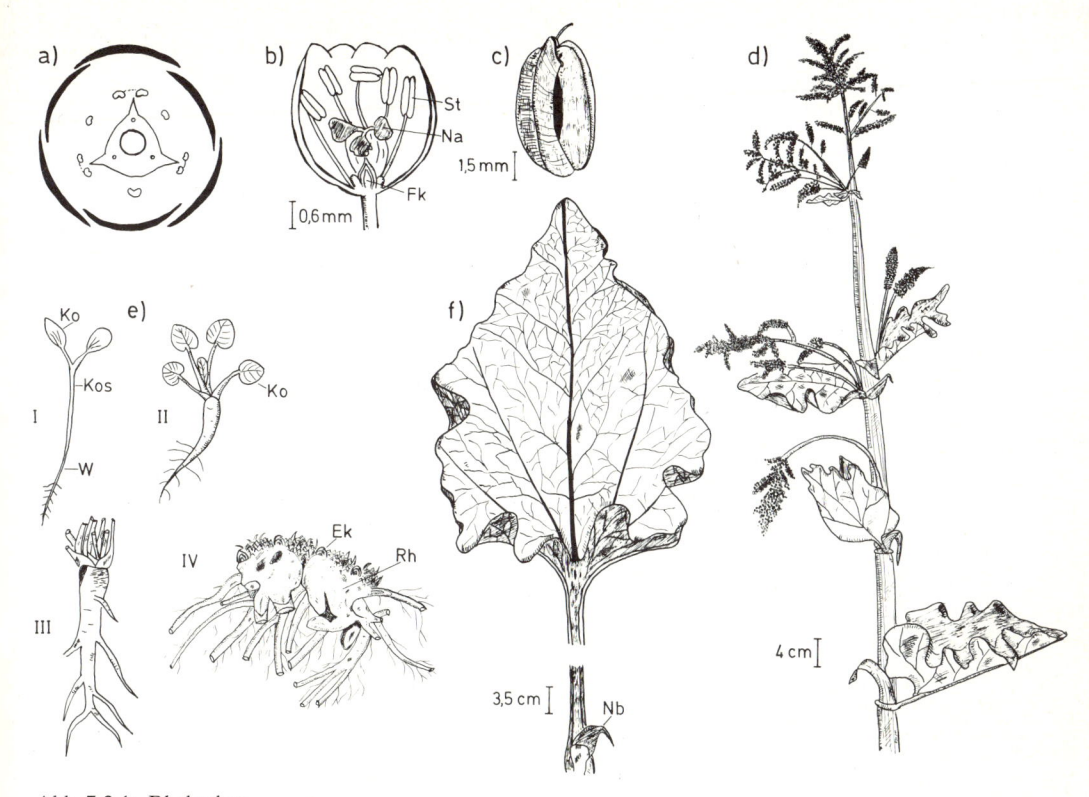

Abb. 7.2-1: Rhabarber
a) Blütendiagramm von Rheum (n. STRASSBURGER et al. 1978), **b)** Blüte von *Rheum officinale* (n. STRASSBURGER et al. 1978), **c)** Rhabarberfrucht, **d)** Blütentrieb, **e)** Entwicklung des Rhizoms: I–III Sämlinge, III 1 Jahr alte Pflanze (n. RAUH 1950), IV 1 Jahr altes Rhizom, aus Rhizomstück mit 2 Hauptknospen gewachsen, **f)** Rhabarberblatt Ek = Erneuerungsknospen, Fk = Fruchtknoten mit Samenanlage, Ko = Keimblätter, deren Basis zur Kotyledonarscheide (Kos) verwachsen sind, Na = Narben, Nb = Nebenblatt, Rh = Rhizom mit Faserwurzeln und Erneuerungsknospen (Ek), St = Staubblätter, W = Primärwurzel

Rhabarber ist eine ausdauernde Pflanze mit einem unterirdischen, verdickten, stärkereichen, auch als Knolle bezeichneten Rhizom mit dickfleischigen Wurzeln (Abb. 7.2-1 und 7.2-2). Es enthält u. a. den Bitterstoff Anthrachinon. Bei Sämlingen wächst aus dem Vegetationspunkt, der zunächst in einer aus den beiden verwachsenen Keimblättern gebildeten Röhre (Cotyledonarscheide) verborgen ist, eine Blattrosette. Die Primärwurzel bildet sich zu einer fleischig verdickten, sich kontrahierenden, allerdings nur kurzlebigen Rübe um (Abb. 7.2-1e I-III).

Unter den Kurztagbedingungen im September-Oktober, u. U. gefördert durch die sinkende Temperatur, geht Rhabarber mit dem »Einziehen« der Blätter und der Ausbildung kräftiger Erneuerungsknospen in den Blattachseln in eine Ruhephase über, um zu überwintern. Vor dem erneuten Blattaustrieb im Frühjahr muß bei Temperaturen unter 10 °C das Kältebedürfnis der Pflanze befriedigt werden (Näheres s. Treiberei).

Danach treiben die Pflanzen bei steigenden Temperaturen aus, und ein kräftiges primäres Dickenwachstum des Primärsprosses führt zur Ausbildung einer Primärknolle. An dieser werden weitere Achselknospen gebildet, die zu Sekundärknollen mit sproßbürtigen Wurzeln auswachsen und die Primärknolle umringen. Auf diese Weise entsteht ein System aus bis zu 30 gestauchten, verdickten Sproßachsen (RAUH 1950). Bei vegetativer Vermehrung bilden sich aus den Erneuerungsknospen neue Rosetten mit kräftigen, nur noch lose verbundenen Rhizomen (Abb. 7.2-1e IV).

Die grundständigen Blätter besitzen große, dickrippige Spreiten mit bis zu 60 cm langen und bis zu 4 cm breiten Stielen. An deren Basis bilden Nebenblätter einen tütenförmigen Blattgrund (Abb. 7.2-1f). Die Blattstiele sind durch Anthozyan mehr oder weniger rot gefärbt.

Die Blütenbildung wird nach Untersuchungen von HILLER et al. (1974) an der Sorte 'Viktoria'

Abb. 7.2 2: 7jähriges Rhabarberrhizom ('Holsteiner Blut') in Aufsicht und Querschnitt

nach einer Jugendphase von 13 bis 19 Wochen durch Kälte ausgelöst. Dieser Kältereiz muß für die Blütenbildung stärker sein als für den Blattaustrieb. Vernalisationswirksam sind Temperaturen unter 10 °C, mit der stärksten Wirkung bei 0 °C für 3 und mehr Monate. Ältere Pflanzen haben ein geringeres Kältebedürfnis als junge. Nach der Vernalisation haben die Temperatur und die Tageslänge keinen entwicklungssteuernden Einfluß auf die Blütenbildung. Der Kältereiz kann durch Gibberellinbehandlung ersetzt oder ergänzt werden.

Im Mai wachsen rispig verzweigte Blütenstände mit knotig verdickten Nodien und den unscheinbaren, in der Regel zwittrigen Blüten (Abb. 7.2-1a u. b). Aus diesen entwickeln sich durch Fremdbestäubung einsamige, dreiflügelige Früchte (Abb. 7.2-1c). Nach der Fruchtreife scheint die Primärwurzel abzusterben. Die Sekundärpflanzen werden frei, bleiben aber zu einem verflochtenen Rhizomkomplex verbunden (Abb. 7.2-2). Die Lebensdauer einer Rhabarberstaude kann 30 Jahre überschreiten.

□ **Standortansprüche und Orientierung**
An die Temperatur stellt Rhabarber keine besonderen Ansprüche. Auch in strengen Wintern ist das Rhizom frosthart. Rhabarber verträgt auch leichten Schatten. Hohe Ertragsleistungen werden nur bei guten Lichtbedingungen sowie reichlicher Wasser- und Nährstoffversorgung erreicht. Günstig sind somit humusreiche, mittelschwere Böden, insbesondere Lößböden und auch Niedermoore und Grundwasserstände zwischen 0,8 und 1,5 m. Stauende Nässe führt jedoch leicht zu Fäulnis. Für frühe Ernten und Anzuchten für die Treiberei sind auch leichtere Böden gut oder sogar besser geeignet. Diese müssen im Sommer für hohe Ertragsleistungen bewässert und häufiger gedüngt werden.

In früheren Jahren lag ein Anbauschwerpunkt im Raum Hamburg. Heute ist der Anbau absatzbedingt in Gemüseanbaugebieten sowie um einige Großstädte oder die verarbeitende Industrie orientiert.

□ **Anbauformen**
Für den Frischmarkt wird Rhabarber in Intensivbetrieben kultiviert. Durch Folienbedeckung und besonders durch Treiben kann das Angebot nahezu auf das ganze Jahr ausgedehnt und damit die Arbeitsbelastung der Betriebe ausgeglichen werden. Den großflächigen Anbau für die Industrie übernehmen landwirtschaftliche Betriebe.

□ **Fruchtfolge**
Als Dauerkultur nimmt Rhabarber eine Sonderstellung ein. Er stellt hinsichtlich der Fruchtfolge keine besonderen Ansprüche, sollte aber zur Verhinderung der Übertragung des Violetten Wurzeltöters *(Rhizoctonia crocorum)* nicht Luzernekulturen folgen. Desgleichen sind nematodenverseuchte Schläge (z.B. Rübenzystenälchen *Heterodera schachtei*) zu meiden. Sich selbst sollte Rhabarber frühestens nach 5 Jahren folgen. Mit der ab 2. Jahr ausgezeichneten Bodenbedeckung eignet sich Rhabarber zur Unterdrückung von Unkräutern und als Erstkultur nach Wiesenumbruch. Die Kultur währt für die Anzucht von Treibpflanzen 2 bis 3 Jahre, bei Ertragskulturen 8–10 Jahre. Bei älteren Beständen läßt die Ertragsleistung nach.

□ **Sortenwahl**
Die Sorten unterscheiden sich in der Frühzeitigkeit des Austriebs, der in einem engen Zusammenhang mit der Dauer der Ruheperiode steht. Sie unterscheiden sich weiterhin in der Blattstieldicke, der Stiel- und Fleischfarbe, der Stielform und der Konsistenz der Blattstiele.

Frühe Sorten sind für die frühe Treiberei und für ein frühes Marktangebot zu bevorzugen, bringen aber meist geringere Gesamterträge. Vom

Markt werden rotstielige und rotfleischige Sorten bevorzugt. Letztere können sich beim Kochen durch den Austritt des Anthozyans bräunlich verfärben. In die »Beschreibende Sortenliste« ist Rhabarber nicht aufgenommen. Bewährte Sorten sind u. a.:
▷ Früh: 'Timperley Early' (Stiel dünn, rot-rötlich, grünfleischig)
▷ Mittelfrüh: 'Holsteiner Blut' (Stiele mitteldick, rot, rotfleischig); 'The Sutton' (Stiele dick, z. T. rot, grünfleischig)
▷ Spät: 'Goliath' (Stiele dick, z. T. rötlich, grünfleischig)

□ **Bodenvorbereitung und Düngung**
Für die Herbstpflanzung sollte der Boden bereits im September, spätestens im Oktober, gepflügt und tief gelockert werden. Rhabarber dankt eine wiederholte organische Düngung. Bei einem pH-Wert unter 5,5 ist zu kalken.
Der Nährstoffbedarf ist groß, besonders an Kalium (s. Tab. 4.2-4). Kalium kann in der billigeren Chloridform gegeben werden; auf leichten Böden ist die Gabe zu teilen. Das Stickstoffangebot sollte im ersten Jahr bei 190 kg/ha, in den folgenden Jahren bei 200–250 kg/ha N liegen. Die Stickstoffgabe wird geteilt, es werden ca. 100 kg/ha im Frühjahr zum Austrieb, im ersten Jahr weitere 100 kg/ha N im Juli, in den Ertragsjahren noch jeweils 75 kg/ha N im Mai und Juni gestreut. Langsam wirkende Stickstoffdünger, wie Kalkammonsalpeter, sind zu bevorzugen.

□ **Pflanzenanzucht**
Da Sämlinge stark aufspalten, wird die vegetative Vermehrung durch Rhizomteilung bevorzugt. Hierzu sollten nur gesunde, virusfreie Mutterpflanzen verwendet werden. Nach dem »Einziehen« der Blätter werden die Mutterpflanzen kurz vor dem Auspflanzen gerodet und Rhizomstücke von mindestens 250 g mit mehreren, aber mindestens einer gut entwickelten Knospe geschnitten. Vor dem Pflanzen sollen die Schnittflächen eintrocknen.
Aus England wird über eine Vorkultur der Jungpflanzen in Töpfen berichtet (SCHAFFER 1978). Die Rhizome junger, aktiver, in Töpfen kultivierter Pflanzen werden längs in Triebe mit mindestens einer Knospe geschnitten, die Blätter entfernt, die Rhizomstücke erneut eingetopft und bei relativ hoher Temperatur und Feuchte kultiviert. Nach 6 Wochen sind diese Jungpflanzen pflanzfertig oder werden erneut geteilt. Eine Vermehrung durch Triebspitzengewebe ist möglich, wird aber in der Praxis noch nicht eingesetzt. Dieses Verfahren hat den Vorteil einer großen Vermehrungsrate besonders leistungsstarker, gesunder Mutterpflanzen.
Die günstigste Pflanzzeit ist der Oktober, da sich bis zum Frühjahr bereits Faserwurzeln bilden, die bei der Frühjahrspflanzung abgerissen würden. Kann erst im Frühjahr gepflanzt werden, sollte dies möglichst zeitig geschehen. Frühe Sorten werden in Abständen von 0,8 x 1 m bis 1 x 1 m, späte Sorten auf 1 x 1 m bis 1,2 x 1,2 m gesetzt. Eine zu enge Pflanzung führt zur Ausbildung dünner Blattstiele, eine zu weite Pflanzung senkt den Flächenertrag. Für die Ernte sind Wege zu belassen. Die Rhizomstücke werden flach eingesenkt, so daß die Knospen gerade noch sichtbar bleiben.

□ **Spezielle Kulturtechniken**
Für zeitige Ernten, besonders auf feuchten Böden, ist es vorteilhaft, Rhabarber in Dämmen zu pflanzen. Das Pflanzgut wird in flache Furchen gelegt und 25 cm hoch angehäufelt.
Durch Folienbedeckung kann die erste Ernte des Rhabarbers um 2–3 Wochen verfrüht werden. Der Bestand wird bereits im Februar mit einer – zur Vermeidung von Wassersäcken – schwach gelochten Folie locker überdeckt. Mit dem Wachstum der Pflanzen muß die Folie weiter gelockert werden. Frostschäden an den Spreiten können toleriert werden. Bei einer Kombination von Folienbedeckung und Bodenheizung wird häufig schon Ende März geerntet.

□ **Pflege**
Im Frühjahr sollten im Herbst gepflanzte Rhizomstücke, die vom Frost angehoben und gelockert sind, leicht angewalzt werden. Die Unkrautbekämpfung kann sich auf eine Bearbeitung mit der Hacke oder einem flachen Grubber von April bis Mai beschränken, da sich Rhabarber in der Folgezeit durch gute Bodenbedeckung unkrautfrei hält. Für eine chemische Unkrautbekämpfung ist für die Zeit von Oktober bis Dezember ab 2. Standjahr das Mittel Kerb 50 W zugelassen.
Zur Pflege gehört das Ausbrechen bzw. Ausschneiden der ab Mai erscheinenden Blütentriebe dicht über der Erdoberfläche. Diese Maßnahme wird in der Regel mit der Ernte verbunden. In Trockenzeiten wirkt eine Beregnung wachstumsfördernd. Gegen Krankheiten und Schädlinge ist Rhabarber, mit Ausnahme der Virosen, wenig anfällig.

□ **Ernte, Ertrag, Aufbereitung und Lagerung**
Die Ernteperiode beginnt ab 2. Standjahr im April, mit Folienbedeckung und Bodenheizung schon Ende März, und währt im 2. Standjahr bis

Mitte Mai, in den folgenden Jahren bis zum Juli. Für die Frischmarktbelieferung werden wöchentlich durch Hin- und Herbewegung und ruckartiges Reißen nur die 3–4 stärksten Blätter »gezogen«. Für die Belieferung der Industrie beschränken sich die Betriebe auf 2 Ernten pro Jahr, ziehen dann aber alle verwertbaren Blätter.

Die Blattspreiten werden bis auf einen 3 cm langen Rest abgeschnitten und auf freien Flächen zur Bodenbedeckung verteilt. Mit den Erntegängen sollten auch die Blütentriebe gezogen werden. Der Ertrag beläuft sich auf 400–600 (800) dt/ha.

Die Blattstiele werden sortiert, ggf. von den Nebenblättern an den Stielbasen befreit, gebündelt und verpackt. Bei Temperaturen von 0–1 °C ist, inbesondere in Folienbeuteln verpackte Ware, 3–4 Wochen lagerfähig.

■ **Treiberei**

Im Hamburger Raum wurden bis zur Mitte unseres Jahrhunderts Rhabarberbestände im Winter mit beheizbaren Hütten überbaut und an Ort und Stelle getrieben. Heute wird dem Treiben gerodeter Rhizome in festen Räumen der Vorzug gegeben. Hierzu werden eng, zur Erleichterung des Rodens möglichst in Dämmen gepflanzte Bestände (80 x 80 cm), die nicht beerntet werden und im August nochmals eine Kopfdüngung (insgesamt 250 kg/ha N) erhalten, im Herbst des zweiten oder auch des dritten Jahres nach dem Einziehen der Blätter, d. h. ab Oktober, gerodet. Eine längere Anzuchtperiode führt besonders bei späten Sorten zu höheren Erträgen. Über 3 Jahre alte Rhizome werden zu groß, haben schwache Knospen und bringen dünnere Blattstiele.

Die Rhizome befinden sich zu dieser Zeit in einer Knospenruhe, die durch Kälteeinwirkung überwunden werden muß. Der Prozeß der Ruhebrechung läuft bei Rhizomen, die in Dämmen stehen und besonders bei solchen, die gerodet auf dem Acker liegen und niedrigeren Temperaturen ausgesetzt sind, schneller ab als bei Rhizomen im flachen Boden. Von größerem Einfluß ist die Sortenwahl. Frühe Sorten mit einer kürzeren Ruheperiode eignen sich besser für die frühe Treiberei. Späte Sorten sind nur für spätere Treibsätze geeignet, bringen aber höhere Erträge.

Ein Maß für die Dauer der Ruheperiode ist die Kältesumme (SCHAFFER 1978, BUISHAND 1981). Sie kann für den Bereich 10 bis −2 °C aus der Summe der Differenz zwischen der Minimumtemperatur am Rhizom (vor der Rodung in 10 cm Tiefe um 9 Uhr abgelesen) zu der Basis 10 °C geschätzt werden. Beispiel:

Tag	1	2	3	4
Gemessene Temperatur:	10 °C	7 °C	0 °C	−2 °C
Kältesummen:	0 °C	3 °C	10 °C	12 °C = 25 °C

Das Kältebedürfnis der Sorten schwankt zwischen 110–130 °C ('Timperley Early') und 280–330 °C ('Goliath'). Dementsprechend kann im deutschen Klimaraum mit dem Treiben aus dem Felde bei frühen Sorten nicht vor Anfang bis Mitte November, bei späten Sorten erst ab Mitte Dezember, begonnen werden. Für eine genauere Bestimmung des möglichen Beginns der Treiberei müssen der Kältebedarf der Sorte bekannt sein und die aktuellen Temperaturen am Rhizom gemessen werden. Ein Treiben vor diesem Termin ist durch eine, je nach Sorte, zwei- bis vierwöchige Kühllagerung bei 2–4 °C oder eine Gibberellinbehandlung (5–10 mg Gibberellinsäure pro Rhizom) möglich. Letztere ist jedoch teuer. Nach Untersuchungen in England (SCHAFFER 1978) kann Rhabarber bis zur Induktion der Ruhe, in Nordengland Mitte September, in dunklen Räumen ohne Kälteeinwirkung getrieben werden. Über Möglichkeiten einer Ausschaltung der photoperiodisch bedingten Ruheinduktion durch Langtagbedingungen ab September oder durch eine Einlagerung der Rhizome in Dunkelräume vor der Kurztaginduktion liegen noch keine ausreichenden Erfahrungen vor.

Kleine Parzellen werden überwiegend von Hand gerodet. Der Marktertrag pro Rhizom sinkt mit dem Verlust an dicken Wurzeln. Das Aufpflügen mit einem einscharigen Pflug senkt den Arbeitskraftbedarf erheblich. Am rationellsten ist der Einsatz umgebauter Kartoffel-Vollernte-Maschinen.

Treibwillige Rhizome werden in dunklen Treibräumen dicht an dicht (10–16 Stück/m^2) auf festem Untergrund oder auf lockerem Boden aufgestellt, wenn wenig Boden anhaftet, besonders an den Rändern, mit gehäckseltem Stroh überdeckt und mit einer schwachen Stickstoffdüngung (10 g/m^2 N) reichlich angegossen. Hohe Temperatur in den ersten Wochen beschleunigt den Austrieb. Mit dem Wachsen der Blätter wird die Temperatur auf 14–18 °C, nach der 1. Ernte auf 10–14 °C gesenkt. Frühe Sorten werden etwas kühler gehalten als späte. Zu hohe Temperatur führt zu dünneren Blattstielen und einer schlechteren Ausfärbung.

Der Bestand wird durch wöchentlich mehrmaliges Gießen oder Überbrausen, möglichst nach dem Beernten, gut feucht gehalten. Überschüssiges Wasser muß abfließen können. Auch die relative Luftfeuchte sollte zur Vermeidung von

Trockenrändern an den Blättern 90 % nicht unterschreiten. Der Bestand ist regelmäßig auf Fäulnis zu kontrollieren. Die Ernte wird beendet, wenn die Stiele dünn werden. Die Treibperiode währt 6–8 Wochen. Ein Rhizom bringt 1,5 bis 3,0 kg Ertrag. Im Mittel werden 20–30 kg/m² geerntet. In einem Winterhalbjahr können mindestens 2 Sätze getrieben werden.

Literatur

BUISHAND, TJ. und KARSTEN, J. E. (Zusammenstellung) (1971): Teelt van rabarber. Consulentshap in Algemene Dienst voor de Groenteteelt in de Vollegrond in Nederland, Alkmaar No. 26.

HILLER, L. K., KOSSOWSKY, M. und KELLY, W. C. (1974): Factors influencing flowering of rhubarb. J. Amer. Soc. Hort. Sci. **99**, 125–127.

SCHAFFER, G. (1978): Rhubarb rhubarb, the new way of growing. Horticultural Industrie No. **12**, 9–10.

7.3 Fabaceae (Papilionaceae – Schmetterlingsblütler)

HELMUT KRUG

Die Familie der *Fabaceae* umfaßt zahlreiche Arten, die wichtige Nutz- und Heilpflanzen stellen. Unterfamilien sind die:

▷ *Viciaceae* (Wickengewächse) mit den Gattungen und Arten:

Pisum sativum	Erbse
Vicia faba	Dicke Bohne
Lens culinaris	Linse
Cicer arietinum	Kichererbse
Lathyrus sativus	Saatplatterbse

Phaseoleae (Bohnengewächse) mit den Gattungen und Arten:

Phaseolus mit mehr als 200 Arten (Bestimmung HEDRICH 1931, s. Hdb. Pfl.zücht. **6**, S. 370, 1962)

Ph. vulgaris	Gartenbohne
Ph. coccineus	Feuerbohne
Ph. lunatus	Mondbohne
Ph. aureus	Mungbohne
Ph. mungo	Urdbohne
Dolichos lablab	Helmbohne
Glycine max	Sojabohne
Cajanus cajan	Straucherbse, Strauchbohne
Canavalia ensiformis	Schwertbohne
Vigna unguiculata	
ssp. *cylindrica*	Catjangbohne
ssp. *sesquipedalis*	Spargelbohne

Bei den Nutzpflanzen dieser Familie überwiegen die krautigen Arten mit häufig unpaarig gefiederten Blättern und einem kräftigen Wurzelsystem. Die in Mitteleuropa genutzten Gemüsepflanzen sind meist warmen, zum Teil aber auch kühlen Klimaten angepaßt. Einige besitzen ein schwach ausgeprägtes Kältebedürfnis (Erbse), einige Arten sind photoperiodisch empfindlich (Erbse, Gartenbohnenvarietäten). In den meist traubigen Blütenständen sitzen die Schmetterlingsblüten mit 5 häufig verwachsenen Kelchblättern, 5 Blütenblättern (Fahne, 2 Flügel, 2 Blätter bilden das Schiffchen), 10 am Grunde verwachsenen Staubblättern und einem Fruchtblatt (Abb. 7.3-2e). Aus diesen bilden sich nach der Befruchtung Hülsen mit Samen, deren dickfleischige Keimblätter reich an Stärke, Fett und Eiweiß sind. Genutzt werden die jungen Hülsen mit den Samen sowie unreife und reife Samen.

Eine besondere Eigenschaft ist die auch bei anderen Familien der Ordnung der Leguminosen ausgebildete Fähigkeit zur Symbiose mit den luftstickstoffbindenden Knöllchenbakterien *(Rhizobium leguminosarum)*. Diese dringen in das Wurzelgewebe und lösen kleine, knöllchenartige Wucherungen aus. Nach einer anfänglichen Schwächung der Wirtspflanzen durch die zunächst parasitierenden Bakterien bezieht die Wirtspflanze von den lebenden, insbesondere aber von den abgestorbenen Bakterien Stickstoffverbindungen. Der Umfang der Stickstoffbindung ist von der Dauer der symbiotischen Phase, der Pflanzenart und den Umweltbedingungen abhängig. Im deutschen Klimaraum können bis über 100 kg/ha gebunden werden.

7.3.1 Erbse (*Pisum sativum* L.)

□ **Geschichte und Bedeutung**

Die heutigen Kulturerbsen stammen vermutlich von *Pisum elatius,* möglicherweise auch von der dieser Art sehr nahestehenden *P. humile* ab. *P. elatius* ist vom östlichen Mittelmeerraum bis nach Mittelasien beheimatet. Die ältesten Siedlungsfunde stammen aus der Zeit um 7000 v. d. Z. Von dort verbreitete sich *P. elatius* im Mittelmeerraum bis nach Nordafrika und Äthiopien. Sie kam um 1700 v. d. Z. nach Italien und war im Römischen Reich, wie auch zuvor im alten Griechenland, ein beliebtes Nahrungsmittel. Um 800 v. d. Z. kam sie über Mitteleuropa bis nach Skandinavien. In Mitteleuropa dürfte sie erst im 9. bis 10. Jh. eine größere Verbreitung als Trockenerbse gefunden haben. Es wird vermutet, daß erst ab dem 15. Jh. die grünen Samen verzehrt werden. Im 16. Jh. wird erstmalig von weißblütigen Formen mit fleckenlosen Nebenblättern berichtet.

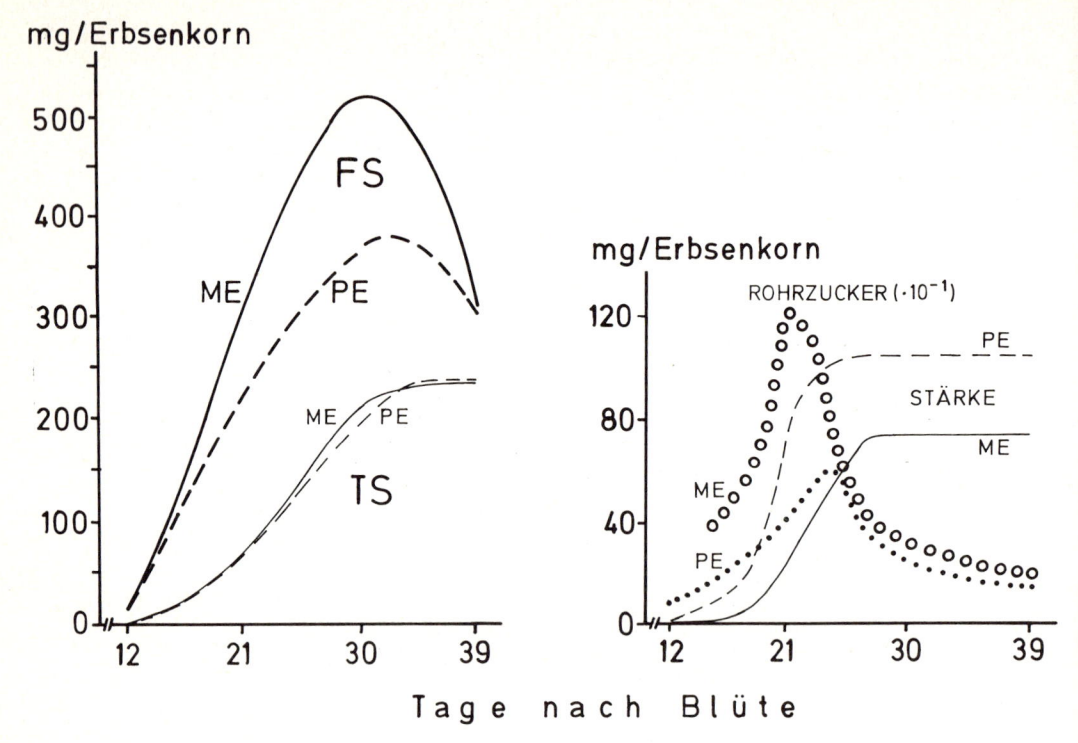

Abb. 7.3-1: Verlauf von Frisch- und Trockensubstanz, Zucker und Stärke in nahezu isogenen Erbsenlinien, die sich nur im Rund-/Schrumpfkorngen unterscheiden (n. STICKLAND und WILSON 1983). FS = Frischsubstanz, TS = Trockensubstanz, PE = Palerbsen, ME = Markerbsen

Der diätetische Wert der grünen Erbsensamen liegt in dem Zuckergehalt, der ihnen zusammen mit anderen geschmacksbildenden Stoffen und einer weichen Konsistenz einen hervorragenden Geschmack verleiht, weiterhin in ihrem hohen Gehalt biologisch hochwertigen Eiweißes (90 % Globulin, 10 % Albumin) und dem beträchtlichen Anteil an B-Vitaminen (insbesondere Thiamin und Lyacin) sowie an Vitamin E. Besonders zu erwähnen ist darüber hinaus das Lecithin. Vitamin C und Carotin sind von geringerer Bedeutung. An Mineralstoffen sind nur Kalium und Phosphor erwähnenswert.

Gemüseerbsen werden im frischen Zustand roh verzehrt, meist jedoch rein oder als Mischgemüse gekocht und als Suppe oder Beilage gereicht. Der weit größere Anteil wird tiefgefroren, naß oder getrocknet konserviert und gekocht verzehrt. Aus gereiften Erbsenkörnern werden Suppen oder Püree bereitet.

Gemüseerbsen werden heute in allen Erdteilen angebaut und stehen mit 748 000 ha flächenmäßig an 4. Stelle der Gemüsearten. Schwerpunkte des Anbaus sind Europa (280 000 ha), die USA (123 000 ha) und Indien (91 000 ha). In der EG (183 000 ha) liegen die größten Flächen in Großbritannien (60 000 ha), Frankreich (53 000 ha) und Italien (35 000 ha). In der Bundesrepublik Deutschland hat sich der Anbau der Erbse durch die Schwierigkeiten der verarbeitenden Industrie stark verringert und beträgt ca. 4000 ha, davon stehen 92 % im Vertragsanbau mit der Industrie. Die Schwerpunkte des deutschen Anbaus liegen auf den Lößböden Niedersachsens und im nördlichen Baden-Württemberg.

□ **Systematik der Kulturformen**

Die wichtigste und am weitesten verbreitete, in Mitteleuropa ausschließlich angebaute Kulturform der Gattung Pisum ist *P. sativum* ssp. *sativum*. Die gleiche Art mit der ssp. *asiaticum* wird in den Gebirgen Nordafrikas, in Süd-, West-, Vorder- und Zentralasien, mit der ssp. *transcaucasicum* in der Region des Kaukasus kultiviert. Andere Arten, die ebenfalls der Ernährung dienen, sind *P. abyssinicum* (Äthiopien), *P. elatius* (Mittelmeer bis Indien), *P. fulvum* (Vorderasien, arabischer Raum) und *P. syriacum* (Vorderasien).

Pisum sativum ssp. *sativum* wird in mehrere Konvarietäten mit unterschiedlichen Nutzungseigenschaften gegliedert:

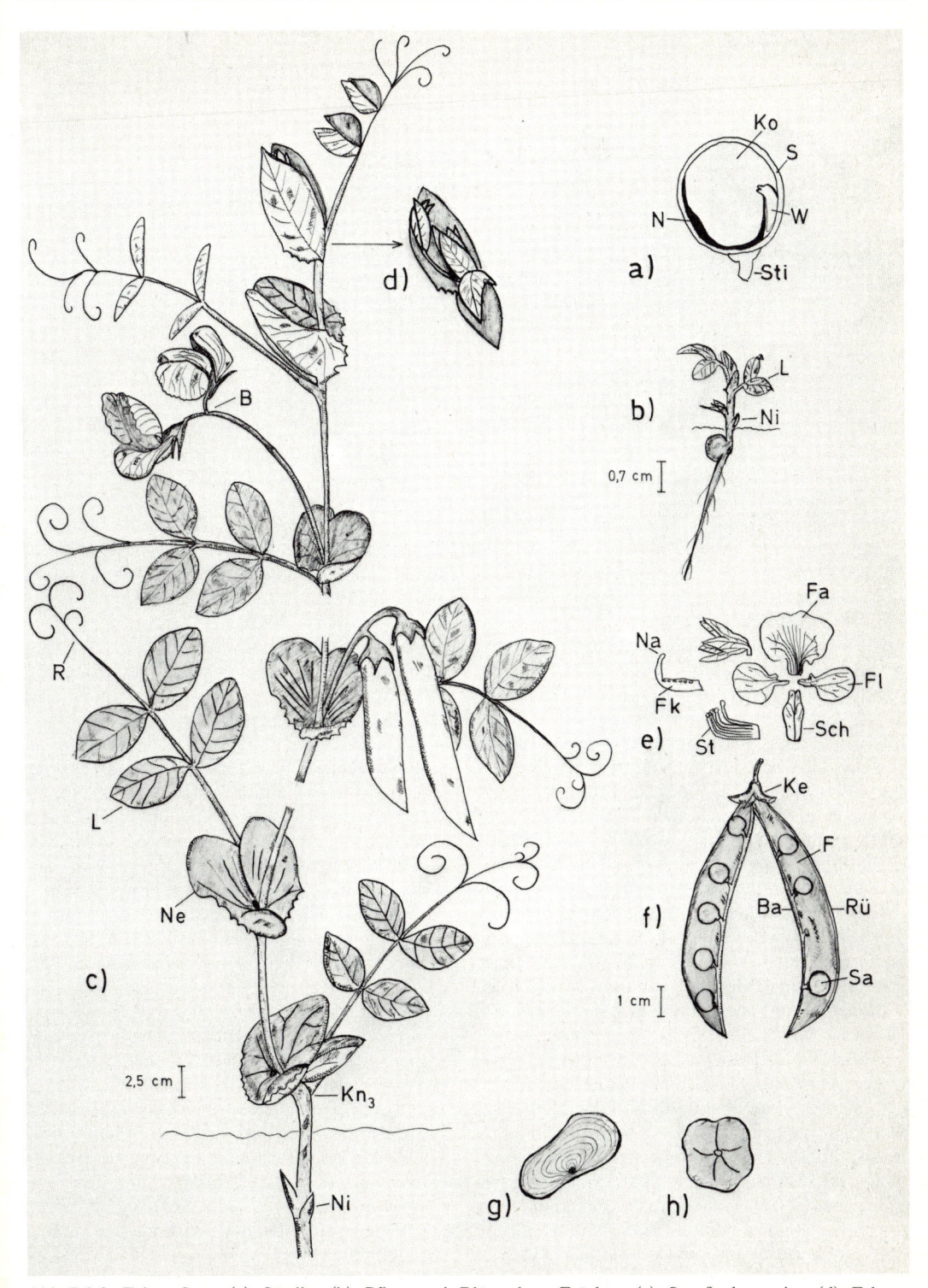

Fabaceae (*Papilionaceae* – Schmetterlingsblütler) 227

Abb. 7.3-2: Erbse, Same (a), Sämling (b), Pflanze mit Blüten bzw. Früchten (c), Sproßachsenspitze (d), Erbsenblüte zerlegt (e), geöffnete Erbsenhülse mit Samen (f), Stärkekörner von Pal- (g) bzw. Markerbsen (h) (n. Schneider 1951)
B = 2blütiger Blütenstand, Ko = Keimblätter, F = Hälfte des Fruchtblattes mit Bauch- (Ba) und Rückennaht (Rü), Fa = Fahne, Fk = Fruchtknoten mit Samenanlage, Fl = Flügel, Ke = Kelchblätter, Kn$_3$ = 3. Knoten, L = Laubblätter, N = Rest des Nährgewebes, Na = Narbe, Ne = Nebenblatt, Ni = Niederblätter, R = Ranken, S = Samenschale, Sa = Samen, Sch = Schiffchen, St = Staubblätter, Sti = Stiel des Samens, W = Wurzelanlage

▷ conv. *sativum* umfaßt zwei Formen:
1. Die Trockenspeiseerbse ist auf hohe Trockenkornerträge, große, gelbe Körner und einen geringen Anteil im reifen Zustand hartschaliger Samen gezüchtet worden. Ihre Samen werden bevorzugt zu Erbsensuppen und zur Püreebereitung verwendet.
2. Die Palerbse (auch Schalerbse genannt) wurde auf hohe Erträge junger, grüner Körner ausgelesen. Die Samen sind im reifen Zustand grün oder gelb und rund. Die Mehrzahl der Palerbsensorten besitzt auch im reifen Zustand gute Kocheigenschaften und kann wie die Trockenerbse verwertet werden.

▷ conv. *medullare*, die Markerbse (*medullaris* = markig) mit ebenfalls grünen oder gelben Samen besitzt im Vergleich zur Palerbse bei etwas geringerem Trockensubstanzgehalt, aber ähnlicher Trockenmasse, einen höheren Gehalt an Zucker (7–9 % gegenüber 4–5 % der Frischmasse), an Roheiweiß und Rohfett, aber einen geringeren Gehalt an Stärke (Abb. 7.3-1). Die Stärke wiederum enthält bei den Markerbsen einen höheren Anteil Amylose (bis 65 [90] % gegenüber bis 36 % der Stärke bei Palerbsen). Durch die stärkere Wasserabgabe während der Reife schrumpfen Markerbsensamen und bilden eine runzelige bis eingedellte Oberfläche aus. Ein weiteres Unterscheidungsmerkmal sind die kreisrunden, radial gespaltenen Stärkekörner der Markerbse im Vergleich zu den meist länglich-ovalen Stärkekörnern der Palerbse (Abb. 7.3-2 g). Durch Kreuzungen zwischen beiden Formen sind diese Unterscheidungsmerkmale vielfach verwischt.

Der hohe Zuckergehalt verleiht der Markerbse einen besseren Geschmack, soll aber bei längerem Liegen in kalten, nassen Böden das Auflaufrisiko erhöhen und zu einem geringeren Feldaufgang führen. Dieser Umstand hat der Markerbse den Ruf geringerer Kältetoleranz und einer größeren Frühsaatempfindlichkeit eingetragen (RICHTER 1978). Als Überwinterungserbsen zeigen Markerbsen jedoch eine beachtliche Kältetoleranz. Markerbsen reifen langsamer und später als Palerbsen. Sie bleiben somit länger zart, damit auch länger erntefähig und werden, besonders von der Verwertungsindustrie, wegen dieser günstigen Qualitätseigenschaften bevorzugt. Da Markerbsenstärke nur langsam quillt, bleiben Markerbsensamen beim Kochen hart und können nicht als Ersatz für Trockenspeiseerbsen dienen.

▷ con. *axiphium* und conv. *medullosaccharatum* werden als Zuckerpal- bzw. Zuckermarkerbse bezeichnet. Diese Konvarietäten sind auf dickfleischige Hülsen ausgelesen, die durch ein nur schwach ausgebildetes Endocarp zart bleiben. Die Hülsen werden schon mit sehr kleinen Samen geerntet und verzehrt. Ihre wirtschaftliche Bedeutung ist gering.

□ **Botanische Grundlagen**
Die Erbse keimt hypogäisch, d. h. die Keimblätter verbleiben in der Erde (Abb. 7.3-2 b). Das Hypocotyl mit der Wurzel wächst in die Erde, an den Nodien mit schuppenförmigen Niederblättern besetzte Sproßachse zur Erdoberfläche. Erst oberhalb der Erdoberfläche werden die 1–5 unpaarig gefiederten, meist ganzrandigen Laubblätter ausgebildet. Das Endfiederblättchen, z. T. auch die oberen Seitenfiederblättchen, sind zu Ranken umgebildet (c), die die Erbse zum Klettern befähigen und ihr im Bestand Halt geben. Es sind auch rankenlose und fiederblattlose Sorten gezüchtet worden. Bei letzteren sind alle Fiederblättchen zu Ranken umgebildet. Zwei große Nebenblätter bilden den Blattgrund. Die Blätter tragen in der Regel eine transpirationshemmende Wachsschicht, die ihnen eine relative morphologische Resistenz gegen Herbizide verleiht.

Die Sproßachsen sind dünn, hohl und wachsen monopodial, je nach Länge und Stützung aufrecht bis liegend. Sie erreichen sortenabhängig Längen von 0,15 bis über 2,00 m. Sorten unter 0,7 m werden als kurz, Sorten über 1,15 m als lang bezeichnet. Aus den Achseln der unteren Niederblätter, bei einigen Sorten auch an Knoten unterhalb des 1. fertilen Knotens, können sich Seitentriebe entwickeln. Die unteren Seitentriebe werden auch Bestockungstriebe genannt. Ihre Ausbildung wird durch niedrige Temperatur und Kurztag gefördert. Sie tragen zur Standfestigkeit sowie zur schnelleren Bestandesbildung bei und erlauben eine geringere Saatstärke. Da sich aber Blüten und Hülsen an den Bestockungstrieben später entwickeln, führen sie zu einer ungleichmäßigen Ernteifreife. Für die Einmalernte sind deshalb Sorten, die zu starker Bestockung neigen, weniger gut geeignet.

Die zunächst spindelförmige, später weit verzweigte Pfahlwurzel dringt über ein Meter tief in den Boden ein. Die Masse der Wurzeln (ca. 80 %) wächst jedoch in der Ackerkrume. Das Wurzelsystem besitzt ein gutes Aneignungsvermögen für Wasser und Nährstoffe und ist mit zahlreichen »Knöllchen«, den Wucherungen beim Eindringen der Knöllchenbakterien, besetzt.

Die Temperaturansprüche der Erbse sind gering. Das Temperaturminimum für die Keimung liegt bei 1–2 °C, für das Wachstum nach dem Aufgang um 4 °C. Da die Erbse leichte Fröste verträgt (bis −3 bis −5 °C), kann sie auch im gemäßigten Klima früh gesät werden.

Die Zahl der an der Sproßachse pro Tag gebildeten Knoten (Entwicklungsrate) wird bis zu 27 °C, die Längenwachstums- und die Massenbildungsrate werden dagegen nur bis zu Temperaturen von 14–18 °C gefördert. Da somit hohe Temperatur die Entwicklungsrate stärker fördert als die Wachstumsrate, erreichen Erbsen die größte Länge, die größte Pflanzenmasse und den höchsten Fruchtertrag bei relativ niedriger bis mittlerer Temperatur (15–18 °C), sofern die Kulturdauer die volle Entfaltung zuläßt. Junge Pflanzen besitzen für das Wachstum höhere Temperaturoptima (ca. 19 °C) als ältere (15 °C). Sorten, deren Entwicklungsrate nur schwach auf höhere Temperatur reagiert, sind im mitteleuropäischen Klimaraum für späte Saaten und in warmen Klimaten generell besser geeignet.

Die **Blütenanlage** wird bei der Erbse durch die Temperatur (Vernalisation) und die Tageslänge gesteuert. Frühe Sorten reagieren auf beide Reize nur gering oder gar nicht. Vermutlich kann der Reiz bei sehr früher Blütenanlage über die Keimblätter von der Mutterpflanze übertragen werden. Bei mittelfrühen und späten Sorten wird nach Einwirkung niedriger Temperatur während der Keimphase die Zahl der sterilen Knoten (Knoten ohne Blütenanlagen) vermindert und damit die Blütenanlage beschleunigt. Vernalisationswirksam sind Temperaturen bis nahe 20 °C mit einem Optimum bei 4–7 °C. Temperaturen über 20 °C vermögen den Kältereiz wieder zu reduzieren oder sogar zu löschen. Vernalisationswirkungen werden meist nur unter nichtinduktiven Kurztagbedingungen deutlich.

Größere Bedeutung für die Entwicklung der Erbse hat die Beschleunigung der Blütenanlage durch lange, bzw. deren Hemmung durch kurze Tage. Die Tageslänge beeinflußt aber auch die Wuchsform. Unter Kurztagbedingungen bilden die Pflanzen dickere Sproßachsen mit kürzeren Nodien und bestocken sich stärker. Mit späterer Reifezeit der Sorten nimmt ihre photoperiodische Empfindlichkeit zu (Abb. 7.3-3). Die kritische Tageslänge liegt nach Werten von BERRY und AITKEN (1979) zwischen 12 h und 15–16 h. Eine Temperatur von 18 °C beschleunigt im Vergleich zu 6 °C die Blütenanlage. Noch höhere Temperatur verstärkt dagegen bei photoperiodisch empfindlichen Sorten die Kurztaghemmung.

Auch unter vollinduktiven Tageslängen und Temperaturen bleibt die Rangordnung der Frühzeitigkeit der Sorten erhalten. Dies besagt, daß neben der Tageslängen- und Temperaturreaktion

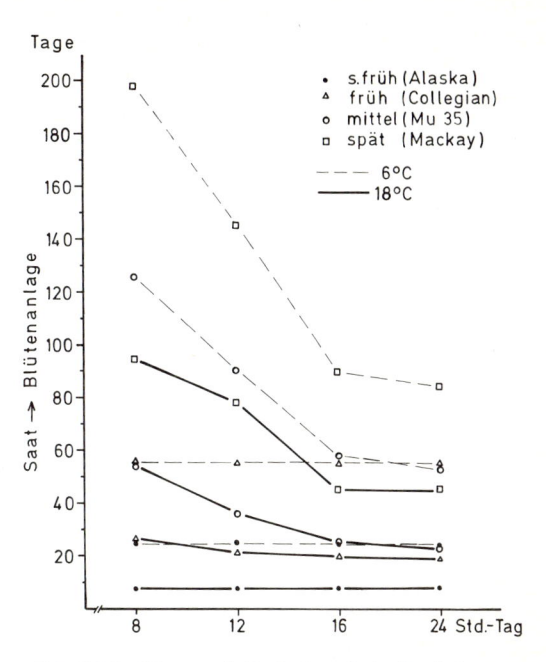

Abb. 7.3-3: Photoperiodisch-thermische Reaktion von Erbsensorten verschiedener Reifezeit (gezeichnet nach Werten von BERRY u. AITKEN, 1979)

auch andere Eigenschaften, wie z. B. eine sortentypische Entwicklungs- und Wachstumsrate, die Entwicklung der Sorten mitbestimmen.

Nach HÄNSEL (1963) unterscheiden sich die Reifegruppen der Erbse in der Zahl der sterilen Knoten. Frühe Sorten bilden im Mittel 8–9 (es gibt auch Formen mit 2–4), späte Sorten bis zu 50 sterile Knoten. Die Grenze zwischen tagneutralen und photoperiodisch empfindlichen Sorten läge bei 11–13 sterilen Knoten. Da es sich bei diesen Angaben um Erhebungen unter Feldbedingungen handelt, kann nicht entschieden werden, inwieweit die Zahl der sterilen Knoten auf eine sortenabhängige Dauer einer reizunempfindlichen Jungendphase, auf die notwendige Dauer der Induktionsphase, auf die Entwicklungs- und Wachstumsraten der Sorten und/oder auf die Klimabedingungen zurückzuführen ist.

Die ökologisch-anbautechnische Bedeutung der sortenspezifischen photoperiodischen Reaktion liegt darin, daß die Entwicklung früher Sorten infolge ihrer Tagneutralität unter Kurztagbedingungen nicht photoperiodisch gehemmt wird. Sie kommen damit früher zur Blüte, bringen aber mit der geringeren Blattfläche einen niedrigeren Ertrag. Sorten mit späterer Blütenanlage und größerer Blattfläche reifen später, sind aber ertragsstärker. Bei später Aussaat im Juli–August und einem Wachstum unter Kurztagbedingungen

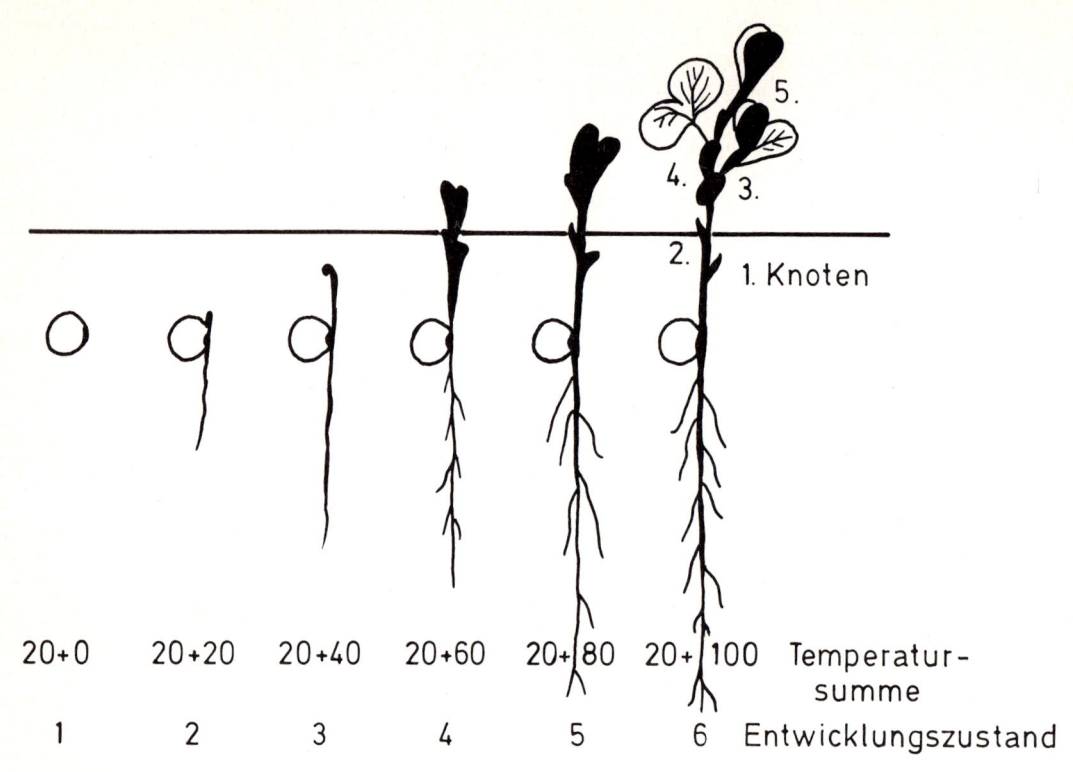

Abb. 7.3-4: Entwicklung eines Markerbsensamlings in Abhängigkeit von der Temperatursumme (OTTOSSON 1958)

kommen photoperiodisch empfindliche Sorten dagegen sehr spät oder nicht mehr zur Blüte. Für sehr späte Saaten sind deshalb tagneutrale Frühsorten zu bevorzugen.

Ein weiteres Kriterium der Entwicklungsgeschwindigkeit ist die benötigte Temperatursumme von der Aussaat bis zur Erntereife. Die Temperatursumme ist die Summe der 24-Stunden-Mitteltemperaturen abzüglich des »Schwellenwertes« der Sorte. Der Schwellenwert liegt bei der Mehrzahl der Sorten um 4 °C. Nach OTTOSSON (1958) benötigen Erbsen bis zur Ausbildung der Blätter am 5. Knoten eine Temperatursumme von 100–120 °C (Abb. 7.3-4). Für das weitere Wachstum werden pro sterilem Knoten je 40 °C Temperatursumme benötigt. Vom ersten fertilen Knoten müssen zum Erreichen der Erntereife (Tenderometerwert 110) nochmals 310 °C einwirken. Da sich die Sorten vorwiegend in der Zahl der sterilen Knoten unterscheiden, ließe sich aus diesen Größen die benötigte Temperatursumme und damit auch der Ernte- bzw. Saattermin errechnen. Beispiel:

Sorte A: Blüte am 10. Nodus:
120 °C + (10–5) × 40 °C + 310 °C = 630 °C

Sorte B: Blüte am 15. Nodus:
120 °C + (15–5) × 40 °C + 310 °C = 830 °C

Die Temperatursumme ist somit ein geeignetes Maß für die Frühzeitigkeit einer Sorte und ermöglicht eine grobe Abgrenzung geeigneter Standorte. Im Raum Hannover schwankt die Temperatursumme der geprüften Erbsensorten von unter 710 bis über 955 °C. Als früh werden Sorten mit Temperatursummen unter 780 °C, als spät Sorten mit über 885 °C eingestuft. Bei gleichem Saattermin beträgt die maximale Differenz in der Reifezeit nach diesen Werten im Monat Juli im Raum Hannover ca. 18 Tage.

Die der Temperatursummenrechnung zugrunde gelegte lineare Beziehung zwischen Wachstumsrate und Temperatur gilt aber nur in einem begrenzten Temperaturbereich. Temperaturen über 27 °C haben eine geringere oder sogar negative Wirkung. Darüber hinaus werden die Wachstumsraten durch die Strahlung und andere Wachstumsfaktoren beeinflußt. Die Temperatursumme ist deshalb nur in relativ ausgeglichenen Klimaten ein brauchbares Maß für die Schätzung des standort- oder witterungsbedingten Wachstumsfortschritts.

Nach der Anlage der Blüten fördert eine mittlere Temperatur deren Ausbildung, mindert die Streuung der Blühzeit und damit auch der Erntereife. Bei einer Einmalernte erhöht sie damit auch den Ertrag und die Qualität der Körner.

Die Aufblühfolge an einer Pflanze entspricht der Blütenanlage von unten nach oben. Ältere Sorten bilden in der Regel ein bis zwei Blüten pro Knoten. Zur Konzentration des Fruchtansatzes und der Reife sind moderne Sorten auf die Anlage von 2–4 Blüten pro Knoten ausgelesen worden. Eine zu starke Konzentration der Blüten, wie sie bei den *Fasciata*-Typen vorliegt, erhöht jedoch das Risiko durch Hitzeperioden, Trockenheit oder Schaderregerbefall (Erbsenwickler, Erbsengallmücke, *Botrytis*) und hat sich nicht bewährt.

Bei Erbsen herrscht Selbstbefruchtung vor, es kommt aber auch zur Insektenbestäubung. In der frühen Embryonalentwicklung, 6–10 Tage nach dem Aufblühen, ist der Embryo besonders hitzempfindlich (KARR et al. 1959). Werden die Pflanzen in den ersten 14 Tagen nach der Befruchtung nur wenige Tage Temperaturen um bzw. über 30°C ausgesetzt, so stirbt ein Teil der Embryonen ab und die Kornzahl pro Hülse sinkt. Durch diese Störung können auch gute, reichblühende Bestände in der Ertragsleistung enttäuschen.

Nach dem Fruchtansatz beschleunigt hohe Temperatur Wachstum und Ausbildung der Körner sowie die Umwandlung von Zucker zu Stärke. Damit kommt es zu einem frühen Entwicklungsabschluß, einem geringeren Ertrag und nach der Erntereife zu einem frühzeitigen Qualitätsverlust. Temperaturen unter 15°C hingegen stören bei einigen Sorten durch die Zurückwandlung der Stärke in Zucker den Reifeprozeß (UNGER und SCHNEIDER 1956). Die Ausbildung hoher Erträge mit guter Qualität wird somit neben einer sortenspezifisch langen Kornbildungsphase durch Temperaturen von 15–18°C begünstigt.

Die Früchte sind Hülsen, die bei den Sorten unterschiedliche Formen aufweisen (lang über 9,5 cm, mittel, kurz unter 6,5 cm, gerade, konkav bis konvex gekrümmt, spitz bis stumpf) und als Sortenmerkmal dienen. Eine größere Bedeutung kommt bei den heutigen Erntemethoden der Druschfähigkeit der Hülsen zu. Die mechanische Belastung beim Dreschvorgang kann gemindert werden, wenn die in langen Streifen an Bauch- und Rückennaht (Mittelrippe) des Fruchtblattes verlaufenden Sklerenchymfasern nur schwach miteinander verwachsen sind (Abb. 7.3-2f). Die Dicke der Fruchtwände, insbesondere die Ausbildung des Endocarps, gewinnt bei der Zuckererbse an Bedeutung. Werden ausschließlich die Körner verzehrt, sind dünne Fruchtwände zu bevorzugen. In einer Hülse bilden sich, je nach Sorte, Witterung und Bestandesdichte, 5 bis 10 Samen. Späte Sorten bilden mehr Samen aus als frühe. Die reifen Hülsen öffnen sich an beiden Nähten.

□ **Standortansprüche und -orientierung**

Die Erbse bevorzugt ein maritimes Klima mit einem warmen Frühjahr und kühlen Sommer. Hitze- und Trockenperioden können besonders während und nach der Blüte zu erheblichen Ertragsminderungen führen. Die Schwerpunkte des Anbaus liegen dementsprechend in den küstennahen Regionen, im gemäßigten Klima in der Frühjahrs- und Sommerzeit, in den wärmeren Klimaten in der kühleren Jahreszeit. Erbsenanbau ist aber bei ausreichender Wasserversorgung auch in warmen Gebieten bzw. Jahreszeiten möglich. Feuchte Standorte fördern das Krautwachstum auf Kosten der Erträge und erhöhen das Risiko eines Pilzbefalls. Die Tageslänge spielt bei der Standortwahl keine primäre Rolle.

Leichte Böden sind wegen der unausgeglichenen Wasserversorgung nur in humiden Gebieten oder für frühe Saatzeiten zu empfehlen. Hohe und sichere Erträge werden auf mittleren Böden und besonders auf Löß erzielt. Für spätere Saaten bieten auch Niedermoorböden gute Standorte.

□ **Anbauformen**

In der Bundesrepublik Deutschland werden Erbsen überwiegend auf großen Flächen in landwirtschaftlichen Betrieben für die verarbeitende Industrie angebaut. Der Flächenanteil für die Frischmarktproduktion ist gering. Eine Produktion in Gewächshäusern oder ein Schutz durch Folienabdeckung im Freiland sind im deutschen Gemüsebau nicht üblich. In den Niederlanden werden geringe Flächen mit Zuckererbsen Mitte bis Ende Januar in Gewächshäusern ausgepflanzt.

□ **Fruchtfolge**

Die Erbse gilt infolge ihrer Anfälligkeit für Krankheiten, insbesondere Fußkrankheiten und Stengelälchen *(Ditylenchus dipsaci),* als selbstunverträglich, und sollte frühestens nach einer Anbaupause von 6 Jahren auf derselben Fläche folgen. Auch andere *Fabaceae* und für Stengelälchen besonders anfällige Arten, wie z. B. Zwiebeln und Möhren, sind zu meiden. Gute Vorfrüchte, die eine gute Bodengare und ein unkrautarmes Land hinterlassen, sind Hackfrüchte. Die Erbse kann jedoch auch Getreidearten oder anderen Nichtleguminosen folgen, zumal Unkräuter durch Herbizideinsatz bekämpft werden können.

Die Erbse ist eine gute Vorfrucht, sofern nicht bei nassem Wetter durch schwere Erntemaschinen die Bodenstruktur zerstört wird. Sie räumt, je nach Saattermin, von Ende Juni bis August und erlaubt den Anbau von Nachfrüchten. Bei der Düngung der Folgefrucht sollte, besonders wenn das Kraut eingearbeitet wird, die Stickstoffanreicherung durch die Erbse (100 bis 200 kg/ha N) berücksichtigt werden.

☐ **Sortenwahl**

In der »Beschreibenden Sortenliste« von 1980 sind 121 Sorten aufgeführt. Davon sind 87 % Markerbsen, 10 % Palerbsen und 3 % Zuckererbsen. Wie der Sortenanteil erkennen läßt, werden in Deutschland, aber auch in Großbritannien und Schweden, Markerbsen, dagegen in Frankreich, den Niederlanden und Belgien Palerbsen bevorzugt.

Für den Feldanbau mit maschineller Ernte werden standfeste, mittellange bis kurze, aber wegen der Erfassung tiefliegender Hülsen nicht zu kurze Sorten mit konzentrierter Erntereife und guter Druschfähigkeit gefordert. Die Naßkonservenindustrie bevorzugt hellgrüne, die Tiefgefrierindustrie dunkelgrüne Körner. Die höhere Bewertung und Bezahlung feinerer Sortierungen folgt Konsumentenwünschen, ist aber nicht sinnvoll, da durch die Züchtung kleinkörniger Sorten keine enge Beziehung zwischen der Sortierung und der Qualität besteht. Kleinkörnige Sorten reifen vielmehr schneller, überschreiten damit leichter die Erntereife und verlieren zeitiger ihre Qualität (Minutenerbsen).

Ob die herausgestellten Vorteile blattarmer Sorten, wie größere Krankheitsresistenz infolge einer besseren Durchlüftung des Bestandes, größere Standfestigkeit oder größere Trockenresistenz, eine Bevorzugung rechtfertigen, ist noch nicht zu übersehen. Die Ertragsleistungen blattarmer Typen sollen denen herkömmlicher Sorten gleichen.

Für die Versorgung des Frischmarktes mit mehrmaliger Handpflücke haben längere Sorten mit folgernder Hülsenentwicklung und ansprechenden Hülsen ihre Bedeutung erhalten.

Allgemeine Forderungen sind Toleranz gegen extreme Temperaturen, ein voller Hülsenbesatz und Resistenz gegen Schaderreger.

☐ **Bodenvorbereitung und Düngung**

Die Erbse bedarf keiner organischen Düngung. Die Grundbodenbearbeitung sollte bei früher Saat im Herbst, bei später Saat auch im Frühjahr erfolgen. Besondere Anforderungen werden lediglich im Hinblick auf die Ernteverfahren an die Herrichtung eines ebenen, möglichst steinfreien Saatbeetes gestellt.

Die Phosphor-, Kalium- und Magnesiumdüngung kann auf sorptionskräftigen Böden im Herbst zur Pflugfurche gegeben werden. Auf sorptionsschwachen Böden ist die Düngung vor der Herrichtung des Saatbettes vorzuziehen. Die Erbse ist chloridverträglich. Der Stickstoffbedarf von ca. 150 kg/ha wird weitgehend durch die Symbiose mit den Knöllchenbakterien, den Bodenvorrat und die N-Mineralisation gedeckt. Das Anfangswachstum sollte jedoch durch eine Stickstoffstartdüngung von 40 kg/ha gefördert werden.

☐ **Pflanzenanzucht**

Für sehr frühe Sätze für die Frischmarktversorgung werden in den Niederlanden Jungpflanzen vorkultiviert und in geschützten Lagen ab Februar ausgepflanzt. In Deutschland werden Erbsen grundsätzlich im Felde an Ort und Stelle gesät. Für die fortlaufende Anlieferung ist wegen der nur kurzen Erntespanne eines Bestandes (ein bis mehrere Tage) eine sorgfältige Planung der **Saattermine** notwendig.

Im Frühjahr kann die Saat beginnen, sobald der Boden hinreichend abgetrocknet ist und, zumindest für Markerbsen, eine Temperatur von ca. 5 °C erreicht hat. Im norddeutschen Raum beginnt die Erbsensaat im März, in einigen Jahren erst im April. Der Saattermin für den zweiten Satz ist für eine kontinuierliche Ernte auf das zu erwartende Klima während der Ernteperiode abzustimmen, d. h. zwischen den beiden Saatterminen sollte der gleiche Entwicklungsfortschritt erzielt werden wie zwischen zwei Ernteterminen. Als Kriterium können die Temperatursumme oder ein über die Temperatursumme ermittelter Wachstumsfortschritt dienen (s. Abb. 7.3-4, Näheres s. Kap. 4.4.1). Bei einer mittleren 24-Stunden-Temperatur von 18 °C im Juli und einer effektiven Temperatursumme von $18 - 4 = 14$ °C entspricht der Entwicklungszustand 2 in Abbildung 7.3-4 mit einer benötigten Temperatursumme von 40 °C etwa einem 3 Tage, der Entwicklungszustand 4 etwa einem 6 Tage späteren Erntetermin. Mit den steigenden Temperaturen im Frühjahr rücken somit die Saattermine immer enger zusammen.

Eine weitere Staffelung der Erntetermine ermöglicht die Wahl von Sorten unterschiedlicher Reifezeit, die Wahl des Standortes nach Bodenart, Höhenlage und Hangneigung, die Bestandesdichte und die Düngung. Eine geringere Bestan-

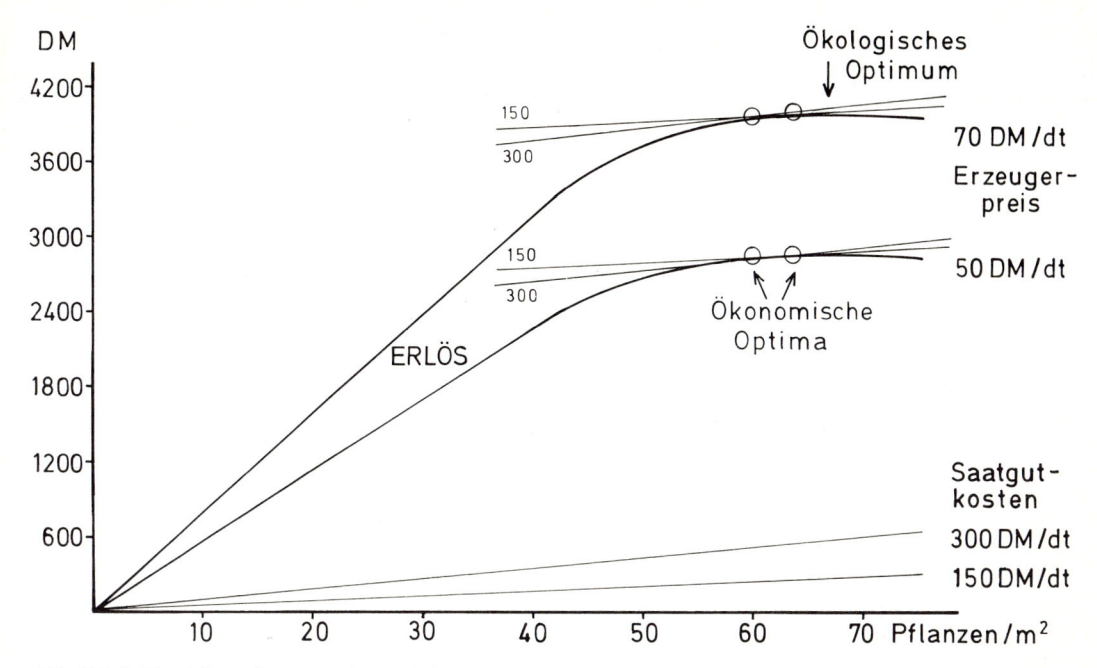

Abb. 7.3-5: Ermittlung der saatgutkostenfreien Leistung in Abhängigkeit vom Erlös (Ertrag × Erzeugerpreis) und dem Saatgutpreis (in Anlehnung an KING 1975)

desdichte und eine hohe N-Düngung verzögern die Erntereife.

Mit späterem Saattermin sinken die Erträge, und es müssen dementsprechend größere Flächen eingeplant werden. Im Erwerbsanbau liegen die letzten Saattermine Mitte bis Ende Mai. Für noch spätere Saaten sollten nur frühe (tagneutrale) und gegen pilzliche Erreger widerstandsfähige Sorten eingesetzt werden.

Die Züchtung kälteresistenter Markerbsensorten hat einen **Überwinterungsanbau** ermöglicht. In Norddeutschland wird um die Wende September/Oktober, in Süddeutschland Anfang bis Mitte Oktober gesät. Die Saatstärke kann wegen der stärkeren Bestockung auf ca. 50 % reduziert werden. Die Pflanzen sollen bis zum Frost eine Höhe von 5–10 cm erreicht haben. Überwinterungserbsen können etwa eine Woche vor dem 1. Frühjahrssatz geerntet werden. Das Anbaurisiko durch Kälte, Nässe oder Wildfraß ist jedoch recht groß.

Die **Saatstärke** ist an der angestrebten Bestandesdichte, dem erwarteten Feldaufgang und dem Verlust an Pflanzen nach dem Aufgang zu orientieren.

Die optimale Bestandesdichte ist von mehreren Faktoren abhängig:

1. der Standraumform: je mehr von der günstigsten Standraumform, dem Quadrat- oder Dreiecksverband, abgewichen wird, desto niedriger ist die optimale Bestandesdichte. Nach den Untersuchungen von KING (1975) liegt die optimale Bestandesdichte bei 53 cm Reihenabstand bei ca. 50 Pflanzen/m², bei 18 cm Reihenabstand bei 67 Pflanzen/m² und bei quadratischer Standraumform über 120 Pflanzen/m² (ca. 9 x 9 cm). Aufgrund dieses Zusammenhanges sollten Erbsen mit geringem Reihenabstand (ca. 12,5 cm) gesät werden.

2. der Sorte, den Kulturbedingungen und dem Kulturziel: Große Pflanzen einer wüchsigen Sorte auf guten Böden fordern geringere Bestandesdichten. Gleiches gilt für einen späteren Erntetermin. Hohe Bestandesdichten unterdrücken durch eine frühere und intensivere Bedeckung das Unkraut besser, führen zu einer besseren Bodengare und einer früheren und konzentrierteren Erntereife. Nachteilig sind eine größere Anfälligkeit gegen Pilzinfektionen und infolge der schnelleren Reife die kürzere potentielle Erntespanne.

3. den Saatgutkosten, die bei den großkörnigen *Fabaceae* stärker ins Gewicht fallen als bei Arten mit geringem Saatgutbedarf oder billigerem Saatgut. Die ökonomisch günstigen Bestandesdichten liegen somit unter den ökologisch optimalen Bestandesdichten. Nach der in Abbildung 7.3-5 wiedergegebenen Wirkung der Bestandesdichte auf den Erlös bei 18 cm Reihenentfernung senkt die Berücksichtigung eines Saatgutpreises von 150

DM/dt die optimale Bestandesdichte von ca. 67 auf 64 Pflanzen/m², bei einem Saatgutpreis von 300 DM/dt auf 60 Pflanzen/m². Der für die Rohware erzielte Preis hat in diesem Bereich der Bestandesdichte nur eine untergeordnete Bedeutung.

Der Feldaufgang variiert in Abhängigkeit von der Triebkraft des Saatgutes und den Keimbedingungen im Boden. Erfahrungswerte für Markerbsen liegen bei einem Feldaufgang von 80–90 %, für Palerbsen bei 90 %. Für die Verluste nach dem Aufgang sind Werte von 10–30 % ermittelt worden. Bei 20 % Ausfall wäre die zunächst anzustrebende Bestandesdichte von 64 auf 80 Pflanzen/m² zu erhöhen. In der Praxis werden Werte von 70 bis 100 Pflanzen/m² empfohlen.

Nach der Funktion in Kapitel 4.4.2 errechnet sich für eine Bestandesdichte von 80 Pflanzen/m², eine TKM von 260 g und einen Feldaufgang von 90 % eine Saatstärke von 231 kg/ha. Richtwerte für den Feldanbau mit maschineller Ernte liegen zwischen 180 und 280 kg/ha Saatgut.

Für die Kultur an Spalieren mit mehrmaliger Pflücke sind Doppelreihen im Abstand von 120–150 cm + 15–20 cm mit einer Bestandesdichte von 40–50 Pfl./m² und Saatstärken von 120–180 kg/ha zu bevorzugen. Als Stützen dienen Reiser oder Maschendraht.

Erbsensaatgut wird gebeizt und relativ tief abgelegt, um Vogelfraß zu erschweren, die Standfestigkeit zu erhöhen und einem Herausreißen beim Striegeln vorzubeugen. Je nach den Bodenbedingungen liegen günstige Saattiefen bei 4–6 cm.

□ **Pflege**

Wird auf Herbizide verzichtet, kann bereits 4–5 Tage nach der Saat, bevor die Keimlinge zu dicht unter die Bodenoberfläche gewachsen sind, durch Blindstriegeln mit kurzen Zinken das erste Unkraut vernichtet und die Bodenoberfläche gelockert werden. Nach dem Aufgang wird im 4-Blattstadium, wenn die Pflanzen fester geworden sind, das Striegeln mit langen Zinken wiederholt. Am geringsten sind die Schäden bei sonnigem Wetter und leicht angewelkten Pflanzen. Bei 10–15 cm hohen Pflanzen kann als letzter Bearbeitungsgang eine Hacke folgen.

In der Regel werden zur Unkrautbekämpfung Herbizide eingesetzt. Wegen der frühzeitigen herbiziden Wirkung und des geringeren Schocks der Erbsen sind Vorauflaufmittel zu bevorzugen. Es stehen aber auch Nachauflaufmittel zur Verfügung. Nach Herbizideinsatz wird der Boden nur dann bearbeitet, wenn es zur Durchlüftung notwendig ist, die Herbizidbehandlung nicht befriedigend gewirkt oder bereits nachgelassen hat.

Eine Beregnung in Trockenzeiten steigert und sichert den Ertrag, vor allem nach dem Hülsenansatz. Ein zu frühes oder zu reichliches Wasserangebot fördert jedoch vorrangig das Krautwachstum und erhöht das Risiko des Lagerns sowie des Pilzbefalls. Von extremen Witterungsbedingungen abgesehen, ist eine Zusatzbewässerung im deutschen Klimaraum nicht erforderlich.

Zum Schutz gegen Schaderreger haben die vorbeugenden Maßnahmen besonderes Gewicht. Hierzu gehören eine weite Fruchtfolge (6 Jahre), die Verwendung gesunden Saatgutes und die Saatgutbeizung. Gegen Insekten, wie Blattläuse, Erbsenwickler, Erbsengallmücke oder Blattrandkäfer, können Spritzungen notwendig werden.

□ **Bestimmung der Erntereife**

Da sich die Pflanzen zur Erntereife noch im vollen Wachstum befinden und die günstigste Zeitspanne für die Ernte mit – witterungsabhängig – ein bis mehreren Tagen sehr kurz ist, kommt der Bestimmung des günstigsten Erntezeitpunktes größte Bedeutung zu.

Einfach bestimmbare physikalische Kriterien, wie Korngröße, Embryogröße oder spezifisches Gewicht der Körner, zeigen keine hinreichend enge Beziehung zur Erntereife. Auch chemische Kriterien, wie Stärke- oder Zuckergehalt, sind nicht geeignet oder geben, wie der Trockenmassengehalt (ca. 21 %), nur Näherungswerte. Ein gutes Kriterium ist der Gehalt an alkoholunlöslichen Inhaltsstoffen (AIS = **a**lcohol **i**nsoluble **s**olids), da der im Verlaufe des Kornwachstums zunächst zu- und dann wiederum abnehmende und darüber hinaus stark witterungsabhängige Zuckergehalt ausgeschaltet und zur Stärke zusätzlich der Zellulose-, Protein- und Salzgehalt erfaßt wird (s. Abb. 7.3-1). Für die Bestimmung der Erntetermine ist diese Methode jedoch zu aufwendig. Ihre Anwendung beschränkt sich deshalb auf die Eichung von mechanisch arbeitenden Geräten, auf Entscheidungen in Rechtsstreitigkeiten und – in den USA – auf die Festlegung des Gütestandards.

In der Praxis wird die Erntereife mit Tenderometern, z. T. auch noch mit Texturmetern, bestimmt. Beide Geräte messen die zum Durchdringen bzw. Durchpressen einer Körnerprobe benötigten Scherkräfte und damit die Konsistenz der Erbsenkörner.

Die einfachen kleinen Texturmeter (Abb. 7.3-6) sind transportabel, unabhängig vom elektrischen Stromanschluß und für überschlägige

Fabaceae (*Papilionaceae* – Schmetterlingsblütler)

8). Bis zur Erntereife ist in Norddeutschland bei Normalwitterung mit einem täglichen Anstieg der Tenderometerwerte um 3, in Hitzeperioden bis über 10 Einheiten zu rechnen. Durch Extrapolation des aus den Meßwerten erstellten Kurventeils wird der Tag des angestrebten Tenderometerwertes ermittelt.

Da aus Kapazitäts- und Witterungsgründen nicht immer an dem angestrebten Termin geerntet werden kann, sind Abweichungen zu tolerieren und die tenderometerwertabhängigen Ertragsdifferenzen durch Preiskorrekturen auszugleichen.

□ **Ernte und Ertrag**

Die Erbsenernte beginnt im Großanbau im norddeutschen Raum je nach Witterung Mitte Juni bis Anfang Juli und endet Anfang August. Sie erstreckt sich somit jährlich über eine Periode von durchschnittlich 6 Wochen.

Auf kleinen Flächen für die Frischmarktbelieferung werden die erntereifen Hülsen 1- bis 2mal pro Woche, insgesamt 2- bis 4mal, mit den Hülsenstielen gepflückt oder der Bestand wird in einem Arbeitsgang abgeerntet. Verkaufsfähig sind Hülsen mit mindestens 5 (Klasse I) oder mindestens 3 (Klasse II) Körnern. Der Kornertrag liegt bei mehrmaliger Ernte bei 90 bis 110 dt/

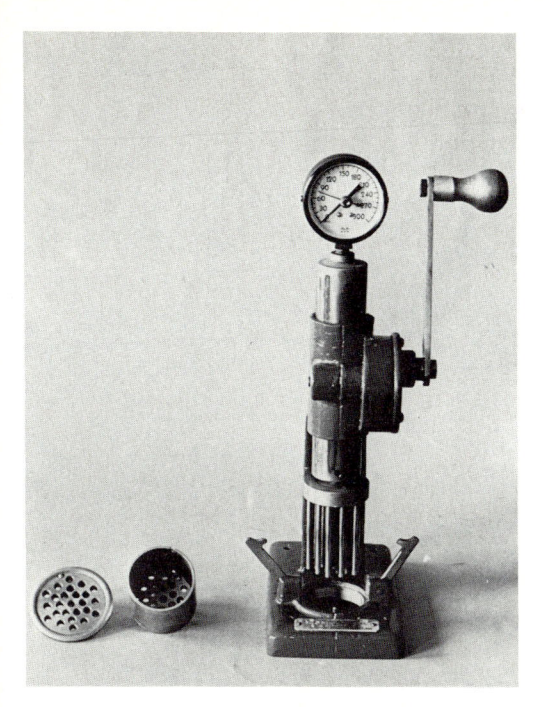

Abb. 7.3-6: Texturmeter mit Handbetrieb

Messungen auf dem Felde geeignet. Tenderometer (Abb. 7.3-7) werden nur stationär betrieben und liefern Meßwerte, die in enger Beziehung zu den AIS-Werten und sensorischen Testergebnissen stehen. Die Erntereife wird in Tenderometereinheiten (1 TE ≙ ca. 70 g/cm^2) nach folgender Skala (Bereich 60–190 TE) bewertet:

noch nicht erntefähig	unter 70
Erntereife:	
Tiefgefrier-Palerbsen	90–100
Tiefgefrier-Markerbsen	100–110 (120)
Naßkonserven	110–120 (130)

Zur morphologischen Reife (Abschluß der Stoffeinlagerung) erreichen Markerbsen Tenderometerwerte von 140 – 160, Palerbsen über 190.

Die Kontrolle des Reifezustandes eines Bestandes beginnt etwa eine Woche vor dem geschätzten Erntetermin. Alle 2–3 Tage werden morgens Hülsen aus verschiedenen Teilen des Feldes und wegen des folgernden Fruchtansatzes aus verschiedenen Bestandeshöhen gepflückt. Die Hülsen werden entpalt, der Tenderometerwert der Körner bestimmt und dieser über die Zeit graphisch dargestellt. Die Tenderometerwerte steigen mit der Zeit bzw. mit der Temperatursumme exponentiell an. Der zeitliche Anstieg erfolgt um so schneller, je höher die Temperatur und je weniger Knoten Hülsen tragen (Abb. 7.3-

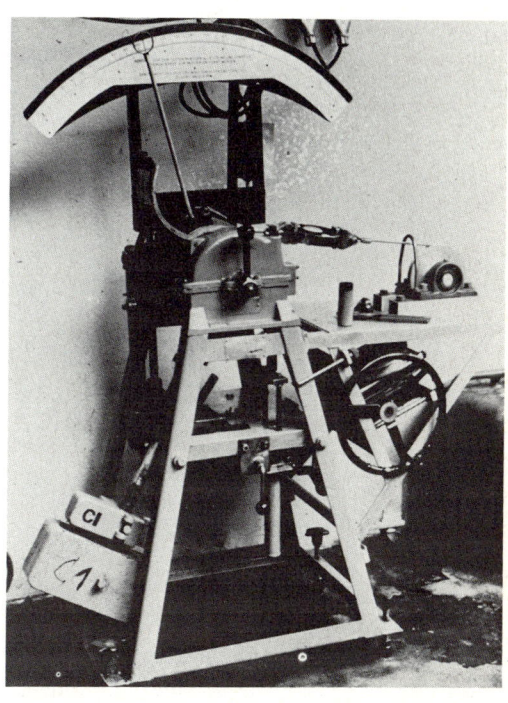

Abb. 7.3-7: Tenderometer (Aufnahme Iglo Feinfrost)

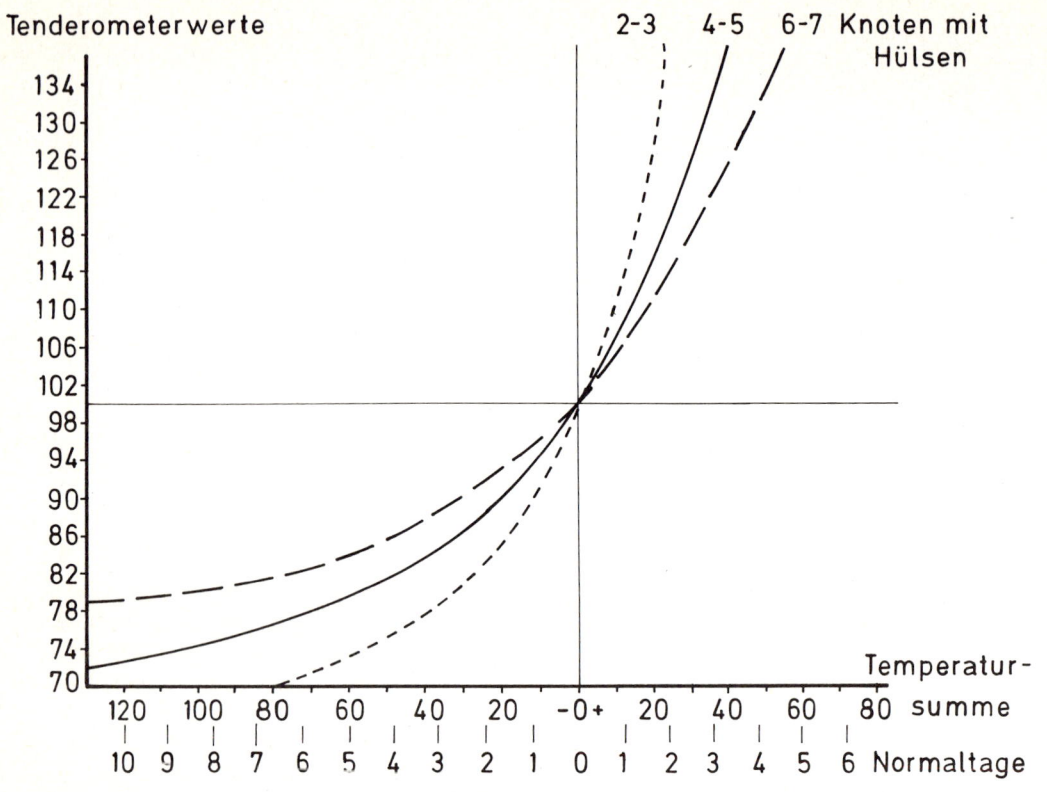

Abb. 7.3-8: Anstieg der Tenderometerwerte von Erbsen mit der Temperatursumme bzw. der Zeit in Abhängigkeit von der Zahl der hülsentragenden Knoten (Untersuchungen in Südschweden von OTTOSSON 1968)

ha, der Hülsenertrag bei dem 2- bis 3-, im Mittel 2,5fachen. Erbsenhülsen sind nur in Kühlräumen, und auch dort nur kurzfristig, lagerfähig.

Zuckererbsen können mit noch sehr kleinen Samen früher geerntet werden. Sie werden etwa 2mal pro Woche und grundsätzlich mit Stiel gepflückt. Die Ernteperiode währt 2–3 Wochen und bringt Erträge von 80–120 dt/ha Hülsen.

Auf großen Flächen wird ausschließlich maschinell geerntet. Der noch in den 60er Jahren übliche stationäre Drusch wurde von dem Schwad-Drusch und dieser um 1980 von dem Pflück-Drusch abgelöst.

Beim Schwad-Drusch werden die Erbsen mit selbstfahrenden Mähschwadern geschnitten, von gezogenen oder selbstfahrenden Dreschmaschinen aufgenommen und gedroschen. Das früher übliche Anwelken ist bei modernen Maschinen entbehrlich. Die Flächenleistungen liegen bei gezogenen Dreschern zwischen 0,2 und 0,35 ha/h. Selbstfahrer erreichen Leistungen bis zu 0,5 ha/h. Die Verluste liegen bei 10–15 %.

Bei dem Pflück-Drusch reißen auf querstehenden Trommeln sitzende Stahlfinger die Hülsen von den Pflanzen und führen sie dem Dreschvorgang zu. Der Vorteil liegt in dem geringeren Krautdurchsatz durch die Maschinen. Damit konnte die Flächenleistung bei einer Schnittbreite von ca. 3 m bis auf 1 ha/h erhöht und der Dreschvorgang verbessert werden. Die Druschverluste schwanken zwischen 3 und 15 %. Bei beiden Verfahren sollte die Zeitspanne zwischen Drusch und Verarbeitung 1,5 Stunden nicht überschreiten; andernfalls besteht das Risiko der Säuerung und Gärung. Diese Forderung begrenzt den Anbau auf ca. 50 km Entfernung von den Verarbeitern.

Maschinen, die lediglich die Hülsen pflücken, so daß diese am Ort der Verarbeitung gedroschen werden können, sind noch nicht praxisreif. Ihr Vorteil wäre ein langsamerer Qualitätsabbau nach der Pflücke.

Die Erträge liegen bei Einmalernte bei 50–60 dt/ha Korngewicht, gelegentlich werden bis zu 100 dt/ha geerntet. Die Krautmasse wiegt z. Z. der Grünernte ca. 55–65 % der gesamten Pflanzenmasse und beträgt somit ca. 250 dt/ha. Das Kraut gibt in frischem oder siliertem Zustand ein gutes Futter oder wird als Gründüngung eingearbeitet.

Literatur

BERRY, G. J., AITKEN, Y. (1979): Effect of photoperiod and temperature on flowering in pea (*Pisum sativum* L.). Aust. J. Plant Physiol. **6**, 573-587.

BUISHAND, TJ. (Zusammenstellung) (1971): Teelt van Peulen. Alkmaar: Consulentschap in Algemene Dienst voor de Groenteteelt in de Vollegrond in Nederland. No. 28.

HÄNSEL, H. (1963): Physiologische und genetische Untersuchungen über den Zusammenhang zwischen der Zahl steriler Nodien und der Zeitspanne bis zum Blühbeginn der Erbse *(Pisum sativum)*. Züchter, 6. Sonderh., 15-24.

KROMER, K. H. (1981): Tendenzen der mechanischen Ernte von Grünerbsen. Dt. Gartenbau **35**, 1742-1744.

OTTOSSON, L. (1968): Experiments in vining peas. 4. Harvest time, maturation experiments and weed control. Uppsala: Lantbrukshögskolans meddelanden Ser. A Nr. 106.

SCHNEIDER, A. (1951): Untersuchungen zur Eignung von Erbsensorten für Zwecke der Naßkonservierung. Züchter **21**, 275-281.

STANFIELD, B., ORMROD, D. P., FLETCHER, H. F. (1965): Response of peas to environment II. Canad. J. Plant Sci. **46**, 195-203.

7.3.2 Dicke Bohne (*Vicia faba* L.)

☐ Geschichte und Bedeutung

Das Mannigfaltigkeitszentrum der Dicken Bohne liegt in Zentralasien. In Nordafrika hat sich ein Sekundärzentrum gebildet, in dem sich die großkörnigen Urformen der heutigen Dicken Bohne, auch Puff- oder Saubohne genannt (forma *maior*), entwickelt haben dürften. Die Dicke Bohne gehörte bereits 1800 v. d. Z. in Ägypten, später auch in den griechischen und römischen Kulturzonen, zu den bedeutungsvollen Nahrungspflanzen. In der Bronzezeit war sie bereits im deutschen Raum verbreitet und gehörte bis zur Einbürgerung der Gartenbohne und der Kartoffel zu den wichtigsten Nahrungs- und Futterpflanzen.

Die großen, grünreifen Samen besitzen einen hohen Anteil an hochwertigem Eiweiß (ca. 4 % der Frischmasse) und größere Mengen der Mineralstoffe Phosphor, Calcium und Eisen. Der Gehalt an Vitamin C ist mittel, der an Carotin gering. Dicke Bohnen werden im grünreifen Zustand frisch oder gekocht als Gemüsebeilage zubereitet, in Italien auch roh verzehrt. Der größte Teil der Ernte wird zu Naß- oder Tiefgefrierkonserven verarbeitet.

In einigen westeuropäischen Ländern werden bedeutende Flächen kultiviert (Italien 19 000 ha, Spanien 18 000 ha, Großbritannien 5000 ha, Frankreich 3700 ha). Die wirtschaftliche Bedeutung ist in der Bundesrepublik Deutschland mit ca. 750 ha gering und regional begrenzt. Die größten Anbauflächen liegen in Nordrhein-Westfalen und Niedersachsen.

Reife Samen der Dicken Bohne zeichnen sich durch einen hohen Gehalt an Eiweiß (ca. 30 %) aus, sind jedoch schwer verdaulich. Sie wurden früher für die Mehlgewinnung genutzt. In der Landwirtschaft haben Ackerbohnen genannte, kleinkörnige Formen (forma *minor*) als Gründüngungs- und Futterpflanzen sowie als Silagefutter Bedeutung erlangt.

☐ Botanische Grundlagen

Die einjährige Pflanze keimt hypogäisch (Abb. 7.3-9). Die vierkantige, kräftige, standfeste Sproßachse wird bei großen Sorten bis über 1 Meter hoch und ist selten verzweigt. Gelegentlich bilden sich an der Basis, meist aus den Achseln der Keimblätter, Seitentriebe. Die starke Pfahlwurzel dringt über ein Meter tief in den Boden ein, ist reich verzweigt und trägt auf infizierten Böden Knöllchenbakterien.

An den unteren Knoten bilden sich, wie bei der Erbse, zunächst einfache, zur Spitze hin immer stärker differenzierte Niederblätter, darüber gefiederte Laubblätter mit ein bis drei Paaren ganzrandiger, fester, haarloser Blättchen. Am Blattgrund sitzen kleine, z. T. gezähnte Nebenblätter, die oftmals in der Mitte grau- bis schwarzgefärbte Nektarien tragen, deren Duft Insekten zur Auslösung des Bestäubungsmechanismus, aber auch Blattläuse anlockt.

In den Blattachseln befinden sich vom 6. bis zum 10. oder 12. Knoten kurzstielige Blütentrauben mit je 2 bis 9 Schmetterlingsblüten (Abb. 7.3-9 a, b). Die Blüte beginnt bei Frühpflanzung Mitte bis Ende Mai und währt etwa 3 Wochen. Es überwiegt Selbstbefruchtung (ca. 90 %); diese wird jedoch in der Regel durch Insektenbesuch ausgelöst. Der Fruchtansatz wird deshalb von gutem Flugwetter begünstigt. Hitze führt, wie bei der Erbse, durch Störung der Embryonalentwicklung zu Blütenfall und vermindertem Ansatz.

Der Fruchtansatz ist, besonders an den höheren Knoten (Assimilatkonkurrenz durch die wachsende Sproßachsenspitze) und bei hohen Bestandesdichten, gering. Pro Knoten werden in der Regel ein bis zu drei Früchte angelegt. Die grünen, dickfleischigen, innen samtartig behaarten, 11 bis über 23 cm langen und 1,7–2,5 cm breiten Hülsen enthalten 4 bis 6 überwiegend weiße oder grüne, sehr große Samen. Mit der

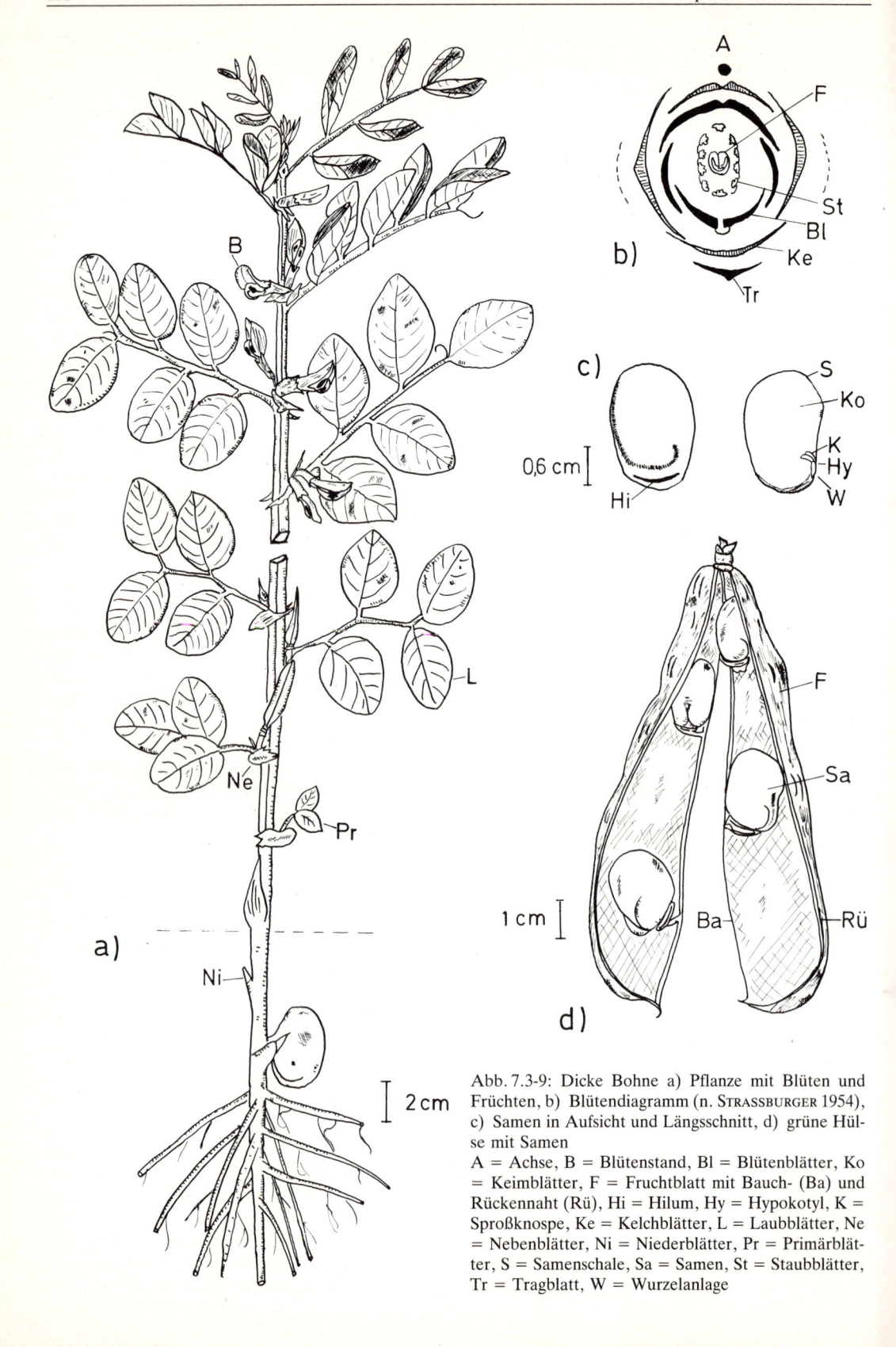

Abb. 7.3-9: Dicke Bohne a) Pflanze mit Blüten und Früchten, b) Blütendiagramm (n. STRASSBURGER 1954), c) Samen in Aufsicht und Längsschnitt, d) grüne Hülse mit Samen
A = Achse, B = Blütenstand, Bl = Blütenblätter, Ko = Keimblätter, F = Fruchtblatt mit Bauch- (Ba) und Rückennaht (Rü), Hi = Hilum, Hy = Hypokotyl, K = Sproßknospe, Ke = Kelchblätter, L = Laubblätter, Ne = Nebenblätter, Ni = Niederblätter, Pr = Primärblätter, S = Samenschale, Sa = Samen, St = Staubblätter, Tr = Tragblatt, W = Wurzelanlage

Reife werden die Fruchtblätter dünn, lederartig fest und durch Oxydation des Tyrosins schwarz. Die Samenreife fällt in die Monate August–September. Die großen, 0,9–2,3 g schweren, unregelmäßig-eiförmig-flach geformten Samen mit z. T. gerunzelter Oberfläche sind im reifen Zustand überwiegend weiß.

Die Dicke Bohne ist niedrigen Temperaturen angepaßt und verträgt Fröste bis zu −5 °C. Junge Pflanzen vermögen auch stärkere Frostschäden zu überwachsen. Hitzeperioden mindern den Ansatz und die Ausbildung der Früchte. Wachstum und Fruchtausbildung werden somit durch niedrige bis mittlere Temperaturen und hohe Luftfeuchte begünstigt. Die photoperiodische Reaktion hat bei der schwach empfindlichen Langtagpflanze für den Anbau keine Bedeutung.

□ **Standortansprüche**
Die Anpassung an niedrige bis mittlere Temperaturen, die geringe Windempfindlichkeit sowie die Förderung durch ein gleichmäßiges Wasserangebot und hohe Luftfeuchte machen die Dicke Bohne zu einer Pflanze des maritimen Klimas. Sie bringt aber bei frühem Anbau auch im kontinentalen Klima und in Höhenlagen gute Erträge, sofern die Wasserversorgung sichergestellt ist. Hitzeperioden mindern die Erträge und fördern den Läusebefall. Gegen stauende Nässe ist sie empfindlich. Die Dicke Bohne bevorzugt tiefgründige, nährstoffreiche Böden mit ausgeglichener Wasserversorgung und gedeiht gut auf Niedermoorböden.

□ **Anbauformen**
Für den Frischmarkt wird die Dicke Bohne nur auf kleinen Flächen in gärtnerischen Betrieben und ausschließlich im Freiland kultiviert. Der großflächige Anbau für die Industrie liegt in landwirtschaftlichen Betrieben.

□ **Fruchtfolge**
Die Dicke Bohne ist mit den meisten Arten der Landwirtschaft und des Gemüsebaus gut verträglich, sollte aber mit Arten, die stark vom Stengelälchen *(Ditylenchus dipsaci)* befallen werden, nicht zu eng stehen. Mit anderen *Fabaceae*, besonders der Erbse und nach sich selbst, sind Anbaupausen von 6 Jahren zu empfehlen. Die tiefe und intensive Durchwurzelung des Bodens, die Stickstoffansammlung und Eignung für die mechanische Unkrautbekämpfung machen sie zu einer guten Vorfrucht.

□ **Sortenwahl**
Vom Bundessortenamt werden zwei Sortengruppen unterschieden:

▷ Sorten mit rein weißer Blüte, deren unreife Samen sich nach dem Kochen oder Sterilisieren nicht verfärben, also weiß oder grün bleiben, denen aber der bei Dicken Bohnen geschätzte besondere Geschmack fehlt. Diese Sorten werden von der Naßkonservenindustrie bevorzugt, da sich die Aufgußflüssigkeit nicht trübt. Für die Tiefkühlindustrie müssen diese Sorten wegen der härteren Samenschale relativ früh geerntet werden.
▷ Sorten mit weißer, aber schwarzgefleckter Blüte, deren Samen sich nach der Sterilisation oder dem Kochen braun verfärben. Diese Sorten werden geschmacklich besser bewertet und von der Tiefkühlindustrie und dem Frischmarkt bevorzugt.

Die Industrie wünscht für die maschinelle Ernte feststehende, höchstens mittelgroße, laubarme, konzentriert blühende, mittelgroßkörnige Sorten mit gleichzeitiger Reife, guten Drescheigenschaften und hoher Kornausbeute. Für die Frischmarktbelieferung und die Selbstversorgung werden Sorten mit großen, leicht auszupalenden Hülsen mit großen Samen gewählt.

□ **Bodenvorbereitung und Düngung**
Bei früher Saat sollte der Boden bereits im Herbst gepflügt und im Frühjahr in wenigen Arbeitsgängen saatfertig gemacht werden. Eine Kalkung ist spätestens im vorangehenden Herbst vorzunehmen. Die Dicke Bohne dankt organische Düngung. Die mineralische Düngung erfolgt nach dem Versorgungsgrad des Bodens und dem Entzug. Als Stickstoffgabe genügt ein Startangebot von 80–100 kg/ha N zur Saat.

□ **Pflanzenanzucht**
Für eine sehr frühe Belieferung des Frischmarktes können Jungpflanzen in Frühbeeten oder Gewächshäusern angezogen und ab März gepflanzt werden. Üblich ist die Direktsaat ins Freiland. Der frühestmögliche Saattermin wird von der Bearbeitungsfähigkeit des Bodens bestimmt. Für den Industrieanbau folgen zeitlich gestaffelte Saaten bis Mitte Mai, spätestens Anfang Juni. Für spätere Termine eignen sich nur relativ frühe, spätsaatverträgliche Sorten. Die Erträge sinken mit späterer Saat (ab März, in ungünstigen Jahren ab April) deutlich ab.

Das Saatgut wird gebeizt und mit den großen Samen angepaßten Drillmaschinen 8–10 cm tief ausgebracht. Die tiefe Saat erhöht die Standfestigkeit und erleichtert die Unkrautbekämpfung. Im Vertragsanbau mit maschineller Ernte sind bei Reihenabständen von ca. 25 cm Bestandesdichten um 20 Pflanzen/m² (25 x 20 cm), für den

Frischmarkt bei 50 cm Reihenabstand von 14 Pflanzen/m² (50 x 15 cm) anzustreben. Dies entspricht bei einem Feldaufgang von 90 % Saatstärken von ca. 220 kg/ha für die Industrie (TKM 1000 g) und 200–260 kg/ha (TKM 1300–1700 g) für den Frischmarkt. Innerhalb dieser Spanne sind die Saatstärken nach den Standortbedingungen, der Wuchsstärke der Sorten und der TKM zu variieren.

☐ **Pflege**
Bei ca. 5 cm hohen Pflanzen kann der Boden durch ein- bis mehrmaliges Striegeln gelockert und das Unkraut bekämpft werden. Bei sonnigem Wetter sind die Pflanzen weicher und die Schäden geringer. Größere Pflanzen werden gehackt. Vor Beginn der Blüte wird vielfach zur erhöhten Standfestigkeit und zur Unkrautbekämpfung gehäufelt. In Trockenperioden wirkt eine Beregnung ertragsfördernd, besonders während und nach der Blüte. Bei den Pflanzenschutzmaßnahmen ist der Bekämpfung der Schwarzen Bohnenlaus *(Aphis fabae)* besondere Beachtung zu schenken.

☐ **Ernte, Ertrag und Lagerung**
Die Ernte beginnt bei früher Saat nach 15–18 Wochen etwa Ende Juni bis Anfang Juli. Bei späteren Saatterminen verkürzt sich die Kulturdauer auf 10–12 Wochen. Letzte Erntetermine liegen um Mitte August. Für die Frischmarktbelieferung wird geerntet, wenn die Körner ihre sortentypische Form erreicht haben und Nabel- und Kornfarbe noch weitgehend übereinstimmen. Bereits gelb und dunkelnabelige Partien werden in die Handelsklasse II eingestuft. Die gewünschte Erntereife entspricht einem Tenderometerwert um 115. Bei Handernte werden die Bestände innerhalb von 7–10 Tagen 2- bis 3mal gepflückt und 200–300 dt/ha Hülsen geerntet.

Maschinell werden Dicke Bohnen für die Tiefgefrierkost bei Tenderometerwerten von 125–140 (150), für die Naßkonservierung von 140–160 geerntet (Abb. 7.3-10). Die Streuung der Meßwerte ist jedoch infolge der ungleichmäßigen Kornentwicklung groß und die Orientierung am Tenderometerwert unsicherer als bei Erbsen.

Das Ernteverfahren entspricht dem bei Erbsen, die Maschinen müssen jedoch auf kunststoffüberzogene Schlagleisten und größere Siebe umgerüstet und, um die Schwarzfärbung der Samen zu verhindern, mit Wasserbehältern zur Aufnahme des Druschgutes ausgestattet werden. Die Kornerträge liegen bei Maschinenernte bei 50–80 dt/ha, einschließlich Hülsen, je nach Reifegrad, bei dem 3- bis 5fachen Gewicht.

Maschinell gedroschene Körner sind nicht lagerfähig. Von Hand geerntete Hülsen können bei 1 °C und hoher Luftfeuchte bis zu 14 Tagen aufbewahrt werden.

Literatur
BUISHAND, TJ. (Zusammenstellung) (1971): Teelt van Tuinbonen. Alkmaar: Consulentschap in Algemene Dienst voor de Groenteteelt in de Vollegrond in Nederland. H. 20.

7.3.3 Gartenbohne (*Phaseolus vulgaris* L.)

☐ **Geschichte und Bedeutung**
Die Gartenbohne stammt aus Süd- und Mittelamerika. Wildformen wachsen in einem langgestreckten Areal, das sich vom westlichen Mexiko durch Mittelamerika über die östlichen Hänge der Anden bis nach Nord-West-Argentinien erstreckt. Von einigen Autoren werden die Formen in Südamerika (ssp. *aborigineus*) als die ursprünglichen betrachtet, die in sehr früher Zeit nach Mittelamerika gelangt seien (KAPLAN 1980). Die Wildformen wachsen im Ursprungsgebiet indeterminiert als ein- oder mehrjährige Gewächse mit relativ kleinen, faserigen Hülsen und kleineren, schwarzen, hartschaligen Samen in feuchten Tälern und Höhenlagen zwischen 500 und 2000 m.

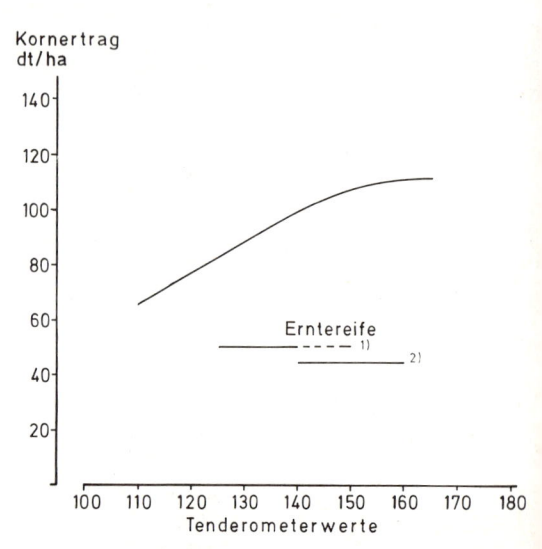

Abb. 7.3-10: Beziehungen zwischen Tenderometerwerten und Kornertrag bei Dicken Bohnen
Werte nach LINDNER 1978, 1. Tiefgefrierkonservierung, 2. Naßkonservierung

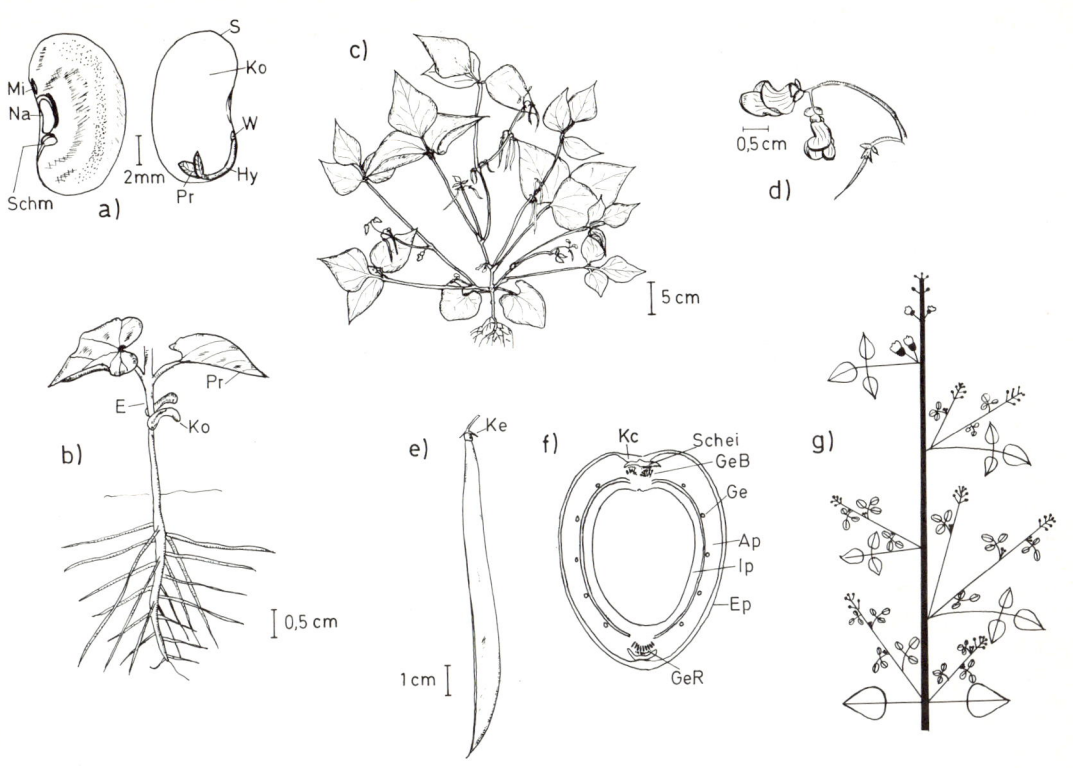

Fabaceae (*Papilionaceae* – Schmetterlingsblütler) 241

Abb. 7.3-11: Buschbohne, a) Samen in Aufsicht und im Längsschnitt; b) junge Pflanze mit Keim- und Primärblättern; c) Pflanze mit Blütenknospen; d) Blütenstand; e) Hülse in Aufsicht; f) im Querschnitt (n. Drijfhout u. v. Scherenbergen 1970), g) schematische Darstellung des Sproßaufbaues (n. Ojehomon 1966)
Ap = Außenparenchym, E = Epikotyl, Ep = Epidermis, Ge = Gefäßbündel, GeR = Gefäßbündel an Rückenseite, GeB = Gefäßbündel an Bauchseite, Hy = Hypokotyl, Ip = Innenparenchym, Ke = Kelchblätter, Kc = Kollenchym, Ko = Keimblätter, L = gefiederte Laubblätter, Mi = Mikropyle, Na = Nabel, Pr = Primärblätter, S = Samenschale, Schm = Samenschmiele, Schei = Scheide, W = Wurzelanlage

Die Entwicklung großsamiger Kulturformen wird um 8000 bis 10 000, die weite Verbreitung als wichtiges Grundnahrungsmittel um 1200 bis 1800 Jahre zurückdatiert. Im 16. Jh. gelangte die Gartenbohne nach Spanien. Von dort hat sie sich über ganz Europa und den Mittelmeerraum verbreitet und die »Fisole« (nach Becker-Dillingen *Vigna unguiculata* oder Augenbohne) und Dicke Bohne (*Vicia faba*) zurückgedrängt. Heute wird die Gartenbohne in allen warmen und gemäßigten Klimaten angebaut. Es haben sich 2 Varietäten herausgebildet: die den Urformen nächststehende Stangenbohne (var. *vulgaris*) und die Buschbohne (var. *nanus*). Letztere hat die größere Verbreitung und wirtschaftliche Bedeutung.

Der ernährungsphysiologische Wert der grünen Hülsen der Gartenbohne liegt neben dem Wohlgeschmack in ihrem hohen Gehalt an Mineralstoffen, besonders Kalium und Calcium und ihrer wassertreibenden Wirkung. Der Gehalt an Glukokinin soll den Blutzuckerspiegel günstig beeinflussen. Vitamine sind nur in mittleren Konzentrationen vertreten. Bohnenhülsen können auch Giftstoffe enthalten, wie das Glycosid Phasein. Durch Erhitzen werden diese Toxine ausgeschaltet (Simon 1980). Rohe Bohnenhülsen sollten nicht verzehrt werden.

Die reifen, trockenen Bohnensamen sind reich an Eiweiß (20–30 %), an den B-Vitaminen Thiamin und Riboflavin, an Vitamin E, Phosphor sowie Eisen und stellen somit wichtige Nährstoffe bereit. Unangenehm ist ihre blähende Wirkung.

Grüne Bohnenhülsen mit kleinen Samen werden frisch gekocht als Beilage, als Salat oder in Suppen, die unreifen Samen von Löchtebohnen als Beilage verzehrt. Die Industrie verarbeitet Bohnenhülsen zu Tiefkühlkost, zu Naß-, Salz-, Sauerkonserven und zu Trockenschnittbohnen. Ausgereifte Samen werden zur Suppen- oder Püree-Bereitung verwendet.

Der Weltanbau grüner Bohnen nimmt mit 381 000 ha eine beachtliche Stellung ein. Schwerpunkte liegen in Europa (161 000 ha) und Ostasien. In der EG (96 000 ha) dominieren Italien (36 000 ha) und Frankreich (ca. 30 000 ha). In der Bundesrepublik Deutschland liegt die Anbaufläche von Buschbohnen bei 4400 ha mit Anbauschwerpunkten in Südniedersachsen und in Nordrhein-Westfalen. Von dieser Fläche stehen über 84 % im Vertragsanbau. Stangenbohnen werden in der Bundesrepublik mit zusammen 290 ha bevorzugt in Nordrhein-Westfalen und Baden-Württemberg kultiviert.

□ **Botanische Grundlagen**
Die Gartenbohne ist im gemäßigten Klima eine einjährige Pflanze. Sie keimt epigäisch, d. h. die Keimblätter werden – im Gegensatz zur hypogäischen Keimung der Erbse, Dicken Bohne und Feuerbohne – vom Hypokotyl über die Erdoberfläche gehoben (Abb. 7.3-11). Die Keimblätter fallen nach dem Entzug der Nährstoffe ab. Die unterste Internodie wird als Epikotyl bezeichnet, sie trägt die ungeteilten Primärblätter. An den höheren Knoten stehen dreiteilige Fiederblätter. Aus den Achseln der Laubblätter wachsen Seitentriebe mit Blättern sowie seiten- und endständigen Blütenständen.

Bei den Buschbohnen bleiben die Internodien kurz, und das Längenwachstum der Sproßachse wird nach 6–8 Knoten durch Ausbildung eines endständigen Blütenstandes auf eine Länge von 30 bis 40 cm begrenzt. Stangenbohnen bilden die Blütenstände nur an den Seitentrieben und wachsen unbegrenzt bis in Höhen über 2 m. Ab 4.–7. Knoten windet die Stangenbohne (Linkswinder) und findet somit Halt für einen aufrechten Wuchs (Abb. 7.3-16). Zwischenformen mit begrenztem Wachstum, aber höherer Knotenzahl, werden als Reiserbohnen bezeichnet.

Die Hauptwurzel verliert bei der Bohne ihre Dominanz. Es wächst ein verzweigtes Wurzelsystem bis in Tiefen von 0,9 bis über 1,2 m. Die größte Bewurzelungsdichte liegt jedoch, wie bei anderen Kulturpflanzen, in der Ackerkrume (WATERS 1978). Eine starke Düngung, besonders Stickstoffdüngung, aber auch die Blüten- und Fruchtausbildung, hemmen das Wurzelwachstum.

Im gemäßigten Klima sind Wachstum und Entwicklung der Gartenbohne insbesondere von der Temperatur abhängig. Die minimale Temperatur für die Keimung liegt bei 6–8 °C, für das autotrophe Wachstum bei 9–10 °C. Die Wirkung niedriger Temperatur während der Anfangsentwicklung beschränkt sich nicht immer auf eine temporäre Wachstumshemmung, sondern kann zu anhaltenden Wachstumsstockungen führen (HARD-WICK 1972). Bei Temperaturen unter 4 °C treten Stoffwechselstörungen auf. Frost wirkt auch bei kurzer Einwirkungsdauer tödlich. Für das Wachstum günstige Temperaturen liegen bei 18–25 °C.

Die in Trauben angeordneten Blütenknospen werden bei Buschbohnen zuerst in der Achsel des obersten Laubblattes, dann als endständige Infloreszenz der Sproßachse und danach als endständige Infloreszenzen an den Seitentrieben angelegt (OJEHOMON 1966, Abb. 7.3-11g).

Die Anlage der Blütenprimordien ist nach PADDA und MUNGER (1969) von der Tageslänge und der Temperatur unabhängig. Sie wurde bei den alten Kulturformen vom Kurztag beschleunigt oder erst ermöglicht. Stangenbohnensorten zeigen eine gleiche, aber abgeschwächte Reaktion. Im heutigen Buschbohnensortiment weisen die frühen Sorten nur eine geringe bis keine photoperiodische Empfindlichkeit auf. Bei den photoperiodisch reagierenden, meist späten Sorten wurde eine niedrigere kritische Tageslänge als bei Sorten mit früher Reifezeit festgestellt (COYNE 1970).

Bei photoperiodisch unempfindlichen Sorten beschleunigt hohe Temperatur (bis 25–30 °C) die Ausbildung der Blüten. Für photoperiodisch empfindliche Sorten gilt dies nur für Kurztagbedingungen. Im Langtag verzögert hohe Temperatur die Ausbildung der Blütenknospen oder führt zu deren Abwurf (u. a. WALLACE und ENRIQUEZ 1980). Desgleichen können nach der Blütenanlage einwirkende niedrige Temperaturen (um 7 °C) zu einer verzögerten Ausbildung oder zum Abwurf führen.

Bei der Gartenbohne herrscht Selbstbestäubung vor. Während der Blüte mindert kaltes, aber auch heißes Wetter (über 30 °C) den Fruchtansatz. Besonders temperaturempfindlich sind junge Hülsen (Länge der Hülsen 4–8 cm, der Embryonen 2,5–3 mm). Temperaturen über 30 °C verkürzen die Hülsenlänge, mindern die Samenzahl pro Hülse und das Samengewicht, beschleunigen die Abreife, führen zu morphologischen Anomalien und einer Blühverzögerung bei der Folgegeneration (KLEINERT 1961). Da hohe Temperatur auch zur Erntereife das Hülsenwachstum beschleunigt, wird die potentielle Erntedauer drastisch verkürzt. Die Sorten reagieren jedoch unterschiedlich stark.

Die Hülsen bilden sich aus einem im jungen Zustand dickfleischigen Fruchtblatt (Abb. 7.3-11 e, f). Sie werden unter 12,5 cm Länge als kurz, über 17 cm als lang bezeichnet. An der Bauch- und Rückennaht laufen Leitbündel, die von Scheiden aus weichen, parenchymatischen, mehr oder weniger zahlreichen festen Sklerenchymzellen umgeben werden. Bei einem hohen Anteil an Sklerenchymzellen sind die Hülsen fädig. Fädigkeit ist sortenbedingt und temperaturabhängig, bei einigen Sorten werden nur unter hoher Temperatur Fäden gebildet. Die Hülsen enthalten bis zu 8 Samen. Bei reifen Hülsen trocknet das Perikarp ein, schließlich öffnen sie sich an Bauch- und Rückennaht.

☐ Standortansprüche

Die Gartenbohne gedeiht am besten in einem warmen, aber nicht zu heißen Klima mit ausgeglichenem Temperaturverlauf. Unter zu hoher Temperatur, besonders in Verbindung mit geringer Luftfeuchte, verkürzt sich die potentielle Ernteperiode, die Hülsenqualität nimmt ab und die Erträge sinken. In sehr warmen Klimaten werden Gartenbohnen deshalb in den Übergangszeiten oder in den Wintermonaten angebaut. In kühlen Klimaten ist die Gartenbohne eine Sommerkultur, deren Erträge in Abhängigkeit vom Temperaturverlauf stark schwanken. Darüber hinaus ist sie durch den Bruch von Blättern und Blüten windempfindlich.

Die Gartenbohne gedeiht auf leichten und schweren Böden. Sie ist auf leichten Böden weniger trockenempfindlich als andere Arten. Höchste Ertragsleistungen werden jedoch auf mittleren Böden mit hohem Humusgehalt und auf Lößböden erzielt. Besonders während der Auflaufphase wirken sich stauende Nässe und Bodenverdichtungen sehr nachteilig aus.

☐ Anbauformen

In Europa werden Buschbohnen vorwiegend großflächig in landwirtschaftlichen Fruchtfolgen im Vertragsanbau produziert. Die Fläche in gärtnerischen Betrieben für den Frischmarkt ist gering. In Gewächshäusern werden in den Niederlanden gelegentlich vorkultivierte Jungpflanzen früh gepflanzt oder auch direkt in den Boden gesät. In Deutschland dient die Buschbohne bestenfalls zum Füllen von Anbaulücken.

Stangenbohnen sind wegen des hohen Material- und Arbeitsaufwandes ausschließlich in gärtnerischen Betrieben sowohl im Freiland als auch nach einer Vorkultur im Gewächshaus zu finden.

7.3.3.1 Anbau der Buschbohne

☐ Fruchtfolge

Die Buschbohne galt als selbstverträglich. Bei enger Stellung in der Fruchtfolge treten jedoch auch Fruchtfolgeschäden auf, wie z. B. Befall mit *Sklerotinia* oder Bohnenfliege. Deshalb sollten Anbaupausen von 2–3 Jahren eingehalten werden. Nach niederländischen Untersuchungen sind Spinat, Zuckerrüben und *Brassicaceae* weniger gute Vorfrüchte. BIELKA und GEISSLER (1976) empfehlen, die Nähe von Luzerne-, Klee- und Grünlandflächen zu meiden, um Virusinfektionen auszuweichen. Eine gute Vorfrucht sei u. a. die Kartoffel.

Die relativ kurze Kulturdauer erlaubt die Kombination mit zahlreichen Vorfrüchten, wie Salat, Blumenkohl, Frühkartoffeln, oder mit Nachfrüchten, wie Spinat. Sie bietet auch gute Möglichkeiten, eine Gründüngung einzugliedern. Da die Buschbohne die Struktur des Bodens günstig beeinflußt, als Leguminose Stickstoff anreichert und Unkräuter unterdrückt, hat sie eine gute Vorfruchtwirkung.

☐ Sortenwahl

In der »Beschreibenden Sortenliste« des Bundessortenamtes für Gemüse–Hülsenfrüchte von 1980 sind 115 Sorten für die Grünernte und 4 Sorten für die Ernte von Trockenbohnen aufgeführt. Wichtige Sortenmerkmale sind die Hülseneigenschaften, der Habitus der Pflanzen, die Kulturdauer und Resistenzeigenschaften.

Zu den Hülseneigenschaften gehören Farbe, Länge, Querschnitt und Qualität. Die Hülsenfarbe hat überwiegend optische Bedeutung. Die Tiefkühlindustrie bevorzugt dunkelgrüne, die Naßkonservenindustrie hellgrüne und gelbe Hülsen von Wachsbohnen. Wachsbohnen besitzen einen höheren Carotingehalt und werden vielfach als besonders ansprechend empfunden.

Sorten mit langen Hülsen werden wegen des geringeren Ernteaufwandes und des Aussehens für die Frischmarktproduktion bevorzugt. Für die Konservierung ganzer Hülsen dürfen durch die Gefäße vorgegebene Längen nicht überschritten werden. Sorten mit kleinen, jungen Hülsen, die ungeschnitten konserviert werden, werden als Prinzeßbohnen bezeichnet.

Nach dem Hülsenquerschnitt wird zwischen Schwertbohnen mit flachem Hülsenquerschnitt, den Flageoletbohnen mit flachovalem und Brechbohnen mit ovalrund-breitrundem Hülsenquerschnitt unterschieden. Letztere stellen 92 % der aufgeführten Sorten und werden vom Markt bevorzugt. Die Hülsen sollen gerade und fadenlos sein, nicht zum Bastig- oder Hohlwerden neigen, erst spät Samen ausbilden und zur Erntereife möglichst geringe Kornmarkierungen aufweisen.

Für Naßkonserven werden Sorten mit weißem oder weißgrundigem Trockenkorn gefordert, da farbige Körner die Aufgußflüssigkeit trüben oder verfärben. Löchtebohnen, die wie Erbsen für den Drusch grüner Körner angebaut werden, sind hingegen auf einen hohen Grünkornertrag und Trockenbohnen auf hohe Trockenkornerträge gezüchtet.

Der Habitus der Pflanzen ist eine wichtige Sorteneigenschaft für die maschinelle Ernte. Für diese Erntetechnik werden gefordert: mittelhohe, aufrechtstehende, nicht zu stark beblätterte Büsche mit relativ hohem Fruchtansatz, fester Bewurzelung, gleichzeitiger Ausbildung leicht lösender Hülsen und geringer Neigung zum Nachblühen (Remontieren). Für die Handpflücke kann die Remontierfähigkeit für eine Verlängerung der Ernteperiode erwünscht sein.

In der Kulturdauer ist die Sortendifferenzierung infolge der geringen photoperiodisch-thermischen Reaktion mit 71 bis 88 Tagen zwischen Aussaat und Erntereife gering (Standort Hannover, Aussaat Mitte bis Ende Mai).

Von großer Bedeutung sind die Resistenzeigenschaften. Die Mehrzahl der aufgeführten Sorten ist weitgehend resistent gegen das Bohnenvirus 1 (Gewöhnliches Mosaik), ein Teil der Sorten gegen die Fettflecken-Krankheit *(Pseudomonas phaseolicola)* und gegen einige oder alle Pathotypen der Brennfleckenkrankheit *(Colletotrichum lindemuthianum)*.

□ **Bodenvorbereitung und Düngung**

Auf leichten und strukturstabilen Böden wird für Frühsaaten eine Herbstfurche, für spätere Saattermine eine Frühjahrsfurche vorgezogen. Für eine gleichmäßige Tiefenlage der Saat, einen guten Anschluß an die Bodenfeuchte und eine ebene Oberfläche für die maschinelle Ernte ist nach der Lockerung vor der Saat eine Festigung des Saatbeetes, z. B. mit Hilfe einer Cambridgewalze, zu empfehlen.

Bei zu niedrigem pH-Wert sollte zur Vorfrucht, spätestens im Herbst, eine Kalkung vorgenommen werden. Eine organische Düngung fördert das Wachstum. Auf sorptionsstarken Böden kann die Grunddüngung mit Phosphor, Kalium und Magnesium bereits im Herbst ausgebracht werden. Bei einer Frühjahrsdüngung sind chloridhaltige Dünger zu meiden. Nach BIELKA und GEISSLER (1976) muß die Bohne durch die Wahl von magnesiumhaltigem Kalk oder Patentkali gut mit Magnesium versorgt werden. Die Stickstoffstartdüngung wird vor der Saat oder, wegen der Salzempfindlichkeit der Gartenbohne, nach dem Aufgang, u. U. in geteilter Menge, in Höhe von zusammen 80–120 kg/ha N gegeben.

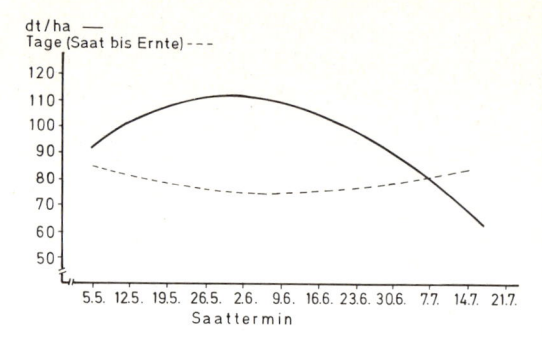

Abb. 7.3-12: Kulturdauer und Ertrag von Buschbohnen in Abhängigkeit vom Saattermin (Zusammengestellt n. BUISHAND 1973)

□ **Pflanzenanzucht**

Saaten vor dem 10. Mai sind in Norddeutschland wegen der niedrigen Temperaturen und der Nachtfrostgefährdung mit großem Risiko verbunden. Sicherheit und Höhe der Erträge steigen bis zu Saaten Ende Mai bis Anfang Juni, um mit späterem Saattermin wieder zu sinken (Abb. 7.3-12). Die Industrie beschränkt sich deshalb meist auf Saaten von Mitte Mai bis Ende Juni–Anfang Juli mit einer Erntesaison von 6–7 Wochen. Saaten ab Mitte bis Ende Juli sind gegen Kulturende frostgefährdet.

Die Saattermine können nach den gleichen Prinzipien gestaffelt werden, wie in Kapitel 4.4.1 und 7.3.1 beschrieben. Da Gartenbohnen aber nur in der wärmeren Jahreszeit angebaut werden und die Erntetermine nicht so eng an den Entwicklungszustand der Hülsen gebunden sind wie bei Erbsen, ist in Norddeutschland im Mittel der Jahre bei Saaten von Mitte Mai bis Ende Juni nur mit einer Verkürzung der Kulturdauer von ca. 1 Woche zu rechnen und die Staffelung der Saattermine weniger kritisch.

Saatgut aus Trockengebieten ist weitgehend frei von der samenübertragbaren Brennflecken- und Fettfleckenkrankheit, aber häufig sehr stark entquollen. Sehr trockenes Saatgut ist gegen mechanische Belastungen auf dem Transport oder beim Sävorgang besonders empfindlich. Darüber hinaus können bei schneller Wasseraufnahme durch Gewebespannungen an Keimblättern, Hypokotyl oder Wurzel Risse entstehen, die zu Krüppelwuchs oder Totalausfall führen (Abb. 7.3-13). Trotz guter Werte bei der Keimprüfung kann es somit, besonders unter ungünstigen Standortbedingungen, zu erheblichen Ausfällen kommen. Da diese Verletzungen nicht immer mit bloßem Auge erkennbar sind, schützen Aussaatproben vor Enttäuschungen. Schäden durch zu schnelle Wasseraufnahme können durch langsa-

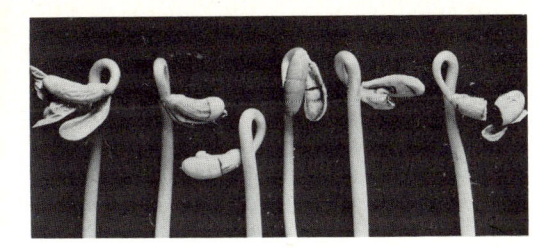

Abb. 7.3-13: Buschbohnenkeimlinge mit Gewebeschäden

mes Quellen oder vorherige Lagerung bei hoher Luftfeuchte gemindert werden. Zum Schutz vor Pilzinfektionen ist Bohnensaatgut grundsätzlich zu beizen.

Früher wurde Bohnensaatgut gedibbelt (Horstsaat). Vorteile sind bei instabilen Böden ein besserer Feldaufgang, ein schnelleres Abtrocknen (*Botrytis*-Befall) und die Möglichkeit, auch in den Reihen zu hacken. Heute wird wegen der gleichmäßigeren Standortverteilung Drill- und insbesondere Gleichstandsaat bevorzugt. Besonders geeignet sind wegen der gleichmäßigen Kornablage und Schonung des Saatgutes pneumatische Sämaschinen.

Höchste Erträge werden bei den kurzlebigen Buschbohnen bei quadratischer Standraumform erreicht. Für etwas größere Reihenabstände sprechen eine bessere Durchlüftung des Bestandes (*Sklerotinia*- und *Botrytis*-Befall) und die Erleichterung der maschinellen Bearbeitung. In der Praxis werden für die maschinelle Ernte Reihenabstände von 25 bis 30 cm bevorzugt.

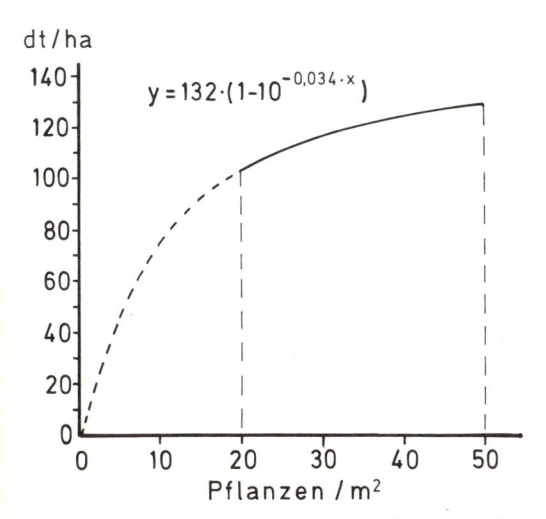

Abb. 7.3-14: Wirkung der Bestandesdichte auf den Hülsenertrag von Buschbohnen (n. WIEBE und FÖLSTER 1970)

Die optimale Bestandesdichte liegt je nach Standort und Sorte zwischen 30 und 50 Pflanzen/m^2 (Abb. 7.3-14). Für 40 Pflanzen pro m^2, eine TKM von 300 g und 90 % Feldaufgang errechnet sich nach Kapitel 4.4.2 eine Saatstärke von 133 kg/ha. Unter ungünstigen Bedingungen müssen auch Pflanzenverluste nach dem Aufgang (ca. 10 %) einkalkuliert werden.

Für die mehrmalige Handpflücke sind geringere Bestandesdichten mit ca. 20 Pflanzen/m^2 und Reihenabständen bis zu 50 cm zu wählen. Daraus ergeben sich Saatstärken um 70 kg/ha. Bohnen sind möglichst flach zu säen, je nach Bodenart und -feuchte zwischen 2 und 3 cm, bei Herbizideinsatz 4–5 cm.

☐ **Pflege**

Nach dem Aufgang werden bei Bedarf die Hacke und, sobald die Pflanzen hinreichend fest verankert sind, Striegel eingesetzt. Spätestens mit der Blüte ist jede Bodenbearbeitung einzustellen.

Im Feldanbau werden die Unkräuter in der Regel mit Herbiziden bekämpft. Zugelassen sind z. Z. Vorauflaufmittel und ein Nachauflaufmittel. Nach einer Herbizidbehandlung ist eine Bodenbearbeitung nur zu empfehlen, wenn das Herbizid nicht gewirkt hat, die Wirkung wieder nachläßt oder der Bodenzustand eine Bearbeitung erfordert.

Bis zur Blüte ist eine Beregnung nur bei großer Trockenheit erforderlich. Während der Blüte und nach dem Hülsenansatz sollte die Bodenfeuchte 400 hPa (mbar) Saugspannung nicht unterschreiten. Eine gute Wasserversorgung trägt im norddeutschen Raum wesentlich zur Ertragssteigerung und Ertragssicherung bei. Gegen Sauerstoffmangel durch Wasserüberschuß oder Bodenverdichtungen reagiert die Gartenbohne jedoch sehr empfindlich.

Pflanzenschutzmaßnahmen sind auf dem Felde allgemein nicht erforderlich. Ggf. ist gegen die Bohnenfliege, die Schwarze Bohnenlaus, *Sklerotinia* oder *Botrytis* zu spritzen.

☐ **Bestimmung der Erntereife**

An die Bestimmung der Erntereife werden bei Buschbohnen nicht so hohe Anforderungen gestellt wie bei Erbsen. Ein mögliches Kriterium ist der Trockensubstanzgehalt der Hülsen. Zum Beginn der Erntereife für die Verwertungsindustrie liegt der Trockensubstanzgehalt nach ZORN (1966) bei 7–8 %, zum Ende der Erntereife bei 9–12 %. Die Spanne zeigt die starke Sortenabhängigkeit und besagt, daß für eine Erntezeitprognose die Beziehung Trockensubstanzgehalt – Konsistenz für die Sorten getrennt ermittelt werden müßte. Die Trockensubstanzzunahme ist neben der Sorte auch von der Temperatur abhängig. Sie beträgt nach Zorn (1970) 0,02–0,07 % pro °C und Tag oder – im norddeutschen Raum – 0,4–1,3 % pro Tag.

Ein einfacheres Verfahren zur Vorausschätzung des Erntetermins ist die Messung der Samenlänge (PSC Wageningen Jahresbericht 1972). Alle 2–3 Tage werden von 25 nach dem Zufallsprinzip ausgesuchten Pflanzen des Bestandes jeweils die ältesten Hülsen gepflückt und die Länge des größten Samens gemessen. Bei 5 mm mittlerer Samenlänge wird mit der Ernte begonnen. Da die tägliche Längenzunahme – je nach Witterung – zwischen 0,3 bis 0,7 mm schwankt, ist auch mit diesem Verfahren nur eine näherungsweise Prognose des Erntetermins möglich.

In der Praxis dient meist die Brechprobe als Entscheidungshilfe für die Erntereife. Die Hülsen sollen glatt brechen, die Bruchstellen grün, saftig und die Samen – je nach Sorte – nicht über 8–10 mm lang sein. Bei heißem, trockenem Wetter ist auch dieses Verfahren problematisch.

□ **Ernte und Ertrag**
In Norddeutschland erstreckt sich die Erntesaison von Ende Juli bis Ende September. Die potentielle Ernteduer eines einzelnen Bestandes schwankt – je nach Sorte und Temperatur – zwischen 3 und 20 Tagen. Eine mittlere Dauer liegt bei 5–8 Tagen (Abb. 7.3-15). Mit späterer Ernte steigt der Ertrag bis zum Erreichen eines Maximalwertes jenseits der Qualitätsgrenze. Der Preis sollte deshalb an der Qualität orientiert werden. Ein brauchbares Kriterium ist die sortenspezifische Samenlänge (Tab. 7.3-1).

Im großflächigen Anbau wird ausschließlich einmal maschinell geerntet. Wegen der Unabhängigkeit vom Reihenabstand sind Maschinen mit quer zur Fahrtrichtung stehenden breiten Pflücktrommeln (Querpflücker) zu bevorzugen. Die Flächenleistung liegt bei 8,5 t/h. Die Ernteverluste können bis auf 15 % steigen.

Bei der Handpflücke ist mit 1 bis 3 Erntegängen zu rechnen. Die Erträge liegen bei einmaliger Maschinenernte bei 60 bis 150, im Mittel bei 100 dt/ha, bei mehrmaliger Handernte bei 120 bis 180 dt/ha.

□ **Aufbereitung und Lagerung**
Für die Frischmarktbelieferung werden Bohnen sortiert, ggf. gewaschen und in Kisten, Säcke, Beutel oder Spankörbe verpackt. Ohne Kühlung können grüne Bohnen in den Sommermonaten nur wenige Stunden, im Kühllager (7–8 °C) unter hoher Luftfeuchtigkeit einige Tage frischgehalten werden. Unter 7 bis 8 °C treten Kälteschäden auf. Wegen der relativ hohen Atmung ist für eine gute Durchlüftung zu sorgen.

■ **Gewächshauskultur**
Buschbohnen in Gewächshäusern sollten vor der ersten Freilandernte auf den Markt kommen. Für zeitige Ernten ist eine 2- bis 3wöchige Anzucht in

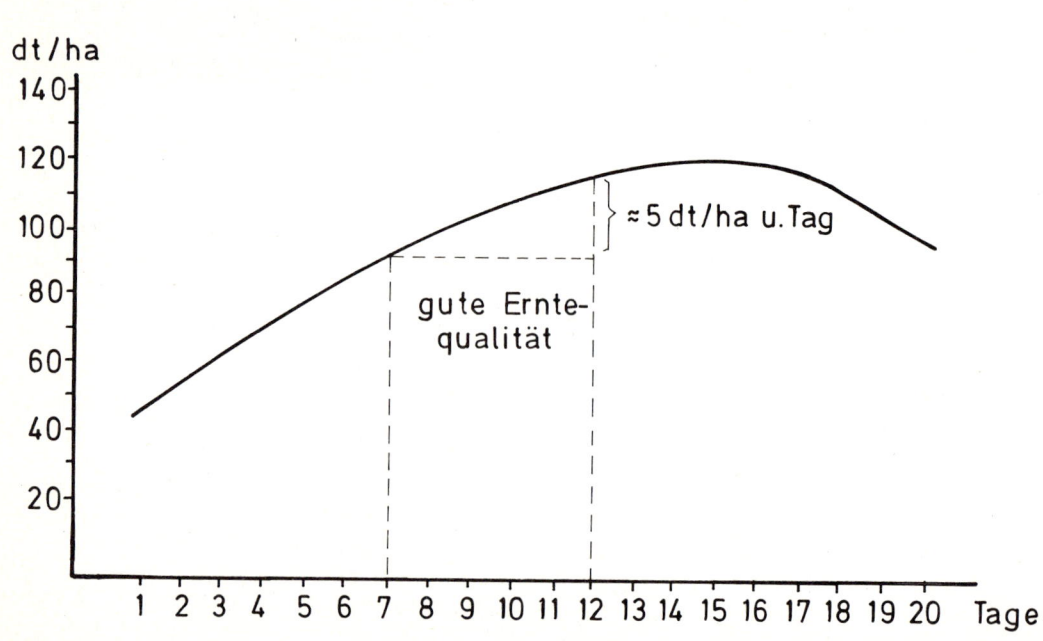

Abb. 7.3-15: Ertragsverlauf und Erntequalität von Buschbohnen (aus Buishand 1973)

Tab. 7.3–1: Beispiel für die Beziehung Samenlänge — Ertrag und die Staffelung des Preises*

Samenlänge	Relativer Ertrag	Ertrag (dt/ha)	Preis (ca. Pf/kg)	Erlös (ca. DM/ha)
7	75	90	30,7	2763
8	83	100	27,6	2760
9	92	110	25,1	2761
10	100	120	23,0	2760
11	108	130	21,2	2756
12	117	140	19,7	2758

* Aus: BUISHAND 1973

8-cm-Töpfen mit 2 bis 3 gebeizten Samen zu empfehlen. Die Temperaturen zur Anzucht sollten bei 15–20 °C liegen und in der Luft sowie im Boden 12 °C nicht unterschreiten. Sobald sich die Primärblätter voll entfaltet haben, werden je 2 Pflanzen in Abständen von 50 x 40 cm ausgesetzt. Günstige Pflanzzeiten sind April bis Anfang Mai. Zur Gesunderhaltung der Bestände ist reichlich zu lüften. Im übrigen gleichen die Kultur- und Erntemaßnahmen dem Freilandanbau für die Frischmarktversorgung.

7.3.3.2 Anbau der Stangenbohne

Für die Fruchtfolge, Sortenwahl, Bodenvorbereitung und Düngung gelten gleiche Grundsätze wie für Buschbohnen. Die »Beschreibende Sortenliste« führt 31 Sorten mit verschiedenen Hülseneigenschaften und Resistenzen auf. Düngung und Bewässerung sind für die größere Massenproduktion reichlicher zu bemessen. Das Stickstoffangebot wird in mindestens 2 Teilgaben auf 150 kg/ha N aufgefüllt.

Im **Freiland** werden Anfang bis Mitte Mai die Stützen (Holz- oder spiralförmig gewundene Stahlstangen) im Abstand von 0,6 x 0,6 m mit Wegen von 0,9 m oder im Abstand von 1,0 x 0,5 m ohne Wege aufgestellt. Die Stangen werden leicht in die Erde gerammt, schräg gegeneinander gelehnt und an den Kreuzungspunkten mit querliegenden Stangen verbunden oder zu 4 Stück pyramidenartig zusammengefügt. Feststehende Stützen stehen auch senkrecht. In windstillen Lagen können Stangenbohnen auch im Abstand von 1,0–1,5 m an Schnüren, die oben und unten an Spanndrähte geknüpft sind, aufgeleitet werden.

Um jede Stütze werden von Hand 6 gebeizte Samen ca. 3 cm tief ausgelegt. Der Saatgutbedarf liegt bei 13 Samen/m², einer TKM von 420 g und

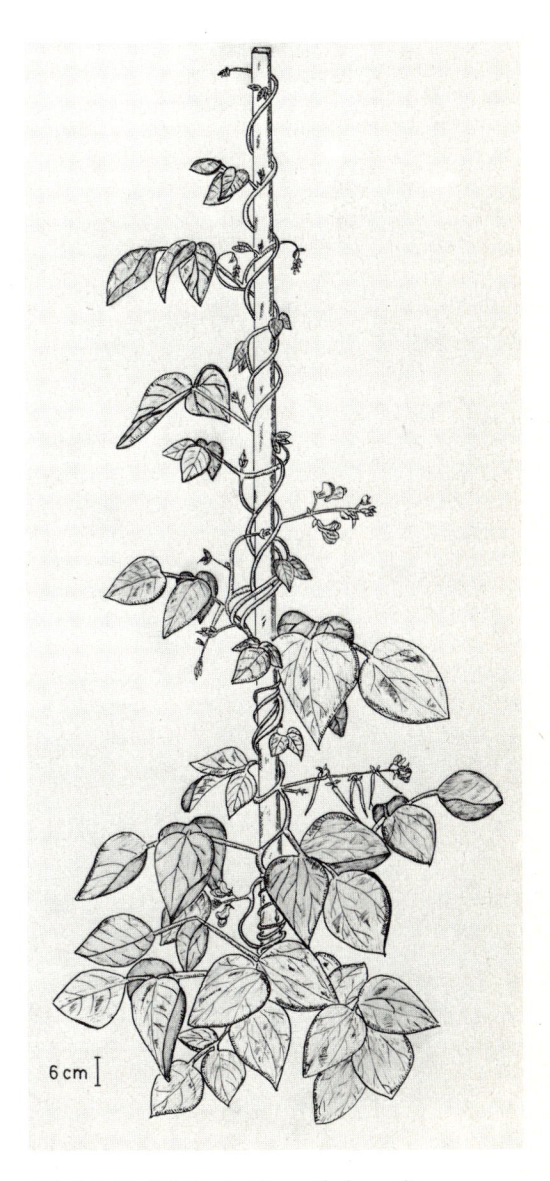

Abb. 7.3-16: Windende Stangenbohnenpflanze

einem Feldaufgang von 80 % bei 70 kg/ha (7 g/m²). Nach dem Aufgang sind die Triebe gegebenenfalls an die Stützen zu legen (Linkswinder, Abb. 7.3-16). Der Boden ist oberflächlich locker zu halten. Die Ernte beginnt Mitte bis Ende Juli und erstreckt sich mit einer Pflücke, bei warmem, trockenem Wetter auch 2 Pflücken pro Woche bis Mitte oder Ende September. Die Erträge schwanken zwischen 2 und 3,2 kg/m².

In **Gewächshäusern** lohnt eine Pflanzung vor März nur bei sehr hohen Erzeugerpreisen. In der Regel wird nach einer Vorkultur im März/April gepflanzt und die Ernte mit verstärkter Anlieferung im Freiland beendet. Eine Vorkultur der Jungpflanzen spart Fläche und Heizkosten. Es werden 3–4 gebeizte Samen in 10-cm-Töpfe ausgelegt und nach dem Aufgang auf 2–3 Pflanzen pro Topf vereinzelt. Die Temperatur sollte zur Keimung im Bereich von 18–24 °C (Näheres s. Tab. 3.3-1), nach dem Aufgang bei 18–20 °C liegen. Mit dem Beginn des Windens wird gepflanzt. Die Anzucht benötigt im Frühjahr, je nach Witterung und Temperatur, 10–16 Tage.

Vor der Pflanzung werden im Abstand von 0,8 – 1,0 x 0,5 m Schnüre befestigt, die mit je 1 Topf belegt werden, so daß ca. 6 Pflanzen pro m² wachsen. Nur für Kurzkulturen mit wenigen Erntegängen sind höhere Bestandesdichten zu empfehlen. Die Düngergabe entspricht der für Freilandkulturen, wird jedoch stärker geteilt. Besonders nach dem Fruchtansatz wirken ein reichliches Nährstoff- und Wasserangebot ertragsfördernd. Da hohe Luftfeuchte die Ausbildung weicher Pflanzengewebe und *Botrytis*-Befall begünstigt, ist Tropfbewässerung zu bevorzugen.

Die Stangenbohne reagiert stark auf die Temperatur im Luft- und Wurzelraum. Mit Reglereinstellungen bis 22/18 °C (Tag/Nachttemperatur) wird die Dauer bis zum Ernteginn deutlich verkürzt und die Ertragsleistung gesteigert. Damit steigen aber auch die Heizkosten. Es empfiehlt sich deshalb, die Regler während der Anwachsphase auf Werte um 18–20 °C zu stellen, danach auf 18/14 °C zu senken und ab Mitte Juni ganz auf die Heizung zu verzichten. In der Luft sollten im Frühjahr 12 °C, im Boden 15 °C nicht unterschritten werden. Für die Lüftung ist eine Reglereinstellung bei 24 °C, im Sommer bei 20 °C günstig. Besonders bei trübem Wetter dürfen Stangenbohnen bei hoher Temperatur und Luftfeuchte nicht zu weich werden, da bei folgendem sonnigen Wetter und geöffneten Lüftungsklappen mit starken Trockenschäden an den Blättern zu rechnen ist.

Die Pflege umfaßt neben der Düngung und Bewässerung das Aufleiten der Ranken. Ein Entspitzen des Haupttriebes einen Knoten über dem Haltedraht fördert die Seitentriebbildung. Der Aufwand für die Pflege ist jedoch gering.

Die Ernte beginnt 5–8 Wochen nach der Pflanzung und bringt eine hohe Arbeitsbelastung. Dennoch sollten die Pflanzen durch vorsichtiges Pflücken geschont und damit die Gefahr eines *Botrytis*-Befalls gemindert werden. Die Erträge fallen, wie bei Gurken, in Wellen an. Es wird 2mal pro Woche geerntet. Die Ertragsphase währt bis 10, unter Umständen über 16 Wochen. Die Erträge liegen zwischen 3,5 und 8, im Mittel bei 5 kg/m².

Literatur

BUISHAND, TJ. (Zusammenstellung) (1971): Teelt van Stoksnijbonen. Alkmaar: Consulentschap in Algemene Dienst voor de Groenteteelt in de Vollegrond in Nederland. No. 25.

BUISHAND, TJ. (Zusammenstellung) (1973): Teelt van Stamslabonen. Alkmaar: Consulentschap in Algemene Dienst voor de Groenteteelt in de Vollegrond in Nederland. No. 7.

COYNE, D. P. (1970): Genetic control of a photoperiod-temperature response for time of flowering in beans (*Phaseolus vulgaris* L.). Crop Sci. **10**, 246-248.

HARDWICK, R. C. (1972): The emergence and early growth of French and runner beans (*Phaseolus vulgaris* L. and *Phaseolus coccineus* L.) sown on different dates. J. Hort. Sci. **47** (3), 395-410.

KAPLAN, L. (1981): What is the origin of the common bean? Econ. Bot. **35** (2), 241-254.

KELLER, F. (1979): Grundlagen und Möglichkeiten der Stangenbohnenkultur. Der Gartenbau **14**, 622-626.

KLEINERT, E.-CH. (1961): Die Wirkung kurzdauernder Temperaturbehandlung während der reproduktiven Phase bei *Phaseolus vulgaris*. Z. Botanik **49**, 345-368.

LORENZ, H.-P. und KRUG, H. (1977): Kostengünstige Temperaturführung bei einigen Gemüsearten unter Glas. VIII. Stangenbohnen. Gemüse **13**, 162-164.

WALLACE, D. H. and ENRIQUEZ, G. A. (1980): Daylength and temperature effects on days to flowering of early and late maturing beans (*Phaseolus vulgaris* L.). J. Amer. Soc. Hort. Sci. **105** (4), 583-591.

WIEBE, H.-J. und FÖLSTER, E. (1970): Die Wirkung des Stickstoffs und der Standweite auf die Ertragsbildung von Buschbohnen (*Phaseolus vulgaris* var. *nanus* Mart.) Z. Acker- und Pflanzenbau **131**, 251-260.

7.4 Apiaceae (Umbelliferae, Doldengewächse)

HELMUT KRUG

Die als Gemüse genutzten *Apiaceae* stammen aus dem asiatischen und mediterranen Raum. Verschiedene Arten sind auch in Europa seit prähistorischer Zeit als Wildpflanzen nachgewiesen. Einige *Apiaceae*, wie der Sellerie, sind sehr alte Kulturpflanzen, einige Kulturformen, wie der Knollensellerie oder die Orange Möhre, haben sich erst vor einigen Jahrhunderten in Europa entwickelt.

Im gemäßigten Klima bilden die meisten als Gemüse genutzten Arten im ersten Jahr eine Rosette mit gefiederten Laubblättern, einer großen Blattscheide und einem Speicherorgan in Form einer Rübe oder Knollrübe. Die *Apiaceae* sind mittleren Temperaturen und relativ feuchten Standorten angepaßt. Die generative Phase wird häufig nach einer Jugendphase durch Kälteeinwirkung (Vernalisation) ausgelöst und z. T. durch lange Tage beschleunigt. Mit dem Schossen löst sich die Rosette auf, die Pflanzen bilden einen reich verzweigten Infloreszenzsproß mit auffällig in Knoten und Internodien gegliederten Stengeln, wechselständigen Blättern und großen, verbreiterten Blattscheiden. In Doppeldolden stehen die kleinen, meist weiß- oder gelbgefärbten Blüten aus 5 Kelch-, 5 Blüten- und 5 Staubblättern und einem unterständigen, meist zweiblättrigen Fruchtknoten (K5 C5 A5 G$\overline{2}$, s. Abb. 7.4-2e), aus dem sich die Spaltfrüchte entwickeln, die nach der Reife in 2 einsamige Teilfrüchte zerfallen (Abb. 7.4-1). Die Wände der Teilfrüchte werden von 5, in äußerlich hervortretenden Rippen eingebettete Leitbündel und von Sekretgängen (Ölstriemen) durchzogen.

Die *Apiaceae* zeichnen sich durch einen hohen Gehalt an Vitaminen, Mineral- und Aromastoffen und besonders an ätherischen Ölen aus. Letztere verleihen dem Saatgut den charakteristischen Geruch. Der hohe Gehalt wertgebender Inhaltsstoffe erklärt die Nutzung vieler *Apiaceae* als Gewürz- und Heilpflanzen. Unter diesen sind neben zweijährigen Arten mit starkem Kältebedürfnis, wie Kümmel (*Carum carvi*) oder Petersilie (*Petroselinum crispum*), auch Arten mit geringem Kältebedürfnis (Fenchel – *Foeniculum vulgare*, Kerbel – *Anthriscus cerefolium*) oder Arten ohne nennenswertes Kältebedürfnis, wie Dill (*Anethum graveolens*), Anis (*Pimpinella anisum*) oder Koriander (*Coriandrum sativum*). Einige Arten, wie der Liebstöckel (*Levisticum officinale*), sind auch im gemäßigten Klima ausdauernd.

7.4.1 Möhre (*Daucus carota* L. ssp. *sativus* [Hoffm.])

☐ **Geschichte und Bedeutung**

Wildformen der Möhre sind in Asien und Europa weit verbreitet. Nach THELLUNG (1926/27) ist die heutige Kulturmöhre durch Kreuzung zwischen der Wildmöhre ssp. *carota* und der im mediterranen-vorderasiatischen Raum einheimischen ssp. *maxima* entstanden. BANGA (1962) vermutet hingegen eine durch mehrere Mutationsschritte vollzogene Entwicklung aus anthozyanreichen Formen, der Anthozyan- oder Purpurfarbigen Möhre zur Gelben, Weißen und schließlich Orangen Möhre. Die Anthozyanmöhre sei im 10. bis 12. Jh. aus Asien in den Mittelmeerraum gelangt, wo sich gelbe Mutanten entwickelten. Beide Formen seien im 14. und 15. Jh. nach Mitteleuropa gekommen, wo vor allem die Gelbe Möhre Verbreitung fand. Aus ihr sei im 17. Jh. die Weiße Möhre mutiert (nach BRANDENBURG (1981) sind jedoch Populationen der Weißen Möhre bereits seit prähistorischer Zeit auch in Europa nachgewiesen). Die Gelbe und die Weiße Möhre wurden bis zum Beginn des 20. Jh. angebaut und als Pferdemöhren bezeichnet. Aus der Weißen Möhre sei nach BANGA im 17. Jh., vermutlich in den Niederlanden, die Orange Möhre entstanden, die sich von dort über die ganze Erde verbreitet hat. Die Ausgangsformen vieler noch heute kultivierter Sorten wurden bereits im 19. Jh. angebaut, Sorten mit hohem Carotingehalt erst in den letzten Jahrzehnten gezüchtet.

Die ernährungsphysiologische Bedeutung der Möhre liegt in dem hohen Gehalt an Carotinen (besonders β- und α-Carotin), die der Möhre die orange-rote Farbe verleihen. Der Carotin-Gehalt schwankt je nach Sorte und Witterung im Bereich von 50 bis 300 mg/kg Frischgewicht, mittlere Werte liegen bei 150–200 mg/kg. Nennenswert ist weiterhin der Gehalt an Vitamin C (30–90 mg/kg Frischgewicht), Pektin, Zucker (4–6 %) und

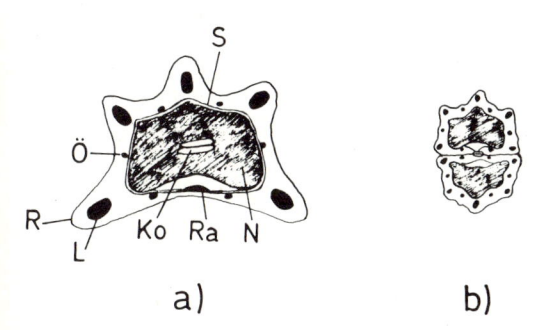

Abb. 7.4-1: Querschnitte einer Umbelliferen-Teilfrucht (schematisch, a) und einer Spaltfrucht von Fenchel (b) (n. RAUH 1950)
Ko = Keimblätter des Embryos, L = Leitbündel, N = Nährgewebe, Ö = Ölgänge, R = Hauptrippen, Ra = Raphe, S = Samenschale

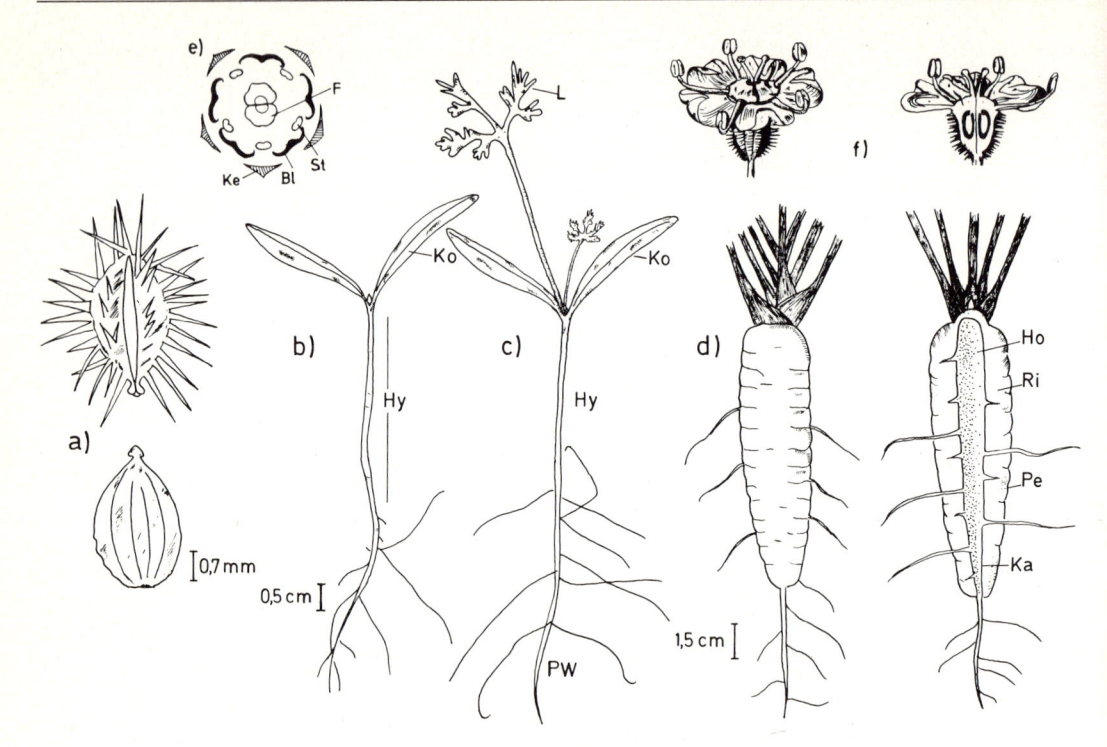

Abb. 7.4-2: Möhre, a) Spaltfrucht mit Borsten und abgerieben, Sämlinge, b) ca. 11 Tage alt, c) ca. 30 Tage alt (n. Esau 1940), d) Rübe in Aufsicht und Längsschnitt, n. Rauh 1950), e) Blütendiagramm, f) Blüte in Aufsicht und im Längsschnitt (in Anlehnung an Graf 1975).
Bl = Blütenblätter, F = Fruchtknoten, Ho = Holzkörper, Hy = Hypokotyl, Ka = Kambium, Ke = Kelchblätter, Ko = Keimblätter, L = Laubblatt, Pe = Periderm, PW = Primärwurzel, Ri = Sekundäre Rinde, St = Staubblätter

den geschmacksbildenden ätherischen Ölen, insbesondere den Terpenen. Die ätherischen Öle wirken nach Schuphan (1969) gesundheitsfördernd, seien aber auch unerwünschte Lösungsmittel für fettlösliche Pestizide. Möhren werden auch antibakterielle Wirkungen zugesprochen. Sie wirken harntreibend und sind seit altersher Heilpflanzen gegen Würmer. Ernährungsphysiologisch unerwünscht ist ein hoher Nitratgehalt (s. Kap. 4.2.4.1). Der Gehalt an Trockensubstanz liegt bei erntereifen Möhren um 12 %.

Die Produktion der Möhre erstreckt sich heute auf alle Erdteile mit einer Fläche von 468 000 ha. Sie gehört damit zu den bedeutendsten Gemüsepflanzen. Ihr Anbau konzentriert sich auf Asien (28 %, hier insbesondere auf China sowie Japan) und auf Europa (27 %) mit Anbauschwerpunkten in Polen, Frankreich und Großbritannien. In der Bundesrepublik Deutschland ist die Anbaufläche mit ca. 3830 ha, davon 851 ha Karotten, vergleichsweise gering.

Ein Vorzug der Möhre ist neben dem Geschmack und dem Gehalt an wertgebenden Inhaltsstoffen ihre nahezu ganzjährige Verfügbarkeit. Frische Möhren werden in Deutschland von Mitte Juni bis in den Winter hinein geerntet. Im Kühllager sind Möhren bis in den Mai haltbar. Die Industrie verarbeitet Möhren zu Naß-, Sauer- und Gefrierkonserven, zu Trockenprodukten und zu Säften. Besondere Bedeutung hat die Möhre wegen ihrer wertgebenden Inhaltsstoffe für die Herstellung von Babykost.

☐ **Botanische Grundlagen**
Möhrensaatgut keimt schon bei niedriger Temperatur. Hohe Temperatur während der Keimphase kann eine sekundäre Keimruhe induzieren. Licht fördert den Keimvorgang. Gegen Trockenheit, hohe Salzkonzentrationen und Sauerstoffmangel reagieren keimende Möhren empfindlich und sind in Verbindung mit der langen Auflaufdauer keimlabil.

Die zwei- bis dreifach fiederteiligen Laubblätter mit einem verbreiterten Blattgrund bilden eine Rosette (Abb. 7.4-2). Die Primärwurzel wächst zunächst als Pfahlwurzel bis in Tiefen über 1 m. Erst danach beginnt durch Dickenwachstum des oberen Wurzelteils und des Hypokotyls die Ausbildung und Ausfärbung der Rübe. Der zunächst oberirdische Teil des Hypokotyls wird durch Wurzelkontraktion in die Erde gezogen. Sorten, die diese Eigenschaften nicht in ausreichendem Maße besitzen, wie Futtermöhren, bilden grüne »Köpfe«.

Die Rübe besteht aus dem Holzkörper (Herz), der von dem Kambium, und dieses wiederum von der sekundären Rinde umgeben wird (Abb. 7.4-2 d). Der Holzkörper ist durch den geringeren Carotingehalt heller gefärbt, wird eher holzig, besitzt einen geringeren Zuckergehalt und somit einen geringeren geschmacklichen und ernährungsphysiologischen Wert. Das Abschlußgewebe bildet ein dünnes Periderm, das nur einen geringen Schutz gegen Wasserverlust oder mechanische Beanspruchungen gewährt. Zuchtziele sind u. a. ein zarter, gut ausgefärbter Holzkörper, ein hoher Anteil sekundärer Rinde und eine zylindrische Rübenform.

Das Wachstum und die Ausfärbung der Rübe sind auch von den Klimabedingungen abhängig. Nach BANGA (1962) werden bei niedriger Temperatur, reichlicher Wasserversorgung und geringer Bestandesdichte große Rüben mit spitzem Rübenkörper und schlechter Ausfärbung gebildet (Abb. 7.4-3). Unter Sommerbedingungen mit mittlerer Temperatur (18 °C), geringerem Wasserangebot und mittlerer Bestandesdichte wachsen kürzere, zylindrisch geformte, durch eine verstärkte Stoffeinlagerung hochwertigere und durch einen höheren Carotingehalt besser ausgefärbte Rüben. Das Gleichgewicht zwischen betontem Längen- und betontem Dickenwachstum kann sich im Verlauf des Wachstums verschieben, so daß in Abhängigkeit von der Temperatur dünnere und dickere Zonen an einem Rübenkörper ausgebildet werden.

Die **generative Entwicklung** der Möhre kann erst nach der Vollendung der Jugendphase induziert werden. Die Dauer der Jugendphase ist sortenabhängig. Ob eine Beziehung zur Reifezeit besteht, ist nicht erwiesen. Die Jugendphase erlaubt späte Herbst- und zeitige Frühjahrssaaten ohne großes Schoßrisiko.

Nach Abschluß der Jugendphase wird die generative Entwicklung durch einen Kältereiz (Vernalisation) induziert. Nach ATHERTON u. a. (1984) wird die Wirkung des Kältereizes durch Kurztag und Dunkelheit verstärkt. Die benötigte Kältemenge steht im Zusammenhang mit dem Klima des Herkunftsgebietes. Nördliche Herkünfte bedürfen eines stärkeren Kältereizes als südliche. Letztere sind damit schoßempfindlicher. Vernalisierend wirken nach SAKR und THOMPSON (1942) Temperaturen zwischen 1 °C und 10 °C mit der stärksten Wirkung um 4 °C. Temperaturen über 10 °C wirken nur schwach,

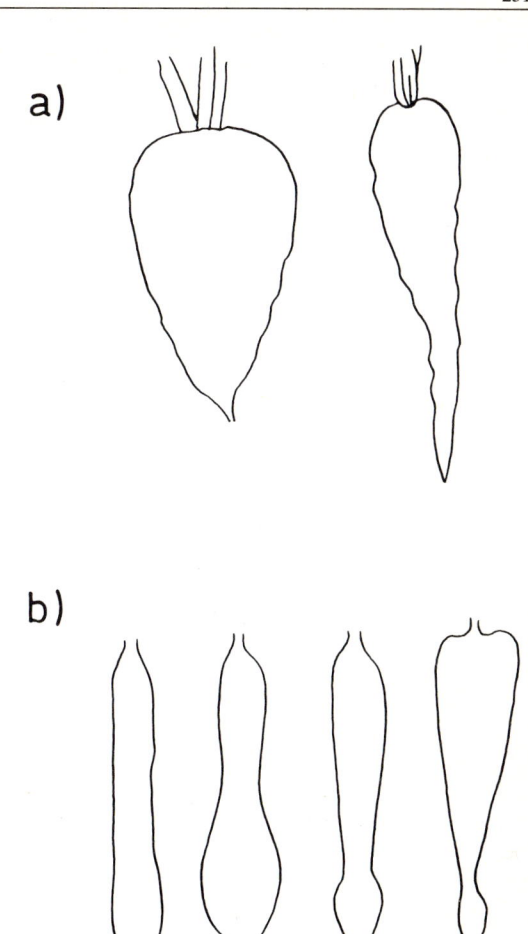

Abb. 7.4-3: a) Rübenausbildung der Sorte 'Red Cored Chantenay', l. bei 16–21 °C, r. nach Temperaturabsenkung auf 5–10 °C ab Wurzelverdickung; b) Rübenausbildung der Sorte 'Amsterdamer Treib' bei gleichbleibenden (l.) und stark wechselnden Temperaturbedingungen (aus ROEMER-RUDORF 1962)

solche über 20 °C können die Vernalisation rückgängig machen (Devernalisation). Die notwendige Vernalisationsdauer beträgt mehrere Wochen.

Die Stärke des Kältebedürfnisses ist bei den Möhrensorten genetisch nicht fest verankert. Nach wiederholter Vermehrung in südlichen Klimaten kann es zu einer Anreicherung leichtschossender Typen (geringeres Kältebedürfnis) und bei dem nachfolgenden Anbau im gemäßigten Klima nach kalter Frühjahrswitterung zu einem hohen Schosseranteil kommen.

Bei den Ursprungsformen der Möhre wurde die Blütenausbildung nach BANGA (1962) nur oder zusätzlich von Langtagbedingungen gefördert. Eine Langtagreaktion wurde auch bei neueren Möhrensorten nachgewiesen (FISCHER 1956, ATHERTON u. a. 1984). Die Möhre gehört somit zu den Kurz-Langtagpflanzen mit Kältebedürfnis. Für den mitteleuropäischen Anbau hat die photoperiodische Reaktion der Möhre keine praktische Bedeutung.

Mit dem Schossen bildet sich der bis 1,5 m hohe, reich verzweigte Blütenstand. Die Doppeldolden tragen kleine, meist zwittrige, protandrische (vormännliche), auch teil- oder ganzsterile Blüten mit weißen Blütenblättern (s. Abb. 7.4-2). Fremdbefruchtung durch Insekten ist vorherrschend. Damit besteht Bastardierungsgefahr mit anderen Sorten und auch mit der Wildmöhre. Die Früchte reifen in Deutschland im August–September. Die Teilfrüchte sind mit Borsten besetzt (Abb. 7.4-2a), die bei der Aufbereitung abgerieben werden, um die »Fließfähigkeit« beim Sävorgang zu verbessern.

☐ **Standortansprüche und -orientierung**
Die Möhre ist eine Pflanze des maritimen Klimas. Größte Wachstumsleistungen erreicht sie bei mittleren (um 18 °C), ausgeglichenen Temperaturen und gleichmäßigem Wasserangebot. Sie verträgt niedrige Temperaturen, auch schwache Fröste und leidet unter Hitze und Trockenheit. Hohe Carotingehalte werden nicht unter optimalen Wachstumsbedingungen, sondern bei etwas höherer Temperatur und geringerem Wasserangebot erzielt. Windoffene Lagen sind zur Minderung des Möhrenfliegenbefalls zu bevorzugen.

Der Boden sollte locker, durchlässig, steinfrei, nährstoffreich und für den Anbau langer Möhren tiefgründig sein, eine hinreichende Wasserkapazität besitzen und nicht zur Klumpenbildung neigen. Ein geringer Eindringwiderstand begünstigt das Wachstum sowie die Form der Rüben und erleichtert die Ernte. Der Boden sollte auch nicht verschlämmen oder verkrusten. Nässe in Verbindung mit Sauerstoffmangel führt zu einem geringen Feldaufgang, zu mangelhaft ausgefärbten und schlecht schmeckenden Rüben und zu erhöhter Anfälligkeit gegen Schadpilze. Trockenheit wiederum drückt die Erträge, Feuchteschwankungen führen zu Beinigkeit und zum Platzen der Rüben. Aus diesen Gründen ist leichteren Böden mit hohem Humusgehalt oder mittleren Böden, wie lehmigen Sanden und sandigen Lehmen, der Vorzug zu geben. Fest an der Rübe haftende Quarzteilchen von Sandböden sind jedoch bei der Reinigung nur schwer zu entfernen. Auch Niedermoorböden sind geeignet, wenn sie keinen zu hohen Grundwasserstand aufweisen und nicht die Unkrautbekämpfung gefährden. Für den Industrieanbau von Karotten sollen nach neueren Erfahrungen auf schwereren Böden bessere Qualitäten wachsen.

Den klimatischen Ansprüchen entsprechend liegen die größten Möhrenflächen der EG im maritimen Nordwesten (England, Bretagne). In Süditalien überwiegt der Anbau in der kühlen Jahreszeit. Bei den großen Möhrenflächen in Osteuropa werden die ökologischen Anforderungen von wirtschaftlichen Faktoren und der Verzehrsgewohnheit überdeckt.

☐ **Anbauformen**
Für den Frischmarkt werden Möhren bevorzugt in gärtnerischen und in kleineren landwirtschaftlichen Betrieben mit flächenintensiver Wirtschaftsweise produziert. Wegen der ausgeprägten Selbstunverträglichkeit dieser Art wird der Anbau vielfach auf auswechselbare Pachtflächen verlegt. Der Anbau von Lager- und Industriemöhren erfolgt schwerpunktmäßig in landwirtschaftlichen Betrieben. Gelegentlich werden Möhren auch in Gewächshäusern kultiviert.

☐ **Fruchtfolge**
In landwirtschaftlichen Fruchtfolgen kann die Möhre nach Getreide, Kartoffeln oder Leguminosen eingegliedert werden, sofern nicht mit einem Befall durch Wurzelgallenälchen (*Meloidogyne hapla*), die auch Kartoffeln und Rüben parasitieren, zu rechnen ist. Nach *Apiaceae* sollte die Möhre wegen der starken Gefährdung durch Bakterien- und Pilzkrankheiten, vor allem durch verschiedene Nematodengattungen, frühestens nach einer vier- bis sechsjährigen Anbaupause folgen. Eine engere Folge und besonders Monokulturen führen zu drastischen Ertragsminderungen und Qualitätseinbußen. Der Vorfruchtwert der Möhre ist gering.

Sorten mit kurzer Kulturdauer können nach früher Saat ab Ende Juni Nachfrüchte folgen, bei später Saat bis Anfang Juli Vorfrüchte vorangestellt werden. Bei Karotten stehen häufig 2 Kulturen pro Jahr auf derselben Fläche.

☐ **Sortenwahl**
Möhren zeichnen sich durch eine große Vielfalt in der Rübenform aus (Abb. 7.4-4), aber auch in der Wachstumsdauer bis zur Ernteeife (2–6 Monate), in den Inhaltsstoffen und in der Lagerfähigkeit. Für die Frischmarktbelieferung werden frühe und mittelfrühe Sorten mit leicht konisch bis zylindrisch-länglichen, unten stumpfen Rübenkörpern, früher und gleichmäßiger Ausfärbung und flacher »Schulter« bevorzugt. Für die Überwinterung und Lagerung werden gleiche Rübenformen gefordert und zugunsten der Er-

Apiaceae (*Umbelliferae*, Doldengewächse)

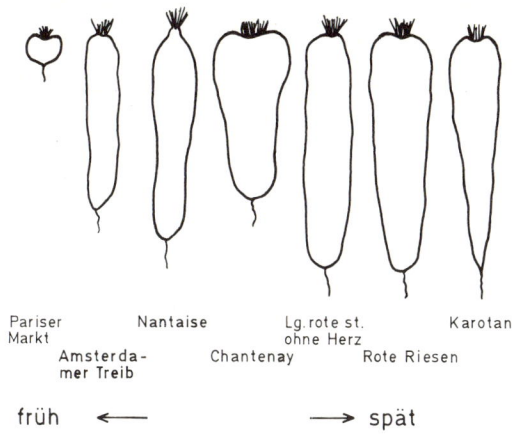

Abb. 7.4-4: Rübenformen und Reifezeit von Möhrensorten (BUISHAND 1977)

[Pariser Markt, Amsterdamer Treib, Nantaise, Chantenay, Lg. rote st. ohne Herz, Rote Riesen, Karotan — früh → spät]

tragsleistung und besseren Haltbarkeit späte Sorten angeboten. Die Industrie verlangt für die Rohstoffgewinnung hohe Erträge an Trockensubstanz (Gehalt 6–16 %) sowie Carotin und gute Eigenschaften für die Aufbereitung. Auch diese Forderungen werden besonders von späten Sorten erfüllt, die z. T. auf spezifische Leistungen, wie z. B. hohen Carotingehalt, gezüchtet worden sind.

Für die Naßkonservierung eignen sich neben Sorten mit zylindrischen auch solche mit kleinen runden Rübenkörpern (18–32 bis 38 mm Durchmesser). Diese, auch als Karotten bezeichneten Möhren, erreichen nicht die Qualität der länglichen Sorten, werden jedoch wegen ihrer Form bevorzugt. Ein weiteres wichtiges Kriterium der Sortenwahl ist die Platzfestigkeit. Hybridsorten bringen bei gutem Feldaufgang und guter Einheitlichkeit hohe und qualitativ gute Erträge, das Saatgut ist jedoch erheblich teurer.

□ **Bodenvorbereitung und Düngung**

Die Möhre ist für eine starke organische Düngung dankbar. Die Erfahrung, daß Stallmistgaben die Beinigkeit und den Befall mit der Möhrenfliege fördern, haben nach BIELKA und GEISSLER (1976) bei einer Düngung im Herbst mit gut verrottetem Stallmist und bei sorgfältiger Schädlingsbekämpfung an Bedeutung verloren. Gegen frische Kalkung ist die Möhre empfindlich.

Für Saaten im zeitigen Frühjahr sollte die Grundbodenbearbeitung ca. 30 cm tief, ggf. mit zusätzlicher Tiefenlockerung, bereits im Herbst erfolgen. Hierbei kann die Phosphor-, bei bindigen Böden auch die Kaliumgabe eingearbeitet werden. Reichliche Kaliumgaben wirken positiv auf den Zuckergehalt, die Lagerfähigkeit, den Geschmack und die Ertragsleistung. Für die Saat wird im Frühjahr ein feinkrümeliges, in Saattiefe festes Saatbett hergerichtet. Bei Frühjahrs- und Sommerfurchen ist ein Krumenpacker einzusetzen.

Der Stickstoffbedarf der Möhre liegt in Abhängigkeit von der Ertragsleistung in einer Größenordnung von 80 (Frühmöhren) bis 200 kg/ha N, die in einer Bodenschicht bis zu 60 cm Tiefe anzubieten sind. Da die Möhre, besonders bei Trockenheit, auf hohe Salzkonzentrationen mit Auflaufstörungen und Wachstumsverzögerungen reagiert, wird die erste Stickstoffdüngung zeitig vor der Saat oder erst nach dem Erscheinen des 1. Laubblattes in Höhe von 80 kg/ha N gegeben. Mittelfrühe und späte Sorten erhalten in ein bis zwei Kopfdüngergaben zusätzlich 80–120 kg/ha N. Ein zu hohes Stickstoffangebot verzögert die Ausfärbung, fördert das Blattwachstum und im Lager Blattaustrieb sowie Verderb. Hohe Stickstoffgaben verringern auch den Gehalt an wertgebenden Inhaltsstoffen und erhöhen den unerwünschten Nitratgehalt. Der Nitratgehalt läßt sich senken durch eine mäßige, frühzeitig verabfolgte Stickstoffgabe, eine längere Kulturdauer unter günstigen Wachstums-, insbesondere Strahlungsbedingungen und notfalls eine Stickstoffauswaschung durch Beregnung.

■ **Freilandkultur**
□ **Pflanzenanzucht**

Die Pflanzenanzucht erfolgt bei Möhren ausschließlich durch Saat am Wuchsort. Das Saatgut sollte stets gebeizt werden. Bei guter Saatgutqualität und moderner Sätechnik ist eine Pillierung nicht erforderlich.

Die Kulturdaten unterscheiden sich je nach Sorte und Produktionsziel (Tab. 7.4-1). Frühe und mittelfrühe Sorten für den Frischmarkt werden für eine kontinuierliche Belieferung in 5 bis 6 Sätzen angebaut. In milden Klimaten kann die kältetolerante Möhre bereits ab Ende Oktober gesät werden. Diese Pflanzen laufen jedoch in der Regel erst im Frühjahr auf und sind durch Nässe, Kälte und Unkraut gefährdet. Sicherer ist die Saat im Frühjahr. Mit der Saat wird begonnen, sobald der Boden das Befahren und Bearbeiten erlaubt. Der letzte Satz sollte Mitte Juli gesät sein. Bei den frühen Sätzen kann durch Bedeckung mit Flachfolien das Auflaufrisiko gemindert und die Ernte ca. eine Woche vorverlegt werden. Bei einer Kulturdauer von 90–105 Tagen und einer möglichen Ernteauer bis zu 30 Tagen pro Satz erstreckt sich die Ernte im Jahresverlauf von Mitte Juni bis Anfang November.

Tab. 7.4-1: Kulturdaten für Möhren

	frühe–mittelfrühe Sorten Frischmarkt	späte Sorten Lagerung	späte Sorten Industrie	Karotten Industrie
Saat	(Okt. 3)–Mä. Apr.–Jul. 3	Apr. 2–Mai 2		Mä.–Jul.
Tage bis Erntebeginn	(240) 105–90 90–70	190–120		90–80
Erntebeginn	Jun.–Jul. Jul.–Okt.	ab Okt.		Jun. 3–Okt.
Erntedauer (Tage)	bis 30	–		
Pflanzen/m²	200–250	90–110	50	500–800[1]
Reihenabstand (cm)	20–25	30–40	40	
Abstand in der Reihe (cm)	ca. 2	ca. 3	5	–
Saatstärke[2] (kg/ha)	3–6	1,4–4 Ø 2,4	0,8³–1,4 Ø 1,2	10–17
Ertrag (dt/ha) marktfähiger Ware	ca. 7[4] 200–300 (380)	600–800		300–500

[1] Breitsaat auf Beeten, [2] Normalsaatgut, Feldaufgang um 50 %, [3] Einzelkornsaat, [4] Bund/m²

Bei Möhren für den Frischmarkt werden Bestandesdichten von 150–300 Pflanzen/m² angestrebt. Dies erfordert Reihenabstände von 20 bis 25 cm und eine Saatstärke von 3–6 kg/ha. Bewährt hat sich Beetkultur mit 6 Reihen im Abstand von 22 cm oder 5 Reihen im Abstand von 27 cm (Abb. 4.4-1). Das Saatgut ist 1,5–2 cm tief auszubringen. Da die Samen schwer quellen, sind bei relativ trockenem Boden Druckrollen einzusetzen. Die Auflaufdauer beträgt je nach Bodentemperatur 1,5 bis über 4 Wochen.

Späte Sorten für die Lagerung und die industrielle Verarbeitung werden von Mitte April bis Mitte Mai, einige Sorten auch noch bis Juli ausgesät und im Oktober geerntet. Frühere Saaten bringen höhere Erträge, jedoch einen größeren Anteil Platzer und Rüben mit schlechterer Lagereignung. Zur Erzeugung großer Rüben mit einem Kopfdurchmesser über 3,5 cm, wie sie die Industrie zur Senkung des Verarbeitungsaufwandes fordert, sind die Bestandesdichten zu verringern. Bei 100 bzw. 50 Pflanzen/m² werden die Reihenabstände auf 30–40 cm bemessen. Der Saatgutbedarf reduziert sich entsprechend auf 2,4 bzw. 1,2 kg/ha, bei Einzelkornablage hochkeimfähigen Saatgutes auf noch geringere Werte. Derart geringe Saatstärken lassen sich bei Möhren nur mit Präzisionssämaschinen sachgerecht ausbringen.

Bei Karotten für die Naßkonservierung gelten etwa gleiche Saat- und Erntezeiten wie bei anderen frühen Sorten. Da es hier darauf ankommt, möglichst viele, einheitliche, kleine Rüben in einem Durchgang zu ernten und die potentielle Erntespanne zur Anpassung an die Verarbeitungskapazität der Industrie auszudehnen, wird im norddeutschen Anbau Breitsaat auf Beeten bevorzugt. Die Breitsaat erlaubt eine hohe Bestandesdichte und hemmt das weitere Wachstum bereits größerer Rüben. Durch gestaffelt angeordnete, breite Drillschare kann Breitsaat ohne Verzicht auf die Präzision der Ablage ausgebracht werden. Für 800 Pflanzen/m² werden ca. 15 kg/ha Saatgut benötigt. Für frühere Ernten ist die Bestandesdichte bis auf 500 Pflanzen/m² (ca. 12,5 kg/ha Saatgut) zu verringern.

☐ **Pflege**

Zu dichte Bestände können durch den Einsatz eines Striegels ausgedünnt werden. Dieser Arbeitsgang wie auch das Blindstriegeln, das rechtzeitig vor dem Auflaufen erfolgen muß, dient gleichzeitig der oberflächigen Bodenlockerung und der Unkrautbekämpfung. Ein bis mehrere Hackgänge, bei engen Reihen mit Hohlschutzscheiben, ergänzen diese Maßnahmen.

Wenn seitens der Abnehmer keine gegenteiligen Forderungen erhoben werden, ist bei Möhren der Einsatz von Herbiziden üblich. Verfügbar sind zur Zeit Herbizide, die als Vor- und/oder Nachauflaufmittel eingesetzt werden können, sowie ein Nachauflaufherbizid mit spezieller Wirkung gegen Grasarten. Bei der langen Auflaufdauer der Möhre kann auch ein Totalherbizid kurz vor dem Auflaufen zur Anwendung kommen.

Eine Nachauflaufbehandlung sollte zum Drei- bis Vierblattstadium erfolgen. Auch bei Möhren ist nach Herbizidbehandlung, besonders auf Böden mit geringer Humusversorgung, mit Ertragsminderungen und einem geringeren Carotingehalt zu rechnen. Gegen die Spätverunkrautung und zur Bodenlockerung kann, auch nach Herbizidbehandlung, ein Hackgang erforderlich werden. Sorten, die zur Ausbildung grüner Schultern neigen, werden angehäufelt.

Die Möhre dankt eine ausgeglichene, gute Wasserversorgung. Frühe Sätze sind bei Bedarf ab Juni, späte Sorten mit langsamerem Jugendwachstum ab Juli zu beregnen. Bei zu frühem Einsatz besteht die Gefahr der Bodenverdichtung sowie einer Wachstumsverzögerung durch Abkühlung und schwächerer Wurzelausbildung. Starke Beregnung nach Trockenperioden kann zum Platzen der Rüben führen.

Bei den Pflanzenschutzmaßnahmen ist ab Mitte Mai insbesondere auf den Befall durch die Möhrenfliege (u. U. schon Saatgutbehandlung), den Befall durch die Mehlige Möhrenblattlaus und den Möhrenblattfloh zu achten. Gegen Befall durch die Möhrenschwärze *(Alternaria)* sind besonders bei hohen Bestandesdichten (z. B. Karotten) Bekämpfungsmaßnahmen erforderlich.

☐ Ernte und Ertrag

Der früheste Erntezeitpunkt für den Frischmarkt ist durch eine hinreichende Ausfärbung des Rübenkörpers und die Größe der Rüben gegeben. Nach den Qualitätsnormen muß der Rübendurchmesser bei Frühmöhren mindestens 10 mm betragen. Die biologische Qualität der Möhre steigt mit dem weiteren Wachstum. Marktüblich sind bei frühen Sätzen Rübengewichte von ca. 50 g. Die obere Grenze ist auf 40 mm Rübendurchmesser (ca. 150 g) festgesetzt. Neben der Rübengröße kann die mögliche Erntedauer durch das Platzen und den Schädlingsbefall (z. B. *Alternaria*) begrenzt werden. Möhren für die Lagerung müssen mindestens 50 g wiegen und sollten, da hohe Niederschläge vor der Ernte die Haltbarkeit mindern, vor anhaltend nassem Wetter und Frösten, d. h. im deutschen Raum bis Ende Oktober, gerodet werden.

In Gebieten mit milden Klimaten und leichten Böden steigt das Interesse, späte Sätze im Felde unter einer ca. 20 cm starken Strohdecke (ca. 150 dt/ha), die ggf. nochmals durch eine gelochte Folie abgedeckt wird, zu überwintern. Bei diesem Verfahren werden die Möhren erst im Juli gesät. Die Rüben bleiben im winterfeuchten Boden voll turgeszent, behalten damit ihre Qualität und sind leicht zu waschen. Risiken bestehen in Ausfällen durch starke Fröste und in der Bindung der Rodung an günstige Witterungsperioden.

Bundmöhren werden mit Laub geerntet. Die Handaufnahme wird durch Unterfahren mit einem einscharigen Pflug ohne Streichblech oder den Einsatz von Unterschneidegeräten für Einzelreihen oder ganze Beete wesentlich erleichtert. Für die vollmaschinelle Rodung sind Maschinen verfügbar, die den Rübenkörper im Raufrodeverfahren durch Unterfahren mit einem Schar lockern, anheben und gleichzeitig mittels umlaufender Klemmbänder am Laub herausziehen. Dieses Verfahren funktioniert nur bei gesundem Laub.

Möhren ohne Laub (Waschmöhren) können ebenfalls gelockert, von Hand aufgenommen und erst dann entlaubt oder mit dem Raufrodeverfahren geerntet werden. Die Pflanzen werden hier jedoch in der Maschine einem Köpfmechanismus zugeführt und dann in Sammelwagen befördert. Weniger schonend ist der Einsatz von Blatthäckslern oder Krautschlägern zur Beseitigung des Laubes und die anschließende Rodung mit Schwingsiebrodern (mit Spezialscharen) oder Siebkettenrodern. Letztere erlauben mittels Überladeband das Sammeln in parallel fahrenden Wagen oder mit Hilfe besonderer Vorrichtungen die Schwadablage in Form von Mieten. Sie eignen sich auch, das Lagergut aus den Mieten wieder aufzunehmen. Siebkettenroder bieten somit größere Rationalisierungsmöglichkeiten. Auch umgerüstete Kartoffelvollerntemaschinen sind für die Möhrenernte einzusetzen.

Richtwerte für die Ertragsleistungen sind in Tabelle 7.4-1 aufgeführt.

☐ Aufbereitung und Qualitätsmängel

In kleinen Mengen werden Möhren sortiert, ggf. gebündelt, mit dem Schlauch oder in den üblichen Gemüsewaschmaschinen gereinigt und verpackt. Die Sortierung richtet sich nach den Qualitätsnormen und den Forderungen des jeweiligen Marktes.

Für die Aufbereitung großer Partien sind Aufbereitungsstraßen entwickelt worden. Die Möhren werden auf ein Transportband abgekippt, das sie durch eine Waschanlage, eine Sortiermaschine und in ein Abfüllgerät transportiert. Von Hand werden aus der Norm fallende Möhren aussortiert. Dies sind z. B. Rüben mit Krankheitsbefall, Resten von Fremdstoffen, Bruchstellen, tiefen Rissen, Beinigkeit, starken Abweichungen in Form und Farbe oder Schosser. Die Verpackung erfolgt halb- oder vollautomatisch in Kisten, Beutel, Netzsäcke oder Container mit der geforderten Kennzeichnung.

☐ Lagerung

In schmalen (bis 1,5 m), niedrigen, ebenerdigen Feldmieten können Möhren in bester Qualität gehalten werden (Abb. 4.14-3). Die Arbeitsvorgänge lassen sich weitgehend mechanisieren, so daß der Arbeitskraftbedarf gering ist. Nachteilig ist die Abhängigkeit von der Witterung. Kühlräume können dagegen jederzeit beschickt oder geleert werden. Bei Möhren sind wegen des unzureichenden Verdunstungsschutzes und des schnellen Wasserverlustes eine rasche Senkung der Lufttemperatur und eine hohe rel. Luftfeuchte von besonderer Bedeutung. Bei Temperaturen von 0–1 °C halten sich Möhren 4–6, bei 2–5 °C 2–3 Monate. Kohlscheunen sind für die Lagerung weniger gut geeignet.

■ **Gewächshauskultur**

Die Gewächshauskultur der Möhre hat nur geringe Bedeutung. Bei Saat früher Sorten von August bis spätestens Mitte September fällt die Ernte in die Monate Januar bis Mai; bei Saaten von Januar bis Februar wird von Mai bis Juni geerntet. Bei Reihensaat (20 cm) werden für 400–450 Pflanzen/m² 5–6 kg/ha Saatgut ausgebracht. Es genügt eine schwache Heizung zum Fernhalten von Frösten. Die Möhren werden als Bundware abgesetzt.

Literatur

BANGA, O. (1962): Möhre (*Daucus carota* L.). In: ROEMER/RUDORF (Hrsg.), Hdb. Pflanzenzüchtung **6**, 1-22. Berlin, Hamburg: Paul Parey.

BUISHAND, TJ. (Zusammenstellung) (1977): Teelt van bos- en waspeen. Lelystad-Alkmaar: Proefstation voor de Akkerbouw en de Groenteteelt in de Vollegrond. No. 5.

BUISHAND, TJ. (Zusammenstellung) (1977): Teelt van winterpeen. Lelystad-Alkmaar: Proefstation voor de Akkerbouw en de Groenteteelt in de Vollegrond. No. 6.

ESAU, K. (1940): Developmental anatomy of the fleshy storage organ of *Daucus carota*. Hilgardia **13**, 175-226.

KAUTNY, F. (1979): Möhren. Anregungen für Produktion und Absatz. Bonn: Landwirtschaftskammer Rheinland, Abt. Erzeugung, Gruppe Gartenbau (Hrsg.).

7.4.2 Sellerie (*Apium graveolens* L.)

□ **Geschichte und Bedeutung**

Die Wildform *A. graveolens* var. *graveolens,* aus der sich unsere Kulturformen entwickelt haben, stammt nach VAVILOV aus dem Mittelmeergebiet. Sie ist heute ein Kosmopolit, der als Halophyt bevorzugt an feuchten Standorten, wie Meeresstränden, Gräben, Bächen, Sümpfen, aber auch auf Ödland wächst. Seine Blätter haben einen bitteren Geschmack (noch nicht identifiziertes Glycosid), die Wurzeln sind dünn, ästig und ungenießbar.

Erste Berichte vom Wildsellerie stammen aus Ägypten (1200–600 v. d. Z.), wo er als Zier- und Heilpflanze genutzt wurde. In Griechenland dienten Sellerieblätter mit ihrem starken Duft als Schmuck bei Totenfeiern und waren Symbole für Trauer und Tränen, später auch des Sieges und Glücks. Im ersten Jh. n. d. Z. wurde in Italien bereits zwischen wildwachsendem und kultiviertem Sellerie unterschieden. THELLUNG vermutet hier den Beginn der Entwicklung der Kulturformen. In Deutschland liegen erste Berichte über eine als *Apium* bezeichnete Pflanze aus dem Jahre 794 vor. Sie wurde vermutlich als Heilpflanze genutzt. Erst im 17. Jh. hat die Nutzung als Gemüsepflanze größere Verbreitung gefunden und werden die 3 heute bekannten Sellerievarietäten als Gewürz- und Salatpflanzen beschrieben:

▷ Schnittsellerie (var. *secalinum*) ist dem Wildsellerie noch sehr ähnlich. Er wächst etwas üppiger, hat hohle Blattstiele, die Wurzeln sind reich verzweigt, hart und nicht eßbar. Die sehr aromatischen Blätter werden frisch oder getrocknet als Gewürz genutzt.

▷ Bleich- oder Stielsellerie (var. *dulce*) bildet lange, aufrechtstehende, stark verdickte und zarte Blattstiele mit breiter Blattbasis. Eine Knollenrübe ist nur andeutungsweise ausgebildet. Die Blattstiele werden wegen ihres aromatischen Geschmacks als Salat roh gegessen, geschmort, gekocht, wie Spargel zubereitet oder zu Säften verarbeitet.

▷ Knollensellerie (var. *rapaceum*) bildet eine dicke Knolle (botanisch Sproßrübe), die gekocht als Suppenzugabe, gebacken oder als Salat verzehrt wird. Würfel oder Scheiben der Knolle werden auch tiefgekühlt, getrocknet oder auf saurer Basis in Dosen konserviert. Das Laub des Knollenselleries kann frisch oder getrocknet als Gewürz genutzt werden.

Der ernährungsphysiologische Wert des Selleries liegt in seinem hohen Gehalt an verschiedenen ätherischen Ölen (im Laub u. a. Apiin), die ihm den charakteristischen Geschmack verleihen, aber sich auch mit fettlöslichen Insektiziden verbinden und zu Fremdgerüchen führen können. Blattstiele und Knollen enthalten wenig Vitamine, jedoch viel Phosphor und besonders Kalium. Letzterem wird die harntreibende Wirkung zugeschrieben. Die Blätter weisen einen höheren Vitamin- (besonders Vitamin C) und Mineralstoffgehalt auf.

Sellerie wird heute in allen Kontinenten angebaut, in der EG auf einer Fläche von 13 500 ha.

Apiaceae (*Umbelliferae*, Doldengewächse)

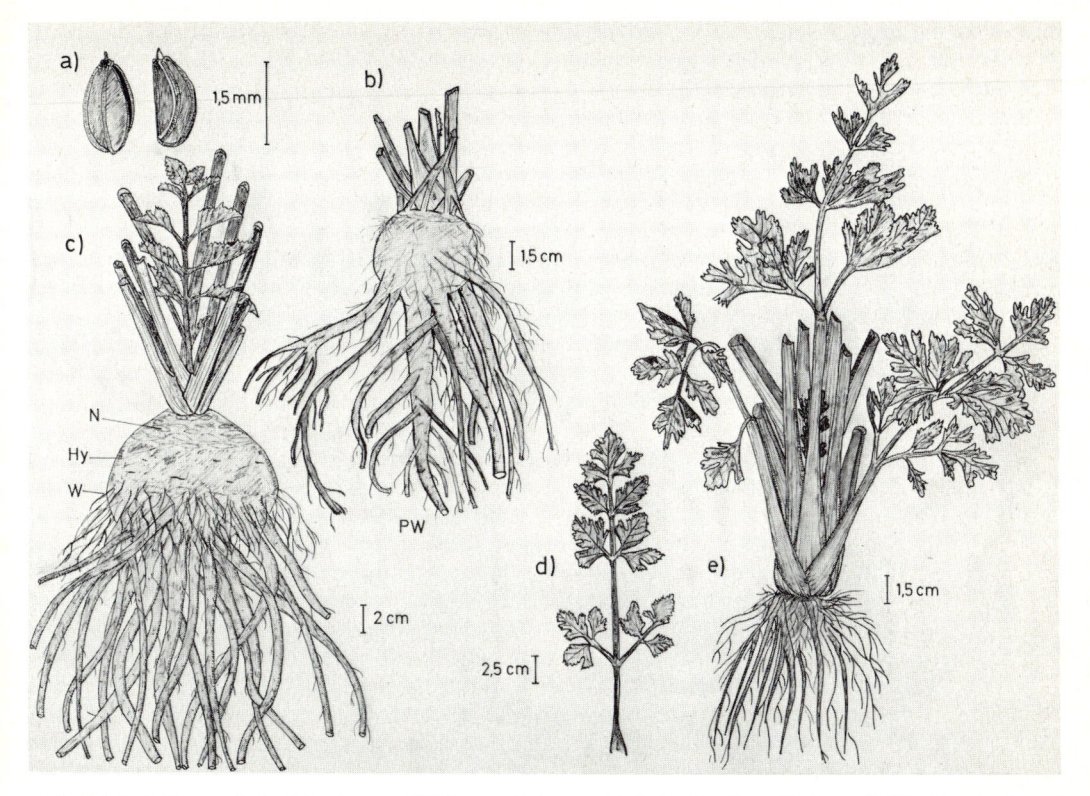

Abb. 7.4-5: Sellerie, a) Spaltfrucht und Teilfrucht (Seitenansicht), b) Knollensellerie nach Direktsaat, c) nach Pflanzung, d) Laubblatt, e) junge Bleichselleriepflanze nach Pflanzung
Hy = Hypokotylteil, PW = Primärwurzel, N = Blattnarben am Sproßteil, W = Wurzelteil mit Sekundärwurzeln

Schwerpunkte sind Italien (5155 ha) und Frankreich (4030 ha). Der Anbau von Knollensellerie konzentriert sich auf Mitteleuropa (Bundesrepublik Deutschland nahezu 100 %, Niederlande = 97 %, Frankreich = 56 %, Italien = 2,5 %, Großbritannien = 0 % der jeweiligen Sellerieflächen). In der Bundesrepublik Deutschland ist der Anbau mit 1255 ha auf alle Gemüseanbaugebiete verteilt, mit Schwerpunkten in Nordrhein-Westfalen, der Vorderpfalz und im Hamburger Raum.

☐ **Botanische Grundlagen**
Im gemäßigten Klima ist Sellerie eine zweijährige Pflanze, die im 1. Jahr eine Rosette mit breiten, dickstieligen Fiederblättern und handförmig geteilten Fiederblättchen bildet (Abb. 7.4-5). Bleichsellerie ist auf besonders lange (bis 70 cm), breite (bis 4 cm), dickfleischige und zarte Blattstiele ausgelesen worden. Die Pflanze bildet eine kräftige Primärwurzel mit dickfleischigen und faserigen Wurzeln höherer Ordnung, die eine Tiefe bis über 1 Meter erreichen.

Bei Knollensellerie beginnt nach der Ausbildung von 3–4 Laubblättern ein verstärktes primäres Dickenwachstum des basalen Teils der Primärwurzel, die zusammen mit dem Hypokotyl (glatter Teil) und dem basalen Teil des Sprosses (Blattnarben) eine oben kugelförmige, unten konisch auslaufende Sproßrübe bildet (Abb. 7.4-5b). Durch Kappen beim Pikieren oder Unterschneiden sowie durch mechanische Hemmung wird das Längenwachstum der Primärwurzel gestoppt und es kommt zur Ausbildung kugel- bis birnenförmiger Sproßrüben (Abb. 7.4-5c). Diese bestehen überwiegend aus Markgewebe, das von zahlreichen Leitbündeln durchzogen wird und in zentralen Teilen zum Pelzigwerden bis hin zur Bildung von Hohlräumen neigt. Beide Mißbildungen sind sortenabhängig, werden aber von allen Faktoren gefördert, die das Wachstum der Sproßrüben begünstigen, wie gute Wasser- und Stickstoffversorgung, große Standweite oder späte Rodung.

Die **generative Entwicklung** von Sellerie wird durch Kälteeinwirkung ausgelöst. Der vernalisationswirksame Temperaturbereich liegt zwischen 4 und 14 °C (BENOIT et al. 1978). Nach HOESSLIN et al. (1964) trägt bereits nach dem Aufgang einwirkende niedrige Temperatur zur Vernalisation bei. Mit dem Größerwerden der Pflanzen verstärkt sich jedoch die Kältewirkung. Für frühe Sätze, die nach dem Pflanzen niedrigen Temperaturen ausgesetzt werden, sollten deshalb während der Jungpflanzenanzucht Temperaturen unter 16–18 °C vermieden werden. Hohe Temperaturen (25–30 °C), für 10 oder mehr Tage vor dem Auspflanzen in niedrige Temperatur gegeben, verzögern durch eine Devernalisation das Schossen (SACHS und RYLSKI 1980). Die Sorten sind unterschiedlich schoßempfindlich. Als schoßfest gelten 'Invictus', 'Oderdorfer' und 'Volltreffer'. In warmen Gebieten ohne vernalisierende Kälteeinwirkung wächst Sellerie ausdauernd.

Im Verlauf des Schossens bildet sich ein bis über 1 m hoher, reichverzweigter Blütenstand. In den Doppeldolden sitzen kleine, zwittrige oder auch eingeschlechtliche Blüten mit weißen Blütenblättern. Die Pflanzen blühen protandrisch (vormännlich). Es herrscht Fremdbestäubung durch Insekten vor. Aus dem unterständigen Fruchtknoten mit zwei Samenanlagen entwickeln sich Spaltfrüchte mit zwei Teilfrüchten, die wie bei anderen *Apiaceae* in den Ölstriemen ätherisches Öl enthalten, das frischen Samen den charakteristischen Selleriegeruch verleiht (Abb. 7.4-1, 7.4-5a). Die Fruchtreife beginnt im deutschen Klimaraum im September.

☐ **Standortansprüche und -orientierung**
Die Standortansprüche der Kulturformen ähneln denen des Wildselleries. Hohe Erträge werden in einem mäßig warmen (ca. 18 °C), feuchten Klima mit einem guten, gleichmäßigem Wasserangebot und einer langen Vegetationsperiode erzielt. Gegen Trockenheit ist Sellerie empfindlich. Er bevorzugt somit ein maritimes Klima. Im Herbst werden leichte Fröste bis zu −5 °C ertragen. In warmen Klimaten wird Sellerie bevorzugt in den Winter- oder Übergangszeiten kultiviert.

Sellerie gedeiht am besten auf gut strukturierten, mittelschweren bis schweren, humusreichen, durchlässigen Böden mit hoher Wasserkapazität, guter Nährstoff- und Kalkversorgung (pH 6,5–7,0) und einem relativ hohen Grundwasserstand. Diese Ansprüche werden besonders von Marschböden und Flußauen, aber auch von Lößböden erfüllt. Auch Niedermoorböden sind geeignete Selleriestandorte.

☐ **Anbauformen**
Die ganzjährige Nachfrage, die Notwendigkeit des Pflanzens, die Empfindlichkeit gegen Trockenheit und der hohe Aufwand für die Aufbereitung machen den Sellerie für die Belieferung des Frischmarktes zu einer Pflanze des intensiven gärtnerischen Anbaus. Für die Lagerung und die Industrie wird Sellerie auch großflächig in landwirtschaftlichen Betrieben kultiviert. Die Landwirte kaufen die Jungpflanzen in der Regel von gärtnerischen Jungpflanzenbetrieben. Hinreichend sichere Erträge werden großflächig, jedoch nur an ökologisch günstigen Standorten mit sorgfältiger Kulturführung einschließlich Beregnung erzielt. Diese Forderungen erschweren einen Konjunkturanbau und stabilisieren die Erzeugerpreise. Die guten Preise von Februar–März bis August machen auch die Kultur von Bundsellerie in Gewächshäusern lohnend.

☐ **Fruchtfolge**
Nach anderen *Apiaceae* und vor allem nach sich selbst, sollten Anbaupausen von 4–5 Jahren eingehalten werden. Gefährlich ist insbesondere die Übertragung der Erreger der Blattfleckenkrankheit (*Septoria apiicola*) und des Sellerieschorfes (*Phoma apiicola*). In der DDR wird auch vor Infektionen durch das Gurkenmosaikvirus gewarnt. Desgleichen sind Felder mit Stengelälchen (*Ditylenchus dipsaci*) oder wandernden Wurzelnematoden zu meiden. Infolge der starken Durchwurzelung des Bodens hat Sellerie einen sehr guten Vorfruchtwert. Im Freiland kann späten Sätzen eine Vorkultur vorausgehen. Folgefrüchten bleibt nur bei früher Ernte von Bundware die notwendige Zeitspanne.

7.4.2.1 Knollensellerie

☐ **Sortenwahl**
Wichtige Kriterien für Knollensellerie sind eine hohe Ertragsleistung mit glatten, rund- bis tonnenförmigen Knollen mit tiefem, schwachem Wurzelansatz und ggf. guter Lagerfähigkeit. Weitere Forderungen sind Schoßfestigkeit, geringe Anfälligkeit für die Blattfleckenkrankheit, geringe Neigung zur Napfbildung und, besonders für die industrielle Verarbeitung, geringe Neigung zum Schwarzkochen. Diese Forderungen werden von den heutigen Sorten im unterschiedlichen Ausmaß und nur teilweise erfüllt.

☐ **Bodenvorbereitung und Düngung**
Für eine gute Durchwurzelung fordert Sellerie eine tiefe Pflugfurche, bei Verdichtungen im Untergrund zusätzlich eine Tiefenlockerung. Eine reichliche organische Düngung wirkt ertragsfördernd. Kalk sollte nicht unmittelbar vor der Pflanzung gegeben werden. Als Halophyt verträgt Sellerie Kalium auch in der Chloridform.

Apiaceae (*Umbelliferae*, Doldengewächse)

Der Stickstoffbedarf liegt bei 200 kg/ha N. Da ein zu frühes hohes Angebot das Blattwachstum auf Kosten des Knollenwachstums fördert, werden zur Pflanzbettvorbereitung nur 70–100 kg/ha N bereitgestellt. Die Restmenge wird in ein bis zwei Kopfdüngungen, die erste Anfang Juli, die zweite Mitte August, gegeben.

Auf alkalischen Böden kann es bei Trockenheit ab Juli zu Bormangel (Herz- und Knollenbräune) kommen. Als kritisch gilt ein Borgehalt des Bodens unter 1 mg/100 g. Erste Mangelsymptome sind braunverfärbte Flecken im Knollengewebe. Später können sich Hohlräume bilden. Besonders die jungen Blätter bekommen gelbliche Flecken, die Herzblätter sterben ab, die Blattstiele zeigen Querrisse mit Verkorkungen, werden brüchig, und die Knolle spaltet am Vegetationskegel auf. Zur Vorbeugung sind borhaltige Mineraldünger einzusetzen oder Boraxgrieß (10–20 kg/ha) zu streuen. Gegen akuten Bormangel sind wiederholte Spritzungen mit einer 0,2%igen Boraxlösung (1000 l/ha) angezeigt.

☐ Pflanzenanzucht

Im gemäßigten Klima ist die Jungpflanzenanzucht, für frühe Sätze in Gewächshäusern, für spätere Sätze in Frühbeeten, eine Voraussetzung für gute Erträge. Den besten Start ermöglicht die Anzucht in Preßtöpfen. Die gebeizten Samen werden entweder in Saatschalen (5 g/m^2, 5000–8000 Sämlinge) gesät und nach ca. 4 Wochen, wenn das erste Laubblatt sichtbar wird, in 4-cm-Preßtöpfe pikiert, oder pillierte, vorbehandelte Samen können, sofern das Saatgut eine gute Keimfähigkeit aufweist, auch einzelkornweise direkt in die Preßtöpfe abgelegt werden. Spätere Anzuchten werden aus den Schalen auch in Frühbeete 4 x 4 bis 6 x 6 cm pikiert oder direkt in Frühbeeten oder in Gewächshäusern dünn (0,6 g/m^2, 500–800 Jungpflanzen) ausgesät, ggf. vereinzelt und als »gezogene« Jungpflanzen ausgesetzt.

Um bei der langen Keimdauer Platz und Zeit zu sparen, können Selleriesamen in feuchtem Sand bei 20 °C vorgekeimt werden. Wenn die Keimwurzeln nach 4–5 Tagen ca. 2 mm aus der Samenschale ausgetreten sind, wird mit der Hand ausgesät. Vorgekeimte Samen dürfen keinesfalls austrocknen.

Die Samen sind als Lichtkeimer nur flach und, wenn sie stets feucht gehalten werden können, gar nicht zu bedecken. Dunkelheit hemmt, besonders bei Temperaturen über 20 °C, den Keimvorgang. In warmen, ariden Gebieten kommt es infolgedessen bei Feldaussaaten häufig zu Auflaufschwierigkeiten. In unserem Klima sollte die Tagesmitteltemperatur während der Anzucht 10 °C nicht langfristig unterschreiten. Für ein zügiges Keimen sind mindestens 15, besser 18–20 °C erforderlich. Nach dem Aufgang sind Tag-/Nachttemperaturen von mindestens 12 °C, besser 16–18 °C zu empfehlen. Bei Temperaturen von mehr als 20–25 °C wird gelüftet. Frühe Sätze, die nach der Pflanzung niedrigen Temperaturen ausgesetzt sind, sollten während der Anzucht stets über 16 °C gehalten werden.

Vor dem Auspflanzen in kalte Freilandbedingungen werden die Jungpflanzen einige Tage zum Abhärten trocken gehalten (Kältehärtung begünstigt das Schossen), danach mit einer Startdüngung kräftig gegossen und ausgesetzt. Die Anzucht dauert ca. 4 (bis Pikieren) + 6 (bis Pflanzung), zusammen 10 Wochen (Näheres s. Tab. 7.4-2). Große Jungpflanzen bringen, sofern sie keinen starken Pflanzschock erleiden, frühere und höhere Erträge. Kräftige Jungpflanzen sollten deshalb mindestens 5, besser 10 g wiegen und 3–5 Laubblätter entwickelt haben.

Tab. 7.4–2: Kulturdaten für Knollensellerie

Saat	Anzucht-dauer	Pflanzung	Pflanzen/m^2	Ernte	Ertrag St/m^2	Bemerkungen
Freiland						
Jan. 3	13[1]	Apr. 4[2]	10	ab Jul.	7	Bundware
Feb. 4	10[1]	Mai 2	5–7	ab Aug.	4–6	Bund- oder Knollenware
Mä. 2	10	Mai 4	5–6	ab Sep.	4–5	
Apr. 1	9	Jun. 2	5–6	ab Okt.	4–5	
Gewächshaus						
ab Jan. 1	10	ab Mä. 3	25	ab Mai 4	20	Bundware

[1] Anzuchttemperatur über 18 °C; [2] nur mit Folienschutz.

Orientierungsdaten für die Terminplanung für eine kontinuierliche Marktbelieferung sind in Tabelle 7.4-2 aufgeführt. Für die Freilandkulturen beginnen die Saaten für die Aprilpflanzung etwa Mitte Januar. Für die letzte empfehlenswerte Pflanzung im Juni wird Anfang April gesät. Der erste Satz wird als Bundware mit 10 Pflanzen/m^2 (z. B. 40 × 25 cm) eng gepflanzt und ab Juli geerntet. Betriebe, die den erhöhten Arbeitsaufwand und das Schoßrisiko in Kauf nehmen, ernten auch nur jede 2. Pflanze als Bundware und die restlichen Pflanzen später als Knollenware. Flachfolienbedeckung während der Anfangsentwicklung fördert das Wachstum und mindert das Schoßrisiko. Spätere Sätze können für Bundware noch mit 7 Pflanzen/m^2 (z. B. 50 x 30 cm), für die Knollenproduktion je nach gewünschter Knollengröße und der Neigung der Sorte gepflanzt und ab Juli geerntet. Betriebe, die den erhöhten Arbeitsaufwand und das Schoßrisiko in Kauf nehmen, ernten auch nur jede 2. Pflanze als Bundware und die restlichen Pflanzen später als Knollenware. Flachfoliendeckung während der Anfangsentwicklung fördert das Wachstum und mindert das Schoßrisiko. Spätere Sätze können für Bundware noch mit 7 Pflanzen/m^2 (z. B. 50 × 30 cm), für die Knollenproduktion je nach gewünschter Knollengröße und der Neigung der Sorte zur Hohlraumbildung mit 5–6 Pflanzen/m^2 (z. B. 50 × 40 bzw. 41 × 40 cm) weiter gesetzt werden. Die Ernte beginnt im August.

Die Pflanzung erfolgt von Hand oder maschinell. Das früher übliche flache Einsetzen führt nach v. HOESSLIN et al. (1964) zu einem besonders starken Ansatz von Nebenwurzeln. Die Jungpflanzen sollten deshalb so tief gesetzt werden, wie sie im Anzuchtbeet gestanden haben. Auf jeden Fall bleibt der Vegetationspunkt frei.

□ **Pflege**

Bis zum Schließen des Bestandes wird bei Bedarf zur Bodenlockerung und mechanischen Unkrautbekämpfung die Hacke eingesetzt. Kommen nach dem Anwachsen Herbizide zur Anwendung, sollte die Bodenbearbeitung in den folgenden Wochen unterbleiben.

Hohe Erträge bringt Sellerie nur bei guter Wasserversorgung. Bei Wasserspannungen über 200–250 hPa (mbar) sollte deshalb bewässert werden, insbesondere während des Massenwachstums von Juli bis Mitte September. Eine Beregnung fördert allerdings auch den Befall mit der *Septoria*-Blattfleckenkrankheit.

Bei den Pflanzenschutzmaßnahmen sind besonders die *Septoria*-Blattfleckenkrankheit (*Septoria apiicola* – Beizung des Saatgutes, Spritzungen während der Anzucht und im Feldbestand), Sellerieschorf (*Phoma apiicola*) sowie das Auftreten von Wanzen, Blattläusen und der Selleriefliege zu beachten.

□ **Ernte und Ertrag**

Für Bundsellerie (Suppensellerie) fordern die Qualitätsnormen einen Knollen-Mindestdurchmesser von 3 cm. Die Ernte beginnt im deutschen Raum aus Gewächshäusern Ende Mai, aus dem Freiland im Juli (Tab. 7.4-2) und kann bis zum Auftreten stärkerer Fröste (–5 °C) fortgesetzt werden. Die Pflanzen werden von Hand mit der Grabegabel geerntet oder mit einem langen Messer aus dem Boden geschnitten. Unterschneidegeräte und Rüttelroder verringern den Arbeitsaufwand.

Für Sellerieknollen fordern die Normen einen Mindestquerdurchmesser von 6 cm. Die Ernte beginnt im August, für die Lagerung Mitte bis Ende Oktober. Mit Laub werden die Pflanzen in gleicher Weise wie bei Bundsellerie gerodet. Knollen ohne Laub für die sofortige Verarbeitung werden mit umgebauten Rübenrodern oder nach dem Einsatz von Krautschlägern mit Siebkettenrodern aufgenommen. Für die Lagerung bedeuten die hierdurch verursachten Verletzungen ein Risiko. Viele Betriebe beschränken sich deshalb trotz des höheren Arbeitsaufwandes auf eine Teilmechanisierung wie bei der Ernte von Bundsellerie. Die Knollenerträge liegen bei 300–400, bis zu 500 dt/ha, der Ertrag verkaufsfähigen Laubes bei ca. 100 dt/ha.

□ **Aufbereitung und Qualitätsmängel**

Bei Bundsellerie werden die Wurzeln dicht an der Knolle abgeschnitten, beschädigte oder gelbe Blätter entfernt, die Pflanzen gewaschen, zu 5 Stück gebündelt und verpackt. Große Sellerieknollen mit Laub werden in gleicher Weise aufbereitet. Bei Sellerieknollen ohne Laub werden auch die Blattansätze von Hand oder maschinell nachgeputzt.

Besondere Qualitätsmängel sind:
▷ Napfbildung: Es handelt sich um die Ausbildung oben offener Hohlräume (Abb. 7.4-6). Im Juli-August entstehen bei einigen Sorten im Inneren der Knolle pelzige Gewebe, die zerreißen, sich zu Hohlräumen ausdehnen und meist mit einer mehr oder weniger großen Öffnung nach oben durchplatzen. Dabei wird der Vegetationskegel häufig zerrissen. Es verbleibt ein kranzförmiger Blattansatz, in dessen Mitte der verkorkte oder faulige Napf liegt. Bei anderen Sorten bilden sich zur gleichen Zeit im Bereich des Vege-

Apiaceae (*Umbelliferae*, Doldengewächse)

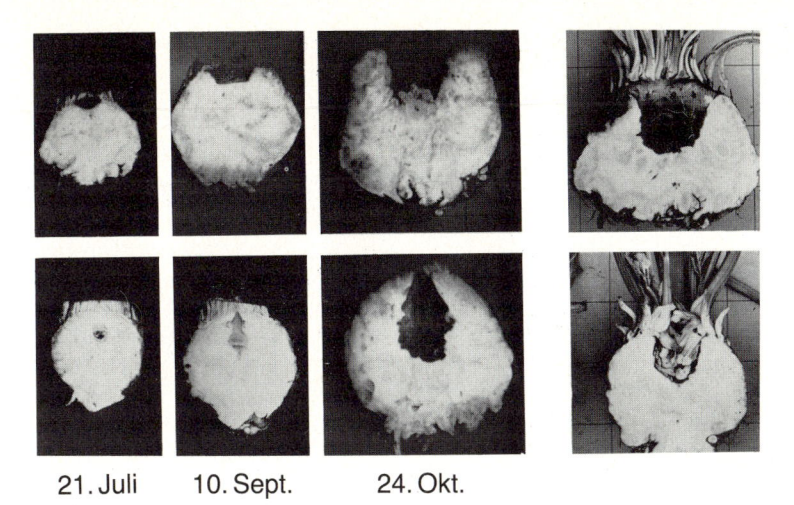

21. Juli   10. Sept.   24. Okt.

Abb. 7.4-6: Entwicklung der Napfbildung bei zwei Knollenselleriesorten (oben: 'Hilds Neckarland', unten: 'Invictus', n. WIEBE 1967)

tationskegels flachere Näpfe mit einem Blattkranz aus Adventivknospen. Die Napfbildung ist sortenabhängig und wird von Faktoren gefördert, die das Knollenwachstum begünstigen, wie hohe Stickstoff- und hohe Wassergaben, geringe Verdunstung, große Standweiten (WIEBE 1967).
▷ Hohle Knollen: Hohle Knollen, deren Hohlräume nicht nach oben durchbrechen, treten besonders bei großen Knollen auf. Sorten mit kleinen Knollen sind weniger anfällig. Es ist nicht bekannt, ob hier andere Faktoren wirksam sind als bei der Napfbildung.
▷ Eisenfleckigkeit: Bei Luftzutritt bilden sich im Knollengewebe, besonders in der Nähe der Wurzelansätze, durch das Verharzen ätherischer Öle rotbraune Flecken. Dieser Prozeß wird von Kälte gehemmt. Die Industrie bewahrt deshalb geschnittene Sellerieknollen in Eiswasser auf. Auf Siedehitze erwärmte Knollen bilden keine Eisenflecken.
▷ Schwarzkochen: Nach dem Blanchieren verfärben sich Teile der Knollen grau bis schwarz. Dieser Vorgang steht in Zusammenhang mit dem Eiweißstoffwechsel und wird durch schwache Säure (10 % Essig- oder 0,05 % Zitronensäure) unterbunden. Nicht schwarzkochende Sorten werden von der Industrie bevorzugt (Abb. 7.4-7).

☐ **Lagerung**
Sellerieknollen werden ungewaschen in Mieten, Kohlscheunen oder in Kühlräumen bei 1 °C und hoher Luftfeuchte gelagert (s. Kap. 4.14). Für die Kühlraumlagerung werden Knollen mit starkem Erdbesatz auch leicht vorgeputzt.

■ **Gewächshauskultur**
Für die Gewächshäuser sind Sätze interessant, die vor den Freilandkulturen geerntet werden können. Die Aussaaten beginnen Anfang Januar mit Pflanzung ab Mitte März, Ernten ab Ende Mai mit 3–4 Folgesätzen im 2- bis 3wöchigen Abstand mit Saaten bis Mitte März und Pflanzungen bis Mitte Mai. Im Gewächshaus werden für Bundsellerie Bestandesdichten von 25 Pflanzen/m^2 (z. B. 25 x 16 cm) empfohlen. Die Heiztemperatur liegt bei frühen Sätzen zunächst bei 12 °C und wird mit zunehmender Erwärmung gesenkt. Für die Lüftung wird ein Sollwert um 20 °C empfohlen. Die Ernte beginnt Ende Mai und endet ca. 10 Wochen nach der letzten Pflanzung.

7.4.2.2 Bleichsellerie
Die Standortansprüche und Kulturverfahren entsprechen denen des Knollenselleries. In warmen

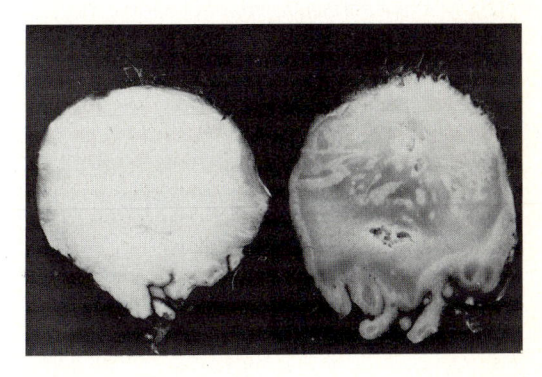

Abb. 7.4-7: Sellerieknollen, die nach dem Kochen weiß blieben (l. Sorte 'Invictus') bzw. sich grau färbten (r. Sorte 'Magdeburger Markt')

Klimaten wird Bleichsellerie im Freiland auch direkt ausgesät. Die Samen sind feiner (TKM 0,2–0,3 g) und die Saatstärken dementsprechend zu reduzieren. Jungpflanzen werden vielfach in Furchen ausgesetzt. Im Freiland werden für frühe Sätze 10 – 17, für spätere Sätze 8 - 11 Pflanzen/m², für Gewächshauskulturen 20 Pflanzen/m² empfohlen. Eine hohe Bestandesdichte macht bei selbstbleichenden Sorten das früher übliche Bleichen mit Stroh oder Papiermanschetten überflüssig. An den Feldrändern führt eine Schattierung mit schwarzen Folien zu besseren Qualitäten. Das Stickstoffangebot sollte auch beim Bleichsellerie 200 kg/ha nicht überschreiten.

Die Ernteperiode im Freiland beginnt in Mitteleuropa Mitte Juli und endet Anfang November mit dem Einsetzen der ersten Fröste. Eine maschinelle Ernte ist unter deutschen Anbaubedingungen nicht zu empfehlen. Die Pflanzen werden von Hand unter der Erde am Wurzelhals abgeschnitten. Auch die Blätter können gekürzt werden. Das Mindestgewicht beträgt nach den Qualitätsnormen 150 g, die Märkte verlangen jedoch Gewichte von mindestens 500, möglichst 800 g. Etwa 85–90 % der Pflanzen sind marktfähig. Die Erträge liegen bei 350 dt/ha.

7.4.2.3 Schnittsellerie

Im Freiland werden im April in einem Reihenabstand von 12,5 cm 4–6 kg/ha flach gesät. Die Grunddüngung mit einem Angebot von 120 kg/ha N wird durch Kopfdüngungen à 40 kg/ha nach jeder Ernte ergänzt. Vor dem Auflaufen kann das Unkraut mit einem Totalherbizid oder spätestens eine Woche vor Aufgang mit einem Linuronmittel bekämpft werden. Ein erster maschineller Schnitt bringt Ende Juli 200–300 dt/ha Blattmasse. Bei 3 Schnitten können 600–1000 dt/ha Blattmasse geerntet werden.

In den Niederlanden wird Schnittsellerie in Gewächshäusern Anfang September mit 30 bis 50 kg/ha ausgesät und ab Mitte November geschnitten.

Literatur

BUISHAND, TJ. (Zusammenstellung) (1977): Teelt van knolselderij, incl. bladselderij. Lelystad-Alkmaar: Proefstation voor de Akkerbouw en de Groenteteelt in de Vollegrond. No. 3.

BUISHAND, TJ. (Zusammenstellung) (1977): Teelt van bleekselderij. Lelystad-Alkmaar: Proefstation voor de Akkerbouw en de Groenteteelt in de Vollegrond. No. 4.

SACHS, M. and RYLSKI, I. (1980): The effects of temperature and daylength during the seedling stage on flower-stalk formation in field-grown celery. Sci. Hort. **12**, 231-242.

7.4.3 Petersilie (*Petroselinum crispum* Mill.)

□ **Geschichte und Bedeutung**

Petersilie stammt aus dem Mittelmeergebiet, wo sie heute noch als Wildpflanze verbreitet ist. Sie wächst bevorzugt an feuchten, steinigen Standorten, von denen ihr Name abgeleitet wurde (petron = Fels, selinum = Sellerie). Aus dem Mittelmeergebiet verbreitete sich die Petersilie über die ganze Erde. Mit den Römern kam sie nach Germanien, wo sie als Gewürz genutzt wurde. Es ist unbekannt, wann sich die 2 Subspezies Blatt- oder Schnittpetersilie (ssp. *crispum*) und Wurzelpetersilie (ssp. *tuberosum*) herausgebildet haben.

Die ernährungsphysiologische Bedeutung der Petersilie liegt in der Nutzung der Blätter zum Würzen (ätherische Öle, insbesondere Apiol) und Garnieren. Die Blätter von Blatt- und Wurzelpetersilie besitzen einen besonders hohen Gehalt an Vitamin C (166 mg/100 g Frischmasse), Calcium und Eisen, daneben einen beachtlichen Gehalt an Carotin, Mineralstoffen und Eiweiß (UNTERHOLZNER 1976). Die Rüben enthalten besonders viel Carotin und werden frisch, tiefgefroren bzw. sauer konserviert oder getrocknet zu Suppengemüse oder Gewürz verarbeitet. Die pharmazeutische Bedeutung verleiht der Petersilie ihre harntreibende und appetitanregende Wirkung. Aus den Früchten sowie aus den Blättern werden ätherische Öle extrahiert.

Petersilie wird in allen Erdteilen angebaut. Als Haupterzeugergebiete gelten in Europa Frankreich, die Niederlande und einige osteuropäische Länder. In Deutschland wird der Anbau auf 300 ha geschätzt. Er konzentriert sich für die Frischmarktbelieferung auf gärtnerische Betriebe in Marktnähe mit Freiland- und Gewächshausproduktion. Zum Teil wird ein ganzjähriges Angebot von Frischware angestrebt.

Für die Verarbeitungsindustrie wird die Petersilie in landwirtschaftlichen Betrieben großflächig in der Nähe des Verarbeitungsbetriebes kultiviert.

□ **Botanische Grundlagen**

Im morphologischen Aufbau und in den Umweltreaktionen ähnelt die Petersilie der Möhre. In der vegetativen Phase bildet die Pflanze eine Rosette mit gefiederten Laubblättern. Bei der Blattpetersilie (ssp. *crispum*) wird zwischen Sorten mit glatten und solchen mit krausen Blättern unterschieden (Abb. 7.4-8). Die Krausblättrigkeit ist eine Folge unterschiedlicher Wachstums-

Apiaceae (*Umbelliferae*, Doldengewächse)

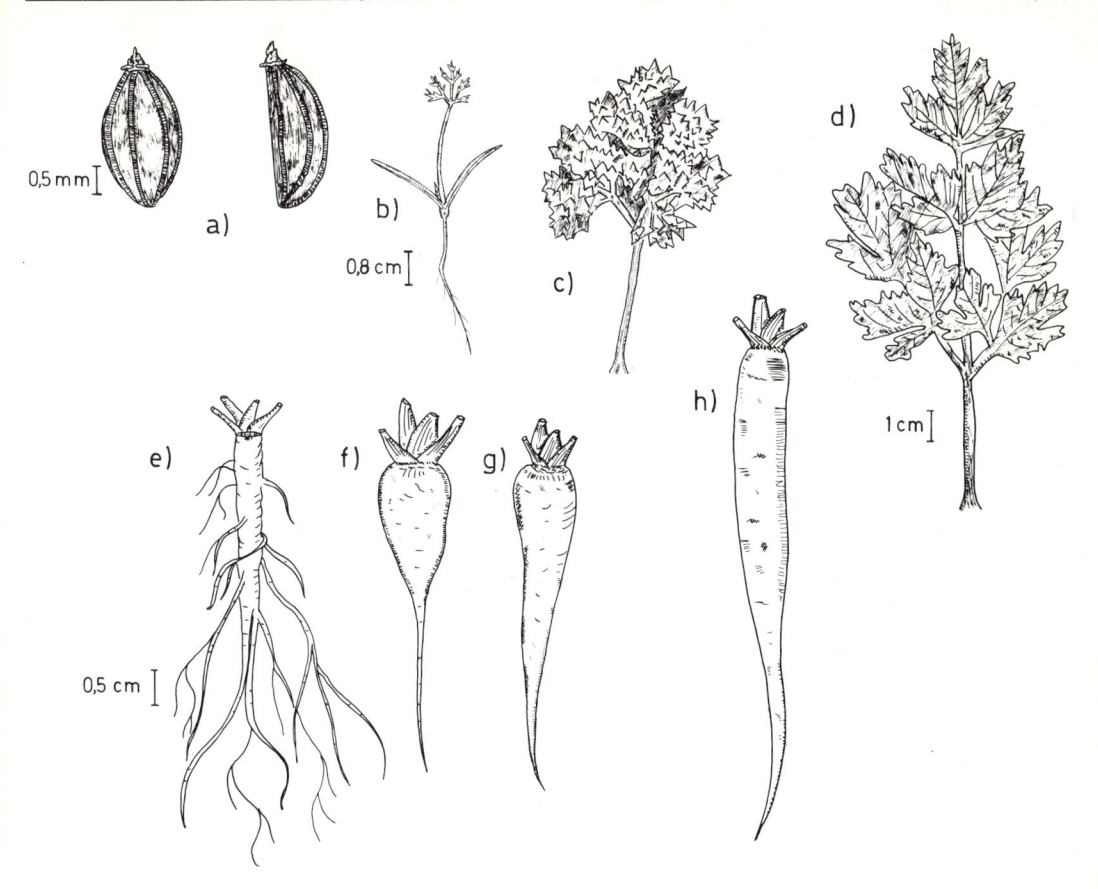

Abb. 7.4-8: Petersilie, Spalt- und Teilfrucht (Seitenansicht, a) Sämling mit 1. Laubblatt (b), Laubblätter einer kraus- (c) und glattblättrigen Sorte (d), Rüben von Schnittpetersilie (e) und Wurzelpetersilie mit kurzer und dicker (f), halblanger (g) und langer Rübe (h)

geschwindigkeit der Gewebe in den Interkostalfeldern. Die Pfahlwurzel ist kräftig ausgebildet. Sorten der Wurzelpetersilie (ssp. *tuberosum*) bilden glatte Blätter aus und durch Dickenwachstum der Pfahlwurzel eine konische, kurze bis lange Rübe. Die generative Entwicklung wird im gemäßigten Klima in der Regel erst nach Ausbildung des Speicherorgans nach einem Kältereiz (Vernalisation) im 2. Kulturjahr eingeleitet. Bei früher Aussaat im Freiland besteht jedoch nach kalter Witterung schon im 1. Jahr Schoßgefahr. Die Wurzel ist relativ frosthart und kann im deutschen Klimaraum im Felde überwintern, so daß auch im 2. Jahr noch eine erste Blatternte möglich ist. Nach der Blüte im Juni-Juli reifen die Spaltfrüchte im September. In warmen Klimaten wächst die Petersilie ausdauernd.

□ **Standortansprüche**
Die Standortansprüche gleichen denen der Möhre. Petersilie liebt ein maritimes Klima mit gemäßigter Temperatur sowie hoher Luft- und Bodenfeuchte. Die Blätter vertragen leichte Fröste, die Wurzeln im Boden normale Wintertemperaturen. In warmen Klimaten gilt Petersilie als Winter- und Frühjahrskultur. Sie bevorzugt tiefgründige, humusreiche, mittelschwere Böden und gedeiht gut auf Niedermoorböden.

□ **Fruchtfolge**
Petersilie ist hochgradig selbstunverträglich und sollte frühestens nach einer Anbaupause von 4 Jahren sich selbst oder anderen *Apiaceae* folgen. Auch für Arten anderer Familien hat sie eine schlechte Vorfruchtwirkung, insbesondere, wenn die Wurzeln eingearbeitet werden. Bei Spätsaaten können Vorkulturen vorangestellt werden.

□ **Sortenwahl**
Für den Frischmarkt werden krausblättrige Sorten bevorzugt, die bei etwa gleichem Gehalt an

Tab. 7.4–3: Kulturdaten für Blattpetersilie

Saat	Anzucht- bzw. Auflaufdauer (Wo)	Pflanzung	Bestandes-dichte	Ernte-beginn	Ertrag/m²	Bemerkungen
Freiland						
Direktsaat:						
ab Mä.	(3)	–	7–10 kg/ha	ab Jul. 2	à 2 kg	Folienschutz
Jul.	(2–3)	–	7–10 kg/ha	ab Nov.		Frühbeet, Roll-häuser o. Lagerung
Jungpflanzenanzucht:						
Feb. 1	8	Apr. 1	20 Pfl./m²	Jun. 2	50 Bd.[1]	Folienschutz, Schoßrisiko
Jun. 4	6	Aug. 2	20 Pfl./m²	Dez.	20 Bd.	für Lagerung
Gewächshaus mit Jungpflanzenanzucht						
Jan. 1	7	Feb. 3	24 Pfl./m²	Apr. 3	200 Bd.	
Aug. 1	5	Sep. 2	24 Pfl./m²	Nov.	150 Bd.	

[1] à 5 Blätter

Aromastoffen einen hohen Anteil der Blattsprei-te aufweisen. Die Blätter sollen auch bei starkem Wachstum eine kompakte Form behalten und beim Bündeln nicht knicken.

Für die Verarbeitung der Blätter als Tiefge-frier- oder Trockenkonserve wurden früher glatt-blättrige Sorten bevorzugt. Nach neuerer Unter-suchung lassen sich krause Blätter leichter trock-nen und sind tiefgefroren besser streufähig (EI-SENMANN 1981). Bei der Wurzelpetersilie gibt es nur glattblättrige Sorten. Halblange Rüben las-sen sich leichter roden und sind für die Verarbei-tung besser geeignet.

□ **Bodenvorbereitung und Düngung**
Die Bodenvorbereitung gleicht der des Möhren-anbaus. Eine frische Stallmistgabe sollte vermie-den werden. Als Grunddüngung werden neben Phosphor und Kali (chloridverträglich) bis zu 100 kg/ha N angeboten. Jedem Schnitt folgen Kopf-düngergaben von 25–30 kg/ha N. Wurzelpetersi-lie erhält eine etwas schwächere Stickstoffdün-gung.

7.4.3.1 Blattpetersilie

■ **Freilandkultur**
□ **Pflanzenanzucht**
Petersilie kann im Frühjahr gesät werden, sobald sich der Acker ohne Strukturschäden bearbeiten läßt (Tab. 7.4-3). Bei frühen Sätzen sollte die Schoßgefahr durch Flachfolienabdeckung gemin-dert werden. Der späteste Saattermin liegt Mitte bis Ende Juli. Späte Sätze können ab November durch Glas oder Folie vor der Winterwitterung geschützt oder in Folienbeuteln eingelagert wer-den. Blattpetersilie wird mit 7–10 kg/ha in 25-cm-Reihen gesät. Beetanbau ist zu bevorzugen (Abb. 4.4-1). Im übrigen gleichen Saat und Pfle-ge denen der Möhre, Petersilie ist jedoch noch auflaufempfindlicher.

Die Jungpflanzenanzucht in 4-cm-Preßtöpfen erfordert einen größeren Aufwand, die Pflanzen lassen sich jedoch leichter ernten und bringen bei der einheitlicheren Bestandesdichte und geringe-ren Blattvergilbung bessere Qualitäten. Die Pflanzung kann bei Februarsaat im Gewächshaus im April mit ca. 20 Pflanzen/m² beginnen. Früh gepflanzte Bestände sind noch schoßempfindli-cher als bei Direktsaat und müssen durch Folien-bedeckung geschützt werden. Der letzte wirt-schaftlich sinnvolle Pflanztermin – Mitte August mit Aussaat Ende Juni – ist für die Lagerung für den Winterverkauf bestimmt.

Für die Anzucht werden 3–4 Korn direkt in 4-cm-Preßtöpfe abgelegt oder Sämlinge aus Saat-schalen in die Preßtöpfe pikiert. Frühe Sätze sind zur Verhinderung einer Vernalisation warm an-zuziehen. Während der kalten Jahreszeit werden Sollwerte von 14 °C für die Heizung und 20 °C für die Lüftung empfohlen. Mit fortschreitender Er-wärmung wird der Sollwert der Heizung gesenkt. Vor dem Auspflanzen sind eine Startdüngung und eine erste Behandlung zum Schutz vor der Möhrenfliege zu empfehlen.

☐ **Pflege**
Die Pflegemaßnahmen entsprechen denen für Möhren. Herbizide sind nicht zugelassen, können aber bei Beachtung der Vorschriften wirkungsvoll eingesetzt werden. Für hohe Erträge ist eine gute Wasserversorgung unerläßlich. Beim Pflanzenschutz ist besonders der Befall durch die Möhrenfliege und durch Blattläuse zu beachten.

☐ **Ernte und Ertrag**
Die Ernte beginnt nach Frühjahrssaat im Juni und endet im Oktober–November. Höchste Erträge guter Marktqualität werden bei wiederholtem Pflücken der äußeren Blätter (über 2,5 g) erzielt. Auf großen Flächen werden 3 Schnitte vorgenommen, jeweils bevor die unteren Blätter vergilben. Die Ernte kann von Hand oder mit der Spinatvollerntemaschine durchgeführt werden. Für die Lagerung werden die Blätter mit den Köpfen der Pfahlwurzel abgeschnitten und in Folienbeutel verpackt.

■ **Gewächshauskultur**
Die Gewächshauskultur unterscheidet sich von der Freilandkultur lediglich in den Terminen und der größeren Bestandesdichte. Frühe Sätze werden ab Februar, späte bis zum September gepflanzt (Tab. 7.4-3). Gute Qualitäten werden bei 24 Pflanzen/m² (20 x 20 cm), höhere Erträge bei Bestandesdichten bis 48 Pflanzen/m² erzielt. Nach dem Anwachsen wird nur schwach geheizt (Sollwert je nach Außentemperatur bis 12 °C) und bei 20 °C gelüftet. Wegen der Gefahr eines *Botrytis*-Befalls sollte nur in großen Abständen, möglichst nach der Ernte, dann aber durchdringend, bewässert werden. Die Ernte wird von Hand durchgeführt. In einigen Ländern wird Blattpetersilie bis zur verkaufsfähigen Pflanze in Töpfen angezogen. Hierfür eignet sich auch die Nährlösungsfilmtechnik.

Das Treiben von Petersilie ist in der Bundesrepublik Deutschland wenig verbreitet. Hierzu werden kräftige Pflanzen der Blatt- oder Wurzelpetersilie (Rübendurchmesser über 3 bzw. 20 mm) im Herbst gerodet, nur die Herzblätter belassen und im Gewächshaus auf 20 x 4 cm eingeschlagen (125 Pflanzen/m²), kräftig angegossen und mit einer schwachen Stickstoffdüngung (5 g/m²) versehen. Die Pflege entspricht der der Gewächshauskultur. Wegen des engen Bestandes besteht große Fäulnisgefahr und es muß sehr vorsichtig bewässert werden. Tropfbewässerung dürfte zu bevorzugen sein. Über den Einsatz der Bodenheizung liegen keine Erfahrungen vor, es sind jedoch günstige Wirkungen zu erwarten. Die Ernte beginnt bei Blattpetersilie 12–15, bei Wurzelpetersilie 4–6 Wochen nach dem Einsetzen. Der zweite Schnitt folgt nach ca. 5 Wochen. Bei 2 (Blattpetersilie) bzw. 3 (Wurzelpetersilie) Schnitten können bis 1,5 bzw. 2,0 kg/m² geerntet werden. Petersilie eignet sich auch zum Treiben in Töpfen.

☐ **Aufbereitung und Lagerung**
Petersilienblätter werden gewaschen, gebündelt und in Kisten verpackt. In Kühlräumen mit −1° bis 0 °C und hoher Luftfeuchte (95 %) kann eine Lagerung bis 8 Wochen, bei CA-Lagerung oder Verpackung in perforierten Folienbeuteln über eine noch längere Zeitspanne ausgedehnt werden.

7.4.3.2 Wurzelpetersilie

Es lohnen nur Frühjahrssaaten. Bei Reihenabständen von 30 cm werden 3 kg/ha Saatgut ausgebracht. Die Pflege gleicht der von Möhren. Die Blätter werden vor der Rodung geschnitten (ca. 100 dt/ha), die Wurzeln ab Oktober wie Möhren geerntet und ggf. gelagert. Der Wurzelertrag liegt bei 200–300 dt/ha. Wurzelpetersilie ist in Mieten und auf dem Feld noch stärker wühlmausgefährdet als die Möhre.

Literatur

Franz, Ch., Fritz, D., Eisenmann, J. (1982): Petersilie für die industrielle Verarbeitung. Gemüse **18**, 380-382.

Hartmann, H. D., Waldhör, O. (1979): Standweiten bei Wurzelpetersilie. Gemüse **15**, 182-184.

7.4.4 Gemüsefenchel (Zwiebel-, Knollenfenchel, *Foeniculum vulgare* var. *azoricum* Mill.)

☐ **Geschichte und Bedeutung**
Gemüsefenchel dürfte, wie die anderen *Apiaceae,* aus dem Mittelmeerraum und Vorderasien stammen und wird dort, wie auch in Indien und Ostasien, von alters her als Heil- und Gewürzpflanze kultiviert. Die Blätter und Früchte sind reich an Vitamin C, Carotin, Mineralstoffen und ätherischen Ölen (Hauptbestandteil Anethol). Die als Gemüse genutzten Zwiebeln besitzen einen aromatischen, leicht süßen, milden Ge-

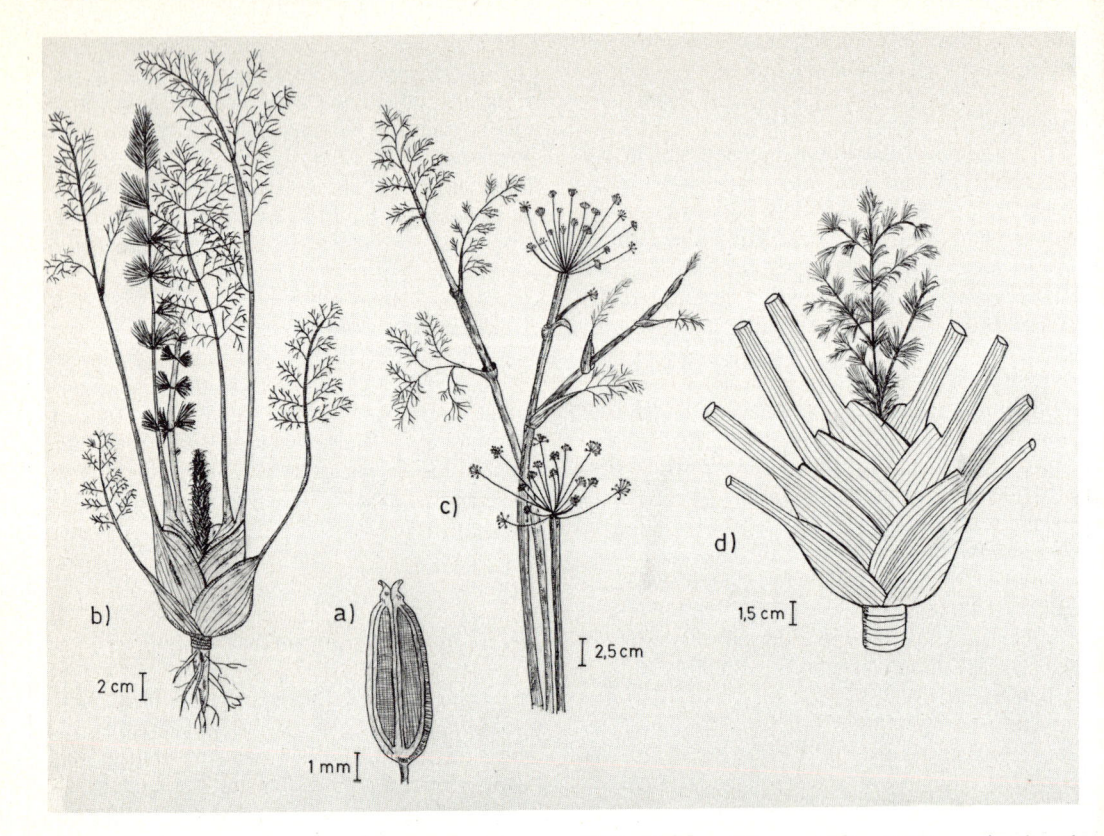

Abb. 7.4-9: Gemüsefenchel, a) Spaltfrucht (n. WITTMACK 1922), b) junge Pflanze mit Laubblättern, c) schwach ausgebildete Blütenstände, d) marktfähige Zwiebel

schmack, sind aber ärmer an wertgebenden Inhaltsstoffen als die Blätter. Die Zwiebeln werden als Rohkost (Salate), gekocht, gedämpft oder gebacken verzehrt und dienen der Bereitung von Säften. Die Blätter und Früchte können auch als Gewürze, die Früchte in der pharmazeutischen Industrie verwendet werden. Für die Blatt- und Fruchtnutzung wird dem Gewürzfenchel (var. *dulce*) der Vorzug gegeben.

Gemüsefenchel ist im Mittelmeerraum weit verbreitet (Italien ca 15 000 ha). Durch eine gestiegene Nachfrage und die Züchtung schoßfesterer Sorten hat er in jüngster Zeit auch in mitteleuropäische Betriebe Eingang gefunden.

□ **Botanische Grundlagen**
Gemüsefenchel wächst während der vegetativen Entwicklung als Rosette mit mehrfach gefiederten Laubblättern und nadelförmigen Blättchen (Abb. 7.4–9). Der verbreiterte, fleischig verdickte Blattgrund der Laubblätter einschließlich einiger Niederblätter bilden eine weiß-grünliche Zwiebel. Im Herbst vermag die verdickte Pfahlwurzel die Rosette durch Wurzelkontraktion tiefer in die Erde zu ziehen, um sie vor Witterungseinflüssen zu schützen.

Das Schossen wird bei Fenchel vom Langtag ausgelöst. Die kritische Tageslänge liegt nach MOL (1984) bei einer Temperatur von 18 °C bei 14 Stunden. Nach der Blütenanlage wird das Schossen von hoher Temperatur beschleunigt. Niedrige Temperatur (Vernalisation) hatte in den Untersuchungen von V. D. MEER und V. DAM (1983) keine schoßauslösende Wirkung. In neuerer Zeit gelang es, relativ schoßfeste Sorten zu züchten (z. B. 'Zefa-Fino'), die eine frühe Sommerkultur erlauben.

□ **Standortansprüche und -orientierung**
Gemüsefenchel liebt mittlere Temperaturen von 16–18 °C. Sowohl Temperaturen über 24 °C als auch unter 7 °C hemmen das Wachstum. Fröste unter 4 °C töten die Blätter ab. In Mitteleuropa wird er deshalb bevorzugt im Sommer und Herbst kultiviert mit einer Angebotsspanne von Juli bis November. Im Mittelmeerraum ist er wegen des großen Schoßrisikos im Sommer eine Winterkultur mit der Hauptproduktion von Ok-

tober bis Mai. Gemüsefenchel bevorzugt tiefgründige, mittelschwere, humose, durchlässige Böden und eine ausgeglichene Wasserversorgung.

☐ **Kultur**
Gemüsefenchel ist eine Pflanze des gärtnerischen Intensivanbaus im Freiland für die Frischmarktversorgung. Die Kultur in Gewächshäusern ist möglich, bei der derzeitigen Preissituation jedoch wenig rentabel. In anderen Ländern wird Gemüsefenchel auch für die Verarbeitungsindustrie mit einer Lieferzeit von Mitte Oktober bis Mitte November produziert.

Hinsichtlich des Auftretens von Schaderregern gilt die Kultur im deutschen Raum als problemarm. Dennoch sollten *Apiaceae* nur nach Anbaupausen aufeinander folgen. Sie ist besonders durch Wildverbiß gefährdet. Gemüsefenchel verträgt eine organische Düngung. Der Stickstoffbedarf wird durch ein Angebot von 100–150 kg/ha N gedeckt. Davon werden 50 kg/ha als Kopfdünger zur Zwiebelbildung gegeben.

Kulturdaten für eine kontinuierliche Marktbelieferung von Ende April bis Oktober–November hat die Schweizerische Gemüse-Union (SGU 1977) ausgearbeitet (Tab. 7.4-4). Nach diesem Plan können schoßfeste Sorten, wie z. B. 'Zefa-Fino' in der Schweiz in geheizten Gewächshäusern (15–20°C) nach Februarpflanzung bereits Ende April und in Folgesätzen bis Ende Mai geerntet werden.

Eine Direktablage von 3–4 Samen in Preßtöpfe kann wegen der meist geringen Keimfähigkeit (50–80%) zu Lücken und geringerer Standfestigkeit führen. Aus diesem Grunde ist die Aussaat in Schalen (20 g/m^2) und das Pikieren in 4-cm-Preßtöpfe vorzuziehen. Für die Keimung werden Temperaturen von 20–22°C, danach Temperaturen von 15–20°C empfohlen. 1 g Samen ergibt 100–120 Jungpflanzen. Die Jungpflanzenanzucht unter Hochglas währt, je nach Jahreszeit und Temperatur 60–30 Tage. Es werden 10–15 Pflanzen/m^2 gesetzt. Mit engerem Stand sinkt das Einzelpflanzengewicht, insbesondere der Blattanteil, steigt jedoch der Flächenertrag und verlängert sich die Kulturdauer. Die Pflanzkultur erfordert einen höheren Aufwand, führt jedoch bei kürzerer Flächennutzung zu höheren, qualitativ besseren Erträgen und einer stärker konzentrierten Ernte. Überständige Pflanzen erhöhen das Schoßrisiko.

Gewächshauskulturen können nach niederländischen Untersuchungen (Mol 1984) ohne größeres Schoßrisiko auch kühl angezogen und kultiviert werden (z. B. Heiztemperaturen von 12/6°C und Lüftung bei 16–20°C). Reppenhorst und Schenk (1981) kultivierten bei Märzpflanzung erfolgreich bei einer Heiztemperatur von 5°C, vermerkten aber eine längere Kulturdauer.

Ab April werden schoßfeste Sorten auch in Hoch- bzw. Niedrigtunneln oder unter Flachfolie, ab Mai auch ohne Folienschutz ins Freiland gepflanzt. Bei Nachtfrösten ist Frostschutz erforderlich. Folienbedeckung beschleunigt das Wachstum und schützt vor Wildverbiß. Pflanzungen nach Mitte August lohnen in Norddeutschland in der Regel nicht.

Direktsaat ins Feld ist bei schoßfesten Sorten von März bis Mitte Juli möglich. Schoßempfindli-

Tab. 7.4–4: Kulturdaten für Gemüsefenchel in der Deutschen Schweiz*

Standort	Saat	Anzuchtdauer (Tage)	Pflanzung	Kulturdauer n. Pflanzung	Erntebeginn
Gew	Jan. 1	45	Mä. 1	60[1]	Apr. 4
	Feb. 2	40	Mä. 3	55[1]	Mai 2–3
Tun, Gew	Feb. 1	60	Apr. 1	75	Jun. 2–3
	Mä. 1	45	Apr. 2–3	75	Jul. 1
Frei Fo	Mä. 2	45	Apr. 4	70	Jul. 1
	Apr. 1	40	Mai 2	65	Jul. 2–3
	Mai 1	30	Mai 4	60	Aug. 1
Frei	Jun. 1	30	Jul. 1	50	Aug. 3
	Jul. 1	30	Jul. 4	60	Sep. 4
	Jul. 2	30	Aug. 2	75	Okt. 4

* Verändert nach SGU 1977; Gew: beheiztes Gewächshaus; Tun: Hoch- oder Niedrigtunnel; Frei: Freiland; Fo: Flachfolienbedeckung; [1] bei niedrigeren Temperaturen längere Kulturzeit.

che Sorten bleiben nur ab Saaten Mitte Juni, besonders empfindliche Sorten ab Mitte Juli vegetativ. Freilandsaaten sind aber auch bei schoßfesten Sorten erst bei späteren Sätzen zu empfehlen. Bei einem Reihenabstand von 40–50 cm sind bei Einzelkornablage 2 kg/ha, bei Drillsaat 3–4 kg/ha Saatgut erforderlich. Nach dem Aufgang werden die Pflanzen auf 10–14 Pflanzen/m^2 vereinzelt.

Das Unkraut wird durch Hacken und/oder Herbizide bekämpft. Nach Untersuchungen der Schweizerischen Gemüse-Union (1977) werden als Vorauflaufmittel Tenoran und Stomp gut vertragen. Auch Afalon hat sich bewährt. Nach der Ausbildung von mindestens 2 Laubblättern seien Tenoran und Mesoranil ebenfalls geeignet. Bei einer Zwiebel von ca. 5 cm Durchmesser kann zur Unterstützung des Bleicheffektes und zur Unkrautbekämpfung gehäufelt werden.

Je nach Jahreszeit haben die Pflanzen nach 75 bis 105 Tagen die Erntereife erreicht. Die Erntespanne ist nicht eng begrenzt. Bei zu spätem Schnitt werden die Zwiebeln jedoch holzig, und die Außenblätter platzen. Die Pflanzen werden bei trockenem Wetter von Hand unter der Zwiebel mit kleinem Wurzelstumpf geschnitten und die längeren äußeren Blattstiele auf 10 (20) cm gekürzt. Die Herzblätter bleiben erhalten. Auf großen Flächen sind auch Siebketten oder Schwingsiebroder einzusetzen. Als Mindestgewicht der aufbereiteten Pflanzen werden 150 g gefordert, angestrebt werden Gewichte von 250–350 g. Bei 20 % Ausfall entspricht dies einem Ertrag von ca. 300 dt/ha.

Gemüsefenchel wird nach der Stückzahl (z. B. 10 Stück pro Kiste) oder nach Gewicht verkauft. Bei hoher Luftfeuchte (90–95 %) ist er bei 0–1 °C 5–8 Wochen, bei 8–12 °C 2–4 Wochen und bei kontrollierter Atmosphäre (0 °C, 95 % rel. Luftfeuchte, 3 % Sauerstoff und 3 % Kohlendioxyd) bis zu 12 Wochen lagerfähig.

Literatur

Schweizerische Gemüse-Union (Hrsg.) (1977): Anbau und Vermarktung von Knollenfenchel in der Schweiz. Zürich: Eigenverlag Schweiz. Gemüse-Union.

7.4.5 Gartendill (*Anethum graveolens* L. var. *hortorum*)

☐ **Geschichte und Bedeutung**

Dill stammt vermutlich aus dem Mittelmeerraum. Er wurde schon im alten Ägypten als Heilpflanze, bei den Griechen, den Römern und später auch im mitteleuropäischen Raum als Heil- und Gewürzpflanze genutzt. Er wird in Mitteleuropa als Kulturflüchtling (var. *graveolens*) auch wild angetroffen. Alle Teile der Pflanzen, besonders die Blüten und Früchte, enthalten wohlriechende ätherische Öle.

Dillkraut wird für den Frischmarkt, für die Gefrier- und die Trocknungsindustrie sowie für die Herstellung von Fisch- und Sauerkonserven angebaut. Dillblätter und Dilldolden dienen als Gewürz beim Einlegen von Gurken. Dillfrüchte verwendet die Industrie zur Herstellung von Gewürzessenzen, zum Würzen von Fisch- und Sauerkonserven und für die Gewinnung von Arzneimitteln. Auf dem Frischmarkt kann Dillkraut das ganze Jahr über abgesetzt werden. Die stärkste Nachfrage besteht im Frühjahr und zur Verarbeitung von Einlegegurken.

☐ **Botanische Grundlagen und Standortansprüche**

Dill ist eine einjährige Pflanze mit einer kräftigen Pfahlwurzel, einem runden, feingerippten, grünlich-weiß längsgestreiften, später röhrigen bis über 1 m hohen Stengel und nadelförmigen, mehrfach gefiederten Laubblättern mit stark ausgebildetem Blattgrund (Abb. 7.4-10). Die Blütenbildung wird von langen Tagen gefördert. Dill blüht, je nach Saatzeit, von Juni bis August. Die elliptischen, flachen, geflügelten, braunen Früchte werden ab Ende Juli reif.

Dill stellt nur mittlere Ansprüche an die Temperatur, ist aber frostgefährdet. Er bevorzugt mittlere bis schwerere Böden und eine gute Wasserversorgung, gegen Staunässe ist er jedoch empfindlich.

☐ **Kultur**

Für den Frischmarkt wird Dill bevorzugt in Gartenbaubetrieben, für die Industrie großflächig in landwirtschaftlichen Betrieben angebaut, sowohl im Freiland als auch in Gewächshäusern. Er sollte anderen *Apiaceae* und vor allem sich selbst nur nach mehrjährigen Anbaupausen folgen. Gefährlich ist insbesondere der Befall durch den Pilz *Fusarium culmorum*, der nesterweise oder großflächig auftritt und ganze Bestände bereits kurz nach dem Auflaufen oder auch später vernichten kann.

Im Freiland wird für eine kontinuierliche Marktbelieferung im März–April mit der Aussaat begonnen. Bis Ende Juli folgen in etwa 14tägigem Abstand weitere Sätze. Bei einem Reihenabstand von 25–30 cm beträgt die Saatstärke 15–20 kg/ha. Der Stickstoffbedarf liegt bei 80 kg/

Apiaceae (*Umbelliferae*, Doldengewächse) 269

ein. Die Erträge können 200 dt/ha erreichen. Nach der Ernte sind die Pflanzen sehr welkeempfindlich und sollten schnell vermarktet werden. Unter günstigen Wachstumsbedingungen ist ein zweiter Schnitt möglich.

Für die Gewinnung großer Pflanzen mit Dolden (Aussaat April–Mai) wird die Saatstärke auf 10–15 kg/ha, für die Samengewinnung (Aussaat April) auf 10 kg/ha verringert.

In **Gewächshäusern** wird mit dem satzweisen Anbau im August–September begonnen. Saaten nach April konkurrieren mit dem Freilandanbau. Da bereits kleinere Pflanzen (15–20 cm Höhe) geschnitten werden, wird enger (12–15 cm) und dichter (80 kg/ha) gesät. Günstige Temperaturen sind während der Auflaufphase 16–18 °C, nach dem Aufgang 10–16 °C. Die Temperatur kann bis 6 °C gesenkt werden. Dill sollte wegen der Fäulnisgefahr nur in großen Abständen, dann aber durchdringend gewässert werden. Nach 7–9 Wochen wird geerntet. Mittlere Erträge liegen bei 0,5–1,0 kg/m^2.

Literatur

HEEGER, E. F. (1956): Handbuch des Arznei- und Gewürzpflanzenbaues (Drogengewinnung). Berlin: Deutscher Bauernverlag.

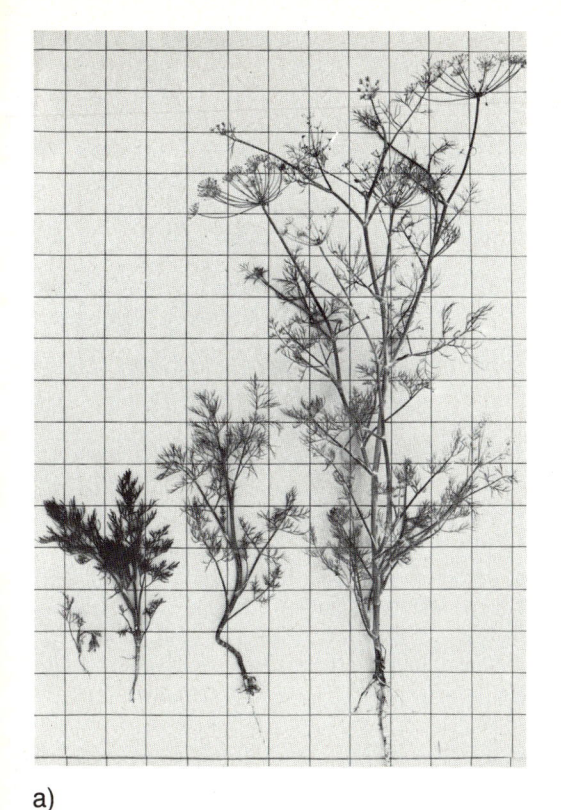

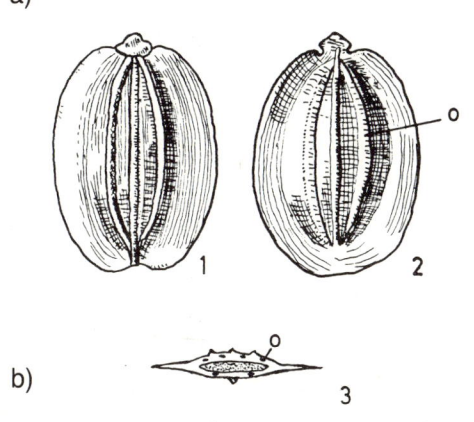

Abb. 7.4-10: Dill, a) grüne Pflanzen, b) Samen, b1) Rücken-, b2) Fugenseite einer Teilfrucht, b3) Querschnitt durch die ganze Frucht, O = Ölstriemen (b aus WITTMACK 1922)

ha. Zur Unkrautbekämpfung können neben den mechanischen Maßnahmen auch Herbizide eingesetzt werden, die für Möhren zugelassen sind.

Für den Frischmarkt werden 20–30 cm hohe Pflanzen gezogen oder von Hand dicht über dem Boden abgeschnitten und zu Bundware (20 g) aufbereitet. Die Industrie fordert größere Pflanzen (30–35 cm Höhe) und setzt Erntemaschinen

7.4.6 Pastinake (*Pastinaca sativa* L.)

Die Pastinake ähnelt morphologisch und physiologisch der Möhre und der Petersilie (Abb. 7.4-11). Die fiederspaltigen Blätter sind jedoch größer und gröber. Das gleiche gilt für die weiß- bis gelbfleischigen Rüben, die eine Länge bis 40 cm und ein Gewicht bis 800 g erreichen. Als zweijährige Pflanze wird die generative Entwicklung durch einen Kältereiz ausgelöst. Sie ist jedoch schoßfester als die Möhre. Photoperiodisch reagiert die Pastinake nach TINKER (1928) tagneutral. Die Samen sind kreisrund, flach, breit geflügelt, bräunlich-gelb, zeigen dunkelbraune Ölstriemen und verlieren bereits nach einem Jahr ihre Keimfähigkeit.

Die Rüben besitzen einen kräftigen, aromatischen, möhrenähnlichen Geschmack und sind reich an Fett, Eiweiß, Kohlenhydraten, Calcium, Phosphor und Kalium und somit sehr nahrhaft, sie enthalten aber weniger Carotin und wenig Nitrat. Diese Eigenschaften in Verbindung mit der Frosthärte der Rüben, die eine Feldüberwinterung erlaubt, haben die Pastinake in Mitteleuropa bis zum 18. Jh. zu einer weitverbreiteten Grundnahrungspflanze gemacht. Sie wurde spä-

Abb. 7.4-11: Pastinakenpflanzen

ter von der Kartoffel und der Möhre verdrängt. Heute wird sie in Deutschland nur in sehr geringem Umfang für die verarbeitende Industrie angebaut. In den skandinavischen Ländern, England und den USA ist sie dagegen eine beliebte Delikatesse. Sie dient als Suppenbeigabe, Salat, Kochgemüse oder Babykost, wird von der Trocknungsindustrie verarbeitet und verschiedentlich auch verfüttert.

Die Pastinake ist klimatolerant, höchste Ertragsleistungen bringt sie in einem maritimen Klima mit mittleren Temperaturen (Minimum 4 °C, Optimum 16–18 °C). Sie gedeiht am besten auf mittleren bis schweren Böden und reagiert positiv auf einen hohen Humusgehalt. Niedermoorböden sind somit besonders geeignete Standorte.

Die Kultur ist problemlos. Eine bevorzugte Sorte ist die 'Halblange Weiße'. Es werden 100–120 kg/ha N in geteilter Gabe angeboten. Die Saat kann im Frühjahr beginnen, sobald es der Bodenzustand erlaubt. Für die Überwinterung wird bevorzugt von Mai bis Juni gesät. Wegen der kurzen Lebensdauer ist nur einjähriges Saatgut zu verwenden. Die Keimfähigkeit sollte mindestens 65 % betragen. Die Saatstärke liegt bei Abständen von 40–50 cm bei 3–6 kg/ha.

In den Reihen wird auf 10–15 cm vereinzelt. Die Pflege- und Erntemaßnahmen entsprechen weitgehend denen für Möhren. Pflanzenschutzmaßnahmen sind nur in Ausnahmefällen notwendig. Nach einer Kulturdauer von 6–7 Monaten oder auch erst im Frühjahr werden Pastinaken wie Zuckerrüben oder Möhren geerntet. Die Rübenerträge liegen bei 400 dt/ha und höher. Das Blatt (140 dt/ha) kann verfüttert werden.

7.5 Brassicaceae (Cruciferae) – Kreuzblütler

Heinz-Joachim Wiebe

☐ **Systematik der Kulturformen**

Für die Zuordnung zur Familie der *Brassicaceae* ist der Blütenaufbau entscheidend. Die radiären Blüten bestehen aus 4 Kelchblättern, 4 Blütenblättern, 2 äußeren, kürzeren und 4 inneren, längeren Staubblättern sowie einem oberständigen Fruchtknoten, der von 2 Fruchtblättern gebildet wird (Abb. 7.5-1). Die Frucht ist bei den wichtigsten Kulturarten eine Schote. In den Samen befinden sich – je nach Gattung unterschiedlich – gefaltete, ölhaltige Keimlinge fast ohne Endosperm.

Eine weitere Gemeinsamkeit der wichtigsten Kulturpflanzen der *Brassicaceae* ist ihre entwicklungsphysiologische Anpassung an das Klima im vorwiegend nördlich der Tropen liegenden Verbreitungsgebiet. Vom Ursprung her sind es in der Regel zweijährige Pflanzen, die im ersten Jahr in der vegetativen Phase eine Rosette bilden. Die generative Phase wird durch Kälteeinwirkung (Vernalisation) induziert oder gefördert und durch die Streckung der Sproßachse (Schossen) sichtbar. Bei einigen Arten wird die Blüteninduktion und noch stärker das Schossen durch lange Photoperioden beschleunigt.

Wenig Gemeinsamkeit der Kulturpflanzen innerhalb der Familie und sogar innerhalb der meisten Arten besteht in den Pflanzenorganen, die zum Verzehr geerntet werden. Als Nahrungsmittel genutzt werden Blätter, Haupt- und Seitenknospen, Blattstiele, Sproßknollen, Infloreszenzen und Rüben sowie die Samen zur Ölgewinnung. Die Polymorphie einzelner Arten ist das Ergebnis der stark verbreiteten Selbststerilität und der Kreuzungen zwischen den Arten (amphidiploide Bastarde) sowie der sehr früh einsetzenden Züchtung. Diese Heterogenität führt immer wieder zu Unsicherheiten in der taxonomischen Gliederung (Helm 1963).

Stellplatz
zu vermieten

Bonn-Beuel
[...]äter

(Tel.: 0151 12436146)

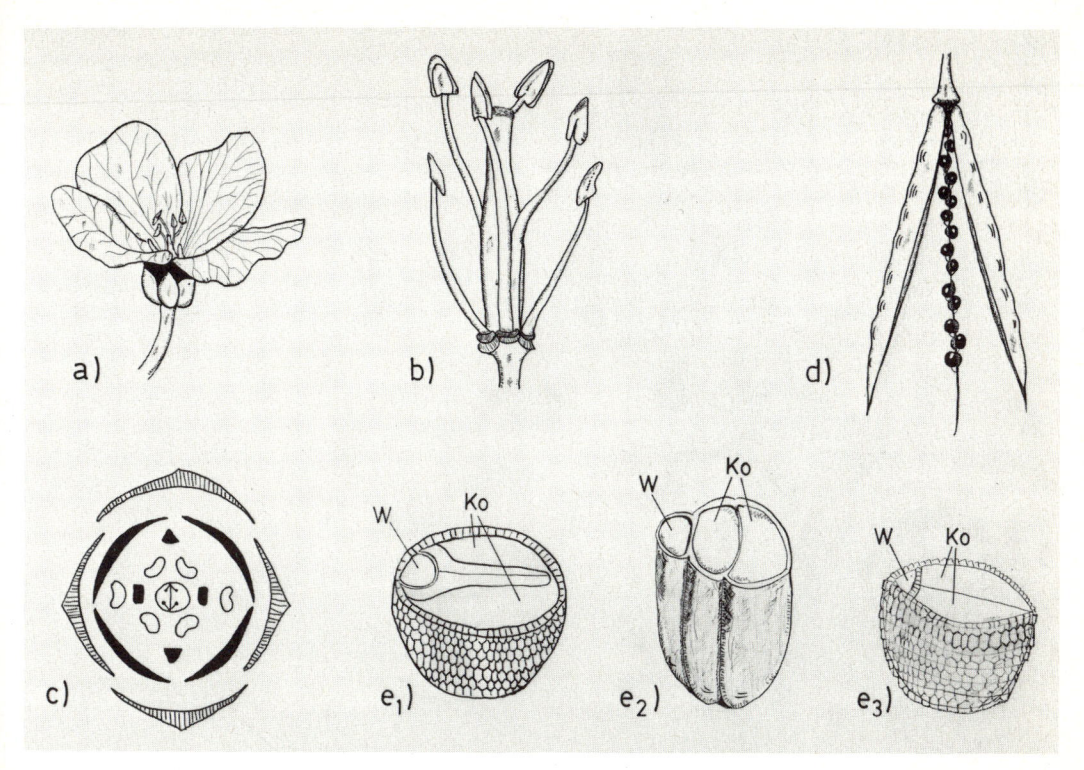

Abb. 7.5-1: *Brassicaceae*, Blüte (a u. b), Blütendiagramm (c), Schote (d), Samenquerschnitte von *Raphanus* (e1), *Lepidium* (e2), *Nasturtium* (e3), W = Wurzel, Ko = Keimblätter

7.5.1 Kohl (*Brassica oleracea* L.)

□ **Geschichte und Bedeutung**

Alle angebauten Kohlarten sind vermutlich aus dem Wildkohl *(Brassica oleracea* var. *oleracea)* entstanden, der noch heute an den Küsten des Mittelmeeres und an der europäischen Atlantikküste zu finden ist. Der Wildkohl ist an diesen Standorten mehrjährig, sehr blattreich, etwas verzweigt und blüht im 2. Jahr nach der Keimung. Die verschiedenen Kulturarten können jedoch nicht auf eine einzige Wildsippe zurückgeführt werden; wahrscheinlich sind sie aus verschiedenen Wildsippen an verschiedenen Orten hervorgegangen. Es wird angenommen, daß Blumenkohl im östlichen und Kohlrabi im mittleren Mittelmeergebiet entstanden sind, während die anderen Arten von der Atlantikküste kommen. Von den in Abbildung 7.5-2 dargestellten Entwicklungstrends der Kohlarten gibt es besonders für die Einordnung von Wirsingkohl und Rosenkohl auch andere Vorstellungen.

Erste Berichte über die Kultur von *Brassica* stammen aus dem griechisch-römischen Altertum. Schon in jener Zeit waren sehr verschiedene Formen bekannt, vorwiegend waren es wohl Blätterkohle der convar. *acephala*. Exakte Beschreibungen oder Abbildungen der heutigen Kulturpflanzen liegen für Rot- und Weißkohl aus dem 12. Jh. (HILDEGARD VON BINGEN, »Physica«), für Wirsingkohl, Kohlrabi und Blumenkohl aus dem 16. Jh. und für Rosenkohl aus dem 18. Jh. vor (HELM 1963).

Viele Kohlarten sind in den Wintermonaten von großer Bedeutung für die Versorgung der Bevölkerung mit Vitamin C, besonders in Ländern mit geringen Gemüseimporten. Eine bedeutende Rolle spielt hier der Kopfkohl, da er relativ viel Vitamin C enthält, teilweise im Winter geerntet oder lange gelagert werden kann sowie als Sauerkraut längere Zeit haltbar ist. Eine Nürnberger Dissertation berichtete bereits 1737, daß Sauerkraut Skorbut verhüten könne, was durch den Verzehr von Sauerkraut auf den langen Schiffsreisen von Kapitän Cook überzeugend bestätigt wurde (SCHUPHAN 1948).

Besonders hoch sind die Vitamingehalte in Grünkohl, Rosenkohl und Brokkoli. Mit steigender Kopfgröße und -festigkeit nimmt der Vitamin- und Mineralstoffgehalt ab. Der Geschmack wird im wesentlichen durch Senföle und Zucker bestimmt. Senföle haben außerdem fungo- und

```
┌─────────────────────┐                                    ┌─────────────────────┐
│ Wildkohl            │         Reduktion der              │ Blätter-, Futterkohl│
│ Brassica  oleracea  │ ─ ─ ─ ─ Seitenknospen ─ ─ ─ ─ ─ ─  │ convar.  acephala   │
│ convar.  oleracea   │                                    │ Grünkohl            │
│ var.     oleracea   │                                    │ var.     sabellica  │
└─────────────────────┘                                    └─────────────────────┘
```

Veränderung der Verzweigung	Verkürzung der Internodien	Deformation des Blütenstandes	Verdickung des Haupttriebes
Tausendkopfkohl convar. *oleracea* var. *ramosa*	Tronchudakohl convar. *capitata* var. *costata*	Spargelkohl Brokkoli convar. *botrytis* var. *italica*	Markstammkohl convar. *acephala* var. *medullosa*
Rosenkohl convar. *oleracea* var. *gemmifera*	Wirsingkohl convar. *capitata* var. *sabauda*	Blumenkohl convar. *botrytis* var. *botrytis*	Kohlrabi convar. *acephala* var. *gongylodes*

Rot-, Weißkohl
convar. *capitata*
var. *capitata*

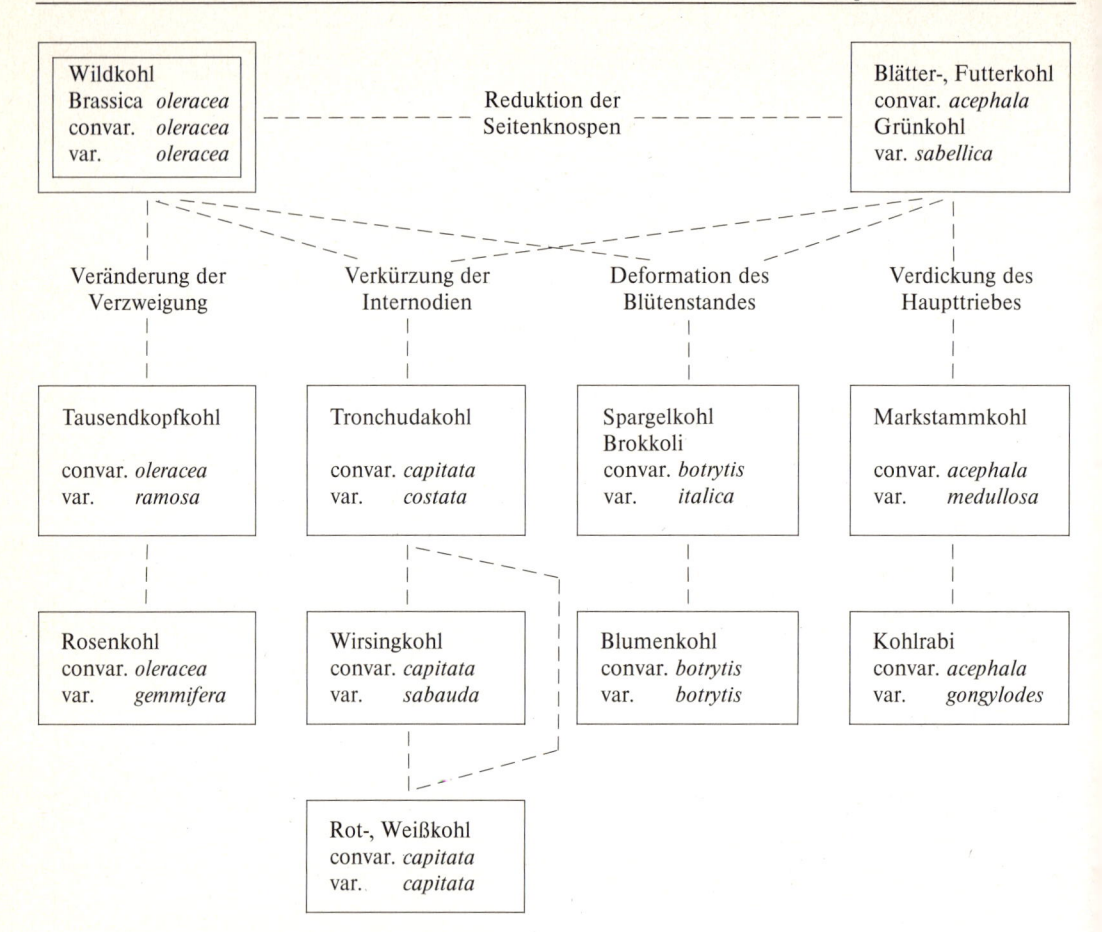

Abb. 7.5-2: Übersicht über die wahrscheinlichen Entwicklungstendenzen der Kulturarten von *Brassica oleracea* aus den Wildsippen (in Anlehnung an HELM 1963)

bakteriostatische Wirkungen. Mit sinkender Temperatur im Herbst steigt der Zuckergehalt an (Abb. 7.5-3). Frost ist hierfür nicht notwendig, wie im Zusammenhang mit dem Geschmack von Grünkohl oder Rosenkohl behauptet wird. Im Vergleich zu vielen Blattgemüsearten ist der Nitratgehalt relativ niedrig. Kopfkohl und Blumenkohl enthalten bei richtiger Düngung nicht über 1000 ppm Nitrat, dagegen können Kohlrabiknollen aus einer Gewächshauskultur auch 2000 ppm überschreiten. Ein übermäßiger Kohlverzehr kann die Kropfbildung fördern, sofern die Nahrung wenig Jod enthält.

7.5.1.1 Kopfkohl (*Brassica oleracea* L. convar. *capitata* var. *capitata*)

Weißkohl, Rotkohl und Wirsingkohl werden aufgrund der großen Übereinstimmung gemeinsam behandelt.

□ **Wirtschaftliche Bedeutung**

Weltweit werden etwa 1,6 Mill. ha Kopfkohl angebaut, vorwiegend in Asien und Europa. Auf die Bevölkerungszahl bezogen, ist der Kohlanbau besonders in der UdSSR, in Japan, Korea und Polen von großer Bedeutung. In der Bundesrepublik Deutschland ist der Kopfkohlanbau von über 40 % der Gemüsefläche um 1925 bis heute auf unter 20 % zurückgegangen. In den letzten Jahren betrug die Fläche etwa 10 000 ha, wovon der Weißkohl etwa 60 % ausmachte. Typisch für die Kopfkohlfläche sind große Schwankungen von Jahr zu Jahr in Abhängigkeit vom Vorjahrespreis. Herbstweißkohl wird zum Teil im Vertrag mit der Sauerkrautindustrie angebaut. Bei allen 3 Kopfkohlarten beträgt der Anbau für die Lagerung fast 50 %. Die Marktversorgung erfolgt zu etwa 90 % aus dem Inland, Importe kommen hauptsächlich aus den Niederlanden und Frankreich.

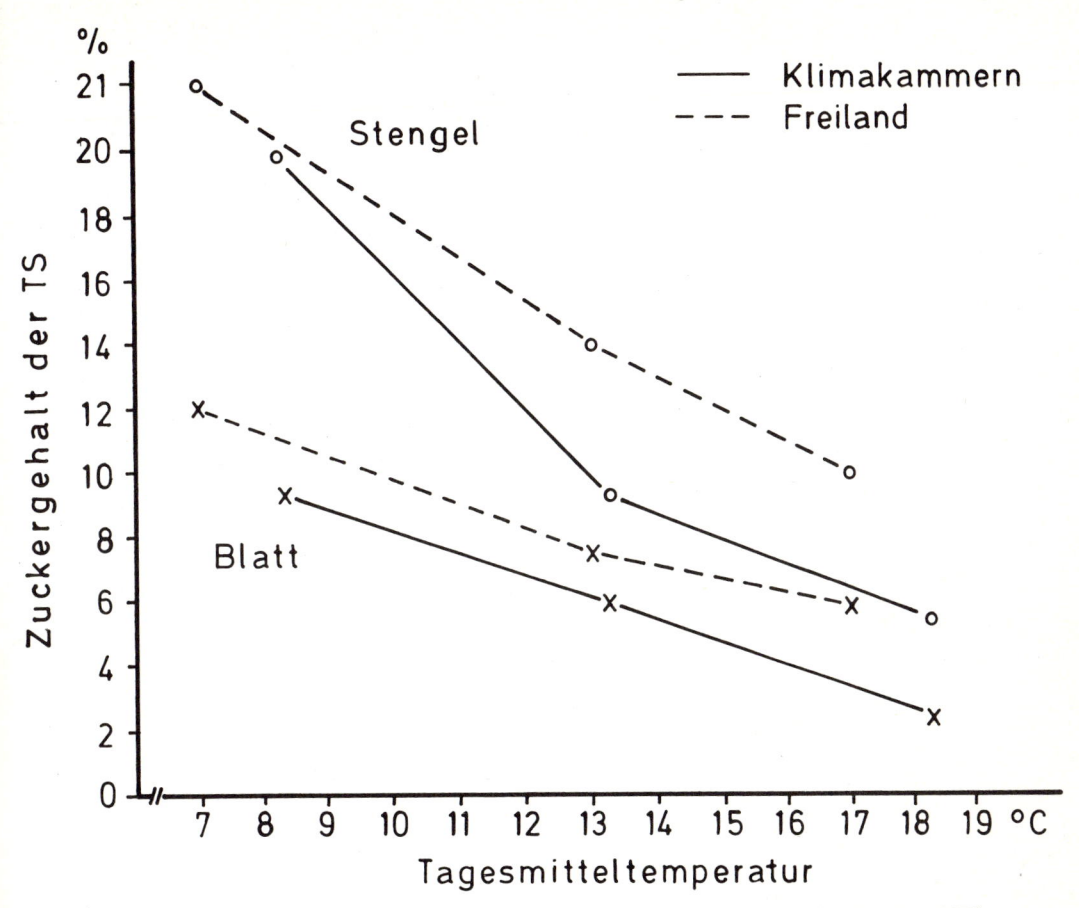

Abb. 7.5-3: Einfluß der Temperatur auf den Gehalt an Gesamtzucker von Grünkohl (n. WILHELM 1979)

□ **Botanische Grundlagen**
Die Samen der drei Kopfkohlarten sind nicht unterscheidbar. Sie sind rund, gelb bis dunkelbraun, haben eine netzgrubige Oberfläche, und die Samenschale wird bei Quellung schleimig. Die TKM liegt bei 3 g. Kohl keimt relativ schnell, bei 20 °C werden bereits nach 5 Tagen die Keimblätter entfaltet. An den ersten Laubblättern lassen sich die drei Arten aufgrund der unterschiedlichen Blattformen, Blattränder und Blattfarben unterscheiden. Die rote Färbung von Rotkohl wird durch Anthozyan erzeugt.

Im weiteren Wachstum bilden die Pflanzen zunächst eine Blattrosette, später aus den Blättern der Terminalknospe den Kopf. Der Zeitpunkt der Kopfbildung liegt um so früher, je kürzer die Kulturdauer der Sorte ist. Bis zum Zeitpunkt der Ernte erreicht der Kopfanteil, bezogen auf das oberirdische Gesamtgewicht, je nach Sorte und Ertragshöhe 70 – 80 %. Der Kopf von frühen Sorten platzt in der Regel kurz nach dem Erreichen des normalen Erntestadiums. Aus zunächst unterentwickelten Seitenknospen bilden sich dann neue Rosetten.

Für das vegetative Wachstum sind Temperaturen von 15–20 °C optimal. Die Minimumtemperatur für das Wachstum liegt bei 1 °C. Frostschäden treten je nach Abhärtung unter – 3 bis – 10 °C auf. Durch langsame Abhärtung über mehrere Wochen ertragen junge Kopfkohlpflanzen noch Fröste bis –20 °C (KOHN und LEVITT 1965).

Die generative Phase beginnt beim Kopfkohl nur nach Kälteeinwirkung (Vernalisation) im gemäßigten Klima im zweiten Jahr. Bei hoher Temperatur bleiben die Pflanzen mehrere Jahre vegetativ. Kopfkohl hat somit ein qualitatives Vernalisationsbedürfnis. Photoperiodisch verhalten sich die Kopfkohlarten tagneutral.

Nach HEIDE (1970) sind frühe Sorten von Weißkohl in den ersten 3–4 Wochen nach der Aussaat, das entspricht einer Pflanze mit 3–5 Blättern, für den Kältereiz unempfindlich. Diese sogenannte Jugendphase ist häufig kurz vor oder erst nach der Pflanzung beendet. Die optimale

Vernalisationstemperatur liegt bei 4–7 °C, der induktive Temperaturbereich zwischen 0 und 14 °C. Bei optimaler Temperatur (4–7 °C) reicht eine Vernalisationsdauer von 3–6 Wochen. Hohe Temperatur nach der Vernalisation kann das Schossen verzögern oder verhindern (Devernalisation). Eine Unterbrechung der Vernalisationstemperatur für wenige Stunden täglich mit Temperaturen über 18 °C, oder wöchentlich für einen Tag, kann das Schossen völlig verhindern.

Bei späten Kopfkohlsorten ist die Jugendphase erst 10–12 Wochen nach der Aussaat, bei einer Pflanzengröße von etwa 20 Blättern, beendet. Die notwendige Vernalisationsdauer beträgt bei 0–8 °C über 15 Wochen.

Sehr frühe Vernalisation führt zum Schossen vor der Kopfbildung. Spätere Kälteeinwirkung führt nach der Kopfbildung zum Durchtreiben des Blütenstandes. Bei schwacher oder kurzer Vernalisation gibt es viele Übergangsstadien, wie Verlängerung des Zapfens im Kopf oder erneute Kopfbildung während des Schossens (Abb. 7.5-4).

Im Anbau tritt unerwünschtes, vorzeitiges Schossen nur bei frühen Sorten auf, wenn sie im Herbst oder Frühjahr gepflanzt werden. Vorzeitiges Schossen kann durch Temperaturen über 14 °C während der letzten Wochen der Anzucht verringert werden. Von der Keimung bis zu einer Pflanzengröße von etwa 3 Blättern (Jugendphase) kann die Temperatur niedriger liegen.

Der Züchter und Saatgutvermehrer will ein möglichst vollständiges Schossen erreichen. Hierfür sind besonders die mit der Kulturdauer der Sorten stark zunehmende Dauer der Jugendphase und die Dauer der notwendigen Vernalisation zu beachten. Um einen hohen Samenertrag zu erzielen, ist bei späten Sorten eine Überwinterung vollentwickelter Pflanzen bei 2–3 °C günstig, da die Vernalisationswirkung in optimalen Temperaturen für die Lagerung (0 °C) geringer ist. Halbentwickelte Pflanzen sollten dagegen bei 0 °C überwintert werden, da bei kleineren Pflanzen die Verluste unter höherer Temperatur zu groß sind.

□ **Standortansprüche und -orientierung**

Die Standortansprüche von Kopfkohl richten sich nach dem Produktionsziel. Beim Frühkohl ist der frühe Erntetermin von größter Bedeutung. Voraussetzung für frühe Erträge ist der Anbau in Gebieten mit einem zeitigen Frühjahr und wenig Spätfrösten. Der Boden soll sich früh erwärmen und eine frühe Bearbeitung zulassen. In der Bundesrepublik findet der Anbau deshalb vorwiegend in der Vorderpfalz, im Maintal und im Vorgebirge auf leichten Böden statt.

Beim Herbst- und Lagerkohlanbau stehen Ertragshöhe und Ertragssicherheit im Vordergrund. Voraussetzung für hohe Erträge ist eine starke Förderung des Blattwachstums durch milde Temperaturen, hohe Luftfeuchte und hohe nutzbare Feldkapazität der Böden. Maritimes Klima, also Küstennähe und schwere, tiefgründige Böden, möglichst mit Grundwasser um 1 m Tiefe, sind optimale Voraussetzungen.

Anbauschwerpunkte in der Bundesrepublik sind Dithmarschen, Niederrhein, Niederbayern und Baden-Württemberg. Die höchsten und sichersten Erträge werden in Dithmarschen erzielt. Aufgrund des hohen Grundwasserstandes der Marschböden liegen die Erträge hier, besonders in Jahren mit einem niederschlagsarmen warmen Sommer, hoch. Dagegen sind in Baden-Württemberg und am Niederrhein nur in niederschlagsreichen Jahren hohe Erträge zu erwarten. Verstärkter Einsatz der Beregnung vermindert den starken Ertragsrückgang in trockenen Jahren. Trotz hoher Erträge ist die Anbaufläche in

Abb. 7.5-4: Schoßstadien von Weißkohl 'Augustkohl'; oben links: Kontrolle, unten: Devernalisation

Schleswig-Holstein in den letzten 30 Jahren im Vergleich zu den anderen Standorten infolge der hohen Transportkosten nach West- und Süddeutschland am stärksten zurückgegangen.

□ **Anbauformen**

Frühkohl und z.T. auch Dauerkohl für den Frischmarkt werden in intensiven Gemüsebaubetrieben angebaut. Dagegen findet der Anbau von Herbst- und größtenteils auch von Dauerkohl in landwirtschaftlichen Betrieben statt. Wegen der guten Lagerfähigkeit ist ein Anbau unter Glas nicht wirtschaftlich.

□ **Fruchtfolge**

Herbst- und Dauerkohl werden überwiegend in einer weitgestellten landwirtschaftlichen Fruchtfolge angebaut. Nach der Getreideernte wird teilweise Weidelgras gesät und vor dem Kohlanbau im Frühjahr eingearbeitet. Bei der nachfolgenden Getreidekultur ist zu beachten, daß vom Kopfkohl große Mengen stickstoffreicher Ernterückstände auf dem Acker verbleiben und es bis zum Frühjahr zu einer beträchtlichen N_{min}-Anhäufung kommt (Abb. 7.2-6).

Im intensiven Gemüsebaubetrieb läßt sich eine weitgestellte Fruchtfolge nur schwer einhalten, da die Kohlarten meistens um 50 % der Gesamtfläche ausmachen. Hier kommt es deshalb häufig zu einer starken Ausbreitung von Kohlhernie und damit verbundenen Ertragsrückgängen. Nach Versuchen und Beobachtungen treten Ertragsminderungen nach mehrjährigem Kohlanbau besonders auf leichten Böden auf, während auf humusreichen, schweren Böden Kohlhernie seltener zu Schäden führt.

□ **Sortenwahl**

Die Sorten von Kopfkohl unterscheiden sich äußerlich in der Kopfform (plattrund bis spitz) und Kopfgröße (Abb. 7.5-5), in der Eignung für den Frischmarkt, die Industrie oder die Lagerung sowie für bestimmte Anbauzeiten (Früh-, Sommer-, Herbst-, Lagerkohl). Der Anteil an Hybridsorten beträgt in der Praxis heute schon über 50 %. Die Hybriden sind wesentlich einheitlicher in der Kopfgröße, wodurch besonders beim Lagerkohl weniger sortiert werden muß.

Von Sorten, die nach **Herbstpflanzung** im Feld überwintern (Adventskohl), werden Frosthärte und geringe Schoßneigung erwartet. Hierfür geeignet sind vorwiegend Spitzkohlsorten beim Weißkohl oder frühe Wirsingsorten von nur regionaler Bedeutung. Der Erntetermin dieser Sorten sollte nach Herbstpflanzung deutlich früher liegen als der von im März gepflanzten Frühsorten.

Frühkohlsorten wachsen in der Regel nicht schneller als Spätsorten, beginnen aber wesentlich früher, also bei kleinerem Umblatt, mit der Kopfbildung. Gefordert werden von diesen Sorten ein früher Erntetermin, Schoßfestigkeit und spätes Platzen. Für den Anbauer ist die potentielle Erntespanne zwischen dem Erreichen von 1–2 kg Kopfgewicht und dem Beginn des Platzens wichtig.

Weißkohlsorten für die **Sauerkrautherstellung** sind in der Gruppe der Herbst-, aber zunehmend auch der Dauerkohlsorten, vertreten. Hohe Flächenerträge und große Einzelköpfe bis zu 8 kg sind ebenso wichtige Forderungen wie kurze Zapfen (Innenstrunk), feste, rohfaserreiche Köpfe, dünne Blätter und Blattrippen sowie hohe Platzfestigkeit. Es gibt plattrunde, runde und spitze Sorten (Filderkraut), die häufig nur eine geringe Verbreitung haben. Herbstkohlsorten für den Frischmarkt werden ebenso wie Sommersorten enger gepflanzt und bei Kopfgewichten von 2 kg geerntet.

Bei den **Dauerkohlsorten** stehen die Ertragshöhe bei kleineren Kopfgewichten (2–3 kg) und die Eignung für die Lagerung im Vordergrund. Gute Lagersorten haben feste Köpfe, also wenig Hohlräume zwischen den Blattlagen, dünne Blattrippen, einen hohen Trockensubstanzgehalt, und die Blattstiele der äußeren Kopfblätter lösen sich nicht leicht vom Strunk.

Neben den auf die Anbauzeit bezogenen Eigenschaften unterscheiden sich die **Rotkohlsorten** in der Rotfärbung und Wachsausbildung. Schnellwachsende Sorten sind häufig weniger intensiv ausgefärbt. **Wirsingsorten** unterscheiden sich ebenfalls in der Blattfarbe, dunkelgrün oder gelbgrün, und in der Blasigkeit der Blätter.

Die Bemühungen, Sorten mit Resistenz gegen Kohlhernie zu züchten, waren noch nicht erfolg-

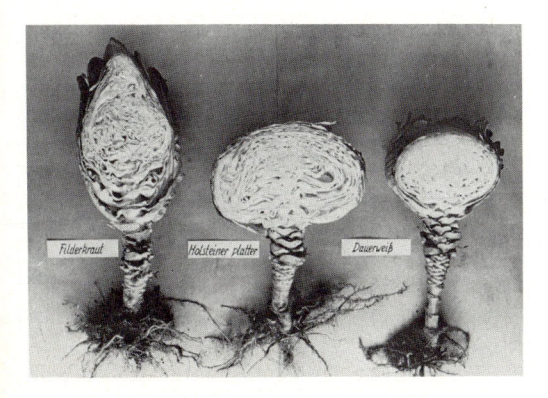

Abb. 7.5-5: Kopfformen von Weißkohlsorten

reich. In der Anfälligkeit für Innenblattnekrosen gibt es Sortenunterschiede, bisher sind besonders ertragreiche Sorten häufig auch besonders anfällig.

□ **Bodenvorbereitung und Düngung**
Für den Frühkohl wird das Feld in der Regel im Herbst tief gepflügt und im März mit Zinkenegge und Kombikrümler zur Pflanzung vorbereitet. Bei den schweren, im Frühjahr feuchten Böden für den Spätkohl kann die Überwinterung eines Gründüngungsbestandes (z. B. Weidelgras) und das Einarbeiten nach erhöhtem Wasserentzug im Frühjahr vorteilhaft sein.

Auf eine Stallmistdüngung reagieren alle Kohlarten positiv. Allerdings muß im Hinblick auf das Einschleppen von Kohlhernie sicher sein, daß der Stallmist keine Dauersporen durch Verfütterung befallener Pflanzen enthält. Auf mit Kohlhernie verseuchten Böden ist eine Kalkung mit $CaCO_3$ vor der Kultur günstig, besonders wenn der pH-Wert unter 7 liegt.

Beim Frühkohlanbau hat sich eine Startdüngung der Jungpflanzen kurz vor dem Auspflanzen bewährt. Die Pflanzen werden mit etwa 4 l/m² Volldüngerlösung (1,5 %ig) überbraust.

Obwohl Kopfkohl einen hohen Nährstoffentzug hat (s. Tab. 4.2-4), wird auf nährstoffreichen Böden der Ertrag durch eine P- oder K-Düngung selten beeinflußt. Deshalb können P und K, dem mittleren Entzug der Fruchtfolge entsprechend, im Herbst gegeben werden. Einen starken Einfluß auf die Ertragshöhe und Frühzeitigkeit hat das Stickstoffangebot. Die sichtbare Beschleunigung des Wachstums führt deshalb häufig zu einer überhöhten N-Düngung. Obwohl direkt nach der Pflanzung der Nährstoffbedarf gering ist, sollte zur Ernteverfrühung eine relativ hohe N-Konzentration im Boden vorhanden sein. Ausreichend ist ein N-Angebot von etwa 200 kg/ha, auf den leichten Böden sollte die N-Düngung in 2 Gaben ausgebracht werden. Nach hohen Niederschlägen müssen Auswaschverluste von N und eventuell von K durch eine zusätzliche Düngung ergänzt werden.

Für Herbst- und Dauerkohl liegt das optimale N-Angebot bei einer Ertragserwartung von etwa 1000 dt/ha um 350 kg N/ha, aufgeteilt in Grund- und Kopfdüngung vor Bestandesschluß. Wenn keine N_{min}-Analysen durchgeführt worden sind, ist nach Getreideanbau mit einem Vorrat von 60 kg/ha zu rechnen. Als N-Dünger wird im Kohlanbau vielfach Kalkstickstoff eingesetzt, da er gleichzeitig gegen Unkraut und Kohlhernie wirkt.

Eine überhöhte N-Düngung kann Geruch und Geschmack von Sauerkraut negativ beeinflussen, den Vitamin C-Gehalt senken und das Auftreten von Innenblattnekrosen fördern (SCHULTZ et al. 1976). Die Haltbarkeit im Lager wird durch stei-

Tab. 7.5–1: Kulturdaten für Kopfkohl

-termin	Aussaat -ort	Anzucht- dauer (Wo)	Pflanzung	Ernte	Bestandes- dichte (Pfl./m²)
Frühkohl Aug.–Sep. 3	K, Frld.	6– 8	Okt.	Mai–Jun.	5 –6
Jan.–Feb.	GH, K	6–12	Mär. 3–Apr. 1	Jun.–Jul.	5 –6
Sommerkohl Mär.	GH, K	5–6	Apr. 4	Aug.	4 –5
Herbstkohl[1] Apr. 2	K, Frld.	5–8	Mai 2–Jun. 1	Sep.–Okt.	2 –3
Dauerkohl[1] Apr. 4	K, Frld.	4–6	Mai 3–Jun. 2	Okt.–Nov.	2,5–4
Spätanbau (Wirsing)[1] Mai 2–Jun. 3	K, Frld.	4	Jun.–Jul.	Nov.–Feb.	3 –4

[1] Direktsaat möglich. GH = Gewächshaus, K = Kasten

gende N-Gaben bis zum Höchstertrag verbessert. Bei überhöhter N-Düngung tritt jedoch stärkere Fäulnis auf.

☐ **Pflanzenanzucht**
Kopfkohl kann in der Bundesrepublik Deutschland im Freiland von Juni bis November geerntet werden. Die hierfür häufigsten Aussaat- und Pflanztermine zeigt Tabelle 7.5-1.

Geeignete frühe Sorten von Weiß- und Wirsingkohl (Adventskohl) werden in einigen Gebieten im Oktober gepflanzt und als kleine Pflanzen im Feld überwintert. Das Risiko für diese Anbauform besteht einerseits im Schossen, wenn die Pflanzen zu groß in den Winter kommen und andererseits im Auswintern, wenn die Pflanzen zu Beginn der Frosteinwirkung noch zu klein sind.

Der normale Frühkohlanbau beginnt mit früher Pflanzung Ende März bis Anfang April. Herbstkohl sollte bis Ende Mai gepflanzt sein; häufig sind jedoch die Jungpflanzen aus dem Freiland (Dithmarschen) nicht so früh fertig. Lagerkohl kann je nach Kulturdauer der Sorte noch bis Mitte Juni gepflanzt werden, da der Kohl nicht »überreif« eingelagert werden soll. Winterwirsingsorten können in bestimmten Gebieten auch noch bis Mitte Juli als Nachkultur gepflanzt und in den Wintermonaten geerntet werden.

Für Frühkohl beginnt die Jungpflanzenkultur ab Januar im Gewächshaus. Es wird entweder in Schalen ausgesät (2 g/m^2) und in Preßtöpfe pikiert oder direkt in Preßtöpfe gesät. Für die Direktablage ist nur kalibriertes Saatgut mit sehr hoher Keimfähigkeit geeignet. Das Pikieren ist bei Saatgut mit geringer Keimfähigkeit und Verwendung größerer Preßtöpfe von 5–6 cm zu bevorzugen. Für 1000 Pflanzen werden 5–10 g ausgesät. Pikiert werden sollte möglichst früh nach Entfaltung der Keimblätter, um das Anwachsen zu erleichtern.

Aufgrund unterschiedlicher Wachstumsgeschwindigkeiten können zur Arbeitsverteilung zuerst der Rotkohl und nach einigen Tagen Weißkohl und Wirsing ausgesät werden. Je nach Aussaattermin muß die Heiztemperatur eingestellt werden. Für den Pflanztermin Ende März muß bei Aussaat Anfang Januar die Heiztemperatur mindestens etwa 6/2 °C, bei Aussaat Anfang Februar etwa 14/10 °C betragen. Um das Risiko eines vorzeitigen Schossens zu vermeiden, sollte die Temperatur vom 3. Laubblatt an nicht abgesenkt, sondern auf mindestens 14 °C im Tagesmittel erhöht werden. Die Lüftungstemperatur liegt bei 20 °C.

Etwa eine Woche vor dem Auspflanzen sollte die Temperatur zur Abhärtung der Pflanze schrittweise auf die Außentemperatur gesenkt werden. Je größer die Jungpflanze am Pflanztermin ist, um so früher kann die Ernte beginnen. Kleinere Pflanzen bringen in der Regel bessere Qualitäten in gleichmäßigeren Beständen, werden aber etwas später ernteeif. Gepflanzt werden maschinell 50 000–60 000 Pflanzen/ha. Die Reihenentfernung richtet sich nach Schlepperspur und Erntemethode. Teilweise werden Fahrspuren für Pflanzenschutz und Ernte freigelassen.

Für Herbst- und Dauerkohl werden aus Beeten gezogene Jungpflanzen verwendet, die im Freiland und teilweise auch in Kästen kultiviert werden. Die Aussaat im Freiland erfolgt ab Ende März auf möglichst humusreichen, leichten Böden (Geest in Dithmarschen). In 20-cm-Reihenabständen werden bis zu 20 kg Saatgut/ha gesät, so daß etwa 1,2 bis 1,5 Mill. Jungpflanzen gezogen werden können. Zur Verfrühung kann eine Abdeckung mit Flachfolie erfolgen. Gepflanzt werden je ha beim Herbstweißkohl 20 000–30 000 und beim Dauerkohl für den Frischmarkt, weil die Köpfe kleiner bleiben sollen, 25 000 – 40 000 Pflanzen.

Wo es Boden und Witterung im Frühjahr zulassen, werden Herbst- und Dauerkohl zunehmend auch direkt gesät. Voraussetzung sind Böden, die nicht stark verschlämmen und ein gutes Auflaufen gewährleisten. Gesät wird Mitte April mit Einzelkornsämaschinen auf 15 cm Abstand in der Reihe oder in Dibbelsaat. Der Saatgutbedarf liegt bei 250–400 g/ha oder 80 000 Samen/ha. Nach Entwicklung der 2. Laubblätter wird verhackt.

☐ **Pflege**
Die Unkrautbekämpfung nach der Pflanzung erfolgt vorwiegend durch Maschinenhacke mit leichtem Häufeltrend. Daneben wird häufig Kalkstickstoff eingesetzt oder ein Herbizid verwendet. Nach Direktsaat werden dagegen immer Herbizide vor oder nach dem Auflaufen ausgebracht.

Da der Wasserbedarf sehr hoch ist, muß besonders der Frühkohl auf leichten Böden häufig beregnet werden. In trockenen Jahren kann auch der Spätkohlertrag auf schweren, grundwasserfernen Böden durch Beregnung stark erhöht werden. Nicht ausreichende Wasserversorgung hat ein kleines Umblatt, verbunden mit kleinen, festen Köpfen und strengem Geschmack zur Folge. Die Beregnung sollte nicht zu spät eingesetzt werden, da das Platzen der Köpfe nach einer

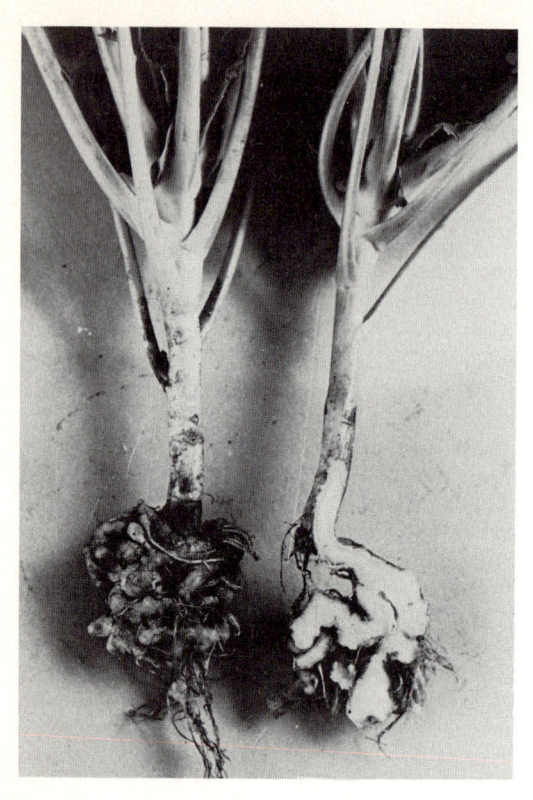

Abb. 7.5-6: Kohlhernie

Trockenperiode durch Beregnung gefördert wird.

Von den vielen Krankheiten und Schädlingen im Kohlanbau treten die folgenden zur Zeit besonders häufig auf:
▷ Kohlhernie *(Plasmodiophora brassicae)* ist die gefährlichste Krankheit im intensiven Anbau. Starke Wucherungen an den Wurzeln führen zu Kümmerwuchs und Welke (Abb. 7.5-6). Der Schaden durch den bodenübertragbaren Pilz ist zu vermindern durch Fruchtwechsel, Verwendung gesunder Jungpflanzen, durch Kalkung und Düngung mit hohen Kalkstickstoffmengen (bis zu 10 dt/ha, 14 Tage vor der Pflanzung).
▷ Die Umfallkrankheit *(Phoma lingam)* ist durch Boden und Samen übertragbar. Gegenmaßnahmen sind deshalb Fruchtwechsel und die Verwendung gesunden Saatgutes.
▷ Gegen Kohlerdflöhe *(Phyllotreta)*, die runde Löcher in die Blätter der Sämlinge fressen, sollte bei Direktsaat das Saatgut mit einem Insektizid behandelt werden.
▷ Die kleine Kohlfliege *(Delia brassicae)* kann durch Fraßgänge der Maden im Stengel zu großen Ausfällen führen. Verbreitet ist die vorbeugende Behandlung der Jungpflanzen mit Insektiziden, da eine Bekämpfung nach erfolgter Eiablage (Schadschwelle) weniger wirksam ist und den Insektizidaufwand erhöht.
▷ Der große Kohlweißling *(Pieris brassicae)* schädigt durch Kahlfraß seiner gelbgrün-gestreiften Raupen. Die Bekämpfung kann nach verstärkter Eiablage auf der Blattunterseite oder nach dem Auftreten der ersten Raupen erfolgen.
▷ Die Raupen der Kohleulen *(Mamestra brassicae)* fressen zunächst Löcher in die Umblätter, um dann tief in den Kopf einzudringen, wobei die Fraßgänge mit grün-schwarzem Kot gefüllt sind. Eine Bekämpfung ist nur vor dem Eindringen der Raupen möglich.

☐ **Bestimmung des Erntetermins**
Eindeutige Kriterien für den Erntetermin sind beim Kopfkohl nur schwer zu erkennen, entscheidend sind Kopfgewicht, Risiko des Platzens, Preisverlauf, Jahreszeit, Witterung und Abruf durch die Verarbeitungsindustrie. Der Praktiker verwendet den Begriff »Erntereife«, wozu Kriterien wie Festigkeit (Daumendruck), Verfärbung und Reißen der oberen Deckblätter beobachtet werden. Nach SCHNEIDER (1976) ist Lagerkohl reif, wenn der Saccharosegehalt im Strunk am höchsten ist.

Frühkohl wird geerntet, wenn das Mindestgewicht von 350 g überschritten ist, bevor die Köpfe platzen. Bei sehr ungleichen Beständen und hohen Preisen wird der Bestand 2- bis 3mal durchgeerntet. Spätere Sorten werden im Sommer einmal geerntet, wenn die Köpfe über 1 kg schwer sind (Mindestgewicht 500 g), wobei für die Ernte eine größere Zeitspanne zur Verfügung steht. Herbstsorten für die Sauerkrautindustrie werden, im September beginnend, nach Absprache mit der Industrie geerntet oder, wenn die äußeren Deckblätter sich verfärben bzw. einige Köpfe zu platzen beginnen. Dauerkohl für die Lagerung wird je nach Gebiet so spät wie möglich, meistens ab Oktober, geerntet, um die höchsten Erträge zu erreichen und spät bei niedrigen Temperaturen einlagern zu können.

☐ **Ernte und Ertrag**
Die Erntearbeiten sind bisher wenig mechanisiert. Frühkohl wird selektiv von Hand geschnitten und in Kisten gepackt oder es werden Erntewagen mit Transportbändern eingesetzt. Herbstkohl wird direkt auf den Schlepperanhänger verladen. Lagerkohl darf durch Ernte und Transport nicht beschädigt werden, um höheren Ausfall während der Lagerung zu vermeiden. Heute wird Dauerkohl deshalb vorwiegend direkt auf dem Feld sorgfältig in Großkisten gelegt, die auf ei-

nem tiefliegenden Anhänger über das Feld gezogen und direkt zu den Kühlräumen transportiert werden.

Für Sommer- und Herbstkohl kommen auch Kohlerntemaschinen zum Einsatz. Diese ziehen die gesamte Pflanze aus dem Boden, trennen mit einer Säge den Strunk ab, entfernen die losen Blätter und transportieren die Köpfe auf einen nebenfahrenden Wagen. Der Umfang der Beschädigungen hemmt zur Zeit noch den stärkeren Einsatz dieser Maschinen.

Nach der Statistik lagen die Durchschnittserträge in dt/ha von 1980-82 im Bundesgebiet wie folgt:

	Frühkohl	Herbst- und Dauerkohl
Weißkohl	310	570
Rotkohl	265	430
Wirsingkohl	220	285

Da Frühkohl nach Erreichen des Mindestgewichtes geerntet wird, sind hohe Flächenerträge im wesentlichen nur durch Reduzierung des Ausfalls infolge von Platzen und Schossen zu erreichen. Ein mittleres Kopfgewicht von 600 g und 5 Pfl./m^2 vorausgesetzt, kann der Höchstertrag nur 300 dt/ha betragen. Beim Herbstweißkohl können in günstigen Jahren Spitzenerträge über 1000 dt/ha geerntet werden. Da beim Lagerkohl für den Frischmarkt mittlere Kopfgewichte unter 2 kg gewünscht werden, sind Erträge um 600 dt/ha nur durch engere Pflanzung von über 3 Pfl./m^2 in Verbindung mit früheren Pflanzterminen zu erreichen.

☐ Aufbereitung und Qualitätsmängel

Frühkohl wird direkt auf dem Feld marktfertig aufbereitet und in Kisten verpackt. Der Kopf wird so aus den Umblättern herausgeschnitten, daß 2–3 Deckblätter am Kopf verbleiben. Ebenso werden spätere Sorten bis zum Herbst vermarktet. Kopfkohl aus der Lagerung wird nachgeputzt und deshalb ohne Deckblätter in Kisten oder Säcken zum Markt gebracht.

Auf Qualitätsmängel, wie **Platzen** und **Schossen,** ist schon hingewiesen worden. Ein besonders beim Herbstweißkohl, aber auch bei Frühsorten häufig auftretendes Schadsymptom sind **Innenblattnekrosen.** Von außen nicht erkennbar, treten an einer Blattzone im Inneren des Kopfes braune Blattränder auf. Es beginnt mit einer Verbräunung der Blattadern am Blattrand. Verursacht werden Innenblattnekrosen durch Ca-Mangel (Abb. 7.5-7). Im Kopfinneren können die Ca-Gehalte auf 0,2 bis 0,4 % absinken, während in den äußeren Blättern 4–7 % Ca zu finden sind. Der Ca-Gehalt ist eng korreliert mit der Transpirationshöhe der einzelnen Organe. Gefördert wird das Auftreten von Innenblattnekrosen durch starkes Wachstum, deshalb sind überhöhte N-Düngung und konstant hohes Wasserangebot zu meiden.

Nach längeren Frostperioden vor der Ernte oder bei unexakter Regelung im Kühllager treten **Frostschäden** auf. Es handelt sich um eine intensive Braunfärbung im Kopfinneren, die von außen ebenfalls nicht zu erkennen ist. Wenig bekannt ist über die Ursachen von verschiedenartigen **Punktnekrosen,** die vor der Ernte, aber auch im Lager relativ häufig auftreten. Diese Nekrosen sind auf der ganzen Blattspreite verteilt.

☐ Lagerung

Voraussetzung für eine erfolgreiche Lagerung sind richtige Sortenwahl, Vermeidung von Druckstellen bei Ernte und Transport sowie der richtige Erntezeitpunkt. Nach SCHNEIDER (1976) steigt der Saccharosegehalt im Strunk zur Erntezeit, besonders bei sinkender Temperatur, in wenigen Wochen von etwa 1 % des Frischgewichts auf 4–5 % an. Je höher der Saccharosegehalt bei der Einlagerung ist, um so geringer sind die Verluste während der Lagerung. Die Atmungsintensität bei 0 °C steigt von 7 mg CO_2/kg · h für Weißkohl über Rotkohl auf 16 mg für Wirsingkohl, woraus folgt, daß die Haltbarkeit der Kohlarten im Lager in dieser Reihenfolge abnimmt. In Kühlräumen bei 0 °C und einer Luftfeuchte über 95 % ist eine Lagerung bis Mai-Juni möglich. Im CA-Lager sind 5 % CO_2 und 2–3 % O_2 anzustreben. Weißkohl bleibt im CA-Lager länger grün. Wenn eine Fungizidbehandlung erfolgt ist, wird im Kühlraum bis zum Auslagern in der Regel nicht durchgeputzt. Bei der Lagerung in Kohlscheunen (Kühlung über Außenluft auf 1–2 °C) ist ein- bis zweimaliges Durchputzen not-

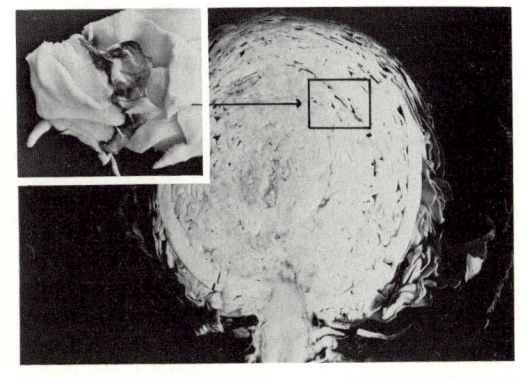

Abb. 7.5-7: Innenblattnekrosen (Ca-Mangel) bei Weißkohl

wendig. In osteuropäischen Ländern und bei der verarbeitenden Industrie wird Kopfkohl auch eingemietet, verstärkt in zwangsbelüfteten Großmieten. Die Lagerverluste betragen bei einer Lagerung in Kühlräumen bis Mai bzw. in Kohlscheunen bis März etwa 20 %.

Wirsingkohl wird teilweise in den Wintermonaten auf dem Feld geerntet und dann eingelagert, um grüne Ware vermarkten zu können. Als Lagertemperatur ist −1 °C optimal.

Bei Verwendung von Großkisten können 4 bis 5 dt/m³ Lagerraum eingelagert werden, so daß je ha bei einem Ertrag von 600 dt 150 m³ Lagerraum gebraucht werden.

Literatur

HEIDE, O. M. (1970): Seed-stalk formation and flowering in cabbage. I. Day-length, temperature, and time relationships. Meld. Norges Landbrukshogsk. **49**, Nr. 27.

HELM, J. (1963): Morphologisch-taxonomische Gliederung der Kultursippen von *Brassica oleracea* L. Die Kulturpflanze **XI**. Berlin: Akademie-Verlag.

KOHN, H. and LEVITT, J. (1965): Frost hardness studies on cabbage grown under controlled conditions. Plant Physiol. **40**, 476-480.

NIEUWHOF, M. (1969): Cole Crops. London: Leonard Hill.

SCHNEIDER, A. (1976): Zusammenhang zwischen Reifegrad und Lagerverlusten bei Weißkohl. Gartenbau **23**, 269-271.

SCHULTZ, R., SPAHR, K. und LASCHÜTZA, W. (1976): Düngung von Filderkraut. Kali-Briefe, Fachgebiet 5, 1. Folge, **13**, 1-13.

WIEBE, H.-J. SCHÄTZLER, H. P., KÜHN, W. (1977): On the movement and distribution of calcium in white cabbage in dependence of the water status. Plant and Soil 48, 409-416.

7.5.1.2   Kohlrabi (*Brassica oleracea* convar. *acephala* var. *gongylodes* L.)

☐ Wirtschaftliche Bedeutung

Der Konsum von Kohlrabi hat, mit wenigen Ausnahmen, nur in deutschsprachigen Ländern Bedeutung. Deshalb ist der Name »Kohlrabi« in viele Sprachen übernommen worden. Zur Zeit liegt die Anbaufläche im Bundesgebiet bei 1400 ha im Freiland und 140 ha unter Glas. Der Anteil der inländischen Erzeugung an der Marktversorgung ist in den letzten Jahren auf 60 % gesunken. Importe von Frühkohlrabi kommen aus Italien und den Niederlanden. In den Niederlanden wird Kohlrabi fast ausschließlich für den Export angebaut. Der Hauptabsatz erfolgt in Deutschland aus dem Freiland im Mai–Juni und aus dem Unterglasanbau im April–Mai. Abgesetzt wird vorwiegend auf dem Frischmarkt und teilweise im Vertragsanbau an die Industrie.

☐ Botanische Grundlagen

Kohlrabijungpflanzen bilden oberhalb des 2.–4. Laubblattes durch primäres Dickenwachstum eine Sproßknolle. Da die Internodien unterhalb der Knolle nur geringes Dickenwachstum aufweisen, ist die Knolle deutlich vom Stiel abgesetzt. Durch das Dickenwachstum wird auch der Blattgrund der seitlich an der Knolle sitzenden Blätter in die Breite gezogen, so daß nach dem Blattfall lange, waagerechte Blattnarben entstehen. Die im wesentlichen aus Markgewebe bestehende Knolle ist bei den meisten Sorten rund und außen hellgrün oder blauviolett gefärbt. Mit steigender Temperatur werden die Blattstiele kürzer, die Blätter kleiner und die Blattstellung mehr waagerecht (Abb. 7.5-8). Niedrige Temperatur vom Beginn der Keimung bis zur Entfaltung der Keimblätter fördert bei dafür empfindlichen Sorten das Auftreten von Blattanomalien. Nach den Keimblättern treten als letzte Organe Nadel- oder Trichterblätter auf (Abb. 7.5-9) oder der Vegetationskegel stirbt ab (Blindheit).

Nach Kälteeinwirkung schossen die Pflanzen und bilden Blüten aus. Kohlrabi hat für den Übergang in die generative Phase ein qualitatives Vernalisationsbedürfnis (HABEGGER 1985). Die Jugendphase ist relativ kurz, es reagieren bereits 3 Wochen alte Jungpflanzen. Samenvernalisation

Abb. 7.5-8: Einfluß der Temperatur auf die Blattbildung von Kohlrabi, Heiztemperatur oben 10/6 °C, unten 18/14 °C

Abb. 7.5-9: Blattanomalien bei Kohlrabi

ist nicht möglich. Bei 5 °C kann eine Einwirkungsdauer von 5 Wochen bereits wirksam sein. Der induktive Temperaturbereich liegt zwischen 0 und 14 °C. Wirkt die Temperatur sehr früh auf die Pflanzen ein, so wird vor dem Schossen keine runde Knolle ausgebildet (Abb. 7.5-10). Je älter die Pflanzen vor der Vernalisation waren, um so geringer ist die Verformung (Flaschenbildung) der Knolle. Die vorhandenen Sortenunterschiede im Schoßverhalten sind nicht in der Blüteninduktion begründet, sondern in der Knollenverformung bei der weiteren Blütenentwicklung. Hohe Temperatur hat starke Devernalisationseffekte. Tritt nach einer Vernalisation hohe Temperatur (20–30 °C) auf, so bilden sich nur kleine, unscheinbare Schoßtriebe mit Blüten auf einer völlig runden Knolle. Nach Devernalisation können auch im oberen Sproßteil einer schossenden Pflanze erneut Knollen ausgebildet werden.

□ Standortansprüche und -orientierung

Kohlrabi stellt für mitteleuropäische Verhältnisse keine besonderen Ansprüche. Die Verbreitung des Anbaus ist deshalb nicht ökologisch begründet. Der Anbau findet in allen Gebieten mit intensivem Gemüsebau statt, besonders in Nordrhein-Westfalen.

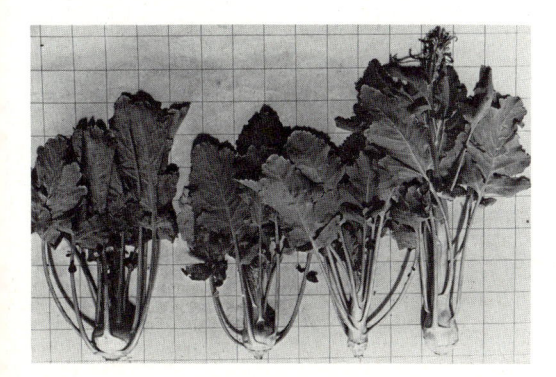

Abb. 7.5-10: Schoßstadien von Kohlrabi

□ Anbauformen

Für den Frischmarkt wird Kohlrabi in intensiven Gemüsebaubetrieben im Freiland und unter Glas angebaut. Teilweise erfolgt im Freiland eine Verfrühung durch Folienabdeckung. Der Anbau für die Industrie liegt vorwiegend in landwirtschaftlichen Betrieben.

□ Sortenwahl

Nach der äußeren Farbe der Knollen werden »weiße« und »blaue« Sorten unterschieden, die in Wirklichkeit hellgrün bzw. violett sind. Außerdem unterscheiden sich die Sorten in der Kulturdauer, Knollenform, Blattmasse sowie in der Neigung zum Schossen, Verholzen und Platzen. Die Knollen sollen nicht zu dicht am Boden gebildet werden, damit die Unterseite nicht verschmutzt oder fault. Sorten für den Frühanbau haben besonders kurze Kulturzeiten, zum Teil jedoch eine hohe Schoßneigung. Sehr geringe Schoßneigung zeigen unter anderem die Sorten des Schweizer Züchters Roggli. Zwischen Frühzeitigkeit und Schoßneigung besteht im vorhandenen Sortiment keine enge Korrelation. Sorten, die für die Unterpflanzung bei Gurken in Gewächshäusern gezüchtet worden sind, bilden auch bei hoher Temperatur lange, aufrechte Blätter, schossen jedoch leicht bei niedriger Temperatur.

Die Industrie verlangt Sorten mit sehr großen Knollen, die nicht verholzen. Von zunehmender Bedeutung sind die ersten Hybridsorten, die allerdings zum Teil als Jungpflanzen zur Bildung von Blattanomalien neigen.

□ Düngung

Nur bei ausreichender Nährstoffversorgung bleibt der Kohlrabi zart. Je nach Kulturdauer liegt der Stickstoffbedarf zwischen 120 und 200 kg/N ha. Auf leichten Böden wird die N-Düngung aufgeteilt (Tab. 4.2-4). Ein höheres Stickstoffangebot direkt zur Pflanzung verfrüht die Ernte.

■ Freilandkultur
□ Anbau für den Frischmarkt
Pflanzenanzucht

Beim Anbau für den Frischmarkt werden in der Regel Jungpflanzen verwendet, obwohl Direktsaat ebenso wie bei anderen Kohlarten möglich ist. Für die frühen Sätze erfolgt die Anzucht in Preßtöpfen, im Sommer auch auf Beeten. Um vorzeitiges Schossen nach früher Pflanzung im Freiland zu vermeiden, darf die Temperatur während der Anzucht nicht unter 14 °C liegen.

Aufgrund der kurzen Kulturzeit ist Kohlrabi auch heute noch überwiegend eine Vorkultur. Durch Terminkultur ist aber eine kontinuierliche Marktbelieferung aus dem Freiland von Mai bis Oktober möglich. Der erste Satz wird je nach Gebiet Anfang März bis Anfang April gepflanzt. Hierfür erfolgt die Aussaat im Januar. Um eine kontinuierliche Marktbelieferung zu erreichen, müssen in ähnlichen Abständen wie beim Blumenkohl etwa 15 Sätze gepflanzt werden. Der letzte Pflanztermin liegt für frühe Sorten Mitte August, für späte Sorten Ende Juli. Für die Jungpflanzenanzucht im Sommer muß 4–5 Wochen vor der Pflanzung ausgesät werden. Die Kulturdauer von der Pflanzung bis zur Ernte beträgt im Sommer nur 6–7 Wochen. Durch den Einsatz von Flachfolie ist der Erntetermin um 1–2 Wochen zu verfrühen, so daß in günstigen Gebieten bereits Anfang Mai geerntet werden kann.

Der günstigste Pflanzenabstand liegt bei 25 x 25 cm, Herbstsorten werden weiter gepflanzt. Je enger der Pflanzenabstand, desto später liegt der Erntetermin und um so höher ist die Streuung sowie der Anteil langgezogener Knollen. Abweichende Knollenformen in Verbindung mit hoher Streuung können auch auftreten, wenn die Jungpflanzen zu groß (überständig) waren.

□ **Pflege**

Die Unkrautbekämpfung kann, wie bei den anderen Kohlarten, mechanisch oder durch Herbizideinsatz erfolgen. Kalkstickstoff wird beim Auftreten von Kohlhernie bevorzugt. Eine gleichmäßige Wasserversorgung ist besonders in den letzten Wochen vor der Ernte wichtig, da durch Schwankungen der Bodenfeuchte das Platzen der Knollen gefördert wird.

Neben den Krankheiten und Schädlingen, die bei Kopfkohl auftreten, ist beim Kohlrabi besonders auf den großen Kohltriebrüßler *(Ceuthorrhynchus)* zu achten, da Fraßschäden der Larven zum frühzeitigen Platzen der Knollen führen.

□ **Bestimmung des Erntetermins**

Für den Erntetermin entscheidend sind Knollengröße, Qualitätsabfall und Preisverlauf. Der Mindestdurchmesser der Knolle beträgt nach den fakultativen Handelsklassen 40 mm für den Verkauf mit Laub, und 50 mm, wenn ohne Laub vermarktet wird. Für Kohlrabi aus dem Gewächshaus reichen 30 mm Knollendurchmesser. Gehandelt wird Kohlrabi in der Regel mit 6–8 cm Knollendurchmesser.

□ **Ernte und Ertrag**

Geerntet wird 2- bis 3mal im gleichen Bestand, indem von Hand die erntefähigen Pflanzen unter der Knolle abgeschnitten werden. Auf leichten Böden werden die Pflanzen herausgezogen und die Wurzeln dann abgeschnitten. In der Regel wird auf dem Feld nach Größen sortiert und direkt in Kisten verpackt.

In größeren Betrieben werden Erntebänder oder tiefliegende Erntewagen eingesetzt. Die Ernte im Herbst ohne Laub für eine Lagerung ist selten geworden. Klein geerntete Kohlrabi, besonders aus dem Gewächshaus, werden häufig gebündelt.

Die Erträge liegen nach der Statistik bei 200 dt/ha für Frühkohlrabi und 250 dt/ha für Spätkohlrabi. Da jedoch nach Stück verkauft wird, ist der Anteil marktfähiger Pflanzen entscheidend, der über 70–80 % liegen sollte, das sind etwa 12–14 Kohlrabi/m^2. Engere Bestandesdichten können die Zahl marktfähiger Pflanzen erhöhen, in der Regel jedoch auch die Zahl der notwendigen Erntegänge.

□ **Qualitätsmängel und Lagerung**

Qualitätsmängel sind Platzen der Knollen, Schossen nach Kälteeinwirkung, langgezogene Knollen durch zu engen Stand und Holzigwerden der Knollen.

Ohne Blatt sind die Knollen länger lagerfähig. Durch Importe in den Wintermonaten ist eine langfristige Lagerung für diese Zeit jedoch ohne Bedeutung. Bei der kurzfristigen Lagerung zum Marktausgleich ist der Zustand der Blätter für den Qualitätsabfall entscheidend. Günstig sind für die Lagerung 0–1 °C und hohe Luftfeuchte.

□ **Anbau für die Industrie**

Der Anbau für die Verarbeitungsindustrie findet vorwiegend in deren Nähe im Vertrag statt. Die Anbautermine richten sich nach dem geplanten Verarbeitungszeitraum. In größeren landwirtschaftlichen Betrieben wird der Kohlrabi mit Einzelkornsämaschinen ab April direkt gesät. Bei einem Reihenabstand von 50 cm sollen in der Reihe etwa 4 Pflanzen je m stehen (8 Pfl./m^2). Die Kultur dauert 2–3 Wochen länger als beim Anbau für den Frischmarkt, deshalb liegt der letzte Aussaattermin Anfang Juli.

Ausfälle treten besonders durch Bakterienfäule auf. Die Infektion beginnt bei feuchter Witterung häufig an den Narben der unteren Blätter. Von den vorhandenen Sorten sind nur wenige geeignet, da die Knollen auch bei Gewichten über 1 kg noch zart bleiben müssen. Geerntet wird, wenn alle Knollen mindestens 8 cm Durchmesser erreicht haben. Neben der einmaligen Ernte von Hand werden auch Maschinen eingesetzt, die die Blätter abschlagen und die Knollen aufnehmen. Bei den Maschinen handelt es sich um Eigenkonstruktionen der Betriebe. Der Ertrag liegt um 600 dt/ha.

■ **Gewächshauskultur**
Kohlrabi ist eine wichtige Vorkultur im Gewächshausanbau. Bei hohen Energiepreisen sollte die Pflanzung nicht vor Februar, jedoch auch nicht nach Mitte März erfolgen. Die Ernte ist dann Ende April vor dem Beginn der Ernte unter Folie zu erwarten. Mit der Jungpflanzenanzucht muß für diesen Termin bereits Ende November begonnen werden. Durch Zusatzlicht kann die Anzuchtdauer auf 6 Wochen verkürzt werden. Gepflanzt werden etwa 20 Pflanzen/m^2. Als Heiztemperatur sind 14/10 °C für schoßempfindliche und 10/6 °C für schoßfeste Sorten, zum Kulturende hin abfallend, bei einer Lüftungstemperatur über 20 °C zu empfehlen. Bei niedrigerer Temperatur besteht die Gefahr des Schossens.

Seltener wird Kohlrabi als Nachkultur angebaut. Für eine Ernte im Dezember muß bis Ende September gepflanzt werden. Infolge der hohen Herbsttemperaturen besteht auch bei einer Heiztemperatur von 2 °C keine Schoßgefahr. In den lichtarmen Wintermonaten kommt es in geschlossenen Beständen leicht zu vorzeitiger Blattvergilbung.

Literatur
HABEGGER, R. (1985): Entwicklungsphysiologische Reaktionen von Kohlrabi auf niedrige Temperaturen und ihre Berücksichtigung bei der Kulturführung. Dissertation. Hannover: Fachbereich Gartenbau der Univers. Hannover.

7.5.1.3 Blumenkohl (*Brassica oleracea* conv. *botrytis* var. *botrytis*)

□ **Wirtschaftliche Bedeutung**
Blumenkohl wird weltweit jährlich auf etwa 320 000 ha angebaut. Die größten Flächen liegen in Europa und Asien. In Europa haben Frankreich, Italien und England den bedeutendsten Blumenkohlanbau. In Asien findet der stärkste Anbau in Indien (ca. 80 000 ha) statt. Die Anbaufläche in der Bundesrepublik Deutschland liegt seit vielen Jahren bei knapp 4000 ha, wovon der Inlandmarkt von Mai bis Oktober versorgt wird. Etwa 60 % der Marktversorgung stammen aus Importen, vorwiegend aus Frankreich und Italien.

Abgesetzt wird Blumenkohl fast ausschließlich auf dem Frischmarkt, die Industrie verarbeitet ihn selten. Typisch für die Vermarktung von Blumenkohl sind große Schwankungen der Erntemengen (weiße Wochen) und der Preise in Abhängigkeit von der Witterung.

□ **Botanische Grundlagen**
Blumenkohlpflanzen unterscheiden sich von anderen Kohlarten nach der Keimung zunächst nur in der Blattform. In Abhängigkeit von der Temperatur beendet der Vegetationskegel jedoch die Anlage weiterer Blätter und beginnt mit der Differenzierung von Infloreszenzprimordien. Der hiermit erfolgte Beginn der generativen Phase ist an einer Vegetationskegelbreite über 0,6 mm sicher zu erkennen. Die Hauptachse der Infloreszenz verzweigt sich bis zur 6. und 7. Ordnung, wobei die Anlage der Seitentriebe spiralig in akropetaler Folge stattfindet. Der Blumenkohlkopf besteht aus fleischig verdickten Infloreszenzästen. Zur Zeit der Ernte sollen noch keine Blütenknospen angelegt sein. Später wird der Kopf locker, indem die einzelnen Infloreszenzäste mit der Streckung beginnen. Parallel zur Streckung kommt es zur Anlage von Blütenknospen, wobei jedoch erst die Seitentriebe höherer Ordnung (6.–7.) fertile Blüten bilden (SADIK 1962).

Das Kopfgewicht zur Erntezeit ist eng korreliert mit dem Blattgewicht; es beträgt etwa 40 % des Gesamtgewichtes. Da die Zahl der Blätter nach der Kopfanlage festliegt, führen alle Störungen im Blattwachstum zu einer Verringerung des Kopfgewichtes und damit auch zu wesentlich stärkeren Reaktionen auf ungünstige Wachstumsbedingungen, als es von anderen Kulturpflanzen bekannt ist.

Entwicklungsphysiologisch ist der Blumenkohl qualitativ vernalisationsbedürftig, wobei der induktive Temperaturbereich im Vergleich zu anderen Kulturpflanzen sehr hoch liegt. Blumenkohl hat eine Jugendphase, Samen und kleine Jungpflanzen sind nicht vernalisationsempfindlich. Bei frühen Sorten endet die Jugendphase nach 3–4 Laubblättern von über 2 cm Länge, während sie bei Sommersorten erst nach 6–8 und bei Wintersorten nach über 12 Blättern endet.

Die Entwicklung des Blumenkohls nach der Jungpflanzenanzucht (Phase 1) bis zur Ernte ist in 3 weitere Phasen zu unterteilen (Abb. 7.5-11). In der **vegetativen Phase** (Ph. 2) werden die Blattanlage und auch das Wachstum der Jungpflanzen bis etwa 22 °C gefördert. Frühe Sorten haben eine höhere Blattanlagerate als späte. Da das Wachstum beider Sortengruppen etwa gleich

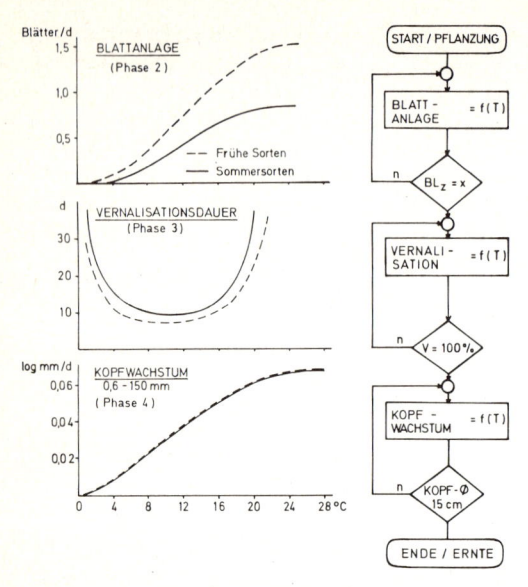

Abb. 7.5-11: Reaktion von Blumenkohl auf die Tagesmitteltemperatur in einzelnen Phasen nach der Pflanzung. Rechts: Simulationsmodell für die Pflanzung (WIEBE 1979)

ist, ergibt sich, daß späte Sorten größere Einzelblätter ausbilden und somit am Ende der Jugendphase wesentlich schwerer sind als frühe Sorten. Wirken während der Jungpflanzenanzucht über mehrere Wochen niedrige Temperaturen um 7 °C ein, so unterbleibt häufig die Kopfanlage, da nach 2–10 Laubblättern die weitere Entwicklung mit einer Blattanomalie – Trichter- oder Nadelblatt – beendet wird.

Die Vernalisation (Ph. 3) beendet die vegetative Phase. Innerhalb des induktiven Temperaturbereiches steigt die Blattzahl vor der Kopfanlage mit der Temperatur sortentypisch an (Abb. 7.5-12). Eine Kopfanlage unterbleibt bei frühen europäischen Sorten über 22–24 °C, bei Wintersorten bereits über 16–18 °C, bei Sorten aus den Tropen erst über 28–30 °C. Bei einer Ernteverzögerung durch hohe Temperaturen im Sommer treten in der Praxis häufig 40–60 Blätter im Vergleich zu 25 Blättern bei niedrigen Temperaturen auf. Bezogen auf die Blattzahlen liegen die optimalen Vernalisationstemperaturen zwischen 7 und 14 °C. Hierfür beträgt die notwendige Vernalisationsdauer weniger als 10 Tage (Abb. 7.5-11). Bei höherer bzw. niedrigerer Temperatur steigt die Vernalisationsdauer, um die niedrigste Blattzahl in der jeweiligen Temperatur zu erreichen. Der induktive Temperaturbereich liegt etwa zwischen 0 °C und, sortenabhängig, 16 bis 30 °C. Je später die Sorte ist, um so länger muß die niedrige Temperatur einwirken.

Bei wechselnder Temperatur folgt die Kopfanlage in etwa dem Temperaturdurchschnitt. Hohe Temperaturen haben im Hinblick auf die Kopfanlage keine Devernalisationswirkungen. Als Devernalisation kann das verstärkte Wachstum der Blätter in den Achseln der Infloreszenzverzweigungen (Brakteen) betrachtet werden. In hoher Temperatur angelegte Köpfe sind stark verlaubt und dadurch unverkäuflich. Je später die Temperatur nach der Kopfanlage ansteigt, um so kleiner werden die Blattspitzen, die durch die Kopfoberfläche wachsen. Sichtbare Blätter an der Kopfoberfläche werden als »Durchwuchs« bezeichnet, sie mindern die Marktqualität (Abb. 7.5-13). Sinkt dagegen nach Wärmeperioden, die die Kopfanlage verzögert haben, die Temperatur für längere Zeit stark ab, so tritt häufig »Grießigkeit« auf. Mit Grießigkeit bezeichnet man die vorzeitige Anlage von Blütenknospen auf der Kopfoberfläche (Abb. 7.5-14). Dieses vorzeitige Auftreten von Blütenknospen kann als Ergebnis

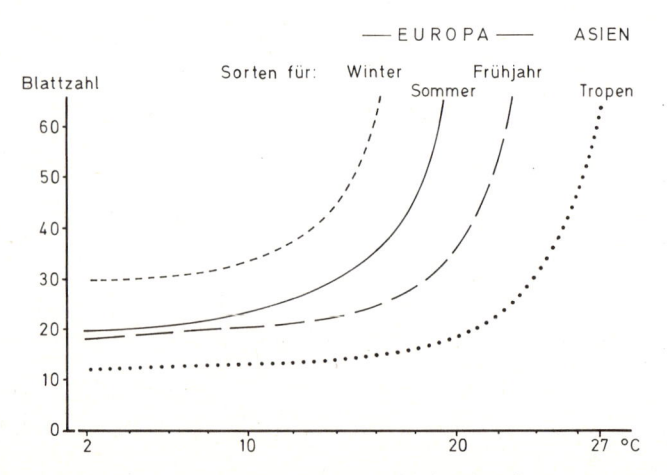

Abb. 7.5-12: Zusammenhang zwischen Temperatur und Blattzahl einzelner Sortengruppen von Blumenkohl

Brassicaceae (Cruciferae) – Kreuzblütler

Abb. 7.5-13: Durchwuchs bei Blumenkohlköpfen

einer besonders intensiven Vernalisation betrachtet werden.

Das **Kopfwachstum** (Ph. 4) erfolgt bei den europäischen Sorten zunächst annähernd gleich schnell, wobei steigende Temperaturen bis etwa 22 °C das Wachstum beschleunigen. Das Kopfgewicht am Erntetermin ist sortenabhängig, es steigt mit dem Blattgewicht der Kultur. Störungen im Blattwachstum während der Kultur reduzieren also stark das Kopfgewicht, diese Pflanzen werden als »Vorblüher« bezeichnet (Abb. 7.5-15). Höhere Temperatur senkt auch die Kopfgröße zur Erntezeit, zum Teil durch den früher einsetzenden Qualitätsabfall.

Auf den Erntetermin können Wärmeperioden während der Kultur somit entgegengesetzte Wirkungen haben. Während hohe Temperaturen bis zum Ende der Jugendphase und während des Kopfwachstums die Kulturzeit verkürzen, wird diese durch hohe Temperatur nach dem Ende der Jugendphase, etwa 1–2 Wochen nach der Pflanzung, verlängert. Diese Reaktionen machen es möglich, den Erntetermin bereits wenige Wochen nach der Pflanzung anhand der aktuellen Temperatur vorherzusagen (Abb. 7.5-11).

☐ **Standortansprüche und -orientierung**
Blumenkohl stellt hohe Anforderungen an den Wasserhaushalt des Bodens und reagiert stark auf Bodenverdichtungen. Günstig sind deshalb schwere Böden mit guter Wasserleitfähigkeit. Verdichtungen, Staunässe sowie geringes Wasserangebot fördern die Bildung von Vorblühern. Bei der Verwendung von leichten Böden für den Frühanbau muß eine Beregnung möglich sein. Maritimes Klima ist die beste Voraussetzung für große, feste Köpfe in guter Qualität. Warme Sommer und große Temperaturschwankungen führen zu ungleicher Marktversorgung und zeitweise schlechten Qualitäten.

Der Anbau von Winterblumenkohl erfolgt in Europa vorwiegend an der französischen und englischen Kanalküste sowie in Italien. In den Sommermonaten wird in Südeuropa wenig Blumenkohl angebaut. Im Bundesgebiet gibt es keine ausgeprägten Anbauzentren, Blumenkohl ist eine wichtige Kultur in allen Gemüsebaugebieten. In Süddeutschland überwiegt der Früh- und Herbstanbau, während in Nordwestdeutschland auch der Sommeranbau bedeutend ist.

Abb. 7.5-14: Grießigkeit bei Blumenkohlköpfen

Abb. 7.5-15: Vorblüher bei Blumenkohl

☐ **Anbauformen**
Der Anbau findet vorwiegend in intensiven Gemüsebaubetrieben statt, es gibt jedoch auch einige größere Spezialbetriebe für Blumenkohl. Zur Verfrühung werden kleinere Flächen mit Folie oder Vlies abgedeckt. In einigen Ländern (z.B. Niederlande, Belgien) wird im Winter Blumenkohl auch unter Glas angebaut.

☐ **Fruchtfolge**
Bei wiederholtem Anbau treten die gleichen Probleme wie beim Kopfkohl auf. In Spezialbetrieben werden auf einigen Flächen 2 Kulturen im Jahr angebaut. Vielfach wird Blumenkohl auch auf Pachtflächen nach Wintergerste oder Erbsen gepflanzt.

☐ **Sortenwahl**
Die Eignung von Blumenkohlsorten ist auf bestimmte Standorte oder Jahreszeiten beschränkt. Begonnen hat die Züchtung in Italien. Hiervon ausgehend wurden in Frankreich und England Wintersorten sowie, besonders in Erfurt Sorten für den Sommeranbau entwickelt, woraus später Sorten für die Tropen selektiert worden sind.

In Mitteleuropa unterscheidet man die Sorten nach ihrer Eignung für den Früh-, Sommer-, Herbst- und Winteranbau. Der Züchter unterteilt das Sortiment häufig aufgrund morphologischer Merkmale in Sortentypen wie 'Erfurter', 'Alpha', 'Le Cerf' und 'Späte Riesen'.

Von frühen Sorten wird erwartet, daß sie bei kurzer Kulturzeit ausreichend große, feste Köpfe bilden, die möglichst lange von Blättern geschützt werden (Selbstbedeckung), und daß sich nicht so leicht Vorblüher entwickeln. Sommer- und Herbstsorten haben nur eine geringfügig höhere Blattzahl, aber durch größere Einzelblätter eine wesentlich höhere Blattmasse als frühe Sorten. Gefordert werden eine sichere Kopfanlage bei höherer Temperatur, lange Selbstbedeckung, geringfügiges Durchwachsen und Grießigkeit sowie möglichst geringe Violett- oder Gelbfärbung der Köpfe.

Wintersorten haben eine noch höhere Blattmasse als Sommersorten. Die Kopfanlage erfolgt sehr spät. Wichtig ist bei diesen Sorten eine gute Frosthärte. In der Züchtung wird z. Z. an einer Verbesserung der Homogenität der Sorten gearbeitet, um die Ernteperiode zu verkürzen.

Wie im Kapitel »Botanische Grundlagen« dargestellt, gibt es im Blumenkohlsortiment, wenn man die Sorten nach zunehmender Kulturdauer (Tropen-, Früh-, Sommer- und Wintersorten) vergleicht, folgende Trends:

▷ es steigt die Dauer der Jugendphase infolge zunehmender Blattzahlen und sinkender Blattanlageraten;
▷ die Blattmasse zum Zeitpunkt der Kopfanlage steigt stark an;
▷ der Vernalisationsbedarf nimmt zu, während die obere Grenze für den induktiven Temperaturbereich absinkt;
▷ Blattgewicht und Kopfgewicht zur Erntezeit nehmen zu.

Für Pflanzungen zur kontinuierlichen Produktion ist nachteilig, daß gerade die Sommersorten in der Kopfanlage durch hohe Temperatur stärker verzögert werden als frühe Sorten. Ideal für den Sommeranbau wären Sorten mit der Reaktion von tropischen Sorten, die auch über 20°C noch sicher Köpfe anlegen. Tropische Sorten erzeugen jedoch in Mitteleuropa infolge der geringen Blattmasse keine ausreichenden Qualitäten, bei kühlerer Witterung sogar extreme Vorblüher von brokkoliähnlicher Morphologie. Um die unvermeidbaren witterungsabhängigen Ernteschwankungen nicht zu verstärken, sollten immer 2–3 verschiedene Sorten gleichzeitig angebaut werden.

An Hybridsorten wird gearbeitet, bisher sind sie in Mitteleuropa noch nicht anbauwürdig.

☐ **Bodenbearbeitung und Düngung**
Bodenvorbereitung und Düngung vor der Pflanzung sind ähnlich wie beim Kopfkohl. Bodenverdichtungen führen zu Ausfällen durch Vorblüher. Da Ertrag und Marktqualität von Blumenkohl besonders vom Blattwachstum abhängig sind, muß Nährstoffmangel von der Jungpflanzenanzucht an verhindert werden. Steigende N-Gaben bis zum Optimum verstärken das Blattwachstum, erhöhen die äußere Kopfqualität, verlängern die potentielle Erntedauer und senken das Risiko der Vorblüherbildung. Im N-Mangelbereich treten sehr flache, locker aufgebaute Köpfe auf, während höhere N-Gaben zu stark gewölbten, festen und dadurch schwereren Köpfen führen. Das optimale N-Angebot liegt bei 280 kg N/ha, wovon etwa 100 kg in der Schicht 0–30 cm enthalten sein sollten (Tab. 4.2-15). Während auf leichten Böden eine Kopfdüngung notwendig ist, sollte diese auf schweren Böden nur erfolgen, wenn Kalkstickstoff zur Unkrautbekämpfung eingesetzt wird.

Aufgrund der hohen Ernterückstände von etwa 30–35 dt Trockensubstanz/ha mit etwa 90–140 kg N/ha kommt es nach häufigem Anbau von Blumenkohl leicht zu einer N_{min}-Anhäufung im Boden.

Brassicaceae (Cruciferae) – Kreuzblütler

Abb. 7.5-16: Molybdänmangel bei Blumenkohl

Blumenkohl ist die empfindlichste Zeigerpflanze für Molybdänmangel. Dieser Mangel zeigt sich in unregelmäßig ausgebildeten Blattspreiten (Abb. 7.5-16) und stark verkrümmten Herzblättern (Klemmherzigkeit) ohne Kopfbildung. Vorbeugend sollten dem Anzuchtsubstrat 2–3 g Na- oder Ammonium-Molybdat/m^3 zugesetzt bzw. das Anzuchtbeet überbraust (0,2%ig) oder später je ha 2–4 kg Na-Molybdat einer Spritzbrühe zugesetzt werden. Zu achten ist außerdem auf eine ausreichende Borversorgung. Bormangel zeigt sich durch glasige Flecken an der Kopfoberfläche, die bald braun werden und durch Hohlräume im Strunk, deren Wände braun verkorkt sind. Der Borgehalt im Kopf sollte nicht unter 15 ppm sinken.

■ Pflanzenanzucht
□ Terminplanung
Die Erntesaison von Blumenkohl läuft im Bundesgebiet von Ende Mai bis Ende Oktober. Um während dieser Spanne einen möglichst kontinuierlichen Ernteverlauf zu erreichen, ist eine Pflanzung in vielen Sätzen und Sorten nach einem Anbauplan erforderlich.

Begonnen wird mit der Pflanzung, je nach Witterung, Ende März, wofür die Anzucht der Jungpflanzen Anfang Januar im Gewächshaus beginnt (Abb. 7.5-17). Der letzte Pflanztermin für mittelfrühe Sorten ist Anfang August, während spezielle Herbstsorten bereits im Juli gepflanzt werden müssen. Im Sommer dauert die Jungpflanzenanzucht etwa 4 Wochen. Da, je nach Jahreszeit, im gleichen Bestand 2 – 4 Wochen geerntet wird, müssen in einer Saison mindestens 10 Sätze angebaut werden, damit sich die Ernte der Sätze überlappt. Homogenere Sorten mit kürzeren Erntespannen erfordern eine höhere Zahl von Sätzen.

Wichtig sind besonders die größeren Zeitabstände zwischen den Pflanzterminen im Frühjahr, da es sonst zu dem jährlich wiederkehrenden hohen Ernteanfall im Juni kommt. Im Sommer führen Wärmeperioden häufig zu größeren Abweichungen des Ernteverlaufs von der Planung. Eine dem Witterungsverlauf angepaßte Staffelung der Pflanztermine, wofür die Jungpflanzen zeitweise kühlgelagert werden müssen, bringt keine Verbesserung gegenüber einer Pflanzung nach festem Terminplan. Pflanzt man z.B. immer, wenn das Kältebedürfnis für die Kopfanlage der vorausgehenden Sätze zu 50 % gedeckt ist, so werden die Erntetäler nach Wärmeperioden noch größer.

Für die Direktsaat von Blumenkohl gelten ab Ende April in etwa dieselben Aussaattermine wie für die Jungpflanzenanzucht.

□ Jungpflanzenanzucht und Pflanzung
Blumenkohl wird nur selten direkt gesät, in der Regel verwendet man im Frühjahr Jungpflanzen in Preßtöpfen, später auch gezogene Pflanzen. Das alte Verfahren der Jungpflanzenüberwinterung in Kästen wird nicht mehr praktiziert. Die ersten Sätze werden ab Dezember–Januar im Gewächshaus in Schalen ausgesät und pikiert oder direkt in Preßtöpfe gesät. Zur Verfrühung verwendet man für den ersten Satz größere Töpfe (5–6 cm), um möglichst große Jungpflanzen auszupflanzen. Die Temperatur sollte nach der Aussaat nicht unter 10–12 °C liegen, um Blattanomalien zu vermeiden. Vor dem Auspflanzen ist eine Absenkung der Temperatur zur Abhärtung sehr wichtig. Für spätere Sätze wird auch breitwürfig oder in Reihen in Kästen oder auf Freilandbeete ausgesät, je m^2 etwa 2 g Saatgut. Zunehmend werden auch im Sommer Jungpflanzen in 4er-Preßtöpfe gepflanzt.

Während der Anzucht dürfen bei Blumenkohl keine Wachstumsstörungen auftreten, da sonst die Gefahr der Vorblüherbildung besteht. Besonders hoch ist das Risiko für das Auftreten von Vorblühern, wenn bei frühen Sorten zu große, in der Praxis als überständig bezeichnete Jungpflanzen gepflanzt werden. Läßt die Witterung ein Auspflanzen fertiger Jungpflanzen nicht zu, so kann das Wachstum der Jungpflanzen durch Trockenhalten oder besser durch Einlagern in einen Kühlraum bei 1–2 °C verzögert werden. Das Risiko der Vorblüherbildung ist gering, wenn die Jungpflanzen nicht über 5 g wiegen, weniger als 5 Laubblätter haben und der Stengel nicht dicker als 5 mm ist.

Kleine Jungpflanzen bringen größere Köpfe besserer Qualität, die Ernte beginnt jedoch 5–10 Tage später. Je höher die Streuung zwischen der

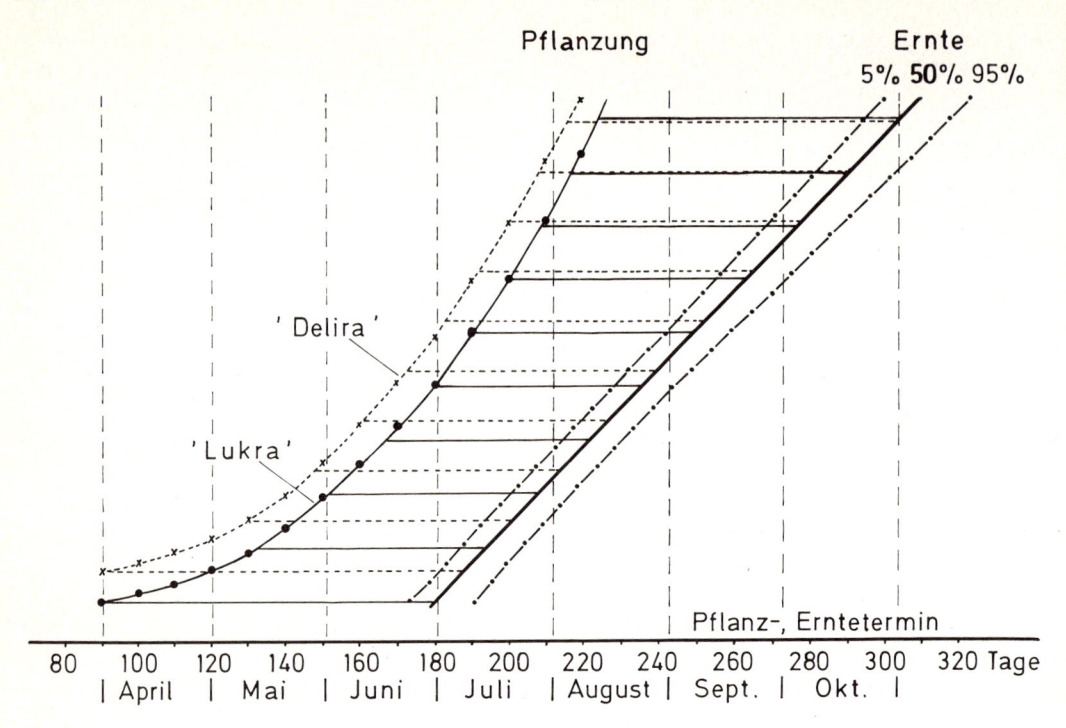

Abb. 7.5-17: Durchschnittliche Pflanz- und Erntetermine von Blumenkohl, Sorten 'Delira' und 'Lukra', Raum Hannover (WIEBE 1980)

Jungpflanzengröße am Pflanztermin ist, um so mehr Erntegänge werden erforderlich.

Gepflanzt werden bei frühen Sorten 4, bei blattreichen Sommersorten etwa 2,5–3 Pflanzen/m². Erfolgt die Ernte mit Erntebändern, werden Fahrspuren freigelassen. Bei der Pflanzung ist darauf zu achten, daß der Boden auch beim Vorgewende locker ist und die Topfballen guten Bodenkontakt bekommen, da es sonst ebenfalls zur Vorblüherbildung kommt.

□ **Pflege**

Die Unkrautbekämpfung nach der Pflanzung erfolgt durch Maschinenhacke oder durch den Einsatz von Kalkstickstoff sowie von Herbiziden.

Eine gute Wasserversorgung ist eine Voraussetzung für das Blattwachstum und damit für gute Marktqualität. Trockenheit während der Jungpflanzenanzucht hat keine negativen Folgen, wenn nach der Pflanzung ausreichend Wasser zur Verfügung steht. Besonders wichtig ist die Beregnung in Trockenperioden in den letzten Wochen vor der Ernte, da dann der größte Bedarf vorliegt. Trockenheit zu dieser Zeit erhöht das Risiko für Vorblüher, senkt das Kopfgewicht und verfrüht den Qualitätsabfall als Folge geringerer Blattmasse und verfrühten Sichtbarwerdens der Köpfe.

Neben den für Kopfkohl erwähnten Krankheiten und Schädlingen treten bei Blumenkohl noch häufig Falscher Mehltau *(Peronospora parasitica)* und Kohlschwärze *(Alternaria brassicae)* sowohl an den Blättern als auch an den Köpfen auf. Die Bekämpfung an den Blättern hat rechtzeitig zu erfolgen, um Infektionen im Kopf zu vermeiden. Während der Vermarktung können sich die graubraunen Verfärbungen durch beide Erreger verstärken und zu Beanstandungen führen.

Eine wichtige Pflegemaßnahme kurz vor der Ernte ist das Abdecken aller freistehenden Köpfe. Dieses erfolgt durch Einknicken einiger Laubblätter in der Hauptwindrichtung, um Verfärbung des Kopfes durch direkte Sonnenbestrahlung zu vermeiden. Bei blattreichen Beständen kann diese Maßnahme in Schlechtwetterperioden zeitweise unterbleiben. In den USA werden die Blätter über dem Kopf zusammengebunden.

□ **Bestimmung des Erntetermins**

Blumenkohl wird geerntet, wenn sich der Kopf noch in vollem Wachstum befindet, so daß infolge der Größenzunahme und des Qualitätsabfalls die potentielle Ernteddauer sehr kurz ist. Da außerdem die Streuung in den Kopfgrößen eines Bestandes sehr hoch ist, wird in einem Blumenkohlbestand mehrfach selektiv von Hand durchgeerntet. Der einzelne Kopf wird geschnitten, wenn die vom Markt gewünschte Größe erreicht ist oder an Köpfen über dem Mindestdurchmesser von 11 cm erste Anzeichen einer Qualitätsminderung durch Verfärbung oder Lockerwerden zu erkennen sind. Die Ernteperiode eines Bestandes dauert, je nach Witterung, 2–6 Wochen.

Eine Verkürzung der Ernteperiode würde die relativ hohen Arbeitskosten senken. Ein möglicher Weg hierfür ist eine Verbesserung der Homogenität im Bestand durch Saatgutkalibrierung, Jungpflanzenselektion und Züchtung. Ein zweiter Weg wäre eine gezielte Vernalisation nach warmer Jungpflanzenanzucht, um den Beginn der Kopfanlage zu synchronisieren. Versuche in dieser Richtung führten zu einer Reduktion der Streuung im Bestand; damit verbunden war jedoch das Auftreten von Vorblühern und Grießigkeit.

☐ **Ernte und Ertrag**
Bei der Ernte wird der Kopf mit einem Teil der Umblätter herausgeschnitten. Die Blätter werden gleichzeitig auf Kopfhöhe eingekürzt. In kleineren Betrieben werden die Köpfe danach in Kisten verpackt und zu einem Wagen getragen. Auf größeren Flächen werden Erntebänder eingesetzt, so daß Sortierung und Verpackung auf dem Wagen erfolgen. Die in Kalifornien entwickelten Maschinen für die selektive Ernte haben sich noch nicht bewährt und setzen außerdem ein vorheriges Zusammenbinden der Blätter voraus.

Da Blumenkohl nach Stück verkauft wird, hängt der Ertrag von der Zahl marktfähiger Köpfe ab. Im Durchschnitt bringen 70–80 % der Pflanzen marktfähige Köpfe, also etwa 2–3 Köpfe/m^2. Die höchsten Verluste treten bei frühen Sätzen durch Taubenfraß, Frost und Vorblüherbildung, im Sommer durch schlechte Kopfqualitäten nach Wärmeperioden auf.

☐ **Aufbereitung, Qualitätsmängel und Lagerung**
Zulässig ist nach den EG-Normen die Vermarktung »mit Blättern« und »ohne Blätter«. Blumenkohl aus deutschem Anbau wird immer mit gekürztem Umblatt vermarktet. Mit Blättern wird der Blumenkohl im Winter häufig importiert. Ohne Blätter wird der Blumenkohl in einigen Ländern in Dehnfolien vorverpackt. Sortiert wird bereits bei der Ernte nach Größe, so daß die Kisten 6, 8, 10 oder 12 Köpfe enthalten.

Qualitätsmängel, wie **Grießigkeit** und **Durchwuchs**, werden durch die Temperatur beeinflußt, sie treten besonders im Spätsommer auf. **Gelbfärbung** (Carotinoide) oder **Violettfärbung** (Anthozyane) des Kopfes sind sortenspezifisch und werden bei unzureichender Bedeckung des Kopfes durch direkte Lichteinwirkung gefördert.

Verbräunungen der Kopfoberfläche treten gelegentlich nach der Ernte auf. Die Ursache hierfür ist die Einwirkung UV-reicher Strahlung, wobei 2–3 Stunden bereits ausreichen können. Zur Vermeidung dieses Qualitätsmangels darf der Blumenkohl nach der Ernte nicht ungeschützt auf dem Feld oder dem Fahrzeug in der Sonne stehen. Nach einigen Tagen Lagerung erzeugt die UV-Strahlung keine Verbräunung mehr (BROUWER und VAN KOOT 1955).

Vorblüher sind Pflanzen, die bei relativ kleiner Blattfläche nur kleine Köpfe ausbilden, so daß diese im Bestand früher als die von normal entwickelten Pflanzen sichtbar werden (s. Abb. 7.5-15). Die Köpfe werden locker, bevor sie eine marktfähige Größe erreicht haben. In der Blattzahl unterscheiden sich diese Pflanzen kaum von den normalen. Verursacht werden Vorblüher durch Störungen im Blattwachstum infolge der Verwendung »überständiger« Jungpflanzen, Bodenverdichtungen, Trockenheit oder unzureichendes Nährstoffangebot. Eine Konkurrenz um die Assimilate zwischen einem früh angelegten Kopf und den Blättern ist nicht der Grund für das reduzierte Blattflächenwachstum.

Blumenkohl wird im Bundesgebiet nur während der Erntesaison gelegentlich für wenige Tage gelagert. Eine Lagerung während der Erntesaison von 2–3 Wochen zum Marktausgleich ist nur sinnvoll, wenn vorhersehbar ist, daß zur Zeit der Auslagerung wenig Blumenkohl geerntet wird. Eine hierfür ausreichend genaue Vorhersage der Erntemengen für die nächsten 3–4 Wochen ist möglich, wenn ausgeprägte Wärmeperioden vorausgegangen sind. Eine Lagerung von 4–6 Wochen, z. B. im Anschluß an die Erntesaison, ist ebenfalls möglich. Hierfür sollte dann das Umblatt nicht vor, sondern nach der Lagerung in Kopfhöhe abgeschnitten werden. Günstige Lagerbedingungen sind 0–1 °C und über 95 % RF (s. Tab. 4.14-2). Die CO_2-Konzentration sollte nicht über 4 % steigen, da sonst Geschmacksveränderungen auftreten. Höhere Äthylenkonzentrationen bei gemeinsamer Lagerung mit anderen Arten führen zur Vergilbung und zum Ablösen der Blätter vom Strunk.

☐ **Winterblumenkohl**
Voraussetzung für den Blumenkohlanbau im Winter sind Tagesdurchschnittstemperaturen über 4 °C. Kurze Frostperioden bis zu −10 °C verträgt der Blumenkohl, solange noch keine Köpfe angelegt sind.

In der Bretagne und in Cornwall wird Blumenkohl von September bis Juni geerntet. Gepflanzt wird für die Ernte im Herbst ab Juli und für die Ernte im Frühjahr bis Anfang September. Etwa 2 Monate vor der Pflanzung wird im Freiland ausgesät. Die Jungpflanzen erreichen bis zur Pflanzung eine Höhe bis zu 20 cm. Je ha werden nur 10 000 bis 12 000 Pflanzen gesetzt, wovon, je nach Witterung, um 8000 Köpfe geerntet werden. Die Kultur wird zum besseren Wasserabfluß im Herbst angehäufelt. Je nach geplantem Erntezeitpunkt verwendet man 8–10 verschiedene Sorten. Je Satz werden bis zu 20 Erntegänge durchgeführt. Im Bundesgebiet wird der Anbau von Winterblumenkohl in Versuchen geprüft. Bei Pflanzung im Juli kann nach milden Wintern im April–Mai geerntet werden. Ob eine Risikosenkung durch Vliesabdeckung wirtschaftlich sein wird, ist fraglich, da die Preise für Blumenkohl im Winter auf dem deutschen Markt relativ niedrig sind.

Literatur

LE BOHEC, J. et al. (1979): Le chou-fleur. Paris: CTJFL-INVUFLEC.

DE BROUWER, W. und KOOT, J. VAN (1955): Bruinkleuring bij Bloemkool na de Oogst. Medelingen **18**, 846-855.

SADIK, S. (1962): Morphology of the curd of cauliflower. Amer. Bot. **49**, 290-297.

SWARUP, V. und CHATTERJEE, S. S. (1972): Origin and genetic improvement of Indian cauliflower. Economic Botany **26**, 381-393.

WIEBE, H.-J. (1972/73): Wirkung von Temperatur und Licht auf Wachstum und Entwicklung von Blumenkohl. Gartenbauwissenschaft **37**, 165-178; **37**, 293-303; **37**, 455-469; **38**, 263-279; **38**, 433-440.

WIEBE, H.-J. (1979): Short term fore casting of the market supply of vegetables, especially cauliflower. Acta Hort. **97**, 399-409.

WIEBE, H.-J. (1980): Anbau von Blumenkohl für eine kontinuierliche Marktbelieferung während der Erntesaison. Gartenbauwissenschaft **45**, 282-288.

WIEBE, H.-J. (1981): Influence of transplant characteristics and growing conditions on curd size (buttoning) of cauliflower. Acta Hort. **122**, 99-105.

7.5.1.4 Brokkoli *(Brassica oleracea convar. botrytis var. italica)*

□ **Geschichte und Bedeutung**

Der Begriff Brokkoli wurde ursprünglich ganz allgemein für Schößlinge der Gattung *Brassica* und später speziell für Schößlinge zahlreicher Varietäten von *Brassica oleracea* verwendet. So wird unter Brokkoli international auch heute nicht nur die var. *italica* verstanden, sondern auch farbige Blumenkohlsorten (Italien) und Winterblumenkohl (England), die teilweise als Kopfbrokkoli bezeichnet werden (HELM 1960, GRAY 1982).

In Deutschland hat der Anbau, aber auch der Konsum von Brokkoli bisher keine Bedeutung. Wie in anderen Ländern Europas ist die Anbaufläche auch im Bundesgebiet in den letzten Jahren jedoch ausgeweitet worden. Von Italien eingeführt, ist die Anbaufläche von Brokkoli in den USA heute größer als die für Blumenkohl. Der Absatz erfolgt auf dem Frischmarkt und an die Tiefkühlindustrie. Brokkoli ist wesentlich reicher an Vitaminen als Blumenkohl.

□ **Botanische Grundlagen**

Beim Brokkoli, auch Spargelkohl genannt, werden, wie beim Blumenkohl, die gestauchten Infloreszenzen geerntet. Zum Erntezeitpunkt besteht die Kopfoberfläche jedoch im Gegensatz zum Blumenkohl aus voll entwickelten Blütenknospen. Außerdem bilden die Pflanzen gleichzeitig oder nach der Ernte des endständigen Kopfes in den Achseln der Laubblätter Seitentriebe mit kleinen Köpfen (Abb. 7.5-18). Geerntet werden die Haupt- und zum Teil auch die Seitentriebe, bevor sich die grünen oder violetten Knospen öffnen.

Abb. 7.5-18: Brokkoli mit Haupt- und Seitentrieb

Im Gegensatz zum Blumenkohl hat die Temperatur nur einen schwachen Einfluß auf die Kopfanlage bei Brokkoli. Steigende Temperatur von 12 auf 22 °C erhöhte in einem Versuch mit 2 Sorten die Blattzahl von 14–18 nur um weitere 10 Blätter. Die Vernalisation hat danach nur eine schwache quantitative Wirkung. Je höher die Temperatur ist, um so höher ist das Blattgewicht der Pflanzen zu Beginn der Kopfausbildung. Nach hoher Temperatur treten, je nach Sorte, kleinere, stark verlaubte Köpfe auf. Die Zahl der frühzeitig angelegten Nebentriebe ist dagegen bei niedriger Temperatur höher.

□ **Sortenwahl**
Brokkolisorten unterscheiden sich in der Kulturzeit, der Farbe, der Seitentriebbildung und in der Belaubung von Haupt- und Nebentrieben. Eine schwache Belaubung unterhalb des Kopfes erleichtert die Ernte. Frühe Sorten bilden häufig zu kleine Köpfe aus, eine ähnliche Reaktion wie die Vorblüherbildung beim Blumenkohl. Für den Anbau im Sommer sind Sorten geeignet, die bei hoher Temperatur weniger verlauben.

Für die Industrie steht die gleichmäßige Ausbildung der Köpfe am Haupttrieb im Vordergrund. Verwendet werden heute vorwiegend Hybridsorten.

□ **Kulturverfahren**
Die Anbaumethoden entsprechen im wesentlichen denen von Blumenkohl. Brokkoli kann von März bis Anfang Juli gesät oder bis Anfang August gepflanzt werden. Die Ernte erfolgt von Juni bis November. Für die Ernte des Haupttriebes gilt bei 4–6 Pflanzen/m² für frühe und späte Sorten in etwa die Kulturdauer von Blumenkohl.

Beim Anbau für den Frischmarkt werden vorwiegend Jungpflanzen verwendet, die in Preßtöpfen oder auf Beeten kultiviert worden sind. Der Pflanzabstand richtet sich nach den Sorten und den Marktanforderungen. Große Köpfe von über 12 cm Durchmesser können nur bei geringer Bestandsdichte von 4–6 Pflanzen/m² geerntet werden, hierbei ist auch die Ernte der Nebentriebe möglich. Werden nur die Haupttriebe mit einem Durchmesser um 8 cm geerntet, so kann man die Bestandsdichte verdoppeln. Wird für die Industrie angebaut, so ist die Direktsaat günstiger, da hierfür Bestandsdichten von 20 Pflanzen/m² und mehr empfohlen werden. In engen Pflanzenbeständen wird die Seitentriebbildung unterdrückt. Auf den großen Anbauflächen in Kalifornien wird ebenfalls direkt gesät. Bei der Verwendung von Einzelkornsämaschinen liegt der Saatgutbedarf zwischen 0,5 und 2,5 kg/ha.

□ **Ernte und Aufbereitung**
Geerntet wird, wenn die gewünschte Kopfgröße erreicht ist oder die Tendenz zum Aufblühen erkennbar wird. Die Ernte erfolgt von Hand, der Bestand wird mehrfach durchgeerntet. Die Haupttriebe werden in einer Länge von 15–20 cm abgeschnitten und dabei größere Blätter entfernt. Wenn die Pflanzen stehen bleiben, können 2–3 Wochen später auch die Seitentriebe geerntet werden. Köpfe über 8 cm Durchmesser werden einzeln, kleinere Köpfe (Seitentriebe) gebündelt verkauft. Der Arbeitsaufwand für die Ernte ist geringer als bei Blumenkohl. In größeren Betrieben werden Erntewagen mit Transportbändern eingesetzt. Da Brokkoli nach der Ernte sehr schnell welkt und gelb wird, muß er sofort auf 0–1 °C gekühlt werden. In den USA wird unterkühltes Wasser zur Eisbildung zwischen die Brokkoli gespritzt. Vorteilhaft ist auch eine Vorverpackung in Folien.

Die Tiefkühlindustrie bevorzugt kleine Köpfe von 3–7 cm. Bei hoher Bestandsdichte wird nur einmal geerntet, teilweise ist die Ernte mechanisiert.

Literatur
GRAY, A. R. (1982): Taxonomy and evolution of Broccoli (*Brassica oleracea* var. *italica*). Economic Botany **36,** 397-410.
HELM, J. (1960): Brokkoli und Spargelkohl. Der Züchter **30,** 223-241.
WIEBE, H.-J. (1975b): The morphological development of cauliflower and broccoli cultivars depending on temperature. Sci. Hort. **3,** 95-101.

7.5.1.5 Rosenkohl (*Brassica oleracea* L. convar. *oleracea* var. *gemmifera* DC.)

□ **Wirtschaftliche Bedeutung**
Rosenkohl wird im Schwerpunkt in Nordwesteuropa auf derzeit etwa 30 000 ha angebaut. Die größte Anbaufläche liegt in Großbritannien, gefolgt von den Niederlanden und Frankreich. Weniger bedeutend außerhalb Europas ist der Anbau in Südaustralien und Nordamerika. In der Bundesrepublik ist der Anbau auf etwa 500 ha zurückgegangen. Dadurch ist der Marktanteil aus inländischer Produktion unter 15 % gesunken. Von den Importen kommen fast 90 % aus den Niederlanden. Geerntet und auf den Märkten angeboten wird Rosenkohl in Europa von September bis März, also nur im Herbst und Winter. Der Absatz erfolgt vorwiegend auf dem Frischmarkt und zunehmend an die Tiefkühlindustrie.

☐ **Botanische Grundlagen**

Als Jungpflanze unterscheidet sich Rosenkohl von anderen Kohlarten nur geringfügig in der Blattform. Im Gegensatz zum Kopfkohl bildet die Terminalknospe keinen Kopf, die Pflanze wächst unverzweigt in die Höhe. Später entwickeln sich in allen Blattachseln die Seitenknospen zu kugeligen, dicht geschlossenen Knospen von einigen cm Durchmesser, den sogenannten »Rosen« oder »Röschen«. Eine freistehende Pflanze ist von der Größe der Seitenknospen her pyramidal aufgebaut (Abb. 7.5-19). Die unteren Rosen werden mit zunehmender Größe locker und wachsen teilweise durch, während die Seitenknospen unterhalb der Terminalknospe noch sehr klein sind. Dazwischen liegt eine Zone marktfähiger, fester Röschen, die sich nach oben schiebt. Eine mehrfache Ernte erhöht somit den Ertrag. Dieser pyramidale Aufbau der Pflanze kann durch enge Bestandesdichten und Stutzen stark abgeschwächt werden. Mit zunehmender Bestandesdichte wird das Wachstum der unteren Knospen infolge verfrühter Blattalterung gehemmt. Versuche haben gezeigt, daß vorzeitiges Entfernen einzelner Blätter speziell das Wachstum der betreffenden Achselknospen verzögert.

Um ein verstärktes Wachstum der Knospen an der Sproßspitze zu erreichen, kann durch Stutzen die apikale Dominanz gebrochen werden. Erfolgt das Stutzen dagegen an jungen Pflanzen, so wachsen die Seitenknospen aus. Diesen Effekt führt THOMAS (1972) auf den mit dem Pflanzenalter ansteigenden Auxingehalt und abfallenden Gibberellingehalt in den oberen Seitenknospen zurück.

Für die Ausbildung großer, fester Röschen sind etwa 12 °C optimal (KRONENBERG 1975). Erntefähige Bestände vertragen kurzfristig Frost bis –10 °C. Bei Frost werden die Laubblätter abgesenkt und schützen so die Röschen. Längere Einwirkung von Temperaturen unter –10 °C führt zu Frostschäden in Form einer Verbräunung der Röschen. Der marktfähige Ertrag an Röschen hat an der gesamten Pflanzenmasse nur einen Anteil von 20–35 %.

Nach der Kälteeinwirkung bei Überwinterung geht der Rosenkohl in die generative Phase über. Die Jugendphase ist bei den meisten Sorten nach der Anlage von etwa 30 Blättern (15 Blätter über 1 cm lang) beendet. Am kürzesten ist die notwendige Vernalisationsdauer um 4–7 °C mit 5 Wochen für frühe und 9 Wochen für späte Sorten (THOMAS 1980). Rosenkohl hat ein qualitatives Vernalisationsbedürfnis.

☐ **Standortansprüche und -orientierung**

Günstig sind tiefgründige Böden mit guter Wasserkapazität. In Gebieten mit hohen Niederschlägen sind für die späte Ernte jedoch leichtere, durchlässigere Böden vorzuziehen. Entscheidend für die Ertragshöhe und Qualität sind die Temperaturen im Herbst. Optimal ist ein maritimes Klima mit einem langen, milden Herbst von durchschnittlich 12 °C.

Im Schwerpunkt liegen die Anbauflächen in Europa an den Küsten der Nordsee und des Atlantiks (KRONENBERG 1975). Im Bundesgebiet mit mittleren Januartemperaturen von 0 °C wird die Ernte im Herbst beendet, während man in Westeuropa bei durchschnittlich 2–4 °C bis Ende März ernten kann. Im Bundesgebiet liegen die größten Flächen in Nordrhein-Westfalen. Angebaut wird der Rosenkohl in intensiven Gemüsebaubetrieben, mit zunehmender Erntemechanisierung auch in landwirtschaftlichen Betrieben.

☐ **Fruchtfolge**

Bei späten Pflanzterminen sind Vorkulturen möglich. Sehr späte Erntetermine lassen häufig keine Herbstfurche oder Aussaat von Wintergetreide mehr zu. Die auf dem Feld bleibenden Ernterückstände liegen bei 400–500 dt/ha Frischmasse. Im übrigen gleichen die Ansprüche denen des Kopfkohls.

☐ **Sortenwahl**

Die große Streuung in Beständen von frei abblühenden Sorten hat dazu geführt, daß heute fast ausschließlich Hybridsorten im Anbau vertreten sind. Im wesentlichen unterscheiden sich die Sorten in der Kulturdauer, Sproßhöhe, Röschengröße und Eignung für bestimmte Erntezeiten vom Spätsommer bis zum Winter. Außerhalb Europas werden teilweise auch sehr niedrige Sorten mit kurzer Kulturzeit für späte Anbautermine ver-

Abb. 7.5-19: Einfluß der Bestandesdichte bei Rosenkohl

wendet. In England und einigen anderen Ländern bevorzugt man Sorten mit Röschen über 4 cm Durchmesser, während in Mitteleuropa Sorten mit Röschen unter 4 cm Durchmesser verbreitet sind.

Von den Sorten für die frühe Ernte wird neben der kurzen Kulturzeit erwartet, daß die Röschen spät locker werden und nicht durchtreiben. Bei späteren Sorten sind Standfestigkeit und Frosthärte wichtige Kriterien. Für die maschinelle Ernte sind der gleichmäßige Röschenbesatz sowie die Position der Röschen am Strunk von Bedeutung. Dicht am Strunk sitzende Röschen werden bei der Ernte beschädigt, während langgestielte Röschen nachgeschnitten werden müssen. Für die Handernte sind Sorten zu bevorzugen, deren Röschen nicht zu eng angeordnet sind und sich durch seitlichen Druck leicht vom Strunk lösen lassen. Alle Sorten sollen runde bis hochrunde, festgeschlossene und außen glatte Röschen ausbilden. Um ein Nachputzen zu vermeiden, dürfen keine abstehenden, früh vergilbenden Blätter auftreten. In der Farbe unterscheiden sich die Sorten zwischen hell- und dunkelgrün und teilweise leichter Rotfärbung durch Anthozyan.

□ **Düngung**
Der Höchstertrag an marktfähigen Röschen wird mit einem N-Angebot von etwa 300 kg N/ha in 0–90 cm Bodentiefe erreicht. Bei einem niedrig eingeschätzten N_{min}-Vorrat im Boden werden 250 kg N/ha für frühe und 150 kg N/ha für späte Erntetermine empfohlen. Höhere N-Gaben erhöhen die Blatt- und Strunkmasse, vermindern die Festigkeit der Röschen, verstärken Frostschäden und verringern die Standfestigkeit bei Wind und Schneefall. Eine Aufteilung der N-Düngung in 2 Gaben ist günstig.

□ **Pflanzenanzucht**
Eine Erntesaison von September bis November wird durch Pflanztermine, Sortenwahl und Bestandesdichte erreicht. Für die frühe Ernte wird ab April gepflanzt, der letzte Pflanztermin für Sorten mit kurzer Kulturzeit liegt Mitte Juni. Späte Sorten müssen vor Ende Mai gepflanzt werden.

In einigen Ländern wird Rosenkohl auf großen Flächen auch direkt gesät. Hohe Saatgutpreise und gleichmäßigere Bestände sind jedoch wichtige Gründe für die Verwendung von Jungpflanzen. Für frühe Pflanztermine erfolgt die Jungpflanzenanzucht ab Anfang März unter Glas in Preßtöpfen. Später werden »gezogene« Pflanzen aus Kästen oder Freilandbeeten verwendet.

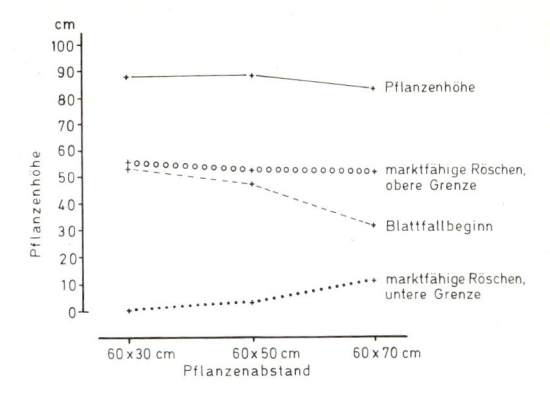

Abb. 7.5-20: Einfluß des Pflanzenabstandes auf die Entwicklung der Einzelpflanze von Rosenkohl (WIEBE/UHRLANDT 1970)

Der Pflanzabstand richtet sich nach Sorte, Erntemethode und geplantem Erntetermin. Enge Bestandesdichten sind eine wichtige Voraussetzung für die Einmalernte, der Erntetermin liegt jedoch wesentlich später. Wie Abbildung 7.5-20 zeigt, wird mit zunehmender Bestandesdichte die Alterung der unteren Blätter beschleunigt. Für die Einmalernte sollte die Blattalterung in der Zone beginnen, wo die Röschen einen Durchmesser von 10–15 mm erreicht haben, um somit eine möglichst große Strunklänge mit marktfähigen Röschen zu bekommen. Günstig für die Einmalernte sind Abstände von 60–75 x 30–40 cm, also 3–4 Pflanzen/m². Soll eine mehrmalige Ernte von Hand durchgeführt werden oder der Erntetermin möglichst früh liegen, muß in größeren Abständen gepflanzt werden, etwa 2–3 Pflanzen/m². Der optimale Termin für die Einmalernte kann durch die Bestandesdichte, verbunden mit höheren Erträgen, um 4–8 Wochen verschoben werden (Abb. 7.5-21).

□ **Pflege**
Unkrautbekämpfung und Wasserversorgung entsprechen im wesentlichen der von Kopfkohl. Bei den Schädlingen ist zu ergänzen, daß die Kohlfliege ab Mitte August Eier an die unteren Röschen ablegt und die daraus schlüpfenden Maden in den Röschen fressen. Sehr häufig tritt die mehlige Kohlblattlaus auf. Die Bekämpfung muß bei Befallsbeginn sofort erfolgen, da besonders die Läuse zwischen den äußeren Blättern der Röschen kaum noch zu erreichen sind.

Zur Erhöhung des Ertrages bei einmaliger Ernte kann durch Stutzen die Terminalknospe entfernt werden, um das Wachstum der oberen Röschen zu fördern. Das Stutzen muß etwa 4–6 Wochen vor dem geplanten Erntetermin erfol-

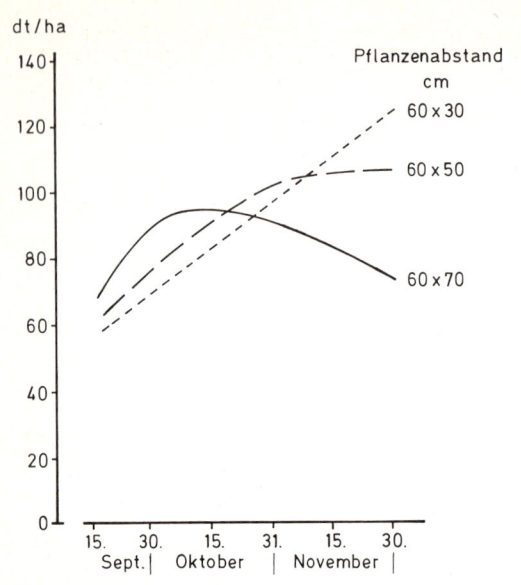

Abb. 7.5-21: Einfluß des Pflanzenabstandes auf den Ertragsverlauf von Rosenkohl (WIEBE/UHRLANDT 1970)

gen. Späteres Stutzen hat eine geringe Wirkung, während durch zu frühes Stutzen der Ertrag gesenkt werden kann.

□ **Ernte, Ertrag und Aufbereitung**

Geerntet wird im Bundesgebiet von Ende August bis Dezember, in den Niederlanden bis Februar und in England bis März. Mehrfaches Durchpflücken von Hand wird nur noch in kleinen Betrieben für den Frischmarkt durchgeführt. Bei hohen Preisen kann eine Vorpflücke in Beständen für eine spätere Einmalernte interessant sein. Üblich ist heute die Einmalernte mit unterschiedlicher Mechanisierung der einzelnen Arbeitsvorgänge. Voraussetzung hierfür sind relativ enge Standweiten, Stutzen und homogene Sorten.

Die Ernte besteht aus mehreren Arbeitsgängen: Entfernen der Blätter, Abtrennen der Strünke, Aufladen, Pflücke, Sortieren und Kalibrieren. Teilweise werden die Blätter von Hand entfernt, die Strünke abgeschnitten, aufgeladen und in ein Gebäude transportiert. Dort werden die Strünke einzeln durch eine Pflückmaschine gezogen, deren rotierende Messer die Röschen direkt am Strunk abschneiden.

Die gesamte Ernte kann auch auf dem Feld erfolgen, indem die Strünke maschinell abgeschnitten und von Hand in die mitfahrenden Pflückmaschinen eingeführt werden. Das Erntegut wird danach von losen Blättern und Blattstielen gereinigt, kalibriert und verlesen. Häufig ist ein teilweises Nachschneiden erforderlich.

Nach den EG-Normen kann Rosenkohl geputzt und nicht-geputzt vermarktet werden. Der Mindestdurchmesser der Röschen beträgt 10 mm für geputzten und 15 mm für ungeputzten Rosenkohl. Die Tiefkühlindustrie bevorzugt kleine Größen. Für den Frischmarkt wird in Netze mit 0,5–5 kg Inhalt verpackt. Der Ertrag liegt im Bundesgebiet bei durchschnittlich 120 dt/ha, bei früher Ernte niedriger. Bei sehr später Ernte werden im Ausland auch 150–200 dt/ha erreicht.

□ **Lagerung**

Rosenkohl wird im Bundesgebiet infolge der Importe während der Wintermonate kaum langfristig gelagert. Optimal sind für die Lagerung −1 °C bis 0 °C und hohe Luftfeuchte. Nach mehrwöchiger Lagerung muß nachgeputzt werden. Eine Lagerung bis zu 10 Wochen ist möglich, wenn ganze Strünke eingelagert sind. Hierdurch kann der Arbeitsaufwand für die Pflücke auf eine lange Saison verteilt werden.

Literatur

FISCHER, N. M. and MILBOURN, G. M. (1974): The effect of plant density, date of apical bud removal and leaf removal on the growth and yield of single-harvest Brussels sprouts. J. agric. Sci. Camb. **83**, 479-503.

KRONENBERG, H. G. (1975): A crop geography of late Brussels sprouts. Neth. J. agric. Sci. **23**, 291-298.

THOMAS, T. H. (1972): The distribution of hormones in relation to apical dominance in Brussels sprouts plants. J. Exp. Bot. **23**, 294-301.

THOMAS, T. H. (1980): Flowering of Brussels sprouts in response to low temperature treatment at different stages of growth. Sci. Hort. **12**, 221-229.

WIEBE, H.-J. und UHRLANDT, M. (1970): Sorte und Standweite bei Rosenkohl. Gemüse **6**, 231-234.

7.5.1.6 Grünkohl (*Brassica oleracea* L. conv. *acephala* (DC.) Alef. var. *sabellica* L.)

□ **Wirtschaftliche Bedeutung**

Weltweit hat der Grünkohl nur geringe Bedeutung. Neben dem Anbau in einigen Nachbarländern liegt der Schwerpunkt mit rund 1000 ha in Norddeutschland. Vermarktung und Verzehr erfolgen fast ausschließlich im Winter von Ende September bis Februar. Der Absatz auf den Märkten findet zu 70 % im Dezember statt. Außer für den Frischmarkt wird Grünkohl für die Tiefkühl- und Naßkonservenindustrie produziert. Der Anbau erfolgt vorwiegend in landwirtschaftlichen Betrieben, für den Frischmarkt jedoch auch in intensiven Gemüsebaubetrieben.

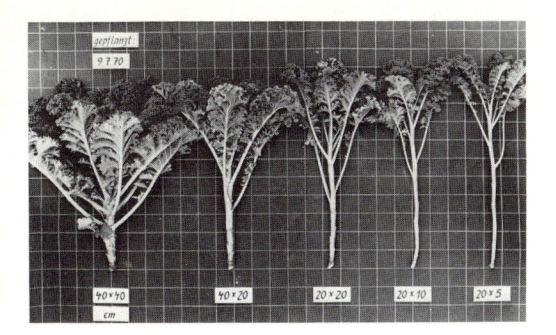

Abb. 7.5-22: Einfluß der Bestandesdichte auf den Habitus von Grünkohl

□ **Botanische Grundlagen**
Bis zum Stadium der Jungpflanze unterscheidet sich der Grünkohl von den anderen Kohlarten nur in der Blattform. Danach wächst der Sproß während der vegetativen Phase unverzweigt in die Höhe. An freistehenden Pflanzen sind die Blätter entlang der Sproßachse gleichmäßig verteilt, im engen Bestand bildet sich eine offene Blattrosette an der Sproßspitze (Abb. 7.5-22). Die Blattspreite ist stellenweise zur Blattoberseite hin aufgebogen und die Randzone kraus gefaltet. Zunächst stehen die Blätter relativ steil nach oben, zum Herbst hin senken sie sich ab.

Zunehmende Bestandesdichte erhöht den Frühertrag. Der erreichbare Höchstertrag an grünen Blättern ist jedoch mit Ausnahme sehr später Anbautermine zwischen 6 und 100 Pfl./m² gleich hoch. Die maximalen Flächenerträge sind um so höher, je früher gepflanzt wird (Abb. 7.5-23). Nach Erreichen der größten grünen Blattmasse nimmt diese zum Herbst hin langsam ab, und der Anteil an Strünken und gelben Blättern steigt.

Da die grünen Blätter geerntet werden, ist die Blattvergilbung durch natürliche Alterung (Seneszenz) unerwünscht. Die Blattvergilbung wird gefördert durch Nährstoffmangel, höhere Bestandesdichte und abnehmende Lichtintensität zum Herbst hin. Grünkohl ist sehr frosthart, Schäden treten erst bei Kälteperioden unter -10 bis $-15\,°C$ auf. Für einen Anstieg des Zuckergehaltes ist nicht eine Frosteinwirkung erforderlich, wie vielfach behauptet wird, sondern die längere Einwirkung niedriger Temperatur (Abb. 7.5-3).

Für die generative Entwicklung hat der Grünkohl ein quantitatives Vernalisationsbedürfnis. Induktiv sind Temperaturen unter $14\,°C$ für einige Wochen.

□ **Standortansprüche und -orientierung**
Der Grünkohl hat geringere Ansprüche an Klima und Boden als die anderen Kohlarten. Staunässe und Nährstoffauswaschung auf leichten Böden sind zu vermeiden, da sonst eine vorzeitige Vergilbung des Bestandes auftreten kann. Außerdem muß der Boden Erntearbeiten bis Dezember zulassen.

□ **Kulturverfahren**
Das Kulturverfahren ist abhängig von der geplanten Erntemethode, deshalb soll es für die beiden wichtigsten Erntemethoden getrennt behandelt werden.

Für die Ernte von Hand oder die maschinelle Ernte ganzer Pflanzen und folgendem Abrupfen der Blattspreiten werden weite Pflanzenabstände von 5–6 Pfl./m² vorgezogen. Es werden entweder Jungpflanzen auf Beeten vorkultiviert, gezogen und von Mai bis Anfang August gepflanzt oder es wird etwa 4 Wochen früher, ähnlich wie bei Kopfkohl, direkt gesät. Verwendet werden hierfür im wesentlichen halbhohe Sorten.

Von Hand wird 1- bis 2mal durchgeerntet. Bei der ersten Ernte bleiben die 5 jüngsten Blätter stehen. Die Arbeitsmethode ist unterschiedlich.

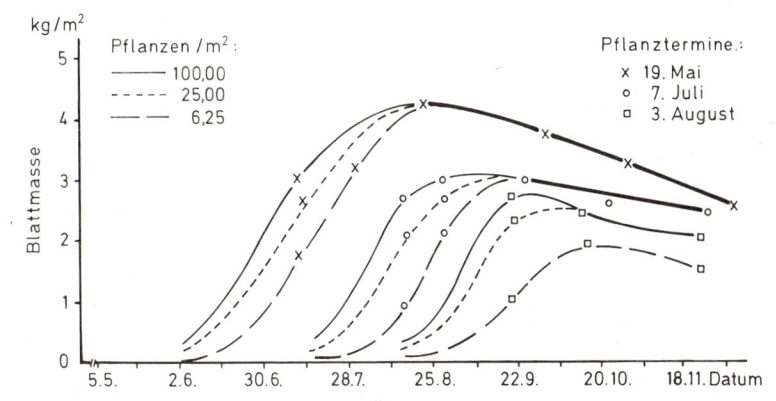

Abb. 7.5-23: Einfluß von Bestandesdichte und Pflanztermin auf den Ertragsverlauf von Grünkohl (WILHELM 1979)

Entweder werden die Blätter mit Stiel abgebrochen und dann die Blattmasse abgerupft oder es bleiben nach dem Rupfen die Blattstiele an der Pflanze. Bei der Einmalernte werden die Strünke von Hand abgeschlagen oder maschinell abgeschnitten und dann einzeln zum Abrupfen der Blattspreiten in eine Maschine eingegeben. Das Abrupfen erfolgt auf dem Feld oder im Werk. Häufig wird eine Vorernte von Hand durchgeführt und dann später maschinell geerntet. Das Abrupfen der Blätter auf dem Feld wird auch mit umgebauten Bohnenpflückmaschinen versucht.

Für die Ernte mit dem Spinatvollernter sind nur junge Pflanzen aus engen Beständen mit dünnen Strünken geeignet. Gesät wird in einer Reihenentfernung von 15–20 cm. Der letzte Aussaattermin ist etwa Anfang August mit einer Aussaatmenge bis zu 15 kg/ha. Gelegentlich wird für die Industrie nach der Spinaternte noch 2mal Grünkohl mit Aussaaten im Juni und August angebaut. Voraussetzung für diese Anbaumethode sind Flächen, die wenig Unkrautbesatz, insbesondere mit Disteln, erwarten lassen, so daß nach Herbizidanwendung der Bestand zur Erntezeit unkrautfrei ist. Bevorzugt werden neben den halbhohen auch niedrige Sorten. Eine extrem aufrechte Blattstellung der niedrigen Sorten (z. B. 'Vates') ist unerwünscht, da die gelben Blätter in der Blattzone hängen bleiben. Generell ist bei dieser Methode der Strunkanteil höher und das Auslesen gelber Blätter aufwendiger als bei geringer Bestandesdichte.

Bei beiden Kulturverfahren muß das Stickstoffangebot ausreichen, um ein vorzeitiges Vergilben zu verhindern. Je nach Anbautermin und Vorkultur werden 100–200 kg N/ha gegeben. Bei Aufhellung des Bestandes kann eine Blattdüngung, z. B. mit Harnstoff, durchgeführt werden. Die Unkrautbekämpfung erfolgt mechanisch oder chemisch, im Sommer ist der Bestand schnell geschlossen. Das Auftreten von Krankheiten und Schädlingen wirft in der Regel keine Probleme auf.

Die Erträge liegen zwischen 150 und 350 dt/ha, je nach Anbaumethoden. Für Grünkohl gibt es keine gesetzliche Qualitätsvorschrift. Übliche Kleinverpackungen für den Frischmarkt sind Folienbeutel oder Netze. Die Industrie bevorzugt von Hand gerupfte Rohware mit geringem Stielanteil und Blattrippen unter 5 mm Durchmesser.

Literatur

STALLMANN, Ch. (1984): Ernte und Aufbereitung von Grünkohl. Gemüse **20**, 19-22.

WILHELM, E. (1979): Bestandesentwicklung bei Grünkohl (*Brassica oleracea* conv. *acephala* var. *sabellica* L.). Gartenbauwissenschaft **44**, 74-83, 111-118.

7.5.2 Chinakohl (*Brassica pekinensis* [Lour.] Rupr.)

☐ Geschichte und Bedeutung

Chinakohl ist eine alte Kulturpflanze Chinas. Da seine Ursprungsform nicht auffindbar ist, wird vermutet, daß er aus einer Kreuzung zwischen Pak-choi (*Brassica chinensis*) und der Speiserübe (*Brassica rapa* var. *rapa*) entstanden ist. Taxonomisch werden in Asien diese Arten und auch der Chinakohl *Brassica campestris* L. zugeordnet (LI 1981). In Ostasien werden Sorten mit sehr unterschiedlichen Kopfformen angebaut und teilweise nur Blattrosetten geerntet. Von China aus erfolgte die Verbreitung in Korea, Japan und anderen ostasiatischen Ländern. In Nordamerika und Europa wurde der Chinakohl Anfang dieses Jahrhunderts eingeführt.

Die wirtschaftliche Bedeutung von Chinakohl ist in einigen Gebieten Ostasiens mit der von Weißkohl in anderen Ländern zu vergleichen. In den Nordprovinzen Chinas soll der Chinakohl in den Wintermonaten bis zu 80 % des gesamten Gemüseverzehrs ausmachen. In Japan liegt die Anbaufläche bei 40 000 ha, in Korea bei 70 000 ha. Im Bundesgebiet ist die Fläche innerhalb weniger Jahre auf über 600 ha gestiegen.

Der Gehalt an ernährungsphysiologisch wichtigen Inhaltsstoffen von Chinakohl ist im Vergleich zu anderen Gemüsearten nur mittelgroß. In einigen Gebieten Ostasiens ist er jedoch ein wichtiger Vitamin-C-Lieferant in den Wintermonaten. Dort wird er im Winter vom Feld geerntet oder gemischt mit anderen Gemüsearten durch Milchsäuregärung (»Kimchi« in Korea) für den Winter haltbar gemacht. In Europa wird der Chinakohl roh als Salat und gekocht verzehrt. Der Nitratgehalt von Chinakohl ist höher als der von Kopfkohl.

In Ostasien, besonders in den wärmeren Gebieten, wird eine dem Chinakohl nah verwandte Art, *Brassica chinensis,* dort Pak-choi genannt, in großem Umfang angebaut. Die Sorten dieser Art bilden keine Köpfe, geerntet werden Blattrosetten mit stark verdickten Blattrippen. In Europa wird der Anbau von Pak-choi zur Zeit getestet.

☐ Botanische Grundlagen

Das Saatgut unterscheidet sich bei einer TKM von 2,5–3,5 g auch in Form und Farbe nicht von

Abb. 7.5-24 a: Schoßstadien von Chinakohl

dem anderer *Brassica*-Arten. Die Keimung erfolgt sehr schnell, bei 20 °C sind bereits nach 4 Tagen die Keimblätter entfaltet. Auffallend ist auch das sehr schnelle Wachstum von Chinakohl, was zu kurzen Kulturzeiten führt. Für das Wachstum der Jungpflanzen sind Temperaturen um 20 °C optimal, danach ist für die Kopfbildung ein Absinken der Temperatur bis 12 °C günstiger. Es liegt deshalb bei den meisten Sorten eine Anpassung an Herbstbedingungen vor.

Entwicklungsphysiologisch ist Chinakohl in Ostasien zweijährig, in den kühleren Klimabedingungen Mitteleuropas jedoch einjährig. Verfrühtes Schossen erschwert die Ausweitung der Erntesaison in Deutschland. Blütenanlage und

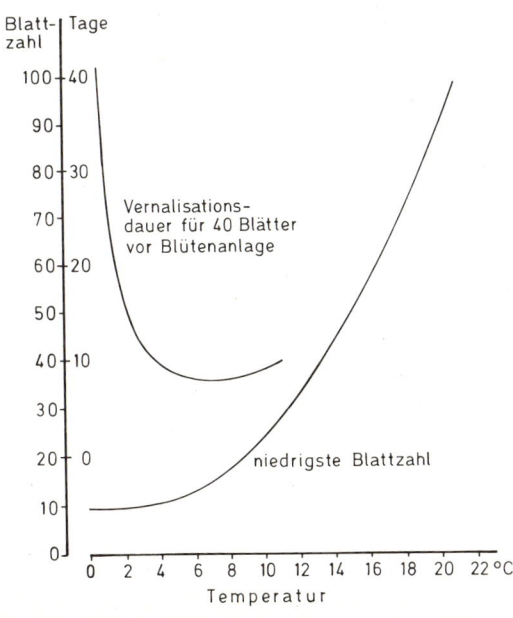

Abb. 7.5-24 b: Einfluß der Temperatur auf die niedrigste Blattzahl und kürzeste Vernalisationsdauer für 40 Blätter bei Chinakohl (schematisch) (ELERS/WIEBE 1984)

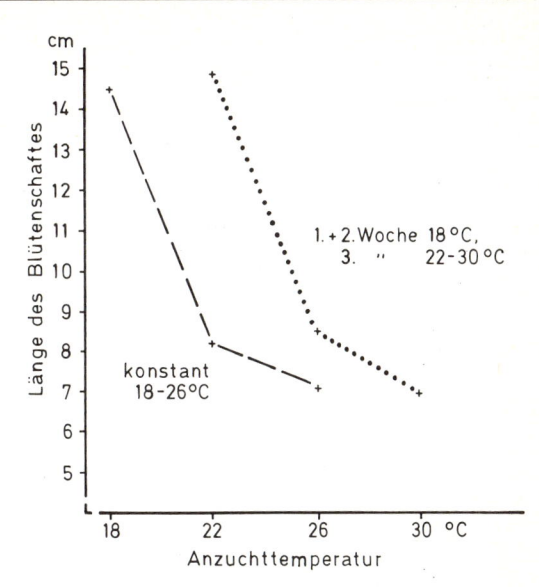

Abb. 7.5-25: Einfluß der Anzuchttemperatur auf die Länge des Blütenschaftes bei 1 kg Pflanzengewicht von Chinakohl (ELERS/WIEBE 1984)

Schossen werden durch niedrige Temperatur (Vernalisation) und lange Tage (Photoperiodismus) beschleunigt (Abb. 7.5-24 a). Im Gegensatz zu anderen Kohlarten ist keine Jugendphase vorhanden. Der Kältereiz wird bereits vom keimenden Samen aufgenommen, jedoch nicht während der Entwicklung auf der Mutterpflanze. Niedrige Temperaturen (2–8 °C) während der Keimung führen zum Schossen vor der Kopfanlage, auch wenn nach dem Pikieren hohe Temperaturen einwirken. Eine Blütenanlage tritt frühestens nach 8–10 Blättern auf, diese Mindestblattzahl steigt mit der Temperatur (Abb. 7.5-24 b).

Induktiv ist der Temperaturbereich von 0–20 °C. Die notwendige Vernalisationsdauer ist bei 5–8 °C mit etwa 2 Wochen am kürzesten. Für den gleichen Effekt müssen Temperaturen unter 5 °C länger einwirken. Je später die niedrige Temperatur auftritt, z. B. infolge einer warmen Vorkultur der Jungpflanzen, um so höher ist die Blattzahl. Eine warme Anzucht von 3 Wochen erhöht die Blattzahl in Abbildung 7.5-24 b generell um etwa 20 Blätter. Eine normale Kopfbildung ist nur möglich, wenn die Pflanzen etwa 60 Blätter vor den Blüten anlegen. Erfolgt die Anzucht bei Temperaturen über 20 °C, wird das Schossen nach dem Auspflanzen in niedriger Temperatur verzögert, d. h. es treten Antivernalisationseffekte auf (Abb. 7.5-25).

Langtage fördern das Schossen nur nach unvollständiger Vernalisation. Bei 22 °C führt der Langtag nicht zur Blütenanlage, während nach lang anhaltender Kälteeinwirkung ebenfalls kein Einfluß der Tageslänge auf den Schoßbeginn besteht. Steigt dagegen die Temperatur nach unvollständiger Vernalisation an, erhöhen Kurztage die Blattzahl und verzögern den Schoßbeginn im Vergleich zum Langtag. So können 1–2 Wochen Vernalisation wirkungslos bleiben, wenn anschließend hohe Temperaturen und Kurztag folgen.

□ Standortansprüche und Anbauformen

Das schnelle Wachstum von Chinakohl setzt eine gute Wasser- und Nährstoffversorgung voraus. Der Anbau auf schweren Böden oder maritimes Klima sind deshalb günstige Voraussetzungen. Eine Ernte im Winter aus dem Freiland wie in Ostasien ist in Mitteleuropa nicht möglich, da der Chinakohl zu frostempfindlich ist.

Im Bundesgebiet wird der Chinakohl in allen Gemüsebaugebieten vorwiegend im intensiven Freilandbetrieb angebaut. Der Anbau unter Glas, wie in kleinerem Umfang in den Niederlanden, ist in der Bundesrepublik Deutschland bisher sehr selten.

□ Fruchtfolge

Chinakohl wird überwiegend als Nachkultur im Spätsommer angebaut, so daß viele Arten als Vorkultur möglich sind. Belastet wird die Fruchtfolge im Gemüsebaubetrieb durch die starke Anfälligkeit für Kohlhernie. Aus Taiwan wird berichtet, daß Abbauprodukte der Ernterückstände die Keimung nachfolgender Mungbohnen hemmen.

□ Sortenwahl

Die in Europa verwendeten Sorten bilden alle Köpfe, die sich jedoch in der Form und Blatthaltung unterscheiden. Neben Sorten wie 'Granat' mit hochrundem, schlankem, lockerem Kopf, werden fast ausschließlich japanische Hybriden mit ovalen Köpfen angebaut, die sich jedoch ebenfalls im Kopfaufbau unterscheiden. Einige haben senkrecht stehende Blätter, die sich oben kaum überlappen, andere bilden festere Köpfe mit helmförmiger Überlappung am Kopfende. Die in vielen Sortennamen angegebenen Kulturzeiten gelten für Japan. Sie sind für Deutschland zu kurz und können nur in der Tendenz übertragen werden. Auch in der Schoßneigung und im Auftreten von Innenblattnekrosen gibt es Sortenunterschiede.

□ Düngung

Der Stickstoffbedarf liegt bei 250 kg N/ha. Bei Direktsaat und auf leichten Böden sollte diese Menge in 2 Gaben aufgeteilt werden. Nach Pflanzung auf schwerem Boden ist bei dieser schnellwachsenden Kultur eine Kopfdüngung nicht notwendig. Ein zu hohes Stickstoffangebot erhöht das Risiko für das Auftreten von Innenblattnekrosen sowie den Nitratgehalt (500–2000 ppm) und senkt den Vitamin-C-Gehalt.

□ Pflanzenanzucht

Für die Ernte im Herbst ist eine Direktsaat möglich und im Hinblick auf die häufig besseren Qualitäten der Pflanzung vorzuziehen. Je nach Sorte und Gebiet kann die Aussaat ab Ende Juni bis Ende Juli erfolgen. Bei früheren Saatterminen erhöht sich das Risiko für Schosserbildung, bei späteren sinkt der Ertrag. Erfolgt die Aussaat mit Einzelkornsämaschinen, liegt der Saatgutbedarf bei 0,5–1,0 kg/ha. Die Kulturzeiten betragen je nach Sorte 2,5–3,5 Monate, so daß die Ernte von Anfang September bis Anfang November erfolgen kann.

Eine Verwendung von Jungpflanzen ermöglicht eine Verlängerung der Erntesaison und verkürzt die Kulturzeit um etwa 3 Wochen. Der letzte Pflanztermin liegt Mitte August. Frühe Pflanztermine erfordern eine warme Jungpflanzenanzucht. Zusätzlich muß von Mitte April bis Mitte Mai für einige Wochen gelochte Flachfolie eingesetzt werden, da die höheren Tagtemperaturen unter der Folie in den meisten Jahren das Schossen für die Ernte kleinerer Köpfe ausreichend lange verzögern. Für die Jungpflanzenanzucht in Erdtöpfen von etwa 3 Wochen ist eine Temperatur über 20 °C zu empfehlen. Je höher die Tagtemperatur bis 30 °C steigt, um so später beginnt das Schossen. Wird die Temperatur nur in der letzten Woche erhöht, so ist die Antivernalisationswirkung deutlich schwächer (Abb. 7.5-25). Kurztagsbehandlungen können hohe Temperatur während der Anzucht in der Wirkung nicht ersetzen und sind nicht zu empfehlen. Warm kultivierte Jungpflanzen sind sehr frostempfindlich, Schäden können schon bei −2 °C auftreten. Trockenheit in den letzten Tagen vor der Pflanzung mindert die Frostschäden. Die Bestandesdichte variiert je nach Sorte und Anbauzeit zwischen 5 und 8 Pfl./m².

□ Pflege

Die Unkrautbekämpfung kann mechanisch erfolgen. Herbizide, die für andere Kohlarten zugelassen sind, eignen sich auch für Chinakohl. Der Wasserbedarf ist hoch, Beregnung ist deshalb auf den meisten Standorten erforderlich.

Große Probleme treten in der Praxis durch die besondere Anfälligkeit für Kohlhernie auf. Bei der Verseuchung des Bodens mit Kohlhernie sollten Jungpflanzen in Preßtöpfen und Kalkstickstoff bevorzugt verwendet werden. Ein Ausweg ist der Anbau auf Pachtflächen in landw. Fruchtfolge nach Wintergetreide. Zu achten ist außerdem besonders auf die Bekämpfung von *Alternaria,* Kohlfliegen und Erdraupen im Sommer.

Innenblattnekrosen, wie bei anderen Arten durch Ca-Mangel verursacht, zeigen sich durch Absterben der Ränder an den äußeren und inneren Blättern der Köpfe. Es können ganze Bestände unverkäuflich werden, besonders wenn eine Naßfäule durch *Erwinia carotovora* folgt. Das Auftreten von Innenblattnekrosen wird gefördert durch hohe N-Düngung, hohe Salzgehalte im Boden sowie hohe Luft- und Bodenfeuchte. Spritzungen mit $CaCl_2$ (0,5%ig) oder $CaNO_3$ (2%ig) zu Beginn der Kopfbildung haben nur geringe Wirkungen.

☐ **Ernte, Ertrag und Aufbereitung**
Der Erntezeitpunkt richtet sich nach dem Kopfgewicht und dem erwarteten Qualitätsabfall durch Schossen oder Krankheiten. Die einheitlichen Bestände der neuen Sorten ermöglichen in der Regel eine einmalige Ernte. Der Kopf wird von Hand aus den Umblättern herausgeschnitten und direkt auf dem Feld in Kisten verpackt. Eine Vorverpackung in Folien kann für bestimmte Absatzwege Vorteile bringen.

Frühe Sätze werden bei Kopfgewichten ab 0,5 kg, späte Sätze bei 1–2 kg geerntet. Der Blütentrieb im Kopf darf je nach Markt 5–10 cm Länge nicht überschritten haben. Gesetzliche Normen liegen für Chinakohl bisher nicht vor. Je nach Jahreszeit und Sorte liegt der Ertrag bei 300–600 dt/ha.

☐ **Lagerung**
Chinakohl kann in Kühlräumen bis Anfang Februar gelagert werden. Es treten allerdings häufig Nekrosen auf, deren Ursache noch nicht geklärt ist. Günstige Bedingungen sind 0–1 °C und eine hohe rel. Luftfeuchte. Die Verluste nach 3 Monaten Lagerung sind hoch, sie liegen häufig über 40 %. In der Eignung für die Lagerung gibt es große Sortenunterschiede. Bei einer Primitivlagerung in Scheunen läßt man die äußeren Blätter zum Schutz vor Wasserverlusten und Frost durch höhere Temperatur am Beginn der Lagerung abtrocknen.

■ **Gewächshauskultur**
In einigen Ländern wird Chinakohl auch unter Glas angebaut, um von März bis Mai zu ernten. Hierdurch wird die Lücke zwischen dem Verkauf aus dem Lager und der ersten Ernte im Freiland geschlossen. Da die Temperatur über 18 °C liegen muß, somit hohe Energiekosten erfordert und häufig Innenblattnekrosen auftreten, findet in der Bundesrepublik Deutschland bisher selten ein Anbau unter Glas statt.

Literatur
ELERS, B. und WIEBE, H.-J. (1984): Flower formation of Chinese cabbage. Sci. Hort. **22,** 219–231, 327–332.
LI, C. W. (1981): The origin, evolution, taxonomy on hybridization of Chinese cabbage. In: Chinese Cabbage, Proc. of the 1st Intern. Symp. (Ed. N. S. TALEKAR, T. D. GRIGGS). Taiwan: AVRDC Publication No. 81–138.
NAKAMURA, E. (1977): Der Anbau von Chinakohl in Japan. Gemüse **13,** 194–198.

7.5.3 Kohlrübe (Steckrübe, Wrucke – *Brassica napus* L. var. *napobrassica* [L.] Rehb.)

☐ **Geschichte und Bedeutung**
Neben der Kohlrübe gehört auch der Raps zu *Brassica napus.* Nach den Chromosomenzahlen (n) und entspechenden Testkreuzungen ist *Br. napus* (n = 19) ein amphidiploider Bastard von *Brassica oleracea* (n = 9) und *Brassica rapa* (n = 10).

Entstanden ist die Kohlrübe wahrscheinlich im Mittelmeerraum. Es ist eine alte Kulturpflanze, deren Geschichte sich nur schwer verfolgen läßt, da in alten Berichten auch die Speiserübe gemeint sein kann. Anbau und Verzehr von Kohlrüben haben in Deutschland in Notzeiten immer eine große Bedeutung gehabt, wie die Bezeichnung »Steckrübenwinter« für 1917–1918 dokumentiert. Wichtig waren damals die relativ hohen Flächenerträge als Nachkultur bei günstigen Gehalten an Kohlenhydraten (6–8 %) und Eiweiß (1 %) sowie die Eignung für die Lagerung in Mieten. An weiteren Inhaltsstoffen ist nur ein mittelhoher Vitamin-C-Gehalt (30 mg/100 g Frischsubstanz) zu erwähnen. Heute sind Anbau und Konsum von Kohlrüben in vielen Ländern wesentlich bedeutender als in der Bundesrepublik Deutschland.

☐ **Botanische Grundlagen und Sorten**
Die Samen (TKM ca. 3 g) sind von denen der Kohlarten nur nach der Quellung an der nicht schleimig werdenden Samenschale zu unterscheiden. Im ersten Jahr bildet die Pflanze eine Blatt-

Abb. 7.5-26: Kohlrübenpflanze

rosette und eine Rübe. Da an der Rübenbildung Sproß, Hypokotyl und Wurzel beteiligt sind, ist es eine Sproßrübe (Abb. 7.5-26). Der basale Teil der Rübe besteht aus Holzparenchym, während im Sproßteil das Markgewebe überwiegt (RAUH 1950). Weißfleischige Sorten werden als Viehfutter angebaut, Speisesorten sind gelbfleischig. Die gelbfleischigen Sorten bilden grüne oder violette Köpfe, wenn die Rüben nicht mit Boden bedeckt sind. Die Sorten unterscheiden sich außerdem im Ertrag, der Rübenform, im Blattanteil und im Geschmack. Nach Vernalisation schießt die Kohlrübe in der Regel im 2. Jahr.

☐ **Standortansprüche**
Kohlrüben wachsen am besten im maritimen Klima. Bei ausreichender Wasserversorgung bestehen keine besonderen Ansprüche an die Bodenart. Trockenheit führt zu starken Ertragsrückgängen.

☐ **Kulturverfahren**
Kohlrüben werden als Hauptkultur von April bis Mai direkt gedrillt. Der Saatgutbedarf liegt bei Einzelkornsämaschinen um 1 kg/ha. Bei einer Reihenentfernung von 50 cm wird im 2-Blattstadium auf 40 cm in der Reihe verhackt. Typisch ist der Anbau als Nachkultur. Hierfür werden auf Beeten Jungpflanzen gezogen und bis Ende Juli gepflanzt.

Die Stickstoffdüngung braucht 100 kg N/ha nicht zu übersteigen. Noch früher als bei den *Beta*-Rüben kann Bormangel auftreten, der sich durch Glasigkeit des Rübenfleisches zeigt. Leichtes Häufeln vermindert die Verfärbung der Rübenköpfe. Zur Unkrautbekämpfung sind auch Herbizide oder Kalkstickstoff einzusetzen. Die wichtigsten Krankheiten sind Kohlhernie und Mosaikvirus.

Die Ernte erfolgt von September bis November. Bei der Handernte werden die Rüben aufgezogen, in Reihen gelegt und dann das Blatt abgetrennt. Mit Maschinen köpft man zunächst die Rüben, um sie mit Rodegeräten aufzunehmen. Im angefrorenen Zustand sollte nicht gerodet werden, da die Haltbarkeit verringert wird. Vor der Vermarktung werden die Rüben gewaschen. Im Ausland wird auch gewachst, um die Haltbarkeit zu erhöhen. Die Belieferung des Frischmarktes erfolgt in Kisten oder Säcken. Die Erträge liegen um 500 dt/ha, Spitzenerträge bei 800 dt/ha.

Eine Lagerung in Kellerräumen oder Mieten ist möglich. Im Kühllager können Kohlrüben bei 0 °C und hoher Luftfeuchtigkeit bis zu 6 Monaten gelagert werden.

Literatur
BIELKA, R. (1969): Feldgemüsebau. Berlin: VEB Deutscher Landwirtschaftsverlag.

7.5.4 Speiserübe (Mairübe, Herbstrüben, Teltower Rübchen, Weiße Rübe, Wasserrübe, Stielmus, Rübstiel, Namenia – *Brassica rapa* L. var. *rapa*)

☐ **Geschichte und Bedeutung**
Zu *Brassica rapa* gehört neben den vielen Formen der Speiserübe auch der Rübsen, der wie Raps zur Ölgewinnung angebaut wird. Als Gemüse genutzt werden, je nach Sorte und Anbaumethode, die Rüben, Blattstiele und/oder Blätter. Aufgrund des Formenreichtums wird angenommen, daß sich die Kulturformen an mehreren Stellen in Asien, Europa oder Nordafrika aus *Brassica campestris* entwickelt haben. Wie die Kohlrübe ist auch die Speiserübe eine alte Kulturpflanze, deren Geschichte nicht getrennt voneinander zu verfolgen ist.

Speiserüben (englisch turnips) werden heute in vielen Ländern auf Flächen bis zu 10 000 ha angebaut. Im Bundesgebiet hat der Anbau nur lokale Bedeutung mit regional unterschiedlichen Anbauformen. Herbstrüben werden auch als Viehfutter nach Getreide gesät.

☐ **Botanische Grundlagen**
Von der Kohlrübe ist die Speiserübe am Blatt zu unterscheiden. Während die Kohlrübe blaugrüne, wachsüberzogene Blätter hat, bildet die Speiserübe hellgrüne, behaarte Blätter. Die Samen gleichen denen der anderen *Brassica*-Arten; bei

der Quellung wird die Samenschale nicht schleimig.

In der Rübenform gibt es große Sortenunterschiede von plattrund, rund bis walzenförmig, so daß Sproß, Hypokotyl und Wurzel unterschiedlich beteiligt sind (Abb. 7.5-27). Innen sind die Rüben weiß- oder gelbfleischig, der Rübenkopf ist weiß, grün oder rot-violett. Es gibt auch Sorten (z. B. 'Namenia'), die keine Rüben ausbilden. Von diesen wird die Blattrosette verzehrt.

Speiserüben sind zweijährig; das Schossen wird durch Vernalisation ausgelöst, wobei der Kältereiz bereits von keimenden Samen aufgenommen werden kann (SAKR 1944).

□ **Anbau für die Ernte der Rüben**
Der Anbau für die Ernte der Rüben hat die größte Bedeutung. Speiserüben stellen keine hohen Ansprüche an Bodenart und Klima. Aufgrund der kurzen Kulturzeit ist es eine Vor-, Zwischen- oder Nachkultur. In der Regel wird direkt gesät und vereinzelt. Mairüben werden ab Ende März gedrillt (Abstand 20 × 10 cm) und ab Ende Mai geerntet. Herbstrüben, vorwiegend Sorten mit größeren Rüben, können noch bis Mitte August (Stoppelfrucht) gesät (Abstand 30–40 × 20–30 cm) und im Herbst geerntet werden. Teltower Rübchen (Teltower Anbaugebiet mit sehr leichten Böden südlich Berlins) sind Sorten mit besonders kleinen Rüben, die vorwiegend im August gesät werden (Abstand 12–15 × 8–10 cm) und als Delikatesse gelten.

Die Ernte erfolgt bei kleineren Flächen von Hand, auf großen Flächen mit Maschinen, wie Raufriemenerntern. Die Rübenerträge liegen je nach Anbauzeit, Sorte und Anbauform zwischen 150 und 600 dt/ha. Speiserüben können ähnlich wie Kohlrüben gelagert werden. Zur besseren Haltbarkeit werden sie im Ausland teilweise gewachst.

□ **Anbau als Rübstiel**
In einigen Gebieten, z. B. im Rheinland, verzehrt man die Blattstiele als Gemüse. Hierfür werden Mai- oder Herbstrüben sehr eng, 2–4 g Saatgut/m^2 in 12–15 cm Reihenabstand gesät. Die Kultur ist noch kürzer als bei der Rübenernte, so daß die Aussaat bis Ende August erfolgen kann. Rübstiel wird auch unter Glas angebaut, bevorzugt mit Aussaat im Januar für die Ernte im März. In den Niederlanden wird der Anbau unter Glas auf 60–70 ha geschätzt. Geerntet wird von Hand, die Blätter werden gebündelt oder lose in Kisten verpackt. Sorten ohne Rüben können auch gezogen werden, so daß die Rosetten erhalten bleiben. Die Erträge liegen bei 3–4 kg/m^2.

Abb. 7.5-27: Speiserüben: l. 'Namenia', r. Mairüben

Literatur
SAKR, M. (1944): Effect of temperature and photoperiod on seed stalk development in turnip. Proc. Amer. Soc. Hortic. Sci. **44**, 473–478.

7.5.5 Rettich und Radies (*Raphanus sativus* L.)

□ **Geschichte und Bedeutung**
Die *Raphanus*-Arten können von allen anderen Formen der *Brassicaceae* durch die konische Form der Schoten deutlich unterschieden werden. Neben Rettich und Radies sind von der Gattung *Raphanus* in Europa auch der Hederich (*R. raphanistrum* L.) als Unkraut und der Ölrettich (*R. sativus* var. *oleiformis*) als Gründungspflanze verbreitet.

Entstanden ist der Rettich wahrscheinlich in Vorderasien, wobei *R. maritimus* wegen der rübenförmig verdickten Wurzel als Ausgangsform, eventuell in Kombination mit anderen Wildspecies, angesehen wird. Das Radies ist aus dem Rettich entstanden.

Die Rüben des Rettichs bestehen aus verdickten Wurzeln und – je nach Sorte mit unterschiedlichem Anteil – dem Hypokotyl. Über Zwischenformen haben sich hieraus beim Radies reine Hypokotylknollen entwickelt (Abb. 7.5-28). Durch die vielen Übergangsformen sind Rettich und Radies nicht immer eindeutig zu unterscheiden. Aufgrund einer Überbewertung des Vorkommens von Sorten mit schwarzschaligen Rüben beim Rettich hat Linné diesen mit var. *niger* bezeichnet (HELM 1957).

Rettich ist eine sehr alte Kulturpflanze. Beim Bau der Cheopspyramide (etwa 2700 v. d. Z.) sollen nach einer heute nicht mehr vorhandenen Inschrift bereits Rettiche für die Sklaven ausgegeben worden sein. Die Römer brachten den Rettich sehr früh nach Mitteleuropa. Über China (500 v. d. Z.) soll der Rettich erst etwa 700

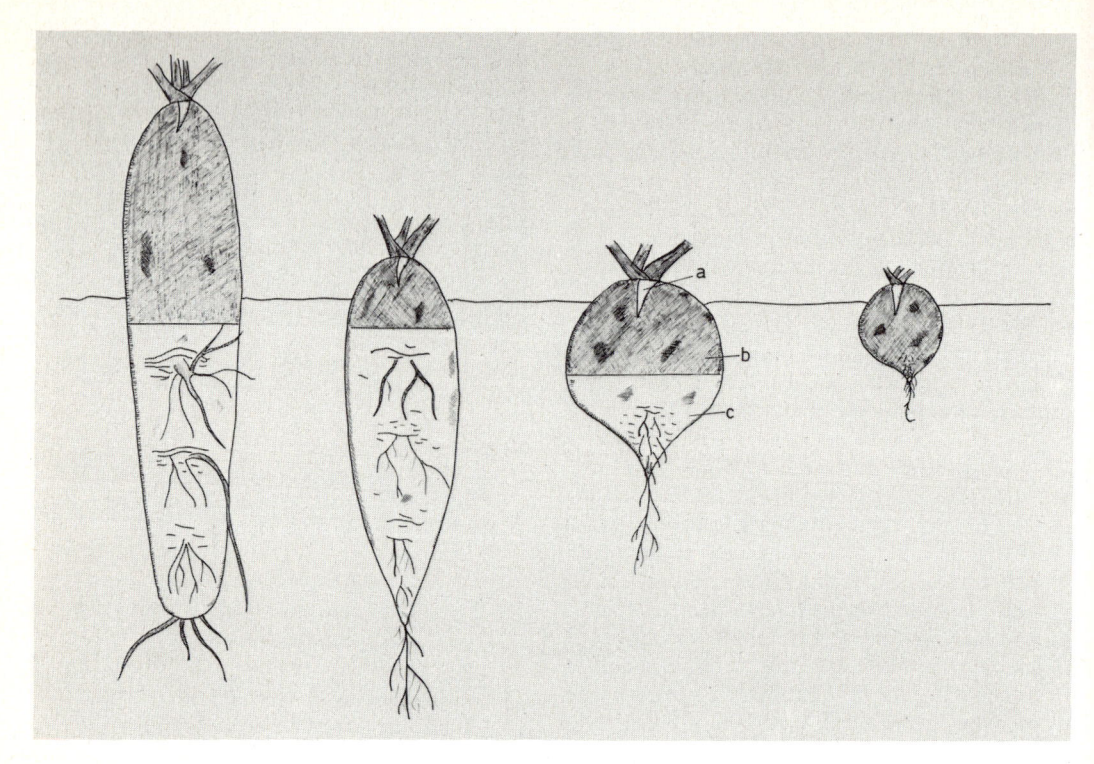

Abb. 7.5-28: Knollenrüben und Hypokotylknollen von *Rhapanus sativus* L. a = primäre Rinde, b = Hypokotyl, c = Wurzel

n. d. Z. nach Japan gekommen sein. Radies war im Altertum unbekannt, die ersten Berichte stammen aus der zweiten Hälfte des 18. Jh. (BECKER 1962).

Die wirtschaftliche Bedeutung des Rettichanbaus ist in Ostasien wesentlich größer als in Europa. So werden z. B. in Korea auf etwa 70 000 ha Rettich angebaut. Der jährliche Prokopfverbrauch liegt in Korea bei 30 und in Japan bei 13 kg. Dagegen ist der Verbrauch in der Bundesrepublik Deutschland mit 250 g/Kopf und Jahr einschließlich Radies sehr gering. Unsere Anbauflächen lagen 1983 im Freiland bei 800 ha Rettich und 150 ha Radies und im Gewächshaus bei 120 bzw. 100 ha. In Europa befinden sich die größten Anbauflächen von Rettich und Radies in Frankreich, Italien und den Niederlanden.

Aufgrund der nur mittleren Gehalte an Vitaminen und Mineralstoffen haben Rettich und Radies im Zusammenhang mit der Verzehrmenge keine große ernährungsphysiologische Bedeutung. Dagegen ist der Rettich in Ostasien, wo er nicht nur frisch, sondern auch gekocht oder nach Milchsäuregärung gegessen wird, besonders in den Wintermonaten ein wichtiger Vitamin-C-Lieferant. Der Geschmack wird im wesentlichen beeinflußt durch den Gehalt an Zucker und Thiocyanat (Senföl). Europäische Rettichsorten sind schärfer und damit thiocyanatreicher als die asiatischen Rettichsorten oder Radies. Thiocyanat kann in Verbindung mit Jodmangel die Kropfbildung fördern. Rettich und Radies gelten als verdauungsfördernd und werden gegen Leber- und Gallenleiden empfohlen (PARK 1981). Besonders beim Anbau unter Glas in den Wintermonaten können Rettich und Radies relativ viel Nitrat speichern.

7.5.5.1 Rettich (*Raphanus sativus* L. var. *niger* Mill.)

□ **Botanische Grundlagen**

Die Samen von Rettich haben ein TKM von 8–10 g, sind braun, fast rund und von Radiessamen nicht zu unterscheiden. Im inneren Aufbau entsprechen sie den Samen der Kohlarten; die Keimung erfolgt jedoch schneller. Bei 20 °C sind die Keimblätter nach 4 Tagen entfaltet, die Minimumtemperatur liegt bei 1–2 °C. Das früh einsetzende Rübenwachstum beruht auf sekundärem Dickenwachstum. Die primäre Rinde platzt und ist als angetrocknetes Gewebe noch lange an der Rübe zu erkennen (Abb. 7.5-28). Im Inneren besteht die Rübe aus parenchymatischem Gewebe, dessen Interzellularen sich mit dem Rübenwachstum vergrößern, bis die Rübe pelzig wird. Die Pelzigkeit wird gefördert durch hohe Temperatur bei niedriger Bestrahlungsstärke.

Sorten mit weißen Rüben sind in Europa am stärksten verbreitet, es gibt jedoch auch Sorten mit Rüben in den Farben braun, rosa, rot, purpur, violett, grau, schwarz und rot mit weißen Spitzen. Vielfältig ist auch die Form der Rüben, von lang, keilförmig, zylindrisch oder oval bis rund. Extreme Sorten in Japan sollen bis zu 100 cm Länge oder 40–50 cm Durchmesser erreichen. Anbautechnik und Klima beeinflussen die Rübenform. Bei niedriger Bestrahlungsstärke und hoher Bodentemperatur bleiben die Rüben kürzer. Im Gegensatz zu Radies werden von allen Pflanzen im Bestand immer Rüben ausgebildet. Rettich verträgt nur schwachen Frost.

Die generative Phase wird durch Vernalisation induziert und durch Langtage gefördert. Im Temperaturbereich zwischen 5 und 8 °C erfolgt die Blütenanlage bereits nach 10–20 Tagen Einwirkungsdauer (Tab. 7.5-2). Wahrscheinlich hat die Vernalisation nur eine quantitative Wirkung, da auch über 20 °C das Schossen auftritt, allerdings erst mehrere Wochen nach dem Erreichen von erntefähigen Rübengrößen. TASHIMA (1957) verweist auf ein für die Vernalisation besonders empfindliches Stadium zu Beginn der Keimung. In eigenen Versuchen blieb dagegen die Vernalisationsempfindlichkeit vom Austritt der Keimwurzel bis zu 3 Wochen alten Pflanzen gleich. Niedrige Temperaturen während der Samenreife

Abb. 7.5-29: Einfluß von Tageslänge und Beleuchtungsstärke bei 16 °C nach Vernalisation auf das Schossen von Rettich 'Rex'. LT 16 h, KT 10 h Licht

auf der Mutterpflanze haben keine Nachwirkungen auf das Schoßverhalten.

Während der Vernalisation hat die Photoperiode keinen Einfluß auf den Schoßbeginn. Nach der Vernalisation wird das Schossen durch Langtage gefördert (Abb. 7.5-29). Da die Blattzahl bis zur Blüte im Langtag niedriger ist als im Kurztag, beeinflußt die Photoperiode die Blüteninduktion durch Stabilisierung des Vernalisationseffektes. Der Rübendurchmesser zu Schoßbeginn ist besonders klein, wenn nach langer Vernalisation die Temperatur im Langtag mit niedriger Bestrahlungsstärke über 20 °C ansteigt.

□ **Standortansprüche und -orientierung**
Um Deformationen der Rüben zu vermeiden, sollte der Boden steinfrei, ohne Verdichtungen und nicht zu schwer sein. Auf leichten Böden mit unzureichender Wasserversorgung wird der Rettich schärfer und früher pelzig. Aufgrund des höheren Rettichverzehrs in Süddeutschland liegt

Tab. 7.5–2: Einfluß der Temperatur nach der Aussaat für 10 bzw. 20 Tage auf Schossen und Rübendurchmesser von Rettich

| Temp. °C | | Sorten | | | | | |
| | | 'Rex' | | 'Runder schw. Winter' | | 'April Cross' | |
	Tage →	10	20	10	20	10	20
		Pflanzen mit Blütenknospen in %					
2		0	0	0	0	0	0
5		0	80	0	30	0	60
8		10	90	80	90	40	100
11		10	70	30	100	10	90
		Rübendurchmesser bei Blühbeginn in cm					
2		5,4	6,1	5,1	5,3	5,2	5,0
5		6,3	4,7	4,8	3,5	5,0	3,8
8		5,5	4,8	2,8	1,9	5,7	4,0
11		6,3	4,5	4,2	2,4	4,4	3,3

hier auch der Anbauschwerpunkt. Die größten Anbauflächen im Freiland und unter Glas in intensiven Gemüsebaubetrieben liegen in Baden-Württemberg und Bayern.

☐ Anbauformen

Rettich wird in der Bundesrepublik Deutschland fast ausschließlich auf dem Frischmarkt abgesetzt. Der Anbau erfolgt im Freiland, zur Verfrühung auch unter Folie und im Gewächshaus. Verbreitet ist der Anbau in intensiven Gemüsebaubetrieben.

☐ Fruchtfolge

Eine weite Fruchtfolge ist besonders erforderlich, wenn Rettichschwärze oder Kohlhernie aufgetreten sind.

☐ Sortenwahl

Beim Rettich gibt es zwischen den Sorten in Rübenform und Rübenfarbe, in der Kulturdauer sowie in der Anbaueignung für bestimmte Jahreszeiten große Unterschiede. In den traditionellen Anbaugebieten werden z. T. noch betriebseigene Sorten vermehrt. Die bevorzugte Rübenfarbe ist auf einzelnen Märkten unterschiedlich, meistens weiß, aber auch rosa oder rot und zur Lagerung auch schwarz.

Geeignete Sorten für den frühen Anbau unter Glas und im Freiland haben eine kurze Kulturzeit und schossen spät. Sorten für den Sommeranbau haben meistens eine längere Kulturdauer, schossen leicht beim frühen Anbau, bringen jedoch bessere Qualitäten, wie geringere Pelzigkeit bei Hitze und Trockenheit. Herbst- und Winterrettich haben die längste Kulturdauer und sind lagerfähig. Die schwarze Außenfarbe einiger Sorten in dieser Gruppe ergibt sich aus der Bildung eines Korkgewebes. Für die Jungpflanzenanzucht unter Glas sind Sorten mit walzenförmigen Rüben geeignet. Von allen Sorten wird erwartet, daß sie spät pelzig werden. Japanische Hybriden (z. B. Minowase-Sorten) bilden sehr lange Rüben (30–50 cm) aus und haben nicht den typischen scharfen Rettichgeschmack.

☐ Düngung

Der Stickstoffbedarf liegt, je nach Kulturdauer, bei 60–120 kg N/ha, eine Kopfdüngung ist nur nach hohen Niederschlägen auf leichten Böden erforderlich. Bei zu erwartendem Befall durch Rettichschwärze sind pH-senkende Düngemittel zu bevorzugen. Stallmist sollte nicht vor dem Rettichanbau gegeben werden, da die Rübenform beeinträchtigt werden kann.

■ Freilandkultur
☐ Pflanzenanzucht

Im Freiland wird in der Regel direkt gesät. Jungpflanzen werden nur gelegentlich zur weiteren Verfrühung unter Folien verwendet. Je nach Gebiet und Witterung wird für den Anbau unter Folien mit der Aussaat im Februar–März begonnen. Ohne Folie beginnt die Aussaat im April und kann bis Mitte August fortgesetzt werden. Für die letzte Aussaat nimmt man wieder frühe Sorten. Herbstsorten für die Lagerung sind bereits im Juli auszusäen.

Um eine gleichmäßige Marktbelieferung zu erreichen, sind während der Freilandsaison 15 bis 20 Sätze notwendig, die Abstände zwischen den Aussaatterminen betragen zunächst drei Wochen und im Sommer eine Woche. Die Kultur dauert bei früher Aussaat 9–10 Wochen, im Sommer – je nach Sorte – nur noch 6–8 Wochen. Aussaaten vor Mai sollten mit Folien abgedeckt werden, um das Risiko des vorzeitigen Schossens zu vermindern.

Bewährt hat sich die Verwendung von kalibriertem Saatgut und die Aussaat mit Einzelkornsämaschinen. Als Saattiefe sind 3 cm günstig. Die Bestandesdichte richtet sich nach Sorte und Vermarktungsart. Für Bundrettich werden 20 × 15 cm, für Stückrettich 25 × 20 cm und für Japanhybriden und Herbstsorten 30–35 × 20–25 cm als Abstand empfohlen.

☐ Pflege

Die Unkrautbekämpfung erfolgt mechanisch oder durch Herbizideinsatz im Vorauflaufverfahren. Besonders während des starken Rübenwachstums ist auf eine ausreichende Bodenfeuchtigkeit zu achten. Trockenheit fördert Pelzigwerden sowie Verholzen und erhöht die Schärfe im Geschmack.

Von den Pflanzenkrankheiten führt die Rettichschwärze *(Aphanomyces raphani)* im intensiven Anbau zu den größten Ausfällen. Der Pilz überdauert im Boden. Gegenmaßnahmen sind Fruchtwechsel, Absenken des pH-Wertes und Bodenentseuchung. Die Sorten sind unterschiedlich empfindlich. Die Kleine und die Große Kohlfliege *(Delia)* sind Hauptschädlinge. Ihre Maden hinterlassen bräunlich-schwarze Fraßgänge in der äußeren Rübenschicht.

☐ Ernte, Ertrag, Aufbereitung und Lagerung

Geerntet wird, sobald die vom Markt verlangten Mindestgrößen erreicht sind. Für Rettich bestehen keine EG-Normen, die fakultativen Handelsklassen schreiben für Bundrettich einen Durchmesser von 1,5–3 cm und für Stückrettich der Klasse I von mindestens 3 cm vor. Der Rettich wird von Hand gezogen, sofort gewaschen und in Kisten verpackt. Vermarktet wird in der Regel mit Laub, lange Sorten teilweise mit gestutztem Blatt, Wintersorten für die Lagerung ohne Laub. Ohne Laub wäre der Rettich länger haltbar, der Zustand des Laubes ist aber für den Verbraucher ein Hinweis auf die Frische. Beim Bundrettich liegen die Erträge bei 25–30 Rettiche/m², beim Stückrettich je nach Sorte bei 12–16 Stück/m².

Mit Laub geernteter Rettich ist nur 1–2 Wochen lagerfähig. Winterrettich ohne Laub kann bis zu 6 Monate bei 0 °C und hoher Luftfeuchte gelagert werden.

■ **Gewächshauskultur**
Rettichanbau unter Glas erfolgt vorwiegend im Frühjahr als Frühkultur für die Ernte von April bis Anfang Mai und in wesentlich geringerem Umfang als Nachkultur für die Ernte von November bis Dezember. Für gesäten Rettich gibt Abbildung 3.3-4 Anhaltspunkte für die Kulturdauer vom Auflauf bis zum Rübendurchmesser von 4 cm bei unterschiedlichen Solltemperaturen. Von der Aussaat bis zur Rübengröße von 6 cm Durchmesser oder über 500 g Gewicht dauert die Kultur etwa 40 % länger. Bei Aussaat Anfang November ist die Kulturdauer 4mal länger als bei Aussaat Anfang April. Durch eine Erhöhung der Heiztemperatur von 2 °C auf 14/10 °C kann der Erntetermin bei Aussaat Januar etwa um zwei Wochen verfrüht werden.

Der geringste Heizmaterialbedarf tritt beim Frostfreihalten auf. Allerdings besteht bei niedriger Temperatur das Risiko zu frühen Schossens. Gefährdet sind besonders Sätze, die nach Einwirkung niedriger Temperaturen im April in den Langtag hineinwachsen. Um das Schossen zu verzögern, sollte ab April durch frühes Lüften bei 16–18 °C die Temperatur gesenkt werden. Völlig zu verhindern ist das Schossen durch Solltemperaturen gleich/über 16/12 °C mit Absenken im Laufe der Kultur. Bodenheizung verkürzt die Kulturdauer im wesentlichen durch das frühere Auflaufen bei Direktsaat. Eine CO_2-Begasung beschleunigt das Wachstum bis etwa 1000 ppm.

Zur Verfrühung der Ernte, zur Verminderung des Schoßrisikos und zum Erreichen besonders in Bayern beliebter Rübenformen wird Rettich vielfach nach einer Jungpflanzenkultur gepflanzt. Durch eine Verlängerung des Hypokotyls während der Anzucht auf 5–6 cm und durch die Störung der Hauptwurzel kommt es zu einer ovalen oder unten abgestumpften, zylindrischen Rübe. Der aus dem Hypokotyl entstandene glatte Rübenanteil überwiegt. Die Streckung des Hypokotyls wird durch enge Saat in Schalen oder höhere Temperaturen (15–20 °C) erreicht. Zur Anzucht verwendet man Pikierschalen oder schmale, hohe Töpfe (z. B. paper pots). Sämlinge aus Pikierschalen werden nach 8–12 Tagen sorgsam gepflanzt, um Verdrehungen oder Krümmungen der Hauptwurzel zu vermeiden. Die Jungpflanzenanzucht in Töpfen dauert 2–4 Wochen. Je länger die Jungpflanzenanzucht in höherer Temperatur währt, um so größer sind später bei Schoßbeginn die Rüben in Durchmesser und Länge. Bei Direktsaat wird häufig etwas enger gesät als im Freiland, überzählige Pflanzen werden später ausgekniffen. In einigen Betrieben ist auch die Ablage der Samen von Hand (Stupfen) verbreitet. Dadurch können 40–50 Bundrettiche und je nach Sorte 10–20 Stückrettiche/m² geerntet werden.

7.5.5.2 Radies
(Raphanus sativus L. var. *sativus)*

□ **Botanische Grundlagen**
Bis zur Entfaltung der Keimblätter unterscheiden sich Radies und Rettich nicht. Aus dem Hypokotyl entwickelt sich nach dessen Streckung die runde bis ovale Knolle. Es gibt auch spitzzulaufende Sorten, bei denen die Wurzel an der Knollenbildung beteiligt ist (Abb. 7.5-28). Bei der Knollenfarbe überwiegen rote Sorten. Seltener sind Sorten mit weißen, gelbbraunen, rosafarbenen und purpurnen sowie roten Knollen mit weißen Spitzen.

Die Tendenz zur Knollenbildung nimmt ab mit sinkender Bestrahlungsstärke, zunehmender Bestandesdichte und steigender Temperatur (BANGA & BENNEKOM 1962, Tab. 7.5-3). Unter ungünstigen Bedingungen bildet nur ein Teil der Pflanzen im Bestand Knollen aus. Beim Anbau in

Tab. 7.5–3: Einfluß der Beleuchtungsstärke und Bestandesdichte auf Blatt- und Knollengewicht von Radies (g TS/m² 33 Tage nach Aussaat in 20/15 °C, 16 h Licht)

Beleuch-tung klx	Pflanzenbestand (cm)			
	3 × 3		9 × 9	
	Blatt	Knolle	Blatt	Knolle
5	160	30	30	20
20	210	280	80	190

Gewächshäusern in den strahlungsarmen Wintermonaten müssen deshalb für eine Knollenbildung die Temperatur und die Bestandesdichte relativ niedrig sein. Hohe Temperatur und tiefe Aussaat führen zur Verlängerung des Hypokotyls und damit zu einer hochrunden Knollenform. Sehr niedrige Temperatur fördert jedoch das Auftreten schmaler Laubblätter (Schmalblättrigkeit, KRUG 1979).

Entwicklungsphysiologisch ist Radies eine einjährige Pflanze. Das Schossen wird durch Langtag und hohe Temperatur gefördert, tritt im Freiland jedoch in der Regel erst nach dem Überschreiten der marktüblichen Knollengrößen auf. In der lichtarmen Zeit kommt es, besonders in engen Beständen, zu einer vorzeitigen Sproßverlängerung, zum Teil jedoch ohne Blütenanlage.

☐ Standortansprüche und -orientierung
Radies stellt bei der extrem kurzen Kulturzeit keine besonderen Ansprüche an Boden und Klima. Günstig sind mittelschwere bis leichte Böden mit Beregnung. Hoher Tongehalt erschwert das Waschen. In der Bundesrepublik Deutschland findet der Anbau in allen Gebieten mit intensivem Gemüsebau statt.

☐ Anbauformen
Radies werden nur für den Frischmarkt angebaut. Es ist eine wichtige Kultur für den intensiven Freilandanbau, besonders als Frühkultur mit Folienschutz und als Vor- oder Nachkultur in Gewächshäusern. Im Ausland gibt es sowohl Betriebe, die ganzjährig Radies unter Glas kultivieren, als auch solche mit großflächigem Anbau im Freiland für die maschinelle Ernte ohne Laub.

☐ Sortenwahl
Im Anbau verbreitet sind vorwiegend Sorten mit runden, leuchtend roten Knollen. Selten werden Sorten mit ovalen oder spitzen sowie zweifarbigen Knollen kultiviert. Gleiche Knollengröße vorausgesetzt, bestehen bei den Sorten für den Gewächshausanbau keine großen Unterschiede in der Temperaturreaktion (KRUG 1979).

Die Sorten unterscheiden sich im Blatt-/Knollenverhältnis sowie in der Neigung zum Pelzigwerden und Platzen. Viele Sorten sind sowohl für den Anbau in Gewächshäusern als auch im Freiland geeignet. Für die Gewächshauskultur im Winter sind Sorten mit kurzer Kulturzeit und geringerem Laubanteil zu bevorzugen, die auch bei geringer Bestrahlungsstärke ein starkes Knollenwachstum aufweisen.

☐ Düngung
In vielen Kulturfolgen ist eine Düngung der Radieskultur nicht erforderlich, da die Nährstoffreste von der Vorkultur ausreichen. Der Stickstoffbedarf liegt bei 40 kg N/ha. Es wird empfohlen, chloridarme Dünger zu verwenden.

■ Freilandkultur
☐ Pflanzenanzucht
Im Freiland beginnt die Aussaat in einigen Gebieten für die Kultur unter Folie bereits im Februar, sonst ab Mitte März. Der letzte Aussaattermin ist etwa Anfang September. Radies werden heute ganzjährig auf dem Markt verlangt. Um eine kontinuierliche Ernte zu erreichen, müssen während der deutschen Freilandsaison mindestens 25–30 Sätze gesät werden, in Spezialbetrieben sind es bis zu 80 Sätze. Günstig ist eine erneute Aussaat beim Auflaufen des vorausgehenden Satzes, da im Sommer in einem Bestand nur etwa 4 Tage geerntet werden kann. Bei Aussaat von Mai bis August beträgt die Kulturdauer nur 20–25 Tage. Beim Einsatz von Folien kommt es bei Frühjahrsaussaat zu einer Verfrühung bis zu 2 Wochen. Damit bis zum Beginn der Ernte ohne Folienabdeckung keine Erntelücke entsteht, sollte auch beim Folieneinsatz die Ernteperiode durch verschiedene Aussaat- und Abdecktermine sowie Sortenwahl verlängert werden.

Ausgesät wird mit Einzelkornsämaschinen. Bei gut kalibriertem Saatgut kann auf die Pillierung verzichtet werden. Je nach Sorte beträgt der Abstand $10-15 \times 3$ cm, das entspricht etwa 3 g Saatgut/m^2. Die Aussaattiefe beträgt nur 1 bis 1,5 cm. Bevorzugt wird die Aussaat auf Beeten in der Breite der Schlepperspur.

☐ Pflege
Gegen Unkräuter gibt es z. Zt. ein Herbizid für das Vorauflaufverfahren. Bei unkrautarmen Böden kann auf eine Bekämpfung verzichtet werden. Auf leichten Böden ist besonders während der Keimung und kurz vor der Ernte für ausreichende Bodenfeuchte zu sorgen. Beim Radiesanbau bestehen keine besonderen Pflanzenschutzprobleme. Gelegentlich sind Falscher Mehltau (*Peronospora*), Rettichschwärze (*Aphanomyces*) und Wurzeltöterpilz (*Rhizoctonia*) zu bekämpfen.

☐ Ernte, Ertrag und Aufbereitung
Im Bundesgebiet erfolgt die Ernte bisher mit Laub. Die Radies werden von Hand gezogen und gebündelt, meistens 10 Stück pro Bund. Nur bei frühen Sätzen oder kleinen, ungleichen Beständen wird mehrfach durchgeerntet, im übrigen

erfolgt nur eine Ernte. In Wärmeperioden muß die Ernte eines Satzes nach 3–4 Tagen abgeschlossen sein, während sie bei kühler Witterung 1–2 Wochen dauern kann. Die gebündelten Radies werden in kaltes Wasser getaucht oder in Waschmaschinen abgespritzt. Der Ertrag liegt im Freiland bei 12–15 Bund/m². Im Ausland wird auf großen Flächen auch ohne Laub geerntet. Hierfür gibt es Vollerntemaschinen oder Teilmechanisierungen, wie Laub abschlagen, Roden, Waschen, Sortieren, Restlaub durch Zwiebelputzmaschinen entfernen und in Folienbeutel verpacken.

Für die Marktqualität bestehen bisher keine EG-Normen. Nach den fakultativen Handelsklassen müssen Radies für die Klasse I mindestens 15 mm Knollendurchmesser haben. Vermarktet werden Radies jedoch meistens bei einem Durchmesser von 20–35 mm. Als Qualitätsmangel tritt besonders Pelzigkeit in Form eines schwammigen Gewebes in der Knollenmitte auf. Sie wird gefördert von zu später Ernte und Wachstumsstörungen während der Kultur.

☐ **Lagerung**

Radies mit Laub sind nach der Ernte nur wenige Tage haltbar. Aufbewahrung und Transport sollten bei niedrigen Temperaturen um 0–1 °C erfolgen. Im Ausland wird häufig Eis zur Kühlung zwischengeschichtet, was eine Kühlkette bis zum Einzelhändler voraussetzt. Ohne Laub in Folien verpackt sind Radies bis zu 6 Wochen gut lagerfähig.

■ **Gewächshauskultur**

Radiesanbau unter Glas erfolgt vorwiegend als Vorkultur im Frühjahr und als Nachkultur im Herbst. Da die Ernte von Hand große Arbeitsspitzen bringt, sollten für größere Flächen immer mehrere Aussaattermine angesetzt werden. Die Kulturdauer von Auflaufen bis Ernte im Winterhalbjahr zeigt Abbildung 7.5-30, wonach die längste Kulturdauer, verbunden mit hohem Heizmaterialbedarf, bei Aussaaten von Mitte Oktober bis Mitte Dezember auftreten. Der Einfluß der Temperatur auf die Kulturdauer ist bei Radies im Vergleich zu anderen Kulturen gering. Da Frostfreihalten bei allen Aussaatterminen den niedrigsten Heizmaterialbedarf erfordert, sind höhere Temperaturen nicht zu empfehlen. Günstigste Sollwerte für die Lüftung sind im Herbst 15 °C, im übrigen 20 °C. Um eine übermäßige Hypokotylstreckung zu vermeiden, sollte die Temperatur vom Auflaufen bis zur Hypokotylverdickung besonders niedrig (Lüftung 12 bis 16 °C) gehalten werden. Bodenheizung und

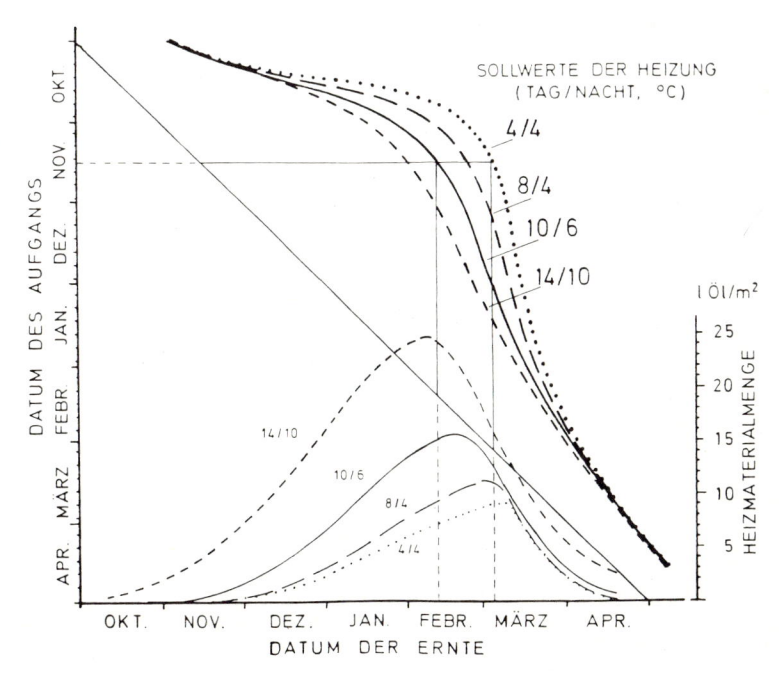

Abb. 7.5-30: Kulturdauer von Radies (200 mg Knollentrockengewicht) und entsprechende Heizmaterialmengen (über Erntetermin aufgetragen) als Funktion des Auflauf- bzw. Erntetermins und der Sollwerteinstellung für die Heizung (Normalklima in Hannover) (KRUG u. LIEBIG 1979)

CO₂-Begasung haben bei Radies keine deutlichen positiven Effekte. Verfrüht werden kann die Ernte durch zeitweise Abdeckung mit Folie, Abstreuen der Oberfläche mit Styromullflocken zur Strahlungsreflexion und durch die Verwendung gut kalibrierter, großer Samen.

Die Aussaat erfolgt wie im Freiland mit Einzelkornsämaschinen, etwa 300 Samen/m² (z. B. 4 × 8 oder 5 × 7 cm). Geerntet werden 15–20 10er-Bunde/m². Bei niedriger Temperatur treten häufig schmale Blätter auf, die jedoch die Ertragsbildung kaum beeinflussen. Eine Sproßverlängerung (Schossen) wird in den lichtarmen Monaten durch höhere Temperaturen gefördert, meistens verbunden mit fehlender Knollenausbildung oder stärkerer Pelzigkeit der Knollen. Zusatzlicht mit geringen Bestrahlungsstärken (20 W/m²) verkürzt die Kulturzeit und erhöht den Anteil an Pflanzen mit Knollen erheblich (v. D. LINDEN 1977), ist aber in der Bundesrepublik Deutschland z. Z. nur bedingt wirtschaftlich.

Literatur

BANGA, O. und BENNEKOM, J. L., VAN (1962): Breeding radish for winter production under glass. Euphytica **11**, 311–326.

BECKER, G. (1962): Rettich und Radies. Handb. der Pflanzenzüchtung **VI**, 23–78. Berlin und Hamburg: Paul Parey.

HELM, J. (1957): Über den Typus der Art *Raphanus sativus* L., deren Gliederung und Synonymie. Die Kulturpflanze **V**, 42–54.

KRUG, H. (1979): Temperaturreaktionen von Radiessorten im geschützten Anbau. Gartenbauwissenschaft **44**, 274–276.

KRUG, H. und LIEBIG, H.-P. (1979): Analyse, Kontrolle und Programmierung der Pflanzenproduktion in Gewächshäusern mit Hilfe beschreibender Modelle. II. Produktion von Radies. Gartenbauwissenschaft **44**, 202–213.

KRUG, H. und LIEBIG, H.-P. (1984): Analyse, Kontrolle und Programmierung der Pflanzenproduktion in Gewächshäusern mit Hilfe beschreibender Modelle. III. Produktion von Rettich. Gartenbauwissenschaft **49**, 7–18.

LINDEN, M., V. D. (1977): De teelt van radijs onder glas. Inf. Nr. 41. Naaldwijk: Proefstation voor de Groenten- en Fruitteelt onder Glas.

PARK, K.-W. (1981): Einflüsse von Jahreszeit, Nährstoffangebot und Erntetermin auf die Qualität des Rettichs. Diss. Weihenstephan: Lehrst. f. Gemüsebau der TU München.

TASHIMA (1957): Ein Beitrag zur Physiologie der Blütenbildung von *Raphanus sativus* mit besonderer Rücksicht auf die Vernalisation. Mem. Fac. Agric. Kagoshima Univ. **3**, 25–58.

WIEBE, H.-J. und ALPERS, G. (1983): Vernalisation von Rettich. Gartenbauwissenschaft **48**, 141–145.

WIEBE, H.-J. (1985): Einfluß der Tageslänge auf das Schossen von Rettich. Gartenbauwissenschaft **50**, 63–66.

7.5.6 Meerrettich (*Armoracia rusticana* Ph. Gaertn. B. Mey. et Scherb.)

☐ **Geschichte und Bedeutung**

Als Heimat des Meerrettichs wird Südosteuropa angenommen. Im Mittelalter wird über den Anbau in Deutschland berichtet. Die größte Bedeutung hatte der Anbau im 19. Jh., damals wurde Meerrettich in verschiedene Länder exportiert. Heute gibt es größere Anbauflächen in den USA und in osteuropäischen Ländern. In der Bundesrepublik Deutschland ist die Anbaufläche auf 150 ha gesunken mit Schwerpunkt in Bayern. Der Absatz erfolgt vorwiegend an die Industrie, deren Bedarf heute zu über 50 % durch Importe gedeckt wird. Aufgrund des Gehaltes an schwefelhaltigen ätherischen Ölen ist Meerrettich eine Gewürz- und Heilpflanze, die unter anderem appetitanregend, verdauungsfördernd, kreislaufanregend und blutdrucksenkend wirken soll. Der scharfe Geschmack wird hauptsächlich durch das

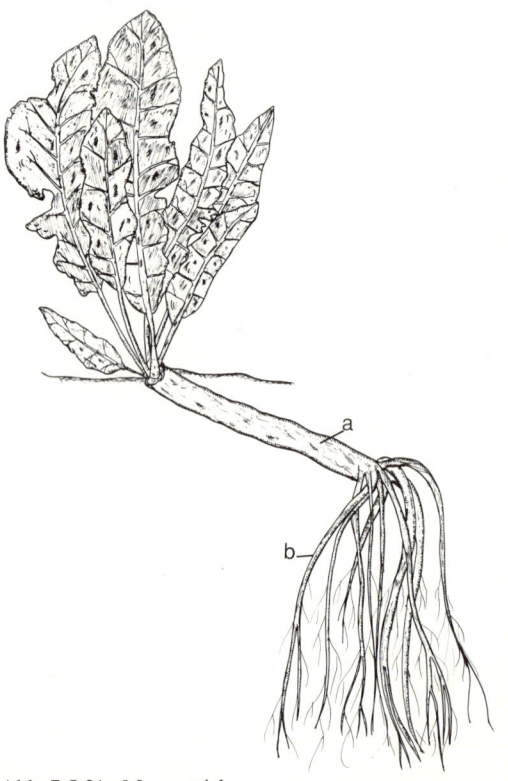

Abb. 7.5-31: Meerrettich
a = marktfähige Stange, b = Fechser

Glykosid Sinigrin verursacht. Relativ hoch ist der Gehalt an Vitamin C.

☐ Botanische Grundlagen
Meerrettich ist eine mehrjährige Pflanze, die im ersten Jahr eine Rosette und im zweiten Jahr bis zu 1,50 m hohe Blütentriebe bildet. Geerntet werden die verdickten Wurzeln von 4–6 cm Durchmesser, die als Stangen bezeichnet werden (Abb. 7.5-31). An ihnen bilden sich bis zu 1 m lange Seitenwurzeln (Fechser), die der vegetativen Vermehrung dienen. Am oberen Ende der Fechser bilden sich Knospen für neue Blattrosetten.

☐ Standortansprüche
Im Hinblick auf die Erntetechnik und Qualität der Stangen sind tiefgründige, humose, mittelschwere Böden günstig. Bevorzugte Standorte sind Niederungen an Flüssen oder auch Niedermoore, also Flächen mit gutem Wasserangebot. Meerrettich wächst auch in schattigen Lagen und ist sehr frosthart.

☐ Fruchtfolge
Fruchtwechsel ist besonders dann angezeigt, wenn Meerrettichschwärze aufgetreten ist. Gute Erträge werden nach Wiesenumbruch erzielt. Ein allgemeines Problem stellt die Beseitigung des Durchwuchses in der Folgekultur dar. Futterpflanzen scheiden deshalb als Nachfrüchte aus.

☐ Sortenwahl
Die einzelnen Anbaugebiete haben vielfach eigene Klone. Man unterscheidet die einzelnen Selektionen nach ihren Herkünften. Unterschiede bestehen in Blatt- und Wurzelform, im Geschmack und in der Neigung zum Bitterwerden, im Durchwachsen und in der Resistenz gegen Krankheiten. Bei ständigem Nachbau im eigenen Betrieb ist besonders auf die Vermehrung gesunder, wüchsiger Pflanzen zu achten.

☐ Düngung
Die Düngergaben sind in der Praxis sehr unterschiedlich. Eine N-Düngung von 100–200 kg/ha sollte ausreichen. Häufig wird im Herbst vor der Pflanzung Stallmist gegeben.

☐ Pflanzenanzucht
Bei der Ernte im Herbst werden von der Hauptwurzel (Stange) die 1–2 cm starken Seitenwurzeln (Fechser) abgetrennt und auf 30–40 cm Länge zugeschnitten. Pro Pflanze werden 2–3 Fechser gewonnen und in einem Sandeinschlag überwintert. Vor dem Pflanzen werden mit Ausnahme der oberen und unteren 3 cm alle Knospen und Wurzeln abgerieben.

Gepflanzt wird in 75–80 cm Reihenabstand auf flachen Dämmen von Hand mit Pflanzbrettern oder maschinell mit z. T. umgebauten Pflanzgeräten. Dabei soll das Wurzelende der Fechser etwa 10–15 cm und das Kopfende 5 cm tief im Boden liegen.

☐ Pflege
Neben Ernte und Pflanzung erfordert die Pflege der Kultur einen hohen Arbeitsaufwand. Um die Bildung mehrköpfiger Stangen zu verhindern, werden von Mai–Juni sämtliche Triebe am Kopfende bis auf den stärksten entfernt. Später, ab Juni–August, werden je nach Herkunft 1- bis 2mal die Stangen bis zu den unteren Wurzeln durch Hochziehen freigelegt, alle kleinen Seitenwurzeln abgerieben oder abgeschnitten und dann wieder mit Erde abgedeckt. Ohne diese aufwendigen Pflegearbeiten sind keine glatten Stangen zu erhalten.

Zur Unkrautbekämpfung kann Kalkstickstoff eingesetzt werden, im übrigen erfolgt die Bekämpfung mechanisch. Bedingt durch die vegetative Vermehrung sind Virosen (Mosaik) stark verbreitet. Häufig tritt Weißer Rost *(Albugo candida)* auf, der mit Fungiziden zu bekämpfen ist. Zu einer schwärzlichen Verfärbung der Gefäße führt die Meerrettichschwärze *(Verticillium)*, die nur durch Fruchtwechsel wirksam bekämpft werden kann. Gegen alle aufgezählten Krankheiten ist die Auswahl gesunder Fechser besonders wirksam.

☐ Ernte, Ertrag, Aufbereitung und Lagerung
Geerntet wird in Absprache mit der Industrie von September bis November. Im Herbst findet noch ein starker Zuwachs statt. Zur Ernte werden die Reihen unterfahren und die Pflanzen von Hand seitlich herausgezogen. Nach dem Entfernen der Blätter und Fechser werden die Stangen geputzt und gebündelt. Nach den Handelsklassen beträgt das Mindestgewicht der Stangen 180 g. Der Ertrag liegt mit 25 000 Stangen/ha bei 75–120 dt/ha.

Durch Einmieten in Sand ist eine Lagerung bis Februar–März möglich, im Kühllager bei $-1\,°C$ und hoher Luftfeuchte sogar bis zu 10 Monaten.

Literatur
WONNEBERGER, CH. (1978): Meerrettich, Anbau und Verwertung, Osnabrück: Eigenverlag.

7.5.7 Gartenkresse
(*Lepidium sativum* L.)

□ **Geschichte und Bedeutung**

Die Gartenkresse stammt aus Südwestasien. Sie ist eine alte Nutzpflanze, die bereits während der Römerzeit in Mitteleuropa bekannt war. Ihre heutige wirtschaftliche Bedeutung ist statistisch nicht erfaßt. Es gibt besonders in Dänemark, aber auch in der Bundesrepublik und in anderen Ländern Betriebe, die sich auf die ganzjährige Kressekultur im Gewächshaus spezialisiert haben.

Gartenkresse wird als Salat, als Brotbelag oder als Beilage verwendet. Durch den Gehalt an Senfölglykosiden ergibt sich ein würziger Geschmack. Der Gehalt an Vitamin C und Karotin ist hoch.

□ **Botanische Grundlagen**

Gartenkresse ist eine einjährige Pflanze, die 30–60 cm hoch wird, weiß blüht und Schoten ausbildet. Geerntet wird die Kresse bevorzugt als Keimpflanze nach Entfaltung der beiden dreilappigen Keimblätter (Abb. 7.5-32). In den länglichen braunen Samen liegt die Wurzel auf dem Rücken eines Keimblattes (Abb. 7.5-1). Die TKM liegt bei 1,6–2,0 g.

■ **Gewächshauskultur**

In günstigen Bedingungen ist die Kresse bereits 6 Tage nach der Aussaat verkaufsfähig. Die Kultur erfolgt entweder auf Gewächshaustischen, meist jedoch direkt in kleinen Verkaufsschalen. Als Substrat werden Holzspäne, Sägemehl, Papier- oder Pappschnittmehl, Steinwollmatten und andere verwendet.

Auf die mit feuchtem Substrat gefüllten Schälchen sät man 2–5 g Saatgut je Schale (110 cm²). Das Saatgut kann auch einige Stunden vorgequollen und dann als schleimiger Brei auf den Schalen verteilt werden. Zur Keimung können die Schalen in einem dunklen Raum stehen. Für die Keimung sind 20–25 °C günstig. Um eine gleichmäßige Keimung und ein besseres Lösen der Samenschalen zu erreichen, werden die Schalen nach der Aussaat belastet.

Vom 3. oder 4. Tag an müssen die Schalen hell stehen; nun wird die Temperatur auf etwa 15 °C gesenkt. Im Winter kann Zusatzlicht eingesetzt werden, so daß die Kulturzeit im Winter nur 1–2 Tage länger ist als im Sommer. Noch anhaftende Samenschalen entfernt man durch Abbürsten. Bei Bedarf wird bewässert, eine Düngung ist bei der kurzen Kultur nicht notwendig. Zum Verkauf werden die Schälchen zu größeren Einheiten in Kartons zusammengestellt.

In einem dänischen Spezialbetrieb läuft die ganze Kultur mit 15 000 Schälchen/Tag auf einem Transportband ab, das zunächst durch einen Dunkelraum mit einer Preßvorrichtung (10 bar) und dann durch ein Gewächshaus läuft. Die am 6. Tag nicht verkauften Schälchen werden bis zu 2 Wochen in einem Kühlraum bei 0,5 °C gelagert.

Bei der Aussaat auf Gewächshaustischen verwendet man 120–150 g Saatgut/m². Hierzu werden auch Torf- oder torfhaltige Substrate verwendet. Wenn die Kresse 7–9 cm hoch ist, wird sie dicht über dem Boden mit dem Messer oder einem elektrischen Mähbalken abgeschnitten und in kleine Kartons gestellt oder lose in Plastikbeutel gefüllt. Je m² können 1,5 kg geerntet werden. Vor der folgenden Kultur wird das Substrat ausgewechselt.

7.5.8 Brunnenkresse
(*Nasturtium officinale* R. Br.)

□ **Geschichte und Bedeutung**

Brunnenkresse stammt vermutlich aus Südosteuropa und ist in Mitteleuropa auch heute noch in fließenden Gewässern wild oder verwildert zu finden. In der Bundesrepublik Deutschland wird selten Brunnenkresse verzehrt. Größere Anbauflächen in künstlich angelegten Wasserbecken findet man in den USA (um 250 ha), England (um 200 ha), Frankreich und der DDR. Der relativ hohe Gehalt an Vitamin C und Karotin ist besonders interessant bei Ernte in den Wintermonaten.

□ **Botanische Grundlagen**

Brunnenkresse ist eine perennierende Wasserpflanze, die im Sommer über der Wasseroberfläche blüht und Samen ausbildet. Im Boden hat die Pflanze Wurzeln, unter Wasser bildet der beblät-

Abb. 7.5-32: Gartenkresse

terte Trieb in den Blattachseln zusätzliche Adventivwurzeln. Die Nährstoffaufnahme kann zu über 50% durch die Adventivwurzeln erfolgen. In den Sommermonaten, nach Einwirkung von Langtagen, bilden sich die Blüten aus. Geerntet werden die vegetativen Triebspitzen bis zu 15 cm Länge.

□ **Kulturverfahren**

Voraussetzung ist reines, fließendes Wasser, günstig sind Temperaturen von 10–12 °C. Es werden vorwiegend 3 m breite Wasserbecken mit 15 cm hohem Wasserstand verwendet. In den vorbereiteten Boden werden entweder aus Samen gezogene Jungpflanzen gepflanzt, unbewurzelte Triebspitzen gesteckt oder es wird direkt gesät. Mit der Pflanzenhöhe läßt man das Wasser ansteigen. Zur Neuanlage günstig ist die Zeit Mai–Juli, da dann die Ernte im Herbst beginnt und bis zum nächsten Sommer fortgesetzt werden kann. Im Winter bei Frostgefahr werden die Triebe mit einer Holzwalze unter Wasser gedrückt, oder der Wasserspiegel wird angehoben. Gedüngt wird in der Regel nur mit Phosphor. Die Unkrautbeseitigung erfolgt durch Jäten. Heute sind einjährige Kulturen mit der Neuanlage im Sommer üblich.

In der frostfreien Zeit erfolgt die Ernte mit einem Messer durch Abschneiden der Triebspitzen, während im Winter die Pflanzen aus dem Wasser gezogen werden müssen. Die Erträge liegen bei 350–500 dt/ha. Nach der Ernte muß die Brunnenkresse während der Vermarktung stets feucht und kühl gehalten werden.

In geringem Umfang wird Brunnenkresse auch in Gewächshäusern auf Tischen angebaut. Da eine Überstauung mit Wasser ausscheidet, muß das Substrat mehrmals täglich mit Nährlösung versorgt werden.

Literatur

BROWN, P. H. (1967): Watercress growing. England: Ministry of agriculture, fisheries and food. Bulletin 136.

RYDER, E. J. (1979): Leafy salad vegetables. Westport: AVI.

7.6 Cucurbitaceae (Kürbisgewächse)

HANS-PETER LIEBIG

Die *Cucurbitaceae* sind in den Tropen, den Subtropen und den wärmeren Teilen der gemäßigten Klimate beheimatet. Die etwa 90 Gattungen und 750 Arten umfassende Pflanzenfamilie ist wärmeliebend. Das Temperaturminimum liegt zwischen der Frostgrenze – die von keiner Art überstanden wird – und Temperaturen im Bereich von 16–18 °C.

Cucurbitaceae sind flachwurzelnd und verfügen über ein ausgedehntes Wurzelsystem, das bei Kürbis bis über 100 m^2 umfassen kann. Das Wurzelsystem besitzt damit eine größere Ausdehnung als der Sproß. Die meist einjährigen Arten weisen fast ausschließlich eine rankende Wuchsform auf. Kennzeichnend ist der sympodiale Aufbau der Hauptachse, d. h. an jedem Knoten wird das Wachstum der Hauptachse eingestellt und durch einen Seitentrieb fortgesetzt. Die Verzweigung dieser Scheinachse erfolgt durch das Wachstum einer der 3–8 angelegten Seitentriebe. Die großlumigen Leitbündel der *Cucurbitaceae* sind bikollateral. Form und Größe der Blätter sind zwischen den Arten, aber auch den einzelnen Pflanzen variabel. Eine 3- bis 5fache, unterschiedlich tiefe Lappung herrscht vor.

Zur Morphologie der Sproßranken liegen nach WHITAKER und DAVIS (1962) unterschiedliche Aussagen vor. Meist werden sie als auf die Mittelrippe zusammengeschrumpfte Blätter auf Rankenträgern dargestellt, teilweise jedoch auch als Seitensprosse oder Sproß mit Blatt angesehen. Die Blüten sind fast ausnahmslos eingeschlechtlich, die Pflanzen ein- oder zweihäusig. Nach CORRENS (1928) läßt sich die Evolution der

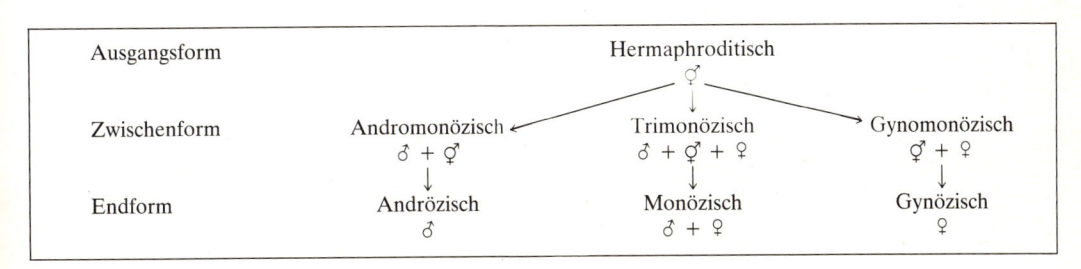

Ausgangsform		Hermaphroditisch ☿	
Zwischenform	Andromonözisch ♂ + ☿	Trimonözisch ♂ + ☿ + ♀	Gynomonözisch ☿ + ♀
	↓	↓	↓
Endform	Andrözisch ♂	Monözisch ♂ + ♀	Gynözisch ♀

Abb. 7.6-1: Evolution der Geschlechtsausprägung der *Cucurbitaceae* (nach CORRENS 1928)

Blumenkrone der weiblichen Blüte wenig oder bis zur Hälfte eingeschnitten	*Cucurbita* (Kürbis)
Staubblätter verwachsen, Blüte gelb, fleischige Frucht, Ranken mit 3, 4 oder 5 Verzweigungen	
Blumenkrone der weiblichen Blüten bis zum Grund oder bis über die Mitte eingeschnitten	
Männliche Blüten einzeln oder zu 2–3 achselständig	
Ranken einfach, weder gegabelt noch verzweigt, männliche Blüten ohne Deckblatt	*Cucumis* (Gurke, Melone)
Ranken gegabelt oder verzweigt	
Blätter tief gelappt oder geteilt	*Citrullus* (Wassermelone)
Blätter ungeteilt oder schwach gelappt oder geteilt	
männliche Blüten mit verlängerter Kelchröhre, Blüten weiß	*Lagenaria* (Flaschenkürbis)
männliche Blüten mit kurzer Kelchröhre, Blüten gelb	*Benincasa* (Wachskürbis)
Männliche Blüten in Blütenständen	
Weibliche Blüte einzeln	*Luffa* (Schwammgurke)
Weibliche Blüten mit den männlichen in einem Blütenstand	
Frucht fleischig, einzelne große Samen	*Sechium* (Chayote)
Frucht holzig oder lederig	*Sicyos* (Haargurke)

Abb. 7.6-2: Schema zur Bestimmung wichtiger *Cucurbitaceae* (nach ENCKE 1960)

Geschlechtsausprägung wie in Abbildung 7.6-1 dargestellt, wiedergeben. Sie erfolgt art- und sortenspezifisch und kann durch Licht, Temperatur, Schnitt, Wachstumsregulatoren und andere Faktoren beeinflußt werden.

Bei allen untersuchten Arten überwiegt die Anzahl der männlichen Blüten stets die Zahl der weiblichen. Die achselständigen Blüten stehen meist einzeln, bei einigen Gattungen jedoch auch in Blütenständen (Rispen, Trugdolden, Köpfe). Die Blütenblätter sind fünfzählig (s. Blütendiagramm in Abb. 7.6-3).

Die Früchte der angebauten Arten sind fleischig; Kürbis und Gurke können als Panzerbeeren bezeichnet werden. Es gibt sowohl dick- als auch dünnwandige Früchte unterschiedlicher Färbung (weiß, grün, gelb oder rot) und Textur des Fruchtfleisches (wäßrig oder trocken, sklerenchymatisch oder weich). Auch die Fruchtform ist äußerst vielfältig.

Die Bestimmung wichtiger angebauter Gattungen der *Cucurbitaceae* erlaubt das Schema laut Abb. 7.6-2.

7.6.1 Gurke (*Cucumis sativus* L.)

□ Geschichte und Bedeutung

Die Abstammung der Gurke ist nicht zweifelsfrei geklärt. Nach DE CANDOLLE stammt sie von der an den Hängen des Himalaya gefundenen *Cucumis hardwickii* ab, die kleine, bittere Früchte ausbildet. Es könnte sich hierbei nach Meinung anderer Autoren (WHITAKER u. DAVIS 1962) aber auch um eine verwilderte Form der bereits seit über 3000 Jahren kultivierten *Cucumis sativus* handeln. Als wahrscheinliches Ursprungsgebiet nennen diese Autoren das tropische Afrika.

Der Weg der Verbreitung der Gurke führt über Ägypten (Grabbeigaben um 2000 v. d. Z.) in den Mittelmeerraum, wo sie bereits in der Antike bei den Griechen und später bei den Römern häufig angebaut wurde. Erst im Mittelalter wird die Gurke im nördlichen Europa mit dem aus Byzanz stammenden Namen »angurion« (das Unreife) erwähnt. Die Kultur in Gewächshäusern ging im 19. Jh. von England aus und wurde wesentlich von der Einfuhr neuer Kulturformen aus Indien bestimmt. Dies führte zu Typen, die sich deutlich von den im Freiland kultivierten unterscheiden. Zwischen diesen beiden Typen steht die Kastengurke, die zu Beginn dieses Jahrhunderts für die ausgedehnten Niederglasflächen große Bedeutung besaß.

Die Gurke ist durch einen hohen Wassergehalt (96–97 %) gekennzeichnet. Je 100 g Frischgewicht enthält die Gurke ca. 0,6 g Protein, 0,1 g Fett, 2,5 g Zucker, 0,1–1,3 g Stärke und nur 10 mg Vitamin C. Wegen ihres niedrigen energetischen Wertes von ca. 40 kJ/100 g Frischgewicht besitzt die Gurke ihre größte Bedeutung als erfrischende Beigabe zu den Mahlzeiten. Erst in Anwesenheit von Sauerstoff, d.h. beim Zubereiten, entsteht das typische Gurkenaroma in größerer Menge (ohne Sauerstoff nur ca. 20 % der Konzentration). Der Bitterstoffgehalt der Gurke wird durch mehrere Gene kontrolliert. Ihre Kombination und cytoplasmische Faktoren entscheiden, ob Bitterstoffe (Cucurbitacine) in der gesamten

Pflanze oder nur im Sproß produziert werden oder die gesamte Pflanze bitterstofffrei ist.

Der Anbau von **Gewächshausgurken** spielt für den Gemüseproduzenten eine große wirtschaftliche Rolle. Im Gewächshausanbau ist sie neben der Tomate die wichtigste Kultur. Bei guten Ernteergebnissen tragen die Gurken etwa zur Hälfte zum Jahresumsatz bei. Der Produktionsumfang beträgt in der EG ca. 250 000 t. Davon entfallen etwa 50 % auf die Niederlande und ca. 10 % auf die Bundesrepublik Deutschland. Innerhalb des Bundesgebietes liegen die Erzeugungsschwerpunkte im Rheinland, dem nordwestlichen Niedersachsen (Papenburg), in Baden-Württemberg (u. a. Insel Reichenau) und Bayern.

Im **Freilandanbau** werden in der Bundesrepublik auf ca. 1000 ha annähernd 25 000 t Einlegegurken (ca. 20 % des Produktionsumfanges der EG) und auf weiteren 300 ha 8000 t Schälgurken produziert. Hauptanbaugebiete liegen im Rheinland und in Niederbayern. In der Freilandproduktion sind Gurken daher von untergeordneter wirtschaftlicher Bedeutung.

☐ Botanische Grundlagen

Die Gurke ist eine einjährige Pflanze mit einem sich überwiegend flach ausbreitenden **Wurzelsystem.** Nur wenige Wurzeln gelangen in Tiefen über 0,5 m. Eine starke seitliche Verzweigung führt zu einer intensiven Durchwurzelung der oberen Bodenschichten. Hervorzuheben ist ferner die leichte Bildung von Adventivwurzeln sowie die gute Bewurzelungsfähigkeit von Stecklingen. Die Wurzeln wachsen jedoch deutlich schwächer als der Sproß. Allerdings treten die in der Literatur berichteten extremen Sproß-/Wurzelverhältnisse von 1 : 100 bis 1 : 200 nur auf, wenn die gesamte im Verlauf der Kultur geerntete Fruchtmasse berücksichtigt wird. Während des Hauptwachstums ist je nach Fruchtbehang mit Sproß-/Wurzelverhältnissen von 1 : 10 bis 1 : 20 zu rechnen.

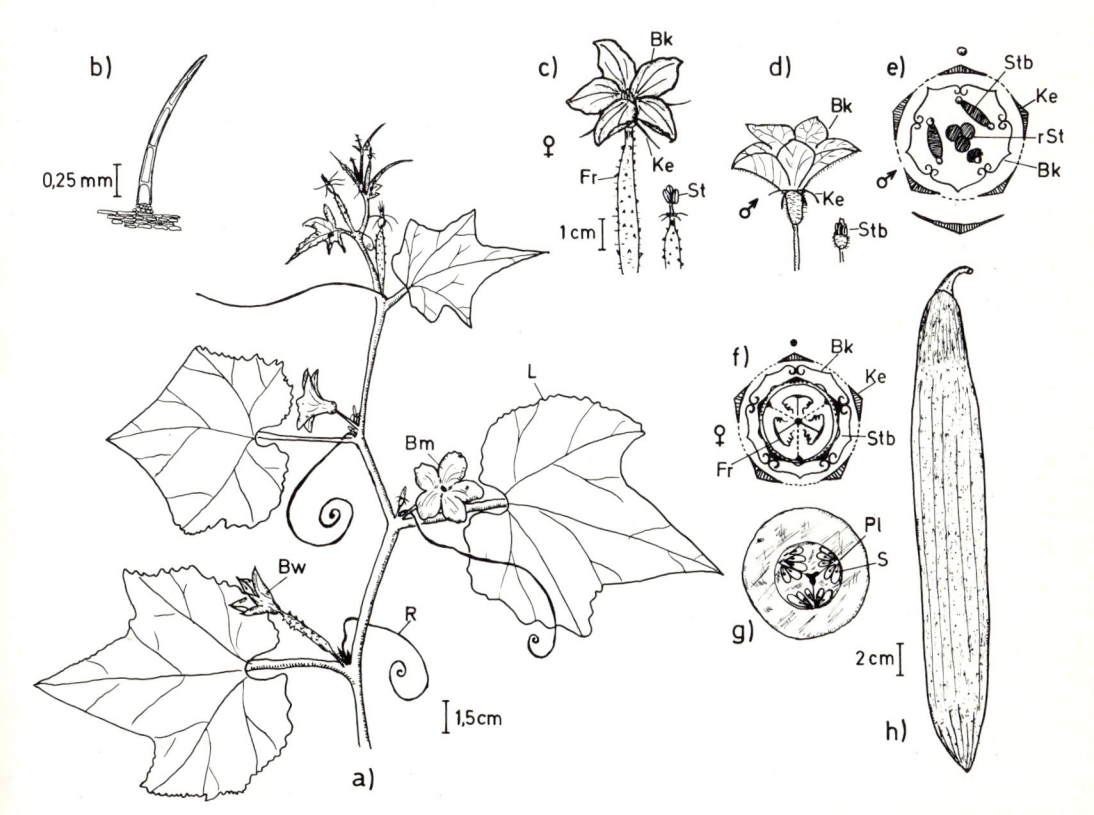

Abb. 7.6-3: Gurke — a) Sproß mit männlichen und weiblichen Blüten, b) Haar, c) weibliche Blüte, d) männliche Blüte, e) Blütendiagramm einer männlichen Blüte, f) Blütendiagramm einer weiblichen Blüte, g) Fruchtquerschnitt, h) Frucht (parthenokarpe Salatgurke)

Bk = Blumenkrone, Bm = Blüte, männlich, Bw = Blüte, weiblich, Fr = Fruchtknoten, Ke = Kelchblätter, L = Laubblatt, Pl = Placenta, R = Ranke, rSt = reduzierter Stempel, S = Samenanlage, Stb = Staubblätter, St = Stempel

In der Übergangszone von der Wurzel zum Sproß ändert sich die radiale Anordnung der Leitbündel in eine kollaterale. Hier entstehen die charakteristischen bikollateralen Leitbündel des Sprosses mit einem inneren und einem äußeren Phloem sowie dem dazwischenliegenden Xylem.

Der **Sproß** der Gurke kann eine Länge bis über 10 m erreichen, er trägt sich jedoch nicht selbst. Entweder liegen die Sproßteile dem Boden auf oder die Pflanzen ranken an Stützen, wobei die in den Blattachseln entstehenden einfachen und unverzweigten Wickelranken der Befestigung dienen. Mit zunehmender Alterung der Pflanzen wird die Sproßachse immer kantiger, da das Kollenchym diskontinuierlich und nicht in einem geschlossenen Ring wächst. Die Seitentriebbildung mit Verzweigungsgraden höherer Ordnung ist stark ausgeprägt. Werden Seitentriebe aus- oder abgebrochen, so können weitere Seitentriebe aus Beiknospen wachsen.

Die wechselständigen **Blätter** der Gurke (s. Abb. 7.6-3) sind ungeteilt oder handförmig gelappt. Mit zunehmendem Alter ist die Tendenz zu spitzeren Blättern zu beobachten. Während die höher inserierten Blattspreiten selten länger als 10–15 cm werden, können am Haupttrieb tiefer inserierte Blattspreiten eine Ausdehnung bis über 30 cm Länge erreichen. Die Blattadern treten auf der Blattunterseite deutlich hervor. Im Blattstiel verlaufen 9 Gefäßbündel (bei *Luffa* und *Cucurbita* dagegen 13).

Die Anlage der Gurkenblüten erfolgt bisexuell, ihre Ausbildung hängt von der endogen und exogen gesteuerten **Geschlechtsausprägung** ab. Die meisten Gurkensorten sind einhäusig (monözisch) mit männlichen und weiblichen Blüten in getrennten Blattachseln derselben Pflanze. Die büschelartig auftretenden männlichen Blüten überwiegen in ihrer Anzahl stark die meist einzeln stehenden weiblichen Blüten. Wenige Sorten besitzen zwittrige (hermaphrodite) Blüten. Bei den Gewächshausgurken sind zunächst Sorten mit überwiegend weiblichen Blüten und dann reinweibliche (gynözische) Sorten gezüchtet worden. Diese bilden unter normalen Kulturbedingungen nur noch weibliche Blüten aus.

Die Geschlechtsausprägung wird bei Gurken u.a. durch die Klimaführung modifiziert. Danach wird eine Zunahme der männlichen Ausprägung durch Langtag, hohe Bestrahlungsstärke und hohe Temperatur gefördert. Umgekehrt steigern Kurztag, niedrige Bestrahlungsstärke und niedrige Temperatur die weibliche Tendenz. Dies äußert sich auch in der Zunahme der Anzahl weiblicher Blüten je Blattachsel, die über 3 ansteigen kann.

Untersuchungen zum Phytohormonhaushalt zeigen, daß gynözische Sorten einen niedrigeren Gibberellingehalt aufweisen als monözische. Eine Förderung der männlichen Tendenz läßt sich daher durch Gibberellinbehandlung erreichen. Stärker als Gibberellinsäure wirkt Silbernitrat. Eine Zunahme der weiblichen Geschlechtsausprägung wird durch Behandlung mit Äthylen bzw. Äthylen freisetzenden Mitteln erreicht. Eine weitere Maßnahme zur Steigerung des Anteils weiblicher Blüten bei monözischen Sorten ist der Schnitt der Seitentriebe. Diese Förderung läßt sich dadurch erklären, daß durch den Schnitt
▷ die Triebteile mit männlichen Blüten bevorzugt entfernt werden und
▷ der Verzweigungsgrad der Gurke erhöht wird und dadurch schneller Seitentriebe höherer Ordnung gebildet werden, die mehr weibliche Blüten aufweisen als Seitentriebe niedriger Ordnung.

Die **Gurkenblüten** sind fünfteilig und weisen leuchtend gelbe, ca. 3 cm große Blumenkronen auf (Abb. 7.6-3). Die weiblichen Blüten sind unterständig und besitzen einen langen Fruchtknoten. Die Gurke ist ein Fremdbefruchter. Bei Selbstbefruchtung degenerieren die Pflanzen sehr schnell.

Zur Produktion von Gewächshausgurken werden heute fast ausschließlich parthenokarpe Sorten verwendet, die auch ohne Befruchtung Früchte ausbilden. Bei diesen Sorten ist darauf zu achten, daß keine monözischen Pflanzen mit männlichen Blüten in der Nähe, auch nicht im nahen Freiland, kultiviert werden. Kommt es bei Insektenflug (speziell Bienen) doch zu einer Bestäubung, so weisen diese Früchte eine zum Ende sich verdickende, keulenartige Verformung auf und genügen nicht den derzeitigen Marktanforderungen.

Im Gegensatz zur Gewächshauskultur werden im Freiland noch überwiegend nicht parthenokarpe, monözische Sorten angebaut. Bei Verwendung gynözischer Sorten ist stets ein Anteil monözischer Sorten zuzumischen. Die Ausbildung parthenokarper Früchte wird durch den Einsatz von Chlorflurenol gefördert. Genetisch parthenokarpe Sorten haben sich infolge ihrer gegenüber herkömmlichen Sorten veränderten, z. T. verschlechterten Fruchtqualität (z. B. Hohlwerden bei Konservierung) bisher nicht durchsetzen können.

Die **Frucht** ist grün, erst zur Zeit der Reife färbt sie sich gelblich-weiß oder gelblich-braun. Sie erreicht ein Gewicht bis zu 1500 g. Eine Pflanze kann 4–6 reife Früchte tragen.

Die **Samen** der reifen Früchte werden nach der Ernte mit dem Fruchtfleisch aus den Früchten in Behältern einem mehrtägigen Vergärungsprozeß unterzogen. Danach lassen sich die Samen leicht vom Fruchtgewebe trennen. Das Saatgut bleibt bei guter Lagerung bis zu 8 Jahren keimfähig.

Mit Beginn der generativen Wachtumsphase tritt eine mehr oder weniger stark ausgeprägte **Wachstumsrhythmik** der vegetativen und generativen Organe auf (LIEBIG 1978). Ursache ist die Dominanz des Fruchtwachstums über das vegetative Wachstum. Das Wachstumsziel der Gurke ist die der Fortpflanzung dienende Ausbildung der Früchte. Je nach Umwelt- und Ernährungsbedingungen wird dabei die Leistungsfähigkeit der Pflanze überfordert. Nur die Fruchtansätze, die erfolgreich um Assimilate konkurrieren können, werden ausreichend versorgt; die restlichen sterben ab. Dies gilt auch bei parthenokarper Fruchtentwicklung. Bei gleichzeitiger Entwicklung befruchteter Früchte dominieren diese über parthenokarpe.

Mit dem geförderten Fruchtwachstum kommt es zu einer starken Reduzierung der Wachstumsraten der vegetativen Pflanzenteile, insbesondere der Wurzeln. Dies geht soweit, daß beträchtliche Teile des Wurzelsystems absterben können. Der Anspruch der Früchte an die Assimilatversorgung wächst zunächst mit zunehmender Fruchtgröße und nimmt nach Erreichen von ca. 50 % der Endgröße wieder ab. Dies ist eine Voraussetzung für das dann wieder stärker einsetzende Sproß- und Wurzelwachstum. Im Wachstumsverlauf entstehen somit deutliche Fruchtwachstumsschübe, an die sich erneutes Triebwachstum anschließt (Abb. 7.6-4). Dies wird auch am Erscheinen zahlreicher weißer Wurzelspitzen an der Bodenoberfläche deutlich.

Die Wachstumsrhythmik wird durch eine relativ niedrige Temperatur verringert. Die gebildeten Assimilate werden dann langsamer als bei hoher Temperatur in die Einzelfrüchte eingebaut, und die Erhaltungsatmung ist reduziert. Noch wichtiger ist die gleichmäßigere Verteilung der Assimilate auf die Früchte. Praxisübliche Schnittmaßnahmen, auch Blütenausdünnungen, sind dagegen ungeeignet, die Rhythmik zu beseitigen. Mit zunehmendem Alter der Pflanzen wird der Wachstumsverlauf ausgeglichener.

☐ **Standortansprüche**

Der hohe Temperaturanspruch der Gewächshausgurken hat zu einer stärkeren Konzentration des Anbaus in südlichen Ländern (Spanien, Griechenland) geführt. Die Anbauschwerpunkte der nördlichen Länder (Niederlande) lassen sich dagegen weniger ökologisch als vielmehr ökonomisch begründen (Energiekosten, Vermarktung).

Schwerpunkte der Freilandproduktion liegen in feucht-warmen Klimaten, in der Bundesrepublik Deutschland im Rheinland und in Niederbayern. Höhere Temperaturen sind für die Keimung, das vegetative und generative Wachstum erforderlich. Die Blüten öffnen sich erst ab 15 °C, die Staubbeutel ab 17 °C. Die Pollenkeimung er-

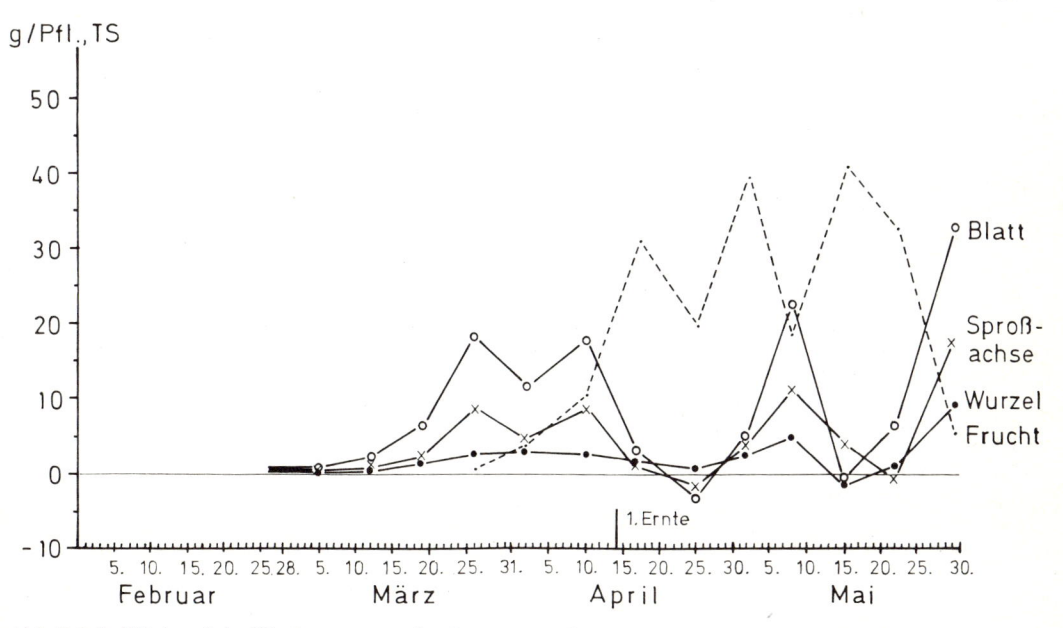

Abb. 7.6-4: Wöchentliche Wachstumsraten der Organe von Gewächshausgurken (LIEBIG 1978)

folgt am besten bei 26–29 °C. Starke Temperaturdifferenzen und tiefe Nachttemperaturen können Geschmacksbeeinträchtigungen und Bitterkeit verursachen, sowie zu Krüppelgurken und verstärktem Abstoßen der Fruchtansätze führen.

Da Gurkenblätter keinen effektiven Transpirationsschutz besitzen, sind windgeschützte Lagen zu bevorzugen. Eine erhebliche Verbesserung des Anbaus ist durch die Aussaat von Getreide, Dicken Bohnen und insbesondere Mais als Windschutz möglich. Dabei reicht eine Sämaschinenbreite für einen 10–12 m breiten Anbaustreifen.

Ein leicht erwärmbarer, lockerer und humoser Boden erfüllt die hohen Ansprüche der Gurke an das Substrat am besten. Eine hohe Ertragsleistung ist daher bei guter und gleichmäßiger Wasserversorgung, besonders auf Schwarzerden und Lößböden, gewährleistet. Ein Grundwasserstand von ca. 1 m ist günstig. Im allgemeinen ist jedoch eine Zusatzberegnung eine Voraussetzung für eine erfolgreiche Gurkenproduktion im Freiland.

☐ **Anbauformen**

Der geschützte Gurkenanbau folgt in der Bundesrepublik einer Vorkultur wie Radies, Rettich oder Salat. Er beginnt in den Monaten April–Mai und endet September–Oktober. Bei frühem Abschluß folgt ab Ende September eine Nachkultur.

Bei gesunden Beständen ist es wirtschaftlicher, die Gurkenkultur bis Ende Oktober ungeheizt fortzusetzen.

Im Gegensatz zu dieser Kulturfolge wird die Gurke in anderen Ländern meist als Ganzjahreskultur angebaut. Dort wird bereits im Januar, spätestens im Februar, gepflanzt und bis Oktober durchkultiviert oder es wird im Juli eine 2. Pflanzung durchgeführt. Teilweise erfolgt auch ein »Erneuern« des Bestandes durch Nach- und Zwischenpflanzung mit dem Ziel einer kontinuierlichen Gurkenproduktion. Zu erklären sind diese verschiedenen Produktionsverfahren durch unterschiedliche Heizkosten in der Europäischen Gemeinschaft, durch staatlich gestützte höhere Erzeugerpreise in den Staatshandelsländern oder geschützte Märkte, wie in Norwegen und Schweden.

Die Auswirkung veränderter Energiekosten bei unterschiedlichen Reglereinstellungen für die Heizung ist in Abbildung 7.6-5 wiedergegeben. Die Erträge wurden mit Hilfe eines Modells berechnet, der Gurkenpreis in dieser Berechnung den niederländischen Veilingen entnommen und der Energiebedarf nach VICKERMANN bestimmt. Kriterium für die ökonomische Bewertung ist die heizkostenfreie Leistung. Steigen die Energiepreise, so verschieben sich die günstigsten Pflanz-

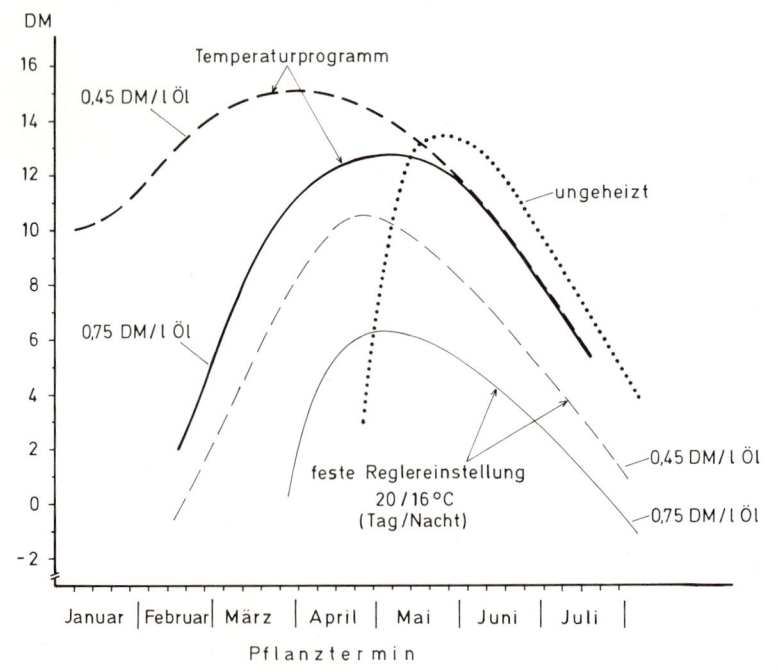

Abb. 7.6-5: Heizkostenfreie Leistung von Gewächshausgurken bei unterschiedlichen Pflanzterminen und Heiztemperaturen (Ernte bis Ende September). Temperaturprogramm: 1. Woche nach der Pflanzung 24/20 °C, 2. Woche nach der Pflanzung bis Mitte Mai 20/16 °C, ab Ende Mai ungeheizt (Modellrechnungen, Standort Hannover)

termine zum Sommer hin. Dies gilt erst recht, wenn der zusätzliche alternative Nutzen einer Frühkultur mit berücksichtigt wird. Die Darstellung zeigt darüber hinaus, daß ein ungeheizter Anbau erst ab Mitte bis Ende Mai erfolgen sollte.

Der Anbau von Gewächshausgurken erfolgt im allgemeinen in Spezialbetrieben. Dazu zwingen einerseits die erforderlichen Spezialkenntnisse und andererseits die spezifischen arbeitswirtschaftlichen Anforderungen. Insbesondere können die Ernte- und Pflegearbeiten zeitlich nur wenig verschoben werden. Arbeitsspitzen, wie sie in der Kombination mit Freilandproduktion in einem vielseitigen Anbau vorliegen, können kaum bewältigt werden.

Die Freilandproduktion von Einlegegurken, Schälgurken und kurzfrüchtigen Salatgurken erfolgt in der Bundesrepublik Deutschland häufig in Betrieben, die viele Gemüsearten für den Frischmarkt produzieren. Großflächige Spezialbetriebe bestehen in den USA, aber auch in einigen östlichen Ländern. Kennzeichnend für diese Betriebsformen ist der Einsatz großer Spezialerntemaschinen sowie die enge Zusammenarbeit mit der Konservenindustrie.

☐ Fruchtfolge

Gurken sind selbstunverträglich und sollten im Freiland frühestens nach 3–4 Jahren wieder auf den gleichen Flächen angebaut werden. Die hohen Ansprüche an den Boden charakterisieren ihre Stellung in der Fruchtfolge. Gurken nutzen eine organische Düngung besser als andere Gemüsearten und sollten in der ersten Tracht stehen. Gute Vorfrüchte sind Kleegras, Getreide, Erbsen, Bohnen oder Porree; schlechte Vorfrüchte alle Kohlarten. Der eigene Vorfruchtwert ist gut, sofern die Witterung eine ausreichende Bodenbedeckung ermöglicht. Lediglich in nassen Jahren besteht die Gefahr einer Verdichtung und Verunkrautung. Die späte Saat oder Pflanzung der Gurke ermöglicht eine Vor- oder Zwischenkultur von Winterspinat, Radies oder Salat.

Im geschützten Anbau spielen Fruchtfolgeprobleme wegen der Ausbringung großer Mengen organischer Düngung, einer regelmäßigen Bodenentseuchung oder der Verwendung von Substraten im allgemeinen eine geringere Rolle. Als Zwischenpflanzung ist Kohlrabi geeignet, dessen Kultur ca. 2–3 Wochen nach der Gurkenpflanzung beendet sein muß. Diese Kombination besitzt jedoch keine große Bedeutung.

☐ Sortenwahl

Im heutigen Gewächshausanbau wird ein recht einheitliches Sortenspektrum angeboten. Es herrschen parthenokarpe, rein weiblich blühende, bitterstofffreie Hybridsorten vor. Ihr Ertragspotential ist relativ ausgeglichen, d. h. die Ertragshöhe hängt vorrangig von der Kulturführung und weniger von der Sortenwahl ab. Unterschiede ergeben sich hinsichtlich der Wüchsigkeit der Pflanzen. Insbesondere die älteren, gemischt blühenden, aber auch einige rein weiblich blühende Sorten wachsen stärker, altern langsamer und sind besonders für den Langzeitanbau, aber auch für die Früh- und Spätkultur geeignet.

Schwachwüchsige Sorten werden im Sommeranbau bevorzugt, da sie in der klimatisch günstigsten Jahreszeit die Kombination höchster Fruchtproduktion mit geringerem Triebwachstum und damit reduziertem Schnittaufwand ermöglichen. Besonders kälteverträgliche Sorten werden z. Zt. noch nicht angeboten, doch dürften starkwüchsige Sorten diesen Bedingungen am besten entsprechen.

Praktisch alle heute angebotenen Sorten besitzen ausreichende Resistenz gegen Gurkenkrätze *(Cladosporium cucumerinum)* und Blattbrand *(Corynespora melonis)*. Erste mehltauresistente Sorten werden ebenfalls angeboten. Weitere Resistenzen gegenüber Spinnmilben, Virosen und bodenbürtige Krankheiten bedürfen dagegen noch einer intensiven und vermutlich langwierigen Züchtungsarbeit.

Das Sortiment für den Freilandanbau unterscheidet sich insbesondere bei den Einlegegurken hinsichtlich des Wuchstyps, der Reifezeit und der Resistenzeigenschaften. Für den Anbau mit Handernte werden wüchsige, überwiegend weiblich blühende Hybriden bevorzugt. Für Maschinenernte wird eine konzentrierte Reife und determinierter Wuchs angestrebt. Diese Forderungen erfüllen rein weiblich blühende, parthenokarpe Sorten. Das »Hohlwerden« bei Konservierung der parthenokarpen Sorten kann u.a. durch veränderte Verfahrenstechnik überwunden werden. Mehltauresistenz und Bitterstofffreiheit sind andere wichtige Eigenschaften einiger Sorten.

☐ Bodenvorbereitung und Düngung

Der Gurkenanbau erfordert ein strukturstabiles Substrat. Ein Porenvolumen von 60 – 80 %, mit 40 – 50 % Wasserkapazität und 20 – 30 % Luftkapazität sind vorteilhaft. Die große Stabilität ist erforderlich, damit der Boden der Beanspruchung durch hohe Wassergaben und häufiges Betreten zur Ernte und Pflege standhalten kann. Erreicht werden diese Eigenschaften durch hohe Anteile organischer Substanz, wozu Stallmist, aber auch Stroh und Torf, besonders geeignet sind. Nützlich ist auch das Aufbringen einer dünnen Bodenbedeckung mit Stroh. Vor der Pflanzung im Gewächshaus sowie der Aussaat oder Pflanzung im Freiland ist eine gründliche, mindestens 30 cm tiefe Lockerung des Bodens notwendig. Besonders in der kalten Jahreszeit ist die Anlage kleiner Erdwälle für 1 oder 2 Reihen vorteilhaft, die eine verbesserte Belüftung und Bodenerwärmung gewährleisten.

Gurkenanbau im Gewächshaus kann auch auf anderen strukturstabilen Substraten erfolgen. Geeignet sind Strohballen (zusätzliche N-Versorgung wegen mikrobieller Festlegung ist erforderlich), Steinwolle, Blähton u.a. Materialien (s. Kap. 4.1.3). Eine Substratmenge von ca. 14 l/Pflanze ist ausreichend. Als für die Gurke wenig geeignet hat sich bisher die Nährlösungsfilmtechnik (NFT) erwiesen. Die Ursachen sind noch nicht eindeutig geklärt. Möglicherweise ist hier die große Masse absterbenden Wurzelmaterials nach dem Ansetzen des ersten großen Fruchtwachstumsschubs durch toxische Wirkungen oder Sauerstoffmangel die Ursache. Bei Wiederverwendung bedürfen alle Substrate einer gründlichen, vor jeder Kultur durchzuführenden Bodendesinfektion. Je geringer das Volumen und die Speicherfähigkeit des Substrates, desto mehr sind die Wasser- und Nährstoffgaben zu teilen. Für höchste Produktionsleistungen ist eine kontinuierliche Nährstoffzufuhr mit jeder Bewässerung Voraussetzung. Der Nährstoffbedarf orientiert sich an der Wachstumsleistung (s. Kap. 4.2).

■ Gewächshauskultur
□ Pflanzenanzucht

Die Anzucht der Jungpflanzen erfolgt nahezu ausschließlich aus Samen. Eine Stecklingsvermehrung ist leicht möglich, doch ist die Wüchsigkeit dieser Pflanzen geringer. Angewendet wird sie bisher lediglich bei Zwischenpflanzungen, da die Kosten dieses Anzuchtverfahrens niedriger sind.

Zur Keimung werden Gurkensamen in Saatkisten etwa 1 cm tief im Abstand von ca. 3 x 3 cm abgelegt und eine Temperatur von ca. 25 °C eingehalten (s. Abb. 3.3-2 u. Tab. 3.3-1). Nach 7–10 Tagen haben sich die Keimblätter voll entwickelt und das erste Laubblatt ist 1 cm lang. Nun wird in 10- bis 12-cm-Töpfe gepflanzt und bei 22–25 °C Lufttemperatur weiterkultiviert. Eine Bodentemperatur von ca. 25 °C ist vorteilhaft. Insbesondere unter lichtarmen Bedingungen gilt die Regel, die Bodentemperatur höher als die Lufttemperatur einzustellen. Mit Zusatzlicht können in diesem Stadium in den Monaten Januar bis Mitte Februar ca. 2 Wochen Anzuchtzeit eingespart werden. Etwa 14 Tage nach der Keimung müssen die Pflanzen auf einen Abstand von 20 x 20 cm gerückt werden, das sind 25 Pflanzen/m^2.

Die Anzuchtdauer beträgt bei optimaler Klimaführung 25–30 Tage. Eine fertige Gurkenjungpflanze ist 20–25 cm lang, besitzt 4–6 Laubblätter und wiegt 20–30 g (Frischsubstanz). Der Erdballen soll gut durchwurzelt sein und keine braunen, d.h. geschädigten bzw. abgestorbenen Wurzelspitzen aufweisen. Größere Jungpflanzen bedürfen bei der Weiterkultur sehr intensiver Pflege und besonderer Aufmerksamkeit. Kleinere Jungpflanzen führen dagegen zu einem erhöhten Flächenanspruch der Kultur. Bei der Anzucht haben alle phytosanitären Maßnahmen Vorrang vor chemischer Bekämpfung. Es sind entseuchte Erden und desinfizierte Materialien zu verwenden. Kurz vor dem Pflanzen erfolgen vorbeugende fungizide Behandlungen und, falls erforderlich, auch Spritzungen gegen tierische Schädlinge.

Seit den 70er Jahren hat sich die Jungpflanzenanzucht zunehmend in Spezialbetriebe verlagert. Im Gegensatz zu den geschilderten Verfahren erfolgt hier aus Gründen der Arbeitsrationalisierung eine Direktaussaat in 8-cm-Preßtöpfe.

Als spezielle Maßnahme der Jungpflanzenanzucht spielt die **Veredelung** im Gurkenanbau nach wie vor eine große Rolle. Gegen *Fusarium* hat sich der Feigenblattkürbis (*Cucurbita ficifolia*) als Unterlage bewährt. Eine zusätzliche Resistenz gegen Nematoden bietet die Haargurke (*Sicyos angulatus*). Beide Unterlagen mindern, ebenso wie Wachskürbis (*Benincasa*) und Gartenkürbis (*Cucurbita pepo*), die Empfindlichkeit gegen niedrige Bodentemperaturen um ca. 3 °C.

Zur Veredelung werden Gurken verwendet, deren 1. Laubblatt 2–3 cm lang ist. Um zu diesem Zeitpunkt geeignete Unterlagen verfügbar zu haben, wird der schneller keimende und wachsende Kürbis 3–4 Tage nach der Gurke ausgesät. Ein 24stündiges Vorquellen des Kürbissaatgutes in Wasser von 25 °C ist empfehlenswert. Die Veredelung selbst ist meist eine »Ablaktion mit Gegenzunge« (Abb. 7.6-6). Hierzu wird beim Kürbis etwa 1 cm unterhalb der Keimblätter mit einer Rasierklinge ein 1,5–2 cm langer Schnitt nach unten durchgeführt. An den Gurken wird bei gleicher Länge von unten nach oben so geschnitten, daß der Schnitt ca. 2 cm unterhalb des Laubblattes endet und die Keimblätter von Kürbis und Gurke nach dem Ineinanderschieben der Zungen in einem rechten Winkel zueinander stehen. Die Verbindungsstelle wird mit einer speziellen Bleifolie umwickelt, die sich später durch

Cucurbitaceae (Kürbisgewächse)

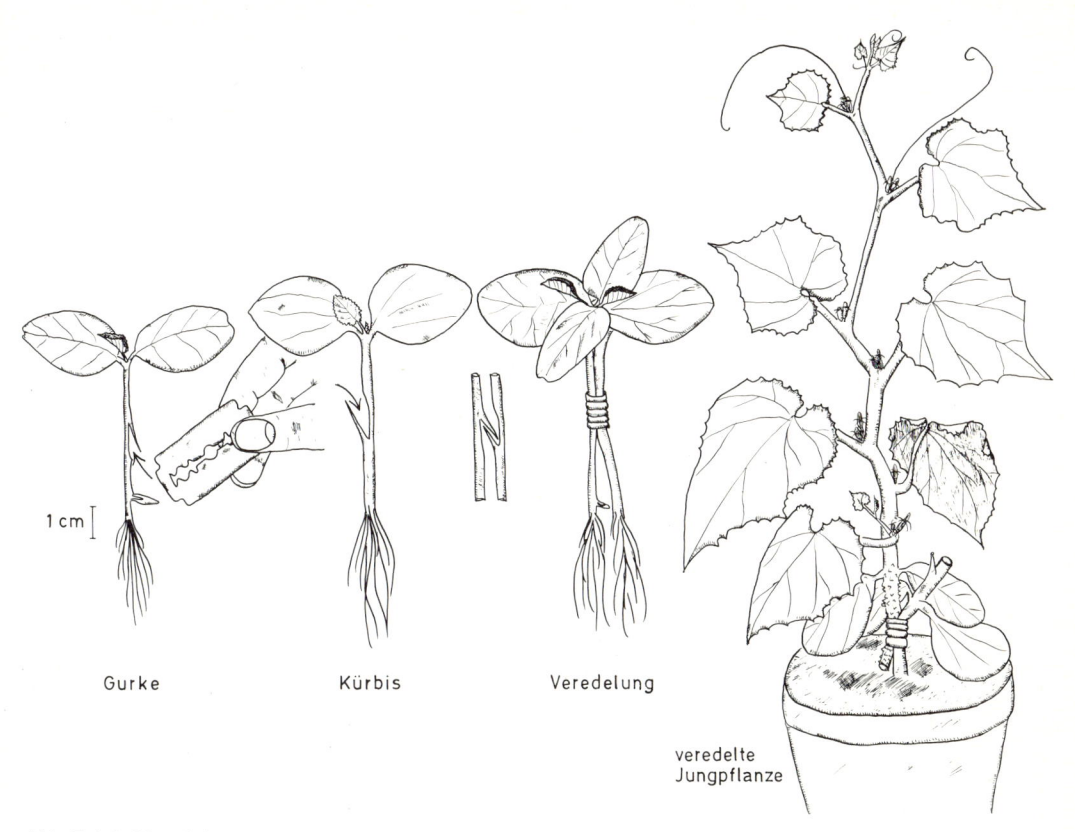

Abb. 7.6-6: Veredelung von Gewächshausgurken durch Ablaktion mit Gegenzunge

das Dickenwachstum allein löst. Danach wird in Töpfe ausgepflanzt.

Die veredelten Pflanzen sind 1 Woche lang bei 25 °C unter hoher Luftfeuchtigkeit (z. B. unter einer Folie) zu kultivieren und vor starker Strahlung zu schützen. Dann wird der Kürbistrieb weggeschnitten. Nach einer weiteren Woche wird die Gurkenwurzel abgetrennt. Wegen der Gefahr des Überwachsens der Veredelungsstelle durch Adventivwurzeln der Gurke ist bei der Pflanzung darauf zu achten, daß nicht zu tief in die Erde gesetzt wird.

Die Pflanzung muß sorgfältig erfolgen, um den Wurzelballen möglichst wenig zu schädigen. Hierzu können Furchen von 5–10 cm Tiefe gezogen werden. Die Pflanzen werden eingesetzt und das Substrat seitlich herangezogen. Die Oberseite des Ballens soll frei bleiben.

☐ **Klimaführung**
Das **Temperaturminimum** für die Keimung liegt im Bereich von 10–12 °C. Junge Pflanzen können diese Temperatur nur bei kurzer Einwirkung überleben, mehrere Monate alte Pflanzen vertragen sie ohne Schaden. Störungen des Wachstums werden u. a. durch unzureichende Wasser- und Nährstoffaufnahme bei niedrigen Bodentemperaturen, aber auch durch ausbleibende Chlorophyllsynthese bei tiefer Lufttemperatur verursacht. Sind junge Pflanzen längere Zeit Bodentemperaturen unter 14–16 °C ausgesetzt, so sterben sie nach Welkeerscheinungen ab. Langfristig einwirkende höhere Strahlungssummen bewirken eine Zunahme der Kälteverträglichkeit. Durch Bodenheizung kann das Überleben von Gurken auch bei niedrigen Lufttemperaturen gewährleistet werden. Unter 10–12 °C findet jedoch praktisch kein Sproßwachstum mehr statt.

Das **Temperaturmaximum** wird für Gurken mit ca. 40 °C angegeben. Bereits nach 1–2 Stunden treten Schäden bei zu hoher Verdunstung und gleichzeitig unzureichendem Wassernachlieferungsvermögen durch Austrocknung ein. Junges Gewebe an der Triebspitze wird zuerst geschädigt (niederländische Bezeichnung »Brandkoppen«).

Im Bereich von 16–35 °C liegt das **Temperaturoptimum.** Es sinkt mit zunehmendem Pflanzenalter. Die schnellste Keimung wird etwa bei 35 °C erreicht. Während des Jungpflanzenwachstums

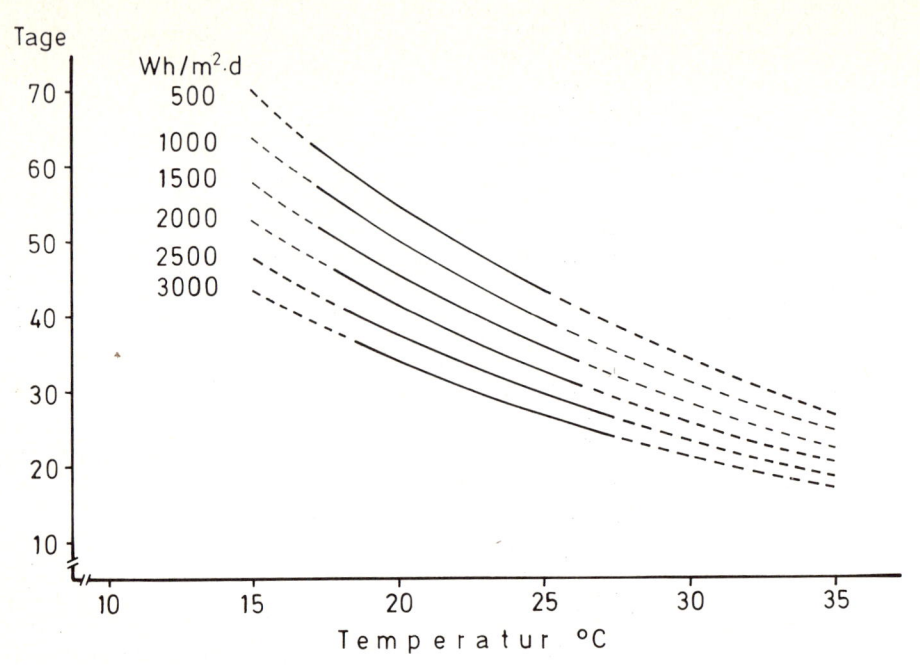

Abb. 7.6-7: Dauer von der Pflanzung bis zur Ernte von 1 kg Gurkenfrüchten/m²

und der sich anschließenden ertragslosen Phase bis zum Erntebeginn wird die Wachstumsgeschwindigkeit bis etwa 30 °C gefördert (Abb. 7.6-7). Der ökonomisch und pflanzenbaulich vertretbare Bereich liegt jedoch zur und nach der Keimung erheblich unter 30 °C. Es hat sich als vorteilhaft erwiesen, Gurken in der ersten Woche nach dem Auspflanzen bei 22–24 °C und danach bis Erntebeginn bei 20–22 °C zu kultivieren.

Mit Beginn der Erntephase ändert sich die Temperaturreaktion. Die höchsten Gesamterträge werden nicht im oberen Temperaturbereich, sondern bei Temperaturen von 20–22 °C erzielt. Bei höheren Temperaturen wachsen die Früchte so schnell, daß sie stark miteinander um Assimilate konkurrieren. Deutliche Fruchtwachstumsschübe sind die Folge. Insbesondere nach der Ernte der Stammgurken können dann längere Erntepausen eintreten, die den Vorteil eines früheren Erntebeginns zunichte machen. Zusätzlich tritt eine frühere Alterung der Pflanzen ein. Für frühe und hohe Erträge bietet eine Kombination hoher Anzuchttemperaturen bis zum Erntebeginn mit einer abschließenden Absenkung der Reglereinstellungen die günstigsten Voraussetzungen. Unter den ökonomischen Rahmenbedingungen in der Bundesrepublik Deutschland ist ab Mitte bis Ende Mai ein ungeheizter Anbau am wirtschaftlichsten (s. Abb. 7.6-5).

Die Wirkung der **Tag/Nacht-Temperaturamplitude** auf die Wachstumsleistung hängt von der Anbauzeit ab. Eine Absenkung der Nachttemperatur ist pflanzenphysiologisch besonders sinnvoll, wenn kurze Tage und lange Nächte vorherrschen, d. h. im Winter und zeitigen Frühjahr. Da die für den Assimilattransport benötigten höheren Temperaturen nicht während der ganzen Nacht erforderlich sind, sollte eine Absenkung dann erfolgen, wenn dieser Prozeß weitgehend abgeschlossen ist und ein Beibehalten zu hoher Temperaturen zu Substanzverlusten führt (CHALLA 1976). Die für den Stofftransport erforderliche Wärmemenge hängt von der am Tag produzierten Assimilatmenge ab. Daraus wird deutlich, daß sich die Nachttemperatur an der Lichtmenge des vorhergehenden Tages orientieren sollte.

Bei längeren Tagen und kürzeren Nächten (Frühjahr/Sommer) reagieren Gurken in ihrer Wachstumsleistung weitgehend entsprechend der 24-Stundenmittel-Temperatur (KRUG und LIEBIG 1980), d. h. es gibt keinen pflanzenphysiologischen Vorteil einer abgesenkten Nachttemperatur. Wenn sie dennoch empfohlen wird, ist dies durch einen niedrigeren Energieverbrauch zu begründen. Eine mittlere Temperaturdifferenz der Reglereinstellung von 4–6 °C führt in den meisten Fällen zu positiven Ergebnissen. Detailliertere Empfehlungen zur Temperaturführung, die insbesondere auch die Lüftungstemperatur, die Luftfeuchte und die Bestrahlung des Vortages berücksichtigen, werden noch erarbeitet.

Ausreichend hohe **Bodentemperaturen** (18 bis 20 °C) sind insbesondere bei jungen Pflanzen und frühzeitigem Anbau, wenn die Strahlung nur zu einer geringen Bodenerwärmung führt, notwendig. Ein positiver Effekt über diesen Bereich hinaus bis ca. 25 °C ist nur bis zur Ernte der Stammgurken festzustellen. Die Gesamterträge erhöhen sich nicht.

Das Ertragspotential einer Gurkenpflanzung wird im wesentlichen durch die **Lichtmenge** bestimmt. Zu unterscheiden ist dabei die Wirkung auf die Photosyntheseleistung, deren Optimum für Einzelblätter im Bereich von ca. 10 klx bzw. 100 W/m^2 liegt (AUGUSTIN 1984), und der Blattflächenentwicklung. Nur Bestrahlungssummen über 3000 Wh/m^{2}d führen zu maximalen Blattflächenindices von ca. 3.

Die Blattfläche eines Bestandes steht in enger Beziehung zu der Lichtsumme eines mehrtägigen Zeitraumes und wird kurzfristig (in 1–2 Tagen) wenig verändert. Dabei bestimmt die Lichtmenge kaum die Neubildung der Blätter (die Blattbildungsrate ist fast ausschließlich temperaturabhängig), aber entscheidend die Absterberate der älteren Blätter und auf diesem Wege die Gesamtblattfläche. Da sich die Ertragshöhe aus dem Produkt von Blattfläche und Photosyntheseleistung ergibt (s. Kap. 3.3.1), ist verständlich, daß diese im Sommerhalbjahr in erster Linie durch die zur Verfügung stehende Blattfläche bestimmt wird. Das Ertragspotential eines Bestandes ist damit im Jahresverlauf eng der Strahlungskurve angepaßt und im Frühjahr etwas höher als im Herbst, da im Frühjahr jüngere Pflanzen in ihrer effektivsten Wachstumsphase den zunehmenden Strahlungsverlauf nutzen können. Wird sehr früh gepflanzt (z.B. im Januar), so wird bereits ein Teil der verbesserten Strahlungsbedingungen im Frühjahr durch verstärkte Alterung kompensiert. Die pflanzenbaulich günstigsten Pflanztermine zur Erzielung hoher Gesamterträge liegen daher im März.

Zur Deckung des **Wasserbedarfs** ist zunächst eine ausreichende Aufnahme über das Substrat zu gewährleisten. Erdsubstrate sollten auf ca. 80 % ihrer Feldkapazität aufgefüllt und dieser Gehalt möglichst kontrolliert werden (z.B. durch Tensiometer). Da der Optimalbereich eng ist, sollte die Bewässerung im Gewächshaus automatisch geregelt werden. Als Richtzahlen für den täglichen Wasserverbrauch von Gurken gelten die in Tabelle 7.6-1 aufgeführten Werte (Näheres s. Kap. 4.5).

Tab. 7.6–1: Durchschnittlicher täglicher Wasserbedarf von Gewächshausgurken (Januarpflanzung)*

Monat	l H$_2$O/m^2 Tag
Januar	1,3 bis 1,6
Februar	1,8 bis 2,3
März	2,5 bis 3,0
April	3,5 bis 4,0
Mai	5,1 bis 5,6
Juni	6,0 bis 6,5
Juli	5,3 bis 5,8
August	4,0 bis 4,5

* DREWS 1981

Trotz optimaler Wasserversorgung über das Substrat kann es im Sommerhalbjahr infolge zu hoher Strahlung zu Streßsituationen (zu hohe Blattemperaturen) kommen, da die Wassernachlieferungsgeschwindigkeit nicht für eine ausreichende Transpiration genügt. Dies sollte durch Kurzzeitsprühung (ca. 1–2 s Dauer) verhindert werden (Näheres s. Kap. 4.15.2).

Eine weitere Steigerung der Gurkenproduktion im Gewächshaus kann durch CO_2-Düngung erreicht werden (s. Kap. 4.15.3). Die erarbeiteten CO_2-Reaktionskurven zeigen oberhalb von 600–800 ppm nur noch einen geringen Anstieg der Wachstumsleistung. Im unteren Bereich verläuft die Kurve sehr steil, so daß insbesondere ein Absinken der CO_2-Konzentration unter den Wert der Außenluft vermieden werden sollte. Besondere Gefahr der CO_2-Verarmung besteht bei Kultur auf Substraten mit geringem Gehalt an organischer Substanz. Modellrechnungen zeigen für diesen Fall Ertragsverluste von 10–15 %.

□ **Spezielle Produktionstechniken**

Für eine effiziente Produktion müssen Gewächshausgurken an Gerüsten aufgeleitet werden. In früheren Jahren waren dies Spaliere, die meist parallel zur Glashaut angeordnet waren. In den Wintermonaten ergab sich der Vorteil einer größtmöglichen Lichtausnutzung. Nachteilig war trotz der leichteren Ernte der sehr hohe Handarbeitsaufwand bei den Pflegemaßnahmen.

Im modernen Gurkenanbau überwiegt die Schnurgurkenkultur. Ein oberer Haltedraht wird in ca. 2 m Höhe über der Pflanzreihe angebracht. Empfehlenswert ist es, auch in etwa 10 cm Höhe eine Schnur zu ziehen und an jeder Pflanzstelle eine Schnur an dieser und dem oberen Haltedraht zu befestigen. Bei Verwendung von Substraten, die im Kulturverlauf durch mikrobiellen

Abbau stark an Volumen und damit an Höhe verlieren (insbesondere Strohballenkultur), muß die Befestigung locker sein, so daß die Wurzeln später nicht aus dem Substrat herausgezogen werden. Die Pflanzen werden im Wachstumsverlauf spiralförmig um die senkrechten Schnüre gewickelt. Da die ersten Früchte erntereif sind, bevor die Pflanze den oberen Haltedraht erreicht hat und dort durch eine Schlaufe befestigt werden kann, ist auf eine relativ enge, tragfähige »Spirale« zu achten. Im Frühjahr ist das Umwickeln daher zweimal je Woche durchzuführen.

Je nach Gewächshaus- bzw. Schiffbreite ist eine optimale Anordnung der Pflanzen auf dem Boden und an den oberen Haltedrähten zu wählen. Ein verbindliches Schema hierfür existiert nicht. Vorherrschendes Prinzip ist es, die Pflanzen so zu verteilen, daß eine möglichst gute Lichtausnutzung gewährleistet ist. Dies kann sowohl in Einzelreihenanordnung als auch in Doppelreihen geschehen. Zwischen den Einzel- oder Doppelreihen sind Mindestabstände von ca. 1,2 m erforderlich, um einerseits die notwendigen Kulturarbeiten zügig durchführen zu können und andererseits »Lichtgassen« zu schaffen, die den Lichtgenuß im unteren Pflanzenbereich verbessern. Bei einigen Haustypen ist ein schräges Aufleiten in V-Form vorteilhaft, wobei die Pflanzen von einer Reihe ausgehend versetzt nach rechts oder links schräg hochgezogen werden. Bei gleicher Lichtausnutzung ergeben die unterschiedlichen Anordnungen keine signifikanten Ertragsunterschiede. Für jeden Haustyp sollte daher die einfachste Aufleitungsform gewählt werden.

Mit dem Schnurgurkenanbau war die Einführung höherer Bestandesdichten verbunden. War im Spaliergurkenanbau ungefähr 1 Pflanze/m² üblich, so stieg die Bestandesdichte auf 1,3–1,5 Pflanzen/m². Die Auswertung vieler Versuchsergebnisse hinsichtlich der Wirkung der Bestandesdichten auf die Ertragshöhe zeigt Abbildung 7.6-8. Der Ertrag steigt mit der Bestandesdichte in Form einer Sättigungsfunktion. Unterschiede in den Versuchsjahren lassen sich fast ausschließlich über ein verändertes Ertragsniveau erklären, das durch Verbesserungen der Sorten, der Klima- und Kulturführung erreicht wurde.

Um eine Bewertung unterschiedlicher Bestandesdichten vorzunehmen, sind neben den jahreszeitlich unterschiedlichen Erlösen vorrangig die Jungpflanzenkosten zu berücksichtigen. Unter den derzeitigen wirtschaftlichen Bedingungen sind Bestandesdichten von etwa 2 Pflanzen/m² optimal. Im Jahresverlauf kann hier zwischen den einzelnen Sätzen eine weitere Verfeinerung in der Weise erfolgen, daß Frühpflanzungen et-

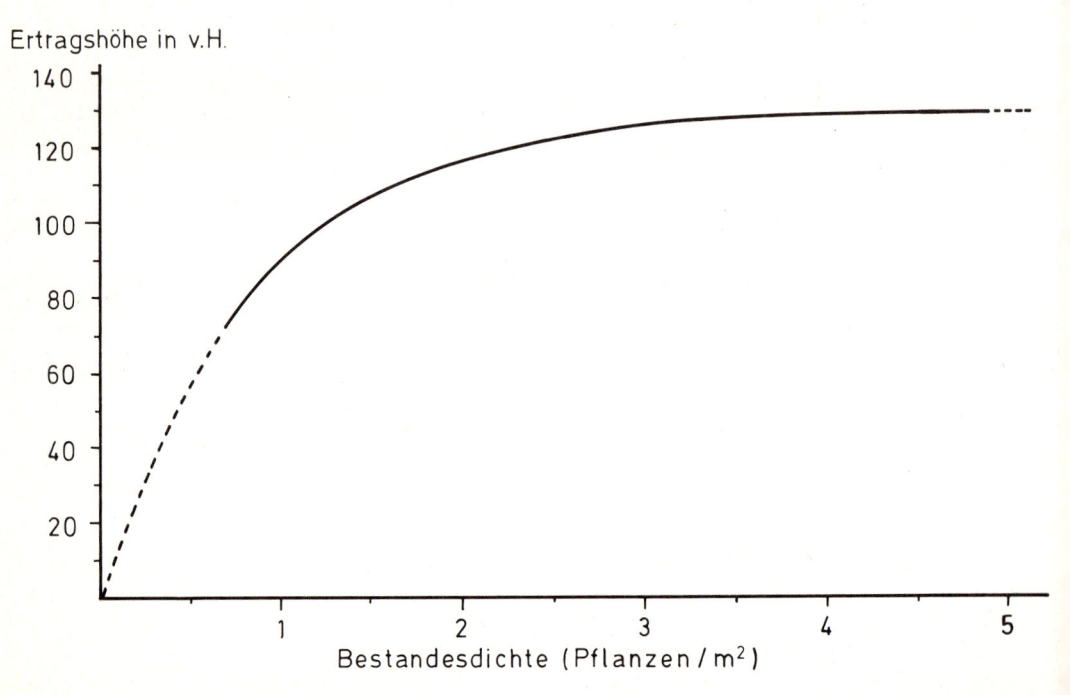

Abb. 7.6-8: Einfluß unterschiedlicher Bestandesdichten auf die Ertragsleistung von Gewächshausgurken (LIEBIG 1978)

was weiter und Sommerpflanzungen etwas dichter gesetzt werden sollten (Bereich ca. ± 0,5 Pflanzen/m²).

☐ **Pflege**
Die wichtigste und zeitaufwendigste Pflegemaßnahme ist der **Schnitt.** Hierzu gehört das Entfernen von Blüten und Krüppelfrüchten sowie Sproßspitzen, vergilbten Blättern und verkahlten Trieben.

Bei allen Verfahren hat es sich als günstig erwiesen, den Haupttrieb 2–3 Knoten über den oberen Haltedraht wachsen zu lassen und ihn erst dann zu entspitzen. Früheres Dekapitieren führt zu Ernteverzögerungen und Ertragsverlusten. Ein längeres Wachstum des Haupttriebes durch Überhängenlassen oder ein Absenken der ganzen Pflanzen (Layersystem, s. Kap. 7.8.1) hat sich nicht bewährt.

Unterschiede in den Schnittverfahren ergeben sich in der Behandlung der Seitentriebe und im Ausbrechen von Fruchtansätzen am Haupttrieb. Grundsätzlich werden an den untersten Knoten des Haupttriebes sowohl alle Seitentriebe als auch alle Fruchtansätze entfernt. Ab einer Höhe von etwa 0,75 m können beide belassen werden, ohne das weitere Wachstum der Pflanzen extrem zu beeinträchtigen. Es bleibt eine negative Beziehung zwischen Frühzeitigkeit der Produktion und dem vegetativen Aufbau der Pflanzen und damit dem Gesamtertrag bei Langzeitkultur. Je früher die Stammgurkenproduktion beginnt, desto kleiner sind die ersten Früchte. Erst ab etwa 1,2 bis 1,5 m Sproßlänge wachsen längere Früchte, in der Regel sind sie aber immer noch etwas kürzer als an den Seitentrieben.

Ein Ausdünnen von Stammfrüchten bei rein weiblich blühenden Sorten hat zum Ziel, nicht mehr als 1 Frucht je Blattachsel zu belassen. Dadurch wird das Abstoßen von Fruchtansätzen und die Ausbildung von Krüppelfrüchten reduziert. Ein weitergehendes Ausdünnen auch der Seitentriebfrüchte ist nicht vorteilhaft, da ein Gleichgewicht zwischen vegetativem und generativem Wachstum nicht erreicht wird. Es ist nicht möglich, eine optimale Anzahl von zu belassenden Fruchtansätzen zu bestimmen, denn es hängt vom Ernährungszustand der Pflanze und dem im voraus nicht bekannten Witterungsverlauf ab, wie viele Früchte wachsen und wie viele Fruchtansätze abgestoßen werden. Wesentlich günstiger ist es, das »Ausdünnen« der Pflanze selbst zu überlassen und lediglich stark gekrümmte Fruchtansätze, für die keine Marktqualität zu erwarten ist, frühzeitig zu entfernen. Bei weiblich blühenden Sorten, die stets mehr Fruchtansätze produzieren als die Pflanze später ernähren kann, dominieren beim Seitentriebschnitt arbeitstechnische Gesichtspunkte. Es werden am Haupttrieb alle Seitentriebe, außer den oberen 2 bis 3, entfernt. An diesen Seitentrieben 1. Ordnung wird kein systematischer Schnitteingriff mehr vorgenommen.

Bei gemischt blühenden Sorten werden keine Stammfrüchte ausgedünnt, da kaum mehr als 6 ausgebildet werden. Das Fruchtwachstum dieser Sorten läßt sich durch Schnittmaßnahmen steigern, die zu einer Förderung der weiblichen Blütenbildung führen. Deshalb werden ab etwa 0,75 m Höhe alle Seitentriebe belassen und streng nach jedem 2. Blatt geschnitten, unter ungünstigen Klimabedingungen an den unteren Trieben bereits nach dem 1. Blatt. Da mit zunehmendem Verzweigungsgrad und Alter die weibliche Tendenz ansteigt und ausreichend Fruchtansätze gebildet werden, reicht dann eine weniger strenge Schnittdurchführung aus.

Der Schnitt dient weiterhin der Pflanzenhygiene und der besseren Lichtausnutzung. Hierzu gehört auch das bevorzugte Hochleiten junger Triebteile über den Haltedraht. Dadurch wird einem »Vergreisen« am Haltedraht vorgebeugt und das Licht am effektivsten genutzt. Ein regelmäßiger Schnitt ist unter diesen Gesichtspunkten auch bei schwachwüchsigen weiblich blühenden Sorten empfehlenswert.

Zu den übrigen Pflegemaßnahmen gehört neben einer ständigen Kontrolle der **Bewässerung** und mineralischen **Ernährung** ein mit zunehmendem Alter steigender Aufwand für den **Pflanzenschutz.** Dies gilt für chemische Bekämpfungsmaßnahmen, die nicht vorbeugend, sondern zum pflanzenbaulich notwendigen Zeitpunkt durchgeführt werden sollten, und in noch stärkerem Ausmaß für biologische Verfahren. Unter den tierischen Schädlingen lassen sich sowohl Spinnmilben, als auch Weiße Fliege nach inzwischen gut erprobten biologischen Verfahren bekämpfen. Noch nicht ausgereift ist die biologische Bekämpfung des Pilzbefalls (z. B. Echter Mehltau) und insbesondere gefäßparasitärer Erkrankungen, die schnell den gesamten Bestand vernichten können. Die Pflanzenhygiene steht hier unter den zu ergreifenden Maßnahmen an erster Stelle.

☐ **Ernte und Ertrag**
Die Erntereife einer ca. 500 g schweren Frucht ist nach einer Wachstumsdauer von durchschnittlich 2 Wochen ab Blüte erreicht. Eine für die Vermarktung ausgereifte Frucht ist daran zu erkennen, daß die Schale glatt wird, die Frucht gleichmäßig gefärbt und am Ende stumpf ist. Überreife

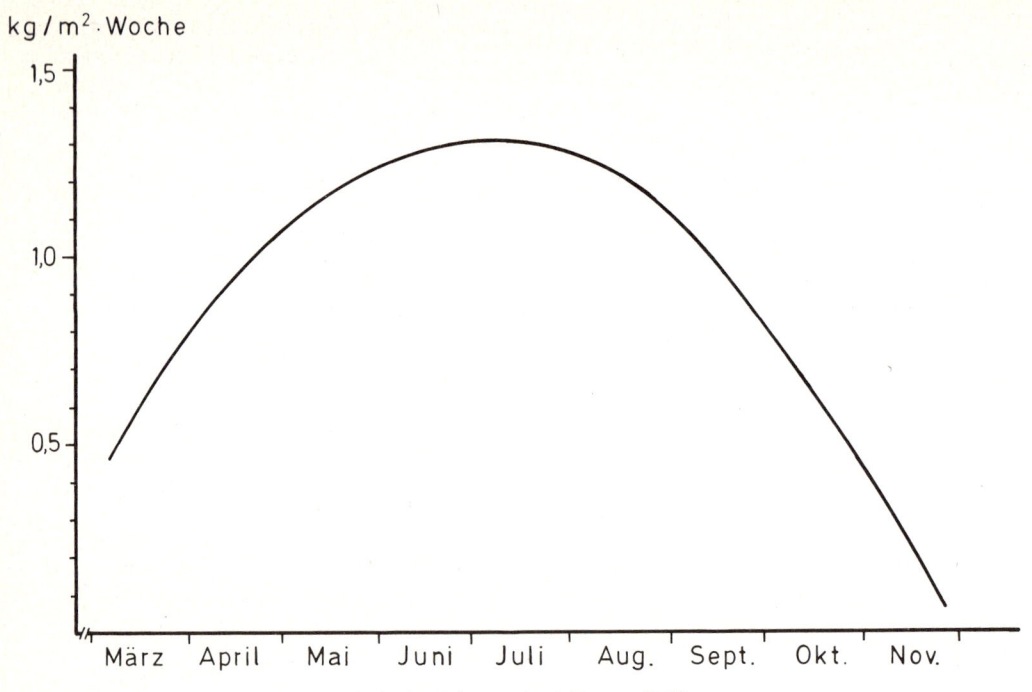

Abb. 7.6-9: Durchschnittliche Ertragshöhe im Jahresverlauf (LIEBIG 1978)

Früchte beginnen, leichte Farbaufhellungen zu zeigen.

Die Ernte erfolgt von Hand, die einzelnen Früchte werden mit dem Messer abgeschnitten. Bedingt durch die hohe Fruchtwachstumsgeschwindigkeit, ist der Bestand zweimal pro Woche zu beernten. Bei angestrebten Fruchtgewichten von 500–600 g kann durchschnittlich mit 1 Frucht je m² und Erntegang gerechnet werden (Schwankungsbreite 0,5–3 Gurken je m² und Erntegang). Die durchschnittliche Ertragshöhe in Abhängigkeit von der Jahreszeit ist in Abbildung 7.6-9 wiedergegeben. Im Kulturverlauf sind bei Langzeitkultur Ertragsleistungen von 50–60 St./m² keine Seltenheit. Spitzenleistungen für eine Ganzjahreskultur erreichen bis zu 100 St./m². Die Fruchtzahl hängt stark vom Erntegewicht ab. Je kleiner die Früchte geerntet werden, desto höher ist deren Zahl. Sie steigt stärker an, als es dem vergleichbaren Gewicht bei großen Einzelfrüchten entspricht. Ob diese Tendenz wirtschaftlich ausgenutzt werden kann, hängt jedoch von den Marktbedingungen ab.

Die Gurkenernte stellt wegen des großen Erntegewichtes hohe körperliche Anforderungen an die Arbeitskräfte. Der Forderung nach einem guten Transportsystem kann auf verschiedene Weise entsprochen werden. Insbesondere die oben oder unten verlegten Heizungsrohre eignen sich als Schienen für Hängelifte oder Transportwagen.

☐ **Aufbereitung, Qualitätsmängel und Lagerung**
Die Sortierung der Früchte erfolgt gemäß den geltenden EG-Normen, die als Mindestvorschriften anzusehen sind. Geforderte Mindesteigenschaften sind:
▷ gesunde, unbeschädigte, saubere Früchte
▷ frisches Aussehen
▷ fest und bitterfrei
▷ frei von anomaler äußerer Feuchtigkeit, fremdem Geruch und Geschmack.

Ab einer Krümmung über 10 mm auf 10 cm Länge darf nicht mehr in Klasse I und »Extra« sortiert werden. Gekrümmte und bauchige Früchte lassen sich im allgemeinen nicht vermarkten. Ursachen gekrümmter Früchte sind ein Aufliegen auf dem Boden oder den Sproßteilen oder stark schwankende Ernährungsbedingungen. Bauchige Früchte sind das Resultat einer Befruchtung.

Die Größensortierung erfolgt ebenfalls nach EG-Richtlinien, doch weichen hier die regionalen Märkte stärker von den Mindestgewichten ab. In der Bundesrepublik Deutschland stellt die Sortierung 300–400 g die unterste Klasse im Frühjahr dar, im Sommer werden im allgemeinen

Cucurbitaceae (Kürbisgewächse)

Früchte über 400, teilweise 500 g und einer Mindestlänge von 30 cm gefordert.

Bei manueller Aufbereitung kann mit einer Leistung von ca. 300 kg/AKh gerechnet werden. Beim Einsatz von Gurkensortiermaschinen steigt die Arbeitsleistung bis zum Faktor 10. In Gebieten mit zentralen Vermarktungseinrichtungen ist eine gemeinschaftliche Nutzung dieser teuren Maschinen empfehlenswert. Dies gilt auch für die Verpackung und den evtl. Einsatz von Schrumpffolien. Soll kurzfristig gelagert werden (max. 1–2 Wochen), sind zur Vermeidung von Gewebeschäden 10–12 °C einzuhalten. Eine Lagerung bei 1–2 °C kann nur dann erfolgen, wenn die Früchte anschließend sofort verbraucht oder konserviert werden.

☐ **Einlegegurken**

Zur Verlängerung und Intensivierung der Saison der industriellen Verwertung von Einlegegurken findet ihr Anbau in einigen Ländern auch in Gewächshäusern statt. In der Bundesrepublik Deutschland sind dies nur wenige ha, in den Niederlanden dagegen 200 – 300 ha. Im Vergleich zum Freilandanbau können bessere Fruchtqualitäten geerntet werden, doch ist die Kultur sehr arbeitsintensiv.

Die Ansprüche an Klimaführung und Substrat entsprechen weitgehend denen der Salatgurke. Ab Mai ist ungeheizter Anbau möglich, die Lüftungstemperaturen liegen meist deutlich unter denen der Salatgurken, um Bienenflug zu gewährleisten. Bei den durchzuführenden Pflanzenschutzmaßnahmen ist auf Bienen Rücksicht zu nehmen.

Die Anzucht erfolgt in gleicher Weise wie bei den Salatgurken. Es wird jedoch bereits im 1- bis 2-Laubblattstadium gepflanzt. Die Bestandesdichte liegt bei 2–3 Pflanzen/m². Die Aufleitung erfolgt häufig an Schnüren, die Verwendung senkrecht aufgespannter Netze bringt arbeitstechnische Vorteile. Ein Schnitt des Haupttriebes unterbleibt; die Hauptachse wird nach Erreichen des oberen Haltedrahtes wieder nach unten geleitet. An den Seitentrieben erster Ordnung wird regelmäßig nach dem 1. Blatt geschnitten. Später erfolgt kein systematischer Schnitt mehr; dann wird nur noch gelegentlich entspitzt.

Die Ernte der Früchte erfordert einen höheren Aufwand (30–40 kg/AKh) und ist wöchentlich mindestens 3mal, besser noch häufiger durchzuführen. In der strahlungsgünstigsten Zeit des Jahres ist sogar eine tägliche Ernte zu empfehlen. Für die Verarbeitung werden kleinere Größensortierungen bevorzugt. Neben höherem Ernteaufwand bedeutet das auch niedrigere Erträge (s.

Tab. 7.6–2: Abhängigkeit der Ertragshöhe von der Größensortierung bei Einlegegurken*

Fruchtlänge (cm)	Ertrag dt/ha
3– 6	100
6– 9	150
9–12	220
12–15	300

* STORCK und BAHNMÜLLER 1969

Tab. 7.6-2). Im Durchschnitt liegt die Ertragshöhe einer Kultur bei 8–10 kg/m².

■ **Freilandkultur**

Im Freiland werden vorrangig Einlegegurken angebaut. Freilandsalat- und Schälgurken werden nach weitgehend gleichen Verfahren produziert.

☐ **Pflanzenanzucht**

Für den großflächigen Anbau werden Einlegegurken direkt gesät, sobald Bodentemperaturen über 10–12 °C erreicht sind, in der Bundesrepublik Deutschland ist dies Mitte Mai. Gesät wird 2–3 cm tief mit Drillmaschinen, besser geeignet sind Einzelkornsägeräte, besonders solche mit pneumatischer Ablage. Die Bestandesdichte ist abhängig von der Wüchsigkeit der Sorte und dem Ernteverfahren. Bei laufender Beerntung von Hand werden 5–10 Pflanzen/m² mit Reihenabständen von 1,5–2 m empfohlen. Der Saatgutbedarf liegt dann bei ca. 3 kg/ha. Für eine maschinelle Ernte erhöht sich die Aussaatstärke auf 4–6 kg/ha. Bei einem Reihenabstand von ca. 1 m ergibt sich daraus eine Bestandesdichte von 15–20 Pfl./m².

Im Intensivanbau von Einlegegurken – gleiches gilt für Salat- und Schälgurken – erfolgt die Jungpflanzenanzucht auch in Preßtöpfen, Jiffystrips oder anderen Gefäßen. Je Topf werden 2 Korn ausgelegt, damit zum Pflanzen mindestens eine Pflanze vorhanden ist. Nach 2–3 Wochen, sobald 1 bis 2 Laubblätter entwickelt sind, wird ausgepflanzt. Dabei werden die Pflanzen bis zu den Keimblättern in den Boden gesetzt, um die Adventivwurzelbildung zu fördern.

Die Vorteile der Jungpflanzenanzucht liegen in einer bis zu 2wöchigen Ernteverfrühung. Damit steht eine längere Vegetationszeit zur Verfügung, und die Gesamterträge steigen. Außerdem erhöht sich die Anbausicherheit gegenüber dem Auflaufrisiko bei Direktsaat. Ein Nachteil ist der erhebliche Arbeitsaufwand.

□ Spezielle Kulturtechniken

Zur Verfrühung des Gurkenanbaus im Freiland hat sich die Kultur mit Mulchfolie bewährt. Durch erhöhte Bodentemperaturen mit schnellerer und sicherer Keimung sowie beschleunigtem Wachstum wird der Erntebeginn um 1–2 Wochen verfrüht. Weitere Vorteile der Mulchfolie liegen in der besseren Erhaltung einer günstigen Bodenstruktur, einer verminderten Evaporation, einer geringeren Nährstoffauswaschung und erheblich reduziertem Aufwand zur Unkrautbekämpfung.

Voraussetzungen sind ein fertig bearbeiteter und gedüngter Boden und bei großflächiger Nutzung ein Folienlegegerät. Die Folie (s. Kap. 4.7 und Tab. 4.7-1) wird in Bahnen ausgebracht und an den Seiten in Furchen festgelegt. In die Folie werden im Abstand von ca. 30 cm Löcher gestanzt und dann, meist von Hand, 3–4 Samen je Loch ausgebracht. Eine mechanisierte Aussaat ist möglich. Nach dem Kulturende muß die Folie abgeräumt und beseitigt werden. Dies stellt einen weiteren Aufwand dar, der zusammen mit einer erschwerten maschinellen Beerntung dieses Verfahren belastet.

Eine besondere Form des Folieneinsatzes besteht in der Anwendung von Kleinsttunneln mit ca. 20 cm Breite und 30 cm Höhe über gesäten oder gepflanzten Gurken. Die Abdeckung bringt eine weitere Verfrühung. Sobald die Pflanzen nach der Keimung mit verstärktem Triebwachstum beginnen, ist die Folie zuerst stark zu schlitzen (CO_2-Versorgung, Temperaturausgleich) und später abzuräumen.

Für den Anbau mit maschineller Beerntung besitzt auch der Einsatz von Wachstumsregulatoren Bedeutung. Im 2- und 4-Blattstadium wird die Ausbildung weiblicher Blüten durch Spritzungen mit 400 ppm Ethrel (Äthylenfreisetzung) gefördert. Ein konzentrierter Fruchtansatz mit verstärkter parthenokarper Fruchtbildung wird durch Chlorflurenol (Morphaktin) erreicht. Gespritzt wird, sobald 8–10 Fruchtansätze je Pflanze ausgebildet sind.

□ Pflege

Das Hacken zur Unkrautbekämpfung und Erhaltung einer guten Bodenstruktur trägt zum Kulturerfolg bei. Vor allem nach stärkeren Niederschlägen muß einer Bodenverkrustung vorgebeugt werden. Da die Gurkenwurzeln verstärkt in den oberen Bodenschichten wachsen, ist sehr flach zu hacken. Bei Trockenheit wirkt eine Beregnung ertragssteigernd. Sie ist bevorzugt in den Morgenstunden durchzuführen, damit die Pflanzen im Tagesverlauf abtrocknen können und das Risiko eines Pilzbefalls gemindert wird.

□ Ernte-und Ertrag

Im Freilandgurkenanbau werden bis 80 % des Arbeitsaufwandes für die Ernte benötigt. Die Erntehäufigkeit ergibt sich aus der angebauten Sorte und dem Ernteverfahren. Salatgurken (ca. 20 cm Länge) werden 2mal pro Woche geerntet, bei Schälgurken erfolgen nur 2–3 Erntegänge im August und September, da ausgereifte Früchte verwendet werden. Im Einlegegurkenanbau mit Handernte wird 2- bis 4mal pro Woche gepflückt. Maschinelle Verfahren mit mehrmaliger Ernte haben sich nicht bewährt. Dagegen wird die maschinelle Einmalernte bei großflächigem Anbau in einigen Ländern erfolgreich praktiziert.

Die Handernte von Einlegegurken beginnt, sobald die ersten Früchte 9 cm lang sind. Größere Früchte schwächen die Pflanze und reduzieren die Ertragsleistung in den bevorzugten kleineren Sortierungen. Die Ernte ist sehr sorgfältig durchzuführen. Die Früchte dürfen nicht abgerissen werden, sondern sind so abzubrechen bzw. abzuschneiden, daß sie ohne Stiel bleiben. Die Pflückleistung liegt bei Handernte bei 6–7 AKh/dt. Durch Erntewagen kann eine Teilmechanisierung und damit eine um ca. 30 % höhere Arbeitsleistung erfolgen. Bei diesem Verfahren werden an einen Schlepper seitwärts bis zu 6–7 m lange Liegeflächen angebracht (»Flieger«). Die Pflücker ernten im Liegen auf ein Förderband, das die Gurken auf einen Erntewagen transportiert.

Die Ertragshöhe ist im Freiland sehr von Witterung, Sorte, Sortierung und dem Ernte- und Anbauverfahren abhängig. Auf Folienmulch werden 250–500 dt/ha erzielt, ohne Folie ca. 30 % weniger. Die Beziehung zwischen Ertragshöhe und Größensortierung gibt Tabelle 7.6-2 wieder. Bei maschineller Einmalernte liegen die Erträge nur bei 100 dt/ha; überdies werden bei diesem Verfahren 30–40 % der Früchte beschädigt.

□ Aufbereitung, Qualitätsmängel und Lagerung

Die Aufbereitung von Einlegegurken erfolgt nach der Fruchtlänge (3–18 cm) und dem größten Durchmesser (20–50 mm, Näheres s. EG-Normen). Als Qualitätsmängel werden angesehen: stark beschädigte, gelbe Früchte, keulenförmige Verdickungen und ballonförmige Gurken.

Schälgurken müssen in der Klasse I eine Mindestlänge von 25 cm mit einem Mindestgewicht von 1000 g aufweisen, in der Klasse II werden mindestens 20 cm Länge und 500 g Gewicht gefordert.

Hinsichtlich der Lagerung gelten die gleichen Bedingungen wie bei Gewächshausgurken.

Literatur

AUGUSTIN, P. (1984): Ein Modell der Ertragsbildung der Gewächshausgurke (*Cucumis sativus* L.). Archiv für Gartenbau **32**, 1-18.

CHALLA, H. (1976): An analysis of the diurnal course of growth, carbon dioxide exchange and carbohydrate reserve content of cucumber. Agric. Res. Rep. Wageningen: Centre forAgriculture Publishing and Documentation.

CORRENS, C. (1928): Bestimmung, Vererbung und Verteilung des Geschlechtes bei den höheren Pflanzen. Handb. Vererbungsw. 3 (IIc) **II**.

DREWS, M. (1981): Wasserhaushalt und Beregnung bei der Gewächshausgurke. Gartenbau **28**, III-V.

KRUG, H. und LIEBIG, H.-P. (1980): Diurnal thermoperiodism of the cucumber. Acta Hort. Nr. 108, 83-94.

LIEBIG, H.-P. (1978): Einflüsse endogener und exogener Faktoren auf die Ertragsbildung von Salatgurken (*Cucumis sativus* L.) unter besonderer Berücksichtigung von Ertragsrhythmik, Bestandesdichte und Schnittmaßnahmen. Dissertation. Hannover: Fak. f. Gartenbau der Univers. Hannover.

STORCK, H. und BAHNMÜLLER, H. (1969): Der Einfluß der Sortierung auf die Arbeitsleistung bei der Ernte von Einlegegurken. Gemüse **5**, 291-294.

WHITAKER, Th. W. und DAVIS, G. N. (1962): Cucurbits. London: Leonard Hill.

Abb. 7.6-10: Netzmelone – *Cucumis melo* var. *reticulatus*

7.6.2 Melone

7.6.2.1 Zuckermelone (*Cucumis melo* L.)

□ **Geschichte und Bedeutung**

Die Zuckermelone stammt aus den tropischen und subtropischen Steppengebieten Afrikas. Auch Asien wird als Herkunftsregion genannt, es ist jedoch nicht eindeutig geklärt, ob es sich hier um ein Ursprungsgebiet oder ein sekundäres Genzentrum handelt. In Ägypten und Syrien erlangten Zuckermelonen große Bedeutung. Weniger geschätzt waren sie im vorchristlichen Griechenland, auch bei den Römern besaßen sie keine herausragende Stellung. Ihrer Verbreitung in den mitteleuropäischen Raum standen die hohen Temperaturansprüche entgegen. Bis in das späte Mittelalter gab es keine klare sprachliche Trennung zwischen Kürbis und Melone, beide wurden Pepones genannt. Erst ab dem 18. Jh. gibt es Berichte über einen Anbau von Zuckermelonen unter Glas (BECKER-DILLINGEN 1956).

In der Bundesrepublik Deutschland besitzt der Melonenanbau keine wirtschaftliche Bedeutung. In den Niederlanden wurden 1939 auf über 200 ha Melonen in Gewächshäusern produziert. Der Anbauumfang wurde insbesondere durch eine starke Ausbreitung von *Fusarium* um 1960 reduziert und hat bis heute das damalige Ausmaß nicht wieder erreicht. Zuckermelonen werden heute überwiegend aus den Mittelmeerländern importiert.

Der Wassergehalt der Zuckermelone liegt bei 90 %, der gegenüber Gurken höhere Zuckergehalt von 5–10 % (sehr abhängig von Sorte und Anbaugebiet) bedingt den höheren energetischen Wert von durchschnittlich 59 kJ/100 g Frischsubstanz. Etwa 60 % des Fruchtgewichtes dienen dem Verzehr, meist als Dessert, in Frankreich häufig auch als Vorspeise.

□ **Botanische Grundlagen**

Zuckermelonen gehören, wie Gurken, der Gattung *Cucumis* an. Die zahlreichen Varietäten und Sorten mit vielfältigen Übergangsformen sind nicht leicht zu trennen. Kennzeichnend hierfür sind auch die unterschiedlichen taxonomischen Gliederungen. Im westeuropäischen Raum hat sich der Vorschlag von NAUDIN bewährt, der aber mehrmals geringfügig verändert wurde (Anonym 1979). Die wichtigsten Varietäten sind:

1. var. *reticulatus* (netzförmig – Abb. 7.6-10)
Die Netzmelonen besitzen mittelgroße, plattrunde und gerippte Früchte. Auf der Schale befinden sich netzartig angeordnete Korkleisten. Das

Abb. 7.6-11: Cantalupmelonen – *Cucumis melo* var. *cantaloupensis*

Abb. 7.6-12: Honig- oder Wintermelone — *Cucumis melo* var. *inodorus*

Fruchtfleisch ist meist lachs-orangefarben oder auch grünlich.

2. var. *cantaloupensis* (Abb. 7.6-11)
Die zuerst im Schloß Cantalupo bei Ascona in Italien angebaute Kantalupmelone ist besonders wohlschmeckend. Die mittelgroßen, stark gerippten Früchte weisen eine mit Warzen bedeckte Schale ohne Netzstruktur auf (früherer Name: Warzenmelone). Zu den Kantalupen wird auch die aus einem israelischen Kibbuz stammende »Ogen-Melone« gerechnet, deren Frucht relativ klein ist.

3. var. *saccharinus* (zuckerliefernd)
Diese Varietät ist der var. *reticulatus* verwandt und wird dieser oft zugerechnet. Sie bildet länglich-ovale Früchte mit einer wenig gerippten, glatten Schale.

4. var. *inodorus* (geruchlos – Abb. 7.6-12)
Die als Honigmelone oder Wintermelone bezeichnete Varietät bildet runde bis ovale Früchte aus. Die dünne, meist glatte Schale ist grün oder gelblich, das Fruchtfleisch sehr süß und besitzt ein spezifisches Aroma. Im Gegensatz zu den anderen Varietäten kann die in den USA am häufigsten angebaute Honigmelone mehrere Wochen gelagert werden.

Die übrigen Varietäten (var. *flexuosus*, var. *chito*, var. *dudaim*, var. *conomon*) besitzen eine geringere Bedeutung und spielen lediglich für die Konservierung eine gewisse Rolle.

Die Zuckermelone ist der Gurke morphologisch sehr ähnlich. Das Wurzelsystem wächst stark verzweigt, aber flach, und hat ein gutes Wasseraufnahmevermögen. An den kantigen, rauh behaarten und mehrere Meter langen Sproßachsen werden ab dem 3. Knoten unverzweigte Wickelranken ausgebildet.

Die Blattspreiten sind 20 bis 25 cm lang und breit, meist 5fach gebuchtet und auf beiden Seiten leicht behaart. Die 2–3 cm großen Blüten der einhäusigen (monözischen oder andromonözischen) Pflanze gleichen in ihrem Aufbau denen der Gurken. Männliche Blüten stehen in Büscheln in den Blattachseln. Weibliche oder zwittrige Blüten erscheinen erst ab Seitentrieben 2. Ordnung am 1. oder 2. Blattknoten.

Für die Fruchtausbildung ist die Befruchtung der für 2 Tage geöffneten weiblichen oder zwittrigen Blüten notwendig. Günstig sind Temperaturen von 20–30 °C und die Pollenübertragung durch Bienen. Windbestäubung ist möglich, ebenso Parthenokarpie durch Wuchsstoffbehandlung in die offene Blüte. Die 3kämmrige Frucht ist deutlich gegliedert in die Fruchtwand, das mehrere cm dicke Fruchtfleisch und das Kernhaus mit insgesamt 6 Samenleisten. Jede Frucht enthält im Durchschnitt 400–600 Samen. Da diese nicht, wie bei der Gurke, von einer schleimigen Hülle umgeben sind, werden die Samen ohne Gärung gewonnen. Bei guter Lagerung behält das Saatgut eine 80- bis 95%ige Keimfähigkeit für 5–8 Jahre.

☐ **Standortansprüche**
Zuckermelonen benötigen, ihrem Herkunftsland entsprechend, noch mehr Wärme und insbesondere mehr Licht als die Gurke. Die Keimung erfolgt ab 12 °C. Für die Keimung und die weitere Entwicklung sind bei guten Lichtbedingungen 25–30 °C günstige Temperaturen. Nachts sollten 15–18 °C nicht unterschritten werden. Die optimale Bodentemperatur liegt bei 25 °C. Der Anbau im Freiland ist daher in der Bundesrepublik Deutschland nur in den Sommermonaten in sehr

Cucurbitaceae (Kürbisgewächse)

geschützten Lagen möglich, aber auch dort nicht lohnend. Eine niedrige Luftfeuchtigkeit (40–60 % rel. Feuchte) während der Blüte wirkt sich positiv auf die Befruchtung aus. Starke Schwankungen der Temperatur und Luftfeuchte in der Reifezeit können zum Platzen der Früchte führen. Eine Schattierung des Bestandes sollte wegen des großen Lichtbedürfnisses unterbleiben.

Obwohl die Zuckermelonen Trockenheit besser vertragen als Gurken, fördert eine reichliche Bewässerung die Ertragsleistung. Gut durchlüftete und drainierende Böden begünstigen das Wachstum. Gegen Staunässe sind Zuckermelonen sehr empfindlich und faulen leicht, besonders der Wurzelhals der Pflanze ist gefährdet. Ein Anbau auf kleinen Erdhügeln ist daher empfehlenswert. Die Nährstoffansprüche sind infolge der geringeren Massenbildung niedriger als bei der Gurke (Tab. 7.6-3).

■ **Gewächshauskultur**
Die Pflanzenanzucht von Zuckermelonen entspricht weitgehend der von Gewächshausgurken. Ausgesät wird 1 cm tief in Saatschalen oder direkt in 10- bis 12-cm-Töpfe. Durch das langsamere Wachstum der Melonen wird bis zum Auspflanzen (4- bis 5-Blattstadium) eine 2–3 Wochen längere Anzuchtdauer als bei der Gurke benötigt. Bei der Pflanzung ist darauf zu achten, daß die Pflanzen nur flach eingesetzt werden und der Wurzelhals frei bleibt, um der Stammfäule vorzubeugen. Gegen *Fusarium*-Befall hat sich, wie bei der Gurke, das Veredeln auf den Feigenblattkürbis *(Cucurbita ficifolia)*, aber auch auf den Gartenkürbis *(Cucurbita pepo)* oder den Wachskürbis *(Benincasa savi)* bewährt. An der Unterlage werden stets einige Blätter belassen, um sie besser mit Assimilaten zu versorgen.

Tab. 7.6–3: Nährstoffaufnahme von Zuckermelonen (bei 5 kg/m^2 Fruchtertrag und 4 kg Sproßmasse)*

Nährstoff	Aufnahmemenge (g/m^2)
N	18
P$_2$O$_5$	9
K$_2$O	57
MgO	10
CaO	48

* Nach: GEISSLER 1976

Im geschützten Anbau werden Melonen im allgemeinen an Schnüren oder Netzen aufgeleitet. Wegen der geringeren seitlichen Ausbreitung sind Doppelreihen empfehlenswert, in denen mit einem Abstand von 0,3–0,5 m gepflanzt wird. Bei Reihenabständen von abwechselnd 0,5 und 1 m ergibt sich eine Bestandesdichte von 1,3–2,2 Pflanzen/m^2.

Ein erfolgreicher Zuckermelonenanbau ist von einem strengen **Schnitt** abhängig, da Fruchtansatz nur ab Seitentrieben 2. Ordnung erfolgt. Der Haupttrieb wird nach dem 4.–5. Blatt entspitzt, bei Schnurkultur auch nach Erreichen einer Höhe von 2 m. An den Seitentrieben 1. Ordnung erfolgt der Schnitt nach jedem 2. Knoten, an den Seitentrieben 2. Ordnung 1 Blatt hinter dem Fruchtansatz. Ein Ansatz von 4–6 Früchten je Pflanze wird angestrebt. Überzählige Triebe werden durch Auslichtungsschnitt entfernt.

Das Erkennen des optimalen **Erntezeitpunktes** ist bei Zuckermelonen besonders wichtig, da die Früchte nur wenige Tage ihre besten Geschmackseigenschaften beibehalten (längere Zeit bei var. *inodorus*). Der richtige Erntezeitpunkt ist bei der Mehrzahl der Varietäten erreicht, sobald um den Stielansatz ringförmige Risse erkennbar sind. Die Verfärbung der Fruchtschale, das Weichwerden der Frucht oder eine deutliche Duftbildung sind andere Reifekriterien. Eine positive Beziehung besteht auch zwischen der Geschmacksbeurteilung und dem Zuckergehalt. Refraktometerwerte sind daher ebenfalls geeignet, den Reifezustand zu bestimmen. Unreife Früchte haben noch nicht ihr volles Aroma entwickelt und schmecken nicht, überreife Früchte verlieren ihre Konsistenz, werden mehlig und beginnen zu faulen.

Die **Ernte** erfolgt von Hand, die Früchte werden mit einem Messer abgeschnitten. Jede Woche sind 2 Erntegänge notwendig. Die Haupttragszeit liegt in den Monaten Juli-September, das Ertragsniveau einer erfolgreichen Kultur bei 8–10 Stck./m^2.

Die Zuckermelone ist druckempfindlich und muß sorgfältig verpackt und transportiert werden. Eine Größensortierung ist nur für die Klasse I vorgeschrieben (Näheres siehe EG-Qualitätsnormen). Wegen des raschen Qualitätsverfalls sollten Melonen schnellstens vermarktet werden. Muß dennoch kurzfristig gelagert werden, so sind Temperaturen von 6–9 °C am günstigsten. Bei zu kühler Lagerung (1–2 °C) unterbleibt die Nachreife der Frucht völlig. Eine Lagerdauer von 1–2 Wochen sollte (außer bei var. *inodorus*) nicht überschritten werden.

7.6.2.2 Wassermelone
(Citrullus lanatus var. *caffer)*

Die aus den Steppengebieten des tropischen und subtropischen Afrikas stammende Wassermelone gehört der Gattung *Citrullus* an.

Sie wird wegen ihres erfrischenden Geschmacks meist als Nachtisch genossen. Der Wasser- und Zuckergehalt ist dem der meisten Zuckermelonen vergleichbar; der energetische Wert beträgt durchschnittlich 101 kJ/100 g Frischmasse.

Im Gegensatz zur Zuckermelone besitzt die Wassermelone 2- bis 3fach verzweigte Blattranken. Sie blüht monözisch. Die Fruchtansätze werden an den Triebenden ausgebildet, jegliche Schnittmaßnahmen haben deshalb zu unterbleiben. Die Wassermelone wächst schneller als die Zuckermelone und bildet im allgemeinen größere Früchte (5–25 kg) aus. Die Fruchtschale ist hell- bis dunkelgrün und besitzt mitunter von der Blüte zum Stengel verlaufende helle oder marmorierte Streifen. Ein gutes Unterscheidungsmerkmal zur Zuckermelone ist die nicht konzentriert in einem Kernhaus sondern über das gesamte Fruchtfleisch verteilte Anordnung der Samen (Abb. 7.6-13).

Wassermelonen werden in großem Umfang im Mittelmeerraum, Vorderasien, Südrußland und Amerika angebaut. In Mittel- und Nordeuropa werden sie weder im Freiland noch im Gewächshaus erwerbsmäßig kultiviert.

Literatur

Anonym (1979): Produktgegevens Groente en Fruit. Mededeling No. 30, Meloen. Wageningen: Sprenger Instituut.

Becker-Dillingen, J. (1956): Handbuch des gesamten Gemüsebaues. Berlin, Hamburg: Paul Parey.

Geissler, Th. (1976): Gemüseproduktion unter Glas und Plasten. Berlin: VEB Deutscher Landwirtschaftsverlag.

7.6.3 Kürbis (*Cucurbita*-Arten)

☐ Geschichte und Bedeutung

Die deutsche Bezeichnung Kürbis (Übernahme des lateinischen Wortes »corbis« = Korb, Gefäß) umfaßt mehrere Gattungen und Arten. Im europäischen Raum hat sich die seit dem 19. Jh. verstärkt angebaute Gattung *Cucurbita* durchgesetzt. Ihr Herkunftsgebiet ist Amerika, wo *Cucurbita pepo* von den Indianern Perus schon vor ca. 8000 Jahren kultiviert wurde (Whitaker u. Davis 1962). Bei den im Altertum und frühen Mittelalter in Europa bekannten Kürbisarten dürfte es sich daher um den Flaschenkürbis *(Lagenaria)* gehandelt haben.

Die Früchte weisen einen Wassergehalt von 85–95 % auf und enthalten je 100 g Frischsubstanz im Durchschnitt 1–2 g Protein, 0,1–0,5 g Fett, 2–5 g Zucker und 10–20 mg Vitamin C. Der energetische Wert liegt bei 80–150 kJ. Kürbisse werden wegen ihres meist saftärmeren und festeren Fruchtfleisches weniger als erfrischende Beikost oder Salat, sondern häufiger gekocht oder als Kompott zubereitet verzehrt.

Der Kürbis wird in Europa nahezu ausschließlich im Freiland kultiviert. Gewächshauskultur ist möglich, jedoch nicht lohnend. Lediglich die Jungpflanzen werden häufig in Gewächshäusern angezogen. In der Bundesrepublik Deutschland werden nur geringe Mengen produziert. In der EG steht Italien mit einem Erzeugervolumen von ca. 350 000 t an der Spitze, Frankreich und Griechenland folgen mit je ca. 70 000 t, in den restlichen Ländern sind die Mengen unbedeutend. In Osteuropa hat der Anbau von Kürbissen zur Gewinnung von Pflanzenölen Bedeutung.

☐ Botanische Grundlagen

Die Gattung *Cucurbita* umfaßt 10 Arten, von denen 5 eine größere Bedeutung für den Anbau besitzen. In Nordwesteuropa reduziert sich diese Zahl auf 2 Arten. Das in Abbildung 7.6-14 aufgeführte Schema erlaubt eine eindeutige taxonomische Bestimmung.

Kürbisse besitzen ein ausgedehntes Wurzelsystem. Die krautigen Pflanzen bilden mehr oder weniger stark rankende Triebe, aber auch Büsche mit gestauchten Sprossen. Die Blätter sind wechselständig angeordnet (Abb. 7.6-15), die

Abb. 7.6-13: Wassermelone — *Citrullus lanatus* var. *caffer* (Whitaker und Davis 1962)

Mehrjährige Pflanzen mit gelbbraunen oder schwarzen Samen	*C. ficifolia*
Einjährige Pflanzen mit weißen oder rötlich-gelben Samen	
Sproß weich und rund, weicher Blüten- und Fruchtstiel,	
Stiel rund, durch weiche Korkzellen verlängert,	
Blumenkrone glockenförmig	*C. maxima*
Sproß hart und kantig, Blüten- und Fruchtstiel an der Basis	
kantig und gefurcht	
Blüten- und Fruchtstiel hart, sehr kantig, gefurcht,	
spitze und starre Blätter mit z. T. tiefen Buchten,	
Blumenkrone spitz	*C. pepo*
Blüten- und Fruchtstiel hart, wenig gefurcht, Fruchtansatz nach	
außen verdickt, Blätter nicht spitz, weich und kaum gebuchtet,	
Kelchblätter blattförmig	*C. moschata*
Blüten- und Fruchtstiel hart, sein Durchmesser durch harten Kork	
sehr verdickt, keine Verdickung am Fruchtansatz; weiche, schwach	
gebuchtete Blätter, Kelchblätter nicht blattförmig	*C. mixta*

Abb. 7.6-14: Schema zur Bestimmung wichtiger Arten der Gattung *Cucurbita* (nach WHITAKER und DAVIS, 1962)

großen Blattspreiten z. T. mehrfach tief gebuchtet. Die auf Rankenträgern sitzenden Ranken sind mehrfach verzweigt, bei der nichtrankenden *Cucurbita pepo* fehlen sie ganz. Kürbisse blühen einhäusig, zwittrige Blüten werden selten ausgebildet. Form, Größe, Färbung und Textur der Kürbisfrüchte sind sehr variabel. In den reifen Früchten degenerieren die Placenten, die Samen liegen damit frei in der Fruchthöhle und beginnen teilweise schon in der Frucht zu keimen.

□ **Standortansprüche und Anbauformen**
Die Temperaturansprüche der Kürbisarten sind denen der Freilandgurken ähnlich. Dabei zeigen insbesondere *C. maxima* und *C. pepo* nach Abhärtung eine größere Temperaturtoleranz. Das Pollenwachstum erfolgt schon ab 8–10 °C; d. h., eine Befruchtung ist bei wesentlich niedrigeren Temperaturen als bei Gurken (14–15 °C) und Zuckermelonen (18 °C) möglich. Warmes Wetter und gute Wasserversorgung begünstigen das Wachstum, doch vermag der Kürbis länger als die Gurke ohne Bewässerung auszukommen. Eine Zusatzberegnung lohnt meist nicht. Wegen der Windempfindlichkeit ist ein Anbau zwischen Mais empfehlenswert.

Der Boden sollte locker und humusreich sein; organische Düngung wirkt positiv. Kürbis ist mit sich selbst und anderen *Cucurbitaceae* im Nachbau unverträglich, was auch bei Pflanzungen auf Komposthaufen zu beachten ist.

Für den Erwerbsgartenbau hat lediglich der Anbau von Zucchini (*Cucurbita pepo* var. *giromontiina*) Bedeutung. Aufrechtstehende, buschförmige Sorten mit schlanken, grün-weiß gesprenkelten Früchten werden bevorzugt (Abb. 7.6-16). Der Speisekürbis (*Cucurbita maxima*) ist besonders in Hausgärten zu finden (Abb. 7.6-17).

■ **Freilandkultur**
Eine Ernteverfrühung ist durch Jungpflanzenanzucht im Gewächshaus möglich. Hierzu werden 2–3 Samen 2–3 cm tief in 10-cm-Töpfe ausgelegt. Die Keimung erfolgt bei 15–20 °C. Für die Weiterkultur sind 18/14 °C (Tag/Nacht) einzustellen. Nach etwa 3 Wochen sind die Kürbisse mit 2 ausgebildeten Blättern pflanzfertig. Ein Abhärten erhöht die Temperaturtoleranz. Der früheste Pflanztermin in der Bundesrepublik Deutschland liegt nach den letzten Nachtfrösten Mitte Mai. Als Bestandesdichte haben sich bei Zucchini 0,5–1 Pflanzen/m^2 bewährt. Bei rankenden Kürbisarten kann die Bestandesdichte bis auf ca. 0,3 Pflanzen/m^2 reduziert werden.

Für die laufende Anlieferung von Zucchini hat es sich als günstig erwiesen, 3 Sätze zu kultivieren (SCHLAGHECKEN 1981). Nach der Pflanzung des ersten Satzes wird sofort ein 2. Satz im Freiland direkt ausgesät. Der Einsatz von Mulchfolie ist, wie im Einlegegurkenanbau, empfehlenswert. Ein dritter Satz wird etwa 6 Wochen danach ebenfalls direkt gesät. Durch diese zeitliche Staffelung wird eine bis in den Herbst hineinreichende Fruchtproduktion erreicht.

Die **Pflege** der Kürbisbestände beschränkt sich auf mehrmaliges flaches Hacken. Unkrautbekämpfung ist in älteren Beständen kaum erforderlich. Ein spezieller Schnitt der Pflanzen ist nicht notwendig. Krankheits- und Schädlingsbefall sind im allgemeinen von untergeordneter Bedeutung. Lediglich Virusbefall (Bekämpfung der Überträger) und ab Spätsommer Echter Mehltau verursachen Ausfälle.

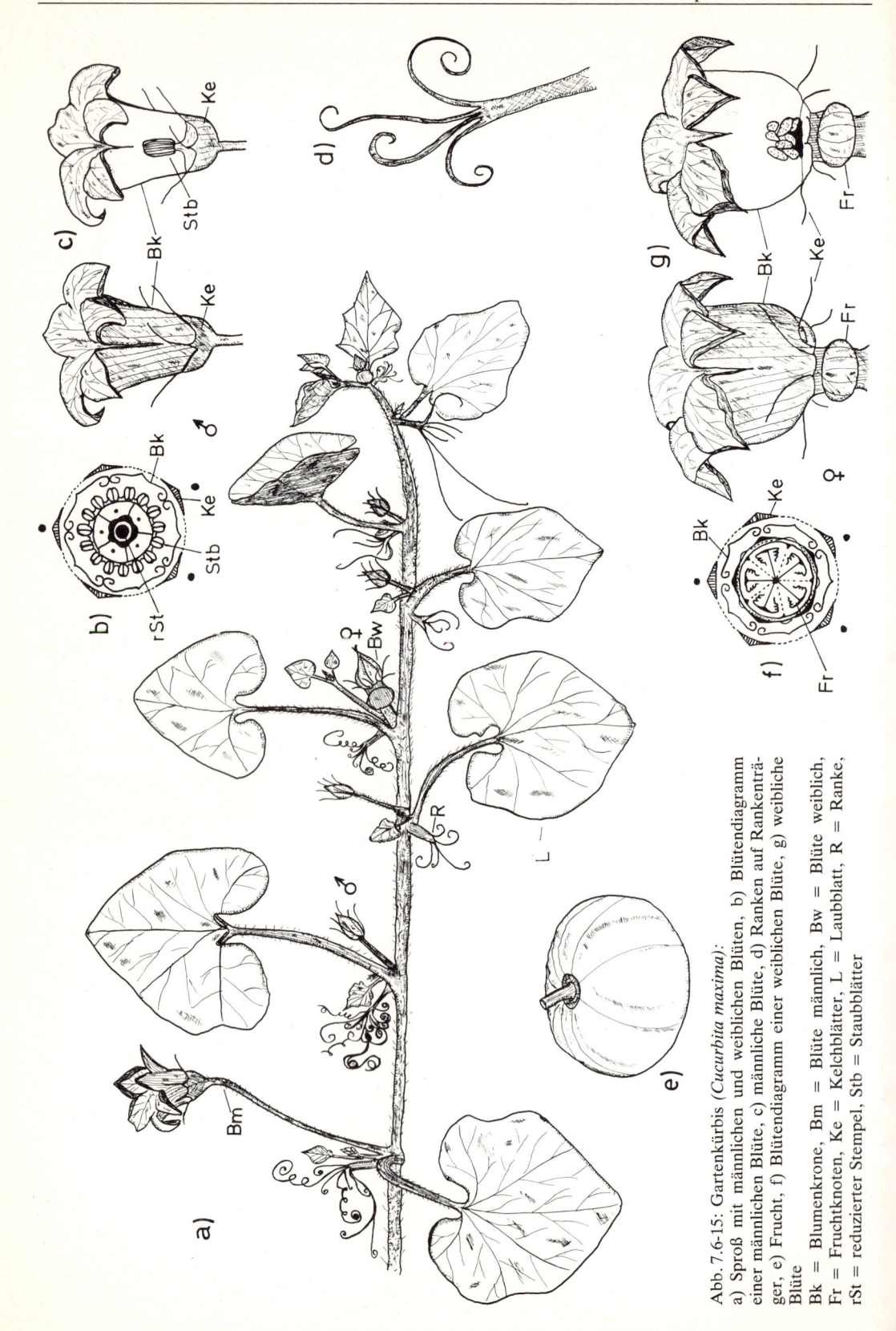

Abb. 7.6-15: Gartenkürbis (*Cucurbita maxima*):
a) Sproß mit männlichen und weiblichen Blüten, b) Blütendiagramm einer männlichen Blüte, c) männliche Blüte, d) Ranken auf Rankenträger, e) Frucht, f) Blütendiagramm einer weiblichen Blüte, g) weibliche Blüte

Bk = Blumenkrone, Bm = Blüte männlich, Bw = Blüte weiblich, Fr = Fruchtknoten, Ke = Kelchblätter, L = Laubblatt, R = Ranke, rSt = reduzierter Stempel, Stb = Staubblätter

Valerianaceae (Baldriangewächse)

Abb. 7.6-17: Speisekürbis *(Cucurbita maxima)*

durchschnittlich 25 Früchte pro Pflanze geerntet werden, das entspricht etwa 300 dt/ha. Die Größensortierung von Zucchini umfaßt Fruchtlängen von 7–30 cm mit Gewichten von 50–450 g in 3 Klassen (Näheres s. EG-Normen). Eine kurze Lagerung von 2–3 Wochen bei 7–10 °C und hoher Luftfeuchte ist möglich.

Im Gegensatz zu Zucchini wird der Speisekürbis im September–Oktober vor dem ersten Frost im reifen Zustand geerntet. An der Frucht wird ein ca. 10 cm langer Stiel belassen. Je nach Fruchtbehang (durchschnittlich 4–5 Früchte je Pflanze) werden mehr oder weniger schwere Einzelfrüchte geerntet. Einzelne Früchte können ein Gewicht von ca. 100 kg erreichen. Der Flächenertrag kann 1000 dt/ha übersteigen.

Speisekürbis kann mehrere Wochen bis Monate gelagert werden. Dabei ist es günstig, ihn in den ersten 2 Wochen bei 24–30 °C aufzustellen, damit er nachreift und die Schale verhärtet. Danach gewährleisten Temperaturen zwischen 10 und 13 °C eine lange Haltbarkeit.

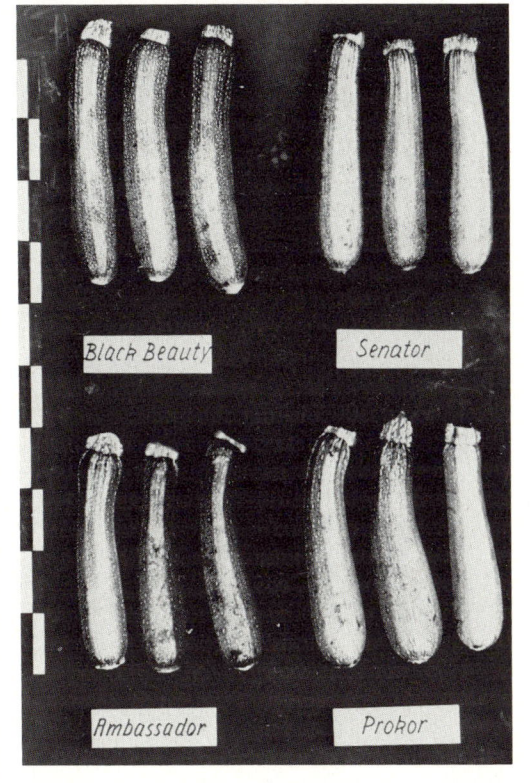

Abb. 7.6-16: Zucchini *(Cucurbita pepo* var. *giromontiina)*

Etwa 4–6 Wochen nach der Pflanzung oder 6–8 Wochen nach Direktsaat beginnt bei Zucchini die Ernte. Die noch unreifen Früchte werden ab einer Länge von 15–20 cm von Hand abgeschnitten (s. Abb. 7.6-16), wenn die Schalen noch weich und die Samen wenig verhärtet sind. Früchte über 25 cm Länge belasten die Pflanze stark und reduzieren das Wachstum, außerdem sind sie schlecht zu vermarkten. Während der Hauptwachstumszeit sollten Zucchini daher alle 2 Tage gepflückt werden. Bei einer Ernteperiode von Mitte Juni bis Mitte September können

Literatur
WHITAKER, TH. W. und DAVIS, G. N. (1962): Cucurbits. London: Leonard Hill.

SCHLAGHECKEN, J. (1981): Der Anbau von Zucchini. Deutscher Gartenbau **35,** 1984-1987.

7.7 *Valerianaceae* (Baldriangewächse)

ERICH FÖLSTER

Die Pflanzen aus der Familie der *Valerianaceae* haben gegenständige Blätter sowie dichte, doldenartige Blütenstände mit kleinen, trichterförmigen Blüten. Die Früchte sind dreikämmerige Nüßchen, bei denen meistens zwei Kammern leer sind. Von dieser artenarmen Pflanzenfamilie sind in Europa nur der Baldrian und der Feldsalat von wirtschaftlicher Bedeutung.

Der Baldrian (*Valeriana officinalis* L.) findet als Heilpflanze Verwendung. Er kommt in ganz Europa wildwachsend an feuchten Standorten, z. B. auf Moorböden und an Bachufern, vor. Die Pflanze ist ausdauernd, entwickelt kräftige, braune Wurzeln und einen starken Geruch. Mit den getrockneten Wurzeln werden u. a. Aufgüsse hergestellt, die bei nervösen Störungen, bei Magen- und Darmkrämpfen und bei Schlaflosigkeit gute Dienste leisten.

Der Feldsalat oder Rapunzel (*Valerianella locusta* L.) ist eine zweijährige Pflanze, die wildwachsend in Europa weit verbreitet ist. Sie galt früher als lästiges Unkraut im Wintergetreide. Erst seit dem Mittelalter erlangte der Feldsalat als vitaminreiches Blattgemüse Bedeutung.

Abb. 7.7-1: Feldsalat im Rosettenstadium und blühend

7.7.1 Feldsalat – *Valerianella locusta* L.

☐ **Geschichte und Bedeutung**

Beim Feldsalat wurde zunächst nur die kleinrosettige Wildform genutzt. Die vegetativen Pflanzen wurden im Herbst und Winter gesammelt und als Blattgemüse vermarktet. Ein gezielter Anbau setzte erst in diesem Jahrhundert ein. Zunächst wurde der Feldsalat als Stoppelfrucht kultiviert. Um frühzeitig im Herbst mit der Ernte beginnen zu können, wurde er bereits vor der Ernte des Getreides ausgesät. Gärtnerischer Erwerbsanbau erfolgte zunächst in Frankreich, dann in der Schweiz und in Süddeutschland. Hier erlangte der Feldsalat zunehmend Bedeutung als Blattgemüse für den Herbst und Winter. Der geschützte Anbau weitete sich erst in den 70er Jahren mit den gestiegenen Energiekosten aus, da der kältefeste Feldsalat auch in ungeheizten Gewächshäusern kultiviert werden kann.

Bedeutung hat der Feldsalat derzeit besonders in den westeuropäischen Ländern. Hier ist seit den 80er Jahren ein Konsumanstieg zu beobachten. Auch in der Bundesrepublik Deutschland stieg die Anbaufläche über 100 ha, wobei mittlerweile der geschützte Anbau überwiegt. Als frisches Blattgemüse erfreut sich Feldsalat besonders im Herbst und Winter zunehmender Beliebtheit. Er wird vorwiegend roh als Salat, seltener als gedünstetes Gemüse zubereitet. Sein besonderer Geschmack ist durch den Gehalt an ätherischem Öl bedingt. Der Nährwert von Feldsalat liegt erheblich höher als der von Kopfsalat. Neben Carotin, Vitamin B_1, B_2 und C sind auch die Mineralstoffgehalte (Ca, P und Fe) als ernährungsphysiologisch wertvoll einzustufen.

☐ **Botanische Grundlagen**

Als winterannuelle Pflanze wächst Feldsalat im ersten Jahr als Blattrosette. Nach Kälteeinwirkung bilden sich die Blütenstiele mit den unscheinbaren, bläulich-weißen Blüten (Abb. 7.7-1). Selbstbefruchtung herrscht vor, doch kann Fremdbefruchtung durch Insekten nicht ausgeschlossen werden. Die Frucht (auch Same genannt) ist rundlich-eiförmig und, je nach Sorte, von unterschiedlicher Größe (Abb. 7.7-2). Große Früchte sind meist dreikämmerig mit einem Samen in der mittleren Kammer. Kleine Früchte haben neben der mit einem Samen gefüllten oft nur eine leere, luftgefüllte Kammer.

Nach der Ernte ist die Keimfähigkeit des Feldsalatsaatgutes gering. Sie nimmt mit längerer Kühllagerung (Nachreife) deutlich zu und erreicht etwa ein Jahr nach der Ernte ihr Maximum (KRETSCHMER 1978). Je nach Lagerbedingung bleibt die Keimkraft 3–4 Jahre erhalten.

Aus der Frucht entwickelt sich zunächst ein Sämling mit zwei länglich-runden Keimblättern. Es folgen die gegenständigen, länglich-spateligen Laubblätter, die glattrandig, leicht behaart und, je nach Sorte, dunkel- bis mittelgrün gefärbt sind. Der anfänglich einfache Rosettenaufbau wird sehr bald durch die Bildung achselständiger Blätter ergänzt. Vernalisationsempfindlich wird die Pflanze nach Überschreiten der Jugendphase mit dem Erscheinen des 2. Laubblattpaares. Ab diesem Stadium kann durch Einwirkung niedriger Temperatur (z. B. 10 Tage Temperaturen unter 10 °C) die generative Phase eingeleitet werden. Bei Temperaturen über 14 °C bleibt die Pflanze vegetativ.

Als heimische Pflanze ist Feldsalat recht frosthart. Selbst Temperaturen unter −15 °C werden

Valerianaceae (Baldriangewächse)

Abb. 7.7-2: Feldsalatsorten mit unterschiedlicher Rosetten- und Fruchtgröße — l. 'Holländischer breitblättriger', mi. 'Vit', r. 'Dunkelgrüner vollherziger'

überstanden, sofern die oberirdischen Pflanzenteile nicht durch zu starke Sonneneinstrahlung eintrocknen.

☐ Standortansprüche und -orientierung

Feldsalat stellt nur geringe Anforderungen an den Standort. Sofern der Boden nicht zu schwer ist und nicht zur Vernässung neigt, sind alle gemüsefähigen Flächen für den Anbau geeignet. In bezug auf Verunkrautungsgefahr und die verhältnismäßig geringe Wirkungsbreite der einsetzbaren Herbizide spielt jedoch der zu erwartende Unkrautbesatz, vor allem das Spektrum der vorherrschenden Unkrautarten, eine wichtige Rolle. Auf leichten Böden ist die Gefahr von Auswinterungsschäden bei Frühjahrsernte erhöht. Kalkhaltige, humose Lehmböden sind deshalb für einen Überwinterungsanbau zu bevorzugen.

☐ Anbauformen

Feldsalat ist eine typische Kultur des intensiven Freiland- und Unterglasgemüsebaus. Bedingt durch die begrenzte Aufnahmefähigkeit der Märkte und den hohen Handarbeitsaufwand für die Ernte, sind die Anbauflächen der überwiegend gestaffelt ausgesäten Sätze meist klein.

☐ Fruchtfolge

Feldsalat kann sich selbst ohne Ertragseinbußen folgen, eine zu starke Häufung sollte jedoch wegen der erhöhten Krankheitsverschleppung unterbleiben. Wesentliche Anforderungen an die Vorfrucht sind, daß sie den Boden nicht zu nährstoffreich und möglichst unkrautfrei hinterläßt. Bei den Folgekulturen sind ebenfalls keine besonderen Probleme zu erwarten. Die Vorfruchtwirkung ist gut. Bei der späten Aussaat, im Freiland ab August und in Gewächshäusern ab September, und der zeitigen Ernte im Frühjahr bilden sich vielfältige Möglichkeiten für die Eingliederung in die Produktionsprogramme.

☐ Sortenwahl

Beim Feldsalat werden 2 Sortengruppen unterschieden (Abb. 7.7-2). Die Pflanzen der einen Gruppe bilden große Rosetten mit langen und breiten, meist mittel- bis hellgrünen Blättern. Diese Pflanzen entwickeln sich schnell und können pro Flächeneinheit viel Masse bringen. Als typischer Vertreter ist der 'Holländische breitblättrige' zu nennen. Die Pflanzen der anderen Gruppe zeichnen sich durch kleinere Blattrosetten mit kurzen, meist dunkelgrünen Blättern aus. Diese Pflanzen entwickeln sich durchweg langsamer, bleiben in ihrem Habitus klein, ergeben jedoch für den Markt die qualitativ bessere Ware. Im Geschmack sind sie intensiver. Repräsentiert wird diese Gruppe durch die Sorte 'Dunkelgrüner vollherziger'.

Während die erste Sortengruppe ihre Bedeutung mehr im nordeuropäischen Raum hat, werden in den südlichen Regionen fast ausschließlich Sorten der zweiten Gruppe bevorzugt. Für die jeweilige Sortenwahl ist folglich der örtliche Markt entscheidend.

Neben der Wüchsigkeit und der Blattform sind bei den Feldsalatsorten die Resistenzen oder Toleranzen gegenüber dem Echten Mehltau *(Erysiphe polyphaga)*, dem Falschen Mehltau *(Peronospora valerianellae)* sowie den Fäulepilzen *(Botrytis, Phoma, Sklerotinia)* wichtig.

Tab. 7.7–1: Feldsalat — Keimdauer (Tage) in Abhängigkeit von der Heiztemperatur im Raum Hannover

Heiztemperatur	0/0 °C	10/6 °C
Oktober	8–11	8–10
November	14–18	10–14
Dezember	20–26	12–16
Januar	25–30	15–20
Februar	20–25	12–16
März	14–18	10–14
April	8–11	8–10

□ **Bodenvorbereitung und Düngung**

Die Bodenvorbereitung kann flach (20 cm) sein, da Feldsalat kein tiefgehendes Wurzelwerk ausbildet. Bei einer günstigen Vorfrucht kann Grubbern ausreichen. Anschließend wird ein ebenes, an der obersten Schicht hinreichend feinkrümeliges Saatbeet hergerichtet. Zur Vernichtung der Unkräuter ist es günstig, die Fläche schon frühzeitig vorzubereiten, damit sie vor der Aussaat noch einmal flach bearbeitet werden kann.

Der Nährstoffbedarf einer Feldsalatkultur ist relativ gering. Bei einer Ernte von 100 dt/ha ist mit einem Entzug von 50 kg N, 30 kg P_2O_5, 75 kg K_2O und 22 kg MgO zu rechnen (s. Tab. 4.2-4). Feldsalat wird als wenig kali- und auch phosphorsäure-düngebedürftig eingestuft. Eine Düngung mit P, K und Mg ist deshalb bei gut versorgten Böden nicht erforderlich. Bei der langsamen Anfangsentwicklung von Feldsalat empfiehlt es sich, die N-Düngung von 60–80 kg/ha zu teilen, und zwar 1/3 zur Aussaat und 2/3 beim Erscheinen des zweiten Laubblattpaares. Die Kopfdüngung wird sehr häufig flüssig ausgebracht. Ist dies nicht möglich, so muß nach dem Streuen des Düngers abgeregnet werden, um Blattschäden zu vermeiden.

■ **Gewächshauskultur**
□ **Pflanzenanzucht und Pflege**

In Gewächshäusern wird Feldsalat bevorzugt im Winterhalbjahr von September bis Februar ausgesät. Bei Heiztemperaturen über 14 °C kann er ohne Schoßrisiko zu allen Jahreszeiten kultiviert werden. Es dominiert die Saat, Pflanzungen werden nur in Ausnahmefällen bei spätem Kulturbeginn bevorzugt. Für die Jungpflanzenanzucht werden 4-cm-Preßtöpfe mit 4–5 Korn belegt und zu 50 Töpfen/m² wie bei Kopfsalat ausgepflanzt.

Reihensaat ist der Breitsaat vorzuziehen, doch sollte der Reihenabstand 12 cm nicht überschreiten. Die Aussaatstärke richtet sich nach der Samengröße der Sorte. Bei den feinsamigen Sorten werden 1,5 bis 2 g/m², bei den großsamigen 4 bis 5 g/m² ausgebracht. Feldsalat wird flach, d. h. etwa 1 cm tief, ausgesät. Um zur Keimung den nötigen Bodenschluß zu bekommen, werden die Samen bei oder nach der Saat leicht angewalzt. Auch ein Regnen nach der Saat wirkt sich positiv aus. Die Auflaufdauer des Feldsalates ist von der Jahreszeit und der eingestellten Heiztemperatur abhängig und schwankt zwischen 8 und 30 Tagen (Tab. 7.7-1). Bei zur Verunkrautung neigenden Böden ist unmittelbar nach der Aussaat eine chemische Unkrautbekämpfung (z. B. Patoran) angebracht, da eine mechanische Unkrautbekämpfung in den Reihen schwierig ist.

Nach dem Aufgang ist die Kulturdauer (Aufgang bis zur erntefähigen Pflanze von 2 g) des Feldsalates vorrangig vom Auflauftermin und der Heiztemperatur abhängig (Abb. 7.7-3). Eine höhere Heiztemperatur beschleunigt das Wachstum sehr deutlich, erfordert aber auch einen höheren Energieaufwand. Günstig ist eine mittlere Heiztemperatur von ca. 4 °C. Diese kälteresistente Pflanze kann jedoch auch ohne Heizung kultiviert werden.

Unmittelbar nach dem Auflaufen wird beim Unterglasanbau oft eine Fungizidbehandlung Polygram Canbi durchgeführt, um einem Auftreten von Fäulnispilzen vorzubeugen. Danach sind außer einer eventuellen mechanischen Unkrautbekämpfung keine besonderen Pflegemaßnahmen erforderlich. Bei der Bewässerung ist darauf zu achten, daß Feldsalat zwar einen feuchten, aber nicht zu nassen Standort liebt. Gewächshäuser mit Feldsalat sind, besonders zur Ernte hin, frühzeitig zu lüften, da sich bei Temperaturen über 25 °C die Blattspitzen löffelartig einrollen, was

Valerianaceae (Baldriangewächse)

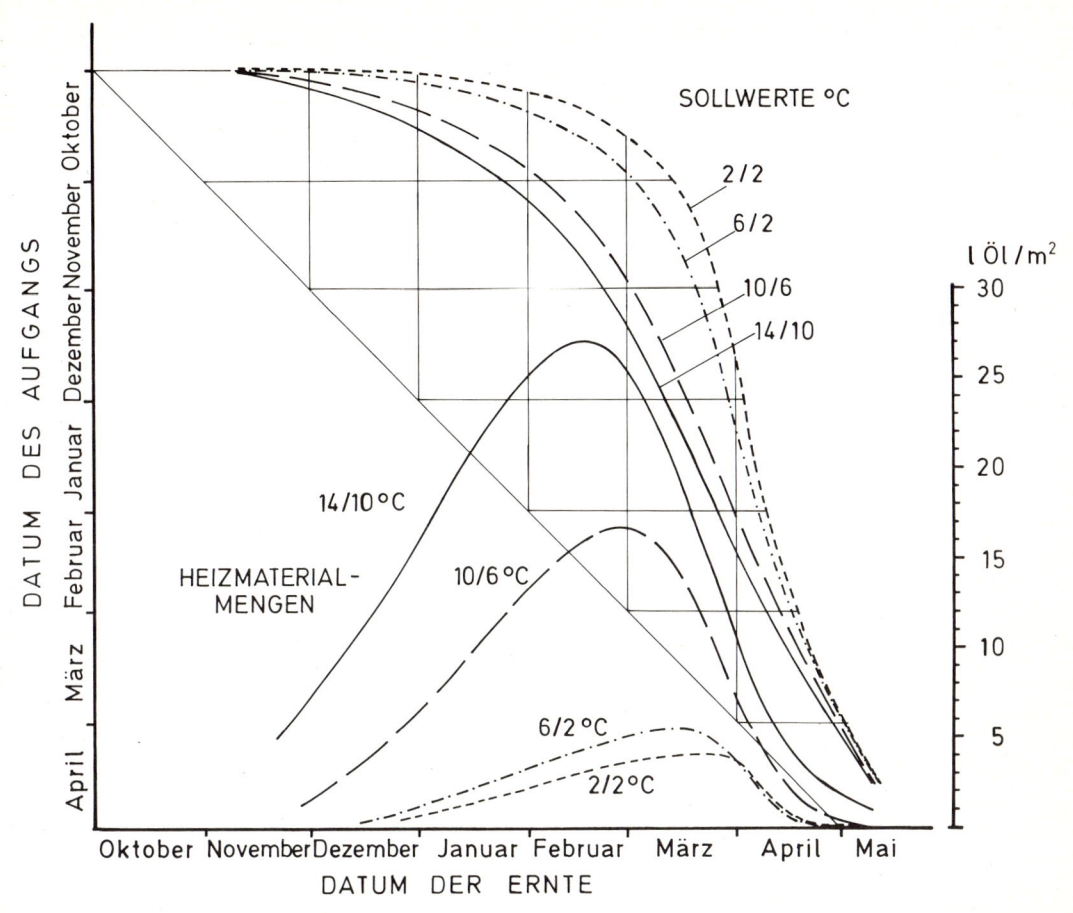

Abb. 7.7-3: Feldsalat Sorte 'Vit' Kulturdauer (Aufgang bis 2 g Frischgewicht) und entsprechende Heizmaterialmengen (über Erntetermin aufgetragen) als Funktion des Auflauf- bzw. Erntetermins und der Sollwerteinstellung für die Heizung (Normalklima in Hannover) (FÖLSTER/LIEBIG 1985)

bei der Vermarktung zur Qualitätsabstufung führt.

☐ **Bestimmung der Erntereife**
Die Erntereife eines Feldsalatbestandes ist abhängig von der Pflanzengröße und der Bestandesdichte, also dem Ertrag, aber auch vom Gelbwerden der unteren Blätter sowie von dem Gesundheitszustand des Bestandes. Meist wird mit der Ernte begonnen, wenn die Einzelpflanzen ein Gewicht von 2 g erreicht haben. In diesem Stadium sind die Rosetten noch nicht gestreckt und die Blattstiele kurz. Steht der Bestand sehr eng, kann eine frühere Ernte erforderlich sein, um einem Gelbwerden der unteren Blätter zuvorzukommen.

Bei weitem Stand können die Pflanzen auch größer geerntet werden, sofern der Markt solche Ware abnimmt. Die Streckung des Vegetationskegels sollte jedoch 5 cm noch nicht überschritten haben.

☐ **Ernte und Ertrag**
Die Ernte von Feldsalat erfolgt ausschließlich von Hand, häufig mit dem Messer, bei gutem Bestand und ebenen Beeten auch mit der Schiebehacke. Die Pflanzen werden über oder dicht unter der Bodenoberfläche am Wurzelhals so abgeschnitten, daß die Rosetten erhalten bleiben, der Wurzelansatz aber eine Länge von 0,5 cm nicht überschreitet. Nach Entfernen der gelben oder beschädigten Blätter werden die Pflanzen aufrecht in die Verkaufskisten gestellt.

Die Ernte eines Bestandes erstreckt sich, marktbedingt, meist über eine Periode von 1–2 Wochen. Je enger die Bestandesdichte, um so kürzer ist die mögliche Ernteperiode. Der Ertrag schwankt beim Gewächshausanbau von 0,8–1,5 kg/m².

☐ **Aufbereitung, Qualitätsmängel und Lagerung**
Nach der Ernte wird Feldsalat, sofern erforderlich, durch ein Tauchen der gefüllten Kiste in Wasser von Schmutz befreit, anschließend auf ein einheitliches Gewicht (meist 1 kg netto) ausgewogen. Zum Teil wird der Feldsalat auch in Folienbeuteln zu 0,2, 0,5 oder 1 kg abgefüllt. Die Qualitätsanforderungen werden durch die Bestimmungen der »Qualitätsnormen und Handelsklassen« geregelt.

Feldsalat sollte nach der Ernte möglichst schnell vermarktet werden, da die Blätter bei enger Packung leicht vergilben. Nur bei sehr niedrigen Temperaturen (0–1 °C) und hoher relativer Luftfeuchtigkeit kann Feldsalat für 1–2 Wochen ohne Qualitätseinbußen gelagert werden.

■ **Freilandkultur**
Während beim Unterglasanbau ein nahezu ganzjähriger Anbau von Feldsalat möglich ist, dominiert im Freiland der Herbst-/Winteranbau. Mitte August wird Feldsalat meist in Beetkultur gesät und, je nach Witterung und Marktlage, von November bis April geerntet. Die Aussaaten erfolgen satzweise, um witterungsbedingte Störungen zu minimieren und die lange Ernteperiode voll auszuschöpfen. Neben der Reihensaat wird im Freiland mancherorts noch in größerem Umfang die Breitsaat mit anschließendem Übersanden durchgeführt. Man glaubt, hierdurch die Ausfälle infolge Fäulnis, besonders bei Überwinterung, zu reduzieren. Wesentliche Voraussetzung für ein Gelingen der Freilandkultur ist ein ausreichend feuchter Boden zur Aussaat, um einen schnellen und gleichmäßigen Aufgang zu gewährleisten. Darüber hinaus ist eine sorgfältige Unkrautbekämpfung unerläßlich, zumal junge Feldsalatpflanzen sehr langsam wachsen.

Bei Kahlfrostgefahr ist ein Abdecken der Feldsalatbestände mit Flachfolie oder Vlies sinnvoll. Überwinterte Kulturen müssen im zeitigen Frühjahr geerntet werden, da Feldsalat bereits sehr früh zu schossen beginnt. Die Erträge liegen im Freiland, sofern keine witterungsbedingten Ausfälle auftreten, ähnlich wie bei dem Gewächshauskulturanbau. Im übrigen gleichen Kultur und Marktaufbereitung dem Unterglasanbau.

Literatur
KRETSCHMER, M. (1978): Untersuchungen zur Keimfähigkeit bei Feldsalatsamen (*Valerianella locusta* L.). Safa **30**, 34-35.
FÖLSTER, E., ESCHER, I., SCHIKOWSKI, G. (1978): Einfluß der Samengröße auf das Wachstum von Feldsalat. Gemüse **14**, 380-384.

7.8 *Solanaceae* (Nachtschattengewächse)

ERICH FÖLSTER

Aus der über die ganze Welt verbreiteten Familie der Nachtschattengewächse haben einige Gattungen wesentliche Bedeutung als Kulturpflanzen mit vielseitigen Nutzungsmöglichkeiten erlangt. So werden zum Beispiel *Atropa*, *Datura* und *Hyoscyamus* als Drogen verwendet. Von *Nicotiana* stammt eines der verbreitetsten Genußmittel (Tabak). Die Gattung *Solanum* liefert stärkereiche Knollen (Kartoffel), Früchte (Tomate, Paprika, Eierfrucht, Erdkirsche – *Physalis prainosa*) und Gewürze (Paprika).

Die *Solanaceae* sind Kräuter, seltener Holzpflanzen, mit wechselständigen Blättern und meist 5zähligen, regelmäßigen Blüten. Aus dem oft aus zwei Fruchtblättern gebildeten oberständigen Fruchtknoten entwickeln sich vielsamige Kapseln oder Beeren (Abb. 7.8-1). Die Pflanzen sind infolge geringer Kälteverträglichkeit meist einjährig und nur an günstigen Standorten mehrjährig. *Solanaceae* sind allgemein reich an Alkaloiden.

Die als Gemüse genutzten Früchte der *Solanaceae* werden teils roh, teils gekocht bzw. verarbeitet verzehrt. Als erfrischend und durststillend werden besonders die reifen Früchte der Tomate und des Paprikas geschätzt. Durch ihr günstiges Säure-Zucker-Verhältnis bleiben die wertgebenden Inhaltsstoffe auch nach der Ernte länger erhalten, so daß diese Gemüse wesentlich zur Vitaminversorgung der Bevölkerung beitragen.

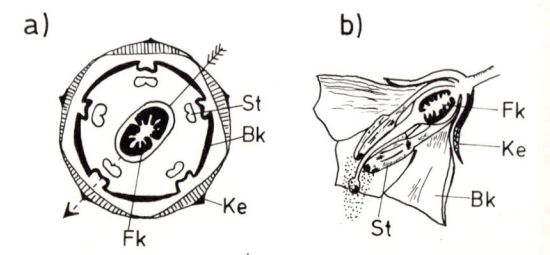

Abb. 7.8-1: Solonaceae: a) Blütendiagramm, b) Querschnitt einer Kartoffelblüte (n. GRAF 1975) Bk = Blütenkrone, Fk = 2blättriger Fruchtknoten mit Scheidewand, Ke = Kelchblätter, St = Staubblätter

7.8.1 Tomate
(Lycopersicon lycopersicum)

☐ **Geschichte und Bedeutung**

Als tropische Wildpflanze ist die Tomate in den peruanischen Anden beheimatet. Hier wurden ihre Früchte bereits v.d.Z. von den Indianern als Nahrungsmittel gesammelt bzw. durch planmäßigen Anbau gewonnen. Die Ureinwohner Perus und Mexikos züchteten die Frucht vom ursprünglichen Umfang einer Kirsche allmählich größer und gaben der Pflanze den aztekischen Namen »tomatle«, d. h. »Schwellpflanze« (von tomana = anschwellen, DASSLER 1969). Nach Europa gelangte die Tomate durch Columbus, der von seiner zweiten Amerikareise im Jahre 1498 auch einige Tomatenpflanzen mitbrachte. Erste europäische Beschreibungen liegen aus Italien 1554 und aus England 1576 vor. Bis etwa 1820 war die Tomatenpflanze in Europa nur für Botaniker und Pharmazeuten interessant. Infolge des etwas bitteren Geschmacks der Früchte glaubte man, daß die Tomate giftig sei und der Genuß ihrer Früchte Liebeswahnsinn erwecken könne, woran die lyrischen Bezeichnungen »Paradies«- oder »Liebesapfel« erinnern.

Erst um die Mitte des 18. Jahrhunderts begann der Anbau von Tomaten als Gemüse, allerdings sehr zögernd, weil sie als Nachtschattengewächs, ähnlich wie vorher die Kartoffel, nur langsam den Ruf einer Giftpflanze verlor (BECKER-DILLINGEN 1956). Bis zum Jahre 1905 wurden Tomaten in der Warenstatistik des Deutschen Reiches nicht erwähnt. Allgemeines Volksnahrungsmittel wurde sie erst im Weltkrieg 1914-18. Bis 1937 stieg der Anbau im Deutschen Reich auf über 2000 ha Freilandfläche an. Eine ähnlich stürmische Entwicklung nahm der Tomatenanbau auch in anderen Ländern und ist z. T. noch nicht abgeschlossen (Tab. 7.8-1).

Zur Zeit rangiert die Tomate unter den Nahrungspflanzen der Erde sowohl im Hinblick auf die Produktion als auch auf die Anbaufläche etwa an 10. Stelle. Wesentliche Anbaugebiete befinden sich in Nordamerika und Europa. Hier werden derzeit etwa 70 % der Gesamttomatenproduktion erzeugt, in den wärmeren Zonen im Freiland, in den kühleren Gebieten, wie z. B. in Nordeuropa, in Gewächshäusern.

In Europa umfaßt der Tomatenanbau derzeit etwa 500 000 ha. Die größten Flächen im Freiland befinden sich in Italien (ca. 120 000 ha), Spanien (ca. 90 000 ha) und in den Balkanländern (jeweils 30 000–60 000 ha). Der Tomatenanbau in Gewächshäusern liegt vor allem in den Ländern nördlich des 50. Breitengrades, wie in den Niederlanden (ca. 2300 ha), England (ca. 800 ha), in der Bundesrepublik Deutschland (ca. 200 ha), Schweden (ca. 50 ha) und Dänemark (ca. 65 ha). Die deutsche Tomatenproduktion stammt zu etwa 60 % aus dem Gewächshaus und zu 40 % aus dem Freilandanbau.

Die Beliebtheit der Tomate ist bedingt durch ihren Geschmack, ihre erfrischende Wirkung, ihre Farbe sowie durch ihren Reichtum an verschiedenen Wirkstoffen, wie Vitaminen, Fruchtsäuren und Mineralstoffen. Unter den Vitaminen dominieren Vitamin C und Carotin, bei den Mineralstoffen besonders Kalium und bei den Fruchtsäuren die Zitronensäure (s. auch Kap. 3.3.5).

Die zahlreichen Inhaltsstoffe, gekoppelt mit den vielfältigen Möglichkeiten des Rohverzehrs über einen langen Zeitraum, machen die Tomate zu einer ausgesprochenen Gesundheitsnahrung. Daneben haben die Früchte als verarbeitetes Produkt erhebliche Bedeutung, in erster Linie für Tomatenmark, aber auch für Tomatensaft und geschälte Tomaten (Pelaten).

Tab. 7.8–1: Produktion von Tomaten in 1000 t in den Jahren 1969/71 und 1978*

Land	1969/71	1978	Land	1969/71	1978
USA	5516	6783	Brasilien	762	1452
UdSSR	4171	6500	Rumänien	780	1353
Italien	3571	3653	Mexiko	901	1117
China	2584	3570	Japan	811	960
Türkei	1756	3300	Bulgarien	711	873
Spanien	1687	2153	Bundesrepublik		
Griechenland	976	1751	Deutschland	31	28
Ägypten	1580	1505	Welt	34 823	47 087

* Nach: FAO 1979

□ Systematik der Kulturformen

Trotz zahlreicher Bemühungen besteht in der Taxonomie der Gattung *Lycopersicon* noch keine Einigkeit. Infolge der morphologischen Mannigfaltigkeit sind in der Literatur zahlreiche »Stammbäume« zu finden (MILLER 1768, DUNAL 1816, PHILIPI 1860–1891, RILEY 1925, MÜLLER 1940, BRESHNEV 1964 zit. bei LEHMANN 1955 und BRÜCHER 1972). Nach der taxonomischen Bearbeitung durch MÜLLER 1940 ist die Gattung *Lycopersicon* in die zwei Untergattungen *Eriopersicon* und *Eulycopersicon* zu unterteilen, die folgende Kultur- und Wildarten umfassen:

Eulycopersicon (rotfrüchtig)	*Eriopersicon* (grünfrüchtig)
Pflanzen und Früchte glatt	Pflanzen und Früchte behaart
Blätter ohne Nebenblätter	Blätter meist mit Nebenblättern
Blütenstand ohne Hochblätter	Blütenstand mit Hochblättern
L. pimpinellifolium MILLER (– *racemigerum*)	*L. peruvianum* (Linné) MILLER
L. humboldtii WILLD	*L. hirsutum* HUMBOLDT u. BONPLAND
L. cerasiforme DUNAL	*L. glandulosum* C. H. MULLER
L. lycopersicum (u. a. mit var. *pyriforme*)	*L. cheesmanii* RILEY (endemische Spezies der Galapagos-Inseln)
	L. chilense DUNAL

Gemäß dieser Einteilung werden die rotfrüchtigen von den grünfrüchtigen Tomatenarten getrennt, was sich auch genetisch durch die bestehenden Sterilitätsbarrieren begründen läßt. Zytogenetisch ist *Lycopersicon* durch ihre weltweite Bedeutung als Kuturpflanze eines der best untersuchten Objekte. Vor allem von *L. esculentum* sowie von *L. pimpinellifolium* mit zahlreichen Mutanten liegen umfangreiche Gen-Karten vor. Alle *Lycopersicon*-Arten haben eine Chromosomenzahl von $2n = 24$. Polyploidie ist möglich, hat jedoch bei der Artendifferenzierung keine Rolle gespielt.

Die für eine Nutzung kultivierten Tomatenformen sind alle in die Untergattung *Eulycopersicon* einzuordnen. Sie gehören überwiegend zu *L. lycopersicum*. Daneben sind für die Züchtung neuer Kultursorten die Eigenschaften folgender Wild- und Primitivtomaten von Bedeutung:

L. hirsutum	widerstandsfähig gegenüber Insekten (auch Nematoden) sowie Virosen (TMV)
L. peruvianum	
L. cerasiforme	Geringkämmerigkeit der Früchte, *Phytophtora-*, *Fusarium*-Resistenz
L. cheesmannii	hoher Carotin-Gehalt in den Früchten, intensive Orangefärbung
L. humboldtii	Großfrüchtigkeit, hohe Vitalität gekoppelt mit natürlicher Resistenz, z. B. gegen *Septoria, Fusarium, Phytophtora*
L. pimpinellifolium	Resistenz gegen Virusarten (z. B. Curly-Top-Virus)

□ Botanische Grundlagen

Die Tomate ist eine krautige Pflanze, die bei Direktsaat eine Pfahlwurzel bildet. Diese vermag in einem tiefgründigen Boden bis über 2 m tief einzudringen, die Hauptwurzelmasse (ca. 70 %) verbleibt jedoch im Krumenbereich. Bei vorkultivierten Tomatenpflanzen wird durch das Umpflanzen die Primärwurzel in der Entwicklung gehemmt. Sie ist zwar noch deutlich zu erkennen, unterscheidet sich aber in ihren Ausmaßen kaum von den Seitenwurzeln, die am oberen Abschnitt der Hauptwurzel entstehen. Sehr häufig gehören die obersten Seitenwurzeln der Tomate als sproßbürtige Wurzeln dem Hypokotyl an. Diese wachsen anfänglich horizontal unter der Erdoberfläche und geben der Pflanze über eine längere Zeit hinweg einen guten Halt.

Der Stengel der Tomate ist sympodial aufgebaut, d. h. der Hauptsproß stellt sein Wachstum mit der Bildung einer endständigen Infloreszenz ein. Die Hauptachse wird dann von Seitentrieben fortgesetzt, die jeweils aus der obersten Achselknospe entspringen. Sie schließen ihrerseits nach der Ausbildung einiger Laubblätter wieder mit der Anlage eines Blütenstandes das Wachstum ab.

Der gesamte Sproß der Tomate stellt folglich ein Monochasium dar. Infolge von Verwachsung und starkem Wachstum der Sympodialglieder werden die Blütenstände beiseite gedrängt und scheinen extra-axillar am Sproß zu entspringen (Abb. 7.8-2).

Sich selbst überlassen verzweigen sich die Pflanzen sehr stark. Dabei ist die unterschiedliche Stärke der seitlichen Sprosse (Geiztriebe)

Solanaceae (Nachtschattengewächse)

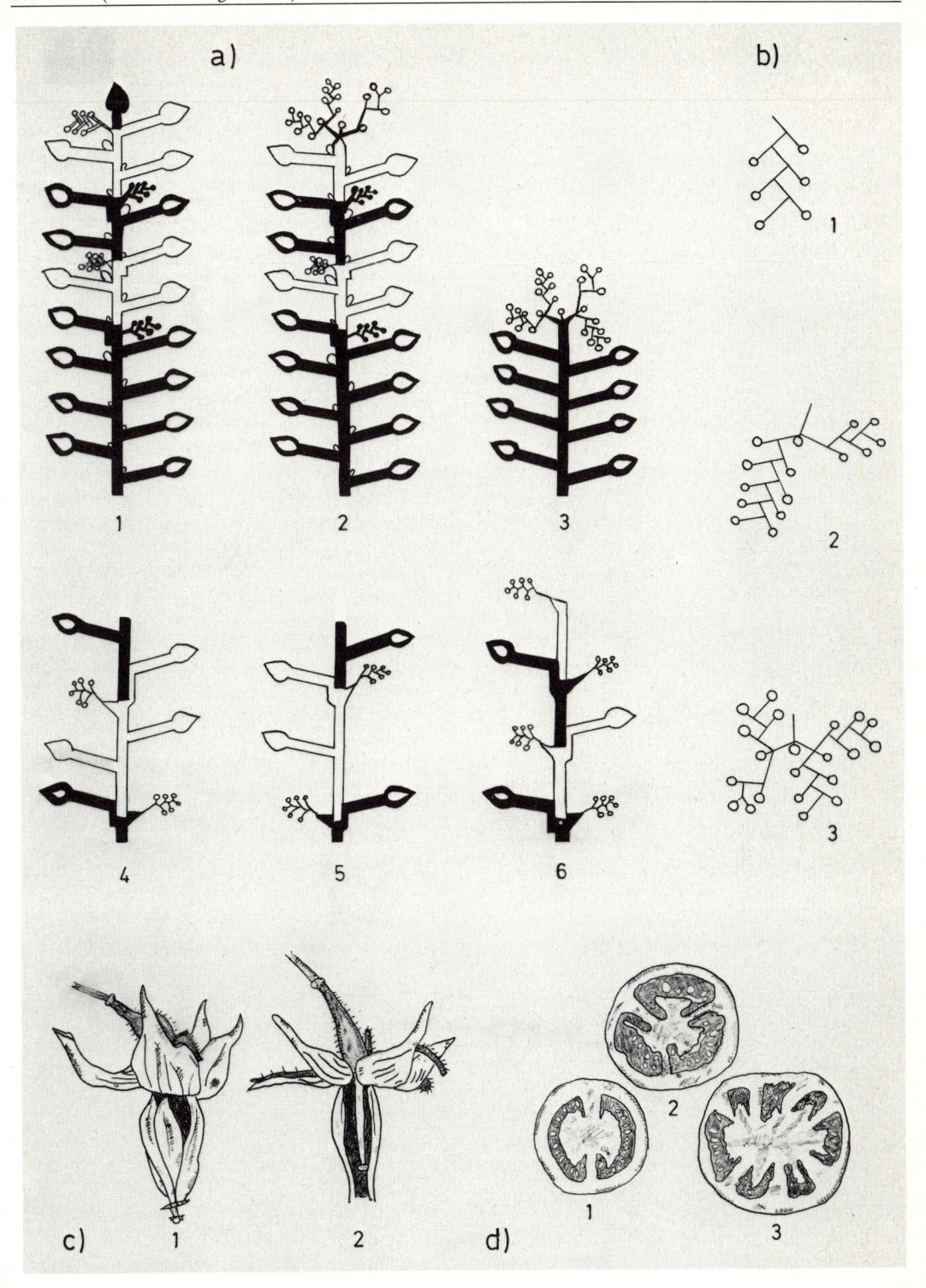

Abb. 7.8-2: Tomate, schematische Darstellung von Sproß, Blütenstand und Frucht
a) Sympodialer Sproßaufbau: 1 undeterminiert, 2 halbdeterminiert, 3 determiniert, 4 Achselsprosse mit 3 Blättern, 5 Achselsprosse mit 2 Blättern, 6 Achselsprosse mit 1 Blatt
b) Aufbau des Blütenstandes: 1 einfacher Wickel, 2 gegabelter Wickel, 3 mehrfach verzweigt
c) Blüte der Tomate: 1 Griffel länger als Antheren, 2 Griffel kürzer als Antheren
d) Tomatenfrüchte: 1 zweikammerig, 2 dreikammerig, 3 mehrkammerig

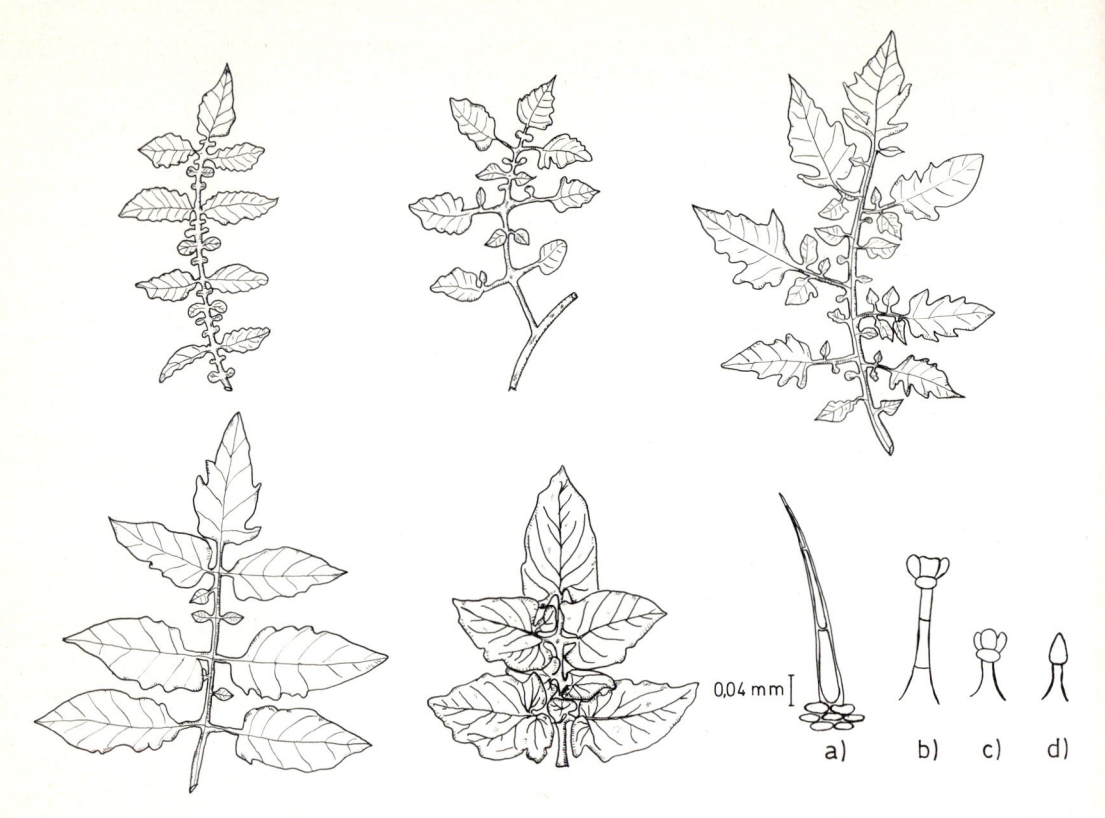

Abb. 7.8-3: Unterschiedliche Blatt- und Haarformen bei Tomaten (a = Haar, b–d = ein- und mehrzellige Drüsenhaare)

eine Folge der akropetalen Wachstumsförderung. Der erste Achselsproß über der Infloreszenz wird immer aus einer Beiknospe entwickelt und ist dementsprechend am schwächsten.

Beim Stengelwachstum sind zwei Formen zu unterscheiden, einmal das unbegrenzte (indeterminierte), zum anderen das begrenzte (determinierte) Wachstum. Unbegrenztes Wachstum ist gegeben, wenn fortlaufend neue Sympodialglieder gebildet werden (Stabtomaten). Bei den begrenzt wachsenden Tomaten schließen die Pflanzen nach einer oder einigen sympodialen Achselsprossen mit einer endständigen Infloreszenz ihr Längenwachstum ab, d. h. das letzte Sympodialglied besteht lediglich aus der Infloreszenz (Buschtomaten, s. Abb. 7.8-2). Die Zahl der Blätter vor der ersten und zwischen den weiteren Infloreszenzen ist abhängig von der Sorte und den jeweiligen Temperatur- und Lichtbedingungen. Sie ist folglich innerhalb der beiden Stengelformen kein Unterscheidungsmerkmal für Sorten.

Die Keimblätter der Tomate sind gestielt, ganzrandig und haben eine lineare bis lanzettliche Form. Die Primärblätter können dreilappig sein oder besitzen außer der Endfieder nur ein Paar Seitenfiedern. Die weiteren Blätter der Tomate sind unpaarig gefiedert, wobei die Fiederung ein- oder mehrfach und außerdem unterbrochen sein kann (Abb. 7.8-3).

Stengel und Blätter der Tomate sind mehr oder weniger stark behaart. An der Behaarung sind ein- und mehrzellige, einfache Drüsenhaare beteiligt. Sie gehen aus Epidermiszellen hervor (Abb. 7.8-3). Die Drüsen werden aus vier rundlichen Sekretzellen gebildet, die bei Verletzung eine hellgrüne, schleimige Flüssigkeit absondern, die an der Luft sofort trocknet. Sie gibt den Tomatenpflanzen den arteigenen Geruch.

Hinsichtlich der Blütenbildung reagiert die Tomate photoperiodisch tagneutral. Der Blütenstand, botanisch ein Wickel, entsteht aus einer lateralen Verzweigung der Infloreszenzachse. Man unterscheidet zwischen einfachen, einfach gegabelten und mehrfach verzweigten Wickeln, wobei die Form wiederum nicht nur sortentypisch, sondern auch von den Umweltbedingungen abhängig ist (Abb. 7.8-2).

Die Blüten eines Wickels blühen akropetal nacheinander auf. Es sind meist nur zwei bis drei

Blüten voll entfaltet, so daß sich die Blühperiode eines Wickels über mehrere Wochen erstrecken kann. Die Blüten hängen an der Infloreszenz nach unten. Der Blütenstiel, das zweite Internodium der jeweiligen Infloreszenzachse, ist an der späteren Abbruchstelle des Fruchtstiels, ca. 1 cm unter der Blüte, deutlich gegliedert und verdickt.

Der Kelch mit seinen meist lanzettlichen Kelchblättern ist an der Basis zu einer langen Röhre verwachsen. Auch die Blütenkrone ist verwachsenblättrig und bildet eine kurze Röhre. Die Kronenzipfel, meist 5–6, sind dreieckig bis lanzettlich. Bei vollkommen geöffneten Blüten sind sie stark zurückgebogen und leuchtend gelb.

Die Staubblätter sitzen in der kurzen Blumenkronenröhre. Ihre Filamente sind kurz, die Antheren seitlich miteinander verwachsen und bilden um den Fruchtknoten und Griffel einen hohlen, offenen Kegel (Abb. 7.8-2). Der Fruchtknoten setzt sich aus zwei oder mehr Fruchtblättern zusammen. Die Zahl der miteinander verwachsenen Fruchtblätter ist maßgebend für Fruchtgröße und -form.

Während sich die Blüte öffnet, schiebt sich der Griffel mit der Narbe in den von den Antheren gebildeten, hohlen Kegel hinein. Die Länge des Griffels ist sorten-, z. T. auch umweltbedingt. Die Narbe kann somit einige Millimeter aus dem Antherenkegel herausragen, aber auch ein bis zwei Millimeter unter der Röhrenöffnung verbleiben. Letzteres bietet für die Selbstbefruchtung Vorteile, da die Pollen meist durch Erschütterungen (z. B. Wind) übertragen werden. Bei geöffneter Blüte bleibt die Narbe nur 1–2 Tage befruchtungsfähig.

Die Frucht entsteht durch die Verwachsung der Fruchtblätter und ist eine fleischige Beere. Das Innere der Frucht wird zu einem großen Teil von der Plazenta (Gewebe, aus dem die Samenanlagen gebildet werden) eingenommen. Die Samen sind von einer gallertartigen Masse umgeben, die aus dünnwandigen, parenchymatischen Zellen besteht. Dieses Gewebe entwickelt sich sehr früh aus der Plazenta, umwächst allseitig die Samen und füllt die Samenkammern meist vollständig aus. Solange die Frucht unreif ist, bleibt es fest. Erst mit zunehmender Reife werden die Zellwände dünn und zerfallen. Gleichzeitig bilden sich keimhemmende Stoffe, die ein vorzeitigen Auskeimen der Samen unterbinden.

Die Fruchtform der Tomaten ist sehr variabel. Sie ist abhängig von der Art, der Sorte sowie der Zahl der Fruchtblätter und der befruchteten Samenanlagen (Abb. 7.8-2). Die Farbe der Fruchthaut und des Fruchtfleisches sind maßgebend für die Ausfärbung der Tomaten. Sie wird hauptsächlich durch Lycopin und Carotin hervorgerufen. Während der Reife wird das grüne Chlorophyll in der Frucht ab- und Lycopin aufgebaut. Carotin ist schon in unreifen Tomaten enthalten. Bei leuchtend roten Sorten sind etwa 85 % des Farbstoffes Lycopin, der Rest Carotin und zu einem geringen Teil auch Xanthophyll.

Während Licht die Farbintensität fördert, hemmen zu hohe (über 32°C) und zu niedrige Temperaturen (unter 16°C) während der Reife die Ausbildung von Lycopin. Normalerweise ist das Fruchtfleisch (Pericarp) am stärksten gefärbt, doch auch die Farbe der Fruchthaut (Epidermis) kann mit farbbestimmend sein (Tab. 7.8-2). Der Geschmack der Tomate wird hauptsächlich durch die nicht flüchtigen Säuren, die Zucker- und die Bitterstoffe gebildet. Dabei spielt das Säure-Zuckerverhältnis sowie das Verhältnis Apfel- zu Zitronensäure (bei reifen Tomaten etwa 1 : 7) eine große Rolle. Während der Reife sinkt die Ge-

Tab. 7.8–2: Fruchtfarbbildung bei Tomaten*

Fruchthaut Hauptfarbstoff	Farbe	Fruchtfleisch Hauptfarbstoff	Farbe	Fruchtfarbe
–	durchsichtig	Carotin	gelb	zitronengelb, silbrig-gelb
Carotin	gelb	Carotin	gelb	orangefarben, goldgelb
Carotin	gelb	Lycopin	rot	rot, leuchtend rot oder orangerot
–	durchsichtig	Lycopin	rot	violett-, rosarot, purpur- o. fleischfarben
–	farblos	–	farblos	hellgelb, schwach cremefarben

* LEHMANN 1955

samtsäure, der Zuckergehalt dagegen nimmt zu, wodurch der etwas fade Geschmack überreifer Tomaten entsteht.

Wie alle grünen Pflanzenteile enthalten auch die grünen, unreifen Tomaten das Alkaloid Solanin. Dies erzeugt bei dem Genuß größerer Mengen Kopfschmerzen, trockene Haut, z. T. wirkt es entzündungserregend bzw. nekrotisierend. Während der Fruchtknoten bis zu 5 % der Trockenmasse Solanin enthalten kann, nimmt sein Gehalt mit zunehmendem Größenwachstum der Frucht so stark ab, daß in der reifen Frucht das Alkaloid praktisch nicht mehr nachweisbar ist.

Die Samen der Tomate sind kurz gestielt, oval bis nierenförmig und flachgedrückt. Die Größe variiert zwischen 2–3 mm Breite und 2–4 mm Länge. Die Samenschale ist braungelb, lederfarben und mit silbrigen oder grauen Haaren und Schuppen dicht besetzt. Durch den Gärungsprozeß während der Samengewinnung kann sich die Farbe verändern. Die Samen der Tomate enthalten bis zu 25 % der Trockensubstanz Öl, das gelegentlich bei der industriellen Verarbeitung der Früchte über Ölmühlen gewonnen wird.

Entsprechend der Herkunft ist die Tomate eine wärme- und lichtliebende Pflanze. Dies zeigt sich u. a. im Temperaturoptimum, das bei einer Beleuchtungsstärke über 20 klx zwischen 27 und 30 °C liegt. Die für eine gute generative Entwicklung erforderliche Beleuchtungsstärke beträgt mindestens 10 klx. Unzureichende Licht- bzw. Temperaturbedingungen, wie sie besonders im Winter beim Anbau unter Glas auftreten, haben häufig Wachstums- und Entwicklungsstörungen zur Folge. Typische Kennzeichen hierfür sind etioliertes Wachstum, verzögerte Infloreszenzbildung, Verkümmern einzelner Blüten oder ganzer Blütenstände und Abstoßen von Blütenknospen.

Bereits unmittelbar nach dem Spreizen der Keimblätter können Licht und Temperatur deutlichen Einfluß auf die generative Entwicklung der Tomatenpflanzen ausüben. So bewirken hohe Beleuchtungsstärken (über 10 klx) und relativ niedrige Temperaturen (unter 16 °C) während dieses Stadiums eine frühere Anlage der ersten Infloreszenz, was zu einer niedrigen Blattzahl bis zum ersten Blütenstand führt. Auch die Zahl der Blüten pro Blütenstand nimmt unter diesen Bedingungen zu (Abb. 7.8-4). Somit sind die Blattzahl bis zur 1. Infloreszenz (zwischen 6 und 15 Blatt) und die Zahl der Blüten pro Blütenstand (7 bis über 20) nicht nur sorten-, sondern auch klimaabhängig.

Eine ähnliche Wirkung üben Licht und Temperatur auf die Blattzahl zwischen den Infloreszenzen (bei unbegrenzt wachsenden Typen meist 3)

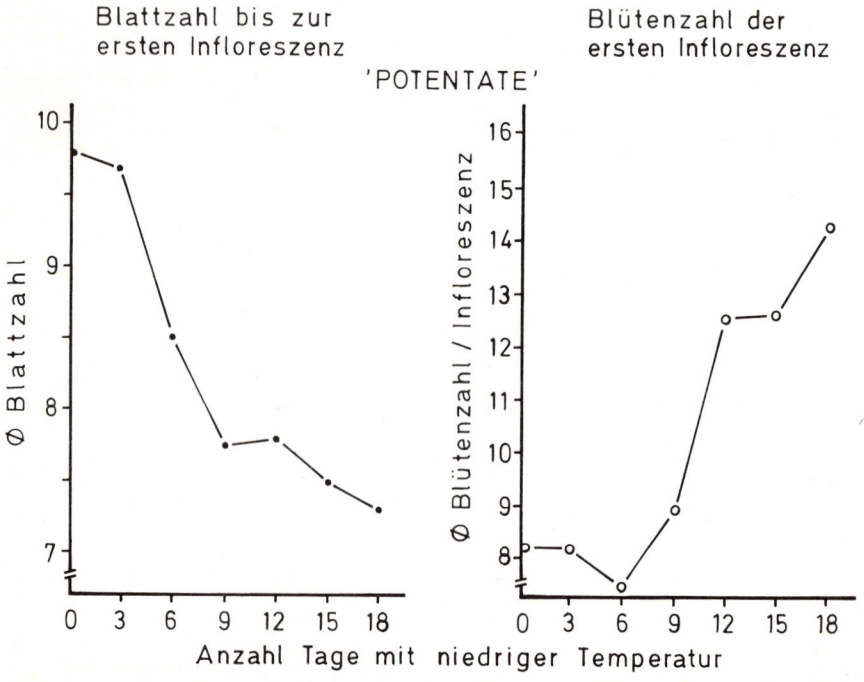

Abb. 7.8-4: Einfluß niedriger Temperatur (Tag 16/Nacht 10 °C) nach dem Spreizen der Keimblätter auf die Blattzahl und die Blütenzahl bis zur 1. Infloreszenz (CALVERT 1957)

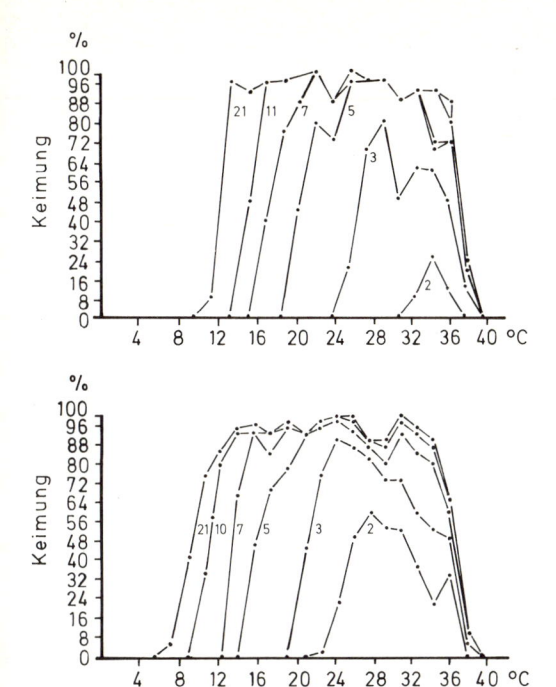

Abb. 7.8-5: Einfluß der Temperatur auf die Keimung von Tomaten (jeweils gekeimt nach 2–21 Tagen), oben: Kultursorte 'Top Cross', unten: Wildsorte *L. pimpinellifolium* (THOMPSON 1974)

sowie auf die Blütenzahl der nächst höheren Blütenstände aus. Eine Jungpflanzenanzucht bei höherer, gefolgt von niedrigerer Temperatur, führt somit häufig zu einer überdurchschnittlichen Blütenzahl am dritten oder vierten Blütenstand.

Geht man davon aus, daß das Temperaturminimum der Keimung auch für das weitere Wachstum gilt, so liegt dieses für die meisten Kulturtomaten bei +9 °C, bei Wildtypen auch um 2 °C niedriger (Abb. 7.8-5). Tiefere Temperaturen bis +1 °C werden von den Tomatenpflanzen meist ohne größeren Schaden überstanden. Bei guter Abhärtung überleben Jungpflanzen sogar kurzfristig einwirkende Temperaturen von −2 °C. Für einen guten Fruchtansatz sind höhere Temperaturen erforderlich, da der Tomatenpollen bei Temperaturen unter 13 °C nur ungenügend keimt. Zudem färben sich die reifenden Früchte nur bei Temperaturen über 16 °C gut aus.

☐ **Standortansprüche**
Die für eine gute Entwicklung notwendig hohen Wärmeansprüche und die Empfindlichkeit gegenüber niedrigen Temperaturen begrenzen den Anbau der Tomate nach Standort und Jahreszeit. Ein Freilandanbau findet überwiegend in Gebieten mit höheren Durchschnittstemperaturen und in den Sommermonaten statt, wie z. B. in Kalifornien und in den Mittelmeerländern. In der Bundesrepublik Deutschland hat der erwerbsmäßige Anbau im Freien nur in den warmen Weinbaugebieten (Vorderpfalz, Baden, Unterfranken) wirtschaftliche Bedeutung. Der »geschützte« Anbau der Tomaten wird vorwiegend in Regionen bzw. Jahreszeiten durchgeführt, in denen die Außentemperatur eine für den Tomatenanbau notwendige Vegetationszeit nicht zuläßt. Durch Glas bzw. Folienschutz, teils mit, teils ohne Heizung, wird hier eine Verfrühung der Pflanzung und eine Verlängerung der Ernteperiode erreicht.

Neben der Temperatur und der Strahlung kommt der Wasserversorgung bzw. der Verteilung der Niederschläge Bedeutung zu. Längere Trockenheit, gefolgt von plötzlichen Niederschlägen, führt häufig zum Platzen der Früchte und damit zu Qualitätsverlusten. Auch Perioden mit länger anhaltender, hoher relativer Luftfeuchtigkeit wirken sich durch ein Verkleben der Pollen negativ auf die Befruchtung und damit den Ertrag aus.

Gemessen an der Bedeutung des Klimas spielen die Bodenverhältnisse eine untergeordnete Rolle. Bis auf extrem leichte bzw. schwere sind alle Böden für einen Tomatenanbau geeignet, wobei warme, humose oder sandige Lehmböden auch im Hinblick auf maschinelle Pflege und Ernte am günstigsten sind. In bezug auf den pH-Wert und die Salzkonzentration des Bodens ist die Tomate relativ tolerant. Für gute Erträge verlangt sie zwar einen genügend feuchten Boden, doch reagiert sie auf stauende Nässe bzw. schwache Durchlüftung des Bodens empfindlich.

☐ **Anbauformen**
Im geschützten Anbau wird die Tomate fast ausschließlich als Hauptkultur angebaut. Die Kulturdauer variiert in Abhängigkeit von der Temperaturführung und der zugelassenen Sproßlänge zwischen 4 bis 11 Monaten. Entscheidend für die jeweilige Anbauzeit der Tomate sind primär die Kosten im Vergleich zu den erzielbaren Erlösen. Ist ein Langzeitanbau – meist bedingt durch den hohen Energiebedarf im Winterhalbjahr – nicht wirtschaftlich, wird der Tomatenanbau auf die Frühjahrs- und Sommermonate verlagert. In diesem Fall werden die Zeiten vor bzw. nach der Kultur durch Radies, Salat, Kohlrabi, Feldsalat u. a. Kurzkulturen ausgefüllt (Abb. 7.8-6).

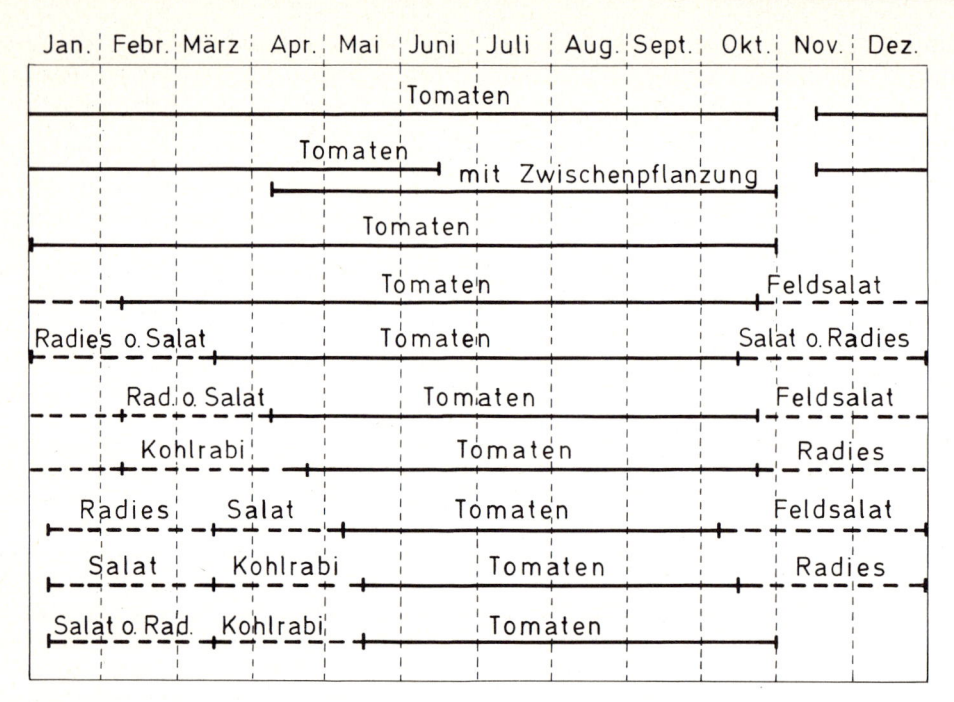

	Jan.	Febr.	März	Apr.	Mai	Juni	Juli	Aug.	Sept.	Okt.	Nov.	Dez.
						Tomaten						
				Tomaten			mit Zwischenpflanzung					
				Tomaten								
						Tomaten				Feldsalat		
	Radies o. Salat					Tomaten				Salat o. Radies		
		Rad. o. Salat				Tomaten				Feldsalat		
		Kohlrabi				Tomaten				Radies		
	Radies		Salat			Tomaten				Feldsalat		
	Salat		Kohlrabi			Tomaten				Radies		
	Salat o. Rad.		Kohlrabi			Tomaten						

Abb. 7.8-6: Mögliche Kulturfolgen mit Tomaten im geschützten Anbau

Der Anbau von Tomaten in Gewächshäusern erfolgt fast ausschließlich mit Stabtomatensorten, da diese durch Kappen bzw. Umlegen der Triebspitze in unterschiedlicher Höhe gut an die jeweiligen Räume angepaßt werden können. Zudem lassen sich mit diesen Sorten bessere Qualitäten und höhere Erträge erzielen. Selbst bei extrem kurzen Kulturzeiten, wenn die Pflanzen bereits nach 2–3 Blütenständen gestutzt werden, wird den Stabtomatensorten, auch wenn sie arbeitsaufwendiger sind, der Vorzug gegeben.

Besonders bei großer Flächenausdehnung wird die Tomate als Reinkultur angebaut. Mischfruchtanbau mit Kulturen wie Kohlrabi, Sellerie oder Porree, die bei Bestandesschluß der Tomaten bereits wieder räumen, haben nur regionale Bedeutung, da sie mit erheblichem Mehraufwand, besonders an Handarbeit, gekoppelt sind.

Beim Freilandanbau ist für die betriebswirtschaftliche Eingliederung die Nutzung der Früchte ein wesentliches Kriterium. Während für die Frischmarktproduktion wegen der besseren Fruchtqualität überwiegend unbegrenzt wachsende Tomatensorten verwendet werden, die für den aufrechten Wuchs eine Stütze erfordern und somit in der Kultur arbeitsintensiver sind, werden für die industrielle Nutzung der Tomatenfrüchte fast ausschließlich Buschtomaten angebaut. Folglich befindet sich die Produktion der Frischmarkttomaten verstärkt auf kleinerer Fläche im Intensivbetrieb, die der Industrietomaten dagegen, auch wegen der maschinellen Bearbeitung, im großflächigen landwirtschaftlichen Betrieb.

Die Eingliederung der Freilandtomate in die Kulturfolge eines Betriebes erfolgt durchweg als Hauptfrucht, da sie von der Pflanzung bzw. Aussaat bis zur Ernte eine lange Entwicklungszeit benötigt. Zudem erstreckt sich bei den meisten Tomatensorten die Ernteperiode durch die Mehrfachernte über einen längeren Zeitraum, so daß die Kulturzeiten meist bis in den Herbst hineinreichen. Nur bei sehr intensiver Flächennutzung wird vor der Freilandtomate noch eine Vorkultur mit Radies, Spinat oder Salat durchgeführt.

☐ **Fruchtfolge**

Die Fruchtfolgeprobleme beim Tomatenanbau unter Glas haben an Bedeutung verloren, da einerseits sehr häufig, losgelöst vom gewachsenen Boden, in Substraten oder Nährlösungen kultiviert wird, zum anderen durch Bodenentseuchungsmaßnahmen – chemisch oder physikalisch – ein jährlich auf der Fläche sich wiederholender Tomatenanbau möglich ist. Daneben können Schäden durch spezielle bodenbürtige Krankheiten oder Schädlinge durch Sortenwahl erheblich gemindert werden (Nematoden-, Korkwurzel-, *Fusarium*-Resistenz).

Auch im Freilandanbau stellt die Tomate durch ihre geringen Bodenansprüche und eine relativ gute Selbstverträglichkeit an die Fruchtfolge nur geringe Anforderungen. Ein Anbau direkt nach Tomaten oder anderen *Solanaceae* – speziell nach Kartoffeln – sollte dennoch vermieden werden, da eine Verseuchung des Bodens mit bodenbürtigen Krankheiten und Schädlingen, wie z. B. mit Kartoffelnematoden *(Heterodera rostochiensis),* zu erheblichen Ertragseinbußen führen kann. Insofern ist eine zwei- bis dreijährige Anbaupause nützlich. Als Vorfrucht sind Getreide und Hackfrüchte, aber auch Gemüsekulturen, die nicht zu den *Solanaceae* gehören, geeignet.

Obwohl die Tomate ein Tiefwurzler ist und eine relativ große Wurzelmasse bildet, ist ihr Vorfruchtwert als gering einzuschätzen. Dies ist bedingt durch die notwendigen Pflege- und Erntearbeiten, die besonders zwischen den Reihen zu erheblichen Bodenverfestigungen führen. Hinzu kommt, daß durch die weiten Reihenabstände ein Bestandesschluß und damit eine völlige Beschattung des Bodens nicht erreicht wird. Als Nachfrucht werden deshalb im Freiland bevorzugt Wintergetreidearten, aber auch Leguminosen angebaut.

☐ **Sortenwahl**

Das Sortenspektrum ist bei der Tomate sehr groß. Es reicht von den kleinen, runden Kirschtomaten bis hin zu den unförmig gestalteten, über 1 kg schweren Fleischtomatenfrüchten mit Fruchtfarben von hellgelb bis olivrot. Größere Bedeutung für den erwerbsmäßigen Frischmarktanbau haben nur Sorten mit mittelgroßen, runden Früchten von 50–100 g Gewicht. Sie sind durchweg F_1-Hybriden, die unbegrenzt wachsen und hohe Ertrags- und Qualitätseigenschaften aufweisen. Die einzelnen Sorten unterscheiden sich in der Ausfärbung zur Erntereife nur wenig. Auch die äußere Fruchtform ist – abgesehen von den Fleischtomaten – bei den modernen Sorten relativ einheitlich, so daß im Handel bisher nicht nach Sorten differenziert wird. Allgemein bevorzugt werden runde bis hochrunde, zwei- bis dreikämmerige Formen mit einem Durchmesser von 40–75 mm. Die runden Sorten lassen sich in bezug auf Fruchtfarbe vor der Reife, innere und äußere Qualität sowie Wachstumsmerkmale in folgende drei Gruppen einteilen (Tab. 7.8-3).

Neben den runden Tomaten finden, besonders in den mehr südlichen Regionen (z. B. Mittelmeerländer), auch die länglich-ovalen Sorten (de Roma-Typen) sowie die von nahezu rund bis stark gerippten Fleischtomaten größeren Absatz auf den Frischmärkten. Bei letzteren werden Sorten bevorzugt, die wiederum möglichst einheitlich in der Form, weniger stark gerippt und von mittlerer Fruchtgröße (100 – 250 g) sind.

Tab. 7.8–3: Gruppeneinteilung der runden Tomatensorten

Gruppe	Äußere Fruchtmerkmale	Innere Fruchtmerkmale	Wuchsmerkmale
1. Grünfrüchtig (geflammt)	Rund-hochrund, Frucht in unreifem Zustand dunkelgrün gefärbt, sehr feste Fruchtschale	Überwiegend 2-kämmrig, Fruchtfleisch reift relativ spät aus	Mittelstarker bis starker Wuchs. Die meisten Sorten dieser Gruppe wachsen bis zur 7./8. Fruchttraube gut durch. Im Wurzelvolumen durchschnittlich etwas geringer als Halbgrüne o. Hellfrucht-Typen.
2. Halbgrüne	Rund-hochrund in unreifem Zustand im Kelchbereich dunkelgrün geflammt, relativ feste Fruchtschale	Überwiegend 2-kämmrig, Fruchtfleisch fester als bei Hellfrucht-Hybriden	Wuchskraft liegt im allgemeinen zwischen Grünfrüchtigen u. Hellfrucht-Typen. Neuere Sorten sind überwiegend offen im Wuchs.
3. Hellfrucht	Rund-hochrund, Frucht in unreifem Zustand gleichmäßig hellgrün gefärbt. Fruchtschale z. T. etwas weich. Neigung zu sog. »Grünkragen« gering.	Überwiegend 2-kämmrig, Fruchtfleisch relativ weich, Samen-Gallertmasse bei schlechten Befruchtungsverhältnissen häufig vom Fruchtfleisch gelöst, dann weniger schnittfest.	Die Wuchsmerkmale der Sorten dieser Gruppe schwanken. Im allgemeinen mittelstarker bis starker Wuchs, kompakter Pflanzenaufbau.

Für die Anbau- und Frischmarkteignung der einzelnen Sorten sind im wesentlichen folgende Kriterien bestimmend:
▷ breite Resistenz gegen Krankheiten, Schädlinge und Viren
▷ hohe Produktivität
▷ schnelle Fruchtentwicklung
▷ guter Fruchtansatz – auch bei ungünstigen Klimabedingungen
▷ gute Fruchtform
▷ einheitliche Sortierung
▷ gleichmäßige Farbe
▷ guter Geschmack
▷ gute Haltbarkeit der Frucht

Für die industrielle Verarbeitung werden überwiegend begrenzt wachsende Tomatentypen (Buschtomaten) angebaut. Bei diesen Sorten sind neben den Resistenzen die Standfestigkeit der Pflanzen bis zur Ernte -- damit die Früchte wenig mit dem Boden in Berührung kommen -, die gleichmäßige Abreife möglichst vieler Früchte für die Einmalernte sowie die Haltbarkeit der reifen Tomaten wesentliche Qualitätskriterien. Dies sind Eigenschaften, die derzeit besonders die kleinfrüchtigen Typen erfüllen.

☐ **Bodenvorbereitung und Düngung**
Auch wenn die Tomate gegenüber verschiedenen Bodenarten relativ tolerant ist, so fördert dennoch eine gute Bodenvorbereitung das einheitliche Keimen bzw. Anwachsen erheblich. Dabei ist ein guter Strukturzustand auch in größeren Bodentiefen – bis etwa 50 cm – nützlich, zumal die Tomatenwurzeln relativ schnell in diese Zonen vordringen. Eine organische Düngung ist vorteilhaft, sollte jedoch – zur Vermeidung von Krankheitsbefall – bei der Pflanzung schon die erste Zersetzungsphase überschritten haben. Zur Erhöhung der Sorptionskraft und des Pufferungsvermögens des Bodens ist daher besonders beim geschützten Anbau ein Einarbeiten von organischer Substanz in relativ strukturstabiler Form, wie Kompost, Torf, Rindenkompost u.a., in Mengen von 1–3 m³/a nützlich.

Steinige Böden sind bei der Frischmarktproduktion im Freiland weniger störend, da die Ernte von Hand durchgeführt wird. Bei der maschinellen Ernte jedoch, bei der die Pflanzen mit der Maschine vom Boden aufgenommen werden, können sich Steine sehr nachteilig auswirken.

Wie bei den meisten langlebigen Kulturen wird auch bei der Tomate die Grunddüngung vor Beginn der Kultur gegeben. Sie sollte bei einer Ertragserwartung von 400 dt um 32 kg P_2O_5, 160 kg K_2O und 20 kg MgO pro ha liegen (siehe Tab. 4.2-4).

Gegen eine frische Kalkung ist die Tomate empfindlich. Bei Böden mit hohen pH-Werten werden physiologisch saure Dünger bevorzugt. Der Stickstoffbedarf der Tomate ist anfangs gering (etwa 80 kg/ha), er nimmt mit der Entwicklung der Pflanzen zu und erreicht sein Maximum, wenn die ersten Früchte walnußgroß sind. Ab diesem Stadium sind Kopfdüngungen (jeweils 50–60 kg N/ha) erforderlich. Eine zusätzliche Düngung mit Kalimagnesia zu Beginn der ersten Fruchtreife wirkt sich positiv auf die Fruchtqualität der später reifenden Früchte aus.

Bei der Tomate ist zu beachten, daß die Phosphor-Aufnahme der Pflanze neben dem P-Gehalt des Bodens von der Wurzeltemperatur abhängt. Bereits bei Temperaturen unter 14 °C nimmt das P-Aufnahmevermögen der Wurzeln ab. Es zeigen sich deutlich P-Mangelsymptome in Form von Anthozyanbildung, besonders an der Blattunterseite. Neben einer guten P-Versorgung ist beim Tomatenanbau auch eine optimale Mg-Düngung wichtig. Insbesondere bei sehr ertragreichen Kulturen treten häufig an den Blättern Mg-Mangelsymptome auf, deren Ursachen noch nicht völlig erforscht sind.

■ **Geschützter Anbau**
☐ **Pflanzenanzucht**
Für den geschützten Anbau werden Tomatenjungpflanzen im Topf vorkultiviert, um die ertragslose Zeit zu verkürzen. Die Tomate läßt sich durch Samen, aber auch durch krautige Stecklinge (Geiztriebe) vermehren. Die vegetative Vermehrung ist derzeit für die Tomatenproduktion noch bedeutungslos, kann aber bei zunehmenden Saatgutkosten interessant werden, da ein Tomatensteckling bei Temperaturen von 22–24 °C bereits nach 14 Tagen pflanzfähig ist.

Bei der generativen Vermehrung werden die gebeizten Samen zunächst in Saatschalen gesät, leicht abgedeckt und bei Temperaturen von 22–24 °C gehalten. Nach dem Spreizen der Keimblätter (etwa 10 Tage nach der Aussaat) werden die Sämlinge in die Anzuchtgefäße (meist 1/2 l Volumen) pikiert. Das Pikieren ist sinnvoll, da hierbei eine Auslese getroffen werden kann. Sämlinge mit beschädigten Keimblättern bzw. nicht abgestreiften Samenhüllen sind zu verwerfen, da bei Tomaten die Anfangsentwicklung eines Sämlings und die spätere Ertragsleistung korreliert sind.

Die Dauer der Jungpflanzenanzucht ist abhängig von der Jahreszeit (Lichtverhältnisse), der Temperatur und der angestrebten Jungpflanzen-

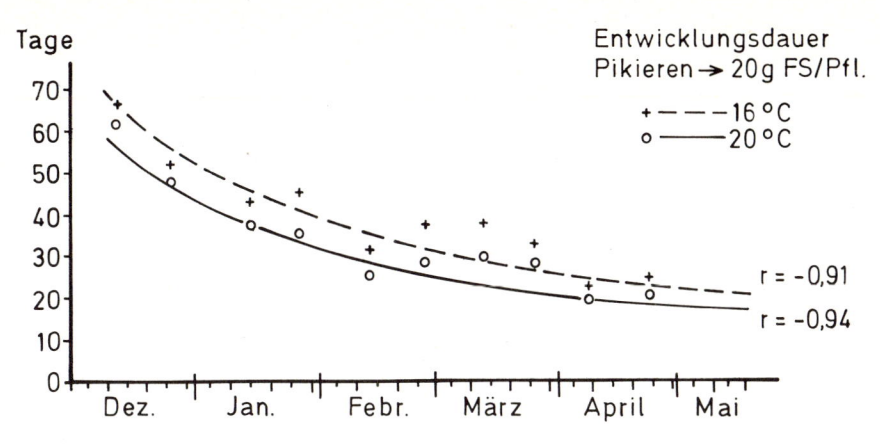

Abb. 7.8-7: Entwicklungsdauer von Tomatenjungpflanzen in Abhängigkeit von der Temperatur und dem Pikierdatum — Standort Hannover (FÖLSTER 1976)

größe. Sie kann einschließlich Auflaufdauer zwischen 30 und 90 Tagen liegen (Abb. 7.8-7). Die lange Anzuchtzeit in den Wintermonaten läßt sich durch künstliches Zusatzlicht (3–5 klx) um etwa ein Drittel verkürzen. Bei einer optimalen Jungpflanzengröße haben die Pflanzen ein Frischgewicht von etwa 20 g erreicht, und der erste Blütenstand beginnt zu blühen. Zur Energieeinsparung werden heute auch größere Jungpflanzen mit Blühbeginn der zweiten Infloreszenz ausgepflanzt, da hierdurch die ertragslose Zeit nach der Pflanzung um mehr als eine Woche verkürzt werden kann (Abb. 7.8-8).

Trotz zunehmender Resistenzen der Sorten hat bei der Tomate die Veredelung auf Unterlagen mit breiteren Resistenzeigenschaften, speziell gegen bodenbürtige Schädlinge, noch immer Bedeutung. Die Veredelung erfolgt – ähnlich wie bei den Gurken – durch Ablaktion mit Gegenzungen, vereinzelt auch durch Pfropfung. Als Unterlagen werden meist Kreuzungen von *L. hirsutum* X Edelsorte verwendet, die mit den Anfangsbuchstaben der Krankheiten, gegen die Resistenz besteht, gekennzeichnet sind, z. B. KVFNT$_m$ (**K**orkwurzel, **V**erticillium, **F**usarium, **N**ematoden, **T**omaten**m**osaikvirus). Mit der Veredlung ist eine Verlängerung der Anzucht um ca. eine Woche verbunden.

□ **Spezielle Kulturtechniken**
Im geschützten Anbau dominiert der eintriebige Anbau der unbegrenzt wachsenden Tomaten mit 2–3 Pflanzen/m². Nur an strahlungsgünstigen Standorten oder beim Spätanbau wird auch mit weniger Pflanzen und zweitriebig kultiviert, um die Jungpflanzenkosten zu reduzieren. Beim zweitriebigen Anbau wird der Geiztrieb unmittelbar unter der ersten Infloreszenz belassen und als zweiter Trieb gezogen. Durch diese Technik wird der Frühertrag leicht geschmälert, der Einfluß auf den Gesamtertrag ist jedoch gering. Sowohl beim ein- als auch beim zweitriebigen Anbau wird durch spezielle Maßnahmen versucht, das unbegrenzte Wachstum der Tomate so lange wie möglich fortzusetzen, um die verfügbare Kulturzeit voll zu nutzen. Durch Überhängenlassen, Umsetzen der Schnurbefestigung und damit fortlaufendes Herunterlassen der Triebe (Layersy-

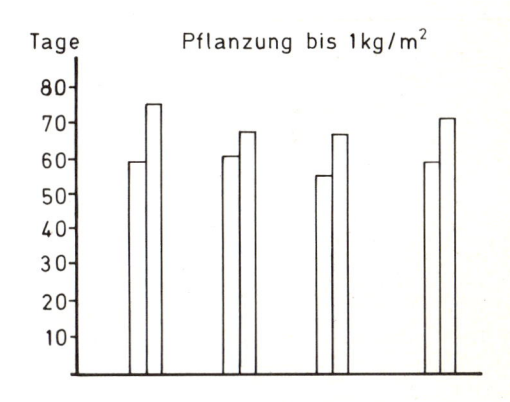

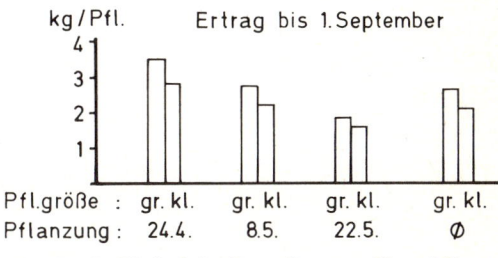

Abb. 7.8-8: Einfluß der Jungpflanzengröße auf Erntebeginn und Ertrag bei Tomaten (gr. = Blühbeginn 2. Infloreszenz, kl. = Blühbeginn 1. Infloreszenz)

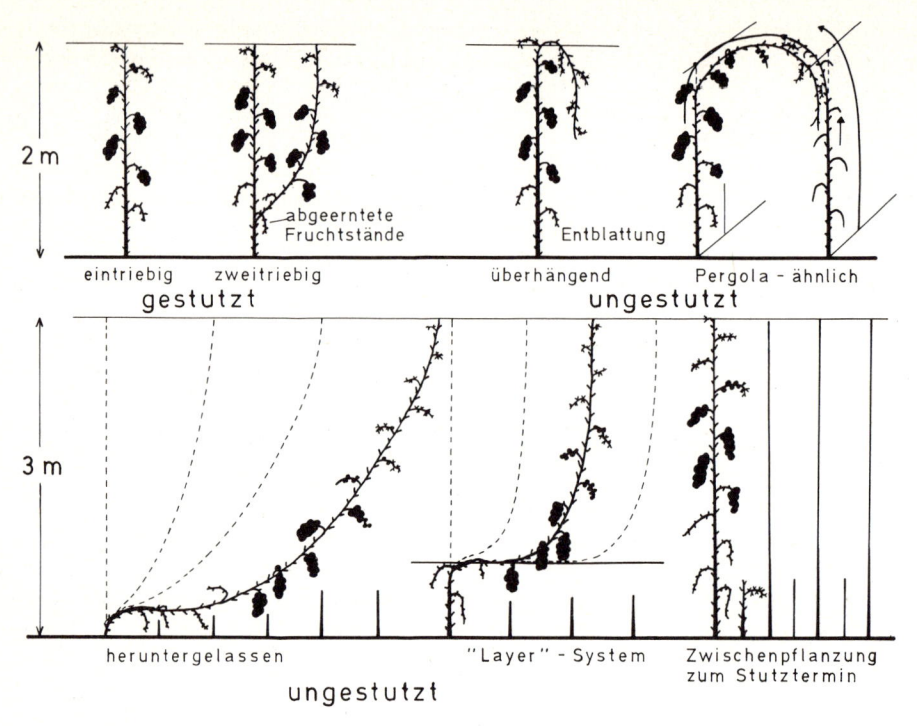

Abb. 7.8-9: Schematische Darstellung der verschiedenen Aufleitungsmöglichkeiten bei Tomaten

stem, Abb. 7.8-9) werden in den Gewächshäusern Pflanzenlängen von über 12 m erreicht.

Daneben kommt der Zwischenpflanzung eines zweiten Satzes zunehmende Bedeutung zu. Besonders bei sehr frühem Kulturbeginn wird durch hohe Früherträge die Wuchsleistung der Pflanzen zum Sommer hin geschwächt, so daß ein Zwischenpflanzen ab Mitte Mai, verbunden mit einem allmählichen Entfernen der abgetragenen alten Pflanzen, zu einem höheren Gesamtertrag führen kann. Durch dieses Verfahren wird zudem die Erntelücke, die bei Neubeginn einer Kultur entstehen würde, weitgehend geschlossen. Voraussetzungen sind jedoch gesunde Bestände und eine gute Nährstoffversorgung. Da dies speziell bei den »erdelosen« Kulturverfahren gegeben ist, wird diese Kulturtechnik auch hier verstärkt eingesetzt.

Als weitere Besonderheit ist der Kurzzeitanbau oder die Tomatendichtpflanzung anzusehen. Hier werden die Pflanzen meist schon nach der 2. bis 3. Infloreszenz gestutzt, um die Ernte auf eine kurze Periode (meist nur ein Monat) zu konzentrieren. Da bei Kurzzeitanbau die Zahl der Blütenstände pro Flächeneinheit entscheidend ist, sind wesentlich engere Standweiten zu wählen.

Bei 3- bis 4fach höherer Bestandesdichte werden Erträge zwischen 4 und 8 kg/m^2 erreicht.

□ **Pflege**

Für einen aufrechten Wuchs werden die Tomaten an einer Schnur hochgeleitet, die an einem Haltedraht – je nach Gewächshaus – in 1,8 bis 3 m Höhe befestigt ist. Bis zum Erreichen des Haltedrahtes wird in wöchentlichen Abständen die Spitze des Triebes vom jeweiligen Bindfaden umwickelt, so daß die Pflanzen auch bei größeren Längen einen festen Halt haben. Mit dem Umwickeln werden die sich neu gebildeten Geiztriebe entfernt. Um eine stärkere Beeinflussung der Wuchsleistung zu vermeiden und die Wunden möglichst klein zu halten, sollten die Geiztriebe relativ früh, bei einer Länge von 5 – 10 cm entfernt werden.

Mit beginnender Ernte werden die Pflanzen von unten her entblättert. Damit werden die alten, zum Teil abgestorbenen oder vergilbten Blätter, die für den Ertrag keine Bedeutung mehr haben und im Hinblick auf Hygiene und Ernte störend sind, entfernt. Ohne Ertragsverlust bleibt eine Entblätterung bis jeweils zu der Infloreszenz, an der die ersten Früchte reif werden; ein noch stärkeres Entblättern wirkt sich negativ aus, da hierbei noch voll aktive Assimilationsflächen verlorengehen. Zudem kann durch ein zu starkes Entblättern die Bildung von Grünkragen gefördert werden (Erhöhung der Gewebetemperatur).

Eine weitere, für den wirtschaftlichen Erfolg einer Tomatenkultur im Gewächshaus entscheidende Pflegemaßnahme ist die Sicherung bzw. Verbesserung des Fruchtansatzes. Besonders bei Frühpflanzungen kann trotz ausreichender Blütenentfaltung durch zu geringe Luftbewegung oder extreme Luftfeuchten und Temperaturen die Befruchtung der Blüten unzureichend sein. Zu hohe (über 30 °C) und zu niedrige (unter 13 °C) Temperaturen hemmen die Keimung des Pollens; zu hohe relative Luftfeuchte (über 90 %) führt zum Verkleben des Pollens, zu niedrige (unter 60 %) zu einem Eintrocknen der Narben. Darüber hinaus ist zur Selbstbefruchtung, d. h. zu einem Rieseln des Pollens auf die Narbe, eine Vibration der Pflanze erforderlich. Ist dies durch Luftbewegung nicht gegeben, kann durch Rütteln der Blütenstände oder der Pflanzen Abhilfe geschaffen werden. Hierzu dienen »Tomatentriller« (mit Hilfe eines Magneten und eines elektrischen Unterbrecherkontaktes wird ein Eisenstab in Vibration versetzt und an den Blütenstand gehalten), künstliche Gebläse, ein Rütteln am Haltedraht oder Großtropfenregner, die in der Mittagszeit kurzfristig eingeschaltet werden. Besonders in den Frühjahrsmonaten sind durch diese Maßnahmen Ertragssteigerungen bis zu 30 % möglich. Eine Behandlung der Blüten mit Wachstumsregulatoren (meist auf der Basis von Naphthoxyessigsäure) zur Förderung des Fruchtansatzes ist in der Bundesrepublik Deutschland in Erwerbsbetrieben nicht statthaft. Sie führt zudem zu verstärkter parthenokarper Fruchtbildung, die den hiesigen Qualitätsvorstellungen nicht gerecht wird.

Neben den genannten Pflegemaßnahmen kommt der Verhütung eines Befalls durch Weiße Fliege *(Aleurodidae)* oder Grauschimmel *(Botrytis)* besondere Bedeutung zu. Durch die Weiße Fliege wird die assimilatorische Leistung der Pflanze reduziert und durch Rußtaubildung die Qualität der Früchte erheblich gemindert. *Botrytis* führt zum Absterben einzelner Blätter und Triebspitzen sowie zur Bildung von »Geisterflecken« auf den Früchten. Dagegen haben Viren und Brennfleckenkrankheit durch die Resistenzzüchtung an Bedeutung verloren.

☐ Ernte und Ertrag

Da die Tomaten im geschützten Anbau von Hand geerntet werden, wird die Erntereife durch den Pflücker nach den Marktanforderungen bestimmt. Je nach Vermarktungsweg und -art werden die Früchte in gebrochen grün-rosafarbenem, hellrotem oder rotem Stadium geerntet. Dabei werden die Früchte, soweit möglich, mit Kelch abgenommen und häufig bereits nach Qualität sortiert. Der Transport zur Sortiermaschine erfolgt in Kisten, Körben o. a., zur besseren Schonung der Früchte neuerdings auch in Rinnen mit fließendem Wasser.

Der Erntebeginn, d. h. die Zeitspanne zwischen Pflanzung und 1 kg/m² Fruchtertrag, ist von der Jahreszeit, besonders von der Strahlung und der Heiztemperatur, abhängig. Im frühen Frühjahr ist mit etwa 100, im Sommer nur mit 50–60 Tagen bis zum Erntebeginn zu rechnen (Abb. 7.8-10). Der Gesamtertrag wiederum bemißt sich nach den Wochenerträgen, die u. a. in starkem Maße klimaabhängig sind, und der Dauer der Ernteperiode. Im Frühjahr und Sommer liegt der durchschnittliche Wochenertrag zwischen 0,8 und 1,2 kg/m². Bei einer zweimaligen Ernte pro Woche sind dies 0,4–0,6 kg/m² und Erntegang. Ab September nimmt, klimabedingt, der wöchentliche Ertrag um 20 %, später 50 % ab, so daß unter den nordeuropäischen Bedingungen eine Kultur über Mitte Oktober hinaus unrentabel wird. Bei Ganzjahreskulturen (Nov. bis

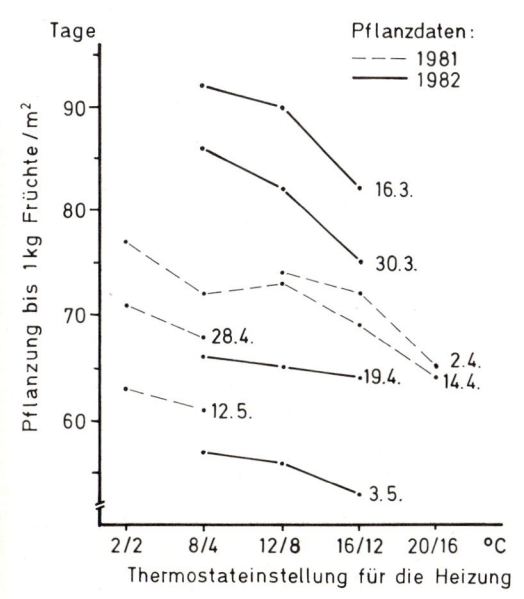

Abb. 7.8-10: Einfluß der Heizthermostateinstellung und des Pflanztermins auf die Zeitspanne Pflanzung bis 1 kg Ertrag bei Tomaten (Hannover 1981/82)

Okt. des folgenden Jahres) liegen die Erträge zwischen 25–30 kg/m², bei Halbjahreskulturen (Apr.–Okt.) bei 12–15 kg/m².

☐ **Aufbereitung**
Tomaten sollten unmittelbar nach der Ernte aufbereitet werden. Dabei wird nach Qualität, Farbe und Größe sortiert. Die Sortierung nach Qualität erfolgt noch immer von Hand, sehr häufig bereits bei der Ernte. Dagegen ist die Sortierung nach Farbe über die Lichtreflexion der unterschiedlich ausgefärbten Früchte (Abb. 4.13-1) bereits maschinell möglich. Bei der Größensortierung wird neben dem Durchmesser auch die sortenbedingte Form berücksichtigt. Es wird nach folgenden Handelstypen unterschieden:
▷ runde Tomaten – Fruchtform annähernd kugelrund mit glatter Oberfläche
▷ gerippte Tomaten – mehr oder weniger stark gerippt, in der Form weniger regelmäßig, in diese Gruppe fallen die meisten Fleischtomaten
▷ längliche Tomaten – ovale bis längliche Tomaten, z. T. birnenförmig.

Die Größensortierung erfolgt heute fast ausschließlich mit Maschinen nach dem Prinzip der weichenden Bänder bzw. nach dem Lochsystem. Zum Teil wird auch nach Gewicht sortiert. Sehr häufig durchlaufen die Tomaten vor der Sortierung ein Wasserbecken mit Bürstenanlage. Dadurch können die Früchte schonend bewegt und gleichzeitig gekühlt, zum anderen leicht von Schmutzflecken gereinigt werden.

Die Verpackung der Tomaten erfolgt in den typischen Tomatensteigen (40 x 30 x 15 cm) mit 6 kg, vereinzelt auch in Flachsteigen (60 x 40 x 13 cm) mit 10 kg Inhalt. Daneben werden Kleinpackungen mit 0,5 oder 1 kg Inhalt in Schalen oder Beuteln angeboten.

☐ **Qualitätsmängel**
Wesentliche Qualitätsmängel der Früchte können bedingt sein durch Viren, Krankheitsbefall oder physiologische Störungen.

Beim **Strichel-Virus** werden die Früchte durch tiefliegende, helle Narben unansehnlich und unregelmäßig geformt, während beim **Mosaik-Virus** die Früchte auffallend mosaikartig gefleckt sind, zum Teil mit braunen Stellen.

Beim **Grauschimmel-***(Botrytis)***Befall** weisen die Früchte zunächst graugrüne Flecke auf, auf denen sich später der typische mausgraue Sporenrasen bildet. »Geisterflecken« entstehen, wenn das Wachstum des Pilzes nach kurzer Zeit zum Stillstand kommt. Es zeigen sich dann auf der Haut kleine, runde Flecke, die von einem hellen, schmalen Ring umgeben sind.

Braunfäule *(Phytophthora infestans)* verursacht auf den Früchten anfangs graugrüne, später braune Flecke. Typisch ist, daß das Fruchtfleisch an den Befallstellen hart bleibt.

Physiologische Störungen wie **Grünkragen** können durch unharmonische Düngung (N-betont) und zu starke Erwärmung des Fruchtrückens entstehen. Die Früchte zeigen am Stielansatz grüne oder gelbe, verhärtete Zonen, bei grünfrüchtigen Sorten stärker als bei Hellfruchttypen. Leicht zu verwechseln mit dem »Grünkragen« ist die **Wassersucht,** die besonders bei mangelnder Kaliumversorgung und zeitweilig stark wechselnder Bewässerung auftritt. Die Früchte weisen fleckenartig verwaschen-gelbe Verfärbungen der Grundfarbe auf. Gleichzeitig verkorken die Gefäßbündel oder größere Teile des Fleisches verfärben sich braun, die Frucht wird weich und schwammig.

Bei der **Blütenendfäule** (richtiger müßte es heißen Fruchtendfäule) zeigen sich an der Ansatzstelle des Griffels zunächst kleine, später größer werdende, eingesunkene und verhärtete schwarze, bisweilen auch hellere abgestorbene Zonen, die meist kreisrund sind. Gelegentlich kommt es nur zu äußerlich nicht erkennbaren schwarzen Gewebepartien im Innern der Früchte. Ursache für dieses Schadbild ist eine, meist kurzfristige, mangelnde Calciumversorgung des jüngsten Fruchtgewebes, was zu einer ungenügenden Stabilisierung der Zellwände führt. Das Zellgewebe bricht zusammen, trocknet ein, um den Griffelansatz herum bilden sich dunkelbraune, runde Flecke bzw. im Inneren der Frucht schwarz gefleckte Samen.

Hohlfrüchtigkeit oder **Puffigkeit** entsteht durch parthenokarpe Fruchtbildung oder durch unzureichende Befruchtung der in der Frucht vorhandenen Samenanlagen. Das Fehlen der gallertartigen Masse, die normalerweise die Samenkörner bei Fruchtreife umgibt, führt zu hohlen Früchten und minderwertiger Ware. Hohlfrüchtigkeit ist häufig auch eine Folge der Wuchsstoffanwendung zur Verbesserung des Fruchtansatzes.

Ein **Platzen der Früchte** tritt auf, wenn nach längerer Trockenheit intensiv bewässert wird oder starke Niederschläge fallen. Auch bei einer Ernte in den frühen Morgenstunden kann ein Fallenlassen der voll turgeszenten Früchte in den Erntekorb ein Aufreißen der Fruchthaut verursachen. Es entstehen vom Stielansatz ausgehende Radialrisse, die meist einen raschen Verderb zur Folge haben. Dagegen kann das halbkreisförmige Aufreißen der Haut während des Fruchtwachstums zu vernarbten Rissen führen, die nur das Aussehen der Früchte beeinträchtigen.

☐ Lagerung

Tomaten sind begrenzt lagerfähig. Bei optimalen Lagerbedingungen von 13 °C und 75–80 % relativer Luftfeuchte sind sie etwa 14 Tage haltbar, ohne daß die Früchte an äußerem Glanz und Farbe verlieren. Eine Verlängerung der Lagerdauer auf 3–4 Wochen ist mit niedriger Temperatur (+ 4 °C) möglich, doch geht dies auf Kosten der Farbe. Die Früchte bekommen ein glasiges Aussehen und verlieren an Geschmack. Wesentliche Voraussetzung für eine längere Lagerung ist, daß die Früchte bereits voll ausgefärbt sind, da bei Temperaturen unter 16 °C die Ausbildung des Farbstoffes Lycopin gehemmt wird und nach der Auslagerung nicht wieder reaktiviert werden kann. Zur schnelleren Ausfärbung noch grüner Früchte wird zum Teil auch eine Behandlung mit Äthylen vorgenommen.

■ Freilandkultur
☐ Pflanzenanzucht

Für den Freilandanbau werden Tomatenpflanzen, je nach Standort und Nutzungsart, unterschiedlich angezogen. Direktsaat (0,5–1 kg/ha) erfolgt an klimatisch besonders günstigen Standorten, wo die Tomaten großflächig für die meist industrielle Nutzung angebaut werden. Zur schnelleren und gleichmäßigeren Keimung sollte die Bodentemperatur deutlich über 15 °C liegen. Wo diese Bedingungen nicht gegeben sind, erfolgt eine Vorkultur der Jungpflanzen an günstigeren Standorten bzw. im geschützten Anbau. Die Sämlinge werden entweder auf Grundbeeten (100 – 300 Pfl./m²) vorkultiviert und als 10 – 15 cm lange »gezogene« Pflanzen ausgesetzt oder in Gefäßen, meist Preßtöpfen, bis zum Sichtbarwerden des ersten Blütenstandes angezogen und dann mit Ballen ausgepflanzt. Die Dauer der Vorkultur beträgt bei ausreichender Strahlung 40 bis 20 Tage. Das Auspflanzen bzw. die Direktsaat erfolgen in Reihen, wobei zur besseren Bearbeitung jeweils 2 Reihen enger gepflanzt werden. Die optimale Pflanzenzahl pro ha liegt bei 30 000 bis 40 000 Pflanzen. Dies entspricht einem Abstand von etwa 50/110 × 40 bzw. 35 cm.

☐ Pflege

Unbegrenzt wachsende Tomaten für den Frischmarkt werden an Stäben oder Schnüren aufgeleitet und ausgegeizt. Da bei den Freilandtomaten die Vegetations- bzw. Kulturzeit begrenzt ist, werden die Pflanzen meist nach der Bildung von 5–8 Blütenständen gestutzt. Eine Reduzierung der Fruchtzahl pro Blütenstand, um gut geformte und gleichmäßig große Früchte zu ernten, ist im Freiland nicht üblich. Um ein Platzen der Früchte zu vermeiden, kommt der gleichmäßigen Wasserversorgung, ähnlich wie beim Unterglasanbau, erhebliche Bedeutung zu. Ein Absinken der Saugspannung im Boden über 150 hPa (150 mbar) ist, besonders kurz vor und während der Ernteperiode, zu verhindern. In Trockengebieten sind Tomaten deshalb künstlich zu bewässern. Für die Unkrautbekämpfung stehen Herbizide zur Verfügung.

Bei den begrenzt wachsenden Tomaten beschränkt sich die Pflege auf Bodenlockerung, Unkrautbekämpfung, Pflanzenschutz und evtl. Beregnung. Um den Tomatenjungpflanzen einen besseren Halt zu geben, werden diese häufig zum Blühbeginn angehäufelt, eine Maßnahme, die meist mit einer Unkrautbekämpfung gekoppelt wird.

☐ Bestimmung der Erntereife

Für die Freilandtomaten, die für den Frischmarkt bestimmt sind, gelten die Darlegungen für den geschützten Anbau. Für die maschinelle Einmalernte, bei der die Früchte unmittelbar nach der Ernte verarbeitet werden, ist der Prozentsatz gut ausgereifter Früchte entscheidend. Die Bestimmung des optimalen Erntezeitpunktes erfolgt hier durch
▷ Auszählen der grünen, reifen und überreifen Früchte,
▷ Bestimmung der Fruchtfestigkeit von Ernteproben,
▷ Messen der Farbe, entweder der ganzen Früchte oder des Fruchtbreies.

Zum Teil wird auch die Veränderung eines oder mehrerer Inhaltsstoffe (Rohfaser, Pigmente) als Reifekriterium verwendet.

☐ Ernte und Ertrag

Je nach Standort beginnt die Ernte der Tomaten 8–10 Wochen nach der Pflanzung. Dabei werden die Früchte, wie beim geschützten Anbau, von Hand, wenn möglich mit Kelch, in Körben, Kisten oder Pflückbeuteln geerntet.

Um eine möglichst gleichmäßige Ausfärbung der erntereifen Früchte sicherzustellen, wird auch im Freiland im Abstand von 4–6 Tagen geerntet. Der Ertrag pro Erntegang richtet sich nach den klimatischen Gegebenheiten, besonders nach der Temperatur. Er liegt zwischen 0,3 und 0,8 kg/m². Der Gesamtertrag wiederum richtet sich nach der Kulturdauer. Er schwankt im

Freiland zwischen 300 und 800 dt/ha. Sortierung und Marktaufbereitung erfolgen bei Freilandtomaten für den Frischmarkt wie im geschützten Anbau.

Industrietomaten werden überwiegend einmalig mit Maschinen, z. T. immer noch von Hand geerntet. Ein Vorteil der Handernte liegt in der gleichzeitigen Qualitätsauslese, d. h. es werden nur die optimal reifen Früchte gepflückt. Bei der maschinellen Ernte wird die Pflanze vom Boden aufgenommen, abgeschnitten und über Walzen von den Früchten getrennt. Das Erntegut setzt sich folglich aus Früchten unterschiedlichen Reifegrades zusammen, was vor der Verarbeitung eine entsprechende Selektion notwendig macht. Eine Konzentrierung des Reifeablaufes an den Pflanzen ist über eine Behandlung mit Wachstumsregulatoren (Äthylen) möglich, allerdings fehlt hierzu speziell für den Freilandanbau noch ein geeignetes technologisches Verfahren. Bedingt durch die Einmalernte, sind bei den Industrietomaten die ha-Erträge an verarbeitungsfähigen Früchten niedriger: sie liegen meist zwischen 200 und 400 dt/ha.

Literatur

CALVERT, A. (1957): Effects of early environment on development of flowering in the tomato. J. Hort. Sci. **32**, 13.

COWELL, R. (Ed.) (1978): 1st International Symposium on Tropical Tomato. AVRDC publ. 78-59. Shanhua, Taiwan: Asian Vegetable Research and Development Center.

HALLIG, V. A. und JENSEN, E. (1975): Tomat. Væksthusinfo, København.

LEHMANN, CHR. O. (1955): Das morphologische System der Kulturtomate *(Lycopersicon esculentum* Miller). Berlin, Göttingen: Springer.

LIEBIG, H.-P., KRUG, H., FÖLSTER, E., LORENZ, H.-P. (1980): Produktionstechnik und Anbauplanung in Gewächshäusern im Zeichen hoher Energiekosten – II. Wärmebedürftige Arten. Gemüse **16**, 80-84.

WENT, F. W. (1944): Plant growth under controlled conditions. II. Thermoperiodicity in growth and fruiting of the tomato. Ann. J. Bot. **31**, 135-150.

7.8.2   Paprika (*Capsicum annuum* L.)

☐ **Geschichte und Bedeutung**

Die Urform des Paprikas stammt aus dem mittelamerikanischen Raum. Hier wurde Paprika bereits v. d. Z. von den Ureinwohnern Mexikos und Perus als Gewürzpflanze geschätzt. Nach Europa gelangte er mit der Entdeckung Amerikas durch Columbus. Man glaubte, mit dieser Pflanze einen Ersatz für den damals so wertvollen Pfeffer gefunden zu haben. So bekam der Paprikaanbau in Spanien und Italien relativ bald wirtschaftliche Bedeutung als »Spanischer Pfeffer«. Über die Balkanländer gelangte der Paprika in den Orient und schließlich nach Ostasien, so daß er heute als Kulturpflanze weit verbreitet ist. Der Anbau im Freien erfolgt überwiegend in dem Bereich der Tropen und Subtropen, während in den gemäßigten und kalten Gebieten der geschützte Anbau in Gewächshäusern vorherrscht.

In Deutschland wird Paprika bereits im Jahre 1542 erwähnt, jedoch zunächst als im Topf kultivierte Zierpflanze. Vom 17. Jh. an ging der Anbau zur Gewürz- und schließlich zur Gemüsenutzung über. Bis zum 19. Jh. wurde ausschließlich der scharfe, kleinfruchtige Gewürzpaprika kultiviert. Erst in den letzten Jahrzehnten hat der »Süße Paprika« (frei vom Alkaloid Capsaicin) als vitaminreiches Gemüse Bedeutung erlangt. Mit seiner Verbreitung nahm die Anbaufläche des Paprikas von 1970 bis 1980 weltweit um ca. 30 % zu. Derzeit befinden sich von einer Anbaufläche von ca. 1 Million ha 56 % in Asien, 17 % in Europa, 15 % in Afrika, 10 % in Nord- und Zentralamerika und nur 2 % in Südamerika. Demgegenüber lauten die Produktionszahlen 41 % für Asien, 31 % für Europa, 15 % für Afrika, 10 % für Nord- und Zentralamerika und 3 % für Südamerika.

Gemüsepaprika wird roh als Salat, aber auch als geschmortes bzw. gekochtes Gemüse zubereitet. Der gesundheitliche Wert beruht besonders auf dem hohen Vitamin C-Gehalt, der bei grünen, unreifen Früchten bei 60–70 mg, bei reifen, ausgefärbten Früchten bei 120–140 mg pro 100 g Frischsubstanz liegt.

Der Anbau des Gewürzpaprikas hat seine Bedeutung durch die scharf und brennend schmeckenden Inhaltsstoffe der Frucht erlangt, die ein Gemisch mehrerer Capsaicin-Komponenten sind. Sie verursachen ein starkes Brennen auf Zunge und Gaumen. Das Alkaloid ist von der Zunge noch bei sehr starken Verdünnungen wahrnehmbar. Daneben enthalten die Früchte, besonders im reifen Stadium, neben dem hohen Vitamin C-Gehalt auch Provitamin A sowie das Vitamin P, das den Blutdruck reguliert und den Kreislauf anregt. Der rote Farbstoff der Paprikafrüchte ist Capsanthin ($C_{40}H_{58}O_3$), das zu der Gruppe der Xanthophylle gehört. Diese chemisch inaktiven Farbstoffe finden zunehmend beim Färben von Lebensmitteln Verwendung. Durch den relativ hohen Farbstoffgehalt (über 10 mg pro 100 g FS) der reifen Früchte wird Paprika daher neben der Produktion als Gemüse und

Solanaceae (Nachtschattengewächse)

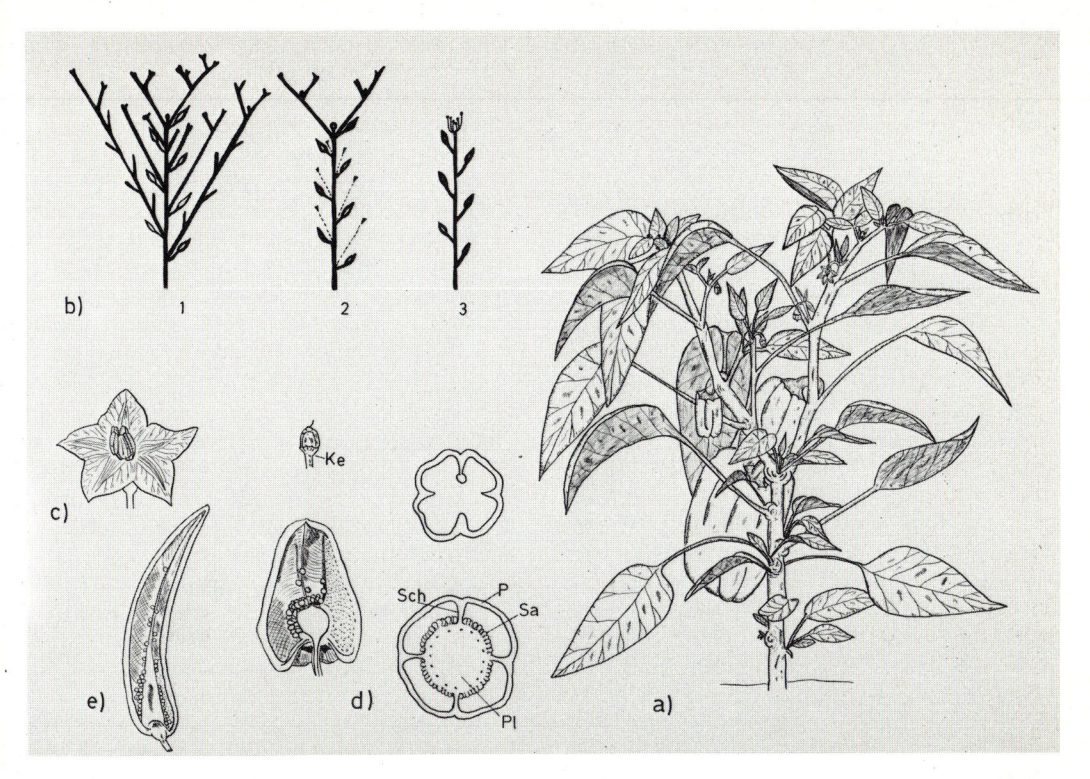

Abb. 7.8-11: Paprikapflanze mit Darstellung (schematisch) des Pflanzenaufbaus, der Blüte und der Früchte
a) fruchtende Pflanze; b) Pflanzenaufbau: 1 stark buschig, 2 dichasialer Aufbau, 3 determiniert; c) Blüte;
d) Frucht (blockig) mit Querschnitten: Ke = Kelchblätter, P = Fruchtwand (Perikarp), Pl = Plazenta, Sa = Samen, Sch = Scheidewand; e) Frucht (spitz zulaufend)

Gewürz zunehmend zur Farbstoffgewinnung angebaut.

☐ Botanische Grundlagen

Die Gattung *Capsicum* setzt sich aus etwa 30 Arten zusammen, über deren taxonomische Zuordnung keine Einigkeit besteht. Alle Spezies haben 2 n = 24 Chromosomen. Die Wildform des Gewürzpaprikas, *C. annuum*, die vor allem im mittelamerikanischen Raum vorkommt, wächst dort annuell. Sie bildet 50–180 cm hohe, verzweigte Pflanzen mit Früchten, die in unreifem Zustand dunkelpurpur, bei Reife jedoch leuchtendrot sind. Die Früchte der Wildform sind relativ klein (1–1,5 cm Durchmesser), die der heutigen Kulturformen weisen etwa die 10fache Größe auf. Gegenüber *C. annuum* hat *C. baccatum* mehr länglich-ovale Blätter und eine violette Blütenfarbe. Diese Art bildet aufrechtstehende eiförmige Früchte aus, die zur Reife leicht abfallen. Bei der Züchtung von Bedeutung sind weiterhin die ausdauernden Formen wie *C. chinense* mit wesentlich höherem Capsaicin-Gehalt der Früchte sowie *C. frutescens* mit aufrechter Fruchtstellung und kurzen Blattstielen. *C. pubescens* fällt durch die Blattbehaarung und die schwarzen Samen auf. Diese Art ist in den Anden an Berghängen bis über 1000 m Höhe zu finden, was auf eine größere Kältetoleranz schließen läßt.

Während sich die züchterische Verbesserung bei *Capsicum* zunächst auf Fruchtform, Fruchtfarbe und Inhaltsstoffe konzentrierte, wird heute auch der genetischen Resistenz (Virus, *Cladosporium*, *Verticillium* und *Colletotrichum capsici*), die in einigen Arten vorhanden ist, verstärkt Aufmerksamkeit geschenkt. So weisen schon zahlreiche Kultursorten eine Resistenz bzw. Toleranz gegen das Tabakmosaikvirus auf.

Die wesentlichen Kulturformen des Paprikas sind krautige Pflanzen, die sympodial zu einem mehr oder weniger großen Busch heranwachsen. Jedes Sympodialglied endet in einer (selten zwei) terminalen, meist weißlichen Blüte, die von 2–3 Seitenästen übergipfelt wird (Di- bzw. Trichasium, Abb. 7.8-11). Die Blätter sind ganzrandig, eiförmig bis länglich-oval und gestielt, die Kelchzipfel der Blüte kurz. Die zwitterigen Blüten sind fünfteilig mit einem Durchmesser von 1–3 cm. Die einzeln stehenden Staubblätter haben violette Staubfäden; der Stempel besteht in der Regel aus drei verwachsenen Fruchtblättern mit einer Griffellänge von 4–5 mm.

Aus dem oberständigen Fruchtknoten entwikkelt sich eine aufrechte oder hängende Frucht, botanisch eine blasige Beere, deren Form von kugelig-rund, walzenförmig-stumpf bis länglich-spitz zulaufend sein kann. An Fruchtfarben treten Grün, Gelb, Weiß, Rot, Karminrot, Violett bis fast Schwarz auf. Die meist 3–5 Fruchtblätter sind verwachsen und umschließen einen Hohlraum, der oben frei, am Grunde aber durch unvollständige echte Scheidewände gekammert ist. Im Innern sitzt zentral an der Basis die halbkugelig aufgewölbte Placenta, auf der sich zahlreiche Samenanlagen befinden (Abb. 7.8-11). Die Samen sind nicht, wie bei vielen anderen nutzbaren *Solanaceae,* in ein weiches Fruchtfleisch eingebettet, sondern ragen frei ins Innere der Beere. Sie sind platt-nierenförmig von meist weißer bis hellgelber Farbe. Das scharf schmeckende Alkaloid Capsaicin ($C_{18}H_{28}NO_3$) ist vor allem in der Placenta, weniger in den Samen und Scheidewänden lokalisiert.

Paprika ist vorwiegend Selbstbefruchter, doch tritt durch die große Blüte und längere Befruchtungsfähigkeit häufiger Fremdbefruchtung auf als bei der Tomate. Dagegen ist Parthenokarpie bei Paprika selten. Die Tausendkornmasse der Samen liegt beim Gemüsepaprika bei 6–7 g, beim Gewürzpaprika meist etwas niedriger.

Nach epigäischer Keimung entfalten sich zunächst die beiden kurzstieligen, lanzettförmigen Keimblätter, denen jeweils zwei normale Laubblätter folgen. Die Zahl der sich wechselständig am ersten Sympodialglied entwickelnden Blätter ist, wie bei Tomaten, nicht sortentypisch, sondern von der Einstrahlung und Temperatur abhängig; sie schwankt von 7 bis über 12.

Die vom Sämling zunächst gebildete Pfahlwurzel verliert bald ihre Dominanz, und die Durchwurzelungstiefe überschreitet selten Werte über 80 cm. Die Adventivwurzelbildung ist beim Paprika deutlich geringer ausgeprägt als bei Tomaten, weshalb ein tiefes Einpflanzen kaum Vorteile bringt.

Paprika stellt zur optimalen Entwicklung hohe Anforderungen an Strahlung, Temperatur und Wasserversorgung. Schwache Bestrahlungsstärken in den Wintermonaten führen oft zum Blüten- und Knospenfall, z. T. sogar zum Abstoßen ganzer Blätter. Die Jungpflanzenanzucht in den Wintermonaten wird daher in den gemäßigten Zonen verstärkt unter Zusatzlicht durchgeführt, um eine Mindestbeleuchtungsstärke von 5 klx zu gewährleisten. Dabei reagieren Paprikajungpflanzen, anders als Tomaten, positiv auf lange tägliche Belichtungszeiten. Selbst Dauerlicht führt zu keiner Pflanzenschädigung (Tab. 7.8-3). In den Sommermonaten hat eine Reduzierung der Strahlung durch Schattieren eine deutliche Verringerung der Blütenbildung und damit Ertragsleistung zur Folge, auch wenn das vegetative Wachstum hierdurch gefördert wird (QUAGLIOTTI et al. 1974).

Paprika reagiert deutlich auf niedrige Temperaturen. Während für die Keimung das Temperaturminimum bei 11 °C liegt, sind zum Wachstum Temperaturen über 14 °C notwendig. Zwar übersteht die Pflanze auch tiefere Temperaturen (bis +2 °C), doch führen diese bei langer Einwirkung zu Wurzelschäden und damit zu Wachstumsstokkungen. Temperaturen über 30 °C haben ebenfalls Ertragsminderungen zur Folge, da die Knospen, Blüten und zum Teil auch die jungen Früchte abgestoßen werden. Hauptursache hierfür ist mangelnde Befruchtung durch schlechte Pollenkeimung sowie zu starkes Eintrocknen der Nar-

Tab. 7.8–4: Einfluß von Beleuchtungsstärke und -dauer einer Zusatzbestrahlung auf die Zeitspanne: Aussaat bis Blühbeginn in Tagen bei Paprika*

tägl. Zusatzbestrahlung in Stunden	Beleuchtungsstärke in klx				natürl. Licht
	3	4	5	10	
8	66	66	61	61	–
12	58	61	55	48	–
16	61	61	43	40	–
24	43	40	37	35	–
Kontrolle (natürl. Licht)	–	–	–	–	99

* BALAZS 1963

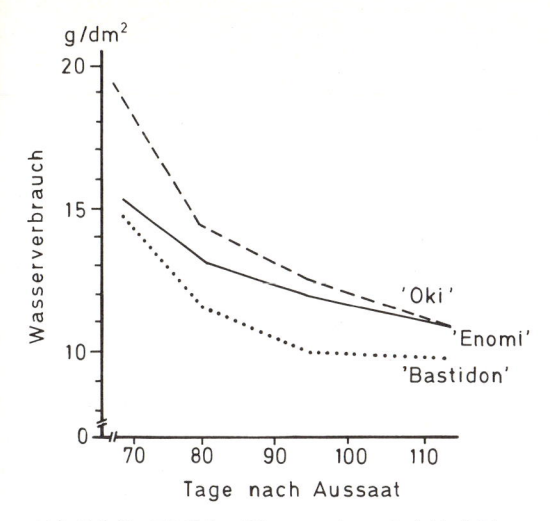

Abb. 7.8-12: Täglicher Wasserverbrauch (g/dm² Blattfläche) in Abhängigkeit vom Alter der Paprikapflanze (POCHARD und SERIEYS 1974)

be. Für die Befruchtung optimale Temperaturen liegen im Bereich von 18–22 °C. Besonders günstig ist ein Tag-/Nachtwechsel (z. B. 25/16 °C, WELLES 1967).

Die Zahl der Blätter am 1. Sympodialglied sowie in geringerem Umfange auch die Blütenzahl werden durch die Temperatur beeinflußt. Wie die Tomate reagiert Paprika auf relativ niedrige Temperatur (16–20 °C) mit reduzierter Blatt- sowie erhöhter Blütenzahl, auf hohe Temperatur (22–26 °C) in umgekehrter Weise.

Durch die relativ geringe Wurzelmasse und den kleinen Wurzelraum stellt Paprika hohe Anforderungen an die Wasserversorgung. Besonders junge Pflanzen haben einen relativ hohen Wasserbedarf (Abb. 7.8-12). Gutes Wachstum und damit ein optimaler Ertrag werden erreicht, wenn der Wassergehalt des Bodens zwischen 60 und 80 % der Feldkapazität liegt.

☐ **Standortansprüche und -orientierung**

Das hohe Wärmebedürfnis hat zur Folge, daß Paprika im Freiland nur in warmen Klimaten mit ausreichender Wasserversorgung angebaut wird. Dies sind besonders die Gebiete mit tropischem bis subtropischem Klima. Es werden mittelschwere, humusreiche Böden bevorzugt. Schwere Tonböden, Böden mit stauender Nässe und reine Sandböden scheiden für einen Erwerbsanbau aus. Gegenüber alkalischen Böden ist Paprika empfindlich, der optimale pH-Bereich liegt bei 6–6,5.

In den Gebieten außerhalb des tropischen und subtropischen Klimas wird Paprika nur in Gewächshäusern oder unter Folie kultiviert. In diesen Zonen kann neben der Temperatur im Winterhalbjahr auch die Strahlung den Anbau begrenzen.

☐ **Anbauformen**

Der Anbau von Gemüse- und auch von Gewürzpaprika, erfolgt als Hauptkultur. Dies ist einmal durch die Klimaansprüche (über 14 °C), zum anderen durch die verschiedenen Nutzungsmöglichkeiten bedingt. So wird Gemüsepaprika kontinuierlich über mehrere Monate geerntet. Besonders trifft dies beim geschützten Anbau zu, wo Paprika zum Teil ganzjährig kultiviert wird. Die sogenannte »Ganzjahreskultur« unter Glas beginnt meist im Januar–Februar und endet Oktober bis November. Der Anbau erfolgt, ähnlich wie bei Tomaten, in Reihen mit wechselndem Reihenabstand, da die Paprikapflanze eine Stützung (Schnüre, Stäbe, Drahtgeflecht) sowie laufende Pflege und Ernte benötigt. Bei Kurzkulturen (3–5 Monate), die im Gewächshausanbau zur Energieeinsparung meist im Sommer durchgeführt werden, sind Vor- und Nachkulturen mit Salat, Radies u. a. üblich.

Im Freiland wird Paprika großflächig angebaut. Die Pflanzung erfolgt im Frühjahr nach dem Überschreiten einer Bodentemperatur von 14 °C. Der Gewürzpaprika und der Paprikaanbau für die Farbstoffgewinnung benötigen infolge der langen Reifeperiode der Früchte trotz Zwei- oder nur Einmalernte eine mindestens halbjährige Kulturzeit. Hier sind Vor- oder Nachkulturen kaum möglich. Im Freiland werden die Pflanzen bei dem gedrungeneren Wuchs normalerweise nicht gestützt.

Während beim geschützten Anbau kontinuierliche Pflege und Erntearbeiten anfallen, hat der Freilandanbau nur zur Pflanzung und zur Ernte einen hohen Arbeitsbedarf.

☐ **Fruchtfolge**

Das Einhalten einer Fruchtfolge hat im geschützten Anbau durch Bodendesinfektion oder Kultur auf Substraten (erdelose Kulturverfahren) an Bedeutung verloren. Im Freilandanbau sind 3- bis 4jährige Anbaupausen zu empfehlen, um Ausfälle durch bodenbürtige Welkekrankheiten (*Fusarium*, *Verticillium*, *Sklerotinia*) zu vermeiden. Ertragsausfälle von 30–50 % können bereits nach zweijähriger Monokultur auftreten (SOMOS u. TARJANYI 1964).

Als Vorkultur für Paprika sind besonders solche Arten geeignet, die die Struktur des Bodens schonen, wie z. B. Leguminosen. Als Nachkulturen eignen sich Arten, die weniger salzempfindlich sind (Kohl, Sellerie), da nach einer Paprikakultur (besonders zur Gewürz- und Farbstoffgewinnung) infolge einer reduzierten Bewässerung zur Fruchtreife oft noch hohe Salzkonzentrationen im Boden anzutreffen sind.

□ Sortenwahl
Die Sortenwahl richtet sich beim Paprika nach der Art der Nutzung und den Konsumgewohnheiten. Beim Gemüsepaprika dominieren in Nordeuropa Sorten mit großen, abgestumpften, dickfleischigen Früchten, während im Mittelmeerraum auch solche mit kegelförmigen, spitz zulaufenden oder langen, schmalen Früchten beliebt sind. Bei allen Fruchttypen gelten für die Sortenwahl folgende Kriterien:
▷ Schnellwüchsigkeit
▷ früher und hoher Ertrag
▷ geringe Temperaturempfindlichkeit
▷ gute Selbstbefruchtung
▷ schnelle Regeneration
▷ geringe Krankheitsanfälligkeit
▷ Resistenz gegen Viren und bodenbürtige Krankheiten
▷ einheitliche Fruchtform und -farbe
▷ Früchte sowohl unreif (grün) als reif nutzbar
▷ anhaltender Glanz der Früchte nach der Ernte.

Daneben sind bei den großfrüchtigen, stumpfen Paprikasorten vom Typ 'California Wonder' die Größe der Frucht, die Dicke der Fruchtwand und der Geschmack im grünen und vollreifen Zustand wichtige Eigenschaften. Das Einzelfruchtgewicht sollte bei diesen Sorten über 100 g liegen. Eine Besonderheit in dieser Gruppe stellt der Tomatenpaprika dar, dessen Früchte flachrund, stark gerippt und ähnlich wie Fleischtomaten geformt sind. Er findet als altbekannte Sorte noch immer Interesse beim Konsumenten und somit auch im Anbau.

Bei den kegelförmigen, spitz zulaufenden Sorten vom Typ 'Cecei' ist die Fruchtwand dünner und meist sehr früh hellgrün bis hellgelb gefärbt. Der Vorteil dieser Sorten liegt in der früheren Erntereife sowohl bei unreifen als auch ausgereiften Früchten. Zudem sind sie im Geschmack feiner. Das durchschnittliche Fruchtgewicht sollte bei diesen Typen über 50 g liegen.

Noch dünnwandiger sind die langen, schmalen Früchte der Sorten vom Typ 'Elefantenrüssel', die bei einem Durchmesser von 2–3 cm eine Fruchtlänge bis über 15 cm erreichen. Für die Wahl dieses Fruchttyps sind besonders die Ansprüche des Marktes (Salatzubereitung, ganzfrüchtige Verarbeitung u. a.) entscheidend.

Bei den Sorten zur Gewürzpaprika- und Farbstoffgewinnung sind die Früchte durchweg klein, meist rund oder länglich spitz zulaufend. Maßgebend für die Sortenwahl sind hier der Fruchtertrag, die gleichmäßige Abreife und Krankheitsresistenz sowie der Gehalt an Capsaicin und Zucker bzw. Capsanthin.

□ Bodenvorbereitung und Düngung
Da Paprika an den Boden hohe Ansprüche stellt, kommt einer sorgfältigen Bodenvorbereitung besondere Bedeutung zu. Tiefenlockernde Bodenbearbeitung in Verbindung mit strukturverbessernden Maßnahmen, wie das Einarbeiten organischer Substanz (Stallmist, Kompost) kurz vor der Pflanzung, sind wesentliche Voraussetzungen für den Kulturerfolg. Darüber hinaus ist Paprika im jungen Stadium empfindlich gegenüber hohen Salzkonzentrationen im Boden. Mit Mineraldüngern sollte deshalb zunächst nur schwach, ab Beginn der Fruchtbildung stärker gedüngt werden. N-Gaben von 50 kg/ha zur Pflanzung sind, verbunden mit einer Grunddüngung von 50 kg/ha P_2O_5 und 200 kg/ha K_2O, bei gut versorgten Böden ausreichend. Danach richtet sich die Kopfdüngung nach dem Ertrag. Bei einer Ernte von über 3 kg pro m^2 ist mit einem Nährstoffentzug von etwa 4 g N, 1 g P_2O_5, 5,9 g K_2O, 3,4 g CaO und 0,8 g MgO pro m^2 und kg Ertrag zu rechnen und dementsprechend nachzudüngen. Diese Nachdüngung wird beim Gemüsepaprika, besonders im geschützten Anbau, häufig kontinuierlich mit der Bewässerung durchgeführt. Beim Gewürzpaprikaanbau reichen dagegen meist 1–2 Kopfdüngungen.

■ Geschützter Anbau
□ Pflanzenanzucht
Beim Paprikaanbau im Gewächshaus, wo allgemein der Gemüsepaprika dominiert, werden die Jungpflanzen in Gefäßen (Töpfe, Preßtöpfe u.a.) oder in torfhaltigen Substraten als »gezogene« Pflanzen vorkultiviert. Jungpflanzenanzucht in Töpfen erfolgt insbesondere beim Gemüsepaprika, da hier bei kontinuierlicher Pflücke der Erntebeginn für den Gesamtertrag wesentlich ist. Die Aussaat wird in Handkisten oder Beeten vorgenommen. Bei einer Temperatur um 25 °C haben die Sämlinge nach etwa 14 Tagen die Keimblätter voll entfaltet (s. Abb. 3.2-1), so daß in das jeweilige Anzuchtgefäß (9er Topf, 8er Preßtopf u.a.) pikiert werden kann. Dabei ist auf intakte Sämlinge mit gesunden Keimblättern zu achten. Die Anzuchtdauer bis zur fertigen Jungpflanze ist abhängig von der Temperatur und dem Pikierdatum, wie Abbildung 7.8-13 für

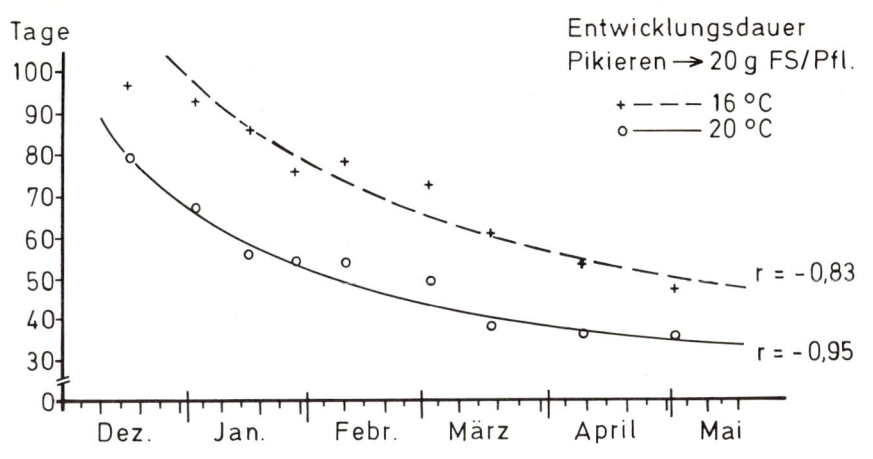

Abb. 7.8-13: Entwicklungsdauer von Paprikajungpflanzen in Abhängigkeit von der Temperatur und dem Pikierdatum — Standort Hannover (FÖLSTER 1976)

norddeutsche Verhältnisse zeigt. Diese Anzuchtzeiten lassen sich in den Wintermonaten durch Zusatzlicht (über 3 klx) um etwa 1/3 verkürzen. Wenn die ersten Blütenknospen sichtbar sind bzw. aufblühen, haben die Junpflanzen ihre optimale Pflanzgröße erreicht. Ein typisches Kennzeichen für überständige Pflanzen ist das Braunwerden der sonst weißen Wurzelspitzen. Es führt zu verzögertem Anwachsen und späterem Erntebeginn.

□ **Spezielle Kulturtechniken**
Die bis zum Blühbeginn in Töpfen vorkultivierten Jungpflanzen werden meist in Reihen mit Bestandesdichten von 2–3 Pflanzen/m² ausgepflanzt. Kurz nach dem Anwachsen wird zum stärkeren vegetativen Aufbau der Pflanzen allgemein die erste Blüte, die sog. »Königsblüte«, entfernt. Ganzjahreskulturen mit den großfrüchtigen Sorten werden danach überwiegend zwei-, z. T. auch eintriebig an Schnüren aufgeleitet. Dabei verbleibt von den jeweils 2–3 Sympodialgliedern nur eins (zwei) zur Triebfortführung, während die anderen Glieder nach dem 1. Blatt mit Blüte gestutzt werden. Durch dieses strenge Schnittsystem können hohe Erträge, vor allem aber qualitativ hochwertige Früchte gewonnen werden, zumal sich diese in günstigen Positionen zum Haupttrieb befinden. Bei Kurzkulturen und bei kleinfrüchtigen Sorten dagegen wird allgemein die Buschform beibehalten, da dieses Kulturverfahren weniger arbeitsaufwendig ist und höhere Frühertäge bringt. Beim Belassen des buschförmigen Aufbaus wird den Pflanzen mit einem Netz (Chrysanthemennetz), mit trichterförmigen Drahtgestellen oder mit Stäben ein Halt gegeben.

Wichtig für den Ertrag von Gewächshauskulturen ist die Temperaturführung. Bodentemperaturen unter 14 °C führen sehr schnell zu Wachstumsstockungen und verzögern den Ernteverlauf. Sofern keine Bodenheizung eingesetzt wird, sind, besonders in den strahlungsarmen Monaten, Lufttemperaturen von mindestens 18 °C für eine gute Pflanzenentwicklung erforderlich. Eine Erhöhung der durchschnittlichen Lufttemperatur um 1 °C bringt bis zu 25 °C eine Verkürzung der ertragslosen Zeit (Pflanzung-Erntebeginn) von, je nach Jahreszeit, 1–3 Tagen. Durchschnittstemperaturen über 25 °C sind zu vermeiden, da dann Befruchtungsstörungen und starker Blütenfall zu erwarten sind.

□ **Pflege**
Neben dem Aufleiten umfaßt die Pflege einer Paprikakultur im Gewächshaus insbesondere die Wasser- und Nährstoffversorgung. Befruchtungshilfen, ähnlich wie bei Tomaten, sind beim Paprika nicht üblich. Dagegen kommt dem Pflanzenschutz größere Bedeutung zu, da Blattläuse, Weiße Fliege und Rote Spinne häufiger auftreten.

□ **Bestimmung der Erntereife**
Die Erntereife richtet sich nach den Anforderungen des Marktes, da Gemüsepaprika sowohl grün als auch ausgefärbt gehandelt wird. Grünreife Gemüsepaprikafrüchte werden nach Erreichen der vollen Fruchtgröße und entsprechender Fruchtfestigkeit geerntet. Typisches Kennzeichen für die Erntereife ist hier der Glanz der Früchte oder der beginnende Farbumschlag. Reifer Paprika dagegen wird erst nach voller Ausfärbung – gelb oder rot – geerntet, da mit zuneh-

mender Färbung der Zuckergehalt des Fruchtfleisches steigt. Hier wird der Erntetermin durch das Einschrumpfen des Fruchtgewebes zur Vollreife hin eingeengt.

□ **Ernte und Ertrag**
Je nach Pflanztermin und Temperaturführung setzt die Ernte 6 bis 10 Wochen nach der Pflanzung ein. Die Früchte werden selektiv von Hand geerntet, bei den großfrüchtigen Sorten meist mit einer Schere abgeschnitten. Ein Brechen erfolgt bei kleinfrüchtigen Sorten, da hier die Fruchtstiele dünner und damit leichter ohne Schädigung der Pflanze zu brechen sind. Bei grünreifer Ernte wird zur Entlastung der Pflanze und zur Erreichung eines gleichmäßigen und kontinuierlichen Ernteanfalles mindestens einmal wöchentlich geerntet. Dabei ist mit einem durchschnittlichen Ertrag von 0,5–0,6 kg pro m^2 und Ernteroche zu rechnen. Bei der Ernte ausgereifter Früchte werden die Pflanzen stärker geschwächt, so daß die Erträge meist nur halb so hoch sind. Zusätzlich kann es zu starken Ertragsschwankungen kommen, da beim unkontrollierten Ansatz (Buschkultur) oft zuviele Früchte gleichzeitig an der Pflanze reifen, was ein Abstoßen der Blüten zur Folge hat.

□ **Aufbereitung, Qualitätsmängel und Lagerung**
Nach der Ernte wird Gemüsepaprika nach Güteklassen eingestuft und entweder ohne Größensortierung oder nach Gewicht sortiert in den Handel gebracht. Qualitätsbedingte Mindestanforderungen sind: frisches Aussehen, gesund, sauber, gut entwickelt, mit Stiel, frei von nicht vernarbten Verletzungen sowie frei von fremdem Geruch oder Geschmack. Beim großfrüchtigen Paprika wird für die 1. Qualität ein Mindestdurchmesser von über 50 mm verlangt. Verpackt wird nach Einzelfruchtgewicht zu 9–20 Früchten pro 2 kg Einheit oder in Kartons mit 5 kg bzw. Kisten mit 10 kg Früchten.

Häufige Qualitätsmängel beim Paprika sind physiologische Störungen. So lassen sich deformierte Früchte vielfach auf mangelnde Befruchtung und unzureichende Samenbildung zurückführen. Fruchtendfäule ist, ähnlich wie bei Tomaten, durch mangelnde Calciumversorgung des jungen Fruchtgewebes und Sonnenbrand durch eine zu starke Erwärmung einzelner Fruchtpartien bei intensiver Sonneneinstrahlung bedingt.

Eine Lagerung von Gemüsepaprika ist nur über einen begrenzten Zeitraum möglich. Bei 7–8 °C und 90–95 % rel. Luftfeuchte kann grüner Paprika bis zu 14 Tage ohne wesentliche Qualitätseinbußen aufbewahrt werden. Für kurzfristige Lagerungen (z. B. über Wochende) werden auch niedrigere Temperaturen (5–6 °C) vertragen. Aber auch hier ist die Einhaltung hoher relativer Luftfeuchtigkeit wichtig, um ein Schrumpfen und damit den Verlust des Glanzes der Früchte durch Wasserverdunstung zu vermeiden.

■ **Freilandkultur**
□ **Pflanzenanzucht**
Paprika wird auch im Freiland selten an Ort und Stelle gesät; allerdings werden beim großflächigen Freilandanbau aus arbeitswirtschaftlichen Gründen meist »gezogene« Pflanzen verwendet. Die Samen werden in reichlich mit Torf versehenen Grundbeeten dicht (800–1000 Samen/m^2) ausgesät, so daß die Sämlinge bereits bei 10–15 cm Länge (2–4 Laubblätter) gezogen werden müssen. Vor dem Pflanzen erfolgt als vorbeugende Maßnahme oft eine Tauchbehandlung der Wurzeln gegen Krankheiten (Welke – *Pseudomonas solanacearum*, Stengelgrundfäule – *Rhizoctonia solani*). Die Anzuchtdauer für »gezogene« Pflanzen beträgt, je nach Temperatur und Strahlung, 3–4 Wochen. Um die Sämlinge zur Pflanzung abzuhärten, werden diese häufig einige Tage vor der Pflanzung mit einer 0,5%igen K$_2$SO$_4$-Lösung gegossen und somit für einige Zeit »physiologisch trocken« gehalten.

□ **Spezielle Kulturtechniken**
Im Freilandanbau wird Paprika überwiegend maschinell in Reihen gepflanzt. Es hat sich bewährt, zweireihig mit wechselndem Reihenabstand zu kultivieren, um Pflege (Bodenlockerung, Bewässerung) und Ernte zu erleichtern. Die angestrebte Bestandesdichte bei kleinfrüchtigen Sorten liegt zwischen 12 und 16 Pflanzen/m^2, was einem Reihen- und Pflanzenabstand von 60 + 20 x 15–20 cm entspricht. Als Verdunstungsschutz und zur Unkrautunterdrückung wird, besonders in regenarmen Gebieten, in schwarze Mulchfolie gesetzt.

Eine Stützung der Pflanzen ist im Freiland bei der Kultur determinierter bzw. halbdeterminierter Sorten nicht üblich, wohl aber bei indeterminierten großfrüchtigen Sorten im intensiven Anbau. Den hier in weiteren Abständen (2–3 Pflanzen/m^2) stehenden und durch intensivere Pflege größeren Pflanzen wird durch Anbinden an Stäben ein Halt gegeben.

□ **Pflege**
Der Pflegeaufwand ist bei Paprikakulturen im Freiland relativ gering. Neben der Unkrautbe-

Rosette im ersten Jahr
Blütenbildung induziert durch Kälte
+ Schossen
↳ auch durch lange Lichtperioden
   bei einigen Arten

PKW-S
im Hof zu

- Rheinaustraße 20?
- ab 01.08.17 oder
- 40 Euro pro Mona

Heike Sto

11:15

Kohl

Metamorphosen der Wurzel
und Sprossachse
- Weiße Rübe
- Kohlrübe
- Kohlrabi

Pekingkohl = Chinakohl
ursp. lockerer Blätter-
(milde) kohl

Kohlkopf - gestauchte Spross-
achsen

großköpfige = Köpfe = riesige Knospen dichte Blätter
fest geschlossen, rund Blätterball
Sauerkraut = Weißkohl, Rotkohl, Wirsing,
Rosenkohl → Spitzkohl (Mai) spitzoval
= Wintergemüse (frostig weise) (Juni)

Kopfbildung
Sprossachse schießt empor 60-80 cm lockerer
↳ Antrieb Achselknospen der geköpften Blätter = Rosen
↳ bester Geschmack nach 1. Frost

ellplatz

rmieten

n-Beuel

Tel.: 0151 12436146)

kämpfung kommt der Bekämpfung von Krankheiten *(Botrytis, Sklerotinia)* und tierischen Schädlingen (Läuse, Rote Spinne) Bedeutung zu. Ferner ist neben den Kopfdüngungen, besonders in regenarmen Gebieten, für eine ausreichende Bewässerung zu sorgen. Bei einem längeren Absinken des Wassergehaltes im Boden unter 60 % der Feldkapazität ist beim Paprika mit deutlichen Ertragseinbußen zu rechnen.

□ Bestimmung der Erntereife
Sofern der Paprika vollreif geerntet wird, ist die Ausfärbung der Frucht das bestimmende Kriterium für die Erntereife. Besonders beim Gewürzpaprika und beim Paprika zur Farbstoffgewinnung nimmt mit zunehmender Reife (Rot-gelbfärbung) der Gehalt an gewünschten Inhaltsstoffen, aber auch an Zucker zu. Die Ernte erfolgt erst bei voller Ausfärbung und beginnender Schrumpfung. Anders wird beim Gemüsepaprika verfahren. Hier liegt nach voller Ausfärbung der Erntetermin kurz vor dem Einschrumpfen des Fruchtgewebes. Auch grünreifer Gemüsepaprika wird, ähnlich wie im geschützten Anbau, sukzessiv bereits nach Erreichen der vollen Fruchtgröße und entsprechender Fruchtfestigkeit geerntet.

□ Ernte und Ertrag
Da geeignete Maschinen für eine selektive Ernte noch nicht zur Verfügung stehen, wird Gemüsepaprika auch im Freiland fast ausschließlich von Hand geerntet. Die Ernte setzt, je nach Anbautermin, 6–10 Wochen nach der Pflanzung ein und wird in ein- bis zweiwöchigem Abstand wiederholt. Somit ergeben sich pro Kultur 6–12 Erntegänge. Die erntefähigen Früchte werden durch Brechen oder Abschneiden mit einer Schere von der Pflanze getrennt. Besonders bei den großfrüchtigen Sorten wird das Schneiden bevorzugt, da die Triebe des Paprikas sehr brüchig sind und bei buschförmigem Pflanzenaufbau leicht Schäden entstehen können. Die Erträge liegen beim Gemüsepaprika im Freiland, je nach Kulturdauer, zwischen 3 und 6 kg/m².

Gewürzpaprika wird ebenfalls meist noch von Hand geerntet, doch werden hier auch schon Maschinen eingesetzt. Dabei werden die Früchte, ähnlich wie bei Erbsen und Bohnen, mit Federzinken von der Pflanze getrennt und aufgenommen. Bei Gewürzpaprika, wie auch bei dem Anbau zur Farbstoffgewinnung, liegen die Erträge zwischen 200 und 300 dt/ha.

□ Aufbereitung und Qualitätsmängel
Gemüsepaprika aus dem Freiland wird, ähnlich wie im geschützten Anbau, aufbereitet und verpackt. Neben Sonnenbrand und Hagel sind hier Fraßschäden durch Raupen oder sonstige Insekten häufigere Qualitätsmängel.

Paprika für die Gewürz- und Farbstoffgewinnung wird nach der Ernte möglichst schnell getrocknet. Dabei wird der Paprika für die Farbstoffgewinnung zerteilt und auf Folien in die Sonne gelegt. Gewürzpaprika dagegen wird ganzfrüchtig auf Bindfäden aufgezogen, an schattigen Orten aufgehängt oder in speziellen Trocknungsanstalten auf Sieben getrocknet.

Literatur
Anonym (1980): Paprika *capsicum annuum* L. convar. *grossum* (L.). Mededeling Nr. 30. Wageningen: Sprenger Instituut.
Bravenboer, L. et al. (1971): Paprikateelt onder glas. Informatiereeks Nr. 5. Naaldwijk: Proefstation voor de Groenten- en Fruitteelt onder Glas.
Somos, A. (1984): The paprika. Budapest: Akademiai Kiado.

7.8.3 Eierfrucht (*Solanum melongena* L.)

Die Heimat der Eierfrucht, auch Aubergine genannt, ist das tropische Ostindien. Dort wurden die Früchte schon seit alters her als Gewürz genutzt. Nach Europa gelangte die Pflanze erst im Mittelalter, wahrscheinlich durch die Araber, und von hier aus schließlich nach Amerika. Der erwerbsmäßige Anbau der Eierfrucht erfolgt, wie beim Paprika, fast ausschließlich im Bereich der Tropen und Subtropen. In den gemäßigten und kalten Zonen ist nur eine geschützte Kultur möglich.

Die Weltproduktion liegt derzeit bei etwa 5 Mio. t. Hiervon wird über die Hälfte im südostasiatischen Raum (China, Japan, Indien) und etwa ein Viertel im vorderen Orient produziert. In diesen Gebieten hat der Anbau der Eierfrucht oft größere Bedeutung als der der Tomate. Der Ertrag beträgt dort im Mittel etwa 130 dt/ha.

Die Bedeutung der Eierfrucht liegt in dem eigenartigen Geschmack der Früchte sowie in deren guter Transport- und Konservierungsfähigkeit. Durch den Solanin- und Bitterstoffgehalt besonders der jungen Früchte kann die Frucht nicht, wie bei der Tomate und dem Paprika, auch roh, sondern nur geschmort oder in Scheiben geschnitten – in Öl gebacken (pflanzliches Schnitzel) – verzehrt werden. Der Nährwert ist in etwa dem der Tomate gleichzusetzen.

☐ Botanische Grundlagen

Die Eierfrucht wird meist einjährig kultiviert und erreicht eine Pflanzenhöhe von 0,5–1 m. Nur in günstigen Klimaten sind auch mehrjährige, buschförmige und verholzte Pflanzen bis zu 3 m Höhe anzutreffen. Wie beim Paprika ist der morphologische Aufbau der Pflanze sympodial mit 2–3 Verzweigungen pro Sympodialglied, woraus sich der buschförmige Aufbau ergibt. Die Blätter sind eichenblattartig gelappt oder ganzrandig oval. Sie sitzen an langen Stielen und können bis zu 40 cm Länge erreichen. Sie sind ledrig hart und besonders blattunterseits dicht behaart. An den Trieben und den Blättern befinden sich Stacheln.

Die Blüten sind 3–5 cm groß, fünfzipfelig, meist violett, seltener weiß. Die Eierfrucht ist Selbstbefruchter, doch hängt die Befruchtung der Blüte, ähnlich wie bei der Tomate, stark von der Längenentwicklung des Griffels ab. Nach der Befruchtung entwickelt sich der oberständige Fruchtknoten hängend an einem gekrümmten Stiel. Die relativ saftarm erscheinende Frucht (botanisch Beere) ist ei- bis walzenförmig gestaltet, weißlich bis schwarz-violett gefärbt und wird bis zu 1 kg schwer (Abb. 7.8-14). Für die Fruchtfarbe bestimmend sind die Haut- und Fleischfarbe. Ist die Haut farblos, erscheint die Frucht weiß, gelb oder grünlich; enthält hingegen die Haut Farbstoff, kann die Fleischfarbe nicht hindurchscheinen und die äußere Farbe ist dunkel, meist violett. Am Grunde der Frucht befindet sich der relativ große, fünfzipfelige Kelch, der fest mit der Frucht verwachsen, stark behaart und häufig mit zahlreichen Stacheln besetzt ist. Letzteres stört besonders bei der Ernte und Verpackung. Das Fruchtinnere ist mit einem schwammartigen Gewebe ausgefüllt, das aus den Plazenten hervorgeht. Die miteinander verwachsenen Fruchtblätter sind nur undeutlich an den in bogigen Reihen stehenden Samen zu erkennen (Abb. 7.8-15).

Die Samen sind gelblich weiß, rundlich platt mit kleinen Grübchen und haben einen Durchmesser von 2–4 mm sowie eine Dicke von 0,5–1 mm. Die Keimfähigkeit der Samen ist unmittelbar nach der Ernte gering, nimmt mit dem Alter (bis 2 Jahre) zu und bleibt dann 3 bis 5 Jahre erhalten. Die Tausendkornmasse liegt zwischen 3,6 und 4,4 g.

Auch die Eierfrucht ist den tagneutralen Pflanzen zuzuordnen. Sie stellt jedoch für eine gute Entwicklung hohe Anforderungen an die Licht- und Temperaturverhältnisse. Besonders unter den nordeuropäischen Bedingungen können, ähnlich wie beim Paprika, schwache Bestrahlungsstärken in den Wintermonaten zu einem vergeilten Wuchs sowie zu einem Blüten- und Knospenfall führen. Für eine frühe Pflanzung im Gewächshaus wird daher die Jungpflanzenanzucht meist unter Zusatzlicht durchgeführt. Für eine anschließende gute Blütenentwicklung sind dann Beleuchtungsstärken von über 10 klx erforderlich. Dabei sollte die Lufttemperatur nicht

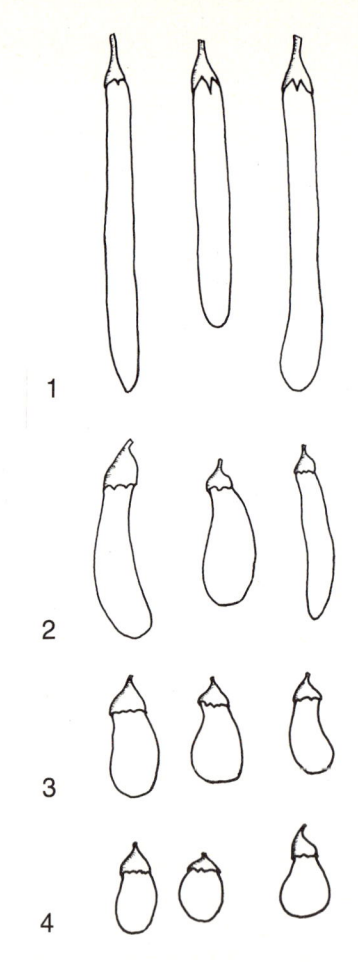

Abb. 7.8-14: Fruchtformen bei Eierfrucht
1 **extra lang:** lange, schmale Früchte, meist zylindrisch, teilweise zur Spitze hin leicht verjüngt oder verdickt, Länge: über 35 cm, Durchmesser: etwa 3 cm (z. B. Sorten 'Pingtung Long', 'Extra Long')
2 **länglich:** längliche Frucht mit abgerundetem oder spitzem Ende, teilweise auch nach unten hin leicht verdickt (z. B. Sorten 'Baluroi', 'Eras', 'Croisette', 'Rimini')
3 **länglich-oval:** zylindrisch-ovale Frucht mit abgerundetem Ende, auch birnenförmig verdickt (z. B. Sorte 'Blacknite')
4 **rund-oval:** kurze ovale Frucht mit abgerundetem, teilweise abgeplattetem Ende, birnenförmig verdickt (z. B. Sorten 'Bonica', 'Mission Bell', 'Florida Market')

Solanaceae (Nachtschattengewächse)

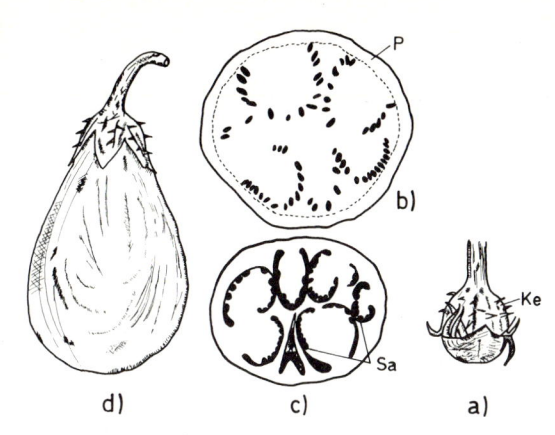

Abb. 7.8-15: Eierfrucht *(Solanum melongena)* a) junge Frucht, b) u. c) Querschnitte durch die Frucht, d) ausgewachsene Frucht; Ke = Kelchblätter mit Stacheln, P = Fruchtwand (Perikarp), Sa = Samen

unter 20 °C liegen. Ein Absinken besonders auch der Bodentemperatur unter 18 °C führt zu Wachstumsstörungen, die häufig mit einem Blüten- und Knospenfall gekoppelt sind. Erst bei deutlich höherer täglicher Einstrahlung ist eine Reduzierung der Nachttemperatur auf 17 °C möglich. Da bei der Eierfrucht, ähnlich wie bei den Tomaten, durch hohe Einstrahlung und niedrige Temperaturen die generative Entwicklung der Pflanzen positiv beeinflußt wird, wirkt sich besonders in den Sommermonaten eine stärkere tägliche Temperaturfluktuation positiv auf den Ertrag aus.

□ **Standortansprüche und -orientierung**

Die ökologischen Ansprüche der Eierfrucht sind ähnlich wie beim Paprika. Temperaturen über 20 °C und hohe Strahlung sind wesentlich für eine gute Entwicklung. Die Pflanze ist nicht frosthart, sie reagiert bei Temperaturen unter 16 °C mit Wachstumsstörungen. Die Ansprüche an den Boden sind hoch; er soll tiefgründig, gut mit organischer Substanz versorgt und locker sein. Der optimale pH-Wert liegt bei 6,5–7,0. Die Eierfrucht ist, wie die Tomate und der Paprika, anfällig für bodenbürtige Krankheiten *(Verticillium)*, weshalb eine weite Streuung in der Fruchtfolge günstig ist.

□ **Sortenwahl**

Für die Sortenwahl entscheidend ist die gewünschte Fruchtform und Farbe. Während im europäischen und amerikanischen Raum die ei- bis birnenförmigen Früchte bevorzugt werden, dominieren im ostasiatischen Raum die länglichen, walzenförmigen Fruchtformen. Alle Sorten lassen sich unterteilen in
▷ Sorten mit einem anthozyanhaltigen, lilablau gefärbten Kelch,
▷ Sorten mit einem grünen Kelch bzw. Stengel.

Erstere sind früher in der Blüte und im Ertrag sowie weniger schwierig im Fruchtansatz. Sie bilden kleinere Früchte, weshalb zum Teil ausgedünnt werden muß, um entsprechend große Früchte zu bekommen. Hierzu gehören Sorten wie 'Negro', 'Moneymaker', 'Millionaire' u. a.

Die zweite Sortengruppe ist gekennzeichnet durch größere Früchte, späteren Blüh- und Ertragsbeginn, doch – bedingt durch die voluminösen Früchte – höheren Gesamtertrag. Der grüne Kelch hebt sich hier in der Farbe deutlich von der Frucht ab. Typische Sorten sind: 'Lange Violette', 'Bonica', 'Adona' u.a. Diese Unterschiede sind durch Kreuzungen, besonders bei den neueren Sorten, stark verwischt. Allgemein gelten folgende Anforderungen:
▷ geringe Temperaturempfindlichkeit
▷ guter Fruchtansatz auch bei ungünstigen Bedingungen
▷ früher und hoher Ertrag
▷ geringer Stachelbesatz an Blättern und Kelch
▷ Resistenz gegen Viren und besonders bodenbürtige Krankheiten
▷ gute und gleichmäßige Fruchtausbildung
▷ spätes Umschlagen der Fruchtfarbe
▷ Erhaltung des Fruchtglanzes auch nach einer Lagerung
▷ festes inneres Fruchtgewebe
▷ nicht zu feste Fruchthaut
▷ guter Geschmack.

Auch bei der Eierfrucht werden besonders in Gewächshäusern vorwiegend F_1-Hybriden verwendet, da diese Mehrerträge von 15–20 % bringen.

■ **Gewächshauskultur**
□ **Pflanzenanzucht**

Im gemäßigten Klima, wo ein Freilandanbau nicht wirtschaftlich ist, werden Eierfrüchte zunehmend in Gewächshäusern kultiviert. So stieg in den Niederlanden der Gewächshausanbau von 1971 bis 1981 auf 54 ha. Wegen der im geschützten Anbau höheren Produktionskosten und zur Verkürzung der erntelosen Zeit werden auch hier Jungpflanzen in Töpfen vorkultiviert. Die Samen werden bei +25 °C (Bodentemperatur über 22 °C) angekeimt und nach 10 bis 14 Tagen in 11-cm-Töpfe bzw. Preßtöpfe pikiert. Bei Tag-/Nachttemperaturen von 24/20 °C beträgt die Anzuchtdauer im Winter, ähnlich wie beim Paprika, etwa 12 Wochen. Eine optimale Jungpflanzengröße ist erreicht, wenn die Pflanzen um ca. 10 Laubblätter entwickelt haben.

□ **Spezielle Kulturtechniken**
Wie beim Paprika, so wird auch bei der Eierfrucht, besonders bei Langzeitkulturen, zur Erzielung guter Fruchtqualitäten ein meist zweitriebiger Anbau an Schnüren durchgeführt. Dabei werden von den 2–3 Sympodialgliedern anfangs zwei, dann eines weitergeleitet, während die restlichen nach dem 1. Blatt gestutzt werden. Bei Kurzkulturen wird allgemein die Buschform belassen. Hier wird durch Entspitzen einzelner Triebe der Pflanzenaufbau, zum Teil aber auch der Fruchtansatz kontrolliert.

Gepflanzt wird in einen lockeren, tiefgründigen, humosen Boden, der über 20 °C warm und nicht zu feucht sein soll. Bei einem Reihenabstand von 60 cm bzw. im Wechsel 40 und 80 cm werden 2–2,5 Pflanzen pro m² gesetzt. Auch nach dem Pflanzen müssen die Temperaturen zur optimalen Entwicklung über 20 °C liegen. Erst nach erfolgtem Fruchtansatz kann die Temperatur in der Nacht bis auf 16 °C gesenkt werden (WELLES 1982).

In der Praxis sind folgende Kulturperioden anzutreffen:

Aussaat	Pflanzung	Ernteperiode	Ertrag kg/m²
Oktober	Januar	E. März–Nov.	19
Januar	März	Mai–Okt.	12
Februar	E. April	Juni–Sep.	8
Mai	A. Juli	Aug.–Nov.	6

□ **Pflege**
Neben dem Aufleiten und eventuellem Entspitzen, kommt beim Eierfruchtanbau dem Pflanzenschutz größere Bedeutung zu. Besonders Weiße Fliege- und Spinnenmilbenbefall können zu erheblichen Ertragseinbußen führen.

Daneben sind Nematoden, *Verticillium dahliae* und *Fusarium* wichtigste bodenbürtige Schädiger. Ihr Auftreten kann durch vorbeugende Bodendesinfektion und Fruchtwechsel verhindert werden. Oberirdisch sind *Botrytis* und *Sklerotinia* zu beachtende Krankheiten.

Die Eierfruchtpflanze gilt als chloridempfindlich. Dies ist besonders beim Gießwasser und bei der Düngung zu beachten. Die Kopfdüngung erfolgt, sofern nicht kontinuierlich mit Nährlösung gegossen wird, in mindestens 8- bis 14tägigem Abstand. Der Nährstoffbedarf der Eierfrucht pro kg Ertrag entspricht in etwa dem des Paprikas (KAUFMANN, VORWERK 1971).

Eine Verbesserung des Fruchtansatzes ist bei ungünstigen Klimabedingungen durch wöchentliche Spritzungen der Blüten mit Auxinen (z. B. 10 ml/l Tomaton kombiniert mit 0,1 % Rovral gegen *Botrytis*) möglich, doch besteht hierfür in der Bundesrepublik Deutschland keine Zulassung.

□ **Bestimmung der Erntereife**
Bei den Auberginen erfolgt die Ernte selektiv, d. h. die Erntereife wird individuell nach den Anforderungen des Marktes durchgeführt. Da die Früchte unreif geerntet werden, spielen neben der Größe vor allem die einheitliche Farbe und der Glanz eine wesentliche Rolle. Ein Umschlagen der Farbe, zum Beispiel von dunkelpurpur auf lila, deutet auf »Überreife« hin.

□ **Ernte und Ertrag**
Bei ausreichender Temperaturführung können die Früchte 20–25 Tage nach Fruchtansatz geerntet werden. Dazu sollen die Früchte die sortenspezifische Farbe sowie den typischen Glanz aufweisen. Die Früchte werden mit Kelch geschnitten, danach mechanisch gesäubert (gebürstet) und nach Gewichtsklassen sortiert. Bei wöchentlicher Ernte liegen die Gesamterträge im Gewächshaus, je nach Kulturdauer, zwischen 6 und 20 kg pro m².

□ **Aufbereitung, Qualitätsmängel und Lagerung**
Früchte, die für den Frischmarkt bestimmt sind, werden nach dem größten Querdurchmesser oder nach Gewicht sortiert. Die Mindestnormen betragen beim Durchmesser für rundliche Auberginen 70 mm, für längliche 40 mm und beim Gewicht 100 g pro Frucht. Früchte über 400 g werden häufig qualitativ bereits wieder schwächer eingestuft, da hier die Gefahr besteht, daß die Samen schon hart sind.

Verpackt werden Auberginen in Kartons zu 5 kg oder in Kisten mit 10 kg Inhalt. Die Früchte werden einzeln schräg mit dem Kelch zum Boden gestellt, um eine Schädigung durch die Stacheln am Kelch zu unterbinden.

Qualitätsmängel an den Früchten können bedingt sein durch Sonnenbrand (es entstehen hellviolette Verfärbungen, wobei das Fruchtfleisch unter der Schale mehr oder weniger stark ausgetrocknet ist), durch Reibungsspuren (hellbräunliche Verhärtungen an der Schale) oder Unterkühlung (bräunliche Verfärbung der Schale bei Temperaturen unter 8 °C). Auch *Botrytis*-Befall (mausgrauer Schimmel an Schadstellen) und Viruserkrankungen (mosaikartige, streifen- oder ringförmige Vergilbungserscheinungen) können die Qualität der Früchte mindern. Daneben kann es durch Befall mit der Weißen Fliege zur Ansiedlung von Rußtaupilzen auf den Früchten kommen.

Bei Temperaturen von 8–10° C und einer relativen Luftfeuchte von 90 % ist eine Frischhaltung der Eierfrüchte für 7–10 Tage möglich.

■ **Freilandkultur**

Für den Freilandanbau werden, ähnlich wie beim Paprika, meist »gezogene« Pflanzen verwendet, die im Freiland im Abstand von 40 x 40 cm bis 50 x 50 cm, das sind 4–6 Pflanzen/m² ausgepflanzt werden. Auch Bodenvorbereitung und Düngung erfolgen ähnlich wie beim Paprika. Da die Pflanzen im Freien nur 50 bis 60 cm hoch werden, ist eine Stützung durch Stäbe oder Drahtgeflechte nur bei großfrüchtigen Sorten erforderlich. Zum Teil reicht auch ein Stutzen der Seitentriebe nach dem Fruchtansatz. Bei besonders stark fruchtenden Sorten werden die Fruchtansätze verschiedentlich ausgelichtet, um bessere Qualitäten zu erzielen.

Auch im Freiland werden die Früchte im halbreifen Zustand, sobald sie gut ausgefärbt sind – meist violettschwarz – und stark glänzen, geerntet. Dieses Stadium haben die ovalen Sorten bei einer Fruchtlänge von 10–20 cm erreicht. Die walzenförmigen Sorten dagegen können bis zu 50 cm lang sein. Die Früchte werden mit dem Kelch von Hand geschnitten. Bei Ernten mit 7- bis 14tägigem Abstand liegen die Erträge zwischen 300 und 600 dt/ha.

Literatur

KAUFMANN, H. G., VORWERK, R. (1971): Nährstoffaufnahme von Gemüsepaprika und Auberginen beim Anbau unter Glas und Plastwerkstoffen. Archiv für Gartenbau, **19,** 7-29.
SCHLAGHECKEN, J. (1975): Der Auberginenanbau. Deutscher Gartenbau **29,** 805-807.
WELLES, G. W. H. (1982): Die Qualitätserzeugung von Auberginen. Naaldwijk: Versuchsstation für Gartenbau unter Glas.

7.9 *Asteraceae (Compositae,* Korbblütler)

ERICH FÖLSTER

Die *Asteraceae* sind die artenreichste Familie der zweikeimblättrigen Pflanzen. Zu ihnen gehören etwa 20 000 Arten, die über die gesamte Erde verbreitet sind. Es handelt sich vorwiegend um krautige Pflanzen, zu ihnen zählen aber auch, besonders in tropischen Gebieten, Sträucher, kleine Bäume oder Sukkulenten. Das typische Merkmal dieser Familie sind die Zungen- und Röhrenblüten, die zu den charakteristischen korbartigen Blütenständen vereinigt sind (Abb. 7.9-1). Aus dem unterständigen, einfächrigen Fruchtknoten entwickelt sich eine Nuß, deren Fruchtwand mit dem Samen verwachsen ist (Achäne). Viele Arten enthalten, vor allem in den Wurzeln und Knollen, statt Stärke Inulin als Reservestoff.

Zu den *Asteraceae* gehört eine Vielzahl von Arten, die als Nahrungs- bzw. Heil- und Gewürzpflanzen angebaut oder gesammelt und deren Blätter, Wurzeln, Samen oder auch Blütenknospen genutzt werden. Als Gemüsepflanzen werden neben den hier behandelten Arten angebaut:
▷ Topinambur (*Helianthus tuberosus* L.) zur Nutzung der Knollen;
▷ Haferwurzel (*Tragopogon porrifolius* L.) zur Nutzung der Pfahlwurzel;
▷ Artischocke (*Cynara scolymus* L.) zur Nutzung der fleischigen Teile des Blütenstandes;
▷ Cardy (*Cynara cardunculus* L.) zur Nutzung der gebleichten Blattstiele und -rippen;
▷ Löwenzahn (*Taraxacum officinale* [Wiggers]) zur Nutzung der Blätter als Salat.

Gewürzpflanzen sind u. a. der Beifuß (*Artemisia vulgaris* L.) und der Estragon (*Artemisia dracunculus* L.). Als Arzneipflanzen dienen die einjährige Echte Kamille (*Matricaria chamomilla* L.), der Wermut (*Artemisia absinthium* L.), der Huflattich (*Tussilago farfara* L.), die Arnika (*Arnica montana* L.) u. a.

Ernährungsphysiologisch von Bedeutung ist bei den gemüsebaulich genutzten Vertretern der *Asteraceae* der bei den meisten Arten geringe Kohlenhydratgehalt, der mit einem relativ hohen Gehalt an Mineralstoffen und Vitaminen gekoppelt ist (Tab. 7.9-1). Daneben sind die erfrischende Wirkung der in den Pflanzen enthaltenen Bitterstoffe (Alkaloide) sowie der vielfach hohe Chlorophyll- oder Inulingehalt zu erwähnen, die alle eine positive Wirkung auf den menschlichen Aufbaustoffwechsel haben.

7.9.1   Gartensalat (*Lactuca sativa* L.)

□ **Geschichte und Bedeutung**

Die Kultur des Gartensalates reicht bis in die Zeit der ägyptischen Hochkultur zurück. Aus alten Aufzeichnungen geht hervor, daß die Grie-

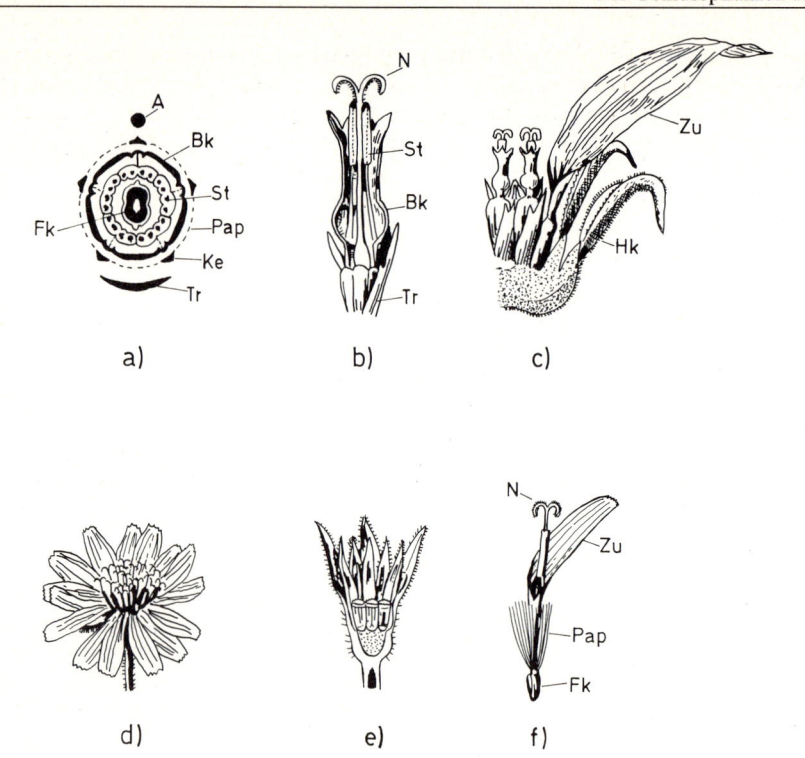

Abb. 7.9-1: *Asteraceae* — Blütendiagramm, Einzelblüte und Körbchen (n. GRAF 1975)
a) Blütendiagramm: A = Achse, Bk = Blütenkrone, Fk = Fruchtknoten, Hk = Hüllkelch, Ke = Kelchblätter, N = Narbe, Pap = Pappus, St = Staubblätter, Tr = Tragblatt, Zu = Zungenblütenblatt; b) Einzelblüte, röhrenförmig; c) Teil eines Körbchens mit Röhren- und Zungenblüten; d) Chicoree-Blüte; e) Längsschnitt durch Körbchen; f) Zungenblüte

Tab. 7.9–1: Inhaltsstoffe von Salatpflanzen der *Asteraceae* in 100 g eßbarem Anteil — Mittelwerte*

Bestandteile	Kopfsalat	Endivie	Chicoree	Löwenzahn
Wasser	95,0	94,3	94,4	85,7 g
Eiweiß	1,25	1,75	1,30	2,55 g
Fett	0,22	0,20	0,18	0,62 g
Kohlenhydrate	2,17	2,05	2,27	7,52 g
Rohfaser	0,64	0,80	0,85	1,61 g
Mineralstoffe	0,72	0,90	1,00	2,00 g
Vitamine				
Carotin	0,79	1,14	1,29	7,90 mg
Vitamin B_1	0,062	0,052	0,051	0,19 mg
Vitamin B_2	0,078	0,12	0,033	0,17 mg
Nicotinamid	0,32	0,41	0,24	0,80 mg
Vitamin C	13,0	9,4	10,2	30,0 mg
Sonstiges				
Oxalsäure			27,3	24,6 mg

* Nach: SOUCI u. Mitarb. 1968

chen die Nutzung des Salates von den Ägyptern übernahmen und an die Römer weitergaben. In Mitteleuropa ist die Kultur des Gartensalates erst aus der Zeit Karls des Großen (um 800) bekannt, der den Anbau dieser Pflanze in seinen Pfalzen anordnete. Ausgehend von den Klöstern und Edelhöfen fand dann eine allgemeine Ausdehnung der Produktion statt (MANSFELD et al. 1954). Der geschützte Anbau von Salat wurde vermutlich unter Ludwig XIV. um 1700 eingeführt, da die Lieferung von frischem Salat für die königliche Tafel bereits im Januar glaubwürdig belegt ist (MANSFELD et al. 1954). Dabei wurde zunächst unter geöltem Pergamentpapier kultiviert.

Als Blattgemüse hat der Gartensalat besondere Bedeutung in Gebieten mit gemäßigten Klimaten, da hier eine für die Vermarktung notwendige Frischhaltung möglich ist. In diesen Regionen liegt der Verbrauch pro Kopf und Jahr relativ gleichmäßig über alle Monate verteilt zwischen 2,5 und 4,0 kg. Die ganzjährige Marktversorgung wird erreicht durch Anbau im Freiland, unter Glas und Folie sowie durch Importe aus klimatisch günstigen Standorten. So kommen in der Bundesrepublik Deutschland zu der Eigenproduktion von 70 000 t – überwiegend im Sommerhalbjahr – Importe aus den Niederlanden und den Mittelmeerländern von 110 000 t im Winterhalbjahr.

Gartensalate werden überwiegend roh, zum Teil aber auch gekocht bzw. gedünstet als Gemüse zubereitet. Neben den Vitaminen und Mineralstoffen ist ihr Gehalt an organischen Säuren, wie Äpfel-, Zitronen- und Bernsteinsäure, bedeutsam. Der spezifische bittere Geschmack wird durch die organische Verbindung Lactucin sowie ein dem Hyoscyamin ähnliches Alkaloid bedingt. Sie beide geben dem Salat seine erfrischende und appetitverbessernde, bei Ermüdungserscheinungen anregende Wirkung. Bei allen grünen Salaten führt ein hohes Stickstoffangebot, insbesondere bei ungünstigen Wachstumsbedingungen, zu einer unerwünschten Nitratanreicherung in der Pflanze.

□ **Botanische Grundlagen**

Über die Herkunft der heutigen Kulturformen besteht keine einheitliche Meinung, zumal die Art *Lactuca sativa* sehr formenreich und als Wildpflanze unbekannt ist. Als mutmaßliche Ausgangsform wird *Lactuca serriola* Torner angenommen (HELM 1954), aus der sich auf dem Wege der Mutation und Bastardierung mehrere Entwicklungsrichtungen gebildet haben (Abb. 7.9-2). Bei all diesen Formen ist die Chromosomenzahl einheitlich n = 9.

Gartensalate sind einjährige Pflanzen, die im vegetativen Zustand eine Rosette bilden, die sich mit dem Schossen auflöst. Der Sämling besitzt zwei rundlich bis länglich-rundliche, kurzgestielte Keimblätter und eine typische Pfahlwurzel, die sich mit zunehmender Entwicklung der Pflanze stärker verzweigt. Die Form der echten Laubblätter ist bei den einzelnen Arten unterschiedlich. Sie kann von rund, ganzrandig und vollflächig bis hin zu schmal, tief eingeschnitten und spitz gelappt sein. Blattform und -farbe sind sortentypisch, letztere dunkelgrün, hellgrün, gelbgrün bis blaßgelb. Durch die Eigenschaft einzelner Arten, Anthocyan zu bilden, können bei diesen die Blätter an den dem Licht ausgesetzten peripheren Stellen bis tiefdunkelrot, an den übrigen braunrot gefärbt sein. Auch bei grünen Sorten kann durch niedrige Temperatur Anthocyanbildung und damit eine Verfärbung der Blätter auftreten.

An der Blütenstandsachse, die bis zu 1 m hoch wird und sich zur Spitze hin buschförmig verzweigt, befinden sich die Blütenkörbchen, die beim Aufblühen als eine gelbe Blüte erscheinen. In den Körbchen sind bis zu 16 zwittrige Blüten, bei denen Selbstbefruchtung die Regel ist. Pro Einzelblüte bildet sich jeweils eine Frucht, botanisch ein Nüßchen, das allgemein als Same bezeichnet wird. Es ist meist leicht gekrümmt und in Längsrichtung mit 5–7 Längsrippen versehen; bei voller Reife ist es 3–4 mm lang, 0,3–0,5 mm dick und 0,8–1,0 mm breit. Zur Spitze hin verschmälert sich die Frucht zu einem dünnen, langen Schnabel, an dessen Spitze der Kelchsaum oder Pappus sitzt. Dieser besteht aus zahlreichen weißen, unverzweigten Haaren und dient dem Samen als Flugvorrichtung. Schnabel und Pappus

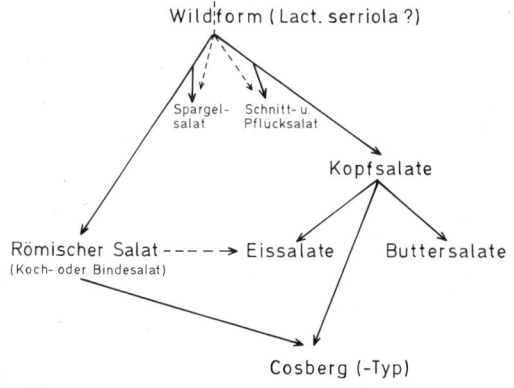

Abb. 7.9-2: Vermutliche Entwicklung von Lactuca sativa L. (nach MANSFELD 1954)

sind am aufbereiteten Saatgut nicht mehr vorhanden.

Die Farbe der Samen kann silbergrau, braun, schwarz oder gelb sein, ist aber kein Qualitätskriterium. Die Tausendkornmasse schwankt beim Salat zwischen 0,7 und 1,4 g. Sie wird, wie die Keimfähigkeit, stark vom Reifegrad der jeweiligen Saatgutpartie bestimmt. Salate sind Lichtkeimer, d.h. eine Keimung bei Licht erfolgt erheblich schneller als bei Dunkelheit.

Gartensalate werden überwiegend im Rosettenstadium als Gemüse genutzt. Die Rosettenbildung, die bei einigen Arten zur Kopfbildung führt, beruht auf einer Hemmung des Wachstums der Blütenstandsachse. Je länger diese bei den einzelnen Pflanzen anhält, um so stärker entwickelt sich die Rosette bzw. der Kopf, und um so wirtschaftlich wertvoller ist die Sorte. Beim Gartensalat ist der Übergang vom Rosettenstadium zum Schossen tageslängen-, aber auch luft- und bodentemperaturabhängig, wobei die Wirkung bei den einzelnen Arten und Sorten unterschiedlich ausgeprägt ist. So gibt es unter den als quantitative Langtagspflanzen eingestuften Gartensalaten Sorten, die eine starke und solche, die nur eine schwache photoperiodische Reaktion zeigen. Da bei ersteren durch Langtagsbedingungen das Schossen beschleunigt wird, werden diese nur im Winter angebaut (sog. Wintersorten). Diesen Sorten spricht man bei Schwachlichtbedingungen bessere Rosetten- bzw. Kopfbildung zu als den mehr tagneutralen Sorten, die bevorzugt im Sommer angebaut werden (WIEBE u. KRUG 1985).

Gartensalate sind Pflanzen, die reichlich Milchsaft führen. Dieser tritt an Schnittstellen aus und färbt sich beim Eintrocknen braun, so daß aus der Verfärbung auf die seit der Ernte verflossene Zeit geschlossen werden kann.

Wie aus dem Verbreitungsgebiet von *Lactuca serriola* hervorgeht, sind die Gartensalate Pflanzen des gemäßigten Klimas, was sich auch in ihren Temperaturreaktionen widerspiegelt. Für ein optimales Wachstum benötigen sie zwar viel Licht, doch eine nicht zu hohe Temperatur. Ungünstige Licht-/Temperaturverhältnisse, besonders zu hohe Temperaturen im Winterhalbjahr, führen zu losen, etiolierten Blättern bzw. Rosetten, was besonders beim geschützten Anbau zu beachten ist (Tab.7.9-2). Hier sind Heiztemperaturen von tags 10 °C, nachts 6 °C oft bereits ausreichend (WIEBE und LORENZ 1982). Temperaturen um und unter 0 °C werden von den meisten Gartensalaten vertragen. Besonders junge, abgehärtete Pflanzen können Temperaturen bis zu −5 °C ohne größere Schäden überstehen. Typische Kennzeichen für Kälteschäden sind das Auswölben der Interkostalfelder und Einrollen der Blätter, z.T. auch Anthozyanbildung. Kälteschäden werden oft mit Viruserkrankungen verwechselt. Da die Rosetten- und Kopfbildung ebenfalls von niedriger Temperatur gefördert wird, sollten die Temperaturen zur Ernte hin niedrig gehalten werden.

Deutliche Reaktionen auf zu hohe Temperaturen können bereits bei der Keimung festgestellt werden (KRETSCHMER et al. 1975). Für viele Sorten liegt die obere Temperaturgrenze während der Keimung, z.T. jahreszeitabhängig unterschiedlich, zwischen 20 und 25 °C. Bei höherer Temperatur gehen die Samen in eine sekundäre Keimruhe über, die sich erst durch Einwirkung niedriger Temperatur bzw. durch Wuchsstoffbehandlung wieder beheben läßt. Aber auch durch eine 12-stündige Vorbehandlung mit niedrigen Temperaturen kann die Temperaturempfindlichkeit reduziert werden (Tab. 7.9-3).

Die Gartensalate der Art *Lactuca sativa* L. werden nach der morphologischen Entwicklung in 4 Gruppen unterteilt:

1. **Spargelsalat** (*L. sativa* var. *angustana*): Spargelsalat steht der Wildform *L. serriola* noch sehr nahe. Die Blätter sind lanzettlich, ungeteilt, ganzrandig oder gezähnt und unterseits auf dem Mittelnerv z.T. leicht bestachelt. Die Pflanzen verharren nur kurz im Rosettenstadium, die Achse wächst relativ schnell durch. Diese wird bis zu 1,20 m hoch und ist verdickt. Nicht die Rosetten, sondern die jungen, stärker verdickten Achsen werden vor der Ausbildung der Infloreszenz geerntet, geschält und wie Spargel zubereitet oder roh genossen. Der Anbau ist in Europa und Amerika nur vereinzelt in Hausgärten anzutreffen, in China dagegen weit verbreitet. Von der

Tab. 7.9–2: Wirkung von Temperatur und Beleuchtungsstärke auf spezifische Blattfläche und Sproß-Wurzel-Verhältnis von Kopfsalat*

°C	5	10	20 klx
	Blattfläche in dm^2 je g Trockensubstanz		
6	4,9	4,2	3,1
14	7,7	6,3	5,3
22	9,1	8,1	6,5
	Sproß-Wurzel-Verhältnis		
6	5,4	3,8	3,3
14	5,6	4,8	3,6
22	8,3	5,6	4,8

* WIEBE und LORENZ 1982

Tab. 7.9–3: Keimung von *Lactuca*-Achänen in Prozent in Abhängigkeit von konstanten und wechselnden Temperaturen*

Sorte	Temperatur in °C					
	15	20	25	30	15/30[1]	15/30[2]
Blondine	93	96	50	7	96	59
Grosso	91	75	46	7	90	73
H. Neckarriesen	90	96	40	0	96	78
Kagr. Sommer	93	98	15	2	77	31
Kordaat	97	92	94	64	92	93
W. v. Voorburg	73	90	69	12	91	64

Der Temperaturanstieg dauerte[1] 3,5 Std., [2] 2,0 Std.

* KRETSCHMER 1975

Aussaat bis zur Ernte währt die Kulturdauer 10 bis 14 Wochen.

2. **Schnitt- und Pflücksalat** (*L. sativa* var. *crispa*): Diese Pflanzen bilden stark beblätterte Rosetten, es kommt jedoch nicht zur Kopfbildung. Bezüglich ihrer Blattform zeigen die Schnittsalatsorten eine beträchtliche Variationsbreite. Sie geht von lanzettlich-ungeteilt, über buchtig-fiederspaltig bis hin zu mehrlappig und stark gespreizt. Die Farbe kann von grüngelb bis zu braunrot variieren. Die Pflanzen schossen meist spät. Geschnitten oder gepflückt werden die ausgewachsenen Blätter – hierbei ist Mehrfachernte möglich – oder die ganze Rosette. Auch die Schnitt- und Pflücksalate sind, da die Blätter nach der Ernte schnell welken, fast ausschließlich in Hausgärten zu finden. In diese Gruppe gehört auch der sogenannte Eichenlaubsalat, der in jüngster Zeit in einzelnen Gebieten Bedeutung erlangt hat.

3. **Römischer oder Bindesalat** (*L. sativa* var. *longifolia*): Auch die Bindesalate bilden während der vegetativen Phase eine dichte Rosette. Dabei nehmen die etwas derberen Blätter im Gegensatz zu den Schnitt- und Pflücksalaten eine steilere, schräg aufwärts gerichtete Stellung ein. Sie sind überwiegend länglich, spatel- bis keilförmig, ungeteilt und ganzrandig; bei vielen Sorten sind die Blattspitzen leicht nach innen gebogen. Während bei den älteren Sorten die Blätter zur Ernte hin noch zusammengebunden wurden, um die Herzblätter zarter und schmackhafter zu machen, sind die heutigen meist selbstschließend.

Bindesalate gehen weniger schnell in Blüte als die übrigen Gartensalate. Sie vertragen höhere Temperaturen, sind aber frostempfindlicher. Der Anbau liegt vorzugsweise in den romanischen Ländern (Italien, Frankreich, Spanien). Bindesalat ist in der Kultur nicht ganz so anspruchsvoll wie Kopfsalat, und seine Nutzung ist auch während der heißen Sommermonate möglich. Die Blätter werden nur im gekochten Zustand (Kochsalat) wie Kohlgemüse oder Spinat verzehrt.

4. **Kopfsalat** (*L. sativa* var. *capitata*)
Bei den Kopfsalaten bilden die großlappigen, ungeteilten, meist blasigen Blätter nach anfänglich offener Rosette einen mehr oder weniger festen Kopf. Dabei greifen die inneren Blätter der Rosette übereinander, so daß sie eng aneinander gepreßt über dem Vegetationskegel liegen. Form und Farbe des Kopfes, Zartheit des Blattes, Entwicklungsgeschwindigkeit und Widerstandsfähigkeit gegen Hitze sind nach MANSFELD (1954) von der Kombination der Erbmerkmale abhängig:

Erbmerkmale von *Lactuca*

Dominant	Rezessiv
frühzeitige Schoßbildung bei Langtag	tagneutral mit später Schoßbildung
Blattrosette	Kopfbildung
Laubblätter gelappt	Laubblätter ungelappt
Laubblätter grün	Laubblätter gelb
Blattrippen bestachelt	Blattrippen unbestachelt
anthocyanhaltig	anthozyanfrei
Früchte schwarz	Früchte weiß
resist. gegen *Bremia lact.*	empfänglich für *Bremia lact.*
resist. gegen *Erysiphe chic.*	empfänglich für *Erysiphe chic.*

Nach der Blattbeschaffenheit sind zwei Zuchtrichtungen zu unterscheiden: die Buttersalate und die Eis- bzw. Krachsalate.

Bei den **Buttersalaten** sind die Blätter zart und weich, die Farbe kann, je nach Sorte, von milchig-weiß über hellgelb, hellgrün bis dunkelgrün variieren. Oft sind die kopfbildenden Blätter von den Umblättern in der Färbung verschieden. Der Blattrand ist meist glatt oder nur leicht gezähnt.

Demgegenüber sind bei den **Eissalaten,** auch Krachsalate genannt, die Blätter relativ fest und meist dunkelgrün. Die glasig-spröde Mittelrippe ist durch starkes Krümmen austernschalenförmig gestaltet. Der Blattrand kann glatt, gekerbt, wellig, kraus oder geschlitzt sein. Die Spreite ist meist nur mit wenigen größeren Blasen versehen. Eissalat bildet größere Köpfe, ist weniger hitzeempfindlich, durch Nachtfröste aber stärker gefährdet als der Buttersalat. Beim Eissalat wird die längere Strukturstabilität der Blätter nach der Salatzubereitung besonders geschätzt. Während in Mittel- und Nordeuropa die Buttersalate im Anbau dominieren, wurden diese in den USA durch die transportfähigeren Eissalate nahezu verdrängt.

Besonders in jüngster Zeit sind aus zahlreichen Kreuzungen Bindesalat x Kopfsalat oder Schnittsalat viele neue Typen entstanden, wie z.B. der Cosberg-Salat und der Batavia-Salat. Sie vereinen meist einige positive Eigenschaften aus den einzelnen Gruppen. So hat der Cosberg-Salat, bedingt durch die Einkreuzung von Buttersalat, gegenüber dem Bindesalat ein wesentlich zarteres Blatt. Der Batavia-Kopfsalat entwickelt gegenüber dem Eissalat – neben der teilweisen Rotfärbung der Blattfläche – Köpfe mit deutlich weicherer Blattstruktur, ohne daß die Haltbarkeit des Eissalates völlig verlorengegangen ist. Blattbatavia bildet stark gekrauste, dickfleischige, hellgrüne Blätter mit meist breitem, roten Band. Hier bildet die einzelne Pflanze mit den gekrausten Blättern eine Art Halbkugel, die den Eindruck eines Kopfes vermittelt. Durch den offenen Wuchs werden die beim Kopfsalat bestehenden Probleme der Blattrandnekrosen (Randen) erheblich reduziert.

Infolge der gleichen Abstammung unterscheiden sich die Gartensalate in ihren Klima- und Anbauanforderungen nur geringfügig. Die folgenden Ausführungen beziehen sich deshalb – auch wegen der größeren wirtschaftlichen Bedeutung – vorrangig auf den Kopfsalat (Buttersalat).

☐ Standortansprüche und -orientierung

Kopfsalat ist eine typische Pflanze des gemäßigten Klimas. Sein Anbau ist überall dort anzutreffen, wo die Durchschnittstemperaturen langfristig nicht über 20 °C und nicht unter 10 °C liegen. Erwünscht ist ein mäßig und gleichmäßig feuchter Standort in warmer, sonniger Lage. In einem heißen Klima wird besonders die Kopfbildur beeinträchtigt.

Da Salate als Jungpflanzen nicht besonders frostempfindlich sind, zählen sie zu den Kulturen, die im zeitigen Frühjahr als erste ins Freie ausgepflanzt werden können. Für eine frühe Ernte sind Standorte mit einer schnellen Erwärmung von Vorteil. Daneben kann durch die Wahl eines leichteren Bodens und durch Abdecken mit Folie eine Ernteverfrühung erreicht werden. In Klimaten, in denen die Wintertemperaturen –5 °C nicht unterschreiten, ist sogar eine Überwinterung möglich.

Für den Sommeranbau sind kühle Klimate von Vorteil, die zu einer besseren Kopfbildung führen und eine längere Erntedauer ermöglichen. Somit ist in Europa im Verlauf eines Jahres eine Verlagerung der Anbauschwerpunkte von Süden nach Norden erkennbar.

Physiologische Störungen (Randen), besonders bedingt durch hohe Strahlung und Temperatur, können u.a. durch entsprechende Artenwahl gemildert werden. So wird in wärmeren Gebieten im Sommer statt Buttersalat fast ausschließlich Eis- oder Bindesalat angebaut.

Als Flachwurzler stellt Kopfsalat besondere Ansprüche an die Struktur und den Garezustand des Bodens. Schwere und zur Verschlämmung neigende Böden sind weniger geeignet. Günstig sind wegen der gleichmäßigeren Wasserversorgung die mittelschweren Löß- und Lehmböden. Aber auch leichtere Sandböden sind – sofern Beregnungsmöglichkeit besteht – geeignet, da sie sich im Frühjahr schnell erwärmen und leicht zu bearbeiten sind. Gerade bei den kurzlebigen Salatkulturen sind beide Faktoren wesentlich – auch im Hinblick auf eine Terminkultur. Gartensalate bevorzugen einen Boden mit relativ hohem pH-Wert (um pH 7). Auf hohe Salzkonzentrationen reagieren sie empfindlich. Bereits bei einem Salzgehalt von 0,3–0,4 % (200 mg KCl/100 g Boden) sind Schäden zu erwarten. Salat gilt deshalb als Testpflanze für hohe Salzkonzentrationen.

☐ Anbauformen

Salate werden besonders in den Intensivgemüsebaubetrieben angebaut. Sie lassen sich infolge der kurzen Kulturzeit leicht in die Kulturfolge eingliedern. Häufig werden die Kopfsalate im Freiland als Vorkulturen (März–Mai) für die frostempfindlichen Arten, wie Sellerie, Gurke oder Bohne, verwendet. Aber auch als Nachkultur zu Blumenkohl, Kohlrabi u. a. sind sie gut geeignet. Zur kontinuierlichen Belieferung des Marktes werden, da die Erntedauer besonders bei Pflanzung sehr kurz ist, zahlreiche Sätze hintereinander angebaut (Abb. 7.9-3).

Asteraceae (Compositae, Korbblütler) 371

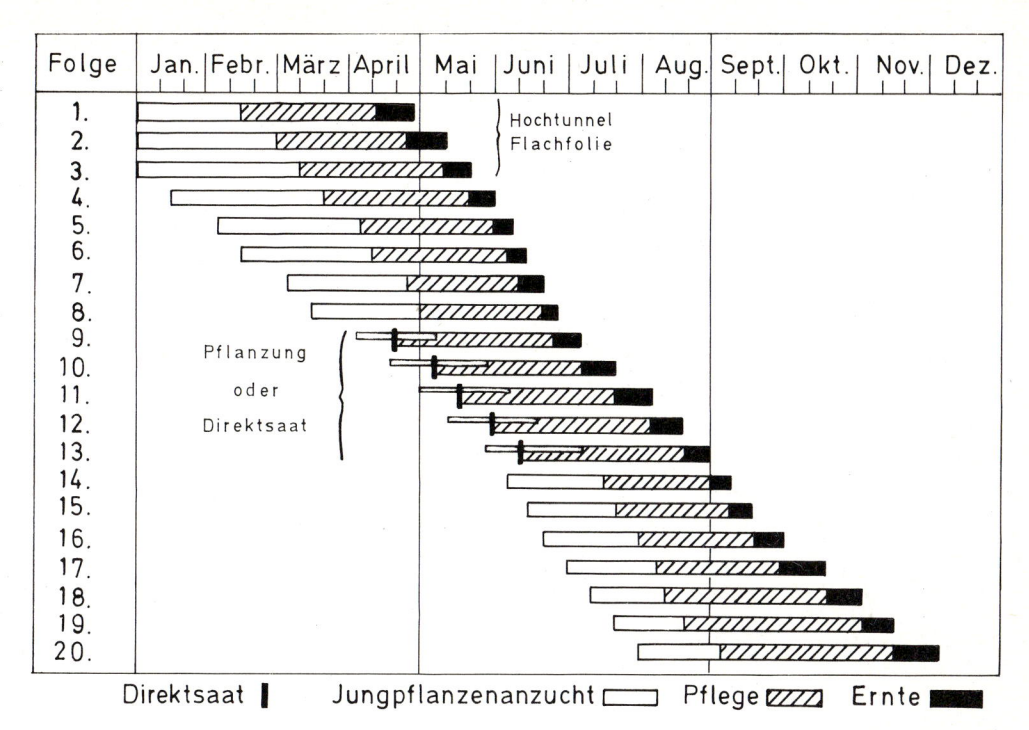

Abb. 7.9-3: Kontinuierliche Kopfsalatproduktion mit Folieneinsatz im Freiland unter norddeutschen Klimabedingungen

Besonders in früheren Jahren wurden die Salate als Unterpflanzungen verwendet, um während des langsamen Wachstums der Hauptkultur die Bodenfläche zusätzlich zu nutzen. Der geringere Lichtgenuß führte allerdings zu einer Verlängerung der Kulturdauer sowie zu einer schwächeren Kopfbildung. Auch aus arbeitswirtschaftlichen Gründen wird dieses Verfahren heute abgelehnt.

□ **Fruchtfolge**
Gartensalate sind relativ gut mit sich selbst verträglich, dennoch sollten mindestens einjährige Anbaupausen eingehalten werden, um ein stärkeres Ausbreiten bodenbürtiger Krankheiten und Schädlinge zu vermeiden. Die Salzempfindlichkeit und der durch die kurze Kulturdauer relativ geringe N-Bedarf bedingen, daß Salat möglichst nicht nach stark gedüngten Kulturen bzw. unmittelbar nach einer organischen Düngung angebaut werden sollte. Andererseits wirkt sich ein hoher Gehalt an organischer Substanz im Boden positiv auf das Wachstum aus. Vorkulturen, die den Wasservorrat des Bodens stark belasten, sind in Betrieben ohne Beregnungsanlagen für Salatkulturen weniger geeignet, da letztere schon zur Pflanzung deutlich auf den Feuchtezustand des Bodens reagieren.

Da ein Blattlausbefall bei den Gartensalaten zu erheblichen Qualitätseinbußen führt, kommt der Wahl des Standortes für die jeweiligen Sätze Bedeutung zu. Nachbarkulturen, die zu einem erhöhten Befallsdruck durch Läuse führen, sollten gemieden werden.

□ **Sortenwahl**
Das Sortiment der Gartensalate ist recht umfangreich. Durch neue Züchtungen wird versucht, die Qualität und vor allem die Resistenz gegen Krankheiten zu verbessern. Nach der Reaktion auf die Tageslänge werden die Kopfsalatsorten unterteilt in

▷ Frühsorten: Sie werden primär ab Jahresbeginn im geschützten Anbau, aber auch im zeitigen Frühjahr unter Folie bzw. im Freien kultiviert.

▷ Sommersorten: Ihr Anbau erfolgt vom Frühsommer bis Herbst. Sie kommen auch an den warmen und langen Sommertagen zur Kopfbildung.

▷ Wintersorten: Sie finden Verwendung im Herbst- und Winteranbau. Sie reagieren am stärksten auf Langtagbedingungen, haben aber bei der schwachen Strahlung im Winter die beste Kopfbildung.

Wesentliche Forderungen an alle Kopfsalate sind gute Resistenz oder Toleranz gegenüber Salatfäulen (*Botrytis, Sklerotinia* u. a.), Falschem Mehltau (*Bremia lactuca*-Rassen), Virosen sowie dem »Randen«, eine physiologische Störung, die besonders durch ungünstige Klimabedingungen verursacht wird. Daneben sind Festigkeit des Kopfes, Kopfgröße, Blattfarbe und Zartheit des Blattes wesentliche Qualitätskriterien. Für eine maschinelle Ernte wird neuerdings versucht, Sorten zu züchten, die durch eine schrägstehende Umblattstellung eine V-förmige Kopfbasis aufweisen.

□ **Bodenvorbereitung und Düngung**

Sowohl zur Aussaat als auch zur Pflanzung verlangt der Kopfsalat eine gute Bodenvorbereitung. Besonders wichtig ist die Struktur der Bodenoberfläche, die kleinkrümelig und möglichst eben sein sollte. Daneben sollte die Bodenoberfläche wenig leicht zersetzliche organische Substanz enthalten, um den Befall durch fäulniserregende Pilze zu vermeiden. Sofern organische Substanz unmittelbar zur Bodenverbesserung gegeben wird, sollte diese schwer zersetzlich und möglichst strukturstabil sein, wie Torf oder Rindenkompost.

Häufig wird zur Salatkultur eine Kalkdüngung verabreicht, um ein Absinken des pH-Wertes unter 6,0 zu verhindern. Diese Gabe wird z. T. bei der Bodenvorbereitung eingearbeitet, z. T. erst kurz vor der Pflanzung auf das Pflanzbeet gestreut. Hierdurch wird auch der »Molybdänbedürftigkeit« der Salate Genüge getan, die vor allem bei sauren Bodenreaktionen zu Wachstumshemmungen führen kann. Dagegen wird die P-, K-, Mg-Grunddüngung, besonders auf schwereren Böden, als Jahresvorausdüngung bereits im Winter bzw. zeitigen Frühjahr gegeben. Der Stickstoffbedarf einer Salatkultur liegt, je nach Ertrag, zwischen 44 und 120 kg/ha. Unter Berücksichtigung des Bodenvorrates und der möglichen Nitratanreicherung in der Pflanze sind folglich oft nur schwache N-Düngungen erforderlich.

Da Salat gegen hohe Salzkonzentrationen empfindlich ist, werden selbst niedrige Stickstoffgaben vielfach geteilt (1/2 zur Pflanzung, 1/2 bei beginnender Kopfbildung). Neben den Düngungsmaßnahmen wird besonders beim Sommersalatanbau eine Vorwegberegnung vor der Pflanzbeetvorbereitung vorgenommen, um den Bodenfeuchtebedarf der Salate von Kulturbeginn an sicherzustellen. Dies ist auch im geschützten Anbau, besonders bei Herbstkulturen, eine empfehlenswerte Maßnahme. Hier wird die Befeuchtung des Untergrundes oft mit einem Durchwaschen des Bodens zur Senkung der Salzkonzentration gekoppelt.

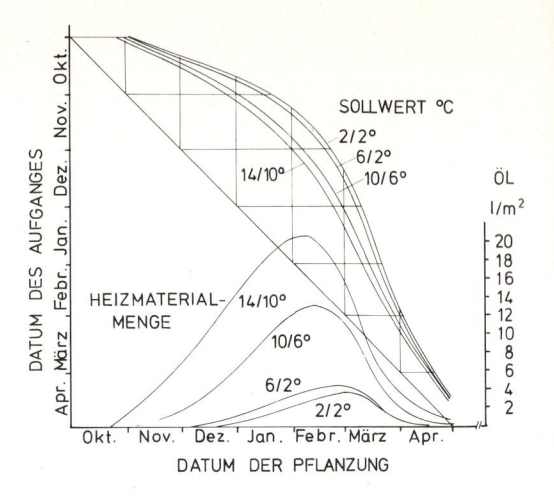

Abb. 7.9-4: Anzuchtdauer und Heizmaterialmenge für Kopfsalatjungpflanzen (Aufgang bis Pflanzung) in Abhängigkeit von Temperatursollwert und Pflanzdatum (KRUG/LIEBIG 1985)

■ **Freilandkultur**
□ **Pflanzenanzucht**

Salat wird überwiegend gepflanzt, lediglich in den Sommermonaten kann eine Direktsaat nützlich sein, da die Erhaltung der Pfahlwurzeln und die damit verbundene größere Durchwurzelungstiefe eine bessere Wasserversorgung der Pflanzen gewährleistet. Bei der Jungpflanzenanzucht werden die Samen, meist pilliert, direkt in die Preßtöpfe abgelegt und bei Temperaturen zwischen 12 und 16 °C angekeimt. Die anschließende Anzuchtdauer ist abhängig von der Temperatur und der Strahlung (Abb. 7.9-4). Mit 4 Laubblättern bzw. bei 2 g Frischgewicht haben die Jungpflanzen eine optimale Pflanzgröße erreicht. Zum Teil werden im Frühjahr größere (schnelleres Erreichen des Erntetermins), im Sommer kleinere Jungpflanzen (besseres Anwachsen) ausgepflanzt. Die Verwendung »gezogener« Pflanzen ist möglich, hat aber heute wegen des ungleichmäßigen Anwachsens an Bedeutung verloren. Vor dem Auspflanzen ist eine Behandlung mit einem Fungizid (*Botrytis*) und Insektizid (Blattläuse) üblich.

Salat wird relativ hoch gepflanzt, d.h. die Preßtöpfe werden bei der Pflanzung nur leicht in den lockeren Boden gedrückt. Damit soll der Wurzelhals trocken gehalten werden, um einem frühzeitigen Auftreten von Salatfäule vorzubeugen. Bei quadratischer Pflanzung liegen die Abstände im Freiland bei 25–30 cm, dies entspricht 11–16 Pflanzen/m². Sofern zur oder kurz nach der Pflanzung kein Herbizid (Kerb, Leguram) eingesetzt wird, ist zur Unkrautbekämpfung ein einmaliges Hacken notwendig. Diese Arbeit wird kurz vor Bodenschluß bzw. beginnender Kopfbildung durchgeführt, um eine stärkere Verschmutzung der Blätter zu unterbinden.

Bei Direktsaat werden in Reihenabständen von 30–40 cm, je nach Saatgutqualität, 0,8–1,5 kg Normalsaatgut ausgebracht, bei pilliertem Saatgut die Pillen in der Reihe im Abstand von 3–5 cm (ca. 50–100 Korn/m²) abgelegt. Direktaussaaten erfordern für einheitliche Bestände mit 12–16 Pflanzen/m² ein späteres Verhacken. Wesentliche Voraussetzungen für den Erfolg einer Direktsaat sind guter Bodenschluß, ausreichende Bodenfeuchtigkeit und nicht zu hohe Bodentemperaturen.

☐ Pflege

Eine ausreichende Wasserversorgung ist für eine optimale Entwicklung der Salate förderlich. Je nach Standort und Jahreszeit sind meist zusätzliche Regengaben notwendig, um auf leichten Böden 40 %, auf schweren Böden 60 % der Feldkapazität nicht zu unterschreiten. Mit beginnender Kopfbildung sollte nur noch selten beregnet werden, um dem Auftreten von Salatfäule, speziell *Botrytis,* keinen Vorschub zu leisten. Die Salate werden häufig von Blattläusen befallen, die besonders im frühen Stadium zu einem verstärkten Auftreten von Virosen (Salatmosaikvirus) führen. Befallfreie Bestände sind oft nur durch vorbeugende Insektizidbehandlungen und das Ausschalten von Wirtspflanzen anzuziehen.

☐ Bestimmung der Erntereife

Die Erntereife von Kopfsalat wird noch überwiegend visuell bzw. durch Abtasten der Kopffestigkeit bestimmt. Sehr häufig wird der Erntetermin durch den Markt vorgegeben. Je nach Nachfrage und Preis werden besonders die Kopfsalate oft vor der üblichen Erntegröße geschnitten, zumal für den Markt nicht nur die Festigkeit, sondern auch das Gewicht der marktkonform aufbereiteten Köpfe entscheidend sind. Mit Beginn der Sproßstreckung ist das Erntestadium überschritten. Typisches Kennzeichen hierfür ist die sich andeutende Streckung bzw. das Spitzwerden der Köpfe. Bestrebungen, die optimale Erntereife bei Kopfsalat auf technischem Wege durch mechanisches Abtasten oder Messen von Strahlungsdurchlässigkeit zu bestimmen, befinden sich derzeit in der Erprobung.

☐ Ernte und Ertrag

Salat sollte möglichst taufrisch in den Morgenstunden geerntet werden, damit er kühl in die Verpackungskisten gelangt und länger frisch bleibt. Die Ernte des Salates erfolgt von Hand, da Geräte, die die Köpfe selektiv schneiden und marktgerecht putzen, noch nicht praxisreif sind. Der erntefähige Salat wird mit dem Messer abgeschnitten, geputzt und entweder gleich nach Größe bzw. Gewicht sortiert und in Kisten gepackt oder über ein Ernteband im Erntewagen marktfähig aufbereitet. Ein Abspritzen des aus dem Stiel austretenden Milchsaftes unmittelbar nach dem Schnitt verhindert das schnelle Verbräunen der Schnittstelle und, sofern der Salat einzeln in Tüten verpackt wird, ein Verschmieren der Folie. Verpackt wird überwiegend in Kisten oder Kartons, entweder einlagig zu 9 bzw. 12 oder zweilagig zu 24 bzw. 30 Stück pro Einheit.

Der Ertrag richtet sich beim Freilandanbau nach der Sorte, der Jahreszeit und der Pflanzdichte. Während die Ausfälle im Frühjahr und Herbst gering sind (10–15 %), sind sie beim Sommeranbau durch die für die Salatproduktion ungünstigeren Umweltbedingungen meist größer (20–30 %). Die Vermarktung erfolgt nach Stück. Im Frühjahr wird ein Kopfgewicht von mindestens 150 g, im Sommer von über 200 g verlangt.

☐ Aufbereitung, Qualitätsmängel und Lagerung

Kopfsalat wird nach Möglichkeit bereits bei der Ernte auf dem Felde sortiert und verpackt, um jegliches Umpacken und zusätzliche Schädigungen der Blätter zu vermeiden. Bei der Verpackung in Kisten oder Kartons sollten weder Hohlräume im Gebinde belassen, noch übermäßiger Druck ausgeübt werden. In Gebinden mit mehreren Lagen wird Kopfoberseite gegen Kopfoberseite gelegt, um Stapelschäden zu verringern. Als Transpirationsschutz und für eine hygienische Selbstbedienung beim Verkauf werden einzelne Salatköpfe auch in perforierte Folien getütet.

Qualitätsmängel, die bei der Vermarktung von Kopfsalat zu Beanstandungen führen, sind starke Welke – meist verursacht durch unsachgemäße Aufbewahrung bzw. ungünstige Erntezeiten und Blattrandnekrosen infolge physiologischer Störungen vor der Ernte – sowie Blattlausbefall. Seltener sind Mängel durch Hagel, Frost oder Viruserkrankungen.

Als Blattgemüse mit großer Transpirationsfläche sind Salate nur kurzfristig lagerfähig. Hohe relative Luftfeuchte und Temperaturen um + 1 °C lassen eine Lagerung von 5–6 Tagen zu. Eine Verlängerung auf 14 Tage ist durch eine schnelle Vorkühlung möglich (s. Kap. 4.14),

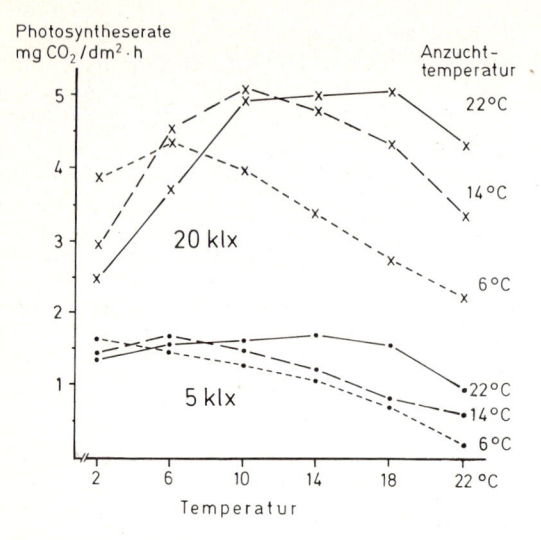

Abb. 7.9-5: Wirkung von Temperatur und Lichtintensität auf die Photosynthese von Kopfsalat in Abhängigkeit von der Anzuchttemperatur (WIEBE/LORENZ 1982)

doch ist darauf zu achten, daß Salate bereits bei 4% Wasserverlust deutliche Welkesymptome zeigen.

■ **Gewächshauskultur**
Der geschützte Anbau von Salaten erfolgt bevorzugt in Zeiten, in denen ein Freilandanbau nicht möglich oder erschwert ist. Erst in jüngster Zeit kultivieren einige Betriebe Salat ganzjährig in zeitlich gestaffelten Sätzen im Gewächshaus. Die Gewächshausproduktion gleicht der im Freiland. Die Jungpflanzen werden vorkultiviert und meist größer (3 g/Pflanze) als im Freiland ausgepflanzt. Besonders zur Ernte in den Wintermonaten wird enger gesetzt (bis 30 Pflanzen/m²), da zu dieser Zeit bereits ein Kopfgewicht von 110 g (nach den Handelsklassen sogar nur 80 g) als marktfähig akzeptiert wird.

Die Dauer einer Kultur ist weniger von der Temperaturführung als von der Strahlung abhängig. Wie Abbildung 7.9-5 zeigt, ist ein Anstieg der Photosyntheserate mit der Temperatur – und auch hier nur bis +10°C – nur bei hoher Beleuchtungsstärke (20 klx) zu verzeichnen. Um Energie zu sparen, wird Kopfsalat somit im geschützten Anbau bei relativ niedrigen Temperaturen kultiviert (Heiztemperatur tags 10°C, nachts 6°C, Lüftungstemperatur 18–20°C). Noch tiefere Temperaturen führen besonders im Winter zu einem Absinken der Bodentemperatur unter 8°C, was beim Salat zu einer deutlichen Verlängerung der Kulturdauer führt, wie Abbildung 7.9-6 zeigt.

Auch im geschützten Anbau sollte sich die Düngung nach dem wachstumsabhängigen Nährstoffentzug der Salatkultur richten. Bei einem Ertrag von 2,5 kg/m² marktfähiger Ware (2,8 kg brutto) ist mit einem Nährstoffentzug von 6 g N, 11 g K_2O, 2,2 g P_2O_5, 3 g CaO und 0,8 g MgO pro m² zu rechnen. Eine zusätzliche CO_2-Anreicherung der Luft wirkt sich besonders an strahlungsreichen Tagen positiv auf das Wachstum und damit kulturzeitverkürzend aus. Zudem werden die Farbe und die Kopfbildung positiv beeinflußt.

Sehr wichtig für den Erfolg der Salatkultur im Gewächshaus ist eine optimale Wasserversorgung. Zu nasse Böden und zu hohe Luftfeuchten fördern die Salatfäulen und können zu erheblichen Ausfällen führen. Besonders der nachts an den Pflanzen auftretenden Feuchtigkeit durch Tau oder Guttationstropfen ist in den Morgenstunden durch Lüften oder Trockenheizen zu beggnen. Damit wird gleichzeitig die Gefahr eines Auftretens von Glasigkeit an den Blatträndern sowie von Falschem Mehltau *(Bremia lactucae)* gemindert. Demgegenüber können zu niedrige Luftfeuchten sowie hohe Transpirationsbeanspruchung zu einem Eintrocknen der Blattränder (Randen) führen.

Da die Salatblätter, besonders im geschützten Anbau, sehr zart und brüchig sind, wird eine

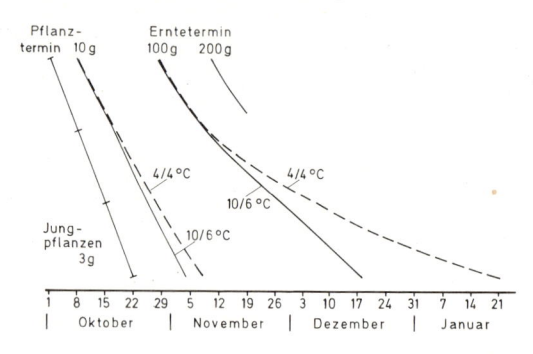

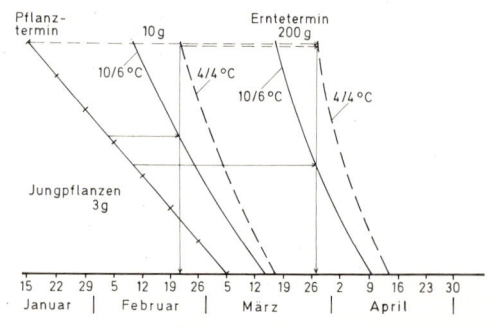

Abb. 7.9-6: Einfluß der Pflanztermine und Solltemperaturen auf den Erntetermin von Kopfsalat im Herbst und Frühjahr unter norddeutschen Verhältnissen (WIEBE 1980)

Einmalernte, seltener eine Zweifachernte bevorzugt. Dies bedingt, daß über die Jungpflanzenqualität und die Kulturführung versucht wird, einen möglichst einheitlichen Bestand zu erstellen.

Zur Vermeidung der Fruchtfolgeprobleme bei einer ganzjährigen Nutzung der Gewächshäuser mit Salaten gehen in jüngster Zeit einige Betriebe dazu über, auch Salat in inerten Substraten mit Nährlösung zu kultivieren. Dabei bietet sich die Möglichkeit, über vermindertes Stickstoffangebot zur Ernte hin den Nitratgehalt der Salate zu senken. Zur Zeit bereitet es allerdings noch Schwierigkeiten, bei allen Sätzen eine gute Kopfbildung ohne physiologische Störungen zu erreichen.

Abb. 7.9-7: Schossende Endivienpflanze

Literatur
CHRISTOFFERSEN, A. (1973): Programmeret dyrkning af salat i hus. 1125. Beretning. København: Statens Forsøgsvirksomhed i Plantekultur.
CHRISTOFFERSEN, A. und DALBRO, K. (1974): Programmeret dyrkning af salat på friland. 1160. Beretning. København: Statens Forsøgsvirksomhed i Plantekultur.
HELM, J. (1954): *Lactuca sativa* L. in morphologisch-systematischer Sicht. Die Kulturpflanze **II**. Berlin: Akademie-Verlag.
HELM, J. (1955): Über den Typus der Art *Lactuca sativa* L. und deren wichtigste morphologische Gruppen. Die Kulturpflanze **III**. Berlin: Akademie-Verlag.
RYDER, E. J. (1979): Leafy salad vegetables. Westport: AVI Publ.
THOMPSON, H. C. und KELLY, W. C. (1957): Vegetable crops. New York, Toronto, London: McGraw-Hill.
VISSER, A. J., DE (1977): De economische mogelijkheden van de jaarrondteelt en zomerteelt van kassla. Publ. 225. Naaldwijk: Proefstation voor de Groenten- en Fruitteelt onder Glas.

7.9.2   Endivie – *Cichorium endivia* L.

□ Geschichte und Bedeutung
Die Endivie, auch Winterendivie genannt (die sogenannte Sommerendivie ist *Lactuca sativa* var. *longifolia),* ist eine schon im Altertum bekannte Pflanze, die ähnlich dem Kopfsalat als Blattgemüse verwendet wird. Als ihre Urform wird *Cichorium endivia* L. ssp. *pumilum* (Jacqu.) betrachtet, eine zweijährige Pflanze, die im ganzen Mittelmeergebiet und in Südasien bis nach Turkestan verbreitet ist. Sie wurde bereits von den Ägyptern und später auch von den Griechen und Römern als Gemüse genutzt. Nach Mittel- und Nordeuropa gelangte die Pflanze im 13. Jh., doch liegen erste Beschreibungen aus England, Frankreich und Deutschland erst aus dem 16. Jh. vor. In Nordamerika wird die Endivie erstmals im Jahre 1806 (BOSWELL 1949) erwähnt.

In den USA und Westeuropa stellt die Endivie ein sehr verbreitetes Gemüse dar. Hier hat sie in einzelnen Ländern eine ähnlich große Bedeutung wie der Kopfsalat. In den USA wird eine Anbaufläche von ca. 3000 ha ausgewiesen. In Europa ist besonders in Italien (ca. 12 000 ha), Frankreich (ca. 7500 ha) und den Niederlanden (ca. 750 ha) der Anbau beachtlich. Dagegen sind in der Bundesrepublik Deutschland die Flächen noch gering (ca. 400 ha), zeigen aber in den letzten Jahren einen leicht steigenden Trend.

Geschmacklich ähnelt die Endivie, abgesehen von der bitteren Komponente, dem Kopfsalat. Ihre ernährungsphysiologische Bedeutung liegt in der appetitanregenden Wirkung, u. a. bedingt durch das bitter schmeckende Intybin, und in dem relativ hohen Mineral- und Vitamingehalt, der den des Kopfsalates übertrifft. In der Bundesrepublik wird die Endivie fast nur roh als Salat verzehrt, in anderen Ländern auch als Gemüse gekocht.

□ Botanische Grundlagen
Während die Urform der Endivie zweijährig ist, d. h. der Rosettenbildung im ersten Jahr folgt die Blütenbildung im 2. Jahr, müssen die Kulturformen als einjährig betrachtet werden, da sie bei früher Aussaat, kalter Anzucht und sich anschließenden Langtagbedingungen fast keine Rosetten oder Köpfe entwickeln, sondern rasch zum Schossen und zur Blütenbildung übergehen (Abb. 7.9-7). Schon die Sämlingsanzucht bei sehr niedrigen Temperaturen kann zu einer frühzeitigen Umstimmung führen (MUIJZENBERG 1952).

Die Blüten sind hellblaue Körbchen. Der Same – botanisch eine Frucht (Nuß) – ist mehr oder weniger gerippt, hellgrau und an seinem oberen

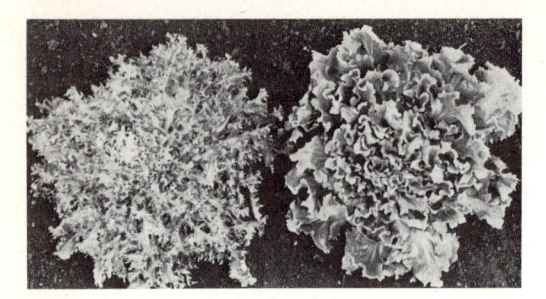

Abb. 7.9-8: *Cichorium endivia* L.: l. var. *crispum*, r. var. *latifolium* (Escorialtyp)

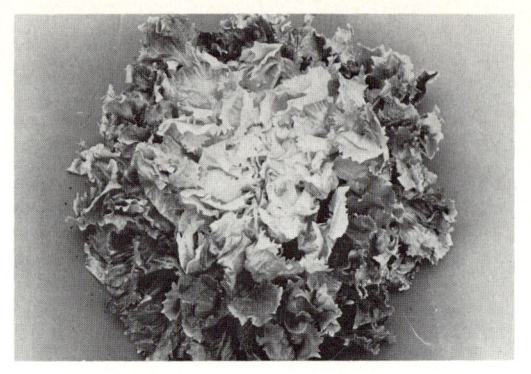

Abb. 7.9-9: Endiviensorte 'Bubikopf' (Escarioltyp)

Ende mit einem aus kürzeren Blättchen zusammengesetzten eingetrockneten Pappus versehen. Die Tausendkornmasse liegt bei 1,3 g. Bei guter Lagerung bleibt die Keimfähigkeit 4–5 Jahre erhalten. Gegenüber hohen Keimtemperaturen reagiert die Endivie weniger empfindlich als der Kopfsalat. Die Keimung erfolgt im Dunkeln und Licht gleich gut und dauert 6–10 Tage.

Der Sämling bildet zunächst zwei rundlich-ovale Keimblätter. Die Laubblätter können recht unterschiedlich geformt sein. Nach der Blattausbildung werden folgende Varietäten unterschieden (Abb. 7.9-8):

▷ var. *latifolium* LAM. – Escariol, mit fast glatten, breiten, ganzrandigen Blättern und breiten Blattrippen;

▷ var. *crispum* LAM. – Krausblättrige Endivie – mit mehr oder weniger fein gekrausten oder geschlitzten Blättern, die länger oder kürzer sein können;

▷ var. *endivia* L. – Schnittendivie – mit locker aufrechtstehenden, länglich-schmalen, am Rand leicht gekrausten Blättern.

Während die beiden ersten Varietäten eine feste Rosette oder einen lockeren Kopf bilden, stehen die Blätter bei der Schnittendivie locker und können mehrfach geschnitten werden. Die Blattfarbe variiert von gelb über hellgrün, dunkelgrün bis hin zu stark rötlich. Je nach Stärke der Rosettenbildung können die Außenblätter dunkler gefärbt sein als die »Herzblätter«, besonders bei den sogenannten selbstbleichenden Sorten (Abb. 7.9-9).

Wie auch die *Lactuca*-Arten, besitzt die Endivie einen weißen Milchsaft, der beim Anschneiden aus den Milchröhren austritt. Bei ungestörter Entwicklung bildet die Endivienpflanze eine Pfahlwurzel, die Tiefen von 1,30 bis 1,60 m erreichen kann. Die seitliche Ausdehnung des Wurzelsystems ist dagegen relativ gering.

Die Wärmeansprüche der Endivie sind geringer als die des Kopfsalates, jedoch ist ihre Frostempfindlichkeit größer. Vollbeblätterte Pflanzen können breits bei Temperaturen von –3 °C erfrieren.

☐ **Standortansprüche und -orientierung**
An den Standort stellt die Endivie ähnliche Anforderungen wie der Kopfsalat. Zu leichte und zu schwere Böden sind weniger geeignet. Auch zur Vernässung neigende Böden wirken sich meist negativ auf die Entwicklung der Pflanzen aus. Wegen der Kälteempfindlichkeit sind zudem frühfrostgefährdete Lagen zu meiden. Gut geeignet sind humose, mittelschwere Böden in warmer, geschützter, sonniger Lage. Der Boden sollte tiefgründig sein und eine gute wasserhaltende Kraft besitzen, da die Endivienpflanzen zur Hauptwachstumszeit mit starker Massenbildung einen großen Wasserbedarf aufweisen. Maritime Klimate sind deshalb zu bevorzugen. Günstige Bodenreaktionen liegen im Bereich von pH 6,5–7,8.

☐ **Anbauformen**
Die Endivienkultur ist überwiegend im intensiven Freiland- oder Unterglasgemüsebau im kleinflächigen Anbau zu finden. Flächenbegrenzend ist primär der Markt, der keine größeren Mengen aufnimmt. Ein Anbau wird sowohl im Freiland als auch im Gewächshaus durchgeführt. Durch die Temperatur- und Langtagsempfindlichkeit konzentriert sich der Endivienanbau besonders auf die Herbst-, Winter- und Frühjahrszeit. Bei der relativ kurzen Inanspruchnahme der Flächen bereitet die Eingliederung in das Anbauprogramm eines Betriebes allgemein keine Schwierigkeiten.

☐ **Fruchtfolge**
An die Fruchtfolge stellt die Endivie keine besonderen Ansprüche. Der Wasservorrat des Bodens muß u. U. ergänzt werden. Im Vergleich zu

Kopfsalat ist die Salzempfindlichkeit etwas geringer, so daß auch ein Anbau nach stärker gedüngten Kulturen möglich ist. Bei der Frühjahrskultur sollte die Vorfrucht eine Winterfurche zulassen, damit sich der Boden zur Pflanzung gesetzt hat und die Winterfeuchte erhalten bleibt.

☐ **Sortenwahl**
Beim Endiviensortiment werden nach der Blattform zwei Gruppen unterschieden:
1. ganzblättrige Endivie oder Escariol-Typ,
2. geschlitztblättrige Endivie.
Die Blätter der zur Escariol-Gruppe gehörenden Sorten sind ungeteilt, breit und dickrippig, die der anderen Gruppe dagegen geschlitzt oder gefiedert sowie durch Randwellung und Zähnung gekraust. In die mittel- und nordeuropäischen Sortenlisten sind z. Zt. nur Sorten der Escariol-Gruppe eingetragen. Die geschlitztblättrigen oder krausen Endiviensorten sind stärker in den trockenen Klimaten der Mittelmeerländer vertreten. Sie bilden mit ihren krausen Blättern eine kompakte, meist halbkugelförmige Rosette, die je nach Sorte von hellgelb bis violett gefärbt sein kann. Diese geschlitzt- und krausblättrigen Sorten gelten als besonders empfindlich gegenüber Nässe und Krankheiten.

Bei den Escarioltypen trennt man, je nach Temperatur- und Langtagsempfindlichkeit, nach Sorten für den Frühjahrs- und solchen für den Herbstanbau. Die Sorten sollen wenig schoßempfindlich, wenig krankheitsanfällig und selbstbleichend sein, d. h. bei den erntefähigen Rosetten sollen die inneren, jungen Blätter möglichst hell (gelb bis weiß) gefärbt bleiben. Darüber hinaus spielt die Zartheit der Umblätter eine wesentliche Rolle. Weit verbreitet ist die etwas robuste, selbstbleichende Sorte 'Bubikopf' (Abb. 7.9-9). In neuerer Zeit werden Sorten mit einer feineren Laubstruktur angeboten (Abb. 7.9-10).

☐ **Bodenvorbereitung und Düngung**
Hinsichtlich der Bodenvorbereitung stellt die Endivie ähnliche Anforderungen wie der Kopfsalat.

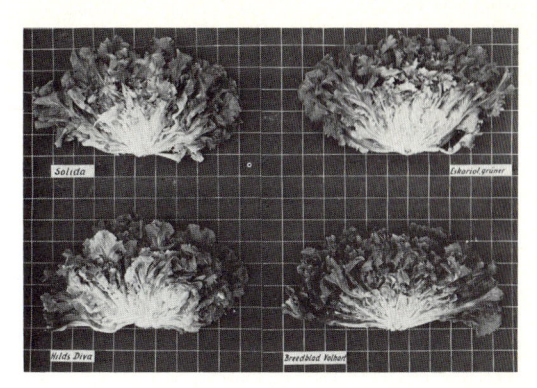

Abb. 7.9-10: Endiviensorten des Escarioltypes

Der Boden sollte tiefgründig gelockert und für die Pflanzung an der Oberfläche gut gekrümelt sein. Frisch zugeführte organische Substanz erhöht die Fäulnisgefahr. Endivien werden deshalb frühestens in der zweiten Tracht angebaut.

An Nährstoffen sollten pro ha 150 kg N, 50 kg P_2O_5 und 250 kg K_2O angeboten werden. Der K-Bedarf ist besonders während der letzten Wochen vor der Ernte recht hoch. Wegen der Salzempfindlichkeit sollte die Düngerzufuhr in mindestens 2 Gaben geteilt werden. Daneben reagiert die Endivie empfindlich auf Magnesiummangel, weshalb auf einen ausreichenden Magnesiumvorrat im Boden zu achten ist.

☐ **Pflanzenanzucht**
In der Praxis sind folgende Kulturzeiten üblich (Tab. 7.9-4). Im Freiland und im Gewächshaus ist Jungpflanzenanzucht üblich. Im Freiland wird gelegentlich auch mit 4 kg/ha oder 300 000 Pillen/ha direkt ausgesät. Für die Frühjahrspflanzung erfolgt die Anzucht fast ausschließlich in 4-cm-Preßtöpfen in gut lüftbaren Gewächshäusern. Wegen der Schoßgefahr sollte die Temperatur 10 °C nicht unterschreiten. Die Anzuchtdauer gleicht der von Kopfsalat. Für die Herbstsätze wird ebenfalls in Preßtöpfen, für das Freiland aber auch noch im Grundbeet vorkultiviert. Dabei wird so dünn ausgesät (1,5 g/m², ca. 500 Pfl.),

Tab. 7.9–4: Übliche Kulturzeiten der Winterendivie im Freiland und Gewächshaus

Ort/Jahreszeit	Aussaat	Pflanzung	Ernte
Freiland			
Frühjahr	Feb. 3–Mä. 4	Mä. 2–Apr. 4	Mai 4–Jun. 4
Herbst	Jun. 1–Jul. 4	Jul. 2–Aug. 2	Sep. 4–Nov. 4
Gewächshaus			
Winter	Sep. 1–2	Nov. 1–4	Mä. 1–Apr. 4
Frühjahr	Jan. 2–Feb. 2	Feb. 2–Mä. 2	Apr. 1–Mai 2
Herbst	Aug. 3–4	Sep. 3–4	Nov. 3–Jan. 1

daß die Sämlinge bis zur Pflanzung stehenbleiben können. Nach Ausbildung des zweiten Laubblattpaares werden die Pflanzen unter Schonung der Wurzelballen mit einer Pflanzdichte von 9–11 Stück/m² (30/35 x 30 cm) ausgepflanzt. Dabei ist darauf zu achten, daß das »Herz« der Pflanzen über der Erde bleibt.

■ **Freilandkultur**
□ **Pflege**
Sofern beim Pflanzbeet nicht schon zuvor eine Unkrautbekämpfung erfolgte, empfiehlt sich 3–4 Tage nach der Pflanzung eine chemische Unkrautbekämpfung mit Kerb (3 kg/ha). 3 Wochen später ist dann eine Bodenlockerung mit einer Hacke nützlich. Besonders zum Anwachsen und in der Hauptwachstumszeit ist auf eine ausreichende Wasserversorgung zu achten. Wegen der Fäulnisgefahr sollte jedoch ab Bodendeckung – speziell im Herbst – nur noch dann beregnet werden, wenn ein schnelles Abtrocknen der Pflanzen gewährleistet ist. Der Pflanzenschutz beschränkt sich meist auf 1 bis 2 Spritzungen gegen Blattläuse sowie auf Behandlungen gegen Falschen Mehltau (*Bremia lactucae*).

In manchen Anbaugebieten und bei einzelnen Sorten werden die Blätter etwa 14 Tage vor der Ernte gebleicht, um den bitteren Geschmack zu mildern. Dabei werden die Rosetten mit Gummibändern o. ä. zusammengebunden bzw. mit Strohmatten oder schwarzer Folie abgedeckt. Im Kleinbetrieb werden die Pflanzen zum Teil auch herausgenommen und durch engen Stand in einem Einschlag gebleicht. Bei allen Maßnahmen ist es wichtig, daß die Pflanzen vor dem Bleichen trocken sind, da sie sonst leicht faulen.

□ **Bestimmung der Erntereife**
Endivien werden geerntet, wenn die Rosetten eine den Marktanforderungen entsprechende Größe erreicht haben. Bei den Sorten, die künstlich gebleicht werden, ist allein das Gewicht entscheidend, bei den selbstbleichenden dagegen auch die innere Hellfärbung. Da Endivien kurz vor der Erntereife leicht zur Fäulnis neigen, kann ein frühzeitiges Auslichten des Bestandes erforderlich werden. Damit wird jedoch die Selbstbleiche gefährdet.

□ **Ernte und Ertrag**
Die erntefähigen Rosetten werden von Hand durch Abschneiden am Wurzelhals geerntet, geputzt und nach Möglichkeit gleich nach Größe und Qualität sortiert in Kisten marktfähig verpackt. Dadurch können die Blattschäden durch Ernte und Verpackung geringgehalten werden.

Der Ertrag ist von dem Gesundheitszustand des Bestandes abhängig. Er kann zwischen 7 und 10 Pflanzen (Stück)/m² liegen, was einem marktfähigen Ertrag von 4–6 kg/m² entspricht.

□ **Aufbereitung, Qualitätsmängel und Lagerung**
Endivien werden, je nach Größe, zu 6, 8 und 12 Stück, überwiegend mit dem Wurzelhals nach oben, in Kisten verpackt. Bei den nicht selbstbleichenden Sorten bleiben die Rosetten auch zusammengebunden. Für eine gute Marktqualität sollten die Rosetten ganz, gesund, von frischem Aussehen, nicht geschoßt, sauber und geputzt, d. h. frei von Erde, doch ohne Blatteinkürzung bzw. -beschädigung sein. Die Wurzeln werden unmittelbar unter dem Wurzelhals glatt abgeschnitten. Das gelbe »Herz« muß mindestens ein Drittel der Pflanzen umfassen. Verbindliche Größensortierungen sind: 200–300 g, 300–400 g, 400–550 g, 550–700 g, 700–850 g usw.

Qualitätsmängel sind: Welke, nicht ausreichende Bleichung, beschädigte bzw. gelbe Blätter, Blattrandnekrosen (ähnlich wie beim Kopfsalat) und besonders Fäulnis, die auch durch zu enge und nasse Verpackung bedingt sein kann.

Endivien müssen dem Verbraucher relativ rasch zugeführt werden, da eine Lagerung nur begrenzt möglich ist. Im Einschlag (gleichzeitig zum Bleichen) ist bei niedriger Temperatur und guter Lüftung eine Verlängerung der Haltbarkeit um 2 Wochen möglich. Marktfertig zubereitet sind Endivien im Kühlhaus bei 0–1 °C und hoher Luftfeuchtigkeit (90–95 %) nur für 3–5 Tage lagerfähig. Auch mittels Vakuumkühlung ist eine Verlängerung der Haltbarkeit nur um 2–3 Tage möglich.

■ **Gewächshauskultur**
Besonders im nordeuropäischen Raum wird versucht, Endivien im Gewächshaus als Alternative zum Kopfsalat anzubauen. Die Kultur stellt ebenfalls verhältnismäßig geringe Temperatur- und Lichtansprüche; beim Herbst-/Winteranbau genügen Temperaturen um 10 °C; zur reinen Überwinterung reichen sogar 3–5 °C aus. Wichtig sind reichliches Lüften und eine dem Klima angepaßte Bewässerung. Bei guter Klimaführung sind die Ausfallquoten in Gewächshäusern meist geringer als im Freiland. Bei Jungpflanzenanzucht in Preßtöpfen und etwas weiterer Pflanzung setzt die Ernte gegenüber vergleichbaren Kopfsalatsätzen etwa 1–2 Wochen später ein. Durch das gegenüber dem Freilandanbau noch zartere Blatt ist die Haltbarkeit nach der Ernte noch geringer, so daß dem Unterglasanbau von Endivien derzeit nur örtliche Bedeutung zukommt.

Literatur

Proefstation voor de Groenten- en Fruitteelt oder Glas en Consulentschap voor de Tuinbow te Naaldwijk: Teelt van Andijvie onder Glas. Informatiereeks No. 36.

BUISHAND, TJ. (Zusammenstellung) (1971): Teelt van Andijvie onder Glas: Alkmaar: Consulentschap in Algemene Dienst voor de Groenteteelt in de Vollegrond in Nederland, No. 29.

RYDER, E. J. (1979): Leafy salad vegetables. Westport, Connecticut: Avi Publishing Company.

7.9.3 Chicoree (*Cichorium intybus* L. var. *foliosum* Hegi)

☐ Geschichte und Bedeutung

Der Chicoree, auch Salatzichorie genannt, stammt von der Wilden Wegwarte (*C. intybus* var. *sylvestre* Vis) ab, die als Wildpflanze in Europa, Nordafrika und vom Orient bis nach Sibirien anzutreffen ist. Bereits bei den Griechen und Römern war sie als Heil- und Gemüsepflanze bekannt. Aus der Wilden Wegwarte entstanden zwei Kulturformen:

▷ die Wurzelzichorie (*C. intybus* var. *sativum* DC.), die seit dem Mittelalter zur Wurzelgewinnung für die Fütterung sowie zur Herstellung von Kaffeesurrogat verwendet wird, und die

▷ Salatzichorie (*C. intybus* var. *foliosum*), die vom 19. Jh. an, zunächst in Belgien und Nordfrankreich, zur Erzeugung des Chicorees benutzt wird. Dabei werden die Wurzeln im Winter zum Austreiben gebracht und die jungen Sprosse als Salatgemüse geerntet.

Bedeutung besitzt der Salatzichorien-Anbau zur Zeit in Mittel- und Nordeuropa. Hier beträgt die Anbaufläche etwa 40 000 ha mit Schwerpunkten in Frankreich (ca. 22 000 ha), Belgien (ca. 7000 ha) und den Niederlanden (ca. 5000 ha).

Chicoree trägt zunehmend zur Frischsalatversorgung im Winter bei. So ist der Pro-Kopf-Verbrauch in Belgien bereits auf 4 kg, in Frankreich auf 2 kg und in den Niederlanden auf 1,5 kg gestiegen. In der Bundesrepublik ist der Konsum noch gering (0,6 kg), zeigt aber auch hier eine zunehmende Tendenz.

Ernährungsphysiologisch ist Chicoree ähnlich wie Kopfsalat einzustufen. Er wird überwiegend roh als Salatgemüse, aber auch gekocht verzehrt. Durch den Gehalt an organischen Säuren und den Bitterstoff Intybin stellt Chicoree ein erfrischend schmeckendes Gemüse dar.

☐ Botanische Grundlagen

Chicoree wächst in Mitteleuropa als zweijährige Pflanze. Im ersten Jahr entwickelt sich eine Blatt-

Abb. 7.9-11: Chicoree-Pflanze

rosette mit einer fleischig verdickten Pfahlwurzel (Abb. 7.9-11), im zweiten Jahr die über 1 m hohe Sproßachse mit den endständigen blauen Blüten-Körbchen (Abb. 7.9-12). Von der photoperiodischen Reaktion her ist Chicoree eine Langtagspflanze. Blütenbildung findet nach Einwirkung niedriger Temperatur bei Tageslängen über 14 Stunden statt. Bereits in einem relativ jungen Entwicklungsstadium ist die Chicoreepflanze empfindlich gegenüber induktiven Bedingungen. Daher kann bei sehr früher Aussaat die sogenannte »Schafskälte« im Juni bereits zu einem Schossen im ersten Jahr führen.

Der Sämling bildet zunächst zwei rund-ovale, kurz gestielte Keimblätter. Die folgenden Laubblätter sind löwenzahnblatt-ähnlich gezähnt. Mit zunehmender Pflanzengröße nimmt die Zahnung der Folgeblätter ab, sie entwickeln sich dann länglich-oval, verkehrt eiförmig. Die Pfahlwurzel dringt tief in den Boden ein. Bei einem Rübenkopfdurchmesser bis über 6 cm kann sie bis zu einer Länge von 50 cm keilförmig verdickt sein. Im Boden sind die Rüben und Wurzeln frosthart. Aus ihnen treibt im folgenden Frühjahr die Sproßachse mit den Infloreszenzen. Als Gemüse wird die aus der Rübe treibende Terminalknospe genutzt, die unter Lichtausschluß angetrieben

Abb. 7.9-12: Chicoree, Blütenstand mit a) Einzelblüte und b) Frucht (Same)

wird und zur Ernte möglichst gebleicht und noch geschlossen sein soll.

☐ **Standortansprüche und Orientierung**

Als in Europa heimische Pflanze stellt Chicoree im Hinblick auf das Klima keine besonderen Ansprüche. Zu trockene und zu nasse Standorte sind jedoch zu meiden, da hier keine guten Wurzelqualitäten zu erwarten sind. Eine Orientierung des Anbaus zur Küste hin wird mit einer gleichmäßigeren Wasserversorgung begründet.

Höhere Anforderungen werden an die Qualität des Bodens gestellt. Er sollte für eine gerade Wurzelausbildung tiefgründig und steinfrei sowie gut mit Humus versorgt sein und keine Bodenverdichtungen aufweisen. Mittelschwere Böden, die für den Zuckerrübenanbau verwendet werden, lassen auch gute Chicoree-Rüben erwarten.

☐ **Anbauformen**

Bei der Chicoree-Produktion ist zu unterscheiden zwischen dem Rübenanbau, d. h. der Produktion der Rohware, und der späteren Treiberei zur Gewinnung der als Gemüse genutzten Sprosse. Vielfach werden der Rübenanbau und die Treiberei im gleichen Betrieb durchgeführt, doch auch eine Produktionsteilung ist möglich. Die Rüben werden dann meist in einem landwirtschaftlichen Betrieb erzeugt. Chicoree-Anbau findet sowohl auf kleinen (unter 1 ha) als auch auf großen Flächen statt. Entscheidend für die Anbauausdehnung sind die Treibflächen, die Arbeitskapazitäten des Betriebes und die Aufnahmefähigkeit des Marktes.

Bei Aussaaten Ende April bis Anfang Juni und einer Rübenernte im Oktober–November ist Chicoree als Ganzjahreskultur einzugliedern. Nur in gemüsebaulichen Intensivbetrieben werden zum Teil Vorkulturen unter Folienabdeckung durchgeführt.

☐ **Fruchtfolge**

Chicoree sollte nicht nach sich selbst angebaut werden. Auch Arten, die den Nematodenbesatz erhöhen, wie Zuckerrüben und Möhren oder deren Ernte zu Bodenverdichtungen führen kann, sind als Vorfrüchte wenig geeignet. Anbaupausen von 3–4 Jahren sind empfehlenswert. Gute Vorfrüchte sind die Wintergetreidearten. Sie lassen nach der Ernte mechanische Unkrautbekämpfungsmaßnahmen zu, so daß für das darauffolgende Jahr der Unkrautbesatz reduziert werden kann. Bei den Nachkulturen ist darauf zu achten, daß Chicoree-Wurzeln frosthart sind und im Boden verbleibende Wurzelstücke durch Knospenneubildung im folgenden Frühjahr wieder austreiben. Als Nachkulturen sind deshalb Arten, die, wie Mais, im April noch eine Unkrautbekämpfung zulassen, besonders geeignet.

☐ **Sortenwahl**

Aus der anfänglich geringen Sortenzahl (z. B. 'Edelloof', 'Witloof', 'Mechelner') hat sich in jüngster Zeit ein recht umfangreiches Sortiment entwickelt. Heute werden die Sorten nach ihrer Eignung für die Treiberei unterteilt. Es wird unterschieden nach Sorten, die für die Treiberei mit und ohne Deckerde und nach solchen, die für die sehr frühe, frühe, mittelfrühe oder späte Treiberei besonders geeignet sind. Allen Sorten gemeinsam sind folgende Anforderungen:
▷ schnelle Jugendentwicklung
▷ geringe Vernalisationsempfindlichkeit im Jugendstadium
▷ hohe Krankheitsresistenz (Mehltau, *Sklerotinia* u. a.)
▷ einheitliche und gleichmäßige Wurzelausbildung
▷ gute Treibwilligkeit
▷ feste und geschlossene Knospenbildung bei der Treiberei
▷ möglichst weiße Sproßfarbe auch bei erdeloser Treiberei
▷ langsamer Farbumschlag bei Lichteinfall während und nach der Treiberei.

Besonders durch die Züchtung von F_1-Hybriden (Zoom) konnte in neuester Zeit die Erfüllung der Anforderungen verbessert oder stabilisiert werden.

□ Bodenvorbereitung und Düngung
Für einen gleichmäßigen Aufgang verlangt Chicoreesaat eine sorgfältige Vorbereitung des Saatbeetes. Dies ist bei einer Winterfurche im Oktober–November und einer mehrmaligen Vorwegbearbeitung im März–April zu erreichen. Besonders durch die Verwendung von Gerätekombinationen ist eine entsprechende Krümelung sowie eine ebene Bodenoberfläche zu schaffen.

An die Nährstoffversorgung des Bodens stellt der Chicoree keine besonderen Anforderungen. Daher kann die Phosphor-, Kali- und Magnesiumversorgung bereits mit der Grunddüngung im Frühjahr erfolgen. Zu beachten ist, daß sich eine gute Kaliversorgung des Bodens positiv auf die Qualität und die Haltbarkeit der Rüben auswirkt. Je nach Bodenart sollte der pH-Wert für Chicoree zwischen 5,5 und 6,5 (leichter/schwerer Boden) liegen. Zusätzliche Kalkungen sind bei dieser Kultur allgemein nicht erforderlich. Da die Treibqualität durch hohe Stickstoffgaben negativ beeinflußt wird, sollte das N-Angebot beim Chicoree 60–80 kg N/ha nicht überschreiten. Die zweite Teilgabe von 40–60 kg N/ha wird meist als Kopfdüngung im 2- bis 3-Blattstadium gegeben.

□ Pflanzenanzucht und Pflege
Allgemein wird Chicoree direkt auf dem Acker ausgesät. Die Saat für die frühen Treibsätze erfolgt Mitte Mai – eventuell mit Folienbedeckung –, für die Folgesätze Ende Mai bis Anfang Juni. Je nach Bodenstruktur und Maschinenbesatz wird in Reihen mit gleichem Abstand, auf Beeten oder zweireihig auf Dämmen ausgesät (Abb. 7.9-13). Die Dammkultur wird besonders auf schweren, zum Verschlämmen neigenden Böden durchgeführt. Sie erleichtert darüber hinaus im Herbst das Herausnehmen der Rüben.

Der Abstand in der Reihe wird so gewählt, daß zur Ernte nach Möglichkeit 220 000 Pflanzen auf dem Hektar stehen. Dies entspricht einem Saatgutbedarf von 1,8–2,3 kg/ha. Bei Verwendung von Pillensaatgut erfolgt bei 33 cm Reihenabstand die Kornablage auf 7 cm. Durch Herbizidanwendung (Kerb, Legurame) kann die Unkrautbekämpfung wesentlich erleichtert werden, so daß ein einmaliges Hacken oder Striegeln als Pflegemaßnahme ausreichen kann. Ein Vereinzeln auf 22 Pflanzen/m² ist nur bei einem zu engen Sämlingsstand erforderlich.

Für die ganz frühen Treibsätze (Beginn im September) werden auch Jungpflanzen vorkultiviert. Die Anzucht ähnelt der vom Kopfsalat in Preßtöpfen. Dabei ist darauf zu achten, daß die Pfahlwurzelbildung nicht gestört wird, d. h. die Jungpflanzen müssen entweder noch sehr jung ausgepflanzt oder in länglichen Töpfen (Paperpots, Cultoplantsystem) vorkultiviert werden. Die ausgepflanzten Sämlinge werden anschließend mit Folien abgedeckt, um den schoßauslösenden Einfluß niedriger Temperatur zu meiden.

Chicoree benötigt zur Keimung und zur Rübenbildung einen ausreichend feuchten Boden. An trockenen Standorten kann daher bereits zum Auflaufen eine Bewässerung notwendig werden. Vorbeugende Pflanzenschutzmaßnahmen gegen Mehltau und Chicoreefliege sind nur an besonders gefährdeten Standorten erforderlich.

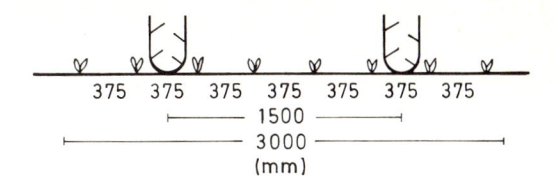

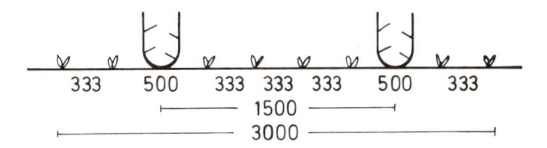

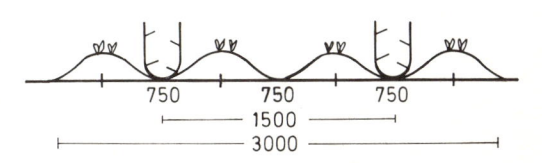

Abb. 7.9-13: Chicoreeanbau
oben: in Reihen mit gleichem Abstand, Mitte: Beetanbau, unten: Doppelreihen auf Dämmen

□ Bestimmung der Erntereife
Um bei der Chicoree-Treiberei eine gute Sproßqualität zu gewährleisten, muß die Rübe einen bestimmten Entwicklungsstand oder Reifegrad erlangt haben. Dieser ist bisher nicht durch klar definierte Kriterien zu bestimmen. Auch Untersuchungen zur Veränderung der Inhaltsstoffe führten nicht zu den gewünschten Ergebnissen. In der Praxis wird der Reifegrad nach folgenden Merkmalen beurteilt:
▷ Durchmesser der Rüben (3–6 cm)
▷ Form der Rüben (s. Abb. 7.9-14)
▷ Wachstumsdauer der Rüben (mindestens 18–20 Wochen)

unreif | beginnende Reife | reif | überreif

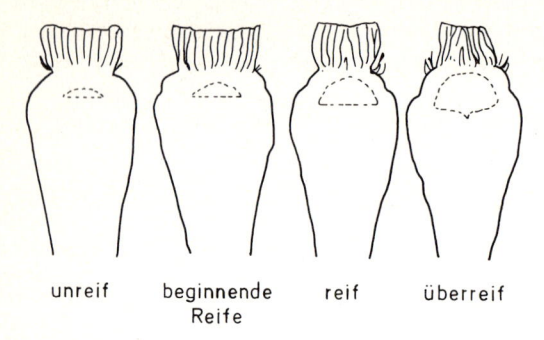

Abb. 7.9-14: Reifestadien von Chicoree-Wurzeln (n. BAËR 1972)

▷ Beginn des Gelbwerdens der unteren Blätter.
Zusätzlich wird versucht, die Treibwilligkeit der Rüben durch spezielle Behandlungen zu fördern. So läßt sich durch ein einwöchiges Antrocknen der gerodeten Rüben auf dem Acker bzw. durch Kältebehandlung (Lagerung für 1–2 Wochen bei +2°C, Abb.7.9-15) der Erfolg, besonders bei der frühen Treiberei, verbessern.

☐ **Ernte, Ertrag und Rübenqualität**
Bei sehr früher Ernte und im Kleinanbau werden die Wurzeln häufig noch mit einem Spaten oder Pflug angehoben, von Hand mit dem Laub herausgezogen und dann mit einem Messer vom Laub getrennt. Auf größeren Flächen werden Schwingsiebroder oder andere Rübenrodegeräte eingesetzt. Beim maschinellen Raufrode-Verfahren hebt ein Rodekörper die Wurzeln an, die Pflanzen werden mit Raufriemen am Laub erfaßt und ganz aus dem Boden gezogen. Sodann werden die Pflanzen einer Schneideeinrichtung zugeführt, die Wurzeln in entsprechender Höhe vom Laub getrennt und in einem Bunker gesammelt. Beim Rode-Lade-Verfahren werden zunächst die Blätter 2–3 cm über dem Vegetationskegel mit einem Schlegelhäcksler abgeschnitten, danach die Rüben mit einem Spezialschar aus dem Boden gehoben und über Siebketten bzw. Förderbänder in einem Bunker oder Wagen gesammelt. Allgemein werden die Rüben nicht in der vollen Länge aufgenommen, sondern in der für die Treiberei gewünschten Länge von 15–17 cm unterschnitten.

Schon bei der Ernte erfolgt eine Sortierung der Rüben nach der Größe. Zu dicke (über 6 cm Durchmesser) und zu dünne Rüben (unter 3 cm Durchmesser) werden entfernt, da diese bei der Treiberei keine guten Qualitäten liefern. Der Rest wird bis zum Treiben entweder in ein Kühllager gebracht oder eingemietet. Um eine stärke-

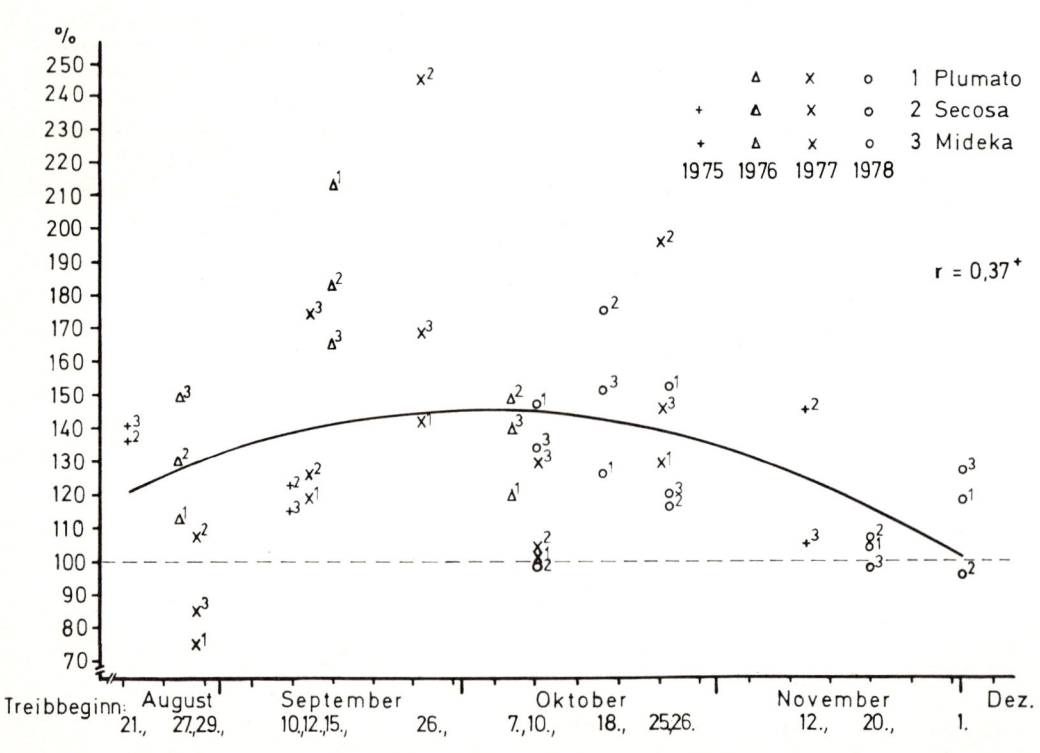

Abb. 7.9-15: Einfluß einer Kältebehandlung (2 Wochen + 2°C) auf die Treibwilligkeit (g/Sproß) von Chicoree-Sorten bei unterschiedlichem Treibbeginn in Relativwerten. Kontrolle = 100 1975–1978 (FÖLSTER 1983)

re Beschädigung der Rüben durch mehrfaches Umladen zu vermeiden, wird neuerdings zunehmend gleich in Großcontainern geerntet, in denen die Rüben bis zum Ansetzen verbleiben. Wichtig ist, daß die Rüben nach der Ernte kühl und nicht zu trocken aufbewahrt werden. Zur Erhaltung der Turgeszenz kann ein Abdecken mit Folien nützlich sein. Ein vorzeitiges Austreiben der Rüben, besonders zum Frühjahr hin, kann durch die Lagertemperatur unterbunden werden. Bei Langzeitlagerung sollte die Temperatur +3°C nicht überschreiten.

Der Ertrag treibfähiger Rüben ist in starkem Maße von der Bestandesdichte zur Ernte abhängig. Bei weitem Stand nimmt der Anteil zu großer, bei engem Stand der Anteil zu kleiner Rüben zu. Bei optimaler Standweite und einem Ausfall von 20 % liegt der ha-Ertrag treibfähiger Rüben zwischen 200 und 250 dt. Die bei der Rübenernte anfallende Laubmasse von 80–100 dt verbleibt meist auf dem Acker, sie kann jedoch auch als Viehfutter verwendet werden.

Rüben mit guter Treibqualität haben einen gesunden Vegetationskegel, einen größten Rübendurchmesser von 3–6 cm und eine Länge von 15–18 cm. Daneben sollte der Wurzelkörper ohne Beschädigung, gerade und ohne Verzweigung sein (Abb. 7.9-16).

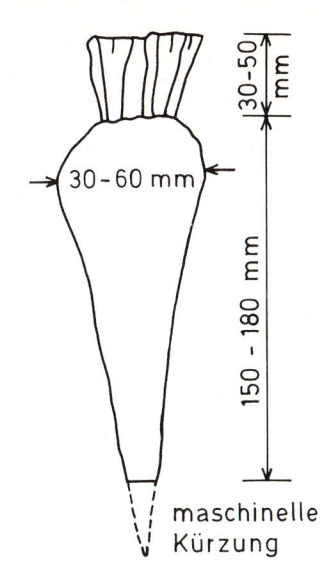

Abb. 7.9-16: Maßangaben für treibwürdige Chicoreewurzeln

□ **Treiberei**
Die Treibverfahren zur Produktion von Chicoree-Sprossen lassen sich wie folgt untergliedern:
▷ Treiberei in Erde mit Deckerde
▷ Treiberei in Erde ohne Deckerde
▷ Treiberei in Wasser oder Nährlösung ohne Deckmaterial.

Die Treiberei mit Deckerde ist das älteste Treibverfahren. Es wird im Freiland unter Regenschutz, in Schuppen, Kellern oder in Gewächshäusern durchgeführt. Die Rüben werden zunächst geputzt, d. h. der Vegetationskegel wird von losen und trockenen Blattstielen befreit und dann aufrechtstehend zu 300–400 Rüben/m² in einer Art Miete eingeschlagen. Nach gutem Anwässern werden die Rübenköpfe ca. 15 cm hoch mit einem gut krümeligen, sandigen Boden abgedeckt, um den sich bildenden Sprossen einen Widerstand entgegenzusetzen und sie dunkel zu halten. Dadurch bleiben diese fester, die Spitzen können sich nicht vorzeitig enfalten, und die Farbe bleibt weiß. Zur Beschleunigung der Treiberei wird die Fußsohle der Rübenmiete mit einer Maschendrahtheizung, einer Warmwasserbodenheizung o. ä. temperiert. Bei 12°C beträgt die Treibdauer etwa 5–6, bei 16°C nur 4–5 Wochen (Abb. 7.9-17). Gute Sproßqualität wird erreicht, wenn die Rübenzone warm, die Sproßzone jedoch kühl gehalten wird. Zur Ernte werden die Pflanzen einzeln aus der Miete genommen, die Sprosse abgebrochen oder abgeschnitten, geputzt, gewaschen und marktfähig verpackt.

Der hohe Handarbeitsaufwand bei diesem Verfahren wird reduziert durch die Treiberei in Erde ohne Deckerde. Hierzu ist ein völlig dunkler Raum erforderlich. Die Rüben werden wie bei dem obigen Verfahren in Mieten eingeschlagen, doch anschließend nicht mehr mit Deckerde versehen. Dadurch fehlt den sich bildenden Sprossen der Gegendruck und die Lichtabschirmung; sie können sich frei entwickeln, sind bei ungünstiger Temperaturführung im Aufbau lockerer und die Sproßspitzen z. T. leicht geöffnet.

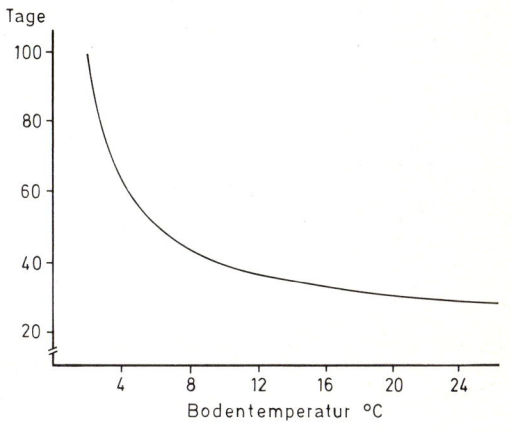

Abb. 7.9-17: Einfluß der Bodentemperatur auf die Treibdauer von Chicoree

Zudem färben sich die Blattspreiten der äußeren Blätter leicht gelblich. Da aber die Wurzeln zur Ernte nicht mehr aus dem Boden herausgenommen werden müssen, bleiben die Sprosse sauber, und der Aufwand für das Putzen sowie die Marktaufbereitung wird erheblich reduziert. Dieses Verfahren setzt geeignete Sorten voraus.

In der Praxis wird heute verstärkt ohne jeglichen Boden in Wasser oder Nährlösung getrieben. Die geputzten und sortierten Rüben werden auf gleiche Länge geschnitten (je nach Gefäßhöhe 13–15 cm) und in Wannen oder Containern mit 3–5 cm Wasser bzw. Nährlösung so gestellt, daß alle Rübenköpfe die gleiche Höhe haben. Günstig ist es, das Wasser in den Behältern zu temperieren (meist 18 °C), die Umgebungsluft jedoch möglichst kühl (ca. 15 °C) zu halten. Auch hier wird die Treibdauer von der Luft- und der Wurzelraumtemperatur bestimmt. Zur gleichmäßigeren Temperierung des Wurzelraumes und zur besseren Sauerstoffversorgung der Wurzeln wird das Wasser mit einer Pumpe umgewälzt. Ein Zusatz von Stickstoff oder wasserlöslichen Volldüngern (ca. 100 mg N/l) zum Wasser ist üblich, da hierdurch, je nach Reservestoffeinlagerung der Rüben, ein schnelleres Sproßwachstum erreicht werden kann.

Die Verwendung von Containern erlaubt platz- und kostensparende Treibverfahren in Räumen mit kontrollierter Temperaturführung, entweder in Stapeln (Gabelstapler erforderlich, Abb. 7.9-18) oder flach auf dem Boden. Auch in Hallen oder Gewächshäusern mit Tageslicht lassen sich durch Abdeckung mit schwarzer Folie einfache Vorrichtungen für diese Treibverfahren schaffen. So werden in Plastik-Gemüsekisten eingesetzte Rüben in ein beetförmiges, flaches Wasserbecken gestellt, das anschließend, wie bei Festam-Tunneln, mit schwarzer Folie abgedeckt wird. Die Temperierung erfolgt hier über das Wasser (16–18 °C) oder über die Luft (14–15 °C). In beiden Fällen ist zur Reduzierung der Luftfeuchtigkeit eine Luftumwälzung mit einem Gebläse erforderlich (Abb. 7.9-19).

Bei dem Treiben in Wasser ist die Qualität der Sprosse durch die meist genauere Temperaturführung besser als bei dem Treiben ohne Deckerde. Dennoch spielt auch hier die Wahl geeigneter Sorten eine wesentliche Rolle.

Die wichtigsten Vor- und Nachteile der drei Treibverfahren zeigt die Gegenüberstellung (Tab. 7.9-5).

□ Bestimmung der Erntereife

Die Erntereife der Chicoreesprosse wird visuell bestimmt. Zur Ernte sollten die Sprosse möglichst groß, jedoch fest und in der Spitze geschlossen sein. Dieser Zeitpunkt ist bei den meisten Sorten erreicht, wenn Sproß und Rübe etwa gleichen Durchmesser erreicht haben. Von der Größe her kann die Ernte beginnen, wenn die Sprosse die für die Handelsklassen geforderten Mindestanforderungen erfüllen, das sind 3 cm Durchmesser und 9 cm Länge. Der optimale Erntetermin ist überschritten, wenn sich die Spitzen der Sprosse öffnen oder die Sproßachsen eine Länge von 5 cm überschreiten.

Tab. 7.9-5: Vor- und Nachteile der Chicoree-Treibverfahren

Treibverfahren	Vorteile	Nachteile
in Erde mit Deckerde	feste Sprosse weiße Farbe gute Qualität	arbeitsaufwendig (über 18 Akh/dt) hoher Putzabfall Wäsche erforderlich Treiberei schwer steuerbar Bodenheizung erforderlich
in Erde ohne Deckerde	leichtere Ernte weniger Putzabfall weniger Schmutz	völlig dunkler Raum erforderlich Sprosse nicht so fest Spitze oft locker gelbliche Färbung nur bestimmte Sorten geeignet
in Wasser oder Nährlösung	weniger Arbeit leichtes Ansetzen gute Temperaturkontrollmöglichkeit wenig Putzabfall	völliger Lichtabschluß erforderlich nur bestimmte Sorten geeignet Sproß oft locker Farbe gelblich Randen bei zu hoher Luftfeuchtigkeit

Asteraceae (*Compositae*, Korbblütler)

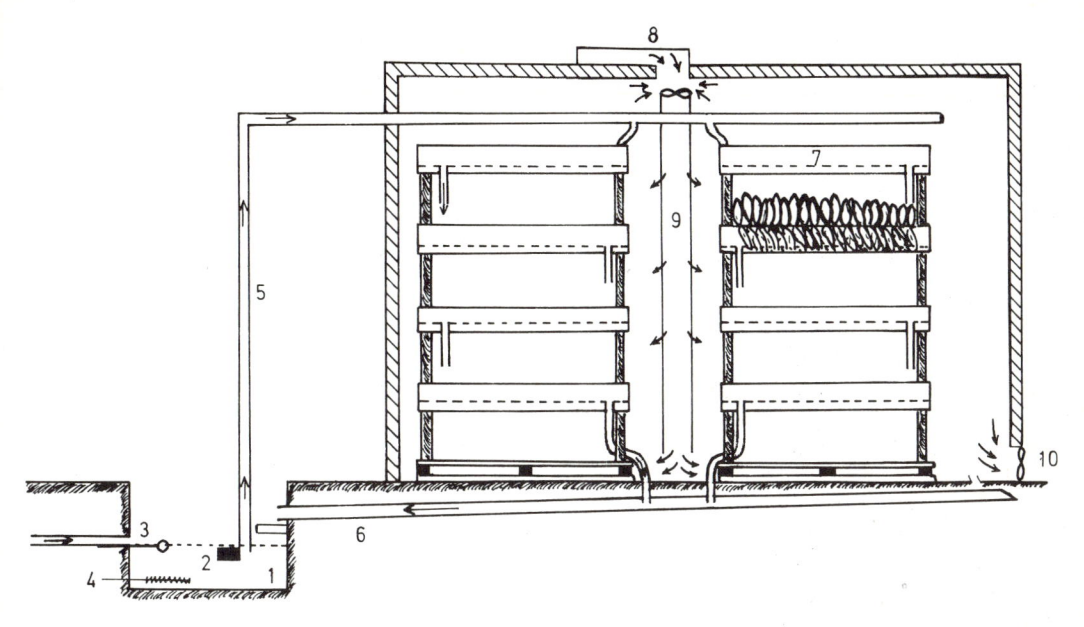

Abb. 7.9-18: Chicoree-Treiberei in gestapelten Containern mit Wasserumlauf und -heizung
1 Wasservorratsbehälter, **2** Pumpe, **3** Zulauf mit Niveauregler, **4** Heizung mit Thermostat, **5** Wasserzulauf, **6** Wasserablauf mit Filter, **7** Container mit Chicoree, **8** Ventilator, **9** Belüftungsrohr, **10** Abluftklappe

☐ **Ernte und Ertrag**
Der Sproß wird mit einem Messer etwa 5 mm über der Wurzel abgeschnitten, damit die äußeren, losen Hüllblätter ohne Nachputzen abfallen. Mit der Ernte erfolgt gleichzeitig die Sortierung nach Größe und Qualität. Chicoree, der mit Deckerde produziert wurde, wird nach der Ernte gewaschen und anschließend mittels Zentrifuge o. ä. getrocknet. Bei allen Erntemaßnahmen ist jegliches Stoßen, Kratzen oder Schaben zu vermeiden, da sich diese Stellen nur wenige Stunden später rot bis rotbraun verfärben. Auch kann die Marktaufbereitung der Sprosse bei grünem Licht erfolgen, um einer Chlorophyllbildung in den Blättern vorzubeugen.

Abb. 7.9-19: Treiberei von Chicoree unter schwarzer Folie in Wasser

Der Ertrag beim Chicoree wird stark durch die Treibbedingungen bestimmt. Zu hohe Temperaturen und verspätete Erntetermine können schnell zu lockeren Sprossen und damit zu Qualitäts- und Ertragseinbußen führen. Der Ertrag pro m^2 Treibfläche kann somit zwischen 20 und 40 kg schwanken. Ein guter Ertrag ist erreicht, wenn zur Ernte das Gewichtsverhältnis Wurzel zu Sproß 1 : 1 beträgt.

☐ **Aufbereitung, Qualitätsmängel und Lagerung**
Äußere Qualität und Größe sind wesentliche Kriterien für die Vermarktung. Die Sprosse sollten gleichmäßig geformt, dicht gewachsen, unbeschädigt, gut eingehüllt, d. h. am oberen Ende spitz zulaufend und geschlossen, ohne grünliche oder glasige Färbung und im Mittelteil ohne Schaftbildung sein. Bei der Größe lauten die Normen für die Qualitätsstufe Extra 3–6 cm Durchmesser und 9–17 cm Länge, für Handelsklasse I 3–8 cm Durchmesser und 9–20 cm Länge.

Verpackt wird überwiegend in Kartons, die einen Lichtabschluß garantieren. Neben Kleinverpackungen (Foodcontainer, Folienbeutel u. a.) mit 0,5 kg Inhalt wird Chicoree in Einheiten zu 3 oder 5 kg verpackt.

Als Qualitätsmängel sind anzutreffen:
▷ das Blaufärben der Sprosse – bedingt durch Rübenproduktion auf zu sauren bzw. zu salzhaltigen Böden

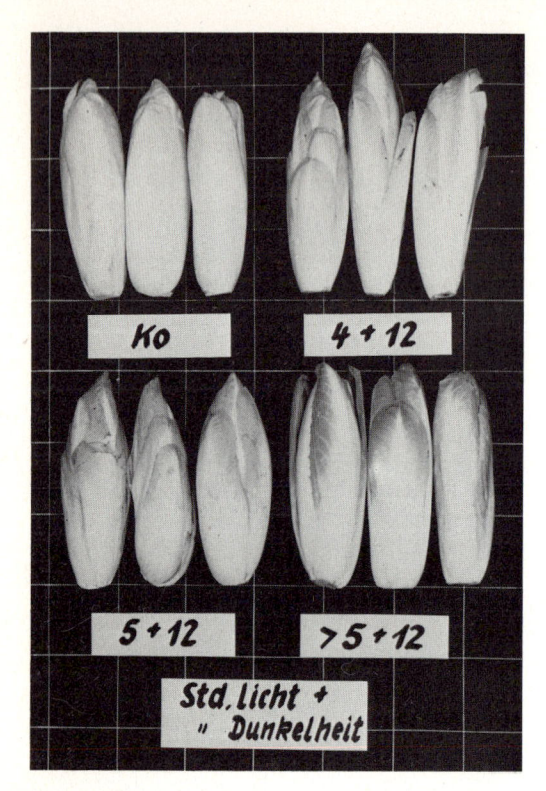

Abb. 7.9-20: Grünfärbung bei Chicoree

▷ innere Verbräunung des Schaftes – bedingt durch Bormangel während der Rübenproduktion
▷ Randen wie beim Kopfsalat – bedingt durch zu hohe relative Luftfeuchtigkeit bei der Treiberei
▷ Grünwerden der Sprosse – bedingt durch zu langen Lichteinfall während der Vermarktung. Bereits 4 Stunden normaler Raumbeleuchtung reichen aus, um eine leichte Grünfärbung der Hüllblätter zu erkennen (Abb. 7.9-20).

Die mögliche Lagerdauer geernteter Chicoreesprosse ist von den Lagerbedingungen abhängig. Wesentliche Voraussetzungen sind völlige Dunkelheit, niedrige Temperatur und hohe relative Luftfeuchte. Bei 0–1 °C und 90–95 % relativer Luftfeuchte kann Chicoree bis zu 3 Wochen vermarktungsfähig gehalten werden. Bei 12 °C dagegen reduziert sich diese Zeit bereits auf nur 4 Tage (Abb. 7.9-21).

Literatur

BUISHAND, TJ. (Zusammenstellung) (1972): Teelt en trek van witlof. Alkmaar: Consulentschap in Algemene Dienst voor de Groenteteelt in de Vollegrond No. 1.

FÖLSTER, E. (1983): Beeinflussung der Treibwilligkeit und Qualität von Schnittlauch und Chicoree – Teil II (Chicoree). Rheinische Monatsschrift für Gemüse, Obst, Zierpflanzen **71**, 424 u. 426.

GEISSLER, TH. und KRAHNSTÖVER, K. (1984): Chicoree. Berlin: VEB Deutscher Landwirtschaftsverlag.

HAM, M., V. D., KRUISTUM, G. VAN, SCHONEVELD, J. A. (1980): Witloftreksystemen. Publ. Nr. 6. Lelystad/Alkmaar: Stichting Proefstation voor de Akkerbouw en de Groenteteelt in de Vollegrond.

7.9.4 Radicchio und Fleischkraut – Cichorium intybus L. var. foliosum

Radicchio und Fleischkraut gehören der gleichen Varietät an wie der Chicoree und der gleichen Gattung wie die Endivie. Beim Fleischkraut, auch Herbstchicoree genannt, werden die spitz zulaufenden Köpfe (Abb. 7.9-22 u. 7.9-23), bei dem Radicchio oder der Rosettenzichorie (Abb. 7.9-24) die entweder rotbraunen, lockeren Köpfe oder Rosetten, ähnlich wie Endiviensalat, verzehrt. Ihr Nahrungswert entspricht dem des Chicorees. Beide Arten werden, ähnlich wie die Endivie, im Sommer angebaut und im Herbst geerntet, in milden Klimaten (Italien) auch überwintert. Fleischkraut hat in der Schweiz, in Österreich und in Norditalien lokale Bedeutung. Radicchio wird bevorzugt in Italien angebaut. Neuerdings wird er in den Wintermonaten verstärkt als frischer, roter Salat in die Bundesrepublik exportiert.

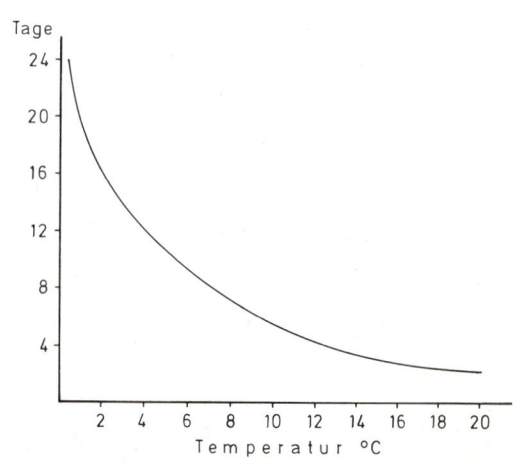

Abb. 7.9-21: Haltbarkeit von Chicoree in Abhängigkeit von der Lagertemperatur

Asteraceae (Compositae, Korbblütler)

Abb. 7.9-22: Fleischkraut als Pflanze

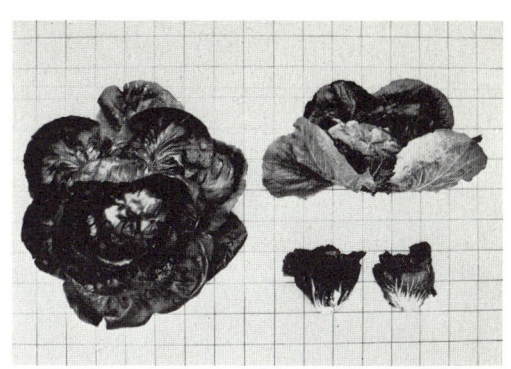

Abb. 7.9-24: Erntefähiger Radicchio Sorte 'Palla Rossa'

7.9.5 Schwarzwurzel – *Scorzonera hispanica* L.

Als Heimat der Schwarzwurzel wird der mittel- und südeuropäische Raum angesehen, in dem die Ausgangsform auf den alkalisch bis leicht sauren Wiesen als ausdauernde Wildpflanze zu finden ist. Bis zum Mittelalter hatte die Schwarzwurzel nur in der Heilkunde Bedeutung. Sie wurde wegen ihrer giftfeindlichen Eigenschaften, vor allem gegen Pest und Gift (Schlangenbisse), eingesetzt. Aber auch bei Herz-, Augen- und Nierenkrankheiten sprach man ihr Heilwirkung zu. Als Gemüsepflanze wird die Schwarzwurzel erstmals um 1700 erwähnt. Durch die stärkere Pfahlwurzelbildung und die Nutzungsmöglichkeit auch im zweiten Anbaujahr verdrängte sie die bis dahin als Gemüse genutzte Haferwurzel (*Tragopogon porrifolius* L.) fast vollständig (Abb. 7.9-25).

Bedeutung als Gemüse hat die Schwarzwurzel besonders im europäischen Raum. Hier beträgt die Anbaufläche etwa 5000 ha mit Schwerpunkten in Belgien (ca. 1500 ha) und Frankreich (ca. 1200 ha). In der Bundesrepublik schwankt die jährliche Anbaufläche um 50 ha.

Die Schwarzwurzel ist ein Kochgemüse. Ihr gesundheitlicher Wert wird besonders durch den Gehalt an Inulin, Asparagin, Cholin und Lävulin bestimmt. Sie gilt als leicht verdaulich, bekömmlich, wohlschmeckend und ist für Magen- und Darmdiät geeignet.

Als Frischgemüse wird die Schwarzwurzel im Winterhalbjahr angeboten. Daneben werden erhebliche Mengen konserviert und als küchenfertig zubereitete Naßkonserven ganzjährig verkauft.

□ **Botanische Grundlagen**

Die Schwarzwurzel ist eine ausdauernde Pflanze. Der Sämling bildet zunächst zwei lange, schmale Keimblätter. Die Laubblätter sind ganzrandig und lanzettlich-lineal bis eirund. Die sich im ersten Jahr bildende Pfahlwurzel verdickt sich im Laufe des Sommers auf einer Länge von etwa 30 cm zylindrisch bis walzenförmig zu einem Durchmesser von 2,5–3 cm. Sie ist nur wenig verzweigt und bei den meisten Sorten an der Spitze deutlich verjüngt. Sie nimmt eine Mittelstellung zwischen einer Pfahlwurzel und einer

Abb. 7.9-23: Marktfähige Fleischkrautköpfe Sorte 'Zuckerhut'

Abb. 7.9-25: Schwarzwurzeln (l.) und Haferwurzeln (r.) im Vergleich

Rübe ein und ist sehr frosthart. Ihre sekundäre Rinde wird nach außen von einer schwarzbraunen Korkschicht abgeschlossen und im Innern von zahlreichen Milchröhren durchzogen, die einen gelblich-weißen Milchsaft führen. Im Gegensatz zur Haferwurzel bleibt die Wurzel auch im zweiten Jahr zart und somit noch als Gemüse verwendbar.

Aus der Rosette wächst im folgenden Jahr nach Kälteeinwirkung und unter Langtagbedingungen der Blütenstand, der eine Höhe von 60 bis 125 cm erreicht. Bei früher Saat und niedrigen Temperaturen im Juni–Juli können Schwarzwurzelpflanzen auch schon im 1. Jahr blühen. Der Blütenstand ist im oberen Teil verzweigt, jeder Trieb endet mit einem Blütenköpfchen. Während der Blütezeit im Juni–Juli öffnen sich die gelben Blütenstände bereits sehr früh am Morgen und schließen wieder in den Mittagstunden. Es findet sowohl Fremd- als auch Selbstbestäubung statt. Die Frucht (auch als Same bezeichnet) ist 12–17 mm lang und bei einem Durchmesser von nur 1–1,5 mm schmal zylindrisch, leicht gerippt und weiß-gelb gefärbt. Die an der Fruchtspitze auf langem Stiel stehende Haarkrone (Pappus) wird bei der Saatgutaufbereitung entfernt. Die Keimfähigkeit der Samen bleibt nur 1 Jahr erhalten, so daß zur Aussaat stets frisches Saatgut zu verwenden ist.

☐ Standortansprüche und -orientierung

Als in Europa heimische Pflanze stellt die Schwarzwurzel im hiesigen Anbau keine besonderen Klimaanforderungen. Freie, sonnige Lagen sind Voraussetzung für eine kräftige Rosetten- und damit Wurzelbildung. Daneben ist für eine gute Ertragsleistung, besonders zur Zeit des Hauptwachstums im Juli–August, eine ausreichende Bodenfeuchte förderlich. Trockenperioden können während dieser Zeit zum vorzeitigen Vergilben oder Absterben der Blätter führen.

Wesentlich höhere Anforderungen werden an den Boden gestellt. Nur tiefgründige Böden lassen die Bildung langer, gerader, glatter und schwach verzweigter Wurzeln zu. Ungeeignet sind grobschollige, steinige und auch zu bindige Böden. Sie können zudem die Ernte erheblich erschweren. Zur Vernässung oder im Untergrund zur Versauerung neigende Böden begrenzen ebenfalls das Längenwachstum der Wurzeln. Dagegen lassen humose, nährstoffhaltige mittlere Lehmböden mit ausreichender Tiefgründigkeit, aber auch anmoorige Standorte gute Qualitäten erwarten. Die Schwarzwurzel liebt alkalische Böden mit pH-Werten von 7–7,5.

☐ Anbauformen

Der Schwarzwurzelanbau ist überwiegend im Intensiv-Freilandgemüsebau oder in kleinbäuerlichen Betrieben zu finden. Ursache hierfür sind die Schwierigkeiten bei der Ernte, da die langen, zerbrechlichen Wurzeln heil geborgen werden müssen, was bisher nur teilmechanisiert möglich ist. Da auch für die Marktaufbereitung viel Handarbeit notwendig ist, kann die Kultur nur in Betrieben mit ausreichender Arbeitskapazität durchgeführt werden.

☐ Fruchtfolge

In der Fruchtfolge steht die Schwarzwurzel am günstigsten in der 2. Tracht. Bei der langen Kulturdauer beansprucht sie das Feld für die gesamte Vegetationsperiode, u. U. bis in das folgende Frühjahr hinein. Gute Vorfrüchte sind Hackfrüchte, die organisch gedüngt wurden und einen garen und unkrautfreien Boden hinterlassen. Auch Leguminosen und Getreide haben eine gute Vorfruchtwirkung. Dagegen scheiden Vorfrüchte, die grobe Pflanzenteile (Kohlstrünke usw.) im Boden zurücklassen, aus. Grundsätzlich sollte die Vorfrucht die Ausbringung einer Grunddüngung und eine tiefe, das bedeutet für ein gutes Absetzen möglichst frühzeitige Bodenbearbeitung erlauben. Sofern die Ernte nicht bei zu feuchtem Boden erfolgt, hinterläßt die Schwarzwurzelkultur den Acker in einem guten

Zustand, so daß für alle Folgekulturen gute Voraussetzungen gegeben sind. Besonders Kohlarten werden gerne nach Schwarzwurzeln angebaut.

□ **Sortenwahl**
Nach anfänglich sehr geringem Sortenangebot ('Einjährige Riesen', 'Hoffmanns schwarze Pfahl') hat sich die Sortenzahl in den letzten 20 Jahren deutlich vergrößert. Die Züchtung konzentriert sich besonders auf gut geformte, dicke und glatte Wurzeln. Der Kopf kann schmal und eintriebig oder breit und mehrtriebig sein. Wesentliche Sortenanforderungen sind:
▷ gute Ertragsleistung,
▷ gleichmäßige, zylindrisch geformte Wurzel,
▷ stumpfe Wurzelspitze,
▷ einheitliche Wurzellänge (27–30 cm),
▷ geringe Neigung zur Wurzelverzweigung,
▷ nicht hohl-werdend,
▷ geringe Temperaturempfindlichkeit (Schossen) im 1. Anbaujahr,
▷ Krankheitsresistenz (Mehltau, Weißer Rost),
▷ Nematodenresistenz bzw. -toleranz.

□ **Bodenvorbereitung und Düngung**
Die Bodenvorbereitung für eine Schwarzwurzelkultur beginnt im Herbst mit der P-, K- und Mg-Grunddüngung. Danach sollte noch vor Winterbeginn gepflügt und die Pflugfurche mit dem Untergrundlockerer ca. 40 cm tief gelockert werden. Sobald es die Witterung im Frühjahr erlaubt, wird der Boden mit Egge und Kombination saatfertig hergerichtet.

Der Nährstoffbedarf einer Schwarzwurzelkultur ist nicht groß. Bei einer Ernte von ca. 200 dt/ha ist mit einem Bedarf von 110 kg N, 45 kg P_2O_5 und 150 kg K_2O/ha und 16 kg MgO zu rechnen. Während P und K bereits im Herbst gegeben werden, sollte die N-Düngung der Entwicklung der Pflanze angepaßt werden. Nach einer langsamen Anfangsentwicklung (bis Ende Juni sind oft erst 10 % der Jahresmassenproduktion erreicht) beginnt etwa Mitte Juli die Hauptwachstumsphase, die temperaturbedingt etwa Mitte September endet. Stärkerer Stickstoffbedarf besteht folglich erst ab Juli, weshalb zu dieser Zeit die restlichen 50 % der empfohlenen N-Menge als Kopfdüngung gegeben werden sollten. Daneben kann sich, besonders bei schwach mit K versorgten Böden, eine zusätzliche K-Gabe qualitätsfördernd auf die Wurzelentwicklung auswirken.

□ **Pflanzenanzucht**
Schwarzwurzeln werden ausschließlich direkt auf den Acker in Reihen gesät, vorzugsweise in Beetkultur. Die Saat beginnt im April, selten bereits im August des Vorjahres. Bei guter Keimfähigkeit des Saatgutes (80 %) werden 10–14 kg/ha benötigt. Je nach gewünschter Wurzelstärke wird eine etwas engere (für die industrielle Verarbeitung) oder weitere (Frischmarkt) Samenablage gewählt. Angestrebt werden 40–50 Pflanzen/m^2. Die Sämaschine muß für das Ausbringen der stäbchenförmigen, zerbrechlichen Samen geeignet sein und sorgfältig eingestellt werden.

Bei einer Samenablage von 3–4 cm Tiefe ist im Frühjahr mit einem Auflaufen nach 3–4 Wochen zu rechnen. Ein Verziehen nach dem Aufgang ist nicht üblich, zumal die Sämlinge leicht abreißen. Nur bei zu engem Stand kann der Ertrag an guter Wurzelqualität durch ein Ausdünnen erhöht werden. Ein Herbizideinsatz unmittelbar nach der Aussaat ist möglich, doch besteht zur Zeit keine amtliche Zulassung.

□ **Pflege**
Durch u. U. mehrfaches Hacken ist der Bestand bis zum Schließen der Reihen unkrautfrei zu halten. Bei starkem Unkrautbesatz ist eine Bekämpfung mit fein gemahlenem, ungeöltem Kalkstickstoff (2 dt/ha) möglich, sofern die Schwarzwurzelpflanzen eine Höhe von 8–10 cm erreicht haben. Ein vorzeitiges Schießen hat auf die Qualität der Wurzeln keinen wesentlichen Einfluß, wenn die Blütenstengel frühzeitig ausgebrochen werden.

Die Schwarzwurzel verlangt, besonders zur Hauptwachstumszeit im Juli–September, zur guten Entwicklung eine gleichmäßige Bodenfeuchte. Ein längeres Unterschreiten von 60 % der Feldkapazität ist zu dieser Zeit durch zusätzliche Beregnung zu vermeiden.

Pflanzenschutz ist erforderlich bei frühem Befall mit Weißem Rost (*Albugo tragopogonis*) oder Echtem Mehltau (*Erysiphe cichoriacearum*). Spätinfektionen haben wenig Einfluß auf den Ertrag. Schwarzwurzeln sind, besonders bei Überwinterung oder in Mieten, stark wühlmausgefährdet.

□ **Ernte und Ertrag**
Die für eine gute Qualität geforderten Mindestlängen der Wurzeln von 22 cm und Wurzelgewichte über 65 g sind nicht vor Ende September bis Oktober zu erwarten. Die Ernte kann somit im Oktober beginnen und bis in das folgende Frühjahr ausgedehnt werden. Da die Wurzeln bei der Ernte leicht abbrechen, erfolgt das Roden z. T. noch von Hand mit einem Spaten. Bei der teilmechanisierten Rodung werden die Wurzeln nach dem Abschlagen des Krautes mit einem Feldhäcksler Reihe für Reihe freigepflügt und von

Hand zur Furche hin aufgezogen. Teilweise werden die Reihen auch nur mit einem leichten Baumschulrodepflug oder anderen Geräten tief unterfahren. Der Einsatz von Siebkettenrodern erfolgt nur bei Industrieware, die nach der Ernte sofort verarbeitet wird.

Der Ertrag ist von der Bestandesdichte und, über die Wurzelgröße, dem Aussaattermin abhängig. Bei früher Saat sind die Erträge meist höher, doch die Zahl der Schosser und hohlen Wurzeln nimmt zu. Bei später Saat ist der Anteil zu kleiner und dünner Wurzeln größer. Normale Bestände liefern einen Wurzelrohertrag von 200–250 dt/ha und nach der Sortierung etwa 120 bis 180 dt vermarktungsfähige Ware. Die höchsten Erträge werden bei einer Ernte im Oktober bis November erzielt. Bei späteren Ernten sinken die Erträge durch zunehmenden Ausfall.

☐ **Aufbereitung, Qualitätsmängel und Lagerung**
Während die Industrieware meist unsortiert direkt an die Verarbeitungsfirma geliefert wird, muß die Frischmarktware nach den Qualitätsnormen sortiert werden. Dies geschieht bisher noch von Hand. Die Wurzeln müssen ganz, gesund, sauber, glatt, ohne Nebenwurzeln und Vergabelungen, von weißem Fleisch und nicht faserig sein. Nach Größe werden sie in 2 Klassen eingestuft:
▷ Klasse 1: Mindestlänge 22 cm, Mindestdurchmesser 15 mm
▷ Klasse 2: Mindestlänge 15 cm, Mindestdurchmesser 12 mm

Die Verpackung erfolgt lose in Kisten mit Füllmengen zwischen 5 und 12,5 kg. Zum Teil werden die Wurzeln auch selbstbedienungsgerecht zu 1/2 oder 1 kg gebündelt.

Qualitätsmängel bei der Vermarktung sind nicht mehr voll turgeszente Wurzeln, verursacht durch zu lange oder trockene Lagerung, und hohle Wurzeln, die durch zu starkes Dickenwachstum oder zu hohe N-Düngung entstanden sein können.

Beste Haltbarkeit ist gegeben, wenn die Wurzeln bis unmittelbar vor der Vermarktung im Boden verbleiben. Daneben ist Mietenlagerung im Freiland günstig. Bei der Frosthärte der Wurzeln ist lediglich ein Verdunstungsschutz wichtig. Im Kühllager können Schwarzwurzeln bis zu 4 Monaten gelagert werden, wenn die Temperaturen um 0 °C und die relative Luftfeuchtigkeit über 95 % zu halten sind.

Literatur

BUISHAND, TJ. (Zusammenstellung) (1971): Teelt van Schorseneren. Alkmaar: Consulentschap in Allgemene Dienst voor de Groenteteelt in de Vollegrond in Nederlande, No. 23.

HENKEL, R. (1967): Beregnungseinsatz bei Schwarzwurzeln. Deutscher Gartenbau **14**, 189-191.

VULSTEKE, G. u. BOCKSTADE, L. (1976): Influence of plant density on yield quality of *scorzonera*. J. of Hort. Sci. **51**, 65-74.

7.10 Liliaceae (Liliengewächse)

HELMUT KRUG

Die Familie der *Liliaceae* wird heute vielfach in Unterfamilien unterteilt. Die für den Gemüsebau wichtigsten sind die *Allioideae* (Lauchgewächse) und die *Asparagoideae* (Spargelgewächse).

Die *Allioideae* sind eine in Zentralasien beheimatete, sehr formenreiche Familie. Wichtigen Kulturarten gemeinsam sind (s. auch Abb. 7.10-2):
▷ eine zur Zwiebelscheibe gestauchte Sproßachse;
▷ die Laubblätter bestehen aus röhrenförmig geschlossenen Unterblättern mit an der Basis mehr oder weniger verdicktem Blattgrund und den ebenfalls röhrenförmigen oder flachen und dann gefalteten Oberblättern;
▷ die Unterblätter bilden einen Scheinsproß, deren verdickte Basen die Bulben (Zwiebeln);
▷ an der Zwiebelscheibe entwickeln sich, bei einigen Arten erst nach Einwirkung niedriger Temperatur, Erneuerungsknospen, die zu mehr oder weniger großen Bulben heranwachsen und sogleich austreiben oder im Boden überdauern können;
▷ an den dickfleischigen Adventivwurzeln fehlen die Haarwurzeln;

Abb. 7.10-1: Blütendiagramm von Liliengewächsen (ROHWEDER und ENDRESS 1983)

Liliaceae (Liliengewächse)

▷ die Blütenschäfte mit doldenartigen Blütenständen tragen keine Blätter;
▷ die Blüten bilden sich aus 6 Blütenblättern, 6 Staubblättern und einem oberständigen Fruchtknoten (Abb. 7.10-1);
▷ ein strenger charakteristischer *Allium*-Geruch und -Geschmack.

7.10.1 Speisezwiebel (*Allium cepa* L. var. *cepa*)

□ Geschichte und Bedeutung

Aus ihrem Heimatgebiet Mittelasien hat sich die Speisezwiebel nach Vorderasien und in den Mittelmeerraum ausgebreitet und ist eine unserer ältesten Kulturpflanzen. Sie wird bereits um 3000 v. d. Z. im Speiseplan der ägyptischen Pyramidenbauer erwähnt und war auch bei den Griechen und Römern eine verbreitete Gemüse- und Heilpflanze. Im Mittelalter gelangte die Speisezwiebel nach Mitteleuropa, wo sie die Winterzwiebel *(A. fistulosum)* verdrängte.

Der Nutzungswert der Speisezwiebel liegt in ihrem charakteristischen Geschmack, der ihr durch den hohen Gehalt an Zucker (7–8 % Glucose und Saccharose) sowie verschiedene Sulfide verliehen wird und sie zu einem begehrten Gewürz macht. Das Laub besitzt einen beachtlichen Vitamingehalt. Geschmacklich mildere Formen mit großen Bulben werden als Gemüsezwiebeln bezeichnet und als Koch- und Salatgemüse genutzt. Als Heilpflanze soll die Speisezwiebel appetitanregend, harntreibend, verdauungsfördernd, blutzuckersenkend und antibiotisch wirken.

Im Weltmaßstab nimmt die Speisezwiebel mit ca. 1,7 Mill. ha (Trockenzwiebeln) einen bedeu-

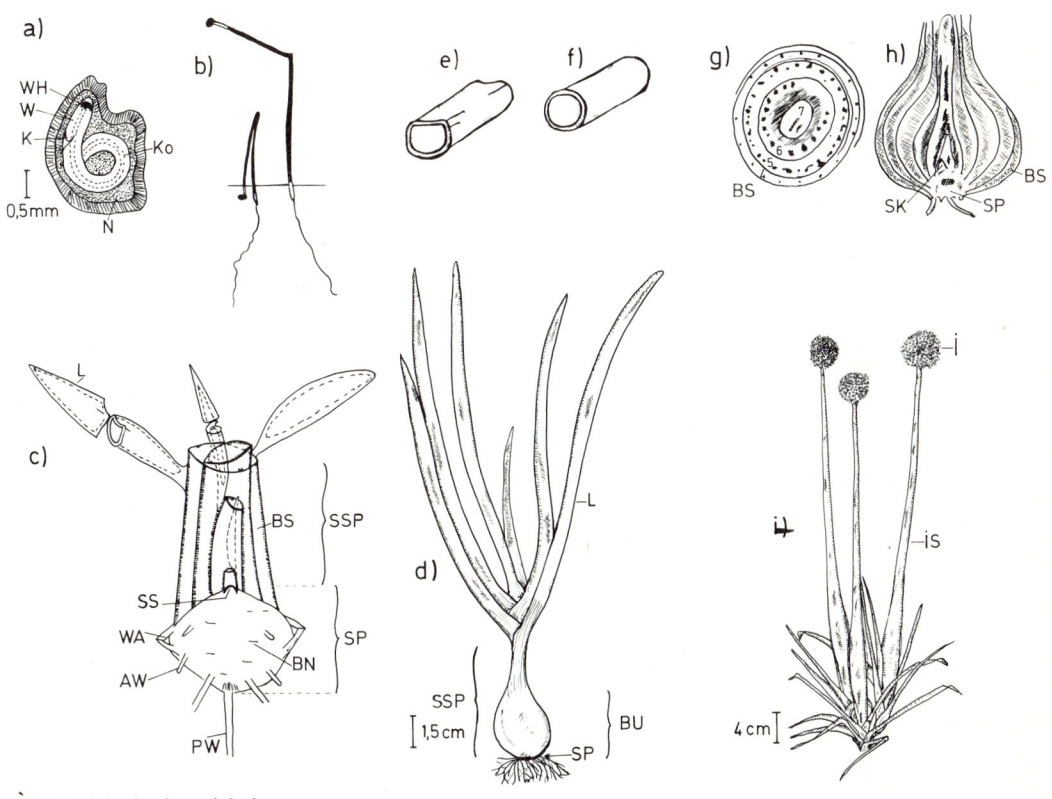

Abb. 7.10-2: Speisezwiebel
a) Samen, b) Sämlinge im Bügel- und Peitschenstadium, c) schematische Darstellung des Aufbaus einer jungen Zwiebelpflanze (n. JONES und MANN 1963), d) Pflanze im vegetativen Wachstum, Querschnitte von e) Laubblatt, f) Blütenschaft, g) Bulbe, h) Längsschnitt von Bulbe (n. JONES und MANN 1963), i) blühende Pflanze
AW = Adventivwurzeln, BN = Blattnarben, BS = zylindrische Blattscheiden, BU = Bulbe oder Zwiebel, I = Blütenstand, IS = Blütenstandschaft, K = Sproßknospe, Ko = Keimblatt, L = Laubblatt, N = Nährgewebe, PW = Primärwurzel, S = Samenschale, SK = Seitenknospe, SP = Sproßachse, SS = Sproßspitze, SSP = Scheinsproß, WA = Wurzelanlage, WH = Wurzelhaube, W = Wurzel

tenden Rang ein. Die größten Anbauflächen liegen in den wärmeren Gebieten der subtropischen und gemäßigten Klimazonen, besonders in Ostasien, Südeuropa und in der Sowjetunion. In der EG stehen 68 300 ha (Italien = 20 400 ha, Niederlande ca. 17 000 ha, Griechenland ca. 12 000 ha, Großbritannien ca. 9000 ha, Frankreich 7800 ha). In der Bundesrepublik ist die Anbaufläche mit ca. 1000 ha gering.

☐ **Botanische Grundlagen**
Die Speisezwiebel ist an den röhrenförmigen, zur Mittelachse der Pflanze hin abgeflachten Oberblättern (Abb. 7.10-2e) und dem unterhalb der halben Höhe bauchig aufgeblasenen Infloreszenzschaft (Abb. 7.10-2i) zu erkennen. Das Deckblatt der Infloreszenz wird frühzeitig abgeworfen.

Die fleischig verdickten Blattbasen der Speisezwiebel bilden Bulben verschiedener Größe (bis 10 cm ⌀), Form (platt, rund, hochoval) und Farbe (weiß, gelblich, rot). Bei aus Samen gewachsenen Pflanzen bilden sich an der Zwiebelscheibe in den Achseln der Laubblätter Seitenknospen, die besonders bei großen Bulben und unter niedriger Temperatur schon im ersten Jahr austreiben und zu Nebenbulben heranwachsen können. Diese sprengen jedoch nicht die umhüllenden Blattbasen. In nassen, kühlen Jahren mit starker Nebenbulbenbildung kommt es zur Ausbildung sogenannter glockiger Bulben, die geringe Qualität besitzen und schlecht lagerfähig sind.

Der **Entwicklungsrhythmus** der Speisezwiebel ist durch die Anpassung an das sommertrockene und winterkalte Steppenklima des Ursprungsgebietes geprägt (Abb. 7.10-3). Bei Saat im Frühjahr bilden die Pflanzen zunächst Wurzeln und Blätter. Die Ausbildung der Bulben wird dann von Langtag und hoher Temperatur induziert bzw. beschleunigt. Die gleichen Faktoren för-

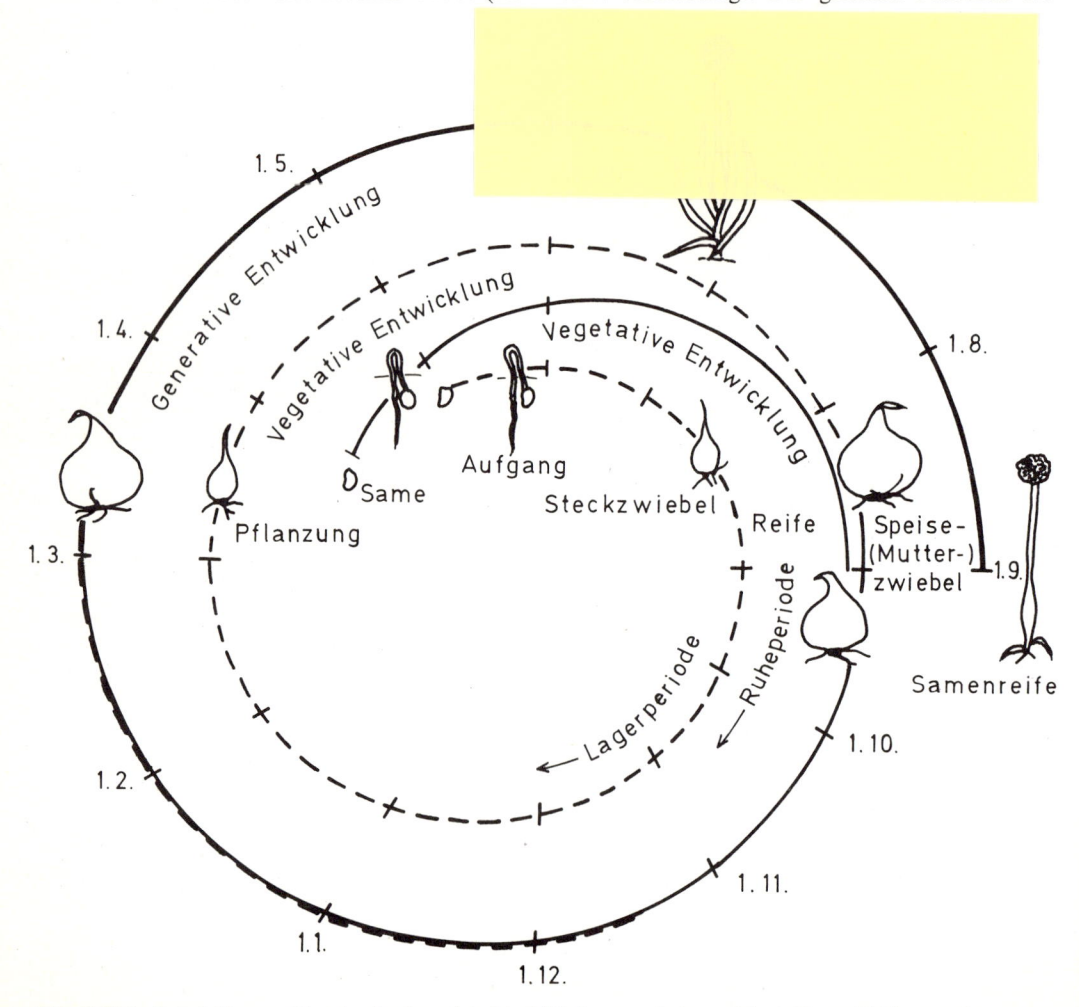

Abb. 7.10-3: Entwicklungszyklus der Speisezwiebel in Mitteleuropa (schematisiert, KRUG 1966)

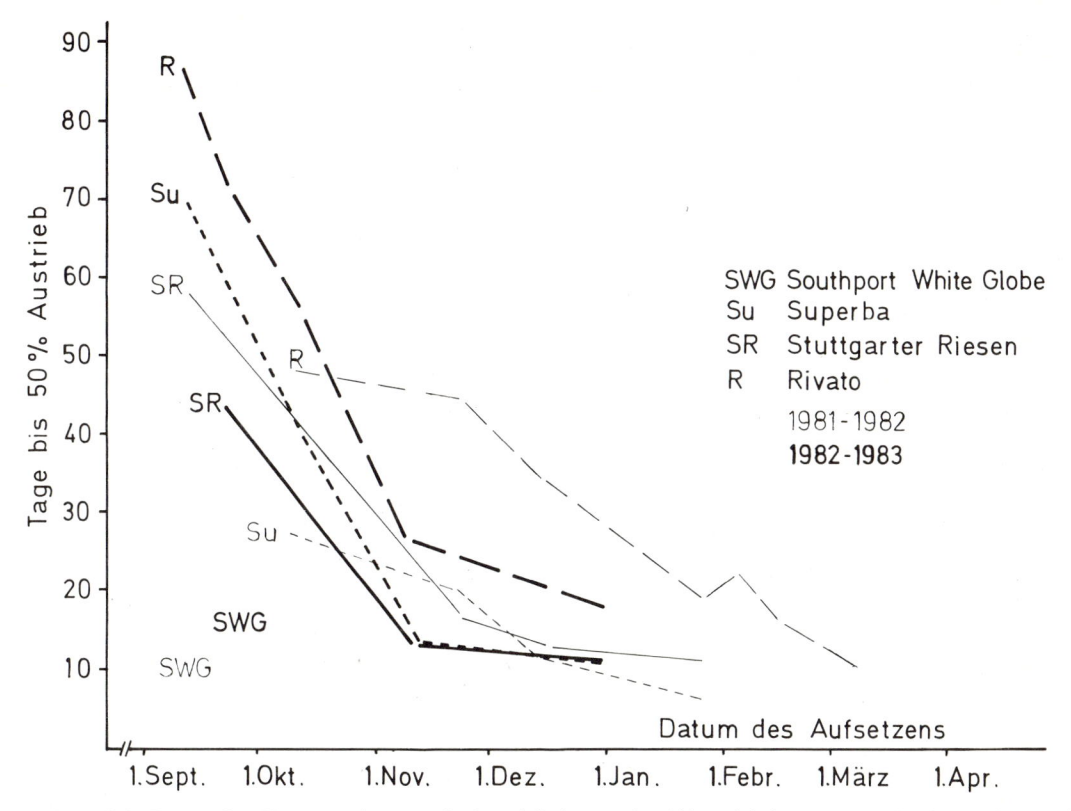

Abb. 7.10-4: Dauer der Knospenruhe von Speisezwiebelsorten in Abhängigkeit vom Termin des Aufsetzens (Trockenlagerung bei 15 °C, Treiben bei 22 °C auf feuchtem Torf, KRUG 1983)

dern auch den Eintritt in die Knospenruhe und damit die Reife sowie die Lagerfähigkeit. Haben die Bulben bis zu diesem Stadium die Jugendphase vollendet und damit die Blühreife erlangt, können sie während der Lagerung oder danach durch Kälte vernalisiert werden und Blütenschäfte anlegen. Nach der Pflanzung werden die Blütenschäfte und Blüten ausgebildet. Es kommt Ende Juni zur Blüte und etwa Ende August zur Reife der Samen.

Ist die Jugendphase bei kleinen Bulben nicht vollendet oder werden größere Bulben nicht vernalisiert, so bilden die Pflanzen im 2. Jahr mit einem relativ großen Vorrat an Reservestoffen frühzeitig Blätter und große Bulben, die aber nach Kälteeinwirkung, meist erst im 3. Jahr, ebenfalls generativ werden.

Im einzelnen nehmen Wachstum und Entwicklung folgenden Verlauf: Bei dem Keimvorgang wächst das Keimblatt interkalar in einer 1. Zone nahe der Spitze, die mit dem Samen zunächst im Boden verbleibt (epigäische Keimung) und in einer 2. Zone an der Basis. Damit schiebt sich das Keimblatt bügelförmig an die Bodenoberfläche (Abb. 7.10.-2b). In diesem Bügelstadium ist die Pflanze relativ unempfindlich gegen Herbizide. Dann stellt die Zone an der Keimblattspitze das Wachstum ein, und die Spitze wird durch die entstehende Spannung mit den Samenresten aus dem Boden gerissen. In diesem Peitschenstadium sind die Sämlinge sehr herbizidempfindlich. Bei Frühjahrsaussaat ist mit einer Auflaufdauer von 2–4 Wochen zu rechnen.

Die Blätter wachsen zunächst auch unter günstigen Bedingungen nur langsam. Gleichzeitig bilden die dickfleischigen Adventivwurzeln ein dichtes Wurzelnetz, das in seiner Masse nur flach wächst. Einzelne Wurzeln können jedoch bis zu 1 m tief in den Boden eindringen. Langtag und hohe Temperaturen fördern die Anlage und Ausbildung der Bulben, hemmen damit das Blattwachstum und führen Ende August bis September durch den Eintritt in eine Knospenruhe zum Entwicklungsabschluß. Dieser Prozeß wird durch Trockenheit und Nährstoffmangel beschleunigt. Während des Reifens werden Nährstoffe aus den Blättern in die Bulben verlagert, die Bulben »ziehen ein«, der Scheinsproß wird weich, fühlt sich leicht fettig an, knickt um, und schließlich trocknen die Blätter ein.

Im Langtag bei hoher Temperatur gewachsene Bulben sind infolge der zeitigen Bulbenbildung und frühen Reife klein, weisen aber mit einem großen »Herz« (steckengebliebene Oberblätter) eine gute Qualität auf. Sie befinden sich in tiefer Ruhe und sind damit gut lagerfähig. Unter Kurztag und relativ niedriger Temperatur – Bedingungen, wie sie in den südlicheren Breiten bei Winterkultur herrschen – werden die Bulben später angelegt und müssen mit den intensiv wachsenden Blättern um die Nährstoffe konkurrieren. Sie wachsen damit langsamer, erreichen jedoch infolge eines späten oder fehlenden Entwicklungsabschlusses ein großes Gewicht. Ihre Qualität ist infolge der schlechten Ausreife gering, und sie sind schlecht lagerfähig.

Ob eine Langtag- oder Kurztagreaktion erfolgt, hängt zum einen von der aktuellen Tageslänge (geographische Breite und Jahreszeit), zum anderen von der kritischen Tageslänge der Sorte ab. Die photoperiodische Reaktion einer Sorte ist damit ein wesentliches Kriterium für ihre Frühzeitigkeit und für ihre Eignung zum Anbau in verschiedenen geographischen Breiten oder Jahreszeiten.

Die **Knospenruhe** der Bulben dauert sortenabhängig einige Tage bis mehrere Monate (Abb. 7.10-4). Sie währt am längsten bei Temperaturen um 28 °C und trockenen Bulben, am kürzesten bei Temperaturen zwischen 9–15 °C und Wasseraufnahme. Sie kann während der Nachruhe durch Wundreize (Schütteln, Halsschnitt) oder durch Einwirkung hoher Temperatur (bis 37 °C) gebrochen werden. Bei Temperaturen unter 9 °C wird die »echte Ruhe« verkürzt, der Austrieb jedoch durch die Wachstumshemmung verzögert (erzwungene Ruhe). Hohe Temperaturen sind deshalb für die Lagerung günstiger als mittlere Temperaturen. Wegen der Verluste durch Wasserabgabe und Atmung bilden jedoch niedrige Temperaturen (–1 °C) die günstigsten Lagerbedingungen. Ruhe ist keine für die weitere Entwicklung der Pflanze notwendige Phase. Sie kann unter Kurztag und niedriger Temperatur ausbleiben und damit der Entwicklungsverlauf beschleunigt werden.

Die weitere Entwicklung hängt davon ab, ob die Pflanze bis zum Eintritt in die Ruheperiode den für die Blühreife (Ende der Jugendphase) erforderlichen Entwicklungszustand erreicht hat. Kriterien dieses Zustandes sind die Bulbengröße (je nach Sorte und Vorbehandlung 3–10 g, entsprechend 20–30 mm Durchmesser), die Zahl der angelegten oder ausgebildeten Blätter (7–8 Sorte 'Rijnsburger', 10–11 Sorte 'Senshyu' – BREWSTER et al. 1982) oder der Durchmesser des Scheinsprosses (Zwiebelhals, 3–6 mm). Sorten mit langer Jugendphase sind weniger schoßempfindlich, können als Überwinterungszwiebeln früher gesät werden und sind besonders als Steckzwiebeln geeignet.

Bulben über der kritischen Größe legen, wenn einige Wochen Temperaturen unter 20 °C (optimal 9–13 °C) eingewirkt haben, d. h. wenn sie vernalisiert worden sind, Blütenknospen an. Dieser Vorgang wird bei wachsenden Pflanzen mit grünen Blättern von Langtagbedingungen und geringem N-Angebot gefördert (BREWSTER 1983). Das Kältebedürfnis mindert sich bis zu einer sortenabhängigen kritischen Bulbengröße (30–150 g). Mutterzwiebeln für die Saatgutproduktion sollten deshalb für eine vollständige Blütenanlage kühl (um 10 °C) überwintert werden.

Vorausgegangene hohe Temperaturen (28 bis 35 °C) können die Blütenanlage hemmen (Antivernalisation) und eine der Vernalisation folgende hohe Temperatur die Blütenanlage zurückbilden (Devernalisation). Die Antivernalisation wird als »Darren« bezeichnet. Sie mindert bei größeren Steckzwiebeln die Schoßgefahr.

Nach dem Auspflanzen wird die Ausbildung der Infloreszenzen zunächst von Langtag und niedriger Temperatur, nach ausreichender Konkurrenzfähigkeit der Infloreszens von höherer Temperatur gefördert. Mutterzwiebeln für die Saatguterzeugung sind deshalb sehr zeitig, besser bereits im Herbst zu pflanzen. Sie blühen im deutschen Klimaraum ab Juni. Mit der Samenbildung werden die Mutterbulben ausgelaugt und sterben ab. Nebenbulben können jedoch überdauern und im Folgejahr austreiben.

☐ **Standortansprüche und -orientierung**

Für den Anbau der Trockenzwiebel sind im deutschen Klimaraum warme Gebiete, die eine frühe Aussaat erlauben, zu bevorzugen. Das Wachstum wird von einem warmen Vorsommer und ausreichenden Niederschlägen während der Hauptwachstumsperiode im Juni–Juli, die Abreife im Spätsommer von warmer, trockener Witterung begünstigt. Kühle und feuchte Witterung verzögert die Reife und führt zu »Dickhälsen« mit minderer Qualität und geringer Lagerfähigkeit. Die Trockenzwiebel findet somit in kontinentalen Klimaten gute Wachstumsvoraussetzungen.

Die Speisezwiebel bevorzugt schwerere, humose Böden. Höchste Erträge werden auf Schwarzerden erzielt. Moorböden begünstigen die Blattentwicklung, das hohe Wasserangebot verzögert jedoch den Entwicklungsabschluß und mindert die Qualität der Bulben. Feuchte Lagen und Böden mit hohem Grundwasserstand sind deshalb für die Produktion von Trockenzwiebeln zu meiden. Für die Lauchzwiebelproduktion bieten kühlere und feuchtere Klimate gute Wachstumsbedingungen. Für Überwinterungszwiebeln sind Standorte mit milden Wintern und durchlässigen Böden zu bevorzugen.

◻ **Anbauformen**
Trockenzwiebeln werden bevorzugt in landwirtschaftlichen Betrieben mit landwirtschaftlichen Fruchtfolgen, Lauchzwiebeln in gärtnerischen Betrieben angebaut. Die Saat im Frühjahr hat die größte Bedeutung. Augustsaaten und Überwinterung sind nur in wintermilden Klimaten mit geringem Risiko verbunden.

Der Anbau von Steckzwiebeln ist infolge der Beschaffung des Pflanzgutes und des Lagerns aufwendiger als der von Saatzwiebeln. Steckzwiebeln werden aber wegen ihrer geringeren Empfindlichkeit und kürzeren Kulturdauer in höheren Breiten und in sehr intensiv wirtschaftenden Betrieben kultiviert. Sie haben auch in Ost- und Südosteuropa wirtschaftliche Bedeutung. In den niederen Breiten besteht ebenfalls Interesse an dieser Anbauform. In Mitteleuropa werden Steckzwiebeln in Hausgärten und in Betrieben bevorzugt, die den Einsatz von Herbiziden ablehnen. Auch im deutschen Raum könnten Steckzwiebeln zu einer früheren Marktbelieferung beitragen.

Für den Anbau in Gewächshäusern sind nur Steckzwiebeln geeignet. Bessere Erfolge bringt das Treiben großer Bulben in Gewächshäusern oder in Kunstlichträumen.

◻ **Fruchtfolge**
Die Vorfrüchte sollten den Boden in einer guten Struktur sowie unkrautarm hinterlassen und zum besseren Absetzen des Bodens das Pflügen im Herbst oder Winter ermöglichen. Gute Vorfrüchte sind Getreidearten, für Überwinterungszwiebeln insbesondere Frühkartoffeln, Erbsen und frühe Bohnen. Allen *Allium*-Arten sollten Speisezwiebeln wegen der Anreicherung von Schaderregern erst nach einer mindestens 4jährigen Anbaupause folgen. Die Speisezwiebel hinterläßt den Boden infolge der intensiven, allerdings nur flachen Durchwurzelung trotz der geringen Schattengare in einem guten Zustand und hat damit eine gute Vorfruchtwirkung. Sie kann aber bei unzureichender Wirkung der eingesetzten Herbizide die Verunkrautung fördern.

◻ **Sortenwahl**
Für die Trockenziebelproduktion bevorzugt der deutsche Markt hellbräunlich-gelbe Bulben. Von der Industrie werden weiße Bulben gewünscht. In der Schweiz haben rote Bulben einen beachtlichen Marktanteil.

Zwischen den Sorten bestehen deutliche Unterschiede in der Reifezeit. Niederen Breiten angepaßte Sorten besitzen eine niedrigere kritische Tageslänge für die Bulbenbildung und sind in unserem Klima früh reif. Die höheren Breiten angepaßten Sorten mit einer höheren kritischen Tageslänge reifen dagegen in den niederen Breiten spät.

Deutliche Fortschritte wurden in der Züchtung von Hybridsorten mit großen, sehr einheitlichen Bulben erzielt. Besonders in Japan sind kälteverträgliche und bei Überwinterungsanbau schoßfeste Sorten entwickelt worden. Auch in der Mehltauresistenz, in der Schalenfestigkeit (maschinelle Rodung) und in der Lagerfähigkeit (u. a. Dauer der Ruheperiode) bestehen Sortenunterschiede. Für die Lauchzwiebelproduktion eignen sich besonders Sorten mit früher Blatt- und Bulbenentwicklung (bunching-Typen), für die frühe Treiberei Sorten mit kurzer Knospenruhe.

◻ **Bodenvorbereitung und Düngung**
Ein festes Saatbeet fördert die Quellung der Samen, damit ein gleichmäßigeres Auflaufen und im Spätsommer die Reife. Die Pflugfurche sollte deshalb bereits im Herbst gezogen werden, andernfalls ist ein Unterkrumenpacker einzusetzen. Organische Düngung ist wegen der bodenlockernden Wirkung zu vermeiden. Frische Stallmistdüngung fördert darüber hinaus durch Duftstoffe den Befall mit der Zwiebelfliege.

Im Frühjahr wird der Acker, sobald es der Feuchtezustand des Bodens erlaubt, flach gelockert und eingeebnet, um ein gut abgesetztes und nur bis zur Saattiefe lockeres, feinkrümeliges Saatbett zu bereiten. Mit der ersten Bodenbearbeitung kann auch die erste Stickstoffgabe von 50 kg/ha N eingearbeitet werden. Andernfalls wird die Stickstoffstartdüngung nach dem Erscheinen des 2. Laubblattes als Kopfdüngung gestreut. Haben die Pflanzen ca. 8 cm Wuchshöhe erreicht, kann mit Kalkstickstoff zusätzlich zur Düngewirkung auch das Unkraut bekämpft werden.

Für eine gute Stickstoffversorgung sind für Trockenzwiebeln insgesamt 80–120 kg/ha N bereitzustellen. Die 2. Gabe erhalten die Pflanzen im Juni, bevor durch das Befahren größere Spurschäden entstehen. Zu späte Gaben verzögern die Ausreife und mindern die Lagerfähigkeit. Ein Einfluß der Düngung auf die Lagerfäule ist nicht nachgewiesen. Kalium kann auch in der Chloridform gegeben werden.

■ Freilandkultur
□ Pflanzenanzucht

Trockenzwiebeln: Das Saatgut wird gegen Auflaufkrankheiten gebeizt und ggf. mit einem Saatgutpuder gegen die Zwiebelfliege behandelt. Für hohe Erträge qualitativ guter Bulben ist zu säen, sobald der Boden die Bearbeitung erlaubt. Längeres Liegen in kaltem Boden wird von Zwiebeln vertragen. Für die Saatstärke gilt, daß mit höherer Bestandesdichte die Bulbenbildung früher einsetzt, die Bulben jedoch auch früher abreifen und eine geringere Größe erreichen. Der Flächenertrag steigt mit der Bestandesdichte. Diese ist folglich an der vom Abnehmer gewünschten Bulbengröße zu orientieren.

Bei Trockenzwiebeln für den häuslichen Konsum werden Bulbengrößen von 4–6 cm Durchmesser verlangt. Dieser Forderung entsprechen Bestandesdichten von 100–150 Pflanzen/m^2 und Saatstärken von, je nach Saattechnik und Feldaufgang, 5–10 kg/ha. Zur Produktion größerer Bulben für die Industrie und Schlachtereien, aber auch für Hybridsorten werden für 80–100 Bulben/m^2 Saatstärken von 4–6 kg/ha empfohlen. Bei Einzelkornablage mit sehr hochwertigem Saatgut sind die Saatstärken entsprechend zu reduzieren, bei Saatgutpillen und inkrustiertem Saatgut entsprechende Gewichtszuschläge zu berechnen.

Da bei Reihenabständen über 30 cm mit Ertragseinbußen zu rechnen ist, sind engere Reihenabstände zu bevorzugen. Bewährt hat sich der Beetanbau mit festen Fahrspuren und Reihenabständen von 22 oder 27 cm (s. Abb. 4.4-1). Die Samen sollten flach (ca. 2 cm) ausgebracht und durch Druckrollen der Anschluß an die Bodenfeuchte gesichert werden.

Bei Pflanzkulturen werden Jungpflanzen mit 5–6 mm Halsdurchmesser relativ flach ausgesetzt. Zu tiefe Pflanzung führt zu hochovalen Bulben. Blätter und Wurzeln sollten nicht eingekürzt werden. Die Anzucht erfolgt ab Ende Januar in Gewächshäusern in kleinen Töpfen, die Pflanzung im März/April zu 90 Pflanzen/m^2. Der höhere Aufwand kann durch eine frühere Ernte und höhere Erträge ausgeglichen werden.

□ Pflege

Die Pflegearbeiten umfassen die Bodenlockerung, die Unkrautbekämpfung, die Kopfdüngung, die Beregnung und Pflanzenschutzmaßnahmen. Die lange Auflaufphase und langsame Jugendentwicklung begünstigen auf schweren Böden die Krustenbildung und Verunkrautung. Gegen Unkrautwuchs wird in der Regel nach der Saat ein Vorauflaufherbizid und ggf. nach dem Peitschenstadium ein Nachauflaufherbizid gespritzt. Eine Bodenlockerung, die stets nur sehr flach erfolgen sollte, ist nach erfolgreichem Herbizideinsatz nur durchzuführen, wenn dies zur Brechung von Krusten oder zur besseren Durchlüftung notwendig ist. Striegeln hat in Untersuchungen von BIELKA et al. (1976) die Herbizidwirkung nicht beeinträchtigt. Der Einsatz der Hacke sollte für die Dauer der Herbizideinwirkung möglichst unterbleiben. Werden Herbizide nicht verwendet oder führen sie nicht zum Erfolg, so sind Zwiebelbestände durch mehrmaliges Striegeln und Hacken sauberzuhalten.

Eine Beregnung in Trockenzeiten fördert die Ertragsleistung. Die Zwiebel ist jedoch als Steppenpflanze weniger als andere Kulturen auf die Zusatzbewässerung angewiesen. Die modernen Hybridsorten sollen einen größeren Wasserbedarf haben. Bei den Pflanzenschutzmaßnahmen sind besonders der Zwiebelfliege (ab Ende April), der Lauchmotte (ab Mai) und dem Falschen Mehltau (ab Juni) Beachtung zu schenken.

□ Ernte und Ertrag

Die Erntereife fällt im deutschen Klimaraum in die Zeit von Ende August bis September. Kennzeichen sind das Weichwerden und Umknicken des Zwiebelhalses. Der günstigste Zeitpunkt für die Ernte ist gegeben, wenn 65 % des Laubes abgeknickt sind. Späteres Roden erhöht die Lagerverluste und führt zu einem früheren Austreiben. Wird der Erntezeitpunkt durch kühle, feuchte Witterung, zu späte und hohe N-Gaben oder durch lückige Bestände verzögert, kann die Reife durch leichtes Walzen, vorsichtiges Abschlagen oder Mähen des Krautes beschleunigt werden.

Für die maschinelle Rodung werden Schwingsiebroder, Siebkettenroder oder spezielle Zwiebelerntemaschinen eingesetzt. Ein anschließendes Nachtrocknen vertieft die Knospenruhe, mindert Lagerfäulen und verbessert die Haltbarkeit. Das Trocknen kann bei der Zweiphasenernte auf dem Felde erfolgen. Die Bulben werden gerodet, auf Schwad gelegt, u. U. gewendet, bei trockener Witterung nach ca. 7 Tagen wieder aufgenommen, ggf. in Trocknungsanlagen nochmals nachgetrocknet und eingelagert. Bei der Einphasenernte unterbleibt die Feldtrocknung. Die Erträge schwanken bei Trockenzwiebeln von 300 bis über 600 dt/ha und liegen im Mittel bei 400 dt/ha.

□ Aufbereitung, Qualitätsmängel und Lagerung

Für das Nachtrocknen werden die Bulben in Boxen bis 3 m Höhe aufgeschüttet oder in Großkisten gestapelt und mit um 3–4, bis maximal auf 30 °C erwärmter Luft (ca. 100 m³ Luft/h m³ Lagergut) so lange belüftet, bis eine Staubschicht auf den obersten Bulben sichtbar wird. Danach wird der Stapel baldmöglichst auf die Lagertemperatur gekühlt.

Nach dem Trocknen folgen das maschinelle Putzen mit dem Entfernen von Blattresten (ggf. wird von Hand nachgeputzt), das Sortieren und Abfüllen in Säcke oder Großkisten. Bei allen Maßnahmen sollten die Bulben möglichst geringen mechanischen Belastungen ausgesetzt werden, da Quetschungen und Wunden die Ruheperiode verkürzen, die Atmung erhöhen und die Infektionsgefahr vergrößern.

Besondere Qualitätsmängel sind Dickhälse als Folge falscher Sortenwahl (späte Reife), nasser, kühler Witterung, Beregnung, geringer Bestandesdichte oder zu hoher bzw. zu später Stickstoffdüngung. Frostschäden treten in Form wäßriger, teilweise gräulich schimmernder Flecke auf.

Bei einer Temperatur von 0 bis -1 °C sind die Bulben 6–7 Monate lagerfähig. Tiefere Temperaturen und auch ein zeitweiliges Gefrieren werden vertragen, sofern die Bulben nicht bewegt werden. Da die Bulben durch die eingetrockneten äußeren Blattbasen gut gegen Wasserverlust geschützt sind, empfiehlt es sich, die rel. Luftfeuchte zur Hemmung des Pilzwachstums auf 60–70 % zu senken.

Überwinterungszwiebeln: Die höheren Zwiebelpreise von Mitte April bis Anfang Juli und die Züchtung relativ winterharter, schoßfester Sorten haben die Voraussetzungen für einen Überwinterungsanbau geschaffen. Gute Bedingungen bieten alle Standorte mit milden Wintern und durchlässigen Böden.

Neben der Sortenwahl entscheidet der Saattermin über den Erfolg. Größere Pflanzen sind winterhärter und infolge ihres Vorsprungs früher erntereif. Wird jedoch die Jugendphase vor dem Winter oder in Gebieten mit milden Wintern (Tagesdurchschnittstemperatur über 6 °C) durch weiteres Wachstum während des Winters überschritten, werden die Pflanzen vernalisiert und schossen im folgenden Frühjahr. Die Pflanzen dürfen deshalb nicht zu früh gesät und nicht zu groß werden. Im deutschen Klimaraum ist ab Aussaat Mitte August das Schoßrisiko gering. Mit besonders schoßfesten Sorten oder bei Lauchnutzung können aber auch Saaten ab Ende Juli gute Erträge bringen.

Für eine Bestandesdichte von 100–120 Pflanzen/m² werden bei hochwertigem Saatgut 4–6 kg/ha gesät, in Norddeutschland wegen der stärkeren Auswinterungsgefahr ca. 8 kg/ha. Vor der Saat oder nach dem Aufgang sind ca. 50 kg/ha N anzubieten, gegen die Verunkrautung wird ein Herbizid gespritzt. Im Frühjahr folgen 1 bis 2 Stickstoffkopfdüngungen mit zusammen 100–150 kg/ha. Trockenzwiebeln können von Anfang Juni bis August Erträge bis über 400 dt/ha bringen. Die Qualität der Bulben ist jedoch geringer als bei Frühjahrssaat; die Bulben sollten deshalb nicht gelagert werden.

Gemüsezwiebeln: Formen der Varietät *cepa* mit großen, mildschmeckenden Bulben (z. B. Madeira-Zwiebeln) werden nach Vorkultur im April auf ca. 25 × 12,5 cm gepflanzt und Ende August bis Mitte September geerntet. Die Bulben sind nicht gut lagerfähig.

Lauchzwiebeln: Bei Lauchzwiebeln werden die Blätter mit langem »Schaft« und mehr oder weniger großen Bulben vermarktet. Sie können auch aus dem deutschen Klimaraum ganzjährig angeboten werden. Ab Ende April (Rheinland-Pfalz) bzw. Anfang bis Mitte Mai (Norddeutschland) stehen Lauchzwiebeln mit Bulbenansatz, später auch solche mit großen Bulben aus dem Überwinterungsanbau zur Verfügung. Es folgen Sätze aus Steckzwiebeln oder mit vorkultivierten Pflanzen. Von Anfang August bis Oktober folgen Lauchzwiebeln aus Frühjahrs- und Folgeaussaaten von März bis Mitte Juli. Die ersten Sätze lassen sich durch Folienabdeckung verfrühen. Ab Mitte Juli gesäte Zwiebeln bilden wegen der kürzeren Tage und sinkenden Temperaturen keine Bulben aus und reifen nicht, sondern wachsen, solange es die Umweltbedingungen zulassen.

Ab Ende September können auch der erneute Austrieb im Feld belassener und feuchtgehaltener Bulben mit kurzer Ruheperiode (weiße Sorten, wie 'Southport White Globe', 'Barletta') und im Anschluß Lauchzwiebeln durch Treiben von Zwiebelbulben in Gewächshäusern oder in Kunstlichträumen angeboten werden. In Japan ist die Kultur langschäftiger Sorten der Winterzwiebel (*A. fistulosum* L.) unter dem Namen »Japanischer Porree« weit verbreitet.

Die Kulturtechnik für den Lauchzwiebelanbau im Freiland unterscheidet sich von der der Trockenzwiebel durch eine höhere Bestandesdichte (ca. 150 Pfl./m²) und entsprechend höhere Saatstärke (6–11 kg/ha). Überwinterungszwiebeln können für die Lauchnutzung wegen der früheren Ernte etwas früher gesät werden als Trockenzwiebeln (ab Ende Juli), erhalten eine höhere Stickstoffgabe (150–200 kg/ha) und eine intensivere Bewässerung.

Für die Produktion von Lauchzwiebeln aus wieder ausgetriebenen Bulben im Herbst wird früh und für einen Bulbendurchmesser von 4–6 cm recht dicht (ca. 10 kg/ha) gesät. An Stickstoff werden ca. 100 kg/ha angeboten. Nach einer kurzen Ruhephase im August treiben die Pflanzen aus und bringen ab September–Anfang Oktober verkaufsfähige Ware. Später können sich die Blattspitzen gelb färben. Der Austrieb wird ab Reifebeginn durch Feuchthalten des Bodens beschleunigt. U. U. ist die Laubqualität durch Folientunnel zu verbessern.

Steckzwiebeln: Die Kultur von Steckzwiebeln erfordert einen größeren Aufwand, das Kulturrisiko ist jedoch geringer, und der Markt kann bereits ab Ende Mai mit Lauchzwiebeln und ab Juli mit Trockenzwiebeln beliefert werden. Wegen ihrer geringeren Schoßempfindlichkeit hat sich die Sorte 'Stuttgarter Riesen' besonders bewährt.

Das Pflanzgut wird zugekauft oder selbst angezogen. Für die Pflanzgutproduktion eignen sich warme, relativ trockene Standorte mit mittelschweren, gut siebfähigen Böden. Mitte April bis Anfang Mai werden bei gut keimfähigem Saatgut 70–150 kg/ha, im Mittel 100 kg/ha, in Beetkultur mit ca. 20 cm Reihenabstand 3 cm tief gesät. Unkräuter werden durch Striegeln, Hacken und Herbizideinsatz bekämpft. Bei ca. 10 cm hohen Pflanzen können bei sichtbarem Stickstoffmangel bis zu 40 kg/ha N gedüngt werden.

Gerodet wird, sobald in der zweiten Julihälfte die Mehrzahl der Bulben einen Durchmesser zwischen 6 und 21 mm erreicht hat. Sind die Pflanzen noch grün, wird das Abreifen durch eine leichte Walze oder Mähen bzw. Zerschlagen des Laubes beschleunigt. Das Abtöten der Blätter einschließlich der Unkräuter durch Totalherbizide ist wegen der Rückstandsgefahr umstritten. Die Bulben werden mit einem Roder aufgenommen, intensiv getrocknet und sortiert. Die Erträge liegen bei 225 dt/ha Bulben oder 200 dt/ha Pflanzgut (6–21 mm Durchmesser). Größere Bulben bis ca. 28 mm Durchmesser sind bei entsprechender Vorbehandlung ebenfalls verwendbar.

Das Pflanzgut wird bei Temperaturen um 0 °C, bei fehlenden Kühlräumen bei Temperaturen über 20 °C gelagert. Der Schwund liegt bei Kühllagerung bei 20 %, bei Warmlagerung steigt er bis 50 %. Im Laufe des Winters, möglichst unmittelbar vor der Pflanzung, werden kalt gelagerte Bulben zur Minderung des Schoßrisikos einer Wärmebehandlung unterzogen (Darren). Die Dauer der Behandlung ist temperaturabhängig. Bei 26 °C sind 8–12, bei 30–35 °C 4 Wochen zu empfehlen. Eine Temperatur von 38 °C sollte nicht überschritten werden. Auch das Darren führt zu einem Gewichtsverlust von 10–25 %.

Bei dem Anbau für die Marktversorgung wird der Boden wie bei Saatzwiebeln, doch mit einer etwas tieferen lockeren Schicht, vorbereitet und auf 120 kg/ha verfügbares N aufgedüngt. Eine Pflanzung im Oktober bringt bei Lauchzwiebeln 2–3 Wochen frühere, aber durch die höheren Ausfälle auch geringere Erträge und ist in kühlen Klimaten mit einem Risiko verbunden. Für die Herbstpflanzung sollten nur Bulben größerer Sortierung verwendet werden.

Im Frühjahr wird so zeitig gesteckt, wie es der Boden erlaubt. Maschinelle Pflanzung mindert den Arbeitsaufwand beträchtlich, führt jedoch durch teilweise Seiten- oder Rückenlage der Bulben zu Ertragsminderungen von 10–15 %. Bei Handpflanzung werden die Bulben in flache Rillen bis an die Schultern in den Boden gesteckt, bei zu flacher Pflanzung drücken die Wurzeln die Bulben aus dem Boden. Handpflanzung mit kalibriertem Pflanzgut führt zu gleichmäßigeren Beständen und besseren Marktqualitäten.

Bei einer Reihenentfernung von 20–27 cm stehen 20–40 Bulben pro Meter (74–160 Pflanzen/m^2). Die größeren Abstände werden bei großem Pflanzgut und zur Erzeugung früher Lauchzwiebeln oder großer Trockenzwiebeln empfohlen. Der Flächenertrag steigt mit größerer Bestandesdichte. Die Standraumform ist, wie bei Säzwiebeln, von untergeordneter Bedeutung, sofern extreme Abweichungen (über 1 : 5-8) von der quadratischen Standraumform vermieden werden. Günstig ist auch hier die Beetkultur. Der Pflanzgutbedarf liegt bei 74–160 Bulben/m^2. Dies sind je nach Bulbengröße 8 bis über 18 dt/ha. Lauchzwiebeln können ab Mai, Trockenzwiebeln ab Juli geerntet werden. Der Erntevorgang entspricht dem bei Säzwiebeln. Die Erträge liegen bei Trockenzwiebeln zwischen 500 und 700 dt/ha.

■ Gewächshauskultur und Treiben

In Gewächshäusern lohnt nur der Anbau von Steckzwiebeln mit großem Pflanzgut (Bulbendurchmesser bis 6 cm) für die Lauchzwiebelproduktion, entweder als Rein- oder als Zwischenkultur. Bei Verwendung großer Mutterbulben, bei denen die Nährstoffe für die Blattausbildung nahezu ausschließlich aus dem Speicherorgan zur Verfügung gestellt werden, handelt es sich um ein Treibverfahren, und es gelten gleiche Richtlinien wie für das Treiben in Kunstlichträumen.

Für das Treiben werden die Bulben wie für den Herbstaustrieb im Feld angezogen. Als Sorten haben sich 'Southport White Globe', 'Barletta' und für spätere Sätze auch 'Stuttgarter Riesen' bewährt. Die Bulben werden für frühe Sätze unmittelbar dem Feld entnommen, für die näch-

Abb. 7.10-5: Treiben von Zwiebeln in Anzuchtkisten, ungeputzte und geputzte marktfähige Pflanzen

sten Folgesätze für eine schnelle Überwindung der Ruhe bei ca. 10 °C, für späte Sätze bei 0 °C zwischengelagert. Bei nicht ausgetriebenen Bulben wird die Ruhe durch kräftiges Schütteln in einem hartwandigen Gefäß und anschließendes 24stündiges Quellen in kaltem Wasser gebrochen, die Pflanzen auf einem feuchten Substrat mit 250–350 Bulben/m² aufgesetzt und feucht gehalten (Abb. 7.10-5). Das Temperaturoptimum für den Austrieb liegt bei 22 °C (Abb. 7.10-6). Niedrigere Temperaturen bringen bei stark verlängerter Treibdauer etwas stämmigere Pflanzen. Spätestens ab 10 cm Blattlänge soll für das Ergrünen und eine bessere Festigkeit Licht von 1–2 klx gegeben werden. Für das Treiben eignen sich heizbare Räume, Folienzelte oder Gewächshäuser. Geerntet werden ganze Pflanzen, bevor die Blätter abknicken (ca. 25 cm Länge) oder nur die älteren Blätter. Die Pflanzen werden geputzt, gewaschen und gebündelt.

Literatur

BREWSTER, J. L. (1977): The physiology of the onion. Hort. Abstr. **47,** 17-23, 103-112.
JONES, H. A. and MANN, L. K. (1963): Onions and their allies. World Crops Series. London: Leonard Hill.
KOERT, J. L. u. BUISHAND, TJ. (Zusammenstellung) (1977): Teelt van zaaiuien. Lelystad-Alkmaar: Proefstation voor de Akkerbouw en de Groenteteelt in de Vollegrond. Nr. 2.
KOERT, J. L. et al. (Zusammenstellung) (1979): Teelt van plantuien. Lelystad-Alkmaar: Proefstation voor de Akkerbouw en de Groenteteelt in de Vollegrond. Nr. 9.

KRUG, H. (1966): Physiologische Grundlagen des Anbaues der Zwiebel (*Allium cepa* L.). Gartenbauwissenschaft **31,** 27-49.
KRUG, H. (1983): Ausweitung des Gemüseangebotes im Winter – das Treiben von Lauchzwiebeln. Gemüse **19,** 80-82.
TATHAM, P. B. (1982): Bulb onions. ADAS/MAFF Reference Book 348. London: Grower Books.

7.10.2 Porree (*Allium ampeloprasum* L. var. *porrum*)

□ **Geschichte und Bedeutung**

Porree ist als Wildpflanze unbekannt. Er hat sich vermutlich im östlichen Mittelmeerraum aus dem Sommerlauch (*A. ampeloprasum* L.) entwickelt und wurde bereits im alten Ägypten, in Griechenland und im Römischen Reich kultiviert. Auch in Mitteleuropa war Porree bereits im Mittelalter weit verbreitet.

Porree liefert ein wohlschmeckendes Gemüse, das sich durch seinen Gehalt an Vitaminen, Mineralstoffen (besonders Kalium) und ätherischen Ölen (Allylsenföl) auszeichnet. Porreegenuß fördert die Verdauung und regt den Kreislauf an. Er

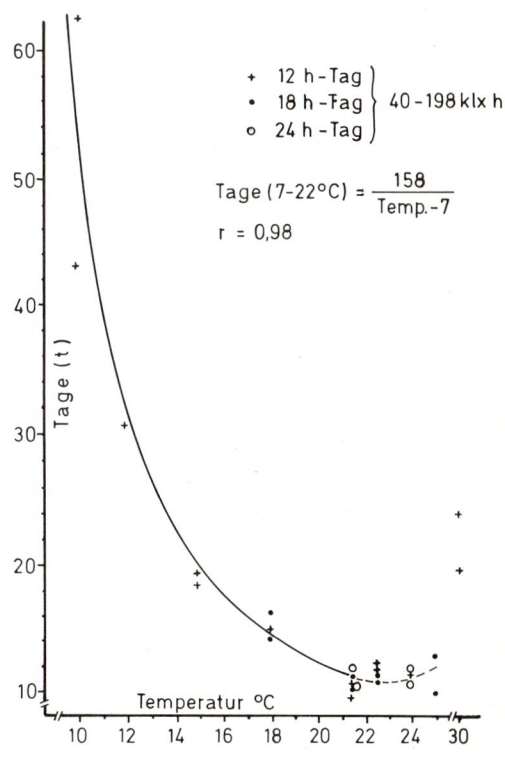

+ 12 h-Tag
• 18 h-Tag } 40–198 klx h
○ 24 h-Tag

$$\text{Tage (7-22°C)} = \frac{158}{\text{Temp.} - 7}$$

r = 0,98

Abb. 7.10-6: Einfluß der Temperatur auf die Treibdauer bei der Sorte 'Stuttgarter Riesen' bis zu 6 g Blattgewicht (KRUG 1983)

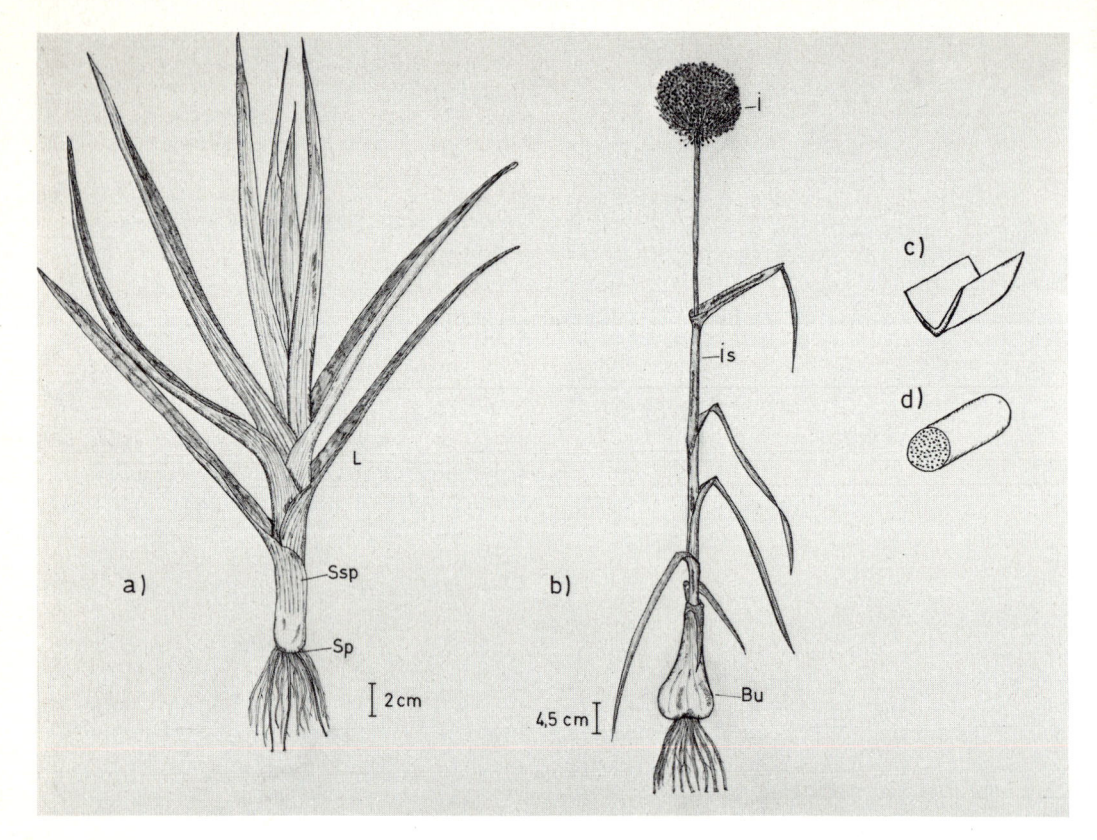

Abb. 7.10-7: Porree: a) Pflanze im vegetativen Zustand, b) in der Blüte, Querschnitte durch c) Blatt und d) Blütenstandsschaft
Bu = Bulbe, I = Blütenstand, Is = Blütenstandsschaft, L = Laubblatt, Sp = Sproßachse, Ssp = Scheinsproß

wird als Kochgemüse, Salatgemüse und Gewürz genutzt, eignet sich für die Gefrierkonservierung und als Trockengemüse. Ein wesentlicher Vorteil des Porrees ist, daß er auch im deutschen Klimaraum nahezu ganzjährig frisch angeboten werden kann.

Der heutige Anbau von Porree konzentriert sich auf Europa mit einer Fläche von 20 800 ha in der EG, davon allein 9800 ha in Frankreich. In der Bundesrepublik Deutschland werden ca. 1500 ha Porree kultiviert mit Schwerpunkten in Nordrhein-Westfalen, im Hamburger Raum und in der Vorderpfalz.

☐ **Botanische Grundlagen**
Morphologisch unterscheidet sich Porree von der Speisezwiebel durch die flachen, breiten, gefalteten Oberblätter, den runden, vollen, bis zu 2 m hohen Blütenstandsschaft und im vegetativen Zustand durch das Fehlen einer scharf abgesetzten Bulbe (Abb. 7.10-7). Die röhrigen und nur mäßig verdickten Unterblätter bilden einen bis zu 8 cm dicken und bis zu 40 cm langen zylinderförmigen Scheinsproß (Schaft). Bei einigen Sorten ist die Basis des Scheinsprosses etwas zwiebelförmig verdickt (Abb. 7.10-10). Unter bestimmten Umweltbedingungen, gefördert von sehr langen Tagen und mittlerer Temperatur (15 bis 18 °C), können auch regelrechte Bulben ausgebildet werden. Parallel zur Blüten- und Samenbildung entwickeln sich häufig, besonders bei südeuropäischen Sorten und nach Einwirkung niedriger Temperatur, Nebenbulben, die im folgenden Jahr austreiben. Die dickfleischigen Adventivwurzeln bilden ein sehr dichtes Wurzelnetz.

Der Entwicklungsrhythmus des Porrees zeigt keine so ausgeprägte Umweltabhängigkeit wie der der Speisezwiebel, läßt aber deutliche Parallelen erkennen. Das Keimverhalten entspricht weitgehend dem der Speisezwiebel. Porree ist jedoch empfindlicher gegen hohe Temperaturen (Maximum ca. 28 °C). Bei einigen Sorten kann Keimruhe vorliegen, die besonders bei Temperaturen über 24 °C den Aufgang stark verzögert.

Porree zeigt, wie die Speisezwiebel, ein sehr langsames Jugendwachstum (Abb. 7.10-8). Bei Aussaat Ende März im Freiland beginnt das Massenwachstum erst ab Juli, bei Aussaat Ende Mai erst ab August. Das Wachstum wird von Temperaturen bis ca. 22 °C und einer guten Wasserversorgung gefördert. Damit kann eine Jungpflanzenanzucht, aber auch eine Folienabdeckung, die Erträge deutlich verfrühen und bei kurzer Kulturdauer auch erhöhen. Porree durchläuft keine echte Knospenruhe, so daß die Pflanzen in milden Wintern wachsen und mit Laub geerntet werden können. Bei der verhältnismäßig guten Kälteresistenz ist das Risiko einer Überwinterung auch in Mitteleuropa tragbar.

Blütenprimordien können bei Porree bereits 7 bis 9 Wochen nach der Aussaat angelegt werden. Dieser Prozeß wird von relativ niedriger Temperatur (12 bis 15 °C) und von langen Tagen beschleunigt. Bei Saaten bis Anfang April und Pflanzungen bis Mitte Mai entwickelt ein Teil der Pflanzen deutscher Sorten bereits im ersten Jahr Blütenanlagen (Abb. 7.10-9). Südeuropäische Sorten schossen vielfach schon im ersten Jahr hundertprozentig. Der Schoßvorgang ist stärker als die Blütenanlage von Langtagbedingungen abhängig. Die Pflanzen aller Saattermine beginnen nach der Überwinterung im März gleichzeitig mit der Ausbildung der Blütenstände und schossen im Mai. Bei Schossern wird der Scheinsproß ausgelaugt, und es bilden sich häufig Nebenbulben. Porree blüht vormännlich. Die Samen sind denen der Zwiebel sehr ähnlich (Abb. 7.10-2 a), reifen aber später.

☐ **Standortansprüche**

Das Wachstum des Porrees wird von mittlerer Temperatur sowie reichlichem Nährstoff- und gutem Wasserangebot gefördert. Schwere Böden, die diese Anforderungen am besten erfüllen, erschweren jedoch die Rodung und erhöhen den Putzaufwand. Mittlere, humose Böden mit Zusatzberegnung während der Hauptwachstumsperiode sind deshalb zu bevorzugen. Niedermoorböden eignen sich nur für die Herbsternte, nicht für die Überwinterung. Porree ist empfindlich gegen Sauerstoffmangel. Stauende Nässe sowie ein zu hoher Grundwasserstand sind deshalb zu meiden.

☐ **Anbauformen**

Porree ist infolge der hohen Qualitätsanforderungen des Marktes, die in der Regel eine Jungpflanzenanzucht und einen hohen Aufwand für

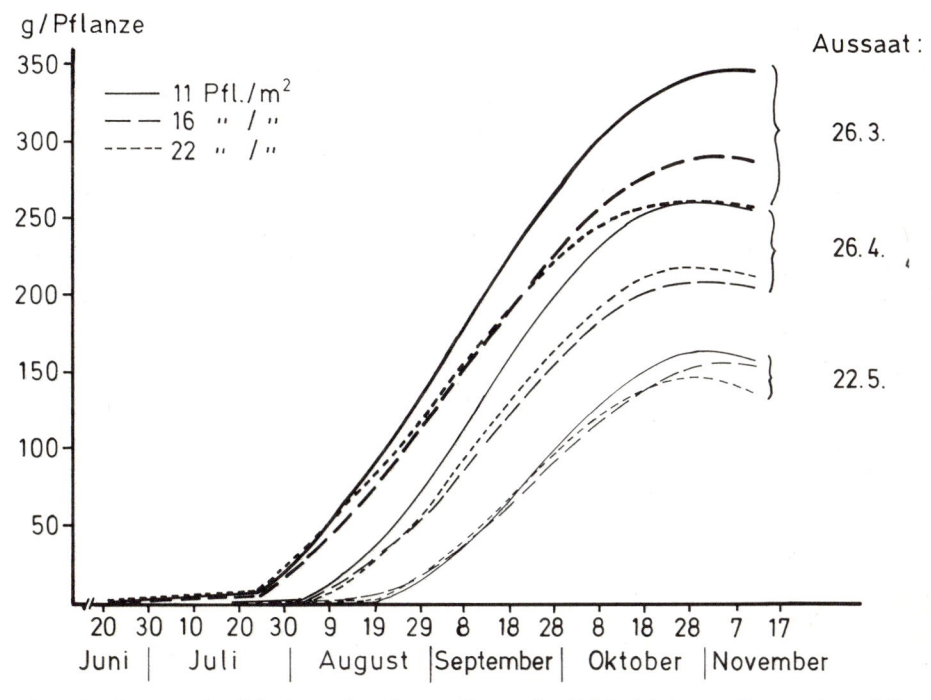

Abb. 7.10-8: Wachstumsverlauf direkt gesäter Porreepflanzen in Abhängigkeit von Saattermin und Bestandesdichte, Hannover 1974 (FÖLSTER 1976)

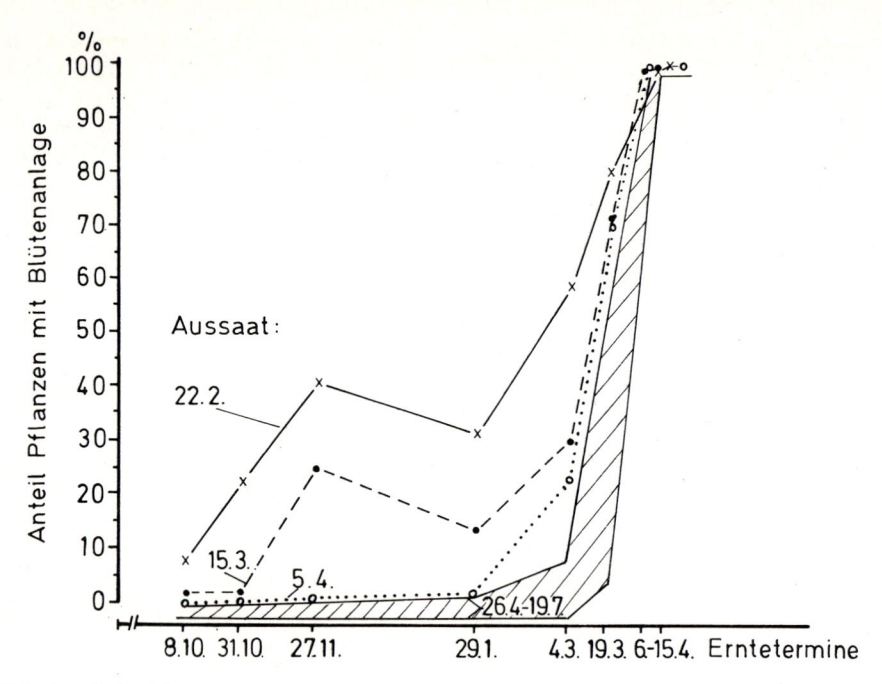

Abb. 7.10-9: Anteil der Pflanzen mit sichtbaren Blütenanlagen (%) (gezeichnet nach Werten von DANIEL 1975)

die Aufbereitung voraussetzen, trotz aller Fortschritte in der Mechanisierung eine typische Pflanze des gärtnerischen Intensivanbaus geblieben. Die relativ konstanten Flächen sichern stabile Preise, bei Überwinterungsanbau eine Auslastung der Arbeitskräfte in der arbeitsarmen Zeit und eine ständige Einnahmequelle.

Porree wird in der Bundesrepublik Deutschland überwiegend im Freiland, für frühe Ernten auch im Gewächshaus oder im Hochtunnel kultiviert und meist gepflanzt. Folienbedeckung im Freiland verfrüht die Ernte um ein bis zwei Wochen. Die Saat im Freiland verringert den Aufwand, bringt aber Pflanzen mit relativ kurzen Schäften und nur bei früher Aussaat gute Erträge. Sie ist dort zu bevorzugen, wo der Markt bzw. die Industrie diese Qualität akzeptiert.

□ **Fruchtfolge**

Porree ist mit allen Gemüsepflanzen, außer den *Allioideae,* gut verträglich. Er hat infolge der starken Durchwurzelung des Bodens eine ausgezeichnete Vorfruchtwirkung und gilt als Gesundungsfrucht. Bei früher Ernte (ab August) oder später Pflanzung (bis Ende Juli) läßt er sich mit einer Vielzahl von Vor- oder Nachfrüchten kombinieren. Bei dem hohen Wasserverbrauch des Porrees kann vor der Bestellung der Folgefrucht eine Bewässerung notwendig werden.

□ **Sortenwahl**

Der Markt bevorzugt Porree mit langen (mindestens 15 cm), dicken (über 3 cm) Schäften ohne Bulbenbildung und Pflanzen mit blaugrünem Laub. Andere äußere Sortenmerkmale sind von untergeordneter Bedeutung. Verbreitete Sortentypen sind in Abbildung 7.10-10 dargestellt. Sommersorten sind schnellwüchsig und bilden meist längere, Herbst- und Wintersorten meist kürzere Schäfte, letztere z. T. mit schwach ausgebildeten Zwiebeln. Sommersorten eignen sich meist auch für die Herbsternte und für den geschützten Anbau. Wintersorten sind kältefester. Die Sortenunterschiede in der Entwicklung und Wachstumsleistung sind jedoch relativ gering.

□ **Bodenvorbereitung und Düngung**

Poree dankt eine organische Düngung und kann in die erste Tracht gestellt werden. Für das Auflaufen im Felde sind die gleichen Forderungen zu stellen wie für die Speisezwiebel. Für das weitere Wachstum, dies gilt besonders für Pflanzporree, bietet jedoch ein tiefgelockerter Boden bessere Voraussetzungen.

Der Stickstoffbedarf liegt bei 150 bis 200 kg/ha N. Die 1. Gabe in Höhe von 80 kg/ha wird kurz vor der Pflanzung oder Saat gestreut. Es folgen, je nach Boden, ein oder zwei Stickstoff-Kopfdüngungen mit zusammen 80 bis 120 kg/ha N bis

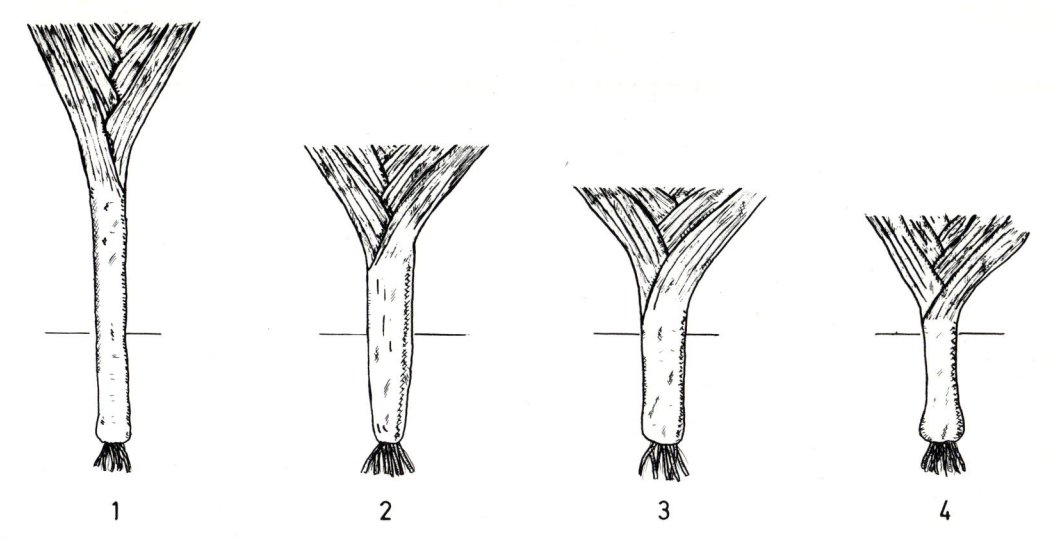

Abb. 7.10-10: Sortentypen bei Porree, 1 = Schweizer Riesen, 2 = Herbstriesen ohne Zwiebeln, 3 = Herbstriesen mit kleinen Zwiebeln, 4 = Winterriesen mit kleinen Zwiebeln (aus »Teelt van prei« — Consulentschap in Algemene Dienst voor de Groenteteelt in de Vollegrond in Nederland, Alkmaar, H. 21)

Ende August. Die erste Kopfdüngung, drei bis fünf Wochen nach der Pflanzung, kann auch in Form von gekörntem Kalkstickstoff mit herbizider Wirkung gegeben werden. Nach der Überwinterung erhält Porree eine Kopfdüngung von ca. 50 kg/ha N.

■ **Freilandkultur**
☐ **Pflanzenanzucht/Pflanzkultur**
Daten für die Kulturplanung sind in Tabelle 7.10-1 aufgeführt. Für frühe Sätze beginnt die Anzucht im Januar im Gewächshaus. Gebeizte Samen werden in Saatkisten (bis 10 g/m^2) gesät und die Sämlinge einzeln in Schalen oder zu 2 bis 3 Pflanzen in Preßtöpfe pikiert. Die Direktablage von 2 bis 4 Korn in 3- bis 4-cm-Preßtöpfe erfordert eine größere Anzuchtfläche, erlaubt aber die Anzucht größerer Jungpflanzen und reduziert den Arbeitsaufwand. Für spätere Sätze kann dieser durch Breitsaat in Frühbeeten oder im Freiland mit 3–5 g/m^2 Saatgut weiter verringert werden. Diese Pflanzen werden nicht pikiert. 1 g Saatgut ergibt ca. 200 Jungpflanzen.

Die Temperatur sollte bei der Gewächshausanzucht während der Auflaufphase 15 °C nicht unterschreiten. Die Auflaufdauer beträgt 2 bis 3 Wochen. Nach dem Auflaufen können die Sollwerte für die Heizung zunächst auf 12–15 °C, später weiter gesenkt werden. Für die Lüftung sind, je nach Jahreszeit, Sollwerte zwischen 20 und 25 °C zu empfehlen. Tagesmitteltemperaturen während der Jungpflanzenanzucht über 16 °C mindern bei Freilandpflanzungen das Schoßrisiko, bei Gewächshauskulturen ist die Schoßgefahr geringer. Große Jungpflanzen mit Gewichten von mindestens 2 g, möglichst über 4 g, bei Sommerpflanzung mit Beregnung bis zu 8 g, bringen frühere und höhere Erträge (Abb. 7.10-11). Einem Verhärten der Jungpflanzen ist durch mehrmalige flüssige Düngung entgegenzuwirken. Der letzten Gabe kurz vor der Auspflanzung kann ein Insektizid beigemischt werden. Für frühe Freilandpflanzungen sind auch Porreejungpflanzen sorgfältig abzuhärten. Die Anzucht benötigt, je nach Jahreszeit und Kulturführung, 8–16 Wochen (Tab. 7.10-1).

Mit anfänglichem Folienschutz kann im norddeutschen Raum für die Herbsternte ab Mitte März, ohne Folienschutz ab Ende April bis Mitte Juni, für den Überwinterungsanbau von Juni bis Ende Juli gepflanzt werden. Die Wurzeln werden bei »gezogenen« Pflanzen nur so weit eingekürzt, daß sie sich gut einlegen lassen. Das Einkürzen der Blätter verzögert das Wachstum und ist nur gerechtfertigt, wenn die Pflanzen durch die Reduzierung der Blattfläche vor Welke oder dem Vertrocknen bewahrt bleiben. Zum Schutz gegen Zwiebelfliege werden die Jungpflanzen vielfach in eine Insektizidlösung getaucht.

Für die frühen Sätze empfehlen sich hohe Bestandesdichten von 24 bis zu 40 Pflanzen/m^2 (12–20 Töpfe à 2 Pfl.). Dichtere Pflanzungen verzögern das Wachstum der Einzelpflanze und führen somit zu geringeren Pflanzengewichten oder späterer Ernte, die Flächenerträge sind jedoch höher; gleichzeitig steigt der Aufwand. Be-

Tab. 7.10–1: Kulturdaten für Porree

Saat	Anzucht-dauer (Wochen)	Pflanzung	Pflanzen/m²	Kultur-dauer[1]	Erntespanne	Ertrag/m² Stück	kg
Freiland-Pflanzung							
ab Jan.	16–8	ab Mä. 3, Folie	24–40	18	ab Jul.	20	2,3
		ab Apr. 4, Folie			ab Sep.	16	3,0
		bis Jun. 3	18		Sep.–Mai	15	2,8
		bis Jul. 4			Nov.–Mai	15	2,5
Freiland-Saat							
Mä.–Apr.			18–22	24	ab Okt.	15–20	3,0
Gewächshaus-Pflanzung							
Dez. 3–Mä. 1	15–10	ab Mä. 2	46	10	ab Jun. 2	45	6,0

[1] Pflanzung bis Erntebeginn

triebe mit knappem Arbeitskräftebesatz sollten deshalb geringere Bestandesdichten wählen. Für spätere Sätze werden Bestandesdichten von 18 – 25 Pflanzen/m² bevorzugt. Die Reihenabstände sollten bei sehr hohen Bestandesdichten 25 cm, sonst ca. 40 cm nicht unterschreiten.

Töpfe werden ebenerdig, »gezogene« Pflanzen mit der Pflanzmaschine tief (6–8 cm) eingesetzt. Auf erwärmten Böden wird zur Ausbildung langer, weißer Schäfte und zur Unkrautbekämpfung auch in Furchen gepflanzt, die später glattgezogen werden.

Eine andere Methode zur Erzeugung besonders langer Schäfte ist die Lochpflanzung. Bei diesem Verfahren werden mit Pflanzloch-Stanzgeräten 20 cm tiefe Löcher mit 3 cm Durchmesser gestanzt, die Jungpflanzen eingelegt, die Löcher aber offengelassen. Bei trockenem Wetter kann mit der Beregnung leicht angeschlämmt werden. Diese Methode führt aber nur bei großen Jungpflanzen, einer langen Kulturperiode und einem guten Feuchtezustand des Bodens zum Erfolg. Bei zu trockenem Boden fallen die Löcher zu, bei zu feuchtem Boden verhärten die Lochwandungen. In beiden Fällen kommt es zu Wachstumsstockungen.

☐ **Saatkultur**
Die Direktsaat ins Feld sollte so früh erfolgen, wie es der Bodenzustand erlaubt (Abb. 7.10-8). Bei einem Reihenabstand von 41,5 bis 50 cm werden bei Abständen von 9 bis 12 cm in der Reihe 18 bis 22 Pflanzen/m² angestrebt. Hierfür sind 2–3 kg/ha Saatgut erforderlich. Bei Einzelkornablage auf 6 cm und sehr hochwertigem Saatgut kann die Saatmenge bis auf 1 kg/ha reduziert werden. Die Samen werden, wie bei der Speisezwiebel, flach abgelegt und gut angedrückt.

Um einer Verunkrautung während der langen Auflaufphase und langsamen Jugendentwicklung entgegenzuwirken, sind Vorauflaufherbizide einzusetzen, andernfalls kann nach dem Aufgang gestriegelt oder gehackt werden. Nachauflaufherbizide oder Kalkstickstoff können bei ca. 10 cm hohen Pflanzen folgen.

☐ **Pflege**
Etwa 10–20 Tage nach der Pflanzung werden die Unkräuter, wie bei Saatkultur, mit Herbiziden oder gekörntem Kalkstickstoff bekämpft. Bis zum Anwachsen, und besonders mit dem Beginn des Massenwachstums im Juli, reagiert Porree sehr günstig auf eine Zusatzberegnung. Soweit es die Bodenstruktur oder die Unkrautbekämpfung erfordern, wird flach gehackt. Fest eingewurzelte, aber noch kleine Pflanzen können auch vorsichtig gestriegelt werden. Im August–September wird zur Erzeugung langer, weißer Schäfte, zum Schutz gegen Fröste und zur Unkrautbekämpfung ein- bis zweimal gehäufelt. Bei den Pflanzenschutzmaßnahmen ist der Lauchmotte (ab Mai) und, besonders bei Sämlingen, der Zwiebelfliege (ab April) Beachtung zu schenken.

☐ **Ernte und Ertrag**
Freilandporree kann bei früher Pflanzung ab Juli–August, nach Saat erst im Spätherbst geerntet werden. Pflanzungen nach Mai erreichen in der Regel erst im Herbst bis Winter oder im folgen-

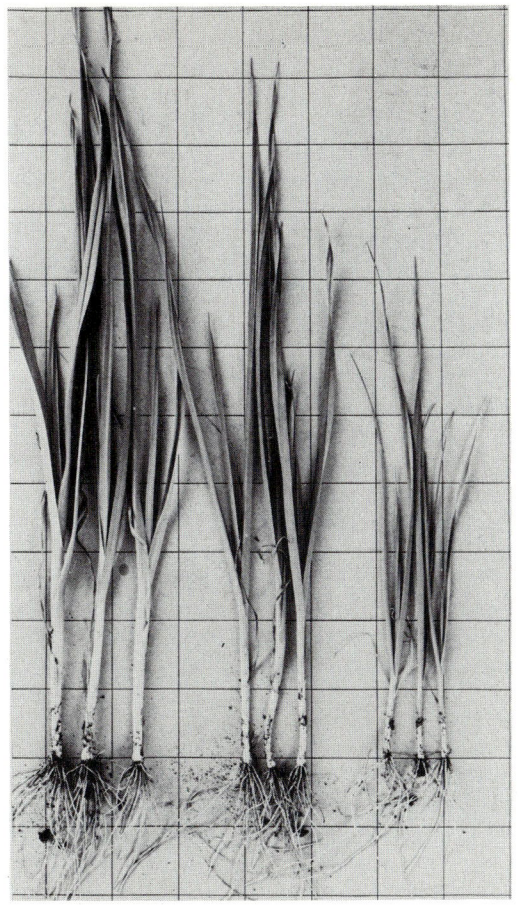

A	16	12	8
G	8,4	3,5	2,3
L	53	37	33
S	5,7	3,8	7,9
E	126	110	95

A: Anzuchtdauer (Wochen), G: Gewicht (g)
L: Länge (cm), S: Schaftdurchmesser (mm) E: Erntegewicht (g)

Abb. 7.10-11: Jungpflanzengröße und marktfähiger Ertrag bei Julipflanzung nach Frühbeetaussaat im März, April und Mai (n. KRUG & KLING 1978)

den Frühjahr das Erntegewicht. Bei Überwinterungsporree muß nach starken Frostschäden auf den Neuaustrieb der Blätter im April gewartet werden. Der Erntezeitpunkt ist, lediglich durch das Schossen, in der Regel im Mai, termingebunden.

Zur Rodung werden Schwingsieb- oder Siebkettenroder eingesetzt, die zweckmäßigerweise mit Blattabweisern auszurüsten sind. Bei diesem Verfahren ist jedoch ein Verschmutzen der Blätter, vor allem das Ansammeln von Bodenteilchen in den Blattachseln, nicht zu vermeiden, so daß die Aufbereitung einen erhöhten Arbeitsaufwand erfordert. Deshalb werden vielfach das Unterfahren der Pflanzen mit Pflugschar ohne Streichblech oder mit Unterschneidegeräten und die Aufnahme von Hand bevorzugt. Auch Raufroder haben sich bewährt.

Die Erträge an geputzter Ware liegen bei Ernten im Sommer bei 200 bis 250 dt/ha, bei Herbsternten bei 350 dt/ha, nach Überwinterung bei etwas niedrigeren Werten.

□ Aufbereitung und Lagerung

Für die Lieferung während der Frostperiode kann Porree kurzfristig auf dem Felde in Form von Hocken aufgestellt, zur Überbrückung längerer Perioden im Einschlag oder in einem Kühllager bei 0 bis 1 °C und hoher Luftfeuchte aufbewahrt werden.

Die Aufbereitung erfordert ca. 70 % des gesamten Arbeitsaufwandes und sollte sich, um das Antrocknen der Bodenteile zu vermeiden, der Rodung oder dem Auslagern unmittelbar anschließen. Für die Vermarktung werden die Blätter auf zwei Drittel der Gesamtlänge der Pflanze, die Wurzeln auf 1 bis 2 cm gestutzt. Die Ware wird geputzt, gewaschen, sortiert und von Hand oder maschinell gebündelt. Der hohe Aufwand für die Aufbereitung verringert sich bei langen und dicken Porreestangen.

■ Gewächshauskultur

Für die Überbrückung der Angebotslücke der Freilandproduktion von Mitte Mai bis Ende Juni werden schnellwüchsige Sorten auch in Gewächshäusern oder Hochtunneln kultiviert (Tab. 7.10-1). Die Anzucht beginnt Mitte Dezember bis Januar. In Preßtöpfen (4 cm) werden durch Direktablage oder Pikieren je 2 Pflanzen mit gleicher Klimaführung wie bei der Jungpflanzenanzucht für das Freiland angezogen und ab März 46 Pflanzen/m² (25 x 17 cm) ausgesetzt. Pflanzungen bis zu 80 Pflanzen/m² sind möglich, verzögern aber das Wachstum der Einzelpflanze und führen zu geringeren Schaftgrößen oder späteren Ernten. Eine schwache Heizung (Sollwert ca. 10 °C) fördert bei kaltem Wetter das Anwachsen. Danach werden die Häuser frostfrei gehalten oder bleiben unbeheizt. Der Sollwert für die Lüftung wird auf 22 °C gestellt und im Laufe der Kultur auf 18 °C gesenkt. Im übrigen gelten die Empfehlungen für die Freilandkultur. Die Ernte beginnt nach einer Kulturdauer von ca. 10 Wochen im Juni.

Literatur

BUISHAND, TJ. (Zusammenstellung) (1971): Teelt van prei. Alkmar: Consulentschap in Algemene Dienst voor de Groenteteelt in de Vollegrond in Nederland Nr. 21.

DRAGLAND, ST. (1972): Effect of temperature and day length on growth, bulb formation and bolting in leek (*Allium porrum* L.) Meld. Norges Landbrukshogskole **51** (21).

JONES, H. A. and MANN, L. K. (1963): Onions and their allies. World Crop Series. London, New York: Leonard Hill.

7.10.3 Schnittlauch (*Allium schoenoprasum* L.)

☐ **Geschichte und Bedeutung**

Schnittlauch hat sich, vermutlich aus Zentralasien oder dem Mittelmeergebiet kommend, als Wildpflanze über Europa bis hin zum 70. Breitengrad, über Mittel-, Ost- und Nordasien sowie über Nordamerika bis in die arktischen Räume hinein verbreitet. In Europa wird er spätestens seit dem frühen Mittelalter als Gewürzpflanze genutzt.

Der ernährungsphysiologische Wert des Schnittlauchs liegt in seiner hervorragenden Eignung als Gewürz zu Suppen, gekochten Speisen, Salaten, als Brotbelag und in seiner ganzjährigen Verfügbarkeit. Den besonderen Geschmack verleiht ihm der hohe Gehalt an Lauchöl. Er zeichnet sich darüber hinaus durch einen hohen Gehalt an Vitamin C, Carotin und an Calzium aus.

Der Anbau in der Bundesrepublik Deutschland wird auf mehr als 100 ha Freilandfläche geschätzt. Die hohen Erlöse weisen eine besonders intensive Flächennutzung und eine weit über den Flächenanteil hinausgehende wirtschaftliche Bedeutung aus. Dies gilt vor allem für die Treiberei, die nicht nur mit relativ geringen Energiekosten frisches Gemüse in der vitaminarmen Zeit liefert, sondern auch den Betrieben den produktiven Einsatz von Einrichtungen und Arbeitskräften in der Winterzeit ermöglicht.

☐ **Botanische Grundlagen**

Morphologisch unterscheidet sich Schnittlauch von anderen *Allium*-Arten durch die frühzeitige Bildung von Horsten aus Pflanzen mit mehr oder weniger feinlaubigen, 15 bis 60, im Durchschnitt ca. 25 cm langen Blättern (*schoenoprasum* = binsenartig) (Abb. 7.10-12). Die Horste entstehen durch den Austrieb von in der Regel zwei Seitenknospen an der als Zwiebelscheibe bezeichneten gestauchten Sproßachse. Die ersten Beiknospen werden bereits frühzeitig angelegt und wachsen, wenn die Primärbulbe bei Frühjahrssaat nach 2–3 Monaten einen Durchmesser von ca. 8 mm erreicht hat, zu zwei nahezu gleichwertigen neuen Pflanzen heran, die die Blätter der Primärbulbe auseinanderdrängen. Zu dieser Zeit sind bei dem langsamen Jugendwachstum an der Primärpflanze erst 3–6 Laubblätter ausgebildet. Nach jeweils 2 bis 3 weiteren Laubblättern wiederholt sich dieser Vorgang bei allen Bulben und führt jedesmal zu einer annähernden Verdoppelung der Pflanzenzahl (Abb. 7.10-12a). Bei 5 bis 7 Verzweigungen wachsen im ersten Jahr bis über 80 Pflanzen pro Horst, die über das gestauchte Rhizom mehr oder weniger fest verbunden bleiben.

Die Blätter sind röhrenförmig hohl, rund bis breit-rund (Abb. 7.10-12b). Nach einem Schnitt vermögen sie durch interkalares Wachstum weiterzuwachsen, an den Schnittstellen entsteht jedoch ein eingetrockneter Rand. Mit nur schwach verdickten Blattbasen bleiben die Bulben klein. Der Infloreszenzschaft ist relativ kurz, hohl (Abb. 7.10-12c) und nicht aufgeblasen. Der Blütenstand trägt Blüten mit 6 meist roten bis rötlichen, lanzettlich-eiförmigen Blütenblättern und ein lange anhaftendes Hochblatt (Abb. 7.10-12 d).

Das Keimverhalten des Schnittlauchs gleicht dem der Speisezwiebel, es kann aber, wie bei Porree, Keimruhe auftreten. Die Jugendentwicklung verläuft, wie bei anderen *Allium*-Arten, sehr langsam. Auch Schnittlauch weist einen ausgeprägten Entwicklungsrhythmus auf. Ab Ende August bis September wird bei Temperaturen von 6 bis 20 °C, im Optimum 14–16 °C und einer Tageslänge unter 15 Stunden eine Knospenruhe induziert (Abb. 7.10-13).

Während und nach der ca. 6 Wochen dauernden Induktionsperiode werden Nährstoffe aus den Blättern in die Bulben und dickfleischigen Wurzeln umgelagert, die Blätter vergilben und sterben im Oktober ab. Trockenheit verzögert diesen Vorgang. Ab Ende September bis Mitte Oktober treiben in Ruhe befindliche Pflanzen auch unter günstigen Wachstumsbedingungen nicht aus, sie verharren in einer Knospenruhe. Erst ab November nimmt die Austriebsfähigkeit langsam zu; die volle Austriebsbereitschaft wird meist nicht vor Ende Dezember erreicht (Abb. 7.10-14).

Im Felde beginnt der Austrieb, je nach Temperatur, ab Februar–März. Ende Mai erscheinen nach zwei bis drei Blättern die ersten Blüten. Die ersten Samen reifen im Juni. Nach Januaraussaat im Gewächshaus können Schnittlauchpflanzen auch bereits im Sommer des 1. Jahres blühen. Desgleichen wachsen bei Freilandsaaten im No-

Liliaceae (Liliengewächse) 407

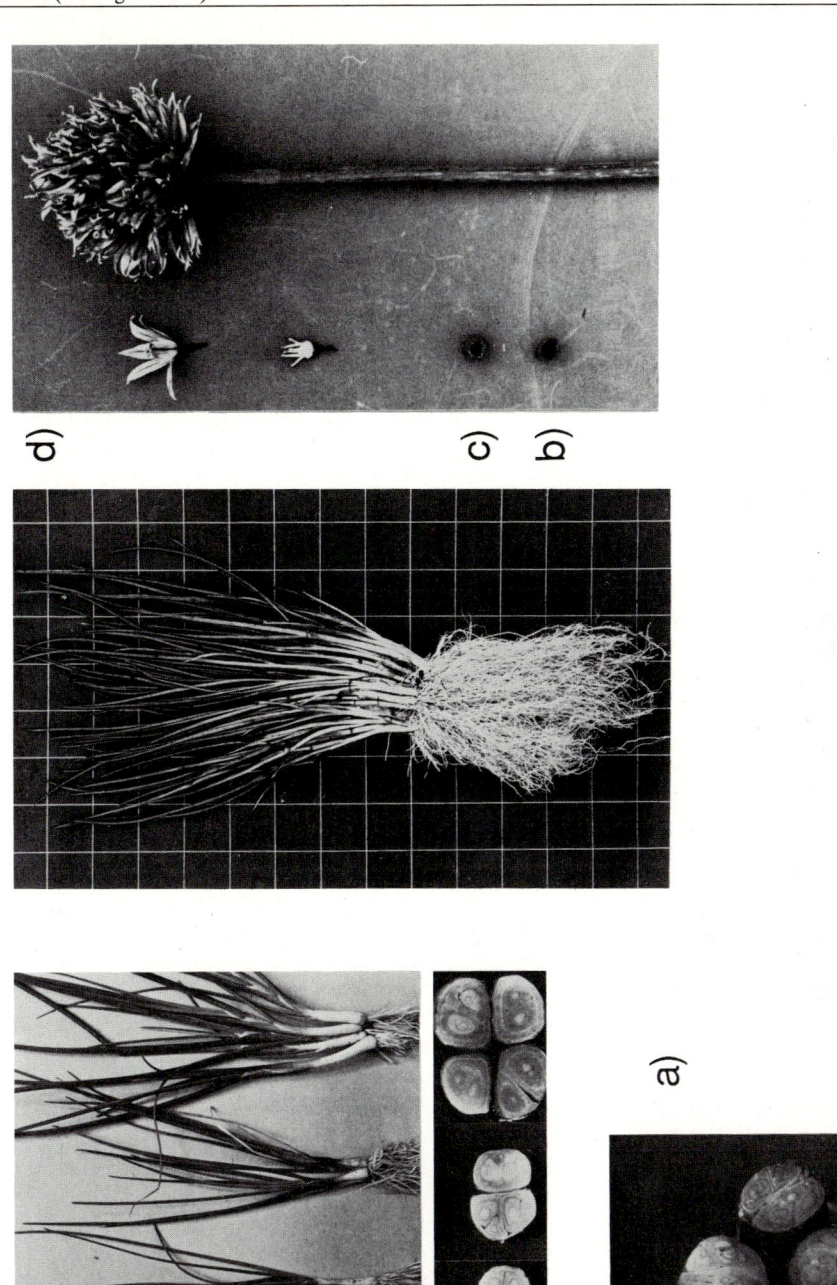

Abb. 7.10-12: Schnittlauch
a) vegetative Vermehrung und Horstbildung, b) Querschnitt eines Blattes, c) Querschnitt eines Blütenstandschaftes, d) Blütenstand

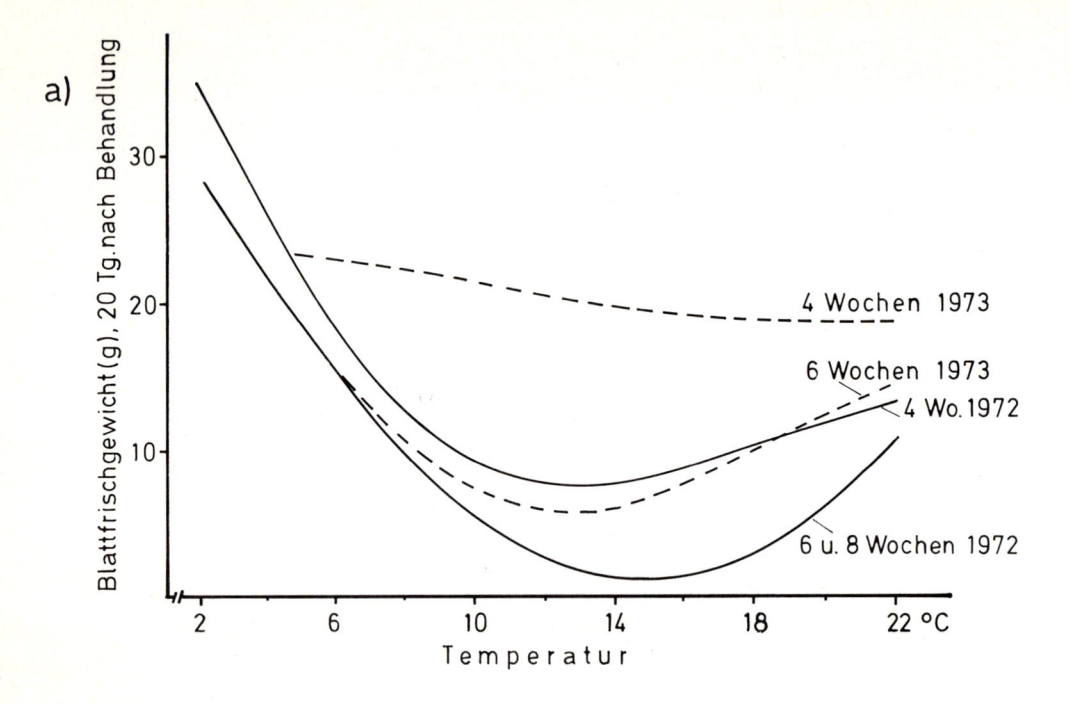

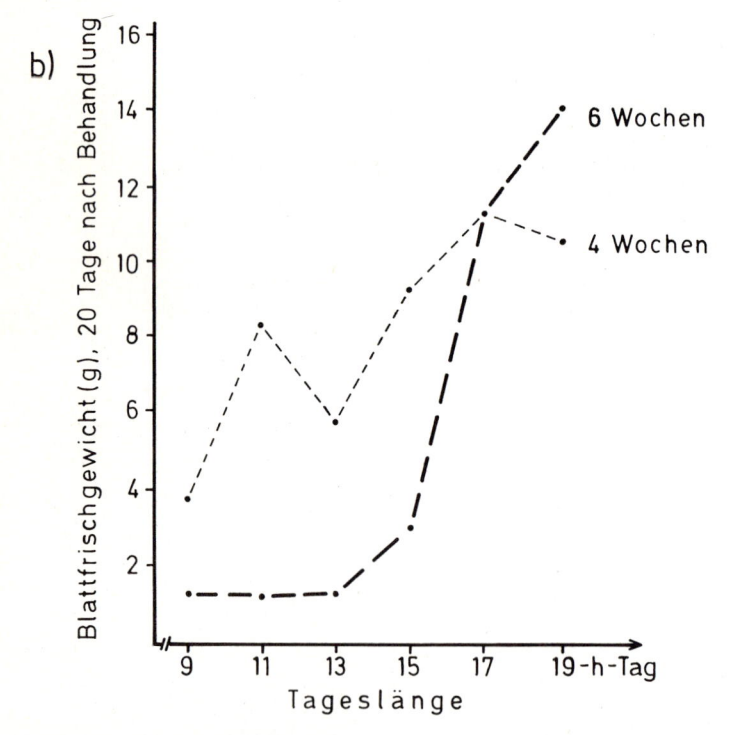

Abb. 7.10-13: Wirkung von a) Temperatur und b) Tageslänge auf die Induktion der Knospenruhe von Schnittlauch. Temperaturbehandlung für 4, 6 und 8 Wochen (11-h-Tag, 8 klx), Tageslängenbehandlung für 4 und 6 Wochen bei 14 °C und 8 klx (vereinfacht nach KRUG und FÖLSTER 1976)

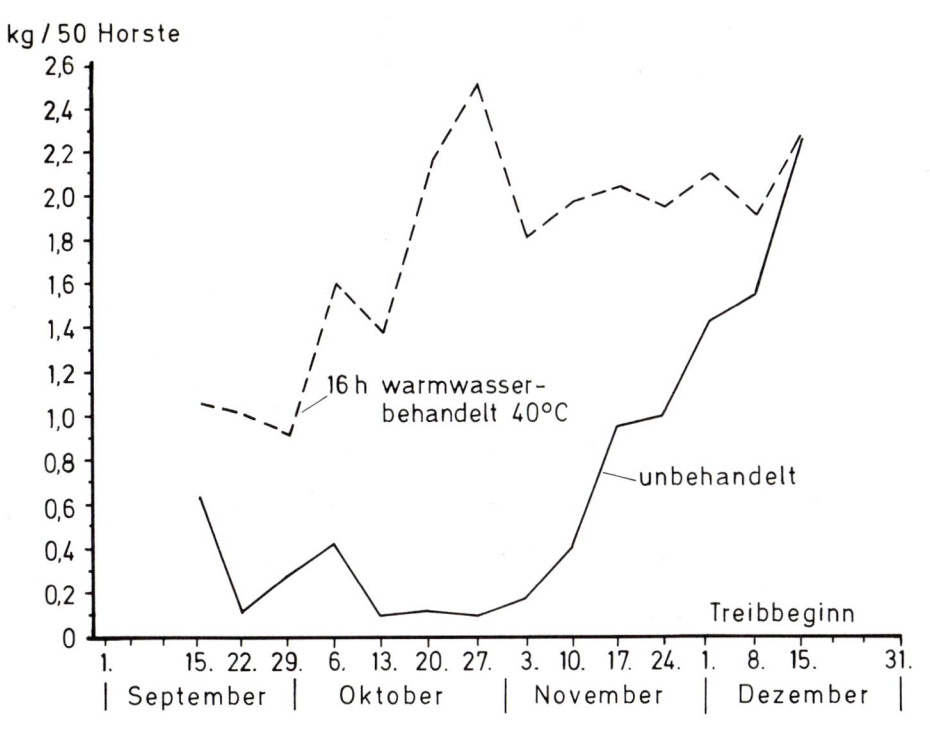

Abb. 7.10-14: Austrieb von Schnittlauchpflanzen mit und ohne Ruhebrechung durch Warmwasserbehandlung (FÖLSTER 1967)

vember Blütentriebe, wenn die Ruhe durch Langtagbehandlung ausgeschaltet wird. Anzuchttemperaturen über 18 °C verhindern die Blütenbildung. Vermutlich werden die Blütenanlagen nach dem Durchlaufen einer Jugendphase durch die Einwirkung niedriger Temperatur induziert.

☐ **Standortansprüche**
Schnittlauch stellt nur geringe Anforderungen an den Standort. Er ist temperaturtolerant, sehr frosthart und wächst auf allen gemüsebaufähigen Böden, in trockenen wie auch in feuchten Lagen. Hohe Wachstumsleistungen und gute Qualitäten werden jedoch nur bei guter Wasser- und Nährstoffversorgung erzielt. Der Anbau ist dementsprechend nicht ökologisch, sondern an die Stätten der Produktion und des Absatzes orientiert.

☐ **Anbauformen**
Schnittlauch ist eine Pflanze des gärtnerischen Intensivanbaus und der Hausgärten. Im Erwerbsanbau wird er in Kleinbetrieben auf kleinen Flächen für die laufende Sommerernte zur Belieferung des Frischmarktes kultiviert. Großflächiger Anbau mit Freilandernte erfolgt nur auf vertraglicher Basis für die Trockengemüse- und Tiefkühlindustrie. Betriebe mit Gewächshäusern kultivieren Schnittlauch für die Treiberei.

☐ **Fruchtfolge**
Ein Anbau nach *Allioideae* ist insbesondere wegen der Gefahr des Befalls durch die Zwiebelfliege zu meiden. Aus gleichen Gründen sollte keine Stallmist-Düngung gegeben werden. Auch Kohlgewächse sind keine guten Vorfrüchte. Sonst stellt Schnittlauch keine besonderen Ansprüche.

☐ **Sortenwahl**
Schnittlauch wird erst in neuerer Zeit intensiver züchterisch bearbeitet. Das Sortenangebot ist dementsprechend gering. In der »Beschreibenden Sortenliste« wird Schnittlauch noch nicht geführt. Im Angebot dominieren »Hybriden« aus Polycrosszüchtungen. Für den Freilandanbau werden fein- bis mittelgrobblättrige Sorten, für die Treiberei mittel- bis grobblättrige für den Schnitt und feinblättrige, z. T. auch schwachwüchsige Sorten für den Verkauf in Töpfen bevorzugt.

☐ **Bodenvorbereitung und Düngung**
Bei Aussaat gelten für die Bodenbearbeitung gleiche Grundsätze wie für die Zwiebel- und

Porreekultur. Für eine Pflanzung ist ein stärker gelockerter Boden zu bevorzugen. Stickstoff ist in einer Höhe von 150 bis 200 kg/ha bereitzustellen. Eine erste Gabe bis 80 kg/ha N wird vor der Saat, die Kopfdüngungen werden für die Gemüseproduktion möglichst nach den Schnitten, die erste bis Mitte Juni, die zweite im Juli gegeben.

■ Freilandkultur
□ Pflanzenanzucht

Schnittlauch läßt sich gut durch Teilung vermehren. Dafür werden die Horste zur Bekämpfung von Krankheiten (z. B. Rost) wie bei der Treiberei mit Warmwasser (40 °C) behandelt, in Tuffs von etwa 3 Einzelpflanzen geteilt und im Herbst oder Frühjahr von Hand oder maschinell in Abständen von 30–40 x 15 cm ausgepflanzt. Vegetativ vermehrte Pflanzen kommen bereits im ersten Jahr zur Blüte.

Jungpflanzen aus Samen werden im Freiland oder im Gewächshaus vorkultiviert. Im Freiland wird im August in Beete oder kleine Preßtöpfe gesät, auf dem Felde überwintert und im Frühjahr gepflanzt. Für die Anzucht im Gewächshaus werden im Januar–Februar 4–8 Korn in 3- bis 4-cm-Preßtöpfe abgelegt. Nach dem Aufgang wird die Temperatur auf 10–12 °C gesenkt. Die Pflanzung folgt im April, spätestens im Mai. Auch diese Pflanzen können bereits im 1. Jahr blühen. Für 1 ha Freiland werden 1,2–2,0 kg Saatgut und 200 000 Preßtöpfe benötigt.

Den geringsten Aufwand erfordert die Direktsaat ins Feld. Saaten im August–September liefern im Folgejahr kräftigere Pflanzen. Die Unkrautbekämpfung erfordert jedoch einen höheren Einsatz, und die Pflanzen blühen bereits im 1. Ertragsjahr. In der Regel wird deshalb im Frühjahr zum frühestmöglichen Termin ausgesät. Die Saatstärke liegt bei einem Reihenabstand von 30–40 cm, je nach Boden und Keimfähigkeit des Saatgutes, bei 8–12 kg/ha Saatgut. Im übrigen gelten die bei der Speisezwiebel geschilderten Grundsätze. Durch Folienbedeckung lassen sich das Auflaufrisiko mindern, die Auflaufdauer verkürzen und das Anfangswachstum beschleunigen.

Die Direktsaat birgt ein größeres Kulturrisiko als die Pflanzung und erfordert einen höheren Aufwand für die Unkrautbekämpfung. Auch »dünne« Bestände vermögen sich jedoch durch die Horstbildung gut auszuwachsen. Der Kultivateur sollte sich deshalb nicht zu schnell zu einem Umbruch entschließen.

□ Pflege

Die Pflegemaßnahmen haben sich vorrangig auf die Unkrautbekämpfung zu konzentrieren. Für eine Nachauflaufbehandlung nach dem Peitschenstadium und nach Pflanzung sind Herbizide zugelassen. Hackgänge können den Herbizideinsatz ergänzen und den Boden locker halten. Blattvergilbungen durch Trockenheit oder Nährstoffmangel ist durch Bewässerung und ggf. Kopfdüngung entgegenzuwirken. Der Hauptwasserbedarf liegt in den Monaten Juli und August. Die im zweiten Jahr einsetzende Blütenbildung kann nicht verhindert werden. Für die industrielle Verarbeitung sind die Blüten vor der Ernte oder bei der Aufbereitung abzuschneiden.

Bei den Pflanzenschutzmaßnahmen ist bereits ab April mit einem Befall durch die Zwiebelfliege zu rechnen. Ab Mai kann die Lauchmotte auftreten. Rost wird besonders ab August–September gefährlich.

□ Ernte, Aufbereitung und Ertrag

Die Schnittreife wird nach Herbstpflanzung oder -saat im Mai, nach Frühjahrspflanzung im Juni, nach Frühjahrssaat im Juli erreicht und währt bis in den Oktober hinein. Durch Überbauen mit Tunnelfolie und Langtag-Reizlicht kann die Ernteperiode im Herbst verlängert werden. Für eine späte Marktbelieferung werden Schnittlauchpflanzen auch in Preßtöpfen angezogen, im August in Gewächshäuser gepflanzt, durch photoperiodisches Reizlicht wüchsig gehalten und bis Ende Oktober-November geschnitten.

Die Blätter sollten für die Ernte mindestens 15 cm lang sein. Sie werden mit Messer, Schere oder einer Spinatvollerntemaschine dicht über dem Boden geschnitten. Triebe mit Blütenknospen oder Blüten sowie gelbe oder geknickte Blätter entfernt und die einwandfreien Blätter gebündelt. Gute Bestände erlauben ab 2. Jahr 3 bis 5 Schnitte pro Jahr. Der Jahresertrag beläuft sich ab 2. Jahr auf ca. 3 kg/m². Wenn nach dem 2., spätestens 4. Jahr, die Wüchsigkeit der Pflanzen nachläßt, sollte der Bestand umgebrochen werden.

■ Treiberei

Die höchsten Erträge lassen sich mit zweijährigen Pflanzen erzielen. Um den Aufwand für die Anzucht zu reduzieren, werden jedoch eineinhalb- und einjährige Pflanzen bevorzugt. Die geringsten Aufwendungen erfordert die Freilandaussaat, die im Frühjahr möglichst zeitig oder bereits im Vorsommer erfolgen sollte. Die Saatstärke wird zur Ausbildung großer Horste mit kräftigen Einzelpflanzen mit 2–8 kg/ha geringer gehalten als für die Freilandnutzung. Sicherer ist die Pflanzung vorkultivierter Jungpflanzen oder geteilter Pflanzen im Frühjahr.

Die Pflanzung erfolgt im April auf 30–40 x 15 cm (22 bzw. 17 Ballen/m^2). Pro ha Freiland werden ca. 200 000 Preßtöpfe benötigt. Diese ergeben eine Treibfläche von 2000–3300 m^2 für einen Treibsatz oder eine entsprechend geringere Gewächshausfläche bei mehreren Sätzen.

Pflanzen für das Treiben müssen gut mit Nährstoffen versorgt werden. N-Gaben bis über 300 kg/ha fördern die Treibwilligkeit. Nach einer Grunddüngung von 80 bis 100 kg/ha N werden im Juni und im Juli je 100 kg/ha N als Kopfdüngung gegeben. Spätere Gaben verzögern den Entwicklungsabschluß. Die Pflanzen sollten nicht geschnitten werden. Die Pflege entspricht der für die Sommernutzung.

Das Roden für die Treiberei kann beginnen, wenn die Knospenruhe voll induziert ist. Wird früher getrieben oder die Knospenruhe verhindert (Langtag, hohe oder sehr niedrige Temperatur) oder durch die Witterung (Wärme, Trockenheit) verzögert, so treiben die angeschnittenen Blätter durch und mindern mit Trockenrändern die Qualität. Zur Überprüfung der Knospenruhe wird bei einigen Pflanzen das Laub abgeschnitten und nach 3 Tagen das Nachschieben der Blattstümpfe kontrolliert.

Nach der Ruheinduktion, die im deutschen Klimaraum Anfang bis Mitte Oktober erreicht wird (s. Abb. 7.10-14), werden mit einem Feldhäcksler, Sichelmäher oder Krautschläger die Blätter entfernt, die Pflanzen mit einem Schwingsieb- oder Siebkettenroder unterschnitten, ausgehoben und abgesiebt. Auf schweren Böden kann ein nochmaliges Ausschütteln der Ballen mit einem Heuwender die anhaftende Erdmasse reduzieren. Die Wurzeln sollen hierbei geschont werden und nicht austrocknen, da sie etwa die Hälfte der zum Aufbau der Blätter benötigten Reservestoffe liefern. Eine Vorratsrodung und Lagerung in kleinen Dämmen (ca. 1 m breit und 0,4 m hoch) ist nur dann zu empfehlen, wenn ein Vorrat für Frostperioden sichergestellt werden soll.

Für das Treiben während des Oktobers oder Novembers muß die Knospenruhe gebrochen werden (Abb. 7.10-14). Bei Treibsätzen bis Mitte Oktober, die sich noch in der Hauptruhe befinden, ist meist kein voller Austrieb zu erreichen. Am wirksamsten sind eine Warmwasser- oder Warmluftbehandlung. Bei der Warmwasserbehandlung werden die Bulben ca. 16 Stunden in anfangs 40 °C warmes Wasser (Bulben- : Wasservolumen ca. 1 : 1) getaucht. Höhere Wassertemperaturen (bis max. 44 °C) mit kürzeren Tauchzeiten können bei Behandlungsfehlern leicht zu Schäden führen.

Vergleichbare Wirkungen sind mit einer ca. 16stündigen Einwirkung warmer (ca. 42 °C), feuchter Luft zu erzielen. Das Risiko einer fehlerhaften Temperaturführung ist bei diesem Verfahren größer als bei der Warmwasserbehandlung. In einem anderen Verfahren wirkt 30 °C warme, relativ trockene Luft bis zum 1. Blattaustrieb ein. Nachteile dieses Verfahrens sind die lange Behandlungsdauer und ein teilweises Eintrocknen der Wurzel. Das Eintrocknen der Blattreste mindert dagegen den Putzaufwand.

Durch Überlagerung der Ballen läßt sich der Aufwand für eine Ruhebrechung umgehen. Hierzu werden die Ballen bis Dezember gerodet, bei Temperaturen von −2 °C gelagert und ab Frühjahr in Töpfen oder als Schnittware getrieben. Wird erst im Frühjahr bei beginnendem Austrieb gerodet, führt das Einlagern zu Blattschäden.

Unmittelbar nach der Ruhebrechung werden die Ballen für die Schnittkultur in Kisten, auf Tischen oder Grundbeeten dicht an dicht aufgesetzt. Ein m^2 faßt 80 bis 100, bei kleinen Horsten aus Freilandsaaten bis zu 400 Ballen. Leichtes Bedecken mit abgetragener Erde schützt die Wurzeln vor dem Austrocknen, ist aber entbehrlich. Die Beete werden feucht gehalten. Eine Düngung bringt keine Vorteile. Der Austrieb wird von hoher Bodentemperatur (optimal 25 °C) und hoher Lufttemperatur (20–22 °C) gefördert. In der lichtschwachen Jahreszeit sollte die Lufttemperatur, wenn kein Zusatzlicht eingesetzt wird, in den ersten 2 Wochen auf 20, später auf 18–16 °C gesenkt werden, um ein zu starkes Vergeilen der Blätter zu vermeiden. Bei Treibtemperaturen unter 18 °C wirkt ein Langtag (80 – 100 lx) wachstumsfördernd.

Der Schnitt erfolgt, wenn die Blätter nach 3 bis 5 Wochen eine Länge von 20 bis 25 cm erreicht haben. Ein zweiter oder sogar dritter Schnitt ist möglich, jedoch wegen der schlechteren Qualitäten (Nekrosen an den Blattspitzen) nicht üblich.

Abb. 7.10-15: Topfkultur bei Schnittlauch

Die Aufbereitung entspricht der der Freilandware. Es werden etwa 9 große Bund à 160 g, entsprechend 1,5 kg pro m² und Satz, geerntet.

Für die **Topfkultur** werden die Wurzeln der Ballen nach der Ruhebrechung, vielfach auch erst bei 10 cm langen Blättern gestutzt, in 6- bis 12-cm-Töpfe gesetzt und wie bei der Schnittkultur getrieben. Topfware wird bereits mit 10–15 cm langen Blättern vermarktet (Abb. 7.10-15). Sollen die Pflanzen gleich in Töpfen angezogen werden, sind im Februar 20 bis 30 Korn pro Topf auszusäen oder es wird in die Töpfe gepflanzt. Töpfe mit Gitterböden erlauben das Durchwachsen der Wurzeln und erleichtern die Pflege. Die Kultur kann später ins Freiland verlegt werden. Im übrigen wird wie bei der Schnittkultur verfahren.

Literatur

FÖLSTER, E., KRUG, H. (1977): Influence of the environment on growth and development of chives (*A. schoenoprasum* L.). II. Breaking of the rest period and forcing. Sci. Hortic. **7,** 213-224.

FÖLSTER, E. (1983): Ausweitung des Gemüseangebotes in den Wintermonaten. III. Treiben von Schnittlauch. Gemüse **19,** 256-259.

KRUG, H., FÖLSTER, E. (1976): Influence of the environment on growth and development of chives (*Allium schoenoprasum* L.) I. Induction of the rest period. Sci.Hortic. **4,** 211-220.

POULSEN, N. (1983): Purlog (*Allium schoenoprasum* L.). Et litteraturstudium. København: Tidsskrift for Planteavls Specialserie. Beretning S 1656.

7.10.4 Andere *Allium*-Arten

7.10.4.1 Schalotte (*Allium cepa* L. var. *aggregatum*)

Schalotten sind in ihrem morphologischen Aufbau und im physiologischen Verhalten der Speisezwiebel nahe verwandt. Die Bulbenbildung wird ebenfalls von Langtag und hoher Temperatur, die Blütenanlage durch niedrige Temperatur gefördert. Schalotten besitzen jedoch eine geringe Neigung zum Schossen und Blühen. Die Mutterbulben bilden hingegen frühzeitig Nebenbulben aus, die die umhüllenden Blattbasen sprengen und Aggregate mit 4–10 Einzelbulben bilden (Abb. 7.10-16). Diese relativ großen Bulben können ohne Schoßrisiko wie Steckzwiebeln verwendet werden.

Bulben mit ca. 3 cm Durchmesser (25–40 dt/ha Pflanzgut) werden, wenn im Winter ein Frostschutz gegeben wird, bereits im Herbst, sonst im

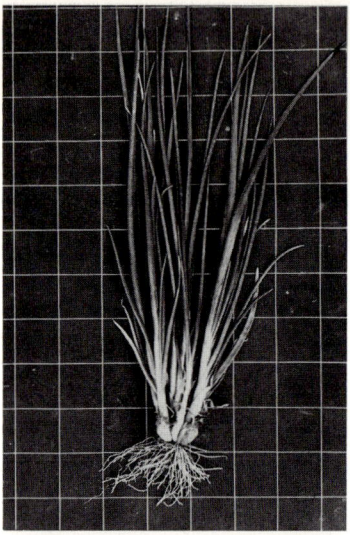

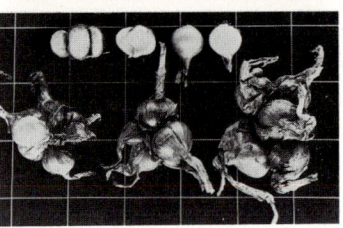

Abb. 7.10-16: Schalotten, aus Bulben vermehrt. Unten: ausgereifter Bulbenhorst

zeitigen Frühjahr gesteckt und ab Anfang Juni als Lauchschalotten, ab Juli–August als Trockenschalotten geerntet. Die Erträge belaufen sich auf 300 bis 350 dt/ha. Diese Eigenschaften in Verbindung mit einem milden Geschmack sichern den Schalotten große Beliebtheit in Hausgärten. Der Weltanbau dürfte bei 100 000 ha liegen. Besondere Erzeugerländer sind Japan und Mexiko, aber auch die Niederlande (ca. 200 ha), Italien und Frankreich. In der Bundesrepublik Deutschland spielt der Erwerbsanbau von Schalotten keine nennenswerte Rolle.

7.10.4.2 Winterzwiebel (*Allium fistolosum* L.)

Die Winterzwiebel oder Winterheckenzwiebel unterscheidet sich von der Speisezwiebel durch die runden (nicht zur Mittelachse hin abgeflachten) Röhrenblätter, den langgezogen (nicht bauchig verdickten) aufgeblasenen Infloreszenzschaft, mäßig verdickte Bulben, das Fehlen einer Ruheperiode und eine größere Frosthärte (Abb.

Abb. 7.10-17: Winterzwiebeln im Horst (aus Bulben gezogen) und abgetrennte Einzelpflanze

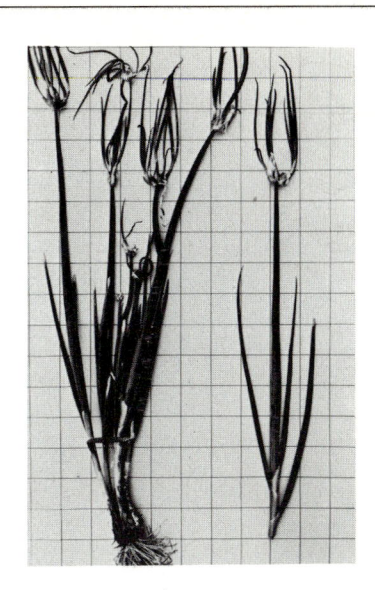

Abb. 7.10-18: Luft- oder Bulbenzwiebel

7.10-17). Sie wird über Samen, aber auch durch Steckzwiebeln vermehrt.

In Deutschland ist die Winterzwiebel im Mittelalter von der Speisezwiebel verdrängt worden. Sie wird heute zur ganzjährigen Lauchnutzung in Hausgärten, im Erwerbsanbau ebenfalls zur Lauchnutzung und gelegentlich als Schnittlauchersatz für den Herbstverkauf angebaut. In Ostasien werden langschäftige Formen (Japanischer Porree) im großen Umfang als Pflanzgemüse kultiviert.

7.10.4.3 Luft- oder Bulbenzwiebel (*Allium cepa* L. var. *proliferum*)

Die Luft- oder Bulbenzwiebel bildet in Blütenständen, zum Teil zwischen den Blüten, Brutzwiebeln aus, die als Gewürz genutzt oder zur Vermehrung verwendet werden können (Abb. 7.10-18). Diese Varietät hat nur Liebhaberwert.

7.10.4.4 Knoblauch (*Allium sativum* L.)

Knoblauch wird bevorzugt in wärmeren Gebieten angebaut, er gedeiht jedoch auch in unseren Breiten. Er bildet einen langen, relativ dünnen Scheinsproß mit schmalen, längsgefalteten Blättern (Abb. 7.10-19). Der Blütenstandsschaft ist rund und voll. Die Blütenknospen werden meist abgeworfen, Samenbildung ist selten. In den Blütenständen können sich Brutzwiebeln bilden. An der Sproßachse (Zwiebelscheibe) wachsen in den Achseln der Blätter nach Einwirkung niedriger Temperatur (0–10 °C) Beiknospen, die sog. Klauen oder Zehen (Abb. 7.10-19b). Ihr Wachstum wird, wie bei der Speisezwiebel, von Langtag und hoher Temperatur gefördert. Die Klauen enthalten zahlreiche wertgebende Inhaltsstoffe, wie z. B. Alliin, Knoblauchöl und Stoffe mit antibiotischen Wirkungen. Sie werden deshalb sowohl als Gewürz als auch pharmazeutisch genutzt.

Die Vermehrung erfolgt vegetativ mit den Klauen oder mit Brutzwiebeln aus dem Blütenstand, den sogenannten »Rundlingen«. Die Zehen von Wintersorten werden im Spätherbst ca. 5 cm tief im Abstand von 25–30 x 5–10 cm gesteckt (8 bis 12 dt/ha), laufen im Februar–März auf und können im Juli geerntet werden. Frühjahrssorten werden nach Aufbewahrung bei Temperaturen unter 10 °C ab März gesteckt und Ende Juli geerntet. Sie bringen geringere Erträge, sind jedoch besser lagerfähig. Der optimale Erntezeitpunkt ist gekommen, wenn die Pflanzen einknicken und das obere Drittel der Blätter vergilbt. Vor der Einlagerung müssen die Bulben getrocknet werden.

Literatur

BUISHAND, TJ. und KOERT, J. L. (Zusammenstellung) (1971): Teelt van Sjalotten. Alkmaar: Consulentschap in Algemene Dienst voor de Groenteteelt in de Vollegrond in Nederland. No. 24.

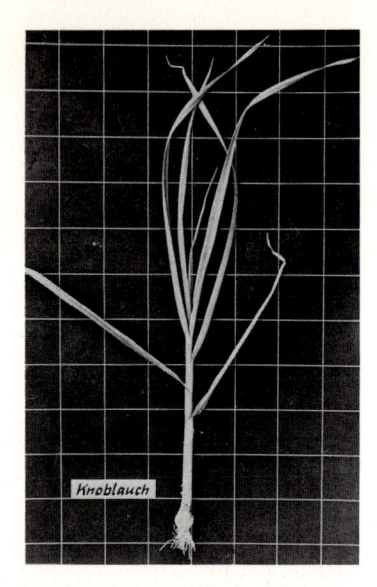

Abb. 7.10-19: Knoblauch
a) Pflanze, b) Bulbe mit Zehen

7.10.5 Spargel (*Asparagus officinalis* L.)

□ **Geschichte und Bedeutung**

Das Ursprungsgebiet des Spargels wird in den Salzsteppen Osteuropas und Vorderasiens vermutet. Aus Ägypten kommt vor ca. 5000 Jahren die erste sichere Kunde über die Nutzung als Gemüsepflanze. In Griechenland und Rom wird im 2. Jh. v. d. Z. über Spargelkulturen zur Nutzung als Delikatesse und als Heilpflanze berichtet. Er gelangte im 16. Jh. nach Deutschland, wo er zunächst vorwiegend als Heilpflanze, später auch als Gemüsepflanze angebaut wurde. Spargel ist heute als Kultur- und Wildpflanze in weiten Teilen des gemäßigten und warmen Klimas der Erde verbreitet.

Die ernährungsphysiologische Bedeutung des Spargels liegt in seinem Gehalt an Rohfasern, Vitaminen, Mineralstoffen und schwefelhaltigen ätherischen Ölen (Methyl-Mercaptan und Vanillin), die ihm einen hervorragenden Geschmack und Heilwirkungen verleihen. Spargelgenuß fördert die Nierentätigkeit und wirkt harntreibend. Mit einem Trockensubstanzgehalt von ca. 8 % ist Spargel ein energiearmes Gemüse.

Spargel wird frisch und konserviert verzehrt. Frischer Spargel wird gekocht als Suppenbeigabe, als Beilage, als Mischgemüse oder Salat verzehrt. Die Verwertungsindustrie verarbeitet Spargel vorwiegend zu Naß-, aber auch zu Gefrier- und Trockenkonserven. Der Verbrauch ist in der EG steigend. In der Bundesrepublik Deutschland wurden 1980 1,2 kg pro Kopf verzehrt, davon 28 % Frischspargel. Es bestehen im allgemeinen keine Absatzprobleme. Die Spargelproduktion ist in der Bundesrepublik Deutschland mit 3000–4000 ha flächenmäßig unbedeutend und deckt nur ca. 65 % des Marktbedarfs an Frischware. In den Anbauzentren ist der Spargelanbau jedoch, besonders für Kleinbetriebe, eine bedeutende Produktionssparte. Die Einfuhren kommen vorwiegend aus Frankreich (65 %) und den Niederlanden (26 %). Konservenspargel wird im großen Umfang aus Taiwan und China importiert.

□ **Botanische Grundlagen**

Der Spargelsämling bildet zunächst eine Primärwurzel und einen Primärsproß (Abb. 7.10-20c). Aus einer Knospe in der Achsel eines basalen schuppenförmigen Niederblattes entwickelt sich ein zweiter Sproß mit einer zweiten Pfahlwurzel, aus dessen basaler Sproßknospe ein dritter usw. Durch diese sympodiale Verzweigung können in dem ersten Jahr bis zu 6 Sprosse mit Wurzeln gebildet werden, die durch einen Rhizomsproß verbunden bleiben. Im Herbst bilden sich kräftige Erneuerungsknospen, die aber nicht mehr austreiben. Die grünen Assimilationstriebe sterben im November ab. Im Folgejahr bilden sich aus den Erneuerungsknospen des Rhizoms neue Triebe und Wurzeln. Damit wächst das Rhizom im Boden fort und stirbt am älteren Ende allmählich ab (Abb. 7.10-20 e, f). Es wird in den ersten Jahren immer kräftiger (Erstarkungswachstum) und zieht sich durch Wurzelkontraktion in eine ökologisch günstige Tiefenlage. Alte Rhizome wachsen wieder flacher.

Die Sprosse des Spargels erreichen eine Höhe bis über 2 m. Sie tragen nur kleine, schuppenartige Niederblätter. Der Assimilation dienen vorwiegend Phyllokladien genannte nadelförmige Kurztriebe (Abb. 7.10-20 c, d). Bei den Wurzeln ist zwischen den dickfleischigen, bis über 50 cm langen Speicherwurzeln und den dünnen, an den

Liliaceae (Liliengewächse)

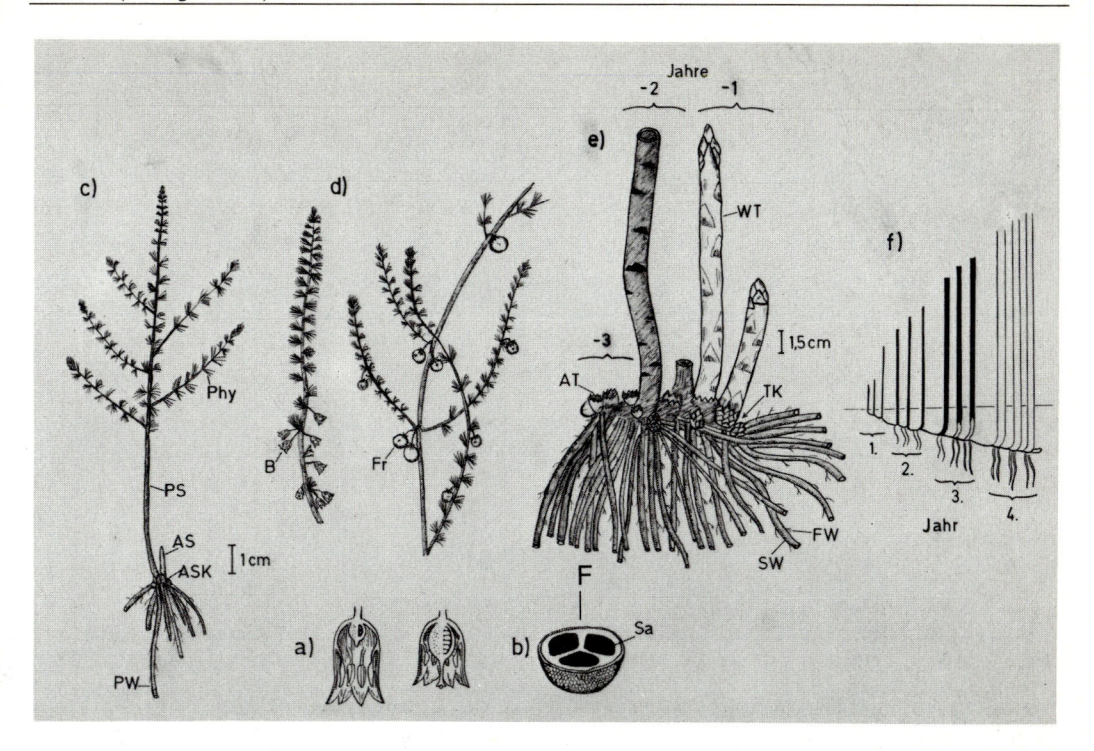

Abb. 7.10-20: Spargel — a) männliche und weibliche Blüte im Längsschnitt, b) Beere im Querschnitt, c) Sämling, d) Triebe mit Blüten und Früchten, e) Rhizom, f) schematische Darstellung des Wachstums während der ersten vier Jahre, schwarze Teile sind abgestorben (aus RAUH, 1950)
AS = Achselsproß, ASK = Achselsproßknospe, AT = abgestorbene Triebbasen, B = Blüten, F = Fruchtfleisch, Fr = Beeren, FW = Faserwurzeln, Phy = Phyllocladien, PS = Primärsproß, PW = Primärwurzel, Sa = Samen, SW = Speicherwurzeln, TK = Triebknospe, WT = wachsende Triebe

Speicherwurzeln sitzenden Saugwurzeln zu unterscheiden. Erstere dienen der Speicherung der Reservestoffe (vorwiegend Fructose) und ermöglichen das Wachstum während der Stechperiode. Während der folgenden Assimilationsperiode werden sie wieder aufgefüllt. Die Saugwurzeln erreichen Bodentiefen bis zu 5 m und erschließen dem Spargel eine tiefe Bodenschicht für die Wasser- und Nährstoffversorgung.

Das Rhizom und die Wurzeln überdauern im Boden und vertragen, wenn sie nicht zu flach liegen, starke Fröste. Leichte Frostschäden sollen sich im folgenden Frühjahr in der Ausbildung hohler Spargelstangen äußern. Junge, oberirdische Triebe werden hingegen schon von Frösten unter $-3\,°C$ abgetötet. Jungpflanzen und Grünspargel sind somit spätfrostgefährdet.

Der Entwicklungsrhytmus des Spargels ist im gemäßigten Klima vorwiegend temperaturabhängig. Die ersten Triebe spitzen im April bei Bodentemperaturen von 8–10 °C. Die Wachstumsgeschwindigkeit der Stangen und damit die Ertragsleistung folgen während der Stechperiode unter sonst günstigen Bedingungen im Trend der Lufttemperatur des Vortages. Diese Beziehung ermöglicht bei zuverlässiger Wettervorhersage eine Ertragsprognose (Abb. 7.10-21, LIEBIG und WIEBE 1982).

Im September, in warmen Spätsommermonaten bzw. warmen Gebieten erst im Oktober, beginnt mit sinkender Temperatur die Umlagerung der Nährstoffe aus den oberirdischen Sprossen in das Rhizom und in die Speicherwurzeln. Die grünen Sprosse werden im Oktober–November gelb und sterben im November–Dezember ab. In tropischen Gebieten wächst Spargel während des ganzen Jahres. Da Spargelpflanzen auch im Frühjahr nach dem Abschalten einer Bodenheizung und deutlichem Absinken der Bodentemperatur unter 18 °C in einen vorübergehenden Ruhezustand eintreten (JOOSTEN 1981), dürfte der Entwicklungsabschluß in den Herbstmonaten des gemäßigten Klimas auf die sinkende Temperatur zurückzuführen sein. Diese Ruhe ist

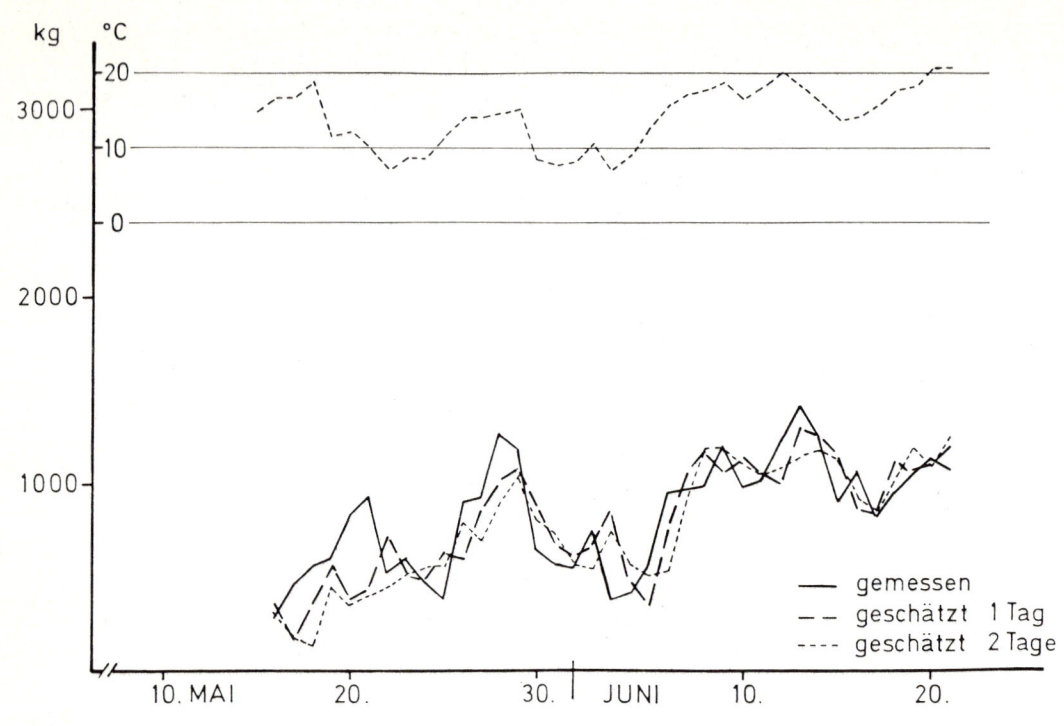

Abb. 7.10-21 : Gemessener und auf der Basis der Temperatur 1 bzw. 2 Tage vorher geschätzter Ertragsverlauf von Spargel (LIEBIG und WIEBE 1982)

aber nur schwach ausgeprägt. Unter günstiger Temperatur treiben die Rhizome, allerdings mit Verzögerung, wieder aus.

Eine Spargelpflanze besitzt eine sehr lange Lebensdauer. Früher wurden die Anlagen ca. 15 Jahre genutzt. Da die Ertragsleistung nach 9–10 Jahren nachläßt und Neuanlagen durch die Mechanisierung geringeren Aufwand erfordern als früher, werden die Pflanzungen heute bereits nach 10–12 Jahren gerodet.

Die Blühreife wird im deutschen Klima bei Freilandsaaten im zweiten oder dritten Jahr erreicht. Unter hoher Temperatur in den Tropen oder in Klimakammern können die ersten Blüten einer Spargelpopulation bereits 100–120 Tage nach der Aussaat erscheinen. Weibliche Blüten tragen 6 kleine, weiß bis grünliche Blumenblätter, einen oberständigen Fruchtknoten mit Griffel und drei Narbenästen sowie rudimentäre Antheren (Abb. 7.10-20 a). Männliche Blüten besitzen 6 goldgelbe Antheren, die den weißen Blumenblättern einen gelblichen Schein verleihen und einen rudimentären Fruchtknoten.

Die Ausgangformen des Spargels waren vermutlich zweihäusig. Bei unseren heutigen Sorten sind alle Übergänge von rein männlichen bis zu rein weiblichen und somit auch zwittrigen Blüten zu beobachten. Die Bestäubung erfolgt in der Regel durch Bienen (Vorsicht bei Pflanzenschutzmaßnahmen), bei Zwitterblüten auch durch Selbstbestäubung. Die Früchte sind Beeren mit 3 Kammern und je Kammer 1–2 schwarzglänzenden Samen (Abb. 7.10-20 b).

Die männlichen Pflanzen sind für die Spargelproduktion zu bevorzugen, da sie früher austreiben, mehr Triebe sowie einen höheren Ertrag (ca. 20 %) bringen und länger ertragsfähig bleiben. Ältere Plantagen weisen somit einen höheren Anteil männlicher Pflanzen auf. Weibliche Pflanzen sind infolge der Beerenbildung nicht nur weniger leistungsfähig, sondern führen durch Samenbildung auch zur Verunkrautung mit Spargelsämlingen.

In früheren Jahren wurden bei zweijähriger Jungpflanzenanzucht männliche Pflanzen selektiert. Zweijährige Jungpflanzen wachsen jedoch schwerer an und erfordern einen höheren Pflanzaufwand. Man hat sich deshalb mit Erfolg bemüht, auf züchterischem Wege überwiegend bzw. ausschließlich männliche Sorten zu schaffen. Dies gelang durch die Kreuzung betont männlicher Pflanzen mit »Übermännchen«, unter deren Nachkommen, wie bei der Sorte 'Lucullus', nur weniger weibliche Pflanzen zu finden sind.

□ Standortansprüche und -orientierung

Das Wachstum von Spargel wird von warmen, sonnigen Lagen bzw. einem warmen Klima begünstigt. Frostlagen sind zu meiden, desgleichen Windlagen, die zu einem Lagern und Ausdrehen der Sommertriebe führen und die Erosion begünstigen.

Leichte Böden kommen dem Wärme- und Luftbedürfnis (bei Luftmangel u. a. Pilzbefall) des Spargels entgegen. Bei Bleichspargel erleichtern sie die Dammkultur, ermöglichen gute Stangenqualitäten und, solange die Nährstoff- und Wasserversorgung gesichert sind, hohe Ertragsleistungen. Besonders günstig sind leichte, humushaltige Böden, die schwereren Böden aufliegen oder mit einem günstigen Grundwasserstand (1–1,5 m) die Wasserversorgung sichern. Den tiefgehenden Wurzeln dürften noch Grundwasserstände bis in 5 m Tiefe zugängig sein. Auf schwereren Böden werden ebenfalls gute Wachstumsleistungen erzielt, sofern die Durchlüftung gesichert ist. Häufig sinkt jedoch die Ertragsleistung früher als auf leichten Böden. Alle Böden sollten tiefgründig, steinfrei, frei von Quecke und Wurzelunkräutern sein und keine Bodenverdichtungen aufweisen.

Der Anbau von Spargel ist im EG-Raum auf die wärmeren Gebiete in Mittel- und Südfrankreich (ca. 16 800 ha, Hauptangebot im Mai) und Italien (ca. 4300 ha, Ernte ab März) konzentriert. In der Bundesrepublik Deutschland war der Spargelanbau in den letzten Jahren rückläufig und betrug 1982 3147 ha. Das größte Anbaugebiet liegt im klimatisch begünstigten mittleren Rheintal, das nächstgrößte im Raum Hannover-Braunschweig-Lüneburg.

□ Anbauformen

Als Dauerkultur mit spezifischen Anforderungen an die maschinelle Bearbeitung und den Arbeitskräftebedarf nimmt Spargel in den Betrieben eine Sonderstellung ein. Die Pflanzung und Pflege erfordern den Einsatz von Spezialgeräten für das Ziehen der Gräben bzw. das Aufdämmen. Diese Geräte werden von Kleinbetrieben genossenschaftlich gehalten oder von Lohnunternehmern angeboten. Der Arbeitskräftebedarf konzentriert sich auf die Erntesaison von Mai bis Ende Juni und liegt bei 2000 AKh/ha oder 50–60 AKS/dt. Die Arbeitskräfte werden von den Familien gestellt und häufig durch Saisonkräfte ergänzt. Spargel ist somit eine typische Freilandkultur von Familien- und Nebenerwerbsbetrieben auf leichten Böden. In den Niederlanden wird an der Gewächshauskultur gearbeitet. Auch das Treiben von Spargel ist möglich.

□ Fruchtfolge

Infolge der langen Kulturdauer läßt sich Spargel nicht in übliche landwirtschaftliche Fruchtfolgen eingliedern. Die Vorfrüchte sollten den Boden in einem guten Kulturzustand hinterlassen und im Herbst vor der Pflanzung eine Tiefenbearbeitung, ggf. eine Gründüngung erlauben. Gute Vorfrüchte sind u. a. frühe und mittelfrühe Kartoffeln, Erbsen und Buschbohnen. Auch ein Fruchtwechsel mit anderen Dauerkulturen, wie z. B. Obst oder Wein (Südfrankreich), hat sich bewährt.

Durch die Anhäufung von Schaderregern, insbesondere von bodenbürtigen Pilzen (u. a. *Fusarium*), und die Bildung von wachstumshemmenden Toxinen ist Spargel selbstunverträglich und sollte frühestens nach einer Anbaupause von 10 Jahren auf dem gleichen Felde folgen. Kann eine solche Anbaupause nicht eingehalten werden, sind Nachbauschäden durch sorgfältiges Entfernen der Pflanzenreste, Bodenentseuchung (z. B. Di-Trapex), Tiefenbearbeitung und organische Düngung zu mildern.

□ Sortenwahl

Spargelsorten werden nicht vom Bundessortenamt zugelassen, unterliegen aber dem Sortenschutz. Alte, bewährte, zweihäusige Sorten sind 'Schwetzinger Meisterschuß' und 'Huchels Leistungsauslese'. Höhere Ertragsleistungen bringen rein bzw. überwiegend männliche Sorten wie 'Optima', 'Sieg' und 'Record', die als Mischung unter der Sortenbezeichnung 'Lukullus' vertrieben werden. Auch die französischen Neuzüchtungen und die niederländische 'Limbras-Gruppe' verdienen Beachtung.

□ Jungpflanzenanzucht

Spargeljungpflanzen werden in der Bundesrepublik Deutschland vorwiegend in Spezialbetrieben angezogen. Meist sind dies Vertragsvermehrer der Züchter. Aber auch die Anzucht für den eigenen Bedarf ist verbreitet.

Eine vegetative Vermehrung durch Teilung der Rhizome ist möglich, wird jedoch wegen der Gefahr der Übertragung von Schaderregern und des hohen Arbeitsaufwandes nicht praktiziert. Interesse verdient die vegetative Vermehrung durch Gewebekultur. Diese bietet die Möglichkeit, relativ schnell gesunde Klone leistungsstarker, männlicher Pflanzen aufzubauen. Da auch die Gewebekultur z. Z. noch recht aufwendig ist, hat sie bei Spargel in der Bundesrepublik noch keine Verbreitung gefunden. Die Jungpflanzen werden deshalb in der Praxis fast ausschließlich aus Samen angezogen.

Vermehrungsbeete sollten zur Minderung des Infektionsdruckes (z. B. Virusübertragung durch Blattläuse) nur in größerer Entfernung von Ertragsanlagen angelegt werden. Im deutschen Klimaraum wird im April auf gut vorbereiteten Böden hochwertiges Saatgut in Einzelkornablage im Abstand von 40–50 x 8–10 cm 3–4 cm tief ausgesät. Für 20–31 Samen/m² sind bei einer TKM von 20 g 4–6 kg/ha Saatgut erforderlich. Dichtere Saat ist nicht zu empfehlen, da die Sämlinge beim Verziehen abreißen und nachwachsen. Bei pilliertem Saatgut, das eine präzisere Einzelkornablage ermöglicht, ist eine entsprechend größere Saatgutmasse zu veranschlagen. Ein 48stündiges Vorquellen in warmem Wasser (25–30 °C) verkürzt die Auflaufdauer deutlich.

Der Jungpflanzenbedarf pro ha Ertragskultur liegt bei 16 700 (1,5 x 0,4 m) Stück. Zur Berücksichtigung von Ausfällen und des Abganges durch das Ausmerzen schwacher Jungpflanzen sollte mindestens die doppelte Samenzahl ausgesät werden. Dies sind ca. 0,7 kg Saatgut und ca. 1350 m² Anzuchtfläche.

Zur Sicherung der Nährstoffversorgung werden den Sämlingen bei guter P- und K-Versorgung des Bodens 130 kg/ha N angeboten, davon ca. 80 kg/ha N vor der Saat oder nach dem Auflaufen und eine Kopfdüngung von 50 kg/ha N im Juli.

Spargelsämlinge sind sehr herbizidempfindlich, Vorauflaufmittel auch nicht zugelassen. Ggf. können Totalherbizide vor dem Aufgang eingesetzt werden. Es bleibt die mechanische Unkrautbekämpfung in Verbindung mit der Bodenpflege.

Im folgenden Frühjahr werden die Jungpflanzen unmittelbar vor der Pflanzung bzw. dem Versand maschinell (z. B. Schwingsieb oder Siebkettenroder) gerodet und sortiert. Gute Jungpflanzen sollten ca. 40 g wiegen, mindestens 4 kräftige Erneuerungsknospen sowie über 8 Speicherwurzeln von mindestens 10 cm Länge aufweisen. Zu große Jungpflanzen (über 80 g) und besonders zweijährige Jungpflanzen wachsen schlechter an. Die Jungpflanzen sollten nicht austrocknen, aber auch nicht zu feucht (Pilzbefall) gelagert und versandt werden. Ist eine Zwischenlagerung nicht zu umgehen, bietet eine Kühllagerung bzw. ein Einschlag an einem schattigen Ort in Torf, Erde oder Sand die beste Gewähr für die Frischhaltung.

7.10.5.1 Bleichspargel

□ **Bodenbearbeitung, Düngung und Pflanzung**
Bei einer Dauerkultur sollte die Bodenvorbereitung mit besonderer Sorgfalt durchgeführt werden. Sie beginnt im Herbst bei hinreichend trockenem Boden mit einer tiefen Pflugfurche und, im Falle von Bodenverdichtungen, einer Untergrundlockerung bis in 1 m Tiefe (Wippscharlockerer, Tiefspatenfräse). Ist eine Tiefenlockerung erst im Frühjahr möglich, sollte das Absetzen des Bodens durch ein Befahren mit Gitterrädern oder Zwillingsreifen beschleunigt werden. Eine organische Düngung wirkt auf den meist sorptionsschwachen Böden mit starkem Humusabbau ertragssteigernd. Als Grundgabe werden 400–600 dt Stallmist oder abgetragenes Champi-

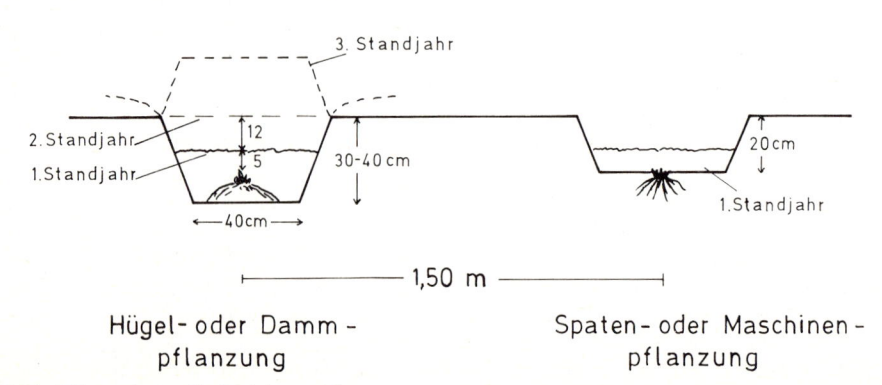

Abb. 7.10-22: Pflanzschema für Bleichspargel

gnonsubstrat pro ha empfohlen. Stehen diese Dünger nicht zur Verfügung, kann Gründüngung als Ersatz dienen. Bei einem pH-Wert unter 5,3–6,0 ist eine Kalkung mit 20 dt/ha Calciumkarbonat oder Hüttenkalk anzuraten (s. Kap. 4.2.4.5). Deutliche Ertragseinbußen treten erst unter pH 5 auf.

Die Pflanzung erfolgt in Deutschland, je nach Klimagebiet und Witterung, von Mitte März bis einschließlich April. Mit einem Spargelgrabenpflug werden im Abstand von 1,50 m schnurgerade Pflanzgräben mit den in der Abbildung 7.10-22 gegebenen Maßen ausgehoben. Auf bindigen Böden geschieht dies zur besseren Gare und zur schnelleren Erwärmung auch bereits im Spätherbst. Wurde organischer Dünger nicht ganzflächig ausgestreut, wirkt das Einfräsen eines gut verotteten Stallmistes oder feuchten Torfes (3 Ballen pro 100 m) in die Grabensohle wachstumsfördernd. Auch eine Stickstoffdüngung bis zu 30 kg/ha N kann in die Grabensohle eingearbeitet werden.

Jungpflanzen sollten gesunde, d. h. weiß-gelbliche Wurzeln besitzen. Sie können durch Tauchen in eine Beizlösung oder einen Beiz-Erdbrei einen Schutz gegen Infektionen erhalten und werden anschließend zum Trocknen ausgebreitet. Bei sehr sorgfältiger Pflanzung wird auf der Grabensohle ein kleiner Damm gezogen, auf den die Jungpflanzen mit gespreizten Wurzeln aufgesetzt, ca. 10 cm hoch mit Erde bedeckt und leicht angedrückt werden. Die Erneuerungsknospen sollten wegen des seitlichen Herauswachsens aus der Reihe alle in die gleiche Dammrichtung zeigen und mindestens 15 cm unter der natürlichen Oberfläche liegen. Bei zu flacher Pflanzung werden kürzere Stangen geschnitten, und das Risiko einer Verletzung der Erneuerungsknospen bei dem Stechen steigt. Eine tiefere Lage fördert, besonders bei unzureichender Belüftung, den Pilzbefall und verzögert den Erntebeginn.

Auf großen Flächen wird die Spatenpflanzung bevorzugt, bei der eine Person die Pflanzen einsetzt, eine zweite die Löcher aushebt und mit dem Aushub die gesetzte Pflanze eindeckt. Andere Pflanzmethoden sind das Hacken von Stufen mit schräg eingelegten Jungpflanzen oder die waagerechte Einlage in eine in der Grabensohle gezogene Furche. Mit dem Einsatz von Pflanzmaschinen wurden bei sorgfältiger Jungpflanzenablage ebenfalls gute Erfahrungen gesammelt. In älteren Schriften wird vor einem Angießen oder Beregnen wegen der Gefahr des Pilzbefalls gewarnt, in den Niederlanden hat sich das Beregnen nach der Pflanzung dagegen bewährt. Die Gräben werden im ersten, verschiedentlich auch noch im zweiten Jahr nach der Pflanzung nur halb gefüllt (Abb. 7.10-22).

☐ **Pflege während des Erstarkungswachstums**
Im Pflanzjahr folgt im Juni, spätestens Anfang Juli, eine Kopfdüngung mit 50 kg/ha N. Der Boden wird bei Bedarf durch Hacken offengehalten und gleichzeitig das Unkraut vernichtet. Da junge Spargelpflanzen gegen Herbizide empfindlich sind, sollte auf eine chemische Unkrautbekämpfung verzichtet werden. Die Flächen zwischen den Gräben können durch andere Kulturen genutzt oder eine Gründüngung eingesät werden. Eine Schwächung der Spargelpflanzen durch konkurrierende Zwischenkulturen ist aber nicht auszuschließen. Im November, spätestens bis Mitte Dezember wird das Spargelkraut geschnitten und abgefahren oder, bei gesunden Beständen, an Ort und Stelle gehäckselt und eingearbeitet.

Im zweiten Standjahr wird der Boden vor dem Austrieb flach bearbeitet und gedüngt (80–100 kg/ha N), dabei können die Gräben zugezogen und ab zweitem Standjahr vor dem Durchbrechen der Triebspitzen auch Herbizide eingesetzt werden.

☐ **Pflege während der Ertragsjahre**
Im zeitigen Frühjahr werden bei trockenem Wetter durch flaches Fräsen, durch Hackmessereinsatz oder flaches Schälen auf den Pflanzreihen die unteren Triebstücke (Stuken) zerkleinert und zur schnelleren Verrottung eingearbeitet. Auf kleinen Flächen können die Stuken auch von Hand abgehackt oder gezogen und abgelesen werden. Mit dem Erscheinen der ersten Triebspitzen sind nach dem Lockern durch z. B. Fräsen mit einem Spargeldammpflug und angebautem Beetformer oder mit der Spargelfräse die Dämme aufzuziehen. Bei feuchtem Boden empfiehlt sich ein 1. Arbeitsgang ohne Streichbleche. Nach einigen Tagen werden die Dämme leicht abgeeggt und wiederum einige Tage später endgültig aufgepflügt. Die Dammoberkante sollte ca. 30 cm über den Erneuerungsknospen stehen. In Südwestdeutschland ist eine runde, in Norddeutschland eine eckige Dammform üblich.

Durch mechanische Bodenbearbeitung mit der Netzegge und einem erneuten Aufdämmen und ggfs. Herbizideinsatz werden die Dämme unkrautfrei gehalten. Besonders ist die Ausbreitung ausdauernder Wurzel- und Rhizomunkräuter, wie Disteln und Quecke, zu verhindern. Notfalls ist auch während der Stechperiode abzueggen und erneut aufzudämmen.

Nach der Stechperiode werden die Wege gelockert, gegebenenfalls jedes zweite oder dritte Jahr Stallmist eingearbeitet, die Dämme mittels umgerüstetem Spargeldammpflug an den Seiten abgepflügt und mit einer Egge glattgezogen. Einige Spargelanbauer lehnen das Einebnen nach der Ernte wegen des unvermeidlichen Stangenbruchs sowie der damit verbundenen Verzögerung der Ausbildung der Assimilationssprosse ab und ebnen die Dämme erst im Spätherbst ein. Mit dem Abpflügen der Dämme im Sommer wird die mineralische Düngung ausgebracht und, sofern nicht mit Kalkstickstoff gearbeitet wird, auf den geglätteten Boden ein Herbizid gespritzt.

Die Düngergabe ist dem Nährstoffentzug, den erwarteten Auswaschungsverlusten und eventuellen Festlegungen im Boden anzupassen. Nach Tabelle 4.2-4 errechnet sich der Stickstoffbedarf aus Marktertrag x 2,75. Das bedeutet bei einem Marktertrag von 35 dt/ha eine N-Gabe von 100 kg/ha, bei einem Marktertrag von 50 dt/ha von 138 kg/ha. Diese Werte gehen davon aus, daß das Spargelkraut (400–700 dt/ha) eingearbeitet wird. Wird das Kraut abgefahren, sind die N-Gaben um ca. 30 kg/ha zu erhöhen. Nach HARTMANN sollte die N-Düngung bei älteren Anlagen um 20 kg/ha N erhöht werden, um der nachlassenden Wüchsigkeit entgegenzuwirken. Stickstoffgaben in Form von Kalkstickstoff oder organischer Düngung sind stets anzurechnen.

Die P-, K- und Mg-Düngung kann bereits vor dem Aufdämmen ausgebracht werden, K auch in der Chloridform. Mit Mg waren in der Bundesrepublik Deutschland bis vor wenigen Jahren viele Spargelplantagen unterversorgt. Grenzwerte sind nach BORN (1981) im Boden 4 mg/100 g Mg (6,6 mg MgO), in den Phyllokladien im August 0,3 % Mg in der Trockensubstanz.

Die N-Gabe wird geteilt. 50 % wird zum Abdämmen, nach GEISSLER (1976) bereits 10 Tage vor dem Ende der Stechperiode, die 2. Gabe im Juli gegeben. Der Stickstoff kann auch mit 3wöchigem Abstand in zwei Teilgaben mit geperltem Kalkstickstoff (jeweils bis zu 300 kg/ha Kalkstickstoff oder 2 x 60 kg/ha N) auf die Dämme oder die trockenen Pflanzen gestreut und somit gleichzeitig eine herbizide Wirkung erzielt werden. Eine Kalkung sollte stets im Herbst oder Winter erfolgen.

Der Wasserbedarf der Spargelpflanzen ist während der Stechperiode gering. Einige Betriebe bewässern, wenn zunehmend dünne Stangen wachsen, mit Furchenbewässerung oder Beregnung. Mit dem Wachstum der Assimilationstriebe steigt der Wasserverbrauch. Trockenheit mindert die Wuchsleistung und damit die Assimilateinlagerung für die kommende Stechperiode. Eine besonders kritische Periode liegt kurz vor dem 2. Austrieb um die Wende Juli–August. In dieser Periode sollte für hohe Ertragsleistungen und gute Qualitäten die Wasserversorgung sichergestellt werden. In den Niederlanden werden Beregnungsgaben von 6–8 mm empfohlen. Im September ist nur bei extremer Trockenheit zu bewässern, um nicht den Wachstumsabschluß zu verzögern. Bis zur Nacht müssen die Pflanzen stets wieder abgetrocknet sein.

Mit dem Spargelkraut wird während der Ertragsphase in gleicher Weise verfahren wie während des Erstarkungswachstums.

□ Spezielle Kulturtechniken

Eine Bodenheizung verfrüht die Ernte bis zu mehreren Wochen. Nach dem Abstellen der Bodenheizung und Absinken der Bodentemperatur kam es in niederländischen Untersuchungen zu Wachstumsstockungen (s. botanische Grundlagen). Ein krasser Temperaturwechsel sollte deshalb vermieden werden. Zur Bodentemperaturführung und Wirtschaftlichkeit der Bodenheizung sind weitere Untersuchungen notwendig.

Ein Besprühen der Dämme mit Bitumen-Verbindungen zur stärkeren Erwärmung und Festigkeit des Bodens hat sich nicht durchgesetzt. Desgleichen hat das Überspannen der Dämme mit schwarzen Folien wegen des höheren zusätzlichen Arbeitsaufwandes im Erwerbsanbau keine große Verbreitung gefunden.

Wirtschaftlich interessant ist das Überspannen der Dämme mit Antitaufolien (s. Kap. 4.7). Die Dämme werden bei Folienabdeckung bereits im März aufgezogen, mit einem Herbizid behandelt und von Hand oder mittels einer Folienlegemaschine mit der Folie überdeckt. Durch die schnellere Erwärmung beginnt die Ernte bis 14 Tage früher, die Stangenspitzen verfärben sich langsamer, Kälteperioden werden besser überbrückt, und der Wasserhaushalt des Bodens wird geschont. Das Stechen der Stangen durch die Folie erfordert einen 20 % höheren Arbeitsaufwand. 2–3 Wochen nach Erntebeginn wird die Folie wieder entfernt. Um die Pflanzen nicht zu stark zu erschöpfen, sollte die Ernte früher als bei unbedeckten Anlagen beendet werden.

□ Ernte und Ertrag

Die Ernte beginnt im süddeutschen Raum Mitte April, in Norddeutschland Ende April bis Anfang Mai. In Deutschland werden rein weiße Stangen bevorzugt. Diese Konsumentenforderung zwingt zu täglich ein-, in Ausnahmefällen auch zweimaliger Ernte und scharfer Sortierung, ohne daß damit ein sensorischer Vorteil verbunden ist. Die in anderen Ländern, wie z. B. Frankreich, übliche Ernte von Stangen mit rot-grünen Spitzen ist produktionstechnisch vorteilhafter.

Um frische Ware auf den Markt zu bringen und den Lichteinfluß zu mindern, wird in den frühen Morgenstunden gestochen. Für einen tiefen, sauberen Schnitt über den Erneuerungsknospen des Rhizoms, die keinesfalls beschädigt werden dürfen, wird die Stange freigelegt, mit dem Spargelmesser auf ca. 25 cm Länge geschnitten, der Boden wieder aufgefüllt, geglättet und angedrückt. Geübte Kräfte können auch »blind« stechen. Grundsätzlich werden alle Triebe geerntet. Nur gegen Ende der Stechperiode läßt man schwache Triebe durchwachsen. Eine maschinelle Ernte von Bleichspargel ist wegen der hohen Kosten und Ertragseinbußen nicht wirtschaftlich.

Die Dauer der Stechperiode und die Ertragsleistung sind von den Wachstumsbedingungen und damit der Menge der im Vorjahr in den Speicherorganen gesammelten Reservestoffe und deren Mobilisierung während der Ernteperiode abhängig. Es kann deshalb so lange gestochen werden, wie die verbleibenden Reservestoffe noch für die Ausbildung kräftiger Assimilationstriebe ausreichen und, je nach Klimagebiet, genügend Zeit für die erneute Füllung der Speicherorgane und Differenzierung der Erneuerungsknospen verbleibt. In der Praxis verwendbare Kriterien für diesen Wachstumszustand liegen bislang nicht vor. Nach Erfahrungswerten kann eine Anlage im ersten Ertrags-(3. Stand-) Jahr drei bis vier Wochen, im zweiten Ertragsjahr ca. 6 Wochen und ab 3. Ertragsjahr ca. 8 Wochen beerntet werden. Als letzter Stechtag hat sich im deutschen Klimaraum der 24. Juni eingebürgert.

In Gebieten mit längerer Wachstumsperiode führt eine längere Stechperiode zu höheren Erträgen. Im tropischen Taiwan mit ganzjährig hoher Strahlung und Temperatur wird bei dem »Mutterstengelverfahren« nahezu ganzjährig geerntet. Bei diesem Verfahren werden die ersten drei Triebe belassen und liefern die Assimilate für die weiteren Triebe, die gestochen werden. Nach zwei bis drei Monaten sterben die Muttertriebe ab und werden ausgezogen. Es wachsen neue Assimilationstriebe heran und nach zwei- bis dreiwöchiger Unterbrechung wird erneut geerntet. Lediglich für zwei Monate im Jahr wird eine Erholungspause eingeschaltet.

Im deutschen Klimaraum werden von einer Spargelpflanze pro Jahr ca. 8 Stangen mit zusammen 450 g, entsprechend 75 dt/ha, geerntet. In den ersten zwei Ertragsjahren liegen die Erträge niedriger, bei Anlagen über 9 bis 10 Jahre läßt der Ertrag wieder nach. Mit zunehmendem Alter steigt der Anteil dünner Stangen, die in eine niedrigere Handelsklasse einsortiert werden. Damit sinkt der Erlös bei gleichbleibendem Ernteaufwand. Zusätzlich mindern nachlassende Ertragsleistung und zunehmender Pflanzenausfall die Rentabilität. Spargelanlagen werden deshalb in der Regel nach 10–12 Standjahren »totgestochen«.

Die statistisch erfaßten Durchschnittserträge liegen in der Bundesrepublik mit ca. 60 Stechtagen bei 35 dt/ha. In den ertragsstärksten Jahren sind Erträge über 100 dt/ha zu erreichen. In Gebieten mit längerer Vegetationsperiode, wie in Südfrankreich mit 75 oder in Taiwan mit 170 Erntetagen, liegen die mittleren Erträge bei 70 bzw. über 100 dt/ha.

Abgetragene Anlagen werden nach der Beendigung der Ernte mit einem Tiefengrubber bearbeitet und geeggt, um möglichst viele Teile der Spargelpflanzen zu beseitigen und das Durchwachsen in der Folgekultur einzuschränken. Als Nachkultur eignen sich besonders Getreidearten.

☐ **Aufbereitung, Qualitätsmängel und Lagerung**
Bis zur Aufbereitung sollte Spargel durch häufiges Überbrausen feucht, kühl und dunkel gehalten werden. Ein Tauchen in kaltes Wasser verzögert die Rotfärbung, darf jedoch wegen Geschmackseinbußen und der Auslaugung von Inhaltsstoffen, bei längerem Liegen auch einem »Versauern«, nicht zu lange ausgedehnt werden. Der Spargel wird sodann gewaschen, in Formkästen von Hand oder maschinell auf die Normlänge von 22 cm geschnitten, sortiert und verpackt.

Qualitätsfehler sind u. a. dünne Stangen als Folge von Trockenheit oder einer Erschöpfung der Pflanzen, gefärbte Triebspitzen, ein Öffnen der Schuppenblätter durch zu spätes Stechen, gekrümmte Stangen bei klumpigem oder verkrustetem Boden, hohle Stangen bei zu hoher N-Düngung, verbänderte oder faserige Stangen durch zu langsames Wachstum oder zu langes Liegen nach der Ernte.

Die Transportfähigkeit ohne Kühleinrichtung wird mit 1,5 Tagen angegeben. Bei Kühllagerung (0–1 °C, unter 0 °C Kälteschäden) und hoher Luftfeuchte ist Spargel bis zu 2 Wochen haltbar. Der Absatz geht in der Bundesrepublik Deutschland vorwiegend an den Frischmarkt.

7.10.5.2 Grünspargel

Als Grünspargel werden dieselben Sorten wie beim Bleichspargel kultiviert, jedoch häufig die sich nur langsam verfärbende Sorte 'Spaganiva' bevorzugt. Die Triebe werden nicht in den Dämmen gebleicht, sondern wachsen bei vollem Licht. Dadurch sind sie nicht nur grün, sondern wachsen auch langsamer, haben einen höheren Fasergehalt und sind für die Ausbildung zarter Stangen noch mehr als Bleichspargel auf hohe Temperaturen angewiesen. Grünspargel wird deshalb in größerem Umfange nur in wärmeren Gebieten angebaut. In Südwestdeutschland stehen ca. 20 ha im Erwerbsanbau, über 100 ha in Hausgärten. Er besitzt durch die Lichteinwirkung einen höheren Gehalt an wertgebenden Inhaltsstoffen und einen strengeren Geschmack.

Da keine Dämme gezogen werden, sind auch bindigere Böden geeignet, die aber ebenfalls gut durchlüftet sein müssen. Die Unkrautbekämpfung bedarf jedoch besonderer Sorgfalt. Grünspargelfelder sollten deshalb nicht in der Nähe von samenproduzierenden Wiesen, nicht auf stark humosem Boden und nicht auf mit mehrjährigen Unkräutern besetzten Feldern angebaut werden. Es kann enger (1,25 x 0,3 m, das sind 26 667 Pflanzen/ha) und flacher gepflanzt werden. STEINER (1984) empfiehlt auf schweren Böden eine 15 cm tiefe Pflanzung in Doppelreihen mit Verbandpflanzung auf ca. 30 cm hohen Dämmen.

Es wird geerntet, bevor sich die Schuppenblätter an der Sproßspitze abspreizen. Die Stangen erreichen bis zu diesem Zeitpunkt ca. 20 cm Länge. Sie werden bei warmer Witterung täglich dicht über, in einigen Gebieten auch dicht unter der Erdoberfläche abgeschnitten oder abgebrochen. Für die maschinelle selektive Ernte sind Maschinen entwickelt worden, die trotz einer Ertragseinbuße von 10 % eine rationellere Produktion ermöglichen. Der Ertrag ist niedriger als beim Bleichspargel und noch stärker temperaturabhängig. Auch Grünspargel ergibt gute Naß- und hervorragende Gefrierkonserven.

■ **Gewächshauskultur und Treiberei**
Spargel wird gelegentlich auch in Gewächshäusern mit Bodenheizung und Folienunterspannung angebaut. Bei diesem Verfahren werden im März ca. 6 mindestens 60 g schwere Jungpflanzen/m^2 (ca. 1,10 x 0,15 m) gepflanzt. Im zweiten Jahr wird der Boden Anfang Februar nach gründlicher Wässerung auf 18–20 °C aufgeheizt, die Dämme werden aufgezogen und mit schwarzer Folie bedeckt. Die Luft braucht nur erwärmt zu werden, wenn dies zur Erhaltung der Bodentemperatur erforderlich ist. Ca. 3 Wochen später beginnt die 8–10 Wochen währende Ernteperiode. Im Laufe der Kultur darf die Bodentemperatur nicht drastisch unter 18 °C sinken, da es sonst zu einem 1- bis 2 wöchigen Wachstumsstillstand kommt. Die Bodentemperatur wird deshalb erst nach Ernteabschluß allmählich (ca. 1 °C pro Tag) gesenkt. Im 3. Jahr beginnt die Treiberei bereits Anfang–Mitte Januar. Bei früheren Treibsätzen leidet der grüne Aufwuchs unter den unzureichenden Lichtbedingungen, und es besteht die Gefahr starken *Botrytis*-Befalls. Die Erträge erreichen 1,5 kg/m^2 im zweiten Standjahr und 1,5–2 kg/m^2 in den Folgejahren. Nach 6 Jahren sind die Pflanzen erschöpft und werden abgeräumt.

In den Niederlanden laufen Untersuchungen zum Treiben 2 jähriger Rhizome in Containern, wie es für Chicoree (Kap. 7.9.3) beschrieben wird. Die Pflanzen werden gerodet, gewaschen, dicht in Containern (50–60 Pfl/m^2) in einer ca. 6 cm hohen Wasserschicht aufgestellt und bei Lufttemperaturen von 25 °C und Wassertemperaturen von 23 °C getrieben. Die Ernte beginnt ca. 8 Tage nach dem Aufstellen und währt 35–45 Tage. Die Erträge schwankten in den Versuchen zwischen 1,5–3,5 kg/m^2.

Das Treiben im Feld gewachsener Spargelpflanzen in Gewächshäusern ist wegen des hohen Arbeitsaufwandes nicht mehr üblich.

Literatur
Anonym: Jahresberichte des Arbeitskreises Spargelanbau in Südwestdeutschland, Ingelheim-Geisenheim.
GEISSLER, TH. (1981): Zur Nährstoffversorgung von Spargel durch Mineraldüngung. Arch. Gartenbau **29**, 149-157.
HARTMANN, H. D., CHALLER, C. H. und BERLEPSCH, P. H. (1983): Der Nährstoffentzug von Spargel. Gemüse **19**, 19-20.
HUNG, L. (1975): Annoted bibliography on *asparagus*. Taipei, Taiwan: Dep. of Horticulture, National Taiwan University.
Landwirtschaftskammer Hannover: Ratschläge für den Spargelanbau, 7. Aufl.
WONNEBERGER, CHR. (1978): Spargel. Osnabrück. Eigenverlag.

7.11 Poaceae (Gramineae = Echte Gräser)

HELMUT KRUG

7.11.1 Süßmais (Zuckermais, Gemüsemais, *Zea mays* L. conv. *saccharata*)

□ **Geschichte und Bedeutung**
Aus seiner Heimat Mittelamerika verbreitete sich der Mais in alle hinreichend warmen Klima-

Poaceae (*Gramineae* = Echte Gräser)

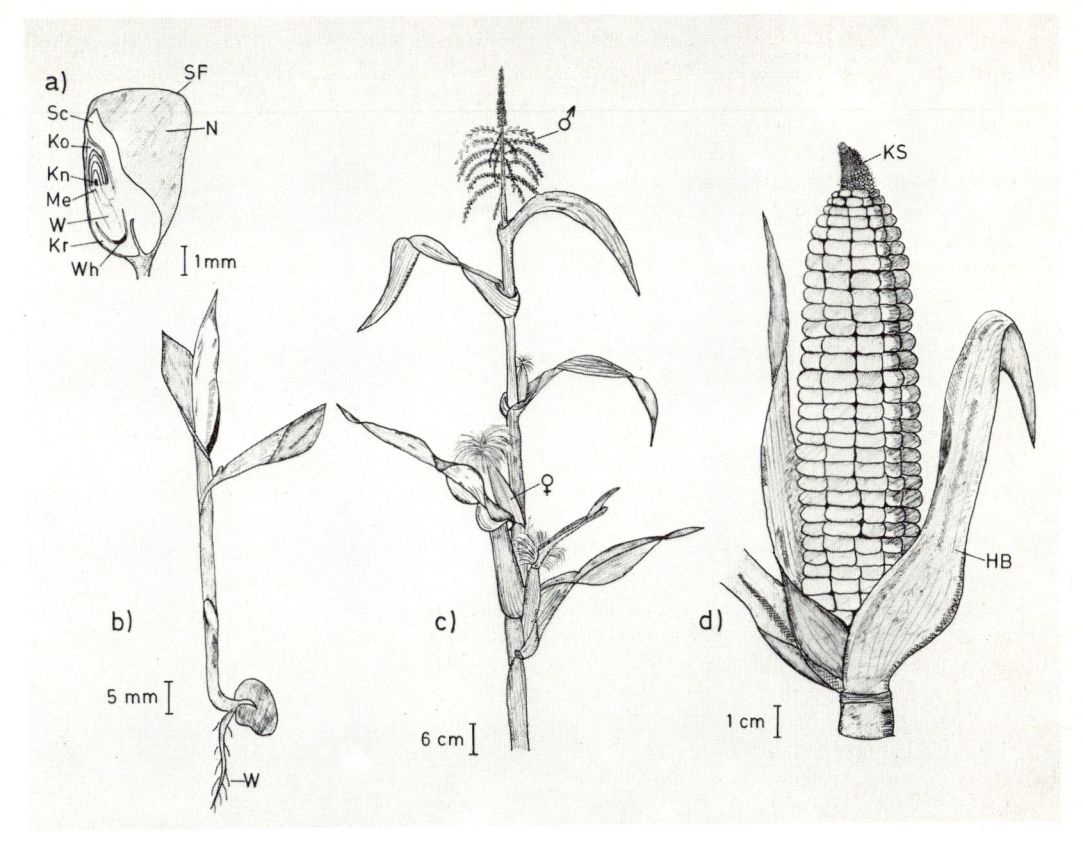

Abb. 7.11-1: 1 Süßmais, a) Frucht bzw. Korn im Längsschnitt, b) Sämling, c) Sproß mit achselständigen, weiblichen Blütenständen und endständigem, männlichem Blütenstand, d) Kolben mit geöffneten Lieschen (n. RAUH 1950)
HB = Hochblätter oder Lieschen, Kn = Sproßknospe, Ko = Keimblatt, Kr = Koleorrhiza, KS = Kolbenspindel mit nicht entwickelten Blütenanlagen, Me = Mesokotyl, N = Nährgewebe, Sc = Scutellum (ein zum Saugorgan umgewandeltes Keimblatt), SF = verwachsene Samen- und Fruchtschale, W = Primärwurzel, Wh = Wurzelhaube

zonen und ist heute mit über 300 Varietäten als Körner- und Futterpflanze eine der wichtigsten Kulturarten. Süßmais ist eine junge Konvarietät, bei der sich die Umwandlung von Zucker in Stärke nur sehr langsam vollzieht und die somit im milchreifen Zustand einen hohen Zuckergehalt aufweist.

In den USA hat Süßmais als vollmechanisierte Kultur mit ca. 300 000 ha Anbaufläche eine große wirtschaftliche Bedeutung für den Frischmarkt und die Verarbeitungsindustrie erlangt. Nach Deutschland kam Süßmais nach dem 2. Weltkrieg. In der Bundesrepublik ist die Anbaufläche mit 80–100 ha jedoch gering.

Die ernährungsphysiologische Bedeutung liegt in seinem Wohlgeschmack und seiner vielseitigen Verwendbarkeit. Frische Maiskolben werden nach kurzem Kochen in Salzwasser mit verschiedenen Zutaten serviert. Ganze Maiskolben oder Maiskörner können tiefgefroren, letztere auch als Naßkonserven wie Erbsen konserviert und verzehrt werden. Als Minimais werden junge Kolben bis 10 cm Länge in Essig eingelegt und ungekocht als Mixed Pickles gegessen.

□ **Botanische Grundlagen**
Die einjährige, bis über 2 m hohe Pflanze bildet eine endständige Rispe (Fahne) mit männlichen Blüten und mehrere achselständige Kolben mit weiblichen Blüten (Abb. 7.11-1). Die langen Narben wachsen aus den geschlossen liegenden Hüllblättern (Lieschen) hervor und werden durch den Wind bestäubt. An den dicken Kolbenachsen entwickeln sich in 8 bis über 16 Längszeilen die Früchte (Körner). In der Regel erreichen nur 1–2 Kolben pro Pflanze die volle Ausbildung.

Seinem Ursprungsgebiet gemäß ist Mais warmen Klimaten angepaßt. Süßmais soll noch höhere Wärmeansprüche stellen als die in der Landwirtschaft kultivierten Varietäten. Die Mindesttemperatur für die Keimung und das Anfangswachstum liegt bei 10 °C. Kurzfristig werden von jungen Pflanzen auch niedrigere Temperaturen und leichte Fröste vertragen. Bei längerer kalter Witterung stagniert das Wachstum, die Pflanzen werden gelblich. Die optimale Temperatur liegt bei hoher Strahlung bei 24–29 °C. Hitze und Trockenheit hemmen das Wachstum. Über 33 °C ist, besonders bei trockener Luft, die Bestäubung gefährdet.

Die Ausgangsformen sind Kurztagspflanzen. Bei modernen Sorten ist die photoperiodische Reaktion stark abgeschwächt und spielt in der Produktionstechnik keine besondere Rolle.

☐ **Standortansprüche**
Im mitteleuropäischen Klimaraum bevorzugt Süßmais die warmen Regionen. Für eine Kornreife wird eine frostfreie Periode von 80–120 Tagen mit Temperaturen zwischen 16 und 33 °C gefordert. Zur Zeit der stärksten Massenbildung, vom Beginn des Fahnenschiebens bis zur Milchreife, fordert Mais eine gute Wasserversorgung. Trockenheit zur Blüte hemmt auch die Befruchtung, besonders die der Samenanlagen an der Kolbenspitze und führt somit zu schlecht besetzten Kolben. Mais gedeiht auf allen gärtnerisch nutzbaren Böden. Besonders günstig sind Lößböden. Naßkalte Böden sollten gemieden werden.

☐ **Anbauformen**
In den USA wird Süßmais vorrangig im Vertragsanbau in Großbetrieben kultiviert. In Deutschland liegt der Anbau in gärtnerischen Betrieben. Versuchsweise ist Süßmais auch in Gewächshäusern angebaut worden. Gelegentlich zeigt die Konserven-Industrie Interesse an Minimais.

☐ **Fruchtfolge**
Als *Poaceae* trägt Mais zur Auflockerung der gemüsebaulichen Fruchtfolge bei. Er hat eine gute Vorfruchtwirkung und unterdrückt im geschlossenen Bestand den Unkrautwuchs. Mais gilt als selbstverträgliche Art, die auch in Monokultur angebaut werden kann.

☐ **Sortenwahl**
Der Sortenwahl kommt beim Süßmais besondere Bedeutung zu. Zu beachten ist erstens die Entwicklungsdauer der Sorten. Sehr frühe Sorten bringen in Grenzklimaten nicht nur frühere, sondern auch sicherere Erträge, bilden aber deutlich kleinere Kolben aus als spätere. Frühe bis mittelfrühe Sorten werden deshalb vielfach bevorzugt, späte Sorten kommen im deutschen Klimaraum in der Regel nicht zur Erntereife.

Zweitens sollten nur »echte« Süßmaissorten angebaut werden, die in mindestens 500 m Abstand zu anderen Maisvarietäten vermehrt worden sind. Fremdbestäubung verfälscht die Sorteneigenschaft, da das rezessive Allel für die verlangsamte Zuckerumwandlung durch das dominante Allel der Bestäubersorte überdeckt wird.

In den 70er Jahren wurden extrasüße Maissorten entwickelt, bei denen ein zweites rezessives Gen die Zuckerumwandlung zusätzlich hemmt. Diese Sorten erlauben durch den verlangsamten Zuckerabbau das Angebot noch besserer Qualitäten und können notfalls einige Tage zwischengelagert werden. Sie sollten mit Ausnahme von Grenzklimaten oder allerfrühester Sätze bevorzugt werden.

☐ **Bodenvorbereitung und Düngung**
An die Bodenvorbereitung stellt Süßmais keine spezifischen Ansprüche. Er dankt eine Stallmistgabe und eine Gründüngung. Bei guter Phosphor-, Kalium- und Magnesiumversorgung des Bodens sollten 150–200 kg/ha N zur Verfügung stehen. Die erste N-Gabe mit ca. 100 kg/ha wird vor der Saat, eine Kopfdüngung zur Zeit des Hervorbrechens der Rispen gegeben.

☐ **Pflanzenanzucht**
Wegen der hohen Wärmeansprüche sollte Süßmais in Süddeutschland mit Folienabdeckung nicht vor Ende April, im norddeutschen Klimaraum nicht vor Anfang Mai, ohne Folienabdeckung nicht vor Anfang bis Mitte Mai, gesät werden. Auch spätere Saaten reagieren positiv auf einen anfänglichen Folienschutz. Eine Jungpflanzenvorkultur in 4-cm-Preßtöpfen ist arbeitsaufwendig und bei einem Folienschutz der Freilandsaaten entbehrlich. Saaten nach Ende Mai bringen geringere Erträge. Die Staffelung der Ernte ist deshalb vorrangig durch die Sortenwahl anzustreben.

Für sehr frühe Sorten hat sich eine Bestandesdichte von 8 Pflanzen/m^2, für spätere Sorten von 6 Pflanzen/m^2 bewährt. Höhere Bestandesdichten führen zu einer schlechteren Kornausbildung, vor allem die Kolbenspitzen bleiben unbesetzt. Auf die Standraumform reagiert Mais nur wenig. Die Reihenabstände können deshalb auf 75 cm mit 17–22 cm Abstand in der Reihe oder zur Erleichterung der Ernte in Doppelreihen mit z. B. 90 cm im Wechsel mit 60 cm ausgelegt werden. Bei einer Tausendkornmasse von 130–280 g, im Mittel 160 g, und einem Feldaufgang von 85 % sind Saatstärken von 12–20 kg/ha zu empfehlen. Die Saat ist zu beizen und ggf. gegen Vogelfraß zu behandeln. Die Saattiefe beträgt je nach Bodenart und Bodenfeuchte 4–6 cm. Bewährt hat sich eine Saat in Furchen mit Folienbedeckung für 25–30 Tage. Dieses Verfahren bringt einen besseren Schutz der Jungpflanzen, erleichtert die Unkrautbekämpfung beim Flachziehen der Dämme und erhöht die Standfestigkeit.

□ **Pflege**
Zur Unkrautbekämpfung ist ein Vorauflaufmittel auf Atrazinbasis zugelassen. Bis 10 cm Wuchshöhe können Maisbestände gestriegelt werden, danach ist zur Bodenlockerung und Unkrautbekämpfung die Hacke einzusetzen. Das Ausbrechen der Bestockungstriebe wirkt sich positiv auf die Ausbildung der Kolben und den Zuckergehalt der Körner aus. Eine gute Wasserversorgung, besonders einige Wochen vor und zum Fruchtansatz, fördert Kornansatz und Wachstum.

Gegen Schaderreger ist Süßmais relativ unanfällig. Ab Aufgang ist mit einem Befall durch die Fritfliege und nach dem Kolbenansatz mit einem Befall durch den Maiszünsler zu rechnen.

□ **Ernte, Ertrag, Aufbereitung und Lagerung**
Die Ernte von Süßmais erfolgt von Hand in ein bis zwei Erntegängen pro Woche von August bis in den Oktober hinein im Stadium der Milchreife. Ein äußeres, aber wenig zuverlässiges Kriterium sind die eingetrockneten, braunen Narbenfäden. Für eine genauere Bestimmung des Erntezeitpunktes müssen die Körner freigelegt werden. Diese sind zur Erntereife voll-rund und noch nicht geschrumpft, glänzend und, mit Ausnahme an der Kolbenspitze, gelb-orangefarben. Bei einem Druck mit dem Fingernagel soll Saft spritzen. Der Trockensubstanzgehalt liegt in diesem Stadium bei 23 – 25 %. Der Zuckergehalt mit ca. 10 % (Frischsubstanz) bei den extrasüßen Sorten hat zur optimalen Erntereife den höchsten Wert bereits überschritten.

Eine verspätete Ernte und besonders eine längere Lagerung führen bei den nicht extrem süßen Sorten zu starken Geschmackseinbußen. Süßmaiskolben sollten deshalb zu kühler Tageszeit geerntet und möglichst sofort abgesetzt oder rasch auf 0 °C gekühlt werden. Die maximale Lagerdauer wird für ältere Sorten mit einer Woche angegeben.

Die Kolben werden stückweise mit Hüllblättern oder ohne Hüllblätter, ggf. in Folie einge-hüllt, in Kisten verpackt und vermarktet. Pro Pflanze werden bei frühen Sorten im Mittel ein, bei späten Sorten auch mehr Kolben mit einer Masse von 125–200 dt/ha geerntet. Bei einem Kornanteil von 30–35 % entspricht dies 40–65 dt/ha Süßmaiskörnern.

Für die industrielle Verarbeitung werden die Kolben in einem reiferen Zustand, für Tiefgefrierkost mit 26–30 %, für Naßkonserven mit 28–33 % Trockensubstanz, maschinell in einem Gang geerntet.

□ **Minimais**
Die Kultur von Minimais für die Verwertungsindustrie unterscheidet sich von der Produktion von Maiskolben durch eine höhere Bestandesdichte (ca. 10 Pfl./m^2), die Wahl geeigneter Sorten und eine frühere Ernte. Die Kolben sollen nicht länger als 10 cm, weiß bis cremefarben sein und keine Verhärtungen aufweisen. Nach MICHALSKY (1970) ist diese Größe erreicht, wenn die Narben ca. 2 cm aus den Hüllblättern hervorragen. Der Ertrag liegt bei 1–2 Kolben pro Pflanze.

7.12 Gemüsekeimlinge

HELMUT KRUG

Gemüsekeimlinge dienen in vielen tropischen, insbesondere ostasiatischen Ländern seit alters her der menschlichen Ernährung. In der Bundesrepublik Deutschland hat dieses Nahrungsmittel erst in jüngster Zeit Eingang gefunden. Vorteile der Gemüsekeimlinge sind:
▷ die Samen können in einer günstigen Jahreszeit, an günstigen Standorten und großflächig, also insgesamt kostengünstig produziert werden
▷ im Vergleich zu ruhenden Samen bzw. Früchten werden im Keimling Wirkstoffe synthetisiert und Stoffwechselprozesse eingeleitet, die zu einem veränderten Spektrum an Inhaltsstoffen und damit zu einer veränderten Nahrungsqualität führen.

Nach einer Zusammenstellung von BOESE u. a. (1986) sinkt zwar der Energiegehalt (Fette, Stärke), es steigt aber der relative Eiweißgehalt und insbesondere der Gehalt an Vitaminen (Provitamin A, B-Vitamine um das 1–3fache, Vitamin C um das 3–27fache) und tendenziell auch der Gehalt an Mineralstoffen (Calcium, vielfach auch Natrium, Zink, Mangan, Eisen). Günstig ist auch der sinkende Phytinsäuregehalt zu werten. Durch diese Prozesse wird die Verträglichkeit und Verdaulichkeit der Keimlinge gegenüber dem Ver-

Abb. 7.12-1: Gemüsekeimlinge in Schalen
o. l. und u. r.: Bohnenkeimlinge, o. r.: Luzerne, u. li.: Mischung

zehr ruhender Samen verbessert. Im Vergleich zu Frischgemüse haben Keimlinge einen durchschnittlichen Vitamin C-Gehalt, aber einen hohen Gehalt am Vitamin B-Komplex und insgesamt eine höhere Nahrungsqualität.

Auf dem Markt sind nach BOESE u. a. (1986) Keimlinge folgender Pflanzenarten erhältlich:
Getreidearten: Hafer, Weizen, Roggen, Gerste, Mais
Hülsenfrüchte: Sojabohne, Mungbohne, Kichererbse, Speiseerbse, Linse, Luzerne
Sonstige: Buchweizen, Senf, Rettich, Kresse, Flachs, Sesam, Sonnenblume.

Von anderen Autoren werden auch Hirse, Reis, Kohl, Radies, Kürbis und Lein erwähnt. Die Samen werden in Kleinpackungen mit der Aufschrift »Zum Keimen« oder in preisgünstigeren Großpackungen angeboten.

Bei der Produktion der Keimlinge gilt es, die Samen (Früchte) zu quellen, zu temperieren, durch geringe Schichtdichten und lockere Lagerung für einen hinreichenden Gasaustausch sowie Raum für die Ausdehnung der Keime zu sorgen. Die Samen werden deshalb grundsätzlich einige Stunden in Wasser vorgequollen und erst danach in Gefäße mit Wasserabfluß gefüllt. Bei Schichten über 30 cm sind durch Zwangsbelüftung eine Überhitzung durch die Atmungswärme sowie Sauerstoffmangel zu verhindern. Licht fördert die Qualität der Keimlinge. Nitratarmes Wasser senkt den Nitratgehalt.

Zur Produktion von Bohnenkeimlingen empfiehlt BEESKOW (1943) ein Quellen für 8 Stunden in 21 °C warmem Wasser. Die Samen werden anschließend durch Bedecken mit feuchten Tüchern, wiederholtes Besprühen, in großtechnischen Anlagen durch automatische Beregnung feuchtgehalten. Die Beregnung dient auch dem Temperaturausgleich und dem Gasaustausch. Günstige Temperaturen liegen nach BEESKOW bei den wärmebedürftigen Bohnen zwischen 20 und 25 °C, bei kälteverträglichen Arten bei 15–25 °C, eine günstige Luftzusammensetzung bei 8 % Sauerstoff und 8 % Kohlendioxyd. Die hohen Kohlendioxydkonzentrationen wirkten sich durch eine Hemmung des Längenwachstums günstig aus. Nach etwa 5 Tagen seien ca. 9 cm lange Bohnenkeimsprosse mit geringer Seitenwurzel- und Blattentwicklung gewachsen. Diese werden gewaschen in Schalen oder Tüten vermarktet oder konserviert (Abb. 7.12-1).

Literatur

BOESE, B., ROHDE, A., MEIER-PLOEGER, A. (1986). Keimlinge — eine Bereicherung des Gemüseangebots? AID-Verbraucherdienst 31 (3) 54–59.

8 Anhang

8.1	Systematik und Nomenklatur 427		8.4	Umrechnungsfaktoren für Nährstoffe 432
8.2	Abkürzungen 430		8.5	Häufig verwendete Literatur 432
8.3	Maßeinheiten 430		8.6	Sachverzeichnis 432

8.1 Systematik und Nomenklatur

lateinisch	deutsch	englisch
Dicotyledoneae		
Chenopodiaceae		
Spinacia oleracea	Spinat	Spinach
Atriplex hortensis	Gartenmelde	Orach
Beta vulgaris		Beet
var. *vulgaris*	Schnitt- oder Blattmangold	Swiss Chard
var. *flavescens*	Stielmangold	
var. *conditiva*	Rote Rübe, Rote Bete	Red Beet
Polygonaceae		
Rheum rhaponticum, auch *Rh. rhabarbarum*	Rhabarber	Rhubarb
Rumex acetosa var. *hortensis*	Gartensauerampfer	Garden Sorrel
Fabaceae *(Papilionaceae)*		
Pisum sativum		
ssp. *sativum*	Erbse	Garden Pea
convar. *sativum*	Pal-, Schalerbse, Trockenspeiseerbse	
convar. *medullare*	Markerbse	
convar. *axiphium*	Zuckerpalerbse	Sugar Pea
convar. *medullosaccharatum*	Zuckermarkerbse	
Phaseolus vulgaris		
ssp. *vulgaris*	Gartenbohne	Common Bean, French Kidney Bean
var. *vulgaris*	Stangenbohne	Runner Bean
var. *nanus*	Buschbohne	Dwarf-, Bush Bean
Phaseolus coccineus	Feuer-, Prunkbohne	Scarlet Runner Bean
Glycine max	Sojabohne	Soybean
Vicia faba	Dicke-, Puff-, Saubohne	Broad Bean

lateinisch	deutsch	englisch
Apiaceae *(Umbelliferae)*		
Daucus carota ssp. *sativus*	Möhre, Mohrrübe	Carrot
Apium graveolens		
var. *secalinum*	Schnittsellerie	
var. *dulce*	Bleich-, Stielsellerie	Celery
var. *rapaceum*	Knollensellerie	Celeriac
Petroselinum crispum	Petersilie	Parsley
var. *neapolitanum*	Blattpetersilie	Italian Parsley
var. *tuberosum*	Wurzelpetersilie	Turnip-Rooted Parsley
Foeniculum vulgare		
ssp. *vulgare*	Fenchel	Fennel
var. *vulgare*	Wilder Fenchel	Fennel
var. *dulce*	Gewürzfenchel	Sweet Fennel
var. *azoricum*	Gemüse-, Knollenfenchel	Florence Fennel
Anethum graveolens		
var. *hortorum*	Dill	Dill
Pastinaca sativa	Pastinake	Parsnip
Anthriscus cerefolium		
var. *cerefolium*	Gartenkerbel	Chervil
Brassicaceae *(Cruciferae)*		
Brassica oleracea		
convar. *capitata*		
var. *capitata*	Weißkohl, Rotkohl	White and Red Cabbage
var. *sabauda*	Wirsingkohl	Savoy Cabbage
convar. *acephala*		
var. *sabellica*	Grünkohl	Kale
var. *gongyloides*	Kohlrabi	Kohlrabi
var. *medullosa*	Markstammkohl	
convar. *oleracea*		
var. *gemmifera*	Rosenkohl	Brussels Sprouts
convar. *botrytis*		
var. *italica*	Brokkoli	Sprouting Broccoli
var. *botrytis*	Blumenkohl	Cauliflower
Br. pekinensis	Chinakohl	Chinese Cabbage, Pe Tsai
Br. chinensis	Pak-choi	Pak-Choi
Br. napus		
var. *napobrassica*	Kohlrübe	Rutabaga, Swede
Br. rapa		
var. *rapa*	Speiserübe	Turnip
Raphanus sativus		
var. *sativus*	Radies	Radish
var. *niger*	Rettich	Radish
Armoracia rusticana	Meerrettich	Horse Radish
Lepidium sativum	Gartenkresse	Garden Cress
Nasturtium officinale	Brunnenkresse	Water Cress
Cucurbitaceae		
Cucumis sativus	Gurke	Cucumber
Cucumis anguria	Anguriengurke, Westindische G.	West India Gherkin
Cucumis melo	Melone, Zuckermelone	Melon

Systematik und Nomenklatur 429

lateinisch	deutsch	englisch
Citrullus lanatus		
var. *caffer*	Wassermelone, Arbuse	Water Melon
Lagenaria siceraria	Flaschenkürbis, Kalebasse, Lagenarie	Bottle Gourd
Cucurbita pepo	Gartenkürbis, Zucchini, Zucchetti	Pumpkin, Summer Squash, Marrow Courgette
Cucurbita mixta	Pangalo	Cushaw, Pumpkin
Cucurbita maxima	Riesen-, Speisekürbis	Pumpkin
Cucurbita moschata	Moschus-, Bisam-, Melonenkürbis	Squash, Pumpkin
Cucurbita ficifolia	Feigenblattkürbis	Fig-leaf Gourd, Malabar Gourd
Valerianaceae		
Valerianella locusta	Feldsalat, Rapunzel	Corn Salad, Lambs Lettuce
Aizoaceae		
Tetragonia tetragonioides	Neuseeländer Spinat	New Zealand Spinach
Solanaceae		
Lycopersicon lycopersicum	Tomate	Tomato
Capsicum annuum	Paprika	Sweet Pepper
Solanum melongena	Eierfrucht, Aubergine	Eggplant, Aubergine
Asteraceae (*Compositae*)		
Lactuca sativa	Gartensalat	Lettuce
var. *angustana*	Spargelsalat	Stem Lettuce
var. *crispa*	Schnitt- und Pflücksalat	Curled Lettuce
var. *longifolia*	Römischer-, Bindesalat	Cos Lettuce, Romaine Lettuce
var. *capitata*	Kopfsalat u. Eissalat	Butterhead Lettuce a. Crisphead Lettuce
Cichorium endivia	Endivie	Endive
Cichorium intybus		
var. *foliosum*	Chicoree	Chicory
Scorzonera hispanica	Schwarzwurzel	Black Salsify, Scorzonera
Helianthus tuberosum	Topinambur	Jerusalem Artichoke
Cynara scolymus	Artischocke	Globe Artichoke
Cynara cardunculus	Cardy	Cardoon
Taraxacum officinale	Löwenzahn	Dandelion
Monokotyledoneae		
Liliaceae		
Allium cepa		
var. *cepa*	Speise-, Küchenzwiebel	Onion
var. *aggregatum*	Kartoffelzwiebel u. Schalotte	Potato Onion, Multiplier Onion, Shallot
var. *proliferum*	Luft-, Bulbenzwiebel	Tree-, Egyptian Onion
Allium fistulosum	Winter-, Winterheckenzwiebel	Welsh Onion
Allium schoenoprasum	Schnittlauch	Chives
Allium sativum	Knoblauch	Garlic
Allium ampeloprasum		
var. *porrum*	Porree	Leek
var. *holmense*	Perlzwiebel	
Asparagus officinalis	Spargel	Asparagus

lateinisch	deutsch	englisch
Poaceae		
Zea mays	Mais	Indian Corn, Maize
convar. *saccharata*	Süßmais, Zuckermais	Sweet Corn

8.2 Abkürzungen

AK	Arbeitskraft	NAR	Nettoassimilationsrate
AKh	Arbeitskraftstunde	PAR	Photosynthetisch wirksame Strahlung (400–700 nm)
AWR	Absolute Wachstumsrate	PE	Polyäthylen
Bf	Blattfläche	pF	Logarithmus der cm WS
BFI	Blattflächenindex	pH	Negativer Logarithmus der Wasserstoffionenkonzentration einer Lösung
BFV	Blattflächenverhältnis		
BM	Blattmasse	ppm (vpm)	Teile pro Million
BMV	Blattmassenverhältnis	PVC	Polyvinylchlorid
BWR	Bestandeswachstumsrate	RWR	Relative Wachstumsrate
CMA	Centrale Markt- und Absatzorganisation	s	Sekunde
		SBF	Spezifische Blattfläche
DIN	Deutsche Industrienorm	T	Temperatur
DWR	Durchschnittliche Wachstumsrate	t	Zeit
EG	Europäische Gemeinschaft	TKM	Tausendkornmasse (-gewicht)
Em^2	Einheitsquadratmeter (s. S. 56)	TKS	Torfkultursubstrat
FAO	Food and Agricultural Organization	TÜV	Technischer Überwachungsverein
GF	Glasfläche	VBE	Vollbeschäftigteneinheit (s. S. 46)
GG	Grundfläche der Gartengewächse	W_{el}	Installierte elektrische Leistung
h	Höhe, Stunde, Hekto	WS	Wassersäule
IR	Infrarot	ZVG	Zentralverband Gartenbau
LF	Landwirtschaftlich genutzte Fläche	⌀	Durchmesser
M	Masse, Ertrag	ψ (Psi)	Wasserpotential

8.3 Maßeinheiten

	Potenz	Vorsatz	Kurzzeichen
Vielfache			
1 000 000 000	10^9	Giga	G
1 000 000	10^6	Mega	M
1000	10^3	Kilo	k
100	10^2	Hekto	h
10	10^1	Deka	da
Teile			
0,1	10^{-1}	Dezi	d
0,01	10^{-2}	Zenti	c
0,001	10^{-3}	Milli	m
0,000 001	10^{-6}	Mikro	μ
0,000 000 001	10^{-9}	Nano	n

Länge	m	(Meter)	
Masse	kg	(Kilogramm)	10^3 kg = 1 t (Tonne)
Fläche	m²	(Quadratmeter)	100 m² = 1 a (Ar)
			100 a = 1 ha (Hektar)
Volumen	m³	(Kubikmeter)	1 m³ = 1000 dm³ bzw. l (Liter)
			1 l = 1000 cm³ bzw. ml
Kraft	(F)		1 N (Newton) = 1 kgm/s²

Druck (p)

$$1\,\text{Pa (Pascal)} = 1\,\text{N/m}^2$$
$$1\,\text{bar} = 10^5\,\text{Pa}$$
$$1\,\text{mbar} = 1\,\text{hPa}$$
$$100\,\text{cm WS} \approx 100\,\text{mbar}$$
$$1\,\text{cm Hg} \approx 13{,}3\,\text{mbar}$$

Energie (E)
Arbeit (A)
Wärmemenge (Q)

1 J (Joule) = 1 Nm = 1 Ws
(1 kcal ≈ 4,19 kJ = 1,1639 Wh)

Leistung (N)

1 W (Watt) = 1 J/s
1 kcal/h ≈ 1,1639 J/s = 1,1639 W
1 PS = 0,735 kW

Temperatur   °C (Celsius); K (Kelvin); 0 °C = 273 K

Strahlung/Licht
Menge pro Zeiteinheit:
   Strahlungsstrom   W = J/s
   Photonenbestrahlungs-
     strom   µE/s (E = Einstein)
   Lichtstrom   lm (Lumen)
Menge pro Flächeneinheit:
   Bestrahlung   J/m² = Ws/m²
   Photonenbestrahlung   µE/m²
   Belichtung   lx · s = lm · s/m²
Menge pro Zeit- und Flächeneinheit:
   Bestrahlungsstärke   W/m²; J/m² · s
   Photonenbestrahlungs-
     stärke   µE/m² · s (E = Einstein)
      1 µE = 6,02 · 10^{17} Photonen (Quanten)
   Beleuchtungsstärke   lx (lux) = lm/m² (lm = Lumen)

Elektrische Leitfähigkeit
1 mho/cm = 1 S (Siemens) = E.C.
1 mmho/cm = 10^{-3} S = 1000 E.C.

Strahlenbelastung
   Aktivität (Anzahl Zerfälle/Zeit):
     1 Bq (Bequerel) = 1 Zerfall/s
Energiedosis (Absorbierte Energie/Masse)
     1 Gy (Gray) = 1 J/kg
Aquivalentdosis (Energiedosis · Qualitätsfaktor). Der Qualitätsfaktor berücksichtigt die Wirkung einer bestimmten Strahlenart im jeweiligen biologischen Organismus. Einheit: Sv (Sievert), alte Einheit: rem, 100 rem = 1 Sv.

8.4 Umrechnungsfaktoren für Nährstoffe

(N = Stickstoff, P = Phosphor, K = Kalium, Mg = Magnesium, Ca = Calcium, O = Sauerstoff, C = Kohlenstoff)

P → P_2O_5 = 2,29 P_2O_5 → P = 0,44
K → K_2O = 1,20 K_2O → K = 0,83
Mg → MgO = 1,66   MgO → Mg = 0,60
Ca → CaO = 1,40   CaO → Ca = 0,71
Ca → $CaCO_3$ = 2,50 $CaCO_3$ → Ca = 0,40
CaO → $CaCO_3$ = 1,78 $CaCO_3$ → CaO = 0,56

8.5 Häufig verwendete Literatur

BECKER-DILLINGEN, J. (1956): Handbuch des gesamten Gemüsebaues. 6. Aufl. Berlin, Hamburg: Paul Parey.
BIELKA, R., GEISSLER, TH. (1976): Freilandgemüseproduktion. Berlin: VEB Deutscher Landwirtschaftsverlag.
Biologische Bundesanstalt für Land- und Forstwirtschaft Braunschweig (1983 und spätere Folgen): Pflanzenschutzmittel-Verzeichnis. Braunschweig: ACO-Druck.
Bundessortenamt (Hrsg.): Beschreibende Sortenliste – Schriftenreihe. Hannover: Alfred Strothe.
BUSCH, W., HÖRMANN, D. M. und STORCK, H. (1974): Standortorientierung des Gartenbaues. Forschungsber. zur Ökonomie des Gartenbaues Nr. 20, 53-184. Hannover und Weihenstephan.
CRÜGER, G. (1983): Pflanzenschutz im Gemüsebau. Stuttgart: Eugen Ulmer.
ENCKE, F., BUCHHEIM, B., SEYBOLD, S. (1979): Zander – Handwörterbuch der Pflanzennamen. Stuttgart: Eugen Ulmer.
FÖLSTER, E., SIEGMUND, I., SPINGER, R. M. (1983): Datensammlung für die Betriebsplanung im Intensivgemüsebau. 4. Aufl. Hannover: Arbeitskreis Betriebswirtschaft im Gartenbau e. V.
FRITZ, D. und STOLZ, W. (1973): Erwerbsgemüsebau. Stuttgart: Eugen Ulmer.
GEISSLER, TH. (1981): Gemüseproduktion unter Glas und Plasten – Produktionsverfahren. Berlin: VEB Deutscher Landwirtschaftsverlag.
GRAF, J. (1975): Tafelwerk zur Pflanzensystematik. München: Lehmanns.
JANSEN/BACHTHALER/FÖLSTER/SCHARPF (1984): Gärtnerischer Pflanzenbau. Stuttgart: Eugen Ulmer.
RAUH, W. (1950): Morphologie der Nutzpflanzen. Heidelberg: Quelle und Meyer.
Sprenger Instituut Wageningen (1980): Produktgegevens Groente en Fruit. Mededelingen Nr. 30.
STORCK, H. (1983): Taschenbuch des Gartenbaues. Stuttgart: Eugen Ulmer.
STRASBURGER, E. et al. (1978): Lehrbuch der Botanik. Stuttgart: Gustav Fischer.
Verband der Landwirtschaftskammern e. V. Bonn: Qualitätsnormen und Handelsklassen für Gartenbauerzeugnisse und Kartoffeln. Lose-Blatt-Sammlung. Salzgitter-Lebenstedt: E. Appelhans.
ZABELTITZ, CHR. V. (1978): Gewächshäuser – Planung und Bau. Stuttgart: Eugen Ulmer.

8.6 Sachverzeichnis

(**Halbfettgedruckte** Seitenzahl weist auf die Erklärung des Fachbegriffs bzw. auf das entsprechende Kapitel hin; Seitenzahl mit * verweist auf Abbildungen)

Abflammen 165
Abhärten 143
Abkürzungen 430
Absatz 51
Absatzaktivität 50
Absatzgenossenschaft 65
Absatzmarkt **63**
Absatzsystem 52
Absatzwege 64 f, 65*
Abwärme 160

Abwehrkraft, Pflanzen 166
Ackeregge 102 f
Ackergänsedistel 163
Ackerkratzdistel 163
Ackerschachtelhalm 163
Aerenchym 82
Agglomeration 51 f
Agro-Vlies **153 f**
Agrotechnik-Tropfbewässerung 150

Agryl P 17 153
Aldehyde, Pflanzenverträglichkeit 186
Allelopathie 89
Allioideae 390
Allium ampeloprasum var. porrum **399 ff**
Allium cepa var. cepa **391 ff**
– var. proliferum **413**
Allium fistulosum **412 f**

Sachverzeichnis

Allium sativum **413**
Allium schoenoprasum **406 ff**
Alterung, Wachstumsregulatoren 161
Amarant 209
Amaranthus hybridus 209
Amaranthus tricolor 209
Ammoniak 28, 186
Anbau, alternativer 52
Anbaugebiete 52
Anbaupause 192
Anbauverfahren 169
Anethum graveolens 249, **268 f**
Anis 249
Anstauverfahren 109
Anthriscus cerefolium 249
Antiphytopathogenes Potential 166
Antitaufolie 152 f
Anzuchtbeete 142
Anzuchtverfahren 141
Apiaceae 76, **248 ff**
Apium graveolens **256 ff**
Arbeitsbedarf 60*
Arbeitserleichterung 198
Arbeitshilfsmittel 59
Arbeitskräfte 47, 58 ff
Arbeitsmethode 59
Arbeitsorganisation 59
Arbeitsproduktivität 59*, 60
Arbeitsrationalisierung 59 f
Arbeitsspitzen 58
Arbeitstäler 58
Arbeitsverfahren 59, 196 ff, 200
–, Radies 197*
Arbeitszeit, flexible 58
Arbeitszeitbedarf 58
Armoracia rusticana Ph. Gaertn. **308 f**
Arnica montana 365
Arnika 365
Artemisia absinthium 365
Artemisia dracunculus 365
Artemisia vulgaris 365
Arten, wärmebedürftige 12
Artenechtheit 73
Artischocke 21, 75, 82, 365
Asparagoideae 390
Asparagus officinalis **414 ff**
Asteraceae **365 ff**
–, Blütenbau 366*
Äthylen 28, 93, 95, 161, 176, 179, 186
Atmosphäre, Lagerung 176
Atmung 174
Atriplex hortensis 208
Atropa 338
Attraktionszentren 79
Aufbereitung 38, **169 ff**
Aufbereitungsarbeiten 58
Aufbereitungseinrichtungen 168
Aufbereitungsmaschinen 56

Aufhängehöhe, Lampen 190
Auflaufdauer 77 f, 77*, 83*
Auflaufgeschwindigkeit **76 ff**
Auflauftermin 86 f
Auflaufterminstaffelung 87
Aushilfskräfte 58
Ausleger-Förderbänder 168
Aussaat 141 f
Auswaschung, Nitrat 123, 125 f
–, Salze 32
Auxine 161

Bakterien 165
Baldriangewächse **333 ff**
Ballaststoffe 95
Bandsaat 140
Basella alba 209
Basissaatgut 72, 136
Batavia-Salat 370
Beetkultur 138 f, 138*, 139*
Beetpflug 101
Befeuchten 180
Befeuchtung 183
Behälterdämpfung 166
Beifuß 365
Beizen 139, 141, 165
Bekömmlichkeit 92
Belüftung, Lagerung 179
Beregnung 38, 56, 143, 147 ff
–, Frostschutz 151 f
Beregnungsdichte 148 f
Beregnungsmaschine 149*
Bereifung 36
Beschaffungsmarkt 63
Besprühen 147, 152
Bestandesarchitektur 26, 91
Bestandesdichte 90*, 91, 138, 169
Bestandesfaktor 89
Bestandesklima 89
Bestandeswachstumsrate 89, 91
Bestandeswirkung **89 ff**
Bestrahlung 16, 86
Bestrahlungsstärke 16, 189 f
Beta vulgaris var. conditiva **214 ff**
Beta-Arten 73
Beta-Rübe 26, 145
Betrieb **46 ff**
Betriebsausstattung 57 f
Bertriebsentwicklung 46 ff, 57
Betriebsgröße 47 ff, 50*
Betriebsmittel, dauerhafte 53 ff
Betriebsplanung 47*
Betriebsstruktur 46 ff, 64
Bewässerung 138, **144 ff**
–, Richtwerte 147
Bewässerungseinsatz **145 ff**
Bewässerungsmenge 25, 147
Bewässerungsverfahren **147 ff**
Bindesalat 369
Bioindikatoren 29
Bios 15, 16*
Bitterstoffe 95

Bitumenemulsion 104
Blähton 107, 109
Blatt 79
Blattalterung 80
Blattemperatur 180
Blattfläche 79 f
–, spezifische 79
Blattflächenindex **89 ff**
–, optimaler 90
Blattflächenverhältnis 79
Blattgemüse 12, 51, 170
Blatthacke 103*
Blattmassenverhältnis 79
Blattpetersilie 13, 94 f, **264 f**
Blattschnitt 81
Blattstellung 90
Blattwachstum 80, 89
Blattwachstumskurve 79
Blattwachstumsrate 79
Bleichsellerie 17, 93 f, 161, 256, **261 f**
Bleichspargel 167, **418 ff**
Blindegge 103, 163
Blindstrom, Kompensation 190
Blumenkohl 18, 21, 25, 31, 93 f, 143, 168, 193, **283 ff**
–, Anbauformen 286
–, Aufbereitung 289
–, Blattanomalien 284
–, Bodenbearbeitung 286 f
–, Botanische Grundlagen 283
–, Düngung 286 f
–, Durchwuchs 284, 285*, 289
–, Ernte 289
–, Ernteterminbestimmung 288 f
–, Ertrag 289
–, Fruchtfolge 286
–, Gelbfärbung 289
–, generative Entwicklung 283 f
–, Grießigkeit 284, 285*, 289
–, Jungpflanzenanzucht 287 f
–, Klemmherzigkeit 287
–, Lagerung 289
–, Molybdänmangel 287*
–, Pflanzung 287 f
–, Pflege 288
–, Qualitätsmängel 289
–, Sortenwahl 286
–, Standortansprüche 285
–, Terminplanung 287
–, Verbräunungen 289
–, Vernalisation 284
–, Violettfärbung 289
–, Vorblüher 285*, 289
–, Wirtschaftliche Bedeutung 283
Blütenbildung, Wachstumsregulatoren 161
Boden 15, 16*, **31 f**, 53 f
–, Kosten 54
Böden, anmoorige 32
–, leichte 31
–, schwere 31 f

–, tiefgründige 32
Bodenbearbeitung 38 f, **100 ff,** 163, 165
–, pflegende **103 f**
Bodenbearbeitungsgeräte 39, 101 ff
Bodendämpfung 158
Bodeneigenschaften 106
Bodenentseuchung, chemische 166
Bodenfeuchte 100, 160
Bodenfruchtbarkeit 100, 112, 192
Bodenheizung **157 ff**
–, Einsatz 160
–, Regelung 159
–, Rohrabstand 158 f
–, Technik **158**
–, Temperaturprofil 158, 159*
–, Verlegungspläne 159
–, Verlegungstiefe 158 f
–, Wasserdampf 159
Bodenspeicherfähigkeit 24
Bodentemperatur 157 ff
–, Kardinalwerte 157
Bodenuntersuchung **118**
Bodenverbesserungsmittel, synthetische **104 f**
Bodenvorbereitung **100 ff**
Bodenwasser 31
Bodenwassergehalt 76
Bohne, siehe Garten , Busch-, Stangenbohne, Dicke Bohne
Bohnengewächse 225
Bor 129
Brandkoppen 26
Brassica napus var. napobrassica **299 f**
Brassica oleracea **271 ff**
– convar. acephala **294 ff**
– convar. botrytis **283 ff, 290 f**
– convar. oleracea var. gemmifera **291 ff**
– convar. acephala var. gongylodes **280 ff**
Brassica pekinensis **296 ff**
Brassica rapa var. rapa **300 f**
Brassicaceae 95, 192, **270 ff,** 271*
–, Systematik der Kulturformen 270
Brechbohne 243
Breitsaat 139, 141
Brennessel, Kleine 162
Brokkoli 64, 94, 168, **290 f,** 290*
Brunnenkresse **310 f**
Bügeltunnel 154
Bulbenzwiebel **413***
Bunkersammelroder 57
Buschbohne 25, 32, 91, 164
–, Anbau 243
–, Aufbereitung 246
–, Bodenvorbereitung 244
–, Botanische Grundlagen 241*

–, Düngung 244
–, Ernte 246
–, Erntereifebestimmung 245 f
–, Ertrag 244*, 246*, 247
–, Fruchtfolge 243
–, Gewächshauskultur 246 f
–, Lagerung 246
–, Pflanzenanzucht 244 f
–, Pflege 245
Buttersalat 369

CA-Lagerung 176, 178
Cadmium 29
Cajanus cajan 225
Calcium 94, **128 f,** 183
Calciumzyanamid 163
Canavalia ensiformis 225
Capsicum annuum **354 ff**
Capsicum baccatum 355
Capsicum chinense 355
Capsicum frutescens 355
Capsicum pubescens 355
Cardy 365
Carotin 93, 97
Carum carvi 249
Catjangbohne 225
Champignon 94
Chenopodiaceae 192, **208 ff**
Chicoree 13, **379 ff,** 379*
–, Anbau 381*
–, Anbauformen 380
–, Aufbereitung 385 f
–, Bodenvorbereitung 381
–, Botanische Grundlagen 379 f
–, Düngung 381
–, Ernte 382 f, 385
–, Erntereife 381 f, 384
–, Ertrag 382 f, 385
–, Fruchtfolge 380
–, Geschichte 379
–, Kältebehandlung 382*
–, Lagerung 385 f
–, Pflanzenanzucht 381
–, Pflege 381
–, Qualitätsmängel 385 f
–, Rübenqualität 382*
–, Sortenwahl 380 f
–, Standortansprüche 380
–, Treibdauer 383*
–, Treiberei 383 f
–, Treibwürdigkeit 383*
Chinakohl 13, 64, 95, 193, **296 ff**
–, Anbauformen 298
–, Aufbereitung 299
–, Botanische Grundlagen 296 f
–, Düngung 298
–, Ernte 299
–, Ertrag 298
–, Fruchtfolge 298
–, generative Entwicklung 297
–, Geschichte 296
–, Gewächshauskultur 299

–, Innenblattnekrose 299
–, Kohlhernie 298
–, Lagerung 299
–, Pflanzenanzucht 298
–, Pflege 298 f
–, Sortenwahl 298
–, Standortansprüche 298
Chlorcholinchlorid 161
Chlorflurenol 161 f
Chlormequat 161
Chlorphenoxyessigsäure 161
Chlorwasserstoff 28 f
Cicer arietinum 225
Cichorium endivia **375 ff**
Cichorium intybus var. foliosum **379 ff, 386 f**
– var. sativum 379
– var. sylvestre Vis 379
Citrullus lanatus 330
CO_2 26, 82, 183 ff
–, Ausnutzungskoeffizient 187
–, Ertragssteigerung 187
–, ökologisches Optimum 184*
–, technisches 185
CO_2-Abgabe, Gewächshausboden 184
CO_2-Anreicherung 183 ff
CO_2-Einsatz 187
–, Windgeschwindigkeit 187
CO_2-Generator 186
CO_2-Kompensationspunkt 184*
CO_2-Konzentration **26 f,** 86, **183 ff**
–, Lagerung 176*
–, Steuerung 187
CO_2-Mangel 183
CO_2-Quellen **184 ff**
Compositae **365 ff**
Computerbildanalyse 202
Container 179
Coriandrum sativum 249
Cosberg-Salat 370
Cruciferae **270 ff**
Cucumis melo **327 ff**
Cucumis sativus **312 ff**
Cucurbita-Arten **330 ff**
Cucurbitaceae 70, 192, **311 ff**
–, Bestimmung 312*
–, Geschlechtsausprägung 311*
Cultoplant-Töpfe 142
Curbiset 161 f
Cycocel 161
Cynara cardunculus 365
Cynara scolymus 365
Cytokinine 161
Czeratzki-Scheibe 145

Dämmerung, bürgerliche 20
Dämmerungsschalter 190
Dämpfegge 166
Dämpfen 166
Dämpfpflug 166
Dämpfrohre 166

Sachverzeichnis

Datura 338
Daucus carota **249 ff**
Dauerkulturen 53
Dauerverpackung 173
Desinfektion 165
Desinfektionsmatten 165
Diagnoseschlüssel, Mangel- und Toxizitätssymptome 119*
Dibbelsaat 140
Dicke Bohne 12, 162, 225, **237 ff**
-, Anbauformen 239
-, Bodenvorbereitung 239
-, Botanische Grundlagen 237 ff, 238*
-, Düngung 239
-, Ernte 240 ff
-, Ertrag 240 f
-, Fruchtfolge 239
-, Geschichte 237
-, Lagerung 240
-, Pflanzenanzucht 239 f
-, Pflege 240
-, Sortenwahl 239
-, Standortansprüche 239
-, Tenderometer 240*
Dienstleistungsaktivitäten 50
Dill 249
Direktabsatz 50
Direktkühlung **177**, 178*
Distributionspolitik 67
Doldengewächse **248 ff**
Dolichos lablab 225
Doppelbügelsystem 154
Doppelfolie 45
Drahtwälzegge 102*, 103
Drehpflug 101
Drehstrahlregner 147
Dreitrachten-Folge 191
Drillsaat 140
Drillschar 139
Druckrolle 139
Dungeinleger 101
Düngerbedarf **121 ff**
-, Bodenanalyse 120 f
-, Pflanzenanalyse **118 ff**, 121
Düngerbedarfsermittlung **114 ff, 120 ff**
Düngung **111 ff, 121 ff**, 138
-, Ertrag 111 f, 111*
-, Gewächshaus **132 f**
-, organische 27, **131 f**
-, Qualität 113*
-, Schadsymptome 118
Düngungsversuche **115 f**
Durchwurzelungstiefe 82
Düsen 147 ff
Düsenrohr 149*, 150, 156
Düsenverteiler-Stäfa-Pflanztropfsystem 150

EG-Qualitätsnormen 93
Egge 102 f, 102*, 163

Ehrenpreis, Efeublättriger 162
Eichenlaubsalat 369
Eierfrucht 13, 82, 174, **361 ff**
-, Aufbereitung 364 f
-, Botanische Grundlagen 362 f
-, Ernte 364
-, Erntereife 364
-, Ertrag 364
-, Freilandkultur 365
-, Fruchtaufbau 363*
-, Fruchtformen 362*
-, Gewächshauskultur 363 ff
-, Lagerung 364 f
-, Pflanzenanzucht 363 f
-, Pflege 364
-, Qualitätsmängel 364 f
-, Sortenwahl 363
-, Spezielle Kulturtechniken 364
-, Standortansprüche 363
Einachsanhänger 40
Einachsschlepper 34*, 35
Einheitserde 107 f
Einheitsquadratmeter 56
Einkommenskapazität 49 f
Einlegegurke, siehe Gurke, Einlege-
Einmalernte 169
Einsatzrichtlinien, Herbizide 164
Einspurschlepper 35
Einzelkornablage 73
Einzelkornsägeräte 39 f, 140*
Eisbankkühlung 178, 178*
Eisen 29, 94, 129
Eisenrohre, Bodenheizung 158
Eissalat 370
Eissalaterne 167
Emission 27
Emittenten 27*
Endivie 82, 94 f, **375 ff**
-, Anbauformen 376
-, Aufbereitung 378
-, Bodenvorbereitung 377
-, Botanische Grundlagen 375 f
-, Düngung 377
-, Ernte 378
-, Erntereife 378
-, Ertrag 378
-, Escariotyp 376*
-, Freilandkultur 378
-, Fruchtfolge 376 f
-, Geschichte 375
-, Gewächshauskultur 378
-, Krausblättrige 376
-, Kulturzeiten 377
-, Lagerung 378
-, Pflanzenanzucht 377 f
-, Pflege 378
-, Qualitätsmängel 378
-, Schnittendivie 376
-, Schossen 375*
-, Sorten 377*
-, Sortenwahl 377
-, Standortansprüche 376

Energie, Preise 56
Energiebedarfsmodell 83
Energieeinsparung 42
Energiegehalt 93 f
Energiepreis 50
Energieverbrauch 41, 89
Energieverteilung, spektrale 189*
Entfeuchtung 167
Entseuchung 165
Entzug 127
Enzymaktivität 157
Erbse 12, 25, 49, 75, 79, 82, 91, 94 ff, 139, 161, 163, 169, 192 f, **225 ff**
-, AIS-Methode 234
-, Anbauformen 231
-, Befruchtung 231
-, Beregnung 234
-, Bestandesdichte 233
-, Blattausbildung 228
-, Blütenanlage 229
-, Blütenausbildung 231
-, Bodenvorbereitung 232
-, Botanische Grundlagen 227*, 228 ff
-, diätetischer Wert 226
-, Düngung 232
-, Ernte 235 f
-, Erntereife 234
-, Ertrag 235 f
-, Feldaufgang 234
-, Früchte 231
-, Fruchtfolge 231 f
-, Geschichte 225 f
-, Herbizide 234
-, Kornbildungsphase 231
-, Pflanzenanzucht 232 f
-, Pflege 234
-, Pflück-Drusch 236
-, photoperiod. therm. Reaktion 229*
-, Saatstärke 233
-, Saattermin 232
-, Schwad-Drusch 236
-, Sortenwahl 232
-, Sproßachse 228
-, Standortansprüche 231
-, Standraumform 233
-, Systematik der Kulturformen 226 f
-, Temperaturansprüche **228 f**
-, Temperatursumme 230*, 232
-, Tenderometer 234 ff, 235*, 236*
-, Texturmeter 234 f, 235*
-, Überwinterungsanbau 233
Erdbeere 12
Erdgas 186
Erkältung 20
Ernährungsstörung 157
Ernte 38
Erntearbeiten 58

Ernteband 168, 169*
Erntehilfen 167 f
Erntemaschinen 56
Erntemechanisierung 167
Ernterückstände 117, 132
–, N_{min} 123 f, 124*
Ernteverfahren 86 f
Ernteverfahren **167 ff**
–, vollmechanisierte 169
Ernteverfrühung, unter Folien 156
Erntewagen 168
Ertrag 11*, 22, 85
Ertragsleistung 80
Ertragsmodell 85
Ertragspotential 31
Erwerbsgemüsebau 46
Erzeugnispreise 64
Estragon 365
Ethaphon 161
Europäische Norm 93
EVA-Folie 153
Evaporation 24, 144
Evapotranspiration 24

Fabaceae **225 ff**
Fahrgeschwindigkeit 36, 40
Faktor-Verbrauchs-Funktionen 63
Faktorpreiserwartungen 64
Familienbetrieb 47, 58
Farbstabilität 96
Feingemüse 12, 64
Feingrubber 102, 103*
Feinsämereien 32
Feldanbau 46
Feldaufgang 75 f, 139
Feldgemüsebau 13, 31
Feldkapazität 24, 144, 147
Feldmann-Funktion 81
Feldsalat 21, 73, 94 f, 164, **334 ff**, 334*
–, Anbauformen 335
–, Aufbereitung 338
–, Bodenvorbereitung 336
–, Botanische Grundlagen 334 f
–, Düngung 336
–, Ernte 337
–, Erntereife 337
–, Ertrag 337
–, Freilandkultur 338
–, Fruchtfolge 335
–, Geschichte 334
–, Gewächshauskultur 336 ff
–, Heiztemperatur 336
–, Jungpflanzenanzucht 336
–, Kulturdauer 337*
–, Lagerung 338
–, Nährwert 334
–, Pflanzenanzucht 336 f
–, Pflege 336 f
–, Qualitätsmängel 338
–, Saatstärke 336
–, Sortenwahl 335 f, 335*

–, Standortansprüche 335
–, Unkrautbekämpfung 336
Feldwärme 179
Fenchel 64, 249
Fette 95
Feuchtebestimmung, Schätztabelle 145
–, Wägung 145 f
Feuchtekonstitution 26, 82
Feuchtezustand 145
Feuerbohne 225
Fingerprobe 145
Firsttunnel 154
Flächenertrag 90*, 91
Flächenleistung 39
Flächenproduktivität 54
Flachfolie 50, 55, 151, 154 f
Flachwurzler 82, 91
Flageoletbohne 243
Fleischkraut **386 f**, 387*
Flugasche 27
Fluorwasserstoff 28
Flüssigdrillen 76, 141
Foeniculum vulgare 249, **265 ff**
Folie 104, **152 ff**, 166
–, Aufwickelgeräte 155
–, CO_2-Versorgung 155
–, gelochte 155
–, Klima 155 f
–, Spannmöglichkeiten 45
–, Strahlungsdurchlässigkeit 153
–, Weichmacher 153
Folienbedeckung 160
Folienbefestigung 44 f
Foliengewächshäuser 43 ff
–, Anforderungen 44
Folienmulch 104, 140
Folientunnel 50
Formaldehyd 28
Franzosenkraut 162
Fräse 101 ff
Freilandgemüsebau 12 f
Fremdgeruch 93, 95
Fremdgeschmack 93, 95
Fremdstoffe 93
Frische 92
Frischgemüse 12
Frischhaltung **173 ff**
Frischluftlager 177 f, 177*, 178*
Frischmarktgemüse 96
Frontsitzschlepper 35
Frostempfindlichkeit 175
Frostschäden 21, 175
Frostschutz 151
Fruchtansatz, Wachstumsregulatoren 161
Fruchtfolge 166, **191 ff**
–, Richtlinien 193
Fruchtgemüse 12
Fruchtreife 161
Frühgemüse 51
Frühkohl 168

Funktion, multiplikative 86
Furchenbewässerung 147

Gänsefußgewächse **208**
Gartenbaubetriebe 46
Gartenbohne 12, 28, 30, 49, 74 f, 79, 82, 94, 161, 169, 174, 225, **240 ff**
–, Anbauformen 243
–, Botanische Grundlagen 242 f
–, ernährungsphysiologischer Wert 241
–, Geschichte 240
–, Prinzeßbohne 243
–, Sortenwahl 243 f
–, Standortansprüche 243
–, Wachsbohne 243
Gartendill **268 f**
–, Botanische Grundlagen 268, 269*
–, Ertrag 269
–, Geschichte 268
–, Gewächshauskultur 269
–, Kultur 268 f
–, Standortansprüche 268
Gartenkresse 58, 94, **310***
Gartenkürbis 332*
Gartensalat **365 ff**
Gasanalysator 187
Gase, pflanzenschädliche 28
–, Schadsymptome 186
–, Verträglichkeitsgrenzen 186
Gebrauchswert 92, **96 f**
Gefrierkonserven 12
Gegenheizen, Luftfeuchte 183
Gemüse, Angebot 64
–, Definition 12
–, Nahrungspflanze 13
Gemüsearten, calciumreiche 94
–, eisenreiche 94
–, windempfindliche 30
Gemüsebau **11 ff**
–, geschützter 12 f
Gemüsefenchel **265 ff**
–, Botanische Grundlagen 266*
–, Direktsaat 267
–, Erntereife 268
–, Folienschutz 267
–, Geschichte 265 f
–, Gewächshauskultur 267
–, Kultur 267 f
–, Standortansprüche 266 f
Gemüsefläche 46
Gemüsekeimlinge 416*, **425 f**
Gemüsekonsum 13
Gemüsemais **422 ff**
Gemüseproduktion 11
Gemüseverzehr 13 f, 64
Gemüsezwiebeln 391, 397
Geräte **38 ff, 56**
Gerätekombination 103*
Geräteträger 34 f

Sachverzeichnis

Geruchsstoffe 95
Gesamtnährstoffbedarf 120
Geschlechtsausprägung, Wachstumsregulatoren 161
Geschmacksstoffe 26, 95
Gesundheitswert 92
Gewächshaus **41 ff**, 50, **55 f**
–, Aufstellungsort 41*, 42
–, Inneneinrichtung 41, 42*
–, Konstruktion 41, 42*
–, Standort 41*
–, Teilzeitnutzung 42
Gewächshausbedachung 44
Gewächshausboden **32**
Gewächshauseffekt 155, 180
Gewächshausnutzung 56
Gewebekultur 75
Gewicht, spezifisches 96
Gewinnbeitrag 197
Gewürzindustrie 97
Gibberelline 161
Gießwagen 150
Gießwasser 135
Gleichstandssaat 140 f
Globalstrahlung 16*, 88*
Glucosinolat 95
Glühlampe 188 f
Glutamingehalt 96
Glycine max 225
Goitrogene 95
Gramineae **422 ff**
Granulat 73
Gräser, Echte **422 ff**
Grenzbetriebswerte 204
Grenzerlös 62
Grenzertrag 62
Grenzkosten 62
Grenzrate 63
Grenzschicht, laminare 26, 30
Grenzverluste 204
Grobgemüse 12, 64
Größe 92
Großmarkt 65
Grubber 101, 163
Grundbodenbearbeitung 38, **101 f**
Gründüngung 132
Gründüngungspflanzen 139
Grundwasserstand 32
Grünkohl 91, 94, **294 ff**
Grünspargel 168, **421 ff**
Gülle 132
Gurke 12, 22, 26, 30 ff, 49, 82 ff, 89, 95, 108, 140, 142 f, 145, 156, 160 ff, 165, 169, 183, **312 ff**
–, Anbauformen 316 f
–, Bodenvorbereitung 317 f
–, Botanische Grundlagen 313 ff, 313*
–, Düngung 317 f
–, Einlege- 91, 96, 167 ff, 174, 325
–, ernährungsphysiologischer Wert 312

–, Freilandkultur 325 ff
–, Fruchtfolge 317
–, Geschichte 312 f
–, Geschlechtsausprägung 314
–, Gewächshauskultur 318 ff
–, Salat- 171, 174, 181
–, Sortenwahl 317
–, Standortansprüche 315 f
–, Veredelung 318 f, 319*
–, Wachtumsrhythmik 315*
Gurke, Freiland 92
–, Aufbereitung 326 f
–, Ernte 326
–, Ertrag 326
–, Lagerung 326 f
–, Pflanzenanzucht 325
–, Pflege 326
–, Qualitätsmängel 326 f
–, Spezielle Kulturtechniken 326
Gurke, Gewächshaus 13, 92
–, Aufbereitung 323 f
–, Bestandesdichte 322*
–, Bodentemperatur 321
–, Ernte 323 f
–, Ertrag 323 f
–, Heiztemperaturen 316*
–, Klimaführung 319 ff
–, Lagerung 324
–, Lichtmenge 321
–, Pflanzenanzucht 318 f
–, Pflanztermine 316*
–, Pflege 323 f
–, Qualitätsmängel 323
–, Schnitt 323
–, Spezielle Produktionstechniken 321 f
–, Wasserbedarf 321
Güteeigenschaften 170

Hacken 103, 163
Hackfräse 104
Haferwurzel 365, 387, 388*
Halogenmetallhochdrucklampe 188 f
Haltbarkeit 92, 96, 386*
Hämaglutinine 95
Handel 51
–, privater 65
Handelsaktivitäten 50
Handelsklassen 93, 170
Handernte 167
Handplanungsmethoden 202
Hanglagen 32
Harnstoff-Formaldehydharz-Schäume 104
Hart-PE-Rohre 158
Häufeln 104, 163
Haupterwerbsbetrieb 46 ff
Hauptfrüchte 202
Hauptwurzelbereich 147
Heizanlage **55**
Heizdrähte, elektrische 158

Heizenergie 180
Heizenergiebedarf 55, 84, 87
Heizenergiemenge 84
Heizkabel 159
Heizkosten 30
Heizmaterialbedarf 84*
Heizmaterialmenge 83
Heiztemperatur 85 ff, 183
Heizung 34, **45,** 180 f
–, Regelung 180 f
Heizungssollwert 83
Heizungssystem 42
Helianthus tuberosus 365
Helmbohne 225
Herbizide 32, 163 ff
–, Dosierung 164
–, Nachwirkungen 165
–, Sortenempfindlichkeit 164
Herbstchicoree 386
Herbstrübe **300 f**
Herkunft 11
Hirtentäschelkraut 162
Hochmoorböden 32
Hochschlepper 35
Höchstertrag 62, 85 f
Höhenlage 21
Honigmelone 328*
Horstsaat 140
Huflattich 365
Hülsenfrucht 73 f
Hülsenfrüchte 12
Humosoil 142
Humus 31
Humusgehalt 32, 131
Humussubstrate **106**
–, Einsatz 108
Hybridsaatgut 136 f
Hydrokulturverfahren **109 ff**
Hygiene 165
Hygromull 104
Hyoscyamus 338

Immission 27
Immissionskataster 27
Immissionsschäden 29
–, Diagnose 28
Immissionswerte, maximale 28
Indischer Spinat 209
β-Indolylbuttersäure 161
β-Indolylessigsäure 161
Industriegemüse 12, 96
Industrienorm 92
Inhaltsstoffe 95 f
Innenblattnekrosen 279*
Intensivgemüsebau 31
Inulin 365
Investitionsentscheidungen 57
Investitionskosten 43
Ipomoea aquatica 209
Isocumarinbildung 95

Jahreszeit 83

Jungpflanzen, gezogene 142
Jungpflanzenanzucht **141 ff,** 145
Jungpflanzenbetriebe 143
Jungpflanzengröße 143

Kabelfräse 159
Kalibrierung 73
Kalium 94, **126 ff,** 126*, 127*
Kalk **129 ff**
Kalkbedarf 131
Kalkstickstoff 163
Kalkulationsmodelle 199 f
Kalkung 29
Kalkversorgung 131
Kälteschäden 21, 174
–, Symptome 174
Kamille, Echte 365
Kantalupmelone 328*
Kapillarschlauch 150
Karotte 253 f
Kartoffel 12, 21, 82, 161 f
Keimbereitschaft 69, 73
Keimdauer 70
Keimfähigkeit 69 f, 75
Keimgeschwindigkeit **76 ff**
Keimglocke 74
Keimprüfung 71 f, 74
Keimruhe 69 ff
–, primäre 69
–, sekundäre 69, 79, 157
Keimschnelligkeit 75
Keimschutzpackungen 71
Keimung **75 ff**
–, Lichtbedingungen 75
–, Temperatur 75
–, Wachstumsregulatoren 161
Kennzeichnung 170
Kerbel 249
Ketone 186
Kettenschlepper 34
Kichererbse 225
Kleegrasmischung 192
Kleintöpfe 142
Kleinverpackungen 173
Klima 15, **16 ff,** 16*
Klimaführung, Gewächshaus **180 ff**
–, Pflanzenschutz 166
Klimarhythmus 87
Klimatische Wasserbilanz 145
Klutenräumer 139
Knoblauch 170, **413,** 414*
Knöllchenbakterien 225, 228
Knollenfenchel **265 ff**
Knollensellerie 94, 256, **258**
Knospenruhe 161
Knöterichgewächse 220
Kohl 32, 49, 93, 170, **271 ff**
–, ernährungsphysiologischer Wert 271
–, Geschichte 271 f
Kohlarten 32, 69, 76, 82, 95, 108, 143, 176

Kohlendioxyd, siehe CO_2
Kohlenhydrate 95
Kohlenmonoxyd 28, 186
Kohlfliege 278
Kohlgemüse 12, 177
Kohlgewächse 21, 163
Kohlhernie 166, 278*
Kohlpalme 12
Kohlrabi 12, 18, 84, 90 ff, 143, 167 f, **280 ff**
–, Anbauformen 281
–, Blattanomalien 280*
–, Blindheit 280
–, Botanische Grundlagen 280 f
–, Düngung 281
–, Ernte 282
–, Ernteterminbestimmung 282
–, Ertrag 282
–, Freilandkultur 281 ff
–, Frischmarktanbau 281 f
–, Gewächshauskultur 283
–, Industrieanbau 282 f
–, Lagerung 282
–, Pflanzenanzucht 281 f
–, Pflege 282
–, Qualitätsmangel 282
–, Sortenwahl 281
–, Standortansprüche 281
Kohlrübe 13, 82, **299 f**
Kommunikationspolitik 67
Kompaktschlepper 34*, 35
Kompensationsbereich 90*
Kompensationspunkt 17*, 86
Kompost 132
Kondensation 167
Konservengemüse 14
Konservierungseignung 92, 96
Kontinentalität 21
Kopfkohl 12 f, 21, 90, 96, 169, 193, **272**
–, Anbauformen 275
–, Aufbereitung 279
–, Bodenvorbereitung 276
–, Botanische Grundlagen 273 f
–, Düngung 276 f
–, Ernte 278 f
–, Ernteriefebestimmung 278
–, Ertrag 278 f
–, Frostschäden 273, 279
–, Fruchtfolge 275
–, generative Entwicklung 273
–, Innenblattnekrosen 279*
–, Kulturdaten 276
–, Lagerung 279 f
–, Pflanzenanzucht 277
–, Pflege 277 f
–, Platzen 279
–, Punktnekrosen 279
–, Qualitätsmängel 279
–, Schossen 279
–, Sortenwahl 275
–, Standortansprüche 274 f

–, Vernalisation 273
Kopfsalat 17, 21, 69, 76, 82, 84, 89, 94 f, 143, 154, 157 f, 161, 164, 166 f, 168, 181, 369
–, Anbauformen 370 f
–, Anzuchtdauer 372*
–, Aufbereitung 373 f
–, Bodenvorbereitung 372
–, Düngung 372
–, Erbmerkmale 369
–, Ernte 373
–, Erntereife 373
–, Ertrag 373
–, Freilandkultur 372 ff
–, Fruchtfolge 371
–, Gewächshauskultur 374 f
–, kontinuierliche Produktion 371*
–, Lagerung 373 f
–, Pflanzenanzucht 372 f
–, Pflanztermine 374*
–, Pflege 373
–, Photosynthese 374*
–, Qualitätsmängel 373 f
–, Randen 372
–, Salatfäule 372
–, Sortenwahl 371 f
–, Standortansprüche 370
–, Temperaturführung 374
–, Wasserversorgung 374
Korbblütler **365 ff**
Koriander 249
Kornabstand 139
Korrekturfaktor, Düngung 127 f
Kosten, fixe 53*
–, variable 53*
Krankheitsbefall, unter Folien 156
Kreisdüsen 150
Kreiselegge 101, 102*
Kreisregner 147
Kresse, siehe Garten-, Brunnenkresse
Kressetest 165, 166*
Kreuzblütler **270 ff**
Kreuzkraut, Gemeines 162, 165
Kriechgang 36
Krumenpacker 103*
Kühlfahrzeuge 179
Kühlkette 179
Kühllagerverfahren **177**
Kühllücke 180
Kühlräume 176
Kultivateur 201
Kulturdaten 86*, 87
Kulturfolge 202
Kulturführung 82, 195, **200 ff**
Kulturplanung 82, 195
Kulturrisiko, unter Folie 156
Kultursteuerung 11*, 87
Kultursubstrate **105 ff**
–, Kalkgaben 106 f, 106*
Kulturtechnik 11*

–, unter Folie 156
Kulturvarietät **136**
Kulturverfahren 11, 196 ff, 197*
–, Erdelose 134 f, 134*
Kümmel 249
Kunstlicht **188**
–, Anschlußleistung 188
–, Ausleuchtung 190
–, Einsatz 190
Kupfer 29, 129
Kürbis 82, 175, **330 ff**
–, Anbauformen 331
–, Bestimmung 331*
–, Botanische Grundlagen 322, 330 f
–, Freilandkultur 331 ff
–, Geschichte 330
–, Pflege 331
–, Standortansprüche 331
Kürbisgewächse **311 ff**

Lactuca sativa **365 ff**
– var. angustana 368
– var. capitata 369 f
– var. crispa 369
– var. longifolia 369
Lactuca serriola 367
Lactucin 367
Lagerbedingungen, optimale 175
Lagereignung 96
Lagertechnologie 177 ff
Lagerung 38, **173 ff**
–, Schwund 176
Lagerverfahren, primitive 177
Lampen, Auswahl 188 f
–, Installation 190
Landeskultureller Wert 136
Landsorten 136
Lathyrus sativus 225
Lauchgewächse 390
Lauchzwiebel 397 f
Lebensdauer, Lampen 188
Leguminosen 71, 95
Lehme 31
Lehmige Sande 31
Leichtbauweise 43*
Leichtgrubber 101
Leihverpackung 173
Leistungsgrad, Arbeitspersonen 60
Leitfähigkeit, Bodensättigungsextrakt 133 f
Lens culinaris 225
Lepidium sativum **310**
Leuchtstofflampe 188 f
Levisticum officinale 249
Licht 16
Lichtausbeute 188
Lichtleistung 190
Lichtstrom 188
Liebstöckel 249
Liliaceae 76, **390 ff**
Liliengewächse **390 ff**

Lineare Optimierung 202
Lineare Optimierungsrechnung, Arbeitsaufriß 204*
–, Flächenaufriß 204*
Linearpolymere 104
Linse 225
Lochband-Sämaschine 140
Löchtebohne 244
Lockerung **100 ff**
Löffelegge 102 f
Löffelrad-Sämaschine 140
Lohnaufwand 58
Löwenzahn 365
Lößböden 31
Luft **25 ff**
Luftbewegung 29 f
Lüften 152
Lufterhitzer 45*
Luftfeuchte **25 f, 182 f**
–, Lagerung 175 ff
Luftkapazität 31
–, Böden 100
Luftstickstoff 25
Lufttemperatur, Gewächshaus **33 f**
Lüftung 180 ff
–, Öffnungsgeschwindigkeit 181
–, Öffnungsweite 181
–, Regelung 181 f
Luftverteilung, Heizung 45*
Luftverunreinigung **27 ff**
Luftwechselzahlen 183
Luftzwiebel **413***
Luzerne 192
Lycopersicon cerasiforme 340
Lycopersicon cheesmanii 340
Lycopersicon chilense 340
Lycopersicon glandulosum 340
Lycopersicon hirsutum 340
Lycopersicon humboldtii 340
Lycopersicon lycopersicum **339 ff,** 340
– var. pyriforme 340
Lycopersicon peruvianum 340
Lycopersicon pimpinellifolium 340
Lycopingehalt 96

Magnesium 94, **126 ff,** 127*
Mairübe **300 f,** 301*
Mais 82
Malabarspinat 209
Maleinsäurehydrazit 161
Mangan 29, 119, 129
Mangelbereich, Düngung 119
Mangelsymptome, Düngung 119*
Mangold 91, 94, **218 ff,** 219*
–, Botanische Grundlagen 219
–, Geschichte 218
–, Kultur 219
–, Standortansprüche 219
Mantelkühlung 178*
Markerbse 228

Marketing **66 f**
Marketing Mix 67
Markt **63 ff**
Marktangebot 64
Marktaufbereitung 169
Marktentfernung 51
Marktinformationen 65 f
Marktnähe 32
Marktpolitische Eingriffe 66
Markttransparenz 66
Marktwege 64 f, 65*
Marktwert **92**
Marschböden 31
Maschinen **38 ff,** 56 f
Maschinenauswahl 38*
Maschinenkette 38
Massenfluß 113
Matricaria chamomilla 365
Mattenbewässerung 150
Maßeinheiten 430 f
Mechanisierung 49
Meerrettich 94 f, **308 f,** 308*
Mehrspartenbetriebe 50
Mehrzweckschlepper 35
Melde 208
Melone 13, 82, 140, 175 f, **327 ff**
Messersech 101
Miete 177*
Mikrocomputer 42
Mindestgrenzabstand 41
Mindestkeimfähigkeit 71 f
Mineralisierung 123
Mineralstoffe 93 f
Mineralstoffzusammensetzung, Bodentemperatur 157
Minimais 425
Minimal-Bestelltechnik 103
Minipillen 73*
Mischkultur 91
Mitscherlich-Modell 85
Mittelsitzschlepper 35
Mittelstarkregner 149
Mittelstarksprühdüse 150
Modell 87
–, Energiebedarf 55, 83
–, Ertrag 85
–, mathematische Optimierung 52
–, Planung 85
–, Produktion 203
–, Standort 82
–, Steuerung 87
–, Wachstum **82 ff**
Modules 142
Möhre 12 f, 21, 49, 75 f, 82, 93 ff, 169, 192 f, **249 ff**
–, Anbauformen 252
–, Aufbereitung 255
–, Bitterkeit 95
–, Bodenvorbereitung 253
–, Botanische Grundlagen 250 ff, 250*
–, Düngung 253

–, ernährungsphysiologischer Wert 249 f
–, Ernte 57, 255
–, Ertrag 255
–, Freilandkultur 253
–, Fruchtfolge 252
–, generative Entwicklung 251
–, Geschichte 249 f
–, Gewächshauskultur 256
–, Lagerung 255 f
–, Pflanzenanzucht 253
–, Pflege 254 f
–, Qualitätsmängel 255
–, Sortenwahl 252 f
–, Standortansprüche 252
Molybdän 29, 129
Mondbohne 225
Monoterpene 95
Moorböden 30, 164
MOTAD-Modell 205
Mulchen **100 ff,** 104
Mulchfolie 153, 156
Mungbohne 225

Nachauflaufbehandlung, Herbizide 163, 165
Nachfrage 64
Nachfrüchte 202
Nachtschattengewächse **338 ff**
Nährelementgehalte 119 f
Nährlösung, Jungpflanzen 142
Nährlösungs-Film-Kultur 110 f, 110*
Nährlösungskonzentration 135
Nährstoffaneignungsvermögen 81
Nährstoffaufnahme, Bodentemperatur 157
Nährstoffauswaschung 24 ff
Nährstoffe, Gehaltsklassen 128
–, Umrechnungsfaktoren 431
Nährstoffentzug 116 f
Nährstoffgehalt 106
Nährstoffhaushalt, Fruchtfolge 191
Nährstofftransport 144
Nährstoffverfügbarkeit **112 ff**
Nährstoffversorgung 82, 118
Nährwert 92, 93
Namenia **300 f,** 301*
α-Naphthylessigsäure 161
Nasturtium officinale **310 f**
Natrium 94
Natriumdampfhochdrucklampe 188 f
Natriumdampfniederdrucklampe 188 f
Natriummolybdad 106
Naßkonserven 12, 96
Nebenerwerbsbetriebe 46 ff, **46**
Nettoassimilationsrate 79 f, 89 f
Netzegge 103
Netzmelone 327*
Neuseeländer Spinat 209

Nicotiana 338
Niedere Breiten 22
Niedermoorböden 32
Niederschlag 22 ff
Niederschlagsdichte 24
Niederschlagshäufigkeit 24
Niedrigtunnel 154
Nitrat, Auswaschung 123, 125 f
–, Gehalt 95 f, 124 f
Nitratgehalt, Verminderung 124 f
Nitrifikationshemmer 125
Nitrit 95
Nitrosamine 95
Niveauregler 146*
N_{min}-Methode 122 ff
N_{min}-Sollwert 122 ff
N_{min}-Vorrat 122 f
Nockengerät 143
Nomenklatur 427 ff
Normbauweise 43
Normdatenkataloge 58
Nutzungskosten 198

Oberfläche, Konservierungseignung 96
Öffentlichkeitsarbeit 67
Ökosystem 16*
Öle, ätherische 97
Oxalsäuregehalt 95
Ozon 28, 186

Pachtland 53
Papilionaceae **225 ff**
Paprika 12, 69, 76, 82, 94, 108, 140, 142, 161, 169, 171, 174, 176, 190, **354 ff**
–, Anbauformen 357
–, Aufbereitung 360 f
–, Bodenvorbereitung 358
–, Botanische Grundlagen 355 ff, 355*
–, Botrytis 361
–, Düngung 358
–, Entwicklungsdauer 359*
–, Ernte 360 f
–, Erntereife 359 ff
–, Ertrag 360 f
–, Freilandkultur 360 f
–, Fruchtfolge 357 f
–, Geschichte 354
–, Geschützter Anbau 358 ff
–, Gewürzpaprika 354
–, Lagerung 360
–, Pflanzenanzucht 358 ff
–, Pflege 359 ff
–, Qualitätsmängel 360 f
–, Sklerotinia 361
–, Sortenwahl 358
–, Spezielle Kulturtechniken 359 f
–, Standortansprüche 357
–, Temperaturführung 359
–, Temperaturminimum 356

–, Temperaturoptimum 357
–, Wasserverbrauch 357*
Parthenokarpie 161
Pastinaca sativa **269 f**
Pastinake 13, 70, 75, 82, **269 f**
PE-Folie 152 f
PE-Gartenfolie 152
Petersilie 58, 76, 82 ff, 94, 192 f, 249, **262 ff**
–, Aufbereitung 265
–, Bodenvorbereitung 264
–, Botanische Grundlagen 262, 263*
–, Düngung 264
–, Ernte 265
–, Ertrag 265
–, Freilandkultur 264 f
–, Fruchtfolge 263
–, Geschichte 262
–, Gewächshauskultur 265
–, Kulturdaten 264
–, Lagerung 265
–, Pflanzenanzucht 264
–, Pflege 265
–, Sortenwahl 263 f
–, Standortansprüche 263
–, Treiberei 265
Petroleum 186
Petroselinum crispum 249, **262 ff**
Pfälzer Tunnel 154
Pflanzbettbearbeitung **102 f**
Pflanzbettbereitung 38
Pflanzenanzucht **137 ff**
Pflanzenbau 11, 16*
–, landwirtschaftlicher 11
Pflanzenpflege 38
Pflanzenschutz 38, **165 ff**
–, integrierter 165
Pflanzenschutzmittel 73
Pflanzenschutzmittelverzeichnis 162, 164
Pflanzenwettbewerb 89, 90*
Pflanzgut **69 ff, 75**
Pflanzhacke 143
Pflanzholz 143
Pflanzlochstanze 143
Pflanzmaschine 39 f, 143
Pflanzspaten 143
Pflanztermin, Staffelung 137 f
Pflanzung 38, 143, 157
Pflücksalat 369
Pflugarbeit 101
pH-Wert 29, 106, 130 f, 130*
Phaseoleae 225
Phaseolus aureus 225
Phaseolus coccineus 225
Phaseolus lunatus 225
Phaseolus mungo 225
Phaseolus vulgaris 225, **240 ff**
Phosphat 126*, **126 ff,** 127*
Photoperiode 19 f
Photosynthese 26, 79, 88, 144, 188

Sachverzeichnis 441

–, Lichtsättigung 16
Phthalide 95
Physalis prainosa 338
Phytohormone 161
Pikieren 82, 141 f, 157
Pikierschock 141
Pillen, Erdtopf 73 f
–, Freiland 73 f
Pillierung 73*
Pilze 165
Pimpinella anisum 249
Pisum sativum **225 ff**
Planung 88
Planungsmodell 85
Plattformwagen 40
Plug-Mix-Verfahren 140
Poaceae **422 ff**
Polyäthylenglykol 76
Polygonaceae 220
Porenvolumen 100
Porree 32, 69, 75 f, 82, 91, 95 f, 142, 168, 171, 192 f, **399 ff**
–, Anbauformen 401 f
–, Aufbereitung 405
–, Bodenvorbereitung 402 f
–, Botanische Grundlagen 400 f, 400*
–, Düngung 402 f
–, ernährungsphysiologischer Wert 399
–, Ernte 404 f
–, Ertrag 404*, 404 f
–, Freilandkultur 403 ff
–, Fruchtfolge 402
–, Geschichte 399 f
–, Gewächshauskultur 405
–, Kulturdaten 404
–, Lagerung 405
–, Lochpflanzung 404
–, Pflanzenanzucht 403
–, Pflanzkultur 403
–, Pflege 404
–, Saatkultur 404
–, Sortenwahl 402, 403*
–, Standortansprüche 401
Potentialfaktoren 52, **53 ff**, 199, 203
Potgrond 107, 142
Preispolitik 66
Preßtöpfe 109, 142
Priming 75
Produktionsfaktoren **52 ff**, 52*
–, ökologische 11*
–, ökonomische 11*
–, technische 11*
Produktionsführung **195 ff**
Produktionskoeffizient 199
Produktionsmethoden 13
Produktionsmodell 203*
Produktionsplanung **195 ff**
Produktionsprogramm 11, 196, **202 ff**

–, Planung 87
Produktionstechnik 64
Produktionsverfahren 11*, 195
–, Planung 87, **196 ff**
–, Steuerung **196 ff**, 196*
Produktivität 52, 56
Produktpolitik 66
Produktpreiserwartungen 64
Propan 186
Proteaseinhibitoren 95
Proteine 95
Provenienzen 136
Psychrometerkammer 145
Pufferungsvermögen 31 f
Putzabfall 96
PVC-Folie 153
PVC-Rohre 158

Quadratische Programmierung 205
Qualität 17 f, 87, 91, **92 ff**
–, Düngung 117 f
–, ernährungsphysiologische **93 ff**
–, Kälteschäden 93
–, Mindesteigenschaften 93
Qualitätsbegriff **92**
Qualitätsnorm **92,** 170
–, Europäische Gemeinschaft 92
–, Industrie 93
Quecke 163
Quellung 76
Quickies 142

Radicchio **386,** 387*
Radies 18, 21, 60, 73, 76, 79, 82, 84, 87, 89, 91 f, 94, 167, 169, 181, **301 f, 305 ff**
–, Anbauformen 306
–, Aufbereitung 306 f
–, Botanische Grundlagen 305 f
–, Düngung 306
–, Ernte 306 f
–, Ertrag 306 f
–, Freilandkultur 306 f
–, Geschichte 301 f
–, Gewächshauskultur 307 f
–, Kulturdauer 307*
–, Lagerung 307
–, Pflanzenanzucht 306
–, Pflege 306
–, Sortenwahl 306
–, Standortansprüche 306
Radschlepper 34
Raphanus sativus **301 ff**
– var. niger **302 ff**
– var. sativus **305 ff**
Rauchgasröhrchen 187
Rauhwalze 139
REFA-Prinzip 200
Reflektoren 190
Regeleinrichtungen 42
Regelprogramme, adaptive 187

Regelung 195
Regengabe, Höhe 150
Regenrohre 154
Regner, Betriebsdruck 148
Regressionsanalyse, multiple 85
Reife 96
–, morphologische 69 f
Reifegrad 93
Reihenabstände 138
Reihensaat 139 f
Reinkultur 91
Reiserbohne 242
Relative Luftfeuchte, Richtwerte 183
Relief 15, **32**
Rettich 73, 86 f, 92, 95, **301 ff**
–, Anbauformen 304
–, Aufbereitung 304 f
–, Botanische Grundlagen 302 f
–, Düngung 304
–, Ernte 304 f
–, Ertrag 304 f
–, Freilandkultur 304
–, Fruchtfolge 304
–, generative Entwicklung 303
–, Geschichte 301 f
–, Gewächshauskultur 305
–, Lagerung 304 f
–, Pflanzenanzucht 304
–, Pflege 304
–, Sortenwahl 304
–, Standortansprüche 303 f
Rhabarber 13, 18, 32, 53, 75, 95, 162, 171, **220 ff**
–, Anbauformen 222
–, Aufbereitung 223 f
–, Bodenvorbereitung 223
–, Botanische Grundlagen 220 ff, 221*
–, Düngung 223
–, Ernte 223 f
–, Ertrag 223 f
–, Folienbedeckung 223
–, Fruchtfolge 222
–, Geschichte 220
–, Kältesumme 224
–, Knospenruhe 224
–, Lagerung 223 f
–, Pflanzenanzucht 223
–, Pflege 223 f
–, Ruhephase 221
–, Sortenwahl 222 f
–, spezielle Kulturtechniken 223
–, Standortansprüche 222
–, Treiberei 224 f
Rheum rhabarbarum **220 ff**
Rheum rhaponticum **220 ff**
Rindensubstrat 108
Rinnenkultur 109
Risiko, phytosanitäres 87
Rispengras, Einjähriges 162
Rohr-Schlauchberegnung 148 f

Rohrberegnung 148*
Rohrheizung 45
Rohstoffbasis 97
Rollhacke 103
Römischer Salat 369
Rosenkohl 49, 79, 91, 94, 96, 168 f, 193, **291 ff**
–, Aufbereitung 294
–, Bestandesdichte 292*, 293*, 294*
–, Botanische Grundlagen 292
–, Düngung 293
–, Ernte 294
–, Ertrag 294
–, Fruchtfolge 292
–, Lagerung 294
–, Pflanzenanzucht 293
–, Pflege 293 f
–, Sortenwahl 292 f
–, Standortansprüche 292
Rosettenzichorie 386
Rote Rübe 12, 76, 90 f, 94 ff, 169, 171, 192 f, **214 ff**
–, Anbauformen 217
–, Aufbereitung 218
–, Bodenvorbereitung 217
–, Bor-Mangel 217
–, Botanische Grundlagen 215, 216*
–, Düngung 217
–, ernährungsphysiologischer Wert 215
–, Ernte 218
–, Ertrag 218
–, Fruchtfolge 217
–, generative Phase 215
–, Geschichte 214 f
–, Gewächshauskultur 218
–, Knollenrübe 215
–, Lagerung 218
–, Minibeets 215
–, Pflanzenanzucht 217 f
–, Pflege 218
–, Saatgut 215
–, Sortenwahl 217
–, Standortansprüche 215
Rübstiel **300 f**
Rückkoppelung 87, 201 f
Rückstände 93
Rüttelegge 101*
Rußasche 27

Saatbettbearbeitung **102 f**, 102*
Saatbettvorbereitung 102
Saatdichte 139
Saatgut **69 ff**
–, Anforderungen 71*
–, Gemüse 72*
–, Herkünfte 136
–, inkrustiertes 73*
–, Lagerfähigkeit **70 ff**

–, physiologische Alterung 75
–, Temperatur 71 f
–, Trockenmittel 71
–, Wassergehalt 71
–, zertifiziertes 72, 136
Saatgutbehandlungsmittel 165
Saatgutstimulation **75 f**
–, Härtung 75
–, Vorquellen 75
Saatgutverkehr 136
Saatgutverkehrsgesetz 72, 136
Saatgutwert **72 ff**
–, genetischer 72
–, Prüfung **74 f**
–, somatischer 73
–, technischer 73
Saatmenge 139
Saatplatten 141
Saatplatterbse 225
Saatstärke 141
Saattechnik **138 ff, 138**
Saattermin, Staffelung 137 f
Saattiefe 139
Saatverfahren 139 ff
Sähilfe 141
Saisonkräfte 58
Salat 168
–, Botanische Grundlagen 367 ff
–, Entwicklung 367*
–, Geschichte 365 f
–, Inhaltsstoffe 366
–, Keimung 369*
–, Temperaturreaktion 368
Salatgurke siehe Gurke, Salat-
Salatzichorie 379
Salzgehalt, Boden 133 f
Sämaschine 139, 142
–, pneumatische 140
Samen **69 ff**
Samenbänder 140
Samenträger 22
Samenwassergehalt 76
Sand 105, 109
Sandbettbewässerung 150
Sandboden 30
Sande, lehmige 31
Sättigungsdefizit 25
Säuberung 170 f
Sauerampferblätter 95
Sauerkonserven 96
Sauerstoff 25, 82
Sauerstoffkonzentration 82
–, Lagerung 176*
Saugplatten 141
Schäden 187
Schaderreger 30, 165
–, Fruchtfolge 191 f
Schadgase 27 ff
Schadstoffe 27*
Schälabfall 96
Schälgurke 96
Schalotte **412***

Scharpflug 101
Schattieren 16, 180, 182
Schaumstoffe 104 f, 109
Schlauch-Schlauch-
beregnung 148 f, 148*
Schlepper **34**, 56, 103
–, Leistungsklassen 36
Schlepperbesatz 37
Schlepperleistung 35 f
Schlepperpreis 36
Schlitzfolie 152 f
Schluff 31
Schmalspurschlepper 35
Schmetterlingsblütler **225 ff**
Schnellgänge 36
Schnittlauch 13, 94, 142, 167, **406 ff**
–, Anbauformen 409
–, Aufbereitung 410
–, Bodenvorbereitung 409 f
–, Botanische Grundlagen 406 ff, 407*
–, Düngung 409 f
–, ernährungsphysiologischer Wert 406
–, Ernte 410
–, Ertrag 410
–, Freilandkultur 410 ff
–, Fruchtfolge 409
–, Geschichte 406
–, Knospenruhe 406, 408*
–, Pflanzenanzucht 410
–, Pflege 410
–, Ruhebrechung 409*, 411
–, Sortenwahl 409
–, Standortansprüche 409
–, Topfkultur 411*, 412
–, Treiberei 58, 410 ff
Schnittsalat 369
Schnittsellerie 256, **262**
Schnurbügelsystem 154 f
Scholanderbombe 145
Schornsteinhöhe 41
Schoßgefahr 155
Schoßverhalten 87
Schrägstabwälzegge 102*, 103
Schwachregner 149
Schwachsprühdüse 150
Schwarzkochen 96
Schwarztorf 107 f
Schwarzwurzel 70, 288*, **387 ff**
–, Anbauformen 388
–, Aufbereitung 390
–, Bodenvorbereitung 389
–, Botanische Grundlagen 387 f
–, Düngung 389
–, Ernte 389 f
–, Ertrag 389 f
–, Fruchtfolge 388 f
–, Lagerung 390
–, Pflanzenanzucht 389
–, Pflege 389
–, Qualitätsmängel 390

Sachverzeichnis

—, Sortenwahl 389
Schwefeldioxyd 28 f, 186
Schwefelgehalt 185
Schwenkregner 147
Schwergrubber 101
Schwermetalle 27, 29
Schwertbohne 225, 243
Scorzonera hispanica **387**
Sektorendüsen 150
Selbstbeschattung 80
Selbstvermarkter 65
Sellerie 12, 31 f, 49, 69, 75 f, 81 f, 84, 91, 95 f, 108, 157, 192, **256 ff**
—, Anbauformen 258
—, Aufbereitung 260
—, Bodenvorbereitung 258 f
—, Bormangel 259
—, Botanische Grundlagen 257 f, 257*
—, Düngung 258 f
—, Eisenfleckigkeit 261
—, ernährungsphysiologischer Wert 256
—, Ernte 260
—, Ertrag 260
—, Fruchtfolge 258
—, generative Entwicklung 257
—, Geschichte 256 f
—, Gewächshauskultur 261
—, hohle Knollen 261
—, Kulturdaten 259
—, Lagerung 261
—, Napfbildung 260 f, 261*
—, Pflanzenanzucht 259 f
—, Pflege 260
—, Qualitätsmängel 260
—, Schwarzkochen 261*
—, Sortenwahl 258
—, Standortansprüche 258
—, Standortorientierung 258
Seneszenz 161
Senföl 95 ff
Sensitivitätsanalyse 205
Sickerverluste 24
Siebkettenroder 57
Silbernitrat 161
Simulationsmodelle, bio-ökonomische 199*
Sinigrin 95
Sinkkapazität 80
Sinks 79
Sojabohne 225
Solanaceae 76, **338 ff**
Solanin 95
Solanum 338
Solanum melongena **361 ff**
Solarintegratoren 145
Sollwert 180
Sommergemüse 33
Sorptionsvermögen 31
Sorten **136 f**
—, freie 136

—, Standortansprüche 388
—, tetraploide 137
Sortenechtheit 73
Sortenliste, Beschreibende 136
Sortenschutzgesetz 136
Sortenwahl **136 f**, 138
Sortenzulassung 136
Sortierhilfe 171
Sortiermaschine 171
Sortierung 92, 96, 171 ff, 173
—, Größe 170
Spargel 13, 31, 46, 51, 53, 75 f, 82, 147, 171, 175, 193, **414 ff**
—, Anbauformen 417
—, Aufbereitung 421
—, Bodenbearbeitung 418 f
—, Bodenheizung 420
—, Botanische Grundlagen 414 ff, 415*
—, Düngung 418 ff
—, ernährungsphysiologischer Wert 414
—, Ernte 420 f
—, Ertrag 420 f
—, Folie 420
—, Fruchtfolge 417
—, Geschichte 414
—, Gewächshauskultur 422
—, Jungpflanzen 419
—, Jungpflanzenanzucht 417 f
—, Lagerung 421
—, Mutterstengelverfahren 421
—, Pflanzung 418 f, 418*
—, Pflege 419 f
—, Qualitätsmängel 421
—, Sortenwahl 417
—, Standortansprüche 417
—, Treiberei 422
—, Wasserbedarf 420
Spargelbohne 225
Spargelgewächse 390
Spargelsalat 368
Spatenmaschine 101*, 103
Spätkohl 31
Speedies 142
Speedlings 142
Speicherorgan 80
Speicherungsvermögen 32
Speiserübe 76, 82, **300 f**, 301*
Speisezwiebel 13, 21, 22, 25, 75 f, 82, 91 f, 95, 161, 169 ff, 177, 193, **391 ff**
—, Anbauformen 395
—, Aufbereitung 396 f
—, Bodenvorbereitung 395
—, Botanische Grundlagen 291*, 392 ff
—, Darren 394, 398
—, Dickhälse 394, 397
—, Düngung 395
—, Entwicklungsrhythmus 392 ff, 392*

—, ernährungsphysiologischer Wert 391
—, Ernte 396
—, Ertrag 396
—, Freilandkultur 396 ff
—, Fruchtfolge 395
—, Geschichte 391 f
—, Gewächshauskultur 398 f
—, glockige Bulben 392
—, Keimvorgang 393
—, Knospenruhe 393*, 394
—, Lagerung 396 f
—, Pflanzenanzucht 396
—, Pflege 396
—, Qualitätsmängel 396 f
—, Sortenwahl 395
—, Standortansprüche 394 f
—, Steckzwiebel 75, 398
—, Treiben 398 f, 398*
Spezialfaktoren, variable 60
Spinacia oleracea **208 ff**
Spinat 12, 21, 49, 75, 82, 91, 94 ff, 158, 165, 169, 192, **208 ff**
—, Anbauformen 211 f
—, Aufbereitung 214
—, Blattausbildung 209
—, Bodenvorbereitung 212
—, Botanische Grundlagen 209 ff, 211*
—, Düngung 212
—, ernährungsphysiologischer Wert 208
—, Ernte 214
—, Ertrag 214
—, Freilandkultur 213 f
—, Fruchtfolge 212
—, generative Entwicklung 209 f
—, Geschichte 208
—, Gewächshauskultur 214
—, Keimverhalten 209
—, Kulturtermine 213*
—, Lagerung 214
—, Nitrosamide 209
—, Nitrosamine 209
—, Pflanzenanzucht 213
—, Pflege 213 f
—, rundsamiger 208, 211*
—, Sortenwahl 212
—, spitzsamiger 208, 211*
—, Standortansprüche 211
—, Tageslänge 209 f, 209*
—, Temperatur 210
—, Vernalisation 210
—, Vertragsanbau 209
Sproß-Wurzel-Verhältnis 81
Sproßaufbau 90
Sproßwachstum **79 ff**
Sprühanlage 145
Sprühdüse 149*
Sprühnebeldüse 150
Sprühpralldüsen 150
Sprühverfahren 110

Spurenelementbedarf 116
Spurenelemente 29, **129**
Spurenelementgehalte 130
Spurennährstoffe 73
Stachelwalze 103
Stallmist 132
Standardsaatgut 72, 136
Standardschlepper 34 f, 34*
Standardsorten 136
Standort 15, 16*, **51 f**
–, Gewächshaus 41*
Standortbedingungen, ökologische 51
Standortfaktor 16*, 33
Standortmodell **33 ff**, 82
Standortproduktivität **33 ff**
Standortvoraussetzung 22
Standraumbemessung 138 f
Standraumform 91*, 169
Standraumverteilung 91
Standweite 141
Stangenbohne 26, 183, **247 f**, 247*
–, Freilandkultur 247 f
–, Gewächshauskultur 248
–, Stickstoffdüngung 247
Starkregner 149
Starksprühdüse 150
Startdüngung 143
Stäube 27
Stauchen, Wachstumsregulatoren 161
Steckling 75
Stecklingsbewurzelung 161
Stecklingsvermehrung 157
Steckrübe **299 f**
Steinwolle 105 f, 109, 110*
Stelzenschlepper 34*, 35
Steuerung 88, 195
Steuerungsmodell 87, 201*
Steuervariable 199
Stickoxyd 28
Stickstoff **121 ff**
Stickstoffdioxyd 28, 186
Stickstoffnachlieferung 124
Stiegerhacke 103*
Stielmangold 95
Stielmus **300 f**
Stielsellerie 256
Stomatafunktion 184
Strahlung **16 ff**, 82, 87, 188
–, Ansprüche 18
–, photosynthetisch aktive 16, 88, 188
–, Schäden 16
Strahlungsausbeute 188
Strahlungsleistung 188
Strahlungsmenge 189
Strahlungsmessung 145
Stratifikation 70
Strauchbohne 225
Straucherbse 225
Streifenfolie 104, 140, 154 f

Streulage 52
Striegel 103
Striegeln 163
Stroh 105, 132
Strohballen 185
Strohpflanzung 30
Strohsubstrat 108 f
Strukturstabilität 32
Styromull 105, 156
Substanzen, flüchtige 95
Substitutionsbeziehungen 63
Substitutionsgrenzrate 63
Substratanalyse 133
Substrate 141
–, mineralische 109
–, synthetische 109
Substratmenge 108
Substratvolumen 134
Sulfide 95
Super-Seedling 142
Süßmais 90, **422 ff**
Systematik 427 ff
Systemschlepper 34*, 35

Tageslänge 19 f, 20*, 88
Tagesmitteltemperaturen, Standorte 21*
Tankkultur 109
Taraxacum officinale 365
Taubildung 25
Taubnessel, Rote 162
Taumelegge 102*
Tausendkornmasse (TKM) 71 ff, 74
Teilkosten-Kalkulation 198
Teltower Rübchen **300 f**
Temperatur **20 ff**, 82 ff, 86 f, 88*
–, Artenansprüche 22
–, Auflaufdauer 77*
–, Gewächshaus **180 ff**
–, Lagerung 174 f
–, Lebensgrenze 20
–, Optimalbereich 22
–, Wachstumsbereich 22
–, wechselnde 79
Temperaturamplitude 89, 181
Temperaturanspruch 89, 180
Temperaturführung 84
–, phytosanitäres Risiko 84
Temperaturgrenzen 21, 181
Temperaturmaximum, Auflaufen 76 f
Temperaturminimum, Auflaufen 76 f
Temperaturoptimum, ökologisches 180
Temperaturreaktion 76 f
Temperaturregelung, strahlungsabhängige 181
Temperaturschwingungen 89
Temperatursumme, Auflaufen 77
–, effektive 138

Temperatursummenrechnung 138
Tensiometer 146
Tensioschalter 146*
Terminkultur 12
Terminplanung **137 f**
Tetragonia tetragonioides 209
Textur 92
Tiefgefrierkonserven 96
Tieflader 40
Tiefspatenfräse 101
Tiefwurzler 82, 91
Todreife 69
Toleranzen, Aufbereitung 170
Tomate 12, 18, 21 f, 25 f, 76, 81 f, 93 ff, 108, 140, 142 f, 156, 161, 165, 167, 169, 171, 174, 176, 190, **339 ff**
–, Anbauformen 345 ff
–, Aufbereitung 352
–, Aufleitung 350*
–, Blattformen 342*
–, Blütenendfäule 352
–, Bodenvorbereitung 348
–, Botanische Grundlagen 340 ff, 341*
–, Braunfäule 352
–, Carotin 343
–, Düngung 348
–, Entblätterung 350
–, Entwicklungsdauer 349*
–, Ernte 351 ff
–, Erntereife 351 f, 353
–, Ertrag 351 ff
–, Freilandkultur 353 f
–, Fruchtansatz 350
–, Fruchtfarbbildung 343*
–, Fruchtfolge 346 f
–, Geiztriebe 340
–, Geschichte 339
–, Geschützter Anbau 348 ff
–, Grauschimmel-Befall 352
–, Grünkragen 352
–, Haarformen 342*
–, Heterodera rostochiensis 347
–, Hohlfrüchtigkeit 352
–, Jungpflanzengröße 349*
–, Keimung 345*
–, Kulturfolgen 346*
–, Lagerung 353
–, Lycopin 343
–, Mosaik-Virus 352
–, P-Aufnahmevermögen 348
–, Pflanzenanzucht 348 f, 353
–, Pflege 350 f, 353
–, Platzen 352 f
–, Produktion 339
–, Puffigkeit 352
–, Qualitätsmängel 352 f
–, Solanin 344
–, Sortenwahl 347 f
–, Spezielle Kulturtechniken 349 f
–, Standortansprüche 345

–, Strichel-Virus 352
–, Systematik 340
–, Temperaturminimum 345
–, Temperaturoptimum 344
–, Veredelung 349
–, Wassersucht 352
Tonböden 31 f, 105
Topfen 141 f
Topfpresse 142
Topinambur 365
Torf 105, 132
Torfkultursubstrat 107
Totalherbizide 163
Toxizität, Düngung 119*
Traglufttunnel 154
Tragopogon porrifolius 365, 387
Transpiration 16, 24 ff, 144
Transpirationskoeffizient 96
Transport 38, 179
Transportarbeiten 40
Transporteignung 96
Transportfluß 55
Transportkosten 51
Transportmöglichkeit 42
Transportvolumen 40
Treiberei 13
Triebkraft 70
Triebkraftprüfung 75
Trockenbohne 244
Trockeneis 184
Trockengemüse 12
Trockenkonserven 96
Trockenkonstitution 82
Trockenraummasse, Böden 100
Trockenspeiseerbse 228
Tropfbewässerung 147, 150 f, 156, 167, 183
Tropfenfall 44, 167
Tussilago farfara 365

Überlockerung 100
Überwinterung 21
Überwinterungsgemüse 33
Überwinterungszwiebel 397
Umbelliferae **248 ff**
Umweltbelastung, Düngung 112
Umweltvariable 199
Unkraut, Schadwirkungen 162
Unkrautbekämpfung **162 ff**
–, Folien 155
Unkräuter 156, 166, 192
Unterblattbewässerung 150, 167
Unterbodenlockerer 101
Unterglasbetriebe 47
Unterglasgemüsebau 13
Unterkrumenpacker 101
Unternehmer 64
Unterpflanzung 92
Unterschneiden 142
Unverträglichkeit, Fruchtfolge 192
Urdbohne 225

Vakuumkühlung 179
Valerianaceae **333 ff**
Valerianella locusta **334 ff**
Vegetationsheizung 160, 183
Vegetationsperiode 20 f
Verarbeitungsindustrie 46, 65
Verarmungsprofile 113
Verbrauchereinkommen 64
Verbraucherpräferenzen 64
Verbrauchsfaktoren 52, 60 ff, 60*
–, Limitationale 62
–, Substitutive 62
Verbundfaktoren, variable 60
Verdampfer 177
Verderb 173 f
Verdichten 100
Verdunstungsmesser 145
Veredeln 157
Veredlung 165
Verkaufsförderung 67
Verkehrswert 53 f
Verlustverpackung 173
Vernalisation 20
Verpackung 170, 173
–, genormte Grundmaße 173
Verpackungsgefäße 172
Verpflanzen 81
Versandreife 93
Verschmutzung 96
Versorgungsbereich, Düngung 118
Versteigerung 66
Vicia faba 225
Viciaceae 225
Vigna unguiculata ssp. cylindrica 225
– ssp. sesquipedalis 225
Viren 165
Vitamin A 93 f
Vitamin B-Gruppe 94
Vitamin C 93 f, 96
Vitamin E 94
Vitamine **93 f**
Vliese 151, **153 ff,** 166
Vogelmiere 162
Vollerntemaschine 169
Vollkostenkalkulation 198
Volmatic-Tröpfchenschlauch 150
Vorauflaufbehandlung, Herbizide 156, 163, 165
Voraussetzungen, ökologische **15 ff**
–, ökonomische **46**
–, technische 34
Vorfrüchte 202
Vorfruchtwert 192
Vorkühlung 70, 179
Vorsaatbehandlung 163
Vorschäler 101
Vorschaltgerät 190
Vorteilhaftigkeit, absolute 51
–, relative 51
Vorverpacken 173

Vorwegberegnung 152

Wachstum **79 ff**
Wachstumsbeeinflussung, unter Folie 156
Wachstumsfaktor **82 ff,** 85, 87
–, Schädigungsbereich 85
Wachstumsgeschwindigkeit 79
Wachstumskurve 80
Wachstumsleistung 87
–, Simulation 86
Wachstumsmodell **82 ff**
Wachstumsrate, absolute 79 f
–, durchschnittliche 86
–, relative 86 f
Wachstumsregler 161
Wachstumsregulatoren **161 f,** 169
Wachstumsverlauf 87
Wachstumszustand 89
Wälzegge 101, 103
Wärmebedarf 159
Wärmedämmung 56
Wärmeschirm 181
Warmwasser-Rohr-Heizung 158
Waschmaschinen 171
Wasser **22 ff,** 82
Wasseraneignungsvermögen 81
Wasserbedarf 24 f
Wasserhaushalt 25*
–, Boden 160
–, Fruchtfolge 191
Wasserkühlung 179
Wasserkultur 82
Wassermelone 82, **330***
Wasserpotential 26, 144 ff, 144*, 146*
–, Pflanze 182
Wasserqualität 134 f
Wasserrübe **300 f**
Wasserspeicherungsvermögen 31
Wasserspinat 209
Wassertransportkapazität 145
Wasserverbrauch 42
Wasserversorgung 82, 100
Wasserzustand 144 ff
Weich-PE-Rohre 158
Weiße Rübe **300 f**
Weißer Gänsefuß 162
Weißtorf **106**
Welke 175
Welkepunkt, permanenter 76, 144
Werbung 67
Wermut 365
Wettbewerb, interspezifischer 91
–, intraspezifischer 91
Wickengewächse 225
Wildverbiß 156
Wind **29 f**
Windschatten 21
Windschutzmaßnahmen 30
Windschutzpflanzungen 30
Windschutzzäune 30

Winterblumenkohl 289 f
Wintergetreide 162
Wintermelone 328*
Winterroggen-Zwischenkultur 30
Winterzwiebel 397, 412 f, 412*, 413*
Wirkungsfaktor 85
–, Wachstumsfaktoren 62
Wirtschaftlichkeit 85
Wirtschaftsgebäude 54 f
Witterung 64
Wrucke **299 f**
Wuchsform, spektrale Energieverteilung 189
Wuchsmuster 91
Wundschnitt 70
Wurzelbeschädigungen 81
Wurzelfrüchte 31
Wurzelgemüse 12, 51
Wurzeloberfläche 81
Wurzelpetersilie 13, 265
Wurzelraumtemperatur 157

Wurzelschnitt 81
Wurzelspitze 81
Wurzelwachstum **81 f**
Wurzelzichorie 379

Zahnwälzegge 102*, 103*
Zapfencontainer 142
Zapfwelle 36
Zea mays, conv. saccharata **422 ff**
Zellenrad-Sämaschine 140
Zementstaub 27
Zentrale Markt- und Preisberichterstattungsstelle (ZMP) 66
Zentrumseffekt 51
Ziegelsplitt 109
Ziehhacke 103
Zink 129
Zinkenegge 103
Zucchini 175, 331, 333*
Zuchtsorten 136
Züchtung 11
Zuckererbse 236

Zuckergehalt 96
Zuckermais 95, **422 ff**
Zuckermaissorten 96
Zuckermarkerbse 228
Zuckermelone **327 ff**
–, Botanische Grundlagen 327 f
–, Ernte 329
–, Erntezeitpunkt 329
–, Geschichte 327
–, Gewächshauskultur 329
–, Schnitt 329
–, Standortansprüche 328 f
Zuckerpalerbse 228
Zündgeräte 190
Zusatzbelichtung 189
Zustreicher 139
Zwiebel, siehe Speisezwiebel
Zwiebelfenchel 265 ff
Zwiebelgemüse 12
Zwischenpflanzung 92

Gartenbauliche Pflanzenzüchtung

Züchtung von Gemüse, Obst und Zierpflanzen

Von Prof. Dr. H. Kuckuck, Hannover, Dr. H. Buttenschön, Rosdorf, Dr. H. Schmidt, Ahrensburg, Prof. Dr. W. Horn, München. 2., neubearbeitete und erweiterte Auflage. 1979. 192 Seiten mit 45 Abbildungen und 15 Tabellen. Kartoniert DM 39,-

Lehrbuch der Züchtung landwirtschaftlicher Kulturpflanzen

Band 1: **Allgemeiner Teil.** 1971. 303 Seiten mit 66 Abbildungen und 28 Tabellen. Gebunden DM 52,-

Herausgegeben von Prof. Dr. W. Hoffmann, Prof. Dr. A. Mudra und Prof. Dr. W. Plarre, Berlin, unter Mitarbeit zahlreicher Wissenschaftler.

Band 2: **Spezieller Teil.** 2., neubearbeitete Auflage. 1985. 434 Seiten mit 169 Abbildungen und 132 Tabellen. Gebunden DM 118,-

Herausgegeben von Prof. Dr. G. Fischbeck, Freising-Weihenstephan, Prof. Dr. W. Plarre, Berlin, Prof. Dr. W. Schuster, Gießen, unter Mitarbeit zahlreicher Wissenschaftler.

Anbauplanung im Zierpflanzen- und Gemüsebau

Von Prof. Dr. E. Schürmer, Weihenstephan. 1979. 96 Seiten mit 29 Übersichten und 5 Formularen. Kartoniert DM 26,- (Betriebs- und Marktwirtschaft im Gartenbau, Heft 6)

Diesesses Buch bietet Hilfe und Anregungen schriftliche Kalkulationen zur Wirtschaftlichkeit einzelner Kulturen unter Berücksichtigung spezieller Betriebsverhältnisse durchzuführen, da gerade derartige Informationen immer häufiger von Betriebsleitern gewünscht werden.

Handbuch der Pflanzenzüchtung

Begründet von T. Roemer und W. Rudorf. 2., vollständig neubearbeitete Auflage in sechs einzeln käuflichen Bänden. Unter Mitwirkung zahlreicher Wissenschaftler und in Gemeinschaft mit den Professoren Dr. H. K. Hayes, USA, und Dr. A. Müntzing, Lund. Herausgegeben von Prof. Dr. h. c. H. Kappert, Berlin, und Prof. Dr. W. Rudorf.

I. Grundlagen der Pflanzenzüchtung. 1958. 872 Seiten mit 175 Abbildungen. Ganzleinen DM 260,-

II. Züchtung der Getreidearten. 1959. 631 Seiten mit 94 Abbildungen. Ganzleinen DM 210,-

III. Züchtung der Knollen- und Wurzelfruchtarten. 1958. 370 Seiten mit 59 Abbildungen. Ganzleinen DM 125,-

IV. Züchtung der Futterpflanzen. 1959. 578 Seiten mit 119 Abbildungen. Ganzleinen DM 180,-

V. Züchtung der Sonderkulturpflanzen. 1961. 518 Seiten mit 113 Abbildungen. Ganzleinen DM 165,-

VI. Züchtung von Gemüse, Obst, Reben und Forstpflanzen. 1962. 951 Seiten mit 219 Abbildungen. Ganzleinen DM 300,-

Vorzugspreis bei Abnahme des Gesamtwerkes DM 1.100,-

Preise Stand 1. 8. 1986

PAUL PAREY — Berlin und Hamburg

Biologische Schädlingsbekämpfung

Unter Berücksichtigung integrierter Verfahren. Von Prof. Dr. J. M. Franz und Dr. A. Krieg, beide Darmstadt. Pareys Studientexte Nr. 12. 3., neubearbeitete und erweiterte Auflage. 1982. 252 Seiten mit 18 Abbildungen im Text, 2 Farb- und 26 Schwarzweißabb. auf 13 Tafeln und 8 Tabellen. Kartoniert DM 34,-

Wirksubstanzen der Pflanzenschutz- und Schädlingsbekämpfungsmittel

Loseblattsammlung in zwei Ordnern. 2., vollständig neubearbeitete Auflage des Grundwerkes. 1983. Von Dr. W. Perkow, Ahrensburg. 1. Ergänzungslieferung (Mai 1985) bearbeitet von Dr. H. Ploß, Hamburg. 1985. DM 338,-

Das von Dr. W. Perkow begründete, jetzt in der zweiten, völlig neubearbeiteten Auflage vorliegende Standardwerk berücksichtigt konsequent alle in der Bundesrepublik Deutschland, in Österreich, in der Schweiz und in der DDR zugelassenen Wirkstoffe. Die Loseblattsammlung wird mit Ergänzungslieferungen fortgeführt und ist dadurch immer auf aktuellem Stand.

Günstige Befallsbedingungen bei Prüfungen von Fungiziden gegen Schadpilze in Gemüsekulturen

Zusammengestellt von Dr. Gerd Crüger und Dr. Helmut Ehle. 1981. 49 Seiten. Kartoniert DM 9,30. (Mitteilungen aus der Biologischen Bundesanstalt für Land- und Forstwirtschaft Berlin-Dahlem, Heft 204)

Gb+Gw Gärtnerbörse und Gartenwelt

Gb+Gw Gärtnerbörse und Gartenwelt erscheint wöchentlich. Bezugspreis im Jahresabonnement 1986, zum Preis von DM 142,- (incl. MwSt.) zzgl. DM 38,- Versandkosten (Inland); DM 66,- Versandkosten (Ausland).

Studenten und Auszubildende erhalten gegen entsprechenden Nachweis auf das Jahresabonnement $33^{1}/_{3}\%$ Rabatt auf den Abo-Preis.

Preise Stand 1. 8. 1986

PAUL PAREY — Berlin und Hamburg